D1870718

David Robinson

Chaplin

Sein Leben Seine Kunst

Aus dem Englischen von Brigitte Mentz und Matthias Müller

Diogenes

Titel der 1985 bei William Collins Ltd. in London
erschienenen Originalausgabe:
›Chaplin. His Life and Art‹
Copyright © 1985 by David Robinson
Copyright © by Roy Export Company Establishment
für das Bildmaterial aus Chaplin-Archiven

Die Übersetzer danken
Wilhelm Staudinger vom Chaplin-Archiv Frankfurt
für Hinweise und Unterstützung

Alle deutschen Rechte vorbehalten
Copyright © 1989 by
Diogenes Verlag AG Zürich
300/89/8/1
ISBN 3 257 01801 1

d

Inhalt

Vorwort

Die Welt besteht nicht nur aus Helden und Schurken,
sondern aus Männern und Frauen mit allen Leidenschaften,
die Gott ihnen gegeben hat.
Die Unwissenden verdammen,
aber die Weisen haben Mitleid.
Charles Chaplin
Vorspanntext zu ›Eine Frau in Paris‹, 1923

Diese enormen Schuhe sind mit 50 000 000 Augen geknöpft.
Gene Morgan
Journalist aus Chicago, 1915

Charles Chaplins Autobiographie erschien 1964. Er war zu diesem Zeitpunkt fünfundsiebzig Jahre alt. Das Buch war über fünfhundert Seiten dick, eine phantastische Gedächtnisleistung, wenn man bedenkt, daß es zum größten Teil ohne dokumentarische Hilfsmittel entstand. Manchen Rezensenten erschien diese Leistung damals allerdings *zu* phantastisch: Sie bezweifelten, daß sich jemand derartig detailliert an Ereignisse erinnern konnte, die ein ganzes Leben zurücklagen.

Nach Chaplins Tod gewährte man mir Zugang zu der gewaltigen Menge an Arbeitsunterlagen, die er hinterließ – Papiere, die zum Teil mehr als ein halbes Jahrhundert lang unberührt geblieben waren. In den öffentlichen Archiven Londons und in alten Theaterakten stieß ich auf längst vergessene Spuren des jungen Chaplin und seiner Familie. Außerdem haben viele Menschen in England und Amerika großzügig ihre Erinnerungen und persönliche Dokumente zur Verfügung gestellt.

Nach Durchsicht dieser riesigen Menge von Material war mein Respekt vor Chaplins phänomenalem Erinnerungsvermögen größer denn je, ich stieß auf nichts, was die Wahrhaftigkeit seiner Aufzeichnungen hätte in Zweifel ziehen können. Als Beispiel für seine Detailtreue, die durch Archivmaterial immer wieder belegt wird, mag eine Erinnerung aus seinem dreizehnten Lebensjahr dienen, derzufolge sein Bruder, als er zum ersten Mal zur See fuhr, von seiner

Heuer fünfunddreißig Schillinge nach Hause geschickt hat. In Sydney Chaplins Seemannspapieren – die für Chaplin nicht zugänglich waren, als er schrieb – ist genau diese Summe aufgeführt. Kleine Ungenauigkeiten sprechen sogar eher *für* sein Gedächtnis als dagegen. Ein Kinderschreck, einer seiner Lehrer, bekommt in seiner Erinnerung den Namen ›Captain Hindrum‹, eine alte Varieté-Freundin seiner Mutter heißt ›Dashing Eva Lestocq‹ und ein freundlicher Inspizient am Duke of York Theatre ›Mr. Postant‹. Wie sich herausstellte, hießen sie Hindom, Dashing Eva Lester und William Postance. Wahrscheinlich hat Chaplin keinen dieser Namen je geschrieben gesehen, und zweifellos hat er sie so wiedergegeben, wie er sie als Kind gehört hatte. Eigentlich zeigen diese kleinen Irrtümer ganz deutlich, daß sich Chaplin beim Niederschreiben seiner Lebensgeschichte eher auf sein phänomenales Gedächtnis verließ als auf nachträglich angestellte Untersuchungen und Rekonstruktionen. Seine Erinnerungen werden fast immer durch andere Belege gestützt, so daß man bei eventuellen Unstimmigkeiten im Zweifel gut daran tut, Chaplin recht zu geben.

Das vorliegende Buch, das zwanzig Jahre nach Chaplins eigenem Lebensbericht geschrieben wurde, stellt in Teilen eine Ergänzung zu *My Autobiography* (*Die Geschichte meines Lebens*, Frankfurt 1964) dar. An das Werk anknüpfende Nachforschungen haben es ermöglicht, die manchmal etwas zufällig ausgewählten Erinnerungen des Meisters durch weitere Dokumente und Einzelheiten zu vervollständigen. Raoul Sobel und David Francis haben in ihrer Untersuchung *Chaplin, Genesis of a Clown* bemängelt, daß in den Anfangskapiteln von *My Autobiography* klare Fakten und Daten fehlen: »Wenn man sich bei der Lektüre von *My Autobiography* zeitlich orientieren will, kommt es einem so vor, als müßte man in einer bewölkten Nacht nach den Sternen navigieren. Wenn die Wolken sich endlich einmal wieder auftun, ist das Schiff womöglich viele Meilen vom Kurs abgekommen.« Das mag vielleicht stimmen, aber der besondere Reiz dieser ersten Kapitel von *My Autobiography* ergibt sich gerade aus der Freiheit des Erinnerungsstroms, den kein unsichtbarer akribischer Forschergeist im Hintergrund eindämmt. Es ist kaum verwunderlich, wenn der kleine Chaplin im Alter von sechs oder sieben Jahren sich die Reihenfolge der Armenhäuser und Armenschulen, in die man ihn steckte, nicht merken konnte. Der Reiz der Autobiographie liegt gerade darin, daß hier seine Gefühle angesichts solcher unangenehmen Erlebnisse wiedergegeben werden. Ich habe, auf die Gefahr hin, pedantisch zu wirken, in diesem Buch versucht, unter Fakten und Zeitabläufen Ordnung zu schaffen.

Während *My Autobiography* Selbsterlebtes absolut wahrheitsgemäß wiedergibt, konnte sich Chaplin in Dingen, die er aus zweiter Hand hatte, durchaus hin und wieder täuschen. Wie jede Mutter wird Mrs. Chaplin versucht haben, ihre Kinder nach Möglichkeit von häßlichen Tatsachen abzuschirmen. Einige Kritiker der Autobiographie bezweifelten, ob Chaplins Kindheit wirklich so schrecklich war, wie er sie beschrieben hat. Neue Erkenntnisse legen dagegen die Vermutung nahe, daß Mrs. Chaplin ihren Kindern sogar das Schlimmste verheimlicht hat. Zum Beispiel hatten die Chaplin-Jungen offenbar nie etwas von dem traurigen Schicksal ihrer Großmutter mütterlicherseits mitbekommen, die zunehmend dem Alkohol und der Landstreicherei verfallen war. Charles war immer der Überzeugung, daß seine Großmutter eine Zigeunerin war. Tatsächlich hatte er das Zigeunerblut von seiner Großmutter *väterlicherseits* geerbt. Hier liegt ein ganz natürlicher kindlicher Irrtum vor: Großmutter Chaplin starb bereits Jahre vor seiner Geburt. Wenn man ihm nun erzählte, daß seine Großmutter eine Zigeunerin war, ging er natürlich davon aus, daß von der Großmutter die Rede war, die er gekannt hatte.

Chaplin gab also alles, was er erlebt hat, wahrheitsgetreu wieder, allerdings nicht immer vollständig. In seiner Autobiographie gibt es große Lücken, die er ganz bewußt nicht gefüllt hat. Die Auswahl der erwähnten Freunde, Bekannten und Ereignisse ist durchaus eigenwillig. Während einige Beziehungen in der Autobiographie mit großer Offenheit und viel Humor beschrieben werden, läßt er manche Personen, die ihm zu irgendeinem Zeitpunkt sehr nahestanden, einfach weg. Taktgefühl mag bei der Auswahl teilweise eine Rolle gespielt haben. Die meisten Leute, die er unerwähnt ließ, lebten damals noch. Vielleicht hat Chaplin befürchtet, sie könnten zu leicht gekränkt oder beleidigt sein. Tatsächlich waren dann viele gerade deswegen beleidigt, weil sie nicht im Buch vorkamen.

Die Zurückhaltung, die er an den Tag legte, wenn es um seine eigene Arbeit ging, fällt aber weit mehr ins Gewicht. Er äußerte sich nur über sehr wenige seiner Filme und dann auch kaum darüber, wie er sie gemacht hatte. Als er schon recht berühmt war, waren Besucher bei Dreharbeiten nicht erwünscht. Die Abneigung, die er dagegen hatte, andere in seine Arbeitsgeheimnisse einzuweihen, pflegte er immer mit den Worten zu erklären: »Wenn die Leute wissen, wie's gemacht wird, ist der ganze Zauber dahin.« Damit läßt sich Chaplins Verschlossenheit allerdings nur zu einem kleinen Teil erklären. Vielleicht hatte er selbst zunehmend das Gefühl, daß er seine Geheimnisse schlicht und einfach deswegen nicht enthüllen konnte, weil sie ihm im Kern selbst verhüllt blieben. Wie sollte er auch sich selbst oder einem andern je erklären, wie er dazu kam, eines Nachmittags im Jahre 1914 bei Keystone in die Requisitenkammer zu spazieren, ein Kostüm auszuwählen und in Null Komma nichts eine Figur zu schaffen, die die bekannteste Menschendarstellung der Geschichte werden sollte? In späteren Jahren entzauberten Chaplin und seine Apologeten die magische Anziehungskraft des Tramps; aber niemand konnte sich jemals erklären, warum ausgerechnet er und just dieser Augenblick für Charlies mystische Geburt auserkoren waren.

Es gab auch banalere Gründe, warum er seine Arbeit aus seiner Autobiographie ausklammerte. Chaplin schrieb das Buch im Geiste des Unterhalters, der er ja Zeit seines Lebens war. Wie die meisten Menschen fand er an seiner Arbeit nichts sonderlich Glanzvolles. Er äußerte einmal, daß sein Arbeitsleben auch nicht aufregender sei als das eines Bankkassierers. Er dachte wahrscheinlich, daß es einfach langweilig wäre, wenn er andern erläutern würde, wie seine Filme entstanden. Wenn Genie sich aus zehn Prozent Inspiration und neunzig Prozent Transpiration zusammensetzt, dann wiegen in Chaplins Fall diese neunzig Prozent weit schwerer. So hartnäckig wie er hat wohl nie jemand versucht, das Beste aus sich herauszuholen.

Angesichts seiner legendären Geheimnistuerei zu seinen Lebzeiten erscheint es paradox, daß Chaplin eine umfassendere Dokumentation der Prozesse seines kreativen Schaffens hinterlassen hat als irgendein anderer Filmemacher seiner Generation (oder besser Generationen, denn Chaplins gesamtes Arbeitsleben erstreckt sich über acht Jahrzehnte). Schon deshalb schien es wichtig, diese Arbeitsprozesse in diesem Buch gründlich zu beleuchten. Der Leser muß selbst beurteilen, ob Chaplin zu Recht befürchtet hat, daß die tägliche Arbeit selbst eines genialen Komikers zu stumpfsinnig ist, um interessant zu sein.

Die Arbeitsnotizen, die Studioakten, die dem Schnitt zum Opfer gefallenen Sequenzen und die ersten Kopien, die erhalten geblieben sind, zeigen uns, was Chaplin über seine Methoden und seinen unverwüstlichen Fleiß bei der Suche nach Perfektion nicht offenbaren wollte. In einem Teil dieses Buches wird nachvollzogen, wie Chaplin seine Komik geschaffen hat, werden die langen, schmerzhaften Prozesse beleuchtet, die erforderlich waren, um Handlungen und Gags auszufeilen und ihnen den letzten Schliff zu geben; die eher technischen Probleme mit Geldmitteln, Studios, Geräten, Kulissenaufbauten; die Wahl der Mitarbeiter und die wechselseitigen Beziehungen; die endlosen Wiederholungen, Durchläufe, Proben, das Drehen, Nachdrehen, Verwerfen,

Überarbeiten; und zu guter Letzt das monatelange Schneiden, bis das Endprodukt nichts mehr von all der Mühe und Arbeit verrät, sondern so einfach und natürlich wirkt »wie über Steine fließendes Wasser«, wie Alistair Cooke es einmal ausgedrückt hat.

Als ich mit diesem Buch begann, wollte ich eigentlich nur über Chaplins Arbeit schreiben. Seine persönliche Lebensgeschichte schien schon oft genug dokumentiert, und auf den ersten Blick sah es so aus, als ließen sich diese zwei Seiten seines Lebens eindeutig auseinanderdividieren. Chaplin selbst beschrieb, wie er sein Leben aufteilte. Wenn er an einem Film arbeitete, ließ ihm seine kreative Konzentration keine Zeit für etwas anderes. Sehr bald wurde jedoch klar, daß sich Chaplins Leben in Wirklichkeit nicht so einfach aufteilen ließ. Sein Kopf, erklärte ein Mitarbeiter, war die reinste Rumpelkammer, wo alles, was irgendwann einmal von Nutzen sein konnte, vorsorglich aufbewahrt wurde. Möglich, daß er sein Privatleben vergaß, wenn er arbeitete; seine Arbeit vergaß er nie. Immer wieder wird deutlich, wie er Menschen, Ereignisse und Gefühle aus seinem privaten Leben in seinen Filmen verarbeitet.

Leser, die vom Biographen erwarten, daß er post-freudianische Interpretationen für alles und jedes liefert, werden wohl nicht auf ihre Kosten kommen. Ich persönlich habe nichts übrig für diesen Stil von Biographie; ich sehe mich außerstande, Psychoanalyse zu betreiben, und außerdem glaube ich, daß Chaplins einzigartige Lebensgeschichte derlei Versuche vereiteln würde. Schon seine Kindheit, die sich aus Erfahrungen zusammensetzt, die wenige Menschen überhaupt begreifen, geschweige denn teilen können, und die mit einer über das normale Maß hinausgehenden Empfindsamkeit erlebt wurde, mußte sich auswirken auf seine Einstellung gegenüber Menschen, Arbeit, Geld, Ehefrauen, Familie, Politik, sich selbst. Und dann war er Schauspieler, mit der Fähigkeit des Schauspielers, immer einen Schritt voraus zu sein, der Gabe, seine Persönlichkeit dem jeweiligen Anlaß und den Menschen, mit denen er es zu tun hatte, anzupassen. Sein schillernder Charakter hat oft Verwirrung gestiftet. Menschen, die ihn gut genug kannten, um sich eine Meinung bilden zu können, haben ihn als bescheiden bezeichnet, als eitel, verschwenderisch, gemein, großzügig, scheu, angeberisch, rücksichtslos, schüchtern, großherzig, geduldig, ungeduldig... Höchstwahrscheinlich war er alles zusammen. Vielleicht war es sogar die bemerkenswerteste Errungenschaft seines Lebens, nicht unfehlbar zu sein und erkennbar menschlich zu bleiben, obwohl er so verehrt, ja auf der Höhe seines Ruhms fast schon vergöttert wurde; obwohl er in der Öffentlichkeit auf Ablehnung stieß, die genau so heftig war wie die Zuneigung, die man ihm entgegenbrachte; obwohl er die dramatischste aller »Vom-Tellerwäscher-zum-Millionär-Geschichten« durchlebt hat, von der man je gehört hat. Es ist kein Wunder, daß er ein komplexes Wesen war. Und wieviel wir auch über Chaplins Leben und Denken erfahren mögen, so wird es doch nie leicht sein, ihn zu erklären. Aber wir können versuchen, ihn zu verstehen.

Danksagungen

Mein Dank gilt natürlich zuallererst Lady Chaplin, die mir freien Zugang zu Sir Charles' Arbeitspapieren ließ, ohne mir dabei die Beschränkungen aufzuerlegen, die mit einer »autorisierten« Biographie – um die es sich hier nicht handelt – einhergehen. Auch ihren Kindern danke ich für ihre Großzügigkeit und Geduld. Es ist in wesentlichem Maße dem Drängen von Victoria Chaplin, ihrem Mann Jean-Baptiste Thierrée und deren Freund David Gothard zu verdanken, daß ich es unternahm, dieses Buch zu schreiben. Und ohne die rückhaltlose Unterstützung von Miss Rachel Ford, die das Chaplin-Archiv leitete und betreute, sowie Madame Pam Paumier, ihrer Assistentin in Paris, wäre es nie zustande gekommen. Ich wußte das Entgegenkommen und die Herzlichkeit des Hauspersonals – Renato, Gino, Mirella, Fernanda und »Kay-Kay« McKenzie – bei meinen Aufenthalten in Vevey sehr zu schätzen.

Jerry Epstein war für mich wohl das wichtigste persönliche Bindeglied zu Chaplin. Er war Chaplins Produzent und Assistent und ist inzwischen mein Agent geworden. Viel wichtiger ist jedoch, daß ich, genau wie Chaplin, in den Genuß seiner wunderbaren Freundschaft kam. Er hat mich jahrelang immer wieder ermutigt, dieses Buch in Angriff zu nehmen, bis ich mich schließlich dazu entschloß, zur Feder zu greifen.

Kevin Brownlow und David Gill haben mir ihr Material, das sie im Verlauf ihrer jahrelangen Recherchen für ihre unvergleichliche Fernsehserie *Unknown Chaplin* bergeweise gesammelt haben, freimütig zur Verfügung gestellt und sind damit über das gewöhnliche Maß an Freundschaft und wissenschaftlicher Kollegialität weit hinausgegangen. Buchstäblich jede Woche fand ich einen in Brownlows sorgfältiger Handschrift adressierten Umschlag im Briefkasten, der irgendeine neue Entdeckung aus seinen unerschöpflichen Quellen enthielt. Mit ebenso großem Einsatz haben meine Freunde Al und Candy Reuter seltene Standfotos und Plakate für mich ausfindig gemacht, die in der Chaplin-Sammlung nicht enthalten sind. Inman Hunter hat mir die Schätze seiner Privatsammlung bereitwillig zur Verfügung gestellt, einschließlich der Papiere von Edna Purviance, die sich jetzt in seiner Verwahrung befinden.

Harold Manning und David Clegg, die in der städtischen Bücherei von Birmingham jahrelang öffentliche Archive und die Bände von *The Era* durchforstet haben, bin ich für diese Pionierleistung zu besonderem Dank verpflichtet. Mr. Manning ist der vitalste Neunzigjährige, der mir je begegnet ist, mit einem Schatz lebhafter Theatererinnerungen, die bis zu seiner ersten Weihnachtspantomime im Jahr 1899 zurückreichen. Zudem ist er ein gewissenhafter und unermüdlicher Gelehrter, dessen Rat für mich von unschätzbarem Wert war.

Recherchen im Archiv des Greater London Record Office haben viel neues Material über Chaplins Kindheitsjahre zutage gebracht, und hier gilt mein besonderer Dank Mr. Alan Neate, dem Record Keeper for the Director-General, der über die Jahre jeden Hinweis auf Chaplin sorgfältig vermerkt hat. Mr. Neate machte mich auch auf das von Mrs. Weston entdeckte Dokument über die Erwachsenentaufe von Hannah Chaplin und ihrem Vater aufmerksam.

Darüber hinaus bin ich vielen anderen Personen in diesem Land zu besonderem Dank verpflichtet, so Roy Waters, der mich bei meinen Recherchen zu *Sherlock Holmes* unterstützt und mir seltene Fotos aus seiner Sammlung geliehen oder überlassen hat; Peter Cotes, dessen Buch *The Little Fellow*, das er zusammen mit der verstorbenen Thelma Niklaus geschrieben hat, nach wie vor als eine der besten Arbeiten über Chaplin anzusehen ist; Colin Sorenson vom Museum of London, der mich über jedes Stück ›Chapliniana‹ informiert hat, das ihm unter die Augen kam; Tony Barker für Material über die Music Halls; John Whitehorn von Francis, Day and Hunter für die Datierung der Songs von Charles Chaplin Senior; Bill Douglas und Peter Jewell für Rat und Bildmaterial; Ken Wlaschin, der mit seinen Adleraugen immer wieder einen Hinweis, eine Postkarte oder Noten entdeckt hat; Miss Kathleen Saintsbury für ihre Berichte über ihren Vater; Mrs. Fred Karno junior für ihre Erinnerungen an die Karno-Truppen. Ich danke auch dem Garrick Club und seinem Bibliothekar Dr. Geoffrey Ashton dafür, daß man mir gestattete, im Club-Archiv die Bände von *The Era* einzusehen; und mein besonderer Dank gilt Pauline Mason (geb. Chaplin) für ihre Familienerinnerungen.

In den Vereinigten Staaten gilt mein tiefster Dank Mark Stock, dem hingebungsvollsten Chaplinanhänger, den ich kenne. Er ließ mir in Hollywood jede nur erdenkliche Hilfe zuteil werden. Marc Wannamaker, der mich durch die kalifornische Wildnis fuhr und mir hilfreiche Tips und Fotos gab, war mir ebenfalls eine große Hilfe. Paul und Betty Tetrick brachten mir ihre großzügige Gastfreundschaft entgegen und berichteten wunderbar lebendig vom Leben im Chaplin-Studio. Sie liehen mir auch seltene und kostbare Fotos. Außerdem machten sie mich mit Wyn Ray Evans bekannt, die über detaillierte und faszinierende Erinnerungen an die Karno-Zeiten ihrer Eltern und an ihre eigenen Begegnungen mit Hannah Chaplin verfügte.

Mit mehreren ehemaligen Mitarbeitern Chaplins konnte ich lange Gespräche führen: mit Hans Koenekamp, der die Kamera führte, als Chaplin zum ersten Mal in seinem berühmten Kostüm auftrat; mit Georgia Hale, der wunderbaren Hauptdarstellerin von *The Gold Rush*; mit Eugene Lourié, dem großen Bühnenbildner, der bei *Limelight* für die Ausstattung zuständig war. Ich verbrachte einen denkwürdigen Tag mit Dan James in seinem Horst am Klippenrand in Carmel. Anthony Coogan erzählte mir von seinem Vater, und Steve Totheroh von seinem Großvater. Ich konnte auch mit Virginia Cherrill Martini reden, Chaplins Hauptdarstellerin in *City Lights*; mit Lita Grey Chaplin; mit David Raksin; mit Tim Durant; mit Dean Riesner (der das ungezogene Kind in *The Pilgrim* spielte) und mit der neunzigjährigen Nellie Baker, Chaplins erster Studiosekretärin.

Ganz besonders möchte ich Charles Mandelstam in New York dafür danken, daß er mir die FBI-Akte über Chaplin so rechtzeitig zugänglich machte, daß ich sie in diesem Buch auswerten konnte.

Embleton, Northumberland
Juni 1984

Der Verlag dankt den Übersetzern Brigitte Mentz und Matthias Müller für die sorgfältige Aktualisierung und Erweiterung vieler Angaben und für ihre wertvolle Mithilfe bei der Ergänzung des Bildteils.

Stammbaum der Familie Chaplin

Tafel 1

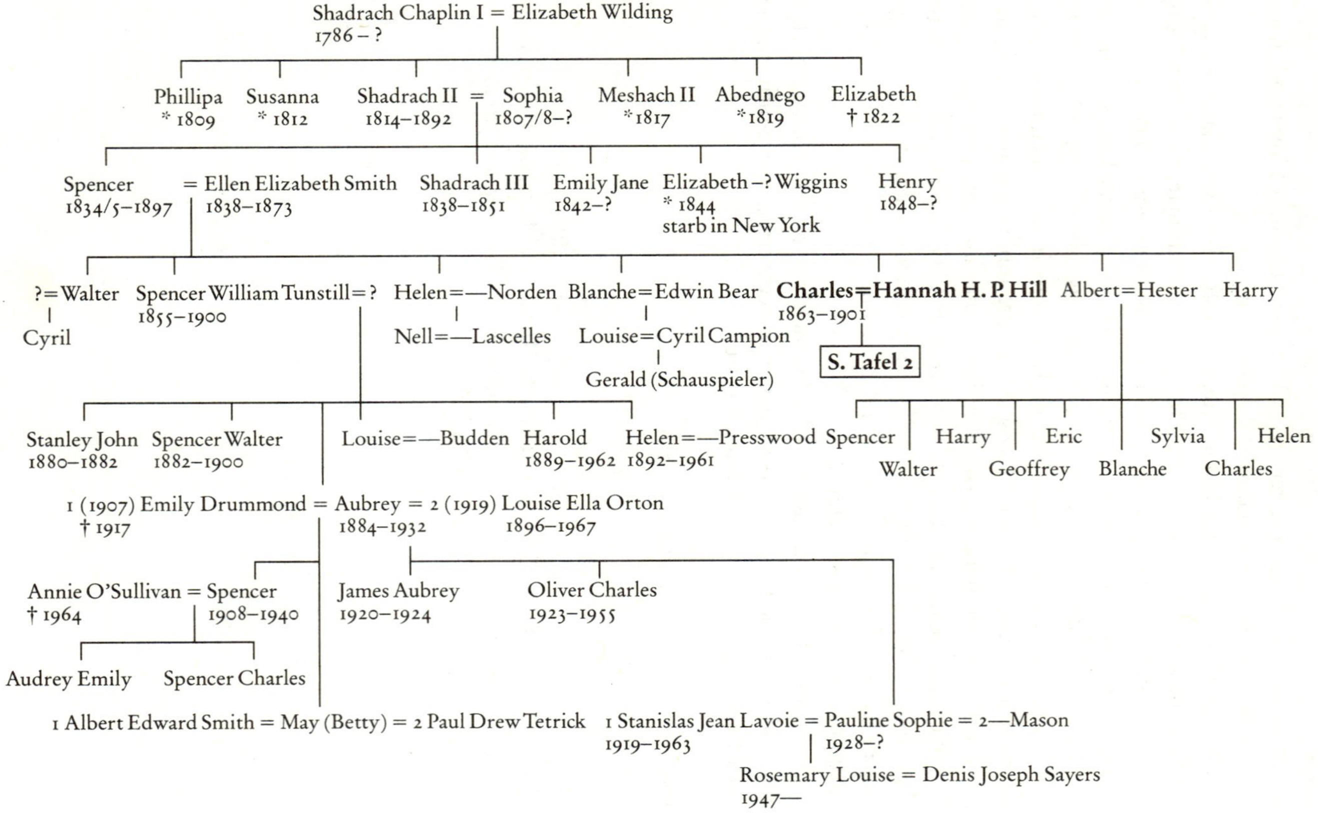

Tafel 2

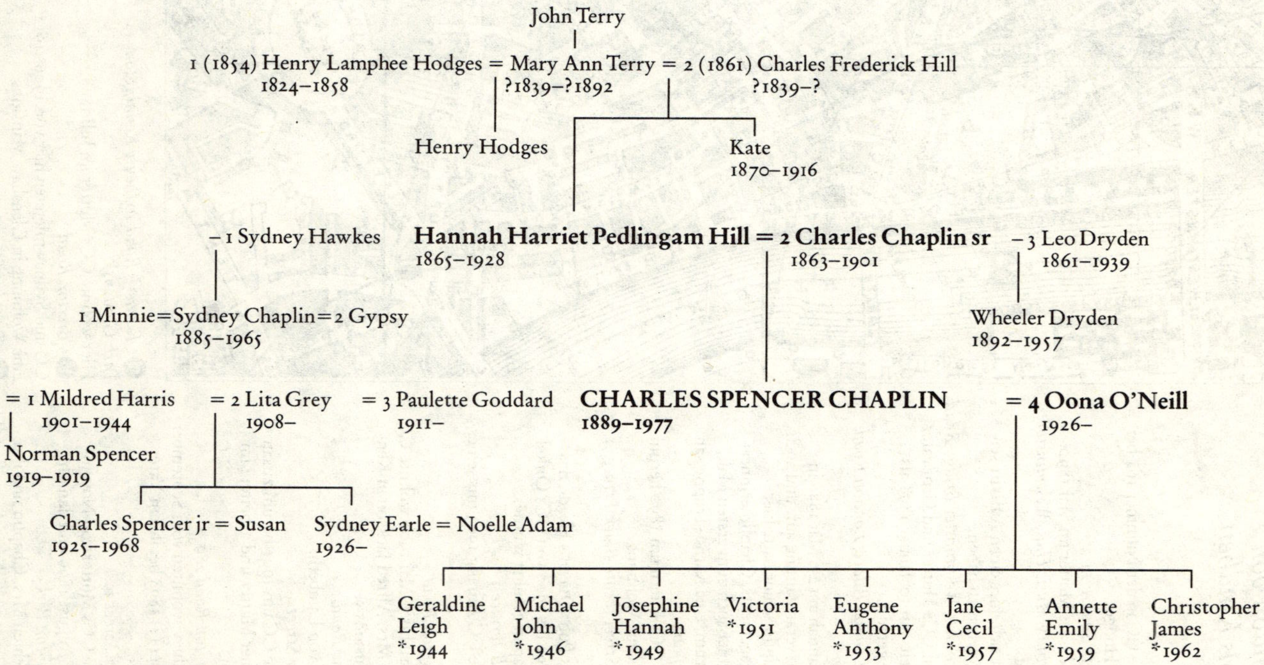
John Terry
1 (1854) Henry Lamphee Hodges = Mary Ann Terry = 2 (1861) Charles Frederick Hill
1824–1858
?1839–?1892
?1839–?
Henry Hodges
Kate
1870–1916
– 1 Sydney Hawkes
Hannah Harriet Pedlingam Hill = 2 Charles Chaplin sr
1865–1928
1863–1901
– 3 Leo Dryden
1861–1939
1 Minnie=Sydney Chaplin=2 Gypsy
1885–1965
Wheeler Dryden
1892–1957
= 1 Mildred Harris
1901–1944
= 2 Lita Grey
1908–
= 3 Paulette Goddard
1911–
CHARLES SPENCER CHAPLIN
1889–1977
= 4 Oona O'Neill
1926–
Norman Spencer
1919–1919
Charles Spencer jr = Susan
1925–1968
Sydney Earle = Noelle Adam
1926–
Geraldine Leigh *1944
Michael John *1946
Josephine Hannah *1949
Victoria *1951
Eugene Anthony *1953
Jane Cecil *1957
Annette Emily *1959
Christopher James *1962

Das London von Chaplins Kindheit

1 *York Road*
1895 wohnte CC in der Nummer 164 bei der Familie Hodges.

2 *Lambeth Square 14*
Hier wohnte CCs Mutter im Mai 1890.

3 *Canterbury Music Hall, Westminster Bridge Road*
CC erinnert sich, hier einen Auftritt seines Vaters gesehen zu haben.

4 *Christchurch, Westminster Bridge Road*
Hier wurden CCs Mutter und Großvater väterlicherseits am 10. Januar 1898 als Erwachsene getauft.

5 *South London Palace, London Road 92, Lambeth*
Hier trat Hannah am 27. Mai 1886 in einer Benefizveranstaltung auf, und auch Charles Chaplin senior hatte hier häufige Engagements. Chaplin erinnert sich, daß er hier auch zum ersten Mal, um 1903 herum, eine Karno-Truppe sah.

6 *West Square*
Hier hatten CCs Eltern um 1890 herum eine gemeinsame Wohnung.

7 *Broad Street (heute Black Prince Road)*
Standort des Pub ›Queen's Head‹, das etwa von 1890 bis 1900 von CCs Onkel Spencer Chaplin geführt wurde.

8 *Pownall Terrace 3*
Hier wohnte CC Anfang 1903 mit seiner Mutter.

9 *Kennington Road*
Vom 23. April bis 3. Mai 1900 wohnte CC bei Mr. und Mrs. Alfred Jackson in Kennington Mansions 5.

10 *Renfrew Road*
Armenhaus von Lambeth.

11 *Chester Street*
Hier wohnte CC um 1901 herum zusammen mit seiner Mutter und arbeitete im Friseurladen.

12 *Kennington Road 289*
CC und Sydney wohnten vom September bis November (?) 1898 bei ihrem Vater und ›Louise‹.

13 *Methley Street 39*
Hier wohnte CCs Mutter von November 1898 bis August 1899 und danach.

14 *Kennington Park*
Hier verbrachten Mrs. Chaplin und ihre Söhne im August 1898 ihren ›Ausreißer‹-Tag aus dem Armenhaus.

15 *Farmer's Road 10 (heute Kennington Park Gardens)*
Hier wohnte CCs Mutter im Juli 1898.

16 *Brixton Road*
CC und Sydney mieteten hier von 1906–1912 eine Wohnung in Glenshaw Mansions.

17 *Brandon Street 57*
Hier wohnten CCs Eltern zum Zeitpunkt

von Sydney Chaplins Geburt (16. März 1885) und ihrer Heirat (22. Juni 1885).

18 *St. John's Church, Larcom Street*
Hier heirateten CCs Eltern am 22. Juni 1885. Hier wurde auch Sydney getauft.

19 *Camden Street 11 (heute Morecambe Street)*
Hier wohnten CCs Großeltern mütterlicherseits zur Zeit von Hannah Chaplins Geburt im Jahr 1865.

20 *Camden Street 68*
Hier wohnten CCs Eltern im März 1890.

21 *East Street*
CC glaubt, daß er hier am 16. April 1889 geboren wurde.

The Cradle.

On the 15th ultimo, the wife of Mr Charles Chaplin (*nee* Miss Lily Harley), of a beautiful boy. Mother and son both doing well. Papers please copy.

Chaplins erste Pressenotiz –
The Magnet vom 11. Mai 1889.
Im Gegensatz zu dieser Meldung
feierte Chaplin seinen Geburtstag
immer am 16. April.

I

Kindheit in London

Die Chaplins lebten über Generationen in Suffolk. Der Name läßt vermuten, daß sie von Hugenotten abstammen, die sich sehr zahlreich in East Anglia niedergelassen hatten. Chaplins Ururgroßvater, Shadrach Chaplin, geboren 1786, war der Dorfschuster von Great Finborough in Suffolk. Wie seine Vorfahren hatte Shadrach eine Schwäche für alttestamentliche Namen, so daß der Stammbaum der Chaplins sich wie ein biblisches Ahnenregister ausnimmt. Shadrach zeugte, neben drei Töchtern, Shadrach II (1814), Meshach (1817) und Abednego (1819). Shadrach II heiratete eine sieben Jahre ältere Frau namens Sophia aus Tunstall in Staffordshire. In der Folge wurde es bei Chaplins Brauch, Kindern den zweiten Vornamen ›Tunstall‹ zu geben, obwohl daraus je nach Gemeindeschreiber manchmal ›Tunstill‹ wurde.[1]

1851 wird Shadrach II als ›Meisterbrauer‹ bezeichnet. Er lebte damals in der Carr Street in Ipswich[2], wo er ein Gasthaus mit eigener Schweinemetzgerei gründete. Er hat es wohl auf keinen grünen Zweig gebracht, denn Anfang der siebziger Jahre hängte er das Gaststättengeschäft an den Nagel und trat als Schuh- und Stiefelmacher in die Fußstapfen seines Vaters. Diesem Gewerbe ist er dann wohl bis zu seinem Tode im Jahre 1892 nachgegangen. Seine Ausrüstung, das Schuhmacherwerkzeug und die stattliche Summe von 144 Pfund hinterließ er seiner Frau.[3] Die arme Sophia konnte sich dieser Erbschaft nur sehr kurze Zeit erfreuen, da sie ihren Mann um nur einen Tag überlebte.

Shadrach II zeugte selbstverständlich Shadrach III, aber dessen ältester Sohn – der Großvater des großen Charles Chaplin, der 1834 oder 1835 geboren wurde – erhielt einmal zur Abwechslung den Namen Spencer. Spencer erlernte den Metzgerberuf. Und es war Spencer, der den ersten Hauch von Romantik in die Geschichte der Chaplins brachte, denn am 30. Oktober 1854 heiratete der Minderjährige in der Gemeindekirche von St. Margaret in Ipswich eine siebzehnjährige Zigeunerin namens Ellen Elizabeth Smith.[4] Zu den Trauzeugen gehörte der Vater des Mädchens, der Analphabet war, aber keiner aus der Familie Chaplin, was darauf schließen läßt, daß man nicht glücklich war über diese Verbindung. Ellen Elizabeth starb 1873 im Alter von fünfunddreißig Jahren.[5] Von ihr existiert keinerlei Fotografie, wir können also nur spekulieren, daß das eindrucksvolle Äußere, diese pechschwarzen Haare und diese schönen Augen, die bei den Chaplins weitervererbt wurden, von ihr stammte. Die Heirat mag überstürzt erfolgt sein, da das erste Kind des Paares, William Spencer Tunstill *(sic)*, bereits acht Monate später, im Juni 1855, in Ipswich zur Welt kam.[6] Kurz nach diesem Ereignis zogen die Chaplins nach London. Spencer arbeitete weiter als Metzgergeselle, sollte aber später, in den neunziger Jahren, Gastwirt werden und Eigentümer des Davenport Arms am Radnor Place in Paddington. Am 18. März 1863 wurde in der Orcus Street 22 in Marylebone der zweite Sohn, Charles, geboren.[7] Dieser Charles war der zukünftige Vater des berühmten Charles Chaplin.

Im hohen Alter erhielt Sir Charles Chaplin von einer Verehrerin ein altes Poesiealbum, das ihr in die Hände gefallen war. Eingeklebt war ein Fleißkärtchen, das Charles Chaplin im Jahr 1874 in der vierten Klasse der St. Mark's Schools von Notting Hill erhalten hatte.[8] Die Schulakten existieren nicht mehr, wir können also über diesen Charles Chaplin keine weiteren Einzelheiten in Erfahrung bringen, die bestätigen könnten, daß es sich tatsächlich um Chaplins Vater gehandelt hat. Die St. Mark's Schools in der Lancaster Road waren nur etwa eine Meile von den beiden einzigen Adressen entfernt, die von Großvater Spencer Chaplin bekannt sind. 1874 wäre Charles Chaplin senior zehn oder elf Jahre alt gewesen, das richtige Alter für einen Viertkläßler. Außerdem findet sich in den Geburtenregistern der Jahre 1862 bis 1864 kein Anhaltspunkt dafür, daß es in London und Umgebung irgendeinen anderen gleichnamigen Anwärter auf diese Anerkennung gegeben hat. Alles scheint also dafür zu sprechen, daß es sich bei jenem fleißigen Schüler, der auf diese Weise ausgezeichnet wurde, tatsächlich um Charles Chaplin handelte.

Abgesehen von diesem flüchtigen, reizvollen Einblick sind die jungen Jahre des älteren Charles in Dunkel gehüllt, bis er im Alter von zweiundzwanzig Chaplins Mutter, Hannah Hill, kennenlernt und heiratet.[9] Die Hills waren wohl von noch bescheidenerer Herkunft als die Chaplins. Hannahs Vater, Charles Frederick Hill, wurde am 16. April 1839 als Sohn eines Maurers geboren – auf den Tag fünfzig Jahre vor seinem berühmten Enkel. In der Familie wurde behauptet, daß er aus Irland stamme, wobei allerdings anzumerken ist, daß er offenbar Zeit seines Lebens Protestant war. Er hatte das Schusterhandwerk gelernt und arbeitete sein ganzes Leben lang als Schustergeselle. Wenn man bedenkt, daß reparaturbedürftige Latschen einmal Charlie Chaplins

Markenzeichen werden sollten, ist es schon eigenartig, daß so viele seiner Vorfahren sich von Berufs wegen mit der Herstellung und der Reparatur von Schuhwerk befaßten.

Mit den Hills verlagert sich die Chaplin-Story nach Süd-London. Am 16. August 1861 heiratete Charles Hill, der damals in Lambeth Walk wohnte, Mary Ann Hodges.[10] Beide waren schon einmal verheiratet gewesen. Von Charles Hills erster Frau ist nichts bekannt; aber Mary Anns erste Ehe sollte für die frühen Jahre des jüngeren Charles Chaplin einige Relevanz haben. Hinsichtlich ihres gesellschaftlichen Status scheint Mary Ann ihrem zweiten Mann um einiges überlegen gewesen zu sein. Ihr Vater, John Terry, war kaufmännischer Angestellter. Am 15. Mai 1854 hatte sie Henry Lamphee Hodges geheiratet, einen Schildermaler und Marmorierer.[11] Nach viereinhalbjähriger Ehe fiel der arme junge Hodges jedoch von einem Omnibus und erlitt eine tödliche Gehirnerschütterung.[12]

Als sie Charles Hill heiratete, brachte Mary Ann einen fünf Jahre alten Sohn von Hodges mit in die Ehe. Der Sohn hieß ebenfalls Henry. Vier Jahre später wurde in der Camden Street 11 eine Tochter geboren und auf den Namen Hannah Harriet Pedlingham Hill getauft.[13] Eine zweite Tochter, Chaplins Tante Kate, folgte am 18. Januar 1870.[14]

Allem Anschein nach konnte Charles Hill seiner Familie mit seiner Schuhmacherei kein besonders geruhsames Leben verschaffen, denn sie wechselten ihren Wohnsitz mit verwirrender Häufigkeit – blieben dabei allerdings immer in Lambeth oder Southwark. Zur Zeit der Volkszählung von 1871 wohnten sie in der Beckway Street 77 in Walworth. Im Register erscheinen sie als Charles Hill, 32 Jahre, Flickschuster, seine Frau, Mary Ann Hill, 32 Jahre, Schustergehilfin, ihr Sohn Henry, 15 Jahre, Schuhmacher, ihre Tochter Harriett (Hannah), 5 Jahre, und Kate, 1 Jahr.[15]

Der Stiefbruder, genannt »der junge Harry«, blieb bei seinen Leisten, und Hannah und Kate wuchsen zu ausnehmend attraktiven Frauen heran. Wie es in den Music Hall-Songs der damaligen Zeit so gern besungen wurde, lauerten in den Straßen Londons unzählige Gefahren für junge Mädchen. Hannah wurde schwanger. Später erzählte sie dann ihren Söhnen, daß sie sich mit einem reichen Buchmacher namens Hawkes nach Südafrika davongemacht habe, aber ob diese Reise wirklich stattfand, ja ob es diesen Mr. Hawkes wirklich gab, läßt sich heute nicht mehr feststellen. Fest steht nur, daß Hannah am 16. März 1885 einen Jungen zur Welt brachte, der den Namen Sidney John erhielt. Bei der Registrierung der Geburt und auch bei der Taufe in der St.

John's Church in der Larcom Street taucht der Name des Vaters nicht auf. Sidney John sollte nicht lange vaterlos bleiben.*

Die Entbindung fand in der Brandon Street 57 statt[16], im Hause von Joseph Hodges, einem Gemischtwarenhändler, höchstwahrscheinlich der Bruder des unglückseligen Hodges, der vom Omnibus gestürzt war.[17] Die Vermutung liegt nahe, daß Hannah die elterliche Wohnung verlassen und beim ehemaligen Schwager ihrer Mutter Unterschlupf gefunden hatte. Irgendwann quartierte sich dann Charles Chaplin senior in Joseph Hodges Haus ein, und knapp vierzehn Wochen nach Sydneys Geburt heirateten Charles Chaplin und Hannah Hill. Beide gaben als Adresse Brandon Street 57 an. Mary Ann Hill, die Mutter der Braut, erschien bei der Trauung in der St. John's Church in der Larcom Street in Walworth als Trauzeugin.[18]

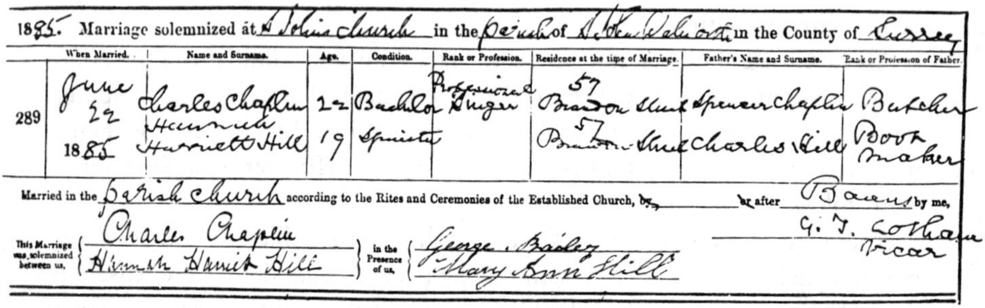

1885. Marriage solemnized at St John's Church in the Parish of St John Walworth in the County of Surrey

	When Married.	Name and Surname.	Age.	Condition.	Rank or Profession.	Residence at the time of Marriage.	Father's Name and Surname.	Rank or Profession of Father.
289	June 22 1885	Charles Chaplin	22	Bachelor	Professional Singer	57 Brandon Street	Spencer Chaplin	Butcher
		Hannah Harriett Hill	19	Spinster		57 Brandon Street	Charles Hill	Boot maker

Married in the Parish Church according to the Rites and Ceremonies of the Established Church, by or after Banns by me,

G. T. Cotham Vicar

This Marriage was solemnized between us, Charles Chaplin, Hannah Harriett Hill

in the Presence of us, George Bailey, Mary Ann Hill

1885 – Heiratsurkunde von Charles Chaplin senior und Hannah Harriett Hill.

Auf dem Trauschein bezeichnet sich Charles Chaplin als »Berufssänger«. Es gibt jedoch keinerlei Hinweis darauf, daß Charles oder Hannah vor ihrer Heirat eine Laufbahn als hauptberufliche Unterhaltungskünstler eingeschla-

* Die Frage nach der richtigen Schreibweise des Namens von Chaplins älterem Bruder läßt sich nicht endgültig klären. Getauft wurde er »Sidney«, aber in den Akten der Gemeindebehörden und Institutionen wird sein Name gewöhnlich »Sydney« geschrieben. Während seiner Zeit bei Karno heißt er in bunter Vielfalt Sidney, Sydney, Sid und Syd. Als Erwachsener schrieb er sich Sydney-Sidney mit »y«, aber Charles schrieb den Namen seines Bruders stets mit »i«. (Angeblich waren Chaplin und seine damalige Frau Lita Grey sich nicht einig darüber, wie der Name ihres Sohnes Sydney Earle Chaplin zu schreiben sei, weil Chaplin das »y« für prätentiös hielt. In der heutigen Chaplin-Familie gilt die Schreibweise »Sidney« für den Onkel und »Sydney« für den Neffen.) In diesem Buch wird im Haupttext die Schreibweise mit »y« verwendet und in den zitierten Textstellen jeweils die vom Autor benutzte.

gen hätten. Auf jeden Fall werden in *The Era*, der Wochenzeitschrift der Britischen Bühnenkünstler, in der alle Bühnenproduktionen verzeichnet wurden, vor 1886 (Hannah) bzw. 1887 (Charles) keinerlei Auftritte der beiden erwähnt. Keine Vorgeschichte oder Familientradition liefert uns Anhaltspunkte dafür, warum diese beiden jungen Leute, die zuvor nie etwas mit dem Show-Geschäft zu tun gehabt hatten, in den Bann des Theaters gerieten. Es war allerdings nicht weiter verwunderlich, daß die Music Halls eine Anziehungskraft für junge Leute besaßen, die gut aussahen und vielleicht sogar etwas Talent hatten. Damals begann gerade die große Ära der Music Halls in Großbritannien. In London war das London Pavilion gerade großzügig umgebaut worden, das Alhambra hatte sich eben erst als Varieté-Haus etabliert, und das Empire am Leicester Square sollte 1887 eröffnet werden. Insgesamt besaß London im Jahr 1886 sage und schreibe sechsunddreißig Music Halls unterschiedlicher Qualität, und im übrigen Land gab es zwischen Aberdeen und Plymouth nicht weniger als 234 Hallen mit wöchentlichen Programmen, die es zu füllen galt. Allein in Dublin gab es neun Music Halls, in Liverpool acht und in Birmingham sechs. Es boten sich ungeheuer viele Möglichkeiten. Das war in Lambeth vielleicht noch offensichtlicher als in irgendeinem anderen Viertel Londons. Der erste Music Hall-Agent, Ambrose Maynard, hatte 1858 seine Büros in der Waterloo Road eröffnet, und kurz darauf zog er in die York Road, wohin ihm bald die Konkurrenz folgte. Die York Road ging in die Westminster Bridge Road über, wo die Canterbury und Gatti's Music Halls standen. Südlich der Westminster Bridge Road schloß sich die Kennington Road an, mit einer ganzen Reihe von Pubs: The Three Stags, The White Horse, The Tankard und vor allem The Horns. Allesamt beliebte Treffpunkte der Music Hall-Künstler. Sehr viele Künstler lebten in Kennington, doch die erfolgreicheren zogen das etwas schickere, im Süden angrenzende Brixton vor. Zweifellos waren Charles und Hannah Chaplin von dem Glamour der Music Hall-Stars, die sich allwöchentlich am Sonntagmorgen in den Pubs von Kennington einfanden, ebenso geblendet wie fünfzehn Jahre später ihr Sohn.

Sowohl Hannah als auch Charles waren offensichtlich begabt. Wenn Chaplin von der Nachahmungs- und Beobachtungsgabe seiner Mutter schwärmt, tut er das gewiß nicht nur aus Zuneigung zu ihr; er konnte Talent sehr genau beurteilen. Hannah hatte vielleicht einfach nur Pech. Womöglich entsprach ihr spezielles Talent nicht dem Zeitgeist. Ihre Karriere war kurz und nicht ruhmreich. Ihre nachweisbaren Auftritte fanden alle in kleinen Music Halls in der Provinz statt, und sie rangierte ganz unten auf dem Programm – »zwischen

Wein und Spirituosen«, wie es damals hieß, als die Music Halls oft auch noch Schankstätten waren, und auf dem Programm hinter den Namen der Künstler gleich die Preise der Getränke aufgedruckt waren. Aber wenn Hannahs Zeit als Music Hall-Künstlerin auch kurz war, so blieben ihr doch genügend glanzvolle Erinnerungen, mit denen sie in späteren Jahren die Phantasie ihrer Söhne, die sie anbeteten, anregen konnte.

Debütanten wie Hannah und Charles dürften in jener Zeit ihre Erfahrungen in der Publikumsunterhaltung bei Gelegenheitsengagements gesammelt haben, in den *»free-and-easies«*, den damaligen Musikkneipen, und in den Pubs, die ihren Gästen ein allabendliches Unterhaltungsprogramm boten. Hannah hatte ihre ersten öffentlich angekündigten künstlerischen Engagements Ende 1885, als sie im Star in Dublin auftrat. Inzwischen hatte sie auch einen Agenten, Frank Albert, und zu Beginn des neuen Jahres besaß sie soviel Zuversicht, daß sie ihre *professional card*, eine Werbeanzeige, in die *Era* setzen ließ. Diese *cards* sind seit mehr als einem Jahrhundert nicht aus den britischen Bühnenzeitschriften wegzudenken. Sie dienen dem Zweck, auf die Erfolge eines Künstlers aufmerksam zu machen, auf seine Verfügbarkeit oder schlicht und einfach auf seine Existenz.

Als Hannah ihre erste *card* für den 2. Januar 1886 in Auftrag gab, bestanden offenbar noch Zweifel bezüglich der Schreibweise ihres Künstlernamens. Das Inserat lautete:

That Charming little Chanter.
LILLIE HARLEY, just finished a most successful Engagement Star, Dublin. Now appearing with great success in BELFAST.
Agent, Frank Albert.

In der folgenden Woche lautete die Anzeige:

New Song, "He might have sent on the gloves," J. Bowers.
LILLIE HARLEY, just finished, grand success Nightly, Star, Dublin, and Buffalo, Belfast. SCOTIA, GLASGOW, Monday next.
Booking dates fast. Sole Agent, Frank Albert.

In der Woche darauf erschien dann Hannahs Künstlername in seiner endgültigen Fassung:

Die Elegante und Talentierte Künstlerin
LILY HARLEY
Hochgelobt von Veranstaltern, Publikum und Presse
Jede Woche zahlreiche Rezensionen
in verschiedenen Zeitungen
Erfreulicher Erfolg im SCOTIA GLASGOW
Ein paar gute Songs erforderlich. Agent F. Albert

Vielleicht war doch etwas mehr erforderlich als nur ein paar gute Songs, denn in der Folge verschwand Lily Harleys *card* oft für Wochen, und sie scheint nur sporadisch Engagements bekommen zu haben. Am 27. Mai 1886 trat sie (als Miss Lilly Harley) in London bei einem Benefizkonzert für William Bishop im South London Palace auf. Bei dieser Gelegenheit stand sie ziemlich am Ende eines Programms, dessen Stars Vesta Tilley, The Great Vance und Chirgwin waren. Doch noch weiter hinten kam als absolutes Schlußlicht die sechzehnjährige Marie Lloyd, die bald der größte Star der englischen Music Hall werden sollte. Im Herbst gab es dann eine Flut von Engagements (»Lily Harley – Die Eleganz in Person«) an der M'Farland's Music Hall in Aberdeen, der M'Farland's in Dundee und an The Folly in Glasgow. Danach hat es ein Ende mit *cards* und Engagements.

Der enttäuschende Verlauf ihrer eigenen Karriere muß Hannah besonders schmerzhaft getroffen haben angesichts des Erfolgs ihrer Freundin, »Dashing Eva Lester«, die eine Zeitlang beim selben Agenten war wie Hannah. Sie wurde als »Kaliforniens Königin und Englands Königin des Songs« groß herausgebracht und besaß eine Dreistigkeit, die Hannah völlig abging. Über ihren Auftritt im Metropolitan im September 1886 schrieb *The Era*: »Miss Eva Lester, eine der hübschesten und faszinierendsten tragikomischen Gesangskünstlerinnen, die wir haben. Für ihre witzigen Kapriolen erntete Miss Lester viel Applaus ...« In seiner Autobiographie erinnert sich Chaplin, wie er und seine Mutter an die zwölf Jahre später, als sie selbst gerade eine harte Zeit durchmachten, die arme Eva auf der Straße auflasen, eine kranke, verdreckte, kahlgeschorene Obdachlose. Der junge Charlie war entsetzt und schämte sich, mit ihr zusammen gesehen zu werden, aber die gutherzige Hannah säuberte sie gründlich und ließ sie bei sich übernachten.

Charles' Karriere kam langsamer in Gang als Hannahs, entwickelte sich dann aber vielversprechender. Er hatte sein erstes verbürgtes künstlerisches Engagement in der Woche von Königin Victorias Goldenem Jubiläum, am 20. Juni 1887, am Poly Variety Theatre.[19]

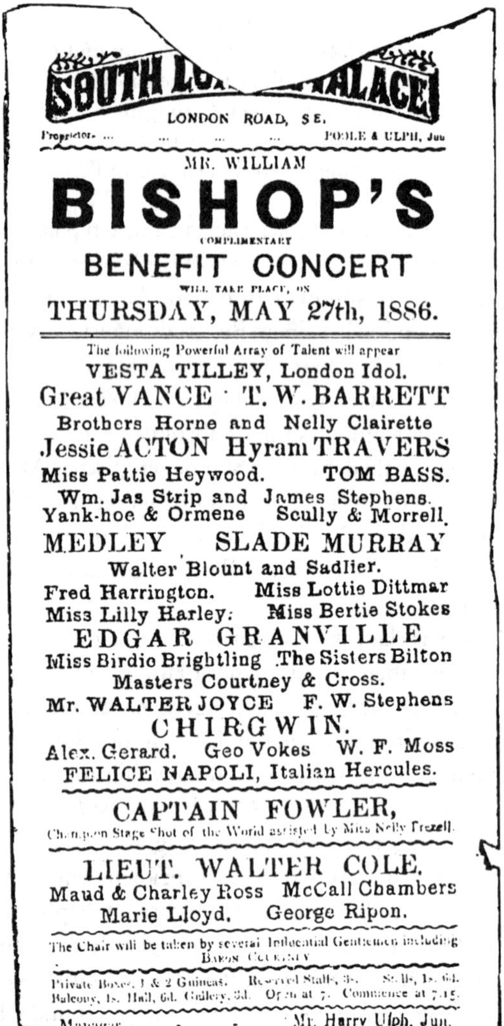
SOUTH LO... ...ALACE
LONDON ROAD, S.E.
Proprietor ... ... POOLE & ULPH, Jun
MR. WILLIAM
BISHOP'S
COMPLIMENTARY
BENEFIT CONCERT
WILL TAKE PLACE, ON
THURSDAY, MAY 27th, 1886.
The following Powerful Array of Talent will appear
VESTA TILLEY, London Idol.
Great VANCE · T. W. BARRETT
Brothers Horne and Nelly Clairette
Jessie ACTON Hyram TRAVERS
Miss Pattie Heywood. TOM BASS.
Wm. Jas Strip and James Stephens.
Yank-hoe & Ormene Scully & Morrell.
MEDLEY SLADE MURRAY
Walter Blount and Sadlier.
Fred Harrington. Miss Lottie Dittmar
Miss Lilly Harley. Miss Bertie Stokes
EDGAR GRANVILLE
Miss Birdie Brightling The Sisters Bilton
Masters Courtney & Cross.
Mr. WALTER JOYCE F. W. Stephens
CHIRGWIN.
Alex. Gerard. Geo Vokes W. F. Moss
FELICE NAPOLI, Italian Hercules.
CAPTAIN FOWLER,
Champion Stage Shot of the World assisted by Miss Nelly Frezell.
LIEUT. WALTER COLE.
Maud & Charley Ross McCall Chambers
Marie Lloyd. George Ripon.
The Chair will be taken by several Influential Gentlemen including
Private Boxes, 1 & 2 Guineas. Reserved Stalls, 3s. Stalls, 1s. 6d.
Balcony, 1s. Hall, 6d. Gallery, 3d. Open at 7. Commence at 7.15.
Manager - - Mr. Harry Ulph, Jun.

1886 – Programm für ein Benefizkonzert
im South London Palace,
unter Mitwirkung von Hannah Chaplin
(als Miss Lilly Harley)

Er begann als Imitator, entwickelte sich aber bald zum »dramatischen darstellenden Gesangskünstler«, wie man damals sagte, und kam beim Publikum sehr gut an. Er war ein gutaussehender Mann; sein Sohn sah ihm nicht besonders ähnlich. Chaplin beschreibt ihn als einen stillen, grüblerischen Mann mit dunklen Augen, und angeblich fand Hannah, er hätte Ähnlichkeit mit Napoleon. Seine Konterfeis auf den Deckblättern der Noten seiner Songerfolge zeigen ihn mit dunklen Augen, die trotz des breiten, aufgesetzten Lächelns etwas melancholisch wirken.

Charles verkörperte in seinen Songs mal einen Schürzenjäger, mal ein Schlitzohr oder einen normalen Ehemann und Vater, der sich mit Problemen herumschlug, die seinem Publikum nur allzu bekannt waren, sprich mit Schwiegermüttern, Wirtinnen, die die Miete kassieren wollen, meckernden Ehefrauen und schreienden Säuglingen. Am besten läßt sich sein Erfolg daran ablesen, daß der Musikverlag Francis, Day and Hunter zwischen 1890 und 1896 mehrere seiner Songerfolge veröffentlichte; sein Bild prangte stets groß auf dem Deckblatt. Diese Ehre ließ man Künstlern nur angedeihen, wenn der Verlag überzeugt war, daß ihr Ruf den Absatz ankurbelte. In diesen Jahren war Chaplin auf dem Höhepunkt seiner Karriere. Ohne jemals das Format von Zeitgenossen wie Herbert Campbell, Dan Leno, Arthur Roberts, Charles Coborn oder Charles Godfrey zu erreichen (mit dem er äußerlich verblüffende Ähnlichkeit gehabt haben soll), war er doch ein Star. Auch zu einem späteren Zeitpunkt seiner Karriere, im Jahr 1898, war er einer der Stars (mit den »Beograph« moving pictures) am New Empire Palace Theatre of Varieties in Leicester:

SEHR WICHTIGE UND WILLKOMMENE RÜCKKEHR
EINES DER GRÖSSTEN PUBLIKUMSLIEBLINGE VON LEICESTER
MR. CHARLES CHAPLIN
DARSTELLENDER GESANGSKÜNSTLER UND REVUEKOMIKER
MIT SEINEN NEUESTEN ERFOLGEN UND ALTEN LIEDERN
»DIE GUTEN ALTEN KUMPEL«

Doch all dies, und daneben noch viel Unglück, stand ihm am Dienstag, dem 16. April 1889 noch bevor, als sein erster Sohn Charles Spencer Chaplin zur Welt kam. Er hatte damals gerade ein einwöchiges Engagement an ›Professor‹ Leotard Boscos Empire Palace of Varieties in Hull.[20] Vielleicht hat Chaplin senior in späteren Jahren seinem Sohn Geschichten über den schillernden Pro-

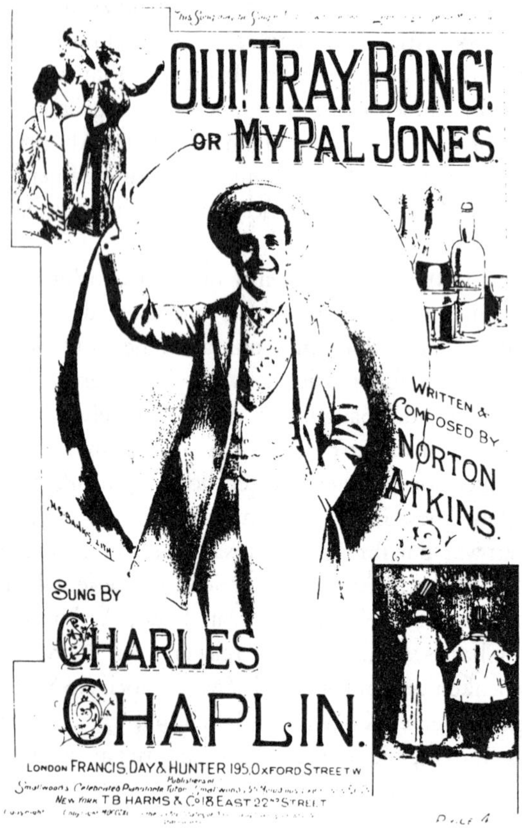

1893 – Notendeckblatt eines von
Charles Chaplin sr. gesungenen Songs

fessor Bosco erzählt, denn Chaplin benutzte diesen Namen zweimal für Figuren in seinen Filmen. Hannah, die werdende Mutter, war vermutlich zu Hause in London geblieben, um sich auf die Geburt ihres Kindes vorzubereiten.

Charles und Hannah haben es mit der Registrierung von Charles' Geburt nicht so genau genommen wie es bei Sydney der Fall gewesen war; und es hat Historikern und Biographen über Jahrzehnte hinweg zugesetzt, daß es keine offiziellen Geburtspapiere von Londons berühmtestem Sohn gibt. Dabei ist das eigentlich nichts Besonderes. Es konnte leicht passieren, vor allem bei Varieté-Künstlern, die (wenn sie Glück hatten) ständig von einer Stadt zur anderen zogen, daß man die Erledigung solcher Formalitäten vor sich herschob und sie schließlich ganz vergaß. Damals waren die Strafen für solche Unterlassungen weder streng noch wurden sie wirksam durchgesetzt. In den ersten Anfängen seines Kinoruhms behauptete Chaplin, in Fontainebleau, in Frankreich geboren zu sein. Gut möglich, daß das eine dieser bunten Geschichten war, mit deren Hilfe Hannah offenbar versucht hat, dem Leben ihrer Söhne einen etwas rosigeren Anstrich zu geben. Später war Chaplin davon überzeugt, daß er in der East Lane in Walworth zur Welt gekommen war, unweit von Sydneys Geburtsort in der Brandon Street.

Daß Chaplin von der ›East Lane‹ spricht, kennzeichnet ihn als einen typischen Bewohner von Walworth. Auf dem Stadtplan heißt die Straße seit eh und je ›East Street‹, aber für Leute aus der Gegend, wie Chaplin, war sie schon immer die ›East Lane‹. Unter Londonern wird eine Straße, in der Markt abgehalten wird, typischerweise ›Lane‹ genannt (wie auch ›Petticoat Lane‹ auf der anderen Seite des Flusses). Der Markt in der East Lane floriert heute immer noch so gut wie in Chaplins Kindheit. Aus unerfindlichen Gründen scheinen die Händler der East Lane einen besonders starken Hang zur Übertreibung zu haben, und die Speisen, die dort gekocht werden, sind vielseitiger und schärfer gewürzt als auf irgendeinem anderen Londoner Markt. Aus der Zeit von Chaplins Kindheit ist fast nichts mehr übriggeblieben, abgesehen von ein paar sündhaft teuren Geschäften am westlichen Ende und ›The Mason's Arms‹, einem Gebäude, dessen pompöse Pracht einen kleinen Jungen begeistert haben muß. Dennoch beschwören die Farbigkeit und die Vitalität, das bunte Durcheinander von Obst, Fisch, Pop-Musik und alten Klamotten eine Atmosphäre, die der von Chaplins London vielleicht ziemlich nahe kommt.

Chaplin erinnert sich, daß die Familie bald nach seiner Geburt in eine viel schickere Behausung am West Square umzog. Der West Square hat die Zerstörung der kleinen Straßen und ihres Lebens durch rücksichtslose Stadtsanierung irgendwie überlebt. Im Jahr 1890 muß er einem, genau wie heutzutage, wie eine seltsame Oase vorgekommen sein, inmitten einer ansonsten heruntergekommenen Gegend: ein eleganter, georgianischer Platz mit hohen Backsteinhäusern und einer Gartenanlage in der Mitte. Der Umzug war durch Charles Chaplins zunehmenden Erfolg möglich geworden. In den Monaten nach der Geburt seines Sohnes bekam er feste Engagements, und 1890/91 hielt der Musikverlag Francis, Day and Hunter ihn für eine derartige ›Zugnummer‹, daß er nicht weniger als drei seiner Song-Erfolge veröffentlichte – »As The Church Bells Chime«, »Every Day Life« und »Eh, Boys?«; letzterer wurde von John P. Harrington und George Le Brunn geschrieben, den »Gilbert and Sullivan des Varieté«, die auch die meisten größten Erfolgssongs von Marie Lloyd schrieben, einschließlich »Oh, Mr. Porter«.

Das Bildnis auf dem Titelblatt von »Eh, Boys«, der Sänger in Zylinder und Gehrock mit schlapper orangefarbener Schleife, zeigt eine gewisse Ähnlichkeit zwischen dem älteren und dem jüngeren Charles Chaplin. In einem der Verse – durch eine witzige Vignette auf dem Deckblatt illustriert – klingt bedrohlich ein echtes Familienproblem der Chaplins an:

When you're wed, and come home ›late-ish‹
Rather *too* late – boozy, too,
Wifey dear says, ›Oh, you *have* come!‹
And then turns her back on you;
Only gives you ›noes‹ and ›yesses‹,
Until, with a sudden bound,
She quite fiercely pokes the fire up,
And then spanks the kids all round.

CHORUS

We all of us know what *that* means – Eh, boys? Eh, boys?
We all of us know what that means – Eh, boys? Eh?
When first she starts to drat you,
And then throws something at you,
We all of us know what that means –
it's her playful little way.

Hast du'n Weib und kommst ›später‹ nach Haus
Reichlich zu spät – und beduselt dazu
Sagt dein lieb Frauchen: »Oh, wie schön, daß du kommst!«
Und schon kehrt sie den Rücken dir zu;
Hat nur ›Neins‹ und ›Jas‹ für dich
Springt dann auf wie angekohlt
Stochert wild im Feuer rum
Bevor sie deine Kids versohlt.

REFRAIN

Wir wissen alle, was das heißt – Was, Jungs? Was, Jungs?
Wir wissen alle, was das heißt – Was, Jungs? Was?
Wenn sie dich zuerst verflucht
Und dann Töpfe nach dir schmeißt
Wir wissen alle, was das heißt – das ist ihre neckische Art.

In den Music Halls grassierte der Alkoholismus. Die Halls waren aus Schank-Etablissements hervorgegangen, und die Manager erhielten immer noch einen wesentlichen Teil ihrer Einkünfte durch den Verkauf von Alkohol. Die Künstler mußten sich, wenn sie gerade nicht auf der Bühne standen, in den Bars unters Publikum mischen, um Geselligkeit und Konsum anzuregen – was am besten gelang, wenn man mit gutem Beispiel voranging. Der arme Chaplin war nur einer von vielen, die dem Alkoholismus als Berufskrankheit zum Opfer fielen.

Doch im 1890 schwang er sich noch von Erfolg zu Erfolg. Im Sommer erhielt er das Angebot für eine Amerika-Tournee, und im August und September trat er in New York am Union Square Theatre auf.[21] Der Aufenthalt schien angenehm und unterhaltsam gewesen zu sein. Charles' Tante Elizabeth hatte einen Mr. Wiggins geheiratet und wohnte jetzt in New York. Durch sie lernte er den Zahnarzt Charles Horatio Shepherd und dessen Frau kennen und freundete sich mit ihnen an. »Wir verbrachten einige herrliche Stunden zusammen«, erinnerte sich Dr. Shepherd ein Vierteljahrhundert später.[22]

J. P. Harrington, der Song-Schreiber, erzählte von einem Vorfall, der sich kurz vor Chaplins Abreise nach Amerika ereignete:

> Einer unserer ersten Kunden war Charlie Chaplin, der Vater des berühmten Film-›Stars‹. Chaplin war ein guter, solider Unterhaltungskünstler à la Charles Godfrey, obwohl ihm natürlich dessen wunderbare Begabung und Vielseitigkeit fehlten. Eine ganze Zeitlang schrieben wir fast alle Songs für Charlie. Es gab sogar eine Zeit, in der alle drei Songs, die er allabendlich zum besten gab, aus unserer Feder stammten.
>
> In diesem Zusammenhang fällt mir ein Vorfall ein, den ich jetzt viel komischer finde als damals. Wir hatten einen Termin mit Mr. David Day, dem Leiter des Musikverlags Francis, Day and Hunter, vereinbart, um die drei Songs in seinem Büro vorzustellen, im Hinblick auf eine geplante Veröffentlichung. Zu gegebener Zeit erschienen Chaplin, Le Brunn und ich. Die drei Songs wurden von George begleitet und von Charles gesungen, und David war von allen dreien begeistert.
>
> Das Scheckbuch wird gezückt. »Bedingungen? Wie üblich, nehme ich an?«
>
> Darauf das Trio natürlich in begeisterter Einmütigkeit: »Selbstverständlich, Mr. Day.«
>
> Das Scheckbuch wird aufgeklappt – der Füller gezückt – da sagt Le Brunn plötzlich in dem Bestreben, soviel herauszuschlagen wie möglich und noch mehr: »Er wird übrigens alle drei Songs auch in Amerika singen, Mr. Day.«
>
> Der Füller erstarrt auf halbem Weg in der Luft.
>
> »Ach so«, murmelt Mr. Day vor sich hin. »Und wann fahren Sie nach Amerika, Mr. Chaplin?«

»Übernächste Woche«, sagte Chaplin.

»Für wie lange?«

»Vier Monate.«

Schnapp! Das Scheckbuch verschwindet wieder in seiner kleinen Höhle in der Tischschublade, der Füller wird sorgfältig beiseite gelegt.

»Kommen Sie wieder vorbei, wenn Sie aus Amerika zurück sind. Es hat wenig Sinn, die Songs zu veröffentlichen, wenn Sie sie auf der andern Seite des Atlantiks singen!«

Was George Le Brunn von Charlie Chaplin und seinem vereidigten Zeugen zu hören bekam, als wir aus dem Büro draußen waren, würde sich in diesem wahrheitsgetreuen Bericht nicht sonderlich gut ausnehmen.[23]

Mit der Reise nach Amerika scheint die Ehe der Chaplins jedoch endgültig in die Brüche gegangen zu sein. Zweifellos hatte Hannah in Charles' Abwesenheit neue Bekanntschaften geschlossen. Spätestens im Herbst 1891 hatte sie mit Sicherheit einen neuen Freund, einen anderen Music Hall-Sänger, der im Laufe der Jahre häufig im selben Programm wie Charles Chaplin auftrat. Es war Leo Dryden.

Drydens richtiger Name lautete George Dryden Wheeler, und er wurde am 6. Juni 1861 im Londoner Bezirk Limehouse geboren. 1881 war er erstmals in den Music Halls aufgetreten, hatte aber in den folgenden Jahren wenig Erfolg gehabt, bis Jenny Hill, ein großer Star des viktorianischen Varietés, auf ihn aufmerksam wurde und ihn mit ihrem eigenen Agenten, Hugh Didcott, bekannt machte. Von da an blühte seine Karriere. Seinen größten Hit landete er Anfang 1891, als er mit seiner sentimentalen Ballade »The Miner's Dream of Home« herauskam, in der das Heimweh eines Emigranten in den australischen Goldfeldern geschildert wird. Nun galt Dryden mit seinem kantigen, einnehmenden Gesicht als *der* Barde Englands, des Empires und des Patriotismus. Zu seinen späteren Songs zählten »The Miner's Return«, »India's Reply«, »Bravo, Dublin Fusiliers«, »Freedom and Japan«, »The Great White Mother«, »The Only Way« und »Love and Duty«. Bedauerlicherweise scheint der stoische Edelmut der Charaktere, die er auf der Bühne verkörperte, nicht auf sein Privatleben abgefärbt zu haben. Er soll unberechenbar und gewalttätig gewesen sein und seine drei Frauen allesamt schlecht behandelt haben. 1919, als es ihn verdroß, daß sein Ruhm langsam verblaßte, versuchte er, auf sich aufmerksam zu machen, indem er seine Songs auf der Straße sang.

Im Oktober 1891 wurde er am Cambridge engagiert, einer großen Music Hall in Shoreditch. »The Miners's Dream of Home« kam so gut an, daß der

Veranstalter das Engagement Woche um Woche verlängern mußte, bis Weihnachten. Während dieser zwölf Wochen in London fing Dryden an, Hannah Chaplin den Hof zu machen. Es gibt einen komischen Beleg für sein Liebeswerben. Als er erfolgreicher wurde, machte er es sich zur Gewohnheit, in der Fachpresse extravagante Anzeigen aufzugeben. (Beispiel Seite 36 oben) In diesen Anzeigen machte Dryden stets mit Nachdruck seine Songrechte geltend, er offerierte Aufführungsrechte für außerhalb Londons und drohte jedem mit gerichtlichen Schritten, der seine Rechte verletzte. Aus einer außergewöhnlichen Anzeige vom November 1891 kann der Kenner plötzlich einen Hauch von Romantik herauslesen. (Beispiel Seite 36 unten)

Miss Kittie Fairdale hatte natürlich ihre Guinee bezahlt. Miss Lillie Harley – Hannah Chaplin – vermutlich nicht. Es stand auch kaum zu erwarten, daß sie ihr Recht in Anspruch nehmen würde, da keine Engagements in Aussicht waren, bei denen sie »Opportunity« hätte singen können. Trotzdem hat die Anzeige sicherlich bei ihr eingeschlagen. Seit fünf Jahren war es das erste Mal, daß ihr Name wieder in der Fachpresse erschienen war und dann auch noch im Zusammenhang mit dem damaligen Spitzenstar. Dryden war dreißig und sah blendend aus, so daß Hannah der Schmeichelei seiner Anzeige unweigerlich erliegen mußte. Das Inserat erschien am Freitag, den 28. November. Neun Monate und drei Tage später, am 31. August 1892, gebar Hannah Leo Drydens Sohn, der nach seinem Vater George Dryden Wheeler genannt wurde.

Der kleine Charles Chaplin hatte zwar keinen Vater mehr, dafür aber einen weiteren Halbbruder. Er selbst war dreieinhalb, Sydney war vier Jahre älter. In seiner Autobiographie schildert Chaplin, daß es den Kindern und ihrer Mutter zu dieser Zeit finanziell noch ziemlich gut ging. Er führt das auf Bühnenengagements seiner Mutter zurück und erinnert sich, daß sie die beiden Jungs ins Bett brachte und sie der Obhut eines Hausmädchens überließ, während sie ins Theater ging. Da nicht belegt ist, daß Hannah zu dieser Zeit gearbeitet hat, und da Charles die Unterhaltszahlungen für seinen Sohn anscheinend ziemlich bald eingestellt hatte, liegt die Vermutung nahe, daß dieser vorübergehende Wohlstand Leo Dryden zu verdanken war. Wie Leo und Hannah ihr Familienleben gestalteten, bleibt im unklaren. Jahre später sagte ihr gemeinsamer Sohn – er hatte inzwischen den Künstlernamen Wheeler Dryden angenommen –, daß sie nach dem, was er von seinem Vater gehört hatte, »ein oder zwei Jahre wie Mann und Frau zusammenlebten«[24], aber weder Charles noch Sydney konnten sich später an Dryden erinnern.

Mit der Behaglichkeit, die Chaplin in seinen ersten drei oder vier Lebensjah-

OCTOBER 31, 1891

MR. LEO DRYDEN,
"Love and Duty," Published by Maynard.
"Struck 'ile," "Struck 'ile," "Struck 'ile" again.
"Love and Duty," the Premier Descriptive Song, but
I have "Struck 'ile" with a Song that will be the Song,
a Song that will be Sung in every home,
where the "Mother Tongue" is spoken.
On Tuesday, Oct. 20th, I produced at the Cambridge
"The Miner's Dream,"
Written and Composed by Will Godwin and L. D.
I was to have finished on the following Saturday, but directly
Mr E. Page the Manager, saw and heard
"The Miner's Dream,"
he immediately rescinded the Notice, and made arrangements for me to stay on, and took me from 8 10 Turn and put me "Star Turn," 10 20. Such facts speak volumes
On Monday next I produce "The Miner's Dream" at the
Foresters', with Special Scenery and Effects.
Managers are cordially invited to see and hear
"The Miner's Dream."
ALHAMBRA (Second Week) 8 20
FORESTERS' (Second Week).... 9 20
CAMBRIDGE (Fifth Week).. ... 10 20
Messrs Francis, Day, and Hunter have Paid the Highest Price they have ever paid for any Song for
"The Miner's Dream of Home"
Owing to certain unprincipled Artistes (?) taking mean advantage of my knowledge of the Law of Copyright, the Song I Reconstructed and made so Popular in Birmingham, Liverpool, Birkenhead, Newcastle, and Sunderland, I have entirely discarded
Remember, it was the Singer, not the Song.
"The Miner's Dream"
is both Singer and Song, and will eclipse all previous productions. I shall shortly produce a Descriptive Monologue,
in Three Scenes, entitled "Hard Times,"
in which I shall introduce the success of successes,
"The Miner's Dream,"
which will ensure the success of the Monologue.
Representatives, Messrs Healy and Cooke.

In answer to many letters received, I beg to inform those ladies who have written that I intend to retain the London Right for myself. Re "Opportunity," Artistes wishing to secure the Pantomime Rights (£1 1s.) may apply to me for same.
Middlesbrough Right Secured by Miss Kittie Fairdale.
No other Artiste has my permission to Sing the above but Miss Kittie Fairdale and Miss Lillie Harley.
Proprietors and Managers kindly note.

In Antwort auf die vielen Briefe, die ich erhalten habe, möchte ich jene Damen, die geschrieben haben, davon in Kenntnis setzen, daß ich beabsichtige, die Londoner Rechte selbst wahrzunehmen. »Opportunity« betr. mögen Künstlerinnen, die die Pantomimenrechte (1£1s) erwerben möchten, dieselben bei mir persönlich beantragen.

Die Rechte für Middlesbrough wurden von Miss Kittie Fairdale erworben.

Keine andere Künstlerin hat meine Erlaubnis, das o. g. zu singen, ausgenommen Miss Kittie Fairdale und Miss Lillie Harley.

Veranstalter und Agenten werden gebeten, dies zu beachten.

ren umgab, sollte es bald ein Ende haben. Hannahs Liaison mit Leo überdauerte die Geburt ihres Kindes nur kurze Zeit. Hannah scheint eine hingebungsvolle, zärtliche und fürsorgliche Mutter gewesen zu sein, und sie liebte das neue Baby ebenso heftig wie ihre beiden älteren Söhne. So kann man sich leicht vorstellen, welchen Schock sie im Frühjahr 1893 erlitten haben muß, als der grausame Dryden in ihre Wohnung eindrang und ihr den sechs Monate alten Sohn entriß. Fast dreißig Jahre lang blieb dieser Sohn dann aus dem Leben der Chaplins verschwunden.

Die arme Hannah wollte doch einfach nur Lily Harley sein und vom Glamour der Bühne träumen. Jetzt wurde ihr Leben zum Alptraum. Genau zu dem Zeitpunkt, als ihr Baby gestohlen wurde, brachen auch noch andere Sorgen über sie herein. Ihre Mutter, Chaplins Großmama Hill, hatte Großvater Hill offenbar verlassen. In der Familie hieß es, daß ihr Mann sie in einer kompromittierenden Situation mit einem anderen Mann erwischt habe. Nach der Trennung ging es mit Großmama Hill dann zunehmend bergab. Sie verfiel dem Alkohol und hielt sich mit dem Hausieren gebrauchter Kleidung über Wasser. Sie wurde immer exzentrischer; in der dorfähnlichen Gemeinde von Lambeth und Southwark muß sie ihre Familie in größte Verlegenheit gebracht haben. Im Februar 1893 wurde sie schließlich von der Straße aufgelesen, in das Armenhaus von Newington gesteckt und alsbald auf die Krankenstation verlegt.

Die Ärzte berichteten: »Sie ist inkohärent. Sie behauptet, überall Käfer, Ratten, Mäuse und andere Dinge zu sehen. Sie glaubt, daß die Ärzte in der Krankenstation versucht haben, sie zu vergiften. Sie ergeht sich ständig in weitschweifigen Erklärungen und widerspricht sich häufig.«[25] Nach einigen Tagen war sie dann »sehr viel lauter und schwieriger«, und am 23. Februar wurde sie für geisteskrank erklärt und in das London County Asylum in Banstead eingewiesen.[26] Dr. Williams, der die Papiere unterschrieb, stellte fest, daß sie sich immer noch einbildete, ihr Bett sei voller Ratten, Mäuse und Käfer. Er wies darauf hin, daß sich ihr Zustand in den letzten Monaten ständig verschlechtert hatte, und führte ihren Wahnsinn auf Alkohol und Sorgen zurück. Billiger Gin war ein gefährlicher Fusel. Mary Ann war jetzt vierundfünfzig. Ihr Mann wurde angewiesen, pro Woche vier Schillinge für ihren Unterhalt zu zahlen.

Der Zusammenbruch ihrer Mutter muß für Hannah entsetzlich gewesen sein, selbst wenn sie noch keine Vorahnung von dem Schicksal hatte, daß sie selbst schließlich ereilen sollte. Doch anscheinend konnte sie die Katastrophe ihren Söhnen gegenüber verheimlichen – so schwer das in der Enge der Straßen von Lambeth auch gewesen sein muß, wo Klatsch und Tratsch blühten und gediehen. In Chaplins Erinnerung war seine Großmutter einfach »eine aufgeweckte kleine alte Dame, die mich überschwenglich in Baby-Sprache begrüßte«. Mary Ann lebte noch ganze zwei Jahre in der Irrenanstalt von Banstead.

Hannah stand jetzt sozusagen vor dem Nichts. Leo hatte sich abgesetzt, und Charles scheint wenig oder nichts zum Unterhalt seiner Söhne beigetragen zu haben. Chaplin erinnert sich, daß sie sich etwas Geld verdiente, indem sie Gemeindemitglieder der Christchurch in der Westminster Bridge Road pflegte oder für sie nähte. Sie hatte sich auf der Suche nach seelischem Trost der Religion zugewandt. Sie hat wohl auch den Versuch unternommen, zur Bühne zurückzukehren.

Der Autobiograph Chaplin berichtet Ereignisse, die er persönlich miterlebt hat, so detailgetreu, daß wir keinen Grund haben, seine Version von seinem ersten Bühnenauftritt, den er mehr als einmal beschrieb, anzuzweifeln. Das denkwürdige Ereignis trug sich wohl um 1894 herum zu. Es war Hannah gelungen, ein Engagement an der Canteen in Aldershot zu bekommen. Sie war damals gesundheitlich schon nicht mehr auf der Höhe, und während ihres Auftritts blieb ihr die Stimme weg. Das Publikum von Aldershot, das hauptsächlich aus Soldaten bestand und berüchtigt war für seine Grobheit, wurde sofort ausfällig. Als Hannah die Bühne verließ, führte der Manager, der gesehen hatte, wie der kleine Charlie hinter der Bühne zur Unterhaltung von Hannahs Freunden diverse Nummern zum besten gab, den Jungen als Stegreif-Ersatz auf die Bühne. Völlig ungehemmt sang das Kind den Song »E Dunno Where 'E Are«, den der Straßenkomiker Gus Elen 1893 zu einem Hit gemacht hatte. Er erzählt, wie ein paar Straßenhändler sich über einen früheren Kumpel aufregen, der sich nach einer Erbschaft auf einmal für etwas Besseres hält:

> Since Jack Jones come into a little bit of splosh,
> Why 'E dunno where 'E are!
> *Seit Jack Jones 'n bißchen Kohle hat*
> *weiß er nich mehr wer er is!*

Der Auftritt war ein Riesenerfolg, und zu Chaplins großer Freude warf das Publikum Geld auf die Bühne. An diesem Abend erwachte sein Geschäftssinn: Er verkündete, daß er seinen Auftritt erst fortzusetzen gedenke, wenn er alle

Münzen eingesammelt hätte. Das rief weiteren Beifall hervor, und es regnete noch mehr Geld. Und Chaplin sang, tanzte und betätigte sich als Imitator, bis seine Mutter ihn zurück in die Kulissen holte. Später wies er darauf hin, daß an diesem Abend sein erster und Hannahs letzter Bühnenauftritt stattgefunden habe, doch das stimmt nicht ganz (es sei denn, er hat sich in seinem damaligen Alter vertan), da er in seinem späteren Buch *My Life in Pictures* auf einen Handzettel verweist, auf dem der Gelegenheitsauftritt von »Miss Lily Chaplin, Serio und Tänzerin«, angekündigt wird, und zwar für den 8. Februar 1896 im Hatcham Liberal Club.

Hannah muß sich finanziell in einer verzweifelten Lage befunden haben, aber ihre Söhne erinnerten sich später weniger an die Entbehrungen als an ihre Bemühungen, ihr gemeinsames Leben durch Kleinigkeiten so heiter und angenehm wie möglich zu gestalten: das wöchentliche Witzblatt, ein Frühstück mit Räucherhering und ein unvergeßlicher Tag in Southend, nachdem Sydney durch eine Fügung des Schicksals ein Portemonnaie mit sieben Guineen gefunden hatte, dessen Eigentümer unauffindbar war. Wenn es ihr gut ging, war sie eine unermüdlich muntere Gefährtin. Dann sang und tanzte sie ihre alten Music Hall-Nummern und spielte ihnen Theaterstücke vor. Noch in hohem Alter war Chaplin gegenwärtig, wie sehr ihn ihre Darstellung der Kreuzigung und ihre Schilderung von Christus als Quelle der Liebe, Barmherzigkeit und Menschlichkeit einstmals ergriffen hatte.

Wenn auch die Music Halls ihr Talent nicht gewürdigt haben mochten, so fand sie doch in ihren jungen Söhnen ein begeistertes Publikum. Sie hatte zweifellos Talent, und – bewußt oder unbewußt – bemühte sie sich, die angeborene Beobachtungsgabe, die beide Kinder offenbar besaßen, zu fördern. 1918 erzählte Chaplin:

> Wäre meine Mutter nicht gewesen, wäre ich wohl kaum ein erfolgreicher Pantomime geworden. Sie war eine der größten Pantomimen-Künstlerinnen, die ich je gesehen habe. Sie saß oft stundenlang am Fenster und sah auf die Leute hinab, die auf der Straße vorbeigingen. Sie beschrieb mit Händen, Augen und Mimik ganz genau, was unten geschah, und gab dabei unablässig ihre Kommentare ab. Und einfach durchs Zusehen und Zuhören lernte ich nicht nur, wie man Gefühle mit Händen und Mimik ausdrückt, sondern auch wie man Menschen beobachtet und studiert.
>
> Ihre Beobachtungsgabe hatte fast etwas Unheimliches. Wenn sie zum Beispiel Bill Smith morgens die Straße entlang gehen sah, konnte ich sie sagen hören: »Da kommt Bill Smith. Er schlurft und seine Schuhe sind blankgeputzt. Er sieht griesgrämig drein, ich wette, er hat sich mit seiner Frau gestritten und ist ohne Frühstück

abgehauen. Tatsächlich! Da geht er schon in die Bäckerei auf eine Tasse Kaffee mit Brötchen!«

Und mit hundertprozentiger Sicherheit erfuhr ich dann im Laufe des Tages, daß Bill Smith sich tatsächlich mit seiner Frau gestritten hatte.[27]

In einer früheren Veröffentlichung, einer »Autobiographie«, die 1915 von *Photoplay* herausgebracht wurde, huldigte er seiner Mutter auf rührende Art und Weise:

> Ich glaube, meine Mutter war die wunderbarste Frau, die ich je gekannt habe ... Ich habe im Laufe der Jahre eine Menge Leute kennengelernt, während ich so in der Weltgeschichte herumgezogen bin, aber ich habe nie eine so durch und durch edle Frau wie meine Mutter kennengelernt. Daß ich es zu etwas gebracht habe, habe ich ihr zu verdanken.

Bald nach Charlies sechstem Geburtstag geriet die Familie ein weiteres Mal in eine kritische Lage. Hannah erkrankte – es ist nicht klar woran, aber Chaplin erinnert sich, daß sie unter heftigen Kopfschmerzen litt. Am 29. Juni wurde sie ins Lambeth-Krankenhaus eingeliefert, wo sie bis Ende Juli blieb. Am 1. Juli wurde Sydney ins Armenhaus von Lambeth gebracht[28] und vier Tage später kam er in die West Norwood Schools, wo die mittellosen Jugendlichen aus Lambeth untergebracht wurden. Für eine staatliche Armeneinrichtung war Norwood ein recht angenehmer Ort. Die Schule lag am Hang eines großen Hügels mit Blick auf grüne Wiesen genau zwischen Croydon und Streatham, wo es damals noch ganz ländlich war. Das Gebäude, in dem Sydney mit fünfunddreißig anderen Jungen zwischen neun und sechzehn einen Schlafsaal teilte, war erst zehn Jahre zuvor erbaut worden. Es gab ein dampfgeheiztes Schwimmbad, und die Kinder trugen keine Uniform. Jedes Kind hatte unter seinem Bett einen Korb, in dem es nachts seine Kleider verstauen konnte. Alle bekamen ein eigenes Handtuch, eine Bürste und einen Kamm. Ein oder zwei Jahre nach Sydneys Aufenthalt wurde dann allerdings bei einer Inspektion bemängelt, daß »nur wenigen eine Zahnbürste zur Verfügung gestellt wird«. Sydney blieb bis zum 17. September in Norwood. Glücklicherweise mußte er nicht länger bleiben, denn die Inspektoren äußerten sich sehr besorgt über die unzureichenden Heizmöglichkeiten in der Schule. Seltsamerweise wurde Sydney nach seiner Entlassung in die Obhut seines Stiefvaters gegeben, vermutlich war Hannah also noch nicht wieder soweit hergestellt, daß sie selber für die Jungen sorgen konnte.[28]

Die Hodges kamen Charlie zu Hilfe – Großmama Hills Verwandte aus erster Ehe. Er wurde in der York Road 164 untergebracht, bei John George Hodges, dem Sohn von Joseph Hodges, in dessen Haus Charles und Hannah geheiratet hatten, ein Neffe des unglückseligen Henry Lamphee Hodges, der vom Bus gestürzt war. Er hatte den gleichen Beruf wie sein verstorbener Onkel ergriffen und arbeitete als Schildermalermeister. John George schickte Charlie in die Addington Road Schools; hier ging auch sein eigener Sohn zur Schule, der ein oder zwei Jahre jünger war. Charlie besuchte diese Institution offenbar nur ein oder zwei Wochen. Auch später ging er nur sehr sporadisch zur Schule.[29]

Nur acht Wochen nach Sydneys Entlassung aus den Norwood Schools sollten die beiden Chaplin-Jungen zum ersten Mal richtig zu spüren bekommen, wie es in den Wohlfahrtseinrichtungen zuging. Hannah wurde wieder ins Krankenhaus eingeliefert, und Sydney und Charlie, inzwischen elf und sieben Jahre alt, kamen ins Armenhaus, »aufgrund der Abwesenheit ihres Vaters und der Mittellosigkeit und Krankheit ihrer Mutter«.[30] Charles Chaplin senior wurde aufgespürt und erschien widerwillig beim örtlichen Fürsorgeamt. Etwas herzlos teilte er dort mit, daß er zwar bereit sei, Charlie bei sich aufzunehmen, für Sydney aber keinerlei Verantwortung übernehmen wolle, da er ein uneheliches Kind sei. Das Komitee entgegnete, daß Chaplin für Sydney gesetzlich unterhaltspflichtig sei, da er ja die Mutter des Jungen geheiratet habe. Aber an diesem Punkt schaltete Hannah sich ein. Die Vorstellung, daß die Jungen bei ihrem Vater leben sollten, war ihr gänzlich zuwider, da er mit einer anderen Frau zusammenlebte. Umgehend wies Charles sie auf ihren eigenen Ehebruch hin. Zweifellos etwas verwirrt durch das Ehegezänk befanden die Fürsorger, es sei wünschenswert, daß die Jungen zusammenblieben, und die beste Lösung schien, sie in die Armenschule des Central London District in Hanwell zu stecken. Es wurde festgesetzt, daß Chaplin fünfzehn Schilling pro Woche für ihren Unterhalt zu zahlen habe. »Der Mann ist ein Music Hall-Sänger, körperlich gesund und in der Lage, genug zu verdienen, um für seine Kinder aufzukommen.« Am 1. Juli, vierzehn Tage nachdem die Jungen in Hanwell eingewiesen worden waren, meldete das Fürsorgeamt der zuständigen Gemeindebehörde, daß Chaplin dieser Regelung zugestimmt habe.

Chaplins Zustimmung war leichter zu bekommen als seine Zahlungen. Während des ganzen folgenden Jahres wurde das Fürsorgeamt regelmäßig darüber informiert, daß Chaplin seiner Zahlungspflicht nicht nachkam.

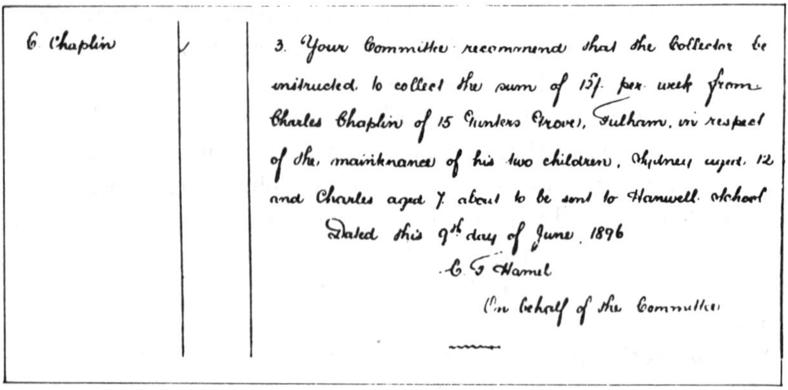

C. Chaplin

3. Your Committee recommend that the Collector be instructed to collect the sum of 15/- per week from Charles Chaplin of 15 Gunters Grove, Fulham, in respect of the maintenance of his two children, Sydney aged 12 and Charles aged 7 about to be sent to Hanwell School

Dated this 9th day of June 1896

C. G. Hamel

On behalf of the Committee

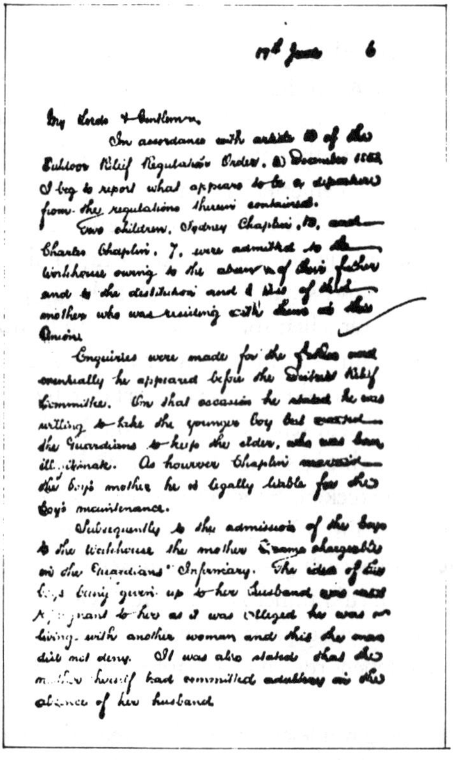

[illegible] June 6

My Lords & Gentlemen,

In accordance with article [illegible] of the Outdoor Relief Regulation Order, [illegible] December 1852 I beg to report what appears to be a departure from the regulations therein contained.

Two children, Sydney Chaplin, 10, and Charles Chaplin, 7, were admitted to the Workhouse owing to the absence of their father and to the destitution and [illegible] of their mother who was residing with them at this Union.

Enquiries were made for the father and eventually he appeared before the District Relief Committee. On that occasion he stated he was willing to take the younger boy but wanted the Guardians to keep the elder, who was born illegitimate. As however Chaplin married the boy's mother he is legally liable for the boy's maintenance.

Subsequently to the admission of the boys to the Workhouse the mother became chargeable in the Guardians' Infirmary. The idea of the boys being given up to her husband was not agreeable to her as it was alleged he was living with another woman and this the man did not deny. It was also stated that the mother herself had committed adultery in the absence of her husband

1896 – Auszüge aus dem Protokoll des Fürsorgeamts von Southwark

Die Jungen wußten jedoch nichts von alledem. Am 18. Juni 1896 wurden sie in einem von Pferden gezogenen Bäckerwagen die zwölf Meilen nach Hanwell kutschiert, und Chaplin erinnert sich gern wehmütig an die abenteuerliche Fahrt durch die damals noch schöne Landschaft. Er fand Hanwell nicht so düster wie Norwood, obwohl die Anlage nicht so modern war. Ein Teil der Gebäude stammte von einer sehr viel älteren Institution, und daneben gab es einstöckige Wellblechgebilde. Aber ein Schwimmbecken und große Spielflächen waren vorhanden, und die Heizungsanlage funktionierte wenigstens. In einer Hinsicht hatten Charles und Sydney Glück. Erst sechs oder sieben Jahre zuvor hatte in Hanwell eine massive Reform und Reorganisation stattgefunden. Vorher war die Schule lange Zeit als Brutstätte für Augeninfektionen berüchtigt: Viele Kinder, die gesund in die Schule eingetreten waren, verließen sie blind oder halb erblindet.

Im Jahr 1896 war es dann durch moderne Behandlungsmethoden und durch die Isolierung kranker Kinder gelungen, die schlimmsten Infektionskrankheiten einzudämmen. Schwieriger war es, dem Ungeziefer beizukommen, und Charlie hatte das Pech, eins der fünfunddreißig Kinder zu sein, die im Laufe des Jahres von der Scherpilzflechte befallen wurden. Er behielt es in schmerzlicher Erinnerung, wie sein Kopf damals geschoren, mit Jod bepinselt und einbandagiert wurde. Da er wohl wußte, mit welcher Verachtung die anderen Jungs auf die unter der Flechte leidenden herabsahen, achtete er tunlichst darauf, daß sie ihn nicht am Fenster der Krankenstation im ersten Stock erblickten, wo die Befallenen eingesperrt waren. Das Schulleben war gesund: Man hielt viel von körperlicher Ertüchtigung durch Sportspiele, Training und Wanderungen, und Sauberkeit war ganz großgeschrieben. Die Leitung war im großen und ganzen menschlich, und es gab genug zu essen. (Charlie berichtet, daß Sydney in der Küche gearbeitet hat und Brötchen und Butter herausschmuggeln konnte, aber daß er eigentlich – abgesehen davon, daß es ihm einen angenehmen Kitzel bereitete, gestohlene Früchte zu genießen – keine extra Ration nötig gehabt hatte.) Die Brüder erinnerten sich später mit Entsetzen an die allwöchentlichen Schläge mit dem Rohrstock oder der Rute, die den kindlichen Übeltätern von ›Captain‹ Hindom, dem Zuchtmeister der Schule, verabreicht wurden.[31] Einmal fand Chaplin sich selbst auf der Strafliste, völlig zu Unrecht: Nichtsahnend hatte er genau in dem Moment die Toilette aufgesucht, als entdeckt wurde, daß ein paar Jungen dort etwas Papier angesteckt hatten; als vermeintlicher Brandstifter erhielt er von Hindom drei Schläge mit dem Rohrstock.

Das Schlimmste am Anstaltsleben war aber die Trennung von Sydney. Durch ihre harte Kindheit hatten die beiden eine ungewöhnlich enge Beziehung, die ihr Leben lang erhalten blieb. Kurz vor ihrem Tod im Jahre 1916 schrieb ihre Tante Kate Mowbray: »Ich kann mir nicht vorstellen, daß jemand über Charlie Chaplin schreiben kann, ohne seinen Bruder Sydney zu erwähnen. Sie waren ihr ganzes Leben lang unzertrennlich, außer wenn das Schicksal einmal dazwischen kam. Syd, mit seiner ruhigen Art, seinem klugen Kopf und seiner Ausgeglichenheit, hat Vater und Mutter für Charlie ersetzt. Charlie sah stolz zu Syd auf, und Sydney hätte alles auf sich genommen, um Charlie in Schutz zu nehmen.«[32] Sydney seinerseits schrieb seinem Bruder fast vierzig Jahre nach ihrer Zeit in Hanwell: »Unglücklicherweise, oder soll ich vielleicht sagen ›glücklicherweise‹, war ich stets gezwungen, dich zu schützen. Das befahl mir mein brüderlicher oder eher väterlicher Instinkt.«[33]

Sehr bald sollte Charlie dieser Schutz genommen werden, jedenfalls vorübergehend. Im November 1896 wurde Sydney auf das Schulschiff *Exmouth* umquartiert, das in Grays, in Essex, vor Anker lag. Die *Exmouth* war ein altes Kriegsschiff mit Holztakelage, das in Balaklava im Einsatz gewesen war und nun seit 1876 vom Metropolitan Asylum Board, der städtischen Armenhausverwaltung, genutzt wurde, »als Marine-Schulschiff zur Ausbildung armer Knaben auf Kosten der städtischen Gemeinden und Bezirke«[34]. Die Knaben kamen aus allen Teilen Londons, und die Behörde ließ durchaus nicht jeden zu. Es war allerdings nicht gerade einfach, die volle Stärke von sechshundert Jungen stets aufrechtzuerhalten, da »die verschiedenen Schuloberhäupter natürlicherweise nur sehr ungern bereit waren, alle ihre besten ›Parade-Jungs‹ abzutreten«[35]. Ab zwölf konnten die Jungen aufgenommen werden, und Sydney wurde aufgrund seiner körperlichen Konstitution und seiner sportlichen Fähigkeiten ausgewählt. Das Leben auf der *Exmouth* war hart, aber abwechslungsreich. Als erstes mußten die Jungen »lernen, ihre eigenen Kleider zu nähen und zu flicken, und auf diese Weise die Fingerfertigkeit erlangen, die einem echten Seemann eigen ist. Sie lernen auch, ihre eigene Wäsche zu waschen und ihre Spinde (jeder Bursche ist im Besitze eines solchen) und deren Inhalt in einem guten Zustande zu halten. Jeder Junge hat seine eigene Hängematte, die tagsüber ordentlich verstaut ist, so daß man auf Deck nicht über Hindernisse in Form von Bettzeug stolpert.«[36] Die allgemeine Ausbildung war gut, und die Jungs wurden mit dem Seemannshandwerk, der Schießkunst und der Ersten Hilfe vertraut gemacht. Zu seinem späteren Nutzen beschäftigte sich Sydney im Rahmen des Ausbildungsprogramms der *Exmouth* vordringlich mit Musik und Sport. Er erlernte in der Bordkapelle das Hornspiel. Sydney behielt die *Exmouth* und seinen alterfahrenen Kapitän und Aufseher, Staff-Commander W. S. Bourchier, in äußerst positiver Erinnerung. Jahre später machte er sich die Mühe, für nachfolgende Generationen jugendlicher Besatzungsmitglieder Sonderveranstaltungen und Vergnügungsfeiern zu organisieren und zu finanzieren.

Die beiden Jungen blieben bis 1897 in ihren jeweiligen Armeneinrichtungen. Es gibt wenig Hinweise darauf, wo oder wie Hannah die ganze Zeit über gelebt hat; kurzzeitig hatte sie sich nachweislich in der Stockwell Park Road 133 eingemietet. Währenddessen mühte sich das Fürsorgeamt von Southwark damit ab, Charles Chaplin senior die wöchentliche Unterhaltssumme von fünfzehn Schilling zur Unterstützung seiner Söhne abzuringen, die er ja akzeptiert hatte. Dazu mußte man ihn erst einmal finden. Wenn die Hüter des Gesetzes die Bühnenfachpresse gewissenhafter gelesen hätten, hätten sie allerdings feststellen können, daß er in der Provinz immer noch ganz gut im Geschäft war und gelegentlich auch in London.[37]

Anfang 1897 besuchte der New Yorker Zahnarzt Dr. Shepherd, mit dem sich Charles 1890 auf seiner Amerika-Tournee angefreundet hatte, London, und er weiß zu erzählen, daß er während seines dreimonatigen Aufenthalts »aufs fürstlichste bewirtet wurde«, nicht nur von Charles, sondern auch von dessen Bruder Spencer und von Spencer senior, dem Vater der beiden. Als Dr. Shepherd London verließ, beschenkten sie ihn mit Doulton Porzellan, das dort hergestellt wurde und für die damaligen Verhältnisse vergleichsweise teuer war. Charles hatte damals eindeutig keine Geldsorgen.[38]

Sehr bald nach Dr. Shepherds Besuch starb Charles' Vater. Eine Woche vor seinem Tod am 29. 5. 1897 verfaßte er sein Testament. Es enthielt eine seltsame Klausel, die vorsah, »daß mein Sohn, Charles Chaplin, die Wirtschaft ›The Davenport Arms‹ am Radnor Place in Paddington zwölf Monate lang weiterführt und in dieser Zeit unbedingt eine Bleibe für Mrs. Machell findet. Nach Ablauf der zwölf Monate ist der Betrieb zu verkaufen, und der Ertrag ist zu gleichen Teilen unter meinen Kindern aufzuteilen, es sei denn, sie finden eine gütliche Regelung untereinander.«[39] Wahrscheinlich hatte Großvater Charles den Versuch unternehmen wollen, etwas Stabilität in das Leben seines unbestreitbar nichtsnutzigen Sohnes zu bringen. Wenn das allerdings beabsichtigt war, schlug es leider fehl, denn es gelang Charles aufgrund einiger formaler Fehler im Testament, sich seiner Pflichten in Bezug auf das väterliche Wirtshaus und die mysteriöse Mrs. Machell zu entziehen.

Das Fürsorgeamt von Southwark machte es ihm allerdings nicht so leicht, sich vor seinen familiären Pflichten zu drücken. Nachdem er länger als ein Jahr keinen Penny des vereinbarten Betrags bezahlt hatte[40], erwirkten die Beamten einen Haftbefehl für Chaplin wegen unterlassener Unterhaltszahlungen für seine Kinder. Eine Belohnung von einem Pfund wurde ausgesetzt für Hinweise, die seine Verhaftung möglich machten. Glücklicherweise schienen zwischen Charles Chaplin senior und seinem acht Jahre älteren Bruder Spencer ähnlich starke brüderliche Bande zu bestehen wie zwischen seinen beiden Söhnen. Spencer sprang mit der Nachzahlung ein – die sich auf den für damalige Zeiten sehr erheblichen Betrag von 44 £ 8 s belief – und konnte so Charles Verhaftung abwenden. Die zuständigen Beamten hatten eindeutig die Nase voll von Chaplin, und bei ihrer Sitzung vom 11. November 1897 wurde festgesetzt, daß die beiden Jungen innerhalb von vierzehn Tagen ihrem Vater zurückzugeben seien. Wieder bestand das Problem darin, ihn ausfindig zu machen. Am 16. November schrieb der Sekretär der Behörde an den langmütigen Spencer:

> Sehr geehrter Herr,
> ich wäre Ihnen sehr dankbar, wenn Sie die Güte besäßen, Ihren Bruder Charles Chaplin davon in Kenntnis zu setzen, daß das Fürsorgeamt es begrüßen würde, wenn er es binnen vierzehn Tagen, vom heutigen Tage an gerechnet, fürderhin von der Unterhaltsverantwortung für seine beiden Kinder Sydney und Charles entbände. Ich kann nicht umhin, mich an Sie zu wenden, da mir seine Adresse nicht bekannt ist.[41]

Offenbar war Spencer diesmal nicht in der Lage oder nicht willens zu helfen, und wieder erwirkten die Beamten einen Haftbefehl. Es war zwei Tage vor Weihnachten, und ein hilfsbereiter Bürger namens Charles Creasy besserte sein Weihnachtsbudget auf, indem er den armen Charles verpfiff und die Belohnung von einem Pfund einstrich. Diesmal zahlte Charles 5 £ 6 s 3 d, schob aber alle weitere Verantwortung auf Hannah ab, indem er beantragte, daß die Jungen in die Obhut seiner Frau entlassen wurden. Am 18. Januar 1896 kam Charlie also wieder nach Hause. Er war genau achtzehn Monate lang Insasse der Hanwell Schools gewesen. Nach Sydneys Heimkehr von der *Exmouth*, zwei Tage später, war die Familie wieder vereint.

Charlie erinnert sich später, daß sie von einem Hinterzimmer ins nächste zogen: »Es war wie beim Damespiel: Beim letzten Zug ging es zurück ins Armenhaus.« Im Frühsommer wohnten sie in einem Zimmer in der Farmers

Road, einer kleinen Reihe von Häuschen direkt hinter dem Kennington Park. Von hier aus zogen die drei dann am 22. Juli 1898 den einen Kilometer die Kennington Road hinauf in die Renfrew Road ins Armenhaus von Lambeth, um sich ein weiteres Mal auf Gnade und Ungnade der Gemeindebehörde auszuliefern. Sie blieben zehn Tage lang im Armenhaus, dann wurden Sydney und Charles – inzwischen dreizehn und neun Jahre alt – in die Norwood Schools geschickt. Diesmal blieben sie jedoch nur zwei Wochen, da Hannah verkündete, daß sie und die Jungen das Armenhaus wieder verlassen wollten. Sydney und Charles wurden ordnungsgemäß von Norwood zurückgeholt, und am Freitag, den 12. August, wurden die drei entlassen.[42] Es handelte sich aber nur um eine List von Hannah, die ihre Söhne wiedersehen wollte. Charles behielt diesen Tag und die Freude, die er empfand, als er seine Mutter am frühen Morgen am Tor des Armenhauses wiedersah, in lebhafter Erinnerung. Man hatte ihnen ihre eigenen Kleider wieder zurückgegeben, zerknittert und ungebügelt nach der obligatorischen Dampf-Desinfektion durch die Armenhausverwaltung. Da sie nirgendwo anders hingehen konnten, verbrachten sie den Tag im Kennington Park – ein ziemlich trostloses grünes Fleckchen, das allerdings damals gerade durch einen Brunnen von Doultons beliebtem Porzellanbildner George Tinworth verschönert worden war.

Der findige Sydney hatte neun Pennies gespart, für die sie ein halbes Pfund Kirschen erstanden, die sie im Park verspeisen wollten, sowie ein Mittagessen, bestehend aus zwei Tassen Tee zu je einem halben Penny, einem Rosinenbrötchen und einem Räucherhering. Alles wurde brüderlich geteilt. Sie spielten mit einem Ball, den Sydney kurzerhand aus Zeitungspapier und Bindfaden zusammengebastelt hatte, und nach dem Mittagessen saß Hannah häkelnd in der Sonne, während ihre Kinder spielten. Schließlich verkündete sie, daß sie gerade rechtzeitig zum Tee im Armenhaus zurücksein könnten, und so machten sie sich wieder auf den Weg, die Kennington Road entlang. Bei der Armenhausverwaltung war man reichlich verärgert, so erinnert sich Charles, als Hannah die Wiederaufnahme für sich und ihre Söhne verlangte, da das nicht nur neuerliche Schreibarbeit bedeutete, sondern auch nochmaliges Desinfizieren der Kleidung. Ein zusätzlicher Vorteil dieses Tagesausflugs war, daß Sydney und Charles übers Wochenende im Armenhaus bleiben mußten und so noch mehr Zeit mit ihrer Mutter verbringen konnten. Am Montag wurden sie in die Norwood Schools zurückgeschickt.

Dieses Abenteuer, das Hannah für sie ausgeheckt hatte, blieb ihren beiden

Söhnen zeitlebens in fröhlicher Erinnerung.* Daß sie den Mut besaß, es auszuführen, hatte sie wohl paradoxerweise ihrer zunehmenden geistigen Labilität zu verdanken. Am 6. September – nur drei Wochen nach dem Ausflug zum Kennington Park – brachte man sie aus dem Armenhaus ins Krankenhaus. Im Armenhaus hatte sich ihr Gesundheitszustand inzwischen sehr verschlechtert. Sie hatte Dermatitis, und ihr Körper war mit blauen Flecken übersät. Niemand machte sich die Mühe oder traute sich, nach der Ursache ihrer Verletzungen zu suchen. Höchstwahrscheinlich war sie aufgrund ihres verwirrten Geistes mit anderen Insassen gewalttätig aneinandergeraten. Sie wurde alsbald in die Irrenanstalt von Cane Hill eingewiesen. Die Ärzte berichteten:

> Verhält sich sehr seltsam – zu Zeiten ausfallend & lärmend, dann wieder liebenswürdig. Wurde wiederholt in G(ummi)-Z(elle) verwahrt wg. plötzlicher Gewalttätigkeit – bewarf eine andere Patientin mit einem Becher. Schreit, singt, redet wirr. Jammert über ihren Kopf, ist heute morgen deprimiert und weint – benommen und unfähig, irgendwelche zuverlässigen Auskünfte zu geben. Fragt, ob sie stirbt. Behauptet, daß sie der *Christ Church (Congregation)*, also der *Church of England* angehört. Der Herrgott habe sie auf eine Mission hierhergesandt. Sagt, sie will weg aus dieser Welt.[44]

Bei der Einlieferung ins Krankenhaus gab sie ihren Beruf mit »Maschinennäherin« an – offenbar hatte sie, als sie noch in der Farmers Road wohnten, die Familie mit Näharbeiten über Wasser gehalten – und ihren Vornamen mit »Lily«. Die Armenhausverwaltung korrigierte ihn zu Hannah Harriett. Wie eine echte Diva hatte sie die Geistesgegenwart besessen, ihr Alter mit 28 anzugeben. Tatsächlich war sie damals etwas über 33 Jahre alt.

Als Hannah und ihre Kinder im Juli wieder ins Armenhaus gekommen waren, hatte das Fürsorgeamt die Suche nach Charles Chaplin senior wieder

* Diese Darstellung basiert auf Chaplins Version des Ereignisses. Sydneys Erinnerung, die er in den zwanziger Jahren in einem Interview zum besten gab, weicht nicht wesentlich davon ab, obwohl er andeutet, daß die Idee eher von den Jungen ausgegangen war als von Hannah:

> Schließlich hatten wir eine Idee. Ich hatte mir mit diversen kleinen Jobs neun Pence verdient und sie sorgfältig gehortet.
>
> Ich ließ unserer Mutter eine Nachricht zukommen, und dann wurden wir alle drei entlassen. Sie haben uns unsere Kleider zurückgegeben, die man verpackt hatte und die ganz zerknittert waren. Hand in Hand gingen wir hinaus. Ich habe die neun Pence für Kuchen und Kirschen ausgegeben, und wir saßen den ganzen Tag zusammen im Park. Als es Abend wurde, gingen wir alle drei wieder ins Armenhaus zurück und mußten wieder alle Aufnahmeformalitäten durchmachen – sehr zum Ärger der Beamten.[43]

aufgenommen. Er wohnte jetzt in der Kennington Road 289*, ein paar Minuten von Spencers Pub, dem Queen's Head, entfernt, der Broad Street Ecke Vauxhall Walk lag. Zwei Wochen nachdem Hannah in die Anstalt eingewiesen worden war, wurden Sydney und Charles aus den Norwood Schools entlassen und der Obhut ihres Vaters übergeben.

Sie wurden, wieder in einem Bäckerwagen, zu Chaplin seniors Wohnung kutschiert und dort abgeliefert. Bis dahin hatte Charles, soweit er sich erinnern konnte, seinen Vater erst zweimal gesehen. Einmal auf der Bühne der Canterbury Music Hall in der Westminster Bridge Road; ein anderes Mal hatte Charles ihn sogar angesprochen, als sie sich vor dem Haus in der Kennington Road begegnet waren. Bei dieser Gelegenheit befand sich Charles Chaplin senior in der Begleitung der Frau, mit der er immer noch zusammenlebte, und die in Chaplins Autobiographie als »Louise« auftaucht. Kennington Road 289 war (und ist noch immer) ein großes, ansehnliches spät-georgianisches Reihenhaus, das zurückgesetzt hinter einem kleinen Vorgarten lag. Charles senior bewohnte die beiden Räume im ersten Stock mit Louise und ihrem vierjährigen Sohn (ein weiterer Halbbruder von Charlie). Die beiden Jungen kamen sicher nicht gelegen. Sie blieben dann auch nur zwei Monate bei ihrem Vater, Monate, die ihnen eindeutig wie Jahre vorgekommen waren. Louise war mürrisch und feindselig und faßte eine besondere Abneigung gegen Sydney (der sich einmal an ihr rächte, indem er sie mit einem angespitzten Stiefelknöpfer bedrohte). Wenn sie trank, wurde sie nur noch verdrießlicher. Doch zurückblickend empfand Chaplin direkt eine gewisse Zuneigung für sie. Sie trug noch Spuren früherer Schönheit und hatte traurige Rehaugen. Chaplin spürte, daß sie und sein Vater sich wirklich liebten. Das Leben mit dem älteren Chaplin dürfte nicht leicht gewesen sein. Inzwischen trank er sehr viel, und er kam selten nüchtern nach Hause. Es gab Momente, in denen er aufmerksam und charmant war und lustige Geschichten über die Music Halls zum besten gab, aber an die Streitereien zwischen Charles und Louise und an die Gelegenheiten, wo er selbst ausgesperrt wurde, kann sich Charles besser erinnern. Einmal erschien sogar in diesem Zusammenhang der Kinderschutzbund.

Zu dieser Zeit erlebte Hannahs Krankheit Zeiten vorübergehender Besserung. Am 12. November 1898 wurde sie aus der Anstalt von Cane Hill entlassen[45], und bald darauf nahm sie ihre Söhne wieder zu sich. Wieder zu dritt

* Dies ist die in den Akten des Fürsorgeamtes verzeichnete Adresse. Chaplin, auf dessen Gedächtnis man sich in der Regel verlassen kann, hatte als Hausnummer 287, nicht 289 in Erinnerung, und 1980 wurde dementsprechend eine Gedenktafel am Haus No. 287 angebracht.

bezogen sie ein Zimmer in der Methley Street 39, hinter Haywards Sauerkonservenfabrik, die die ganze Gegend mit einem ätzenden Geruch verpestete. Das Haus, in dem sie wohnten, befand sich neben einem Schlachthof. Chaplin erinnert sich daran, wie entsetzt er gewesen war, als er begriff, daß die lustige Verfolgungsjagd hinter einem ausgerissenen Schaf her tragisch enden würde: mit der Schlachtung des unterhaltsamen Tiers.

Ansonsten schien das Leben in der Methley Street nicht allzu unbehaglich gewesen zu sein. Charles Chaplin senior zahlte sporadisch Beiträge zum Unterhalt seiner Söhne, vermutlich um sicherzugehen, daß sie nicht zu ihm zurückkamen und die zweifelhafte Harmonie in der Kennington Road störten. Hannah war zur Kirche und zu ihrer Nähmaschine zurückgekehrt, sie nähte zugeschnittene Blusen für einen Ausbeuterbetrieb zusammen, der ihr anderthalb Pence pro Stück zahlte. (In frühen Versionen von Chaplins Drehbuch zu *Limelight* beschreibt er Terrys Mutter als eine erschöpfte, aber immer noch schöne Frau, die in ihrer gemeinsamen Dachkammer über die Nähmaschine gebeugt sitzt.) Ungefähr zu dieser Zeit bekam Sydney eine Stelle als Telegrafenjunge beim Postamt von Strand. Louise hatte Charlie auf Drängen des Fürsorgeamts hin in die Kennington Roads Schools geschickt. Es gefiel ihm dort nicht besonders, und im hohen Alter klagte er noch darüber, daß so viele Lehrer unfähig seien, die Phantasie und die Neugier der Schüler anzuregen.

Am Freitag, den 25. November 1898, verbrachte er seinen letzten Tag an den Kennington Road Schools.[46] Charlie Chaplin stand jetzt am Beginn seiner Laufbahn als professioneller Unterhaltungskünstler. In frühen Interviews beschrieb er gelegentlich in recht romantischer Weise, wie er von William Jackson, dem Gründer der *Eight Lancashire Lads*, entdeckt wurde:

> Wie jeder ganz normale Straßenjunge, die man in London an jeder Ecke sehen kann, führte ich eines Tages meine Kunststückchen vor, und dabei bemerkte ich, wie ein Mann mich eingehend beobachtete. »Dieser Junge ist ein geborener Schauspieler!« hörte ich ihn sagen, und dann an mich gewandt: »Möchtest du gerne Schauspieler werden?« Damals wußte ich ja kaum, was ein Schauspieler ist, obwohl meine Mutter und mein Vater jahrelang mit der Bühne der Music Halls zu tun hatten, aber mir war jede Arbeit recht, wenn sie mir die Möglichkeit bot, aus dem tristen Alltagstrott herauszukommen, in dem ich mich befand. Also hörte ich auf den Verführer, mit dem Ergebnis, daß ich wenige Tage später in den Music Halls der Londoner Vororte mit den Varieté-Künstlern auftrat, die als die *Eight Lancashire Lads* bekannt waren.[47]

In den zwanziger Jahren liebten die Zeitungsreporter und die Leser solche Geschichten. In seiner Autobiographie erklärt Chaplin, prosaischer aber glaubwürdiger, daß sein Vater Mr. Jackson kannte und ihn überredete, seinen Sohn in seine Truppe aufzunehmen. Hannah wurde überzeugt: Es wurde vereinbart, daß Charlie auf der Tournee Kost und Logis frei haben sollte, und Hannah würde wöchentlich eine Krone erhalten. William Jackson und seine Frau waren offensichtlich vertrauenerweckende Leute, denen sie ihren Sohn anvertrauen konnte. Sie waren fromme Katholiken, ihre eigenen Kinder traten in der Truppe auf, und sie erwiesen sich als gewissenhaft, wenn es darum ging, die ›Lads‹ in der Schule des jeweiligen Spielorts anzumelden. Charlie war sich allerdings sehr wohl darüber im klaren, daß diese sporadischen Schulbesuche seiner Weiterbildung nicht eben förderlich waren. Daß Mr. Jackson den Jungen vor ihrem Auftritt in die Wangen kniff, wenn sie zu blaß aussahen, war wohl seine einzige unangenehme Angewohnheit. Er prahlte gerne damit, daß sie keine Schminke bräuchten, da sie von Natur aus rosige Wangen hätten. Ein Autor einer Music Hall-Zeitung, dem *Magnet*[48], beschrieb die Nummer, in der Charlie jetzt auftrat:

> Den *Eight Lancashire Lads* verdanken wir eine brillante, kesse Nummer mit echtem Witz. Diese vorzügliche Truppe ist eine echte Bereicherung für das Varieté, und ihre Spezialnummer kann man gar nicht hoch genug loben. Mr. William Jackson präsentiert dem Publikum acht hervorragend trainierte Burschen, die die Zuschauer mit einem Holzschuhtanz erfreuen, wie man ihn sich vollendeter nicht vorstellen kann. Die Nummer überzeugt, weil sie sich vom Althergebrachten löst und sich kühn in unbekannte Wogen stürzt. Die *Lancashire Lads* sind wahre Prachtexemplare, und wie malerisch sehen sie doch aus in ihren reizenden kontinentaleuropäischen Kostümen, die praktisch und dekorativ in einem sind. Die Truppe bietet zehn Minuten hervorragende Unterhaltung. Leiter der Truppe ist William Jackson, und mit diesem Herrn machte ich vor kurzem ein Interview. Mr. Jackson begann seine Karriere vor einigen Jahren in Liverpool, wo er sich gründliche Kenntnisse übers Tanzen aneignete. Man riet mir, so sagte er, es professionell zu betreiben, und so gab ich meine Arbeit als Bildhauer auf und widmete mich ganz der Bühne. [Laut Chaplin war Jackson ursprünglich Lehrer gewesen.]

Mr. Jackson erzählte dem Interviewer, daß die Lads

> ihren ersten Auftritt im Blackpool hatten, mit großem Erfolg, und anschließend traten sie dann in den wichtigsten Halls in der Provinz auf. Wissen Sie, die Nummer war nämlich ganz neuartig und kam auf Anhieb gut an ... und wir sind immer

bestrebt, die Show zu verbessern. Danach wurden wir für eine Premiere im Newcastle Grand verpflichtet und erzielten wieder einen sehr schönen Erfolg... Nach Ablauf dieses Engagements brachte ich die Jungs nach London, und sie traten zum ersten Mal bei Gatti's (in der Westminster Bridge Road) auf; es folgten Auftritte in anderen Music Halls, und dann kam die Moss and Thornton-Tournee.

Auf die Frage, ob auch seine eigenen Söhne in der Nummer auftraten, antwortete er: »Ja, zwei sind dabei; und die andern sechs Lads sind Schüler. Sie wurden alle unter meiner persönlichen Leitung ausgebildet; und ich bekomme viel Unterstützung von meiner Frau.« Wieder sieht Chaplins Erinnerung etwas anders aus: Er glaubte, daß vier der Lads Sprößlinge von Jackson waren, einer davon allerdings ein Mädchen, dem man die Haare kurz geschnitten hatte, damit es wie ein Junge aussah. Jedenfalls schloß der Berichterstatter des *Magnet* mit den Worten: »Jacksons *Eight Lancashire Lads* sind samt und sonders reizende kleine Burschen, gut versorgt, und ich konnte mich auf den ersten Blick davon überzeugen, daß sie alle reichlich mit dem ausgestattet sind, was an der Jugend am meisten erfreut – gute Gesundheit und heiteres Gemüt. Sie nehmen ihre Arbeit genauso ernst wie Mr. und Mrs. Jackson die ihrige. Und das Publikum kann stets sicher sein, bei den acht Jungs aus Lancashire auf seine Kosten zu kommen.«

Charlie erinnert sich, daß er seinen Holzschuhtanz sechs Wochen lang üben mußte, bevor er – fast gelähmt vor Lampenfieber – auftreten durfte. Sein Debut fand dann möglicherweise am Theatre Royal in Manchester statt, wo die Truppe in der Weihnachtspantomime *Babes in the Wood* auftrat, die am Heiligabend Premiere hatte. Wenn das zutrifft, hätte Charles Chaplin senior anwesend sein können, um die ersten Schritte seines Sohns mitzuerleben: er hatte am zweiten Weihnachtsfeiertag im Manchester Tivoli Premiere. Spätestens am 9. Januar 1899 arbeitete Chaplin auf jeden Fall bereits fest mit der Truppe, da er an diesem Tag von Mrs. Jackson in der Armitage Street School in Ardwick (Manchester), angemeldet wurde.[49]

William Jacksons jüngster Sohn Alfred, ein Jahr älter als Charlie, erinnerte sich, wie der neue Junge, der noch nicht ganz zehn war, aufgenommen wurde.

Er wohnte mit seiner Tante und seinem Bruder Sydney über einem Friseurladen (heute ein Textilgeschäft) in der Chester Street, einer Seitenstraße von der Kennington Road. Er war am Anfang ein ganz ruhiger Junge, und wenn man bedenkt, daß er nicht aus Lancashire war, war er wirklich kein übler Tänzer. Ich mußte dafür sorgen, daß zu allererst seine Haare geschnitten wurden, die ihm in verfilzten Locken über die Schultern hingen.

Er wohnte dann bei uns in der Kennington Road 267 und schlief mit mir zusammen in der Dachkammer, direkt unter den Ziegeln. Solange wir in London waren, gingen wir alle in die Sancroft Street Schools (gegenüber von Kennington Cross), und er taute allmählich auf, als er uns dann besser kannte. Er war ein großartiger Imitator, aber die Tragödie hatte es ihm besonders angetan. Wochenlang imitierte er Bransby Williams mit seinem *The Old Curiosity Shop*, trug eine graue Perücke und taperte am Stock umher, bis wir andern ihn einfach nicht mehr sehen konnten.[50]

Charlie selbst behielt seine Imitation von Bransby Williams in lebhafter Erinnerung. Mr. Jackson hatte gesehen, wie er die andern Jungen mit der Imitation von Williams in der Nummer »Tod der Kleinen Nell« aus dem *Old Curiosity Shop* unterhielt, und beschlossen, diese Imitation in seine Nummer aufzunehmen. Aber es wurde ein völliger Reinfall. Charlie trug das normale Kostüm der Lancashire Lads, das aus Bluse, Knickerbockern, Spitzenkragen und roten Tanzpantinen bestand, dazu eine schlechtsitzende Altmänner-Perücke. Sein unverständliches Bühnengeflüster verärgerte das Publikum dermaßen, daß es stampfte und ihn ausbuhte und -pfiff. Das Solo-Experiment wurde nicht wiederholt.

Charlie hatte öfters Gelegenheit, Bransby Williams zu studieren. Die *Eight Lancashire Lads* bekamen in allen bedeutenden Halls in London und in der Provinz Engagements und bestritten das Programm gemeinsam mit Williams und anderen Spitzenkünstlern jener Zeit. Charlie erinnert sich ganz genau, wie er damals Marie Lloyd gesehen hat und feststellen konnte, wie ernst sie ihre Arbeit anging. Doch kann er sich nicht erinnern, Dan Leno gesehen zu haben, der im April 1900 – auf der Höhe seiner Karriere – im Tivoli im gleichen Programm auftrat.

Chaplin lernte die englischen Music Halls zu ihrer Glanzzeit kennen. In den Jahren seit dem Debut seines Vaters hatten neue Behörden mit neuen Sicherheitsvorschriften zur Schließung einer Großzahl der unzähligen winzigen Flohtheater geführt, und in jedem Stadtzentrum waren prunkvolle »Empires« und »Palaces« aus dem Boden geschossen. Diese üppig ausgestatteten Spielstätten mit ihrem straff organisierten Management, daß sich bewußt um niveauvollere Produktionen bemühte, hatte allmählich ein anspruchsvolleres Mittelklassepublikum angezogen. Die riesigen Gagen, die Starkünstlern winkten, zogen viele talentierte Leute von den etablierten Theatern* ab, unter ihnen Bransby Williams und Albert Chevalier. 1897 konnten Charles Douglas Stuart und A. J. Park, die ersten Geschichtsschreiber der Music Halls, schreiben:

> Das Varieté nimmt heute überall eine ebenso exponierte wie einzigartige Stellung ein. Weder für das Theater noch für die Oper hat man so viele oder derart prunkvolle Tempel errichtet, und diese einzigartige, populäre Form der Unterhaltung hat weit mehr begeisterte Bekenner und Anhänger gefunden als diese beiden Kunstgattungen. Aber wenn die Music Hall auch bereits eine strahlende und interessante Vergangenheit hat, so steht ihr eine noch glänzendere und verheißungsvollere Zukunft bevor.
>
> Wenn man weiterhin in engem, einfühlsamem Kontakt mit der lebendigen Volksseele bleibt und in dem Maße, wie dieser Kunstzweig floriert und einträglicher wird, die besten Autoren, die besten Künstler und die schlauesten Köpfe zu tatkräftiger künstlerischer Mitarbeit für sich gewinnen kann, wird das zwangsläufig zu noch besseren und glänzenderen Ergebnissen führen. Das kultivierte Publikum des zwanzigsten Jahrhunderts kann dann – wenn, welche betrübliche Aussicht! die Verfasser bereits das Zeitliche gesegnet haben werden – ein Programm erleben, in dem Shakespeare und die Henry Irvings der Zukunft zusammenarbeiten, um der Music Hall zu Ruhm und Zierde zu gereichen.[51]

Selbst ein Zehnjähriger in einer Truppe von Holzschuhtänzern muß in den Music Halls jener Zeit eine unvergleichliche Ausbildung in Methodik, Technik und Disziplin mitbekommen haben. Eine Music Hall-Nummer mußte das Publikum innerhalb eines sehr begrenzten Zeitraums – zwischen sechs und sechzehn Minuten – packen und fesseln und ihm unvergeßlich bleiben. Das Publikum kannte keine Nachsicht, und die Konkurrenz war erbarmungslos. Der Künstler der Music Hall konnte nicht auf günstige Rahmenbedingungen oder Werbekampagnen zählen. Auch einer Sarah Bernhardt konnte es durchaus passieren, daß sie in einer Vorstellung ihren Auftritt unmittelbar nach Lockharts Elefanten hatte. Und so mußte jeder Künstler hinter das Geheimnis des rechten Zugriffs und des richtigen Aufbaus kommen; er mußte jeder

* Der *Licensing Act* von 1737, ein Erlaß der Zensurbehörde, der erst 1844 aufgehoben wurde, bewirkte eine Spaltung der englischen Theaterszene in die wenigen zugelassenen »Legitimate Theatres«, an denen sich das traditionelle Sprechtheater nur langsam weiterentwickelte, und zahlreiche »Unlicensed Theatres«, an denen das populäre Musiktheater mit allen möglichen Spielformen blühte; es gab also eine durch staatlichen Zwang entstandene Trennung von »E« und »U« an den Bühnen, deren Auswirkungen bis lange nach der Jahrhundertwende spürbar waren. Anm. d. Ü.

Nummer eine Steigerung geben – einen Anfang, eine Mitte und einen rasanten Abgang – und sich vom Beifall beflügeln lassen. Der Künstler mußte lernen, mit jedem wie auch immer gearteten Publikum zurechtzukommen, mit dem lethargischen Publikum bei der ersten Montagsvorstellung genauso gut wie mit den Samstagrowdies.

Charakterdarstellung war und blieb die absolute Stärke der Music Halls. Hier sah man Exzentriker wie Nellie Wallace oder W.C. Fields (der als Tramp-Jongleur auf beiden Seiten des Atlantiks populär war), die immer dieselbe vielgeliebte Charakterfigur darstellten, oder Sänger und Sängerinnen wie Marie Lloyd, Albert Chevalier, George Robey oder selbst Charles Chaplin senior, die in jedem einzelnen Song eine abgerundete, ganz individuelle Figur erschufen. Hetty King, die zu dieser Zeit ihre Karriere begann, pflegte ihre Nummer unter dem Motto »Song Characters True to Life« (Song-Figuren aus dem Leben gegriffen) anzukündigen. Das »aus dem Leben gegriffen« war wichtig. Das Publikum hatte ein feines Gespür für falsche Töne, und die Komik mußte ihren eigenen dramatischen und psychologischen Gesetzmäßigkeiten folgen.

Charlie scheint in den Jahren 1899 und 1900 ohne Unterbrechung mit den *Eight Lancashire Lads* auf Tournee gewesen zu sein. Die Schulakten der St. Mary the Less School in Lambeth verraten, daß Mrs. Jackson ihn dort während des Engagements der Lads im Tivoli angemeldet hatte. Er war offensichtlich Ende des Jahres immer noch dabei, als die Pantomimensaison begann. Alfred Jackson erinnert sich: »Charlie war mit uns auf Tournee und trat in der ersten Cinderella-Pantomime im Hippodrom als eine der Katzen auf. Schließlich verließ er dann die Lancashire Lads, um zum etablierten Theater zu gehen.«[52] Dies wird durch Chaplins eigene ausführliche Erinnerung an *Cinderella* bestätigt, obwohl die Jackson Lads nicht auf dem Programm auftauchen. Man sollte annehmen, daß für so eine populäre Nummer Reklame gemacht wurde, aber man kann auch wiederum verstehen, daß das bei dieser Gelegenheit nicht der Fall war. Zu dieser Zeit konnte eine spektakuläre Pantomime eine riesige Besetzung haben, mit Dutzenden von Statisten und Sondereinlagen. Vielleicht hatte Mr. Jackson auch das Gefühl, daß die pantomimische Darstellung von Tieren zwar einträglich, aber doch etwas erniedrigend war. Am Ende der Besetzungsliste steht: »Mitglieder der prinzlichen Jagdgesellschaft, Gäste an der Bar, ausländische Botschafter und ihre Gefolge, usw. usw.« Charlie und die Lads waren vielleicht die undsoweiter.

Das Hippodrome, das im Jahr 1900 eröffnet wurde, war Londons neuestes

Bühnen-Wunderwerk. Der Impresario Sir Edward Moss hatte sich vorgenommen, den Londonern »eine Zirkus-Show zu präsentieren, die ihresgleichen in der Welt sucht, kombiniert mit raffinierten Bühnenschauspielen, die in jedem andern Theater unmöglich wären.« Das Gebäude war das Meisterwerk eines Genies der Theaterarchitektur: Frank Matcham. Das Herzstück dieses Palasts aus Marmor, Mosaik, Blattgold und Terrakotta war die große Arena, die mit 100 000 Gallonen Wasser überflutet und binnen 60 Sekunden wieder in eine trockene Bühnenfläche verwandelt werden konnte, indem Hebebühnen, die auf dem Boden des künstlichen Sees lagen, angehoben wurden. Für Tiernummern konnten in wenigen Augenblicken um die ganze Arena herum automatisch glänzende Gitter hochgezogen werden. In seinen ersten Jahren bot das Hippodrome einzigartige Kombinationen aus Varieté, Zirkus und Wasserschauspielen. Im Laufe der Zeit wurde die Arena dann bestuhlt, und ein konventionellerer Stil des Varietés setzte sich durch.

Hartnäckig hält sich das unwahrscheinliche Gerücht, daß Charlie bei *Giddy Ostend*, der ersten Produktion am Hippodrome, die am 15. Januar 1900 Premiere hatte, als Statist mitgewirkt hat. Zu dieser Zeit spielten die *Eight Lancashire Lads* in *Sinbad the Sailor* am Alexandra in Stoke Newington. Die Aufführung von *Cinderella* im Hippodrome, die von Frank Parker produziert wurde und von Weihnachten 1900 bis zum 13. April 1901 auf dem Spielplan stand, glich eher einem dieser spektakulären Ballett-Schauspiele, die am Alhambra und an den Empire Music Halls in der zweiten Programmhälfte dargeboten wurden. Die erste Hälfte des Programms setzte sich aus elf Varieté-Nummern zusammen, darunter Captain Woodwards Seehunde und Seelöwen, Lockharts Elefanten, Leon Morris' »Sprechende und singende Ponies«, die Aquamarinoff-Truppe der Russischen Tänzer, Pferdedressurnummern, Trapezartisten, Captain Kettle und Stepsons (Akrobaten-Clowns) und Gobert, Belling and Filpe, die »Famous Continental Grotesques«. Als neunte Nummer stand Gibbons' »Phono-Bio-Tableaux« auf dem Programm, ein früher Versuch, Ton mit bewegten Bildern zu kombinieren.

Cinderella war vielleicht eher ein Märchenstück als eine konventionelle Pantomime. W. H. Risque hatte es geschrieben, die Musik stammte von George Jacobi, dem ehemaligen musikalischen Leiter des Alhambra, und die Tänze wurden von Will Bishop arrangiert. Das Stück hatte fünf Bilder und ein Wasserschauspiel; der Kulissenaufbau für den Ball war so kompliziert, daß man trotz der Bühnenmaschinerie des Hippodrome eine Umbaupause von mehreren Minuten benötigte. Die Katzen und Hunde, die von den Lancashire

Lads gespielt wurden, traten vermutlich in der Szene »Die Küche des Barons« auf.

Button wurde von dem französischen Clown Marceline gespielt, der noch an die vier Jahre ein Publikumsliebling in den Programmen des Hippodrome bleiben sollte. Er wurde als »Continental Auguste« angekündigt oder einfach als »The Droll«. Chaplin vergaß nie, wie sehr ihn dieser junge Clown damals beeindruckt hatte, und in seiner Autobiographie finden wir eine der wenigen Beschreibungen, die es überhaupt von Marceline gibt, der dann bald in Vergessenheit geriet und 1927 im Alter von vierundfünfzig Selbstmord verübte. Chaplin erinnert sich, wie Marceline auf einem Campingstuhl neben der unter Wasser gesetzten Arena hockte und mit einer Rute nach den Revue-Mädchen angelte, die in den Fluten versunken waren – ein Anklang an die späteren Musicals von Busby Berkeley. Als Köder benutzte er Diamantenketten und -armbänder. Die Unverfrorenheit, in der großen Arena des Hippodrome zu angeln, hat etwas durch und durch Chaplineskes an sich; der kleine Pudel, der Marceline auf Schritt und Tritt folgte, schien den gleichen Effekt gehabt zu haben.

Chaplin erinnert sich an seine ersten komischen Improvisationen, die er in *Cinderella* zum besten gab. Er spielte eine Katze (der die Ehre zukam, Marceline in der Küchen-Szene zum Stolpern zu bringen), und in einer der Kinder-Matineen machte er sehr unkatzenhafte Scherze, schnüffelte an einem Hund und hob sein Bein gegen das Proszenium. Chaplins eigener Schilderung zufolge wurde herzlich gelacht, aber eine Wiederholung durfte es auf keinen Fall geben. Der Lord Chamberlain hatte damals ein sehr wachsames Auge auf etwaige Unschicklichkeiten in Music Hall-Aufführungen.

Daß er die *Eight Lancashire Lads* schließlich verließ, lag laut Chaplin daran, daß William Jackson Hannahs Benehmen auf die Nerven ging, die sich angeblich wie eine Bühnenmutter aufführte und sich ständig darüber beklagte, daß ihr Sohn kränklich aussehe. Wenn das tatsächlich zutraf, muß es wohl während des längeren Aufenthalts der Truppe in London passiert sein, als sie im Hippodrome spielten. Möglicherweise waren Hannahs Sorgen nicht ganz unbegründet. 1912 erzählte Chaplin, der zu dieser Zeit gerade der Star der Karno-Truppe war, einem Reporter aus Winnipeg:[53]

> Das waren wirklich ganz schön harte Zeiten. Manchmal schliefen wir auf der Bühne fast ein, aber dann warfen wir einen Blick zu Jackson in die Kulissen und sahen, wie er die merkwürdigsten Grimassen schnitt, seine Zähne bleckte, auf sein Gesicht

zeigte und andere Verrenkungen vollführte, womit er uns zu erkennen gab, daß wir uns zusammennehmen und lächeln sollten. Wir reagierten sofort, aber das Lächeln verblaßte bald wieder, bis wir wieder einen Blick auf Jackson warfen. Wir waren nur Kinder und beherrschten noch nicht die Kunst, ermattete Nerven mit aller Gewalt mit Energie aufzuladen.

Aber es war ein gutes Training, das uns für die härtere Arbeit rüstete, die man leisten muß, bevor die Göttin des Erfolgs anfängt, ihre Gunst zu verstreuen.

Trotz Jacksons Grimassen und seiner Angewohnheit, Rosen in die Wangen von kleinen Jungen zu massieren, empfand Chaplin im Nachhinein stets ironische Dankbarkeit für ihn. Als er 1931 in Paris war, traf Chaplin die Jacksons – William und dessen Sohn Alfred – wieder. Der Alte war damals über achtzig, aber noch sehr gut in Form. Chaplin war gerührt, als er zu ihm sagte: »Wissen Sie was, Charlie, ... wenn ich daran denke, wie Sie als kleiner Junge waren, dann erinnere ich mich vor allem an Ihre Sanftheit.«

Während der häufigen Abwesenheit ihres Sohnes von London war Hannahs Leben wie üblich nicht einfach gewesen. Ihr Vater, Großvater Hill, war inzwischen sechzig und es ging ihm nicht gut, seit Großmutter Hill ihn verlassen hatte, um vor die Hunde zu gehen. Gicht und Rheuma hatten es ihm schwergemacht, seine Flickschusterei weiter zu betreiben, und schon einige Jahre lang zog er ständig von einer Unterkunft zur nächsten, fast so oft wie seine Tochter. Im Juli 1899 war er obdachlos und zog zu Hannah in ihr kleines Zimmer in der Methley Street. Fünf Tage später wurde er ins Krankenhaus von Lambeth eingeliefert, und nach der Zeit im Krankenhaus verbrachte er etwa einen Monat im Armenhaus.[54] Die Rückkehr von Großvater Hill hatte für die Familie auch ihre Vorteile. Charlie erinnert sich, daß der Großvater während einer seiner Krankenhausaufenthalte in der Küche arbeitete und seinem ängstlichen Enkel tütenweise gestohlene Eier zusteckte, wenn der ihn besuchen kam.

Während Charlie in *Cinderella* auftrat, beschloß Sydney, zur See zu fahren. Er wollte sich die Fähigkeiten zunutze machen, die er auf der *Exmouth* erworben hatte. Er war erst sechzehn und scheint sein Alter um drei Jahre erhöht zu haben, um seine Chancen zu verbessern. Während seiner ganzen Laufbahn auf See stand in seinen Papieren als Geburtsjahr stets 1882 statt 1885. Am 6. April 1901 schiffte er sich auf der ss *Norman* ein, einem Schiff der Union Castle Mail Steamship Company Line, das auf der Postroute nach Südafrika auslief. Er wurde als Hilfssteward und Bordmusiker angestellt, da er das Hornspiel sehr gut beherrschte. Sydney machte insgesamt sieben Seereisen, und bei jeder wurde in seinen Seemannspapieren Arbeitsleistung und Führung mit »Sehr Gut« bewertet.[55] Sein ganzes Leben lang scheint Sydney alles, was er tat, mit dem gleichen gewissenhaften Eifer betrieben zu haben. Mehr als dreißig Jahre nach seiner ersten Seereise erinnert er sich:

> Als ich das erste Mal als siebzehnjähriger Steward zur See fuhr, ließ man mich die Treppe putzen, die in den Laderaum des Schiffes führte und nur benutzt wurde, wenn leere Flaschen und auf dem Schiff angefallener Müll hinunterzutragen waren. Diese Treppe war schmierig schwarz, und mit Hilfe von Scheuersand und Scheuerstein gelang es mir, diese Treppe so weiß und sauber zu kriegen, daß man davon essen konnte. Der Kapitän bemerkte das, ließ mich kommen und sagte mir, daß er in seinen neunzehn Kapitänsjahren diese Treppe noch nie so sauber gesehen habe. Er gratulierte mir und meinte, wenn ich bei meiner sonstigen Arbeit auch so gewissenhaft sei, würde ich garantiert Erfolg im Leben haben. Und das habe ich mir hinter die Ohren geschrieben; das Lob des Kapitäns habe ich nie vergessen.

Offensichtlich zahlte sich derartiger Fleiß auch unmittelbar aus. Als der Kapitän der *Norman* zur *Kinfairns Castle* überwechselte, wurde Sydney für vier aufeinander folgende Fahrten auf diesem Schiff angeheuert.

Bevor er in See stach, schickte Sydney 1 £ 15 s von seiner ersten Teilheuer an seine Mutter.[56] Der Beamte, der das Überweisungspapier ausfüllte, trug »Annie« als ihren Vornamen ein – ein Irrtum, der zweifellos auf die schwachen Hauchlaute des Londoner Dialekts zurückzuführen ist.*

Anscheinend konnten Hannah und Charlie mit Hilfe dieses sehr kleinen Vermögens ihre Lebensverhältnisse verbessern und zwei Zimmer über einem Frisiersalon in der Chester Street beziehen.** Es muß Nummer 24 gewesen sein, dort hatte Frederick Clarke das einzige Friseurgeschäft der Straße. Die Chester Street (heute Chester Way) geht von der Kennington Road ab; ganz in der Nähe hatten die Jungen bei Charles und Louise gewohnt. In einer Rundfunkansprache, die 1943 per Telefonkabel von Amerika nach Lambeth übertragen wurde, war Chaplins Erinnerung an die Chester Street noch spürbar

* Mehr als einmal tauchte Hannahs Name auf offiziellen Dokumenten in ähnlicher Weise als »Anna« oder »Annie« auf, vermutlich wegen des schwachen H's. Im Londoner *Star* vom 3. September 1921 berichtete ein Bekannter aus Charlies Kindheit: »Mir erschien Charlies Mutter immer sehr fein, ruhig und traurig. Er sprach von ihr immer als ›Lily‹, ich weiß also nicht, wie ›Annie‹ in die Schulakten geraten ist.« (Es handelt sich um Schulakten, die die Zeitung aufgespürt hatte, die aber inzwischen verschwunden sind.)

** Vermutlich die Zimmer, die Tante Kate zuvor bewohnt hatte. Vgl. S. 52.

lebendig. Er konnte sich sogar noch an die Namen der Geschäfte erinnern: Edward Ash, der Krämer, in der Nummer 18; Francis William Healey, der Gemüsehändler, gegenüber von Clarkes Friseurladen, in der Nummer 27; und um die Ecke in der Kennington Road 225, Jethro Waghorn, der damals gerade den Metzgerladen übernommen hatte.

Charles Chaplin senior lag im Sterben. Er war erst 37 Jahre alt, aber die Trinkerei hatte seine Gesundheit ruiniert. Er litt an Leberzirrhose und Wassersucht.* Als er schließlich seinem Leiden erlag, schrieb die *Era,* daß die Leser »mit Bedauern, aber nicht überrascht den Tod des bekannten Imitators und Music Hall-Komödianten Charles Chaplin zur Kenntnis nehmen werden... In den letzten Jahren war das Glück dem armen Chaplin nicht hold, und gute Engagements kreuzten leider nur selten seinen Weg...« Sein letztes verbürgtes Engagement hatte er im September 1900 am Granville Theatre of Varieties in Walham Green.** Charlie erinnert sich daran, wie er ihn einige Wochen vor seinem Tod im ›Three Stags‹, einem Pub am nördlichen Ende der Kennington Road, getroffen hatte und von seinem Aussehen schockiert gewesen war. Er hat in Erinnerung, daß sein Vater sich bei dieser Gelegenheit sehr darüber freute, ihn zu sehen, und zum ersten Mal in seinem Leben hat er ihn umarmt und geküßt.

Kurz vor Charles Tod waren Hannah und er sich womöglich wieder nähergekommen. Als er am 29. April ins St. Thomas Krankenhaus gebracht wurde, wohnte er Golden's Place 16, in einem Sträßchen mit schäbigen Häusern, das von der Chester Street abging. Und Hannah, die den Totenschein mitunterzeichnen mußte, gab als ihre eigene Adresse ebenfalls Golden's Place 16 an. Charles starb am 9. Mai 1901.

Hannah hatte natürlich kein Geld für ein Begräbnis, und die Gemeindebehörde von Lambeth genehmigte, vielleicht auf Betreiben des Krankenhauses, ein Armengrab auf dem Friedhof von Tooting. Hannah schlug vor, den *Variety Artists' Benevolent Fund*, den Wohltätigkeitsfonds der Varietékünstler, um die Übernahme der übrigen Begräbniskosten zu bitten. Es ist erwiesen, daß sie den Leichenbestatter Albert Mummery bat, sich darum zu kümmern.

* Auf dem Totenschein wird als Todesursache »Leberzirrhose« angegeben, aber Chaplin und die *Era* sprechen beide nur von »Wassersucht«. In der damaligen Zeit war die Ursache von *hobnail liver* »Schuhnagel-Leber«, wie man die Säuferleber nannte, nur allzu bekannt, und vielleicht empfand man es als unschicklich, eine Krankheit wie Zirrhose beim Namen zu nennen.

** 1898 von Frank Matcham erbaut, als »Versuchs«-Theater für die großen Komödianten Dan Leno und Herbert Campbell.

Er teilte in der Chester Street 34 mit seinem Verwandten Thomas Alfred Mummery, einem Hersteller von Weinfässern, seine Räume. Die Chaplin-Familie war jedoch gegen ein Armenbegräbnis. Glücklicherweise war Charles' jüngerer Bruder Albert, der es in Südafrika zu etwas gebracht hatte, gerade in London zu Besuch. Die *Era* berichtete: »Der arme Charles Chaplin wurde am Montag (dem 13. Mai 1901) um 12.30 Uhr in Tooting begraben. Die Haupttrauernden waren die Witwe und sein einziges Kind *(sic)*, sein Bruder, seine Schwester und seine Schwägerin. Mr. und Mrs. Harry Clarke waren auch anwesend. Am Grab standen Mr. R. Voss, der Song-Schreiber, und Mr. Fredericks von De Voy, Hurst and Fredericks. Der Sarg war aus poliertem Eichenholz. Die Kosten für das Begräbnis trug Mr. Albert Chaplin, der in Südafrika lebende Bruder des verstorbenen Komödianten.« Nach dem Begräbnis, so erinnert sich Chaplin, kehrten die Chaplins zum Mittagessen in einem der Pubs ein, die sie besaßen, nachdem sie zuvor Hannah und ihn abgesetzt hatten. Zu Hause wartete eine leere Speisekammer auf sie, die in absehbarer Zeit kaum gefüllt werden konnte. Zum Glück legte Sydneys Schiff am 31. Mai in Southampton an. Seine Heuer und seine Trinkgelder von über drei Pfund, die er unterwegs verdient hatte, sicherten den Chaplins einen verhältnismäßig luxuriösen Sommer mit Räucherheringen, Pfannkuchen, Kuchen und Eiskrem; ein Sommer, der für Chaplin unvergeßlich blieb.

Am 1. September fuhr Sydney wieder zur See. Diesmal heuerte er als ausgewachsener Steward für die Fahrt nach New York und zurück auf der *Haverford* an. Sehr zur Beunruhigung seiner Mutter und seines Bruders dauerte diese Reise sehr viel länger als die vorgesehenen drei Wochen. Anscheinend wurde Sydney wegen Krankheit in New York an Land gebracht, und er bekam dann erst am 5. Oktober ein anderes Schiff für die Heimfahrt. Er heuerte als Steward auf der *St. Louis* an, die die Nordatlantik-Route von New York fuhr, und war am 23. Oktober wieder in England.[57]

Die Chronologie der nächsten anderthalb Jahre von Chaplins Leben stellt sich etwas verworren dar. Selbst er gibt zu, daß »meine Erinnerung an diese Zeit mal klar, mal weniger klar ist«. Ein Großteil der Zeit lebte Hannah mit Charlie zusammen (vorübergehend war auch Sydney dabei) in Pownall Terrace 3. Zwischenzeitlich wohnten sie bei einer von Hannahs Freundinnen aus der Kirchengemeinde, einer frommen Dame namens Mrs. Taylor, und in Stockwell bei einer weniger sittenstrengen Freundin, die von einem alten Herrn, einem pensionierten Oberst, stilvoll ausgehalten wurde, obwohl sie sich nebenbei auch noch einen jüngeren Hausfreund hielt.

Aus irgendeinem Grund blieb Chaplin die Mansarde in Pownall Terrace in lebhafterer Erinnerung als jede andere der vielen Wohnstätten seiner Kindheit. Vielleicht lag es nur daran, daß er dort länger wohnte als irgendwo sonst. Bei seiner triumphalen Rückkehr nach England im Jahr 1921 stattete er dem Haus eines Abends einen erinnerungsreichen Besuch ab. Zu dem Zeitpunkt lebte in der Wohnung eine Kriegerwitwe namens Mrs. Reynolds, die den Zeitungsreportern erzählte:

> Er sagte: »Wie oft hab ich mir den Kopf an dieser schiefen Decke gestoßen und wurde dann auch noch verhauen, weil ich so viel Lärm gemacht habe.«
>
> Er hat mich gefragt, wo ich koche, und ich habe ihm meine alte Kochstelle gezeigt und ihm gesagt, daß ich ihm auch noch den Dachboden zeigen würde, wenn es nicht so spät wäre. Charlie sagte: »Den kenne ich, ich habe mich oft da oben versteckt. Ich würde zu gerne einfach nur mal eine Nacht hier verbringen.« Ich hab ihm gesagt, daß er auch zwei hier verbringen kann, ich würde solange woanders hingehen.
>
> Einer der Herren sagte: »Das ist etwas anderes als Ihr Hotel, Charlie«, und er sagte: »Ach hören Sie doch auf mit meinem Hotel. Das hier ist mein altes Zimmer, in dem ich vor zwölf Jahren *(sic)* geschlafen habe.« Und sie lachten weiter und redeten und rauchten Zigaretten. Er hat mich gefragt, wieviel Miete ich bezahle, und ich habe gesagt, fünf Schillinge die Woche, aber vor acht Jahren, wo ich eingezogen bin, waren es nur zweieinhalb. Er sagte, wie er hier gewohnt hat, hat es drei Schillinge und sechs Pence gekostet.[58]

Mehr als zwanzig Jahre später sagte Chaplin in der transatlantischen Rundfunkübertragung nach Lambeth:

> Obwohl ich Lambeth vor fünfunddreißig Jahren verlassen habe, habe ich das Mansardenzimmer in Pownall Terrace 3, wo ich als Junge gewohnt habe, noch ganz deutlich vor Augen. Ich werde nie vergessen, wie ich in diesem engen Treppenhaus immer die drei Stockwerke rauf und runter mußte, um die ewigen Schmutzwassereimer auszuleeren. Ja, und Healey ist der Gemüsehändler in der Chester Street, wo man vierzehn Pfund Kohle und Küchenkräuter für einen Penny kaufen konnte, und ein Pfund Anschnitte bei Waghorn dem Metzger; und Ash, der Krämer, wo man für einen Penny altbackenen Kuchenbruch kaufen konnte, mit all seinen angenehmen und unangenehmen Überraschungen.
>
> Ja, ich bin zurückgekehrt und habe diese kleine Dachkammer in Pownall Terrace aufgesucht, wo ich die Eimer und die vierzehn Pfund Kohlen schleppen mußte. Es war alles beim alten, genau das Lambeth, das ich verlassen hatte, das gleiche Elend und die gleiche Armut. Ich habe gehört, daß Pownall Terrace jetzt in Schutt und Asche liegt, durch einen deutschen Luftangriff dem Erdboden gleichgemacht.

> Ich erinnere mich an die Straßen von Lambeth, an den New Cut und den Lambeth Walk, die Vauxhall Road. Es war ein hartes, steiniges Pflaster, aber die Menschen, die dort lebten, waren aus ganz gutem Holz geschnitzt.

In einer Hinsicht war Chaplin falsch informiert: Nicht die Deutschen haben Pownall Terrace zerstört, sondern die Stadtplaner, und das erst 1966. 1984 war das Gelände immer noch leer und ungenutzt.

Nach der unglücklich verlaufenen Reise nach New York blieb Sydney mehr als zehn Monate in London, und in dieser Zeit müssen seine Ersparnisse zur Neige gegangen sein. Am 6. September 1902 trat er die erste von vier Postschiff-Reisen nach Südafrika auf der ss *Kinfairns Castle* an. Jede dieser Fahrten dauerte sieben Wochen, dazwischen lagen jeweils zwei Wochen Landurlaub. Charlie hatte inzwischen eindeutig jeden Gedanken an einen weiteren Schulbesuch aufgegeben und überlegte sich, wie er etwas Geld verdienen könnte. Noch mit Trauerbinde am Arm – es war kurz nach dem Tod seines Vaters – versuchte er, um die Pubs von Kennington herum Blumen zu verkaufen, erfolgreich, aber nicht lange, denn Hannah billigte es nicht. Er arbeitete als Friseurgehilfe (wahrscheinlich für Mr. Clarke in der Chester Street) und in einem Kerzenladen. Er half in einer Arztpraxis der Partner Hool und Kinsey-Taylor in der Throgmorton Avenue 10. Dies muß ziemlich früh im Jahr 1901 gewesen sein, da die Ärzte im Laufe des Jahres umzogen.[59] Er verlor diesen Job, weil er zum Fensterputzen zu klein war, aber die Kinsey-Taylors stellten ihn in ihrem Haus in Lancaster Gate als Laufburschen an. Er meinte, daß ihm eine lange Laufbahn als Butler offengestanden hätte, wenn Mrs. Kinsey-Taylor ihn nicht wegen einer Albernheit gefeuert hätte: Er hatte ein Stück Leitungsrohr zu einem Alphorn umfunktioniert. Seine Stelle bei W. H. Smith verlor er, als man herausbekam, daß er zu jung war, und in einer Glasfabrik hielt er es nur einen Tag aus. Als er bei der Papierfirma Strakers arbeitete, wo er eine riesige Wharfdale-Presse füttern mußte, scheint er einen Vorgeschmack auf seinen Kampf mit der Maschine in *Modern Times* bekommen zu haben. Zwei Gelegenheitsarbeiten aus dieser Zeit haben offenbar einen besonders starken Eindruck bei ihm hinterlassen. Seine Versuche als Altkleiderhändler beschrieb er zum ersten Mal im Jahr 1916:

> Ich wollte auf Teufel komm raus Geld verdienen, um meine Familie zu unterstützen. Ich hatte beobachtet, wie die Straßenhändler in der Petticoat Lane* die Moneten einsackten, also durchwühlte ich das Haus nach allen alten ausrangierten Kleidungsstücken, die ich finden konnte, und eilte in die berühmte Straße, stieg auf eine Kiste und fing an, mit einer dünnen, kindlichen Stimme meine Waren zu versteigern.
>
> Die Fußgänger blieben erstaunt stehen, sahen mir kurze Zeit zu und kauften dann aus Nettigkeit meine dürftigen Bestände. An dem Abend kam ich mit einem Schilling und sechs Pence nach Hause. Das war zwar nicht gerade viel, aber besser als gar nichts.[60]

Fünfzig Jahre später schilderte er dieses Erlebnis fast genauso, allerdings erinnert er sich an die Einnahme von nur sechs Pence, und zwar für ein paar Gamaschen, die Hannahs Meinung nach mehr hätten einbringen müssen.

Voller Faszination erinnert er sich stets an die beiden Schotten, die aus alten Schuhkartons, Korkstückchen aus den Fässern, in denen damals Trauben transportiert wurden, Lametta und Holzabfällen Spielzeug zu einem Penny herstellten. Charlie half ihnen in den Mews hinter der Kennington Road, wo sie arbeiteten, und versuchte sich dann mit der Herstellung von Spielzeugschiffen selbst als Geschäftsmann. Der Versuch mußte bald abgebrochen werden, denn für Hannah, die ihre Blusen nähen mußte, war der Kleber zu gefährlich und sein Geruch war ihr zu penetrant. 1931 erzählte er May Reeves: »Wenn ich einmal alles verlieren würde und nicht mehr arbeiten könnte, dann würde ich Spielzeug machen ... Als Kind habe ich kleine Schiffe aus Zeitungspapier gebastelt und sie auf der Straße verkauft, um nicht zu verhungern.« Und sie fügte hinzu: »Wie oft wiederholte er doch immer wieder: ›Wenn ich einmal mein ganzes Geld verlieren würde ...‹«[61]

Die Chaplins sollten noch weiter vom Schicksal gebeutelt werden. Am 24. März 1903 brach Sydney zu seiner letzten Seereise auf der *Kinfairns Castle* auf. Anfang Mai mußte Charles feststellen, daß seine Mutter wieder krank war. Sie war teilnahmslos geworden, schien unbekümmert, als der Ausbeuterbetrieb, für den sie nähte, ihr keine Arbeit mehr gab und ihr die Nähmaschine wieder abnahm, und vernachlässigte das kleine Zimmer. Am Dienstag, dem 5. Mai, kam Charlie nach Hause, und andere Kinder, die am Hauseingang herumstanden, verkündeten ihm, daß seine Mutter übergeschnappt sei. Er mußte sie ins Krankenhaus in der Renfrew Road bringen und dann als ihr engster

* Petticoat Lane hörte sich für die Presse besser an. In *My Autobiography* spricht Chaplin von Newington Butts.

bekannter Verwandter den Fall der Behörde melden. Er war gerade erst vierzehn geworden. In der Krankenakte steht: »Charles Chaplin, Sohn, Pownall Terrace 3, Kennington Road, sagt, daß sie ständig von Personen spricht, die tot sind, und daß sie glaubt, sie vor sich zu haben, wenn sie aus dem Fenster sieht und mit imaginären Leuten redet – betritt fremde Zimmer usw.« Hannahs lustige Fensterunterhaltung war in die Welt des Wahnsinns abgeglitten.[62]

Charlie erinnert sich, daß sich im Krankenhaus ein freundlicher junger Arzt um ihn gekümmert hat. Wahrscheinlich handelte es sich um Dr. M.H. Quarry, der Hannah untersuchte: »Sie lärmt und redet wirres Zeug, betet und flucht abwechselnd – weint & schreit –, sagt, der Fußboden sei der Jordan, und sie könne ihn nicht überqueren. Vorübergehend gewalttätig und zerstörerisch.« Der Beamte, der sie übernahm, befand, sie sei gemeingefährlich, da sie dazu neige, Leute zu schlagen. Nachdem er Charlie befragt hatte, hielt er auf Hannahs Papieren fest, daß nicht bekannt sei, ob irgendein näherer Verwandter an Geistesgestörtheit gelitten habe. Das scheint zu bestätigen, daß Hannah es tatsächlich geschafft hatte, Oma Hills Einweisung in die Anstalt vor ihren Söhnen geheimzuhalten. Wieder wird auf Hannahs Papieren ihr Beruf als ›Maschinennäherin‹ angegeben, und wieder – selbst in diesen Nöten – besaß sie die Geistesgegenwart, sich fünf Jahre jünger zu machen. Laut Akte war sie dreiunddreißig Jahre alt, in Wahrheit war sie fast achtunddreißig.

Dr. Quarry fragte Charlie, was er jetzt tun wolle. Und aus lauter Angst, man könne ihn wieder nach Norwood schicken, antwortete er schnell, daß er bei seiner Tante wohnen würde. Einiges deutet darauf hin, daß er hin und wieder mal bei Tante Kate gewohnt hatte, aber diesmal ging er zur Mansarde in Pownall Terrace 3 zurück, um dort auf Sydneys Rückkehr zu warten. In der Autobiographie wird eindringlich das Elend und die Verzweiflung dieser Tage beschrieben: wie er in der schäbigen, jetzt so einsamen Kammer weinte, und wie freundlich die Wirtin war, die ihn dort weiterhin wohnen ließ und ihm etwas zu essen gab, wenn er nicht zu stolz oder zu schüchtern war, es anzunehmen. Sechs Tage nachdem er seine Mutter ins Krankenhaus gebracht hatte, wurde Hannah wieder in die Anstalt von Cane Hill eingewiesen. Diesmal mußte sie fast acht Monate dort bleiben.

Sydney hätte am 9. Mai wieder in England sein sollen, aber seine Rückkehr nach London scheint sich verzögert zu haben. (Chaplin nahm an, daß es sich um die Reise handelte, bei der Sydney krankheitshalber im Ausland bleiben mußte, aber dies wird durch Sydneys Papiere nicht bestätigt.) Charlie erinnert sich, daß er damals, während er auf Sydneys Rückkehr wartete, mit ein paar

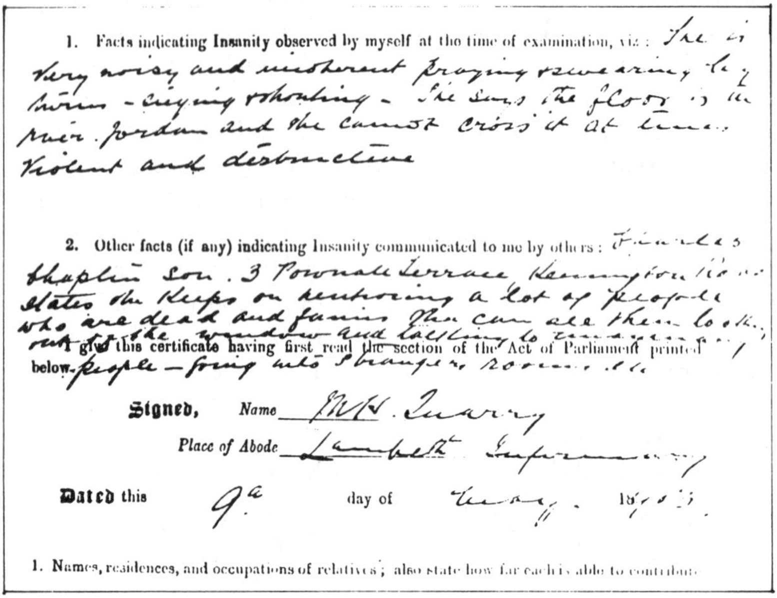

1. Facts indicating Insanity observed by myself at the time of examination, viz.: She is very noisy and incoherent praying & swearing by turns – crying & shouting – She says the floor is the river Jordan and she cannot cross it at times. Violent and destructive

2. Other facts (if any) indicating Insanity communicated to me by others: Charles Chaplin son. 3 Pownall Terrace Kennington Road states she keeps on mentioning a lot of people who are dead and fancies she can see them looking out of the window and talking to imaginary people – going into strangers rooms etc.

I give this certificate having first read the section of the Act of Parliament printed below.

Signed, Name JMW. Quarry

Place of Abode Lambeth Infirmary

Dated this 9th day of May 1903.

1. Names, residences, and occupations of relatives; also state how far each is able to contribute

1903 – Teil der ›Order for the Reception of a Pauper Lunatic‹ (Anweisung zur Aufnahme einer mittellosen Geisteskranken), betreffend Hannah Chaplin, vom 9. Mai 1903, einschließlich der Aussage, die der 14jährige Charles Chaplin gegenüber Dr. Quarry machte.

Holzhackern Freundschaft schloß, die auch in den Mews hinter der Kennington Road arbeiteten. Einer von ihnen spendierte ihm einen Galerieplatz in der South London Music Hall in der London Road in Lambeth. Als Starnummer sah er Fred Karnos *Early Birds*. Dies war seine erste Begegnung mit der Truppe, in der er dann später zu Ruhm gelangen sollte.

Schließlich kehrte Sydney wieder heim, und Charlie konnte endlich seine Sorgen mit ihm teilen. Sie gingen nach Cane Hill, um Hannah zu besuchen, und waren schockiert darüber, wie krank sie aussah. Ihr Vorwurf: »Wenn du mir an dem Nachmittag doch nur eine Tasse Tee gebracht hättest, dann wäre alles in Ordnung gewesen«, machte Charlie lange sehr zu schaffen.

Sydney teilte ihnen mit, daß er endgültig heimgekehrt sei. Er hatte genug gespart, um die nächsten paar Monate über die Runden zu kommen, und er hatte den Entschluß gefaßt, zur Bühne zu gehen. Sein jüngerer Bruder hatte denselben Ehrgeiz. Viele Jahre später erzählte er dann seinem Sohn (einem dritten Charles Chaplin): »Sogar als ich im Armenhaus war, als ich durch die Straßen streunte und versuchte, genug zu essen zu finden, um zu überleben, sogar damals hielt ich mich für den größten Schauspieler der Welt. Diese Überschwenglichkeit, die davon herrührt, daß man restlos von sich selbst überzeugt ist, mußte ich mir erhalten. Wenn du die nicht hast, bist du verloren.«[63]

2

Erste Schritte

Schon im Alter von elf oder zwölf Jahren, als er mit William Jacksons *Lancashire Lads* auf Tournee war, entwickelte Chaplin den Ehrgeiz, ein Star zu werden. »Ich wäre gern ein kleiner Komiker gewesen, doch allein auf der Bühne zu stehen, verlangte großen Mut.«[1] Mit Tommy Bristol, einem andern Mitglied der *Lancashire Lads*, plante er eine Doppelnummer, die sie »Bristol and Chaplin, the Millionaire Tramps« nennen wollten. Aus der Idee wurde nie etwas, aber mehr als ein Jahrzehnt später war Chaplin sehr beeindruckt, als er Tommy Bristol in New York wiedertraf, wo dieser und sein Partner als Komiker 300 Dollar in der Woche verdienten.[2]

Bert Herbert, ein unbedeutender Komiker des englischen Varietés, erinnert sich an ein anderes Projekt aus dieser Zeit, und sein Bericht erscheint glaubhaft, da er etliche präzise Details enthält:

> Nachdem Charlie die Lancashire Lads verlassen hatte, brachte mein Onkel ihn zu uns nach Hause (in die Thrush Street in Walworth) und fragte meine Eltern, ob sie damit einverstanden wären, wenn mein Bruder und ich uns mit einem andern Jungen zusammentäten, um als Tanztrio aufzutreten.
>
> Meine Eltern waren einverstanden, und Charlie machte sich mit Eifer an die Arbeit. Charlie war ein vorzüglicher Tänzer und Lehrer, aber ich fürchte, wir haben mehr Blödsinn gemacht als getanzt – wir waren im Alter zwischen zehn und vierzehn.
>
> Schließlich beherrschten wir sechs Schritte (die alten sechs Lancashire-Schritte) und durften dann im Montpelier in Walworth vortanzen. Wenn ich mich recht erinnere, war ein gewisser Mr. Ben Weston der Eigentümer.
>
> Ich erinnere mich, daß wir keine Kostüme hatten, sondern einfach in unsern Straßensachen auftraten. Charlie und mein Bruder trugen Knickerbocker, und da ich lange Hosen trug, mußte ich die Hosenbeine unter dem Knie festbinden, damit sie wie Knickerbocker aussahen.
>
> Charlie hat sich schier kaputtgelacht, als ich gleich zu Beginn durcheinander kam, weil eins meiner Hosenbeine herunterrutschte.
>
> Mein Onkel ging dann nach Amerika, und da wir kein Geld zum Weitermachen

hatten, mußten wir das Projekt mit dem Trio fallenlassen. Wir wollten es »Ted Prince's Nippers« nennen.

Ich habe Charlie dann eine Zeitlang aus den Augen verloren, aber ich begegnete ihm wieder, als er bei Mr. Murray im »Casey Court« *(sic)* war (einer Truppe von Jungs).

Zu der Zeit, von der ich rede, wohnte Charlie in der Siedlung in der Munton Road, einer Seitenstraße der New Kent Road, und wenn ich mich nicht irre, ging er in die Schule in der Rodney Road.

Er war gewiß kein Straßenjunge. Meine Mutter hat uns immer vorgehalten: »Warum seid ihr denn nicht so brav wie der kleine Charlie? Seht nur, wie gepflegt er ist und wie gut er sich benimmt.«

Ich hätte ihr natürlich sagen können, daß er genauso schlimm war wie wir, wenn sie nicht dabei war, aber damals wie heute konnte er von einer Sekunde zur andern den Unschuldigen markieren.

Angeblich soll ja Charlie als Junge immer ein Witzbold gewesen sein, aber ich sehe das nicht so, ganz im Gegenteil. Ich glaube, er würde mir da recht geben.

Er war ganz versessen darauf, in einem Theaterstück den Bösewicht zu spielen. Wir spielten oft in unsrer Küche Theater, und Charlie wollte immer der Bösewicht sein. Er hatte keineswegs zwei linke Füße, wie manche Leute meinten.

Er war unheimlich geschickt. Ich erinnere mich, daß ich oft zu ihm in die Munton Road ging und mit einem Spielautomaten spielte, den er selber zusammengebastelt hatte. Es war ein naturgetreues Miniaturmodell der Glücksautomaten, die auf den Jahrmärkten rumstehen, und das Ding funktionierte einwandfrei.[3]

Die Munton Road war nirgendwo sonst als Adresse der Chaplins erwähnt, aber sie befindet sich auch innerhalb dieses kleinen Gebiets von Lambeth und Southwark, wo Chaplin seine gesamte Kindheit verbrachte. Falls es sich tatsächlich um »einen gewissen Mr. Ben Weston« gehandelt hat, wie Bert Herbert sich zu erinnern meint, dann müßte sich das Geschilderte ungefähr um Chaplins vierzehnten Geburtstag herum ereignet haben, Anfang 1903, als Benjamin Dent Weston die Leitung des Montpelier Palace in der Montpelier Street in Newington von Francis Albert Pinn übernahm.[4]

Auf einmal lief für den jungen Charlie Chaplin alles wie am Schnürchen. Dabei dürfte Initiative und Entschlossenheit ebenso im Spiel gewesen sein wie Glück. Es muß den schüchternen Vierzehnjährigen einigen Mut gekostet haben, sich in seinen abgetragenen Sachen bei einer der bekannteren Bühnenagenturen vorzustellen: bei H. Blackmore in der Bedford Street in Strand. Er besaß ganz gewiß schon das gute Aussehen, die Lebendigkeit und den Charme seiner späteren Jahre: Er hinterließ einen positiven Eindruck. Denn bald nachdem er sich vorgestellt hatte, schickte Blackmores Agentur ihm eine Postkarte, auf der er gebeten wurde, wegen einer Rollenbesetzung vorzusprechen. Er wurde von Mr. Blackmore persönlich empfangen und an das Büro von Charles Frohman weiterverwiesen, der als vielseitiger Impresario unter anderm auch das Duke of York's Theatre in London leitete; später übernahm Frohman dann auch das Aldwych und das Globe, und vorübergehend unterstanden ihm fünf Londoner Bühnen. Er kam bei der Versenkung der *Lusitania* im Jahr 1915 ums Leben. Frohmans Manager, C. E. Hamilton, engagierte Chaplin auf der Stelle für die Rolle des Laufburschen Billy in dem Stück *Sherlock Holmes* von William C. Gillette, das im Oktober auf Tournee gehen sollte. Seine Gage wurde auf 2 £ 10 s pro Woche festgesetzt.

In der Zwischenzeit, so informierte ihn Mr. Hamilton, wäre da noch eine mögliche Rolle für ihn in einem neuen Stück, *Jim, A Romance of Cockayne*, von H. A. Saintsbury, der auf der bevorstehenden Tournee den Holmes spielen sollte. Hamilton gab dem Jungen ein Billett mit, das er im Green Room Club bei Saintsbury abgeben sollte. Es muß die reinste Mutprobe für den Jungen gewesen sein, diese hehren Räume zu betreten.

Saintsbury war mit Leib und Seele Schauspieler der alten Viktorianischen Schule. Er wurde am 18. Dezember 1869 in Chelsea geboren, kam aus gediegenen Mittelschicht-Verhältnissen und besuchte das St. John's College in Hurstpierpoint. Er arbeitete zunächst als Kassierer bei der Bank von England, aber es zog ihn unwiderstehlich zum Theater. Mit achtzehn trat er in Kate Vaughans Neuaufführung von *Masks and Faces* auf, und bald danach wurde er Berufsschauspieler. Er ging mit dem Standardrepertoire des viktorianischen Melodrams auf Tournee, – *The Silver King*, *The Harbour Lights*, *The Lights o' London* und *Under the Red Robe*, dazu kamen noch etliche klassische Rollen. Seine größte Rolle war jedoch Sherlock Holmes. Chaplin fand, daß er den Abbildungen des großen Detektivs im *Strand Magazine* unwahrscheinlich ähnlich sah. Saintsbury spielte den Holmes dreißig Jahre lang, in etwa 1400 Aufführungen. Seine eigenen Stücke und Bearbeitungen lassen seine romantische Ader erkennen: neben *Jim* stammten auch *The Eleventh Hour*, *Romance* (nach Dumas), *The Four Just Men*, *Anna of the Plains*, *King of the Huguenots* und *The Cardinal's Collation* aus seiner Feder.

Saintsbury war auf Anhieb begeistert von Chaplin und übertrug ihm die Rolle ohne zu zögern. Der Junge war sehr erleichtert, daß er nicht auf der Stelle lesen mußte, da es ihm immer noch große Mühe bereitete, Wörter auf einem Blatt Papier zu entziffern. Doch Sydney las ihm die Rolle vor, und nach drei

Tagen konnte er sie auswendig. Die Brüder waren ganz ergriffen und konnten ihr Glück kaum fassen. Sydney sprach vom Wendepunkt in ihrem Leben – und ging unverzüglich zu Frohmans Büro, wo er erfolglos versuchte, bei Charlies Gage noch mehr herauszuschlagen.

Chaplin bewunderte Saintsbury, und bei der Arbeit in seinen Ensembles lernte er viel über Schauspieltechnik. Saintsbury förderte den Jungen. Zweifellos ist es Saintsburys Interesse zu verdanken, daß Master Chaplin regelmäßig in den Rezensionen erwähnt wurde, die das Ensemble allwöchentlich an die *Era* schickte. Leider war *Jim, A Romance of Cockayne* kein Erfolg. Der Autor bezeichnete es als ein »eigenständiges, modernes Stück«, aber es hatte sehr viel Ähnlichkeit mit Jones' und Hermans altem Dauerbrenner *The Silver King*, ein Werk, das zwanzig Jahre früher geschrieben worden war. Mr. Saintsbury selbst spielte Royden Carstairs, einen jungen, vom Unglück verfolgten Mann adligen Geblüts, der die lästige Angewohnheit hat, in Starrkrämpfe zu verfallen.

Mit Sammy, dem Zeitungsjungen – Chaplins Rolle –, und Jim, dem Blumenmädchen, das aus Gründen der Schicklichkeit in einem Wandschrank schläft, haust er in einer Dachkammer. Das Stück ist vollgestopft mit dramatischen Ereignissen, unwahrscheinlichen Zwischenfällen, einer geraubten Geliebten, einem langverschollenen Kind, einem Mord, falschen Anschuldigungen und jeder Menge Selbstaufopferung.

Als Sammy hatte Chaplin eine griffige komische Nebenrolle. Seine beste Szene ist die, wo er in die Dachkammer zurückkommt und einen Detektiv entdeckt, der den Wandschrank, Jims Schlafstätte, durchsucht:

JUNGE: He, Sie! Wissen Sie nicht, daß Sie im Schlafzimmer einer Dame sind?
DETEKTIV: Was denn! Der Schrank da? Komm her!
JUNGE: Was für eine Frechheit!
DETEKTIV: Halt die Klappe! Komm herein und mach die Tür zu.
JUNGE: Sie sind wirklich höflich, fordern einen Burschen auf, in sein eigenes Wohnzimmer zu kommen.
DETEKTIV: Ich bin Detektiv.
JUNGE: Was? Ein Greifer sind Sie? Da hau' ich ab!
DETEKTIV: Ich tu' dir nichts, ich will nur eine kleine Auskunft, die jemandem nützlich werden kann.
JUNGE: Nützlich! Wenn hier noch ein bißchen Glück hinkommen sollte, dann bestimmt nicht mit den Greifern.

DETEKTIV: Sei nicht blöd. Hätte ich dir sonst gleich zu Anfang gesagt, daß ich bei der Polizei bin?

JUNGE: Das brauchen Sie gar nicht, das sehe ich an Ihren Stiefeln.

Der Kritiker der *Era* lobte das Stück (»Der Dialog ist brillant und pointiert, und die Geschichte ist äußerst originell.«), aber weder andere Kritiker noch das Publikum teilten seine Begeisterung. *Jim* hatte am 6. Juli 1903 am Royal County Theatre in Kingston-upon-Thames Premiere, zog für die darauffolgende Woche ins Grand Theatre in Fulham, und die letzte Vorstellung war am 18. Juli.

Chaplin konnte immerhin sein erstes Lob ernten. In einer Besprechung der ersten Aufführungswoche schrieb der Kritiker der *Era*: »... hier sollte Master Charles Chaplin erwähnt werden, der als Zeitungsjunge Sam eine vielversprechende Leistung zeigte.« In der Besprechung der Fulham-Aufführung lobte der Kritiker ihn wieder: »Master Charles Chaplin als Zeitungsjunge Sam ist ein wahrer Prachtkerl, und seine Darstellung des frechen, ehrlichen, treuen, selbständigen, weisen Gassenjungen, der die Straßen von Cockayne unsicher macht, ist höchst realistisch.«

Seine beste Kritik bekam er in der *Topical Times*, die ihren Verriß des Stücks des armen Saintsbury mit folgenden Worten beendete:

> Immerhin enthält das Stück eine Rolle, die versöhnlich stimmt, nämlich die des Sammy, ein Zeitungsjunge, ein gewitzter Londoner Gassenbub, der fast alles beisteuert, was an dem Stück komisch ist. Obwohl Sammy nur abgedroschene Phrasen vorzubringen hat, wirkt er, gespielt von Master Charles Chaplin, einem intelligenten und lebhaften Kinderdarsteller, höchst belustigend. Ich habe bisher noch nie etwas von ihm gehört, hoffe aber, in Zukunft große Dinge von ihm zu hören.

Die vorzeitige Absetzung von *Jim* scheint den Beginn der Proben für *Sherlock Holmes* beschleunigt zu haben, so daß ein oder zwei Spieltermine vor Beginn der Haupttournee möglich wurden. Chaplin spielte Billy zum ersten Mal am Montag, dem 27. Juli 1903, im Pavilion Theatre in der Whitechapel Road. Das Theater faßte 2650 Zuschauer und muß ein ehrfurchtgebietender Ort gewesen sein für einen kleinen vierzehnjährigen Schauspieler. Die erste Aufführung in der Provinz fand am 10. August 1903 in Newcastle statt.

Die Direktion und Mr. Saintsbury waren um das Wohlergehen des jüngsten Ensemblemitglieds besorgt und beschlossen, daß Mr. Tom Green, der Bühnentischler, und seine Frau, die Garderobiere, sich während der Tournee um ihn kümmern sollten. In seiner Autobiographie sagt Chaplin, daß dieses Arrangement nach drei Wochen in gegenseitigem Einverständnis aufgegeben wurde. Es war »nicht berückend«, meint er, die Greens betranken sich manchmal, und es war lästig, *immer* zur gleichen Zeit die gleichen Sachen wie sie zu essen. Er hatte das Gefühl, daß es ihnen womöglich noch lästiger war als ihm. Vielleicht ist es auf seine notorische Schüchternheit zurückzuführen, daß er Mrs. Greens Fürsorge so gering bewertete. Fast dreißig Jahre später schildert sie ihre Erinnerung an diese Zeit, und obwohl sie sich in der Zeit um ein Jahr vertat, erweist sie sich ansonsten dort, wo ihre Anekdoten durch belegbare Tatsachen überprüft werden können, durchgängig als eine akkurate Zeugin. Als sie 1931 interviewt wurde, lebte sie als Miss Edith Scales in Scarborough. »Mrs. Tom Green«, erklärte sie, war nur ihr »Bühnenname«, so mag die Liaison mit Tom dem Tischler nur vorübergehend und inoffiziell gewesen sein.

> Unsere Tournee begann am Pavilion Theatre in der Mile End Road im Juli 1904 *(sic)*. Als wir eine Woche später nach Newcastle ans Theatre Royal kamen, wurde er in meine Obhut gegeben.* Charlie ging's gut, solange wir in London waren, weil er da zu Hause war, aber als wir auf Tournee gingen, hatte er keinen, der sich um ihn kümmerte. Am Samstag war eine Matinee, aber Charlie, der vergessen hatte, seine Adresse zu hinterlassen, wußte nichts von dieser Matinee, und als er zur Eröffnung nicht erschien, mußten wir seinen Ersatzmann in seine Sachen stecken. Die Aufführung hatte schon begonnen, als Charlie stolz daherkam mit einem Fotoapparat, den er gerade für fünf Schillinge gekauft hatte. Der arme Junge, er fing an zu weinen, als er erfuhr, daß er zu spät zur Matinee gekommen war, und ich hab' zu ihm gesagt, er soll sich die Tränen wegwischen, und dann bin ich losgesaust, um den Ersatzmann wieder aus seinem Kostüm rauszuholen. Charlies Auftritt war erst im zweiten Akt, also bin ich mit ihm in die Damengarderobe geeilt, und wir haben ihn noch rechtzeitig fertigbekommen.[5]

Mit dem Fotoapparat für fünf Schillinge, den Chaplin von seiner ersten Gage für *Sherlock Holmes* erstanden hatte, beschäftigte er sich dann eine ganze Zeit lang. Seine Geschäftstüchtigkeit, die er sich aus den harten Zeiten, als er in London zum ersten Mal auf Arbeitssuche gewesen war, bewahrt hatte, kam wieder zutage: Er betätigte sich als Teilzeit-Straßenfotograf – zu der Zeit

* Die Zeitschrift *Northern Gossip* aus Newcastle bemerkte: »Andere Figuren sind in sehr fähigen Händen, aber ein besonderes Wort der Anerkennung gebührt Master C. Chaplin für die wunderbar pfiffige Darstellung des Billy.« (15. August 1903)

ein weit verbreitetes Wandergewerbe – und fertigte für je drei oder sechs Pence Porträts an. Die für sechs Pence wurden gerahmt: Er hatte einen Laden gefunden, wo er Papprahmen für einen Penny das Stück kaufen konnte. Miss Scales meint, daß er seinem Geschäft gewöhnlich in den Straßen der Arbeiterbezirke nachging.

Miss Scales erinnert sich, daß Chaplin seine Bilder selbst entwickelte und abzog:

> Jedesmal wenn wir neue Räume bezogen, fragte Chaplin die Wirtin: »Haben Sie einen dunklen Raum, Ma?« Eine Wirtin bat einmal Miss Scales, Charlie zum Abendessen zu holen, die aber konnte ihn oben in ihren Räumen nirgendwo finden, also rief sie nach ihm. Da ertönte ein Klopfen aus dem Innern des Wandschranks und Charlies Stimme: »Nicht die Tür aufmachen! Sie ruinieren mir sonst meine Platten.«
>
> Ich war sehr verärgert, dann kam er raus und ich entdeckte, daß er den Boden vom Kleiderschrank unsrer Wirtin mit seiner Kerze angekohlt hatte.
>
> »Geschieht dir recht, wenn sie dich für den Schaden bezahlen läßt, wenn wir dann wieder ausziehen«, sagte ich zu ihm. »Keine Sorge, sie wird's nicht merken«, sagte Charlie. »Ich leg ein Stück sauberes Papier auf den Boden und deck die Stelle zu.« Das tat er, und damit war die Sache erledigt.[6]

Die eigentliche Frohman-Tournee begann am 26. Oktober im Theatre Royal in Bolton. In der dritten Woche der Tournee fanden sich Miss Scales und Charlie vor Gericht und in der Lokalpresse wieder, als Zeugen einer handgreiflichen Auseinandersetzung, die einem wie eine Probe für *Dough and Dynamite* vorkommt.

Sie spielten gerade im Theatre Royal in Ashton-under-Lyne und wohnten bei Mrs. Emma Greenwood in der Cavendish Street. Am Dienstag den 10. November war Mrs. Greenwood in der Küche beim Backen. Charlie scharwenzelte um sie herum: »Charlie war ganz groß im Bezirzen von Wirtinnen«, erinnerte sich Miss Scales. »Wenn Backtag war, konnten sie seinen Bitten nach heißem Kuchen nie widerstehen.« Plötzlich ertönte ein lautes Klopfen an der Haustür; es war ein betrunkener Schornsteinfeger namens Robert Birkett, der in der Gegend für seinen Hang zu Gewalttätigkeiten und für seine derbe Sprache berüchtigt war. Als Mrs. Greenwood die Tür öffnete, fing er an, sie zu beschimpfen, behauptete, aus ihrem Schornstein schlügen Flammen und wollte unbedingt selbst nach dem Rechten sehn.

> Klägerin sagt, daß er ins Haus kam und beim Anblick des Feuers sagte: »Geben Sie mir eine Kanne voll Wasser.« Sie sagte, sie habe keine Kanne, und gab ihm statt dessen einen Krug. Er kippte das Wasser aufs Feuer, um es zu löschen. Er sagte: »Bringen Sie mir noch einen«, und sie tat es, und auch diesen kippte er aufs Feuer. Dann sagte er: »Das werden Sie mir bezahlen müssen.« Sie sagte, wenn es etwas zu bezahlen gäbe, dann würde sie auch bezahlen. Dann sagte er: »Ich will einen Schilling haben«, und wurde ausfallend. Sie öffnete die Tür und wies ihn an, das Haus zu verlassen, da sie ihm keinen Schilling geben würde. Darauf ergriff sie der Kläger und zerrte sie in den Hinterhof, wo er sie auf beschämende Weise verprügelte. Er packte ihre Arme und trat ihr gegen die Beine. – Kläger: Ich hab meinen Fuß kein einziges Mal erhoben. – Der Schreiber: Stand er unter Alkohol? – Klägerin: Er war weder nüchtern noch betrunken. – Kläger: Haben Sie mich etwa nicht mit dem Schürhaken geschlagen? – Klägerin: Nein. – Charles Chapman *(sic)*, ein Junge, sagte aus, er habe alles gesehen, und die Aussage der Klägerin entspräche voll und ganz der Wahrheit.[7]

Nach Miss Scales' Erinnerung an diesen Vorfall hatte sie sich gerade in ihrem Zimmer ausgeruht, als Charlie hereinstürmte, sie weckte, ihr sagte, daß ein Mann ihn angegriffen habe, und wieder hinausrannte. »Da ich mir natürlich Sorgen um den Jungen machte, sauste ich los wie der Blitz.« Sie kam gerade noch rechtzeitig, um mitzuerleben, wie Mrs. Greenwood Bob Birkett vor die Tür setzte, kräftig unterstützt von Charlie, der ihn mit einem Schürhaken bedrohte.

> Wir waren am folgenden Montag gerade in Stockport, als man nach uns verlangte, weil wir vor Gericht erscheinen sollten, und so mußten wir zurückkehren, um unsre Aussage zu machen. Charlie ging als erster in den Zeugenstand, aber niemand verstand sein Cockney. Der Sergeant tippte ihm dauernd auf die Schulter und sagte: »Würdest du bitte etwas deutlicher sprechen.« Aber Charlie war sehr erregt und empört darüber, daß der Mann die Wirtin getreten hatte. Er rief zunächst große Heiterkeit hervor, brachte aber schließlich seine Geschichte heraus, und der Mann kam ins Gefängnis, ich glaube für ungefähr drei Monate.
>
> Dann fragte Chaplin den Sergeanten, was denn mit unsern Unkosten sei? Der Sergeant erwiderte, wenn's kein Bußgeld gibt, wird auch nichts bezahlt. Charlie war sehr verärgert, – aber trotz seiner Entrüstung über eine derartig schlechte Behandlung wurden uns vom Gericht keine Unkosten erstattet. Charlie schimpfte und murrte den ganzen Weg zum Bahnhof, und er brauchte lange, bis er es endlich vergaß. »Erst müssen wir uns den ganzen Weg machen und dann auch noch das Fahrgeld selbst bezahlen«, beklagte er sich.[8]

In der Woche vor dieser Aufregung in Ashton-under-Lyne, als die *Sherlock-Holmes*-Truppe in Wigan spielte, hatte Charlie zwei zahme Kaninchen gekauft, und Miss Scales' Tom – »ein sehr gutherziger Mensch« – hatte ihm einen leinwandbezogenen Kasten für die Tiere zurechtgezimmert.

> Charlie liebte seine beiden Tiere über alles und behielt sie mehrere Monate. Als eines gerissen wurde, schwor er Rache und suchte überall nach der schuldigen Katze oder dem Hund, der es getan hatte, er suchte alle Straßen des Bezirks ab, aber natürlich fand er keine Spur. Er nahm die Kaninchen überall hin mit, und wenn wir unterwegs waren, verstaute er sie im Gepäcknetz und nahm den Deckel vom Kasten, damit sie genügend frische Luft bekamen. Einmal ließ er seine Kaninchen im Wohnzimmer der Wirtin frei herumlaufen, und natürlich verewigten sie sich, sehr zum Ärger der Wirtin. Das war das einzige Mal, wo ich ihn wirklich strafen mußte. Er brachte diesen Tierchen alle möglichen Kunststücke bei.[9]

Diese Geschichte von den Kaninchen wird in Chaplins autobiographischen Erinnerungen bestätigt, obwohl er nur von einem Kaninchen spricht, wahrscheinlich dasjenige, das nicht gerissen wurde, das aber schließlich einer Wirtin mit einem geheimnisvollen Lächeln zum Opfer fiel. Ihm zufolge geschah das in Tonypandy, wo die *Holmes*-Truppe erst zwischen dem 3. und 8. April 1905 spielte, demnach hatte sich das Kaninchen siebzehn Monate seiner Zuneigung erfreut. In der Woche darauf spielten sie in Ebbw Vale. Der Sohn der dortigen Wirtin war ein bedauernswerter, beinloser menschlicher Frosch. Charlie verbarg seinen Ekel und schüttelte dem armen Geschöpf bei seiner Abreise tapfer die Hand.

Miss Scales war immer wieder neu vom Geschäftssinn des jungen Charlie beeindruckt. Von einer späteren Tournee, im August 1905, berichtet sie:

> Als wir im Market Hotel in Blackburn waren, ging er eines Tages in den Salon und erfreute alle Bauern, indem er ihnen etwas vorsang. Es war gerade Markttag und der Raum war rappelvoll. Er beendete seine Darbietung mit einer Vorführung des Holzschuhtanzes, und den Tanz konnte er wirklich. Aber die Bauern mußten für die Unterhaltung bezahlen. Ja, Charlie ging mit dem Hut herum, als er fertig war. Ich mußte eine ganz schöne Standpauke über mich ergehen lassen, weil ich ihm das erlaubt hatte, aber es war schließlich nicht meine Aufgabe, ihn daran zu hindern. Aber alle mochten Charlie. Er war ein wunderbarer kluger Bursche und hatte herrliche Zähne und Haare. In unserm Ensemble war auch Robert Forsythe, der den Professor Moriarty spielte. Er war ein großer Freund von Charlie. H. A. Saintsbury war auch Charlies Freund ...[10]

Wenn es soweit war, mit der Wirtin abzurechnen, prüfte Charlie sorgfältig die Rechnung und strich jede Leistung raus, die er nicht in Anspruch genommen hatte. »Er ließ sich nie zuviel berechnen. Wenn er zum Beispiel zum Tee nicht da gewesen war, zog er den Betrag für seinen Tee von der Rechnung ab.«[11]

So ein Tourneeleben muß eine bemerkenswerte Schule des Lebens für einen aufgeweckten Jungen gewesen sein, dem Hannah Chaplin ihre Beobachtungsgabe vererbt hatte. Sie bespielten ganz Großbritannien, von London bis Dundee, von Wales bis East Anglia. Die meiste Zeit reisten sie jedoch durch die rußigen Industriestädte der Midlands und des Nordens – Sheffield, Blackburn, Huddersfield, Manchester, Bolton, Stockport, Rochdale, Jarrow, Middlesborough, Sunderland, Leeds. Selbst die kleinsten Städte hatten damals ihr eigenes Theater; wenn man die Genossenschafts-Hallen und die Getreidebörsen mitrechnet, kommt man auf weit über fünfhundert aktive professionelle Bühnen in ganz Großbritannien.

Chaplin erinnert sich, daß auch Mr. und Mrs. Green nicht verhindern konnten, daß er melancholisch und einzelgängerisch wurde und anfing, sein Äußeres zu vernachlässigen. Unterdessen hatte Sydney, dessen Hoffnungen auf eine Bühnenlaufbahn viel älter waren als die seines Bruders, dem es aber noch nicht gelungen war, ein Engagement zu bekommen, eine Stelle als Barkeeper im Coal Hole in Strand angetreten (einer von Londons ersten *song-and-supper-rooms*, eine Art Armenküche mit Unterhaltungsprogramm, aus dem aber inzwischen schon längst wieder ein konventionelles Pub geworden war). Im Dezember 1903 brachte Charlie dann die Direktion der *Sherlock-Holmes*-Produktion dazu, seinem Bruder die Rolle des Grafen von Stalberg zu geben. Und für den Rest der Tournee von 1903/04, die am 11. Juni am Royal West London Theatre in der Church Street Ecke Edgware Road zu Ende ging, waren die Brüder vereint.

Die Tatsache, daß Sydney die Rolle eines Aristokraten bekam – wenn auch eines ausländischen –, wirft die Frage auf, welche Sprechweise die Chaplin-Brüder damals beherrschten. Wir haben gehört, daß Charlies Cockney-Akzent so ausgeprägt war, daß er sich in Ashton-under-Lyne kaum verständlich machen konnte (vor der Verbreitung des Radios waren die Menschen im allgemeinen mit fremden regionalen Dialekten weniger vertraut). Selbst nach seiner Ankunft in Hollywood ließen Interviewer gelegentlich eine Nebenbemerkung über seinen Cockney-Akzent fallen. Aus den Tonfilmen wissen wir, daß später keine Spur mehr von einem solchen Akzent zu hören war.* Sydneys Sprechweise verriet jedoch bis ans Ende seines Lebens seine Londoner Herkunft. Man könnte meinen, daß ein Akzent in einem Theater, das der »korrekten« Diktion des Englischen verpflichtet ist, ein echtes Handicap darstellen muß. Doch sowohl in der Music Hall als auch im etablierten Theater bediente man sich einer speziellen Bühnensprache, die jeder erfahrene Künstler so selbstverständlich annehmen konnte, wie er seine Schminke anlegte. Ein gutes Beispiel dafür, wie Akzente auf der Bühne erschienen, lieferte Gus Elen, mit dessen Song »'E Dunno Where 'E Are« Chaplin seinen allerersten Auftritt bestritten haben soll. Als gebürtiger Londoner legte er seinen Süd-Londoner-Akzent bis an sein Lebensende nicht ab. Seine Straßenhändler-Songs führte er aber mit typischem Bühnendialekt auf, der allerdings die Vertauschung von »W« und »V« des Dickensschen Cockneys beibehielt. Auf einer Schallplatte, die zur Zeit seines Comebacks im Jahre 1930 aufgenommen wurde, ist unter anderm eine Dankesansprache an sein Publikum zu hören, die in reiner Bühnensprache vorgetragen wird. Wenn die Chaplin-Jungen entsprechend geschult waren, konnten sie zweifellos jede Bühnenrolle meistern. Ein vorzügliches Beispiel für die Bühnensprache der Music Hall finden wir in Chaplins Flohzirkus-Nummer in *Limelight*. Er singt seinen Zirkusdirektor-Song mit fast der gleichen Diktion, die der berühmte Music-Hall-Star George Bastow gebrauchte, wenn er »Captain Gingah« oder »Beauty of the Guards« zu Gehör brachte.

Während der Tournee war die ganze Chaplin-Familie für kurze Zeit vereint. Hannahs Gesundheitszustand hatte sich vorübergehend wieder etwas gebessert, wie es so typisch war für ihre Krankheit, und sie war am 2. Januar 1904 aus Cane Hill entlassen worden. Ein paar Wochen lang begleitete sie ihre Söhne auf der Tournee. Charlie war bewegt und betrübt. Ihr Verhältnis hatte sich verändert. Ihre Söhne waren keine Kinder mehr, und sie war in gewisser Weise zu einem Kind geworden. Sie kümmerte sich auf der Tournee ums Einkaufen und Kochen und schmückte ihre Zimmer mit Blumen. (Chaplin erinnert sich, daß sie selbst in ihren ärmsten Zeiten stets einen Penny für einen Blumenstrauß übrig hatte.) Aber sie verhielt sich, wie Chaplin sagt, »mehr wie ein Gast als wie unsre Mutter«. Nach einem Monat befand Hannah, es sei besser für sie, nach London zurückzukehren, und sie mietete wieder die Wohnung über dem

* Georgia Hale erinnert sich, daß Chaplin sich aufregte, als Ivor Montagu um 1929 eine Anspielung auf seinen »Cockney«-Akzent machte.

Friseurladen in der Chester Street. Die Jungen halfen ihr beim Einrichten und schickten ihr regelmäßig fünfundzwanzig Schillinge von ihrer wöchentlichen Gage.

Einige Zeit vor Hannahs Entlassung aus Cane Hill hatten die Brüder ihren Londoner Stützpunkt von Pownall Terrace in gediegenere Räume in der Kennington Road verlegt. Da Hannah nun wieder ein Zuhause hatte, gaben sie diese Wohnung offenbar wieder auf. Chaplin gesteht mit leichter Beschämung und Bedauern, daß er sich, als sie nach Beendigung der *Sherlock-Holmes*-Tournee im Sommer 1904 mit ihr in der Chester Street wohnten, insgeheim auf den zusätzlichen Komfort freute, den sie in den Tourneeunterkünften genießen konnten.

Am 20. August 1904, gut zwei Monate nach Abschluß der *Holmes*-Tournee, erschien die folgende Anzeige in der *Era*:

MR ERNEST STERN presents
"FROM RAGS TO RICHES."
"FROM RAGS TO RICHES."
"FROM RAGS TO RICHES."
Now running with enormous success in America.
Specially Selected Cast, including
Master CHARLIE CHAPLIN,
as NED NIMBLE, the Newsboy.
Everything carried.
Magnificent Plant of Printing
by the Best American and English Firms.
New York Times says :—Most exciting melodrama seen locally for a long time. Interest never flags.
Cleveland Daily World says :—Last night's audience went into paroxysms of delight at the heroic work of Ned Nimble, the gutter boy, who works his way from gutter to palace.
Vacant Dec. 26 and onwards, with exceptions.
Also First-class Suburban Theatre for Production.
Apply, JOHN A. ATKIN,
Bramcote Lodge, Sunbury-on-Thames.

Die Zitate aus den Kritiken beziehen sich, etwas irreführend, auf die ursprüngliche amerikanische Inszenierung des Stücks. Die englische Produktion, in der der junge Charles seine erste Hauptrolle spielen sollte, war anscheinend erst in Planung. Die Anzeige erschien den restlichen August und den ganzen September hindurch und noch zwei Wochen in den Oktober hinein, aber es gab keinerlei Hinweise auf bevorstehende Aufführungen. Vielleicht gelangte die Produktion nicht über die Proben hinaus – für die die Künstler damals, im Jahr 1904, mit großer Sicherheit nicht bezahlt wurden. Dennoch sprach Chaplin später sehr angetan von der Rolle.

Als nächstes wurde ihm wieder seine alte Rolle als Billy für eine neue *Sherlock-Holmes*-Tournee angeboten, die am 31. Oktober 1904 begann. Sydneys Rolle war bereits besetzt, also fuhr er wieder zur See, diesmal als Hilfssteward und Trompeter auf der *Dover Castle* nach Natal. Er verließ Southampton am 10. November und kam erst am 19. Januar 1905 wieder zurück.[12] Auf dieser Seereise entdeckte er sein Talent als Solo-Komiker. Am 2. Dezember schrieb er nach Hause:

Union Castle Line
ss ›Dover Castle‹
2. Dez. 04

Liebe Mama,
ich hoffe, Du hast meinen letzten Brief aus Las Palmas bekommen. Bis jetzt war die Reise sehr angenehm. Wir hatten herrliches Wetter, nicht gerade besonders heiß, aber genau wie bei uns im Sommer. Ich fürchte, ich kann auf so einem Schiff nicht das gleiche Geld machen wie auf den Postschiffen. Bis jetzt habe ich aber einen ganz guten Schnitt gemacht. Ich hatte drei Passagiere bis Las Palmas. Sie haben mir zusammen einen halben Sovereign gegeben, & als sie an Land gegangen waren, habe ich vier neue Passagiere bekommen, 3 nach Kapstadt & einen nach Natal. Wahrscheinlich gibt mir jeder von denen einen halben Sovereign. Bei der Kostümball-Polonaise mußte ich mit meiner Trompete den Zug anführen und einen Marsch blasen, und ein paar Tage später haben alle Schotten ihre Röcke angezogen & ich mußte auf Deck für sie aufspielen, und da hat das Sportkomitee mich jetzt gerade in den Salon gerufen & mir 10/– gegeben, nicht schlecht, was? Ich hab auch eine halbe Krone beim Nachmittagstee verdient, hab also alles in allem 3 – 2 – 6 – £ eingenommen. Außer meinen Passagieren soll ich auf der Rückfahrt auch noch Küstenpassagiere kriegen, vielleicht komme ich dann über 5 £. Gott sei Dank bin ich bis jetzt gesund geblieben, & ich hoffe sehr, daß es Deinem Bein besser geht. Paß bei allem, was Du machst, immer gut auf Dich auf. In London ist es jetzt wahrscheinlich schon sehr kalt. Ich hoffe, Du feierst schön Weihnachten. Sieh zu, daß Dich irgend jemand einlädt. Du solltest nicht zu viel allein sein. Wie geht's dem kleinen Charlie? Ich hoffe, er ist bei bester Gesundheit und macht keine Dummheiten. Grüß ihn ganz lieb von mir. Ich hoffe, er hat ein schönes Weihnachtsfest & schicke ihm ganz viele Küsse von mir und dir auch ganz viele. Sicher freut es dich, daß ich beim Bordkonzert einen Riesenerfolg hatte. Ich habe eine Imitation von George Mozart* als »Zahnarzt« gemacht. Sie haben schier gebrüllt vor Lachen und ließen mich erst von der Bühne, als ich auch noch »Two Eyes of Blue« für sie gesungen habe. Heute abend ist wieder ein Konzert, und während ich dies hier schreibe, haben sie drei Leute runtergeschickt, um mich zu fragen, ob ich wieder was mache. Die sagen, daß

* George Mozart (1864–1947) war ein populärer englischer Charakter-Komiker.

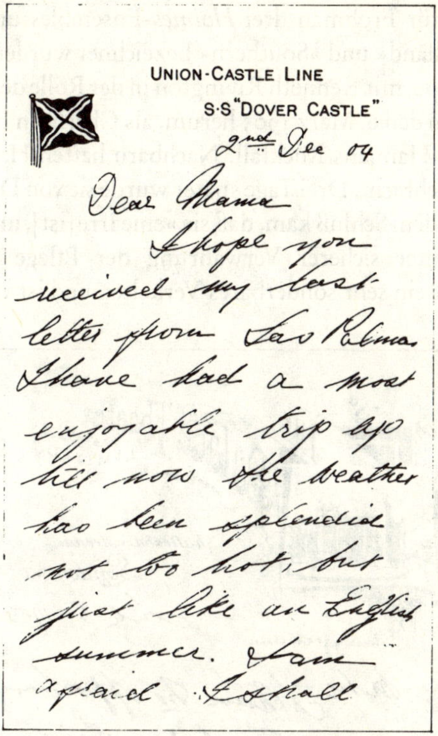
UNION-CASTLE LINE
S·S "DOVER CASTLE"
2nd Dec 04
Dear Mama
I hope you
received my last
letter from Las Palmas.
I have had a most
enjoyable trip up
till now the weather
has been splendid
not too hot, but
just like an English
summer. I am
afraid I shall

1904 – Brief von Sydney Chaplin
an seine Mutter, geschrieben während
seiner Seereise nach Natal

das Publikum nach dem Hornist schreit, und der Junge, der eigentlich »The Boy Stood on the Burning Deck« aufsagen wollte, ist ausgezischt worden. Stell Dir vor, der stille alte Syd und Komiker. Ich hab ihnen gesagt, sie sollen dem Vorsitzenden sagen, daß ich heute abend nicht in Stimmung bin. Ich bin nämlich schon ausgezogen. Ich liege im Schlafanzug in meiner Koje. Ich laß die lieber mal ein bißchen zappeln. Meine schauspielerischen [Wort unleserlich] sind in den letzten zwei Tagen das Gesprächsthema Nummer eins auf dem Schiff. Grüß Großvater ganz herzlich. Ich werde ihn besuchen, wenn ich wieder zu Hause bin. Grüße auch an Miss Turnbull und die besten Wünsche zu Weihnachten. Alles Liebe und tausend Küsse für Dich, meine liebe kleine Mama,

Dein Dich liebender Sohn,
Sydney

Charlies neue Tournee mit *Sherlock Holmes* begann Ende Oktober. Zu diesem Zeitpunkt waren für Frohman drei *Holmes*-Ensembles unterwegs, die mit »Northern«, »Midland« und »Southern« bezeichnet wurden. Charlie war bei der Midland-Truppe, mit Kenneth Rivington in der Rolle des Holmes.

In der Woche um den 6. März 1905 herum, als Charlie in Hyde auftrat, kam die Nachricht von Hannahs Rückfall. Nachbarn hatten Hannah am 6. März ins Krankenhaus gebracht. Drei Tage später wurde sie von Dr. Marcus Quarry untersucht, der zu dem Schluß kam, daß sie »eine Irre [ist], und eine Person, die auf jeden Fall unter sicherer Verwahrung der Pflege und Behandlung bedarf... Sie zeigt ein sehr sonderbares Verhalten und ist völlig verwirrt. Sie

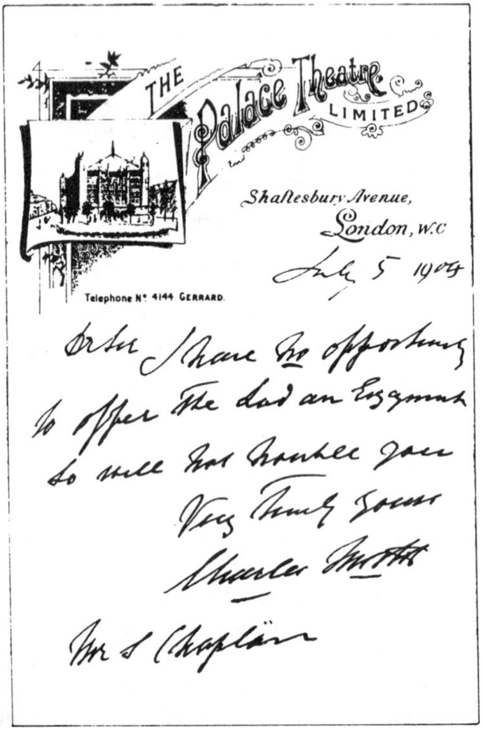
THE Palace Theatre LIMITED

Shaftesbury Avenue,
London, W.C

Telephone No. 4144 Gerrard.

July 5 1904

Dr Sir I have no opportunity
to offer the lad an engagement
so will not trouble you
Very truly yours
Charles Morton

Mr S Chaplin

1904– Brief von dem großen Pionier
und Music-Hall-Direktor Charles Morton
an Sydney, in Antwort auf sein Gesuch
um einen Vorsprechtermin für Charles

tanzt, singt und heult abwechselnd. Ihr Betragen und ihre Redeweise sind gelegentlich unschicklich, und dann wieder betet sie und behauptet, sie sei wiedergeboren.«[13]

Eine Woche später unterschrieb der Friedensrichter Charles William Andrews die erforderliche Einweisung in die Irrenanstalt, und zwei Tage darauf wurde Hannah wieder nach Cane Hill gebracht. Sie sollte sich nie wieder erholen. In ihrer Akte wurde sie als Witwe und Bühnenkünstlerin geführt (durch den Erfolg der Jungen müssen ihre alten Träume wieder aufgelebt sein), und ihr Alter war mit fünfunddreißig angegeben – sie war natürlich vierzig. Sydney muß unterwegs gewesen sein, denn auf den Formularen ist als einzige

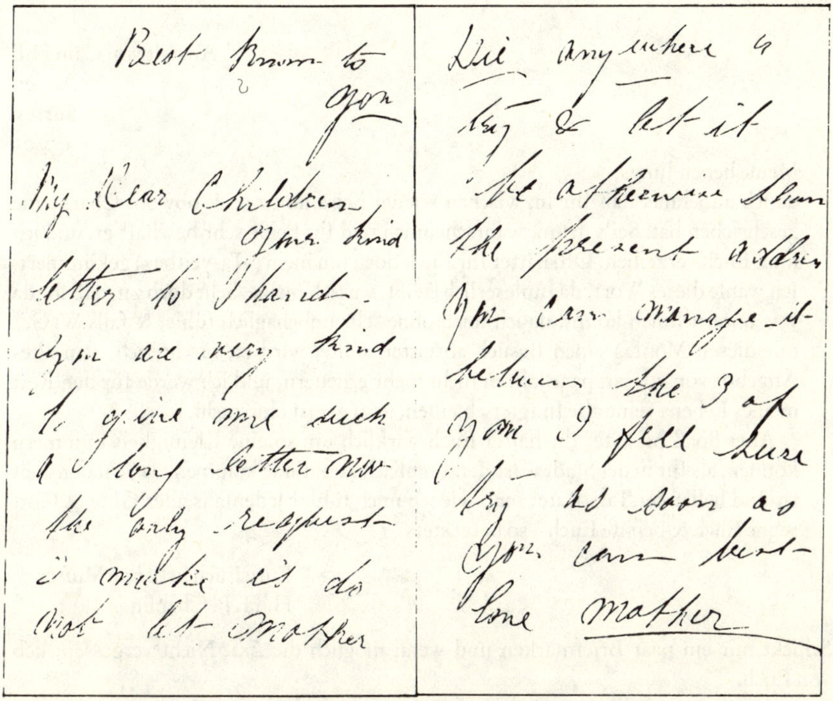
Best known to you

My Dear Children
Your kind letter to hand.
You are very kind
to give me such
a long letter now
the only request
I make is do
not let Mother
Die anywhere
try & let it
be otherwise than
the present address
You can manage it
between the 3 of
you I feel sure
try as soon as
you can best
love Mother

1905 – Brief von Hannah Chaplin
an ihre Söhne, geschrieben in der Anstalt
von Cane Hill. Statt eines Absenders
schrieb sie: »Euch bestens bekannt«.

Angehörige ihre Schwester Kate Hill aufgeführt, die damals Montague Place 27 am Russell Square wohnte. Charlie konnte Hannah erst nach Beendigung der Tournee am 22. April besuchen.[14] Es muß eine trostlose Heimkehr gewesen sein.

In klaren Momenten schrieb Hannah an ihre Kinder, und man kann sich leicht vorstellen, wie schmerzlich ihre mitleiderregenden Bitten die Jungen berührt haben müssen. In einem Brief konnte sie sich nicht einmal überwinden, den Namen der Anstalt anzugeben.

Offenbar schrieb sie den Brief kurz nach ihrer Ankunft in Cane Hill. Einige Wochen später wirkt sie gleichmütiger, macht sogar Witze; vielleicht ist sogar der ›Rechtschreibfehler‹ in der Adresse als scherzhafte Anspielung auf das Alte Testament zu verstehen:

Anstalt von Cain Hill
Purley
Surrey
3/7/05

Meine lieben Jungs,
da ich annehme, daß Ihr inzwischen wieder beisammen seid, obwohl Charlie nie geschrieben hat. Sei's drum, wahrscheinlich seid Ihr beide sehr beschäftigt, und ich muß Euch verzeihen. Oh, hättet Ihr Euch doch um mein (»Ta-yeithe«) gekümmert. Ich wähle dieses Wort, da [unleserlich] wißt, was ich meine. Seht doch zu, daß ihr da was unternehmen könnt, da ich mich ohne sehr unbehaglich fühle, & falls W. G.* mir diesen Montag einen Besuch abstatten sollte, wird er, fürchte ich, sein altes Angebot von vor ein paar Jahren nicht mehr erneuern, und ich werde für den Rest meines Lebens »eine alte Jungfer« bleiben, jetzt grinst bloß nicht.

Aber Spaß beiseite, Ihr hättet Euch wirklich um so eine Kleinigkeit kümmern können, als Ihr in der Stadt wart. Jetzt muß ich zum Ende kommen, da Schlafenszeit ist und hellichter Tag. Ratet mal, wie ich mich fühle? Jedenfalls alles Gute & Gott segne Euch & behüte Euch – so betet stets

Eure Euch liebende Mutter
H. H. P. Chaplin

Schickt mir ein paar Briefmarken und wenn möglich die *Era*. Nicht vergessen, lieb von Euch.

Mama

Alles Liebe & 1000 Küsse für Euch beide.

* Die Bedeutung dieser Anspielung ist unbekannt.

Hannahs Bitte, ihr die *Era* zu schicken, zeigt, daß sie noch gerne etwas über ihre alten Music-Hall-Bekanntschaften las.

Charlie war fünfzehn Wochen lang ohne Arbeit, aber zweifellos hatte er auf seinen Tourneen genug gespart, um bis August über die Runden zu kommen, als es dann wieder losging. Die neue Tournee war ein deutlicher Abstieg. Die Tournee-Rechte für *Sherlock Holmes* waren von einem gewissen Harry Yorke übernommen worden, dem Pächter des Theatre Royal in Blackburn. Dieser hatte eine bunt zusammengewürfelte Gelegenheits-Truppe zusammengestellt, mit einem gewissen H. Lawrence Layton in der Hauptrolle. Charlie mußte sich mit einer reduzierten Gage von fünfunddreißig Schillingen die Woche zufriedengeben, aber ihm blieb der Trost, daß er der erfahrene Profi in der Truppe war, der allen sagen konnte, wo es langging, und wie die Dinge in der Frohman-Truppe angegangen worden waren. Er stellte fest, daß er sich mit dieser altklug-vorlauten Art bei den andern Mitgliedern des Ensembles nicht sonderlich beliebt machte.

Die Tournee begann in Blackburn in Mr. Yorkes eigenem Theater, ging dann weiter nach Hull, Dewsbury, Huddersfield, ins Queens in Manchester und ins Rotunda in Liverpool. In der siebten Woche, als sie gerade im Court Theatre in Warrington spielten, kam die wunderbare Erlösung in Form eines Telegramms von William Postance, dem Bühnenmanager des gefeierten amerikanischen Starschauspielers William Gillette (1855–1937). Gillette war nicht nur zusammen mit Arthur Conan Doyle Co-Autor der Bühnenbearbeitung von *Sherlock Holmes*, sondern auch der größte Interpret dieser Rolle. Er hatte Holmes zum ersten Mal am 6. November 1899 im Garrick Theatre in New York gespielt und hatte dann im September 1901 in Irving's Lyceum einen Riesenerfolg mit dem Stück.

Gillette war gerade mit *Clarice*, einer neuen Komödie, nach London zurückgekehrt. Seine Partnerin war die exquisite Marie Doro, die im Jahr zuvor in *The Admirable Crichton* mit ihm zusammen aufgetreten war, und die im Januar 1905 bei ihrem Londoner Debüt in *Friquet* auf sich aufmerksam gemacht hatte. *Clarice* hatte am 13. September im Duke of York's Theatre in London Premiere. Es wurde kein Erfolg. Den Londoner Kritikern mißfiel nicht nur das Stück, sondern auch Gillettes amerikanischer Akzent. Gillette beschloß, mit einem Scherz zu kontern: Er dachte sich ein kleines Nach-Spiel aus, das *The Painful Predicament of Sherlock Holmes* heißen sollte, »eine Phantasie in einem Zehntel-Akt«, in dem er auftreten, aber nicht sprechen würde. Das Stück hatte nur drei Rollen: Holmes, sein Laufbursche Billy und eine Irre. Es ging um folgendes: Die Irre stürmt trotz Billys Bemühungen, sie ihm vom Leibe zu halten, in Holmes Zimmer und redet ohne Unterbrechung zwanzig Minuten lang völlig wirres Zeug und läßt ihm keine Chance, auch einmal zu Wort zu kommen. Es gelingt Holmes jedoch, nach Billy zu läuten und ihm einen Zettel zuzustecken. Kurz darauf kommen zwei Pfleger herein und schleppen die Dame fort, und das Stück endet mit Billys Worten: »Sie hatten recht, Sir – es war die richtige Irrenanstalt.« Die bedauernswerte Irre, Gwendolen Cobb, sollte von einer der begabtesten jungen Schauspielerinnen der Londoner Bühnen gespielt werden, von Irene Vanbrugh, der Frau von Dion Boucicault. Gillette brauchte einen Billy, und das Frohman-Büro, das das Duke of York's betrieb, hatte genau den richtigen Jungen. Daher das Telegramm von Mr. Postance.

Nach seiner letzten Samstagsvorstellung in Lancashire eilte Charlie nach London, und nach ein paar Tagen Proben war er ein West-End-Schauspieler. *The Painful Predicament of Sherlock Holmes* hatte am 3. Oktober Premiere. Unglücklicherweise konnte auch Gillettes gutmütiger kleiner Scherz nichts mehr retten, und das Doppelprogramm wurde bereits am 14. Oktober wieder abgesetzt, um nach drei Tagen durch eine Neuaufführung des unschlagbaren *Sherlock Holmes* ersetzt zu werden. Charlie, der bei Gillette eindeutig genauso gut ankam wie bei allen anderen, mit denen er arbeitete, wurde als Billy übernommen. Kenneth Rivington, ein weiterer Veteran der Frohman-Tourneen, der neben Saintsburys Holmes den Watson gespielt und für die Tournee von 1904/05 die Titelrolle übernommen hatte, wurde für Gillettes Watson engagiert. Marie Doro spielte Alice Faulkner zum ersten Mal, und der sechzehnjährige Chaplin entbrannte in hoffnungsloser und quälender Liebe zu dieser strahlenden jungen Frau, die sieben Jahre älter war als er. Das Stück konnte seinen früheren Erfolg wiederholen: Am 20. November fand eine Königliche Galavorstellung zu Ehren des Königs von Griechenland statt, der gemeinsam mit Königin Alexandra, Prinz Nicholas und Prinzessin Victoria der Aufführung beiwohnte. Chaplin erinnert sich, daß der Prinz in einem spannenden Moment im dritten Akt dem König offenbar die Handlung des Stücks erklären wollte, und dieser aufgebracht mit dröhnender Stimme und schwerem Akzent rief: »Nichts verraten! Nichts verraten!«

Saintsbury hatte dem jungen Chaplin etwas von seiner Schauspieltechnik vermittelt (Chaplin erinnert sich, daß er zum Beispiel gelernt hatte, beim

Sprechen den Kopf nicht zu sehr zu bewegen und keine Grimassen zu schneiden). Bei der Arbeit mit Gillette konnte er wieder viel dazulernen. Gillette war hochintelligent und sehr erfolgreich. Sein Vater war Senator, und er selbst hatte in Harvard, an der University of Boston und am Massachusetts Institute of Technology studiert. Obwohl er ganz und gar intellektuell erzogen worden war, trug er einen aggressiven, volksnahen Ansatz ins Theater hinein, sowohl als Schauspieler wie auch als Bühnenautor. Der Dramatiker, sagte er, sollte nicht Dramaturgie studieren, sondern den Alltag. Er vertrat die Ansicht, daß Theater dem Volk aufs Maul schauen und sich weniger Gedanken um Grammatik, Diktion und Ästhetik machen solle. Er wandte sich demonstrativ gegen die landläufigen melodramatischen und deklamatorischen Konventionen der Schauspielerei, indem er einen lockeren, nüchternen Stil entwickelte, der für leichte Komödien erheblich besser geeignet war als für Liebesdramen. Sein oberster Grundsatz war, daß der Schauspieler immer danach streben muß, dem Publikum zu suggerieren, daß er das, was er tut, zum ersten Mal tut. Er erläuterte diesen Grundsatz in einem 1915 veröffentlichten Aufsatz »Illusion of First Time Acting«.

Irgend jemandem in der Truppe oder im Frohman-Büro lagen damals ganz eindeutig Chaplins Interessen am Herzen. Es mag Gillette selbst gewesen sein oder Mr. Hamilton oder sogar Mr. Postance, an den sich Chaplin noch viele Jahre später liebevoll erinnerte. (In *Limelight* erhielt der freundliche, von Nigel Bruce gespielte Impresario den Namen Postant; damit sollte wohl Mr. Postance geehrt werden, der in der Autobiographie ebenfalls fälschlicherweise unter dem Namen ›Postant‹ auftaucht.) Zwei Privilegien, die Chaplin während der Spielzeit von *Sherlock Holmes* im Duke of York's genoß, waren sicherlich außergewöhnlich für einen West-End-Kinderdarsteller in einer Nebenrolle. Er bekam einen Platz bei der Beisetzungsfeier von Henry Irving, die zwei Tage nach der Premiere von *Sherlock Holmes* stattfand.

> Die Beisetzung fand am 19. Oktober statt, und schon in den frühen Morgenstunden versammelte sich eine riesige Menschenmenge vor der Westminster Abbey. Man empfand allgemein aufrichtige, tiefe Trauer. In der Abbey selbst war alles versammelt, was Rang und Namen hatte, darunter Vertreter des Königs und der Königin, prominente Staatsmänner, herausragende Persönlichkeiten – Männer wie Frauen – aus dem Bereich der Bildenden Kunst, der Literatur und der Wissenschaft wie auch

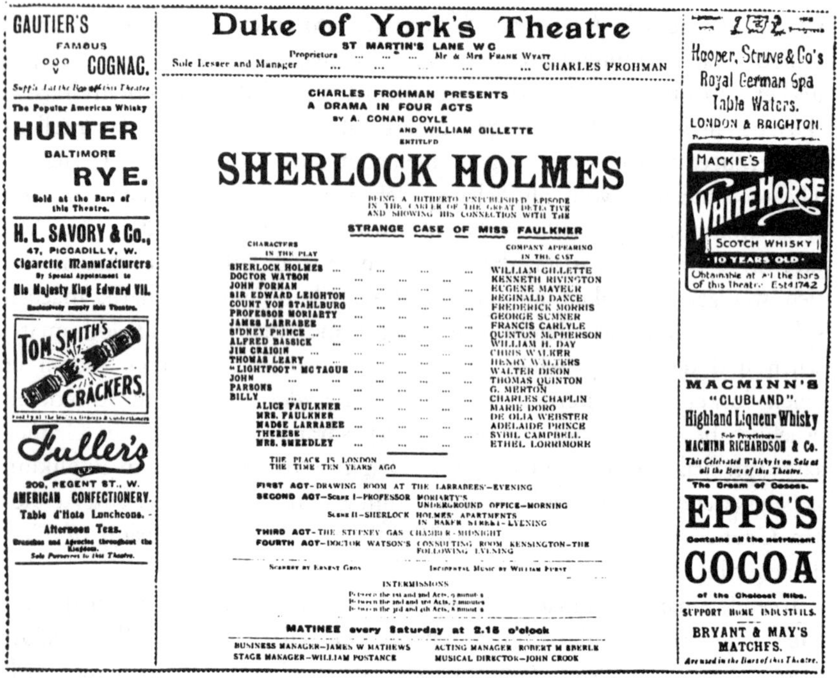

GAUTIER'S
FAMOUS
COGNAC.

The Popular American Whisky
HUNTER
BALTIMORE
RYE.
Sold at the Bars of this Theatre.

H. L. SAVORY & Co.,
47, PICCADILLY, W.
Cigarette Manufacturers
By Special Appointment to
His Majesty King Edward VII.

TOM SMITH'S CRACKERS.

Fuller's
209, REGENT ST., W.
AMERICAN CONFECTIONERY.
Table d'Hote Luncheons.
Afternoon Teas.

Duke of York's Theatre
ST MARTIN'S LANE W C
Proprietors ... ... Mr & Mrs Frank Wyatt
Sole Lessee and Manager ... ... CHARLES FROHMAN

CHARLES FROHMAN PRESENTS
A DRAMA IN FOUR ACTS
BY A. CONAN DOYLE
AND WILLIAM GILLETTE
ENTITLED

SHERLOCK HOLMES

BEING A HITHERTO UNPUBLISHED EPISODE
IN THE CAREER OF THE GREAT DETECTIVE
AND SHOWING HIS CONNECTION WITH THE
STRANGE CASE OF MISS FAULKNER

CHARACTERS IN THE PLAY	COMPANY APPEARING IN THE CAST
SHERLOCK HOLMES	WILLIAM GILLETTE
DOCTOR WATSON	KENNETH RIVINGTON
JOHN FORMAN	EUGENE MAYEUR
SIR EDWARD LEIGHTON	REGINALD DANCE
COUNT VON STAHLBURG	FREDERICK MORRIS
PROFESSOR MORIARTY	GEORGE SUMNER
JAMES LARRABEE	FRANCIS CARLYLE
SIDNEY PRINCE	QUINTON McPHERSON
ALFRED BASSICK	WILLIAM H. DAY
JIM CRAIGIN	CHRIS WALKER
THOMAS LEARY	HENRY WALTERS
"LIGHTFOOT" MCTAGUE	WALTER DISON
JOHN	THOMAS QUINTON
PARSONS	G. MERTON
BILLY	CHARLES CHAPLIN
ALICE FAULKNER	MARIE DORO
MRS. FAULKNER	DE OLIA WEBSTER
MADGE LARRABEE	ADELAIDE PRINCE
THERESE	SYBIL CAMPBELL
MRS. SMEEDLEY	ETHEL LORRIMORE

THE PLACE IS LONDON
THE TIME TEN YEARS AGO

FIRST ACT—DRAWING ROOM AT THE LARRABEES'—EVENING
SECOND ACT—Scene I—PROFESSOR MORIARTY'S UNDERGROUND OFFICE—MORNING
Scene II—SHERLOCK HOLMES' APARTMENTS IN BAKER STREET—EVENING
THIRD ACT—THE STEPNEY GAS CHAMBER—MIDNIGHT
FOURTH ACT—DOCTOR WATSON'S CONSULTING ROOM KENSINGTON—THE FOLLOWING EVENING

Scenery by Ernest Gros Incidental Music by William Furst

INTERMISSIONS
Between the 1st and 2nd Acts, 9 minutes
Between the 2nd and 3rd Acts, 7 minutes
Between the 3rd and 4th Acts, 8 minutes

MATINEE every Saturday at 2.15 o'clock

BUSINESS MANAGER—JAMES W MATHEWS
STAGE MANAGER—WILLIAM POSTANCE
ACTING MANAGER ROBERT M EBERLE
MUSICAL DIRECTOR—JOHN CROOK

Hooper, Struve & Co's
Royal German Spa
Table Waters.
LONDON & BRIGHTON.

MACKIE'S
WHITE HORSE
SCOTCH WHISKY
· 10 YEARS OLD ·
Obtainable at all the bars of this theatre Estd 1742

MACMINN'S
"CLUBLAND"
Highland Liqueur Whisky
Sole Proprietors—
MACMINN RICHARDSON & Co.
This Celebrated Whisky is on Sale at all the Bars of this Theatre.

The Cream of Cocoas.
EPPS'S
Contains all the nutriment
COCOA
of the Choicest Nibs.

SUPPORT HOME INDUSTRIES.
BRYANT & MAY'S
MATCHES.
Are used in the Bars of this Theatre.

1905 – Programm für *Sherlock Holmes*
am Duke of York's Theatre

aus dem Berufsstand, dessen anerkanntes Oberhaupt Sir Henry Irving viele Jahre lang gewesen war. Der von wunderbarer Musik begleitete Trauerakt war zutiefst beeindruckend; er wurde vom Dekan und Kanonikus Duckworth geleitet. Zu den Sargträgern, die zusammen mit den Haupttrauernden um den Sarg versammelt waren, zählten Sir Squire Bancroft, Lord Aberdeen, Sir A.C. Mackenzie, Sir George Alexander, Mr. Beerbohm Tree, Sir L. Alma-Tadema, Professor Sir James Dewar, Mr. J. Forbes-Robertson, Mr. A.W. Pinero und Mr. Burdett-Coutts, MP.[15]

Und unter diesen erlauchten Herrschaften und Zelebritäten saß nun also der sechzehnjährige Charles Chaplin, der innerhalb eines Jahrzehnts zu weitaus größerem Ruhm gelangen sollte als selbst verschiedene, in den Adelsstand erhobene Schauspieler. Er saß, so erinnert er sich, zwischen einem andern berühmten Starschauspieler, namens Lewis Waller, und »Dr.« Walford Bodie, der damals gerade als Hypnotiseur, Heiler und Wundertäter in den Music Halls Furore machte. Chaplin war von Bodies unschicklichem Benehmen schockiert, als dieser »einem ruhenden Herzog auf die steinerne Brust trat«, um besser sehen zu können, als die sterblichen Überreste in die Gruft versenkt wurden.

Noch beachtlicher aber war, daß es Chaplin gelang, sich eine Eintragung in die erste Ausgabe des *Green Room Book, or Who's Who on the Stage* zu sichern. Das war der Vorläufer von *Who's Who in the Theatre*, enthielt jedoch sehr viel weniger Eintragungen, war somit wählerischer und hatte mehr Prestige.

Es ist daher sehr bemerkenswert, daß unter dem Adel des Edwardischen Theaters die folgende Eintragung zu finden ist:

> CHAPLIN, Charles, Imitator, Mime und *sand dancer**; geb. 16. April 1889 in London; Sohn von Charles Chaplin; Bruder von Sidney Chaplin; im Theatermilieu aufgewachsen, erster Auftritt mit zehn Jahren am Oxford mit einer Spezialnummer; Engagements bei verschiedenen Truppen von Charles Frohman (in der Rolle des Billy in *Sherlock Holmes* & c.) und bei vielen führenden Varieté-Theatern in London und in der Provinz; gewann eine Meisterschaft im 20-Meilen-Gehen in Nottingham (und einen Geldpreis von 25 £). *Adresse:* c/o Ballard Macdonald, Clifford's Inn 1, E. C.

Neben der Frage, wie Chaplin es überhaupt angestellt hat, in das *Green Room Book* zu kommen, ist an dieser Kurzbiographie noch anderes geheimnisvoll. »Imitator, Mime und *sand dancer*« bezieht sich vermutlich auf die Fähigkeiten, die er sich bei den *Eight Lancashire Lads* erworben hatte; aber mit sein »erster Auftritt« ist wohl sein »erster Londoner Auftritt« gemeint, da er wohl mindestens drei Monate vor der siebenwöchigen Saison am Oxford von April bis Mai 1899 bei den Lads gewesen war und dort auch seinen zehnten Geburtstag gefeiert hatte. Wir finden hier auch den einzigen bekannten Hinweis auf den sehr ansehnlichen Preis, den er angeblich in Nottingham gewann, wo Chaplins einziger verbürgter Auftritt in der Woche um den 17. Juli 1899 stattgefunden hatte, wiederum mit den Lancashire Lads.

* »Sandtänzer« tanzten eine Art Steptanz auf sandbestreutem Linoleum, auf dem sie mit den Füßen scharrende rhythmische Geräusche erzeugten. Heute noch berühmt sind die englischen *sand dancers* Wilson, Keppel + Betty. Anm. d. Ü.

Sherlock Holmes wäre vielleicht eine lange Laufzeit am Duke of York's Theatre beschieden gewesen, wenn dieses Theater nicht für die erste Neuaufführung von Sir James Barries *Peter Pan* gebucht worden wäre, diesmal mit Cissie Loftus in der Hauptrolle. In den fünfziger Jahren setzte Chaplin der langjährigen Legende endlich ein Ende, derzufolge er nach der Absetzung von *Sherlock Holmes* am 2. Dezember in dieser zweiten Produktion des beliebten Weihnachtsmärchens einen Wolf gespielt haben soll. Er war vielmehr am 1. Januar wieder mit Harry Yorkes *Holmes*-Truppe auf Tournee gegangen.

Damit nahm Chaplin dann nach mehr als zweieinhalb Jahren Abschied von dem Stück. Die Tournee begann im Grand Theatre in Doncaster, dann traten sie in Cambridge auf und vier Wochen lang in der Gegend um London herum – am Pavilion East, wo Chaplin den Billy zum ersten Mal gespielt hatte, am Dalston Theatre, am Carlton in Greenwich und am Crown in Peckham. Nach einer weiteren Woche in Crewe und einer Woche in Rochdale ging die Tournee zu Ende. Chaplin setzte eine Anzeige in *The Stage*:

Master Charles Chaplin
SHERLOCK-HOLMES-ENSEMBLE
abkömmlich ab 5. März
Tavistock Place, Tele. 2187 Hop.

Chaplin wäre vielleicht weiterhin beim offiziellen Theater geblieben, wenn er sich nicht kurz vor Ende der Londoner Spielzeit von *Sherlock Holmes* im Foyer des St. James's Theatre so stolz gegeben hätte. Irene Vanbrughs Mann, Dion Boucicault, gab ihm ein Empfehlungsschreiben für Mr. und Mrs. Kendal, die einen Kinderdarsteller für ihr Stück *A Tight Corner* suchten, das 1906 auf Tournee gehen sollte. Madge Kendal rauschte hoheitsvoll und mit reichlicher Verspätung herein und bat ihn, am nächsten Tag um die gleiche Zeit wiederzukommen, worauf der junge Chaplin erwiderte, er könne nichts außerhalb der Stadt annehmen – und hinausrauschte, würdevoll, aber arbeitslos.

Zum Glück konnte Sydney ihm Arbeit verschaffen. Berauscht von seinem Erfolg bei Bord-Unterhaltungs-Konzerten war Sydney zu dem Schluß gekommen, daß seine Zukunft in der Music Hall lag, und er trat als Komiker in die Charles Manon Sketch Company ein. Im März 1906 wechselte er zu einer neuen Truppe über, die unter der Leitung eines gewissen Fred Regina gebildet worden war und mit einem Sketch auf Tournee gehen sollte, der *Repairs* hieß und aus der Feder des beliebten Autors und Bühnenschriftstellers Wal Pink stammte. Angekündigt wurde es als »Ein Neuer Aufbruch – Ein ungewöhnliches Stück. WAL PINK'S HANDWERKER IN *Repairs*. Ein brillantes Beispiel dafür ›Wie man es *nicht* tun soll‹.« Das Stück führt uns in »die Muddleton Villa, wo die hervorragenden Handwerker Mssrs. Spoiler und Messit am Werk sind«. Die Idee einer Truppe von unfähigen Malern, Tapezierern und Klempnern wurde dann später in dem Slapstick-Tapezierer-Sketch in *A King in New York* liebevoll wieder aufgegriffen. Die Handlung – Sydney spielte einen schnauzbärtigen, bierseligen Agitator, der sich abmüht, die begriffsstutzigen Arbeiter zum Streiken zu bringen – diente mehreren Zwei-Aktern als Vorlage, darunter *Dough and Dynamite* und *Behind the Screen*.

Sydney verschaffte seinem Bruder die Rolle des Klempnergehilfen. Er trug eine grüne Schottenmütze, die für den Klempner ein Gegenstand des Anstoßes war. Als er Charlie auffordert, seine Mütze aufzuhängen, schlägt dieser einen Nagel in die Wasserleitung und wird klatschnaß. Voller Verzweiflung packt der Klempner die anstößige Kopfbedeckung, schleudert sie zu Boden und trampelt voller Wut darauf herum. Sydney erzählte dem Journalisten R. J. Minney, daß der Sketch gut ankam, bis sie nach Irland kamen, wo das Publikum sich furchtbar darüber aufregte, daß auf einer grünen Schottenmütze herumgetrampelt wurde. Bei den folgenden Auftritten wurde sie durch eine andersfarbige Kopfbedeckung ersetzt. Es existiert eine einmalige Fotografie aus dem Sketch, auf der der Klempner Charlie gerade eine Mütze wegzunehmen scheint. Der siebzehnjährige Charlie selbst ist wie ein Clown zurechtgemacht, mit roter Nase, kurzen Hosen, einem Hammer in der Hand und einem absolut dämlichen Gesichtsausdruck.

Repairs eröffnete am 19. März im Hippodrome in Southampton. In der *Era* widmete man der Vorankündigung eine ganze Spalte. Dem Stück wurde eine glänzende Zukunft prophezeit, mit Gastspielen in The Duchess in Balham, im Zoo Hippodrome in Glasgow und danach in Boscombe, Belfast, Manchester, Wolverhampton, Liverpool, Portsmouth usw. Das Stück scheint indessen die hohen Erwartungen nicht erfüllt zu haben. Nicht alle der angekündigten Gastspiele lassen sich nachweisen, und die Anzeige erschien kein zweites Mal. Nach der Woche um den 7. Mai herum, in der *Repairs* im Grand Palace in Clapham spielte, verließ Chaplin die Truppe, und sein Part wurde von einem andern Jungen übernommen. Es war Horace Kenney (1890–1955), der in der Folge selbst ein Music-Hall-Star wurde.

Chaplin hatte auf eine Anzeige in der *Era* geantwortet, in der Kinder-Komiker gesucht wurden, für *Casey's Court Circus, or the Caseydrome*, das in Kürze produziert werden sollte. Es handelte sich um die Neufassung der Show *Casey's Court*, die sich schon als erfolgreich erwiesen hatte. Handlungsort war eine Gasse, und die zentrale Figur, um die etwa ein Dutzend junge Komiker herumblödelten, war »Mrs. Casey« – im Stil der traditionellen englischen Pantomime von dem Komiker Will Murray (1877–1955) gespielt, der in dieser Rolle immer noch auftrat, als er schon reichlich über siebzig war. Harry Cadle, Initiator und Impresario der Truppe, war von dem Erfolg des ursprünglichen Stücks so sehr ermutigt, daß er beschloß, ein zweites Ensemble zu bilden und auf Tournee zu schicken, wieder mit Will Murray als Hauptdarsteller und Gesamtleiter. *Casey's Court Circus* stand unter dem Motto: »Was sich ein Gassenjunge unter Zirkus machen vorstellt.«

Chaplin trat in der Eröffnungswoche vom 21. bis zum 26. Mai 1906 mit *Casey's Court Circus* im Olympia Theatre in Liverpool auf. Angeblich soll er in der Woche davor einen Probeauftritt in der ursprünglichen *Casey's Court*-Show am Bradford Empire absolviert haben; das läßt sich allerdings nicht belegen. Es gibt auch einige Unklarheiten bezüglich seiner Vertragsbedingungen. Im Oktober 1927 behauptete die Zeitschrift *Picturegoer*:

> Ein interessantes Dokument mit Datum vom 26. Mai 1906 ist uns erhalten; das erste rechtsgültige Dokument, das Charlie je besaß. Sein Bruder Sydney hat es als sein Vormund unterschrieben. Darin erklärt er sich mit der Summe von 45/= pro Woche einverstanden, zuzüglich der Reisekosten, für die Mitwirkung bei »allem, was mit der Aufführung von ›Casey's Court‹ in Zusammenhang steht und als zumutbar gelten kann«.

Ein neuerer Chaplin-Biograph (Denis Gifford: *Chaplin*) liefert eine andere ausführliche Version dieses angeblichen Vertrags, ohne jedoch die Quelle des Zitats zu nennen:

> Ich, der Vormund von Charles Chaplin, erkläre mich hiermit einverstanden, daß er in *Casey's Court* auftritt, wo immer das Stück spielen mag, allerdings nur in Großbritannien. Die Vereinbarung tritt am 14. Mai 1906 in Kraft, die wöchentliche Gage beträgt 2. 5. 0. £ (Zwei Pfund fünf Schillinge) und erhöht sich auf 2. 10. 0. £ ab der ersten Juliwoche 1906.

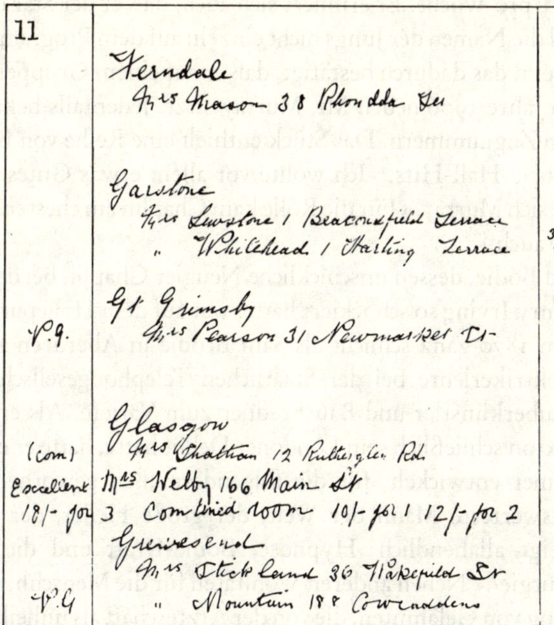

11

Ferndale
Mrs Mason 38 Rhondda Ter

Garstone
Mrs Lewstone 1 Beaconsfield Terrace
" Whitehead 1 Harling Terrace 3 V.G. 14/-

Gt Grimsby
V.G. Mrs Pearson 31 Newmarket St G.

Glasgow
(com) Mrs Chatham 12 Rutherglen Rd.
Excellent Mrs Welby 166 Main St
18/- for 2 3 Combined room 10/- for 1 12/- for 2

Gravesend
Mrs Stickland 36 Wakefield St V.G.
V.G " Mountain 18 Cowcaddens

1906 – Auszug von Sydneys Liste von guten und billigen Tourneeunterkünften. Die unbezahlbaren Informationen wurden von beiden Brüdern genutzt.

Will Murray seinerseits erinnerte sich fünfzehn Jahre später:

Ich bin Charlie zum ersten Mal begegnet, als ich den Sketch ›Casey's Court (Circus)‹ produzierte. Diese ausschließlich burlesken Sketche waren im ganzen Land außerordentlich erfolgreich. Für eine Neufassung des Stücks mußte ich per Anzeige eine Reihe von Jungs zwischen vierzehn und neunzehn suchen.

Unter den Bewerbern war ein kleiner Bursche, der mir auf Anhieb gefiel. Ich fragte ihn nach seinem Namen und nach seiner Bühnenerfahrung.

»Charlie Chaplin, Sir«, lautete die Antwort. »Ich war einer der *Eight Lancashire Lads* und zur Zeit *(sic)* habe ich eine Rolle in dem Sketch *(sic)* ›Sherlock Holmes‹.«

Ich fühlte ihm gründlich auf den Zahn. Er sang, tanzte und präsentierte mir einen kleinen Querschnitt der Unterhaltungskunst. Er hatte das Zeug zu einem ›Star‹, und ich engagierte ihn sofort für eine Gage von 30 Schillingen die Woche.[16]

Chaplin, dessen Gedächtnis für Geldbeträge unfehlbar schien, erinnert sich an eine Gage von 3 £ pro Woche. Er erinnert sich auch, daß er der Star der Show war, und obwohl die Namen der Jungs nicht einzeln auf dem Programm aufgeführt waren, scheint das dadurch bestätigt, daß er auf einem Gruppenfoto der Truppe aus dem Jahre 1906 neben Mr. Murray sitzt. Jedenfalls bekam er im *Circus* die beiden Zugnummern. Das Stück enthielt eine Reihe von Burlesken über aktuelle Music-Hall-Hits. »Ich wollte vor allem etwas Gutes über Dr. Bodie«, erinnert sich Murray. »Für die Rolle kam Chaplin am ehesten in Frage, und er bekam sie auch.«

»Dr.« Walford Bodie, dessen unschickliche Neugier Chaplin bei der Beisetzung von Sir Henry Irving so schockiert hatte, war auf dem Höhepunkt seines Ruhmes. Er kam 1870 ganz schlicht als Sam Brodie in Aberdeen zur Welt, machte eine Elektrikerlehre bei der Staatlichen Telephongesellschaft, ging aber bald als Zauberkünstler und Bauchredner zum Varieté. Als er 1903 im Britannia in Hoxton schließlich sein Londoner Debüt hatte, hatte er eine neue, originelle Nummer entwickelt, für die folgendermaßen geworben wurde: »Der bemerkenswerteste Mann der Welt, der große Heiler, der moderne Wundertäter zeigt allabendlich ›Hypnose, Bodie-Kraft und die Wunder unblutiger Chirurgie‹.« Neben anderen Wohltaten für die Menschheit rühmte er sich der Heilung von Gelähmten, die von der Ärzteschaft als unheilbar abgeschrieben worden waren. Diejenigen, die ihn als großen Wundermann verehrten, und die, die ihn als Scharlatan betrachteten, waren sich jedoch einig darin, daß er ein großer Showman war. Er war ein gutaussehender Mann mit vollem Haar, einem hochgezwirbelten gewichsten Schnurrbart und durchdringenden Augen. Er trat in einem exquisit geschnittenen Gehrock auf und mit einem glänzenden Zylinder. Chaplin studierte seine Aufmachung anhand einer Fotografie in Bodies Anzeige in der *Era* und ließ von sich ein Studioporträt in genau der gleichen Pose anfertigen. »Wir hatten sehr viele Proben«, erinnert sich Will Murray,

> und Charlie zeigte immer große Lernbereitschaft. Er hatte Bodies Nummer nie gesehen, aber ich versuchte, ihm eine Vorstellung von Bodies kleinen Eigenheiten zu geben.
>
> Stundenlang übte er dann vor dem Spiegel. Er ging oft längere Zeit hin und her und kultivierte Bodies Gehabe. Dann spielte er alle Variationen durch mit einem typischen Zwirbeln des Bodie-Schnurrbarts, dieser – dank ›Electric Spark‹ – so ausladenden Zierde, weit entfernt von dem Zahnbürstenmodell, das heutzutage weltweit so beliebt ist ...[17]

Dan Lipton, der komische Songs schrieb und sich mit dem jungen Chaplin anfreundete, bestätigte, daß Chaplin Bodie nie auf der Bühne gesehen hatte: »Die Art, wie dieser Junge Dr. Bodie parodierte, war wunderbar. Er hatte den Mann wirklich *nie* gesehen. Er zog einfach einen alten Frack an, setzte sich eine Melone auf, und wenn er die Bühne betrat, schwoll er voller Stolz an.«[18]

Als die Show in den Süden ans Richmond Theatre kam, kommentierte die *Era*, daß »der Spaß seinen Höhepunkt erreicht mit der burlesken Imitation einer ›Blitzheilung eines armen Arbeiters‹«. Sechs Wochen später, als die *Casey's-Court-Circus*-Truppe im Stratford Empire spielte, bemerkte die *Era*, daß »eine üppig ausgestattete Parodie von Dick Turpins Ritt nach York die Vorführung abschließt«. Auch in dieser Nummer war Chaplin der Star. Will Murray erinnert sich:

> ... er hatte das Publikum mit »Dr. Bodie« sofort auf seiner Seite.
>
> Dann kam »Dick Turpin«, dieser unschlagbare Dauerbrenner des Zirkus. Es lief alles wunderbar an, aber der Höhepunkt war die Flucht nach dem Tod von »Bonnie Black Bess«.
>
> Stellen Sie sich nur die Lage des armen Mr. Turpin vor. Er mußte rennen, sich verstecken, alles mögliche tun, um den Bütteln zu entkommen, und doch konnte er immer nur im Kreis um die Zirkusbahn herumlaufen.
>
> Aber Charlie rannte los – und rannte – und rannte. Er mußte um unzählige Ecken, und wenn er einen Fuß hob und eine kleine Strecke auf dem andern weiterhopste, wenn er eine ›schwierige‹ Kurve nahm, brüllte das Publikum einfach vor Lachen.
>
> Ich glaube, ich kann mit Recht behaupten, daß ich derjenige war, der Charlie beigebracht hat, wie man um die Ecke läuft. Ja, dieser eigentümliche Gang und das noch ulkigere einbeinige Umrunden der Ecken, das so einfach aussieht, wenn man's im Film sieht, das ist genau die Fortbewegungstechnik, die ich Chaplin für die Burleske von Dick Turpin beigebracht habe. Viele, viele Stunden eintönigen Übens waren nötig, aber ich bin sicher, daß mir Charlie, wenn er auf dieses stundenlange Üben zurückblickt, dankbar ist, daß ich nicht locker ließ, bis die Sache so lief, wie ich es mir vorstellte.[19]

Die Tournee von *Casey's Court Circus* ging am 20. Juli 1907 zu Ende und Chaplin verließ die Truppe. Wenn er auch jung aussah, so hielt man ihn wahrscheinlich doch schon für zu alt, um eine weitere Saison lang in einem jugendlichen Ensemble zu spielen. Er blieb dann drei Monate ohne Arbeit. Sydney jedoch hatte inzwischen ein festes Engagement. Nachdem er *Repairs* verlassen hatte, bekam er einen Vertrag bei Fred Karnos *Silent Comedians*. Im Juli 1907 – inzwischen war er einer der Stars der Karno-Truppe – unterschrieb er einen neuen Vertrag für ein weiteres Jahr zu 4 £ die Woche. Zweifellos half er seinem jüngeren Bruder auch diesmal über die mageren Zeiten hinweg.

Bis zu seinem nächsten Engagement mietete sich Charles bei einer Familie in der Kennington Road ein und führte, wie er selbst gesteht, ein einzelgängerisches, leichtsinniges, jungenhaft ausschweifendes Leben. Er beschloß, eine Solo-Nummer als jüdischer Komiker auszuarbeiten. Gegen Ende der Tournee von *Casey's Court Circus* im Jahr 1907 hatte er in der Forresters' Music Hall in der Cambridge Road (ehemals Dog Row) in Bethnal Green gespielt. Der Direktion war sein Erfolg als Dr. Bodie und Dick Turpin bekannt, und man genehmigte ihm einen einwöchigen, unbezahlten Probeauftritt. Sein Stoff – später erkannte er, daß er nicht nur schwach, sondern auch antisemitisch war –, seine Aufmachung und sein Akzent waren für das in der Gegend vorwiegend jüdische Publikum völlig verfehlt. Der erste – und einzige – Abend war eine Katastrophe, und Charles floh vor den Buhrufen, Pfiffen und dem Apfelsinenschalenbombardement aus dem Theater. Dieses alptraumhafte Erlebnis trug zweifellos dazu bei, daß er schließlich eine Abneigung dagegen entwickelte, vor einem Live-Publikum zu arbeiten. Er sollte noch triumphale Erfolge mit der Karno-Truppe haben, aber es war für ihn offensichtlich eine riesige Erleichterung, als er schließlich die Bretter endgültig verlassen konnte. Nichts und niemand konnte ihn je wieder dazu bringen, vor einem Live-Publikum aufzutreten. 1916 sagte er zu dem Schauspieler Fred Goodwins, der damals in den Essanay-Studios mit ihm zusammenarbeitete: »Zurück zur Bühne! Ich geh in meinem ganzen Leben nie wieder zur Bühne zurück. Nie. Wenn ich nicht mein ganzes Geld verliere, werden mich keine zehntausend Dollar wieder ins Rampenlicht zurücklocken.«[20] Sehr bald sollten ihm sehr viel größere Summen als 10 000 $ angeboten werden, aber sein Entschluß blieb trotzdem unumstößlich. Mehr als fünfzig Jahre später sagte er zu Richard Meryman: »Auf der Bühne war ich in gewisser Weise ein sehr guter Komiker. In Shows und solchen Sachen. [Aber] ich konnte nicht so auf die Leute zugehen, wie ein Komiker das tun sollte. Zu einem Publikum reden – das konnte ich nie. Dazu war ich zu sehr Künstler. Meine Kunst ist ein bißchen karg – sie ist karg.«[21]

Viele große Künstler, deren Arbeit von der Präzision einer hochverfeinerten Technik abhing, teilten dieses Mißtrauen gegenüber diesem unberechenbaren Element, das ein Publikum darstellt. Die große Music-Hall-Künstlerin Hetty King wollte in den fünfziger Jahren, nach fast sechzig Jahren Bühnenerfahrung, nur sehr ungern nach der immer noch derbpoltrigen Ida Barr auf die

Bühne, in dem Veteranenprogramm, in dem sie beide auftraten: »Ich hasse es, nach dieser alten Frau aufzutreten. Sie putscht das Publikum so auf. Ich habe immer schreckliche Angst, daß sie mir etwas zurufen oder mich anreden könnten. Es bringt mich aus dem Konzept.« Auch Max Miller konnte es aus dem Konzept bringen, wenn die Reaktion des Publikums nicht vollkommen berechenbar war. Vielleicht hatte Chaplin die Angst vor Publikumsreaktionen auch von seiner Mutter geerbt; Furcht vor dem Publikum ist eine mögliche Erklärung für ihre wenig erfolgreiche Karriere, trotz ihres offenkundigen Talents.

Das Fiasko bei Forresters' hatte ihn jedoch nicht völlig entmutigt, und er verfaßte die Slapstick-Komödie *The Twelve Just Men*. Der Titel entstand wahrscheinlich in Anlehnung an *The Four Just Men*, ein Stück, das sein Freund Mr. Saintsbury bearbeitet hatte. Doch bei den zwölf Männern in Chaplins Geschichte handelt es sich um Geschworene, die über einen Fall von Wortbruch beraten. Ihre Diskussion wird durch die Gegenwart eines Taubstummen, eines Betrunkenen und anderer unmöglicher Personen erschwert. Chaplin verkaufte den Sketch für 3 £ und sollte auch Regie führen, aber nach zwei oder drei Tagen machte der Sponsor einen Rückzieher. Sydney mußte dem Ensemble an Chaplins Stelle die schlechte Nachricht überbringen; auch später, als er Herr seiner eigenen Studios war, konnte Chaplin sich nie überwinden, schlechte Nachrichten, wie Entlassungen oder Tadel, persönlich zu überbringen; er ließ das immer von einem Mittelsmann machen.

Ein Vierteljahrhundert später sollten *The Twelve Just Men* wieder auftauchen und ihm zusetzen. Entweder Chaplin oder seinem Sponsor, einem Bühnen-Hypnotiseur namens Charcoate, war es zu guter Letzt gelungen, den Sketch für 5 £ an den Komiker Ernie Lotinga zu verkaufen (einer der *Six Brothers Luck* und der erste Mann von Hetty King). Lotinga vergaß die ganze Sache, bis ihm das Manuskript 1932 wieder in die Hände geriet, und er verkündete, daß er diesen, von Charlie Chaplin geschriebenen Sketch produzieren würde. Chaplin war von dieser Aussicht gar nicht erfreut und bot an, die Rechte für 5000 $ zurückzukaufen. Lotinga, der sich ausrechnete, daß hier eine ganze Menge herauszuholen war, lehnte ab, worauf das Angebot auf 7500 $ erhöht wurde. Lotinga lehnte immer noch ab, schlug aber vor, den Sketch mit Chaplin gemeinsam zu produzieren, wobei Chaplin den Betrunkenen spielen sollte. Als dieser Vorschlag auf keinerlei Gegenliebe stieß, kündigte Lotinga an, daß er den Sketch in Form einer musikalischen Revue produzieren und selbst die Hauptrolle spielen würde. Doch man hörte nie wieder etwas davon.

3
Beim Guv 'nor

In den ersten Jahren dieses Jahrhunderts hatte die Burleske einen festen Platz in jedem Music-Hall-Programm. Besonders bekannt und beliebt waren Harry Tates *Motoring*, *Golfing*, *Flying*, *Billards* und *Fishing*, Will Evans *Building a Chicken House*, *Harnessing a Horse*, *Papering the Parlour*, Joe Bogannys *Lunatic Bakers*, Charlie Baldwins *Bank Clerks*, *Luck* von den Six Brothers, die Boisset- und die Manon-Truppe. Aber die unbestrittenen Meister ihres Fachs waren Fred Karnos *Speechless Comedians*. Diese Gruppe vereinte und vollendete die vielfältigen Traditionen der englischen Pantomime. Da war zunächst einmal das Clownspiel der eigentlichen Pantomime, dieses einzigartigen Britischen Theatergenres. Im Jahre 1917 erinnerte sich Chaplin:

> Weihnachten im London der guten alten Zeit, als ich meine liebe Mühe hatte, sechs Pence zusammenzukratzen, damit ich die Weihnachtspantomime im Drury Lane sehen konnte, *Jack and the Beanstalk*, *Puss in Boots* und *Cinderella*. Die Clowns in den Pantomimen haben mich immer restlos gefesselt. Gewitzte Burschen waren das. Damals spielten Montgomery, Laffin, Feefe, Brough, Cameron – allesamt erstklassige Darsteller. Jede Bewegung, die sie machten, wurde in meinem jungen Gehirn festgehalten wie auf einer Fotoplatte. Zu Hause habe ich immer sofort versucht, alles nachzuspielen. Aber jetzt erinnere ich mich besonders lebhaft daran, mit welcher gebannten Aufmerksamkeit die sechs- oder siebentausend Jungen und Mädchen das Tun und Treiben der Clowns verfolgten.* Es war purer Slapstick. Alle prophezeiten immer, so was wäre spätestens in zehn Jahren überholt. Tatsächlich führte dann aber die Entwicklung des Films dazu, daß die Pantomime auf dem Gebiet der Unterhaltung weltweit die Führungsrolle übernahm. Die Clowns dieser Londoner Pantomimen waren von unschätzbarer Bedeutung für mich. Was ich als Kind von ihnen gelernt habe, wurde später noch durch Eigenerfahrung ergänzt.[1]

* Möglicherweise wurde Chaplin nicht korrekt zitiert. In der von ihm beschriebenen Zeit faßte das Drury Lane Theatre nur dreitausend Personen – selbst für die berühmten Kindermatinees hätte man kaum die doppelte Menge hineinquetschen können. Außerdem tauchen die Namen der Stücke, die er nennt, nicht auf den damaligen Programmen des Drury Lane Theatres auf.

Die Pantomime im allgemeinen Sinn verdankt ihre Entstehung den Zensurbestimmungen des achtzehnten Jahrhunderts, wonach Dialoge verboten waren, ausgenommen waren die beiden Theatres Royal. Das hatte zur Folge, daß die Theater ohne Lizenz diverse Stilarten des wortlosen Schauspiels entwickelten, wo die Handlung mit Hilfe von Musik und Pantomime veranschaulicht wurde. Diese Schauspiele erfreuten sich im Sadler's Wells und im Royal Circus bald so großer Beliebtheit, daß die Theatres Royal in Covent Garden und Drury Lane gezwungen waren, Stücke dieses Genres als Nachspiele in ihr Programm aufzunehmen. In den Music Halls hielt sich das Dialog-Verbot besonders lang, dementsprechend hielten sich auch die Pantomimen-Sketche. Der vielleicht hervorragendste Pantomime des späten neunzehnten Jahrhunderts war Paul Martinetti (1851–1924), der als Kind französischer Eltern in den Vereinigten Staaten zur Welt kam. Er hatte seine ersten Auftritte auf der Bühne der britischen Music Hall Ende der siebziger Jahre des letzten Jahrhunderts und baute zusammen mit seinem Bruder Alfred eine Pantomimen-Truppe auf, die bis in die Zeit des Ersten Weltkriegs hinein mit höchst melodramatischen Sketchen auftrat, darunter *Robert Macaire*, *A Duel in the Snow*, *After the Ball*, *A Terrible Night*, *Remorse* und *The Village Schoolmaster*.

Der Zirkus leistete auch seinen Beitrag mit seinem gemischten Programm aus Akrobatik, szenischen Effekten, Anekdotischem und Komödie. Aus dieser Tradition heraus entwickelten sich Truppen wie die Ravels und die Hanlon-Lees. Die Hanlon-Lees, die zwischen den sechziger und achtziger Jahren des letzten Jahrhunderts Tourneen durch Großbritannien, Frankreich und die Vereinigten Staaten machten, bestanden aus den sechs Hanlon-Brüdern und dem berühmten Akrobaten »Professor« John Lees. Die Beschreibung ihres Programms *Voyage en Suisse* am Gaiety Theatre in London im März 1880 liest sich wie eine Vorlage für das typische Karno- oder Keystone-Chaos: »Dazu gehört ein Bus-Zusammenstoß, eine chaotische Szene an Bord eines Schiffes im Sturm, ein explodierender Eisenbahnwaggon, ein Festmahl, das sich in eine allgemeine Jonglierparty verwandelt, als einer der Hanlons durch die Decke auf den Tisch kracht, und eine der geistreichsten Besoffenen-Szenen, die man jemals auf der Bühne sah.«[2]

Fred Karno ließ all diese Traditionen in seine Arbeit einfließen. Er selbst steuerte sein Organisationstalent und seine Erfindungsgabe bei, sein Gespür für Talent und seine Fähigkeit, es auszubilden, sowie seine glückliche Hand bei Inszenierung und Regie. Wie fast alle Größen der Music Hall kam er aus bescheidenen Verhältnissen. Er wurde am 26. März 1866 in Exeter geboren.

Sein Vater, ein Möbeltischler namens Westcott, zog während der Kindheit von Frederick, seinem ältesten Sohn, viel im Land umher. Schließlich ließ sich die Familie in Nottingham nieder, wo Fred etwa im Alter von vierzehn anfing, in einer Spitzenfabrik zu arbeiten; nachmittags ging er zur Schule. In der Folge arbeitete er als Friseurgehilfe, als Straßenhändler, als Maurer und als Ladenhilfe bei einem Apotheker. Schließlich machte er eine Klempnerlehre. Als er einmal in einer Turnhalle zu tun hatte, zog dieser Ort ihn in seinen Bann, er wurde Vereinsmitglied und war bald ein so guter Turner, daß er bei einem Amateurwettbewerb am Alhambra Theatre in Nottingham seinen ersten Bühnenauftritt hatte. Schon bald tat er sich mit einem Profi-Turner zusammen, als »zweite Hälfte« von »Olvene and Leonardo«. Nach einem Intermezzo als Solo-Turner auf Jahrmärkten in Nordengland ging er dann ein Jahr lang mit Harry Manley's Circus auf Tournee. Es war ein glücklicher Zufall, daß gerade dieser Zirkus einer der letzten war, die noch Pantomimensketche zeigten. Sein Repertoire enthielt unter anderm *Dick Turpin*, *Mazeppa*, *The Bear and Sentinel*, *Love in a Tub*, *The Statue Blanche*, *Gregory's Blunder*, *The Prince and the Tinker*, *Black and White, or Tea for Two*, *The Wig Makers*, *Swiss Lovers*, *Where's Your Ticket?* und *The Copper Ballet*. Karno scheint in den meisten mitgespielt zu haben.

Karno hatte mit verschiedenen Partnern auf Jahrmärkten und in Music Halls wechselndes Glück und war eine Zeitlang gezwungen, das Showbusiness zu verlassen, um seinen Lebensunterhalt als Glaser zu verdienen. (Er behauptete, er hätte einen Jungen angestellt, der ihm voranging und Fensterscheiben kaputtschmiß – eine Idee, die in Chaplins Film *The Kid* aufgegriffen wurde.) 1888 stellte er mit den Akrobaten Bob Sewell und Ted Tysall eine improvisierte Nummer zusammen. Sie sprangen für eine andere Truppe ein, die zu ihrem Auftritt am Metropolitan in der Edgware Road nicht erschienen war. Sie übernahmen schamlos den Namen der abwesenden Truppe: *The Three Carnos*, bevorzugten aber dann die modischere Schreibweise ›Karno‹ (1914 legte sich Karno durch eine Absichtserklärung offiziell seinen neuen Namen zu). Die Karnos hatten bescheidenen Erfolg, und Karno besserte seine Einkünfte durch eine Solonummer auf, in der er den Edison-Phonograph vorführte – damals immer noch eine ziemliche Neuheit –, den er frecherweise in ›Karnograph‹ umbenannte. In den Wochen, in denen die Truppe kein Engagement hatte, verdiente er, immer dreist und energisch, sein Geld als Straßenmusikant.

Ihren ersten Sketch führten *The Three Karnos* etwa um 1894 vor. Wieder war es eine Stegreifproduktion, mit der sie für den Faustkämpfer Jem Mace in Portsmouth einsprangen. Der Sketch *Love in A Tube* war eine alte Erfolgsnummer von Manley's Circus, und sie kam so gut an, daß Karno auf die Idee verfiel, eigene Sketche zu schaffen und ein Ensemble zu gründen, das sie aufführte. 1895 präsentierte er am Gaiety in Birmingham *Hilarity*. Die Produktion war im Anschluß daran über fünf Jahre ohne Unterbrechung auf Tournee, und sie stellte den Prototyp dar für die zahllosen nachfolgenden Pantomimen-Komödien von Karno. 1901 führte er am Paragon in der Mile End Road *Jail Birds* auf und ließ in diesem Zusammenhang zum ersten Mal einen seiner ausgefallenen Reklamegags vom Stapel, für die er später berühmt wurde. Er kutschierte die Truppe in einem schwarzen Polizei-Mannschaftswagen herum und fuhr sogar mit dieser *Black Maria* zum Derby. *Early Birds* war eine »Geschichte aus Slumland«, in der Karno selbst einen Glaser spielte. In *The New Woman's Club*, in dem er die frühe Feministenbewegung parodierte, spielte er eine Radfahrerin: Es war sein letzter Bühnenauftritt. Seine frühen Produktionen wurden gewöhnlich am Paragon in der Mile End Road gestartet. Später wurden die Sketche dann alljährlich als Weihnachtsattraktionen am Palace in Manchester uraufgeführt, darunter *His Majesty's Guests*, *Saturday to Monday*, *The Football Match* und *Skating*. Ein zeitgenössisches Plakat für *The Football Match* verkündet:

> **Grand Christmas Production**
>
> Of FRED KARNO'S latest Burlesque
>
> **"THE FOOTBALL MATCH."**
>
> **Over 100 Auxiliaries. Catchy Music.**
>
> **Clever Comedians. Wonderful Scenery.**
>
> **Realistic Football Match—in the rain—with real Football Champions contesting, and the usual High-class Variety Entertainment.**
>
> **Special Matinees Xmas Week—See future announcements.**
>
> **TWICE NIGHTLY.**

Das *Pantomime Annual* bezeichnete das Stück als »eine Darbietung, die in der Geschichte der Unterhaltungs-Kunst einzigartig bleiben wird«, in der eindringlich geschildert wird, »wie die Middleton Pie-Cans und die Midnight Wanderers um Vorherrschaft ringen«. In *The Football Match* kamen die typischen szenischen Effekte zum Einsatz, die Karnos Spezialität waren. Zu der Kulisse gehörte ein riesiges Panorama-Tuch, auf das eine große Menschenmenge gemalt war. Die gemalten Gestalten hatten bewegliche Arme und Hüte, die von elektrischen Ventilatoren in Bewegung gesetzt wurden, die hinter einer erhöhten Parkettreihe versteckt waren. Vor diesen Gestalten waren Statisten aufgestellt, sehr kleine Leute standen vor größeren, um eine perspektivische Wirkung zu erzielen. In *The Wontdetainia*, das am 11. April 1910 am Paragon in der Mile End Road erstmalig aufgeführt wurde, waren die Effekte noch raffinierter. Es war eine Satire auf die allgemein herrschende Begeisterung für die großen neuen Luxusdampfer, wie die frisch vom Stapel gelaufene *Lusitania* und *Mauretania*, und darin kam ein richtiggehender Dampfer zum Einsatz, der so riesig war, daß er Stück für Stück in der Kulisse zusammengesetzt werden mußte, wenn er sich über die Bühne bewegen sollte. Für *Mumming Birds*, das einmal für Charlie Chaplins Schicksal und Zukunft eine so große Rolle spielen sollte, wurde auf der Bühne ein kleines Theater errichtet, komplett mit Logen, Proszenium und Zwischenaktvorhängen. *Mumming Birds* entwickelte sich aus einem schnell ausgeheckten Programm, das für eine Wohltätigkeitsveranstaltung produziert worden war. Es hieß *Entertaining the Shah* und wurde 1904 am London Pavilion aufgeführt. Dann wurde es ausgebaut und weiterentwickelt und schließlich am Star in Bermondsey als *Twice Nightly, or a Stage upon a Stage* uraufgeführt. Während seiner zweiten Spielwoche in Canterbury wurde es schließlich in *Mumming Birds* umbenannt.

Karnos Reklamemethoden waren so bunt, unkonventionell und kühn wie seine Sketche. Er ließ seine Ensembles in einer bizarren Kollektion von Gefährten herumfahren, auf denen in Riesenlettern ›Karno's Speechless Comedians‹ aufgemalt war. Sein eigener Wagen war ähnlich beschriftet, in großen Buchstaben und schreienden Farben – was seinen Sohn beim Elterntag in seinem schicken Internat ernstlich in Verlegenheit brachte. Nach dem Tod des Herzogs von Cambridge kaufte Karno dessen Staatskarossen; einige offizielle Stellen reagierten peinlich berührt, als Karnos Komiker darin in London herumkutschierten – mit dem königlichen Wappen geziert. Auch Kapellen, Ballons, Reklamezettel mit Lobpreisungen, die man dem Publikum abgenötigt hatte, setzte er zu Werbezwecken ein, oder er dachte sich Gags aus, wie etwa inszenierte Polizeijagden durch die Städte, in denen die Truppen auftraten.

Einer von Karnos ersten Stars war Fred Kitchen, der 1896 in der Pantomime *Aladdin* am Drury Lane Theatre, mit Dan Leno und Herbert Campbell in den Hauptrollen, den Harlekin gespielt hatte. Er war bekannt für seinen Ausspruch »Meredith – wir sind drin!« aus Karnos *The Bailiffs*. Billie Reeves, der die Rolle des Trunkenbolds in *Mumming Birds* schuf, mit der Chaplin später zu Ruhm gelangen sollte, war der Bruder von Alfred Reeves, der jahrelang Karno-Truppen geleitet hatte, bevor er Produktionsleiter der Chaplin-Filmstudios wurde. Reeves war 1900 zu Karno gestoßen, und nach 1905 verbrachte er dann einen Großteil seiner Zeit in den Vereinigten Staaten. Als Sydney Chaplin im Jahre 1906 zu Karno kam, hatte dieser bereits ständig zehn Truppen auf Tournee. Sie wurden von Karnos ›Fun Factory‹ aus geleitet und betreut, die ihren Sitz in den drei Häusern Vaughan Road 26, 28a und 28, Ecke Coldharbour Lane in Camberwell hatte. 1906 machte Karno folgende Ankündigung:

> Großartiger NEUER TRAKT jüngst zu obengenanntem dazugekommen, enthält eine Werkstatt, einen Probenraum und einen Lagerraum... Die neue Werkstatt ist mit zwei Rahmen ausgestattet, die mit jeglicher Leinwand bespannt werden können. Der neue Probenraum, vorzüglich beleuchtet, belüftet und beheizt, ist 22 Meter lang, gut 6 Meter breit, und dank der außergewöhnlichen Höhe (8 Meter siebzig) kann er als Übungsraum für jegliche Turn- oder Trapeznummer benutzt werden. Der riesige Lagerraum, gründlich belüftet und trocken, umfaßt eine Fläche von 264 Quadratmetern und hat ein Fassungsvermögen von 924 Kubikmetern.

Sydneys erster Vertrag mit Karno wurde am 9. Juli 1906 abgeschlossen. Er wurde für 3 £ die Woche als ›Pantomime‹ engagiert, mit der Zusatzklausel, daß ihm 6 £ zustünden, wenn man ihn für eine Tournee in die Vereinigten Staaten verpflichtete. Er machte eindeutig gleich von Anfang an großen Eindruck, denn schon nach weniger als drei Monaten wählte man ihn für eins der beiden Ensembles aus, die für Karnos zweite Saison nach Amerika geschickt werden sollten. Sydney spielte den Trunkenbold in *Mumming Birds* in einem von Arthur Forest geleiteten Ensemble; Billie war der Star der andern Truppe, die unter der Leitung von Alf Reeves *Early Birds* spielte. Sydney war rechtzeitig zu Weihnachten wieder zurück, um in Manchester in *The Football Match* aufzutreten. Die Hauptrolle, Stiffy der Torwart, wurde von Harry Weldon gespielt, einem langsam sprechenden Komiker aus Lancashire. Am 17. Juli 1907, als Charlies Tournee mit *Casey's Court Circus* zu Ende ging, trat Sydney in dem brandneuen Sketch *London Suburbia* in Canterbury auf.

Sydney versuchte mit aller Kraft, Karno dazu zu überreden, Charlie, der jetzt arbeitslos war, aufzunehmen. Aber Karno zeigte keinerlei Interesse. Im Februar 1908 gab er aber immerhin soweit nach, daß er Charlie einen zweiwöchigen Probeauftritt zugestehen wollte, mit der Aussicht auf einen Vertrag, falls er sich als brauchbar erweisen sollte. Er fand jedoch, Charlie sei ein »blasser, mickriger, mißmutig aussehender junger Bursche. Ich muß sagen, als ich ihn das erste Mal sah, fand ich, daß er viel zu schüchtern wirkte, um auf der Bühne irgendwas Vernünftiges zustande bringen zu können, vor allem in den Klamaukstücken, die meine Spezialität waren.« Der Probeauftritt fand im riesigen London Coliseum statt, das einige Tage zuvor neu eröffnet hatte. Charlie sollte die Rolle des Komiker-Bösewichts spielen, der versuchte, Stiffy zu bestechen, das Spiel zu schmeißen. Eigentlich war diese Figur nur dazu bestimmt, den Auftritt von Harry Weldon als Stiffy vorzubereiten. Aber Chaplin, geschult in *Casey's Court Circus*, hatte ein paar Lacher ausgearbeitet. Er betrat die Bühne mit dem Rücken zum Publikum, er trug einen Zylinder und einen schwarzen Umhang und hantierte elegant mit einem Spazierstock. Der erste Lacher kam, als er sich plötzlich zum Publikum umdrehte, so daß jedermann sah, daß die schicke Gestalt eine frappierend knallrote Nase hatte. Er machte einen komischen Stolperschritt, verhedderte sich in seinem Spazierstock und stieß mit einem Punchingball zusammen (die Szene spielte in den Trainingsräumen der Mannschaft). Weldon war überrascht und irritiert, vor allem als Chaplin die Lacher, die der Star sich mit improvisierten Texteinlagen verdiente, mit seinen eigenen schlagfertigen Erwiderungen übertrumpfte. Chaplin hatte sich seinen Vertrag eindeutig verdient: er wurde am 21. Februar 1908 unterschrieben, achtzehn Tage nach seinem ersten Auftritt bei Karno. Die Vereinbarung sah für das erste Jahr eine wöchentliche Gage von 3 £ 10 s vor, für das zweite Jahr eine Gage von 4 £ und eine Option für ein drittes Jahr. Zum ersten Mal in ihrem Leben hatten die Chaplin-Brüder Sicherheit. Zusammen bekamen sie jetzt 7 £ 10 s pro Woche, da sich Sydneys Gage auf 4 £ erhöht hatte. Nachdem Sydney von einer Tournee durch die Provinz nach London zurückgekehrt war, mieteten sie eine Wohnung in der Brixton Road, in Glenshaw Mansions 15, und richteten sie mit Möbeln aus einem Trödelladen ein, gemütlich und mit einem Hauch von pompösem Luxus, der durch eine Spanische Wand und bunte Lampen zustande kam.

Chaplin hatte das Gefühl, daß der acht Jahre ältere Weldon eifersüchtig war auf seinen Erfolg beim Publikum und auf das Ansehen, das er bei Karno genoß. Der deutlich mißgünstige Ton eines Artikels, den Weldon einige Jahre später für *Pearson's Weekly*, eine von Frank Harris herausgegebene Zeitschrift, schrieb, scheint das zu bestätigen:

> Charlie hatte ohne Zweifel ein Gespür für Pantomime, aber in einer Sprechrolle war er ziemlich fehl am Platze. Fred Karno, der immer ein Auge für neue Talente hatte, war überaus beeindruckt von ihm, und ich erinnere mich, daß Fred allen Managern zu erzählen beliebte, was für eine große Entdeckung er gemacht habe.
>
> Mir ist noch in Erinnerung, wie ich einmal, als wir im Olympic in Liverpool auftraten, in der ersten Vorstellung den Stiffy spielte und Chaplin die Rolle, auf Karnos Anweisung hin, in der zweiten Vorstellung übernahm.
>
> Mir wurde das einzigartige Erlebnis zuteil, in einer Loge sitzend meine zweite Besetzung auf der Bühne zu sehen. Ich muß sagen, weder ich noch das Publikum waren besonders beeindruckt von Chaplins Darbietung. Er gab sein Bestes, aber mit seiner zierlichen Erscheinung vermochte er die Rolle nicht auszufüllen, und das Publikum nahm seinen Stiffy so kühl auf, daß er sich nie wieder im Tor blicken ließ – jedenfalls nicht, solange ich bei der Truppe weilte.
>
> Wenngleich Karno eine hohe Meinung von Chaplin hatte, schenkte ihm doch sonst niemand aus der Truppe sonderlich viel Beachtung, er war eben einfach einer der Jungs.

Andere Kollegen gaben auch ihren Eindruck von dem neunzehnjährigen Chaplin wieder. Karno selbst sagte: »Er konnte wochenlang kein einziges Wort mit irgend jemandem aus der Truppe wechseln. Gelegentlich war er ganz gesprächig, aber im allgemeinen war er mürrisch und ungesellig. Er lebte wie ein Mönch, hatte einen heftigen Widerwillen gegen das Trinken und brachte den größten Teil seiner Gage gleich nach der Auszahlung auf die Bank.« Ein junger Karnoist aus Lancashire namens Stanley Jefferson, der später seinen Namen in Stan Laurel umänderte, erinnerte sich dagegen:

> Ich weiß, daß er auf einige aus der Truppe hochnäsig und eingebildet wirkte. Das war er aber nicht, ganz und gar nicht. Und das ist etwas, was sehr viele Leute all die Jahre nicht gewußt haben oder einfach nicht glauben wollten. Charlie ist ein sehr, sehr scheuer Mensch. Man könnte sogar sagen, er ist ein hoffnungslos scheuer Mensch. Er fand nie Anschluß, wenn die Leute nicht auf ihn zugingen und ihm ihre Freundschaft anboten, es sei denn, er befand sich unter Leuten, die ihn nicht kannten. Dann war er nicht so scheu.«

Fred Goodwins, der ihn aus den Vaudeville-Zeiten kannte und 1915 in ein paar Filmen mit ihm zusammenarbeitete, sagte, daß Chaplin auf ihn immer wie ein Träumer wirkte:

– ein Bastler von Luftschlössern – und ich habe ihm immer interessiert zugesehen und beobachtet, wie er in den unterschiedlichen Lagen spielte, in die sein Leben ihn brachte. Ich glaube, er war ehrgeizig, auf seine eigene, ganz besondere Art. Er hat mir inzwischen erzählt, daß er sich früher immer Gedanken darüber gemacht hat, wie man sich wohl fühlen mag, wenn man ganz oben ist; gleichzeitig hat er sich aber selbst verspottet ob seiner Annahme, Ruhm und Reichtum könnten seinen Weg kreuzen.

Er schien irgendwie zu der Erkenntnis gelangt zu sein, daß ein großes Bankkonto eine unschätzbare Hilfe im Lebenskampf darstellt, und so führte er ein geregeltes Leben und sparte ein gut Teil seiner Gage. Er war nie geizig und knauserig – nur sparsam. Er trank auch nie aus Gewohnheit. Wenn man den primitiven Klatsch einmal außer acht läßt, galt er wahrhaft allenthalben als der denkbar enthaltsamste Mensch. Mir ist nicht erinnerlich, daß er in der langen Zeit, die ich ihn kenne, je irgendeinem wie auch immer gearteten Laster frönte. Er raucht und trinkt selten, und seltsamerweise scheint sich nicht einmal das Laster des Dünkels seiner zu bemächtigen. Gewiß, er liebt seinen Erfolg und kämpft hart, um ihn sich zu erhalten, aber nur weil er der Meinung ist, daß er ihm zusteht. Er verabscheut großtuerisches Gehabe und möchte nicht um des Feierns willen gefeiert werden.

Und doch habe ich kaum je einen Menschen kennengelernt, der so unbeschwert ist wie Charlie.

Er ist sehr nervös und neigt zu übertriebenen Begeisterungsausbrüchen, wenn mit ihm und seiner Arbeit alles zum besten steht; und doch kann ein kleiner Zwischenfall, ein winziges Mißgeschick, das einem Schauspielerkollegen unterlaufen mag, bewirken, daß er vollkommen zusammenbricht und an eine Fortsetzung der Arbeit für den Rest des Tages nicht zu denken ist. Mitgefühl, Unbeschwertheit und gesunder Menschenverstand sind vielleicht seine hervorstechendsten Charaktereigenschaften ...

Charlie hat nichts Hochnäsiges an sich. Weil er oft geistesabwesend ist und die merkwürdige Angewohnheit hat, an seinem Gesprächspartner vorbeizusehen, sind viele flüchtige Bekannte zu der Ansicht gelangt, sein Erfolg sei ihm zu Kopf gestiegen.

Das ist ein gewaltiger Irrtum. Charlie ist seinem Wesen nach »einer von den Jungs«, ein Demokrat, mit einem unerschütterlichen Glauben an geborene Kameradschaft und Brüderlichkeit.[4]

Nach seiner eigenen Darstellung in *My Autobiography* bekommt man den Eindruck, daß Charlie zu dieser Zeit ein einsamer, verschlossener Jüngling war, aber den Aussagen einstiger Karno-Kollegen zufolge kann er nicht immer so gewesen sein. »Ich habe oft daran gedacht«, schrieb ihm Bert Weston (inzwischen Solo-Künstler: »The Mat Man«) im Jahr 1918, »wie Du damals zum ersten Mal mit dem *Football Match* nach Newcastle-on-Tyne gekommen bist und wir alle Mann nach Blackburn runtergefahren sind, als der junge Will Poluski einundzwanzig geworden ist und wir seinen Geburtstag gefeiert haben.« Clifford Walton, damals Offizier der Royal Air Force kurz vor der Demobilisierung, schrieb ihm im März 1919:

> Mindestens acht [Jahre] müssen verstrichen sein, seit ich Dich vor Deiner Wohnung verließ, nachdem ich Dich vom Holborn Empire nach Hause begleitet hatte. Ich weiß noch, daß mein Freund recht beschwipst war und nicht abließ, uns alle paar Minuten daran zu erinnern, daß ihn schwere Sorgen plagten. Der arme Junge ist inzwischen gestorben, nach einem kurzen, sehr beschwingten Leben. Nun, alter Knabe, zuerst einmal muß ich Dir zu Deinem Riesenerfolg gratulieren ... Du hast mich immer schon erheitert, vor allem in den verschiedenen Buden, die wir einstmals teilten. Ich lasse diese Zeiten oft in Gedanken Revue passieren. Eigentlich ging's uns doch damals rechtschaffen gut. Erinnerst Du Dich noch an die Woche in Belfast und an die Kleine, auf die Du so versessen warst? Und an die Geschichte mit Will Poluski und Deiner Boxkamera? ... Meine Einstellung zum Leben hat sich seit jenen Tagen beträchtlich geändert, obwohl ich mir meinen Stromergeist bewahrt habe. Wie hältst Du es heutzutage mit dem Pokerspiel? Sonntags haben wir ja oft ein paar ordentliche Partien gespielt – allerdings meist ziemlich verheerend für meinen Geldbeutel, erinnerst Du Dich? Ich glaube, Harry Weldon war immer vom Glück verfolgt. Lege mich jetzt gleich auf mein Feldbett schlafen, also mach's gut, Charlie. Hoffe, Dir irgendwo mal wieder über den Weg zu laufen – Viel Glück.
>
> Dein alter Kumpel
> Clifford Walton [5]

Wenn man das liest, hat man einen jungen Mann vor Augen, der alles andere als ungesellig ist, obwohl

> Leute, die in den alten Karno-Zeiten mit Chaplin zusammen waren, aus dieser Zeit alle möglichen Geschichten über seine Neigung zur Abkapselung zu erzählen wissen. Auf langen Zugfahrten, wenn die andern Jungs der Truppe ›ha'penny nap‹* spielten oder die Sonntagszeitung lasen oder über Fußball, Pferderennen oder Mädchen diskutierten, saß Charlie oft allein in einer Ecke und starrte hinaus, nicht auf die Landschaft, sondern ins Leere ... Sie dachten, er sei geistig weggetreten.[6]

Dann, im Spätsommer 1908, verliebte sich Chaplin. Bei jedem andern wäre es eine jugendliche Verliebtheit, ein vorübergehendes Herzeleid gewesen, nach

* »nap« ist die Abkürzung für »Napoleon« – Kartenspiel mit fünf Stichen. Wer alle fünf gewinnt, bekommt den ha'penny. Anm. d. Ü.

einer Woche vergangen und vergessen. Aber Chaplin war anders als die andern; vielleicht war er besonders sensibel veranlagt, oder seine entbehrungsreiche Kindheit war dafür verantwortlich, daß diese Begegnung einen tiefen, unauslöschlichen Eindruck bei ihm hinterließ. Das Objekt seiner Gefühle war ein Mädchen namens Henrietta Florence Kelly. Sie war im Oktober 1893 als Tochter eines Polsterers in Bristol geboren.[7] Was aus ihrem Vater, William Henry Kelly, wurde, ist nicht bekannt, aber ihre Mutter, Eliza Kelly, hatte sich mit ihrem Sohn und drei wunderschönen Töchtern, für die sie eine Bühnenkarriere vorsah, nach London aufgemacht. Hetty war Tänzerin bei Bert Coutts' Yankee Doodle Girls, als Chaplin sie kennenlernte. Sie trat am Streatham Empire im selben Programm auf wie die Karno-Truppe. Er erblickte sie von der Kulisse aus – eine schlanke Gazelle mit »einem hübsch geschnittenen, ovalen Gesicht, betörend vollen Lippen und herrlichen Zähnen«. Als sie von der Bühne kam, bat sie ihn, ihr einen Spiegel zu halten. Am nächsten Abend, einem Mittwoch, fragte er sie, ob sie sich am Sonntag nachmittag mit ihm treffen wolle. Er führte sie ins Trocadero aus (er hatte 3 £ von der Bank abgehoben), aber der Abend war ein Reinfall, da Hetty bereits gegessen und Charlie keinen Appetit hatte. Auf dem Nachhauseweg nach Camberwell empfand er ein neuartiges Glücksgefühl – »Ich wandelte wie im Paradies, innerlich bebend vor Glück«.

Am Montagmorgen war er rechtzeitig auf den Beinen, um sie um sieben Uhr abzuholen und die Camberwell Road und die Walworth Road entlang zur Untergrundbahn begleiten zu können. Sie hatte in jener Woche Proben in der Shaftesbury Avenue. Auch am Dienstag und am Mittwoch holte er sie ab und begleitete sie, aber als er sie am Donnerstag wiedersah, war Hetty kühl und nervös und wollte seine Hand nicht halten. Sie erklärte, sie sei zu jung und er würde zuviel von ihr verlangen. Er war neunzehn, sie fünfzehn. Das Gerede von Liebe verwirrte und beunruhigte sie.

Chaplin konnte der Versuchung nicht widerstehen, am nächsten Morgen erneut zur Camberwell Road zu gehen, aber statt Hetty erwartete ihn dort ihre Mutter, die ihm sagte, daß Hetty weinend nach Hause gekommen sei. Er bat, sie sehen zu dürfen, aber Eliza Kelly wollte es zunächst nicht zulassen. Als sie endlich nachgab und er mit ihr ins Haus ging, sah er sich einer abweisenden, unfreundlichen Hetty gegenüber. Er erinnert sich mehr als sechzig Jahre später, daß sie sich das Gesicht gerade mit ›Sunlight‹-Seife gewaschen hatte und herrlich frisch duftete.

Chaplin begriff nicht, was geschehen war, und wir werden es nie erfahren.

Eine Erklärung wäre vielleicht, daß Eliza Kelly nicht wollte, daß ihre schöne Tochter sich für einen kleinen Vaudeville-Komiker ohne Zukunft hergab. Sie sorgte jedenfalls dafür, daß ihre drei Töchter innerhalb weniger Jahre Ehemänner mit Vermögen und Stellung bekamen. Von der ersten Begegnung bis zum Abschied hatte das ›Verhältnis‹ elf Tage gedauert, und abgesehen von dem Sonntagstreffen waren sie nie länger als zwanzig Minuten am Stück zusammengewesen. Für Chaplin war es ein unvergeßliches Erlebnis, und in seinem Leben wie in seinem Werk scheint er über Jahre hinweg versucht zu haben, diese Ekstase wieder zu beschwören, in die Hetty Kelly ihn versetzt hatte. Dreizehn Jahre später, 1921, schrieb er:

> Kennington Gate. Da hängen Erinnerungen dran. Traurige, süße, schnell wiederauflebende Erinnerungen.
>
> Hier hatte ich mein erstes Rendezvous mit Hetty (Sonnys Schwester). Wie ich mich herausgeputzt hatte, mit meinem kleinen enganliegenden Gehrock, mit Hut und Spazierstock! Ich war ein richtiger Dandy, wie ich da bis vier Uhr jede Straßenbahn beobachtete und darauf wartete, daß Hetty ausstieg, lächelnd, wenn sie mich warten sähe.
>
> Ich steige aus und bleibe ein Weilchen bei Kennington Gate stehen. Mein Taxifahrer denkt, ich spinne. Aber Taxifahrer sind jetzt ganz unwichtig. Ich erinnere mich an einen Jüngling, piekfein; mit flatterndem Herzen wartet er auf den Augenblick des Tages, da er und das Glück die Straße hinabwandeln werden. Die Straße ist plötzlich ganz verführerisch. Sie lädt mich wieder zu einem Spaziergang ein, und als ich eine Straßenbahn herankommen höre, drehe ich mich begierig um und erwarte in dem Moment fast, daß meine hübsche Hetty lächelnd aussteigen wird.
>
> Die Straßenbahn hält an. Ein paar Männer steigen aus. Eine alte Frau. Ein paar Kinder. Aber keine Hetty.
>
> Hetty gibt es nicht mehr. Und auch den Jüngling mit Gehrock und Spazierstock nicht.[8]

Zehn Jahre später schildert er das Erlebnis ein weiteres Mal, mit größerer Ausführlichkeit, und fügt hinzu: »Was geschah, war unvermeidlich. Schließlich war die Episode für sie nur eine kindliche Verliebtheit, aber für mich war es der Beginn eines seelischen Reifungsprozesses, ein Greifen nach Schönheit.«[9]

Das Leben eines herumreisenden Vaudeville-Künstlers ließ wenig Zeit für trübe Gedanken. Im Herbst 1909 wurde Chaplin mit einer Karno-Truppe nach Paris geschickt, wo sie in den Folies Bergères spielten. Karnos Pantomimensketche ließen sich vorzüglich exportieren, da es keine Probleme mit der Sprache gab. Außerhalb des Theaters hatten die Künstler allerdings mit einigen Verständigungsschwierigkeiten zu kämpfen, aber Chaplin ließ sich dadurch nicht verwirren, und alles, was er in Paris sah, beeindruckte und erregte ihn. Nach seiner eigenen Schilderung hat er sich auf knabenhafte Art an den traditionellen fleischlichen Genüssen der Stadt verlustiert. Im Theater spielte er anscheinend die Rolle, mit der er seinen Ruhm in Amerika begründen sollte: den Trunkenbold Swell in *Mumming Birds*, der zuvor von Billy Ritchie, Billie Reeves und Sydney Chaplin gespielt worden war.

Der Schauplatz von *Mumming Birds* ist die Bühne einer kleinen Music Hall, mit zwei Zuschauerlogen an jeder Seite. Der Sketch beginnt mit *Fortissimo*-Musik, während ein Mädchen einen älteren Herrn und dessen Neffen – einen unartigen Knaben, bewaffnet mit Pusterohr, Blechtrompete und Picknick-Korb – in die untere linke Loge führt. Der Trunkenbold Swell wird in der rechten Seitenloge untergebracht und legt umgehend mit seinen durch und durch chaplinesken Faxen los. Er zieht sich umständlich den Handschuh von der rechten Hand, gibt dem wartenden Theaterdiener ein Trinkgeld, und weil ihm entfallen ist, daß er seinen Handschuh bereits ausgezogen hat, versucht er geistesabwesend, ihn noch einmal abzuziehen. Er bemüht sich, seine Zigarre an dem Scheinwerfer neben der Loge anzuzünden. Der Junge hält ihm ein Streichholz hin, Swell beugt sich anmutig zu ihm vor und fällt aus der Loge.

Die Show innerhalb der Show bestand aus einer Reihe von miserablen Nummern. (Chaplin erzählte einmal einem Reporter, daß das Publikum in einigen hinterwäldlerischen Städten, in denen sie spielten – er nannte Lincoln als Beispiel – tatsächlich glaubte, daß die Nummern ernst gemeint wären, und mit kritischen Mißfallensäußerungen statt mit Gelächter reagierte.) Die Nummern änderten sich über die Jahre, nur einige blieben unverändert: Balladensänger, ein Männerquartett und die Saucy Soubrette, die Swell mit ihrer Darbietung von »You Naughty, Naughty Man!« begeisterte. Den Abschluß bildete immer »Marconi Ali, der Fürchterliche Türke – der Größte Ringkämpfer, den das englische Publikum je sah«. Der Fürchterliche Türke war ein armer, mit einem gewaltigen Schnurrbart befrachteter, unscheinbarer kleiner Mann, der sich so gierig auf ein Brötchen stürzt, das ihm der Knabe hingeworfen hat, daß der Theaterdirektor rufen muß: »Aus, Ali! Aus!« Das Angebot des Türken, für ein Preisgeld von 100 £ mit jedem Herausforderer zu kämpfen, lieferte den Vorwand für ein allgemeines Handgemenge, mit dem die Nummer ihren abschließenden Höhepunkt fand.

Ganz eindeutig hat Chaplin einige Handlungs- und Charakterelemente später in seinen Filmen aufgegriffen; wenn geschildert wird, wie sein Blick in stummem Abscheu erstarrte oder wie er abwinkend mit der Hand wedelte, um Langeweile anzudeuten, kann man schon Züge der Filmfigur erkennen. Chaplin spielte auch noch andere Hauptrollen in Karnos Truppen. Trotz Weldons Geringschätzung übernahm er schließlich mit Erfolg die Rolle des Stiffy, obwohl ihm damit ein weiteres Mißgeschick widerfuhr. Er war aufgeregt, als Karno verkündete, daß er die Rolle am Oxford spielen sollte, einer bedeutenden Londoner Music Hall – vielleicht zu aufgeregt, da er, als der Abend näherrückte, seine Stimme verlor. Da *The Football Match* einer der Dialog-Sketche war, die jetzt neben den stummen Stücken verstärkt in Karnos Repertoire aufgenommen wurden, mußte Chaplin zu seiner bitteren Enttäuschung durch eine Zweitbesetzung ersetzt werden. Im Frühjahr 1909 spielte er den Stiffy bereits in der Provinz, und am letzten Tag des gleichen Jahres spielte er die Rolle dann endlich am Oxford.

Sydney war inzwischen als Stofflieferant für Karno tätig, spielte aber auch noch als Hauptdarsteller in den Sketchen mit. Er war zusammen mit Karno und einem bekannten Pantomimenautor, J. Hickory Wood*, Co-Autor von *Skating*, das 1909 als »Eine Neue, Niedagewesene Pantomimische Absurdität über den Letzten Schrei« gestartet wurde. Sydney schuf die Figur des Archibald Binks. Ein typischer Wortwechsel zwischen Archibald und seinem Freund Bertie im Olympia Rink hört sich folgendermaßen an:

»Da standen wir, unser Rückzug abgeschnitten.«

»Unser was abgeschnitten?«

»Unser Rückzug abgeschnitten.«

»Ach, hör doch auf.«

»Da blieben wir. Drei Tage ohne Essen und Wasser, stell dir vor, nicht mal einen Tropfen Wasser. Was haben wir gemacht?«

»Wir haben ihn pur getrunken ...«

»Wie kommen deine Brüder so zurecht?«

»Du erinnerst dich an meine Brüder?«

»Das möcht ich wohl meinen. Zwei haben o-Beine und der dritte hat x-Beine.«

»Weißt du noch, wie die durch die Gegend liefen? Die zwei mit den o-Beinen gingen außen und der mit den x-Beinen ging in der Mitte.«

* Wood hatte 1905 die Biographie über Dan Leno, den großen Komiker der Music-Hall und der Pantomime, geschrieben.

»Ja, und wenn sie die Straße entlanggegangen sind, haben sie ›OXO‹ buchstabiert.«

»Und wie ist es dir so ergangen?«

»Ach, mal so, mal so.«

»Arbeitest du zur Zeit?«

»Hin und wieder.«

»Wo arbeitest du denn?«

»Ach, hier und dort.«

»Gefällt's dir?«

»Naja, ja und nein.«

»Was arbeitest du denn?«

»Ach, dies und das.«

»Du hast wohl immer Arbeit?«

»Naja, mal mehr, mal weniger.«

»Arbeitest du hart?«

»Ab und zu.«

»Wieviel verdienst du denn?«

»Soviel und nochmal halb soviel.«

»Für wen arbeitest du?«

»Für Mr. So-und-so.«

»Und – suchst du Arbeit?«

»Lieber nicht, ich könnte ja welche finden.«[10]

Jahre später verewigte Chaplin diese Art von Nonsens in der Wortgefecht-Szene in *Limelight*. Während Sydney mit der *Skating*-Truppe No. 1 auf Tournee ging, mit Jimmy Russell in der Rolle der ›Zena Flapper‹, einer koketten Rollschuhfahrerin, ging Charlie mit einer zweiten Truppe auf Tournee, die den gleichen Sketch spielte, mit Johnny Doyle in der Frauenrolle.

Im April 1910 bot Karno Chaplin die Hauptrolle in einem brandneuen Stück an: *Jimmy the Fearless, or The Boy 'Ero*. Es war auf vier Szenen ausgelegt, mit spektakulären Szenenwechseln. Der Sketch beginnt in einem Arbeiterwohnzimmer, wo Mutter und Vater aufbleiben, um auf Jimmy zu warten, der spät nach Hause kommt und dreist erklärt, er sei mit einem »Weibsstück« ausgegangen. Mutter hält ihm eine Standpauke und läßt ihn bei Kerzenlicht alleine seine Abendmahlzeit einnehmen. Beim Essen zieht er einen Groschenroman aus der Tasche und vertieft sich darin. Nach dem Essen rückt er den Stuhl an den Kamin und liest weiter, bis er einnickt.

In seinen Träumen wandelt er durch die Rocky Mountains, gerät in Dead

Hannah Chaplin,
Mutter von Charlie Chaplin und Sydney, 1885

Charles Chaplin,
Vater von Charlie Chaplin, um 1883

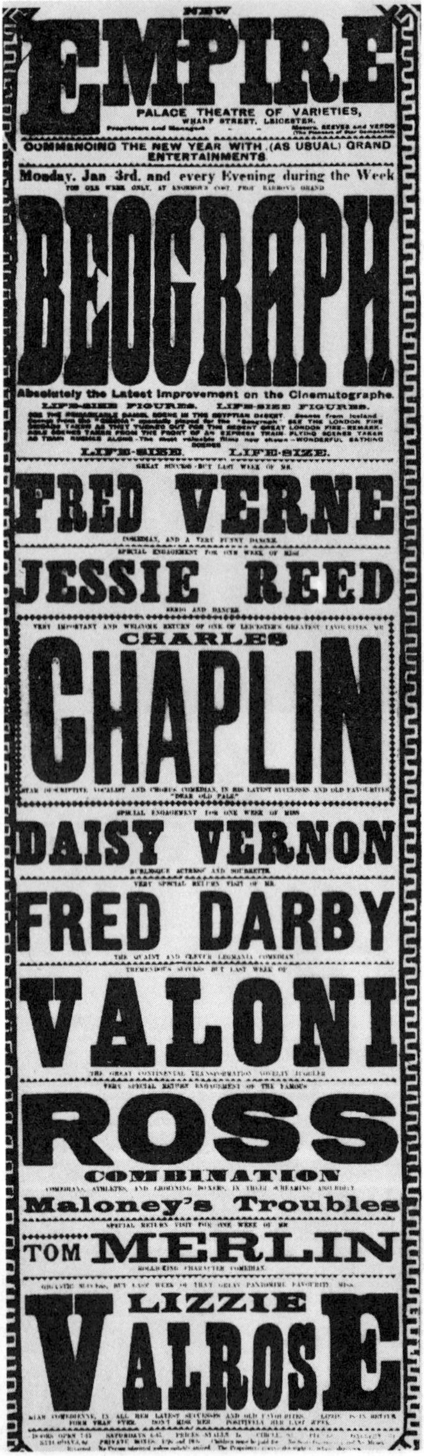

Plakat des New Empire Palace Theatre of Varieties, Leiçester, das einen Auftritt von Charles Chaplin senior anzeigt, 1898

Sydney Chaplin mit 18 Jahren, 1903

Charlie Chaplins Geburtshaus, Pownall Terrace Nr. 3, Kennington Road

Waisen- und Armenhaus Hanwell Schools

Chaplin mit vierzehn Jahren
als Sammy der Zeitungsjunge
in *Jim, A Romance of Cockayne*

Im gleichen Jahr als Billy der Laufbursche
in *Sherlock Holmes*

Vorhergehende Seite
Chaplin (zweite Reihe, sechster von links) mit siebeneinhalb Jahren in den Hanwell Schools

Der echte Dr. Walford Bodie

Chaplin als Dr. Walford Bodie, 1906

Die Truppe Casey's Court Circus, 1906. Charlie Chaplin (mittlere Reihe, dritter von rechts), Will Murray (links von Chaplin)

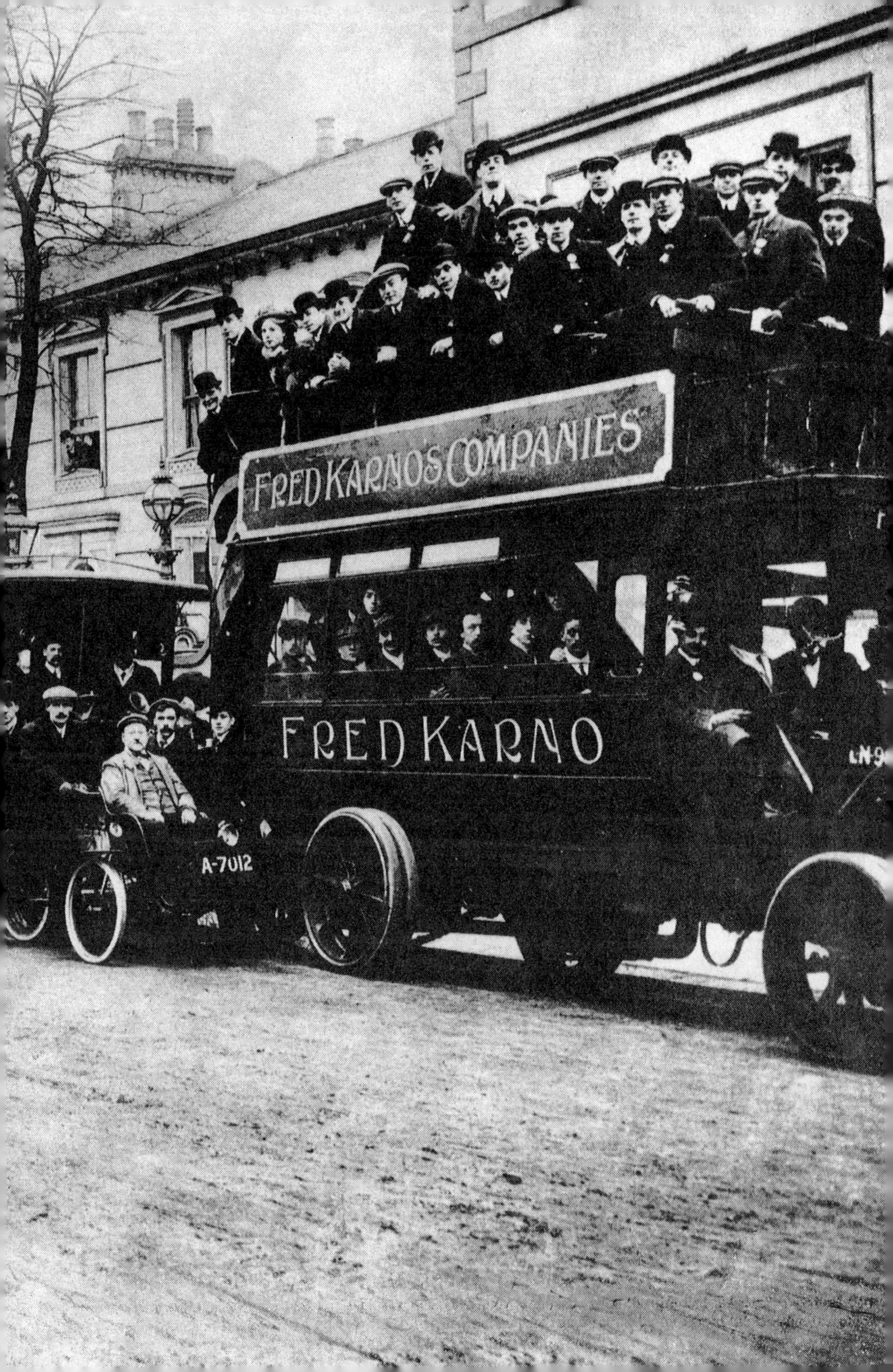

FRED KARNO'S COMPANIES
FRED KARNO
A-7012

Vorhergehende Seite
Die Fred-Karno-Truppe
geht auf Tournee

Fred Karno
in seinem Büro

Arbeiter nach einer Vorstellung
in der *Karno Fun Factory*, 1905

Plakat zu Karnos Amerika-Tournee

Chaplin mimt bei der Ankunft in Amerika einen seekranken Passagier

Plakat des Empress Theatre in San Francisco, 1911. Zum ersten Mal wird mit Charles Chaplins Name geworben

Chaplin mit Alf Reeves in Kalifornien

Das erste
von ihm signierte Foto

naplin mit der Karno-Truppe in Liverpool
weiter von links, sitzend),
ks hinter ihm der zukünftige Stan Laurel

Das erste Tramp-Kostüm

Man's Gulch mit Desperados aneinander, bezwingt sie nach einem wilden Handgemenge und rettet die Heldin. Gleich darauf sieht man ihn samt der Heldin und dem neugewonnenen Reichtum in einem palastartigen Domizil; er will gerade seine armen Eltern vor der Zwangsräumung retten, als er... in der Küche aufwacht, vor ihm sein Vater, der drauf und dran ist, ihn mit seinem Gürtel zu versohlen. Ein Kritiker mutmaßte: »Wahrscheinlich haben die Autoren sich von Dickens inspirieren lassen. In *A Christmas Carol* erzeugte ein Übermaß an Alkohol den gräßlichen Alptraum, der aus Scrooge einen Antialkoholiker (*sic*) machte, aber Jimmy wurde ein zu üppiges Abendessen, kombiniert mit einer Groschenroman-Orgie, zum Verhängnis.«[11]

Aus irgendeinem Grund lehnte Chaplin die Rolle ab, und Karno gab sie daraufhin einem neuen Jungen, Stanley Jefferson:

> Ich fand den Sketch großartig und ergriff daher begierig die Chance, den Jimmy zu spielen... Charlie saß bei der Premiere vorne im Publikum, und gleich nach der Aufführung sagte er zu Karno, daß er einen Fehler gemacht habe. Er wollte Jimmy doch spielen. Und er spielte ihn. Nein, ich habe es ihm nicht übelgenommen. Für mich war und ist Charlie der größte Komiker der Welt, und er wird es auch immer bleiben. Meiner Meinung nach hätte er die Rolle gleich von Anfang an spielen sollen. Aber später habe ich ihn immer aufgezogen – immer ganz stolz –, daß ein einziges Mal in meinem Leben Charlie Chaplin mein Ersatzmann war. Charlie liebte die Rolle des Jimmy, und ich glaube, er behielt diese Rolle und diese Produktion sein Leben lang in Erinnerung. *Jimmy the Fearless* schimmert an allen Ecken und Enden in seinen Filmen durch – Traumsequenzen, zum Beispiel. Er hatte eine Schwäche dafür, vor allem in seinen frühen Filmen. Und wenn ich's mir so recht überlege, will mir scheinen, daß der arme, tapfere, verträumte Jimmy eines Tages zu Charlie dem Tramp herangewachsen ist.[12].

Jimmy the Fearless, or the Boy 'Ero war auf Anhieb ein Erfolg für Karno (»noch ein Renner – auf einem Gebiet, in dem er ebenso erfolgreich ist wie Frohman«) und für Chaplin. Zu Beginn der Tournee wurde er im Programm zwar nicht namentlich erwähnt, aber den Kritikern fiel er auf: »Ein Wort des Lobes gebührt dem sehr fähigen Komiker, der den Träumer spielte, dessen Bescheidenheit aber verhindert, daß sein Name auf dem Programm erscheint.« »Das Stück wird von einem starken Ensemble famos gespielt, darunter ein Komiker ganz neuer Art in der Rolle des ›'Ero‹.« Als sie dann nach Swansea kamen, wurde in den Lokalzeitungen schon ein Foto von ihm veröffentlicht, zusammen mit einer Kurzbiographie:

> Charles Chaplin, der diese Woche im Swansea Empire in dem Stück *Jimmy the Fearless* die Titelrolle spielt, ist erst 21 Jahre alt und kommt aus einer alten Künstlerfamilie, sein Vater ist der verstorbene Charles Chaplin, vor einigen Jahren ein bekannter Komiker, und seine eigene Karriere begann er im zarten Alter von neun Jahren bei den ›Eight Lancashire Lads‹. Er ist der jüngste Hauptkomiker in Karnos Ensembles und hat den ›Perkins‹ in *The G. P. O.* und *The Bailiffs* gespielt; den ›Stiffy‹ in *The Football Match*; ›Archibald‹ in *Skating* und den Trunkenbold Swell in *Mumming Birds*.[13]

Die *Yorkshire Evening Post* vom 23. Juli 1910 widmete ihm einen ganzen Absatz:

> EIN AUFSTREBENDER SCHAUSPIELER
>
> Es ist keine leichte Aufgabe für einen Grünschnabel von einundzwanzig Jahren, die durch Fred Kitchen berühmt gewordenen Rollen zu spielen, doch Mr. Chas. Chaplin, der diese Woche am Leeds Empire in Fred Karnos neustem Sketch *Jimmy the Fearless* soviel Gelächter erzeugt hat, hat eben dies getan, und er verdient größte Anerkennung. Mr. Chaplin ist erst seit drei Jahren bei Mr. Karno, und doch hat er schon alle wesentlichen Rollen gespielt, und er hat voll und ganz erfaßt, was es bedeutet, in die Fußstapfen eines so vollendeten Künstlers wie Fred Kitchen zu treten. Er ist ehrgeizig und gewissenhaft und wird es bestimmt zu etwas bringen ... So jung er auch ist, so hat er doch schon Beträchtliches auf der Bühne geleistet, und allein sein Auftritt in *Jimmy the Fearless* ruft beim Publikum schallendes Gelächter hervor und weist ihn als geborenen Komiker aus.

Daß Chaplin außerordentlich vielseitig und qualifiziert war, zeigt sich darin, daß er die Rolle des schusseligen ältlichen Perkins in *The G. P. O.* und *The Bailiffs* übernehmen konnte, die Karnos bislang unübertroffener Star Fred Kitchen geschaffen hatte. Chaplin hatte in den drei Jahren bei Karno eindeutig sein Talent entwickelt. Karno, der ein ungehobelter, ungebildeter und sadistischer Bursche war, hatte ein geniales Gespür für Komödie und Komiker. Er hatte einen untrüglichen Instinkt für das Komische. Er wußte um die Bedeutung von Tempo und Rhythmus (seine Sketche hatten immer eine ganz gezielte musikalische Begleitung). Er legte großen Wert auf Präzision und perfekte Ensemblearbeit. Wenn eine Truppe nicht mindestens ein halbes Jahr lang zusammengespielt hatte, war sie für ihn ungeschult, eine ›scratch company‹ – eine zusammengewürfelte Truppe. Jeder Spieler mußte in seiner Rolle perfekt sein, oder vielmehr in mehreren Rollen, denn die einzelnen Mitglieder des Ensembles mußten austauschbar sein wie Teile einer Präzisionsmaschine.

Karno wußte, wie er das Beste aus seinen Künstlern herausholen konnte, wenn auch seine Methoden dabei manchmal nicht eben charmant waren: Eine unterdurchschnittliche Leistung wurde zum Beispiel mit erniedrigenden Beleidigungen kritisiert oder nur mit einem lauten verächtlichen Schnauben aus der Kulisse. Sogar im Umgang mit seinen Stars verhielt er sich mitunter äußerst unfein. Als Chaplin ihn einmal aufsuchte, um einen neuen Vertrag auszuhandeln, hatte Karno jemanden ans andere Ende der Telefonleitung gesetzt, der sich als Manager eines Theaters ausgeben und seine Auffassung bestätigen sollte, daß Chaplin beim Publikum nicht gut ankäme und daher nicht mehr Geld wert sei.

Ein anderes Merkmal des Karno-Stils sollte sich später in Chaplins Arbeit deutlich niederschlagen. »Ich weiß nicht, ob die Idee, eine Prise ›Rührseliges‹ mitten in eine komische Music-Hall-Nummer einzustreuen, ursprünglich von ihm stammte«, sagte Stan Laurel zu John McCabe,

> aber ich weiß, daß das immer dazugehörte. Ein oder zwei Beispiele sind mir noch in Erinnerung. Ich hab vergessen, in welchem Karno-Sketch es war, aber in irgendeinem wurde ein Bursche nach Strich und Faden zusammengeschlagen – verdientermaßen. Er war der Bösewicht, ein schrecklicher Mensch, und das Publikum freute sich, daß er seinen verdienten Lohn bekam. Da hat Karno dann diese Kleinigkeit eingefügt, nachdem der Mann zu Boden gegangen war. Der Held – der diesen Bösewicht wohlgemerkt zu Recht vertrimmt hatte – mußte zu dem Schurken hinübergehen und es ihm bequemer machen. Hat ihm eine Schweinsblase unter den Kopf gelegt, oder was auch immer. Das brachte einen Lacher und ging gleichzeitig ein bißchen ans Herz. Karno legte Wert auf so was. Ab und zu mußte so eine ernsthafte Nuance dazwischengeschoben werden, ich glaube, für ihn war das ›Wehmut‹. Ach, und da fällt mir noch etwas ein: Wenn man jemandem eins übergezogen hatte, mußte man ein mitleidvolles Gesicht machen, richtig mitleidsvoll. Karno sagte dann immer: »Wehmut, bitte, Wehmut.« Es war nur so ein kleiner Blick, aber irgendwie machte das die ganze Sache komischer. Das Publikum erwartete diesen ernsten Blick natürlich nicht. Karno hat's wirklich verstanden, eine Komödie auf diese Weise auf die Spitze zu treiben.[14]

Karno brachte seinen Komikern auch noch andere Prinzipien der Komödie bei: daß langsames Spiel oft wirkungsvoller sein kann als hektische Schnelligkeit, aber daß es auf jeden Fall Abwechslung im Tempo geben muß, um Eintönigkeit zu vermeiden; daß die Komik im Unerwarteten liegt, es also komischer ist, wenn der Mann die Torte nicht erwartet, die in seinem Gesicht landet. In ihrer ernsten Absurdität und mit ihren bizarren komischen Verwechslungen hatten die Karno-Sketche sicherlich oft große Ähnlichkeit mit den späteren Gags von Chaplin. In einem Sketch greift sich ein Mann einen vorbeilaufenden Hund, um damit seinen Hut abzubürsten. (Hunde waren in Karnos Sketchen genauso beliebt wie in Chaplins Filmen. Sydneys Drehbuch für *Flats* enthält die Anweisung: »Dieser Radau draußen soll durch Kreischer, Schreie und Lärm zustande kommen. Zu diesem Zweck kann ein Hund besorgt werden oder auch zwei. Ihr Herrchen braucht sie nur loszulassen, und die Schreie der Leute werden die Hunde in Trab halten.«)

Sechs Jahre hintereinander schickte Karno eine Truppe unter Leitung von Alf Reeves nach Amerika. »Das Geschick, mit dem dieser die andersgearteten Geschäftsbedingungen zu nehmen wußte, die von den in England üblichen erheblich abweichen, hat ihm den Respekt und die Freundschaft der Manager eingebracht«, vermerkt *Variety*. Im Winter 1910 kehrte er nach London zurück und machte sich daran, für die nächste Saison in Amerika eine Truppe zusammenzustellen. Amy Minister, eine charmante Soubrette aus einem Karno-Ensemble*, erzählte ihm: »Al, da ist ein cleverer Bursche in der Karno-Truppe am Holloway Empire. Er heißt Charlie Chaplin. Ein wunderbarer Knabe und ein großartiger Schauspieler.« Reeves erinnerte sich Jahre später, daß er damals in einer nebligen Nacht einen Bus nach Holloway nahm, wo Chaplin *Jimmy the Fearless* spielte.

> Als ich reinkam, deklamierte er gerade mit großem dramatischem Feuer die altbekannten Worte: »Wieder ertönte ein Schuß und wieder biß eine Rothaut ins Gras!« ...
>
> Er sah aus wie der Londoner Gassenjunge in Reinkultur, der jeden Zentimeter seiner Stadt kennt, der durch eilende Menschenmassen hindurchflitzt und quer durch den rauschenden Verkehr wieselt und es wie durch ein Wunder schafft, nicht unter die Räder zu kommen. Auf seinem Hinterkopf saß ein Käppi, und er trug einen abgewetzten alten Anzug mit zu kurzen Ärmeln und durchgescheuerten Manschetten – ein Anzug, aus dem er längst herausgewachsen war.
>
> Aber erst, als er etwas ganz Eigenwilliges machte, begriff ich, daß er eine echte Entdeckung war. Sein Sketch-Vater befahl ihm, seinen Roman wegzulegen und sein Abendbrot zu essen: »Nun aber 'n bißchen dalli, mein Junge«, und stieß ihn mit einem Brotlaib an. Ich sah, wie Charlie das Brot schnitt, ohne die Augen von seinem Buch abzuwenden. Ganz besonders fiel mir dabei auf, daß er das Messer in der Linken hielt, während er geistesabwesend an dem Brot herumsäbelte. Charlie ist Links-

* Im Januar 1911, während der Amerika-Tournee der Karno-Truppe, schlichen sich Reeves und Amy zum Standesamt im New Yorker Rathaus und heirateten. Amy spielte zu der Zeit die Saucy Soubrette in *Mumming Birds*.

händer, aber das hab ich damals nicht gewußt. Und bevor ich's richtig mitbekam, hatte er eine Ziehharmonika aus dem Brotlaib geschnitzt.[15]

Einige Jahre später benutzte Chaplin den gleichen Gag in seinem Film *A Jitney Elopement*. Reeves ging nach dem Stück nach hinten in die Künstlergarderobe und fragte Chaplin, ob er gerne nach Amerika gehen würde. »Aber mit dem größten Vergnügen, wenn Sie mich mitnehmen wollen«, antwortete er.

> Ich sagte ihm, ich müßte zuerst mit Karno darüber sprechen. Als er das hörte, wischte er sich den Rest Schminke vom Gesicht, damit sein Lächeln besser zur Geltung kam, und ich sah, daß er ein ausnehmend gutaussehender Bursche war. Ich hatte mich bereits entschieden, noch bevor ich die Garderobe wieder verließ.
>
> »Naja«, überlegte Karno, »Sie können ihn für die amerikanische Truppe haben, wenn Sie meinen, daß er alt genug für die Rollen ist.« Wir spielten damals gerade *A Night in an English Music Hall*, *A Night in a London Club* und *A Night in a London Secret Society*.
>
> »Er ist alt genug«, sagte ich zu Karno, »und groß genug und clever genug für alles.«[16]

Karno scheint froh gewesen zu sein, daß er Charlie schicken konnte statt Sydney, weil es bei früheren Tourneen schon öfters vorgekommen war, daß Künstler zum amerikanischen Vaudeville übergelaufen waren, und Sydney war so wertvoll, daß er ihn auf keinen Fall verlieren wollte. Vor seiner Abreise versicherte Charlie dem Guv'nor, daß keine Gefahr bestünde, daß er nicht zurückkäme. Sein Vertrag stand erst im März 1911 zur Verlängerung an, aber am 19. September 1910 wurde ein neuer aufgesetzt und unterschrieben, kurz bevor die Truppe auf der ss *Cairnrona* ihre Überfahrt antrat. Die neue Vereinbarung sollte ab 6. März 1911 in Kraft treten und sah ein dreijähriges Engagement für 6 £ die Woche im ersten Jahr vor, 8 £ im zweiten und 10 £ im dritten. Danach gab es eine Option auf weitere drei Jahre.

In jenem Jahr gehörten zu der amerikanischen Truppe auch Stan Jefferson, Fred und Muriel Palmer, George Seaman, der gleichzeitig der Bühnenschreiner war, seine Frau Emily, Albert Austin, der in späteren Jahren bei vielen von Chaplins Filmen mitwirkte, Fred Westcott, Karnos neunzehnjähriger Sohn, und Mike Asher, der den unartigen Knaben in *Mumming Birds* spielte.

Die *Cairnrona* fuhr bis Quebec, und die Truppe reiste per Zug über Toronto nach New York, wo am 3. Oktober im Colonial Theatre die Premiere stattfinden sollte. Karno hatte darauf bestanden, daß sie einen neuen Sketch präsentierten: *The Wow-Wows, or A Night in a London Secret Society*. Die erste

Szene spielte in einem Sommerlager, wo die Camper beschließen, mit dem Geizkragen Archie abzurechnen, indem sie zum Schein einen Geheimbund gründen. In der zweiten Szene werden die absurden Initiationsriten solcher obskurer Organisationen parodiert. Das Ensemble war entsetzt, daß die Tournee mit einem Stück beginnen sollte, das alle als blödsinnig und wirkungslos einschätzten. Nach den Kritiken zu urteilen, hat einzig und allein Chaplins Spiel es vor der totalen Katastrophe bewahrt. *Variety* schrieb prophetisch, daß »Chaplin in Amerika gut ankommen wird. Aber es ist ein Jammer, daß er für seinen ersten Auftritt in New York kein besseres Stück hatte als dieses.« Ein anderer Kritiker schrieb:

> Charles Chaplin ist ein derartig brillanter Komiker, daß man Mr. Karno die Mängel, die dem Stück ansonsten anhaften, verzeihen kann. Selbst der eifrigste Karnoist kann gewiß nicht umhin zuzugeben, daß es dem Stück an etlichem mangelt, was dazu dienlich sein könnte, es erheblich unterhaltender zu machen. Zum Glück hat die Truppe ihren Star, Mr. Chaplin, und so lachten die Leute und kamen auf ihre Kosten. Er spielt Archibald, ein Bürschlein mit einem Schnurrbart, dessen eine Spitze himmelwärts, die andere zur Erde zeigt; ein Bürschlein mit Schatten unter den Augen, die von manch einer schlechten Nacht zeugen; ein Bürschlein, das in allem seine Finger drin hat, aber nie seinen oder sonst irgendeinen Anteil bezahlt.
>
> Sein erster Auftritt erfolgt aus einem der Zelte heraus, in denen ein Anzahl Camper hausen. Er sieht mehr als zwielichtig aus, wenngleich er makellos gekleidet ist.
>
> »Wie geht's Ihnen, Archie?« erkundigt sich eine entschieden reizvolle Besucherin, an die Archie offenbar sein Herz verloren hat.
>
> »Nicht gut«, erwidert er. »Ich hatte gerade einen schrecklichen Traum.«
>
> »Sehr schrecklich?« fragt sie besorgt.
>
> »Oh, gräßlich!« sagt Archie. »Mir träumte, ich würde von einer Raupe verfolgt.«
>
> Archie brachte derartige Bemerkungen in einer überaus ulkigen, urkomischen Art hervor. In Archies Gesellschaft befindet sich die bemerkenswerteste Ansammlung von dämlich daherredenden, vertrottelten Engländern, die New York seit langem gesehen hat.[17]

Nach ein oder zwei Monaten Tournee hatten Chaplin und das Ensemble die Handlung offenkundig so weit ausgebaut, daß der Sketch erträglich war. In einer sehr viel später verfaßten Kritik wird vermerkt, daß »man so etwas Komisches wie die Szene, in der der aufgeputzte Trunkenbold, Charlie Chaplin, in die Geheimnisse der Wow-Wows eingeweiht wird, lange nicht gesehen hat. Chaplin ist ein Komiker par excellence. Er ist wahrhaft komisch, und *The Wow-Wows* ist ihm wie auf den Leib geschrieben.«[18]

Während der drei Monate, in denen sie in New York und Umgebung spielten, präsentierte die Truppe pflichtgetreu *The Wow-Wows*, aber trotz der Verbesserungen, die sie darin vorgenommen hatten, wollten sie das Stück möglichst schnell loswerden. In der Woche um den 30. Januar 1911 führten sie in der American Music Hall in Chicago einen siebzehnminütigen Sketch in einem Bild auf, mit dem Titel *A Night in a London Club*. Diese Aufführung ist etwas geheimnisumwoben, da sie offenbar nicht wiederholt wurde und nur kurz in der Karno-Reklame erschien. Die wahrscheinlichste Erklärung ist die, daß die Karno-Spieler mit ihrer professionellen Erfindungsgabe kurzerhand ein völlig neues Stück improvisierten, unter Verwendung der Club-Kulisse aus *The Wow-Wows*. Es hatte Ähnlichkeit mit dem alten Karno-Sketch *The Smoking Concert*, enthielt aber Elemente aus *Mumming Birds* und *The Wow-Wows*:

1910 – Ein Karno-Plakat

Die Darbietung erinnert in gewisser Weise an Dickens. Beim Zusehen fühlt man sich an die Zusammenkünfte des Pickwick Clubs erinnert. Die Karikaturen der einzelnen Clubmitglieder sind von einem tödlichen Ernst, der ungeheuer komisch wirkt. Die Komödie ist derb, aber die Figuren sind fein gezeichnet. Einzelne Clubmitglieder werden gebeten, etwas zum besten zu geben. Da ist eine Sängerin, die wiederholt ihren Ton bekommt, ihn aber nie trifft, wenn sie zu singen anhebt, die verhätschelte Tochter eines Anwesenden, die unter den Huldigungen bewundernder Freunde ihr kindisches Repertoire zum Vortrage bringt, und neben andern ein ehrgeiziger Tragöde, der den Zeremonienmeister immer wieder auf sich aufmerksam machen muß, bis er endlich mit der Szene eines Stücks beginnen darf, nur um alsbald wieder von einem ›Trunkenbold‹ (gespielt von Charlie Chaplin) unterbrochen zu werden, der sich inzwischen als die führende komische Figur der Karno-Darbietungen erwiesen hat. Wie am Montag nachmittag zu sehen war, mangelte es der Farce nur an einem: am Schluß fehlte ein großer Lacher.[19]

1911 – Karikatur von Chaplin in
A Night in a London Club, in den USA.

Es ist nicht allzu abwegig anzunehmen, daß Chaplin als der führende Komiker beim Ersinnen eines so gearteten neuen Stücks eine wesentliche Rolle gespielt haben mag, wie das wohl auch bei einer faszinierenden Posse der Fall war, die das Ensemble für die sechswöchige Weihnachtssaison an der American Music Hall in New York als Sondereinlage aufs Programm gesetzt hatte. Sie wurde als *Harlequinade in Black and White: An Old Style Christmas Pantomime* angekündigt und als reines Schattenspiel aufgeführt, hinter einem großen weißen Schirm.

Da waren sie wieder, unsere alten Freunde: der Clown, Pantalon, Harlekin und Colombine. Die Pantomime war viel interessanter, als sich das auf dem Papier anhört, weil die Darsteller in ihrem extravaganten Aufzug und mit ihren absonderlichen Handlungen komisch waren. Es passierte eine Menge, eine Vielfalt an Ideen wurde präsentiert, und das Publikum war offenbar sehr angetan von dem Stück.

Zunächst ergingen sich die Figuren ein wenig in allgemeinem Klamauk, dann trieben sie ihren Schabernack mit einer gestohlenen Flasche, dann wurde der Polizist seiner Kleidung entledigt, ein anderer ›Cop‹ wurde k. o. geschlagen und auf einen Tisch gelegt, um seziert zu werden, wonach seine inneren Organe Stück für Stück hervorgezogen wurden. Aus dem Kinderwagen des Kindermädchens wurde das Baby geraubt, und alle Figuren gerieten bei ihrer Suche nach Unterkunft in Schlägereien. Ein spaßiges Duell zeigte zwei Figuren, die sich beim Kämpfen rasend schnell vergrößerten oder verkleinerten, die Geisterarmee erschien und paradierte, und alle Figuren sprangen ›zum Mond hoch‹, die Silhouetten zeigten, wie sie scheinbar in die Luft sprangen und verschwanden. Dann sprangen alle wieder runter, womit das Stück endete. Es dauerte etwa elf Minuten. Wirklich ein netter kleiner Einfall für die Feriensaison.[20]

Jahre später benutzte Chaplin dieselbe Schattenspieltechnik für eine wunderbare Szene in *Shoulder Arms*, die er jedoch letztendlich wieder herausnahm. Die oben geschilderte Nummer verlieh einer antiquierten Unterhaltungsform so viel Lebendigkeit, daß »in einem Programm, das das Beste aus der großen Palette des Vaudeville bietet, ein erstaunlicher Knüller gelandet wurde, eine Nummer, die dazu angetan ist, die Theatermanager in helle Aufregung zu versetzen ...«[21] Schon nach wenigen Wochen wurde die Idee von Gus Hills *Vanity Fair* entlehnt, für eine Nummer mit Schatten-Showgirls, die hautenge Trikots und Nachthemden tragen.*

Während der New Yorker Monate wohnte Chaplin in einem Sandsteinhaus in der Nähe der 43. Straße, über einer Chemischen Reinigung. Anfangs empfand er die Stadt als unfreundlich und beklemmend; zunehmend beflügelte ihn dann aber der Schwung der amerikanischen Lebensweise und die scheinbare Klassenlosigkeit der Gesellschaft. Auf New York folgte eine zwanzig Wochen dauernde Tournee mit täglich drei Vorstellungen in den Theatern von Sullivan and Considine. Damit bot sich die fantastische Gelegenheit, das Land von Ost nach West kennenzulernen: Chicago, St. Louis, Minneapolis, St. Paul, Kansas City, Denver, Butte, Billings, Tacoma, Seattle, Portland, San Francisco und

* Unter den paar Dutzend Zeitungsausschnitten, die Chaplin von dieser Tournee aufbewahrte, beschäftigen sich mehrere mit diesem Weihnachts-Schattenspiel. Man darf getrost annehmen, daß sein besonderes Interesse hierfür darauf hindeutet, daß er zumindest einen wesentlichen kreativen Beitrag zu dieser Produktion geleistet hat.

Los Angeles, das Chaplin nicht gefiel. In Kanada spielten sie in Winnipeg und Vancouver und fühlten sich wie zu Hause unter englischem Publikum.

Stan Laurel erzählte John McCabe:

> Wir waren von der prickelnden New Yorker Atmosphäre natürlich sehr angetan, aber nun sahen wir das ganze Land, Meile für Meile, und das war wirklich die einzig richtige Art, Amerika kennenzulernen. Ich war auf dieser Tournee Charlies Zimmergenosse, und es war faszinierend, ihn zu beobachten. Im Laufe der Jahre hat man sich immer wieder erzählt, daß er zunehmend exzentrischer wurde. Er war *damals* schon ein sehr exzentrischer Mensch. Er war sehr launisch und vernachlässigte sein Äußeres oft sehr. Dann wiederum setzte er uns alle in Erstaunen, indem er sich todschick anzog. Offenbar hatte er von Zeit zu Zeit den Drang, sich herauszuputzen. Dann trug er eine Melone (eine teure), Handschuhe, einen feinen Anzug, eine schicke Weste, zweifarbige, seitlich geknöpfte Schuhe und einen Spazierstock. Ich habe eine Menge Erinnerungsschnipsel an ihn. Zum Beispiel weiß ich noch, daß er nur selten Alkohol zu sich nahm, und dann ausschließlich Portwein.
>
> Er las pausenlos Bücher. Einmal versuchte er, Griechisch zu lernen, aber er gab's nach ein paar Tagen auf und fing an, sich mit Yoga zu beschäftigen. Zu diesem Yoga-Kram gehörte die sogenannte »Wasserkur« – folglich aß er ein paar Tage nach seiner Lektüre überhaupt nichts und nahm nur Wasser zu sich. Er schleppte, wenn möglich, immer seine Geige mit sich herum. Hatte die Saiten vertauscht, damit er sie linkshändig spielen konnte, und er übte oft stundenlang. Einmal kaufte er ein Cello und trug es mit sich herum. In dieser Zeit kleidete er sich immer wie ein Musiker, trug einen langen beigen Überzieher mit grünen Samtmanschetten und Samtkragen und einen Schlapphut. Und er ließ sich hinten die Haare über den Kragen wachsen. Wir wußten nie, womit er uns als nächstes überraschen würde. Er war unberechenbar.[22]

Andere Mitglieder der Karno-Ensembles bestätigten Laurels Schilderung von Chaplins unberechenbaren modischen Eskapaden. Ein anonymer Kolumnist bemerkte auch, daß »der Welt größter Imitator von Trunkenbolden und der größte Spaßvogel des Vaudeville« (eine erstaunliche Laudatio für 1911)

> einer der stillsten und zurückhaltendsten Menschen ist – außer kurz vor, während und kurz nach jeder Vorstellung. Dreimal täglich schlüpft er mit Leib und Seele in seine Figur, dann ist er der umgänglichste Bursche, den man sich vorstellen kann. Dann gibt er sich schlagartig wieder ganz reserviert, sitzt entweder still da und denkt – denkt – denkt, oder vertieft sich in die Seiten der schwierigsten Literatur, die er auftreiben kann – Philosophisches bevorzugt. Es heißt, daß er einmal während eines Aufenthalts in einer Kleinstadt kein Buch nach seinem Geschmack finden konnte und schließlich eine lateinische Grammatik erwarb und dann eine Zeitlang seine

seltsamen Gelüste befriedigte, indem er den trockenen Inhalt verschlang, als handele es sich um einen modernen Roman.[23]

Trotzdem kapselte er sich nicht völlig ab. Ein Turnerduo namens Lohse and Sterling war mit auf Tournee, und zwischen Chaplin und Ralph Lohse, einem gutaussehenden jungen Texaner, der den Ehrgeiz hatte, Profiboxer zu werden, entwickelte sich eine herzliche Freundschaft. Chaplin stellte sich als Sparring-Partner zur Verfügung, und gemeinsam begeisterten sie sich für den Plan, aus dem Showbusiness auszusteigen und im großen Stil Schweine zu züchten. Aber Chaplin verlor die Begeisterung, nachdem er sich über Kastrationsmethoden bei Schweinen informiert hatte. Ralph Lohse blieb jedoch unerschütterlich, und vier Jahre später schrieb er an Chaplin, daß er zwar noch beim Vaudeville sei – die Nummer machte er jetzt zusammen mit seiner Frau –, aber inzwischen auch eine blühende Farm in Arkansas habe:

> Ich habe meine erste verkauft und eine zweite gekauft, und die läuft jetzt großartig. Ich hab jetzt so an die 600 Schweine da, und wenn sich die Lage in diesem Herbst verbessert, werde ich hausgemachte zuckergebeizte Schinken und Schinkenspeck auf den Markt bringen, und auch noch reine Bauernschweinswürste in kleinen Ein-Pfund-Kartons. So was ist sehr gefragt. Mein Großvater war einer der besten Wursthersteller des Landes, und ich kenne sein Verfahren. Und Du warst der blöde Kerl, der mir all diese Ideen in den Kopf gesetzt hat.
>
> Charlie, ich freue mich, daß Du beim Film so viel Erfolg hast. Wir gehen nie ins Kino, außer wenn Du in dem Film mitspielst, und wir schaffen es, fast alle Filme zu sehen, in denen Du mitspielst. Du erinnerst Dich doch sicher, daß diese ganzen Engländer immer gesagt haben, daß aus Dir nie was Besonderes werden kann, wenn Du's Dir jemals mit Karno verdirbst. Daß Du bei Karno ausgestiegen bist, war das beste, was Du machen konntest.[24]

Charlie hatte die Chance, doch noch Schweinezüchter zu werden und Würste zu machen, noch nicht ganz verspielt: Ralph meinte, »wenn Du vielleicht doch noch irgendwann mit ungefähr 1800 $ einsteigen willst, sag mir Bescheid ...«

Als sie erst einmal unterwegs auf Tournee waren, ließ die Truppe erleichtert das gute alte *Mumming Birds* wieder aufleben, das für Amerika den Titel *A Night in an English Music Hall* bekam. Viele Zuschauer hatten das Stück schon einmal gesehen, begrüßten aber jubelnd seine Wiederkehr. An jedem Spielort erntete Chaplin sein übliches Lob. In Butte in Montana hieß es, er erweise sich als »einer der besten Pantomime-Künstler, die man hier jemals gesehen hat«. »Charles Chaplin in der Rolle des Trunkenbold Swell ist eine Offenbarung,

1910 – Karikatur von Chaplin
als Trunkenbold in
A Night in an English Music Hall
in den USA.

und ihm wird während der Aufführung reichlich Beifall gespendet.« »Charles Chaplin, als der höfliche Säufer, ist ein wahrer Künstler, und obwohl es in der Burleske recht derb zugeht, fällt er keinen Moment lang aus der Rolle. Seine Stürze in die und aus den Logen sind köstlich, und wäre er nicht ein geübter Akrobat, er würde sich den Hals brechen.«[25]

Nach der Tournee für Sullivan and Considine wurde die Truppe von der Agentur William Morris für eine sechswöchige Spielzeit in New York verpflichtet; danach wurde sie erneut für Sullivan and Considine auf eine weitere zwanzigwöchige Tournee geschickt, die schließlich im Mai 1912 in Salt Lake City zu Ende ging.

Als die Truppe im Juni 1912 nach England zurückkehrte, war sie einundzwanzig Monate außer Landes gewesen. Für Charlie war es nicht gerade eine fröhliche Heimkehr. Er wurde am Bahnhof von Sydney abgeholt, der ihm eröffnete, daß er die Karno-Schauspielerin Minnie Constance geheiratet und die Wohnung in Glenshaw Mansions aufgegeben habe. Es war ein schwerer Schlag für Chaplin, daß er so unvorhergesehen sein erstes richtiges Zuhause verloren hatte. Zum ersten Mal in ihrem Leben entstand eine Distanz zwischen den Brüdern. Hannah war immer noch in Cane Hill, und es ging ihr keineswegs besser. Da sie es sich jetzt leisten konnten, sorgten Sydney und Charlie dafür, daß sie ins Peckham House in der Peckham Road – ein privates Pflegeheim – verlegt wurde. In dieser Anstalt war auch Dan Leno nach seinem Nervenzusammenbruch gepflegt worden.

1910 – *A Night in an English Music Hall:*
Der Trunkenbold trifft auf den
Schrecklichen Türken.

Karno schickte die amerikanische Truppe wieder auf Tournee in Vororttheater. In den anderthalb gemeinsamen Jahren hatten sie ihre Technik ausgefeilt und ihre Komik auf die Spitze getrieben. Sie kamen beim englischen Publikum sehr gut an, aber ihnen kam England nach dem aufregenden Amerika fade vor, und Chaplin war froh, als es wieder auf Amerikatournee ging. Die Truppe verließ Southampton am 2. Oktober 1912 auf der ss *Oceanic.* (In seiner Autobiographie spricht Chaplin von der *Olympic*, aber die *Olympic* lag zu dieser Zeit auf Trockendock, da man nach dem Untergang der *Titanic* die Notwendigkeit sah, einiges umzubauen.) Aus der alten amerikanischen Truppe waren nur noch Alf und Amy Reeves, Stan Jefferson und Edgar und Ethel Hurley übrig. Ein neues Mitglied des Ensembles war »Whimsical Walker«, der berühmte Drury-Lane-Clown, der zu diesem Zeitpunkt einundsechzig Jahre alt war. Walker zufolge hatte er am Abend, bevor das Schiff in See stach, zufällig Alf Reeves und einige andere Mitglieder der Truppe in einer Bar getroffen und war kurzerhand engagiert worden, da in der Truppe noch ein Platz zu besetzen war. Er klagte, daß er seit Jahren nicht mehr für eine so niedrige Gage gearbeitet habe. Da er aber gerade keine Arbeit hatte, war er froh, überhaupt irgend etwas zu bekommen.

Wieder mußten sie sich für einen Großteil der Tournee – die alles andere als glücklich verlief – mit den *Wow-Wows* abplagen. Es stellte sich heraus, daß der arme Walker sehr schlecht sprach. Als sie nach Butte in Montana kamen, stellten sie fest, daß sie in einer Gemeindehalle spielen mußten. Einige Ensemblemitglieder wurden krank, und der arme Walker holte sich eine Wundrose und mußte in Seattle ins Krankenhaus. Er kehrte nicht mehr zur Truppe zurück.

Auf der dritten, gleichen Theatertournee für Sullivan and Considine war der Reiz des Neuen dahin. Chaplin hatte das Publikum langsam über, das in der tiefsten amerikanischen Provinz erstaunlich unbedarft sein konnte, wie er feststellte:

> ... wir waren groß als Vaudeville angekündigt worden, weil Vaudeville damals etwas Neues war. Das wurde am ersten Abend ganz deutlich, da die Leute anscheinend nicht begriffen, daß unser Spiel nur als Burleske zu verstehen war. Das wurde uns nach der Show deutlich vor Augen geführt. Wir spielten *A Night in an English Music Hall*, wo ein Quartett vorkommt, das einen Song in der denkbar miserabelsten Weise vorträgt – je schlechter gesungen wird, desto größer der Spaß.
>
> Nun, wir waren ins Hotel zurückgekehrt und mußten uns viele wenig schmeichelhafte Bemerkungen anhören. »Wie fanden Sie die große Nummer?« fragte der eine Mann aus Pennsylvania den andern Mann aus Pennsylvania. »Was für eine große Nummer?« war die Antwort. »Die Karno-Nummer«, erwiderte der erstere. »Absoluter Schrott«, fauchte der andere. »Also wirklich«, fügte er hinzu, »bei dem Quartett hat's einem ja die Schuhe ausgezogen. Wenn Sie mich fragen, unser örtliches Quartett könnte die glatt an die Wand singen!«[27]

Immerhin gab es finanziellen Trost. Am 8. Oktober 1913 konnte Chaplin im Wert von 200 $ Aktien der Vancouver Island Oil Company erwerben. Er sorgte immer für schlechtere Zeiten vor. Langsam war es nun aber auch Zeit, sich anderweitig umzutun. In der Woche um den 4. August, als die Karno-

Truppe in Winnipeg spielte, schrieb Chaplin vom La Claire Hotel aus einen seiner seltenen Briefe an seinen Bruder:

Mein lieber Sid,

ich hoffe, mein Brief ist gut angekommen. Ich weiß, er enthielt nicht viel Neues – »man sagt ja, keine Nachricht heißt gute Nachricht«, aber diesmal stimmt das nicht. Diesmal habe ich eine ganze Menge gute Nachrichten für Dich. Hab ich Dir erzählt, daß ich in New York Sonny Kelly getroffen habe? Ja, ich habe ihn getroffen und wir haben uns bestens amüsiert – er hat mich überall hingeführt. Er hat ein wunderschönes Apartement an der Madison Avenue, die – wie Du weißt – im vornehmen Viertel von New York liegt. Hetty war gerade nicht da – also habe ich sie leider nicht gesehen, aber ich bin immer noch in Briefkontakt mit Sonny und er hat mir versichert, daß ich jederzeit bei ihm willkommen bin, wenn ich in New York bin. Ich lerne in einem fort neue Leute kennen oder treffe alte Freunde – hier in Winnipeg habe ich einen von den alten Jungs getroffen, der damals auch bei den *Eight Lancashire Lads* war. Ich weiß nicht, ob Du ihn kennst oder nicht – Tommy Bristol. Er war früher mein bester Kumpel, jetzt arbeitet er mit einem Partner zusammen für Orpheum und kriegt ungefähr 300 Dollar pro – Ich sag Dir, hier verdienen alle gut, sogar ich. Ich muß einfach nur einen Vertrag für *150 Dollar die Woche* unterschreiben. ›Hier kommt die frohe Botschaft‹. Oh, Sid, ich sehe Dich vor mir!! strahlend, während Du das hier liest, Deine leuchtenden Augen überfliegen dieses Geschreibsel und Du fragst Dich, was als nächstes kommt. Ich werd Dir sagen, wie's aussieht. Ich habe schon seit ziemlich langer Zeit ein Angebot von einer Filmgesellschaft, aber ich wollte es Dir erst sagen, wenn die ganze Sache hundertprozentig sicher ist und jetzt ist alles so gut wie unter Dach und Fach – ich brauche ihnen jetzt nur noch meine Adresse zu schicken, dann schicken sie mir den Vertrag zu. Es ist die New Yorker Motion Picture Co., eine höchst reelle Firma in den Staaten – sie haben ungefähr vier Gesellschaften: »Kay Bee«, »Broncho« und »Keystone«, zu der ich soll. Keystone ist für die Komödien zuständig. Ich soll an die Stelle von Fred Mace treten. Er ist eine große Nummer beim Film. Du kannst also sicher sein das sie viel von mir halten – anscheinend haben sie mich in *Los Angeles, Cal.* in den Wow-Wows gesehen, dann haben sie mir nach Philadelphia geschrieben aber erst sehr viel später. Ich hätte es Dir schon früher erzählen können, aber ich wollte erst alles geregelt haben. Wir hatten eine Woche Pause in Phili, da bin ich dann nach New York rüber gefahren und hab mich mit ihnen getroffen. Ich hatte keine Ahnung, was sie mir bezahlen würden, aber ein Kumpel von mir hat mir erzählt daß Fred Mace vierhundert die Woche bekommt – da hab ich einfach zweihundert verlangt. Sie haben gesagt, sie müssen das erst dem Vorstand vorlegen (›dieser verflixte Füller!‹). Naja, wir haben eine ganze Zeitlang herumgefeilscht und dann mußte ich nur noch alles schriftlich festhalten. Da habe ich aber einen guten Geschäftsbrief zusammengeschustert, mit Hilfe des Wörterbuchs, da kannst Du sicher sein. Schließlich haben wir uns geeinigt, sprich: ein Ein-Jahresvertrag. Gage für die ersten drei Monate 150 pro Woche, und wenn ich gut bin, nach drei Monaten 175 pro Woche, ohne Unkosten und die ganze Zeit in Los Angeles. Ich weiß nicht, ob Du schon irgendwelche Keystone-Filme gesehn hast, aber sie sind sehr komisch, nette Mädchen haben die auch dabei usw. Also jetzt ist es raus, jetzt weißt Du Bescheid. Ich habe ihnen natürlich gesagt, daß ich meine Truppe nicht vor Ende der Sullivan and Considine-Tour verlassen werde. So Anfang Dezember werde ich dann dort anfangen, bis dahin sind wir ungefähr fertig. Ich hab's Alf erzählt, und natürlich will er nicht, daß ich gehe aber er sagt, das ich wirklich immer besser werde, was anderes kann er auch nicht sagen. Mr. Kessel meint, daß mir ein schwindelerregender Aufstieg bevorsteht, wenn ich gut bin. Denk doch nur Sid, 35 £ die Woche sind kein Pappenstil, und ich will nur etwa fünf Jahre bei denen arbeiten, dann sind wir unser Leben lang unabhängig. Ich werde wie ein Blöder sparen. Langsam werde ich müde und komme daher jetzt zum Schluß. Erzähl niemand was Alf gesagt hat, weil es dem Guv'nor zu Ohren kommen könnte, und der denkt dann, das Alf mich beeinflußt hat. Und wenn Du zufällig ein paar kleine Drehbuch-Ideen hast, denk daran, sie mir zukommen zu lassen. Ich hoffe, daß Du gesund bist und daß es Mutter auch wieder besser geht. Es wäre so schön, wenn ihr beide hier drüben sein könntet. Vielleicht schaffen wir das eines Tages, wenn's bei mir gut läuft.

Liebe Grüße an Minnie
und an Dich
Dein Dich liebender Bruder
Charlie.

Chaplin verließ die Karno-Truppe in Kansas City am 28. November 1913. »Ich muß sagen, er hat mir gefehlt«, sagte Stan Laurel zu John McCabe.

Arthur Dandoe, ein Typ aus der Karno-Truppe, mit dem ich mal in einer Vaudeville-Nummer zusammengespielt habe, konnte Charlie nicht leiden. Arthur konnte ihn nicht leiden, weil er ihn für hochmütig und kalt hielt. An unserm letzten Abend mit Charlie in Kansas City verkündete Arthur daher allen, daß er ein ganz besonderes Abschiedsgeschenk vorbereitet habe. Er hat mir verraten, was es war – ungefähr fünf Klumpen alte braune Leichner-Fettschminke, die aussahen wie Kackwürste, hübsch eingepackt in einem wunderschönen Kästchen. »Etwas Scheiße für einen Scheißer«, meinte Arthur dazu. Für Arthur war das ein gelungener Scherz.

Ich habe versucht, es ihm auszureden, aber Arthur hat nur gesagt: »Das geschieht dem überheblichen Dreckskerl recht.«

Die sogenannte Übergabe fand aber nie statt, und später erzählte Arthur mir warum. Erstens gab Charlie der gesamten Truppe nach der Vorstellung einen aus. Das hat Arthur schon ein bißchen verblüfft, aber was ihn derartig beschämte, daß er

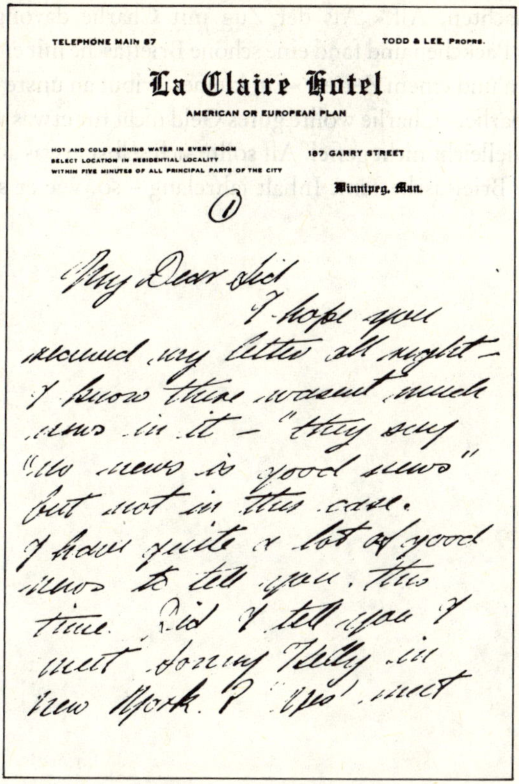
TELEPHONE MAIN 87 TODD & LEE, PROPRS.

La Claire Hotel

AMERICAN OR EUROPEAN PLAN

HOT AND COLD RUNNING WATER IN EVERY ROOM
SELECT LOCATION IN RESIDENTIAL LOCALITY
WITHIN FIVE MINUTES OF ALL PRINCIPAL PARTS OF THE CITY

187 GARRY STREET

Winnipeg, Man.

(1)

My Dear Sid
I hope you received my letter all right – I know there wasn't much news in it – "they say "no news is good news" but not in this case. I have quite a lot of good news to tell you this time. Did I tell you I meet Sonny Kelly in New York. ? "yes". meet

1913 – Charles Chaplins Brief an Sydney,
in dem er ankündigt, daß er zum Film geht.

schließlich auf seinen sogenannten Scherz verzichtete, war folgendes: Kurz nach unserm letzten gemeinsamen Vorhang eilte Chaplin zu einer einsamen Ecke hinter der Bühne. Arthur folgte ihm neugierig, und er sah den hochmütigen, kalten, unsentimentalen Charlie weinen.[29]

Zu dieser Geschichte ist eine traurige Anmerkung zu machen. Als Charlie im Jahr 1921 im Triumph in seine Heimat zurückkehrte, arbeitete Arthur Dandoe, der gerade ein Pechsträhne hatte, als Pflastermaler auf dem Trafalgar Square.[30]

Alf Reeves verabschiedete Charlie am Bahnhof von Kansas City. Als er in den Zug stieg, überreichte Charlie Alf ein kleines Päckchen mit den Worten: »Frohe Weihnachten, Alf.« Als der Zug mit Charlie davongefahren war, öffnete Alf das Päckchen und fand eine schöne Brieftasche mit einem 100-Dollar-Schein darin und einem Zettel: »Ein kleiner Tribut an unsre Freundschaft. Für Alf von Charlie.« Charlie wollte gutes Geld nicht für etwas verschwenden, was Alf dann vielleicht nicht gefiel. Alf sollte sich selbst etwas aussuchen, aber Alf behielt die Brieftasche samt Inhalt jahrelang – so, wie er sie bekommen hatte.

4

Beim Film

Es existieren unterschiedliche Berichte darüber, wie Chaplin von der Keystone Film Company entdeckt wurde. Mack Sennett, der die Keystone für Adam Kessel und Charles Baumann, die Besitzer der Muttergesellschaft New York Motion Pictures, leitete, will Chaplin entdeckt haben, als er »Ende 1912« mit Mabel Normand, seiner Hauptdarstellerin und Freundin, eine Woche in New York verbrachte. Chaplin spielte gerade *A Night in an English Music Hall* am American Theatre Ecke 42. Straße, 8. Avenue.

»Der Typ ist ganz schön komisch«, sagte Mabel.
»Meinst du, der wär was für den Film?« sagte ich.
»Schon möglich«, sagte Mabel ...
»Ich bin mir nicht sicher«, sagte ich zu Mabel. »Er beherrscht alle Tricks und Standardnummern und kann auch ordentlich hinfallen, und einen Salto rückwärts kann er wahrscheinlich auch hinlegen, aber er ist so entsetzlich englisch geschminkt und kostümiert – ich bin mir nicht sicher.«[1]

Als Chaplin seine Autobiographie verfaßte, war er überzeugt, daß Sennetts Version den Tatsachen entsprach, doch aus dem Brief, den er 1913 an Sydney schrieb, geht hervor, daß alle möglichen Filmleute ihn im Empress Theatre in Los Angeles mit der Karno-Truppe gesehen haben könnten. Andern Berichten zufolge hatten Adam oder Charles Kessel Chaplin im Hammerstein's Theatre in New York gesehen. Eine jüngere und überzeugendere Version der Ereignisse findet sich in einem Brief von T. K. (Kim) Peters an Kevin Brownlow. Peters beschäftigte sich schon seit 1899 mit dem Kino, er drehte damals einige Filme in Paris. 1913 befand er sich in Hollywood. Seinem Brief zufolge, den er 1973 schrieb, wurde Chaplin von einem anderen leitenden Mitarbeiter der N. Y. M. P. entdeckt:

Harry Aitken ... verhalf Chaplin zu seinem ersten Job beim Film ... Ich verdiente mir damals gerade ein bißchen Extrageld mit ein paar Wandgemälden für das Pantage Theatre. In eines der Wandgemälde hatte ich eine schöne halbnackte Frau gemalt, im Stil von Mucha ... Der Intendant des Pantage rief mich kurz nach der Eröffnung an und bat mich vorbeizukommen, da wegen der Dame einige Beschwerden bei ihm eingegangen seien, weil sie barbusig war. Ich ging hin und pinselte ihr einen Schleier über die Brüste. Ich war gerade wieder ins Foyer rausgegangen, um nach Hause zugehen, als mich ein gutgekleideter Herr, der sich die Reklamefotos angesehen hatte, fragte, ob ich was mit der Show zu tun hätte ... Er sagte, ihm sei zu Ohren gekommen, die Show sei interessant. Es handelte sich um Karnos *A Night in an English Music Hall*. ... Er wollte zur Matinée gehen ... Er hat mir erzählt, er käme frisch aus New York ...

Ich habe zunächst nicht weiter darüber nachgedacht, aber es war Harry Aitken, der Hauptaktionär der Keystone Comedies, und in der Show trat Charlie Chaplin auf. Harry hat Chaplin Karno abgeworben ... Und es war meine erste Begegnung mit Harry, aus der eine lebenslange Freundschaft werden sollte.[2]

Feststeht, daß Kessel und Baumann im Frühjahr 1913 ein Telegramm an Alf Reeves schickten, das angeblich (es existieren unterschiedliche Versionen des genauen Textes) folgenden Wortlaut hatte:

12 MAI 1913

ALF REEVES MANAGER
KARNO LONDON COMEDIANS
NIXON THEATRE, PHILADELPHIA

GIBT ES IN IHRER TRUPPE EINEN GEWISSEN CHAFFIN ODER SO ÄHNLICH FALLS JA BITTE MIT KESSEL UND BAUMANN IN VERBINDUNG SETZEN LONGACRE BUILDING 24 BROADWAY NEW YORK.[3]

Auf dieses Telegramm hin kehrte Chaplin für einen Tag nach New York zurück. Er nahm an, Kessel und Baumann seien Anwälte, wie die meisten Mieter des Longacre Buildings, und er mutmaßte, daß vielleicht seine New Yorker Großtante Mrs. Wiggins gestorben sei und ihm ein Vermögen hinterlassen habe. Statt dessen fragte man ihn, ob er in die Keystone Company eintreten wolle. Aus seinem Brief an Sydney geht eindeutig hervor, daß man Chaplin gesagt hatte, er solle Fred Mace ersetzen, den großen Star der ersten Keystone-Komödien. Mack Sennett schreibt jedoch in seiner Autobiographie, daß er Chaplin für seine Firma anwarb, weil Ford Sterling, Keystones zweiter männlicher Star, ständig höhere Forderungen stellte und jederzeit mit seiner Kündigung zu rechnen war. Sennetts Version wurde von nachfolgenden Geschichtsschreibern allgemein anerkannt, aber Chaplins ursprüngliche Darstellung der Umstände erscheint wahrscheinlicher. Es war natürlich taktvoller, wenn Kessel und Baumann Chaplin erzählten, daß er einen scheidenden Star ersetzen sollte und nicht, daß er als Ersatzmann gedacht war für den Fall, daß ein derzeitiger Hauptdarsteller abtrünnig würde. Aber das Datum des Telegramms ist aufschlußreich: Mace verließ Keystone Ende April 1913. Es liegt sehr nahe, daß die Gesellschaft einige Wochen später dringend einen Nachfolger gesucht hat. Außerdem kam Ford Sterling nach dem Weggang seines Konkurrenten Mace gerade erst als führender Star der Gesellschaft zum Zuge. Und tatsächlich blieb er noch weitere neun Monate bei Keystone, bis Februar 1914.

Dem tourneemüden Chaplin kam die Abwechslung sehr gelegen. Im Juli war der Vertrag unter Dach und Fach, in dem Charles Chaplin von der Stadt, dem Land und dem Staate New York »als Filmschauspieler [verpflichtet wurde] für Rollen in den Filmproduktionen der Gesellschaften der erstgenannten Partei, sowie weiterer Gesellschaften, die die erstgenannte Partei fürderhin gründen mag, für die Dauer eines Jahres, beginnend am 1. November 1913 (sofern nicht eine der beiden Parteien untenstehender Vereinbarung gemäß vorzeitig kündigt), für ein Honorar von wöchentlich Einhundertfünfzig Dollar.«

Der Vertrag, ein erstaunlich unkompliziertes zweiseitiges Dokument, wurde in New York unter Anwesenheit eines Notars von Adam und Charles Kessel, als Präsident bzw. Geschäftsführer der Keystone Filmgesellschaft, unterzeichnet und Chaplin, der zu der Zeit auf Tournee war, zugestellt. Offenbar verweigerte Chaplin jedoch seine Unterschrift. Eine neue Fassung wurde aufgesetzt, in der die in Klammern gesetzte Klausel »sofern nicht eine der beiden Parteien untenstehender Vereinbarung gemäß vorzeitig kündigt« entfiel, desgleichen die damit zusammenhängende Vereinbarung, daß der Vertrag von der einen oder anderen Partei mit einer zweiwöchigen Frist kündbar sei. In dieser Phase seiner Karriere war Chaplin nicht gewillt, seine Sicherheit bei Karno aufzugeben für das Risiko, innerhalb eines Jahres unversehens arbeitslos zu werden. Der geänderte Vertrag wurde mit dem 16. Dezember 1913 rechtskräftig.[4]

Die Unterschriften der beiden Kessels wurden am 15. September 1913 notariell beglaubigt; der revidierte Vertrag wurde Chaplin zugeschickt und am 25. September in Portland in Oregon von ihm unterschrieben. Seltsamerweise taucht die Vereinbarung, daß Chaplins Gage sich nach Ablauf von drei Monaten auf 25 Dollar pro Woche erhöhen werde, im Vertrag nicht auf. Da Chaplin sich sowohl 1913 als auch 1964 sicher war, daß die Bedingungen so lauteten (und in geschäftlichen Dingen hatte er ein nahezu untrügliches Gedächtnis), muß dies Gegenstand einer gesonderten mündlichen Vereinbarung gewesen sein.

Über Gründung und Geschichte der Keystone Filmgesellschaft weiß man nur Ungenaues, da die Tatsachen durch die chronische Mythomanie ihres genialen Präsidenten, des Irisch-Kanadiers Mack Sennett, vernebelt wurden. Seine stark gefärbten Erinnerungen wurden lange Zeit nach den Ereignissen, über die sie berichten, veröffentlicht. Eine der wenigen gesicherten Tatsachen ist, daß Sennett am 17. Januar 1880 als Michael Sinnott, Sohn irischer Eltern, in Richmond in Quebec zur Welt kam. Er hatte gerade einen Job in einer Eisengießerei in Northampton, als die berühmte Komikerin Marie Dressler in der Stadt gastierte. Der ortsansässige Anwalt Calvin Coolidge schrieb ihm einen Empfehlungsbrief für die Künstlerin. Miss Dressler reichte ihn aber weiter an David Belasco, den prominentesten Starschauspieler jener Zeit. Er befand, daß die Burleske das geeignete Metier für den mageren Burschen sei. Doch Sennett hatte weiterhin den Ehrgeiz, auch seine kräftige Baritonstimme gewinnbringend einzusetzen, und so verfuhr er zweigleisig: tourte mit Burlesken und wirkte als Chorsänger in musikalischen Komödien mit.

Wie so manch ein enttäuschter Schauspieler war Sennett 1908 gezwungen, bei den »galloping tintypes« – wie der Film damals abschätzig genannt wurde – Arbeit zu suchen. Er behauptet, daß er im Jahr 1908 genau an seinem 28. Geburtstag in die Biograph Company in 11 East 14th Street in New York eintrat. Mit seinem sprichwörtlichen irischen Glück hatte Sennett zum historisch richtigen Zeitpunkt genau den richtigen Ort erwischt. David Wark Griffith war einige Monate zuvor zu Biograph gestoßen und steckte bereits in seiner ungeheuer produktiven Arbeit. Innerhalb von kaum fünf Jahren lotete er sämtliche Ausdrucksmöglichkeiten des Kinos aus, setzte sie um und machte Kunst daraus.

Sennett war neugierig, ehrgeizig, groß im Nachahmen und voll genialer Einfälle. Er befaßte sich eingehend mit Griffiths Arbeit und beschloß, selbst Regisseur zu werden. Bald konnte er sein Einkommen durch das Schreiben von Drehbüchern vergrößern. Er erkannte seinen natürlichen Hang zur Komödie, und ihm fiel auf, wie gut die aus Frankreich importierten anarchischen Klamaukfilme ankamen, die von der Pathé und der Gaumont Gesell-

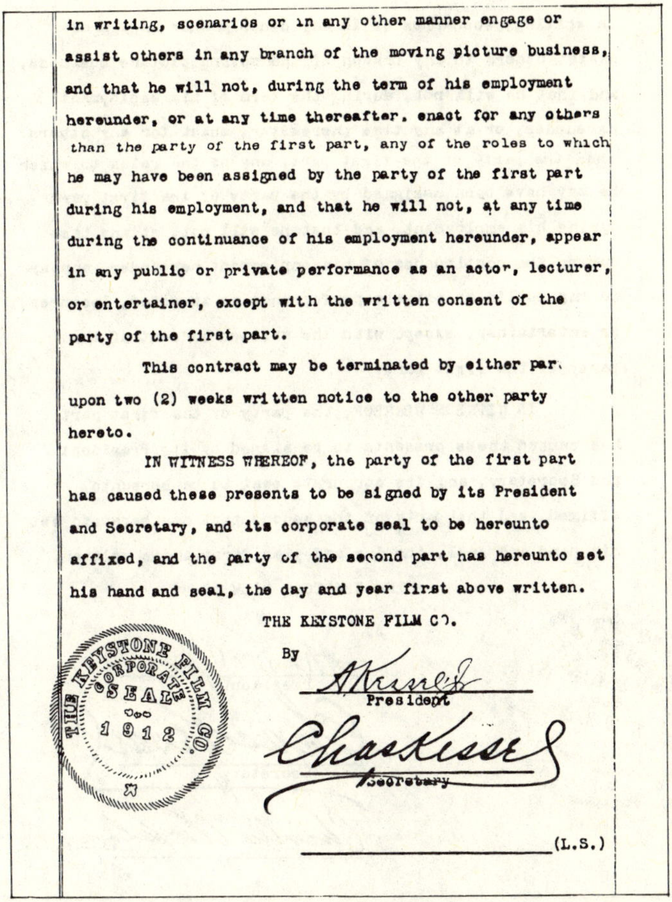

in writing, scenarios or in any other manner engage or assist others in any branch of the moving picture business, and that he will not, during the term of his employment hereunder, or at any time thereafter, enact for any others than the party of the first part, any of the roles to which he may have been assigned by the party of the first part during his employment, and that he will not, at any time during the continuance of his employment hereunder, appear in any public or private performance as an actor, lecturer, or entertainer, except with the written consent of the party of the first part.

This contract may be terminated by either part upon two (2) weeks written notice to the other party hereto.

IN WITNESS WHEREOF, the party of the first part has caused these presents to be signed by its President and Secretary, and its corporate seal to be hereunto affixed, and the party of the second part has hereunto set his hand and seal, the day and year first above written.

THE KEYSTONE FILM CO.

By

President

Secretary

(L.S.)

1913 – Chaplins erster Filmvertrag:
erster Entwurf, den er nicht unterschrieb
(oben)
zweiter, mit seiner Unterschrift
(nächste Seite)

schaft produziert wurden. 1909 spielte er eine Hauptrolle in der Komödie *The Curtain Pole*, bei der Griffith Regie führte. Humor war nicht gerade Griffiths Stärke, aber auch hier kam er dank seiner natürlichen Begabung den wesentlichen Grundprinzipien auf die Spur. Es war eine bescheidene Farce:

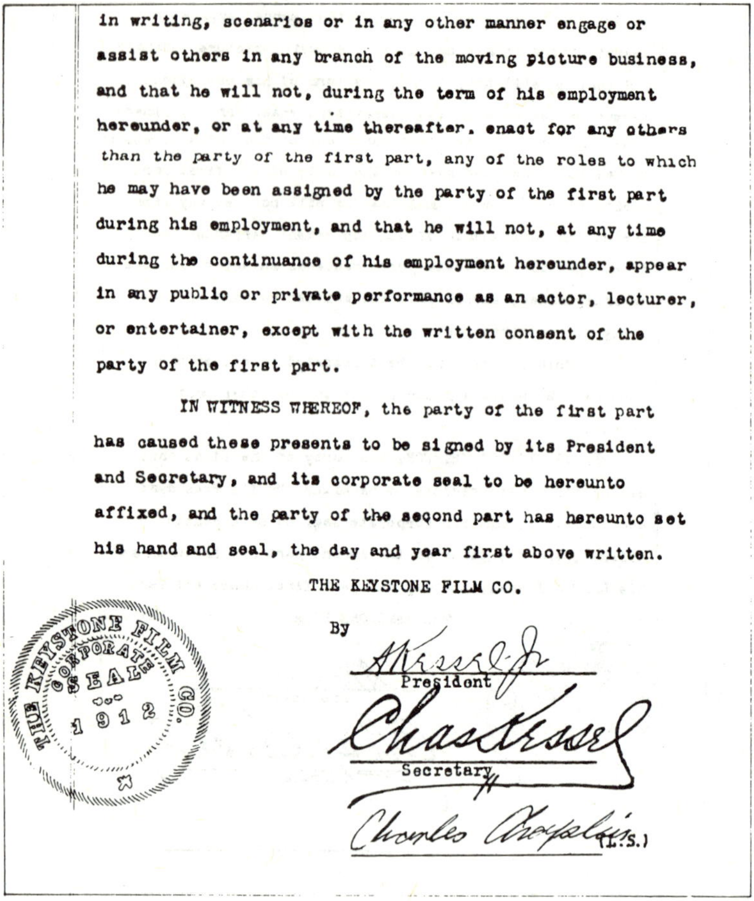

in writing, scenarios or in any other manner engage or assist others in any branch of the moving picture business, and that he will not, during the term of his employment hereunder, or at any time thereafter, enact for any others than the party of the first part, any of the roles to which he may have been assigned by the party of the first part during his employment, and that he will not, at any time during the continuance of his employment hereunder, appear in any public or private performance as an actor, lecturer, or entertainer, except with the written consent of the party of the first part.

IN WITNESS WHEREOF, the party of the first part has caused these presents to be signed by its President and Secretary, and its corporate seal to be hereunto affixed, and the party of the second part has hereunto set his hand and seal, the day and year first above written.

THE KEYSTONE FILM CO.

By A. Kessel Jr.
President

Chas. Kessel
Secretary

Charles Chaplin (L.S.)

Sennett spielte einen beschwipsten Franzosen, der bei seinem Versuch, eine Gardinenstange nach Hause zu tragen, in den Straßen eines unschuldigen Städtchens verheerenden Schaden anrichtet. Griffith aber stellte alle seine Erkenntnisse in bezug auf Schnitt, Spannung und Timing in den Dienst der Komödie.

1910 wurde Sennett zum leitenden Regisseur der Lustspielproduktionen bei Biograph ernannt, und zwischen März 1911 und Juli 1912 führte er bei über achtzig Einakter-Komödien Regie. Als Kessel und Baumann einen Leiter für ihr neues Lustspiel-Studio suchten, war Sennett die geeignete Person.* Keystone wurde im Sommer 1912 gegründet, und Anfang September hatte Sennett bereits das ehemalige Bison Studio in der Allessandro Street 1712 in Edendale in Kalifornien (die Edendale-Studios) bezogen. Er brachte Fred Balshofer als seinen Aufnahmeleiter mit, Mabel Normand, Fred Mace und Ford Sterling als seine Stars; sowie Henry Lehrman, der als Regisseur für Keystones Second Unit vorgesehen war, während Sennett mit dem Hauptteam arbeitete. Alle hatten schon bei Biograph zusammengearbeitet. Die ersten Keystone-Produktionen wurden für den 23. September 1912 angekündigt, und im Februar 1913 lieferte das Studio bereits acht Rollen pro Monat.

Als Produzent und Regisseur hatte Sennett viel mit Fred Karno gemein. Er war ein grober, harter, intelligenter, ungebildeter Mensch. Er hatte ein instinktives Gespür für handfeste Komik. Weil er sich selbst immer schnell langweilte, wußte er, was die Aufmerksamkeit der Zuschauer fesseln konnte und was nicht. Er hatte seine Truppe temperamentvoll ungebärdiger Clowns unter Kontrolle. Bei Biograph hatte er sich das technische Know-how des Films angeeignet, und er gab weiter, was er gelernt hatte. Die Kameraleute von Keystone verstanden es ausgezeichnet, die wilden Raufereien der Clowns einzufangen, und die Dynamik des »Keystone-Schnitts«, der sich an Griffiths neuer Schnittechnik orientierte, wurde bald sprichwörtlich.

Die Keystone-Filme verarbeiteten Elemente des Vaudeville, des Zirkus und der Comic-Strips, spiegelten aber auch die Realität des Amerikas des frühen zwanzigsten Jahrhunderts wider. Es war eine Welt der breiten, staubigen Straßen mit einstöckigen Schindelhäusern, Krämerläden und Eisenwarenhandlungen. Wir sehen Zahnarztpraxen und Saloons; Küchen und Salons; billige Hotelfoyers; Schlafzimmer mit Eisenbetten und wackeligen Waschgestellen; Bahngleise und kastenförmige Automobile, die gerade mal eben Pferd und Einspänner überholen; Männer mit Melonen und großen Schnauz- und Bakkenbärten; Damen mit Federhüten und Reifröcken; verzogene Kinder und streunende Hunde. Die Komödien waren wilde Karikaturen der ganz norma-

* Sennetts typischerweise stark gefärbten Version der Ereignisse zufolge hatte er Kessel und Baumann, »diese zwei Buchmacher«, mit einem faulen Trick dazu gebracht, seine Partner zu werden, um auf diese Weise seine 100 Dollar Spielschulden loszuwerden. Tatsächlich waren Kessel und Baumann zu diesem Zeitpunkt schon seit vier Jahren keine Buchmacher mehr, sondern längst wichtige Filmproduzenten. Ihre blühende New York Motion Picture Company war die Muttergesellschaft von 101 Bison Films, die Thomas Inces Historien- und Wild-West-Filme produzierte, und von Reliance, die auf Dramen spezialisiert war. Kessel und Baumann wollten jetzt verständlicherweise einen Komödienzweig gründen.

len Freuden und Schrecken des Alltags. Als oberstes Prinzip galt bei Keystone: auf alle Fälle die Dinge in Bewegung halten und dem Zuschauer keine Pause lassen zum Atemholen oder zur kritischen Reflexion. Beim Schminken und Grimassenschneiden konnte nicht dick genug aufgetragen werden. Die ursprüngliche Komödiantentruppe, die mit Sennett an die Westküste gezogen war, wurde bald erweitert. Rekrutiert wurden: Roscoe »Fatty« Arbuckle, der schlacksige Charley Chase, Chester Conklin und Billy Bevan mit dem Walroß-Bart, der riesige Mack Swain, Ton und Edgar Kennedy, Slim Summerville, Louise Fazenda, Polly Moran, Alice Davenport und andere, die die Truppe mit ihrem akrobatischen Können oder durch ihre überzeichnete Charakterdarstellung bereichern konnten. Das waren Chaplins zukünftige Kollegen.

Er kam Anfang Dezember 1913 in Los Angeles an und nahm sich ein bescheidenes Zimmer im Great Northern Hotel auf dem Bunker Hill, in der Nähe des Empress Theatres, wo er aufgetreten war. Seine erste Begegnung mit seinem neuen Boss ergab sich ganz zufällig. An seinem ersten Abend in Los Angeles fühlte er sich sehr einsam und ging ins Empress. Dort lief er Sennett und Mabel Normand über den Weg. Chaplin spürte Sennetts Bedenken, als dieser sah, wie jung er ohne Bühnenschminke aussah. Karno hatte genauso reagiert und die gleiche beruhigende Versicherung erhalten: »Ich kann mich so alt schminken, wie Sie wollen.«

Am nächsten Tag (seiner eigenen Erinnerung zufolge) machte Chaplin sich auf den Weg ins Studio. Edendale war eine Gegend voller Baracken und Holzlager, und das Studio selbst sah reichlich seltsam aus: Eine Fläche von 150 Quadratfuß, die von einem grünen Lattenzaun umgeben war. In der Mitte war die Bühne aufgebaut, mit weißem Leinen überspannt, um das Sonnenlicht zu streuen. In einem alten Bungalow waren die Büros und die Damengarderoben untergebracht; ein paar umgebaute landwirtschaftliche Gebäude dienten den Herren als Garderobe. Chaplin traf zur Mittagszeit dort ein, wurde durch den Anblick der wilden Schauspieler eingeschüchtert, die auf der Suche nach Nahrung aus ihren Bungalows stürmten, und flüchtete zurück in sein Hotel. Das gleiche wiederholte sich am nächsten Tag; und erst nach einem besorgten Telefonanruf von Sennett ließ er sich dazu bewegen, am dritten Tag endlich die Schwelle der Pforte zu überschreiten.

Sennett erklärte Chaplin die Keystone-Methode. Es gab kein Drehbuch – »Wir haben eine einfache Grundidee und lassen dann den Ereignissen ihren freien Lauf, bis alles in der Verfolgungsjagd gipfelt, die das A und O unsrer

Komödien ist.« Chaplin, der monatelanges Herumfeilen gewohnt war, bis alle Mitwirkenden eines Karno-Sketchs perfekt aufeinander eingespielt waren, stimmte das nicht gerade zuversichtlich. Seine ersten Wochen bei Keystone waren keineswegs glücklich. Manchmal beschlich ihn das Gefühl, einen Fehler gemacht zu haben, und er war überzeugt, daß es Sennett genauso ging. Er kam als blutiger Anfänger zum Film und mußte sich erst mit den grundlegenden Prinzipien vertraut machen: der Schnitt, das Abdrehen von Sequenzen in nicht chronologischer Reihenfolge; das Problem für den Schauspieler, in Reichweite der Kamera zu bleiben; die Bedeutung von Blicklinien, damit die Blickrichtung eines Schauspielers in einer Einstellung sich überzeugend mit dem anvisierten Gegenstand einer anderen Einstellung verbindet. Er hatte das Gefühl, daß seine eigene subtile und zeitlich sorgfältig abgestimmte Komik hier untergehen mußte, da das Tempo aller Filme offenbar auf das Herumgehüpfe und Grimassenschneiden von Ford Sterlings Komik zugeschnitten war. Es wurmte ihn, daß er zur Untätigkeit verurteilt war. Sennett wollte ihm vielleicht die Möglichkeit geben, erst einmal zuzusehen und die Technik des Filmhandwerks zu erlernen, und setzte ihn daher erst Ende Januar in einem Film ein.

Aber bis dahin wußte Chaplin bereits so gut Bescheid, daß er die Kompetenz des Regisseurs anzweifelte, der ihm für seinen ersten Film zugeteilt wurde. Henry Lehrman, 1886 in Wien geboren, wanderte als Neunzehnjähriger in die Vereinigten Staaten aus. Als er sich D. W. Griffith in den Biograph Studios vorstellte, hatte er gerade einen Job als Straßenbahnschaffner, behauptete aber, Regisseur bei der Pathé in Frankreich gewesen zu sein. Griffith, der den Schwindel zweifellos durchschaute, gab ihm den Spitznamen Pathé und reichte ihn an Sennett weiter. Wie wir gesehen haben, hielt Sennett immerhin so viel von ihm, daß er ihn zu seinem Second Unit-Regisseur machte, als er seine eigenen Studios aufbaute. »Pathé« Lehrman arbeitete bis Mitte der dreißiger Jahre als Regisseur, aber er blieb ein mittelmäßiger Handwerker. In die Geschichte ist er nur als Chaplins erster Regisseur eingegangen, und als Hauptzeuge der Anklage in dem Prozeß, der Roscoe Arbuckle sieben Jahre später ruinierte.

Chaplins erster Film, *Making a Living* [Man schlägt sich durch], gehörte zu Keystones aufwendigeren Produktionen. Ihm lag eine verhältnismäßig gut entwickelte Story zugrunde, und er wurde teilweise in der Studiokulisse, teilweise in den Gärten eines nahegelegenen Hauses und teilweise auf der Straße, der Glendale Avenue, gedreht. Chaplins Kostüm, Maske und Typ ähnelte

Archibald Binks aus *The Wow-Wows* und *A Night in a London Club* und hatte noch nichts von der späteren Figur des Charlie. Er trug einen grauen Zylinder, eine karierte Weste, einen Stehkragen, eine gepunktete Krawatte und ein Monokel. Am erstaunlichsten aber war der lange, herabhängende Schnurrbart eines ziemlich trübsinnigen Bühnenbösewichts. Zu Beginn des Films wird klar, daß sein elegantes Gehabe nur geheuchelt ist, da er einen vorbeikommenden Freund (gespielt von Lehrman) um ein Darlehen anpumpt. Dann kommt der erste typische Chaplin-Gag: Er lehnt die angebotene Münze verächtlich als zu armselig ab, schnappt sie sich dann aber hastig, bevor der Freund es sich anders überlegen kann. Zum Dank beschließt der Geck, seinem Wohltäter die Freundin auszuspannen und schickt sich an, sowohl mit der jungen Dame (Virginia Kirtley) als auch mit deren Mutter (Alice Davenport) zu flirten.

Lehrman spielt einen Reporter, und es geht eigentlich fast ausschließlich um den Versuch des Gecks, dem andern auf Teufel komm raus seinen Job abzujagen und ihm eine Story wegzuschnappen. Das Ganze gipfelt in einer Verfolgungsjagd, einem peinlichen Zwischenfall im Schlafzimmer einer Dame (fast ein Muß in jedem Keystone-Film) und einem großen Finale auf dem Schienenräumer einer fahrenden Straßenbahn. Der amerikanische Kritiker Walter Kerr hat darauf hingewiesen, daß ein kleiner, aber verblüffender Gag ein dauerhaftes und produktives Muster von Chaplins Leinwandpersönlichkeit begründet hat: er möchte »den Rest des Universums seinen rein reflexiven Bedürfnissen unterwerfen«.[5] Der Geck ist dabei, dem Zeitungsredakteur seine Vorzüge zu erläutern, und bekräftigt seine Argumente, indem er ihm aufs Knie haut. Als der Redakteur das Knie wegzieht, zieht der Geck es wieder zu sich her, damit er sein Getrommel fortsetzen kann.

Chaplin fand den Film gräßlich. Er war außer sich, als er das Endprodukt sah und entdeckte, daß Lehrman beim Schneiden gute Gags, die er eingefügt hatte, herausgeschnitten oder verstümmelt hatte. Er war überzeugt, daß Lehrman bewußt versucht hatte, seine Arbeit zu sabotieren, weil es ihn gefuchst hatte, daß Chaplin beim Drehen mit so vielen Gags aufgewartet hatte. Tatsächlich gab es aber keinen Grund, sich für diesen Erstlingsfilm zu schämen. Es ist ein roher kleiner Versuch, aber das waren eigentlich die meisten Keystone-Produkte. Gewiß, vom Karno-Komödianten ist darin sehr wenig zu erkennen, über den drei Jahre zuvor ein Kritiker geschrieben hatte: »Chaplin wird von einigen Kritikern als Genie bezeichnet. Zumindest hat er alle Kennzeichen eines Genies...« Und abgesehen von diesen paar kleinen Gags gab es auch noch nicht viel, was auf die Figur hinwies, die er schließlich erschaffen sollte.

Aber er erscheint als eine fest umrissene und dominante Gestalt, bereits hier schon mit einem klareren Profil – mit seinen nüchternen und nonchalant ausgeführten Missetaten –, als es in Keystone-Filmen sonst üblich war. Die Fachpresse wurde sofort auf ihn aufmerksam: »Der pfiffige Schauspieler, der die Rolle des Bösewichts spielt..., ist ein Komiker ersten Ranges.« Wenn irgend etwas Wahres dran ist an der über siebzig Jahre hin weitergegebenen Legende, derzufolge Sennett und seine Kollegen von Keystone davon überzeugt waren, daß der Film und der neue Komiker ein Reinfall seien, kann man nur vermuten, daß sie entweder erstaunlich wenig Gespür hatten oder auf irgendein späteres Wunder warteten.

Wenn in den Keystone-Studios auch chaotische Zustände zu herrschen schienen, wurden die Filme doch nach einem Fließbandrezept hergestellt. Es gab vier Grundtypen der Produktion. Am einfachsten und wahrscheinlich am billigsten waren die »Park«-Filme, die durchgängig im Westlake Park gedreht wurden und bei denen Parkbänke, Promenaden, ein Erfrischungsstand und (für das unvermeidliche feuchte Finale) der Echo Lake als Schauplätze dienten für improvisierte Verwechslungsgeschichten zwischen Liebespärchen. Bei einer anderen Produktionsvariante wurde ebenfalls mit Außenaufnahmen gearbeitet: Sennett machte sich in diesem Fall irgendeine öffentliche Veranstaltung zunutze – eine Militärparade, ein Motor- oder Pferderennen. Er schickte ein Team an Ort und Stelle, das die Komiker filmte, wie sie herumblödelten und irgendeine improvisierte Farce ausspielten. Die Menschenmenge und das Ambiente des Ereignisses lieferten dabei die kostenlose Kulisse. Filme mit stärker festgelegter Form wurden in Kulissenbauten gedreht, die offenbar ziemlich dauerhaft auf der Bühne installiert waren. Das Grundgerüst der Keystone-Kulisse, das Chaplin selbst im Laufe der nächsten paar Jahre verwendete und verfeinerte, bestand aus einem Korridor, von dem rechts und links je ein Zimmer abging. Mit dieser Anordnung ließ sich dann je nachdem eine häusliche Szene darstellen, mit Salon (immer links) und Küche (immer rechts); ein Hotel mit zwei am Flur gegenüberliegenden Zimmern, ideal für nächtliche Verwechslungen; benachbarte Büros; oder vielleicht Behandlungs- und Wartezimmer eines Arztes oder Zahnarztes, dazwischen die unverzichtbare Eingangshalle. Darüber hinaus gab es spezielle Kulissenbauten für ein Restaurant, eine Bar, ein Hotelfoyer, einen Kinosaal oder einen Boxring; oder das Studio stellte aus dem Stegreif Kulissen zusammen. Die vierte Filmkategorie, zu der *Making a Living* gehörte, kombinierte Außenaufnahmen mit Aufnahmen in der Studio-Kulisse. Aber nach welchem Plan der Film auch immer gedreht wurde, der Regisseur beschränkte sich grundsätzlich auf maximal zehn Kamerapositionen – eine bewegliche Kamera war bei Keystone so gut wie unbekannt. Das gesamte Material, das für jede einzelne Einstellung benötigt wurde, wurde nach Möglichkeit am Stück abgedreht. Die wahre Kunst bestand bei einem Keystone-Film darin, mit so wenig Ausschuß wie möglich eine Reihe von Aufnahmen zu machen, die sich im Schneideraum säuberlich aneinanderfügen ließen, so daß sich eine zusammenhängende Geschichte ergab. Ein Einakter hatte gewöhnlich zwischen fünfzig und sechzig Einstellungen. (Sennett war das Prinzip des Nachdrehens nicht geläufig – mit dem einmal gedrehten Material mußte man auch auskommen.)

Man macht es sich zu einfach, wenn man diese Farcen von Sennett, von denen zwei Stück pro Woche wie am Fließband produziert wurden, als plump und primitiv abtut, als Produkte, die vielleicht gerade gut genug waren für naive Zuschauer, für die alles Neue ein Wunder war. Siebzig Jahre später machte Walter Kerr sie zum Gegenstand seiner kultivierten Betrachtung (vielleicht zu kultiviert und zeitlich zu weit entfernt) und spekulierte:

> Vielleicht hätten wir 1914 auch gelacht. Zumindest hätten wir's aufregend gefunden.
>
> Ich sage ›vielleicht‹ hätten wir gelacht, weil ich mir da nicht so hundertprozentig sicher bin – aber wir hätten uns bestimmt mitreißen lassen. Aber trotz des halsbrecherischen Tempos und des bizarren, derben Umgangs mit dem Universum läßt sich in Sennetts Filmen sehr wenig aufspüren, was man – unterzöge man es einer analytischen Prüfung – als Humor bezeichnen könnte. Normalerweise ist es durchaus möglich, einen veralteten Witz nachzuvollziehen, man kann sich das Muster vergegenwärtigen, das früher einmal das Lachen auslöste, auch wenn man heute nicht mehr darüber lachen muß. Anders bei Sennett – jedenfalls in der Regel. Die Witze sind als Witze kaum je auszumachen ..., und jegliche Handlung erfolgt dermaßen überstürzt, daß kaum Zeit bleibt, das ›Konstruktionsprinzip‹ eines Scherzes zu erfassen ... Die Filme mögen einem den Atem rauben und erfolgreich und geschickt alle optischen Möglichkeiten ausschöpfen, wenn sie aber einst Gelächter hervorgerufen haben, muß es das Gelächter der Atemlosigkeit gewesen sein.[6]

Es trifft zu, daß eine Keystone-Komödie bei uns, mit unserm ungeschulten Auge, anfangs nur den verschwommenen Eindruck von halsbrecherischem Tempo, Gerenne, Gehüpfe und wilden Gestikulierens hinterläßt. Wenn wir uns freilich die Mühe machen, diese Filme mit Geduld anzusehen, nicht nur einmal, und versuchen, uns auf ihr Tempo einzustellen, dann kommt viel mehr zum Vorschein. Zunächst einmal erkennt man hinter dem scheinbar sinnlosen

Gestikulieren ein ganz wohldurchdachtes und präzises System der Pantomime, das fast dem klassischen Ballett ähnelt und in bestimmten Momenten fast ebenso formalisiert ist wie dieses. Eins der verblüffendsten Beispiele hierfür findet sich in *Mabel's Married Life* [Mabels Eheleben], wo Mabel Normand uns mit einem Achselzucken, einem Deuten ihres rechten Zeigefingers auf den Ring an ihrer Linken, einer schnellen und brillanten Imitation von Chaplins Watschelgang und einem flehentlichen Blick aus ihren großen ausdrucksvollen Augen in die Kamera fragt: »Warum hab' ich bloß diesen Mann geheiratet?«

Auch in *Between Showers* [Zwischen zwei Regenschauern], Chaplins viertem Film bei Keystone, wird uns diese so gut wie in Vergessenheit geratene Sprache auf bemerkenswerte Weise demonstriert. Henry Lehrman führte Regie, und mittlerweile hatte Chaplin sein endgültiges Kostüm gefunden und war auf dem besten Wege, seine Leinwandfigur zu perfektionieren. Auf den ersten Blick ist es eine der schnellsten, wildesten und verworrensten Keystone-Komödien. Wenn wir uns aber die Mühe machen, hinter ihre Sprache zu kommen, stellt sich die Sache ganz anders dar: eine kleine Geschichte, angelegt wie ein Comic-Strip, man kann sogar noch weitergehen (und der Vergleich ist naheliegend, nicht anmaßend): wie das Szenarium der *commedia dell' arte*.

Es gibt fünf Hauptfiguren: Charlie und Ford Sterling, die rivalisierenden Schürzenjäger; ein hübsches aber treuloses Mädchen (Emma Clifton); ein Polizist (Chester Conklin) und die Freundin des Polizisten (Sadie Lampe). Während der Polizist mit seiner Freundin turtelt, »borgt« sich Ford deren Regenschirm aus, da es regnet und seiner kaputt ist. Nach dem Regenschauer übergibt er den Regenschirm Emma, die ihn kurz halten soll, während er loszieht, um ein Brett zu suchen, mit dem er ihr bei der Überquerung einer großen Pfütze behilflich sein will. Als er wiederkommt, hat Emma bereits einen neuen Kavalier gefunden, der ihr über die Pfütze helfen will, und weigert sich jetzt, den Schirm zurückzugeben. Charlie tritt in Erscheinung und beschützt Emma vor Fords Zorn. Emma stolziert davon, Charlie bleibt zurück, im festen Besitz des Regenschirms. Ford macht sich auf die Suche nach Verstärkung und kommt mit einem Polizisten wieder. Unglücklicherweise handelt es sich bei dem Polizisten um Chester, der den gestohlenen Regenschirm wiedererkennt. Ford will daraufhin mit dem Regenschirm nichts mehr zu tun haben, aber zu spät! Chester schleppt Ford ins Gefängnis, zurück bleibt Charlie, der beiden eine lange Nase dreht.

Es ist eine hübsch angelegte kleine Geschichte, aber sie erschließt sich erst nach mehrmaligem Betrachten und sorgfältiger Beobachtung der Mimik. Es läßt sich heute nicht mehr feststellen, ob die Zuschauer von einst aus ihrer Begeisterung heraus, oder weil sie sich besser auskannten, ein geschulteres Auge für das Formale hatten als wir heutzutage. Konnten sie auf Anhieb hinter das vordergründig ziellos erscheinende Gerenne, Gehüpfe, Gerangel und Grimassenschneiden sehen? Fanden sie vielleicht aus diesem Grund die Keystone-Filme komischer als – ein halbes Jahrhundert später – Walter Kerr? Waren sie deshalb so aus dem Häuschen?

Chaplins Erscheinen macht dann allerdings jedes Herumrätseln überflüssig. In *Between Showers* bleibt Chaplin immer noch mehr oder weniger im Keystone-Stil, obwohl auch da schon nicht zu zügelnde Anklänge an eine andere Art von Charakterkomik vorhanden sind, was zum Beispiel in dem kindlichen Stolz zum Ausdruck kommt, den er zeigt, als er zu guter Letzt im Besitz des umkämpften Regenschirms ist. Traditionellerweise wird die Auffassung vertreten, daß Keystone Chaplin zwei Neuerungen zu verdanken hat: Einmal gelang es ihm, trotz der Zweifel und gegen den Widerstand von Sennett und den der Keystone-Komiker, das wilde Hals-über-Kopf-Tempo zu bremsen, zum andern brachte er eine neue Subtilität in die Gag-Komik. Dagegen ist nichts zu sagen, aber es ging noch viel weiter. Die Keystone-Komik war rein äußerlicher Natur: Die Geschichte und die jeweiligen Situationen wurden durch Pantomime und Gebärdenspiel *illustriert*. Chaplins Komik kam von innen heraus. Er verkörperte Gedanken und Gefühle für die Zuschauer, und die Komik lag im Verhältnis dieser Gedanken und Gefühle zu dem, was um ihn herum geschah. Das komische Ereignis selbst war nicht der entscheidende Punkt bei Chaplins Komik, sondern Chaplins Beziehung und Einstellung dazu. Im Keystone-Stil brauchte man nur gegen einen Baum zu rennen, um komisch zu wirken. Doch wenn Chaplin gegen einen Baum rannte, war nicht der Zusammenstoß witzig, sondern die Tatsache, daß er reflexartig den Hut zog vor dem Baum, um sich zu entschuldigen. Zwischen dem Keystone-Stil und der Chaplin-Komik besteht demnach ein grundlegender Unterschied: bei Keystone geht es um *Illustration*, bei Chaplin um *Expression*. Während der illustrative Stil voraussetzt, daß man mit der Keystone-Mimik vertraut ist, wird der expressive Stil unmittelbar und universell verstanden. Das war der ausschlaggebende Faktor dafür, daß Chaplin sozusagen auf Anhieb zu Weltruhm gelangte.

In seinem zweiten Film schuf Chaplin das Kostüm und die Maske, durch die er bald weltweit zu einem Begriff wurde. Viele Jahre lang war man sich einig, daß *Kid Auto Races at Venice, California* [Seifenkistenrennen in Venice] der Film war, in dem Chaplin zum ersten Mal als Tramp auftrat. Inzwischen erscheint es viel wahrscheinlicher, daß es der Film *Mabel's Strange Predicament* [Mabel in peinlicher Lage] war. Zweifellos wurde *Kid Auto Races* vor dem andern zur Aufführung freigegeben. Er wurde am 7. Februar 1914 zum ersten Mal gezeigt. *Mabel's Strange Predicament* kam zwei Tage später heraus. Doch Chaplin erinnert sich daran, daß er das Kostüm in *Mabel's Strange Predicament* zum ersten Mal getragen hatte, und wenn es um solche Details ging, ließ ihn sein Gedächtnis selten im Stich. Hans Koenekamp, Kameramann bei *Mabel's Strange Predicament*, erinnert sich ebenfalls, daß das Kostüm hier erstmals erschien. Die wahrscheinlichste Erklärung ist, daß *Mabel's Strange Predicament* vorher *gedreht* wurde. *Kid Auto Races* war einer von Sennetts Filmen, bei denen mit Außenaufnahmen gearbeitet wurde. Er wurde angeblich in fünfundvierzig Minuten während eines Seifenkistenrennens abgedreht und bestand aus nur zwanzig Einstellungen. Es ist also gut möglich, daß er gedreht, geschnitten, kopiert und zur Aufführung freigegeben wurde, während der aufwendigere Film *Mabel's Strange Predicament* noch in der Herstellung war.

Das Trampkostüm, das in seiner zweiundzwanzigjährigen Karriere nur noch ganz geringfügig verändert wurde, ergab sich anscheinend fast spontan, ohne festen Vorsatz. Der Legende zufolge wurde es an einem regnerischen Nachmittag in der Gemeinschaftsgarderobe der Herren bei Keystone zusammengeschustert. Angeblich lieh Charlie sich Fatty Arbuckles geräumige Hosen aus, dazu die Jacke des winzigen Charles Avery, Ford Sterlings Schuhe Größe 48, die er vertauschen mußte, um zu verhindern, daß sie ihm von den Füßen fielen, eine zu kleine Melone, die Arbuckles Schwiegervater gehörte, und einen Schnurrbart, der für Mack Swain bestimmt war und den er auf Zahnbürstenformat zusammenstutzte. Diese hübsche, farbige Version von der Genese des Tramps scheint im Keystone-Studio entstanden zu sein und wurde von Chaplin niemals bestätigt. In seiner Autobiographie sagt er, daß er sich »auf dem Weg zur Garderobe« zurechtlegte, wie sein Kostüm aussehen sollte. Ihm schwebte eine Kombination von Kontrasten vor – ein winziger Hut und riesige Schuhe, ausgebeulte Hosen und eine zu enge Jacke.

Es fällt nicht schwer, in den englischen Music Halls Vorbilder für dieses Kostüm zu finden. Grotesk schlechtsitzende Kleidung, winzige Hüte, geschmacklose Schnurrbärte und Watschelspazierstöcke waren die unerläßlichen Accessoires des Komikers. Einige von Dan Lenos Bühnenkostümen geben eine Vorahnung auf das von Chaplin; und Fred Kitchen, Chaplins alter Karno-Kollege, pflegte leicht vorwurfsvoll darauf hinzuweisen, daß eigentlich er das Kostüm und den Watschelgang erfunden habe. Elemente der Figur hatten sich auch schon während Chaplins Bühnenlaufbahn angekündigt. Seine Maske auf dem einzigen erhaltenen Foto bei Wal Pinks Sketch *Repairs* ähnelt in gewisser Weise der von Charlie; und als Lumpensammler in Karnos *London Suburbia* soll sein Aufzug ganz ähnlich gewesen sein.

Gleichgültig, wo der Ursprung zu suchen ist, das Kostüm und die Maske, die an diesem Februartag im Jahr 1914 kreiert wurden, waren eine echte Eingebung. Chaplin erinnert sich, wie das Kostüm die Figur zum Leben erweckte, so daß »als ich schließlich auf der Filmbühne erschien, sein Dasein begonnen hatte«.[7] Wir wissen von den Filmen, daß das nicht ganz zutraf. Die Figur brauchte ein Jahr oder noch länger, um alle ihre Dimensionen zu entfalten, und selbst dann – und das war ihre besondere Stärke – entwickelte sie sich während seiner ganzen Laufbahn weiter. Man kann getrost davon ausgehen, daß die symbolischen Interpretationen, mit denen Chaplin und sein Publicity-Stab die verschiedenen Seiten des vielschichtigen Tramps versahen, Früchte späterer Erkenntnis sind. Bestimmte Züge waren allerdings von Anfang an deutlich erkennbar: die Melone, das Stöckchen, der Binder und der gestutzte Schnurrbart signalisierten den *petit bourgeois*, um dessen Würde er sich beharrlich aber erfolglos bemühte.

Die charakteristischen Bewegungen der Figur haben einen anderen Ursprung. 1916 erzählte Chaplin einem Interviewer der Zeitschrift *McClure's*, daß er die Anregung für seinen charakteristischen Watschelgang von einem alten Mann namens »Rummy« Binks bekommen hatte, der vor Onkel Spencer Chaplins Pub »The Queen's Head«, Ecke Broad Street, Vauxhall Walk, für die Kutscher die Pferde hielt.

> Da war ein Droschkenplatz in der Nähe, und ein altes Unikum, bei jedermann als »Rummy« Binks bekannt, war eins der Wahrzeichen der Gegend. Er hatte eine Knollennase, einen verkrüppelten, rheumageplagten Körper, geschwollene, verdrehte Füße und die erstaunlichsten Hosen aller Zeiten.
>
> Wenn ich Rummy über den Bürgersteig watscheln sah, weil er einem Kutscher für einen Penny Trinkgeld das Pferd halten wollte, war ich fasziniert. Ich fand seinen Gang dermaßen komisch, daß ich ihn nachahmte. Als ich meiner Mutter vorführte, wie Rummy lief, bat sie mich aufzuhören, weil es grausam sei, sich über so ein Gebrechen lustig zu machen. Aber während sie diese Bitte aussprach, stopfte sie

sich die Schürze in den Mund. Dann ging sie in die Speisekammer und kicherte zehn Minuten lang.

Tagaus tagein kultivierte ich diesen Gang. Es wurde direkt zu einer Manie bei mir. Wann immer ich ihn vorführte, war mir ein Lacher sicher. Und jetzt komme ich nie mehr von diesem Gang weg, egal was ich sonst noch für komische Sachen mache.

Wir haben bereits gesehen, daß Will Murray für sich beanspruchte, Chaplins unverwechselbare Technik des Eckenumrundens erfunden zu haben, bei der er sich auf einem Bein dreht, das andere waagrecht ausstreckt und in die neue Laufrichtung schwenkt. Murray zufolge hatte er sie für die große Verfolgungsjagd in *Dick Turpin* entwickelt. Doch Bill Danvers, ein Kollege aus der Karno-Truppe, wußte zu berichten, daß diese »Wendemethode« in der Truppe allgemein praktiziert wurde, als wirkungsvolles und witziges Mittel, mit dem beschränkten Spielraum kleiner Provinzbühnen zurechtzukommen.

Sennett beteiligte sich bei *Mabel's Strange Predicament* an der Regie, zweifellos, weil seine Freundin Mabel darin die Titelrolle spielte. Mabel wurde als Mabel Ethelreid Normand in Providence, Rhode Island, geboren. Sie war das jüngste der drei überlebenden Kinder von Claude G. Normand, einem Franzosen, der im »Grabenorchester« von kleinen Theatern das Piano spielte, und seiner irisch-katholischen Frau Mary Drury. Ihr genaues Geburtsdatum ist umstritten, aber ihre Familie gibt an, daß sie am 9. November 1892 zur Welt kam. Sennett zufolge war ihre Familie »temperamentvoll, sorglos und viel unterwegs«. Er erinnert sich auch, daß Mabel zwar eine geringe Schulbildung genossen hatte, aber immer sehr viel las und sich besonders gut in Geographie auskannte. Sie machte auch Leichtathletik, war eine gute Schwimmerin und hatte von ihrem Vater das Klavierspielen gelernt.

Als junges Mädchen bekam sie einen Job in der Schnittmuster-Abteilung der Butterick Company in Manhattan, fand aber bald eine regelmäßige Arbeit als Modell für Illustratoren. Zu den damals bekannten und beliebten Zeitschriften-Malern, denen sie gesessen haben soll, zählten Carl F. Kleinschmidt, Henry Hutt, Penrhyn Stanlaws, Charles Dana Gibson und James Montgomery Flagg. 1910 wurde Mabel von Alice Joyce, einem anderen Modell, ermuntert, ihr Glück beim Film zu versuchen, und sie erhielt bald kleine Rollen in Vitagraph-Filmen. Dann wurde sie von Biograph angeworben, wo sie den aufstrebenden jungen Regisseur Mack Sennett kennenlernte. Als Sennett die Keystone-Studios aufmachte, erkor er sie natürlich zu seinem Star.

Mabel war zierlich, schön, von ansteckender Lebhaftigkeit und hinreißend komisch. Wie Chaplin war sie eine der wenigen Künstlerinnen, die eine unmittelbare Beziehung zwischen Leinwand und Zuschauer herstellen konnten. Und länger als ein halbes Jahrhundert nach ihrem Tod ist ihre Leinwandpräsenz noch genauso direkt und lebendig wie eh und je. Nachdem Chaplin berühmt geworden war, wurde sie als »der weibliche Chaplin« bezeichnet, womit freilich die Eigenständigkeit ihrer Komik unterbewertet wird. In dem Jahr bei Keystone war Mabel auf jeden Fall eine sehr würdige Partnerin für Chaplin. Obwohl sie nach anfänglichen Schwierigkeiten sehr gute Freunde wurden, beschränkte sich ihr freundschaftliches Verhältnis auf die Arbeit. Mabel besaß außergewöhnliche Reize, aber zu diesem Zeitpunkt ihres Lebens waren sie ausschließlich für Mack Sennett reserviert.

1984 lebte noch ein Augenzeuge, der Chaplins ersten Auftritt in seiner Figur des Tramp miterlebt hatte – vielleicht sogar der bedeutendste Zeuge, denn es handelt sich um den Kameramann, der ihn dabei gefilmt hatte. Hans Koenekamp war 1913 zu Keystone gekommen und bis 1918 oder 1919 geblieben. Seine Zeit in dem Studio behielt er in glücklicher Erinnerung. Sennett beschrieb er als den »Kopf des Ganzen« und Mabel als »die reizendste Person, die ich jemals kennengelernt habe. Sie war großartig.« Er erinnerte sich noch gut daran, wie die Teams ihre gesamte Ausrüstung in die Straßenbahn luden, um zu Außenaufnahmen in den Westlake Park oder anderswohin zu fahren. »Später bekamen wir dann eigene Transportmittel.« Ein halbes Dutzend Kameraleute arbeiteten abwechselnd in ebensovielen Teams und drehten bis zu drei Filmen pro Woche ab. »Manchmal gingen wir in den Park und drehten, und wenn wir am Ende des Tages wiederkamen, war der Film fertig.« Bei dieser Arbeitsweise fiel es einem Kameramann oft schwer, sich zu merken, an welchen Filmen er mitgearbeitet hatte und welche Schauspieler dabei waren. Obwohl ihm der Titel entfallen war, erinnerte sich Koenekamp sehr deutlich an den Film: »Komm nicht auf den Titel. Hab versucht mich daran zu erinnern. Ich seh aber noch die Szene vor mir, in der er auftrat. Sie spielte in einem Hotelfoyer, und er benahm sich wie ein Angetrunkener, so großspurig mit dem Hut und dem Stöckchen. Und dieser Gang. Ich hab ihn gefilmt.«[8]

Bevor die Szene gedreht wurde, hatte Hans Koenekamp Chaplin beobachtet:

> Ich seh noch die kleine Baracke vor mir, wo er aus der Garderobe rausgekommen ist. Er kam da raus und hat dann irgendwie was durchgeprobt, mit sich – diesen Gang, das Stöckchen, der Hut und diese ganzen Sachen eben.

Ich seh ihn noch vor mir, wie er dann die Szene betreten hat. Er sollte halbbesoffen sein oder sowas. Er kam ins Foyer rein und hat den Frauen schöne Augen gemacht, aber die Frauen haben ihn gar nicht beachtet und all der Kram... Daran erinnere ich mich. Hab ich nie vergessen. Ich hab also wirklich die erste Szene fotografiert, in der er gespielt hat...

Ob das da in dem Moment komisch war? Allerdings. Das war einfach komisch, weil es *neu* war... Und seine Bewegungen auch. Wie er mit dem Mund und diesem Schnurrbart gewackelt hat, das war echt gelungen. Und das Stöckchen, das ihm immer am Arm gebaumelt oder mit dem er rumgewirbelt hat... und wie er auf einem Bein rumlief, als würde er Schlittschuh laufen.[9]

In *Mabel's Strange Predicament* ging es um ein Standard-Thema von Keystone – Schlafzimmerverwirrungen in einem kleinen Hotel. Sennett führt Chaplin in einer Sequenz im Hotelfoyer ein. Er erscheint, leicht beschwipst, zieht Mabels Hund am Schwanz, fällt vom Sessel und landet mit der Hand in einem Spucknapf und bekundet kokett Interesse für jedes weibliche Wesen, das vorbeikommt. Der Witz liegt in der wackeligen Würde, mit der er sowohl seinen beschwipsten Zustand überspielt als auch die Tatsache, daß seine Anwesenheit in diesem Hotel – abgerissen wie er ist – glatte Hochstapelei ist. Chaplin erinnert sich voller Genugtuung, wie die übrigen Keystone-Schauspieler und Techniker sich um ihn scharten, um den Proben für die Szene zuzusehen, und ihn mit ihrem Lachen bestärkten. In den folgenden Sequenzen begegnet Charlie Mabel, die sich, bereits im Schlafanzug, aus ihrem Zimmer ausgesperrt hat, und er nimmt seine lüsterne Verfolgung durch den Hotelkorridor auf. Als es schließlich zu der unvermeidlichen Konfrontation kommt – zwischen Mabel, ihrem Verehrer, dem Herrn, unter dessen Bett Mabel irgendwie gelandet ist, und dessen eifersüchtiger Gattin, gerät der verwirrte Charlie ständig dazwischen und steckt die meisten Schläge ein. Mit diesem Film holte sich Charlie seinen ersten Pluspunkt bei Keystone. Sennett war von Chaplins Gags in der Foyer-Szene und von den positiven Reaktionen der Umstehenden derart beeindruckt, daß er sich über Lehrmans Einwände hinwegsetzte und die Szene einfach die volle Minute des Takes weiterlaufen ließ, ohne den üblichen kurzatmigen, Griffith nachempfundenen Keystone-Zwischenschnitt.

Mabel's Strange Predicament gehörte zu den aufwendigeren Produktionen der Gesellschaft. *Kid Auto Races in Venice, California* war der schlichteste Typus einer Stehgreifproduktion, die bei einer öffentlichen Veranstaltung gedreht wurde. Die Seifenkistenrennen wurden auf einer speziell dafür gebauten Piste in dem Seebad Venice abgehalten. Die Jungs, die in ihren Seifenkisten um die Wette fuhren, mußten die Gefährte zunächst gemeinsam mit ihrem Team mühsam eine steile Rampe hinaufschieben, die am Start der Rennstrecke errichtet war. Die Abfahrt über diese Schräge brachte dann den nötigen Schwung für das Rennen. Der Film, den Henry Lehrman vor dem Hintergrund des Rennens und der Menschenmenge drehte, zehrte von einem einzigen Gag: Lehrman ist ein Filmregisseur und Chaplin eine Nervensäge, einer, der unbedingt auch mit aufs Bild will und ständig dem Kameramann die Aufnahmen verdirbt. Chaplin sagte später, die Idee sei von ihm gewesen, angeregt durch ein Erlebnis, das er gehabt hatte, als er mit der Karno-Truppe in Jersey auf Tournee war. Als dort der Karnevalsumzug gefilmt wurde, schob sich andauernd eine wichtigtuerische Amtsperson ins Bild.

Man kann hier bereits Grundzüge seiner Gag-Technik erkennen. Indem er sein Stöckchen herumwirbelt, schlägt er sich den eigenen Hut vom Kopf oder verletzt sich am Knöchel. Er zieht keck den Hut vor einer Amtsperson, die er geärgert hat. Die wesentliche Eigenschaft der Figur, die Chaplin hier geschaffen hat, ist ihre Kindlichkeit. Er ist ein spitzbübisches Kind, das einem Vehikel Grimassen schneidet, von dem es fast über den Haufen gefahren wird, und das Lehrman die Zunge rausstreckt. Eine lange Totale zeigt, wie er völlig aus dem Häuschen die Rennstrecke entlang rennt, hüpft und springt. Der Film endet mit einer schrecklichen Grimasse in Großaufnahme. Doch Walter Kerr schreibt mit bemerkenswertem Scharfsinn:

> Er macht sich langsam aber sicher unsterblich, sowohl als Filmfigur wie als unvergeßlicher professioneller Komiker. Und das tut er, indem er uns auf die Kamera als Kamera aufmerksam macht.
>
> Während seiner ganzen späteren Laufbahn blieb das sein Prinzip, er benutzte das Gerät als Mittel, eine direkte und offen eingestandene Beziehung zwischen sich und seinen Zuschauern herzustellen. Ja, man kann sagen, daß er sich mit diesem Film selbst zu *einem der Zuschauer* macht: genau wie sie staunt er über dieses neue mechanische Wunder, genau wie sie will er damit fotografiert werden, und – diese Parallele schlachtete er später besonders stark aus – genau wie sie wird er jedesmal weggescheucht. Er blickte in die Kamera und ging durch sie hindurch, um sich zu uns zu gesellen. Die Faszination, die er später auf die Zuschauer ausübte, das geheimnisvolle und fast unerklärliche Band zwischen dem Darsteller und Jedermann war bereits hier im Keim vorhanden.[10]

Die Scharmützel zwischen dem Filmregisseur und dem aufdringlichen Kameraschreck spiegelten auf komische Art das Verhältnis wider, das zwischen

Lehrman und Chaplin hinter den Kulissen herrschte. Nach einem weiteren Film, *Between Showers*, erkannte Sennett, daß ihre Zusammenarbeit wenig fruchtbar war, und teilte Chaplin dem Regisseur George Nichols zu, einem Veteran aus der Pionierzeit, der inzwischen auf die sechzig zuging. Chaplin scheint mit ihm auch nicht viel besser ausgekommen zu sein. Nichols schmetterte alle Gag-Vorschläge des Komikers ab, mit dem Ruf »Keine Zeit, keine Zeit!« und beschwerte sich bei Sennett, als Chaplin nicht klein beigab. Daraufhin beschloß Sennett, die Filme persönlich genauer zu überwachen. *A Film Johnnie* [Ein Filmfan] war eine simple Geschichte, die im Studio gedreht wurde. Hier und in Chaplins späteren Filmen *The Masquerader* [Die Maskerade], *His New Job* [Sein neuer Job] und *Behind the Screen* [Hinter der Leinwand] wird uns plastisch vor Augen geführt, wie es in den frühen amerikanischen Filmstudios zuging. Charlie geht ins Kino und verliebt sich in den Star des Films. Er verfolgt die Schöne daher bis zu den Keystone Studios, wo er unter den in Arbeit befindlichen Produktionen Chaos stiftet. Ein Feuer bricht aus, und er wird von der Feuerwehr naßgespritzt. In einem verrückten komischen kleinen Gag drehte er an seinen Ohren, und das geschluckte Wasser sprudelt wieder aus seinem Mund hervor.

In *His Favorite Pastime* [Sein liebster Zeitvertreib] spielt Chaplin wieder den Betrunkenen. Er gerät in einer Bar in eine Schlägerei, folgt einem Taxi, in dem er eine hübsche junge Dame vermutet, bis in deren Haus, macht aus Versehen ihrem farbigen Dienstmädchen den Hof, bekommt eine gehörige Abfuhr und gerät zu guter Letzt in eine tumultartige Auseinandersetzung mit einem eifersüchtigen Ehemann. Chaplin konnte mit ein paar virtuosen Gags aufwarten – das erste von einer langen Reihe von Mißgeschicken mit einer Schwingtür und eine denkwürdige Meisterleistung, indem er rücklings einen Purzelbaum übers Treppengeländer schlägt und sich fast noch im Schwung seine Zigarette ansteckt, als er in Sitzpositur auf einem Sofa landet. Der Film hatte eine gewisse Bedeutung für Chaplins damaliges Privatleben. Bei der jungen Dame handelt es sich um die achtzehnjährige Peggy Pearce, Chaplins erste Hollywood-Liebe. Peggy war ein unerschütterlich tugendhaftes Mädchen und wohnte bei ihren Eltern. Chaplin fand, daß es für ihn noch zu früh war, ans Heiraten zu denken, und die Romanze war nicht von langer Dauer. Es existiert jedoch ein rührendes konkretes Erinnerungsstück: Über sechzig Jahre später fand Mrs. Walter Matthau in einem Trödelladen in Hollywood einen Silberpokal, den Chaplin und Peggy bei einem Tanzwettbewerb gewonnen hatten.

Cruel, Cruel Love [O grausame Liebe] bot Chaplin die Gelegenheit, das

Melodram zu parodieren. Als verstoßener adliger Freier leert er ein Glas Wasser in der Annahme, es handele sich um Gift, und in seinen vermeintlichen Todeskrämpfen befallen ihn Wahnvorstellungen von der Hölle. *The Star Boarder* [Der Lieblingsgast], der bezauberndste von diesen unter Sennetts Aufsicht entstandenen Filmen, wurde teilweise in Blumen- und Obstgärten gedreht und ist so schwungvoll und schlicht wie ein Comic-Strip. Charlie ist der Liebling der Wirtin (Minta Durfee), die vor der Nase ihres Ehemanns (Edgar Kennedy), der seine eigenen außerehelichen Ambitionen hat, mit ihm eine Liebschaft unterhält. Das wird alles von ihrem pfiffigen Sohn festgehalten, der – genau wie Chaplin zu Zeiten von *Sherlock Holmes* – stolzer Besitzer einer Boxkamera ist.

Mit diesen vier Filmen war Chaplin den ganzen März bis in den April hinein beschäftigt. In eben dieser Zeit machte sich Sennett mit seinen männlichen Stars – Chaplin, Arbuckle, Sterling und Conklin – zu einer Tanzhalle auf, wo sie den Klamaukfilm *Tango Tangles* [Tangoverwicklungen] improvisierten. Er handelt von den rivalisierenden Bemühungen der ersten drei Herren um die Gunst des Garderobenmädchens (Minta Durfee). Außer Conklin, der eine Uniform der Keystone-Cops anhat, tragen alle ihre guten Alltagssachen und keine Schminke. Sterling ist der Bandleader, Arbuckle einer seiner Musiker und der gutaussehende Chaplin ein beschwipster, glattrasierter Salonlöwe. Die echten Gäste sehen mit echter Belustigung zu, und zum Auftakt zeigt der Film die echten Schautänzer. Chaplin legt einen exzentrischen Tango aufs Parkett, und in den Kampfszenen, bei denen er drohend mit seinem vorgestreckten Hinterteil wackelt, gibt er schon einen Vorgeschmack auf seine faustkämpferischen Bemühungen von *The Knockout* [Der Knockout], *The Champion* [Der Champion] und *City Lights* [Lichter der Großstadt].

Als Sennett erkannte, daß Chaplin mit Nichols genauso wenig zurechtkam wie mit Lehrman, und auf der andern Seite feststellte, daß Chaplin und Mabel ein herzliches Verhältnis entwickelt hatten, beging er den Fehler, Mabel mit der Regie für den nächsten Film *Mabel at the Wheel* [Mabel am Steuer] zu betrauen, in dem sie und Chaplin die beiden Hauptrollen spielen sollten. Chaplin war von Anfang an nicht erfreut darüber, daß er von einem Mädchen Anweisungen erhalten sollte, das mehrere Jahre jünger war und zudem nichts von seiner Bühnenerfahrung hatte. Das glückliche Arbeitsverhältnis schwand bald dahin, als Mabel Chaplins Vorschläge genauso beiseite fegte wie zuvor Lehrman und Nichols.

In den vorangegangenen paar Monaten war Pearle White als Heldin in dramatischen Abenteuerfilmen zu Ruhm gelangt, und in der Woche, bevor die Dreharbeiten zu *Mabel at the Wheel* begannen, war sie auf Amerikas Leinwänden in der ersten Folge von *The Perils of Pauline* [Pauline in Gefahr], diesem berühmtesten aller Serienthriller erschienen. *Mabel at the Wheel* kopierte Pearl Whites Stil: Mabel war die Freundin eines Rennfahrers. Als dieser von einem Schurken entführt wird, setzt sich Mabel ans Steuer seines Wagens und gewinnt das Rennen. Untypischerweise ist Chaplin der Schurke. Er trägt einen grauen Gehrock mit Zylinder, sein Kinn zieren zwei Bartbüschel à la Ford Sterling. Er verfügt über eine großartige neue Requisite in Form eines Motorrads. In der ersten Szene benutzt er es, um mit Harry McCoy, dem Rennfahrer, um Mabels Gunst zu konkurrieren. Unglücklicherweise fällt Mabel vom Sozius in eine Pfütze, und da ist eine herrlich komische Stelle, wo Charlie hinter sich tastet und feststellt, daß sie weg ist.

Als Mabel, eingeschnappt wegen des Zwischenfalls mit der Pfütze, Charlie verläßt und sich Harry zuwendet, wird selbiger von Charlie und ein paar zwielichtigen Verbündeten entführt und in einen Schuppen eingesperrt. Dann versuchen sie, Mabel aus der Bahn zu bringen, die jetzt selbst am Steuer des Wagens sitzt. In einer Szene kippen Charlie und seine Freunde vor Mabels Auto Wasser und Öl auf die Straße. Während sie diese Szene drehten, erreichten die Schwierigkeiten zwischen den beiden ihren Höhepunkt. Chaplin schlug einen kleinen Gag vor, der etwas mehr Schwung in die Sache bringen sollte: Er wollte auf einen Schlauch treten, hineinspähen, um nachzusehen, warum kein Wasser kommt, dann seinen Fuß heben und sich vollspritzen lassen. Vielleicht wußte Mabel, daß dies – erwiesenermaßen – der älteste Kino-Gag war, er wurde von den Brüdern Lumière (die ihn von einem Comic-Strip hatten) in *L'Arroseur Arrosé* eingesetzt, in ihrem ersten Filmprogramm im Jahr 1896. Mabel fegte den Vorschlag beiseite. Chaplin weigerte sich weiterzuarbeiten und setzte sich an den Straßenrand. Mabel, der Liebling des Studios, war fassungslos, und die Männer des Teams waren drauf und dran, Charlie zu vermöbeln, weil er sie verärgert hatte. Chaplin selbst war Mabel sehr zugetan, aber »*das war meine Arbeit*«, wie er es bezeichnenderweise einmal ausdrückte. Nichts in seinem Leben hatte jemals Vorrang vor seiner Arbeit.

Sie machten Schluß für diesen Tag (es war bereits nach fünf) und kehrten zum Studio zurück. Sennett kochte, denn er reagierte höchst empfindlich auf jedes Mabel zugefügte Leid (seine turbulente und frustrierende Liebesaffäre mit ihr plagte ihn noch über ihren Tod hinaus bis an sein Lebensende). Man ging auf beiden Seiten davon aus, daß Chaplins Tage bei Keystone gezählt seien, Vertrag hin, Vertrag her. Chaplin war folglich am nächsten Tag von Sennetts und Mabels versöhnlicher Stimmung überrascht. Später erfuhr er, daß Sennett aus dem Osten Bestellungen für weitere Chaplin-Filme bekommen hatte, da die Einnahmen von den ersten bereits in die Höhe schossen. Chaplin erklärte sich damit einverstanden, *Mabel at the Wheel* unter Sennetts Aufsicht zu beenden, und nutzte die Gelegenheit, Sennett zu verkünden, daß er bereit und begierig sei, bei seinen Filmen selbst Regie zu führen. Chaplin zufolge hatte Sennett Bedenken, akzeptierte dann aber Chaplins Garantieangebot von 1500 Dollar – das Geld, das er seit seiner Ankunft in Kalifornien gespart hatte –, falls der Film sich als unaufführbar erweisen sollte.

Es ist nicht ganz klar, welcher Film als Chaplins Regiedebüt anzusehen ist. In seiner Autobiographie von 1964 nennt Chaplin *Caught in the Rain* [Im Regen ausgesperrt]. Doch am 9. August 1914 schickte er Sydney eine Aufstellung der Filme, in denen er während seiner sieben Monate bei Keystone mitgespielt hatte. Darin sind sechs Filme, bei denen er bereits Regie geführt hat, ganz ausdrücklich mit »Mein Eigener« gekennzeichnet. Es sind in der Reihenfolge ihrer Freigabe: *Twenty Minutes of Love* [Zwanzig Minuten Liebe] (gestartet am 20. April), *Caught in the Rain* (4. Mai), *Mabel's Married Life* [Mabels Eheleben] (20. Juni), *Laughing Gas* [Lachgas] (9. Juli), *The Property Man* [Der Requisiteur] (1. August) und *The Face on the Bar Room Floor* [Das Gesicht auf dem Boden der Bar] (gestartet am 10. August – einen Tag nachdem er die Liste an Sydney geschickt hatte).

Von nun an führte Chaplin bis zum Ende seines Keystone-Jahres bei allen Filmen, in denen er spielte, selbst Regie. Die einzige Ausnahme war der abendfüllende Film *Tillie's Punctured Romance* [Tillies gestörte Romanze], der unter der Regie von Mack Sennett entstand. Es ist bemerkenswert, daß Chaplin bei der Liste seiner eigenen Filme drei Filme nicht aufführt, die in vorliegenden Filmographien als Gemeinschaftsproduktionen mit Mabel Normand festgehalten sind: *Caught in a Cabaret* [In einer Spelunke ertappt] (27. April), *Her Friend the Bandit* [Ihr Freund, der Bandit] (4. Juni), (Chaplin führt diesen Film überhaupt nie auf, und es ist, soweit man weiß, keine Kopie erhalten) und *Mabel's Busy Day* [Mabels toller Tag] (13. Juni). Die vierte dieser angeblichen Gemeinschaftsproduktionen führt er dann allerdings auf: *Mabel's Married Life*.

Man kann verstehen, daß es Chaplin nach fünfzig Jahren entfallen war, daß er bei *Twenty Minutes of Love* Regie geführt hatte, oder vielleicht hat er den Film als Fingerübung unter den Tisch fallen lassen, da es der erste und einer

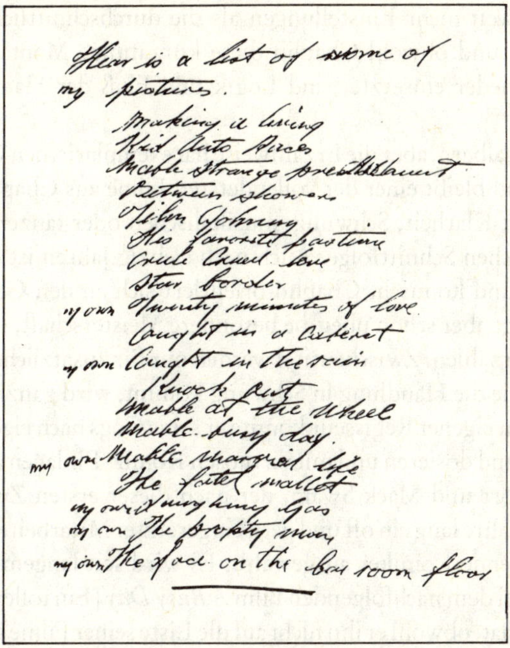
Hear is a list of some of
my pictures.
Making a living
Kid Auto Races
Mable Strange predicament
Between showers
Film Johnny
His favorite pastime
Cruel Cruel love
Star Border
my own Twenty minutes of love
Caught in a Caberet
my own Caught in the rain
Knock out
Mable at the wheel
Mable busy day
my own Mable married life
The fatel mallet
my own Laughing Gas
my own The Property man
my own The face on the bar room floor

1914 – Chaplins erste Filmographie,
von ihm selbst geschrieben im August 1914.

der unbedeutendsten »Park«-Filme war. Trotzdem sind da durchaus schon Ansätze der späteren Charlie-Figur vorhanden. Seine schelmische und kokette Art hat etwas Charmantes, und ein Anflug von Romantik fehlt auch nicht.

Es bestand keine Gefahr, daß Chaplin die bei einem Mißerfolg von *Caught in the Rain* fällige Garantiesumme zahlen mußte. Der Film erwies sich als einer der bislang besten und erfolgreichsten Keystones. Er ist mit der ganzen Sorgfalt eines Gesellenstücks gemacht. Chaplin hatte die Monate bei Keystone gut genutzt. Insbesondere hatte er die Schnittechnik studiert und die Puzzle-Methode der Filmmontage, die Sennett von Griffith übernommen hatte. Zusätzlich brachte er natürlich auch eine hochentwickelte Schauspieltechnik von Karno mit. Bereits in seinem ersten Film übertrifft die Inszenierung jeder Einstellung die besten Leistungen der Keystone-Regisseure oder ist ihnen zumindest ebenbürtig. Dieser erste Versuch zeigt deutlich, wie er die lineare Erzähl- und Montagemethode ganz bewußt anwendet. Die eine Rolle enthält weit mehr Einstellungen als die durchschnittlichen Keystone-Produktionen, und obwohl Chaplin diese kurzatmige Montage im Stil von Griffith nie wieder einsetzte, sind Logik und Fluß der Handlung bewundernswert.

Die Story ist albern, aber die Erzählweise hat exemplarischen Charakter, und der Film ist und bleibt einer der vollendetsten Filme aus Chaplins Keystone-Jahr. Er besitzt Klarheit, Schwung, musikalischen oder tänzerischen Rhythmus in der raschen Schnittfolge. Auch nach siebzig Jahren ist er immer noch unterhaltsam und komisch. Chaplin orientiert sich an den Grundregeln des Studios, verfügt aber schon über die besondere Meisterschaft, eine Geschichte in Bildern zu erzählen. Zwischentitel werden nur für zusätzliche Lacher eingesetzt, und sowie die Handlung in Schwung kommt, wird gänzlich darauf verzichtet. Als sein eigener Regisseur konnte er seine Gags nach eigenem Gutdünken plazieren und dosieren und mit virtuosen Komik-Einlagen aufwarten. Mit Alice Davenport und Mack Swain, der nach dieser ersten Zusammenarbeit mehr als zehn Jahre lang ein oft und gern eingesetzter Mitarbeiter blieb, hatte er sich hervorragende Komiker ausgewählt. Es wird seit langem angenommen, daß Chaplin bei dem nachfolgenden Film *A Busy Day* [Ein toller Tag] ebenfalls Regie geführt hat, obwohl er ihn nicht auf die Liste seiner Filme setzte, die er im August 1914 an Sydney schickte. Da er erst drei Monate zuvor gedreht worden war, schätzte er ihn eindeutig nicht sonderlich hoch ein. Der Film ist zweifelsohne eine von Sennetts Billigproduktionen – er ist nur eine halbe Rolle lang – aber er stellt gleichwohl eine Kuriosität dar. Sennett hat sich für diesen Film einmal mehr ein Ereignis – in diesem Fall eine Militärparade – zunutze gemacht, das die spektakuläre Kulisse liefern sollte, und das komische Geschehen spielt sich bei einem Musikpavillon und einer Tribüne ab.

Zum ersten Mal (insgesamt waren es drei) in seiner Filmlaufbahn ist Chaplin als Frau verkleidet. In *The Masquerader* und *A Woman* [Eine Frau] verlangte das Drehbuch, daß er sich als verführerische, schicke Dame verkleidete. Hier nun stolziert er quer durch den ganzen Film als zornige kleine Proletarierfurie – fast eine Pantomimen-Dame, die mit ihrer Musspritze um sich schlägt, sich sehr unfein die Nase in den Rock schneuzt, vorbereitend ihr Gewand rafft und einen wilden Luftsprung macht, bevor sie irgendeinem Opfer nachsetzt. Sie und ihr Ehemann Mack sind Zuschauer bei einer Parade. Mack läuft einer hübscheren Frau nach. Die Ehefrau nimmt die Verfolgung auf, kämpft unterwegs mit mehreren Polizisten und kommt einem Filmkameramann in die Quere, ähnlich wie Charlie in *Kid Auto Races.* Nach zahllosen Scharmützeln und Schlägereien tut Mack dann das einzig Vernünftige, indem er sie in den Hafen stößt, wo sie in einem Strudel von Blasen versinkt. Abgesehen von Chaplins ungewohnter Verkleidung ist der Film wegen seiner Technik bemerkenswert. Ob nun Chaplin selbst Regie geführt hat oder nicht, der Film sieht ganz nach einer Fingerübung aus, in der es um die Verbindung von Einstellungen geht. Ein ums andere Mal wird der gleiche Effekt wiederholt: jemand wird aus einer Einstellung hinausgeworfen und landet in einer andern Einstellung, zum Beispiel:

8 Regisseur wirft Ehefrau nach links aus dem Bild.
9 Rückseite des Pavillons. Ehefrau wird von rechts ins Bild geworfen und haut einen Polizisten um. Der Polizist wirft sie wieder rechts aus dem Bild.
10 Wie 8. Ehefrau wird von links ins Bild geworfen. Sie rappelt sich auf und fängt an, vor der Filmkamera zu posieren. Der Regisseur wirft sie wieder nach rechts aus dem Bild.
11 Rückseite des Pavillons. Ehefrau wird hereingeworfen, rechte Bildseite, und landet im Pavillon.

Fünfzig Jahre später legte er es dem alten George Nichols im Nachhinein als erhebliche Schwäche aus, daß er nur diesen einzigen Filmtrick kannte, der darin bestand, daß Leute aus einer Einstellung in eine andere geworfen wurden. Trotzdem war es für einen Komödienregisseur sehr nützlich, sich mit der Verbindung von Einstellungen zu befassen.

In *The Knockout*, Regie Charles Avery, spielt Chaplin eine zweiminütige Nebenrolle als Ringrichter bei einem Boxkampf zwischen Roscoe Arbuckle und Edgar Kennedy. Er liefert einen lebhaften kleinen Auftritt, der schon *The Champion* und *City Lights* vorwegnimmt. Chaplin wirbelt fast wie ein Balletttänzer durch den Ring und bringt neue Gags, deren Raffinesse dem Rest des Films abgeht. Schlimmer zugerichtet als die Faustkämpfer geht er zu Boden, schleppt sich an den Seilen durch den Ring und zählt schließlich den Verlierer im Sitzen aus.

Chaplins Name hatte inzwischen schon soviel Zugkraft, daß Keystone *The Knockout* als einen Chaplin-Film ankündigte. Es läßt sich nicht mehr feststellen, ob er ganz bewußt wegen seiner Kassenwirksamkeit in die Besetzung aufgenommen wurde oder weil es bei Keystone einfach üblich war, jedes verfügbare Talent jederzeit einzusetzen. Mehr als fünfzig Jahre später erzählte Chaplin einem Interviewer, daß er sogar kleine Nebenrollen als Cop in Keystone-Filmen gespielt hatte, doch bislang konnte keiner dieser Auftritte ausfindig gemacht werden.

Wenn wir Chaplins Kennzeichnung seiner Filme in seinem Brief an Sydney akzeptieren, können wir *Mabel's Busy Day* außer acht lassen. Dieses grobe, derbe kleine Opus wurde zum Teil bei einem Rennen gedreht, zum andern Teil im Studio, und es gilt allgemein als eine Gemeinschaftsarbeit von Chaplin und Mabel. Der Film liefert uns ein Zeugnis von Chaplins wachsender Popularität. In *Kid Auto Races* zeigen die normalen Zuschauer der Sportveranstaltung wenig Interesse für die Arbeit des Filmteams. In *Mabel's Busy Day* sieht man im Hintergrund eine riesige Menschenmenge, die mit Seilen von den Schauspielern abgetrennt ist. Wenn Chaplin mit von der Partie war, hatte das Sennett-Team es offenkundig nicht nötig, sich Zuschauer ›auszuleihen‹, die zu der Sportveranstaltung gekommen waren. Chaplins Anwesenheit allein reichte aus, so viele Zuschauer anzuziehen, wie für einen spektakulären Hintergrund gebraucht wurden.

In den folgenden sechs Monaten führte Chaplin bei sechzehn Filmen Regie, vier davon Zweiakter mit einer Spieldauer von einer halben Stunde. Sie sind von unterschiedlicher Qualität. Einige sind Billigproduktionen, andere Skizzen von Ideen, die er später ausführte und verfeinerte. Aber man kann nur staunen, mit welcher Schnelligkeit er es zu wahrer Meisterschaft brachte.

Mabel's Married Life ist ebenso gekonnt wie *Caught in the Rain*, hat weniger Spannung im Schnitt, dafür mehr Muße für Gags und Charakterschattierungen. Der Film wurde zum Teil in einem Park und zum Teil in der Studiokulisse gedreht. Es geht um den Ärger, den Mack, ein strammer Don Juan, verursacht. Er verhöhnt Charlie und stellt Charlies Ehefrau Mabel nach. Mabel kauft ein Boxer-Dummy, damit Charlie sich in Kondition bringen kann. Als Charlie betrunken nach Haus kommt, hält er die Puppe für seinen Rivalen und schlägt zu. Der Film enthält viel Charakterkomik: Charlies Blick abgrundtiefer Mißbilligung, der jäh abgeschnitten wird, als ihn die Schwingtüren des Saloons umhauen; der Kennerblick, mit dem er Macks strammes Hinterteil abschätzt, bevor er es mit Stiefel und Stock traktiert; seine Panik, als er mit einem unerklärlichen Geruch konfrontiert wird.

Seine nächsten drei Filme knüpfen wieder auf unterschiedliche Weise ans Vaudeville an. Zahnärzte lieferten unerschöpfliches Material für Music-Hall-Scherze, und in *Laughing Gas* werden die komischen Möglichkeiten durchgespielt, die sich ergeben, wenn der Assistent den Zahnarzt vertritt. In *The Property Man* [Der Requisiteur] ist Charlie Requisiteur in einem Vaudeville-

Theater, das von grotesken und übermäßig temperamentvollen Künstlern bevölkert ist. Zeitgenössische Kritiker waren von der Grausamkeit schokkiert, mit der der Requisiteur seinen betagten und altersschwachen Assistenten behandelt; und sie waren gleichermaßen schockiert von der infantilen Unanständigkeit einer Szene, in der er vorne in seiner Hose einen Krug mit Bier versteckt und sich dann unvorsichtigerweise vorbeugt. Mit einem kurzen um Verständnis bittenden Blick zum Zuschauer schüttelt er die Flüssigkeit zaghaft sein Hosenbein hinunter. *The Face on the Bar Room Floor* [Das Gesicht auf dem Boden der Bar] ist eine Parodie im Stil von *Casey's Court Circus*, technisch der uninteressanteste von Chaplins Filmen – über weite Strecken wechseln sich endlose Zwischentitel und lebende Bilder ab, eine komische Illustrierung von Hugh Antoine d'Arcys ergreifender und später dann populärer Ballade von enttäuschter Liebe. Bei diesen und den nächsten beiden Filmen hat man den Eindruck, daß Chaplin auf der Stelle trat: *Recreation* [Erholung] ist ein schnell improvisierter »Park«-Film. *The Masquerader* [Die Maskerade] ist simpler Klamauk, der in einem Filmstudio spielt, eigentlich nur erwähnenswert, weil er einen Blick hinter die Kulissen auf die Keystone-Truppe gestattet und wegen Chaplins zweiter Frauenrolle.

In seinen letzten drei Monaten bei Keystone machte Chaplin zehn Filme. Improvisationen wie *His New Profession* [Sein neuer Beruf], *Those Love Pangs* [Liebesqualen], *Gentlemen of Nerve* [Männer ohne Nerven], *Getting Acquainted* [Man lernt sich kennen] wechselten sich ab mit aufwendiger inszenierten Filmen, die wie Skizzen für zukünftige Filme wirken. *The Rounders* [Die Zechtouristen], in dem er mit Roscoe Arbuckle zusammen spielte, ist eine Rückschau auf Chaplins ganze Galerie der Trunkenbolde von Karno bis Keystone, und eine Vorschau auf *A Night Out* [Eine durchzechte Nacht] und letztendlich auf die nächtlichen Kneipentouren des Tramps mit dem Millionär in *City Lights*. *The New Janitor* [Der neue Hausmeister] ist die Vorlage für *The Bank* [Die Bank]. Zwischen der Uraufführung von *The Rounders* und *The New Janitor* liegen nur siebzehn Tage, doch in diesem kurzen Zeitraum hat Chaplins Kunst offenbar einen großen Sprung nach vorn getan, sowohl hinsichtlich seiner Filmsprache als auch in bezug auf das Verständnis der Figur, die sich hinter der Maske und im Kostüm des Tramps entwickelte. Der Film hält sich an die Grundregeln von Keystone, indem er nur acht statische Kamerapositionen benutzt, doch Chaplin formt aus seinem Material eine brillante kleine Story, klar, präzise, mit Dramatik, Spannung und Gefühlsregungen, die tiefer gehen als die Techtelmechtel vom Westlake Park. Aus dem gefilmten

Comic-Strip *Caught in the Rain* ist komisches Theater geworden. Anstelle der linearen Erzählweise, die ein Handlungselement nach dem andern aneinanderreiht, wird durch den Schnitt eine echte Dynamik im Griffith-Stil geschaffen. Gags und Charakterschattierungen werden ohne die typische Keystone-Hast entwickelt und in die Geschichte integriert. Chaplin offenbart seine scharfe Beobachtungsgabe: der kurze liebevolle Blick der Sekretärin auf den im Flur hängenden Strohhut des Managers enthüllt eine ganze verflossene Liebschaft.

Chaplins Ehrgeiz hatte zur Folge, daß er sein Budget von 1000 Dollar für *Dough and Dynamite* [Teig und Dynamit] überzog. Ein besorgter Sennett behielt die 25 Dollar ein, die Chaplin als Regiehonorar zustanden, und kam zu dem Schluß, daß er den Verlust nur wieder wettmachen konnte, wenn er den Film als Zweiakter herausbrachte. Seine Sorge war unbegründet: Der Film erwies sich als eine der einträglichsten Keystone-Produktionen. Die Geschichte ist einfach: Charlie und Chester sind Kellner in einer Teestube und kümmern sich um die Bäckerei, als die Bäcker streiken. Die niederträchtigen Streikenden verstecken Dynamit in einem Brotlaib, bevor er in den Ofen geschoben wird, und sprengen so den ganzen Laden in die Luft. Die Geschichte liefert in erster Linie den Vorwand für alle erdenklichen Scherze, die sich mit klebrigem Teig und Mehlwolken treiben lassen, aber der Film zeigt, wie Chaplin die Studiokulissen und die beschränkten Kamerapositionen immer ausgeklügelter einzusetzen weiß.

Zu diesem Zeitpunkt hatte Chaplin sich noch nicht auf eine feste Methode des Filmemachens festgelegt. Seine Technik in *His Musical Career* [Seine musikalische Karriere], einem hübschen Film, der Laurel und Hardys sechzehn Jahre später gedrehtem Film *The Music Box* als Vorlage diente, steht stilistisch in starkem Kontrast zu *Dough and Dynamite*. Die einzige Rolle enthält nur siebenundzwanzig Einstellungen; normalerweise benutzten Chaplin und die anderen Keystone-Regisseure in einem Film gleicher Länge bis zu neunzig Einstellungen. Genau wie später Buster Keaton umging er die damals beliebte Schnittpraxis, weil er erkannte, daß jede Einstellung Spielraum für die Entfaltung seiner Komik bieten mußte. Er erklärte schon zu diesem frühen Zeitpunkt, daß Schneiden keine Verpflichtung sei, sondern eine Möglichkeit.

Der letzte Keystone-Film, bei dem Chaplin Regie führte und in dem er selbst spielte, war *His Prehistoric Past* [Seine prähistorische Vergangenheit]. Er wurde am 7. Dezember 1914 gestartet. Die Entdeckung des sogenannten Piltdown Man, des Eoanthropus Dawsoni, im Jahre 1912 und einiger Neandertaler-Teile etwa um die gleiche Zeit hatte in der Öffentlichkeit ein plötzliches Interesse für die urzeitlichen Vorfahren des Menschen geweckt, und das Thema wurde von jedem populären Cartoonisten und von nicht wenigen Filmkomikern ausgeschlachtet. In Chaplins Film, der an *Jimmy the Fearless* erinnert, bildet ein Traum den Handlungsrahmen. Charlie schläft auf einer Parkbank ein und träumt, daß er Weakchin, der Höhlenmensch, ist. Weakchin kriegt Ärger, als er mit der Lieblingsfrau des Harems von King Lowbrow (Mack Swain) anbändelt. Als der König ihm schließlich das Handwerk legt, bekommt er mit einem Felsbrocken nachdrücklich eins über den Schädel gezogen – und wacht wieder auf der Parkbank auf, wo ein Polizist ihn unsanft schüttelt.

Tillies Punctured Romance, der drei Wochen vorher gestartet wurde, war der letzte Film, in dem Chaplin unter fremder Regie auftrat (wenn wir einmal zwei oder drei Gastauftritte in den zwanziger Jahren außer Betracht lassen). Es war auch das erste und einzige Mal in seiner Filmlaufbahn, daß er neben einem anderen Star eine Nebenrolle spielte. Vielleicht läßt sich damit erklären, daß er den Film in seiner Autobiographie so lakonisch abtat, obwohl es sein erster abendfüllender Film war, der zudem wesentlich dazu beitrug, daß er beim Kinopublikum zu einem Begriff wurde. »Es war angenehm, mit Marie (Dressler) zu arbeiten, aber ich glaube nicht, daß der Film viel taugte. Ich war heilfroh, wieder selbst Regie führen zu können.«

Es handelte sich um die allererste abendfüllende Filmkomödie. Zuvor hatte auf der ganzen Welt kein Film auch nur ein Drittel der Länge dieses Films: sechs Rollen (neunzig Minuten Spieldauer). Vielleicht hatten Rivalitätsgefühle Sennett zu diesem kühnen Unternehmen getrieben: D. W. Griffith, sein Partner in der Triangle Film Corporation, nahm zu der Zeit *The Birth of a Nation* in Angriff. Außerdem war das Projekt von dem damals herrschenden Trend »berühmte Schauspieler in berühmten Schauspielen« beeinflußt, das heißt, man holte sich Stars und Requisiten von den New Yorker Bühnen. Es lag nahe, daß Sennett auf der Suche nach einem Theatererfolg, den er verfilmen konnte, auf *Tillie's Nightmare*, eine Musical Comedy von Edgar Smith und Baldwin Sloane, verfiel. Die 1910 geschriebene Komödie hatte eine lange und triumphale Spielzeit am Broadway gehabt, und ihr Star, Marie Dressler, war Amerikas größte Komikerpersönlichkeit in der Zeit vor dem Ersten Weltkrieg. Außerdem mag Sennett persönliche Zuneigung für die Dressler empfunden haben, weil sie ihm in seinen jungen Jahren weitergeholfen hatte.

Es ist sehr gut möglich, daß Sennett Miss Dressler ursprünglich mit einem neuen Stoff auf der Leinwand groß herausbringen wollte. In seinen (unzuverlässigen) Erinnerungen spricht er davon, daß seine Autoren sich ein paar Wochen lang mit einem Drehbuch abgemüht hatten, während Marie schon ihre Gage von 2500 Dollar pro Woche bezog, bis man dann doch beschloß, *Tillie's Nightmare* mit einem neuen Titel versehen zu verfilmen. Daraufhin ging die Arbeit schnell voran, wie er sich erinnert, obwohl es bis dahin noch keine vierzehnwöchige Produktionszeit im Studio gegeben hatte.

Um hohe Einnahmen an den Kinokassen zu sichern, lag es nahe, neben Marie Dressler die beiden Topstars des Studios, Chaplin und Mabel, einzusetzen. Schon damals gab es ein riesiges internationales Kinopublikum, dem aber selbst die größten Koryphäen des Broadway völlig unbekannt waren. In ihren eigenen Memoiren stellt Marie die Dinge ziemlich anders (und offenkundig falsch) dar: »Ich ging aufs Studiogelände und sah mich um, bis mein Auge auf Charlie Chaplin fiel, der damals unbekannt war. Ich wählte ihn aus und auch Mabel Normand ... Ich glaube, man wird mir allgemein zustimmen, daß ich einen guten Riecher habe, denn damit bekam Charlie Chaplin überhaupt erstmalig eine echte Chance.« Marie war eindeutig keine Kinogängerin. Wie auch immer, der gewaltige Erfolg des Films machte ihn zu einem Meilenstein in Chaplins Karriere. Er lief am 14. November 1914 an, erhielt eine wohlwollende Presse und wurde von der Öffentlichkeit ekstatisch gefeiert; und er wurde immer wieder gezeigt und taucht auch heute noch ab und zu in Kinos auf, allerdings in verstümmelten, verfälschten und nachträglich mit Ton versehenen Fassungen.

Teile des Films verraten den Bühnenursprung – die Figuren ergehen sich in (natürlich nicht hörbaren) Gesprächen und Monologen – aber sowie die Handlung in Schwung kommt, vor allem in der abschließenden Verfolgungsjagd, schöpft Sennetts Regie den ordinären, derben Klamauk mit sicherer Hand bis ins Letzte aus. Der Film verdankt der Bühnenfassung allerdings auch eine gewisse Substanz in bezug auf Handlung und Charaktere. Hinter der extravaganten Slapstickfarce verbirgt sich die ganz realistische und zu Herzen gehende Geschichte eines einfältigen, gutmütigen Mädchens vom Lande, das von einem nichtsnutzigen Gauner betrogen wird. Dresslers warme Persönlichkeit vermittelt sich ganz direkt, wenn auch Chaplin und Normand mit ihrer Leinwanderfahrung unbestreitbar im Vorteil sind. In einigen Momenten nimmt Chaplin in seiner Darstellung des gewandten, komischen, herzlosen Abenteurers Verdoux vorweg – allerdings hätte Verdoux die Lakaien und den affektierten Gast auf einer Party niemals so beleidigen können, wie Chaplin es hier tut.

Von seinen Anfängen als Regisseur bis zu seinem Weggang von Keystone ist so gut wie nichts über Chaplins Privatleben bekannt – einfach deshalb, weil er praktisch nur seiner Arbeit lebte. Er war von dem neuen Medium fasziniert und von der Aufgabe, es zu meistern, voll und ganz in Anspruch genommen. In der Tat: »Das war meine Arbeit.« Seine ganze Laufbahn hindurch wiederholte sich das Muster: wenn er an einem Film arbeitete, war von dem privaten Charlie so gut wie nichts mehr übrig.

Im damaligen Hollywood war ein unauffälliges Privatleben gar nichts so Ungewöhnliches. Publizisten schickten sich zwar schon an, Geschichten von der Munterkeit und dem ausschweifenden Leben der Filmwelt zu verbreiten, um die Sensationslust der Fans zu befriedigen, aber das Leben in Hollywood dürfte ein Großteil der Zeit ruhiger gewesen sein, als man es uns weismachen will. Wie in jedem anderen erfolgreichen Studio machten die Filmleute regelmäßig Überstunden und arbeiteten sechs Tage in der Woche. Für Vergnügungen blieb wenig Zeit. Wir wissen um Chaplins sonntägliche Besuche bei Peggy Pearce. Er erinnert sich, daß er Mabel Normand einmal geküßt hat, als sie zu einem Wohltätigkeitsauftritt unterwegs waren, aber es ergab sich nichts daraus: Mabel erklärte, er sei nicht ihr Typ und sie nicht seiner. Und außerdem hatten beide ihre Treuepflichten gegenüber Sennett. Chaplin und Sennett entwickelten zweifellos ein herzliches Verhältnis. Chaplin erzählt, daß Sennett ihn sozusagen adoptiert hatte und sie jeden Abend zusammen aßen.

Während seiner ersten Monate bei Keystone wurde er so gesellig, daß es ihn selbst überraschte. Es war wohl auch kaum möglich, dem ausgeprägten Temperament und der Gutmütigkeit der Keystone-Leute zu widerstehen. Hans Koenekamp erinnert sich, daß »ein ganzer Haufen von denen, auch Schauspieler, mit angepackt haben, wenn eine Kulisse oder sowas gebaut werden mußte«. Wie die andern pflegte Chaplin auf dem Weg zurück zu seinem Hotel in der Alexandria Bar vorzubeizuschauen. In seiner Anfangszeit in Hollywood ging er auch gerne mit den andern zusammen zu Wettkämpfen.

Doch später im Jahr muß dann die Konzentration auf die Arbeit im Vordergrund gestanden haben. Wie schon bei der Karno-Truppe werteten einige seiner Kollegen seine Entrücktheit als Zeichen dafür, daß er ungesellig und hochnäsig war. Selbst Hans Koenekamp fand, daß er gegen Ende seiner Keystone-Zeit »ein großes Tier wurde. Und seine politischen Ansichten waren ein bißchen gewagt.« Chaplins freiheitsliebende Natur hat anscheinend schon so früh Verdacht erregt.

Chaplin lebte weiter im Hotel und war sehr sparsam. Seine einzige größere

Ausgabe tätigte er, als er am 10. Februar mit der English Motor Car Company einen Vertrag unterschrieb, um für fünf Monate einen 1912er Kissell Kar Roadster zu mieten. Das kostete ihn 300 Dollar in bar und weitere 100 Dollar pro Monat.

Weder Sennett noch die Keystone-Manager noch Chaplin selbst konnten die Publikumswirkung der ersten Filme vorausgesehen haben. *Wir* können jetzt auf die ersten paar Keystone-Filme zurückblicken und eine rohe, unvollendete Form und die erste tastende Suche nach einer Leinwandfigur sehen. Für die damaligen Zuschauer aber schlugen die Filme wie eine Bombe ein. Chaplin hatte von Anfang an eine neuartige Beziehung zu den Zuschauern geschaffen, eine neuartige Reaktion hervorgerufen, die niemand je zuvor im Film oder in irgendeinem anderen Medium hervorgerufen hatte.

In England liefen die ersten Chaplin-Filme im Juni 1914. Die Keystone-Gesellschaft, die das Phänomen bereits in Amerika mitverfolgt hatte, machte Reklame:

SIND SIE AUF DEN CHAPLIN-BOOM VORBEREITET?

So einen Blitzerfolg sah die Welt noch nie
Chas Chaplin, der berühmte Karno-Komiker
bei Keystone Comedies
Fast alle Filmtheater-Besitzer von Rang und Namen
bringen jeden Film heraus, in dem er auftritt
Nach den ersten Aufführungen ist eine Riesennachfrage
nach Kopien zu erwarten.

Die ersten sieben Filme wurden der Fachpresse vorgeführt, und am 25. Juni konnte Keystone stolz die ersten Kritiken abdrucken. *Kine Weekly* berichtete:

> Wir haben sieben Chaplin-Filme gesehen, und jeder einzelne war ein Triumph für den einstigen Helden der ›Mumming Birds‹, der mit einem Satz in der vordersten Reihe der Filmkomiker gelandet ist.

The Cinema urteilte ebenso positiv:

> *Kid Auto Races* ist wohl so ziemlich der komischste Film, den wir jemals sahen. In der Folge war Chaplin dann in noch ehrgeizigeren Sujets zu sehen, und wir wurden in unserer Meinung bestärkt, daß man bei Keystone den Fang aller Zeiten gemacht

hat. Chaplin ist ein geborener Leinwandkomiker. Er führt uns Dinge vor, die wir noch nie auf der Leinwand gesehen haben.

Sennett und Chaplin war gleichermaßen bewußt, daß Chaplins Wert sich rasch steigerte. Chaplin erinnert sich, daß er und Sennett ungefähr zur Zeit des Kriegsausbruchs in Europa über die Verlängerung seines Vertrags sprachen. Chaplin verkündete, daß er für ein weiteres Jahr 1000 Dollar pro Woche haben wollte, worauf Sennett ihm entgegenhielt, das sei mehr, als er selbst verdiene. Chaplin machte ihn darauf aufmerksam, daß die Zuschauer nicht wegen Sennetts Namen vor den Kinos Schlange standen, sondern seinetwegen. Sennett konterte, indem er darauf hinwies, daß Ford Sterling bereits bereue, daß er beschlossen hatte, Keystone zu verlassen, worauf Chaplin erwiderte, daß *er* nur einen Park, einen Polizisten und ein hübsches Mädchen benötigte, um eine Komödie zu machen.

Sennett beriet sich anscheinend mit Kessel und Baumann und kam mit einem Gegenvorschlag zu Chaplins Forderung von 1000 Dollar pro Woche wieder. Er bot ihm einen Dreijahresvertrag an: wöchentlich 500 Dollar im ersten Jahr, 750 Dollar im zweiten und 1500 im dritten, mit sofortiger Wirkung. Chaplin erklärte sich einverstanden, vorausgesetzt die Bedingungen würden genau umgedreht: 1500 Dollar im ersten Jahr, 750 Dollar im zweiten und 500 im dritten. Chaplins krause Logik verblüffte Sennett offenbar derartig, daß er die Sache fallenließ.

Chaplin wußte genau, daß es Zeit war weiterzuziehen. Und am Sonntag, den 9. August – fünf Tage nach Kriegsausbruch in Europa und vermutlich unmittelbar nach seinem Gespräch mit Sennett – macht er sich daran, einen seiner seltenen Briefe an Sydney in London zu schreiben:

Los Angeles Athletic Club,
Los Angeles, Calif.
Sonntag, 9. Aug.

Mein lieber Sid,

Dir ist gewiß klar, wer Dir hier schreibt. Ja. Es ist wirklich Dein Bruder Chas. nach all den Jahren, aber Du mußt mir verzeihen. Die Filme nehmen meine ganze Zeit in Anspruch. Ich schreibe, führe Regie und spiel in ihnen und das hält einen auf Trab, da kannst Du sicher sein. Also, Sid, ich habs geschafft. Alle Film-Theater bringen meinen Namen in großen Buchstaben, z. B. ›Chas Chaplin – heute hier.‹ Ich sag Dir, ich bin ein großer Kassenschlager hierzulande. Alle Manager erzählen mir, daß ich pro Woche 50 Briefe von Männern und Frauen aus der ganzen Welt bekomme.

Es ist wunderfoll wie populär ich bin, nach so kurzer Zeit und nächstes Jahr will ich einen Haufen Kohle machen. Ich hab schon alle möglichen Angebote gekrigt für 500 die Woche mit 40 % Beteiligung, was auf eine Gage von ungefähr 1000 pro Woche hinauslaufen würde. Mr. Lowe *(sic)**, der große Kino-Mann hier, hat mir einen Vorschlag gemacht, und das soll eine todsichere Sache sein, und zwar soll ich eine Lustspielgesellschaft gründen, und er will mir entweder eine wöchentliche Gage geben oder 50 % Beteiligung. Das ist auf jeden fall eine sichere Sache, meine Anwälte kümmern sich um die ganze Angelegenheit, natürlich warte ich noch, bis mein Vertrag bei den Keyst.-Leuten zu Ende ist, und wenn die mit was Besserem kommen, dann bleib ich wo ich bin. Diese Marcus Lowe Geschichte ist absolut sicher ich hab eine Verkaufsgarantie in allen seinen Kinos und verkauf dann an die andern. Ich schreib Dir dann in meinem nächsten Brief alles ganz genau darüber. Er finanziert die ganze Sache, wenn's soweit kommt, das bedeutet Millillionen für uns. Mr. Sennett ist in New York. Er hat gesagt, er schreibt Dir und macht Dir ein Angebot. Ich hab ihm gesagt, Du wärst großartig für den Film natürlich hat er Dich noch nicht gesehen und kann nur nach dem gehen, was ich ihm gesagt hab. Er hat gesagt, er gibt Dir für den Anfang 150. Ich hab ihm gesagt, soviel krigst Du jetzt schon und Du würdest nicht daran denken, für so einen Betrag hierher zu kommen. Wenn Du's aber annehmen willst, dann unterschreib nichts längerfristiges weil ich Dich bei mir haben möchte, wenn ich anfange. Ich könnte Dir 250 mit der linken Hand verschaffen, aber natürlich müßtest Du einen Vertrag unterschreiben. Vielleicht kannst Du für drei Monate für Keystone hier rüberkommen, das wär schön, und dann machen wir beide unsre eigene Sache. Du wirst von Sennet *(sic)* hören, aber komm nicht für *weniger als 175, klar*? Es wird Dir hier draußen gefallen, es ist ein wunderschönes Land und die frische Luft tut mir unglaublich gut. Ich hab einen Haufen gute Freunde gefunden hier und gehe auf alle Partys usw. Ich wohne im besten Club der Stadt, wo alle Millionäre hingehören ich führ hier wirklich ein gutes gesundes Leben. Mir geht's gut. Ich hab mein eigenen Kammerdiener, ich hab mich ganz schön rausgemacht, was? Mein Geld spar ich immer noch und ich hab inzwischen 4000 Dollar auf einer Bank, 1200 auf einer andern, 1500 in London, gar nicht so schlecht für 25 und immer noch gut beieinander gottseidank. Sid, es dauert nicht mehr lange und wir sind Millionäre. Ich bin gesünder als je zuvor und werde dicker. Also Du mußt mir erzählen, wie's Mutter geht und vergiß nicht mir zu schreiben, bevor Du irgendeinen Vertrag unterschreibst, weil da eine andre Firma ist, die Dir 250 zahlt. Die haben mich gewollt und ich hab ihnen von Dir erzählt, weil ich natürlich nicht meinen Vertrag brechen kann. Mr. Sennett ist ein wunderbarer Mensch und wir sind dick befreundet, aber Geschäft ist Geschäft. Natürlich weiß er nicht, daß ich weggehe und daß ich diese ganzen Angebote bekommen habe, erzähl also nichts davon, das könnte wieder hier ankommen, man kann nie wissen. Ich möchte

* Marcus Loew (1870–1927), Amerikanischer Kino-Magnat und Mitbegründer von MGM, die lange von Loews Inc. kontrolliert wurde.

Sennett nicht gerne krenken er hält große Stücke auf mich. Also das Geld für Mutter, glaubst Du, ich kann's Dir ohne Probleme schicken, solange Krieg ist, oder meinst Du es ist besser, wenn Du mein Anteil bezahlst und wir klären das dann später? Wenn ich weiß, daß das Geld auch ankommt, schick ich's auch. Schreib mir in Deinem nächsten Brief, was ich machen soll. Ich hoffe Du mußt da drüben nicht in den Krieg. Dieser Krieg ist schrecklich. Also das waren so in etwa die wesentlichen Neuigkeiten. Ich hab gerade einen sechs Rollen Film mit Marie Dressler beendet, der amerikanische Star und ich. Den zu machen hat 50 000 gekostet und ich hab den ganzen Film geschmissen. Das war der beste, den ich bislang gemacht hab. Ich muß jetzt langsam aufhören, weil ich Hunger krige. Grade in dieser Sekunde sagt mir mein Diener, daß Freunde heute mit mir mit dem Automobil spazierenfahren wollen, geh also zum Abendessen an den Strand. Gute Nacht Sid. Liebe Grüße an Minnie

Dein Dich liebender Bruder
Charlie

5

Essanay

Sydney traf Anfang November 1914 ein, um seine Arbeit bei Keystone aufzunehmen. Er erfand für sich eine Figur namens »Gussle«. Grotesk birnenförmig ausgestopft, trug er einen merkwürdigen kleinen schiffchenförmigen Hut, einen Schnurrbart, eine enge Jacke und einen Stock; gewissermaßen eine Hommage an seinen jüngeren Bruder. Sein erster Film, der im Dezember gestartet werden sollte, hieß *Gussle the Golfer.* Und was Charlie betraf – so war aus dem Vorschlag von Loew, den er in seinem Brief an Sydney erwähnt hatte, letztendlich doch nichts geworden. Als Sydney nach Kalifornien kam, hatte Charlie immer noch kein einziges festes Angebot von irgendeinem andern Studio, und er war nervös. Der scheinbare Mangel an Interesse mag tatsächlich die oft wiederholten Geschichten bestätigen, daß Sennett die größten Anstrengungen unternommen hatte, um zu verhindern, daß Vertreter anderer Filmgesellschaften an Charlie herankamen, in der Hoffnung, daß dieser schließlich soweit zermürbt wäre, daß er Keystones Angebot von 400 $ pro Woche annahm. Chaplin spielte mit dem Gedanken, eine eigene Produktionsgesellschaft zu gründen, aber Sydney – für den sowohl das Filmgeschäft als auch seine Gage von 200 $ etwas verwirrend Neues waren – war dagegen.

Schließlich jedoch empfing Chaplin einen Abgesandten der Essanay Film Manufacturing Company of Chicago, in der Person von Jesse Robbins, der als Produzent und Regisseur bei der Firma arbeitete. Der Name »Essanay« entstand aus den Anfangsbuchstaben der Nachnamen der Firmengründer, George K. Spoor und G. M. Anderson. Spoor war in Chicago als Kinobesitzer und Filmverleiher ins Filmgeschäft eingestiegen; Anderson (1882–1971), ursprünglich Max Aronson, kam als Schauspieler in *The Great Train Robbery* (1903) zum Film und wurde später als Broncho Billy der erste Cowboy-Star des Kinos. Spoor und Anderson taten sich im Februar 1907 zusammen und gründeten die Essanay, als Firmenzeichen wählten sie einen Indianerkopf, den sie von der Ein-Cent-Kupfermünze abkupferten. Anderson gründete 1908 ein kleines Studio in Niles bei San Francisco und stellte einen unschlagbaren

Rekord auf, indem er am laufenden Band *Broncho-Billy*-Filme produzierte – einen pro Woche – und auch noch selbst die Hauptrolle spielte.

Anderson und Robbins waren schwer beeindruckt von den Gerüchten, daß Chaplin 1250 $ pro Woche verlange und zusätzlich einen Bonus von 10 000 $. Obwohl Chaplin von dem Bonus zum ersten Mal etwas hörte, als Robbins ihn erwähnte, hielt er es für klüger, ihn nicht abzulehnen. Anderson stimmte dem Arrangement zu, ohne Spoor zu konsultieren, der mit Entsetzen vernahm, daß sie einem Komiker, von dem er persönlich noch nie etwas gehört hatte, etwa das Fünfzehnfache der bei Essanay-Schauspielern üblichen Gage zahlen würden. Chaplin unterschrieb, wurde aber zunehmend mißtrauisch, als der 10 000 $ Bonus ausblieb, und am armen Anderson blieb die undankbare Aufgabe hängen, ihn zu besänftigen, da Spoor, der das Geld übergeben sollte, vorsichtshalber aus dem Chicagoer Studio verschwunden war.

Zum Glück mochte Chaplin Anderson, einen liebenswerten, wenn auch wortkargen Westamerikaner. Mit ihm zusammen sah er sich Essanays kleines Glashaus-Studio in Niles an und stellte fest, daß es ihm nicht gefiel. In den letzten Dezembertagen des Jahres 1914 fuhren Anderson und er daher mit dem Zug nach Chicago, Essanays Hauptquartier im Osten, wo die Firma ein Studio in der Argyle Street 1333 besaß. Anderson kehrte am Neujahrstag 1915 nach Kalifornien zurück. Chaplin blieb in Chicago und war über die dortige Januarkälte und die unzulängliche Ausstattung des Studios alles andere als erfreut. Es stammte noch aus der Ära der »Filmfabriken«. Nach dem kreativen Chaos von Keystone empfand Chaplin den kalten Fließbandstil des Chicagoer Studios als feindselig. Völlig vor den Kopf gestoßen war er, als man ihm mitteilte, er solle sich sein Drehbuch in der Drehbuchabteilung abholen, deren Chefin damals Louella Parsons war, die zukünftige Königin der Hearst-Kolumnisten.

Ihm stand noch mehr Ärger bevor. Er sah weder etwas von Spoor noch von seinem Bonus noch von seiner Gage. Er stellte fest, daß man sich bei Essanay wenig oder gar nicht um die Qualität der dort hergestellten Filme kümmerte. Die in der Firma herrschende absurde, knauserige Buchhaltermentalität führte dazu, daß stets am falschen Ende gespart wurde. Bedenkenlos bearbeitete und schnitt man die Negativstreifen, statt die paar zusätzlichen Dollars für anständige Muster und Arbeitsmaterial auszugeben. Etwas versöhnlich stimmte, daß in Chicago einige gute Schauspieler zur Verfügung standen: Ben Turpin, ein verhutzeltes Männchen, das eine gewisse Ähnlichkeit mit einem vorzeitig geschlüpften Vogel hatte, mit ständig schielenden Augen und einem vorstehenden Adamsapfel, der in seinem dürren Hals auf und ab hüpfte, war einer der besten Komödien-Partner, die Chaplin jemals fand. Leo White war ein schmaler, feuriger, impulsiver kleiner Mann, der aus Manchester stammte, früher in Operetten aufgetreten war und sich auf das Parodieren von Franzosen mit Spitzbart und Zylinder spezialisiert hatte. Bud Jamison – ein ehemaliger Vaudeville-Darsteller, mit einem Babygesicht, einsneunzig groß und 120 Kilo schwer – lieferte den gleichen grotesken physischen Kontrast zu Chaplin wie Mack Swain bei Keystone. Zwei hübsche Statistinnen aus Chaplins erstem Essanay-Film, Gloria Swanson und Agnes Ayres, wurden später große Hollywood-Stars. Die Swanson spielt eine Stenographin; Chaplin hatte ihr ursprünglich eine anspruchsvollere Rolle zugedacht, mußte aber enttäuscht feststellen, daß sie hölzern und stur war. Jahre später verriet die Swanson ihm, daß sie sich absichtlich stur gestellt hatte, weil sie dramatische Schauspielerin werden wollte, keine Komikerin.

Kurz vor Beginn seiner Arbeit in Chicago wurde Chaplin von Gene Morgan interviewt, einem Lokalreporter, der ungewöhnlich scharfsinnig war und sehr genau im Detail. Ihm verdanken wir unter anderem die bemerkenswerte Enthüllung, daß das legendäre Kostüm damals von der Stange gekauft wurde. Chaplin erzählte ihm, daß er sich in der State Street nach einem neuen Kostüm umgesehen hatte, und daß es nicht leicht gewesen war, hinreichend riesige Schuhe zu finden. Außerdem hatte er Hosen gekauft. Er erzählte Morgan, daß er für seine Charakterstudien oft meilenweit Leuten hinterherlief: »Zum Glück interessieren mich nur kleine Typen. Es wäre doch furchtbar, wenn jemand sehen würde, wie ich einem großen Mann hinterherlaufe und ihn hinter seinem Rücken nachahme.«

Morgans Zusammenfassung von Chaplins Persönlichkeit sollte man festhalten, sei es auch nur wegen des denkwürdigen letzten Satzes:

> Er ist die reinste Lachkanone. Pausenlos erschüttert er Ihr Zwerchfell. Er hat eine wehende schwarze Mähne, die wird Sie garantiert Tag und Nacht verfolgen. Er trägt einen ausdrucksvollen kleinen Schnurrbart, der über dem komischsten Lächeln, das jemals auf Zelluloid gebannt wurde, herumhüpft. Auf seinem Kopf sitzt eine wackelige Melone, die er stets geflissentlich lüftet, wenn er einem Freund ins Gesicht getreten hat. Und er wirbelt mit einem Stöckchen herum, als wär's gleichzeitig ein eleganter Spazierstock, ein Taktstock, ein Teppichklopfer und ein Blitzableiter.
>
> Und seine Füße –
>
> Sie können den Blick nicht von seinen Füßen wenden.
>
> Diese enormen Schuhe sind mit 50 000 000 Augen geknöpft.

Chaplins erster Film bei Essanay hieß passenderweise *His New Job*. Er ließ die Handlung wie bereits bei *A Film Johnnie* in einem Filmstudio spielen. Das hatte zumindest den Vorteil, daß Szenenaufbauten und Requisiten zur Hand waren. Er konnte damit seine Abhängigkeit auf ein Minimum beschränken, da er nur das Bühnenpersonal von Essanay brauchte.

Chaplin ist immer noch der unverbesserliche Keystone-Charlie, der mit seiner unbekümmerten Tolpatschigkeit munter Chaos verursacht und hinter vorgehaltener Hand hämisch über das Tohuwabohu kichert, das er ausgelöst hat, stets bereit, ein Hinterteil mit dem Stiefel zu traktieren und einen Kopf mit einem Hammer, wenn jemand auch nur ansatzweise zu protestieren wagt. Chaplin hat ganz offensichtlich nie ein Drehbuch für den Film ausgearbeitet. Er nutzt für seine Gags die Requisiten, die ihm zufällig in die Hand fallen – Zigaretten, Streichhölzer, eine Pfeife, einen Siphon, eine Säge und einen Holzhammer, eine Schwingtür, eine widerspenstige Kulissensäule, eine um etliche Nummern zu große Offiziersuniform mit dem dazugehörigen Tschako und einem äußerst biegsamen Säbel. Er bringt seine Lieblingsnummer mit seinem Stock (besonders nützlich, um Ben Turpin die Beine wegzuziehen) und seinem Hut. Zum ersten Mal spielt er hier einen Gag durch, den er später mehrmals wiederholt und ausgebaut hat. Er wird gerügt, weil er es versäumt hat, seinen Hut abzunehmen. Er holt es nach und mit kindlichem Übermut schickt er sich an, ihn wieder aufzusetzen, läßt ihn dann aber im letzten Moment in die Luft hüpfen. Er sucht den Pelztschako sorgfältig nach Flöhen ab; und er betrachtet abschätzend eine unbekleidete Statue, täuscht den kühlen Blick des Kenners vor – mit genau dem gleichen Blick begutachtet er später in *City Lights* die Aktstatue im Schaufenster der Kunsthandlung.

Nach zweiwöchiger Arbeit konnte *His New Job* am 1. Februar gestartet werden. Inzwischen war Spoor wieder in Chicago aufgetaucht. Er hatte sich mittlerweile glücklich mit der Bonus-Geschichte seines neuen Stars abgefunden. Zu seiner Überraschung hatten Geschäftskollegen ihn überschwenglich zu seinem großen Fang beglückwünscht; und jetzt gab es tatsächlich mehr Vorbestellungen für Kopien von *His New Job* als je zuvor für irgendeinen Essanay-Streifen. Chaplin erhielt endlich seinen Bonus, aber Spoor konnte sich weder dadurch noch durch seine angestrengten Bemühungen, seine anfängliche Gleichgültigkeit wieder wettzumachen, bei seinem Star beliebter machen. Chaplin war unzufrieden mit den Arbeitsbedingungen in der Chicagoer Fabrik und verkündete, daß er doch lieber in dem kalifornischen Studio der Firma arbeiten wolle. Niles war immer noch das geringere Übel.

Seit der Historiker Theodore Huff Ende der vierziger Jahre die erste Chaplin-Filmographie zusammengestellt hat, haben sich Chaplin-Chronisten vertrauensvoll seiner Behauptung angeschlossen, daß Roland Totheroh bei den Essanay-Filmen die Kamera geführt hat. Tatsächlich wurde Totheroh erst 1916 Chaplins Kameramann. Bei Essanay stand in der Regel Harry Ensign hinter der Kamera. Totheroh hatte zu dieser Zeit mit den Broncho-Filmen alle Hände voll zu tun. Trotzdem erinnerte er sich an seine erste Begegnung mit Chaplin bei Niles: »Wir hielten ihn für einen kleinen Franzosen.«[1] Broncho Billy Anderson meinte, Chaplin könne vielleicht in einem der Studio-Bungalows wohnen, so wie er. Chaplin war allerdings entsetzt darüber, wie armselig und erbärmlich der Lebensstil des millionenschweren Stars war, und zog bald in das nahegelegene Stoll Hotel um. Totherohs Schilderung seiner Ankunft gibt uns ein lebendiges Bild von dem legeren ländlichen Charakter der damaligen Filmstudios, aber auch von Chaplins eigenem bescheidenen Lebensstil im Jahr 1915:

> Jeder hatte einen Bungalow im Studio. Ich hatte einen am Eck, und später hatte Ben Turpin den daneben ... Und Anderson hatte seinen eigenen ungefähr einen Block weiter die Straße runter. Ein Palast war das wahrhaftig nicht, in der Küche hatte er einen alten Holzofen und so. Also Charlie hatte nur eine Tasche dabei – nur so eine kleine alte Segeltuchtasche eben. Jim hat gesagt, das hier ist dann Charlies Zimmer, und mein Zimmer ist natürlich vorne, oder wo auch immer. Und dann haben sie gesagt: ›Wir haben den alten Holzofen in der Küche angefeuert und ein bißchen Tee oder so was heißgemacht.‹ Wir haben Joe nämlich gesagt, er soll ein bißchen Tee aufbrühen. Charlie war ja Engländer... Und dann haben wir seine Tasche aufgemacht, um seine Sachen auszupacken. Da waren nur ein paar Socken drin, an den Fersen durchgescheuert, und ein paar alte schmutzige Unterhemden, ein altes Frackhemd und eine alte ausgefranste Zahnbürste. Er hatte praktisch nichts in dem Ding drin. Wir haben natürlich nichts weiter gesagt. Joe hat nur gesagt, Mann, der hat ja wirklich nicht gerade viel da drin, was? ... Das werd ich nie vergessen, nichts, hat er gesagt, kein Bett und rein gar nichts, und ich hätte fast gesagt, na und, was hast du denn gehabt? Mann, nichts in seiner Tasche drin und sonst auch nichts.[2]

Jahre später waren Besucher des Chaplin-Studios nicht weniger überrascht über die dürftige Ausstattung der Privaträume des Stars.

Chaplin begann, seine eigene kleine Stammtruppe aufzubauen. Aus Chicago holte er Ben Turpin, Leo White und Bud Jamison. Er rekrutierte auch den früheren Karno-Komiker Billy Armstrong und einen weiteren englischen Künstler, Fred Goodwins, der – nach einer frühen Karriere als Zeitungsmann – beim etablierten Sprechtheater gewesen war. Paddy McGuire kam aus New Orleans über die burleske und musikalische Komödie, eignete sich aber sehr gut für die Rolle des irischen Landmanns. In erster Linie galt es jedoch, eine weibliche Hauptdarstellerin zu finden. Einer der Cowboys von Broncho Billy Anderson, entweder Carl Strauss oder Fritz Wintermeyer, empfahl ein Mädchen, das regelmäßig das Tate's Café in der Hill Street in San Francisco besuchte. Die junge Dame wurde aufgespürt, und es stellte sich heraus, daß sie Edna Purviance hieß. Sie stammte aus Lovelock in Nevada und war gelernte Sekretärin, aber sie hatte schon (zumindest späteren wohl aufpolierten Biographien zufolge) das ein oder andere Mal im Amateurtheater gespielt. Sie war blond, schön, ernst, und Chaplin war sofort von ihr gefesselt. Erst nachdem er sie engagiert hatte, kamen ihm Zweifel, ob sie überhaupt Talent für die Komödie hatte. Bei einer Party am Abend vor ihrem ersten Arbeitstag konnte Edna ihn von ihrem Humor überzeugen. Sie wettete mit ihm um 10 $, daß er sie nicht hypnotisieren könne, und spielte dann den Gag mit, indem sie so tat, als verfiele sie seinem Zauber. Im Verlauf der nächsten drei Jahre trat sie in fündunddreißig Filmen mit ihm zusammen auf und erwies sich als seine bezauberndste Hauptdarstellerin, deren Charme sogar noch den von Mabel Normand übertraf. Eine Zeitlang war ihr privates und berufliches Verhältnis sehr glücklich. Es war die glücklichste Zeit in Chaplins jungen Jahren.

Chaplins erster Film in Niles war *A Night Out.* Wenn es ihm mal an Ideen mangelte, lieferte ein Restaurant ihm stets die notwendige Inspiration: Er wies die Bühnenhandwerker an, eine große Caféhaus-Kulisse zu bauen, mit allem Drum und Dran, bis hin zum Springbrunnen im Foyer als zusätzliche Quelle für Chaos. In diesem Film sind Chaplin und Ben Turpin ein wunderbares Zweiergespann, beiden sitzt ein ernster, ungehemmter, kindlicher Schalk im Nacken. Es ist eine interessante Variation über die Kumpane Chaplin und Arbuckle in *The Rounders.* Charlie und Ben sind zwei Trunkenbolde, die völlig von der vertrackten Aufgabe, sich aufrecht zu halten, in Anspruch genommen sind und ansonsten auf alle Regeln des Anstands verzichten. Sie sind aggressiv, sei es, daß sie den andern solidarisch gegen sich einmischende Polizisten, Kellner und andere feindselige Fremde verteidigen, sei es, daß sie sich gegenseitig mit Fäusten und Backsteinen bearbeiten.

Im Gegensatz zu *His New Job* basiert diese komische Pantomime eher auf komikträchtigen Situationen als auf komischen Zwischenfällen und Requisiten. Sie ist so nah am Karno-Stil, daß man sich leicht ausmalen kann, wie sie auf einem Theaterprogramm erschienen wäre:

Prolog: Vor der Bar
1. Szene: Das Restaurant
2. Szene: Das Hotel
3. Szene: Das andere Hotel

Im Prolog haben Charlie und Ben eine Auseinandersetzung mit Leo White, einem französisch angehauchten feinen Herrn. In der 1. Szene sind sie bereits reichlich betrunken und begegnen Leo in einem Restaurant wieder und belästigen ihn und seine Freundin derart, daß sie schließlich von einem riesigen Kellner (Bud Jamison) hinausgeworfen werden. In der zweiten Szene flirtet Charlie mit einem hübschen Mädchen im Hotelkorridor, bis er entdeckt, daß just dieser feindselige Kellner ihr Ehemann ist. Er beschließt, in ein anderes Hotel umzuziehen, doch das Pärchen hat die gleiche Idee. Und in der dritten Szene sind wieder die bewußten Hotelzimmer-Verirrungen (sehr pikant für 1915) zu sehen, die sich auch schon in *Mabel's Strange Predicament* und in *Caught in the Rain* so gut bewährt hatten.

Chaplin und Essanay kamen immer noch nicht hundertprozentig miteinander klar. Nach Abschluß der Dreharbeiten verkündete Chaplin, daß er fürs Wochenende nach San Francisco gehen werde. In seiner Abwesenheit bat Anderson, der fürchtete, daß sie mit der Arbeit in Rückstand kämen, Totheroh, ihm beim Schneiden von Chaplins Filmen zu helfen. Wenn Anderson seine eigenen Filme schnitt, dann nahm er, Totheroh zufolge, eine Großaufnahme von sich selbst, wie er mit den Augen rollte, und »setzte sie ein, wo es ihm gerade paßte. Er hat sie einfach von seiner Nasenspitze eine Armeslänge abgemessen, abgerissen, und das war dann seine Großaufnahme. Er hat's dann irgendwo dazwischen geschoben«.[3] Anderson und Totheroh hatten gerade mit dem Schneiden begonnen, als Chaplin, der es sich mit dem Wochenende anders überlegt hatte, in den Schneideraum kam und ihnen sehr unverblümt sagte, daß sie die Finger von dem Film lassen sollten.

Bei der Gelegenheit sagte er ihnen auch, daß er in Zukunft die Praxis des Studios, am Negativ zu schneiden, nicht mehr befolgen und auf ordentlichen Positiv-Kopien bestehen werde. Dazu mußte man ein neues Kopiergerät aus Chicago kommen lassen und im Studiolabor installieren. Als die neue Maschine eingetroffen war, stellte sich heraus, daß ein entscheidendes Teil fehlte, das man wiederum eigens kommen lassen mußte. Anderson jammerte über die dadurch entstehende Verzögerung des Drehbeginns des dritten Chaplin-Filmes, aber der Regisseur und Star blieb hart. Offensichtlich hat der

Zwischenfall im Schneideraum das Verhältnis zu Totheroh nicht nachhaltig getrübt. Als Chaplin ein Jahr später sein eigenes Studio hatte, forderte er ihn auf, Mitglied seines Teams zu werden.

Chaplin nahm als nächstes *The Champion* in Angriff. Das Studiogelände eignete sich hervorragend als Schauplatz für ein Boxer-Trainingslager. Die Handlung findet zum größten Teil vor dem Lattenzaun statt, der das Studio umgibt, und wir können auch einen flüchtigen Blick auf Essanays Glashaus-Bühne, die Bungalows und die staubige offene Landschaft werfen. Für die Innenaufnahmen benötigte Chaplin nur schlichte barackenähnliche Räume für die Trainingshalle. Wie auch in anderen Essanay-Filmen versucht Chaplin hier offenkundig ganz bewußt, bei Keystone verpaßte Gelegenheiten nachzuholen. Er war damals ganz begeistert vom Boxen – in seiner Freizeit besuchte er vorzugsweise mit Mitgliedern seines Teams Boxkämpfe – und es hat ihm offensichtlich Spaß gemacht, die Gags in *The Knockout* zu entwickeln.

Charlie hat sich nun ganz eindeutig auf die Rolle des Landstreichers festgelegt. In der Anfangsszene sehen wir ihn auf einer Türschwelle sitzen, wo er sein Hot-Dog mit seiner Bulldogge teilt, einem wählerischen Köter, der das Würstchen erst anrührt, nachdem es ordentlich gewürzt wurde. Er beschließt, sein Glück als Sparringpartner zu versuchen, und um seine Chancen zu verbessern, schiebt er sich ein Hufeisen in den Handschuh. Zu den Figuren zählt auch ein schnurrbärtiger Schurke mit Zylinder, direkt aus Karnos *The Football Match*, der versucht, ihn zu bestechen. Und das Glanzstück ist der Meisterschaftskampf, der den Film beendet. Er dauert sechs Minuten und ist wie ein Ballett aufgebaut, für das Charlie eine Reihe von exquisiten choreographischen Variationen ersinnt. An einer Stelle fallen sich die Gegner in einem Foxtrott in die Arme.

Durch die Verzögerung, die durch die Beschaffung des neuen Kopiergeräts entstanden war, verlängerte sich die Herstellungszeit von *The Champion* auf drei Wochen. Zum Ausgleich haute Chaplin *In the Park* [Im Park] in einer Woche hin. Nachdem er in der Nähe von Niles einen Park gefunden hatte, der große Ähnlichkeit mit dem Westlake Park hatte, griff er auf das verläßliche Keystone-Muster zurück: Charlie mischt sich in das Treiben eines Liebespärchens ein, dessen Liebe eindeutig unter einem Unstern steht. Der Tramp zeigt sich hier von seiner unschönsten Seite. Er ist nicht nur Taschendieb, sondern auch ein gemeiner Schuft. Nachdem er den großen Bud Jamison mit einem Ziegelstein außer Gefecht gesetzt hat, benutzt er den offenen Mund seines Opfers als Aschenbecher. Ja, er schneidet sogar schreckliche Fratzen hinter Ednas

Rücken. Nur ein Augenblick deutet den Charlie der reiferen Jahre an. Als Edna ihn küßt, gerät er außer Rand und Band und veranstaltet unter den Bäumen einen wahren Satyrtanz, der *Sunnyside* [Auf der Sonnenseite] und *Modern Times* vorwegnimmt.

Wenn Chaplin auch mit dem Glasdach-Studio in Niles nie glücklich war, so lieferte das unbebaute Gelände darumherum doch wunderbare Drehplätze für seine nächsten beiden Filme *A Jitney Elopment* [Die Entführung im Münztaxi] und *The Tramp*. Der erste ist eine konventionelle Situationskomödie, in der Charlie und Leo White um Ednas Hand konkurrieren. (Leo gibt vor, ein französischer Graf zu sein, und Charlie schlüpft in seine Rolle.) Der Film endet mit einer spektakulären Autoverfolgungsjagd: An einer Stelle, in einer extremen Panorama-Aufnahme, tanzen die beiden Autos Walzer miteinander. Chaplin überlieferte hier auch der Nachwelt den genialen Gag, den Alf Reeves einst bewundert hatte, als er ihn als *Jimmy the Fearless* auf der Bühne sah und beschloß, ihn für Amerika zu rekrutieren. Bei dem Versuch, sich eine Scheibe von einem Brot abzuschneiden, schneidet Charlie spiralförmig immer weiter, bis aus dem Weißbrot in einer seiner pfiffigsten komischen Transpositionen eine Ziehharmonika wird.

In diesem Film kommt zum ersten Mal echte Romantik in den Liebesszenen auf. In seiner ersten Szene liebkost Charlie eine Blume, so zärtlich wie der romantische Landstreicher in *City Lights*. Vielleicht ist dieses romantische Element zu einem großen Teil Chaplins aufblühender Zuneigung zu Edna zu verdanken. Eine reizende Botschaft vom 1. März 1915 ist uns erhalten geblieben. Damals arbeiteten sie gerade an *The Champion*. Charlie redet seine Hauptdarstellerin mit »My Own Darling Edna« an und gesteht ihr, sie sei »der Grund dafür, daß ich der glücklichste Mensch der Welt bin«. Es war die Antwort auf ein paar Zeilen, die sie ihm geschickt hatte: »Mir pochte heute morgen das Herz, als ich Deinen zärtlichen Brief erhielt. Niemand sonst auf der ganzen Welt könnte mich so beglücken. Deine Sprache, Deine zärtlichen Gedanken und der Stil Deiner Liebesbotschaft machen mich sehnsüchtig nach Dir. Oh, wie gut kann ich mir vorstellen, wie Du, lieber Mensch, Dich hinsetzt und aufblickst und Dich fragst, was Du schreiben sollst, dieser kecke kleine Mund und diese bezaubernden Augen, so nachdenklich. Wenn es in meiner Macht stünde, meinen Gefühlen Ausdruck zu verleihen, müßte ich fürchten, es könnte Dir zu Kopfe steigen ...«

In *The Tramp* ist das romantische Element noch ausgeprägter. Mit diesem bemerkenswerten Film, der in nur zehn Tagen fertiggestellt wurde, hat er, was

Aufbau, erzählerisches Können, optimale Nutzung des Drehorts und emotionale Bandbreite betrifft, einen atemberaubenden Sprung nach vorn getan. Charlie ist jetzt eindeutig als Tramp definiert. Er rettet die Tochter des Farmers vor drei Gaunern, vereitelt dann deren Plan, die Farm auszurauben und macht sich damit allseits beliebt. Er verliebt sich in Edna, aber sein Glück wird durch das Erscheinen ihres gutaussehenden jungen Verlobten zerstört. Charlie ist untröstlich: schon allein sein Rücken drückt abgrundtiefe Niedergeschlagenheit aus. Er verläßt die Farm und hinterläßt eine Nachricht:

1915 – Zwei Ansichtskarten:
›Charlie Chaplin in der Post‹

Ich hap gedacht deine Freundlichkeit is Liebe is aber nich weil ich ihn gesehen hap

leb wohl
XX

Zum ersten Mal macht er seinen klassischen Abgang: Er watschelt tieftraurig von der Kamera weg eine Landstraße entlang, mit hängenden Schultern, das Bild des Besiegten. Plötzlich schüttelt er sich und schlägt eine muntere Gangart ein, während die Iris des Kameraauges sich langsam über seinem Bild schließt.

Chaplin wollte so schnell wie möglich wieder nach Los Angeles zurückkehren, und auch Anderson fieberte seiner Abreise entgegen, da sich das Studio in Niles als zu klein erwies, um die Produktionen der beiden zu beherbergen. Der Umzug verursachte eine Unterbrechung des Produktionsflusses, und der nächste Film, *By the Sea* [Am Meer] sieht ganz danach aus, als sei er, um den Terminplan einzuhalten, während das neue Studio vorbereitet wurde, an einem Tag abgedreht worden – an der windigen Küste um Crystal Pier herum. Das Drehbuch hätte sich ebenso gut für die *Commedia dell' arte* oder Keystone geeignet – eine Reihe von Slapstick- und Situationsvarianten, geschickt inszeniert im Rahmen der Beschränkung auf nur neun Kamerapositionen.

Bislang hatte Chaplin die damals üblichen Fließbandmethoden respektiert und einen Film nach dem andern abgeliefert. Jetzt erklärte er seine Unabhängigkeit, indem er viel mehr Zeit auf seine Filme verwandte. Siebenundzwanzig Tage waren zwischen dem Start von *A Night Out* und *The Champion* verstrichen. Essanay mußte für die folgenden Filme noch längere Wartezeiten in Kauf nehmen. *By the Sea* wurde am 29. April 1915 herausgebracht. *Work* [Arbeit] erschien erst am 21. Juni. Die Verzögerung mag zum Teil auf den Studioumzug zurückzuführen sein. Für *Work* nahm Chaplin vorübergehend das umgebaute Bradbury Mansion in der North Hill Street 147 in Anspruch, dessen imposante Auffahrt für die Außenansicht des ›Film-Hauses‹ herhalten mußte.

In einigen Aspekten gehört *Work* zu den bemerkenswertesten Komödien, die bis dahin produziert worden waren. Der Film erschien vier Monate nach D. W. Griffiths revolutionärem *Birth of a Nation*, und im Rahmen seines eingegrenzten Aufbaus und Anspruchs ist er ebenso originell. Seit eh und je hatten Maler, Klempner und Tapezierer in den Music Halls den Stoff für Slapstick geliefert –

> Wenn Vater den Salon tapeziert
> Kann man ihn vor Leim nicht sehn.
> Er pinselt dort
> Er pinselt hier –
> Alles voll Kleister und voll Papier.

Mutter klebt an der Decke fest,
Die Kleinen kleben an der Wand
So 'ne verkleisterte Familie
Habt ihr noch nie gekannt.

Sydney und Charlie waren in Wal Pinks *Repairs* aufgetreten, und Karno schickte den Sketch *Spring Cleaning* auf Tournee. Später baute Chaplin auch in *The Circus* und in *A King in New York* [Ein König in New York] Tapeziersketche ein.

In *Work* sind Charlie und sein Boss (Charles Insley) Maler, die eine gutbürgerliche Wohnung renovieren sollen. Das läßt reichlich Spielraum für all die altbekannten Zwischenfälle mit Brettern, Leitern, Kleister und Farbe. Charlie kämpft mit klebriger und sich auflösender Tapete und verwandelt einen friedlichen Salon in ein matschiges Schlachtfeld. Die Situation wird besonders spaßig, da ein reizbarer Ehemann (Billy Armstrong) zum Haushalt gehört, der sich wütend beschwert, daß sein Frühstück zu spät kommt, sowie eine aufgedonnerte Ehefrau (Marta Golden), die im Negligé im Haus herumsegelt und dem glasig stierenden Handwerker künstlerische Anweisungen gibt, dazu ein hübsches aber untätiges Hausmädchen (Edna) und ein Gasofen, der periodisch zu Explosionen neigt. Die Dame des Hauses hat auch einen heimlichen Geliebten (Leo White im Stil des französischen Grafen), der zum unpassendsten Moment mit einem Blumenstrauß erscheint und, höchst unglaubwürdig, als einer der Handwerker durchgehen muß. Keine Gelegenheit für Beleidigungen oder Angriffe mit sämtlichen Gerätschaften des Malerhandwerks bleibt ungenutzt. Das Grande Finale bildet eine gewaltige Explosion, nach der nur noch die Köpfe des Haushalts aus den Trümmern herausgucken; Charlies Boss ist in der Badewanne untergegangen, und Charlie selbst kriecht geschwächt aus dem schuldigen Ofen hervor.

Das Denkwürdigste an dem Film ist aber der Vorspann zu diesem Zerstörungstaumel. In seiner ersten Szene kommt Charlie auf einer belebten Straße auf die Kamera zu, vor einen Wagen gespannt, der mit Leitern, Brettern und Eimern hochbeladen ist. Der Boss sitzt auf dem Kutschersitz und bearbeitet ihn mit der Peitsche. Der Wagen bleibt zwischen den Straßenbahnschienen stecken. Charlie zieht ihn gerade noch rechtzeitig aus dem Weg. Er will einen Hang hinauf, aber der Wagen rutscht wieder zurück und kommt einer herannahenden Straßenbahn in die Quere. Wir sehen Charlie als Silhouette, wie er den Wagen eine 45prozentige Steigung hochschleppt. Durch das Gewicht des

Wagens hebt sich die Deichsel vorne hoch, und der arme Charlie zappelt hilflos in der Luft. Der Boss ist so freundlich, einen Freund mitzunehmen, und Charlie muß jetzt beide ziehen. Er verschwindet in einem offenen Kanalloch, wird aber durch das Gegengewicht des Wagens an der Deichsel hängend wieder herausgezogen.

Es ist eine Serie von eindringlichen, grotesken, grausigkomischen Bildern der Sklaverei, mit einer Kühnheit und Phantasie in ihrer Visualisierung, die – bis zu den Werken der sowjetischen Avantgarde (abgöttische Verehrer Chaplins) ein Jahrzehnt später – ihresgleichen suchte. Alexander Medwedkins 1934 produzierter Film *Glück* kommt diesen Anfangsszenen von *Work* am nächsten. Chaplin verfolgte zweifellos eine ganz vordergründige Absicht, als er die Szene schuf: sie ist komisch und stimmt das Publikum dergestalt ein, daß es die Mißhandlungen, die der Boss später unter Charlie erleiden muß, als gerechte Strafe akzeptiert. Doch fast als ein zufälliges Nebenprodukt seiner Absichten hat er uns meisterhaft und unvergeßlich vor Augen geführt, wie ausbeuterisch und erniedrigend Arbeit sein kann, ganz im Gegensatz zu den heilsamen und segensreichen Kräften, die die viktorianische Moral ihr zuschreibt.

Und genau diese Aspekte von Chaplins Vision gingen dem großen Massenpublikums des frühen zwanzigsten Jahrhunderts ans Herz. Es gibt noch einen weiteren unvergeßlichen Augenblick komischer Paradoxie in einem Gag, der das unauslöschliche Mißtrauen zwischen dem Bürgertum und der Arbeiterklasse auf den Punkt bringt. Der Dame des Hauses, die die Handwerker in ihrem Eßzimmer alleingelassen hat, fällt plötzlich ein: »Mein Silber!« Sie eilt zurück und fixiert die Arbeiter argwöhnisch, während sie hastig ihre Schätze einsammelt und in den Safe stopft. Sie sehen ihr mit befremdetem Erstaunen zu. Wortlos holen sie dann ihre Uhren und ihr Geld aus ihren Taschen. Diese Wertsachen werden mit Bedacht in Charlies rechter Hosentasche verstaut. Während er den Blick ununterbrochen mißtrauisch auf die Frau gerichtet hält, nimmt Charlie eine Sicherheitsnadel und sichert damit die Hosentasche.

Chaplin zog jetzt in das alte Majestic Studio in der Fairway Avenue. Hier spielte er seine dritte, letzte und beste Frauenrolle in *A Woman*. Es war eine reizvolle Übung: weibliche Aufmachung stand ihm beunruhigend gut. Die Rolle bot ihm Spielraum für ganz neue Dimensionen der Charakterpantomime. Und außerdem hatte Julian Eltinges raffinierte Imitationen das Genre en vogue gebracht und salonfähig gemacht.

Seine Frauenimitation ist beeindruckend. Es war keine geringe Ehre, daß der Film bis in die dreißiger Jahre in Skandinavien verboten war. Das Denkwürdigste an diesem Film ist aber vielleicht die Szene, wo Charlie sich ohne Schnurrbart, Hut und Hose plötzlich verwandelt und in der Fuchsstola der »Frau« (= Krause), langen Unterhosen (= Trikot) und gestreifter Unterwäsche (= Knickerbocker) zur traditionellen Clownfigur wird – in der gleichen Aufmachung war er noch einmal kurz zu sehen, viele Jahre später in *Limelight*. Den damaligen Kritikern entgingen der Charme und die überraschende Poesie des Bildes, da sie viel zu sehr damit beschäftigt waren, die Unschicklichkeiten des Films aufs Korn zu nehmen. Der Nadelkissen-Busen und das Fallenlassen der Röcke rief nicht wenig prüden Protest hervor, genau wie die nebensächliche Szene in *Work*, wo Charlie puritanisch die Blöße einer kleinen Statue mit dem Lampenschirm bedeckt, dann aber mit dem Lampenschirm wackelt und die Figurine in eine Hula-Tänzerin verwandelt. Es ging Chaplin unter die Haut, daß man ihm »Geschmacklosigkeit« vorwarf. Fred Goodwins schrieb damals:

> Er war auf dem Höhepunkt seines Ruhms hier in Amerika, als die Kritiker plötzlich über ihn herfielen ... Sie gingen mit seinen Filmen gnadenlos ins Gericht, bezeichneten sie als geschmacklos, unfein und gewagt, ja sogar als unzüchtig ... Das hat den armen kleinen Kerl glatt umgehauen. Aber eines Tages tauchte er wieder empor aus den Tiefen seiner Trübsal und kam händereibend aus seiner Garderobe. »Also, Jungs«, sagte er mit seinem komischen kleinen blitzenden Lächeln, »dann wollen wir ihnen mal was geben, worüber sie sich schön auslassen können. Etwas ohne Hintergedanken!« Und damit begann die neue Ära von Chaplins Komödien – saubere, pfiffige, dramatische Geschichten mit einem großen Lacher am Schluß.[4]

The Bank [Die Bank] ist freilich nicht bloß als Reaktion auf Kritik zu verstehen. Chaplin war auch von dem Lob sehr beeindruckt, das man ihm für *The Tramp*, mit seiner ordentlichen Portion Gefühl und der Ambivalenz der Schlußeinstellung, gespendet hatte. Nun machte er sich daran, das gefühlsbetonte Element noch weiter auszubauen. Da er mit Edna arbeitete, war es nicht erforderlich, die Liebesgeschichte zu simulieren. In *The Bank* nutzte er wiederum die Gelegenheit, eine Idee zu verarbeiten, die er im Keystone-Trubel nur teilweise hatte verwirklichen können. Die Geschichte von *The Bank* ist im wesentlichen die gleiche wie die von *The New Janitor*. Einmal mehr verwendet Chaplin die Traum-Idee von *Jimmy the Fearless*. Charlies Träume von Abenteuer und Erfolg in der Liebe müssen bloße Träume bleiben, die Realität des kleinen Burschen gestattet eine solche Flucht aus der Armut nicht.

Der Film beginnt mit einem Überraschungseffekt: Charlie betritt die große

Stadtbank, steigt in den Tresorraum hinab, macht sich mit gewichtiger Miene am Kombinationsschloß eines Riesensafes zu schaffen, den er schließlich öffnet. Heraus nimmt er – einen Eimer, einen Mop und eine Hausmeisteruniform. Charlie der Hausmeister ist hoffnungslos verliebt in Edna, die hübsche Sekretärin, aber ihr Herz schlägt für einen anderen Charlie, den aalglatten Kassierer. Der Hausmeister nickt ein und träumt davon, daß er die holde Edna aus den Händen einer Bankräuberbande befreit. Er drückt sie an sich und streichelt ihre Haare, aber als er aufwacht, stellt er fest, daß er den Mop in den Armen hält. Der wiedererwachte, verschmähte Charlie wandert zu seinem Tresorraum zurück, vorbei an Edna und ihrem Kassierer, die seine Anwesenheit nicht bemerken. Er hält immer noch den zurückgewiesenen Strauß in den Händen, den er ihr gebracht hatte. Er wirft ihn zu Boden, gibt ihm einen Tritt, zuckt die Achseln und beschleunigt seinen komischen Gang, während er uns verläßt und die Kamera abblendet.

Eine Komödie mit einem traurigen Schluß war etwas Neues. Die Szenen, in denen Charlie mit Tragik in den geweiteten Augen zusieht, wie Edna seine Liebeserklärung verächtlich abtut, gingen wirklich ans Herz, wie man es bei einer Filmkomödie ganz und gar nicht gewohnt war. Und langsam aber sicher entdeckte die Zunft der ernsten Kritiker und Zuschauer endlich, was das gewöhnliche Publikum schon längst erkannt hatte: daß Chaplin anders war als irgend jemand vor ihm.

Fred Goodwins verhilft uns zu einem der wenigen kurzen Einblicke in Chaplins Arbeit mit seinen Schauspielern. Er berichtet von den Dreharbeiten zu *The Bank*:

> Eine Szene im unterirdischen Tresorraum – ein Bankraub, die Räuber schleichen sich lautlos herein. Die ganze Zeit saß Chaplin neben dem Kameramann und flüsterte fast unhörbar: »Pschht. Ganz sachte, Jungs, sonst hören die uns oben!« Das steckt an, das springt auf die Schauspieler über und dann auch von der Leinwand auf den Zuschauer.[5]

Es war keineswegs einfach, immer wieder neue Ideen für Filme zu haben, aber Chaplin wußte, daß seine Phantasie angesichts einer guten Szenendekoration oder Requisite sofort zu arbeiten begann. Für *Shanghaied* [Schanghait] mietete er ein Schiff, die *Vaquero*, was eine spritzige Handlung und eine Menge komische Gags versprach. Charlie wird angeworben, eine Mannschaft zu schanghaien, wird aber dann selbst auch schanghait. Außerdem hat sich seine

Geliebte Edna als blinde Passagierin versteckt, und der Eigentümer des Schiffes, Ednas Vater, hat den Plan, das Schiff für einen Versicherungsbetrug zu versenken.

Das Schiff erwies sich als eine vorzügliche Requisite. Um die Schlingerbewegungen zu imitieren, entwickelte der Kameramann Harry Ensign einen Drehzapfen, auf dem die Kamera, gesteuert durch ein schweres Gegengewicht, hin und her schwenken konnte. Chaplin ließ auch eine Kajüte auf Kufen bauen, damit er das gefährliche Schlingern eines sturmgebeutelten Schiffs realistisch nachbilden konnte. Seekrankheit war immer für einen Lacher gut, so auch in Charlies allerletztem Auftritt auf der Leinwand mehr als ein halbes Jahrhundert später. Die Bord-Gags wurden in der ersten Hälfte von *The Immigrant* wieder aufgegriffen.

Eine gute Idee, befand er, nutzt sich nie ab, und so bearbeitete er als nächstes seinen alten Karno Erfolg *Mumming Birds* unter dem Titel *A Night in the Show* [Ein Abend im Varieté] für die Leinwand. Man weiß nichts von irgendeiner offiziellen Vereinbarung mit Karno bezüglich der Rechte, was überrascht, da Karno dafür bekannt war, daß er sein Eigentum eifersüchtig hütete. Der Film hält sich eng an die Vorlage der *Mumming Birds*, mit Chaplin in seiner alten Rolle des Trunkenbolds, der hier Mr. Pest heißt. Chaplin erweitert das ursprüngliche Karno-Szenarium durch Szenen im Foyer und im Auditorium des Theaters: ein Flirt mit Edna, Reibereien mit dem Orchester, häufiger Platzwechsel und die unsanfte Beförderung einer beleibten Dame in den Foyer-Springbrunnen. Chaplin spielt im Film sogar eine zweite Rolle: Mr. Rowdy, ein unverschämter beschwipster Prolet auf der Galerie. Diese neugeschaffene Figur muß ständig von ihren Nachbarn davor bewahrt werden, in den Orchestergraben zu fallen, und bewirft die Darsteller fröhlich mit Tomaten. In einem Vorgriff auf König Shahdov in *A King in New York* richtet er schließlich den Wasserschlauch auf den Feuerschlucker.

In seinen letzten Tagen bei Essanay soll Chaplin an einem abendfüllenden Film gearbeitet haben, mit dem Titel *Life*, der anscheinend eine neue Stufe des Realismus in seiner Komik markieren sollte. Das Projekt wurde aufgegeben, aber die Zeit, die Chaplin darauf verwandte, mag die langen Verzögerungen erklären zwischen dem Start von *The Bank* und *Shanghaied* (56 Tage) und zwischen *Shanghaied* und *A Night in the Show* (47 Tage). Einiges an Ideen und Material aus *Life*, vornehmlich eine fragmentarische Sequenz in einem Obdachlosenasyl, wurde in *Police* [Polizei] eingebaut.

Durch die Kritiker wurde Chaplins eigene wachsende Erkenntnis bestätigt,

1915 – Titelblatt von Chaplin-Noten
The Charlie Chaplin Glide

daß die Charlie-Figur durch ihre konkreten Lebensumstände und ihr Milieu definiert und ausgeformt wurde. Charlie ist auf der staubigen Landstraße zu Hause und in der Einsamkeit der Landstreicherei, aber auch auf dem bösen Pflaster der Großstadt. Die Asylszene läßt erahnen, was Chaplin in *Life* möglicherweise vorgehabt hatte. Der Ort hat etwas Makabres, wie man es von Bildern des Dickens-Illustrators Cruikshank kennt. Zu einer bemerkenswerten Truppe von gescheiterten Existenzen gehören ein benebelter alter Saufbold, ein stoppelbärtiger Schwergewichtler, der auf den ersten Blick furchtbar gefährlich aussieht, dann aber durch sein affektiertes Getänzel alle Bedrohlichkeit verliert, ein ausgemergelter Schauspieler und ein schmächtiger Schwindsüchtiger, dessen eingefallene Wangen und trockenen Husten Charlie herzlos imitiert, als er entdeckt, daß man mit so einem Leiden leichter an ein Bett kommt.

Auch eine neue Ironie kommt in *Police* zum Vorschein. Am Anfang des Films kommt Charlie aus dem Gefängnis. Der Zwischentitel »Abermals in die grausame Welt hinaus« weist schon auf Charlies Bemühungen in *Modern Times* hin, wo er unbedingt wieder in die Geborgenheit und den Schutz des Gefängnisses zurückgelangen will. Man bekommt auch einen Vorgeschmack auf seine spätere Skepsis gegenüber institutionalisierter Religion und Bigotterie. Draußen vor dem Gefängnistor begegnet Charlie einem Gottesmann, der ihn anfleht, wieder »auf den Pfad der Tugend« zurückzukehren. In nullkommanichts hat der geistliche Herr nicht nur Charlies letzten Cent geklaut, sondern auch noch die Uhr eines Besoffenen eingesäckelt, auf die Charlie – obwohl sie leichte Beute gewesen wäre – wegen seiner neuerworbenen, wenn auch nicht lange währenden, christlichen Tugendhaftigkeit verzichtet hatte. Dem nächsten Betbruder, der ihm seine christliche Hilfe anbietet, macht er geschwind Beine, als Dank für seine Bemühungen.

Chaplins letzter Film für Essanay war sein einziger Versuch in einem damals gängigen Stil der Parodie. Er wurde schließlich unter dem Titel *Charlie Chaplin's Burlesque on Carmen* herausgebracht. *Carmen* war damals in Hollywood groß in Mode. Sam Goldwyn (damals noch Sam Goldfish) und sein Schwager Jesse Lasky hatten den schönen, 33jährigen Star der Metropolitan Opera, Geraldine Farrar, mit einer Acht-Wochen-Gage von 20 000 $, plus Auto, Diener, Kost und Logis nach Hollywood gelockt. Ihr erster, unter gewaltigem Werberummel herausgebrachter Film war *Carmen*, bei dem Cecil B. De Mille Regie führte nach der Vorlage von Merimée und Bizet, die De Milles Bruder William für die Leinwand bearbeitet hatte.

De Milles Film war im Oktober 1915 fertig, und kurz darauf erschien die Konkurrenzversion, bei der Raoul Walsh für William Fox Regie führte, in der Hauptrolle die heißblütige Theda Bara. In der Version von Essanay wurde aus Don José, gespielt von Chaplin, Darn Hosiery, Edna war Carmen, die von dem Schmugglerchef Lilias Pasta (Jack Henderson) losgeschickt wird, den aufgeblasenen Hauptmann der Garde zu verführen. Der Film sollte im Dezember herausgebracht werden, aber nach Chaplins Weggang beschloß die Firma, einen abendfüllenden Streifen daraus zu machen, weil das profitabler war als ein Zweiakter. Leo White bekam den Auftrag, einige völlig neue Szenen mit einer neuen Figur zu drehen: Don Remendado, gespielt von Ben Turpin. Chaplins Szenen wurden verlängert, indem man auf seine Schnittreste zurückgriff, und als der Film schließlich am 22. April 1916 in die Kinos kam, war er auf vier Akte angewachsen. Er war so scheußlich, daß Chaplin zwei Tage lang das Bett hüten mußte. Der fahrige, chaotische Klamauk verdeutlicht nur, wie straff und gutgeschnitten Chaplins eigene Filme im Gegensatz dazu inzwischen geworden waren. Einige gute Sachen von Chaplin sind geblieben: Das Duell zwischen Darn Hosiery und seinem Rivalen von der Zivilgarde (Leo White), obgleich eindeutig länger und unsauberer als Chaplin es beabsichtigt hatte, enthält einige wundervolle ballettartige Passagen. Zuschauer und seriöse Kritiker waren gleichermaßen überwältigt von der Todesszene, in der der Held Carmen ersticht und sich dann selber tötet. Sie war ein ganzes Stück realistischer und bewegender gespielt als die meisten ernstgemeinten Todesszenen in jener Zeit. Nachdem er seine Zuschauer mit dieser Szene schockiert und sprachlos gemacht hat, enthüllt Chaplin, wie sie sich haben täuschen lassen. Mit einem Zucken erwacht sein Hinterteil wieder zum Leben, und er und Edna stehen lachend auf und führen den zusammenschiebbaren Theaterdolch vor, mit dem die Tat ausgeführt worden ist.

Derartige kleine Lichtblicke konnten den Film aber auch nicht retten, und Chaplin ging vor Gericht. Im Mai 1916 beantragte Chaplin über seinen Anwalt Nathan Burkan eine einstweilige Verfügung, mit der Essanay untersagt werden sollte, *Charlie Chaplin's Burlesque on Carmen* zu vertreiben. Er erklärte, daß er das Opus nicht gebilligt hätte; daß seine Autorenrechte verletzt worden seien; daß ein Betrug der Öffentlichkeit vorläge; daß seine eigene Rolle in dem Film verstümmelt und verzerrt worden sei; und daß die Produktion ihn beruflich schädige. Die Erklärung wurde am Montag, den 22. Mai, vor Richter Hotchkiss vom Obersten Gericht des Staates New York verhandelt. Chaplins Antrag auf eine einstweilige Verfügung wurde nicht stattgegeben. Richter Hotchkiss sagte:

> Ob der Kläger irgendeinen Schaden durch die Produktion erleiden wird, ist fraglich, während eine einstweilige Verfügung dem Beklagten mit Sicherheit Verluste einbringen würde.

Während Nathan Burkan damit drohte, daß Chaplin beim Obersten Gericht Berufung einlegen und auf 100 000 $ Schadensersatz klagen werde, erhob Essanay die Forderung von einer halben Million Schadensersatz gegen Chaplin. Grundlage dieser Gegenklage war, daß Chaplin sich im Juli 1915 bereit erklärt habe »bei der vor dem 1. Januar 1916 fertigzustellenden Produktion von zehn Zweiakter-Komödien mitzuwirken«. Für jede sollte er zuzüglich zu einer wöchentlichen Gage von 1250 $ einen Bonus von 10 000 $ erhalten. Eine davon war bereits vor diesem Vertragsabschluß fertiggestellt. Dennoch zahlte die Firma ihm rückwirkend seinen Bonus von 10 000 $. (Dies muß sich auf *Work* beziehen.) Chaplin selbst war davon ausgegangen, daß man von diesen Komödien alle drei Wochen eine herstellen könnte. Doch bis zu seinem Weggang von der Firma hatte er dann nur fünf Zweiakter fertiggestellt und für jeden einen Bonus von 10 000 $ erhalten. »Für die Fertigstellung der restlichen vier stand Chaplin nicht mehr zur Verfügung. Die Essanay Company ist dennoch nach wie vor bereit, diese Filme fertigzustellen. Dieser Vereinbarung gemäß wurde *Burlesque on Carmen* produziert und bezahlt.« Der von der Firma aufgestellten Forderung von 500 000 $ lag der geschätzte Gewinnverlust von 125 000 $ für jeden einzelnen der vier nicht produzierten Filme zugrunde.

Der Urteilsspruch von Richter Hotchkiss war für Essanay so ermutigend, daß man sich drei Jahre nach Chaplins Weggang anschickte, eine neue Chaplin-Komödie vorzubereiten. Zwei Abschnitte aus dem unvollendeten *Life* wurden ausgegraben. In einem ist Edna ein geknechtetes Hausmädchen, während Charlie den Küchenjungen spielt. Bei dem zweiten handelt es sich offenkundig um eine Fortführung der Asylszene aus *Police*: Der alte Saufbold ist mittlerweile laut geworden und muß wieder beruhigt werden, indem er fachmännisch eine Flasche über den Schädel bekommt; ein verrückter vampirischer Langfinger beklaut die anderen Insassen. Die Szene hat eine wunderbar finstere Stimmung, aber sie geht völlig unter in dem Mischmasch, den Essanay da zusammengerührt und (ohne sichtbaren Zusammenhang) mit dem Titel *Triple Trouble* versehen hat. Wieder wurde Leo White damit beauftragt, zusätzliche Szenen zu drehen: eine Rahmenhandlung mit deutschen Spionen, angeführt von Leo White persönlich, die versuchen, den neuen potenten Explosionsmechanismus eines Erfinders zu stehlen. White bewies durchaus Stil. Er operierte gern mit Menschenansammlungen, die sich in festgelegten geometrischen Mustern bewegten, und er schweißte das alte und das neue Material recht kunstvoll zusammen. In einer Szene schleudert Charlie der Küchenjunge im sonnigen Kalifornien des Jahres 1915 einen Eimer mit Müll über einen Zaun, und er landet auf der andern Seite im winterlichen Chicago des Jahres 1918. Der Film war ein echter

Hohn. Aber Chaplin war eines Besseren belehrt und legte diesmal keine Rechtsmittel ein.

Bis 1922 machte Essanay auf der Grundlage der angeblich revidierten Vereinbarung vom Juli 1915 ihre Ansprüche geltend. 1921 machte Spoor den dreisten Vorschlag, den Streitfall im Austausch für die Vertriebsrechte von *The Kid* beizulegen – für ein derartiges Arrangement hätte Chaplin seinen laufenden Vertrag bei der First National brechen müssen. Sydney antwortete kurz und bündig: »Nichts zu machen.« Chaplins spontane Antipathie gegen Spoor schien jetzt allzu begründet, als Spoor drohte, notfalls einen Skandal um die arme Hannah anzuzetteln, die immer noch im Peckham House in Pflege war. Spoor behauptete, sein Bruder hätte Tante Kate Mowbray Geld vorgeschossen, damit sie die Rechnungen des Peckham House bezahlen konnte, und dieses Geld sei nie zurückgezahlt worden. Kate war zu diesem Zeitpunkt bereits tot, konnte also Spoors Unterstellungen nicht widerlegen. Sydney schrieb am 1. April 1922 an seinen Bruder und bestätigte, daß Kate zwar von Spoors Bruder Geld geborgt hatte, das aber zurückgezahlt worden sei, und daß er Belege habe, dies zu beweisen. Die Angelegenheit ging auf den Mai 1915 zurück, als die Zahlungen an das Peckham House derartig im Rückstand waren, daß das Pflegeheim drohte, Mrs. Chaplin nach Cane Hill unter die Verantwortung des Fürsorgeamts zurückzuschicken. Im »Lambeth Settlement Examination Book« wurde vermerkt:

> Chaplin, Hannah Harriet, Witwe. Ist seit 9. Sept. 1912 Privatpatientin im Peckham House. Wurde am 18. März 1905 in Cane Hill bei Lambeth eingeliefert. 2 Söhne, Sidney und Charles Chaplin, verdienten, wie sich später herausstellte, hohe Gagen als Varieté-Künstler – mit eigenen Automobilen & c.
>
> Aufgrund ausbleibender Zahlungen an das Peckham House, wohin die Söhne ihre Mutter hatten w. o. a. überweisen lassen, hat das Peckham House gemäß Absatz 19 beantragt, die Frau der Gemeindefürsorge zu unterstellen. Mrs. Mowbray, Schwester, z. Zt. wohnhaft in der Coram Street 4 in Bloomsbury, gibt an, daß es den Söhnen Charles und Sidney möglicherweise wegen des Krieges und weil sie in Amerika viel umherreisen, nicht möglich gewesen sei, Geld zu schicken.
>
> Diese Söhne sind inzwischen prominente Filmkünstler. Charles verdient etwa 70 £ pro Woche bei den Essanay- und Keystone-Produzenten und Sidney ungefähr 40 £ pro Woche, und es sind keine Schwierigkeiten zu erwarten, wenn die Patientin wieder nach Cane Hill geschickt wird. Die Patientin hat den Wunsch geäußert, wieder dorthin zurückzukehren ...[6]

Die Quittungen des Peckham House sind erhalten geblieben und zeigen, daß Hannahs Söhne gewissenhaft aber unregelmäßig ihre 30 Schillinge pro Woche überwiesen haben. Mit Schuld an den Verzögerungen war ihr Arbeitsdruck und der durch den Krieg gestörte Postverkehr über den Atlantik. Und so hatte Tante Kate, die unter allen Umständen verhindern wollte, daß ihre Schwester wieder nach Cane Hill zurückgeschickt wurde, die damals bereitwillig angebotene Hilfe der Spoors in Anspruch genommen. Wie sollte sie auch vorhersehen, welch gemeinen Vorteil Spoor später aus der Sache schlagen sollte.

Chaplin war in der fraglichen Zeit dermaßen in seine Arbeit bei Essanay vertieft, daß er fast als letzter das Ausmaß seiner phänomenalen Popularität erfaßte. 1915 war das Jahr des großen Chaplin-Booms. Jede Zeitung brachte Cartoons und Gedichte über ihn. Er wurde zur Hauptfigur in Comic-Strips und in einer neuen Serie von Trickfilmen von Pat Sullivan. Es gab Chaplin-Puppen, Chaplin-Spielzeug, Chaplin-Bücher. In der Revue *Watch Your Step* sang Lupino Lane »That Charlie Chaplin Walk«:

> Since Charlie Chaplin became all the craze,
> Ev'ryone copies his funny old ways;
> They copy his hat and the curl in his hair,
> His moustache is something you cannot compare!
> They copy the ways he makes love to the girls,
> His method is a treat;
> There's one thing about Charlie they never will get,
> And that is the shoes on his feet.
> It doesn't matter anywhere you go
> Watch 'em coming out of any cinema show,
> Shuffling along, they're acting like a rabbit,
> When you see Charlie Chaplin you can't help but get the habit.
> First they stumble over both their feet,
> Swing their sticks then look up and down the street,
> Fathers, mothers, sisters, brothers,
> All your wife's relations and a half dozen others,
> In London, Paris or New York
> Ev'rybody does the Charlie Chaplin Walk!

Charlie Chaplin ist der letzte Schrei
Und jeder kopiert seine ulkige Art.
Seinen Hut, seine Locken kopieren sie
So einen Schnurrbart sah man noch nie!
Wie er will man die Mädchen lieben
Auf seine Art – ein Hochgenuß.
Doch eins hat er, was sie nie kriegen
Das sind die Schuh an seinem Fuß.
Schau an, wie sie aus den Kinos laufen
Wie die Kaninchen führ'n sie sich auf.
Landauf, landab watscheln sie daher
Wer Charlie Chaplin gesehn, den hält nichts mehr.
Erst stolpern sie über die eigenen Füße
Schaun die Straße auf und ab, wirbeln ihr Stöckchen umher.
Vater, Mutter, Schwestern, Brüder
Die Verwandten deiner Frau und wer weiß noch wer.
In London, Paris oder in New York –
Alle Welt geht den Charlie Chaplin Walk.

Es gab einen »neuen Foxtrott-Song« des gleichen Titels, außerdem einen »Charlie Chaplin Glide«, »Charlie Chaplin – March Grotesque«, »Those Charlie Chaplin Feet«, »Charlie Chaplin, the Funniest of them All« und »The Funniest Man in Pictures«, mit Texten von Marguerite Kendall:

He tips his hat and twirls his cane,
His moustache drives the girls insane...
Er lüpft seinen Hut, schwingt sein Stöckchen geschickt,
sein Schnurrbart macht die Mädchen verrückt...

In Frankreich gab es einen populären »Charlot One-Step«.

Im Herbst 1915 lief Sydneys Vertrag bei Keystone aus, und er beschloß nun, sich ausschließlich den Geschäften seines Bruders zu widmen. Er überzeugte Chaplin davon, daß sie die kommerzielle Verwertung der verschiedenen Chaplin-Nebenprodukte selbst in die Hand nehmen sollten, und folglich wurden die Charles Chaplin Music Company und die Charles Chaplin Advertising Service Company gegründet. Keine von den beiden scheint sich sehr lange gehalten zu haben. Die administrativen Kosten waren zu hoch, und es lohnte sich nicht, den Tantiemen auf kurzlebige Produkte, die nur ein paar Cents einbrachten, nachzujagen. James Pershing, der mit der Leitung des Advertising Service beauftragt war, berichtete Sydney im Oktober 1915:

Wir müssen feststellen, daß in Sachen Tantiemen allseits chaotische Zustände herrschen. Es scheint Hunderte von Personen zu geben, die die unterschiedlichsten Dinge unter dem Namen von Charlie Chaplin herstellen. Zunächst müssen wir herausbekommen, wer, wo, was herstellt, und dann fordern wir die Betreffenden so schnell wie möglich auf, die Produktion zu stoppen oder sich betreffs Tantiemen mit uns abzusprechen. Mehr können wir nicht machen.

Sydney meinte, Tante Kate könnte die englische Vertretung des Advertising Service übernehmen, und so schrieb Mr. Pershing:

Bezüglich der englischen Rechte sind wir dahingehend aktiv geworden, daß wir Ihre Tante Kate schriftlich darum ersucht haben, einen Anwalt für uns ausfindig zu machen und auf Beteiligungsbasis zu engagieren. Wir haben ferner diverse Vorschläge unterbreitet, welche Produkte man mit Charlies Namen lancieren könnte, und wir sind bestrebt, sie dazu zu bewegen, diese Rechte selbst zu vergeben oder aber eine kompetente Partei damit zu beauftragen. Es ist zur Zeit keinem von uns möglich, nach England zu fahren, obwohl wir sehr wohl wissen, daß dies erforderlich wäre ...

Offenbar stürzte sich Tante Kate mit einer Begeisterung auf ihre neue Aufgabe, die ihrer Neffen würdig war, denn einen Monat später schrieb der Präsident des Advertising Service empört an Sydney:

Miss Kate Mowbray hat telegrafisch mitgeteilt, daß sie zur Agentin ernannt sei und auf 25 % Tantiemen bestehe. Wir haben sie nicht ernannt, wie Sie wissen, und ich kann mir kaum vorstellen, daß Sie diesbezüglich in eigener Verantwortung gehandelt haben. Falls das aber doch der Fall ist, werden wir Sie unterstützen, aber von uns aus können wir keine 25 % geben. Geben Sie mir in dieser Sache Bescheid, damit wir ihr sachkundig schreiben können.

Fast von dem Moment an, als Chaplin in den Vereinigten Staaten eintraf, beschäftigte man sich auf sonderbare Art und Weise mit seiner rassischen Abstammung. Sogar während der Karno-Tourneen wußten Interviewer und Reporter oft zu berichten, er sei ein Kind jüdischer Vaudeville-Künstler. Doch in den vier Generationen, über die wir seine Abstammung mit Sicherheit zurückverfolgen können – bei den Chaplins, Hills, Terrys und Hodges, und erst recht bei den Zigeuner-Smiths –, gibt es keinerlei Belege für jüdisches Blut. Alle diese Vorfahren scheinen ihre Familienrituale durchgängig innerhalb der

Kirche von England vollzogen zu haben; nur Hannah suchte in späteren Jahren Trost bei den Baptisten.

Chaplins erste bekannte Stellungnahme zu der Frage stammt aus dem Jahr 1915, wo ein Reporter wissen wollte, ob er wirklich, wie es hieß, Jude sei. Mit der Würde, die er vor der Presse so oft aufbrachte, antwortete Chaplin: »Dieses Glück habe ich nicht.« Das war keine hohle Höflichkeitsfloskel. Sein ganzes Leben hindurch brachte Chaplin seine tiefste Bewunderung für diese Rasse zum Ausdruck (schon allein deshalb kann man annehmen, daß er sich zu seiner jüdischen Abstammung bekannt hätte, hätte es eine gegeben). Als er 1921 mit dem Schiff von Europa zurückfuhr, sagte er zu einem kleinen mitreisenden Mädchen: »Alle großen Genies haben jüdisches Blut. Nein, ich bin kein Jude ... aber ich bin sicher, daß irgendwo in mir drin jüdisches Blut steckt. Ich hoffe es.« Diese Sympathie für die Rasse bedeutete aber nicht, daß er unkritisch alles Jüdische guthieß. Er hatte zum Beispiel immer den Verdacht, daß Beschneidung sowohl psychisch gefährlich sei, als auch ästhetisch und physisch unerfreulich.

Ein Filmfragment im Chaplin-Archiv, das Sydney und das Studio-Team zeigt, wie sie Chaplin vor einer Bahnreise in den Osten verabschieden, liefert einen rührenden Beweis seiner eigenen Überzeugung, daß er – zu seinem Bedauern – kein Jude war. In der Familie hieß es, daß Sydneys Vater, der mutmaßliche Mr. Hawkes, tatsächlich Jude war – wenn auch Sydney in der Kirche von England getauft wurde. Chaplin albert für die Kameras und legt seinen Arm um Sydney und mimt mit wunderschönem klarem Ausdruck: »Wir sind Brüder. Sehen wir uns nicht ähnlich?« Darauf verneint er seine eigene Frage und erklärt die nichtvorhandene Familienähnlichkeit, indem er mit dem Finger auf Sydney zeigt und einen Bühnenjuden imitiert, mit viel Achselzucken und erhobenen Händen, um anzuzeigen, daß Sydney Jude ist und er nicht. Ein weiterer visueller Kommentar erscheint in einer Aufnahme von Chaplin mit Harry Lauder aus dem Jahr 1918. Lauder zeichnet eine grobe Karikatur von Chaplin auf eine Tafel. Chaplin korrigiert die unmißverständliche Kolbennase des Karikaturjuden.

Chaplin, der angebliche Jude, wurde frühzeitig zur Zielscheibe des nationalsozialistischen Antisemitismus. *The Gold Rush* wurde schon in den ersten Jahren des Dritten Reichs verboten, und Chaplin erschien auch in einer widerwärtigen Schrift, in der prominente internationale jüdische Intellektuelle angegriffen wurden. Zusammen mit Einstein, Mann, Reinhardt und anderen wurde Chaplins Porträt abgedruckt, grob retuschiert, um seine »hebräischen« Gesichtszüge zu unterstreichen, mit einer Bildunterschrift, in der er als »ein kleiner jüdischer Akrobat, ebenso widerlich wie langweilig« abgekanzelt wurde. Chaplin blieb die Antwort nicht schuldig. In *The Great Dictator* [Der Große Diktator] spielte er eine eindeutig jüdische Figur, und er sagte: »Ich habe diesen Film für die Juden der Welt gemacht«. Mittlerweile weigerte er sich hartnäckig zu widersprechen, wann immer jemand behauptete, er sei Jude. Ivor Montagu gegenüber erklärte er: »Jeder, der dies für seine Person abstreitet, spielt den Antisemiten in die Hände.«

6

Mutual

Chaplin wurde sich seines Ruhms erst im Februar 1916 so richtig bewußt, als er mit dem Zug Richtung Osten fuhr, zu Sydney nach New York. Als sie in Amarillo in Texas hielten, mußte er zu seiner Verblüffung feststellen, daß der Bahnhof mit Girlanden geschmückt, eine Bürgerabordnung zu seiner Begrüßung angetreten war und der Zug von einer riesigen Menschenmenge bestürmt wurde. In Kansas City und Chicago waren die Menschenmengen noch größer, und vor der Ankunft in New York bat ihn der Polizeichef telegrafisch, in der 125. Straße auszusteigen statt im Grand Central, damit es keinen Ärger mit den Massen gäbe, die sich seit dem frühen Morgen dort versammelt hatten. Informationen über seine Reiseroute waren der Presse von den Telegrafisten zugespielt worden, die sein Telegramm an Sydney mit der genauen Ankunftszeit weitergeleitet hatten.

Sydney war vorausgefahren, um Angebote einzuholen für Chaplins zukünftige Dienste. Als ihr Verhältnis noch erträglich gewesen war, war Spoor von Chicago nach Los Angeles gekommen mit einem Angebot von 350 000 $ für zwölf Zweiakter, wollte aber nicht auf Chaplins Forderung eingehen, bei Unterzeichnung einen Bonus von 150 000 $ zu zahlen. Chaplin kannte seinen Wert, und Sydney war fest entschlossen, einen angemessenen Preis auszuhandeln. Sydney sah sich von allen Seiten umworben. Universal, Mutual, The Triangle, Famous Players, Fox und Vitagraph unterbreiteten allesamt zuversichtlich ihre Angebote; selbst Spoor und Anderson folgten Charlie nach New York, um sich um einen neuen Vertrag zu bemühen. Zu guter Letzt konnte niemand das Gebot des Präsidenten der Mutual Film Corporation, John R. Freuler, überbieten. Mutual war erst drei Jahre zuvor von Freuler und Harry Aitken gegründet worden und krönte jetzt ihren bisherigen Erfolg mit dem Einkauf des größten Stars des Films. Freuler erklärte sich bereit, Chaplin 10 000 $ die Woche zu zahlen und zusätzlich einen Bonus von 150 000 $ bei Vertragsunterzeichnung.

Mutual hatte zufälligerweise gerade den begabtesten Publizisten der Filmbranche engagiert: Terry Ramsaye (1885–1954), der ein Jahrzehnt später die erste inzwischen zum Klassiker gewordene Geschichte der amerikanischen Filmindustrie schrieb.* Ramsaye berichtete in Mutuals PR-Zeitschrift *Reel Life* (4. März 1916) über die Vertragsunterzeichnung:

Charles Chaplin hat einen Exklusivvertrag mit der Mutual Film Corporation abgeschlossen.

Chaplin wird für sein erstes Vertragsjahr 670 000 $ erhalten. Ingesamt mußte für die Bildung der Chaplin-Produktionsgesellschaft die Summe von 1 530 000 $ zur Verfügung gestellt werden. Das ist die größte Geldtransaktion, die in der Geschichte des Films jemals für einen einzelnen Star vollzogen wurde.

EIN AUSDRUCK DER POLITIK

Unmittelbar auf diese Bekanntmachung folgt die Erklärung von Mutuals Präsidenten John R. Freuler, daß Chaplins Unterzeichnung erst den Anfang einer zupackenden Politik seitens der Firma markiere, und er prophezeite, daß mit weiteren wichtigen Nachrichten zu rechnen sei, die sich mit Mutuals Leistung von dieser Woche würden messen können, wenn gewisse Verträge anderer berühmter Stars ausliefen, die zur Zeit noch für andere Firmen arbeiteten.

Dem Spielchen »Eins, zwei drei, wer hat Chaplin?«, mit dem sich die Filmwelt so lange beschäftigt hatte, wurde letzten Samstagabend zu später Stunde in Präsident Freulers Büro, nach Abschluß der letzten Sitzung einer gewichtigen Reihe von Konferenzen und Verhandlungen, ein schnelles Ende bereitet.

Neben dem Krieg in Europa ist Chaplin der kostspieligste Posten unserer zeitgenössischen Geschichte.

Jede Stunde, die verstreicht, nimmt Chaplin 77.55 $ ein, und falls er mal ein Fünfcentstück für die Straßenbahn braucht, kann er es sich in nur zwei Sekunden verdienen.

ALLE MITBEWERBER KALKULIERTEN ZU NIEDRIG

Mr. Chaplin wird am 16. April siebenundzwanzig Jahre alt. Er verdient nicht gerade schlecht für sein Alter.

Mit dem Vertragsabschluß geht ein Verhandlungskrieg zu Ende, mit endlosen Besprechungen und wochenlangem diplomatischem Gerangel. Fünf oder sechs Filmkonzerne und Promoter haben sich während dieser Zeit um Chaplin bemüht und hörbar Zahlen geflüstert – und sämtliche Kalkulationen lagen zu niedrig. Vor einer Woche nahm Freuler Chaplin unter provisorischen Vertrag bzw. sicherte sich eine Option bis zum Abschluß aller notwendigen Vorkehrungen für die Bildung einer speziellen Produktionsgesellschaft. Bis dahin fanden die Verhandlungen zwischen Präsident Freuler und Chaplin auf rein persönlicher Ebene statt.

* *A Million and One Nights*, New York, 1926

Samstagabend war die letzte Besprechung, und dann nahm das Zeremoniell der Vertragsunterzeichnung mit der Mutual seinen Lauf, mit dem gebührenden Aufgebot an Anwälten, Notaren usw., und eine Batterie Bogenlampen und eine Filmkamera durften natürlich auch nicht fehlen, da ja heutzutage der Film seine eigene Berichterstattung macht.

Charles Chaplin erschien wie üblich in Begleitung seines Bruders Sidney Chaplin, der für seinen jüngeren Bruder alles Geschäftliche regelt und die Gagenverhandlungen führt.

Die jeweiligen Anwälte gingen zum allerletzten Mal sämtliche Papiere durch und erklärten, daß alles seine Richtigkeit habe. Das gewichtige Siegel wurde von einem Anwaltsgehilfen aus dem Tresorraum hervorgeholt und mit bedächtiger Sorgfalt auf dem Mahagoni-Schreibtisch des Präsidenten deponiert.

FILMVERTRAGSUNTERZEICHNUNG FÜR DIE MUTUAL WOCHENSCHAU

Die Lampen blitzten auf, als »mehr Saft« verlangt wurde, und das Büro erstrahlte im gleißenden Licht wie ein Studio.

Charles Chaplin lehnte in einer seiner typischen Freizeitposen malerisch an der Tischkante und beobachtete die Vorgänge mit lässig schockierendem Desinteresse.

»Was gibt's in dieser Szene zu tun?« fragte er seinen Bruder und setzte sein breitestes Chaplin-Lächeln auf.

»Hier und hier unterschreiben«, erklärte Sid und zeigte auf die säuberlichen, einladend gestrichelten Linien auf der letzten Seite des gewichtigen 20 000-Wörter-Vertrages, den die Mutual Rechtsabteilung mit unglaublichem Fleiß ausgearbeitet hat.

Präsident Freuler übergab seinen Lieblingsfüller, mit dem alle Stars unterschreiben. Sidney Chaplin rief »Kamera«, und es ging los.

Binnen fünf Minuten war die Tat vollbracht, und der Kameramann meldete »dreihundert Fuß«, als Präsident Freuler Chaplin einen Scheck über 150 000 $ – die Bonuszahlung – überreichte.

Chaplin prüfte den Scheck sorgfältig und gab ihn dann mit spitzen Fingern weiter: »Nimm du ihn, Sid, nimm ihn mir ab, mir schmerzen die Augen.«

Zusätzlich zu dem Bonus, der Mr. Chaplin bei Vertragsunterzeichnung ausgezahlt wurde, erhält er 10 000 $ in der Woche.

SOLL FILME IN LOS ANGELES MACHEN

Die neuen Mutual-Chaplins werden in einem Studio produziert werden, das zur Zeit in Los Angeles in Kalifornien ausgerüstet wird. Der Komiker wird dort am 20. März mit der Arbeit beginnen oder auch zu einem früheren Zeitpunkt, sofern es die Umstände erlauben. Es soll eine Zweiakter-Komödie pro Monat produziert werden.

Der Chaplin-Vertrag ist eins der gewichtigsten und kompliziertesten Dokumente, die jemals für das Engagement eines Filmstars ausgearbeitet worden sind. Er umfaßt mehr als 20 000 Wörter und enthält Bedingungen und Klauseln, die alles abdecken, was passieren könnte, und vieles, was nicht passieren kann. Auch das »Kriegsrisiko« wird in dem Vertrag berücksichtigt. Mr. Chaplin ist britischer Staatsbürger. Es wird zur Auflage gemacht, daß er während der Laufzeit des Vertrags die Vereinigten Staaten nicht ohne Genehmigung der Firma verlassen darf. Übrigens hat Mr. Freuler das Leben des kostspieligen Komikers mit 250 000 $ versichert.

»Dieser Vertrag«, bemerkte Mr. Freuler gestern, »ist lediglich ein erneuter Beleg für die Größe des Films und der Filmindustrie, dieser Kombination aus Kunst, Vergnügen und Geschäft. Die Zahlen sind reines Geschäft«, fügte er mit einem trockenen Lächeln hinzu.

»Wir können es uns leisten, Mr. Chaplin jährlich diese große Summe zu zahlen, weil das Publikum Chaplin haben will und bereit ist, für ihn zu bezahlen. Ich glaube, daß alle Beteiligten von diesem Vertrag profitieren – die Firma, Mr. Chaplin und das spaßbegeisterte amerikanische Publikum.«

Chaplin selbst gab vor der Presse eine geschickte und entwaffnende Erklärung ab:

Viele Leute machen große Augen, wenn sie hören, wie hoch mein sogenanntes Einkommen ist. Ehrlich gesagt, ich verschwende nicht allzu viele Gedanken darauf.

Geld und Geschäft sind etwas sehr Ernstes, und ich muß zusehen, daß ich mich möglichst wenig damit befasse. Genaugenommen mache ich mir über Geld gar keine Gedanken.

Das käme nur meiner Arbeit in die Quere. Ich bin zwar nicht der Meinung, daß das ganze Leben für mich nur ein Scherz ist, aber es macht mir schon Spaß, auf seiner Sonnenseite zu arbeiten.

Dieser Vertrag besagt eigentlich nur, daß ich im Geschäft bin, befreit von den üblichen Sorgen und mit garantierter Dividende.

Er besagt, daß ich die Freiheit habe, so komisch zu sein, wie ich es wage, das Beste zu leisten, was in mir steckt, und meine Energien für das zu opfern, was die Leute haben wollen. Ich habe schon seit langem das Gefühl gehabt, daß dies mein großes Jahr werden wird, und dieser Vertrag ist *die* Chance für mich. Er hat etwas Inspirierendes. Ich bin wie ein Schriftsteller bei einem großen Verlag, der eine hohe Auflage garantieren kann.

Das Kapital für den Chaplin-Vertrag stammte von einer neugegründeten Gesellschaft, der Lone Star Film Corporation; und Mr. Freuler konnte für seine Aktionäre eine rosige Prognose über die zu erwartenden Einspielsummen der Chaplin-Filme aufstellen. Nach den Berechnungen des Präsidenten würden die durchschnittlichen Kosten für jeden der zwölf Filme 10 000 $ betragen, oder zusammengenommen 120 000 $, was zuzüglich der Gage des Komikers einen Gesamtbetrag von 790 000 $ ergab. Grundlage für die

Gewinnberechnung waren Tageseinnahmen von 25 $ für jede Kopie eines Zweiakters über einen Zeitraum von mindestens dreißig Tagen. Die Firma veranschlagte mindestens hundert Kopien pro Film, was eine Mindesteinnahme von 2500 $ pro Tag beziehungsweise 75 000 $ pro Monat ergab. Multipliziert mit zwölf Monaten, ein Film pro Monat, käme man somit insgesamt auf 900 000 $, und damit lag man bereits um 110 000 $ über den Auslagen. Die Kopien wären aber tatsächlich erheblich länger als dreißig Tage einsetzbar: die »Sechziger« und »Neunziger«, wie die abgenutzteren Kopien genannt wurden, könnten in kleineren Kinos noch weitere 20 $ oder 10 $ am Tag einspielen. Freuler versicherte seinen Aktionären, daß seine Schätzung der zu erwartenden Profite vorsichtig sei, sie berücksichtige weder die Möglichkeit, weit mehr als hundert Kopien von jeder Produktion zu vertreiben, noch die Auslandseinnahmen, die trotz des Krieges enorm waren. Freuler sollte bald entdecken, wie sehr selbst er seinen Schatz unterschätzt hatte. Er hätte zweifellos mit noch größerer Überraschung vernommen, daß Filme, deren Lebensdauer er auf sechzig Tage veranschlagte, sechzig *Jahre* später immer noch Millionen Menschen unterhalten würden (allerdings ohne Gewinn für Mutual).

Die Höhe von Chaplins Einkünften – 670 000 $ im Jahr bedeutete 12 884 $ in der Woche, 1840 $ am Tag, 76.70 $ in der Stunde, 1.27 $ in der Minute – sorgte bei Presse und Öffentlichkeit für große Aufregung, wurde aber auch kritisiert. Kein Mensch auf der Welt außer einem König oder einem Kaiser – oder allenfalls noch Charlie Schwab von der US Steel Corporation – hatte jemals auch nur halb so viel verdient. Mary Pickford sollte dann dafür sorgen, daß Chaplins Rekordgage nicht lange unangefochten blieb, aber im Moment war sie das Gesprächsthema Nummer eins. Einerseits wurde hier der amerikanische Traum vom Erfolg wieder einmal triumphierend verwirklicht; andererseits stellte sie einen Affront gegen die puritanische Verehrung des Geldes dar. Reverend Frederick E. Heath von der Warren Avenue Baptist Church in Boston wählte als Thema seiner Predigt ›Charlie Chaplins halbe Million‹. »Hätte Chaplin in den alten puritanischen Zeiten gelebt, hätte man ihm als Hexe das Leben genommen ... Ich lache auch gerne ... Der große Fehler der amerikanischen Lebensweise von heute ist diese verderbte und unmoralische Sitte, das Geld zum Fenster hinauszuwerfen.«

In gewisser Weise war New York von Chaplins Besuch eher enttäuscht. Für die Oststaatler waren die Filmstars bereits zu einer sonderbaren, exotischen Spezies von Menschen geworden, die ein ausschweifendes Leben führten und hemmungslos mit Geld um sich warfen. Chaplin entsprach diesem Bild überhaupt nicht. Er war ernst, ruhig und zurückhaltend. Schlimmer noch, er schmiß nicht mit Geld um sich. Die Erinnerung an die Armut war noch zu frisch, und ganz philosophisch rechnete er lange Zeit mit der Möglichkeit, daß das Publikum eines Tages seiner überdrüssig sein könnte. Er achtete das Geld, wie jeder, der einmal keins gehabt hat, aber er war nicht knauserig. Während seines Aufenthaltes in New York gab er Sam Goldfishs Schauspielerfonds einen Scheck über 1300 $ – die Hälfte der Summe, die er für sein persönliches Erscheinen bei der Sonntags-Show im Hippodrome erhalten hatte. Die Legende von Chaplins Knauserigkeit wurde in dieser Zeit geboren. Wesentlich trug dazu ein interessantes Porträt vom sechsundzwanzigjährigen Chaplin bei, das Karl K. Kitchen verfaßte:

> Charlie erfreut sich seines Reichtums mit schicklicher Bescheidenheit. Bevor er seinen Vertrag unterzeichnete, verbrachte er einen Monat in New York, und es war ein turbulenter Monat. Kreuz und quer über den Broadway hat er getafelt, ist ins Theater und zum Tanzen gegangen und hat sein junges Lebens genossen, aber seine Geldbündel behielt er dabei ausschließlich für sich.
>
> Denn mit seinen sechsundzwanzig Jahren und seinem Jahreseinkommen von 670 000 $ weiß er ganz genau, worauf es beim Geld ankommt. Der Monat voll lustigen Lebens am Broadway hat ihn lediglich vier Wochen gekostet. Seit Harry Lauder New York mit seiner schottischen Sparsamkeit, um es freundlich auszudrücken, zunächst verblüfft und dann amüsiert hat, hat man am Broadway keine so sparsame Berühmtheit mehr gesehen.

Der Fairness halber müsse allerdings gesagt werden, so räumte der Verfasser ein, daß Chaplin kein Geld auszugeben brauchte. Er war der begehrteste Mann in New York. Wo jeder Filmmagnat sich darum bemühte, ihn unter Vertrag zu bekommen, »wurde er so festlich bewirtet, wie noch nie ein Schauspieler in New York bewirtet worden war«. Zahllose Diners wurden ihm zu Ehren gegeben, und er brachte einen Koffer voll kostbarer Geschenke nach Kalifornien zurück.

> Das einzige, was er sich leistet, ist ein 12-Zylinder-Automobil. Er gestattet sich nicht einmal den Luxus einer Ehefrau. Für Schmuck, langsame Pferde und flotte Gesellschaft, Landhäuser, *Objets d'art* und andere kostspielige Fimmel der räuberischen Reichen hat dieser schlanke junge Filmschauspieler nichts übrig, der aus dem Nichts aufgetaucht ist und sich nach weniger als fünf Jahren rühmen kann, der bestbezahlte Angestellte der Welt zu sein ...
>
> Seine persönlichen Ausgaben lagen im letzten Jahr weit unter 500 $, und nichts deutet darauf hin, daß der neue Vertrag ihm den Kopf verdreht hätte. Er hat höch-

stens bewirkt, daß er jetzt die Hand noch mehr auf der Tasche hält. Schlichtes Leben und erhabenes Denken mag vielleicht nicht gerade Chaplins Lebensphilosophie sein – er interessiert sich mehr für Boxkämpfe als für Bildende Kunst und Literatur –, aber fest steht, daß er schlicht lebt – es sei denn, ein anderer bezahlt die Rechnung.

Statt einer Sekretärin hat er seinen Bruder Sidney ..., der sich um seine gesellschaftlichen und geschäftlichen Belange kümmert. Er kommt ohne Kammerdiener aus, schlicht und einfach deswegen, weil er weniger als ein halbes Dutzend Anzüge besitzt. Wenn er nicht ausdrücklich gebeten wird, in Abendgarderobe zu erscheinen, erscheint er im Theater oder bei einer noch offizielleren Angelegenheit im Tweed-Anzug...

In Fleisch und Blut ist er vollkommen anders als auf Zelluloid. Er ist von erstaunlich kleiner Statur – er wiegt weniger als 125 Pfund –, und er besitzt ein absolutes Durchschnittsgesicht – ein Gesicht, das in einer Gruppe von fünf geschweige denn fünfhundert Leuten überhaupt nicht auffallen würde. Gewiß, er hat schwarze Augen, die stärker leuchten als andere, und dichte rabenschwarze Haare, die sich gern locken, aber alles in allem ist er eine vollkommen unscheinbare Erscheinung. Sein Verhalten steht auch in bemerkenswertem Kontrast zu seinen Leinwandpossen. Denn privat ist er ungewöhnlich scheu, ruhig und verschlossen. Wenn er redet, verrät der Cockney-Akzent seine Herkunft. Seltsamerweise spricht er ohne Gestik, eine bemerkenswerte Tatsache für einen Schauspieler jeglicher Couleur.[1]

Chaplin versuchte, seinen eigenen Standpunkt zu erklären: »Niemand begreift besser als ich, daß meine Dienste in fünf Jahren vielleicht keine 100 Dollar mehr wert sind. Ich fahr nur das Heu ein, solange die Sonne scheint.«[2] Eine andere Interview-Bemerkung war prophetisch und gleichzeitig eine präzise Selbstanalyse: »Mein ganzes Leben lang bin ich ein Arbeiter gewesen. Es stimmt, daß ich mich heute, wenn ich wollte, vom Film zurückziehen und für den Rest meines Lebens unbeschwert und behaglich leben könnte. Ich bin noch ein junger Mann – sechsundzwanzig Jahre alt, aber Sie werden sehen, daß ich in fünfzig Jahren noch genauso hart arbeiten werde wie jetzt. Geld ist nicht alles. Arbeit kann einen glücklicher machen als alles andere, was ich mir vorstellen kann.«[3] Wie er vorausgesagt hatte, arbeitete er genau fünfzig Jahre später an einem neuen Film, *A Countess from Hong Kong* [Die Gräfin von Hongkong]. Er äußerte auch seine Ansichten übers Heiraten: »Als ich heiraten wollte, hatte ich nicht das nötige Geld dazu. Jetzt, wo ich das Geld habe, habe ich keine Lust zu heiraten. Und außerdem ist dafür noch genug Zeit, wenn ich nicht mehr arbeite.«[4]

Trotz allem hatte er Hetty Kelly nicht vergessen können. Er erinnert sich ein halbes Jahrhundert später, wie er sich während seines Aufenthalts in New York in der Hoffnung, ihr zu begegnen, vor dem Haus in der Fifth Avenue herumtrieb, wo Hetty seiner Meinung nach bei ihrer Schwester wohnte. Es war eine vergebliche Hoffnung: Hetty war in England, wo sie sechs Monate zuvor Lieutenant Andrew Horne geheiratet hatte, den Sohn des Parlamentsabgeordneten für Guildford.

Chaplin und Edna waren zum ersten Mal getrennt, seit sie sich fast ein Jahr zuvor kennengelernt hatten. Während Chaplin in New York war, war Edna zu ihrer Familie nach Lovelock in Nevada gefahren. Chaplin versprach, ihr zu schreiben, aber er war nie ein großer Briefschreiber, und sie schrieb ihm leicht vorwurfsvoll:

> »Ich kann wirklich nicht verstehen, warum Du nichts von Dir hören läßt. Nur ein kleines Telegramm ist ein bißchen wenig. Selbst ein Brieftelegramm wäre besser als gar nichts. ›Boodie‹, Du hast doch hoch und heilig versprochen zu schreiben. Bist Du so in Anspruch genommen, daß Du nicht einmal an mich denken kannst. Jeden Abend, bevor ich schlafen gehe, sende ich kleine Liebesgedanken aus und wünsche Dir allen erdenklichen Erfolg und zähle die Minuten bis zu Deiner Rückkehr. Wie lange willst Du denn noch bleiben. Bitte, Liebling, vergiß Deine ›Modie‹ nicht, und komm schnell zurück. Bin schon seit über einer Woche zu Hause, und glaub mir, mich kribbelt's schon in den Füßen, endlich hier weg und wieder zurückzukommen.
>
> Hast du Mabel und die Truppe getroffen? Ganz bestimmt. Find ich so schade, daß Du mich nicht mitnehmen konntest. Bist Du mir treu geblieben? Ich fürchte, nein. Naja, tu, was Du für richtig hältst. Soweit vertraue ich Dir wirklich ...«

Nach »Tausend Grüße und Küsse« unterschreibt Edna reizenderweise mit »Hochachtungsvoll«.

Chaplin verbrachte nach eigener Darstellung eine recht unruhige Zeit in New York. Er bemühte sich, den Massen aus dem Weg zu gehen, und war etwas deprimiert, weil er sich einsam fühlte. Er ging in die Oper und ließ sich dazu überreden, Caruso in seiner Garderobe aufzusuchen. Da ihm nicht ganz klar war, ob an diesem Abend *Carmen* oder *Rigoletto* gegeben wurde, und man ihn ungeniert als den »Caruso des Films« vorstellte und da er wohl wußte, daß Caruso nicht sonderlich viel daran lag, ihn kennenzulernen, wollte Chaplin dreifach vor Scham in den Boden versinken. Einem damaligen Zeitungsbericht zufolge verlief das Gespräch folgendermaßen: »Caruso: ›Ich lese, Sie machen guttes Vertrag.‹ Chaplin: ›Ja, ich habe einen feinen Vertrag gemacht.‹ Caruso: ›Das is gutte. Ich auch kriege guttes Vertrag. Ich freue mich, Sie zu kennen.‹ Und damit war die Audienz beendet.« Hinterher bemerkte Chaplin:

»Ich bedaure, daß ich ihn nicht den Chaplin der Oper genannt habe. Das hatte ich vorgehabt, aber dann habe ich mich nicht getraut.« Ihm waren aber auch geglücktere Begegnungen mit anderen Stars beschieden. Später im selben Jahr besuchte ihn Dame Nellie Melba in seinem Studio während ihres Engagements in Los Angeles, und sie legte eine vielversprechende komödiantische Begabung an den Tag. Beim Herumalbern für die Kameras ging Chaplin mit ihr eine Treppe hinunter und machte einen komischen Sturz. Die Melba riß ihn auf die Füße und knallte ihm mit den Worten: »Charlie, benehmen Sie sich, wir sind hier nicht zum Spaß« den Hut auf den Kopf. Paderewski stattete dem Studio auch einen Besuch ab, sah Charlie bei der Arbeit zu, klatschte entzückt in die Hände und rief die geheimnisvollen Worte aus: »Bravo! Was für einen großen Klavierspieler hat der Film verloren. Was für einen großen Tortenwerfer hat die Musikwelt mit dem prächtigen Mr. Chaplin gewonnen!«

Am 10. März bestiegen die Chaplin-Brüder in Begleitung von Henry P. Caulfield, der von Mutual zum Produktionsmanager von Chaplins neuem Studio ernannt worden war, den *Twentieth Century* zu ihrer Rückfahrt an die Westküste. Die Reisenden machten unterwegs für ein paar Tage in Chicago Station. Chaplin ließ sich dazu überreden, vor einem Kino, in dem einer seiner Filme lief, seinen komischen Gang aufzuführen. Aber der Publicity-Gag ging in die Hosen. Niemand erkannte ihn, und der Kassierer, längst von Möchtegern-Chaplin-Imitatoren zu Tode gelangweilt, hatte für ihn nur ein verächtliches Schnauben übrig. Im Foyer des Sherman Hotels gab Chaplin ein Interview, während Sydney sich bemühte, die Schaulustigen in Schach zu halten und mit den aufgeregten Pagen fertig zu werden, die pausenlos neue Briefe für den Komikerkönig brachten. Er sprach von seinen Plänen für die bevorstehenden Filme:

> Man kann in ausgelatschten Schuhen genauso Künstler sein wie in einem Anzug. Es kommt nicht darauf an, wie man gekleidet ist, sondern was man macht und wie man es macht. In der Slapstick-Komödie stecken genauso viele Möglichkeiten wie in den maßgeschneiderten Produktionen der Bühne ...
>
> Dieses Jahr ist voller Inspiration ... Ich werde bessere Filme machen als letztes Jahr. Ich schreibe die Drehbücher selbst und führe auch selbst Regie. Wir werden ein bißchen mehr ordentliche Handlung reinbringen. Ich hab gern eine kleine Geschichte, vielleicht mit einer Idee darin, nichts Großes, keine Belehrung, aber schon mit einer gewissen Absicht, wie zum Beispiel in *The Bank*. Ich finde, *Police* (der Film kommt in ein paar Wochen bei Essanay raus) ist das Beste, was ich bisher

gemacht habe. Man muß die Kleinen berücksichtigen, nichts über ihre Köpfe hinweg machen und auch an die Erwachsenen denken...

Den Schnurrbart werd ich behalten, aber an die andern Sachen werd ich mich nicht unbedingt klammern. Das werde ich von Fall zu Fall entscheiden. Und es spielt keine Rolle, in was für Sachen man komisch ist, solange man überhaupt komisch ist. Deswegen kann ich die Dinge auch nicht allzu ernst nehmen. Dieses Einkommen, das sind doch einfach nur Zahlen. Das sind nur Zahlen für mich. Es bedeutet nichts. Wenn ich die Dinge ernst nehmen würde, könnte ich keinen Film machen.

Irgendwann, wenn sich beim Film niemand mehr für mich interessiert, und ich hoffe, ich erfahre es rechtzeitig, bevor es soweit ist... o ja, irgendwann ist es sicher soweit. Es wird nicht an mir liegen, sondern am Publikum. Irgendwann wird es keine Lust mehr haben, immer dieselbe Figur zu sehen, wissen Sie. Also, dann möchte ich etwas Größeres vollbringen. Nicht daß der Film nichts Großes ist, aber ich will ein bißchen auf die Bühne, um mein Publikum zu spüren.[5]

Kurz nach ihrer Rückkehr nach Kalifornien erfuhren die Chaplin-Brüder, daß Tante Kate, deren Schönheit und Fröhlichkeit die Brüder aus ihrer Kindheit in glücklichster Erinnerung hatten, gestorben war. Sie war in ihrer Unterkunft in der Gower Street 99 unter lauter Fremden gestorben. Dort wußte man nicht einmal ihren richtigen Namen, und ins Sterberegister wurde sie unter ihrem Künstlernamen Kate Mowbray eingetragen. Auf ihrem Totenschein wird ihr Beruf mit »Schauspielerin« und die Todesursache mit Krebs angegeben. Es hätte sie zweifellos sehr erfreut, daß man ihr Alter mit 35 angab. Tatsächlich war sie 41. Die Hill-Schwestern bewahrten, was immer ihnen auch zustoßen mochte, ihr jugendliches Aussehen. Mit Kates Tod war jetzt kein näherer Verwandter mehr übrig, der über Hannah wachte oder etwas unternahm, wenn die Gebühren für das Peckham House nicht rechtzeitig gezahlt wurden.

Das neue Lone Star Studio wurde am 27. März eröffnet, nur eine Woche später als von Mutual geplant. Die Studioanlage, die ehemaligen Climax Studios, lag Lillian Way Ecke Eleanor Avenue im Bezirk Colegrave in Los Angeles. Die Bühne befand sich in der Mitte des Grundstücks. Angeblich war sie die größte in Kalifornien. Sie war offen, hatte aber rechts und links Seitenwände aus Leinwand und war mit Leinen-Lichtstreuern überspannt. Es gab reichlich Platz für den Aufbau von Außenkulissen, zum Beispiel für die Straßenszene für *Easy Street*, und es war selten erforderlich, daß das Team zu Außenaufnahmen ausrückte, es sei denn, Wasser wurde gebraucht. Es gab nur wenige Verwaltungsgebäude, das größte war das Labor, wo alle Filme des Studios entwickelt und kopiert werden sollten. Die Büros befanden sich in einem Vierzimmerbungalow, der Vorführraum in einem Anbau. Südlich und westlich waren zwanzig Garderoben, auch im Bungalow-Stil. Kulissenlager, Requisitenkammern und Werkstätten schlossen sich auf der Westseite der Bühne an.

Caulfield war Produktionsleiter, William C. Foster war erster Kameramann, und Roland Totheroh wurde sein Assistent. Totheroh hatte Essanay verlassen und war arbeitslos, als Chaplin aus New York wiederkam.

> Ich ging zu ihm. Charlie sagte: »Klar können wir dich brauchen.« Er sagte, wir fangen nächste Woche an. Bill Foster war der Kameramann, später erster Kameramann bei Universal. Ich bin zu Bill gegangen und hab ihm gesagt, daß ich Komödien gedreht hab und alles mögliche andere und daß ich mich mit der Geschwindigkeit auskenne. Damals hatten die Kameras keinen Motor, und für die Verfolgungsjagden haben wir immer die Geschwindigkeit geändert. Foster hatte immer nur Dramen und so was gedreht. Wir haben zusammen angefangen, Bill und ich, als Kameramann eins und zwei. Wenn dann die Szenen so ausgewählt wurden, wurden fast immer alle meine Szenen ausgewählt. Wenn Charlie die Beine hochgeworfen hatte oder so was in der Art, dann mußten wir sofort schalten und loskurbeln.[6]

Foster verließ das Lone Star Studio nach vier Filmen, und Totheroh wurde erster Kameramann.

> Bill Foster hatte von irgendeinem Kameramann gehört, der einen Film bei Fox machen wollte, also wechselte er dorthin über. Jetzt war ich alleine. Ich habe alle Mutuals gemacht, die First Nationals und den ganzen Rest.[7]

Schon bei seinem ersten Film baute sich Chaplin seine kleine Stammtruppe von Spielern auf. Edna blieb natürlich seine Hauptdarstellerin. Von Essanay holte er Leo White (dessen Beteiligung an der *Carmen*-Geschichte ihm offenbar nicht angekreidet wurde), Charlotte Mineau, Lloyd Bacon, John Rand, Frank J. Coleman und James T. Kelley, ein älterer irischer Schauspieler, dessen Spezialität klapprige alte Männer waren. Zwei unschätzbare Kollegen von Essanay, Bud Jamison und Billy Armstrong, waren weggegangen, um ihre eigene Karriere zu verfolgen. An ihrer Stelle engagierte Chaplin drei neue Schauspieler, die in seinen zukünftigen Filmen einen bedeutenden Beitrag leisten sollten. Albert Austin, 1885 in Birmingham geboren, war ein alter Karno-Schauspieler, der in *Mumming Birds* mitgespielt hatte. Dürr und finster, von einer gewissen verwirrten Reizbarkeit, war er der einzige Schauspieler, der in allen zwölf Mutual-Komödien neben Chaplin auftrat. Eric Stuart Campbell war der ideale Goliath für den David Chaplin. Campbell war siebenunddreißig Jahre, sah aber viel älter und viel furchteinflößender aus, als er in Wirklichkeit war. In Wahrheit scheint er ein fröhlicher und geselliger Mensch gewesen zu sein. Mit seiner Größe von einsvierundneunzig und seinem Gewicht von fast zweieinhalb Zentnern bildete er einen noch verblüffenderen Kontrast zu Charlies schmächtiger Gestalt als Bud Jamison oder Mack Swain.

Roland Totheroh beschrieb Chaplins Arbeitsweise zu dem Zeitpunkt, als er das Lone Star Studio bezog:

> Wenn Charlie an einer Idee gearbeitet hat, dann hat er mich oft hergeholt. Da waren immer viele von seinen eigenen Leuten um den Weg. Er hatte plötzlich eine bestimmte Situation vor Augen, in der was steckte, was er ausbauen konnte, und er wollte sich einfach unterhalten, mehr oder weniger. Wenn jemand mit einer Idee kam, die so klang, als könnte er sie einbauen und damit seine Situation weiterentwickeln, hat er sie im Hinterkopf behalten und gründlich drüber nachgedacht...
>
> Er hatte damals kein Skript, hatte auch kein Skriptgirl oder irgend so was, und er hat auch nie nachgeprüft, ob eine Szene an der richtigen Stelle kam oder ob die Anschlüsse gestimmt haben. Das Skript entwickelte sich im Laufe der Arbeit. Wenn wir am folgenden Tag die Muster angesehen haben und die nicht so waren, wie er sich das vorgestellt hat, ist es oft passiert, daß er irgendeine andere Sequenz eingeschoben hat, statt an dem weiterzuarbeiten, womit er angefangen hat. Es gab nie eine feste Reihenfolge. Er hat eine Idee gehabt, und die hat er dann weiterentwickelt. Er hatte so eine Art Synopse im Kopf, aber nichts auf dem Papier. Er hat's durchgesprochen und dann gleich eine Sequenz gedreht. In vielen von seinen alten Filmen hat er ja immer diese Unterbrechungen drin gehabt, hat Zwischentitel für den Zeitablauf verwendet: ›tags darauf‹ oder ›am folgenden Tag‹ oder ›am gleichen Abend‹ – das hat dann die Skriptlücken überbrückt.
>
> Jeder Film, den er gemacht hat, hatte immer einen besonderen Höhepunkt, eine gut aufgebaute Szene für die großen Lacher. Natürlich hat jeder ein bißchen was zu den Ideen und dem Skript beigetragen. Aber keiner hat sich getraut, sich einzumischen und zu sagen: »Ach, Sie sollten dies oder jenes machen.« Wenn die geprobt haben, bin ich nie von der Kamera weg, war ihnen immer auf den Fersen, habe jede Bewegung beobachtet, alles, was er getan hat. Wenn die Szene aufgenommen wurde, wenn ich da irgend 'ne Möglichkeit drin gesehen hab, war ich im Nu an der Kamera. Auf 'ne nette Art hab' ich dann gesagt: »Mensch Charlie, du könntest doch das machen« oder »Willst du nicht vielleicht das machen?«, und er war dann einverstanden. Aber man konnte nicht hingehen und ihm so kommen, wie manche es gemacht haben, wie Albert Austin... der hat Charlie irgendwas

gesagt und das dann überall auf dem Gelände an die große Glocke gehängt: »Den Gag hat Charlie von mir.«

Charlie hat mit ihnen geprobt. Er hat mit jedem geprobt, und sogar in den Stummfilmen hat's Dialoge gegeben. Da war zum Beispiele eine Rolle, die eine kleine Frau spielen sollte, und er stellt sich hin und spielt die. Er hat seine Stimme verstellt und war ganz die Figur, die die kleine alte Frau spielen sollte. Er hat den Text entwickelt und mit ihnen geprobt, sogar noch bevor er selbst geprobt hat. Er hat so verdammt viel hin und her geprobt mit ihnen, daß es, wenn's dann zu guter Letzt losging, völlig anders ausgesehen hat, als er's am Anfang festgelegt hatte. Man mußte bei ihm immer auf Zack sein.

Ich stand ewig hinter dieser Kamera, mußt immerzu durch diese Linse sehen. Und diese ganzen Proben, ich saß immer da und hab jede Bewegung beobachtet, die sie gemacht haben. Wenn er dann mit einer plötzlichen Eingebung gekommen ist, mußte man jederzeit parat sein, um das einzufangen.

Was Belichtung und so was betraf, da hatte Mr. Chaplin als Regisseur nichts dazu zu sagen. Dann hab ich eben öfters mal gesagt: »Werfen Sie mal einen Blick hier durch.« Ich war der Meinung, daß er, wenn er Regie führte, den Bildausschnitt kennen sollte, den ich aufnahm. Natürlich hat der Kameramann früher eine viel wichtigere Rolle gespielt als heutzutage. Die Entscheidung, von welcher Position man die beste Beleuchtung zum Drehen hatte, mußte der Kameramann treffen; oder draußen, von welcher Position man ein Gebäude anpeilte, oder was es gerade war. Dann mußte man ausrechnen, zu welcher Tageszeit man diese Einstellung am besten drehen konnte, ob man Gegenlicht oder Seitenlicht haben wollte.

An einem Durchschnittstag haben wir von acht oder neun Uhr morgens ohne Unterbrechung bis zum Mittag durchgedreht. Das war natürlich noch vor den Gewerkschaften. Und oft wollte er nach dem Essen zwei Stunden drehen. Nach der Essenspause haben wir dann weitergemacht. Ich hab meine Position immer leicht wiedergefunden, weil ich Bull Durhams geraucht und so viele Streichhölzer benutzt hab. Man konnte diese ganzen Streichhölzer auf dem Boden rumliegen sehen.

Während Charlie an der Arbeit war, geprobt oder gedreht hat, oder was auch immer, standen immer jede Menge von seinen Leuten herum und sahen zu. Nach ihrer Reaktion hat er geprüft, wie sein Zeug ankam. Aber später war er dann anders, wenn da welche rumgestanden und gegafft haben, dann hat er unterbrochen und gesagt: »Verschwindet! Was steht ihr da rum und starrt mich an?« Aber vorher waren bei allem, was er gemacht hat, bei Außenaufnahmen oder irgendwas, immer eine Masse Leute da, die haben sich über seine Faxen kaputtgelacht.

Ganz oft haben wir eine Sequenz fertiggemacht und sie uns dann vielleicht drei oder vier Tage später angesehen. Und dann hat er gemeint: »Nein, das ist es nicht.« Und dann hat er mit was anderem weitergemacht. Und wenn sich daraus was machen ließ, wenn man's ausbauen und entwickeln konnte, dann hat er das gemacht. Oft hat er eine Sequenz abgebrochen und dann jemand anderm die Schuld gegeben. Die Leute sollten nicht denken, daß er nicht wußte, was er machte. Dann hat er eine Kehrtwendung gemacht und über Nacht gedacht: »So was Dummes, genau das hätt ich machen sollen. Ich hab's aber nicht gemacht.« Da hatte er aber schon alle Leute weggeschickt und die Kulissen abbauen lassen. Aber es war sein eigenes Geld, also, was soll's – »Ruf die Leute zurück« …

Oft hat er angefangen Kulissen zu bauen, bevor er überhaupt eine feste Story hatte. Einmal haben sie ihn ausgetrickst, nachdem er diese Tour ein- oder zweimal abgezogen hatte. Er hatte dann eine Idee, aber es war eigentlich noch nichts Konkretes. Um Zeit zu gewinnen, hat er dann gesagt: »Ich will das Fenster nicht da hinten haben oder die Tür nicht an dieser Seite.« Dann hat's also wieder ein paar Tage gedauert, das umzubauen. Dann hat's ihnen gereicht, und sie haben Laufrollen an die Kulissen montiert …

Charlie war immer so stolz, wenn er eine Kulisse gebaut hat. Wir hatten die miesesten Kulissen, die ich jemals gesehen hab, eine Seitenwand und eine Rückwand. Er hat dann irgendwas mit einem kleinen Balkon oder was in der Art gebaut, und dann hat er sich Doug Fairbanks oder sonst wen geschnappt und gesagt: »Du mußt dir unbedingt mal die Kulisse ansehen, die ich gerade baue.« Er hat immer kleine Skizzen für diese Kulissentypen gemacht … Fairbanks hatte die phantastischsten Kulissen von allen. Und Doug hat dann immer gesagt: »O Mann, das ist ja großartig, Charlie.« Er wollte Chaplin immer bei allem, was er gemacht hat, ermutigen.[8]

Von Chaplins Arbeitsmethoden zu dieser Zeit gibt es viel detailliertere Belege als von irgendeinem anderen Regisseur des Stummfilms. Der stets vorausblikkende Sydney behielt sämtliche Out-Takes, bewahrte jeden Meter Film, den Chaplin bei der Herstellung der Mutual-Filme belichtete, sorgfältig auf. Totheroh, der mit dem Problem fertigwerden mußte, dieses ganze Material unterzubringen, war eindeutig verärgert:

Syd hat alle Out-Takes von Charlies frühen Filmen aufgehoben. Er hielt sie in Reserve. Er hat sich damals gedacht, wenn Charlie mal nicht mehr ist, wär keiner da, der was dagegen sagen könnte. Er hatte alle möglichen Reste von Mutual, aber die haben Charlie nicht gehört – eine Menge von Szenen und Sequenzen, die wir nicht verwendet haben. Ich hatte die da im Tresor, und das wußte Syd. Und er wollte sich da bedienen, und ich hab gesagt: »Nichts da – das ist nicht unser Eigentum.« Und er wußte auch, daß ich's wußte. Ich hab gesagt: »Das gehört Mutual.«[9]

Mit Mutual war es irgendwann vorbei, aber die Out-Takes blieben erhalten. Als Chaplin 1952 sein Studio schloß, hatte Totheroh die Anweisung, die riesigen Mengen Material zu vernichten. Er war nicht mehr der Jüngste, es ging ihm nicht gut, und er hat seinen Auftrag – man kann wohl sagen glücklicherweise – nicht sehr sorgfältig erledigt. Mehrere hundert Rollen blieben erhalten und gelangten schließlich in den Besitz des Verleihers Raymond Rohauer. 1982 bildeten sie dann die Grundlage für eine bemerkenswerte dreiteilige Fernsehserie mit dem Titel *Unknown Chaplin*, von Kevin Brownlow und David Gill. Brownlow und Gill zeigten, daß man einen unvergleichlichen Einblick in Chaplins Arbeitsmethoden bekommt, wenn man die Muster analysiert und mit den Klappennummern vergleicht.

Die Out-Takes enthüllen zunächst einmal, daß Chaplin seine Gags vor der Kamera probte, übte, perfektionierte und verfeinerte. Für seinen ersten Mutual-Film *The Floorwalker* [Der Ladenaufseher], hatte er zum Beispiel eine wundervolle neue Requisite bauen lassen – eine Rolltreppe. Wir können nun sehen, wie alle Benutzungsmöglichkeiten zunächst tastend ausprobiert und dann entwickelt werden. Terry Ramsaye schrieb über die Genese des Films:

> Zunächst einmal – Chaplins Komödien werden nicht gemacht. Sie ereignen sich ...
>
> Der Komiker hatte nur drei Wochen Zeit, eine Handlung zu finden, die es ihm ermöglichte, jemanden in den Allerwertesten zu treten zur Befriedigung der erwartungsvollen Millionen, die mit ihrem Zehncentstück in der Hand an der Kasse warteten.
>
> Zwei Wochen und sechs Tage lang wanderte Mr. Chaplin durch New York zwischen Frühstück im Plaza und Abendessen überall in der Stadt ...
>
> Eines Tages, als die Zeit schon furchtbar drängte, ging er auf der Höhe der 33. Straße die Sixth Avenue entlang, als ein bedauernswerter Fußgänger ausglitt und die Rolltreppe hinunterrutschte, die zu der dortigen Hochbahnstation führte. Alles außer Chaplin lachte. Aber Mr. Chaplins Augen blitzten. Und wie der Blitz machte er sich davon – zu seinem Studio in Los Angeles.
>
> So wurde *The Floorwalker* geboren. Der Ladenaufseher als Typ interessierte Mr. Chaplin nicht die Bohne – ihm ging es einzig und allein um die wundervollen Möglichkeiten der Rolltreppe als Vehikel, auf dem man eine Menge höchst spaßiger Schwierigkeiten haben konnte. *The Floorwalker* wurde um die Rolltreppe herum entwickelt, nicht um den Ladenaufseher.
>
> Diese Geschichte von *The Floorwalker* ist in diagnostischem Sinne typisch für die Entstehung einer Chaplin-Komödie. Jede ist *um* etwas *herum* entwickelt.[10]

Um dieses gewisse Etwas herum schuf Chaplin ein ganzes Kaufhaus. Im Erdgeschoß gibt es Toilettenartikel, eine Kofferabteilung, Schuhe, Damenstrumpfwaren und Damenhüte, alles überwacht von Albert Austin als dem mißtrauischen Ladengehilfen. Im ersten Stock sind die Büros, wo der Geschäftsführer, gespielt vom rauschebärtigen Eric Campbell, gemeinsam mit dem Ladenaufseher (Lloyd Bacon) eine großangelegte Unterschlagung plant. Die Kunden des Warenhauses sind durch die Bank Ladendiebe, denen es sehr entgegenkommt, daß sich Austins finsterer Blick auf den unschuldigen Charlie konzentriert. Von Austin verfolgt, flüchtet Charlie schließlich nach oben und stößt mit dem Ladenaufseher zusammen, der zufällig fast sein Double ist. Der Ladenaufseher, der gerade seinen Komplizen, den Geschäftsführer, ausgeschaltet hat, bietet Charlie freundlicherweise seine Stelle an, und Charlie nimmt den Rollentausch mit naiver Dankbarkeit an. Als der Geschäftsführer dazukommt, kulminiert seine Verfolgung Charlies in einem abschließenden Tumult, auf dem abgeblendet wird.

The Floorwalker kehrt zu rein physischer Komik zurück, enthält wenig von der Ironie und nichts von der Romantik, die in den Essanay-Filmen immer deutlicher hervorgetreten waren. Edna spielt nur eine unbedeutende Rolle als Sekretärin des Geschäftsführers. Die Gag-Sequenzen werden virtuos entwikkelt. Die Verfolgungsjagden auf der Rolltreppe sind wunderbar präzise in Zeitablauf und Choreographie. Charlies Konfrontation mit dem wütenden riesigen Geschäftsführer erzeugt Momente bizarrer Komik: Ehe er zupacken kann, schafft es Charlie, ihn mit einer klassischen Ballett-Einlage abzulenken; später hebt der Geschäftsführer Charlie am Kragen hoch und trägt ihn durchs Zimmer. Von dem aufwendigen Mechanismus, der diesen Effekt möglich machte – Chaplin wurde an einem Draht aufgehängt, damit Campbell ihn scheinbar mühelos hochhalten konnte –, ist dank der perfekten Ausführung nichts zu merken. Chaplin wartet auch mit einer virtuosen Darbietung einer alten Music Hall-Nummer auf, die bereits in Filmen von Max Linder eingesetzt worden war: Als er das Büro des Ladenaufsehers betritt, sieht er sich einer Gestalt gegenüber, die ihm so sehr gleicht, daß er sie nur für sein Spiegelbild halten kann. Die beiden Männer imitieren die Bewegungen des anderen so genau, daß beide sich täuschen lassen, bis Charlie plötzlich bemerkt, daß er einen Stock in der Hand hält, der Ladenaufseher aber eine Tasche (mit dem unterschlagenen Geld).

Eine frühere Szene in der Toilettenartikel-Abteilung enthält eine ausgedehnte Sequenz von Charakterkomik. Charlie füllt an einem Trinkbecken Wasser in einen Porzellanbecher und schlendert dann damit zum Ladentisch, wo er sich anschickt, die ausgestellten Artikel auszuleihen, um sich zu rasieren und einzuparfümieren, alles unter dem empörten Blick von Albert Austin. Jedesmal wenn er mit einem der teuren Toilettenartikel fertig ist, pfeffert Charlie ihn mit der übertriebenen Geringschätzung eines unzufriedenen Kunden auf den Ladentisch zurück. In anderen Szenen spielt er neue Variationen über Lieblingsthemen aus. Als er in der Schuhabteilung bedient, stellt er einen Ventilator so auf, daß er die Duftwolke, die von den Schweißfüßen eines Kunden ausgeht, von ihm wegbläst. Das immer wiederkehrende homosexuelle Motiv taucht in der Szene auf, wo er und der Ladenaufseher allmählich begreifen, daß sie sich gegenseitig ansehen und nicht in einen Spiegel gucken. Der Ladenaufseher streckt die Hand aus, um Charlie an den Ohren zu sich heranzuziehen, und ihn mißverstehend erwidert Charlie die vermeintliche Zärtlichkeit mit einem liebenswürdigen Kuß. Später drückt er auch einen Kuß auf die welke Stirn von James Kelley, der hier den ältesten Liftboy der Welt spielt.

Als er sich dann wieder nach einem weiteren alltäglichen komikträchtigen Beruf umsah, verfiel Chaplin auf *The Fireman* [Der Feuerwehrmann]. Auch mit diesem Film ist kaum mehr als beschwingter Slapstick beabsichtigt. Er wird durch ein kleines Geschichtchen zusammengehalten, ähnlich wie *Shanghaied* oder ein Keystone-Plot. Feuerwehrmann Charlie und sein brutaler Chef (Eric Campbell) sind beide in Edna verliebt. Ednas Vater verspricht dem Chef seine Tochter, vorausgesetzt dieser verspricht, nicht mit seiner Mannschaft anzurücken, wenn der Alte sein Haus zwecks Versicherungsbetrug in Brand steckt. Er zündet sein Haus an, ohne zu wissen, daß sich seine Tochter im oberen Stock befindet. In einem aufregenden Finale klettert Charlie die Leiter hinauf, um das Mädchen zu retten – und Hand und Herz der Schönen zu gewinnen. In einem Nebenstrang sehen wir Leo White als einen aufgeregten Mann, dem es trotz aller Anstrengung nicht gelingt, die Feuerwehrleute für sein brennendes Haus zu interessieren.

Die aufwendige Produktion ging auf Kosten des Einfallsreichtums. Der Film wurde in einer echten Feuerwehrwache und den dazugehörigen Ställen gedreht, wo die prächtigen Zugpferde nervös die Vorgänge beobachteten. Zwei Abrißhäuser wurden für die spektakulären Brände niedergebrannt. Die pferdegezogene Löschmaschine mit ihrer Neigung, Feuerwehrmänner und Teile von sich selbst über die Straße zu verstreuen, eignete sich gut für komische Jagden. Ansonsten benutzt Chaplin in diesem Film Transposition (die Kessel der Löschmaschine werden zu einer Kaffeemaschine, als Charlie Kaffee und Sahne daraus abzapft) und Disproportion (wenn Charlie beim Putzen der Feuerwehrstation die Pferde mit einem zierlichen Staubwedel bearbeitet) als Stilmittel für seine Gag-Konstruktionen. Einen Hauch von Ironie enthält die Szene, in der die Feuerwehrmänner die Brandstelle erreichen und, bevor sie sich ans Löschen machen, ihre Drillübungen absolvieren, fast im Stil eines Revue-Chors.

Im Vergleich zu diesen unkomplizierten Geschichten stellt *The Vagabond* [Der Vagabund] einen Riesenschritt nach vorn dar. Es ist ein gut aufgebautes Miniaturdrama, in dem Charlies Adoption eines verlassenen Mädchens *The Circus, Modern Times, City Lights* und *Limelight* vorwegnimmt. Gag-Komik wird geschickt mit subtilerer Charakterkomik und einer gefühlvollen Geschichte verknüpft, die für den heutigen Geschmack vielleicht etwas dick aufgetragen erscheint, aber mit einer Behutsamkeit und Sicherheit entwickelt wird, die fast alles übertraf, was damals in dramatischen Filmen geboten wurde.

Charlie ist ein Straßenmusikant, und wir können sein Geschick als linkshändiger Geiger sehen, wenn auch nicht hören. Auf dem Lande rettet er ein junges blondes Aschenbrödel aus den Händen schurkiger Zigeuner. Danach leben sie idyllisch (und sehr züchtig) in einem gestohlenen Wohnwagen, bis ein hübscher junger Künstler daherkommt und das Herz des Mädchens gewinnt. Das Bild, das der Künstler von ihr gemalt hat, wird ausgestellt und (dank des unvermeidlichen Muttermals) von ihrer seit langem verlorenen Mutter erkannt. Das Mädchen wird eilends zu einem neuen Leben weggeholt, Charlie bleibt allein und verzweifelt zurück, unfähig, seinen üblichen aufmunternden Hackenschlag zu vollführen.

Die Endversion des Films versah Chaplin mit einem nicht sehr glaubwürdigen Happy-End, in dem das Mädchen den Wagen, in dem es davongefahren wird, noch einmal umkehren läßt, um Charlie mitzunehmen. Es bleibt dem Zuschauer überlassen, darüber zu spekulieren, welche Chancen der kleine Tramp hat, mit reicher Mama und hübschem Künstler zu koexistieren. Es gibt eine durch keinerlei Filmmaterial belegte Legende, derzufolge Chaplin einen Alternativschluß drehte, in dem der verzweifelte Charlie sich in einen Fluß stürzt. Er wird von einer vorüberkommenden Maid herausgefischt, springt aber, da selbige sich als die adlergesichtige Phyllis Allen entpuppt, ins Wasser zurück, einem barmherzigeren Schicksal entgegen.

Chaplins Gefühl wird durchgängig durch Komik und die Kampfeslust, die seiner Verzweiflung stets innewohnt, davor bewahrt, ins Rührselige umzukippen. In seiner Eifersucht, mit der er zusieht, wie das Mädchen mit dem Künstler flirtet, ist er nicht vollkommen hilflos: Arglistig schnippt er beim gemeinsamen Mahl eine Fliege ins Auge des Mannes, und später landet sein Ei auf dessen Schuh. Nachdem die elegante Mutter des Mädchens ihm herablassend die Hand geschüttelt hat, schnüffelt er mißtrauisch an seinen unfreiwillig parfümierten Fingern. Er verwendet seinen Lieblingstrick, d. h. er entschärft seine eigene dramatische Verzweiflung mit Farce: In *The Vagabond* wird die Seelenqual des abgewiesenen Verliebten nichtig angesichts der Qualen, die er erleidet, als er sich aus Versehen auf einen Ofen setzt.

One A. M. [Ein Uhr nachts] war ein kühnes Virtuosenstück: so kühn, daß Chaplin im Nachhinein seinen Mitarbeitern anvertraute: »Noch so einer, und es heißt Ade Charlie.« Es ist eine Solo-Vorstellung, die fast über die ganze Länge des Zweiakters in einer einzigen Kulisse gespielt wird. An die Stelle des Tramp-Kostüms ist elegante Abendgarderobe getreten, Zylinder und Operncape. Das könnte gut und gern der Trunkenbold sein, der von *Mumming Birds* heimkehrt. Die Anfangsszene zeigt, wie der Trunkenbold in einem Taxi nach Hause kommt. Am Steuer sitzt Albert Austin, dessen Rolle darin besteht, im Wagen sitzen zu bleiben und völlig ungerührt mitanzusehen, welche Mißgeschicke seinem hilflosen Fahrgast bei dem Versuch widerfahren, sich aus dem Gefährt herauszuschälen. Für den Rest des Films ist Chaplin allein auf der Leinwand, und was er da vorführt, nimmt sich wie ein ausgebautes Vaudeville-Solo aus. Tatsächlich war Bill Reeves wenige Monate zuvor mit einer sehr ähnlichen Nummer aufgetreten, die ›The Clubman‹ hieß. Charlie sucht vergeblich seinen Schlüssel und betritt mit großer Ernsthaftigkeit und sehr mühevoll seine Wohnung durchs Fenster. Als er endlich drinnen ist – nachdem er unterwegs noch in ein Goldfischglas getreten ist –, entdeckt er hocherfreut seinen Schlüssel und nimmt den Weg zurück durchs Fenster, um mit größerer Würde durch die Tür einzutreten. Die nachfolgenden Kämpfe mit dem Mobiliar eines modisch übermöblierten Hauses jener Zeit werden zu einem komischen Alptraum, eine Reihe von Variationen mit einer wunderbar aufgebauten Steigerung.

Erhalten gebliebene Out-Takes von dem Film enthüllen, welche Mühe Chaplin sich gemacht hat, winzige und scheinbar einfache Gag-Details zu perfektionieren, wie etwa ein Ausrutschen auf einem rutschigen Vorleger, und wie viele Fehlversuche oft erforderlich waren, um den perfekten Take zu bekommen. *One A. M.* ist eins der besten zusammenhängenden Filmdokumente von Chaplin dem Trunkenbold. Es stellt eine perfekte Veranschaulichung des Prinzips dar, das in einem Chaplin zugeschriebenen Artikel im *American Magazine* vom November 1918 erläutert wird:

> Noch komischer als der Mann, der lächerlich gemacht wird ..., ist der Mann, der sich, nachdem ihm etwas Komisches zugestoßen ist, weigert zuzugeben, daß irgend etwas Ungewöhnliches passiert ist, und versucht, Würde zu bewahren. Das beste

Beispiel ist vielleicht der alkoholisierte Mann, der, obwohl seine Zunge und sein Gang ihn verraten, auf würdevolle Weise versucht, Sie von seiner völligen Nüchternheit zu überzeugen.

Er ist viel komischer als der Mann, der wild ausgelassen und eindeutig betrunken ist und sich einen Dreck darum schert, ob die andern es mitbekommen. Auf der Bühne sind alkoholisierte Figuren fast immer »leicht beschwipst« und versuchen, Würde zu wahren; die Theatermanager haben gelernt, daß das Bemühen um Würde komisch ist.

Von Chaplins nächstem Film *The Count* [Der Graf] sind sehr viele Out-Takes erhalten geblieben, die zeigen, wie er seine Geschichten im Verlauf der Dreharbeiten konstruierte und entwickelte. In der Endfassung von *The Count* sehen wir Charlie in der Anfangsszene als Gehilfen eines übellaunigen Schneiders mit groteskem Bart, gespielt – wie könnte es anders sein – von Eric Campbell. Bei einer von Miss Moneybags (Edna) gegebenen Party gibt sich der Schneider als Graf aus, und hier begegnet er seinem lästigen, frisch entlassenen Gehilfen wieder, der mit der örtlichen Polizeitruppe (Frank J. Coleman) um die Zuneigung der Köchin konkurriert. Eine Zeitlang spielen beide das Hochstaplerspielchen des andern mit, aber bald kommt es zum unvermeidlichen Streit um die Gunst der schönen Miss Moneybags. Der Film endet in einem allgemeinen Handgemenge, einer wilden Schlacht mit Revolver und Zuckergußtorte.

Wie wir wissen, hat Chaplin, der nach wie vor ohne Skript arbeitete, versucht, seine Filme soweit wie möglich in der genauen Handlungsreihenfolge zu drehen. Wenn man die Out-Takes studiert und die Klappennummern vergleicht, läßt sich also ziemlich genau nachvollziehen, wie sein ursprünglicher Plan für den Film im Verlauf der Dreharbeiten modifiziert wurde. Da die Küchenszenen die niedrigsten Klappennummern aufweisen, hat Chaplin den Film möglicherweise mit der Idee begonnen, eine Hintertreppen-Intrige zu machen. Sowohl der Butler als auch der Polizist sind vielversprechende Figuren, tauchen aber im fertigen Film nach der Küchenszene nicht mehr auf. Anhand der fortschreitenden Numerierung läßt sich erkennen, daß Chaplin als nächstes den Handlungsstrang ›Falscher Graf‹ entwickeln wollte, der bereits in rudimentärer Form in *Caught in a Cabaret*, *Her Friend the Bandit* und *A Jitney Elopement* seine Dienste geleistet hatte. Die Szenen im Schneiderladen, die das frühere Verhältnis zwischen Charlie und dem Schneider erklären, scheinen erst nachträglich gedreht worden zu sein, als alle andern Szenen des Films fertig waren. Die Out-Takes enthalten eine reizvolle kleine

Szene, die für diese Sequenz gedreht, letztendlich aber weggelassen wurde: Charlie sitzt im Schneidersitz da und näht fleißig an einem Kleidungsstück, bis er feststellt, daß er es an seine Hose angenäht hat.

The Count war eine von Chaplins aufwendigsten Produktionen jener Zeit, mit drei recht kühnen Aufbauten für den Laden, die Küche und Miss Moneybags' luxuriöses Heim samt Ballsaal. Chaplin scheint einen beträchtlichen Teil der Produktionszeit auf die brillant choreographierte Tanzsequenz verwandt zu haben, für die er ein ganzes Tanzorchester engagierte. Chester Courtney, ein alter Bekannter aus der Musik-Hall-Zeit, der einen Job im Studio bekommen hatte, rief sich 1931 in einem Artikel in *Film Weekly* seine damaligen Eindrücke in Erinnerung. Er schrieb, daß sie die meiste Zeit »They Call it Dixieland« gespielt hatten. Chaplins Nummer ist ein Meisterwerk exzentrischen Tanzes mit vielen Spagateinlagen, einmal kommt er wieder auf die Füße, indem er seinen Stock im Kronleuchter einhakt. Ein sich wiederholt auskugelndes Hüftgelenk nimmt den Gag mit der Beinverkürzung im Vaudeville-Finale von *Limelight* vorweg. Ein weiteres Detail, das später wieder verarbeitet wurde, ist der sternförmige Hut, den Edna auf der Party trägt. Fünfzehn Jahre lang blieb er in Chaplins merkwürdigem Gedächtnis haften, bis er in einer Partyszene in *City Lights* eine komische Verwendung für ihn fand: Ein ziemlich beschwipster Charlie verwechselt einen kahlen, von genauso einem Hut eingerahmten Kopf mit einem Pudding auf einem Teller mit Papierkrause.

The Pawnshop [Die Pfandleihe] ist unter allen Filmen Chaplins der mit den meisten Ideen. Schauplatz ist ein in einem Hintergäßchen gelegenes Pfandleihhaus, das ebenso wie die exzentrischen Kunden mehr an das London aus Chaplins Kindheit erinnert als an Kalifornien. Chaplin steht ständig auf Kriegsfuß mit seinem Kollegen (John Rand), erstickt ihn mit Staub, nebelt ihn mit einem Schneesturm von Federn ein, indem er gedankenverloren den Ventilator mit einem Federwisch abstaubt, traktiert ihn mit Fäusten und setzt ihm mit einer Leiter und einer Kugel des Ladenschilds zu. Als er von dem dicken alten Pfandleiher entlassen wird, verdeutlicht Charlie ihm, in einer berühmten Kurzpantomine, das Elend seiner kinderreichen Familie. Er wird wieder eingestellt und kann so weiter um Edna, die hübsche Tochter des Pfandleihers, werben. Sein Anspruch auf ihre Hand wird gerechtfertigt, als durch sein geistesgegenwärtiges Handeln ein Räuber (Eric Campbell) gefaßt werden kann.

Man hat den Eindruck, als wollte Chaplin in diesem Film jede Möglichkeit für die Komik der Transposition erforschen, die in seiner bisherigen Arbeit schon recht häufig aufgetaucht war. Hier scheint in seiner genialen Phantasie jeder Gegenstand irgend etwas anderes zu verkörpern und irgendeine andere Verwendung nahezulegen. In Ednas Küche werden Ednas frischgebackene Doughnuts gehandhabt, als wären es Gewichte; aus einer Rolle Teig wird ein Bein und aus einer Kelle eine Hawaii-Gitarre; Tassen und Untertassen, Charlies eigene Hände und zu guter Letzt ein Klumpen Teig werden forsch durch die Teigmangel gedreht. Komische Transposition erreicht den Höhepunkt der Verfeinerung, wenn Charlie in einer ausgedehnten Szene einen Wecker untersucht, den ein staubiger, niedergeschlagener Kunde (Albert Austin) verpfänden will. Charlie wird zum Arzt, der Wecker zu seinem Patienten, als er ihn mit einem Stethoskop abhört und seine Reflexe prüft. Unversehens verwandelt er sich dann in ein Stück kostbares Porzellan, das er geschickt mit den Fingerspitzen zum Klingen bringt. Er bohrt ihn an wie einen Safe. Er öffnet ihn mit einem Büchsenöffner und schnüffelt dann mißtrauisch an den ›Innereien‹, mit einem Blick, der besagt, daß sie stinken. Vorübergehend wird der Wecker wieder zum Wecker, als Charlie das Mundstück des Telefons abschraubt und *dieses* zu einer Juweliers-Lupe umfunktioniert. Nachdem er die Federn geölt hat, holt er eine Zange hervor und wird zum Zahnarzt, als er wildentschlossen den Inhalt herausreißt. Er zieht die Feder heraus und mißt sie wie ein Band von Nase bis Fingerspitze ab, dann kippt er den restlichen Inhalt des Weckers auf den Ladentisch. Als die Innereien anfangen, sich wie ein Haufen Getier zu winden, besprenkelt er sie mit Öl. Nachdem er nun den Wecker demoliert hat, wischt er den Inhalt zurück in das leere Gehäuse und gibt dem benommenen Austin das Ganze mit einem Kopfschütteln und einem zutiefst angeekelten Blick zurück.

Der Pfandleiher wurde von Henry Bergman gespielt, einem neu rekrutierten Schauspieler, der für die nächsten dreißig Jahre ein unersetzliches Mitglied von Chaplins Entourage werden sollte. Bergman wurde 1868 geboren und behauptete, Kalifornier der dritten Generation zu sein. Sein Vater war Pferdezüchter und seine Mutter eine ehemalige Opernsängerin, in Europa unter dem Namen Aeolia bekannt. Henry erbte das Gesangstalent seiner Mutter und studierte in Italien und Deutschland, wo er sein Operndebüt mit einer kleinen Rolle im *Faust* machte. 1931 erzählte er einem Interviewer:

> Meine schauspielerische Ausbildung habe ich in Wagnerschen Rollen bekommen. Vor zwanzig Jahren kam ich zum Film. Davor war ich mit Augustin Dalys Truppe neun Jahre lang in New York gewesen. Ich wurde durch den Flop einer Musikko-

> mödie von der Bühne zur Leinwand katapultiert. Ich hatte wochenlang ohne Bezahlung dafür geprobt, und als das Stück ein paar Tage nach der Eröffnung wieder abgesetzt wurde, war ich empört. »Das ist nichts für mich«, hab ich mir gesagt. Eines Tages hab ich zufällig einen Schauspieler getroffen, den ich von Deutschland her kannte. Als ich ihn gefragt hab, was er gerade macht, sagte er: »Schh. Erzähl's nicht weiter. Ich arbeite beim Film. Geht mir auch ganz gut – mach 5 Dollar pro Tag.« Er meinte, er könnte mir im Studio irgendwas beschaffen ... Also ging ich zur Pathé. Da bekam ich meinen ersten Job bei Pearl White in *The Perils of Pauline*. Durch eine Empfehlung von Paul Panzer lernte ich Henry Lehrman kennen, mit dem ich 1914 mit der L-Ko Company nach Hollywood kam. Wir machten eine Reihe von Filmen, danach ging ich zu Mr. Chaplin, um bei ihm zu spielen. Ich hatte Mr. Chaplin schon persönlich gekannt. Wir verkehrten ganz freundschaftlich bei Dinners usw., und als ich ihm erzählte, daß ich einen Job suchte, sagte er: »Kommen Sie doch zu mir. Sie können mit mir zusammenarbeiten, wenn ich meine eigene Firma starte.« So ist das gewesen.[11]

Die durch nichts zu erschütternde, bewundernde Hingabe des Junggesellen Bergman an Chaplin wurde zu seiner alles beherrschenden Leidenschaft. Er übernahm die Rolle des Assistenten, Vertrauten und der nachsichtigen Tante. Chaplin war froh, sich auf einen so treuen Amanuensis, Helfer und Partner wie Henry verlassen und ihn auch als Schauspieler in jedem seiner Filme bis hin zu *Modern Times* einsetzen zu können. Weil Henry sich so stolz rühmte, Chaplins Vertrauen zu genießen und jede Rolle spielen zu können, kam es leicht zu Eifersüchteleien unter den übrigen Studiomitgliedern. Totheroh, normalerweise ein großzügiger Mensch, sagte: »Einige von den Masken waren schrecklich, besonders die von Henry Bergman. Er hielt sich immer für einen großen Schminkkünstler. Wenn er sich einen Bart anlegte, sah man überall noch den Kleber durch. Er hielt sich für den größten Schminkspezialisten der Welt. Er gab dauernd damit an.«[12] Edward Sutherland urteilte folgendermaßen über Henry: »Er war ein großer dicker Schauspieler, der in allen Filmen von Charlie mitgespielt und Charlie verehrt und angebetet hat, so sehr, daß es zuweilen direkt schädlich war, weil Charlie wie jeder Mensch ab und zu Fehler gemacht hat, aber laut Henry konnte er keinen Fehler machen. Alles, was er tat, war großartig.«[13]

In *Behind the Screen* [Hinter der Leinwand] spielte Henry die Rolle eines Filmregisseurs. Dies war Chaplins vierte Komödie, die in einem Filmstudio spielte. Bei Keystone hatte er *A Film Johnny* und *The Masquerader* gedreht und bei Essanay *His New Job*. *Behind the Screen* ist im Grunde nichts anderes als eine Verfeinerung der gleichen Masche. Charlie ist der geplagte Assistent des faulen, tyrannischen Requisiteurs (Eric Campbell), dessen ernsthafte Bemühungen dazu führen, daß alle drei Produktionen, die nebeneinander gedreht werden, durcheinandergeraten. Edna spielt eine verhinderte Schauspielerin, die sich als Junge verkleidet und einen Job als Bühnenarbeiter kriegt, als die Stammbelegschaft streikt. (Die Streikenden und ihr Plan, das Studio in die Luft zu jagen, sind ein Erbe von *Dough and Dynamite*.) Die meisten Gags sind wenig bemerkenswert, einige sind fast unverändert aus *His New Job* geklaut.

Die erhalten gebliebenen Out-Takes zeigen, daß ein Gag, dessen Raffinesse wahrscheinlich seinen komischen Effekt übertraf, ganz aus dem Film herausgelassen wurde. Es war anscheinend ein ›running joke‹: Jedesmal wenn Charlie seinen Stechkarren an der Kulisse des Kostümfilms vorbeischob, wo gerade eine Enthauptung stattfand, schlug ein schweres und offensichtlich sehr scharfes Beil einige Millimeter vor seinen Füßen in den Boden. Im Verlauf ihrer Arbeit an *Unknown Chaplin* entdeckten Kevin Brownlow und David Gill, daß der Effekt durch einen Kameratrick erzielt wurde: Totheroh kurbelte die Kamera rückwärts, Charlie ging rückwärts, und das Beil wurde vom Boden in die Luft gehoben. An der Anzahl der Takes kann man ablesen, daß die Szene nur mit großer Mühe zustande kam, doch die Wirkung war überzeugend. Chaplin muß sich dennoch ausgerechnet haben, daß er damit nicht den Lacher erzielen würde, den er haben wollte. Anderswo jedoch zeigen die Out-Takes, daß er zwar bereit war, eine Szene unzählige Male zu drehen, um sie richtig hinzubekommen, aber nur sehr selten eine Szene oder Idee gänzlich unter den Tisch fallen ließ, wie in diesem Fall und bei der Nähszene in *The Count*. Filmmaterial war billig, aber Ideen teuer. (Chaplin sagte oft zu seinen Mitarbeitern »Film ist billig«, wenn sie sich darüber wunderten, wie oft er bereit war, eine Szene neu zu drehen. Andererseits hatte er aber auch seine Sparsamkeitsticks. Er bestand zum Beispiel stets darauf, daß Totheroh die Einstellung nur genauso lange drehte, wie er angewiesen wurde. So billig war Film nun auch wieder nicht, daß er sechs Inches an den Enden verschwenden wollte.)

In *Behind the Screen* bereicherte Chaplin seine Sammlung komischer Transpositionen um zwei weitere bemerkenswerte Gags. Unter dem Gewicht von einem Dutzend Wiener Stühlen zusammengekrümmt, die seinen Körper umschlingen, die Beine in der Luft, verwandelt er sich in ein Stachelschwein. Er wird zum Coiffeur, als er ein Bärenfell frisiert, kämmt, mit Haarwasser besprenkelt, ihm einen Scheitel zieht, eine Fingermassage verabreicht und zu guter Letzt ein heißes Tuch übers Gesicht legt. Chaplins Vorliebe für unflätige Esser und geruchsstarkes Essen kommt in der Mittagessensszene wieder zum Vorschein, in der er neben Albert Austin sitzt, der gerade Lauchzwiebeln verspeist. Charlie benutzt einen Blasebalg, um die Dünste wegzublasen, zieht dann einen Helm über und stopft sich sein eigenes Essen durch das kurzgeöffnete Visier. Es ist jedoch nicht unter seiner Würde, hin und wieder einen Happen von Austins Fleischknochen zu stibitzen und zwischen seine beiden Weißbrotscheiben zu klemmen.

Das Überraschendste in diesem Film ist eine Sequenz mit homosexuellen Anspielungen, wie man sie so eindeutig im kommerziellen angelsächsischen Kino bis in die fünfziger Jahre nicht mehr sehen sollte. Edna hat zur Tarnung einen Arbeiterdrillich übergezogen und eine große Stoffkappe aufgesetzt, um ihre Haare zu verbergen. Charlie trifft auf den ›Jungen‹, wie er gerade dasitzt und Gitarre spielt (in den ersten Takes hatte Edna eine Harfe, aber das wurde offensichtlich wieder verworfen, weil es zu eindeutig feminin war). Charlie zieht den ›Jungen‹ auf, als er ihn dabei erwischt, wie er sich das Gesicht pudert. In diesem Moment tritt Bergman ein, dem bei einer vorigen Begegnung mit Charlie der Hosenboden gerissen war, und bittet den ›Jungen‹, den Riß zusammenzuflicken. Edna fällt prompt in Ohnmacht, dabei fällt ihr die Kappe vom Kopf, und ihre Haare kommen zum Vorschein. Als sie wieder zur Besinnung kommt, fleht sie Charlie an, sie nicht zu verraten, und stülpt sich die Kappe wieder über. Der brutale Requisiteur (Campbell) kommt gerade rechtzeitig herein, um sie beim Küssen zu erwischen. »Oh, ihr ungezogenen Jungs!« ruft er in einem Zwischentitel aus und zieht sie auf, indem er einen kleinen ›Schwulen‹-Tanz vollführt und sich dann umdreht und seinen riesigen Hintern darbietet – dem Charlie entgegenkommenderweise einen Tritt versetzt.

Die Anregung für *The Rink* [Die Rollschuhbahn] kam bestimmt von dem alten Karno-Sketch *Skating*, obgleich die Ähnlichkeit recht oberflächlich bleibt. Die *raison d'etre* des Stücks ist die große Rollschuhbahnszene und Chaplins spektakuläre und höchst anmutige Darbietung seiner Rollschuhkünste. In der Anfangsszene sehen wir Charlie als Kellner, wie er gerade für Eric Campbell die Rechnung aufstellt, indem er dessen Hemd, Krawatte und Ohren nach Essensspuren absucht, und wie er einen bemerkenswerten Cocktail mixt, der mit einer Nelke gekrönt wird. Da ist eine amouröse Viereckgeschichte im ›Parkstil‹ mit Mr. Stout, der Edna belästigt, während Mrs. Stout (Henry Bergman in seiner ersten von mehreren amüsanten Frauenrollen) mit Ednas Vater (James T. Kelley) flirtet. Auch das Motiv ›Falscher Graf‹ taucht wieder auf, als Charlie bei der abendlichen Rollschuhpartie gut ankommt, indem er sich als ›Sir Cecil Seltzer‹ vorstellt.

The Rink verursachte einigen kritischen Wirbel dank der Art und Weise, in der Heywood Broun den Film in seiner Kritik in der *New York Times* besprach. Die Überschrift lautete:

CHAPLIN IM BANN VON NIETZSCHE
›The Rink‹ Starkes Plädoyer für Herrenmenschmoral
IM KOMMERZIELLEN FILM GÄRT ES
Besuch im Rialto regt Diskussion der Erziehungsfrage an

Nach einer Zusammenfassung der Handlung schloß Broun:

> Das also ist das Stück, abgesehen von ein paar unbedeutenden Nebensächlichkeiten. Interessanterweise muß man feststellen, daß Chaplin in diesem Film nur zweimal hinfällt, beide Male auf eigenen Wunsch, und daß er nicht ein einziges Mal getreten wird. Ist damit nicht offenkundig, was hier in der Philosophie der Chaplin-Komödien gärt? Mit der alten Komödie der Unterwürfigkeit, wie in *The Bank*, *The Tramp* und *Shanghaied* zum Ausdruck gebracht, hat es ein Ende, und an ihre Stelle tritt eine Komödie der Aggression. Nietzsches Einfluß und der »Wille zur Macht« sind hier nicht mehr zu übersehen.
>
> War es in ›Menschliches, Allzumenschliches‹ oder in ›Also sprach Zarathustra‹, wo der Weise erklärt, daß nur das Treten komisch sei, nie aber das Getretenwerden? Wie dem auch sei, die ›Herrenmenschenmoral‹ hat bei Charlie Chaplin und seinen Komödien deutliche Spuren hinterlassen. Der alte Chaplin, von dem gesagt wurde: »Hier ist der Kopf, der für alles Ungemach der Welt hingehalten wird, und die Augenlider sind ein wenig müde«, hat ausgespielt. Das ›Herzlich Willkommen‹ wurde von seinen Schulterblättern getilgt. Der neue Chaplin ist ein Supermann, und mögen die Horden fetter Schurken auch gegen ihn rasen, mit Torte, Suppe und Siphon werden sie ihn doch nimmermehr bezwingen.

Wir können annehmen, daß Broun dies nicht ganz ernst gemeint hat, aber viele seiner Leser haben ihn so verstanden. Ein oder zwei Tage später erschien das folgende anonyme Gedicht:

TO CHARLIE CHAPLIN,
AFTER READING THURSDAYS' TRIBUNE

Triply distilled octessence of the vulgar
Puller of chairs from overweight women,
Hurler of pies into aged person's faces,
Cinema lowbrow –

Wreaker of wrongs that rouse the careless giggle,
Skater that skateth but to lose his balance,
Walking with steps unutterably comic,
How I detest thee!

How (though in years of profitless adventure
Crowded with wasted afternoons and evenings
Not even once – no, never – have I seen thee)
Scornful I'm of thee!

Scorn and contempt have I for all Thine antics,
Menace are they, say I, to little children
Yet there is that which urges me to write thee
Words of laudation.

These are the words, then, Menace of Movies
Thanks for thy coarse and pseudo-comic antics,
for they produce those peerless things about thee
Old Heywood Broun writes![14]

AN CHARLIE CHAPLIN
NACH DER TRIBUNE-LEKTÜRE VOM DONNERSTAG

Dreifach destillierte Oktessenz des Vulgären,
Stuhlwegzieher unter vollschlanken Frauen,
Tortenwerfer ins Gesicht alter Menschen,
Kino-Rohling –

Stifter von Unheil, das das gedankenlose Kichern weckt,
Rollschuhläufer, der nur läuft, um zu verlieren sein Gleichgewicht,
Mit Schritten gehend, unsagbar komischen,
Wie ich Euch verabscheue!

Wie (trotz der Jahre unnützen Abenteuers
Übervoll mit vertanen Tagen und Nächten
Nicht einmal – nein, nie – hab ich Euch gesehen)
voller Verachtung ich für Euch bin!

Abscheu und Verachtung kann nur ich empfinden für all Eure Possen
Bedrohung sind sie, sag ich, für kleine Kinder
Und doch ist da etwas, was mich treibt, Euch zu schreiben
Worte des Lobes.

Nun dies sind die Worte, Bedrohung des Films,
Dank für Eure groben pseudokomischen Possen,
Vermögen sie doch diese unvergleichlichen Dinge zu erzeugen,
Die der Alte Heywood Broun schreibt über Euch.[14]

Hier war ein weiterer Gegner, der sich rühmte, den Künstler, den er angriff, eigentlich nie richtig gesehen zu haben.

The Rink lief am 4. Dezember 1916 an; es war Chaplins letzter Film in diesem Jahr. Chaplin hatte den mit Mutual vereinbarten Zeitplan – alle vier Wochen ein Film – fast eingehalten. Nur *Behind the Screen* war mit Verspätung fertig geworden, und die Presse berichtete, daß Chaplin in diesem Fall der Firma telegrafiert hatte: »Das ist meine bisher beste Idee. Geben Sie mir noch zwei Wochen, und ich werde daraus die komischste Komödie machen, die ich jemals produziert habe.« Mit *The Rink*, drei Wochen später gestartet, holte er wenigstens eine Woche wieder auf. Für die übrigen Filme unter dem Mutual-Vertrag sollte Chaplin jedoch mehr Zeit verlangen und sie sich auch nehmen. Tatsächlich brauchte er dann ganze zehn Monate zur Herstellung von vier Zweiaktern.

Im auslaufenden Jahr hatte es einigen Ärger gegeben, das Buch *Charlie Chaplin's Own Story* war nicht der geringste darunter. Obwohl Chaplin alles getan hat, um sein Erscheinen zu verhindern, wurden und werden heute noch durch dieses Machwerk Zeugnisse von Chaplins Karriere durcheinandergebracht und verfälscht. Es lohnt sich, die Geschichte dieser seltsamen Veröffentlichung zu entwirren.

Als 1915 die große Chaplin-Manie einsetzte, gab es einen heftigen Konkurrenzkampf zwischen Buch- und Zeitschriftenverlagen um den Erwerb von Charlie Chaplins Biographie. Nichtautorisierte Versionen erschienen in vielen weniger angesehenen Zeitschriften. Am 15. November 1915 schickte der entrüstete Chefredakteur der *Detroit News* ein Telegramm an Chaplin bei Essanay:

> WIR BRINGEN IHRE LEBENSGESCHICHTE GEKAUFT VON DAVID SWING RICHES SYNDICATE. DAS DETROIT JOURNAL HAT EINE ANDERE GESCHICHTE BEGONNEN DIE IM CHARAKTER ERHEBLICH ABWEICHT UND BEHAUPTET SIE SEI VON IHNEN AUTORISIERT KÖNNEN SIE UNS AUF UNSRE KOSTEN TELEGRAPHISCH MITTEILEN WELCHE NUN DIE AUTORISIERTE GESCHICHTE IHRES LEBENS IST.

Im März oder April hatte Chaplin im Essanay-Studio in Niles Rose Wilder Lane, einer Vertreterin des *San Francisco Bulletin*, ein Interview gegeben. Nach dessen Abdruck in der Zeitung wurde Mrs. Lanes Manuskript von einem Unternehmer namens Guy Mayston erworben. Die ursprüngliche Geschichte wurde mit allerlei farbigen freierfundenen Einzelheiten ausgeschmückt. Maystons Agent interessierte den New Yorker Verlag Bobbs Merrill für das Werk, und dort entschloß man sich umgehend zu seiner Veröffentlichung. Als einzige Mitteilung darüber erreichte Chaplin ein Telegramm, das so beiläufig abgefaßt war, daß es im Studio-Büro nicht weiter beachtet wurde. Die Fotos, um die in dem Telegramm gebeten wurde, stellte man allerdings prompt zur Verfügung. Das Telegramm trug das Datum vom 10. Juli 1916:

> HABEN ANGENOMMEN UND WERDEN BALDMÖGLICHST DIE GESCHICHTE IHRES LEBENS VERÖFFENTLICHEN KÖNNEN SIE UNS FOTOGRAFIEN VON SICH SELBST ALS JUNGE SCHICKEN VON VATER MUTTER UND BRUDER AUCH VOM STUDIO IN DEM SIE JETZT ARBEITEN DANKBAR FÜR JEDE HILFE DIE SIE UNS GEBEN KÖNNEN.

Keine zwei Monate später, und ohne daß es eine weitere Verständigung zwischen Verlag und angeblichem ›Autor‹ gegeben hätte, wurde *Charlie Chaplin's Own Story* gedruckt und konnte jederzeit erscheinen. Doch schon am 20. September war klar, daß Bobbs Merrill mit Ärger rechneten und sich dafür rüsteten.

Ein Vertreter der Firma namens D. L. Chambers telegrafierte seinem Kollegen Samuel Dorsey in Los Angeles:

VERTRAG FÜR CHARLIE CHAPLINS STORY WURDE VON GUY MAYSTON IN SAN FRANCISCO ALS BESITZER DES MANUSKRIPTS UNTERSCHRIEBEN ER GARANTIERT UNS SCHUTZ GEGEN ALLE ANSPRÜCHE CURTIS BROWN MAYSTONS AGENT IN NEW YORK SAGT WIR SIND VÖLLIG IM RECHT BENACHRICHTIGUNG ÜBER ANNAHME DER STORY UND ABSICHT SIE ZU VERÖFFENTLICHEN WURDE CHARLIE CHAPLIN AM 10. JULI TELEGRAFISCH ZUGESTELLT.[15]

Dies muß man als eine ziemlich großzügige Auslegung des Telegramms vom Juli ansehen. Gegen Ende September fiel Chaplin ein Exemplar des Buchs in die Hände, und er wie auch Sydney waren außer sich, nicht zuletzt wegen der eklatanten Unwahrheiten auf der Titelseite: ›Die getreue Wiedergabe einer romantischen Karriere, von den frühen Erinnerungen an die Londoner Kindheit bis zur Unterzeichnung seines neusten Filmvertrags ... Der Verfasser dieser Biographie möchte hiermit nur zu gern die Gelegenheit wahrnehmen und Mrs. Rose Wilder Lane für ihre unschätzbare Hilfe bei der Erstellung des Manuskripts seinen Dank aussprechen.‹ Tatsächlich war der ›Verfasser‹ alles andere als dankbar. Das Buch begann mit einer Schilderung von Chaplins Geburt in einer kleinen Stadt in Frankreich. (Es ist möglich, daß Chaplin in seiner Anfangszeit beim Film selbst behauptet hat, in Frankreich geboren zu sein, um die Reporter zufriedenzustellen, die etwas Romantischeres für ihre Leser haben wollten als die harte Realität von Kennington.) Mrs. Chaplin wurde wohlwollend beschrieben, aber Charles Chaplin senior als ein betrunkener, brutaler Kerl dargestellt. Mit Chaplins frühen Arbeitgebern wurde ebenso ungerecht umgesprungen. Der ausnehmend ehrbare John William Jackson wurde in eine Art Fagin verwandelt, der den kleinen Charlie mit Hunden verfolgte, als dieser nach London ausriß. Aus *Casey's Court Circus* wurden »fünfzehn abgerissene, ausgehungerte bleiche Jungs, die sich verzweifelt darum bemühten, komisch zu sein, unter der Leitung eines dicken, schmierig wirkenden Managers, der stark nach Bier roch«. Vermutlich war damit der arme Will Murray gemeint, er wurde zu »Mr. Casey« (den es natürlich nie gegeben hatte). Natürlich probte die Truppe von *Casey's Court Circus* in »einem völlig verdreckten dunklen Raum«, und sie zogen sich »in einer schmutzigen provisorischen Garderobe in einer billigen Music Hall im East End um«, wo das Publikum mit Gemüse schmiß. Soweit die Moss- and Thornton-Tournee.

Aus Karno wurde Carno, und Dr. Walford Bodie, der Star der Music Halls, wurde zu

> Doktor Body, ein Patentmedizin-Schwindler, der an den Londoner Straßenecken große Menschenmassen anzog und ein Spezialmittelchen gegen alle Leiden von Mensch und Tier zu einem Schilling die Flasche feilbot. Als ich ihm eines Nachmittags zusah, wurde ich von einer großartigen Idee ergriffen: Der Manager konnte mich proben lassen, was er wollte, aber bei der Premiere wollte ich Doktor Body spielen, wie er leibte und lebte – ich wollte eine so großartige Charakterdarstellung bringen, daß selbst das dümmste Music-Hall-Publikum merken würde, was für ein großer Schauspieler ich war, und irgendein guter Manager würde mich retten und wieder zu einem West-End-Theater zurückbringen ...

Das Buch ist voll von solchem romantischen und irreführenden Unsinn, aus dem leichtgläubige Chaplin-Historiographen aber immerhin über sieben Jahrzehnte hinweg Verwirrung und Irrtümer schöpften.

Am 1. Oktober schrieb Chaplins New Yorker Anwalt Nathan Burkan an Bobbs Merrills Anwälte Lockwood und Jeffery und setzte sie darüber in Kenntnis, daß Chaplin ihn angewiesen habe, ein Verfahren anzustrengen

> um Erscheinen und Verkauf dieser Publikation zu unterbinden, aufgrund des Tatbestands, daß es nicht, wie in der Publikation behauptet, seine Autobiographie ist, daß es sich um reine Erfindung handelt, wobei er öffentlich der Lächerlichkeit preisgegeben und sein Name in Verruf gebracht wird, daß darin das Angedenken an seinen verstorbenen umtrauerten Vater entheiligt wird und mehrere Männer von hervorragendem Ruf verleumdet werden.
>
> Mr. Chaplin hat mich davon in Kenntnis gesetzt, daß er niemals gebilligt oder zugestimmt hat, daß sein Name, Foto oder Porträt im Zusammenhang mit diesem Werk benutzt wird und daß er die Veröffentlichung desselben nie anerkannt hat.

Noch am selben Tag schrieb Burkan in ähnlichem Tenor an Bobbs Merrill selbst und fügte hinzu: »Mr. Chaplins Vater, der ein liebenswürdiger Mensch, treuer Ehemann und großzügiger Vater war, wird in dem Werk als Säufer dargestellt, der seine Familie mißhandelt und vernachlässigt hat. Mehrere Figuren, die als Arbeitgeber von Mr. Chaplin in seinen frühen Jahren dargestellt werden, sind frei erfunden und Mr. Chaplin nicht bekannt.« Sicherlich übertrieb Burkan die häuslichen Tugenden des älteren Charles Chaplin. Er drohte eine einstweilige Verfügung an, um die Veröffentlichung zu verhindern, war aber offensichtlich vorsichtig, wie aus einem auch am 1. Oktober geschriebenen Brief an Syndey hervorgeht:

Würden Sie bitte Charlie bitten, mir nach bestem Wissen und Gewissen mitzuteilen, was er der Dame gesagt hat, die ihn in Niles interviewt hat.

Würden Sie mir bitte eine Kopie der Artikelserie besorgen, die im *San Francisco Bulletin* als vorgebliche Biographie von Charlie erschien. Sie sagen, daß diese Biographie als Autobiographie von Charlie Chaplin an mehrere Zeitungen verkauft wurde. Können Sie mir ein Exemplar dieser Biographie besorgen, wie sie in der Harmsworth-Press erschienen ist?

Am 6. Oktober meldete sich dann auch Mrs. Lane selbst zu Wort, indem sie einen längeren Brief an Chaplin richtete, der in einem Ton verfaßt ist, der auf erstaunliche Naivität schließen läßt:

Sie werden sich unschwer vorstellen können, daß die Nachricht mich wie der Blitz traf, jedenfalls in einer Hinsicht... Es war so überaus zuvorkommend von Ihnen, mir, als ich in Los Angeles war, so ausnehmend viel Zeit zu opfern und mir alle Informationen zu geben, auf die ich meine Story aufbauen konnte, daß ich angenommen habe, daß Sie mir durchaus freundlich gesinnt waren...

Ich bin überzeugt, Sie werden genauso empfinden, wenn Sie sich die Informationen, die Sie mir gaben, in Erinnerung rufen, auch daß ich sie beim Abfassen der Story nach bestem Vermögen verwendet habe. Bei den Lesern kam sie ungeheuer gut an. Sie machte nicht nur all den wilden Gerüchten ein Ende, die, wie Sie wissen, Ihre Person betreffend im Umlauf waren, sondern sie bewirkte auch, daß das wohlwollende Interesse der Öffentlichkeit für den kleinen Jungen, der es so schwer hatte bei seinem Start, weit größer war als bei allen anderen erfolgreichen Männern, deren Lebensgeschichte ich geschrieben habe. Sogar einschließlich Henry Ford oder Art Smith, der während der Weltausstellung das Idol San Franciscos war.

Auch Ihre Mutter fand wunderbaren Anklang, auch Ihr Bruder. Ich glaube wirklich, Sie begreifen gar nicht, wie ausgezeichnet diese Story geschrieben ist, wie plastisch Sie und Ihre Mutter und Ihr Bruder für die Leute werden, die sie gelesen haben, und wie sehr sie dazu beigetragen hat, das Interesse der Öffentlichkeit hier für Sie zu wecken...

Ihre gegenwärtige Haltung bringt mich natürlich in eine absolut schreckliche Lage gegenüber Bobbs Merrill. Wahrscheinlich geschieht es mir recht, weil ich mich nicht vergewissert habe, ob Sie mit diesem Arrangement einverstanden sind...

Ich nehme an, daß Sie einfach das Gefühl haben, daß Ihnen etwas Geld zusteht von dem Buch, falls es erscheinen sollte. Es ist völlig natürlich, Geld zu wollen, aber ich frage mich, ob Sie den möglichen Gewinn aus einer Buchveröffentlichung nicht überschätzen. Mein eigener Gewinn würde sich, selbst wenn sein Verkauf unsere kühnsten Erwartungen überträfe, nur auf ein paar hundert Dollar belaufen – vielleicht der Wert eines halben Tages von Ihnen. Beim gegenwärtigen Stand der Dinge sieht es so aus, als würde Ihr Vorgehen nur dazu führen, daß ich um diese Summe gebracht werde – und ich brauche nicht zu betonen, daß sich dies auf mein Bankkonto viel stärker auswirken wird als auf Ihres – und daß Sie den Reklamewert verlieren, den das Buch hat, eine Werbung, die selbst Theodore Roosevelt in seinen unbeschwertesten Tagen nicht verschmähte.

Nachdem sie auf diese Weise den Geschädigten in ihrer Unbekümmertheit auch noch beleidigt hatte, fuhr Mrs. Lane mit einer recht rührenden Einschätzung ihrer Arbeit fort:

Sie haben ein Leben gelebt, das ein Klassebuch ergibt. Ich habe das Buch geschrieben – und Sie müssen zugeben, es ist doch wahrlich nicht übertrieben zu sagen, daß die Anziehungskraft dieses Buches größer ist als die eines Buchs, das irgendein anderer Schreiberling möglicherweise schreiben würde ...

Es liegt in unser beider Interesse, daß das Buch veröffentlicht wird. Ich gebe zu, mein Interesse ist da größer als Ihres ... Aber es kann nicht in unser beider Interesse liegen, die Veröffentlichung des Buchs zu verhindern. Und wenn man zuläßt, daß die Situation in eine regelrechte Streiterei ausartet, werden wir beide in die Lage jener beiden Männer geraten, die sich um eine Nuß stritten und die Sache vor den Richter brachten, der die Nuß aß und die Schale aufteilte. Ich sehe nicht den geringsten Nutzen darin, den Anwälten die Nuß zu überlassen, Sie etwa?

Hochachtungsvoll
Rose Wilder Lane.

Chaplin blieb ungerührt von Mrs. Lanes Appell, was kaum überrascht. Burkan hatte unterdessen eine Antwort von John L. Lockwood von Lockwood und Jeffery erhalten, in der dieser schrieb, daß er auf Dokumentation warte, aber da Bobbs Merrill in gutem Glauben gehandelt hätten, in der Annahme, Chaplin hätte autorisiert, was Mrs. Lane geschrieben hatte, gehe er davon aus, daß die Rechte, wie sie von Mayston verkauft wurden, juristisch unanfechtbar seien. Lockwood war der Ansicht, daß die Bemerkungen über Charles Chaplin senior »ganz respektvoll« seien.

Gegen Ende November bemühten sich Bobbs Merrill um einen Kompromiß. Am 29. schickte Burkan folgendes Telegramm an Sydney:

BOBBS MERRILL WILL CHARLIE CHAPLINS EIGENE GESCHICHTE NICHT OHNE SEINE SCHRIFTLICHE GENEHMIGUNG VERÖFFENTLICHEN SIE SIND BEREIT HAWKINS UND (MARCUS) LOEWS NAMEN ZU TILGEN UND CHARLIE

FÜNF PROZENT VOM EINZELHANDELSPREIS DES BUCHES ZU ZAHLEN DER AUF EINEN DOLLAR FÜNFZIG ERHÖHT WERDEN SOLL ICH PERSÖNLICH SÄHE ES ALS SCHLECHTEN STIL AN WENN CHARLIE SEINE ZUSTIMMUNG FÜR VERÖFFENTLICHUNG GIBT WEGEN BEMERKUNGEN ÜBER IHREN VATER ABER SIE UND CHARLIE KÖNNEN DAS AM BESTEN BEURTEILEN BITTE TELEGRAFIEREN SIE OB ICH VERTRAG AUFSCHIEBEN SOLL BOBBS MERRILL NICHT BEREIT IHREN VORSCHLAG ANZUNEHMEN DASS CHARLIE UND MISS WILDER (*sic*) FÜR EIN NEUES BUCH ZUSAMMENARBEITEN GRÜSSE AN CHARLIE.

Der Unternehmer Mayston versuchte sich jetzt als Vermittler einzuschalten, aber sein Versuch, Bobbs Merrill dazu zu überreden, die Kosten für ein völlig neues Buch auf sich zu nehmen, blieb genauso erfolglos wie sein Versuch, Chaplin dazu zu überreden, die Veröffentlichung zu genehmigen und die Tantiemen mit ihm zu teilen. Die Sache wurde dann Mitte Dezember ganz überstürzt beigelegt. In einer Verleumdungsklage gegen Bobbs Merrill wurden einem New Yorker Polizeirichter 35 000 $ Schadensersatz zugesprochen. Die Firma hielt es für klüger, nicht auch noch an anderen Fronten Ärger zur riskieren, und Lockwood gab Burkan unverzüglich die Zusicherung, daß das Buch nicht ohne Chaplins vorherige Genehmigung auf den Markt gebracht würde.

So wertlos sein Inhalt auch ist, so gilt das Buch heutzutage doch als die größte Rarität in der Chaplin-Bibliographie. Die Auflage wurde eingestampft, aber erst nachdem ein paar Exemplare durchgerutscht waren, die dann zum Fluch der Filmgeschichtsschreiber wurden. Stan Laurel besaß ein Exemplar, das er mit korrigierenden Anmerkungen versah und später John McCabe, einem Chaplin-Biographen, überließ.

Doch Chaplins Ärger mit *Charlie Chaplin's Own Story* war noch nicht ausgestanden. Wie Burkan in seinem Brief erwähnte, waren Abdruckrechte für Mrs. Lanes ursprüngliche Artikel von der Harmsworth Press erworben worden; Pläne für Veröffentlichungen in englischen Zeitungen waren schon weit gediehen, als Burkan eingriff, um sie zu stoppen. Die nun einsetzende Kampagne, die darauf abzielte, Chaplin zu diskreditieren, weil er sich nicht für den Dienst in den britischen Streitkräften gemeldet hatte, scheint durch Lord Northcliffes persönlichen Groll entfacht worden zu sein. Es trifft zu, daß bereits im März 1916 kritische Kommentare in der *Daily Mail* zur Kriegsrisiko-Klausel in dem Mutual-Vertrag erschienen waren. Die Klausel sah vor, daß Chaplin für die Dauer der kriegerischen Auseinandersetzungen nicht nach England zurückkehren durfte, um nicht zu riskieren, in die Britische Armee eingezogen zu werden: »Wir haben mehrere Briefe erhalten, in denen gegen die Absicht Freulers oder sonst eines Amerikaners protestiert wird, an der Zurschaustellung eines Mannes zu profitieren, der sich verpflichtet, nicht nach Hause zu kommen und für sein Vaterland zu kämpfen.« Im Juni 1917 ging Northcliffe mit einem Leitartikel im *Weekly Despatch* in die Offensive:

> Charles Chaplin ist, obwohl zart gebaut, sehr standfest, wie seine Akrobatik auf der Leinwand beweist. Die Art und Weise, wie er Treppen steigen kann, läßt einen erahnen, mit welcher Geschwindigkeit er aus dem Schützengraben springen würde, wenn zum Sturmangriff geblasen wird.
>
> Nach Schätzungen von Charlies Freunden hat er im Laufe der vierunddreißig Kriegsmonate reichlich über 125 000 £ verdient. Für die Filme, die er im nächsten Jahr machen wird, steht er für mehr als 1 000 000 £ bei der First National Exhibitors unter Vertrag, einem neugegründeten, finanzstarken Syndikat. Laut Vertrag wird Chaplin seine eigenen Filme produzieren und eine eigene Firma haben.
>
> In telegrafischen Mitteilungen hat man versucht zu beweisen, daß Chaplin 25 000 £ seiner Einkünfte in die Britische Kriegsanleihe investiert hat, aber das ist nicht bestätigt worden. Chaplin kann der Britischen Nation doch wohl kaum sowohl sein Geld als auch seine Dienste verweigern ...
>
> Wenn Charlie Soldat werden würde, wie es seine Pflicht ist, falls er tauglich ist, hätten mindestens dreißig weitere britische Kino-Schauspieler im wehrfähigen Alter, die jetzt in den Vereinigten Staaten schauspielern, keine Ausrede mehr, sich der Britischen Armee zu verweigern ... Niemand würde von Charlie Chaplin verlangen, daß er Soldat wird, wenn die Armeeärzte ihn für untauglich erklären, aber bis er sich einer ärztlichen Untersuchung unterzogen hat, steht er unter dem Verdacht, sich im Besitz des besonderen Privilegs zu wähnen, von den allgemeinen Pflichten eines britischen Staatsbürgers entbunden zu sein. Auf diesen Gedanken ist der viel umjubelte Filmschauspieler vielleicht noch nicht gekommen, und er wird zweifellos dankbar sein, daß sich durch den Verlauf der Ereignisse die Gelegenheit ergeben hat, ihn daran zu erinnern.
>
> Charlie in Khaki wäre eine der populärsten Gestalten in der Army. Er könnte es, was Popularität betrifft, sogar mit Brainsfathers ›Old Bill‹ aufnehmen. Wenn sein Gesundheitszustand es nicht erlauben sollte, daß er in den Schützengraben zieht, dann könnte er bewundernswerte Arbeit leisten, indem er die Truppe in den Quartieren unterhält.
>
> Wie dem auch sei, es ist Charlies Pflicht, sich als Rekrut zur Verfügung zu stellen und somit seinen Stolz auf seine britische Herkunft zu beweisen. Sein gutes Beispiel wird zählen, nicht die Tatsache, daß sein Eintritt in die Army dem Krieg eine Wende geben könnte. Wir werden auch ohne Charlie gewinnen (werden Millionen seiner Bewunderer sagen), wir würden aber lieber mit ihm gewinnen.

Ein im gleichen Ton gehaltener Artikel im *Daily Express* trug die Überschrift:

ER KÄMPFT – FÜR MILLIONEN
Charlie Chaplin immer noch im Angesicht des Tödlichen Films

Chaplin gab eine Presseerklärung ab:

> Ich bin bereit und willens, jedem Ruf meines Landes zu folgen, in jeder Abteilung der Streitkräfte auf jedem Posten zu dienen, wo ich nach Auffassung der Landesbehörden am meisten ausrichten kann. Aber wie Tausende anderer Briten warte ich auf die Benachrichtigung durch die Britische Botschaft in Washington. Unterdessen habe ich eine Viertel Million Dollar in die Kriegsanstrengungen von Amerika und England investiert ...
>
> Ich habe mich hier zum Militärdienst gemeldet und um keinerlei Befreiung oder Gefälligkeit gebeten. Wäre ich eingezogen worden, wäre ich an die Front gegangen wie jeder andere patriotische Bürger. Wie die Dinge liegen, werde ich auf den Befehl der Britischen Regierung durch ihren Botschafter in Washington warten.

Die Britische Botschaft bestätigte:

> Wir könnten Chaplin erst dann als Drückeberger ansehen, wenn wir Anweisung erhielten, das Gesetz über die Allgemeine Militärdienstpflicht in den Vereinigten Staaten in Kraft zu setzen und er sich danach weigerte, der Fahne zu dienen ...
>
> Wenn er wollte, könnte sich Chaplin jederzeit freiwillig melden, aber er ist jetzt, wo er viel Geld verdient und Kriegsanleihen zeichnet, von ebenso großem Nutzen für Großbritannien, wie wenn er im Schützengraben läge, wo nicht unbedingt jeder einzelne Mann gebraucht wird.
>
> Man kann seinen Teil auf verschiedene Art und Weise beitragen. Einer, der großzügig Geld für Kriegsanleihen und das Rote Kreuz zur Verfügung stellt, kann sicherlich nicht als Drückeberger bezeichnet werden, wenn er seinen Spenden die Erklärung anfügt, daß er im Schützengraben dienen werde, wenn man ihn dazu aufruft. Ganz eindeutig kann man Chaplin hier, wo er schon seit mehreren Jahren zu Hause ist und wo unsere allgemeine Militärdienstpflicht gesetzlich nicht in Kraft ist, nicht als Drückeberger ansehen.

Solche Stellungnahmen vermochten jedoch nicht, die vorwurfsvollen Stimmen sofort zum Schweigen zu bringen. Die Einberufungsbehörde erhielt anonyme Berichte, denen zufolge Sydney sein Geburtsdatum gefälscht habe und wehrdienstpflichtig sei. Sydney wurde daraufhin zur Behörde bestellt, wo er bestätigen sollte, daß er tatsächlich über einunddreißig Jahre alt war.

Die Kampagne flaute schließlich ab, als berichtet wurde, daß Charlie tatsächlich zu einem Rekrutierungsbüro gegangen, von den Ärzten jedoch wegen Untergewichts abgewiesen worden sei. Noch Jahre später schickte man Chaplin weiße Federn und Schmähbriefe, weil er es unterlassen hatte zu kämpfen.

Von Soldaten kamen diese Angriffe mit Sicherheit nicht. Als Chaplin 1921 England besuchte, wollte ein Ex-Soldat ihm für all das, was er für die Männer im Krieg getan hatte, alle seine Medaillen geben. »Charlie ist der größte Liebling bei unseren tapferen Soldaten und Matrosen«, schrieb Essanays englischer Pressesprecher Langford Reed, »die der Meinung sind, daß die Heiterkeit und Freude, die er in ihr Leben gebracht hat, millionenfach irgendwelche Dienste aufwiegt, die er als asthenischer kleiner Züchtiger der Hunnen vielleicht hätte leisten können.«[16] In Militärkrankenhäusern wurden Spezialprojektoren aufgebaut, mit deren Hilfe man Chaplins Filme für Patienten, die sich nicht aufsetzen konnten, an die Decke projizierte. Dr. Lewis Coleman Hall, der in der neurologischen Station eines US-Army-Lazaretts in Frankreich diente, bat Chaplin um Fotos mit seinem Autogramm: »Bitte schreiben Sie Ihren Namen auf die Fotos. Dahinter steckt folgender Gedanke: Fast jeder hat Sie auf der Leinwand gesehen. Ich zeige einem armen Burschen Ihr Bild, und es kann für einen Augenblick seine Gedanken fesseln. Er sagt vielleicht: ›Kennen Sie Charlie?‹, und dann kommt der erste Hoffnungsschimmer, daß der Verstand des Jungen gerettet werden kann.«[17] Wunderheilungen wurden der Wirkung von Chaplins Bild auf der Leinwand zugeschrieben. Sam Leonard, Leiter der United Picture Company von St. Helens in Lancashire, schrieb:

> Seit Krieg ist, gehört es zu meinem größten Vergnügen, verwundete Soldaten in meinem Saal zu unterhalten. Letzte Woche zeigte ich einen ›Charlie Chaplin‹, und ein verwundeter Soldat lachte so sehr, daß er aufstand und bis ans hintere Ende des Saals ging und ganz vergaß, daß er seine Krücken zurückgelassen hatte. Mein Assistent lief ihm hinterher, und er sagte: »Dieser Bursche Chaplin könnte jeden dazu bringen, daß er seinen Kopf vergißt. Ich hab in meinem ganzen Leben noch nie so gelacht.«[18]

»Wenn Chaplin getan hätte, was man von ihm erwartete, und im August 1914 dem Ruf seines Landes zu den Fahnen gefolgt wäre, hätte er nur geringe Chancen gehabt, den Krieg zu überleben. Chaplin wäre lediglich als Fußnote in die Geschichte des Films eingegangen«, meinte Kevin Brownlow sechzig Jahre nach dem Ende des Ersten Weltkrieges.[19] Die Verleumdungen von Northcliffe und seiner Gefolgschaft beeinträchtigten Chaplins Beliebtheit bei seinem Publikum in keiner Weise, aber sie sollten ihn über Jahre tief verletzen.

Gegen Ende des Jahres 1916 fing Chaplin an, seinen Lebensstil zu ändern. Er stellte Tom Harrington als Kammerdiener-Sekretär ein, der nach seinen Worten »zur *conditio sine qua non* meiner Existenz wurde«. Harrington war New Yorker und hatte vorher dem englischen Komiker Bert Clark, der eine Weile bei Keystone arbeitete, als Garderobier und Faktotum gedient. 1915 war Clark einer der Partner der kurzlebigen Chaplin Music Corporation geworden und hatte Harrington mitgebracht, der sich ums Büro kümmern sollte. Als das Büro dichtgemacht wurde und Clark wieder in den Osten zurückkehrte, bot Harrington an, zu bleiben und für Chaplin zu arbeiten. Ein- oder zweimal ist Harrington kurz in Chaplins Filmen zu sehen. Er war ein hagerer, ernster, asketisch wirkender Mann, der sich nicht nur als der perfekte Diener seines Herrn erwies, sondern Chaplin auch bei der Auswahl seiner Lektüre beriet. Er erinnert sich, daß Harrington ihn mit Lafcadio Hearn, Frank Harris und James Boswell bekannt machte.

Sydney überredete Chaplin, sich ein neues Auto zuzulegen, und Anfang Dezember kaufte Chaplin einen Standard Locomobile Tourer mit einer blauen Karosserie und weißen Sportfelgenreifen. Harrington engagierte einen Chauffeur, einen achtundzwanzig Jahre alten Japaner namens Toraichi Kono. Kono stammte aus einer wohlhabenden bürgerlichen Familie aus Hiroshima, war aber, nachdem mehrere seiner unternehmerischen Versuche gescheitert waren, in die Vereinigten Staaten ausgewandert, um nicht in den väterlichen Betrieb eintreten zu müssen. In den Vereinigten Staaten hatte ihm seine junge Frau eine Karriere als Flieger ausgeredet, und so fand er sich damit ab, Chauffeur zu werden. Konos Effizienz und Diskretion beeindruckten Charlie, und er entwickelte eine Vorliebe für japanische Bedienstete. Es gab eine ganze Reihe davon bis zum Ausbruch der Feindseligkeiten zwischen den USA und Japan im Zweiten Weltkrieg, als Chaplins Hausangestellte interniert wurden. Kono selbst blieb achtzehn Jahre bei Chaplin und nahm zunehmend die Rolle des engen Vertrauten und Sonderbeauftragten ein.

Nun da Chaplin eine *ménage* hatte, änderte sich auch sein gesellschaftliches Leben. Man hatte ihn in Hollywood weiterhin als eine Art Eigenbrötler betrachtet. An den meisten Abenden dinierte er mit Edna im Los Angeles Athletic Club, der inzwischen sein festes Domizil geworden war. Gelegentlich gingen alle Studiomitglieder nach getaner Arbeit zu einem Boxkampf.

Totheroh stellte fest, daß die Leute des Teams langsam das Gefühl hatten, daß Chaplin sich von ihnen absonderte:

> Abends ging er dann vielleicht in Levy's Café oder in solche Läden. Dienstag abend ist er regelmäßig zu den Preiskämpfen bei Doyle's draußen in Vernon gegangen. Da kam immer die ganze Truppe zusammen, und wir haben uns immer da getroffen und sind dann danach immer noch auf ein Bier oder ein Sandwich irgendwohin gegangen. Er hat sich mehr oder weniger unter uns gemischt, ist zu den Baseball-Spielen gegangen; hat die gleiche Einstellung gehabt wie alle um ihn rum. Aber sobald er von dieser Figur des Tramp weg war, wie er dann diese Spielfilme gemacht hat, hat er sich völlig verändert. Er hat sich nicht mehr unter die Truppe gemischt. Empfing mehr oder weniger oben bei sich zu Hause. Und die Leute, mit denen er da verkehrt hat, waren zweifellos Leute von Rang und Namen – Schriftsteller und Drehbuchautoren und vielleicht Schauspieler. Aber da waren auch bekannte Zeitungsleute und alles mögliche andere bei ihm oben zu Hause. Er hat immer bei sich zu Hause Partys geschmissen, weil er da die Hauptattraktion war. Er war ein großer Unterhalter und hat immer das große Wort geführt. Er hat die immer eingeladen und hat sich einfach immer mehr von der alten Truppe entfernt.
>
> Wie er noch zu Boxkämpfen gegangen ist, hat er Plätze reservieren lassen. Ich hab nicht direkt bei der Truppe gesessen, aber oft hab ich ein paar Reihen hinter ihm gesessen. Drei Plätze waren immer reserviert: für Albert Austin, Eric Campbell und Charlie; da war vielleicht auch noch ein vierter, aber Charlie war da auch die Hauptattraktion. Besonders bei den Boxkämpfern. Einen Haufen von diesen Kämpfern fand er was weiß ich wie toll. Vor dem Kampf gingen die erstmal zu ihm rüber – sie wußten, wo er saß – und haben ihm die Hand geschüttelt. Die haben ihn alle gekannt. Sogar bei Baseball-Spielen haben sie ihn entdeckt, und dann konnte man sehen, wie sie alle in die Loge reingucken – Charlie ist da. Er war einer von der Truppe, war immer dabei, bei Barney Oldfield oder in irgendeinem andern Laden, wo hinterher alles hinging. Charlie hatte da so einen Standardspruch, er hat immer gesagt: »Wie sieht's aus mit der Helle, Rollie?« Und darauf ich: »Naja, vielleicht können wir noch eine Szene drehen, ein paar Szenen. Ich glaube, bei Barney Oldfield gibt's bessere Helle.« Was heißen sollte, daß jetzt ein helles Bier dran war. Vielleicht war er manchmal auch müde oder ihm fiel nichts mehr ein, dann hat er das Team fortgeschickt.

Als Chaplin einmal in Levy's Café zu Abend aß, wurde er zu seinem Entzükken von Constance Collier an deren Tisch gebeten. Sie war in die Vereinigten Staaten gekommen, um mit Sir Herbert Tree in Triangles Film *Macbeth* zu spielen. Miss Collier war eins von Chaplins Jugendidolen gewesen, als sie im His Majesty's Theatre Trees Hauptdarstellerin war und er als junger Bursche von der Galerie aus zugesehen hatte, zwischen seinen eigenen bescheidenen

Bühnenengagements. Sie verstanden sich auf Anhieb und blieben bis zu Constances Tod im Jahr 1955 befreundet. Möglicherweise war sie es, die ihm in diesen frühen Jahren in Hollywood half, seine Sprechtechnik zu verbessern. Sie erinnert sich in ihren eigenen Memoiren, daß er sehr oft mit ihr zu Abend speiste,

> und wir unterhielten uns über London und die Lambeth Road und Kennington und alle Plätze, die wir aus unserer Jugend kannten. Er war ein seltsames, morbides romantisches Wesen, war sich scheinbar in keiner Weise der Größe, die in ihm steckte, bewußt. Wie er England liebte! Und doch waren die Jahre, die er dort verbracht hatte, so bitter und voller Armut und Kummer. Amerika hat ihm alles gegeben, und er fühlte sich diesem Land verpflichtet, aber in unseren Gesprächen spürte man manchmal, wie er sich danach sehnte, die verwinkelten Straßen und nebligen Tage wiederzusehen und Big Ben über London schlagen zu hören …
>
> Manchmal stahlen wir uns hinunter nach Los Angeles und aßen in einer Cafeteria, und Charlie bediente mich dann, holte mir meinen Kaffee und dicke Sandwiches, oder Brot und Käse, und wir unterhielten uns stundenlang. Da fühlte er sich wohler. Es war unmöglich, in die großen Restaurants zu gehen, da er, sobald er erschien, von den Menschen bedrängt wurde. Außerdem sagte er, er könne die Massen von Messern und Gabeln auf dem Tisch nicht ertragen, und angesichts der hoheitsvollen Chefkellner bekäme er Minderwertigkeitsgefühle.
>
> Zu jener Zeit mochte er keinen Luxus. Autofahren konnte er nicht ausstehen – er sagte, es mache ihn nervös –, aber ich nehme an, daß er sich inzwischen daran gewöhnt hat.
>
> Er erinnerte sich an jedes Stück und an jeden Schauspieler, den er in England gesehen hatte, und erzählte mir, wie er im His Majesty's auf der Galerie gesessen hatte, wann immer er ein paar Schillinge erübrigen konnte, und daß er für seine Eintrittskarte sogar auf sein Essen verzichtete.
>
> Er betete das Theater an und hatte die gleiche Ehrfurcht davor wie jener andere große Komiker, den ich früher einmal kennengelernt hatte – Dan Leno.
>
> Man wäre nie darauf gekommen, daß Charlie Chaplin komisch sein konnte, bei diesen langen, ernsten Gesprächen, die wir führten.
>
> Aber an manchen Abenden änderte sich seine Stimmung plötzlich völlig, und dann war er sehr witzig, und ich habe mich krank gelacht. Er tat dann so, als wäre er ein Deutscher oder ein Franzose oder ein Italiener und erfand eine Phantasiesprache und hielt das so wunderbar durch, daß er wirklich zu der Figur wurde, die er spielte. Er konnte stundenlang in dieser Stimmung bleiben und bestand darauf, ernsthafte Fragen genau im gleichen absurden Akzent zu beantworten.[20]

Constance Collier kümmerte sich um das gesellschaftliche Leben des jungen Chaplin und machte ihn mit Tree und dessen junger Tochter Iris bekannt.

Beide flößten ihm anfangs eine leicht ehrfürchtige Scheu ein, doch später unternahmen sie dann gemeinsam Spritztouren zum Strand von Venice. Constance bemerkte, daß Chaplin »die allergrößte Bewunderung für Herbert Tree empfand, der in der außergewöhnlichen Umgebung des Films noch exzentrischer geworden war«. Es war ebenfalls Constance, die darauf bestand, daß er einen weiteren Triangle-Schauspieler, Douglas Fairbanks, kennenlernte, der gerade nach einigem Erfolg auf der Bühne zum Film gekommen war. »Sie waren sich noch nie begegnet, und eines Abends nahm ich Charles zu einem Abendessen bei Douglas Fairbanks mit. Am Anfang des Abends waren sie etwas schüchtern und befangen, aber von diesem Tag an verband sie eine unerschütterliche Freundschaft.« Gegen Ende seines Lebens äußerte Chaplin, daß Fairbanks vielleicht der einzige richtig enge Freund gewesen sei, den er jemals gehabt habe. Er sollte aus nächster Nähe die Romanze zwischen Fairbanks und Mary Pickford miterleben – beide waren gerade dabei, sich von ihren bisherigen Ehepartnern scheiden zu lassen –, die 1920 zu der berühmtesten aller Hollywood-Heiraten führte.

Auch mit Julian Eltinge freundete er sich zu dieser Zeit an. Er war als Frauenimitator zu Ruhm gelangt und Anfang 1917 nach Hollywood gekommen, um drei Filme für Jesse Lasky zu machen. Eltinge war unterhaltsam, gebildet und fünf Jahre älter als Chaplin und trug anscheinend dazu bei, dessen gesellschaftlichen Horizont zu erweitern.[21]

Chaplins letzte vier Filme für Mutual, alle 1917 entstanden, gehören nach wie vor zu seinen besten. Zwei davon waren ganz sicher Meisterwerke. Der erste war *Easy Street* – »eine exquisite Kurzkomödie«, schrieb Walter Kerr; »Humor, eingepackt in die regelmäßigen Rhythmen beschwingter Verse.«[22] Für die beeindruckende Summe von 10 000 $ baute Chaplin die erste seiner Kulissen als T-förmige Straßengabelung, die sich als idealer Schauplatz erweisen sollte. Man fühlt sich nach Südlondon versetzt. Selbst heute noch bietet sich in der Methley Street, wo Hannah und ihr jüngerer Sohn zwischen Haywards Sauerkonservenfabrik und dem Schlachthof wohnten, das gleiche begrenzte Bild, wobei der Querbalken des T zu den schmuddeligeren Geheimnissen auf beiden Seiten führt.

Die Geschichte ist eine komische Parodie der viktorianischen »Besserungs«-Melodramen. Charlie der Landstreicher gerät in ein Missionshaus und läßt sich dazu bewegen – weniger durch das Chorälesingen als durch die Reize von Missionsschwester Edna –, einen neuen Anfang zu machen. Er tritt in die

Polizeitruppe ein und wird sogleich zur gefahrenträchtigen Runde in die Easy Street beordert, die von dem hünenhaften Eric Campbell terrorisiert wird. Trickreich bemüht sich Charlie, den üblen Wüterich zu bezwingen und in Easy Street wieder Frieden herzustellen. Als Campbell seine Kraft beweist, indem er eine Laterne umbiegt, kann Charlie seinen wirksamsten Trick landen. Er ergreift die Gelegenheit, stülpt dem Kerl die Lampe über den Kopf und bedient den Gashahn so fachmännisch wie der Anästhesist eines Zahnarztes.

Die Produktion verlief nicht ohne Pannen und Probleme. Am 16. Dezember 1916 knickte die für Campbells Muskelprotz-Nummer präparierte Requisitenlaterne von selber um und verletzte Chaplin an der Nase, so daß er sich mehrere Tage nicht schminken konnte. Die kalifornischen Regenfälle waren in diesem Jahr besonders hartnäckig. Das geringste Problem, mit dem es fertigzuwerden galt, war, daß das Baby, das Charlie in der Missionsszene auf dem Arm wiegt, seinen Schnurrbart entwendete. Am 1. Februar mußte Mutual eine Erklärung veröffentlichen, in der die Verzögerung erläutert wurde:

> Aufgrund des ungewöhnlichen Charakters der neuesten Charlie-Chaplin-Produktion *Easy Street*, die sehr viele große Szenen beinhaltet, die zwar wie ›Innenaufnahmen‹ wirken, tatsächlich aber ›Außenaufnahmen‹ sind und Sonne für ihren Erfolg benötigen, sieht sich Mr. Chaplin gezwungen bekanntzugeben, daß der Start von Nr. 9 der Chaplin-Reihe vom 22. Januar auf den 5. Februar verschoben werden muß, da er es vorzieht, die Fertigstellung der Komödie so lange aufzuschieben, bis ideale Bedingungen für ihre erfolgreiche Verfilmung herrschen.
>
> Mit dieser Bekanntmachung der Verschiebung weist Mr. Chaplin, obwohl er die Verzögerung bedauert, darauf hin, daß er entschlossen ist, nur das allerbeste Material freizugeben, und er würde eher überhaupt nichts produzieren, als die Verantwortung für schlechte Filmqualität zu übernehmen. Nebenbei möchte er festhalten, daß in dem Bestreben, 600 Meter Lacher zu perfektionieren, bereits 9 Kilometer Negativfilm verbraucht wurden.[23]

Kurz vor der Freigabe des Films veröffentlichte Chaplin seine Betrachtungen dazu:

> Wenn es einen Menschentypus gibt, auf den es jedermann auf der ganzen weiten Welt mehr abgesehen hat als auf irgendeinen andern, dann ist das der Polizistentyp. Natürlich kann man den Polizisten nicht wirklich dafür verantwortlich machen, daß die Öffentlichkeit Vorurteile gegen seine Uniform hat – das ist nur die normale menschliche Abneigung gegen jede Art von Autorität –, aber trotzdem sieht es jeder gern, wenn's dem ›Copper‹ an den Kragen geht.

Also muß ich mich erst einmal beliebt machen, indem ich meinen Freunden zu verstehen gebe, daß ich gar kein richtiger Polizist bin, sondern nur einen Spezialauftrag auszuführen habe – nämlich einem üblen Rabauken ordentlich die Leviten zu lesen. Natürlich habe ich alle Hände voll zu tun, mit so einem Auftrag fertigzuwerden, und ich habe die Sympathie des Publikums auf meiner Seite, aber ich habe auch das Element der Spannung, das in einer Filmhandlung unerläßlich ist. Man geht natürlich davon aus, daß der Polizist den kürzeren zieht, und man ist äußerst gespannt, wie ich bei meinem offensichtlich ungleichen Kampf mit dem Wüterich Campbell abschneiden werde.

Ein weiterer Kontrast besteht zwischen meinem komischen Gang und den allgemeinen komischen Zwischenfällen – und der herkömmlichen Vorstellung von der Würde, die ein uniformierter Polizeibeamter ausstrahlen sollte.[24]

Als sein nächstes Sujet wählte Chaplin *The Cure* [Die Kur] und einen Schauplatz, der an Sydneys alten Karno-Hit *The Hydro* erinnert. Ähnlich wie in der Presseerklärung für *Easy Street* warnte Chaplin das Mutual-Büro: »Aufgrund der unaufhörlichen Regenfälle an der Küste und weil ich nicht gewillt bin zu riskieren, daß auch nur ein einziger Chaplin-Film in irgendeiner Hinsicht von minderer Qualität ist, ist es unmöglich, *The Cure* termingerecht fertigzustellen.«[25]

Wir können mehr über die Genese von *The Cure* erfahren dank des Umstands, daß die meisten Muster und Out-Takes erhalten geblieben sind, die erstmals von Kevin Brownlow und David Gill für *Unknown Charlie* analysiert wurden. Take 1 zeigt Chaplins allererstes Konzept vom Kurhotel. Der Vorplatz ist voller Patienten; in der Mitte ist ein Trinkbrunnen, bereit für spätere Späße. Die Angestellten dieser Kurstätte sind ein hinfälliger Haufen, so klapprig, daß vier von ihnen nötig sind, um einen Rohrstuhl anzuheben. Der Eigentümer des Kurhotels, gespielt von dem zwergenwüchsigen Loyal Underwood, ist ein erbärmliches, von einem trockenen Husten geplagtes Wrack. In Take 17 oder schon früher ist Chaplin bereits in Erscheinung getreten, in diesem Stadium des Spiels als Hotelpage gekleidet, der mühsam einen Rollstuhl schiebt, der Eric Campbell beherbergt, dessen gichtkranker Fuß mit einem monströsen Verband umwickelt ist.

Bereits im Take 23 hat er beschlossen, die ursprünglich für den Vorplatz geplante Handlung ins Foyer zu verlagern. Vierzehn Takes später hat er sein eigenes Hotelpagenkostüm gegen das eines Badekurpflegers mit weißer Jacke eingetauscht, und den Patienten im Rollstuhl, den explosiven Eric Campbell, mit dem komatösen Albert Austin. An dieser Stelle führt Chaplin auch einen wundervollen Gag ein. Voller Verzweiflung über das Durcheinander der hin- und hergeschobenen Rollstühle schwingt er sich zum Verkehrspolizisten auf und bringt Ordnung in das Chaos. An einer Stelle stoppt er beide Verkehrsströme, damit ein entsetzlich klappriger Hotelpage (gespielt von James T. Kelley, ein Spezialist für solche Rollen) die »Straße« überqueren kann.

Bei Take 77 angekommen, finden wir eine vollständig veränderte Kulisse vor. Der Trinkbrunnen im Vordergrund ist durch ein randvolles Brunnenloch ersetzt worden, das eindeutig mehr komische Gefahren für unachtsame Spaziergänger birgt, vor allem für einen Betrunkenen, gespielt von John Rand unter sehr offenkundiger Anleitung von Chaplin. Nur sieben Takes später hat Chaplin der Rolle des Betrunkenen nicht widerstehen können und Rands Rolle und Kostüm selbst übernommen. Inzwischen hat er auch eine jener Requisiten entdeckt, die seine Erfindungskraft immer anregten – eine Drehtür. Besonders bei einem Take kann man sehen, welche Rolle der Zufall bei der Entwicklung seiner Komik spielen konnte. Der Take ist verdorben, als er aus Versehen mit seinem Stock in die Drehtür gerät und sie blockiert. Bald darauf wird der festgeklemmte Stock als absichtlicher Gag eingeführt.

Etwa nach den ersten hundert Takes ist Chaplin in erzählerischen Schwung gekommen, und der Drehverlauf entspricht im großen und ganzen der Handlungsabfolge der fertigen Films. Charlie der Trunkenbold trifft in der Badeheilanstalt ein und hat sich in kürzester Zeit – nach einer Begegnung in der Drehtür – den gichtfüßigen Eric Campbell, einen Bewunderer von Edna, zum Feind gemacht. Während sich die Belegschaft für Charlies Gepäck interessiert, das aus einem Überseekoffer besteht, der ausschließlich mit Spirituosen bestückt ist, probiert Charlie lustlos die Einrichtungen der Kuranstalt aus – den Massagesalon, das Tauchbecken und den Dampfraum. Unterdessen hat der Direktor seinen Angestellten befohlen, Charlies Spirituosenlager zu beseitigen. Es wird aus Versehen in den Brunnen entleert, was die Lebensgeister des gesamten Etablissements ausgesprochen anregt. Die höchste Klappennummer auf den erhaltengebliebenen Out-Takes ist 677, und da diese Aufnahme – wenn sie auch nicht benutzt wurde – offenbar für die Abblende des Films gedacht war – Charlie fällt in das Becken und geht in einem Sprudel von Bläschen unter –, ist es höchstwahrscheinlich einer der letzten Takes des Films. Wir können demnach annehmen, daß Take 622 zu einem recht späten Zeitpunkt der Dreharbeiten gemacht wurde, und doch ist Chaplin selbst hier noch dabei, zum wiederholten Mal den Gag mit dem Verkehrspolizisten auszuprobieren. Wie einer seiner Mitarbeiter es ausdrückt: »Chaplins Kopf war die reinste

Rumpelkammer, wo alles, was irgendwann einmal von Nutzen sein konnte, vorsorglich aufbewahrt wurde.« Dieser Gag war eindeutig zu gut, um ihn zu verschwenden. Diesmal filmte er die Sequenz in seinem Kostüm mit weißer Jacke, Slacks und Strohhut. Wie man in den Out-Takes sehen kann, ist es eine Szene von großer komischer Brillanz, aber wieder wurde sie verworfen. Wie Brownlow und Gill in ihrem Kommentar zu *Unknown Chaplin* mutmaßen, muß er erkannt haben, daß es Charlie erheblich weniger entsprach, Ordnung zu schaffen als sie zu stören.

Die Produktion wurde aufgehalten, als Chaplin nach dem Drehen der Szenen im Schwimmbecken eine Erkältung bekam, aber schließlich konnte der Film am 16. April 1917 gestartet werden. *Photoplay* erklärte in der Ausgabe des folgenden Tages:

> Während sich die Chaplin-Specials vor dem Blick der Öffentlichkeit entfalten, wird zunehmend deutlich, daß der große Komiker ein Meister unzähliger Künste ist. Bevor er *The Rink* produzierte, war zum Beispiel nicht bekannt, daß Charlie wie ein Profi Rollschuh laufen kann, und erst angesichts der Schwimmbadszene in *The Cure* wurde einem klar, was für ein hervorragender Schwimmer er ist. In dieser Szene taucht Chaplin unter den riesigen Körper von Campbell, mit der Geschwindigkeit und Behendigkeit eines Otters, umkreist ihn im Wasser, setzt sich auf seinen Kopf und ersäuft ihn fast und ergötzt sich auch in anderer Weise als erstklassiger Wassermann.*
>
> Alles in allem wird *The Cure* mit Sicherheit Chaplins Popularität noch vergrößern, denn so etwas Komisches hat er bis jetzt noch nie gemacht.

Am 24. April erhielt Chaplin ein Telegramm:

> CHARLES CHAPLIN
> LOS ANGELES ATHLETIC CLUB.
>
> WIR DIE UNTERZEICHNER MACHEN SIE HAFTBAR FÜR ZWERCHFELLSCHMERZEN WIR HABEN CURE GESEHEN.
>
> MARY PICKFORD
> DOUGLAS FAIRBANKS
> MRS. CHARLOTTE PICKFORD
> TED HAMMER

* Diese Szene ist in keiner der heute noch existierenden Kopien erhalten. Anm. d. Ü.

Anhand der erhaltenen Out-Takes von *The Immigrant* [Der Einwanderer] können wir die Entwicklung von Chaplins Konzeption noch detaillierter verfolgen. Dieses Meisterwerk der Komik, dessen Ironie, Satire und Mitgefühl fast siebzig Jahre später noch immer überzeugen, erforderte für seine Herstellung von Anfang bis Ende nur zwei Monate. *The Cure* war an Chaplins achtundzwanzigstem Geburtstag gestartet worden, und er machte sich umgehend an seinen neuen Film, um seinen Produktionszeitplan wieder einzuholen. Er hatte mit der Produktion wahrscheinlich schon begonnen, als er einem Interviewer gegenüber erklärte:

> Ich habe auch schon seit längerem den Ehrgeiz, eine Tragikomödie zu produzieren, die im Pariser *Quartier Latin* spielt.
>
> Dieses Thema bietet unbegrenzten Spielraum für das gefühlsbetonte Element, das sich irgendwie immer in meine Geschichten einschleicht. Die Schwierigkeit besteht nun darin zu verhindern, daß dieses Element den Komödienteil erstickt. Hinter dem Leben aller wahren Bohemiens steckt so viel Pathos, daß es schwer ist, das auch nur für einen Moment aus den Augen zu verlieren, und der wahre Geist dieser Gemeinschaft ist viel zu menschlich und genießt ein derartiges Ansehen, daß ich nicht einmal im Traum darauf käme, ihn zu parodieren.[26]

Eindeutig sollte *The Immigrant* ursprünglich dieser Film werden. Unter den ersten paar Takes sind einige Eröffnungsszenen, die ein Künstler-Café zeigen, das von bizarren und extravaganten Typen bevölkert ist – Männer in Umhängen und breitkrempigen Hüten, dinarische Frauen in männlichem Aufzug. In einer Ecke des Cafés, neben dem Durchgang, der zur Küche führt, befindet sich ein Gast, der gar nicht dazupassen will: Charlie. Er sitzt neben Albert Austin, der immer sein Lieblingspartner für Eßszenen war. In diesem Fall ist Austin ein gutgekleideter Gast, der ziemliche Probleme mit seinen heißen Bohnen hat. Jedesmal wenn er die Gabel zum Mund führt, verbrennt er sich und fährt heftig zusammen, zur Verzweiflung des empfindlichen Charlie. In Take 46 ist Edna bereits im Film und bei der Bohnenesserei eingeführt. Zu dieser Zeit drehte Chaplin im Durchschnitt etwa zwanzig Einstellungen am Tag, so daß wir annehmen können, daß dies etwa am Anfang des dritten Drehtages war. Wir sehen Edna, wie sie einsam und todtraurig an einem Tisch an der anderen Seite des Bogengangs sitzt, später dann an Stelle von Albert Austin an Charlies Seite. Zu dem Zeitpunkt wurde hauptsächlich an der Szene gearbeitet, in der Charlie seinen Teller Bohnen mit der anscheinend mittellosen Edna teilt. Mehr als hundert Takes später aß Edna immer noch Bohnen, und das ergab einen guten Stoff für eine Publicity-Geschichte, die gegen Ende der Produktionszeit in der Zeitung erschien:

EDNA PURVIANCE IN CHAPLINS NEUESTER KOMÖDIE AUF BOHNENDIÄT GESETZT

Edna Purviance, Charlie Chaplins ständiges Gegenüber, hofft, daß der Bohnenernte dieses Jahr etwas zustößt. Der Grund ist: Das Stück, an dem sie gerade arbeiten, beginnt in einem billigen Restaurant, wo sie als ausgehungerte Waise von Charlie mit üppigen Tellern voll Bohnen verwöhnt wird.

So weit, so gut, aber es gab so viele heikle Gags auszuarbeiten, daß immer wieder neu gedreht werden mußte, und während ein Tag den andern jagte, ohne daß es mit der ewigen Bohnenkost ein Ende hatte, bereitete es Miss Purviance zunehmend Schwierigkeiten, das deftige Bostoner Gemüse überhaupt zum Munde zu führen.

»Es hat keinen Zweck, Charlie«, verkündete sie. »Ich eß das Zeug jetzt schon fünf Tage. Ich bring einfach keinen Bissen mehr runter.«

»Herrgott noch mal!« rief Charlie aus. »Wie soll ich denn dann meine Gags zur Wirkung bringen?«

»Ich geb's auf«, erwiderte Edna. »Du kannst Dich trösten, daß Du wenigstens *mich* zum *Würgen* gebracht hast.«[27]

Die Out-Takes zeigen, daß Chaplin diese Szenen zu Anfang mit James T. Kelley als klapprigem Kellner gedreht hatte, der Charlie und Edna bedient. Doch um den vierten Tag herum hatte er eine neue Komiksituation ausgearbeitet, für die ein Schwergewicht erforderlich war, also besetzte er die Rolle des Kellners mit Henry Bergman. In der Sequenz geht es darum, daß Charlie nicht in der Lage ist, seine Rechnung zu bezahlen. Er und Edna sehen besorgt zu, wie ein beschwipster Gast, der seine Rechnung nicht bezahlt hat, von den Angestellten des Restaurants, angeführt von Bergman, in die Mangel genommen und gnadenlos verdroschen wird. Charlie sucht in seinen eigenen Taschen und entdeckt mit wachsender Panik, daß sein einziges Geldstück durch ein Loch gerutscht ist. Als er es endlich auf dem Fußboden erspäht, hat der Kellner seinen Fuß daraufgestellt und schreibt schon die Rechnung. Charlie schafft es, sein Geldstück wiederzuholen. Er überreicht es dem Kellner mit großartiger Gebärde, aber der verbiegt es prompt zwischen seinen Zähnen, um zu beweisen, daß es sich hier um eine besonders weiche Fälschung handelt.

Über eine Woche lang drehte Chaplin an diesen Szenen, drehte sie immer wieder, variierte sie, bis er entdeckte, was daran nicht stimmte. Bergman fehlte eindeutig das Bedrohliche, das nötig war, um Charlies Angst das dramatisch-komische Motiv zu geben. Chaplin verwarf das gesamte bisher gedrehte Material und besetzte die Rolle wieder neu, diesmal mit Eric Campbell, der dafür seine diabolischsten falschen Augenbrauen trug. Nach den konventionellen Maßstäben und Wirtschaftsprinzipien der Filmproduktion des Jahres 1917 war eine derartige Entscheidung, dieser Mut, die Arbeit von einer ganzen Woche zu verwerfen (wo viele Produzenten in diesem Zeitraum ganze Zweiakter-Komödien machten) beispiellos. Überhaupt war Chaplins Methode, einen Take nach dem anderen zu machen, bis er mit dem Ergebnis vollständig zufrieden war, etwas Neues für Hollywood. Bei den meisten Regisseuren wurden Einstellungen nur dann noch einmal nachgedreht, wenn etwas sichtbar danebengegangen war. Mehr als zwei Jahre nach *The Immigrant* produzierte D. W. Griffith sein ehrgeiziges Werk *Broken Blossoms*, praktisch ohne einen Take zu wiederholen. Eine Szene mehr als einmal zu drehen, hätte für einen Regisseur wie Griffith das Eingeständnis bedeutet, daß ungenügend geprobt und fehlerhaft gearbeitet worden war. Chaplin dagegen sah darin die Bestätigung, daß es immer möglich war, es noch besser zu machen.

Nachdem er die Rolle des Kellners mit Campbell besetzt hatte, entwarf Chaplin eine für Bergman neue Rolle als exaltierter Künstler. Mit Hilfe dieser neuen Figur ließ sich Charlies Drama um die Bezahlung der Rechnung wunderbar lösen. Der Künstler bemerkt Edna, ist sogleich von ihrer Schönheit überwältigt, gesellt sich alsbald zu dem Paar und fragt die Schöne, ob er sie porträtieren darf. Großzügig will er ihre Rechnung zusammen mit seiner begleichen, aber Charlie lehnt das Angebot ab – höflich und etwas zu beharrlich, denn der Künstler nimmt ihn beim Wort und begnügt sich damit, seine eigene Rechnung zu bezahlen. Charlie löst das Problem raffiniert. Der Kellner bringt einen Teller mit dem Wechselgeld, der Künstler steckt die Scheine ein und läßt die Münzen als Trinkgeld liegen. Charlie schiebt geschickt seine Rechnung unter die Münzen, und als der Kellner wieder erscheint, kann plötzlich auch er bezahlen. Großzügig überläßt er dann dem mißtrauischen Kellner das auf ein paar Cents zusammengeschrumpfte restliche Geld. Die Szene war ein guter Abschluß für diese Sequenz, aber das Künstler-Café konnte nicht genug Material für einen ganzen Zweiakter liefern.

Chaplin brauchte noch etwas anderes für seine Story und fand es offensichtlich, indem er sich fragte, woher Edna stammt und wie es dazu kommt, daß sie und Charlie sich in dem Restaurant wiedererkennen. Er fand die Antwort: Sie sind beide Einwanderer und haben sich auf einem Einwandererschiff kennengelernt. Das Schiff brachte seine Komikphantasie auf Hochtouren. Er griff die Kufen-Idee von *Shanghaied* wieder auf und schuf ein überzeugendes schlingerndes Deck und eine Zwischendeck-Messe. Einige Szenen wurden tatsächlich auf einem Schiff auf See aufgenommen; dafür entwickelte Rollie Totheroh einen Drehzapfen, damit die Kamera auf dem Stativ hin- und herschwingen konnte, kontrolliert durch ein schweres Pendel. Das sturmgepeitschte Schiff ist von einem sonderbaren, traurigen Einwanderertrüppchen bevölkert: Albert Austin als seekranker Russe, Henry Bergman als stämmige Bauersfrau und Loyal Underwood als ihr kleinwüchsiger Gatte, den sie wie ein Kind wiegt und über die Reling hält, als auch er seekrank wird. Charlie gerät an eine mörderische Bande von Falschspielern; die Out-Takes zeigen, daß ursprünglich nur ein Würfelspiel vorgesehen war, zu dem dann aber noch ein Kartenspiel kam: es bot Gelegenheit für eine amüsante Einlage mit Kartenmischen in Höchstgeschwindigkeit, die Monsieur Verdoux' Fingerfertigkeit beim Zählen von Banknoten vorwegnimmt.

Unter den Passagieren sind Edna und ihre betagte Mutter, gespielt von Kitty Bradbury, einer alten Charakterdarstellerin mit einem lieblichen Gesicht. Mutter wird im Schlaf all ihrer Ersparnisse beraubt, aber Charlie tröstet die weinende Edna, indem er das ganze Geld, das er beim Kartenspielen gewonnen hat, in ihr Portemonnaie stopft – alles bis auf einen Schein, den er sich vorsorglich für seinen eigenen Bedarf wieder abzweigt. Der Schatzmeister kommt natürlich ausgerechnet in dem Moment vorbei, als er den Geldschein wieder herausnimmt, und droht, ihn in Eisen zu legen, bis Edna eingreift.

Die Café-Szenen tragen die Take-Nummern 1 bis 384, die Schiffsszenen die Nummern 385 bis etwa 730. Da wir Chaplins Arbeitsmethode von späteren Filmen kennen, können wir getrost annehmen, daß es zwischen den beiden Drehphasen eine Pause von ein oder zwei Wochen gegeben hat, in der er die erste Sequenz, im Chaplin-Studio auch ›faction‹ genannt, zusammenschnitt. Nach dem komplizierten Drehen der Schiffsszenen dürfte es eine weitere vergleichbare Pause für den Schnitt gegeben haben. Eine letzte Gruppe von etwa dreißig Takes zeigt, wie Chaplin seine Geschichte geschickt zu der wunderbar strukturierten Einheit der Endfassung von *The Immigrant* verknüpft.

Zuerst (Take 737 ff.) wird die Außenansicht des Cafés gefilmt. Dann Charlie, wie er eine Münze auf dem Bürgersteig findet. Das liefert eine ideale Überleitung von den Szenen auf dem Schiff zu denen, die in der Stadt spielen, und liefert das Motiv für den bis dahin völlig abgebrannten Charlie, das Café zu betreten. Als nächstes (743 ff.) dreht er die Szene im Café nach, wo er Edna am Tisch gegenüber erblickt und wiedererkennt. Er hat ein Detail hinzugefügt: Charlie bemerkt jetzt, daß Ednas Taschentuch einen schwarzen Rand hat. Nichts weiter ist nötig, um zu sagen, daß Ednas Mutter nach der Schiffsreise gestorben ist. Chaplin nahm auch die Gelegenheit wahr, Gefühlvolles durch Komik zu dämpfen: während Charlie Edna hingerissen und selig in die Augen blickt, fallen ihm seine Bohnen vom Messer in die Kaffeetasse.

In ein paar Takes um die Nummer 763 herum erfand Chaplin eine Szene, die in ihrer Ironie unerhört war und noch heute erstaunlich erscheint. Im fertigen Film sieht man in der Ferne die Freiheitsstatue. Ein Zwischentitel verkündet »Ankunft im Land der Freiheit«. Auf dem Deck des Schiffes steht die zusammengekauerte Menschenmenge, und plötzlich erscheinen Beamte der Einwanderungsbehörde und werfen ein Seil um sie herum, als wären sie Vieh. (Eins der Out-Takes für diese letzte Einstellung enthält einen nicht inszenierten Augenblick: Die Statisten verhalten sich offensichtlich nicht nach Anweisung, und Charlie der Tramp verwandelt sich auf einmal in Charlie den Regisseur, der sie in aufwallendem Zorn anfährt.)

Danach mußten nur noch ein paar Einstellungen gedreht werden. In einer reizenden kleinen Szene schleppt Charlie die verlegene Edna zum Standesamt. Auf der Türschwelle ruft Charlies Überschwenglichkeit den stummen Tadel eines feierlichen Beamten hervor, gespielt von Chaplins neuem Kammerdiener Tom Harrington.

Zu dieser Zeit, Anfang Juni 1917, gab es einige Veränderungen im Lone Star Studio. John Jasper trat die Nachfolge von Henry Caulfield als Produktionsmanager an, und Jasper wiederum holte sich Carlyle T. Robinson, den er kennengelernt hatte, als sie beide im Jahr 1915 in den Horsley Studios arbeiteten, als neuen Pressechef. Als einstiger Journalist gehörte Robinson zur ersten Generation der Hollywood-Publizisten. Er blieb die nächsten vierzehn Jahre bei Chaplin. Vor Robinsons Ernennung waren alle Publicity-Storys von Fred Goodwins geschrieben worden, einem alten Bekannten Chaplins aus der englischen Vaudeville-Zeit, der einige Berufserfahrung im Bereich der Presse hatte und auch in mehreren Essanay- und Mutual-Filmen mitspielte.

Als Robinson im Lone Star Studio seine Arbeit antrat, mußte er feststellen, daß Chaplin für ein paar Tage abwesend war, während eine Kulisse gebaut wurde.

Das erlaubte mir, mich derweil mit meinem neuen Job vertraut zu machen. Als eins der ersten Dinge fand ich heraus, daß es sehr schwierig war, Chaplin anzutreffen, selbst in seinem eigenen Studio. Ich erfuhr auch, daß es Fremden absolut verboten war, das Studio zu betreten, daß der Star keine Journalisten mochte und in keiner Weise von alten Freunden belästigt werden wollte, nicht einmal von Leuten, die Charlie Chaplin noch aus der Zeit kannten, als er in den englischen Music Halls gespielt hatte.

Ich fand heraus, daß er gerne Charlie genannt wurde und es nicht ausstehen konnte, wenn ihn jemand mit »Mr.« anredete. Ich fand heraus, daß er sehr unregelmäßig arbeitete und daß die meisten seiner Wünsche unerfüllbar waren, daß er heftige Sympathien und noch stärkere Antipathien hatte, daß jeder Angestellte des Studios, den er zu bevorzugen schien, zwangsläufig bei allen andern am unbeliebtesten war, daß er nicht das geringste Zeitgefühl hatte, daß er zwar theoretisch selbst ein Angestellter war, aber derartiges Prestige besaß, daß *er* in Wahrheit endgültig darüber entschied, wer im Studio arbeiten durfte und wer nicht.[28]

Robinson staunte – wie später andere auch – über die Eifersüchteleien unter den männlichen Mitgliedern des Produktionsteams und war überrascht, daß Chaplin selbst nichts davon zu merken schien. Auch das täglich stattfindende Zeremoniell bei Chaplins Ankunft im Studio setzte ihn in Verwunderung. Es begann mit dem Ruf: »Er ist da!«

Sofort ließ jeder alles stehen und liegen. Schauspieler, Bühnenarbeiter, Elektriker, alle reihten sich in Hab-acht-Stellung auf. Dann kam Chaplin durch das Studio-Tor.

Diese ganze Komödie kam mir völlig absurd vor. Sie hätten genausogut eine Fanfare blasen können oder einen Salutschuß abfeuern, dachte ich.

Er fuhr in einem großen Sportwagen mit schwarzer Karosserie vor, sehr luxuriös. Vorne saßen zwei Männer: Der eine, ein großer, dünner, sprang als erster aus dem Wagen. Der andere war ein Japaner. Der große Dünne rannte um den Wagen herum und öffnete die Tür. Chaplin stieg aus. Er war in einen langen Mantel mit Lammfellkragen gehüllt und trug keinen Hut. Er ging langsam über den Hof des Studios, der große Mann auf seinen Fersen, während der japanische Chauffeur den Wagen wegbrachte.[29]

Robinson fragte die Studiosekretärin, Miss Roberts, ob jeden Tag das gleiche Zeremoniell stattfinde. »O ja«, sagte sie, »die ganze Truppe macht sich einen Jux daraus. Charlie macht sich da keine Illusionen, aber er genießt es.«[30]

Am ersten Tag, als Chaplin wieder im Studio war, wurde Robinson gebeten, im Vorführraum des Studios an einer Vorführung der »Land der Freiheit«-Szene von *The Immigrant* teilzunehmen.

Ich hatte ein seltsames Gefühl, als ich den Raum betrat. Die Personen, die im Vorführraum verstreut herumsaßen, strahlten einen derartigen Mangel an Freundlichkeit aus, daß es schon an Feindseligkeit grenzte. Ich spürte ihre Ablehnung sofort. Es gab zwei Reihen, jede mit einem halben Dutzend Stühlen. In einer Ecke stand ein Mann mit Papier und Stift an einem Tisch.

Ich setzte mich in die Nähe der Tür. Niemand stellte mich meinem neuen Boss vor. Ich war sehr verlegen …

Als das Licht wieder anging, sprach Charlie mich an: »Was halten Sie von all dem?« fragte er mich mit hörbarem Cockney-Akzent.

»Sehr komisch und sehr realistisch«, erwiderte ich.

»Finden Sie irgendwas schockierend daran?«

»Nicht daß ich wüßte.«

Daraufhin wandte sich Chaplin an den Mann zu seiner Linken, der einen ähnlichen Akzent hatte. Aus seiner Bemerkung konnte ich schließen, daß es sich um denjenigen handelte, der die Szene kritisiert hatte. Charlie zeigte auf mich: »Du siehst ja, er hat nichts daran auszusetzen. Du bist schockiert, weil du zuviel hineininterpretierst. Aber ich bin sicher, daß es beim Publikum keine Schwierigkeiten geben wird.«

Ich hatte natürlich keine Ahnung, wovon sie redeten. Später erfuhr ich, daß derjenige, der Charlie kritisiert hatte, der Meinung war, daß es dem Publikum nicht gefallen würde, wenn die Freiheitsstatue in diesem Zusammenhang gezeigt würde. Die Szene wurde in der Endfassung des Films so belassen, und es gab nie die geringsten Beschwerden.[31]

In seiner Anfangszeit ließ sich Robinson von den Eigenarten seines neuen Chefs in Verlegenheit bringen. Am Abend des Tages, an dem diese Vorführung stattfand, sah Robinson Chaplin mit Edna in einem Restaurant und grüßte ihn freundlich, wurde aber überhaupt nicht wahrgenommen (was ihm sehr peinlich war, weil er vor seinen Tischgenossen mit seinem prestigereichen neuen Job geprahlt hatte). Einige Tage später waren ein paar englische Gewerkschafter zu Gast im Studio. Einer von ihnen störte Chaplin mit seinem Pfeifen bei der Arbeit, worauf Chaplin Robinson anfauchte und *ihn* beschuldigte, gepfiffen zu haben. Später fragte Robinson ihn, ob er wirklich geglaubt habe, daß er der Schuldige gewesen sei. »Ach, natürlich nicht. Aber ich mußte mich dieses kleinen Tricks bedienen. Ich konnte doch nicht meinen eigenen Gast zurechtweisen, deswegen mußte ich Sie verantwortlich machen!«

Robinson härtete sich gegen solche Unannehmlichkeiten ab und entwikkelte zugleich großen Respekt vor der Hingabe und Einsatzbereitschaft seines Arbeitgebers:

> Erst nachdem die letzte Szene von *The Immigrant* abgedreht war, konnte ich die Energie des kleinen Mannes richtig voll würdigen. Es ging darum, die vielen überzähligen tausend Meter Film, die belichtet worden waren, zu eliminieren.
>
> *The Immigrant* mußte auf eine Länge von 1800 Fuß reduziert werden, bevor er dem Verleih übergeben werden konnte. Er hatte mehr als 40 000 Fuß Film gedreht! Chaplin schnitt den Film vier Tage und vier Nächte lang, ohne sich eine einzige Ruhepause zu gönnen. Ein und dieselbe Szene sah er sich manchmal fünfzigmal hintereinander an, schnitt vier Inches hier, einen Fuß dort! Ein Mitarbeiter assistierte ihm, ein anderer sah einfach zu. Rollie Totheroh, sein Kameramann, war der Assistent, und ich war der ›Beobachter‹.
>
> Als der Film dann endgültig auf die erforderliche Länge gebracht worden war und Chaplins uneingeschränkte Billigung gefunden hatte, hätten selbst die besten Freunde des Komikers ihn nicht wiedererkannt. Der Bart war ihm mehrere Zentimeter (sic!) gewachsen. Seine Haare waren zerzaust. Er war schmutzig, abgehärmt und kragenlos. Aber sein Film war fertig.[32]

The Immigrant wurde am 17. Juni gestartet. Es sollte vier Monate dauern, bis der nächste Chaplin-Film fertig war – die bislang längste Pause zwischen zwei Filmen seit Beginn seiner Filmkarriere. Nach der Fertigstellung von *The Immigrant* machten Chaplin und Sydney Urlaub in San Francisco. Nach ihrer Rückkehr fuhr das Team zu Außenaufnahmen an die Küste der Sierra Madre, wo fast alle der ersten zweihundert Takes von *The Adventurer* [Der Abenteurer] gemacht wurden. Die Dreharbeiten dort müssen sich bis in den August hineingezogen haben, da die Presse berichtete, daß Chaplin am 11. August in die stürmische See bei Topanga Canyon gesprungen war, um ein siebenjähriges Mädchen vor dem Ertrinken zu retten. Die kleine Mildred Morrison, Tochter eines Börsenmaklers, war von einer Welle erfaßt worden, als sie der Chaplin-Truppe von einem Felsen aus bei der Arbeit zugesehen hatte. Etwa eine Woche später gab es eine ernstere Unterbrechung, als Edna mit einer nicht spezifizierten Erkrankung ins Good Samaritan Hospital eingeliefert wurde.

Die an der Küste gedrehten Szenen, die die Anfangssequenz des Films bilden sollten, waren von inspirierter virtuoser Komik: eine Reihe komplexer und wunderschöner Variationen, wie Charlie, in Sträflingskleidung, versucht, der Verfolgung durch eine Truppe Gefängniswärter zu entkommen. Danach, und nachdem Edna sich wieder erholt hatte, brauchte Chaplin einige Wochen und mehr als 300 Takes für eine Sequenz mit einer Party in einem reichen Haus, wo Charlie, jetzt in eleganter Abendgarderobe, mit Edna, der Tochter des Hauses, flirtet, unter den wütenden Blicken ihres eifersüchtigen Freiers Eric Campbell. Nach den erfolglosen Bemühungen um zwei Gags – bei dem einen ging es um eine verführerische spanische Tänzerin, bei dem anderen um eine Dampfheizung, die beide im fertigen Film nur noch ganz am Rande erscheinen – zu schließen, war Chaplins Kreativität zu dieser Zeit etwas blockiert.

Ein Gag in dieser Sequenz ist von besonderem Interesse, da Chaplin selbst ihn in einem Artikel im *American Magazine* detailliert analysiert hat (der Stil läßt vermuten, daß Chaplin seine Ideen hier höchstwahrscheinlich von seinem Freund Rob Wagner ausformulieren ließ):

> ... meine Filme sind alle um die Idee herumgebaut, daß ich in Schwierigkeiten gerate und damit die Chance bekomme, mich verzweifelt ernsthaft darum zu bemühen, als normaler kleiner Herr zu erscheinen. Deshalb ist es mir auch so wichtig, egal wie hoffnungslos meine Lage auch sein mag, meinen Stock festzuhalten, meine Melone geradezurücken und meine Krawatte zu richten, auch wenn ich gerade auf dem Kopf gelandet bin.
>
> Ich bin mir in dem Punkt so sicher, daß ich nicht nur versuche, mich in peinliche Situationen zu bringen, sondern auch bestrebt bin, die anderen Figuren des Films mithineinzuziehen. Dabei bemühe ich mich stets, sparsam mit den Mitteln umzugehen. Damit meine ich, wenn ich mit einem Ereignis zwei große, getrennte Lacher erzielen kann, dann ist das viel besser als zwei getrennte Ereignisse. In *The Adventurer* erreiche ich dies, indem ich mich erst einmal auf einen Balkon setze und mit einem Mädchen Eis esse. Direkt unter den Balkon plazierte ich eine untersetzte, würdevolle, gutangezogene Dame an einen Tisch. Beim Eisessen fällt mir dann ein Stück Eis von meinem Löffel, rutscht durch meine weiten Hosen und fällt vom Balkon hinab in den Nacken dieser Frau.
>
> Der erste Lacher galt meiner Verlegenheit über mein eigenes Malheur, der zweite und viel größere Lacher kam, als das Eis im Nacken der Dame landete und sie kreischte und anfing herumzuhopsen. Es war nur ein Ereignis, aber es brachte zwei Leute in Schwierigkeiten und außerdem zwei große Lacher.
>
> So einfach dieser Kunstgriff auch erscheinen mag, so macht er sich doch zwei Grundzüge der menschlichen Natur zunutze. Zum einen bereitet es dem Durchschnittsmenschen stets Vergnügen, wenn Wohlstand und Luxus in Schwierigkeiten geraten. Zum andern hat der Mensch die Neigung, selbst unmittelbar nachzuempfinden, was er auf der Bühne oder der Leinwand sieht.
>
> Daß es jedermann befriedigt, wenn den Reichen übel mitgespielt wird, bekommt man bei der Bühnenarbeit sehr schnell mit. Das liegt natürlich daran, daß neun Zehntel der Menschen auf der Welt arm sind und dem übrigen Zehntel den Wohlstand insgeheim neiden.

Wenn das Eis zum Beispiel einer Putzfrau in den Nacken gefallen wäre, dann hätte das keinen Lacher ergeben, sondern Mitleid mit der Frau hervorgerufen. Und weil eine Putzfrau keine Würde zu verlieren hat, wäre diese Pointe auch nicht witzig gewesen. Wenn reichen Frauen Eis in den Nacken fällt, bedeutet das dagegen für das Publikum, daß die Reichen nur das bekommen, was sie verdienen.

Wenn ich sage, daß die Menschen nachempfinden, was den Leuten auf der Leinwand widerfährt, meine ich – wenn wir einmal bei dem Beispiel mit dem Eis bleiben –, wenn die reiche Frau sich schüttelt, schüttelt sich auch das Publikum. Dem Publikum muß der Umstand, der einen Menschen in eine mißliche Lage bringt, immer vollkommen vertraut sein, sonst verstehen die Leute überhaupt nicht, worum es geht. Da das Publikum weiß, daß Eis kalt ist, schüttelt es sich. Wenn man etwas benutzen würde, was das Publikum nicht sogleich erkennt, könnte es den Witz nicht so gut verstehen. Auf dieser Erkenntnis beruhte auch das Werfen der Sahnetorten in den frühen Filmen. Jeder wußte, daß Sahnetorte matschig ist, und konnte sich daher gut vorstellen, wie sich der Schauspieler fühlte, wenn ihm eine ins Gesicht flog.

Mit Take 550 hatte Chaplin das Material für seine Party-Sequenz beisammen, und in den nächsten 150 Takes dreht er eine Sequenz, in der er nach seiner Entlarvung von Gefängniswärtern durchs Haus gejagt wird und schließlich entkommen kann. Die Sequenz gab dem Film einen aufregenden abschließenden Höhepunkt. Wie bei *The Immigrant* hob sich Chaplin das Problem, die einzelnen Teile des Filmes zu verknüpfen, für den Schluß auf – der Anfang mit Flucht und Verfolgung von Charlie dem Sträfling, und Charlies späteres Erscheinen als Schwindler in einem Herrschaftshaus. Seine Lösung war eine Sequenz, in der Charlie, als er sich um einen Küstenvorsprung schwimmend in Sicherheit gebracht hat, Zeuge eines Unglücks an einem Pier wird. Ednas Mutter ist ins Meer gefallen. Als der feige Campbell sich weigert, hinterherzuspringen, springt Edna. Charlie kommt gerade rechtzeitig dazu, um Edna, und mit erheblich weniger Begeisterung, ihre Mutter zu retten. Inzwischen ist auch Campbell ins Wasser gefallen, aber als Charlie, viel zu edelmütig, auch noch ihn rettet, wird er von Campbell brutal unter Wasser gedrückt. Der bewußtlose Charlie wird von Ednas japanischem Chauffeur unter dem Pier hervorgefischt und anschließend zu Ednas Haus gefahren. Am nächsten Morgen erwacht Charlie in einem Luxusbett, gerät aber vorübergehend in Panik, als er feststellt, daß er einen gestreiften Schlafanzug trägt und hinter sich die Stäbe eines Eisenbetts ertastet.

Das in der Sequenz verwendete Auto war Chaplins eigenes neues Locomobile, und der gutaussehende Chauffeur war Kono. Dies sollte Konos einziger

Leinwandauftritt bleiben. Als seine Frau den Film sah, erhob sie Protest. Als Chauffeur zu arbeiten war eine Sache, aber den Filmschauspieler zu mimen, war dann doch zu erniedrigend für einen Japaner aus gutem Hause.

Die Out-Takes von *The Adventurer* vermitteln uns einen lebhaften Einblick, wie es selbst bei Chaplin-Dreharbeiten zu unvorhergesehenen Schwierigkeiten kommen konnte. Bei einem Gag in der Pier-Szene wird der bewußtlose Campbell auf eine Bahre gelegt, deren eines Ende vor einem Geländer am Rand des Piers liegt. Charlie hebt die Bahre am andern Ende geschäftig auf, ohne zu merken, daß Campbell über den Rand ins Wasser rutscht. Man hatte nicht mit Campbells massigem Bauch gerechnet: Er blieb unter der untersten Stange des Geländers stecken und ließ sich nicht mehr bewegen.

Für Eric Campbell, der sich seinen Platz in der Geschichte des Films als Chaplins idealer Schwergewichtsgegner gesichert hat, war *The Adventurer* der letzte Film seines Lebens. Während der Dreharbeiten hatte sich in Campbells Leben viel ereignet. Am 9. Juli starb seine Frau. Als der Schauspieler mit seiner Tochter Una zur Vorbereitung der Beerdigung unterwegs war, wurden sie bei einem Autounfall verletzt – Campbell hatte eine Schwäche für schnelle Autos. Am oder um den 1. August machte Carlyle Robinson ihn mit einer jungen Frau namens Pearl Gilman bekannt, deren Schwester Mabelle Mitglied des *Floradora*-Sextetts war und mit dem millionenschweren Stahlmagnaten W. E. Corey verheiratet war. Campbell umwarb Pearl fünf Tage lang, und dann heirateten sie im Haus von Mrs. Elsie Hardy.

Das Paar hatte vor, nach Abschluß der Dreharbeiten von *The Adventurer* im Dezember eine Hochzeitsreise nach Honolulu zu machen, aber wenige Wochen nach der Hochzeit verklagte Pearl ihren Mann auf Trennungsentschädigung. Am 20. Dezember fuhr Campbell mit zwei Mädchen in seinem Auto, angeblich mit einer Geschwindigkeit von fast 100 Stundenkilometern, und stieß Ecke Wilshire Boulevard, Vermont Avenue mit einem andern Fahrzeug zusammen. Campbell war sofort tot. Dieser massige, kindliche Schotte war erst 37 Jahre alt, obwohl er viel älter wirkte.

Ein Artikel, der zu der Zeit, als Chaplin an *The Vagabond* arbeitete, in der Presse kursierte, gibt einen aufschlußreichen Einblick in Chaplins Privatleben. Der Artikel eröffnet einen ziemlich vertraulichen Blick hinter die Kulissen. Er ist nicht mit Namen gezeichnet, dürfte aber von Terry Ramsaye in seiner Funktion als Mutuals Pressechef stammen:

Wie entspannt er sich, welche Hobbys hat er, wie vergnügt er sich, wenn er das Studio verläßt? Wenn Sie eines Abends zufällig bei Chaplin zu Hause in Los Angeles vorbeikämen, würden Sie vielleicht zu Ihrer Überraschung entdecken, daß er gerade dabei ist, auf seiner Geige ausgewählte Stücke aus *Carmen* oder *La Bohème* zu spielen. Chaplin ist nicht nur ein vorzüglicher Geiger, er komponiert auch selbst. Etliche von seinen Stücken haben bereits die Gunst des musikalischen Publikums gefunden, besonders das Marschlied, das er eigens für die Wohltätigkeitsveranstaltung komponierte, die vor einiger Zeit im Hippodrome in New York City stattfand.

Hinter den Kulissen ist Chaplin ein ernster junger Bursche, der seine gesamte Zeit damit verbringt, sich auf allen möglichen Gebieten zu verbessern. Er will nicht sein ganzes Leben lang ein komischer Mann im Kino bleiben. Er will sich in irgendeinem andern Bereich einen Namen machen, der ihm ebensoviel Ruhm – und Geld – einbringt, wie sein Einsatz auf der Leinwand. Chaplin ist in gewisser Weise ein Träumer.

»Kein Mann und keine Frau«, äußerte der Mutual-Komiker neulich, »sollte sich damit zufriedengeben, Vermögen oder Ruhm auf nur einem bestimmten Betätigungsfeld zu erlangen. Das Feld ist groß, und es gibt überall Gelegenheiten für den jungen Menschen von heute. Aber er muß arbeiten, wenn er ganz nach oben will. Sonst gibt es, fürchte ich, wenig Hoffnung.«

DER TAG BEGINNT UM 6 UHR 30

Chaplin ist außerhalb des Studios ein ebensoviel beschäftigter junger Mann wie innerhalb. Er ist ein Mensch, der mit System arbeitet und mit System lebt. Sein Tag beginnt jeden Morgen um Punkt 6 Uhr 30. Und jeden Abend – mit der ein oder andern Ausnahme – knipst er um 10 Uhr das Licht aus und begibt sich in Morpheus' Arme.

Zwar beläuft sich Chaplins Einkommen, das er von der Mutual Film Corporation bezieht, auf jährlich 670 000 Dollar, und seine Einnahmen aus verschiedenen anderen Investitionen bringen zusammengenommen noch viele weitere tausend Dollar ein, aber man kann sicher nicht behaupten, daß das Geld bei ihm locker sitzt. Er lebt gut, aber unaufwendig, kleidet sich gut, besitzt mehrere Automobile*, hat einen Chauffeur, einen Kammerdiener und mehrere Sekretärinnen in seinen Diensten. Nach Chaplins Überzeugung muß jeder soviel wie möglich aus seinem Leben herausholen und das Beste daraus machen.

Wie bereits erwähnt, beginnt Chaplins Tag um 6 Uhr 30. Um diese Zeit wird er von seinem Kammerdiener geweckt. Fünf Minuten später ist er im Bad. Wenn das erledigt ist, begibt er sich in die Hände seines Barbiers, setzt sich zum Frühstück

* Dies ist der einzige Hinweis darauf, daß Chaplin zu dieser Zeit *mehrere* Autos besaß. Im Frühjahr 1917 kaufte Sydney allerdings einen Wagen für seine Frau Minnie – einen Mitchell Sedan, »der nicht so viele komplizierte Apparaturen hatte, von denen eine Frau nichts versteht und die sie nur mit Mühe bedienen kann«.

nieder, verbringt eine halbe Stunde mit der Lektüre der Morgenzeitung und dann kommt – ein Besuch bei seinem Fußpfleger!

EIN PERSÖNLICHER FUSSPFLEGER

Es ist nicht allgemein bekannt, daß Chaplin die Dienste eines Fußpflegers in Anspruch nimmt. Doch es ist so. Geiger, Pianisten und andere Personen mit ähnlichen Berufen, bemühen Spezialisten, die sich um ihre Finger und Hände kümmern, warum sollte Chaplin, der mit seinen Füßen jedes Jahr ein fürstliches Gehalt bezieht, nicht die Dienste eines Fußpflegers in Anspruch nehmen?

Nach diesem Besuch dreht er mit seinem Auto eine Runde durch den Los Angeles-Park, natürlich nur, wenn er Zeit dazu hat. Wenn er arbeitet, und das ist praktisch an jedem Tag des Jahres der Fall, trifft er jeden Morgen um 10 Uhr im Studio ein. Dort hat er dann als erstes eine Besprechung mit seinem Studiomanager, Mitgliedern seiner Truppe und anderen wichtigen Personen, dann legt er seine Straßenkleidung ab und schminkt und kostümiert sich.

EIN UNERMÜDLICHER ARBEITER

Im Studio ist Chaplin ein unermüdlicher Arbeiter, da er Regie führt und auch selbst spielt. Jeder Szenenaufbau, ob groß oder klein, entsteht unter seiner persönlichen Anleitung. Er ist ein Experte für Beleuchtungseffekte und sorgt dafür, daß in dieser Hinsicht alles geregelt ist, bevor die Arbeit losgeht. Wenn das erledigt ist, ruft er seine Truppe zusammen, probt die Szenen, die gespielt werden sollen, und dann wird er zum meistbeschäftigten jungen Mann, den man sich vorstellen kann.

Chaplins Studio-Tag kann acht bis zehn Stunden umfassen, je nachdem, wie wichtig die Produktion ist, an der er gerade arbeitet. In vielerlei Hinsicht ist Chaplin ein strenger Meister. Er liebt das Detail, und er achtet darauf, daß jedes Mitglied seiner Truppe, angefangen bei sich selbst bis auf den letzten Mann, seine Rolle kann, und zwar gut.

Etwa um 4 Uhr nachmittags ist sein Studio-Tag normalerweise zu Ende. Eine halbe Stunde später ist er wieder in seinen Straßensachen. Aber das bedeutet nicht, daß er auf der Suche nach Zerstreuung aus dem Studio eilt. Weit davon entfernt. Wenn die eigentliche Tagesarbeit abgeschlossen ist, betritt Chaplin ein kleines Privatbüro und stellt den Arbeitsplan für den nächsten Tag auf.

Danach macht er eine Fahrt mit seinem Auto, gewöhnlich zusammen mit seinem Studiomanager oder irgendeinem andern Vertrauten, und landet beim Los Angeles Athletic Club, seinem Domizil, seit er in Los Angeles lebt. Bis es Zeit fürs Abendessen ist, hält sich Chaplin in den Korridoren auf, unterhält sich mit Freunden oder liest die Abendzeitung. Nach dem Abendessen geht Chaplin sofort auf sein Zimmer und steigt in sein Turntrikot, dann begibt er sich zur Sporthalle des Clubs. Hier verbringt er jeden Abend eine Stunde mit Sandsack-Training, Boxen, Ringen und Muskeltraining, zum Abschluß springt er noch ins Becken.

HUNDERTE VON BRIEFEN

Danach bleibt Chaplin, wenn er nicht mit Freunden verabredet ist, etwa für einen Theaterbesuch, in seiner Suite und beantwortet die Berge von Post, die er täglich von Bewunderern aus aller Welt erhält. Chaplin kümmert sich nicht sehr viel um Geschäftliches, denn das wird zum größten Teil von einer seiner Sekretärinnen erledigt, die einzig und allein dafür zuständig ist. Obwohl es manchmal hunderte von Briefen sind, beantwortet Chaplin jeden Tag so viele wie irgend möglich.

Ein Brief von einem kleinen Jungen aus dem entfernten Australien oder von einem kleinen Mädchen aus dem ebenso entfernten Schottland wird genauso wichtig genommen wie ein Schreiben von seinem persönlichen Vertreter aus New York. Wenn der Schreiber um eine Fotographie bittet, schickt Chaplin immer eine.*

Chaplin widmet sich allabendlich fast zwei Stunden seiner Korrespondenz und den geschäftlichen Dingen, um die er sich – neben denen, die von einer seiner Sekretärinnen bearbeitet werden – persönlich kümmern muß. Um zehn Uhr ist er bereit, zu Bett zu gehen. Sein Kammerdiener bereitet ihm wieder das Bad, und nach einer kalten Dusche verschwindet Chaplin zwischen den Laken. Schon nach wenigen Minuten ist er fest eingeschlafen.**

ZERSTREUUNG IM FREIEN

Chaplin trinkt und raucht nicht. Genaugenommen hat er nur einmal in seinem Leben geraucht. Danach verzichtete er auf weitere Versuche.

Der Komiker ist ein vorzüglicher Tennisspieler und ein äußerst versierter Tänzer.

Neuerdings hat er mit dem Golfspiel begonnen und ist auf dem besten Weg, die kniffligsten Probleme dieses Spiels zu meistern. Zu seinen Hobbys gehört auch das Fahren mit dem Motorwagen, aber er zieht es vor, das Steuer seinem Chauffeur zu überlassen. Chaplin ist kein Geschwindigkeitsfanatiker – jedenfalls nicht beim Autofahren – und zieht es eher vor, sich in gemächlichem Tempo fortzubewegen und eine Menge frischer Luft zu tanken. Wenn sich die Möglichkeit bietet, tut Chaplin nichts lieber als sich für eine Stunde oder so davonzustehlen zu einem kleinen Spaziergang im Park, ganz allein.

* Diese Feststellung verwundert, da Chaplin zeit seines Lebens nur sehr widerwillig Briefe schrieb, und es sind sehr wenige von ihm geschriebene Briefe erhalten geblieben. Es existieren jedoch ein paar Rohentwürfe, offenbar für Briefe, die dann von einer Sekretärin ausformuliert werden sollten; das erklärt vielleicht seine allabendliche Beschäftigung mit der Korrespondenz.

** Dies widerspricht Berichten, denen zufolge er in dieser Zeit an Schlaflosigkeit litt. Als er anfing, für Mutual zu produzieren, hatte er bereits neben seinem Bett im Athletic Club ein Diktaphon installieren lassen, damit er zu nächtlicher Stunde jede plötzliche Inspiration festhalten konnte. Das Diktaphon hat er offenbar viele Jahre lang benutzt. Luis Buñuel berichtete scherzhaft, daß Chaplin, während er *City Lights* in Arbeit hatte, eines Morgens aufwachte und feststellte, daß er Padillas ›La Violetera‹ komponiert hatte. (Vgl. S. 486)

Wie alle jungen Männer ergötzt sich Chaplin an den neuesten Unterhaltungsromanen. Man kann nicht sagen, daß er die Bücher verschlingt; er liest langsam und macht sich dabei Gedanken. Shakespeare hat er von vorne bis hinten gelesen, er ist mit den Werken von George Eliot und anderen bekannten Schriftstellern vertraut und schwärmt für Gedichte.

Aber sein wichtigstes Hobby ist seine Violine. Jede freie Minute außerhalb des Studios wird diesem Instrument gewidmet. Er spielt von wenigen Ausnahmen abgesehen nicht nach Noten. Er kann nach dem Gehör einen Querschnitt aus beliebten Opern spielen, und wenn er in Stimmung ist, kann er mit der Leichtigkeit eines Vaudeville-Unterhalters den berühmten irischen Jig hinlegen oder irgendeine flotte Negernummer.

Chaplin gibt zu, daß er auf der Geige zwar kein Kubelik oder Elman ist, aber dennoch hofft, in nicht allzu ferner Zukunft in Konzerten zu spielen.

Daß Chaplins Hauptdarstellerin rücksichtsvollerweise mit keinem Wort erwähnt wird, bestätigt vielleicht, daß dieser Bericht in Mutuals Publicity-Abteilung entstanden ist. Während der ganzen Zeit bei Mutual wurde das Verhältnis mit Edna mit äußerster Diskretion gehandhabt. Während Chaplin im Athletic Club wohnte, hatte Edna sich im Engstrom Hotel einquartiert. Fast jeden Abend sah man sie zusammen zu Abend essen, und fast jeden Morgen holte Chaplin sie mit dem Auto von ihrem Hotel ab und brachte sie zum Studio. Die Beziehung mit Edna war die glücklichste in seinem jungen Leben. Obwohl sie jünger war, nahm sie ihm gegenüber eine beschützende, ermutigende, ja mütterliche Rolle ein. Jahre später erinnerte er sich voller Zuneigung, wie sie immer, wenn er im nächsten Moment für eine Szene vor die Kamera treten sollte, zu ihm sagte: »Na los. Sei putzig!« Zum Teil aus völligem Vertrauen in Ednas Hingabe und zum Teil aus dem ständigen Bedürfnis heraus, diese Hingabe auf die Probe zu stellen, behandelte Chaplin sie oft rücksichtslos. Später erzählte er einmal einem Freund, sie habe nur ein einziges Mal aufbegehrt, aber das sei ein beunruhigendes Erlebnis gewesen. Er hatte sie bei den Dreharbeiten irgendwie grob behandelt, und plötzlich ging sie mit einer solchen Wut auf ihn los, daß er in seine Garderobe flüchtete und sich einschloß. Erst nach einiger Zeit kam er wieder heraus und ging reumütig zu Ednas Garderobe. Ihr Zorn war bereits wieder verraucht, und sie lachte nur noch.

Zu dieser Zeit ging Chaplin oft mit Totheroh, Bergman und andern Leuten vom Studio zu Boxkämpfen oder Baseball-Spielen. In einem Kommentar über die Aufregung der Zuschauer bei dem Kampf zwischen Little Eddie Miller und Young Kitchell bei Jack Doyle's am 19. November 1916 bemerkte eine Zeitung: »Selbst Charlie Chaplin stieg auf seinen Sitz und riet den Faustkämpfern, endlich loszulegen.«

Im März 1917 nahm er sogar selbst an einem denkwürdigen Baseball-Spiel teil, das im Washington Park in Los Angeles zwischen den »Tragics« und den »Comics« veranstaltet wurde. Bei den »Tragics« spielten Wallace Reid, William Desmond, George Walsh, ›Gene‹ (Eugene) Pallette, Antonio Moreno, Franklyn Farnum, Jack Pickford, Hobart Bosworth und George Behan; bei den »Comics« spielten neben Chaplin Eric Campbell, Charlie Murray, Slim Summerville, Bobby Dunn, Hank Mann, Lonesome Luke (später besser bekannt als Harold Lloyd), Ben Turpin und Chester Conklin. Schiedsrichter waren zwei berühmte Sportler jener Zeit, der Rennfahrer Barney Oldfield und der Boxer James J. Jeffries.

Das Medium, das sich Chaplin zu eigen gemacht hatte, wurde immer noch als etwas ziemlich Gewöhnliches und Primitives angesehen. Gewiß, einige Werke mit Prestige wie *La Reine Elisabeth* mit Sarah Bernhardt, *Cabiria*, *Quo Vadis* und ganz aktuell D. W. Griffiths Epen *Birth of a Nation* und *Intolerance* hatten die Aufmerksamkeit eines seriöseren Publikums auf das Kino gelenkt, aber die Komödie war immer noch etwas fürs Volk. Am 6. Mai 1916 veröffentlichte *Harper's Weekly* jedoch einen Artikel, der eine weitreichende Wirkung haben sollte. Er trug den Titel »Die Kunst des Charlie Chaplin« und stammte von Minnie Maddern Fiske, einer damals angesehenen Bühnenschauspielerin:

> Viele wohlmeinende Amerikaner werden es mit Überraschung zur Kenntnis nehmen, daß ein ständig wachsender Kreis von gebildeten, kunstliebenden Menschen in einem jungen Possenreißer namens Charles Chaplin einen außergewöhnlichen Künstler und ein Genie des Komischen zu sehen beginnt. Daß es gefährlich ist, eine Figur von nationaler Bedeutung unüberlegt zu verurteilen – das könnte man diesen Amerikanern allenfalls im Flüsterton beibringen.
>
> Zuerst einmal wollen wir uns klarmachen, daß Charles Chaplin (ein junger Mann mit ernsten, wehmütigen Zügen) es mit seinen sechsundzwanzig Jahren geschafft hat, die ganze Welt zum Lachen zu bringen. Das beweist, daß mehr hinter seiner Arbeit steckt als bloße Clownerie. Zweifellos hat es, ehe er die Szene betrat, schon viele »Komiker« gegeben, die sich in grotesken Späßen und Grimassen ausdrückten, aber wo unter ihnen gab es einen einzigen, der es mit sechsundzwanzig Jahren geschafft hat, daß seine Name in fast jedem Land zu einem Begriff geworden, und dessen kleine Gestalt mit den ausgebeulten Hosen weltweit bekannt geworden wäre? Der Autorin erscheint Charles Chaplin als ein großer Künstler des Komischen, der über Kräfte der Inspiration verfügt und über eine Technik, so eisern wie

die der Réjane. Sollte diese Behauptung einen Verrat an der Kunst darstellen, dann mögen jene hochmütigen Menschen, die Kultur nur nach ihren eigenen Maßstäben definiert wissen wollen, das Beste daraus machen.

Abseits der anerkannten Kritik beginnen nun viele intelligente Menschen die Auftritte Chaplins zu analysieren, um herauszufinden, wie es ihm möglich ist, mehr oder weniger wertloses Rohmaterial in unwiderstehliche Unterhaltungskunst zu verwandeln. Sie versuchen jenem geheimnisvollen Etwas auf die Spur zu kommen, das den Sauerteig der meist nichtssagenden Burlesken, in denen Chaplin auftreten muß, aufgehen läßt. Der Kritiker kennt dieses Geheimnis. Es handelt sich um das altbekannte Geheimnis einer überschäumenden Phantasie, die durch perfekte Technik gebändigt wird.

Chaplin ist vulgär. Zum gegenwärtigen Zeitpunkt seiner Karriere ist er schlicht und einfach ein Possenreißer, und Possenreißerei hatte immer schon den Beigeschmack des Vulgären. Der Volkskomödie ist es in keiner Epoche gelungen, sich vom Vulgären völlig freizuhalten. Es gibt Vulgäres in den Komödien des Aristophanes, des Plautus und Terenz sowie der Elisabethaner, Shakespeare nicht ausgenommen. Rabelais ist vulgär, Fielding, Smollett und Swift sind es ebenfalls. Unter den großen Humoristen findet sich Vulgäres allenthalben. Vulgarität und erstklassige Kunst schließen einander nicht aus...

Mrs. Fiske kam einige Monate später noch einmal auf das Thema ›Chaplins Kunst‹ zurück, als sie einen Theaterkritiker zurechtwies, der sich geringschätzig über den Komiker geäußert hatte. Ihr Brief wurde zwar nicht so bekannt wie ihr Essay, ist aber nicht minder beredt:

Vor der Lektüre Ihres Artikels im Sonntagsblatt war mir nicht bewußt, daß es irgend jemanden gibt, der nicht imstande ist, die Kunst Charlie Chaplins zu würdigen. Ihre abfällige Nebenbemerkung ist allerdings so vage, daß es mir schwerfällt, darauf einzugehen. Und selbstverständlich bin ich mir bewußt, wie absurd es ist, für einen Künstler auf die Barrikaden zu gehen, dessen Namen und Eigenheiten den Menschen eines jeden Landes, das über Filmtheater verfügt, vertraut sind und dessen Kunst von jedermann geschätzt wird. Wenn es zutrifft, daß sich die Größe eines Künstlers danach bemißt, in welchem Maße er bei den Menschen Anklang findet, dann steht Charlie Chaplin mit an der Spitze aller lebenden Künstler. Daß ein Komiker den derart unterschiedlichen Humor der angelsächsischen, romanischen, teutonischen, slawischen und mongolischen Rasse anzusprechen vermag, hat es so gut wie noch nie gegeben.

Wie alle wahren Künstler ist er ein Meister von Licht und Schatten, Heiterkeit und Pathos, Lachen und Weinen. Die Art und Weise, wie er sich dem Objekt seiner Zuneigung im vollen Bewußtsein der Fruchtlosigkeit seiner hingebungsvollen Bemühungen nähert, ist sehr ergreifend. Man wird an einen Köter erinnert, der einem – halb kühn, halb mißtrauisch – die Hand leckt in der Hoffnung, gestreichelt, und in der Furcht, getreten zu werden. Trotzdem ist Charlie Chaplins Lebensphilosophie tapfer und beherzt, denn ungeachtet der Wechselfälle des Lebens, die er ertragen muß, strafft er seine Schultern und schreitet tapfer in die Zukunft, ohne sich von verflossenen Sorgen unterkriegen zu lassen. Mit Sicherheit dient doch stets derjenige einer guten Sache, der die Welt heller macht und Optimismus predigt, und auch ich zähle mich zu dieser immensen Schar, die dankbar ist, daß es Charlie Chaplin gibt.

Zum Schluß noch eine Bitte: Bemühen Sie sich darum, Ihren guten Ruf bei den Kinobesuchern wiederzuerlangen, den Sie doch sicherlich bis zur Veröffentlichung Ihres Artikels letzten Sonntag genossen haben. Als ersten Schritt würde ich einen Besuch im nächsten Lichtspieltheater vorschlagen, wo ein Chaplin-Film gezeigt wird. Denn offensichtlich haben Sie ihn noch nie gesehen!

Mrs. Fiske direkt auf den Fersen veröffentlichte der Bühnenautor Harvey O'Higgins in *The New Republic* vom 3. Februar 1917 einen Artikel mit dem Titel ›Charlie Chaplins Kunst‹. O'Higgins verglich Chaplin mit dem großen, aber wenig bekannten Zirkusclown Slivers, einem Komiker von »bestechender Phantasie«:

Vor seinen Augen konnte sich ein Schnürsenkel in ungefähr alles verwandeln, vom Regenwurm bis zum Spaghetti, und er betrachtete ihn und ging so überzeugend damit um, daß Sie ihn mit seinen Augen sehen mußten. Chaplin vollbringt das gleiche Wunder mit einem Spazierstock. Er wird in ihm – unerhörterweise – einen Zahnstocher sehen und ihn ganz genauso benutzen, wie Zahnstocher eben am Mittagstisch benutzt werden, wird Sie mit trüber übersatter Miene anblicken, mit einem glasigen Blick, aus dem jegliche Intelligenz gewichen ist, in sich gekehrt, um über die inneren Wonnen des Verdauungsvorgangs zu brüten – absurd, aber unbestreitbar realistisch. Oder er ist Angestellter in einer Pfandleihe, und ein Mann bringt einen Wecker zum Verpfänden. Chaplin muß bestimmen, wieviel er wert ist. Zuerst sieht er ihn als Patienten, der diagnostisch untersucht werden muß. Er klopft und tastet ihn ab, legt ihm das Ohr an die Brust, hört mit einem Stethoskop seine Herztöne ab, und während er horcht, starrt er mit nachdenklicher Arztmiene ins Leere und sieht dabei unergründlich weise und professionell selbstbewußt aus. Er macht sich daran, ihn zu operieren – mit einem Büchsenöffner. Und sofort verwandelt sich die runde Blechuhr in eine runde Blechbüchse mit verdächtigem Inhalt. Er schneidet den runden Deckel der Büchse auf, biegt die Blechlasche vorsichtig mit einem Küchengerät zurück, nimmt vorsichtig den Inhalt in Augenschein, hält ihn sich vorsichtig unter die Nase und schnüffelt daran, mit der melancholischen Miene einer erfahrenen Haushälterin, die der Büchsenfabrik das Schlimmste zutraut. Die Illusion ist perfekt. Die schauspielerische Darstellung ist zurückgehalten und realistisch. Das Ergebnis ist zum Schreien.

Und glauben Sie nicht, daß so eine Schauspielerei mit groben und einfachen Mitteln arbeitet. In ihrem Realismus ist sie genauso subtil wie die Intonationsschattierungen eines großen tragischen Monologs.

Chaplin, schloß O'Higgins,

spielt auf einer Bühne, wo Slapstick, ›Klamauk‹, Gummihammer und ›Rauferei‹ als notwendige Bestandteile der Komödie gelten, und diese Elemente liegen im Widerstreit mit den subtileren Qualitäten seiner Kunst, doch er trägt den Sieg davon. In seiner Burleske über Carmen begeht er Selbstmord mit einem zusammenschiebbaren Dolch, und er stirbt so tragisch wie Sarah Bernhardt. Seine Arbeit hat sich mehr und mehr verfeinert und perfektioniert, im gleichen Maße wie sich das Medium, dessen er sich bedient, soweit verbessert hat, daß es verfeinerte und perfektionierte Arbeit möglich macht. Mrs. Fiske hat zweifellos recht, wenn sie sagt, daß Chaplin ein großer Künstler ist. Und er ist ein großes Vorbild und eine große Ermutigung für jeden, der eine Kunstart liebt oder ausübt, denn er demonstriert uns, wie der Beste auch der Erfolgreichste sein und wie wahres Talent mit den schlimmsten Einschränkungen fertig werden kann, die seinem Ausdruck auferlegt werden, und wie das Auge des Volkes ein solches Talent unfehlbar erkennt, ohne die Hilfe der Kulturapostel und sogar trotz ihrer Ächtung.

Chaplin hatte sich bei der Intelligenz einen Namen gemacht und konnte ihn sich auch halten. Als Edwin Stone, der Musikkritiker der *Los Angeles Times*, Dukas' *L'Apprenti Sorcier* besprach, verglich er das Werk schmeichelhaft mit dem Chaplins. Gleiches tat Heywood Broun in seiner Besprechung der Produktion von *Gammer Gurton's Needle* im *New York Tribune*. Der Journalist Robert Benchley, der bereits damals für viele Zeitungen schrieb, verglich in einer Glosse Chaplins Tramp mit Falstaff. In einem im *Kansas Star* erschienenen Artikel mit der Überschrift ›Haben Sie die Chaplinitis? – Kansas City fällt einer Kinosucht-Epidemie zum Opfer‹, unternahm der Verfasser den ernsthaften Versuch, Chaplins Anziehungskraft zu analysieren:

Wie kann ein Komiker, der mit derbstem Slapstick arbeitet, dermaßen in Mode kommen? Wie kann ein Filmschauspieler, der ohne das Hauptkapital des Komikers – witzige Dialoge – auskommen muß, sein Publikum an den Rand der Hysterie bringen und auch jene in die Lichtspieltheater locken, die sich sonst nie einen Film ansehen würden? Warum findet die überwältigende Mehrheit der Öffentlichkeit Charlie Chaplin so witzig?

Zuallererst muß hierzu gesagt werden, daß er ein Meister der Pantomime ist. Selten, wenn überhaupt, kommt in seinen Filmen ein Wort über seine Lippen.

Gefühlsregungen, Gedanken und Sprache vermittelt er uns durch die allumfassende Kraft seiner Mimik und seiner Körpersprache. Am beredtesten sind seine Füße.

Außerdem beherrscht er jede Nummer aus der Trickkiste des Clowns. Früher oder später weiß er jeden Einfall, der seit den Anfängen des Zirkus von den Spaßmachern der Manege entwickelt worden ist, für die Leinwand zu nutzen. In Verbindung mit seinem akrobatischen Geschick hilft auch das ihm bei seiner Kunst, Gelächter hervorzurufen.

Ein weiterer Grund mag psychologischer Natur sein. Chaplin ist ein nonchalanter, unbekümmerter Bursche. Seine Taten könnte man, grotesk und leicht verdreht wie sie sind, vielleicht mit denen vergleichen, die D'Artagnan und seine Musketiere beim Leser so beliebt machen; verwegene Heldentaten, die das Blut in Wallung bringen und die Phantasie und Sympathie entfacht haben, seit fahrende Ritter auf der Suche nach Abenteuern aufgebrochen sind – mit Lanzen statt mit einem Bambusstock und Federhelmen statt einer zerbeulten Melone.

Einhellige Begeisterung herrschte allerdings nicht unter den Kommentatoren der damaligen Zeit. Das *Yale Magazine* wollte Chaplin für den Mangel an guten Männern auf den Sportplätzen verantwortlich machen: »In den oberen Jahrgängen kommt es zunehmend zu Ausfällen, und Studenten, die vielversprechende Kandidaten für Uni-Mannschaftskämpfe wären, werden allzu oft von diesem um sich greifenden Saalsport, der Lichtspielvorführung, angelockt. Wir finden sie bei Mr. Chaplin in *Easy Street.*« Mrs. Lillian W. Betts, Vorsitzende des Komitees für Parks und Spielplätze in Brooklyn, ging noch weiter, als sie die Mitglieder der ›Womens Alliance of the Fourth Unitarian Church‹ in der Beverley Road, East 19. Straße warnte, Charlie Chaplin sei »eine moralische Gefahr. Sein Humor ist derart primitiver Natur, daß er nur die primitivsten Gemüter anspricht. Ich kann mir nicht vorstellen, was irgendeinen Bewohner von Flatbush dazu bewegen könnte, sich diesen Chaplin anzusehen.« (Mrs. Betts führte zu jener Zeit eine Kampagne für die Einrichtung eines Städtischen Bades in Flatbush, »nicht nur zum Wohle derer, die eine Wäsche nötig haben, sondern auch zum Wohle der Gesundheit jener, die früher oder später notgedrungen mit ihnen in Berührung kommen«.)

Alle Bemühungen solcher Eiferer konnten die Verbreitung der Chaplinitis nicht aufhalten. Kostümbälle waren 1917 sehr in Mode, aber Zeitschriftenautoren klagten ständig darüber, daß sie verdorben würden, weil die meisten jungen Frauen als Annette Kellerman gingen und neun von zehn Männern als Charlie Chaplin. In Cincinnati benutzte ein Räuber ein Charlie Chaplin-Kostüm als Verkleidung.[33] Etwa zur selben Zeit untersuchte die Boston

Society for Psychical Research »bestimmte Phänomene im Zusammenhang mit dem simultanen Ausrufen von Mr. Charles Chaplin, Lichtspielkomiker, in mehr als 800 großen Hotels der Vereinigten Staaten«. Dieses erstaunliche psycho-pathologische Phänomen wurde angeblich am 12. November 1916 im ganzen Lande beobachtet, vom Atlantik bis zur Pazifikküste und von der kanadischen Grenze bis zum Golf von Texas. Professor Bamfylde More Carew, Mitglied der Gesellschaft und Verfasser der Abhandlung über das Phänomen, wies darauf hin, daß Chaplin mit seinem »einzigartigen Humor« in Amerika zur fixen Idee geworden sei, und daß junge und aktive Geister sich im ganzen Lande ständig gedanklich mit Chaplin beschäftigen – in der Tat ist er

> der Auslöser von vielerorts registrierten Impulswellen, die an vielen weit voneinander entfernt liegenden Orten auf Diagrammen aufgezeichnet und auf Diagrammen der Gesellschaft zusammengefaßt und ausgewertet wurden.
>
> Wir können jenseits jeder Spekulation feststellen, daß es an dem bewußten 12. November aus irgendeinem unerfindlichen Grunde landauf landab einen Chaplin-Impuls gegeben hat. In mehr als 800 großen Hotels wurde Mr. Chaplin zur selben Zeit ausgerufen. In Hunderten von kleineren Städten warteten Menschen an Bahnhöfen, um ihn aus dem Zug steigen zu sehen, mit dem er ankommen sollte.
>
> Es besteht kein Grund, die Korrektheit wissenschaftlicher Beweise in Zweifel zu ziehen, die besagen, daß das ständige Wiederholen einer bestimmten Tatsache oder eines bestimmten Gedankens genau das Phänomen hervorrufen wird oder kann, das durch das verbreitete Zeigen von Chaplin-Absurditäten in Lichtspieltheatern hervorgerufen wurde – ein plötzlicher geistiger Impuls, der sich gleichzeitig praktisch im ganzen Land manifestiert. Es ist daher wichtig, wiewohl das Ereignis an sich trivial erscheinen mag, das exakte Ausmaß der Chaplin-Welle zu ermitteln und festzustellen – soweit das überhaupt möglich ist –, wo und in welchem Maße er zum Tagesthema wird.[34]

Es gibt zwei anschauliche Beispiele dafür, wie das damalige Publikum Chaplins Filme aufnahm. Weihnachten 1916 wurde im Staatsgefängnis von New Jersey ein beispielloses Experiment durchgeführt. In der Gefängniskapelle wurde 1200 Gefangenen ein Film gezeigt – natürlich eine Komödie von Charlie Chaplin.

> Natürlich waren da einige unter den Neuzugängen im Gefängnis, denen Charlie und seine Kapriolen mehr oder weniger vertraut waren, und andere, die ihn nur vom Hörensagen kannten. Aber ganz vielen war er gänzlich unbekannt, und denen hat der Film das größte Vergnügen bereitet.

> Es ist zweifelhaft, ob je zuvor in der Geschichte der Anstalt hinter diesen düsteren Mauern solch eine unbändige Fröhlichkeit zum Ausdruck kam. Männer, deren Gesichter sich verschlossen und verhärtet hatten durch den Dauerkontakt mit den harten Seiten des Lebens, brachen in Lachen aus, als Charlie mit seinen Millionen-Dollar-Füßen, dem komischen Hut und Stock in ihr Blickfeld spazierte, und sie unternahmen keinen Versuch, ihre Heiterkeit zu zügeln ...[35]

Der *Memphis Tennessee Appeal* vom 17. Juni 1917 berichtete:

> Die Burschen oder Mädchen, die sich keinen Schwarm in der Filmwelt ausgesucht haben, haben die Achtung ihrer Freunde für immer verloren. Mary Pickford und Charlie Chaplin sind jedermanns Gefährten. Burschen sprechen mit Charlie, als sei er jahrelang ihr Waffenbruder gewesen. Es ist interessant, sich die Unterhaltungen anzuhören, die in einigen Vorstadt-Lichtspieltheatern mit Charlie geführt werden. Die Burschen feuern ihn an und drücken ihren Beifall aus über bestimmte Dinge, die er tut, und ihr Mißfallen über Dinge, die er nicht tut. Sie wünschen ihm eine gute Nacht, als sei er persönlich anwesend. Die Erwartungen, die an ihn als lebendige Persönlichkeit gestellt werden, erfüllt sein Astralleib auf der Leinwand.

Einen noch konkreteren Beleg für Chaplins einzigartige Anziehungskraft findet sich in den *Photoplay News* vom 3. März 1917: Mehrere Kinobesitzer berichteten, daß nach zweiwöchiger Laufzeit von Chaplin-Komödien die Schrauben an der Bestuhlung festgezogen werden mußten, da das Publikum so heftig lachte, daß sie durch die Erschütterungen gelockert wurden.

Eine etwas unerfreuliche Art der Schmeichelei war die Welle von Chaplin-Nachahmern zu dieser Zeit. Sogar Chaplins alter Karno-Kollege Stan Jefferson (später Stan Laurel) war mit von der Partie. Er bespielte Vaudeville-Bühnen mit einer Nummer, die ›The Keystone Trio‹ hieß und in der er Chaplin nachahmte, während zwei andere ehemalige Karno-Schauspieler Mabel Normand und Chester Conklin mimten. Charlie-Fälschungen im Film waren schädlicher. Der beharrlichste Chaplin-Imitator war der gebürtige Russe Billy West (1883–1975), der an die fünfzig Ein- und Zweiakter von recht guter Qualität machte.

Billy Ritchie (1879–1921) war ein alter Karno-Kollege, der 1903 die Rolle des Trunkenbolds in *Mumming Birds* geschaffen hatte. Nach seiner Ankunft in Amerika im Jahre 1905 spezialisierte er sich weiterhin auf komische Säuferrollen und erfreute sich acht Jahre lang einer erfolgreichen Bühnenkarriere. Im Juli 1914 beging er jedoch den Fehler, sich Chaplins altem Keystone-Feind Henry Lehrman anzuschließen, der sich gerade von Sennett getrennt hatte, um die L-Ko Motion Picture Company zu gründen. Lehrman engagierte Ritchie als Hauptkomiker und überredete ihn, eine Figur zu spielen, die zwar keine haargenaue Imitation von Charlie war, aber unbestreitbar chaplineske Züge hatte. Ritchie verteidigte sein Erstrecht auf diese Figur. In einem Brief vom 2. Januar 1915 stellten seine Anwälte fest: »In seiner Stellungnahme sagt Ritchie, daß er die derzeitige Kostümierung im Jahr 1887 zum ersten Mal verwendet hat. Er versichert: ›Ich habe sie erfunden und diese Art Komik ebenso.‹ «[36]

Die Verbindung mit Lehrman brachte kein Glück. Zweimal erlitt Ritchie bei Dreharbeiten auf dem Studiogelände schwere Verletzungen (beim zweiten Mal wurde er von einem Strauß angegriffen), an deren Folgen er 1921 starb. Er hatte Lehrman seine Finanzangelegenheiten anvertraut und seiner Frau Winifred und seiner kleinen Tochter Wyn versprochen, daß nach seinem Tod für sie gesorgt werde. Tatsächlich waren sie dann völlig mittellos. Chaplin war Ritchie gegenüber offenbar nicht so nachhaltig feindlich gesinnt wie gegenüber seinen anderen Nachahmern, und die Hinterbliebenen fanden einen hilfsbereiten Freund in Alf Reeves, der zum Zeitpunkt von Ritchies Tod bereits Chaplins Studiomanager war. Winifred Ritchie war sehr geschickt im Nähen von Kostümen und konnte auf diese Weise ihren eigenen Lebensunterhalt verdienen; von Zeit zu Zeit arbeitete sie auch im Chaplin-Studio.

Im November 1917 sah sich Chaplin genötigt, eine Reihe seiner Nachahmer gerichtlich zu belangen. Der von ihm angestrengte Prozeß wurde als »der in Filmkreisen bisher drastischste Rundumschlag« bezeichnet. In seiner Klage gegen die Otis Lithograph Company, die Motion Picture Film Company, die Big A Film Company und mehrere Einzelpersonen forderte er ein unbefristetes Verbot von Chaplin-Imitationen, das Verbot von Filmen, in denen er angeblich spielte, und Schadensersatz in Höhe von 250 000 $. Eine weitere Klage gegen die F. F. F. Amusement Corporation strebte das Verbot eines falschen Chaplin-Films namens *The Fall of the Rummy-Nuffs* an. Eine dritte richtete sich gegen die New Apollo Feature Film Company, der untersagt werden sollte, die zwei Filme *Charlie in a Harem* und *Charlie Chaplin in a Son of the Gods* zu zeigen. Den Klagen wurde in allen drei Fällen stattgegeben.

> Chaplins Manager haben ein neues Mittel gefunden, die Authentizität seiner Filme zu gewährleisten. Er wird der erste Leinwandkünstler sein, der seine Werke signiert, und seine Unterschrift wird zu Beginn eines jeden Films erscheinen.
>
> Wenn Charlies Schadensersatzforderungen erfüllt werden – und das hat er doch gewiß verdient –, dann wird das der Filmindustrie nur zum Vorteil gereichen. Denn

was für einen Anreiz hätte ein Schauspieler, zu arbeiten und eine Figur zu schaffen, wenn Nachahmer nur abwarten müssen, bis die Figur perfektioniert ist, um sie sich dann einfach anzueignen?[37]

Während Chaplin noch bei Mutual war, wurde er überraschend an seine Kindheit gemahnt. Im Herbst 1917 erhielt Edna einen Brief von Hannah Chaplins lang verschollenem Sohn Leo Dryden:

Royal Opera House,
Bombay, INDIEN,
8. September 1917

Liebe Miss Purviance,

bitte verzeihen Sie mir, daß ich mir die Freiheit nehme, Ihnen zu schreiben, aber ich schicke Ihnen diesen Brief in der Hoffnung, daß Sie mir bei meinen bislang erfolglosen Bemühungen behilflich sein können, von meinem Halbbruder, Charles Chaplin, für dessen Gesellschaft Sie, wie ich höre, die Hauptdarstellerin sind, anerkannt und zur Kenntnis genommen zu werden. Bitte werfen Sie jetzt diesen Brief nicht gleich fort, sondern haben Sie die Güte, jedes Wort sehr genau zu lesen und sich meine Geschichte anzuhören, die ich Ihnen so bündig wie möglich erzählen möchte.

Mein Vater ist Leo Dryden, der berühmte britische Music Hall-Star. Ich ging im Januar 1912 mit seiner Vaudeville-Truppe nach Indien, und als er nach England zurückkehrte, blieb ich in Indien und befinde mich seitdem hier, in Burma, China, Japan, den Straits Settlements*, auf den Philippinischen Inseln, in den Staaten des Malaischen Bundes etc., wo ich mit verschiedenen reisenden Theatergruppen Tourneen absolviert habe. Ich bin gegenwärtig Hauptkomiker bei der Charles Howitt und A. Philipps Dramatic und Comedy Repertoire Company und bekleide diese Stellung seit etwa drei Jahren. Als wir im September 1915, also vor zwei Jahren, in Singapur (Straits Settlements) waren, bekam ich zum ersten Mal seit meines Vaters Rückkehr nach England eine Nachricht von ihm, und in seinem Brief erwähnte er, daß mein Halbbruder Charlie Chaplin sich im Kino in Amerika einen großen Namen gemacht hat. Nun, Sie können sich vorstellen, wie groß meine Überraschung war, als ich das las, denn mein Vater hatte mir das Geheimnis meiner Geburt immer vorenthalten und war Fragen, die ich ihm schon als kleiner Junge diesbezüglich stellte, stets ausgewichen. Ich schrieb sogleich an meinen Vater und bat ihn um weitere Einzelheiten über meine Geburt und über meine Beziehung zu Charlie Chaplin, die er mir dann auch in einem Brief mitteilte, den ich einige Monate später in Kalkutta erhielt. Er erklärte, daß meine Mutter eine gewisse Lily Harley war, zu ihrer Zeit Imitatorin von Varieté-Künstlern, mit welcher er wie Mann und Frau

* d.h. Penang, Malakka und Singapur, Anm. d. Ü.

zusammengelebt und die mich geboren hatte, ein uneheliches Kind! Er erzählte mir, daß sie die Ehefrau von Charles Chaplin (senior) gewesen war, Vater des jetzigen Charlie Chaplin, und daß sie vorher schon mit einem andern Mann zusammengelebt hatte, einem gewissen Sidney Hawkes, welcher der Vater ihres anderen Sohnes war, des ältesten, der sich jetzt Sid Chaplin nennt! Und so sehen Sie, Miss Purviance, daß Charlie Chaplin der einzige eheliche Sohn meiner Mutter ist, und daß Sid und ich unehelich sind. All das habe ich inzwischen von meinen Tanten Jessie, Ada und Louie bestätigen lassen, und auch von meinem Großvater, der noch am Leben ist. Sie erinnern sich alle an meine Mutter, an Charlie und an Sid. Sie sehen also, Miss Purviance, ich bin kein Schwindler.

Nach Erhalt von Papas Brief schrieb ich einen schönen langen Brief an Charlie (er war damals bei der Essanay Company in Chicago) und schickte ihm auch eine Photographie von mir und erzählte ihm alles über mich und was ich in Indien und im Fernen Osten machte, und von meiner Arbeit, und beglückwünschte ihn zu seinem großen Erfolg in Amerika und sagte ihm, daß es nicht meine Schuld war, daß ich ihn nicht zur Kenntnis genommen hatte, vor Jahren, als er noch ein schlechtbezahlter Komiker in Fred Karnos Truppe in England war, da ich über die Umstände meiner Geburt immer in Unkenntnis gelassen wurde, und daß ich hoffe, daß er sich freue, von mir zu hören. Aber stellen Sie sich meine Überraschung vor, als ich von Charlie keine Antwort erhielt. Ich schrieb wieder und wieder und wieder, von verschiedenen Orten, wenn die Truppe auf Tournee war, wurde aber auch weiterhin nicht zur Kenntnis genommen von ihm. Dann schrieb ich an Sid und bat ihn, Charlie zu erklären, was ich ihm schon so oft erklärt hatte, und zwar, daß es nicht meine Schuld war, daß ich ihn in den alten Zeiten nicht zur Kenntnis genommen habe, und daß ich ihm jetzt, wo er so erfolgreich ist, nicht deswegen schreibe, weil ich etwas von seinem Geld wollte, sondern weil es mir um seine FREUNDSCHAFT und sein brüderliches Interesse an meiner Arbeit zu tun ist. Sid antwortete auch nicht! Das war seltsam, denn ich hatte zuvor von einem Freund in London gehört, daß Sid sich, als er in einer von Fred Karnos Truppen am Empress Theatre in Brixton spielte, ausdrücklich nach mir erkundigt und sich gefragt hatte, wo ich mich befand.

Und so, Miss Purviance, geht diese lächerliche Farce schon seit zwei geschlagenen Jahren! Weder Charlie noch Sid wollen mich als ihr eigenes Fleisch und Blut zur Kenntnis nehmen! Bei Charlie mag es vielleicht eine Entschuldigung geben, denn JURISTISCH bin ich für ihn nichts als ein unehelicher Halbbruder. Aber Sids Verhalten überrascht mich, denn WAS SEINE BEZIEHUNG ZU CHARLIE BETRIFFT, BEFINDET ER SICH IN DER GLEICHEN POSITION WIE ICH! Wenn Charlie es für richtig befunden hat, Sid öffentlich nicht nur als seinen Halbbruder, sondern als seinen BRUDER anzuerkennen, und ihm auch erlaubt hat, seinen Namen zu benutzen, dann kann er mich, seinen anderen Halbbruder, doch wenigstens zur Kenntnis nehmen. Ich will nicht sein Geld, ich will nur seine Freundschaft und Ermutigung und sein brüderliches Interesse. Das ist doch gewiß nicht zuviel verlangt?

Und daher bitte ich Sie, Miss Purviance, sich für mich bei Charlie zu verwenden und mich wissen zu lassen, was er sagt. Ich bin überzeugt, daß ich mich bei der ganzen Angelegenheit völlig ehrenhaft und aufrichtig verhalten habe, und ich verlange doch nicht mehr, als höflich behandelt zu werden. Ich lege eine Reihe von Photographien von mir bei, wie ich Charlie nachahme, und auf denen Sie die verblüffende Familienähnlichkeit erkennen werden, obwohl ich in meinen Gesichtszügen eher Sid ähnele, weil meine Nase um einiges länger ist als Charlies, wenn ich auch nicht so stämmig bin wie Sid, denn aus einigen der ›Keystone‹-Filme, die ich gesehen habe, schließe ich, daß er stämmig ist. Ich schicke Ihnen auch eine persönliche Photographie von mir, die Sie, wie ich hoffe, mit meinen allerbesten Wünschen und herzlichen Grüßen annehmen werden. Alle drei haben wir gute Zähne, wie Sie feststellen können, obwohl Charlies besser sind als Sids oder meine.

Ich habe letzten Monat (am einunddreißigsten August – der letzte Tag) meinen fünfundzwanzigsten Geburtstag gefeiert und fühle mich allmählich ganz alt und verantwortungsvoll. Ich bin wie mein Vater veranlagt, sehr ehrgeizig und entschlossen, und wie er habe ich mir meinen guten Ruf, den ich in der Theaterwelt in Indien und im Osten genieße, ausschließlich durch meine eigenen Verdienste erworben. Mein Papa schämt sich nicht zuzugeben, daß er einst als Straßensänger anfing und sich an die Spitze hocharbeiten mußte. Natürlich ist er nicht mehr der jüngste (etwa vierundfünfzig) und verfügt nicht mehr über ein so hohes Einkommen wie früher. Zweifellos haben Sie einige seiner berühmten Songs gehört: ›The Miner's Dream of Home‹ singen alle Briten zu Silvester, überall auf der Welt, wo Englisch gesprochen wird; ›India's Reply‹; ›Bravo! Dublin Fusiliers‹ (zur Zeit des Burenkriegs geschrieben); ›Josephine‹ (auf das berühmte napoleonische Stück ›A Royal Divorce‹ geschrieben); ›The Skipper's Daughter‹; ›Mercia‹ (auf das berühmte Stück ›The Sign of the Cross‹ geschrieben) und noch viele andere, die meisten von ihm selbst geschrieben und komponiert.

Nun, Meine Liebe Miss Purviance, ich möchte Sie mit meinem Brief nicht weiter langweilen, sondern begebe mich ganz in Ihre Hände. Bitte setzen Sie sich nach Kräften für mich ein, wenn Sie mit Charlie plaudern. Erklären Sie ihm die Lage, wie ich Sie Ihnen erklärt habe, und schreiben Sie mir dann, was er dazu zu sagen hat.

Im Vertrauen, die Gunst Ihrer Freundschaft zu erlangen,
Glauben Sie mir,
Mit vorzüglicher Hochachtung
Ihr
Wheeler Dryden
(Sohn des berühmten Leo Dryden und Halbbruder von Charlie Chaplin).

P. S. Schicken Sie Ihre Antwort an: c/o Thos. Cook & Son, Kalkutta, Indien. Man wird sie mir dorthin nachschicken, wo ich mich gerade befinde.

Es ist unwahrscheinlich, daß die sanfte und großzügige Edna auf so einen rührenden Appell nicht reagiert hat. Jedenfalls sollten Chaplin und Sydney ihren lang verschollenen Halbbruder schließlich anerkennen. In der Mitte der zwanziger Jahre kam er nach Hollywood und wurde mit der Mutter zusammengebracht, der er mehr als dreißig Jahre zuvor entrissen worden war. Später assistierte er Sydney bei dem letztendlich fehlgeschlagenen Projekt, eine Produktionsgesellschaft in England zu organisieren. 1939 wurde er ein reguläres Mitglied der Belegschaft des Chaplin-Studios und blieb dort bis zu Chaplins endgültiger Abreise aus den USA.

Etwa zu der Zeit als der Brief ankam, begannen Chaplin und Edna sich einander zu entfremden. Ihr Verhältnis war so eng und ihre gegenseitige Abhängigkeit so groß gewesen, daß man nur schwer verstehen kann, was Edna, die scheinbar so treu und liebevoll war, zur Untreue veranlaßte. Lag es vielleicht daran, daß sie, wie andere Frauen nach ihr, der Eifersucht auf die eine unüberwindliche Rivalin, auf die beherrschende Leidenschaft in Chaplins Leben – seine Arbeit – erlag und Vergeltung üben wollte? Fast ein halbes Jahrhundert später reflektiert Chaplin in seiner Autobiographie über die Sache und erinnert sich: »Ich habe mir selbst Vorwürfe gemacht, daß ich sie manchmal vernachlässigt habe.«

In der Autobiographie kommt sehr deutlich zum Ausdruck, wie groß sein Schmerz über die Trennung war, und seine verzweifelte Hoffnung auf Versöhnung – so schwierig das auch war bei seinem Bedürfnis nach ausschließlicher und ungeteilter Liebe. Trotzdem vermochte er den Umständen, unter denen er hinter Ednas Untreue kam, ein Element der Komik abzugewinnen. 1917 hatten sie damit begonnen, mehr am gesellschaftlichen Leben Hollywoods teilzunehmen, mit den unvermeidlichen Diners und Galavorstellungen für das Rote Kreuz und andere Kriegs-Benefizveranstaltungen. Edna, die solche Versammlungen nicht gewohnt war, wurde leicht eifersüchtig, wenn andere Frauen Charlie in Beschlag nahmen, und wandte eine unschuldige, wenn auch auf Dauer recht lästige List an. Sie pflegte plötzlich zu verschwinden, eine Ohnmacht vorzutäuschen, und beim Wiedererwachen fragte sie dann nach Chaplin. Eines Abends jedoch, bei einer Party, die von der wunderschönen Schauspielerin Fanny Ward gegeben wurde, fragte sie statt dessen nach Thomas Meighan, einem Hollywood-Schauspieler, der zu der Zeit gerade populär wurde. Meighan, der verheiratet war und zehn Jahre älter als Chaplin, war ausgebildeter Arzt und hatte eine lange Bühnenkarriere hinter sich, bevor er zum Film kam. Chaplin war nicht grundlos mißtrauisch und eifersüchtig. Es kam zu einer heftigen Auseinandersetzung (Edna verletzte ihn, indem sie sagte, daß nichts sie beide daran hindern müsse, »gute Freunde« zu bleiben) und zu einer Versöhnung, aber danach mußte Chaplin feststellen, daß Edna sich immer noch mit Meighan traf. Damit fand die erfüllteste Liebe in Chaplins jungen Jahren ein Ende.

ALPHABETICATURE – Selbstbildnis von Wheeler Dryden.

Auch für Edna war der Verlust nicht gering. Die Affäre mit Meighan war naturgemäß von kurzer Dauer. Danach versuchte Edna nie wieder, in Chaplins Privatleben einzudringen, obwohl ihr Arbeitsverhältnis anscheinend so innig und fruchtbar weiterbestand wie zuvor. Ihre Hingabe blühte jedoch zweifellos wieder auf und blieb erhalten. Sie hat nie geheiratet. Bis zum Ende ihres Lebens sammelte sie gewissenhaft jede Zeitungsnotiz über Chaplins Aktivitäten, und dieses rührende Archiv und Zeugnis ihrer Zuneigung, in dem sich auch Wheelers Brief befindet, ist in der Sammlung von Inman Hunter erhalten geblieben.

7
Strafe und Lohn der Unabhängigkeit

Mit *The Adventurer* war der Vertrag mit Mutual erfüllt. Anders als bei Essanay ging man in gutem Einvernehmen auseinander. Die Gesellschaft hatte sich klugerweise in Geduld gefaßt, als die Filme mit immer größerer Verspätung fertig wurden. Mutual bot sogar eine Million Dollar für acht weitere Filme, doch Chaplin erkannte, daß er noch größere Unabhängigkeit brauchte, wenn er das Niveau erreichen wollte, dessen er sich für fähig hielt. Sydney wurde abermals losgeschickt, um sich nach einem neuen Vertrag umzusehen. Im April fuhr er nach New York und machte unterwegs in Chicago Station. Dort stellte er sich der Presse:

> Ich verhandle im Moment mit allen großen Filmgesellschaften um Charlies Dienste, und ich warte einfach auf das beste Angebot. Wir haben es nicht eilig, aber ich hoffe, ihm einen Vertrag verschaffen zu können, bevor ich New York wieder verlasse.
>
> Das bisher beste Angebot beläuft sich auf 1 000 000 $ für acht Filme. Wir tragen uns auch mit dem Gedanken, unsere eigene Produktionsgesellschaft zu gründen, aber wir konnten noch keinen zufriedenstellenden Vertriebsmodus vereinbaren, es wird also wahrscheinlich noch einige Monate dauern, bis wir als Produzenten in Erscheinung treten.
>
> Eine Sache wird in Zukunft in allen Charlie Chaplin-Verträgen zur Auflage gemacht, und zwar, daß Charlie soviel Zeit und soviel Geld zur Verfügung gestellt wird, wie er braucht, um die Filme seiner Vorstellung gemäß zu produzieren. Von jetzt an wird in den Chaplin-Filmen nichts mehr von dieser Sechzig-Meilen-pro-Stunde-Produziererei zu sehen sein. Charlie hat inzwischen so viel Geld verdient, daß er sich keine Sorgen mehr zu machen braucht. Er kann jetzt entweder seine Bedingungen diktieren oder sich zurückziehen und abwarten.
>
> In Zukunft wird die Produktion der Chaplin-Filme doppelt oder dreimal soviel Zeit beanspruchen als jetzt. Es werden nur noch die besten Kulissen und Bühnenrequisiten verwendet. Wir sind auf Qualität aus, nicht auf Quantität. Wenn wir eine Szene gedreht haben und sie nicht der neuen Chaplin-Qualität entspricht, wird sie noch einmal gedreht. Und falls Charlie mit der ganzen Rolle nicht zufrieden ist, wird sie nicht gezeigt, egal wieviel Geld dafür geboten wird, sondern kommt zum Ausschuß, wo sie hingehört.

Gute Beobachter werden gewiß bemerkt haben, daß sich die Qualität der Chaplin-Filme in letzter Zeit verbessert hat. Charlie hat immer mehr Neues herausgebracht, und er hat noch viel mehr vor. Die neuen Filme werden selbst die begeistertsten Chaplin-Fans überraschen.

Außerdem werden die Filme in Zukunft nicht nur aus einer Reihe von komischen Nummern oder witzigen Situationen bestehen, sondern eine zusammenhängende Geschichte haben, mit einem Anfang, der allmählich zu einem Höhepunkt ansteigt und dann mit der Katastrophe endet.

Bei uns sind jetzt richtige Drehbücher gefragt. Wir brauchen Erstklassiges und stehen bereits in Verhandlung mit einigen der besten Autoren im Lande, die für uns schreiben sollen. Wir haben genug Geld, um das zu kaufen, was wir haben wollen, und werden bei der Auswahl dessen, was uns angeboten wird, sehr kritisch sein.

Die nächste Chaplin-Serie wird das reinste Wunder. Sie wird das bisher Produzierte in jeder Beziehung übertreffen. Die Nebenrollen werden erheblich ausgebaut werden.

In dieser Serie oder in der, die wir selbst produzieren wollen, werde ich neben Charlie spielen, ich habe Ideen für eine Menge neuer Sache, die sehr gut ankommen werden; mit einer starken Nebenbesetzung, guten Stories, guter Regie und guten Kulissen werden wir beide unschlagbar sein.

Vor meiner Abreise aus Los Angeles habe ich mit Charlie noch einmal alles besprochen, und wir sind zu dem Schluß gekommen, daß wir dafür sorgen müssen, daß der Name Charlie Chaplin für die wahre und erbauliche Komödie steht, ganz gleich, was einige Produktionsgesellschaften haben wollen. Deswegen werde ich mir viel Zeit lassen, bevor ich den nächsten Vertrag unterschreibe.[1]

Strategisch gesehen hätte Sydney für seine Reise nach New York keinen besseren Zeitpunkt wählen können. Die Filmindustrie stand kurz vor einer Revolutionierung, und Chaplin sollte dabei eine wesentliche Rolle spielen. Die einflußreichste Gestalt in der Politik der Filmindustrie war – und sollte es auch noch lange bleiben – Adolph Zukor. Zukor war im Jahr vor Chaplins Geburt als Einwanderer in die Vereinigten Staaten gekommen. Er hatte sich aufs Pelzgeschäft verlegt, hatte einen Patentverschluß für Fuchspelze erfunden und damit Riesengewinne gemacht, und Anfang des Jahrhunderts war er ins ›Nikkelodeon‹-Geschäft eingestiegen. An seinem hundertsten Geburtstag im Jahre 1973 gab er immer noch seine Kommentare über den Film zum besten: »Zur Genesung braucht Hollywood nichts weiter als ein paar gute Filme.«

Zukor erkannte als erster, daß der Schlüssel zur Beherrschung der Filmindustrie bei den Stars lag. Nachdem Zukors Paramount Pictures Corporation den unangefochtenen Kassenmagneten Mary Pickford eingefangen hatte, war die Firma Anfang 1917 auf dem Wege, das Monopol auf die Uraufführungstheater des Landes zu erwerben. Damit war sie in der Lage, die Verleihgebühren uneingeschränkt zu erhöhen. Eine Gruppe prominenter Kinobesitzer, angeführt von Thomas L. Tally und John D. Williams, beschloß, durch die Gründung einer Organisation, die selbst Filme kaufte, produzierte und vertrieb, Zukor den Kampf anzusagen. Die Gründungssitzung dieser neuen Organisation, der First National Exhibitors Circuit, fand im April 1917 statt. Der Zeitpunkt war optimal gewählt. Nichts hätte der First National zu einem besseren Start verhelfen können als die zwei Monate später folgende Bekanntmachung, daß man Chaplin gewonnen und eine Vereinbarung mit ihm getroffen habe, die auch für andere Stars erheblich attraktiver sein dürfte als alles, was Zukors Paramount-Artcraft jemals bieten konnte.

Chaplin sollte sein eigener Produzent werden und jährlich acht Zweiakter-Komödien für die First National machen. Die First National verpflichtete sich, für die Herstellung jedes Negativs einen Vorschuß von 125 000 $ zu zahlen, inklusive der Gage für den Star. Bei Filmen, die mehr als zwei Rollen Länge erreichen würden, waren von der First National für jede weitere Rolle zusätzlich 15 000 $ vorzuschießen. Die First National sollte auch für Muster, Werbung und weitere Nebenausgaben bezahlen. Die Vertriebskosten wurden auf dreißig Prozent der gesamten Verleiheinnahmen veranschlagt, und nach Wiedereinbringung aller Kosten sollte der Nettogewinn zu gleichen Teilen zwischen der First National und Chaplin aufgeteilt werden.

Der Vertrag erforderte langwierige Verhandlungen zwischen der First National und Sydney, unterstützt von Charlies Anwalt Nathan Burkan, und wurde Ende Juni zum Abschluß gebracht. Daß Sydney sich in dieser Zeit so hartnäckig zu Charlies Nutzen einsetzte, ist um so bemerkenswerter, als er gerade seine eigenen Probleme hatte. Seine Frau Minnie hatte sich im Sterns Hospital in New York einer gefährlichen Operation unterziehen müssen. Im zweiten Schwangerschaftsmonat war in ihrem Bauch eine Wucherung entdeckt worden, deren Entfernung den Verlust des Kindes nach sich zog. Man versicherte ihr zwar, daß sie weiterhin Kinder bekommen könne, aber das Paar blieb kinderlos. Darüber hinaus kämpfte Sydney darum, eine Unabhängigkeit für Charlie zu erreichen, die ihn persönlich nervös machte. Was immer er der Presse über Charlies Perfektionismus erzählen mochte, es machte ihm, solange sie zusammenarbeiteten, stets zu schaffen, daß sich Charlie bei seiner unbeirrbaren Suche nach Perfektion überhaupt nicht für die Kosten interessierte.

Am 3. Juli schrieb Sydney:

Nun, Charlie, hoffentlich bist Du mit dem Vertrag zufrieden. Burkan und ich haben versucht, auch die geringste Kleinigkeit zu berücksichtigen, die wir aufnehmen konnten, und ich glaube, wir haben alles Wichtige abgedeckt. Bei der Diskussion über die Vertragsbedingungen kam die Frage eines zweiten Negativs zur Sprache. Die andere Seite war der Meinung, daß im Rahmen der vereinbarten Summe auch ein zweites Negativ zu erstellen sei, da von einem Negativ nur eine begrenzte Anzahl von Kopien gezogen werden könne, abgesehen von dem Risiko eines Verlustes beim Transport ins Ausland. Ich habe versucht, die Auflage eines zweiten Negativs zu umgehen, aber da sie bei all unsern anderen Vertragsklauseln sehr entgegenkommend waren und sehr wenig Einwände vorbrachten, wollte ich nicht anmaßend erscheinen, bot ihnen also an, ein zweites Negativ zu garantieren, vorausgesetzt, sie würden die Hälfte der Kosten tragen. Sie waren damit einverstanden. Ich erklärte, die Kosten für Film und Kameramann würden 1000 $ pro Film betragen, bezweifle aber stark, daß es so viel kosten wird. Jedenfalls erklärten sie sich bereit, zusätzlich 500 $ pro Film zu zahlen. Unter diesen Umständen würde ich Dir raten, in Zukunft bei Deinen Filmen drei Kameras einzusetzen. Ich bin ganz sicher, daß es sich lohnt, etwas mehr zu investieren, wenn das bedeutet, daß wir ein brandneues Negativ für die Zukunft zurücklegen können, vor allem weil die Rechte nach fünf Jahren an Dich zurückfallen, und ich bin sicher, daß die Filme großen Zukunftswert besitzen.

Noch ein anderer Punkt wurde bei der Aufsetzung des Vertrages heftig diskutiert, und zwar wollten sie Dir die 200 000 $ nicht im voraus geben, sondern das Geld auf ein Sperrkonto einzahlen, bis Du Deinen Vertrag erfüllt hast. Selbst Burkan stimmt darin mit ihnen überein, aber ich blieb hart und bestand darauf, daß das Geld ohne jede Einschränkung auszuzahlen ist. Ich habe mir Mutters alten Spruch »Was man hat, das hat man« zu Herzen genommen, und nach vielem Hin und Her gingen sie schließlich darauf ein. Wie findest Du die Klausel über die Extra-Rolle? Daß ich das durchgekriegt habe, hat mich am meisten gefreut. Während der ganzen Bahnfahrt hier rauf habe ich mir den Kopf darüber zerbrochen, wie ich den Preis Deiner Filme noch höher treiben kann, als ich es mit ihnen vereinbart hatte, ohne mein Wort zu brechen. Da kam mir der Gedanke – warum lassen wir sie nicht für zusätzliche Filmmeter bezahlen? Ich hatte vor Augen, wie schwer es Dir immer fiel, Deinen Film auf Vertragslänge zusammenzuschneiden, und wie oft du gezwungen warst, eine Menge guter Einfälle und manchmal ganze *Factions** zu opfern. Auf diese Weise können wir sicherstellen, daß sie einen Film auch dann akzeptieren müssen, wenn er einmal länger als 600 Meter wird, und bezahlen müssen sie auch noch dafür. Natürlich habe ich ihnen nicht gesagt, daß Du große Schwierigkeiten hast, Deine Filme auf 600 Meter zusammenzuschneiden. Im Gegenteil, ich habe ihnen erzählt, daß Du oft eine Story hast, die einen hervorragenden Dreiakter ergeben würde, daß

* Der Begriff *Faction* bürgerte sich (scheinbar ausschließlich) im Chaplin-Studio ein, als Bezeichnung für eine komplette Handlungsepisode.

Deine bisherigen Verträge Dich aber einschränkten und Du daher gezwungen warst, einen mittelmäßigen Zweiakter zu machen. Sie ließen sich auch stark von der Tatsache beeindrucken, daß die Herstellung eines Dreiakters natürlich erheblich mehr Zeit und Geld erfordern würde, und auf diese Weise ist es mir gelungen, den Preis um weitere fünfzehntausend Dollar pro Film hochzudrücken, was die Kosten für Deine Produktion abdecken müßte. Und wenn Du es geschickt anstellst, wird jeder Film etwa eine Länge von 750 Metern haben.

Ja, Charlie, jeder hier in der Stadt scheint zu bemerken, daß Deine Sachen jetzt von viel besserer Qualität sind. Ich freue mich, das zu hören, und ich hoffe, daß Du so weitermachst und vor allem von jeglicher Vulgarität Abstand nimmst. Wir müssen versuchen, fürs nächste Jahr einen Haufen guter Stories zusammenzukriegen, und vor allem mußt Du Dich entscheiden und genau wissen, was Du machen willst, bevor die Kulissen bestellt werden. Hast Du Dich schon entschieden, wo Du Urlaub machen willst? Ich glaube, Marcus Loew würde gerne mit Dir zusammen eine Reise irgendwohin unternehmen ...[2]

In Sydneys Bemerkung, daß Charlie sich entscheiden müsse, was er machen will, bevor er seine Kulissen baut, ist ein Vorwurf herauszuhören und die bald wieder zunichte gemachte Hoffnung, daß die Herstellungskosten der Filme sich im Rahmen dieses zusätzlichen Vorschusses für eine Extra-Rolle bewegen mögen. Obwohl er Sydneys schlauen, aber etwas unpraktischen Rat, mit drei Kameras zu drehen, nie befolgte, kam Charlie die Auflage der First National, zwei Negative herzustellen, doch zugute. Während seiner ganzen restlichen Stummfilm-Laufbahn drehte er stets mit zwei Kameras. Wie weise diese Vorsichtsmaßnahme war, erwies sich, als im Spätsommer 1938 das zweite Negativ von *The Kid* fahrlässig durch einen Brand zerstört wurde.

Marcus Loew kam nicht in den Genuß, eine Reise mit Chaplin zu unternehmen. Nach Fertigstellung von *The Adventurer* machte Charlie sich nach Hawaii davon, zusammen mit Edna, seinem Sekretär und Kammerdiener Tom Harrington und Rob Wagner, der ein festes Mitglied seiner engsten Entourage geworden war. Wagner, der Griechisch und Kunst lehrte, war von Chaplin zunehmend fasziniert und hoffte, auf dieser Reise eine Biographie über ihn schreiben zu können. Statt dessen arbeitete er eine Zeitlang als sein Pressevertreter und schrieb eine Anzahl sehr scharfsinniger Artikel über Chaplins Künstlerpersönlichkeit.

Die vier reisten im August ab und blieben fünf Wochen. Die Liaison mit Edna war wohl bereits beendet, aber vielleicht gab es auf der einen oder der anderen Seite irgendeine aussichtslose Hoffnung, daß sie durch den Urlaub zu neuem Leben erweckt werden könnte. Doch Chaplin drängte es, wieder an die

Arbeit zu gehen. Vor seiner Abreise hatte er die Pläne für sein neues Studio genehmigt und war begierig darauf, den Bau in Angriff zu nehmen. Das Gelände war ein ca. 1200 Quadratmeter großes Grundstück, das einem Mr. R. S. McClennan gehört hatte, es lag Sunset Boulevard Ecke La Brea Avenue. An der Nordseite des Grundstücks stand ein stattliches Zehn-Zimmer-Haus im Kolonialstil, und ursprünglich hatte Chaplin es zu seinem Domizil machen wollen. Statt dessen wohnten Sydney und Minnie eine Zeitlang dort. Das Gelände war damals eine gute Meile vom normalen Studio-Bezirk entfernt, in einer von Hollywoods besten Wohngegenden, und zunächst gab es in der Nachbarschaft beträchtliche Beunruhigung über dieses Vordringen der Filmleute. Damals waren Filmstudios nicht gerade eine Bereicherung für eine Gemeinde. Zumeist boten sie einen schrecklichen Anblick: eine Ansammlung von baufälligen Schuppen, Wellblech, flatternde Leinwand-Lichtstreuer, die an bizarren Trägerkonstruktionen angebracht waren, das ganze durch wackelige Holzzäune abgeschirmt. Chaplins Lone Star Studio war vergleichsweise ansehnlich gewesen.

Mit seinen Plänen konnte Chaplin jedoch die feinen Leute von La Brea und De Longpre Avenues restlos für sich gewinnen. Die Fassadenfront sollte wie eine Reihe englischer Cottages gestaltet werden. Die örtlichen Ästheten mußten zugeben, daß das Eindringen einer ›Olde English Village‹-Straße in den Sunset Boulevard »der Umgebung nicht nur etwas Ehrwürdiges verlieh, sondern ihr auch mehr Prestige gab«. Die Cottages dienten als Büros, Garderoben und Arbeitsräume. Die Innenfassade war im funktionaleren Stil von kalifornischen Bungalows gehalten. Auf dem Gelände wurden Rasenflächen und Gärten angelegt, und es gab auch einen großen Swimming-Pool. Bessere Produktionseinrichtungen konnte man für kein Geld bekommen.

> Die Bühne wird ungewöhnlich groß sein, und seit Monaten hat sich Mr. Chaplin mit einem neuen Lichtstreuungs-System befaßt, das die herkömmlichen Abdeckungen überflüssig macht und zugleich mit allen klimatischen Bedingungen der Pazifikküste fertig wird.
>
> Das Gelände für das neue Studio wurde für eine Summe von 30 500 $ erworben*, aber Mr. Chaplin beabsichtigt, 500 000 $ in die Verschönerung seines Grundstücks zu investieren.

Im November taten Charlie und Sydney den ersten Spatenstich, in einem informellen und inoffiziellen feierlichen Akt in Anwesenheit der Stammbeset-

* Tatsächlich hatten Grundstück und Haus wohl 34 000 $ gekostet.

zung und -belegschaft. Während der dreimonatigen Bauzeit hielt Rollie Totheroh den Fortschritt der Arbeiten mit der Kamera fest. Als Stoptrick zusammengeschnitten läßt sich mit diesen Aufnahmen ein lustiger Effekt erzielen: wie Wunderpilze schießen die Fassaden in die Höhe. Als alles so gut wie fertig war, ließ Chaplin noch mehr Film verschießen, um das Innenleben des Studios vorzuführen. Er wurde gefilmt, wie er in seinem Wagen ankommt und zu seiner Garderobe geht, um sein Kostüm anzulegen und sich zu schminken. Man sieht, wie Tom Harrington feierlich einen Tresor öffnet und den »kostbarsten Besitz« des Studios – Charlies Melone und seine Schuhe – herausnimmt und dann zurechtgewiesen wird, weil er es versäumt hat, sie mit der gebotenen Ehrfurcht zu behandeln. Die kolossalen Schuhe werden behutsam auf ein Kissen plaziert. Auf der Bühne (zu diesem Zeitpunkt fast ohne Aufbauten und Kulissen) versteckt die Truppe, zu der auch Henry Bergman, Albert Austin und der kleinwüchsige Loyal Underwood gehören, schnell ihre Spielkarten, und alle Mann springen in passende geschäftig wirkende Stellungen. Chaplin hält eine Probe ab und zeigt einem riesigen Schauspieler einfühlsam und wiederholt, wie er Loyal Underwood erwürgen soll. Andere Szenen zeigen Chaplin, wie er sich um die Frisur einer Schauspielerin kümmert, sowie Spaß und Spiel am Swimming-Pool.

Zu irgendeinem Zeitpunkt während des Vertrags mit der First National hatte Chaplin wohl vorgehabt, dieses Material zu einem Zweiakter zusammenzustellen, der *How to Make Movies* [Wie man Filme macht] heißen sollte, aber vielleicht wollte die First National ihn nicht an Stelle einer normalen Komödie akzeptieren. Teile des Materials wurden von Chaplin als Einführung zu einer späteren Ausgabe einer Zusammenstellung von First National Filmen mit dem Titel *The Chaplin Revue* verwendet. 1982 rekonstruierten Kevin Brownlow und David Gill den ganzen Film unter Verwendung der Continuity, die durch eine im Chaplin-Archiv erhalten gebliebene Titelliste geliefert wurde.

Im Januar 1918 traf Alf Reeves aus England ein, um Mitglied der Studio-Belegschaft zu werden. Seit Kriegsbeginn war er mit den Karno-Truppen in England auf Tournee gewesen und hatte »das alte Schlachtroß *Mumming Birds* zu Tode gedroschen«. Er hatte ziemlich regelmäßigen Briefkontakt mit den Chaplin-Brüdern gehalten, hatte sie mit Nachrichten über Karno und all ihre alten Kollegen versorgt. Im Januar 1916 schrieb er an Chaplin: »Wie Du weißt, habe ich von Dir immer großartige Dinge erwartet, aber ich hätte nie im Traum daran gedacht, daß Du einmal derartig populär werden würdest.« Im August 1917 beglückwünschte er die Brüder zu Charlies neuem Vertrag: »Das hat allen den Atem verschlagen.«

Alfs Gesundheit war schon seit einiger Zeit angeschlagen, und er hatte nostalgische Erinnerungen an Kalifornien:

> Ich muß mich vorsehen, und diese Winter hier haben's ganz schön in sich – Ihr kennt ja die alten Buden –, Wohnzimmer nur warm, wenn man vor dem Kamin hockt – kalt, wenn man mal einen Schritt weggeht, und die Schlafzimmer – Mann. Wie ich doch die gute alte Dampfheizung in den schönen Hotelzimmern drüben vermisse, wo die Wärme sich schön verteilt... Da fällt mir unweigerlich das kleine Hotelzimmer ein, mit Bad, fließendem Wasser, Fahrstuhl und allem modernen Komfort...

Als Sydney durchblicken ließ, daß es im neuen Studio möglicherweise einen Job für ihn gäbe, zögerte Alf nicht lange:

> Du schreibst, daß die Wahrscheinlichkeit besteht, daß Charlie sich nächstes Jahr selbständig macht, und daß er sich vielleicht überlegt, wie ich da mitmachen kann. Das stimmt mich hoffnungsvoll. Ich könnte mir nichts Schöneres denken als einen langen Aufenthalt im Lande der Sonne. Warmes Wetter, und ich bin dabei. Venice, Los Angeles, das ist für mich einer der idealen Plätze auf dieser Erde. Und dann Dein Vorschlag mit dem Bungalow, mit der Autofahrt in die Stadt, das ist ja viel zu schön, um wahr zu sein – besonders das mit dem Motorwagen, aber dann sage ich mir auch wieder, die Straßenbahn tut's doch auch...
>
> Wenn Du Dich also mal wieder mit Charlie besprichst und Ihr soweit kommt – falls da irgend etwas Passendes für mich ist – Du kennst das Ausmaß meiner bescheidenen Qualifikation –, wir hier sind bereit und willens – wir zwei. Amy ist eine gute Köchin –, Charlie weiß das – frag ihn... Wir haben uns früher mit Beefsteak-und-Kidney-Pie den Bauch vollgeschlagen, und wir haben ganz schön was verputzt... Wenn es in Beefsteak-und-Kidney-Pie Knochen gäbe, hätten wir die bestimmt auch noch mitverdrückt.
>
> Es war Charlies Lieblingsessen.

Ende August 1917 bot Chaplin Reeves einen Job im Studio an, und dieser kündigte sofort bei Karno und machte sich an die Reisevorbereitungen. Obwohl er achtundvierzig war, also längst das wehrfähige Alter überschritten hatte, war es nicht leicht, die erforderlichen Visa vom Außenministerium zu erhalten. Kurz nach Weihnachten 1917 konnten Alf und Amy dann endlich die Überfahrt antreten. Sie kamen gerade rechtzeitig, daß Alf in *How to Make Movies* vor der Kamera erscheinen konnte. Man sieht ihn, wie er die Truppe mit dem Ruf »Er ist da!« alarmiert, der im Studio Teil des täglichen Rituals war. Er hatte auch kurze Auftritte in *A Dog's Life* [Ein Hundeleben] und *Shoulder Arms* [Gewehr über]. Aber damit war Alfs kurze Karriere als Schauspieler auch schon wieder beendet.

Als das Studio fertiggestellt war, fand Chaplin, daß es eine gute Reklame wäre, es fürs Publikum zu öffnen, und im Januar 1918 trugen sich 2000 Besucher ins Gästebuch ein. Ein unerfreulicher Zwischenfall, der sich in diesem Zusammenhang ereignete, trug zweifellos zu Chaplins Geheimnistuerei und Mißtrauen in späteren Jahren bei. Zwei Personen, die sich als Journalisten ausgegeben hatten, verbrachten drei Tage im Studio, ehe sie beim Belauschen einer Produktionsbesprechung erwischt wurden. Eine Durchsuchung ergab, daß sie acht Skizzen der fertiggestellten Szenenaufbauten für *A Dog's Life*, Steno-Notizen von Story-Besprechungen und Beschreibungen von Figuren und Kostümen angefertigt hatten. In Anbetracht der Tatsache, daß Chaplins Filme bis zum letzten Produktionstag improvisiert und umgestaltet wurden, muß seine Behauptung, daß 10 000 $ vertan waren, weil das bereits geplante Material nicht mehr zu gebrauchen war, als eine Übertreibung angesehen werden. Doch wurde der Zwischenfall so ernst genommen, daß in Zukunft jeglichen Besuchern der Zutritt verwehrt wurde.

Alles war soweit fertig, daß am 15. Januar 1918 mit dem Drehen begonnen werden konnte. Die erste Produktion erhielt den Arbeitstitel *I Should Worry*. Erst nach der Fertigstellung entschied sich Chaplin für den Titel *A Dog's Life*. Es ist nach wie vor einer seiner perfektesten Filme. Louis Delluc bezeichnete ihn als »das erste totale Kunstwerk des Kinos«. Er ist so rasant und übervoll mit Gags wie ein Karno-Sketch; seine einzelnen Szenen fügen sich zu einer zwingenden Struktur zusammen; gleichzeitig hat er einen realistischeren Kern als irgendein anderer Film, den Chaplin bis dahin gemacht hatte. Er hat das Straßenleben zum Thema, das niedrige Milieu, Armut und Hunger, Prostitution und Ausbeutung. Ohne Anmaßung und ohne irgend etwas von der komischen Verve zu opfern, vergleicht er das Dasein des streunenden Hundes Scraps mit dem zweier menschlicher Unglückswesen – Charlie dem Tramp und Edna der Barsängerin. Photoplay schrieb: »*A Dog's Life* – die verrußte kleine Hinterhof-Idylle – zählt zu den wenigen wahren Errungenschaften dieses Jahres.«

Charlies Kampf mit anderen Bewerbern um die wenigen offenen Stellen des Arbeitsamts wird mit Scraps' verbissenem Kampf um einen Knochen mit einer Horde größerer und böserer Hunde verglichen. Die beiden Stromer adoptieren sich gegenseitig und erweisen sich als effiziente Partner, als es darum geht, von Syd Chaplins Imbißwagen eine Mahlzeit zu klauen. Es verschlägt sie in die Grüne Laterne, ein Lokal, das ein damaliger Kritiker als »die Sorte Tanzhalle« beschrieb, »für die Coney Island, New Yorks Bowery und Chicagos Tenderloin vor zwanzig Jahren berühmt waren, wo die ›Prominenz‹ der Unterwelt als allabendliche Souvenirs Schädelbrüche verteilte und einsteckte«. Dort begegnen sie Edna und werden reich, indem sie ein paar Gauner austricksen, die einem betrunkenen Passanten die Brieftasche gestohlen haben.

A Dog's Life hat eine seltsame und reizende kleine Coda. Die letzte Einstellung von Charlies Flucht vor den Gaunern endet mit einer Iris-Abblende. Dann folgt eine Iris-Aufblende auf einen riesigen gepflügten Acker. Mit einem großen Strohhut auf dem Kopf watschelt Charlie die Furchen entlang, stippt mit dem Zeigefinger Löcher in den Boden und steckt in jedes einen Samen. Er blickt auf, winkt glücklich in die Kamera und zu Edna, die ihn in ihrem idyllischen kleinen Häuschen erwartet, ganz Cretonne und Home Sweet Home. Beim Kamin steht eine Wiege, und das Paar blickt voller Stolz hinein. Das Publikum darf vorschnell den naheliegenden Schluß ziehen, ehe das Innere der Wiege gezeigt wird: Mitten in einem Wurf Welpen liegt ein stolzer Scraps.

Charlie hatte spätestens in *The Champion* erkannt, daß Hunde Komik-Potential haben – und Sydney hatte schon Jahre früher in Karnos Sketch *Flats* hündische Komik eingeführt. Mehr als ein Jahr bevor die Dreharbeiten zu *A Dog's Life* begannen, im Dezember 1916, brachten die Zeitungen die Schlagzeile ›Chaplin braucht einen Hund mit viel Sinn für Komik‹. Chaplin erzählte den Reportern:

> Schon seit langem habe ich mir überlegt, daß ein guter Komödienhund in einigen meiner Stücke sehr nützlich wäre, und als erstes wurde mir natürlich ein Dackel angeboten. Dieses wurstförmige Etwas ging mir auf die Nerven. Ich hatte ihn einem dicken Mann namens Ehrmentraut abgekauft, und als Würstchen zu seinem Herrchen zurücklief, war mir das nur recht.
>
> Der zweite war ein Spitz, den Miss Purviance aufgegabelt hatte, und sie hatte ihn an Stellen geschoren, wo Haare hingehören, und ihm Haare gelassen, wo sie überflüssig waren. Ich hatte ›Fluffy Ruffles‹ bald über, und so tauschte ich den Spitz gegen Helene Rossons Pudel ein. Dieses mondäugige schniefende kleine Biest hielt gerade mal zwei Tage.

Danach soll er einen Boston Bullterrier ausprobiert haben, und im März 1917 wurde er angeblich in Begleitung einer reinrassigen englischen Bulldogge namens Bandy gesehen, deren Großmutter passenderweise Brixton Bess hieß.

»Eigentlich brauche ich eine Promenadenmischung«, erklärte er. »Die komischsten Köter, die ich je gesehen habe, waren durch die Bank Promenadenmischungen. Diesen Studio-Viechern geht es zu gut. Ich brauche einen Hund, der einen guten Knochen zu schätzen weiß und hungrig genug ist, um für sein Fressen komisch zu sein. Ich habe ein Auge auf alle Hinterhöfe, und irgendwann bringe ich einen Komödienhund mit nach Hause, der genau richtig ist.« Wenn man den Zeitungsreportern glauben darf, hatte Chaplin, nachdem er mit der Arbeit für *A Dog's Life* begonnen hatte, zweiundzwanzig Hunde vom städtischen Tierheim ins Studio genommen. Doch auf die Beschwerden der Nachbarn hin bestand die städtische Behörde darauf, daß er ihre Anzahl auf zwölf verringerte. Die Handkassenabrechnungen des Studios weisen ab der zweiten Produktionswoche bis zum Abschluß der Dreharbeiten Posten für Hundefutter auf. Der Star des Films, ein reizender kleiner Köter namens Mut (oder Mutt), wurde jedenfalls Stammbewohner des Studios und blieb bis zu seinem vorzeitigen Tod Mitglied der Belegschaft.

Selbst in dieser kritischen frühen Periode seiner Karriere als Unabhängiger war Chaplin anscheinend stets offen für Unvorhergesehenes und Ablenkung. Es blieb ihm auch nichts anderes übrig, da sein Studio zum Wallfahrtsort für Berühmtheiten jeglicher Couleur wurde, die gerade in Los Angeles weilten. Harry Lauder, der große schottische Komiker, der einst ungefähr zu der Zeit, als Chaplin mit den Eight Lancashire Lads auf Tournee war, fast über Nacht zum Star der englischen Music Hall geworden war, trat im Empress Theatre auf. Er besuchte das Studio am 22. Januar. Jegliche Arbeit ruhte, während die beiden Komiker sich verbrüderten. Beim Mittagessen beschlossen sie kurzerhand, einen kleinen Film zu machen, zur Unterstützung des *Million Pound War Fund*, in dessen Dienst Lauder seine Bemühungen gestellt hatte, nachdem er im Dezember 1916 seinen Sohn an der Front verloren hatte.*

Am Nachmittag wurden die beiden Kameras aufgestellt, die beiden Komiker alberten davor herum, und auf jeder wurden 230 Meter (etwa achteinhalb Minuten) Film belichtet. Lauder setzte Chaplins Melone auf und wirbelte dessen Spazierstock durch die Luft, während Chaplin sich Lauders Schottenmütze und den knorrigen Gehstock nahm. Jeder imitierte den typischen komischen Gang des andern – Chaplin erheblich erfolgreicher als Lauder.

Danach kam eine Nummer mit einer Flasche Whisky und einer Tafel, auf der sie sich gegenseitig karikierten. Das Glanzstück war dann der alte Music Hall-Gag ›Wilhelm Tell‹. Chaplin plazierte einen Apfel auf Lauders Kopf und bereitete sich darauf vor, ihn mit einer Pistole herunterzuschießen. Doch jedesmal wenn Chaplin ihm den Rücken zuwandte, biß Lauder ein großes

* Der ›Harry Lauder Millionen Pfund Fonds für verstümmelte Männer, schottische Soldaten und Matrosen‹ wurde am 17./18. September 1917 eingerichtet. Im April 1919 wurde Lauder von König George v. für seinen diesbezüglichen Einsatz zum Ritter geschlagen.

Stück von dem Apfel ab und reduzierte ihn so zu einem dünnen Strunk, bevor Chaplin zum Zielen kam. Jedesmal wenn Chaplin sich umdrehte, um einen mißtrauischen Blick zu werfen, erstarrte Lauders Gesicht zu leerer, regloser Unschuld. Die zwei Komiker erzählten der Presse optimistisch, daß sie damit rechneten, daß der Film eine Million Dollar für den Fonds einbringen würde. Sie wurden enttäuscht: Es ist nicht einmal sicher, ob der Film jemals öffentlich gezeigt wurde.

Die T-förmige Straßenkulisse, die man zum ersten Mal in *Easy Street* sah und die, verschiedentlich modifiziert und den jeweiligen Bedürfnissen angepaßt, zwanzig Jahre lang der zentrale und wesentliche Schauplatz für Chaplins komische Welt bleiben sollte, wurde im neuen Studio aufgebaut. In *A Dog's Life* bannt Chaplin alle schäbigen Straßen aus jeder Stadt der Welt auf diesen kleinen Fleck. Methley Street und alle andern Seitengassen von Kennington, die er als Junge durchstreift hatte, dienten ihm eindeutig als Vorlage, wie auch schon in *Easy Street*. Doch Chaplin spürte hier etwas Universelles auf, in den geheimnisvollen Hauseingängen, in den herumlungernden Pennern, den Nichtstuern an den Straßenecken, den Hockern auf den Eingangsstufen, den Händlern mit ihren wackligen Ständen, die nur auf Langfinger warten oder auf die tägliche kleine Katastrophe, die sie unter einer Lawine von Obst und Gemüse begräbt. Es stellte sich heraus, daß Schauplatz und Atmosphäre den Zuschauern in London und Paris, in Chicago, Rio oder Manila gleichermaßen vertraut waren. Dennoch haben wir es nicht mit einer Abstraktion zu tun. Der Szenenaufbau entspricht der lokalen Realität so sehr, daß Chaplin von im Studio gedrehten Szenen auf Außenaufnahmen in der Stadt schneiden konnte (einen Tag lang wurden Hundeszenen vor dem Palace Market gedreht), ohne daß der Unterschied auffällt.

Bei den Hundeszenen war Vorplanung kaum möglich. Die Tiere und Charlie zogen einfach los, und Rollie Totheroh und Jack Wilson, die findigen Kameramänner, folgten so gut es ging. Die Hundestatisten waren furchterregende Viecher, und es ging offensichtlich reichlich wild zu. Nach ein oder zwei Tagen Arbeit mit den Hunden bestellten die Studio-Requisiteure eine große Spritze und Ammoniak zum Preis von fünfundsechzig Cent, damit sollten die Hunde getrennt werden, wenn sie zu grob wurden.

Nach ein paar Wochen war Chaplin plötzlich mit der ganzen Geschichte nicht mehr zufrieden. Sein Team war an derartige Stimmungswechsel schon zu sehr gewohnt, um sich dadurch über Gebühr beunruhigen zu lassen. Bei seiner Rückkehr ins Studio am Montag morgen, den 11. Februar, verkündete er, daß sie mit einem völlig neuen Film beginnen würden, der *Wiggle and Son* heißen sollte. Er machte ein paar Aufnahmen, beauftragte die Requisitenabteilung, Juckpulver, Salze und ein halbes Dutzend Schnecken zu kaufen, für komische Zwecke, die uns für immer verborgen bleiben müssen. Am nächsten Tag war *Wiggle and Son* jedoch schon wieder vergessen, und Chaplin kehrte mit frischer Begeisterung zu *I Should Worry*, wie der Film offiziell immer noch hieß, zurück.*

Für die ›Massenszenen‹ in der Tanzhalle wurden zur Verstärkung der Stammtruppe dreißig Statisten engagiert, und wie es bei Chaplin-Produktionen gewöhnlich geschah, wurden ab und zu auch Freunde und Mitglieder der Studiobelegschaft eingesetzt. Alf Reeves und Rob Wagner sind kurz zu sehen, und Sydneys Frau, Minnie Chaplin, übernahm eine Rolle. Der rauhbeinige Eigentümer der Tanzhalle wurde von einem weiteren neuen Bekannten Chaplins gespielt, von Granville Redmond, einem erfolgreichen Landschaftsmaler. Redmond war taubstumm, aber er und sein Regisseur brachten es zu einer perfekten pantomimischen Verständigung, wie seine Auftritte in *A Dog's Life* und *The Kid* [Das Kind] belegen.

Grace Kingsley, eine sehr genau beobachtende Journalistin ihrer Zeit, besuchte das Studio, als gerade die Sequenz mit der Tanzhalle gedreht wurde, und gab ihre Eindrücke wieder:

> Es kommt richtig in Mode, das Chaplin-Studio zu besuchen – das heißt, wenn man reinkommt. Natürlich ist niemand befugt, ihm einen Besuch abzustatten. Das heißt, niemandem außer Film-Magnaten und Zeitungs- und Zeitschriftenvertretern und ihren Freunden und Künstlerkollegen – von denen immer einige Tausend in der Stadt sind – und allen Soldaten und Matrosen und –
>
> Sie können sich ein Bild machen, wie Charlies Tage so auszusehen pflegen. Und er ist die erstaunlichste Kombination von einem vielbeschäftigten Künstler und einem liebenswürdigen, gutgelaunten Gastgeber …
>
> Und wenn man Charlie in einer guten Stimmung erwischt, spielt er einem, während man wartet, etwas vor, was 10 000 $ wert ist. Man kommt sich fast so vor, als wollte man einem exerzierenden Soldaten auf den Fersen bleiben, wenn man Charlie Chaplin den ganzen Tag hinterher ist, aber sonst gibt es da natürlich keine Parallelen.
>
> Nachdem Charlie sich in seiner luxuriösen Garderobe seine komischen Hosen

* Einem damaligen Bericht zufolge (*The Bioscope*, schottische Ausgabe, 18. April 1918) ergab sich der endgültige Titel aus einer Bemerkung Harry Lauders, der Chaplin gegenüber geäußert hatte: »Das ist ein Hundeleben, was du da jetzt führst, Charlie.«

und Schuhe und sein altes Hemd angezogen hat, schminkt er sich an einem kleinen Schminktisch auf der Bühne, von wo aus er ein Auge auf die Kulissenarbeiten haben kann. Das geschieht etwa um 9 Uhr, wenn die Sonne zum Drehen einlädt.

»Wenn ich diesen Schnurrbart nicht richtig hinkriege, dann läuft nichts«, sagte Charlie grinsend, als er seinen ›Trauerflor‹, den er sich zunächst als großen Lappen auf die Oberlippe geklebt hatte, vorsichtig kämmte und zurechtschnitt. »Ich muß den stutzen, sonst denkt Chester Conklin noch, ich will ihm die Schau stehlen!«

Ich bin nur eine Interviewerin unter vielen, die Charlie täglich aufsuchen, und so spricht er beim Schminken: »Die Zeiten des Fließband-Films sind vorüber«, sagte er. Dann machte er eine wichtige Ankündigung. »Ich lasse mich nie wieder an die Herstellung von Zweiakter-Komödien binden. Man muß eine Story haben, und es muß eine klare Story sein. Sonst begreift das Publikum sie natürlich nicht. Man muß auch die Gags und die Witze und das ganze Drum und Dran parat haben. Man muß sich all das sozusagen aus der Luft schnappen. Man weiß nicht, wann genau die Ideen kommen und woher – und manchmal kommen keine!«

Als Charlies Maske endlich gerade drauf war und sein Hut schief, warf er einen Blick in den Spiegel, und als er hinter sich einen Haufen Soldaten gewahrte, mußte er natürlich hinübergehen und »Hallo« sagen. In dem Moment kamen gerade ein paar liebe Damen vom Roten Kreuz herein, und da eine Süßwarenfirma einen ganzen Laden voll Süßigkeiten gespendet hatte, die Charlie versteigern sollte, mußte er unterbrechen, um sich mit einigen Damen vom Roten Kreuz vor der Kollektion fotografieren zu lassen.

Ich glaube, beim »Rumalbern« hat Charlie seine meisten Inspirationen. Dieses Foto sollte irgendeinen besonderen Pfiff haben, und er probierte vorher ein Dutzend komischer Posen aus, dann ergriff er einen Besen, der auf der Bühne lag, und schon kam ihm die richtige Idee.

»Der Schokoladensoldat!« meinte er grinsend, als er, den Besen als Gewehr schulternd, eine komische Pose einnahm.

Dann ging der Komiker hinüber zur Tanzhallen-Kulisse und rief Miss Purviance und den anderen Mitgliedern der Truppe etwas zu. Er setzte sich neben die beiden Kameras, die immer auf das Geschehen gerichtet sind, schloß die Augen und steckte sich die Finger in die Ohren.

»So führt er sich immer seine Ideen vor Augen«, erklärte Bruder Sid. »Er sieht sie dann auf der Leinwand.«

Es folgte eine Probe – eine lange sorgfältige Probe, bei der Chaplin wechselweise sämtliche Rollen spielte …

Dann war Mittag. Also gingen wir allesamt zum Mittagessen in Sids wunderschönes Haus, Charlie und Edna Purviance noch im Kostüm. Nach dem Essen stellte sich heraus, daß sich eine von diesen furchtbaren ›Backsteinmauern‹ aufgetürmt hatte, wie Charlie es ausdrückt – ein Block, bis ein kleiner Knoten in der Story und ihrer Handlung entwirrt ist. Dazu beriet er sich mit Charles Lapworth. Dann erschien Charlie wieder und alberte ein bißchen herum – das macht er, während er auf einen Einfall wartet –, brachte alle zum Lachen, während in seinem Hinterkopf die ganze Zeit dieses ungelöste Problem lastete – die Backsteinmauer. Und dann kam er, der heißersehnte Einfall.

Er wollte gerade wieder zur Bühne gehen, als Carlyle Robinson, sein Presse-Mann erschien und mit ehrfürchtigem Flüstern verkündete: »Der Herzog von Dunmore!«

Natürlich kann man auch an den turbulentesten Tagen einen echten Herzog nicht ignorieren, und so unterbrach Mr. Chaplin und plauderte ein Weilchen. Und obwohl der Herzog ein Herzog war, erkannte er, daß ein Komiker ein hart arbeitender Mensch ist, und er bestand darauf, daß Charlie wieder an seine Arbeit zurückging. Außerdem konnte er es – Herzog hin oder her – wie alle anderen wahrscheinlich nicht abwarten, Charlie bei der Arbeit zu sehen. Also hüpfte Charlie auf die Bühne, und nachdem er endlich seinen heißersehnten Einfall gehabt hatte und allen Besuchern entkommen war, machte er sich forsch an die Arbeit. Eine halbe Stunde, eine Stunde, zwei Stunden wurde ohne Ruhepause gedreht. Jemand brachte ihm Post, die er öffnete und gleichgültig zu Boden fallen ließ, wie der Held im Film, wenn er die Handlung mit ›Papieren‹ beleben will.

»Er wird so weiterarbeiten, bis er alle Szenen, die er machen wollte, fertig hat«, sagte sein Bruder Sid, »bis 6, 7 oder sogar 8 Uhr. Und wenn's mit dem Schneiden losgeht, dann arbeitet er sogar Tag und Nacht.«

Wenn man ihn da oben auf der Bühne spielen sieht, weiß man nicht genau, ob er nicht vielleicht immer noch herumalbert. Wer weiß, vielleicht weiß er's selbst auch nicht ganz genau.

Charles Lapworth war ein emigrierter englischer Journalist, der zum Studio gekommen war, um Chaplin zu interviewen. Er konnte sich für kurze Zeit dort einnisten. Seine persönlichen Eindrücke von Chaplin in seiner Garderobe und bei Dreharbeiten ergänzen Grace Kingsleys Beschreibung:

Man darf in seiner Garderobe sitzen und ein Gespräch mit ihm führen, während er sich seinen Roßhaar-Schnurrbart anklebt. Eine Geige liegt griffbereit da, ein Cello ebenfalls. Und es ginge nicht mit rechten Dingen zu, wenn Charlie nicht Fiedel und Bogen ergreifen und den Fragesteller mit einem klassischen Obligato begleiten würde, wobei er einen mit entrücktem Blick fixiert und mit einsilbigen Antworten bei der Stange hält.

Wenn einem die Fragen ausgehen, bevor der Geiger auf den Boden zurückgekehrt ist, und man neugierig genug ist, einen Blick durch den luxuriös ausgestatteten Raum zu werfen, kann man sich ein kleines Urteil von Charlies literarischem Geschmack bilden. Seite an Seite mit Thomas Burkes *Limehouse Nights* sieht man Sigmund Freuds *Psychoneurose* und Lafcadio Hearns *Life and Literature*, nicht auf den Regalen, sondern überall verstreut, als würden die Bücher tatsächlich gelesen.

Auf dem Tisch vielleicht Mark Twains *Mysterious Stranger*, eine Allegorie, über die sich Charlie manchmal begeistert ausläßt; während das Bücherregal offenbart, daß der Mann, der als erster die Sahnetorte als Mittel der höflichen Auseinandersetzung eingeführt hat, es nicht versäumt hat, sich damit vertraut zu machen, was die Philosophen vom Altertum bis Bergson über die tieferen Hintergründe das Lachens zu sagen hatten ...

Mögen die Schauspieler seiner Truppe noch so kompetent sein, müssen sie doch zugeben, daß sie bessere Leistungen erbringen, wenn sie Charlies Regie folgen. Es ist zum Beispiel interessant, ihn dabei zu beobachten, wie er dem großen Schwergewichtler zeigt, wie man ›hart‹ ist, oder einem Mädchen, das sich offensichtlich am Scheideweg der Tugend befindet, wie sie die Rolle überzeugend spielen muß. Seine Mimik ist unglaublich variabel. Er ist ein König der Burleske.

Manchmal stößt er auf Schwierigkeiten, und dann verschwindet er einfach von der Bildfläche. Alle Arbeiten kommen zum Stillstand, und aus den benachbarten Orangenhainen ertönt Gezeter. Vielleicht zwei Stunden später stiehlt sich der Komiker ins Studio zurück und verkündet seine Rückkehr durch die bewegenden Töne seines Cellos. Bald darauf wird die Arbeit wieder aufgenommen, und Charlie gesteht, daß er nach inständigem Ringen die Ecken und Kanten geglättet hat ...

Häufig unterbricht er die Dreharbeiten mit einem improvisierten Holzschuhtanz. Er schließt dabei vielleicht die Augen und macht mit seinen Händen seltsam abgezirkelte Bewegungen. Aber niemand ist beunruhigt. Der Chef führt sich nur innerlich die Kameraeinstellungen vor Augen, und wenn er die Winkel zu seiner Befriedigung ausgetüftelt hat, gibt er Anweisungen für die notwendigen Veränderungen der Szenenaufbauten. Aller Wahrscheinlichkeit nach wird er anordnen, daß alles zu verbrennen ist; er hat sich umentschlossen, und die Handwerker müssen eine aufwendige, teure, unbenutzte Kulisse abreißen.

Chaplin ist zugleich der Fluch und Segen aller Manager. Wenn ihm nicht nach Arbeit ist, arbeitet er nicht. Und er kann immer mit dem Publikum argumentieren, das doch Anspruch auf das Beste hat. Wenn er seinem Gefühl nach nicht das Beste zustandebringt, hört er auf – und zum Teufel mit den Kosten. Und viele tausend Meter belichteter Film sind für die Katz. Aber das geht niemanden außer ihn etwas an. Er trägt die Kosten, und er wird erklären, daß er fest entschlossen ist, den Film so perfekt wie möglich zu machen, selbst wenn er dafür seinen letzten Penny ausgeben muß (für seinen letzten Film hat er drei Monate gebraucht). Und ach, die Mühe des Schneidens! Manchmal zwanzigtausend Meter auf sechshundert reduzieren. Nur ein Korrektor bei einer Zeitung weiß, was solch eine Kürzungsarbeit bedeutet. Doch Charlie und nur Charlie schneidet. Und er wirft ganze Kilometer hervorragender Komödie, mit denen andere Komiker ein Vermögen verdienen könnten, erbarmungslos auf den Schrott.[3]

So extravagant sich Chaplin bei seiner Suche nach Perfektion auch gebärdete, so wurde doch bei dieser ersten unabhängigen Produktion peinlich genau Buch geführt, und die tägliche Aufstellung der Handkassen-Ausgaben ist ebenso amüsant wie aufschlußreich. Alles wird genau aufgeführt, bis hinunter zu den letzten fünf Cents für ›Bohnen‹, die Charlie offenbar in der letzten Sequenz als Samen benutzte. Der Materialverlust von hundert Metern Film (mit einer Laufzeit von etwa dreißig Sekunden) wird ausführlich in den Büchern erläutert. Es finden sich täglich Eintragungen für Hundefutter und für Benzin und Öl für den Studio-Ford (zu neunzehn Cent die Gallone). Requisiten-Speisen und -Getränke – Pasteten, Würstchen, Brötchen, mexikanische Tamales, Kaugummi, Bier, Dünnbier und Ginger Ale – sind auch stark vertreten. Henry Bergman spielte mehrere Rollen in dem Film, aber seine Lieblingsrolle war eindeutig die der stämmigen, Kaugummi kauenden alten Dame in der Tanzhalle, die Charlie mit ihren Tränen durchnäßt, die sie bei Ednas klagendem Song vergießt. Eintragungen für »Pelz für Bergman – 2.34 $« und »Gummistrümpfe für Bergman – 30 ¢« zeigen, daß er sein Kostüm von langer Hand vorbereitete. Am 26. Februar findet sich ein beunruhigender Posten: »Whiskey (Mut) – 60 ¢«. Die Erklärung ist in einer Szene zu suchen, in der Charlie und der Hund zusammen hinerm Bauzaun schlafen. Charlie benutzt das verdächtig willige Tier als Kopfkissen, klopft es sich energisch zurecht, bevor er sich niederlegt, und durchsucht den regungslosen Hund dann aufgeregt nach Flöhen. (»Es sind Fremde unter uns« lautet einer der sehr sparsam eingesetzten Zwischentitel des Films.) Der Posten in der Handkassen-Abrechnung enthüllt das Geheimnis von Muts Sanftmut: Er war stockbetrunken.

Die Dreharbeiten wurden am 22. März abgeschlossen, an dem Tag verbrauchte Chaplin 550 Meter Film und kam so insgesamt auf eintausend Takes und 11 000 Meter belichteten Films auf jeder Kamera. Diesmal war Chaplin gezwungen, sich beim Schneiden helfen zu lassen. Vom 26. bis 29. März blieb er zusammen mit Bergman, den zwei Kameramännern und zwei Assistenten, Brown und Depew, Tag und Nacht im Schneideraum. Dazwischen hatte er in letzter Minute eine Inspiration und drehte eine reizende kleine Szene, in der Charlie auf den Stufen zu einem Trödelladen sitzt und den Hund mit Milch aus einer fast leeren Flasche füttert, die er dort gefunden hat. Als der Hund die Milch nicht mehr mit der Zunge erreichen kann, kommt Charlie ihm zu Hilfe, stippt Muts Schwanz in die Flasche und hält ihn ihm hin, damit er daran saugen kann wie an einem Schnuller.

Mit übermenschlicher Anstrengung schafften sie es, spät in der Nacht des

31. März mit dem Schneiden fertig zu werden, und Chaplin konnte somit am nächsten Tag zu einer Liberty Bond-Tournee aufbrechen. Die Belegschaft arbeitete weiter, um die Negative vorzubereiten. Während Chaplin unterwegs war, sollte die Belegschaft Ideen vorbereiten, die er dann bei seiner Rückkehr begutachten konnte. Mut erlebte Charlies Rückkehr nach Kalifornien leider nicht mehr. Er hatte sein Herrchen offenbar so lieb gewonnen, daß er sich in dessen Abwesenheit vor Kummer verzehrte, die Nahrung verweigerte und starb. Er wurde auf dem Studiogelände unter einem kleinen Denkmal begraben, das aus kunstvoll arrangiertem Schrott bestand und die Inschrift trug: »Mut, gestorben am 29. April – an gebrochenem Herzen«. Mit seiner einzigen Filmrolle hatte er sich sein kleines Stückchen Unsterblichkeit gesichert.

Die Reise in den Osten wurde gemeinsam mit Douglas Fairbanks, Mary Pickford und Rob Wagner unternommen. Die drei Stars wollten an der offiziellen Eröffnung der Third Liberty Bond-Kampagne in Washington teilnehmen, zusammen nach New York weiterfahren und sich dann trennen, Doug und Mary sollten die Nordstaaten bereisen und Chaplin die Südstaaten. Chaplin schlief die ersten beiden Tage der Zugfahrt durch. Als er sich von seiner Erschöpfung erholt hatte, machte er sich daran, seine Rede vorzubereiten, und vertraute den anderen an, wie sehr ihn die Vorstellung aufrege, vor einer Menschenmenge eine ernsthafte Ansprache halten zu müssen. Doug schlug vor, er solle mit der Menschenmenge üben, die sich beim nächsten Halt um den Zug versammelte, aber als letzter Redner mußte er feststellen, daß der Zug bereits losfuhr, als er gerade so richtig in Schwung kam, so daß er seine flammende Rede an ein rasant zurückweichendes Publikum hielt.

In Washington zog die Gruppe im Triumphzug durch die Straßen zu einem Fußballfeld, wo sich eine riesige Menschenmenge versammelt hatte, um sie anzuhören. Marie Dressler war auch auf dem Podium, und als Chaplin sich von seiner eigenen Redeflut mitreißen ließ und vom Podium fiel, schaffte er es, die füllige Marie mitzureißen. Sie fielen auf den jungen Stellvertretenden Marineminister Franklin D. Roosevelt. Später wurden sie im Weißen Haus offiziell Präsident Wilson vorgestellt. Chaplin befand, daß weder er noch der Präsident von der Begegnung sonderlich beeindruckt waren.

In New York war die allgemeine Aufregung sogar noch größer. Am 8. April versammelte sich im Laufe des Vormittags eine große Menschenmenge an der Kreuzung Broad und Wall Street, und als die Gruppe gegen Mittag eintraf, warteten dort schätzungsweise zwischen zwanzig- und dreißigtausend Menschen; viele waren am Morgan Building, an der Börse und an den Säulen des Finanzministeriums hochgeklettert. Ihre Reden wurden mit Beifall, Gelächter und Zurufen begrüßt. Und die Masse geriet aus dem Häuschen, als Fairbanks Chaplin auf die Schultern nahm. Chaplin trug einen taillierten blauen Anzug, Halbschuhe mit hellen Kappen und eine schwarze Melone.

»Also hört mal her –«, begann er und wurde alsbald durch die Jubelrufe und das Gelächter der vielen tausend Bankleute, Börsenmakler, Laufburschen und Stenographen unterbrochen. »Ich habe noch nie in meinem Leben eine Rede gehalten –« fuhr er fort und wurde wieder unterbrochen, »– aber ich glaube, daß ich jetzt eine halten kann!« Dann beruhigte sich die Menge, und seine übrigen, durch ein Megaphon gebrüllten Worte waren fast durchgängig zu hören:

> Ihr Leute da draußen – ich will, daß ihr bei diesem dritten Liberty Loan überhaupt nicht mehr an Prozente denkt. Menschenleben stehen auf dem Spiel, und keiner sollte sich darüber Gedanken machen, wieviel Zinsen die Anleihen abwerfen werden oder was man daran verdienen kann, wenn man welche erwirbt.
>
> Das Geld wird gebraucht – Geld zur Unterstützung der großen Army und Navy von Uncle Sam. In dieser Minute sind die Deutschen in der stärkeren Position, und wir müssen die Dollars zusammenkriegen. Das Geld muß unbedingt rüber, damit wir diesen alten Teufel von einem Kaiser aus Frankreich vertreiben können!

Diese Erklärung wurde mit einem Beifallssturm begrüßt, der noch viele Blocks weiter widerhallte. Als er wieder zu Wort kam, schloß Chaplin mit den Worten: »Wie viele von euch Männern da draußen, wie viele von euch Jungs haben Liberty Bonds gekauft oder sind bereit, welche zu kaufen?« Zigtausend Hände schossen spontan in die Höhe.

Die Reise nach New York bescherte Chaplin auch eine Freude ganz persönlicher Art. Marie Doro, vor dreizehn Jahren der schöne Star der Londoner Produktion von *Sherlock Holmes*, spielte in *Barbara* am Klaw Theatre, und Chaplin konnte ein intimes Diner arrangieren. Der unerfüllbare Traum des Sechzehnjährigen, der Billy den Laufburschen spielte, wurde endlich wahr.

Chaplins Rundreise begann in Petersburg, Virginia, und führte ihn durch North Carolina, Kentucky, Tennessee und Mississippi. Er traf völlig erschöpft in New Orleans ein und war gezwungen, sich ein paar Tage lang auszuruhen, bevor er die Reise beenden und über Texas nach Hause zurückkehren konnte. In Memphis erreichte ihn ein Brief seines verzweifelten Studio-Managers John Jasper, der darin seinen Rücktritt erklärte. Chaplin war aus Kalifornien abgereist und hatte Jasper ein Girokonto zum Betrieb des Studios hinterlassen, das seit drei Wochen nicht aufgefüllt worden war. Als Reaktion auf Jaspers Proteste hatte er telegrafisch eine wöchentliche Zahlung von 2000 $ angewiesen, obwohl vorher vereinbart worden war, daß das durchschnittliche Budget mindestens 3000 $ zu betragen habe. »Ich bin natürlich davon ausgegangen, daß ich das Geld jede Woche zur Verfügung haben würde«, schrieb Jasper. »Die Arbeit eines Managers in diesem Job steht und fällt mit einem Girokonto. Warum deponieren Sie nicht genügend Geld auf der Citizen's National Bank und bereiten dieser ganzen Verwirrung ein Ende? Schließlich mangelt es Ihnen ja nicht an Geld, wie so vielen anderen.«

Der Weggang Jaspers scheint Chaplin nicht in ernste Verlegenheit gebracht zu haben. Alf Reeves wurde umgehend zu seinem Nachfolger ernannt, und für die nächsten achtundzwanzig Jahre erwies er sich als idealer Produktionsleiter, den die Launen seines Arbeitgebers scheinbar nie überraschten oder aus dem Konzept brachten.

Chaplin war Anfang Mai wieder in Hollywood, und Ende des Monats war er bereit, mit seinem nächsten Film zu beginnen, unter dem Arbeitstitel ›Produktion Nr. 2, *Camouflage*. 2 Rollen‹. Die Vorstellung von Charlie an der Front war unwiderstehlich. Seit Beginn der ›Drückeberger-Kampagne‹ gegen ihn hatten Zeitungskarikaturisten aller Länder eifrig darüber spekuliert, wie eine Konfrontation Charlies mit dem Kaiser aussehen könnte. Ende 1917 hatte Chaplin zum Spaß auf einer in einem seiner Scrap-Books noch erhaltenen Postkarte eine Vorankündigung für einen fiktiven Film, *Private Chaplin U. S. A.* (Gefreiter Chaplin USA) entworfen: »Meine Damen und Herren – In diesem Film legt Charlie seinen Stock nieder und ergreift das Schwert, um für die Demokratie zu kämpfen. Film, produziert von Charlie Chaplin Film Corp. Verleih durch First National Exhibitors' Circuit.« Chaplins Mitarbeiter und Freunde waren skeptisch, ob es klug sei, aus einem so schrecklichen Ereignis wie dem Krieg, dessen Auswirkungen die Amerikaner erst seit so kurzem zu spüren bekommen hatten, eine Komödie zu machen. Doch Chaplin, dem immer stärker bewußt wurde, wie eng Komödie, Drama und Tragödie beieinanderlagen, war zuversichtlich.

Anscheinend begann er den Film mit einer klareren Vorstellung von seiner Struktur, als das sonst der Fall war, obwohl diese Vorstellung letztendlich modifiziert wurde. Ursprünglich hatte er drei Akte geplant. Der erste sollte Charlie im Zivilleben zeigen, einer Xanthippe als Eheweib ausgeliefert und Vater mehrerer Kinder. Nach einer Verbindungssequenz im Rekrutierungsbüro sollten dann seine Abenteuer an der Front folgen. Im dritten Teil war

CHARLIE CHAPLIN STUDIOS

DAILY PRODUCTON REPORT

NUMBER OF DAYS ON PICTURE INCLUDING TO-DAY		
IDLE	WORK	TOTAL
1	11	12

DIRECTOR

DATE January 28th 1918

CAMERAMAN

PICTURE No. 1

WORKING TITLE "I Should Worry"

NUMBER OF REELS

CAST	RATE	SCENES PLAYED IN
CHARLIE CHAPLIN	*	
HENRY BERGMAN	STOCK	
ALBERT AUSTIN	STOCK	
FRED STARR	STOCK	
TOM WILSON	STOCK	
SLIM COLE	STOCK	
JAMES T. KELLEY	GUAR	
TED EDWARDS	GUAR	

PETTY CASH EXPENDITURES	
ARTICLE	AMOUNT
BALANCE OF HAND	11 90
Meat for Dogs	34
" " "	20
" " "	36
Gasoline	20
Fur for Bergman	2 34
Rent of 2 Dogs	2 00
	6 46
STILLS TAKEN TO-DAY:	2
NUMBER BROUGHT FORWARD	2
TOTAL STILLS TO DATE	5

SCENES TAKEN TO-DAY					
No.	FEET	SCENE No.	FEET	SCENE No.	FEET
		FORWARD		FORWARD	
TOTAL		TOTAL		GRAND TOT.	

FILM USED	FOOTAGE
TO-DAY	1200
BAL. FORWD	4877
TOTAL TO DATE	6077

STARTED WORK	
A. M.	P. M.
10:30	

MEMO. Mr Chaplin arrived at 9:40 A M Started shooting dog no tract kept of scenes. Fight was unsatisfactory.

AUTO USED	STARTED TIME A. M.	STARTED TIME P. M.	FINISHED TIME A. M.	FINISHED TIME P. M.

WEATHER { FAIR ~~CLOUDY~~ ~~RAIN~~

O. K. M W Brown

CLERK

1918 – Produktionsbericht von *A Dog's Life*
(anfangs *I Should Worry* genannt).

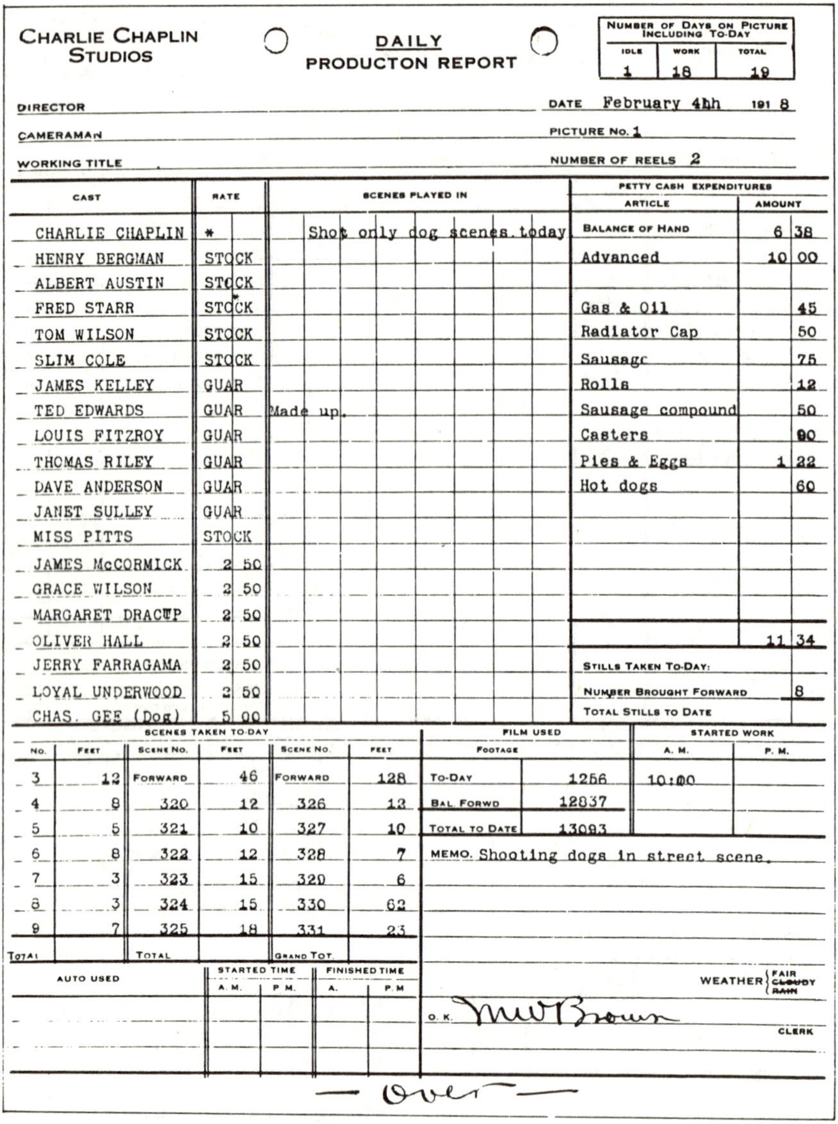

CHARLIE CHAPLIN STUDIOS

DAILY PRODUCTON REPORT

Number of Days on Picture Including To-Day		
Idle	Work	Total
1	18	19

DIRECTOR

CAMERAMAN

WORKING TITLE

DATE February 4hh 1918

PICTURE No. 1

NUMBER OF REELS 2

Cast	Rate	Scenes played in	Petty Cash Expenditures: Article	Amount
CHARLIE CHAPLIN	*	Shot only dog scenes. today	Balance of Hand	6 38
HENRY BERGMAN	STOCK		Advanced	10 00
ALBERT AUSTIN	STOCK			
FRED STARR	STOCK		Gas & Oil	45
TOM WILSON	STOCK		Radiator Cap	50
SLIM COLE	STOCK		Sausagc	75
JAMES KELLEY	GUAR		Rolls	12
TED EDWARDS	GUAR	Made up.	Sausage compound	50
LOUIS FITZROY	GUAR		Casters	90
THOMAS RILEY	GUAR		Pies & Eggs	1 22
DAVE ANDERSON	GUAR		Hot dogs	60
JANET SULLEY	GUAR			
MISS PITTS	STOCK			
JAMES McCORMICK	2 50			
GRACE WILSON	2 50			
MARGARET DRACUP	2 50			
OLIVER HALL	2 50			11 34
JERRY FARRAGAMA	2 50		Stills Taken To-Day:	
LOYAL UNDERWOOD	2 50		Number Brought Forward	8
CHAS. GEE (Dog)	5 00		Total Stills to Date	

Scenes Taken To-Day: No.	Feet	Scene No.	Feet	Scene No.	Feet
3	12	Forward	46	Forward	128
4	8	320	12	326	13
5	5	321	10	327	10
6	8	322	12	328	7
7	3	323	15	329	6
8	3	324	15	330	62
9	7	325	18	331	23
Total		Total		Grand Tot.	

Film Used	Footage
To-Day	1256
Bal. Forwd	12837
Total to Date	13093

Started Work A. M.	P. M.
10:00	

MEMO. Shooting dogs in street scene.

Auto Used	Started Time A. M.	P. M.	Finished Time A.	P. M.

WEATHER { FAIR ~~CLOUDY~~ ~~RAIN~~

O. K. M W Brown

CLERK

— Over —

1918 – Produktionsbericht von *A Dog's Life*
(anfangs *I Should Worry* genannt).

Die beiden größten Komiker der Welt

1917 – Spanische Karikatur von
Chaplin mit dem Kaiser

»Das Bankett« vorgesehen, bei dem die gekrönten Häupter Europas dankbar einen Toast auf Charlie ausbringen für seine mutige Gefangennahme des Kaisers. Am Schluß sollte er dann wie Jimmy the Fearless oder Charlie in *The Bank* in der kalten Wirklichkeit des Ausbildungslagers erwachen.

Wenn seine Vorstellungen schon so konkret waren, drehte Chaplin seine Geschichten gerne in der richtigen Reihenfolge. Er begann mit den Szenen aus dem Zivilleben, für die er drei Kinderschauspieler einsetzte, True Boardman jr., Frankie Lee und Marion Feducha. Die zornige Ehefrau sollte im Off bleiben, ihre Anwesenheit sollte nur durch das gelegentliche Werfen eines Tellers oder einer Pfanne oder irgendeines anderen Wurfgeschosses angezeigt werden. In der Endfassung zeigt die Sequenz, wie Charlie mit seinen drei Söhnen die Straße entlanggeht. Unvermittelt verschwindet er dann in einem Saloon, während seine Kinder draußen geduldig auf ihn warten. Als er wieder erscheint, trotten sie alle nach Hause, wo er unter dem Bombardement seiner unsichtbaren Gattin gleichmütig die Suppe für das Mittagessen vorbereitet.

Das Erscheinen des Postboten mit den Einberufungspapieren erscheint als willkommene Erlösung.

Die nächste Sequenz, die in zwei Wochen vorbereitet und gedreht wurde, zeigt Charlies Ankunft im Rekrutierungsbüro, wo er ärztlich untersucht werden soll. Er wird angewiesen, das Büro zu betreten und sich zu entkleiden. Halbausgezogen öffnet er die falsche Tür und gerät in ein mit Glaswänden unterteiltes Bürolabyrinth, das von Sekretärinnen bevölkert ist. Nach vielen Schwierigkeiten entkommt Charlie den Frauen. Auf einer Tür liest er: ›Dr. Francis Maud‹. Der Name macht ihn noch nervöser, doch wie sich herausstellt, handelt es sich nicht um eine Ärztin, sondern um den finsteren Albert Austin mit Rauschebart. Die Untersuchung sieht man als Schattenspiel durch die Milchglasscheibe der Bürotür. Der Arzt erscheint und steckt Charlie eine riesige Sonde in den Hals, die aber wiederholt heftig ausgestoßen wird. Schließlich verschluckt Charlie das Ding ganz, und der Arzt muß Schnur und Angelhaken zu Hilfe nehmen, um sie wiederzuholen. Zweifellos durch Erinnerungen an die weihnachtliche Karno-*Harlequinade* aus dem Jahr 1910 inspiriert, ist es im Grunde eine uralte Nummer des Vaudeville-›Shadowgraphist‹. Chaplin verstand es jedoch meisterhaft, alte Witze mit neuem Leben zu erfüllen, und als die wiederentdeckte Sequenz fünfundsechzig Jahre später in die Fernsehserie *Unknown Chaplin* aufgenommen wurde, erwies sich, daß sie nichts von ihrem Schwung eingebüßt hatte.

Doch Chaplin verwarf alles, was er in diesem ersten Arbeitsmonat gedreht hatte. Eine solch rigorose Selbstzensur wäre in der Geschichte des Kinos zu jedem Zeitpunkt ungewöhnlich gewesen, aber 1918, als ein Zeitraum von einem Monat üblicherweise ausreichte, um einen erstklassigen abendfüllenden Film zu drehen, war so etwas unerhört. Und außerdem trug Chaplin laut Vertrag mit der First National alle Produktionskosten. Er opferte also bereitwillig sein eigenes Geld, wenn es der Perfektion diente. Und er ging nicht fehl in der Annahme, daß er Besseres leisten konnte.

Während der ersten Juliwoche wurde die Story umgearbeitet, neue Kulissen wurden gebaut. Als die Dreharbeiten wieder aufgenommen wurden, filmte Chaplin von Anfang bis Ende durch, praktisch ohne die Pausen zur Besprechung und Überarbeitung der Story, die üblich geworden waren und es auch in Zukunft blieben. Unterbrochen wurden die Dreharbeiten eigentlich nur am 11. Juli, als Marie Dressler in Begleitung der Schauspielerin Ina Claire das Studio besuchte. Wie immer ließ Chaplin die Arbeit mit überraschendem Vergnügen ruhen, um sich seinem alten Co-Star zu widmen. Sie posierten zusammen für Fotos, auf denen die furchterregende Marie als Hunnenschreck in der Schützengraben-Kulisse zu sehen ist.

Der Schützengraben und der Unterstand sind eine bemerkenswerte Abstraktion der Realität der Westfront. Als Chaplin *Shoulder Arms* mehr als ein halbes Jahrhundert später neu herausbrachte, stellte er dem Film stolz Dokumentaraufnahmen vom Krieg voraus, um zu zeigen, wie gut seine Kulissenbauer gearbeitet hatten. Vier Wochen wurden benötigt, um die Szenen im Schützengraben zu drehen, die zeigen, wie Charlie, Sydney und ihre Gefährten sich den Frontbedingungen anpassen: Ungeziefer, schlechtes Essen, Heimweh, Scharfschützen, Regen, Schlamm, Überschwemmung und Angst. Inzwischen war Hochsommer. An einem Tag herrschte eine derartig große Hitze, daß an Drehen nicht zu denken war. Charlie verbrachte vier Tage dieser Hitzewelle schwitzend in einem Tarnbaum. Aber sein Leiden wurde belohnt: Es entstand eine seiner aberwitzigsten surrealistischen Episoden. Charlie hoppelt in seiner Baumverkleidung auf dem Niemandsland umher, erstarrt zu baumhafter Bewegungslosigkeit beim Herannahen einer deutschen Patrouille und wird listig mit einem kräftigen deutschen Soldaten fertig, der unbedingt mit einem Beil Brennholz aus ihm machen will. Die Weiten des Niemandslandes fanden sich im damals noch ländlichen Hollywood auf der Rückseite von Beverly Hills, während der Wilshire Boulevard und die Rückseite von Sherman den Wald lieferten. Dort stieß man auch auf ein halb eingebuddeltes Rohr, das geradezu nach einer komischen Nummer verlangte. Charlie jagt wie ein Kaninchen in die Röhre, seine deutschen Verfolger bekommen seine Beine zu fassen, erwischen aber nur seine Stiefel und seine Verkleidung, die er wie eine Schlangenhaut abstreift. Der rundliche Henry Bergman, der einen deutschen Offizier spielt, bleibt im Rohr stecken, als er versucht, Charlie hinterherzukriechen, und muß herausgebrochen werden. Es ist nicht bekannt, ob die Wasserwerke jemals entdeckten, wie es zur Zertrümmerung ihres Eigentums gekommen war.

Chaplin, der seine patriotischen Verpflichtungen ernst nahm, hatte sich bereiterklärt, für die Liberty Bond-Kampagne einen kurzen Film beizusteuern, und erkannte jetzt, daß er die Arbeit an *Camouflage*, mit der er bereits im Rückstand war, unterbrechen mußte, wenn er ihn rechtzeitig abliefern wollte. Am 14. August arbeitete das Team bis ein Uhr morgens durch, um die Szenen fertigzustellen, in denen sich der Gefreite Charlie und die französische Bäuerin, gespielt von Edna, in deren zerstörtem Haus begegnen. Tags darauf wurde das Studio für diese schlicht als ›Propaganda-Film‹ ausgewiesene Produktion umgerüstet. Sie bekam schließlich den Titel *The Bond* [Kriegsanleihe], hatte eine Länge von 209 Metern (etwa zehn Minuten) und wurde in sechs Arbeitstagen fertiggestellt. Sydney spielte den Kaiser in Kostüm und Maske aus *Camouflage*. Neben Charlie bestand die restliche Besetzung aus Edna, Albert Austin und einem Kind namens Dorothy Rosher. Der Film hatte vier Episoden, vorneweg erschien der Titel: ›There are different kinds of Bonds: the Bond of Friendship; the Bond of Love; the Marriage Bond; and most important of all – the Liberty Bond‹. Durch die Verwendung einfacher, stilisierter weißer Requisiten vor einem schlichten schwarzen Hintergrund bekam dieser seltsame kleine Film einen proto-expressionistischen Anstrich. Er wurde der Regierung gestiftet und im Herbst 1918 kostenlos an alle Filmtheater in den Vereinigten Staaten verteilt.

Nachdem *The Bond* vom Tisch war, drehte Chaplin *Camouflage* schnell zu Ende. Am 16. September war der Film fertig geschnitten und mit dem neuen Titel *Shoulder Arms* [Gewehr über] versehen.

Chaplin, der erschöpft, entmutigt und durch persönliche Schwierigkeiten deprimiert war, verlor plötzlich das Vertrauen in den Film. Später behauptete er, daß er ernstlich daran gedacht habe, ihn zu vernichten, und skeptisch gewesen sei, als Douglas Fairbanks, der verlangt hatte ihn zu sehen, Tränen lachte. Besser als jeder andere Clown in der Geschichte konnte Charlie beweisen, daß die Komödie ihre Wirkung am besten entfalten kann, wenn sie auf der Schwelle zur Tragödie steht. Es gelingt ihm, die wahren Schrecken des Krieges so darzustellen, daß man darüber lachen muß. Und wie sich herausstellte, hat kein Publikum *Shoulder Arms* mehr zu würdigen gewußt als die Männer, die diese Wirklichkeit gesehen und durchlitten hatten. Zur Ausrüstung des Soldaten Charlie gehören eine Mausefalle und ein Reibeisen, das als Rückenkratzer dient, wenn die Flöhe zu frech werden. In seinem Freßpaket von zu Hause finden sich Kekse, die so hart wie Kommißbrot sind, und ein Limburger Käse, der so überreif ist, daß er ihn als Granate benutzt und den Feind damit bombardiert und begast. Er bedient sich vorbeifliegender Geschosse zum Flaschenöffnen und Zigarettenanzünden. Als Scharfschütze schreibt er seine Treffer an – wischt aber den letzten Strich wieder aus in Anerkennung eines Gegentreffers, der seinen Blechhelm erwischt. Selbst der Alptraum der überschwemmten Schützengräben der Somme wird zum Lachen: Charlie fischt sein untergegangenes Kissen heraus und versucht vergeblich, es auszuklopfen, bevor er sich zur nächtlichen Ruhe begibt, dann bemüht er sich, die Kerze auszublasen, die auf dem Flutwasser vorbeischwimmt. Ein Zwischentitel wurde zum klassischen Witz des Ersten Weltkrieges. Als er gefragt wird, wie er es ohne fremde Hilfe geschafft hat, dreizehn Deutsche gefangenzunehmen, erwidert Charlie schlicht und rätselhaft: »Ich habe sie umzingelt.«

Ebenso denkwürdig ist die Szene, wo Charlie als einziger keinen Brief und kein Päckchen mit der Feldpost bekommt. Mit törichtem Stolz lehnt er den Kuchen ab, den ihm ein glücklicher Kamerad anbietet, und wandert aus dem Unterstand in den Schützengraben. Dort liest ein Soldat auf Wachposten einen Brief von zu Hause. Charlie blickt ihm über die Schulter, liest mit und empfindet alle Gefühle nach, die über das Gesicht des Soldaten ziehen. Wenn er auch eine Komödie daraus machte, beunruhigten und quälten Chaplin der Wahnsinn und die sinnlosen Opfer des Krieges stets. In einer scheinbar heiteren Szene in *Shoulder Arms* schimmert eine ernstere Aussage durch. Nachdem Charlie seine deutschen Gefangenen ›umzingelt‹ und gefangengenommen hat, bietet er ihnen Zigaretten an. Die einfachen Soldaten nehmen sie dankbar an, aber der kleinwüchsige preußische Offizier nimmt die Zigarette nur, um sie verächtlich wegzuschmeißen. Sofort packt Charlie den Winzling, legt ihn übers Knie und verabreicht ihm eine ordentliche Tracht Prügel. Die deutschen Soldaten scharen sich begeistert um ihn und spenden Beifall. Hier wird eine Kameradschaft zwischen einfachen Männern gezeigt, die sich über kriegführende Regierungen und Armeen hinwegsetzt.

Shoulder Arms war einer der größten Erfolge in Chaplins Laufbahn. Seine Ehe mit Mildred Harris aber ganz und gar nicht. Als er Mildred auf einer von Samuel Goldwyn gegebenen Party kennenlernte, wahrscheinlich Anfang 1918, war sie noch keine sechzehn. Bereits vor ihrem zehnten Lebensjahr hatte sie sich als Kinderdarstellerin einen Namen gemacht, und inzwischen war sie bei Paramount unter Vertrag, im Studio von Lois Weber. Sie strahlte noch etwas Kindliches aus, das Chaplin verzauberte. Sein Frauenideal war durch seine erste Vernarrtheit in die fünfzehnjährige Hetty Kelly scheinbar ein für allemal geprägt. Mildred ihrerseits scheint ihr goldenes Haar, ihre blauen Augen und ihr neckisches Geplapper ganz bewußt eingesetzt zu haben. Ihre Mutter hatte vermutlich nichts dagegen, da ihr als Chef-Garderobiere in den Ince Studios nicht entgangen sein konnte, daß Chaplin der begehrteste und attraktivste Junggeselle von Hollywood war. Harriett Underhill beschreibt, wie er damals in Erscheinung trat: »Er redet humorvoll, er denkt ernsthaft, er kleidet sich unauffällig und er sieht gut aus. Er hat die weißesten Zähne aller Zeiten, die blauesten Augen und die schwärzesten Wimpern ...«

Bald mußten Chaplin und die Harrises verschämt Anfragen seitens der

Presse abwehren, die aber nicht so leicht locker ließ. Am 25. Juni berichtete die *Los Angeles Times* von Gerüchten über eine bevorstehende Verlobung und die entsprechenden Dementis. Am folgenden Tag brachte der *Los Angeles Examiner* einen vollständigeren und ausführlicheren Bericht:

GERÜCHT ÜBER CHAPLIN-HEIRAT DEMENTIERT

Trotz nicht nachlassen wollender Gerüchte, daß Mildred Harris, der niedliche Leinwandliebling, Charlie Chaplins Herz gewonnen hat und bald seine Braut sein wird, haben die zierliche Schauspielerin wie auch ihre Mutter, Mrs. A. F. Harris, gestern abend den zweiten Teil dieser Behauptung bestritten.

»Nein, Mr. Chaplin und ich sind nicht verlobt«, sagte Miss Harris gestern zu später Stunde, als sie nach einem Abend in seinem Studio zu ihrer Wohnung in den Wilshire Apartments zurückkehrte. »Wir sind nur gute Freunde. Wir kennen uns doch erst seit zwei Monaten, und wir gehen erst seit einem Monat oder so miteinander. Ich bin sicher, daß Mr. Chaplin diesen Bericht auch dementieren wird. Wir haben nicht über das Gerücht gesprochen, da wir uns seit etwa einer Woche nicht gesehen haben.«

Mrs. Harris sagte, der Bericht habe sie sehr überrascht, und sie fügte hinzu, daß ihre Tochter erst siebzehn sei und viel zu jung, um ans Heiraten zu denken.

Einem in Filmkreisen kursierenden Bericht zufolge hat Chaplin kürzlich mit Philip Smalley vom Lois Weber Studio konferiert, wo Miss Harris unter Vertrag steht, und sich erkundigt, welche Auswirkungen eine etwaige Heirat auf ihren Vertrag hätte. Dem Bericht zufolge hieß es, daß eine Heirat keinerlei Auswirkungen auf ihren Vertrag haben würde.

Philip Smalley bestritt, daß eine derartige Konferenz stattgefunden hat.

Als Mildred kurz nach der Fertigstellung von *Shoulder Arms* verkündete, daß sie schwanger sei, war es vorbei mit Mrs. Harris' Dementis. Chaplin war in der Falle: Er konnte unter keinen Umständen den Skandal riskieren, den ein derartiges Verhältnis mit einer Siebzehnjährigen auslösen mußte. Tom Harrington, sein Kammerdiener, Sekretär, Vertrauter und allgemeines Faktotum, erhielt den Auftrag, eine standesamtliche Eheschließung für den 23. September 1918 zu arrangieren, nach der Studio-Arbeitszeit. Harrington regelte die Sache mit der Diskretion, deretwegen Chaplin ihn so schätzte, und Chaplin war nun auf einmal, ohne jegliche Begeisterung, ein verheirateter Mann. Er zog aus dem Los Angeles Athletic Club aus, der praktisch seit seiner Ankunft in Hollywood sein Zuhause gewesen war, und mietete ein Haus im De Mille Drive 2000. Der Mietvertrag galt nur für sechs Monate, aber lange Mietverhältnisse paßten zu dieser Ehe ohnehin nicht. Als er die Braut im Standesamt auf ihn warten sah, waren seine Empfindungen nicht eben vielversprechend: »Sie tat mir ein bißchen leid.«

Edna erfuhr erst tags darauf durch die Zeitung von der Heirat, aber sie nahm die Tatsache mit Würde und äußerer Ruhe hin. Chaplin erinnert sich, daß sie an der Tür ihrer Garderobe erschien, als er am nächsten Morgen zum Studio ging. »Herzlichen Glückwunsch«, sagte sie leise. »Danke«, antwortete er und ging zu seiner Garderobe weiter. »Edna brachte mich in Verlegenheit«. Edna sah sich *Shoulder Arms* nicht mit Chaplin zusammen im Vorführraum des Studios an, aber als er im Begriff stand, zu einer einwöchigen Hochzeitsreise nach Catalina Island aufzubrechen, schrieb sie ihm:

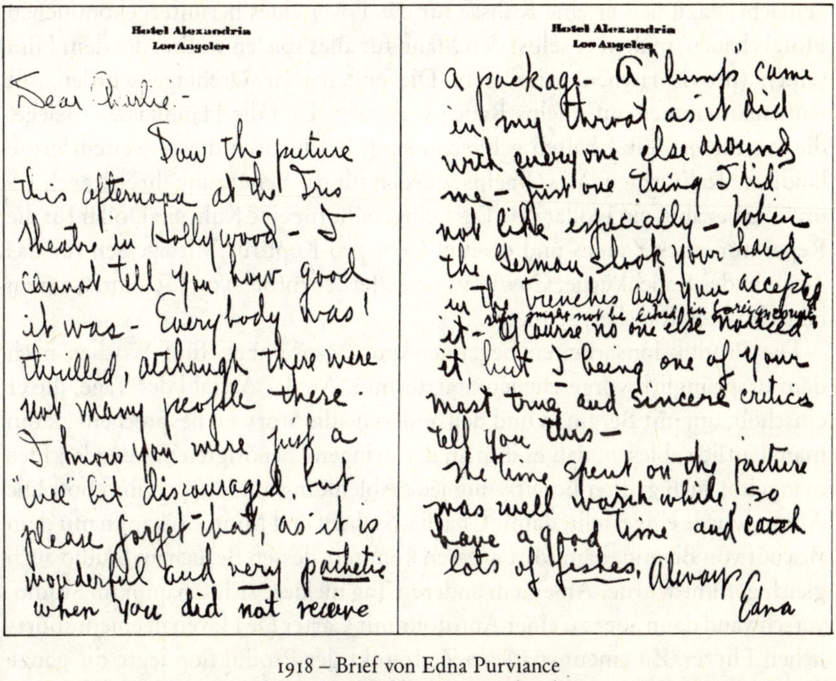

Hotel Alexandria
Los Angeles

Dear Charlie-
Saw the picture
this afternoon at the Iris
theatre in Hollywood - I
cannot tell you how good
it was - Everybody was
thrilled, although there were
not many people there.
I know you were just a
"wee" bit discouraged, but
please forget that, as it is
wonderful and very pathetic
when you did not receive

Hotel Alexandria
Los Angeles

a package - A lump came
in my throat as it did
with everyone else around
me - Just one thing I did
not like especially - when
the German shook your hand
in the trenches and you accepted
it - they might not be liked in foreign countries
Of course no one else noticed
it, but I being one of your
most true and sincere critics
tell you this -
The time spent on the picture
was well worth while, so
have a good time and catch
lots of fishes. Always
Edna

1918 – Brief von Edna Purviance
nachdem sie *Shoulder Arms* gesehen hatte.

Zu ihren anderen Vorzügen fügte Edna noch den Vorzug hinzu, eine gute Verliererin zu sein. Die arme Mildred war, wie Chaplin sich vorsichtig ausdrückte, »kein geistiges Schwergewicht«. Er fand sie langweilig, und sie wiederum nahm ihm übel, daß er alles andere ganz und gar vergaß, wenn er sich auf seine

Arbeit konzentrierte. Sie war verärgert, weil er sich nicht für ihre Karriere interessierte, die durch den Ruhm, Mildred Chaplin zu sein, einen kurzen Aufschwung erfuhr. Die bitterste Ironie für Chaplin aber war, daß sich die Schwangerschaft, die Ursache für die überstürzte Heirat, als falscher Alarm erwies.

Chaplin war überzeugt, daß die Ehe seine Schaffenskraft lähmte. Die akuten Schwierigkeiten, die er bei seinem nächsten Film *Sunnyside* [Auf der Sonnenseite] (begonnen unter dem Arbeitstitel *Jack of All Trades*) hatte, schienen seine Befürchtungen zu bestätigen. Chaplins Vorstellungen schienen viel weniger klar als sonst. Er hatte sich für ein ländliches Sujet entschieden und aus dem üblichen Straßen-Schauplatz die Hauptstraße eines europäischen Dorfs gemacht, dazu ließ er eine Kulisse für das Foyer eines heruntergekommenen Hotels bauen, in dem er selbst den Mann für alles spielen wollte, der dem Film seinen (provisorischen) Titel gab. Die ersten paar Drehtage wurden mit Außenaufnahmen auf Phelps Ranch verbracht. Und die Handkassen-Belege, die aus dieser Zeit erhalten geblieben sind, beschwören dieses weitentfernte ländliche Kalifornien. Mrs. Phelps wurden für die Benutzung ihrer Ranch 3 $ pro Tag bezahlt, ein Dollar pro Tag Leihgebühr für eine Kuh, ein Dollar für die Reparatur eines Zaunes und dreißig Cent pro Kopf für Mittagessen für das Team in der Ranchküche. Cowboys und Pferde wurden von Joe Floris, einem benachbarten Rancher, gemietet.

Die Produktionsarbeiten begannen am 4. November, fünf Wochen nach dem ursprünglich vorgesehenen Starttermin. An der Anzahl der Tage, die er einschob, um mit Bergman und den anderen »die Story zu besprechen«, kann man deutlich ablesen, daß es ihm an der dringend benötigten zündenden Idee mangelte; auch griff er bereitwillig jede Ablenkung auf, die sich ihm bot. Die Arbeit wurde eingestellt, damit Charlie, Sydney und Minnie Chaplin mit dem Bischof von Birmingham Mittag essen konnten, dessen Besuch im Studio auch gleich gefilmt wurde. An einem anderen Tag meldete sich Chaplin im Studio, verschwand dann aber zu einer Autotour mit Carter De Haven in einem sportlichen Flitzer. Zu einem späteren Zeitpunkt der Produktion legte die ganze Truppe für drei Tage die Arbeit nieder, um zum Luftzirkus nach San Diego zu gehen. Die Unternehmung wurde dürftig dadurch gerechtfertigt, daß man bei dem Ereignis 600 Meter Film verschoß, der nie benutzt wurde. Mitte Dezember schnitt Chaplin das bereits gedrehte Material zusammen, war aber dermaßen entmutigt, daß er sich gänzlich vom Studio absentierte. Weihnachten kam, aber Chaplin nicht. Weder er noch Edna wurden in den ersten

Wochen des neuen Jahres im Studio gesichtet, und am 19. Januar machte das Studio ganz dicht. Insgesamt blieb Chaplin dem Studio sechs Wochen fern. Eine derartig ernste Schaffenskrise hatte keiner seiner Mitarbeiter je zuvor bei ihm erlebt.

Chaplin kehrte am 29. Januar ins Studio zurück und verkündete, daß die 6500 Meter belichteten Films von *Jack of All Trades* unbrauchbar seien und daß er vorhabe, eine neue Produktion in Angriff zu nehmen, die *Putting it Over* heißen sollte. Es lief auch nicht besser. Und die Lage wurde durch eine Reihe von Regentagen, an denen nicht gedreht werden konnte, noch zusätzlich verschlimmert. Chaplin testete ein paar neue Schauspielerinnen, mietete ein paar Cowboys und Pferde, eine Kuh, einen Stier und einen Stuntman. Nach ein paar weiteren Tagen verkündete er dann, daß er doch wieder mit *Jack of All Trades* weitermachen wolle, jetzt unter dem Titel *Sunnyside*.

Die Studio-Tagesberichte sprechen für sich:

21. Februar	Nicht gedreht. Mr. Chaplin schneidet
22. Februar	Nicht gedreht. Mr. Chaplin schneidet
23. Februar	Nicht gedreht. Mr. Chaplin schneidet
25. Februar	Nicht gedreht. Auf Drehort-Suche
26. Februar	Nicht gedreht. Mr. Chaplin fühlt sich nicht wohl
27. Februar	Nicht gedreht. Mr. Chaplin schneidet
28. Februar	Nicht gedreht
1. März	Nicht gedreht. Sonnenuntergang gefilmt. Ein paar Meter.
2. März	Nicht gedreht. Story besprochen
4. März	Nicht gedreht. Story besprochen
5. März	Nicht gedreht. Mr. Chaplin krank
6. März	Nicht gedreht. Mr. Chaplin abwesend
7. März	115 m gedreht
8. März	Nicht gedreht. Story besprochen

Dann packte Chaplin auf einmal Mitte März entweder die Verzweiflung oder die Eingebung. Er hatte inzwischen 150 Tage mit der Produktion zugebracht, zwei Drittel der Zeit untätig. Jetzt aber drehte er drei Wochen tagein, tagaus, filmte an den meisten Tagen einige hundert Meter und setzte die Teile einer roh gezimmerten, aber schlüssigen Geschichte zusammen. Er entwickelte eine Liebesgeschichte zwischen Edna und Charlie, schuf einen Rivalen in der Gestalt eines schneidigen feinen Großstadtpinkels, der auf der Bildfläche erscheint, um ihr mit schicker Kleidung und galanten Manieren den Kopf zu verdrehen. Übertrug er das Leben in die Kunst?

Man sieht *Sunnyside* die Anstrengung an, die seine Herstellung erfordert hat, und Chaplin und seine Zeitgenossen hielten ihn für einen seiner am wenigsten gelungenen Filme. Sicher ist die Komik weder so dicht strukturiert noch so zwingend wie in seinen anderen Filmen aus dieser Zeit, aber es finden sich interessante Abweichungen von Chaplins üblichem Stil, ganz abgesehen von dem Experiment, Charlie an einen ländlichen Schauplatz zu versetzen. Als er den Dorftrottel loswerden will, während er um Edna wirbt, hat er einen Einfall, der einen seltsamen Hang zum Makabren offenbart: Unter dem Vorwand, Verstecken spielen zu wollen, verbindet er dem Burschen die Augen und befördert ihn unsanft auf die Mitte der Dorfstraße, wo das arme Geschöpf, vom brausenden Verkehr bedroht, bis auf weiteres verbleibt. Charlie liefert auch eine sonderbare Hommage an *L'Après-midi d'un Faune*. Die Sequenz beginnt mit der Viehjagd durchs Dorf, nachdem sich die Schützlinge des gedankenverlorenen Kuhhirten Charlie selbständig gemacht haben und in die Kirche eindringen. Er reitet auf dem wildesten Vieh aus der Kirche heraus, wird aus dem Dorf hinausgetragen und schließlich in einen Graben neben einer kleinen Brücke geworfen, wo er bewußtlos liegenbleibt.

Er träumt, daß er von vier Nymphen geweckt wird, die ihn zu einem arkadischen Tanz verlocken. Charlies Ballett wird eindeutig lebhafter, nachdem er rücklings in einem Kaktus gelandet ist. Chaplin war, wie er oft genug unter Beweis stellte, ein brillanter, wenn auch exotischer Tänzer, und die Ballets Russes hatten ihn bei ihren jüngsten Auftritten in Los Angeles fasziniert. Er wiederum fühlte sich geschmeichelt, als die Tänzer seine eigene mimische Begabung bewunderten. Nijinsky und seine Truppe besuchten das Studio, und als Chaplin sich ihre Vorstellung im Theater ansah, ließ der große Tänzer – der kurz zuvor Diaghilew verlassen hatte und gerade dabei war, die Probleme der Unabhängigkeit am eigenen Leibe zu erfahren – das Publikum eine halbe Stunde warten, während er in der Pause mit Chaplin plauderte.

Von allen Chaplin-Filmen hat dieser den rätselhaftesten Schluß. Als er sieht, daß er Edna an den Großstadtpinkel verloren hat, stellt er sich einem herannahenden Auto in den Weg. Dann springt die Szene abrupt zu einem schnellen und glücklichen Ausgang: Ein ausgelassener Charlie wünscht den Pinkel in seinem Wagen zum Teufel und gewinnt seine Edna zurück. Seit fast fünfzig Jahren streiten die Kritiker darüber, ob der Selbstmord der Traum ist, oder ob das Happy-End der Wunschtraum des sterbenden Selbstmörders ist. *Sunny-*

side wurde zu Chaplins tiefster Erleichterung am 15. April 1919 fertiggestellt und zwei Monate später uraufgeführt.

Neben seiner freudlosen Ehe plagten Charlie noch andere Sorgen. Bereits im Jahre 1917 hatte Sydney sich bemüht, Hannah nach Kalifornien zu holen. Nach Tante Kates Tod hatte Aubrey Chaplin, Charlies Cousin, ein Auge auf Hannah im Peckham House gehabt. Als Alf Reeves im Herbst 1917 rüberkam, bot sich eine ideale Gelegenheit, Hannah nach Amerika zu holen, und Sydney telegrafierte ihm: »Habe offizielle Einreiseerlaubnis für meine Mutter zur Spezialbehandlung bekommen. Kannst Du sie mit zwei Spezialpflegerinnen rüberbringen? Kontaktiere Aubrey Chaplin, Hereford Road 47, Bayswater, er kennt die Einzelheiten. Wenn genehm, überweise ich Geld für Passage und Kleidung.«

Aubrey mußte jedoch feststellen, daß die erforderlichen Genehmigungen von der englischen Seite vorerst nicht zu bekommen waren, und die arme Hannah blieb im Heim. Aber im März 1919 konnte Aubrey Chaplin mitteilen, daß ein Abschluß der Vorbereitungen für ihre Überfahrt Mitte Mai zu erwarten sei. Nun erkannte der von seiner Ehe und seiner Schaffenskrise geplagte Chaplin plötzlich, daß er es zu diesem Zeitpunkt nicht ertragen würde, seine Mutter in ihrem gegenwärtigen Zustand zu sehen. Am 21. April telegrafierte er Sydney, der sich im Claridge Hotel in New York aufhielt: »ANDERS ÜBERLEGT DENKE IST AM BESTEN MUTTER BLEIBT IN ENGLAND IN IRGENDEINEM GUTEN SEEBAD. ANGST IHRE ANWESENHEIT HIER KÖNNTE MICH DEPRIMIEREN UND MEINE ARBEIT BEEINTRÄCHTIGEN: ALLES WIRD SICH FINDEN.« Der treue Aubrey machte sich daran, eine passende Hafenstadt zu finden, und schlug vor, sie in Margate unterzubringen – am besten unter falschem Namen –, zusammen mit einer Pflegerin und einer Gefährtin. Aber vorläufig blieb sie im Peckham House; ihre eintönigen Tage erfuhren nur etwas Abwechslung durch gelegentliche Ausflüge und die Besuche von Marie Thorne, einer alten Freundin.

Nach einem Monat Pause begann Chaplin mit einer neuen Produktion, und die Schwierigkeiten fingen wieder von vorne an. Der Titel *Charlies Picnic* ließ eine Vielfalt von Gags erwarten. Charlie testete einige Kinder und erwählte fünf: True Boardman Jr., Marion Feducha, Raymond Lee, Bob Kelly und Dixie Doll. Sie blieben für die nächsten fünf Wochen engagiert. Während der ganzen Zeit brachte Chaplin nur an zwei Tagen ein paar halbherzige Szenen zustande. Ein glühend heißer Sommer war nicht gerade förderlich für die Inspiration. An einem Tag verzeichnete der Studio-Schreiber »Höllisch heiß«.

Am 16. Juni gab Chaplin auf, entließ die Kinder und ging mit Clement Shorter reiten. Vierzehn Tage später machte er einen neuen Versuch. Anfang Juli versuchte er vier Tage lang verzweifelt, etwas zu filmen – irgendwas. Er schleppte Kono, seinen Chauffeur, herbei, der sein Auto fahren sollte, und steckte Alf Reeves und einen Freund, Elmer Ellsworth, in eine Szene. Dann verfiel das Studio wieder in Untätigkeit. An einem Tag konnte der Studio-Schreiber in sein tägliches Berichtsformular nur eintragen: »Anmerkung: Willard hat heute ein Nickerchen gemacht.« Die Geschichte hat uns keinen Hinweis auf Willards Identität hinterlassen – vielleicht war es die Studio-Katze – aber der Kommentar veranschaulicht die allgemeine Verzweiflung angesichts der Untätigkeit in Sunset und La Brea.

Zu all diesen Problemen kamen bei Chaplin auch noch schwere häusliche Sorgen. Mildred war jetzt wirklich schwanger und brachte am 7. Juli einen mißgebildeten Jungen zur Welt. Drei Tage später, am 10. Juli 1919, verzeichnete der Studio-Bericht lakonisch: »Norman Spencer Chaplin heute 16 Uhr verschieden.« Und am nächsten Tag: »11. Juli. Ganze Besetzung abwesend ... Nicht gedreht. Norman Spencer Chaplin heute 15 Uhr auf Inglewood Cemetery beigesetzt.« Mildred ließ auf den Grabstein die Inschrift »Die kleine Maus« setzen. Viele Jahre später erinnerte sich Mildred: »Charlie hat es schwergenommen ... Das ist das einzige, was ich von Charlie noch weiß ... daß er geweint hat, als das Kind starb.« Chaplin erzählte einem Freund verbittert, daß die Bestatter ein starres Grinsen auf das winzige tote Gesicht gedrückt hatten, obwohl das Kind im Leben nie gelächelt hatte.

Es wäre vermessen, zwischen diesem emotionalen Schock und dem darauf folgenden sensationellen Wiederaufleben von Chaplins Schaffenskraft einen Zusammenhang herstellen zu wollen; oder zwischen dem Tod seines ersten Kindes und dem Thema des Films, den er als nächstes machen sollte und den viele für sein großartigstes Werk halten. Zehn Tage nach Norman Chaplins Tod ließ sich Chaplin in seinem Studio Babys vorführen. Einen Co-Star hatte er bereits gefunden. In der Periode der Niedergeschlagenheit, die nach der Fertigstellung von *Sunnyside* gefolgt war, war er ins Orpheum gegangen und hatte dort Jack Coogan mit einer exzentrischen Tanznummer gesehen. Zum Abschluß seines Auftritts brachte Coogan seinen vierjährigen Sohn auf die Bühne, der sich verbeugte, eine Imitation seines tanzenden Vaters vorführte und mit einem lebhaften Shimmy seinen Abgang machte. Chaplin war begeistert – vielleicht fühlte er sich an seinen eigenen ersten Bühnenauftritt erinnert, bei dem er nicht viel älter als Jackie Coogan gewesen war.

Ein oder zwei Abende später lernte Chaplin Jackie kennen. Zusammen mit Sid Grauman betrat er den Speisesaal des Alexandria Hotels gerade in dem Moment, als Jackie und seine Eltern gehen wollten. Grauman kannte die Coogans vom Vaudeville her, als er für seinen Vater diverse Theater leitete. Mrs. Coogan hatte diese Theater unter dem Namen Baby Lillian bespielt. Während Grauman sich mit den Coogans unterhielt, setzte sich Chaplin auf den Boden neben Jackie, so daß er auf seiner Ebene war, und fing an, sich mit ihm zu unterhalten. Dann fragte er Mrs. Coogan, ob er ihn sich für ein paar Minuten ausleihen könne. Mrs. Coogan war überrascht, aber Charlie Chaplin war Charlie Chaplin. Wie sie sich später erinnerte, spielten Chaplin und Jackie eine Stunde und fünfundvierzig Minuten lang zusammen in der Ecke des Foyers auf dem berühmten ›Millionen-Dollar-Teppich‹ des Alexandria (so genannt wegen all der Filmgeschäfte, die darauf abgeschlossen worden waren).

Schließlich brachte Chaplin das Kind zurück und sagte: »Das ist der erstaunlichste Mensch, den ich je in meinem Leben kennengelernt habe.« Völlig hingerissen war Chaplin dann wohl, als er Jackie fragte, was er denn so mache, und Jackie seelenruhig antwortete: »Ich bin ein Prestidigitateur, der in einer Welt von Legerdemain arbeitet.« Sicher war dieser Satz eine einstudierte Nummer des kleinen brillanten Mimen, aber er mußte bei Chaplin, der sich selbst so sehr an der Sprache erfreute, einschlagen. Doch wenn er auch verzaubert war, dachte Chaplin noch nicht daran, Jackie in einem Film einzusetzen.

In der Zeit, in der er im Studio herumsaß und auf eine Inspiration für *Charlie's Picnic* wartete, begann Chaplin von der Coogan-Nummer zu erzählen. Irgend jemand aus dem Team wußte zu berichten, daß Roscoe Arbuckle Coogan gerade verpflichtet habe. Sofort machte Chaplin sich Vorwürfe, daß er nicht selbst auf die Idee gekommen war, den Jungen zum Film zu bringen. Todunglücklich malte er sich die ganzen Gags aus, die er mit dem Kind hätte machen können. Der Pressemann Carlyle Robinson machte dann die glückliche Entdeckung, daß nicht der Sohn, sondern der Vater von Arbuckle verpflichtet worden war. Der Studio-Sekretär Mr. Biby wurde zu Jack Coogan geschickt, der bereit war, seinen Sohn für Chaplin arbeiten zu lassen. »Natürlich können Sie den kleinen Bengel haben«, sagte er.

Am 30. Juli legte Chaplin die 2000 Meter Film, die er für *Charlie's Picnic* bereits gedreht hatte, beiseite, wählte unter den Kleinkind-Aspiranten, die er sich angesehen hatte, Baby Hathaway aus und begann die Arbeit an *The Waif*. Jetzt schien er inspiriert. Den ganzen August und September arbeitete er mit wilder Begeisterung. Es gab kein Fernbleiben vom Studio, keine freien Tage, um »die Story zu besprechen« oder Ausflüge nach San Diego zu unternehmen. An manchen Tagen drehte das Team mehr als tausend Meter Film, die Länge von zwei Zweiaktern.

Wie üblich filmte Chaplin die Geschichte in chronologischer Reihenfolge; und die Szenen, die er in diesen produktiven Wochen drehte, erschienen fast unverändert in der Endfassung von *The Kid*. Wir sehen, wie Edna, ein Kind in den Armen, das Armenhospital verläßt, unter den verächtlichen Blicken einer Schwester und eines Portiers. Im fertigen Film wird ihre Situation kurz und bündig erläutert: »Die Frau – Mutterschaft war ihre Sünde.« Edna, die sich allem Anschein nach das Leben nehmen will, deponiert das Baby auf dem Rücksitz eines vornehmen Autos*, mit einem Zettel versehen, auf dem sie den Finder bittet, das Kind zu beschützen und für es zu sorgen. Sinnigerweise wird das Auto kurz darauf von zwei mörderisch aussehenden Gaunern gestohlen. Als sie das Baby auf dem Rücksitz entdecken, setzen sie es unsanft in einer Seitengasse aus.

Im Studio hatte Charles D. Hall den Dachkammer-Schauplatz geschaffen, der unser Bild von *The Kid* unauslöschlich prägt. Es könnte eine Illustration zu Oliver Twist sein, mit der schiefen Decke unter den Dachbalken, den abblätternden Wänden, den nackten Brettern, dem ramponierten Mobiliar und einer Tür, die sich auf den Abgrund einer Treppe öffnet. Es mag – muß – auch eine Erinnerung an die Dachkammer in Pownall Terrace 3 sein, wo Charlie sich den Kopf an der Decke stieß, wenn er sich im Bett aufsetzte.

Hier schuf Chaplin in vier Drehtagen die denkwürdige Sequenz mit Baby Hathaway, in der sich der Tramp, nachdem er gegen seinen Willen der Vormund von Ednas verlegtem Kind geworden ist, das Handwerk der Kinderpflege aneignet. Er improvisiert eine Hängematten-Wiege, eine Nuckelflasche aus einer alten Kaffeekanne und (als er besorgt die feuchte Unterseite der Hängematte befühlt) eine handliche Konstruktion, bestehend aus einem Stuhl mit einem in die Sitzfläche gesägten Loch und einem darunter aufgestellten Spucknapf. An diesen häuslichen Details nahmen einige puritanische Zuschauer jener Zeit Anstoß, aber insgesamt fand das Publikum sie herrlich.

Chaplin schloß die Szenen an, die etwa fünf Jahre später in derselben Dachkammer spielen, als das Baby zu Jackie Coogan herangewachsen ist. Jackie erwies sich als ein solch naturbegabter Schauspieler und gelehriger Schüler, daß der größte Teil dieser Sequenz innerhalb einer Woche gedreht werden

* Der Wagen, der für diese Szene benutzt wurde, gehörte D. W. Griffith.

konnte. Ein Elternteil von Jackie war stets bei den Dreharbeiten dabei – Mrs. Coogan in der ersten Zeit, als Jack senior noch bei Arbuckle unter Vertrag stand, später dann Jack senior persönlich. Völlig hingerissen beobachteten sie Chaplins Verhältnis zu ihrem Sohn. Es war eine sehr echte und innige Freundschaft. Manchmal verschwanden die beiden zusammen, um in den Orangenhainen spazierenzugehen und zu spielen. Sie konnten Stunden damit verbringen, Ameisen bei der Arbeit zu beobachten, und Chaplin genoß es, Jackie die Wunder der Natur zu erklären. Was Jackie betraf, so war ihm Chaplins Bedeutung gar nicht richtig bewußt. Er sah in ihm einfach den bemerkenswertesten Mann, den er jemals kennengelernt hatte.

Wie Mrs. Coogan sehr viel später ihrem Enkel Anthony Coogan erklärte, war das Verhältnis der beiden in ihren Augen sehr komplex. In einer Hinsicht wurde Chaplin in Jackies Gesellschaft zum Kind. Seine Fähigkeit, das Leben vom kindlichen Standpunkt aus zu sehen, machte einen Großteil seiner Begabung aus und war auch ein wesentlicher Charakterzug des Tramps. In seiner Beziehung zu Jackie konnte er dieses kindliche Verhalten an den Tag legen und ausbauen. Zum andern übernahm Chaplin, auf der Leinwand ebenso wie privat, Jackie gegenüber eine väterliche Rolle. Die Leute im Studio mußten unweigerlich das Gefühl haben, daß Jackie das Kind darstellte, das er gerade verloren hatte.

In erster Linie aber fand Chaplin in Jackie den perfektesten Schauspieler, mit dem er jemals arbeiten sollte. Für Chaplin, den Meister der Verwandlung, waren Schauspieler notwendige Hilfsmittel. Am liebsten hätte er in seinen Filmen sämtliche Rollen übernommen. Weil das nicht möglich war, brauchte er Schauspieler, die seine eigenen Darstellungen reproduzieren konnten. Seine Schauspieler mußten in der Lage sein, Blicke, Gesten und später Intonationen, die er ihnen vorführte, perfekt zu imitieren. Aus diesem Grund waren auch Schauspieler, die eine eigenständige Kreativität besaßen, oft vor den Kopf gestoßen. Und aus genau dem gleichen Grund haben wir bei einigen der besten schauspielerischen Leistungen das Gefühl, Chaplin selbst in der Haut von jemand anderem – ob Mann oder Frau – zu sehen.

Jackie war ein genialer Imitator. Wenn Chaplin ihm etwas vormachte, konnte er es auf Anhieb reproduzieren. Drei oder vier Proben reichten gewöhnlich aus; und Chaplin nannte ihn einen Ein-Take-Schaupieler. Er war in der Lage, komplexe Szenen zu bewältigen, an denen Erwachsene scheitern konnten. »Das Mechanische löst die Empfindungen aus«, bemerkte Chaplin. Es kann nicht durchgängig so problemlos zugegangen sein, aber wie Lita Grey sich erinnerte, war »seine Geduld mit dem Kind grenzenlos, sogar wenn Jackie einen Take nach dem andern verpatzte. ›Wir haben viel Zeit‹ besänftigte er das verwirrte Kind. ›Die schwierigsten Szenen sind am einfachsten. Und die einfachsten Sachen sind gewöhnlich am schwierigsten.‹ «[4] Kein Kinderschauspieler, sei es im Stummfilm oder im Tonfilm, hat jemals Jackie Coogans Leistung als The Kid in seiner Wahrhaftigkeit und seinem Nuancenreichtum der Empfindungen übertroffen.

Chaplins ungeheurer schöpferischer Schwung ließ sich durch kaum etwas bremsen, aber es gab doch Unterbrechungen. An einem Tag in diesem noch ganz anderen Hollywood verdarb der Rauch von einem nahen Waldbrand die Bilder. An einem Tag regnete es, und eines Tages benahm sich Jackie daneben, indem er verlorenging. Der Zwischenfall wird im Studio-Bericht vom 17. September lakonisch verzeichnet: »Jackie Coogan – verloren und verprügelt.* Ende September war dann der Schwung dahin. Chaplin wechselte zu einer anderen Kulisse über und geriet in eine Sackgasse. Die Szene spielte in einem Obdachlosenasyl, und in der Endfassung von *The Kid* fand er dann auch die richtige Verwendung dafür, aber im Augenblick war offenbar nicht klar, wie er sie am besten einbauen könnte. Er verbrauchte drei Tage und über zweitausend Meter Film für eine ausgeklügelte Flohzirkus-Nummer und die Unannehmlichkeiten, die die Artisten nach ihrem gelungenen Ausbruchversuch verursachen. Später spielte das Material eine Rolle in einem der faszinierenden Rätsel Chaplins schöpferischer Tätigkeit. Vorerst wurde es jedoch verworfen. Dann kam die Arbeit an *The Waif* zum Stillstand.

Dies lag zum Teil daran, daß Chaplin erkannte, daß *The Waif* etliche Nummern größer werden würde als alles, was er je zuvor in Angriff genommen hatte, und wahrscheinlich viele Monate zur Fertigstellung erforderlich waren. Doch die First National drängte auf den nächsten Film. Er konnte sich die Atempause, die er brauchte, um seinem eigenen Tempo gemäß an *The Waif* zu arbeiten, nur verschaffen, indem er so schnell wie möglich einen anderen Film abdrehte. Schließlich hatte er für Mutual Zweiakter in einem Monat gemacht und für Keystone sogar in einer Woche.

Mit einem derart starken Anreiz, einen Film zu produzieren, hatte Chaplin wenig Mühe mit seinem ›Quickie‹. Er nahm sich das Material mit den Autos

* Dies spielt die Aufregung bei dem Ereignis herunter. Jackie war hinter einer Kulisse eingeschlafen. Als er wieder aufwachte, blieb er in seinem Versteck und beobachtete mit distanzierter Neugier, wie unter großem Geschrei ein in der Nähe gelegener See abgesucht wurde. Jack Coogan senior verabreichte dann die Tracht Prügel.

und den Kindern, das bereits für *Charlie's Picnic* gedreht worden war, noch einmal vor. Es ließ sich ganz gut zusammenschneiden, und der Titel wurde in *The Ford Story* geändert. Chaplin engagierte eine prominente Komikerin, die füllige Babe London (in den täglichen Studio-Berichten enthusiastisch als »umwerfend« beschrieben), zusammen mit fünfzehn Statisten und vier farbigen Musikern. Das ganze Team wurde per Bus nach San Pedro verfrachtet, wo von der San Pedro Transportation Company für 5 $ die Stunde ein Vergnügungsdampfer, die *Ace*, gemietet wurde. Mit dem Schiff hatte er eine Requisite, die in seinen alten Zeiten bei Mutual unfehlbar seine Phantasie entzündet hatte, und er machte sich daran, Variationen zu erfinden über die Themen Tanzen, Seekrankheit, zusammenklappbare Deckstühle, eifersüchtige Ehemänner und die Gefahren von heftig schlingernden Schiffen. In sieben aufeinanderfolgenden Tagen hatte er an die achttausend Meter Film gedreht. Nach vierzehn Tagen war das Schneiden erledigt, und der Film, der jetzt *A Day's Pleasure* [Ein vergnüglicher Tag] hieß, wurde am 3. November an die First National geschickt.

Der Film war eine fröhliche Rückkehr zu Mutual- oder gar Essanay-Zeiten. Nach Chaplins ursprünglichem Schnittkonzept wäre die Ähnlichkeit mit dem alten Stil der Essanay- und Mutual-Zweiakter noch größer gewesen, als das im Endeffekt der Fall war. Eigentlich sollte vor der Schiffs-Sequenz einfach sämtliches Material mit dem Auto untergebracht werden: Charlies Bemühungen, seinen eigensinnigen Ford anzukriegen, und seine Begegnungen auf der Straße mit aufgebrachten Autofahrern, feindseligen Verkehrspolizisten und frischgegossenem Teer. Letztendlich wurde das Automaterial jedoch in zwei Sequenzen aufgeteilt, die das Schiffs-Material säuberlich einrahmten. Der Film endet jetzt mit dem Titel: »Das Ende eines wundervollen Tages«, und Charlies Wagen schaukelt in Qualmwolken eingehüllt Richtung Horizont davon.

Chaplin war sich durchaus bewußt, daß der Film ein Notbehelf war, und weder die Zuschauer noch die Kritiker jener Zeit verbargen ihre Enttäuschung über *A Day's Pleasure* und *Sunnyside* [Auf der Sonnenseite]. Aber Chaplin war sich seines aktuellen Projekts derartig sicher, daß er die Kritik ignorieren konnte. Am 14. November setzte er die Arbeit an dem Film fort, der jetzt endgültig den Titel *The Kid* bekam. Die nächste Sequenz, die er in Angriff nahm, wurde fünfzig Jahre später, als Chaplin den Film neu schnitt und ihn mit einer musikalischen Begleitung versah, wegen übermäßiger Sentimentalität herausgenommen. In der ursprünglichen Fassung des Films folgte diese Szene auf Ednas Entlassung aus dem Armenhospital nach einer kurzen Zwischensequenz, die den Vater des Kindes, einen Maler, vorstellt. Edna kommt zu einer Kirche, wo gerade eine Trauung stattfindet. Als sie bei einem Fenster stehenbleibt, um zuzusehen, fällt das Brautsträußchen der Braut zu Boden und wird aus Versehen von dem ältlichen Bräutigam zertreten. Eine Spiegelung im Fenster wirft kurz einen Heiligenschein um Ednas Haupt. Die Szene ging der voraus, in der die Mutter ihr Kind in der Limousine zurückläßt.

Ein Ereignis im Zusammenhang mit dem Drehen dieser Sequenz macht deutlich, wie sehr die Filmindustrie damals noch in den Kinderschuhen steckte. Einer der engagierten Statisten war ein Mann namens Edgar Sherrod, der sich so sehr auf Priester spezialisiert hatte, daß er mit seinem eigenen Kostüm anrückte. Das hatte ein häßliches Nachspiel. Die Lohnabrechnung des Studios hält fest:

> Edgar Sherrod nebst Kostüm. 25 $ ausgezahlt. Unter Protest ausgezahlt. Anmerkung: Nach Verpflichtung für den Film für die Summe von 12.50 $ verlangte Edgar Sherrod 25.00 $. An M. P. P. S. gemeldet für Schwarze Liste.

Weihnachten 1919 fragte Chaplin Jackie, was er sich wünsche. Der Junge sagte ihm, daß er am liebsten um alles in der Welt seine Großmutter in San Francisco besuchen würde. Um dies zu ermöglichen, machte Chaplin das Studio für eine Woche dicht. Das war vielleicht der überzeugendste Beweis seiner Zuneigung zu seinem kleinen Co-Star. Von dieser Unterbrechung abgesehen wurde der ganze Dezember und die erste Woche des neuen Jahres auf die Sequenz verwandt, die die herausragendste des ganzen Films ist, ja eine der denkwürdigsten überhaupt in der ganzen Geschichte des Kinos. Das Kind wird krank, und der Tramp läßt einen griesgrämigen Arzt kommen. Als der Arzt wissen will, ob er der Vater des Kindes ist, zeigt der Tramp ihm unvorsichtigerweise den Zettel, den er bei dem Findling gefunden hatte und den er sorgfältig zwischen den Seiten eines abgegriffenen und staubigen Exemplars der *Police Gazette* aufbewahrte. Der Arzt befindet, daß das Kind ordentliche Pflege und Fürsorge braucht. Und alsbald erscheinen auch ordentliche Pflege und Fürsorge – in Gestalt eines aufgeblasenen Vertreters des Waisenhauses und seines kriecherischen Gehilfen. Obwohl der Tramp und das Kind (mit einem Hammer bewaffnet, der so groß ist wie es selbst) sich heldenhaft zur Wehr setzen, wird das Kind fortgeschleppt und wie ein aufgegriffener Hund auf die Ladefläche eines Wagens geworfen. Einen wilden Cop dicht auf den Fersen hetzt der Tramp blind entschlossen über die Slumdächer. Er fängt den Wagen ab,

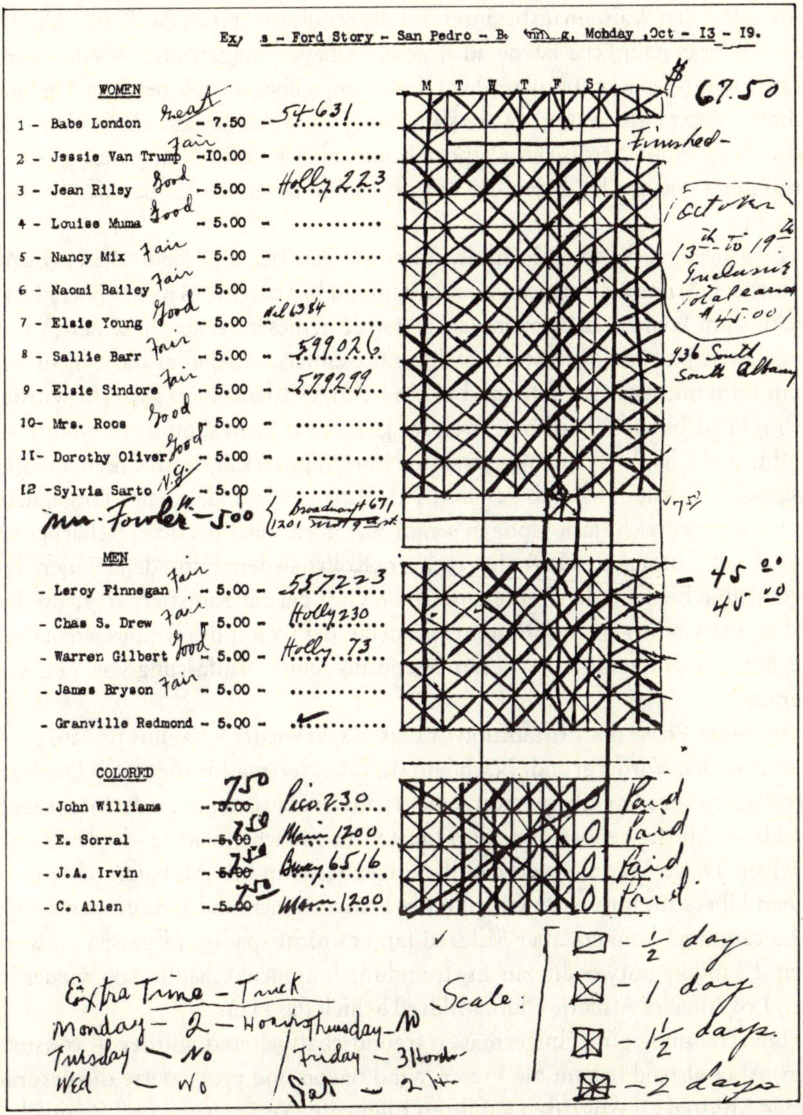

Ex; s – Ford Story – San Pedro – B. [illegible] g, Monday, Oct – 13 – 19.

M T W T F S. $ 67.50

WOMEN

1 – Babe London	Great	– 7.50 –	54631	
2 – Jessie Van Trump	Fair	–10.00 –	....	Finished –
3 – Jean Riley	Good	– 5.00 –	Holly 223	
4 – Louise Muma	Good	– 5.00 –	....	October
5 – Nancy Mix	Fair	– 5.00 –	....	13th to 19th
6 – Naomi Bailey	Fair	– 5.00 –	....	Inclusive Total earned $45.00
7 – Elsie Young	Good	– 5.00 –	Wil 6384	
8 – Sallie Barr	Fair	– 5.00 –	599026	436 South
9 – Elsie Sindore	Fair	– 5.00 –	579299	South Albany
10 – Mrs. Roos	Good	– 5.00 –	....	
11 – Dorothy Oliver	Good	– 5.00 –	....	
12 – Sylvia Sarto	N. G.	– 5.00 –	....	N 7 5
Mr. Fowler		– 5.00	Broadway 671 / 1201 West 9 st.	

MEN

– Leroy Finnegan	Fair	– 5.00 –	557223	– 45.00
– Chas S. Drew	Fair	– 5.00 –	Holly 230	45.00
– Warren Gilbert	Good	– 5.00 –	Holly 73	
– James Bryson	Fair	– 5.00 –	....	
– Granville Redmond		– 5.00 –		

COLORED

– John Williams	– 5.00 7.50	Pico 2230	0 Paid
– E. Sorral	– 5.00 7.50	Main 1200	0 Paid
– J.A. Irvin	– 5.00 7.50	Bway 6516	0 Paid
– C. Allen	– 5.00 7.50	Main 1200	0 Paid

Scale: – ½ day; – 1 day; – 1½ days; – 2 days

Extra Time – Truck
Monday – 2 – Hours / Thursday – No
Tuesday – No / Friday – 3 Hours
Wed – No / Sat – 2 Hrs

1919 – Verzeichnis über Engagements
und Bezahlung von Schauspielern während der
Dreharbeiten für die Schiffsszenen
von *A Day's Pleasure*.

schleudert den Waisenhausbeamten auf die Straße und rettet das Kind. Wie oft man diese erstaunliche Szene auch gesehen haben mag, immer wieder wird man von ihr gepackt. In dieser Jagd des Tramps über die Dächer liegt Leidenschaft, Verzweiflung und Wahnsinn, und die absurde watschelnde kleine Gestalt gewinnt heroisches Pathos. Kaum eine Leinwandumarmung ist so ergreifend wie der Kuß, den der Tramp auf die bebenden Lippen des Kindes drückt.

Es war gar nicht so einfach, den übermütigen Jackie in die in dieser Szene geforderte Stimmung zu versetzen. Chaplin selbst brachte es nicht übers Herz, Jackie zum Weinen zu bringen. Jackie wurde in dieser Szene von seinem Vater angeleitet. Jack senior flüsterte Jackie ganz einfach zu, daß er nicht mehr bei dem Film mitmachen dürfte und in ein richtiges Armenhaus gesteckt würde, wenn er nicht auf Anordnung weinte. Jackie war nicht dumm. Er weinte so heftig, daß Chaplin beunruhigt war und ihm eilig versicherte, daß niemand ihn wegholen würde. »Ich hab gewußt, daß Papa geschwindelt hat!« entgegnete er verschwörerisch. Jack Coogan senior war auch sonst bei den Dreharbeiten gut zu gebrauchen. Er übernahm mehrere Rollen in dem Film: den Penner, der den Tramp beklaut, den Teufel und einen Gast bei der Künstlerparty, auf der Edna, inzwischen ein berühmter Opernstar, dem Vater des Kindes wiederbegegnet. Chaplin nahm diese letzte Szene aus seiner Neufassung von *The Kid* heraus.

In dieser Phase der Produktion drängten sich wieder Chaplins private Probleme in den Vordergrund. Nachdem der Mietvertrag für ihr erstes Domizil abgelaufen war, war Chaplin mit seinem ganzen Hausstand – zu dem jetzt auch Mildreds Mutter gehörte, was die Dinge nicht einfacher machte – in den South Oxford Drive 674 in Beverly Hills umgezogen. In den Monaten schöpferischen Überschwangs hatte Chaplin die Frustrationen und Irritationen seiner Ehe vergessen können, aber Mildred fand es nicht spaßig, vergessen zu werden. Es mußte notwendig zur Entfremdung kommen. Chaplin zog wieder in den Los Angeles Athletic Club. Mildred behielt das Haus.

Die Trennung ging einigermaßen freundschaftlich und würdevoll vonstatten. Aber alsbald bekam die Presse Wind davon und provozierte die gesprächige Mildred zu Angriffen auf ihren Ehemann. Verärgerung und Beunruhigung erschwerten es Chaplin zunehmend, sich zu konzentrieren. Gegen Ende Februar 1920 verlangsamte sich das Arbeitstempo im Studio allmählich, und Chaplin war immer häufiger abwesend. Ab 15. März wurde überhaupt nicht mehr gedreht, und zwei Tage später brachten die Zeitungen landesweit die

Meldung, daß Mrs. Chaplin Scheidungsklage erheben wolle. Diese Ankündigung folgte fast unmittelbar auf die Nachricht, daß Douglas Fairbanks und Mary Pickford, Chaplins Freunde und Millionen-Dollar-Stars wie er, sich von ihren jeweiligen Ehepartnern hatten scheiden lassen. Zunächst warf Mildred ihrem Mann nur vor, daß er sie verlassen hatte, erklärte, daß sie ihn nach wie vor innig liebe und daß sie weder eine Scheidung noch Geld wolle. Ein paar Tage später, am 22. März 1920, klagten ihre Anwälte jedoch auf ›seelische Grausamkeit‹, und Mildred verkündete nun, daß sie vorhabe »auszupacken. Alle Welt soll wissen, daß er es versäumt hat, für mich zu sorgen, und daß er einen Angestellten zu mir nach Hause geschickt und mir gewisse private Papiere weggenommen hat. Er hat mich vor den Bediensteten erniedrigt. Ist das nicht seelische Grausamkeit?« Chaplin reagierte mit einer kurzen Presseerklärung:

> Im Interesse meines Rufs, den ich mir in den letzten achtzehn Jahren aufgebaut habe, sehe ich mich gezwungen, Mrs. Chaplins Behauptung bezüglich Nicht-Unterstützung zurückzuweisen, denn mir liegen eingelöste Schecks im Wert von 50 000 $ vor, die ihr während unsres kurzen Ehelebens ausgezahlt wurden. Und diese Summe erhielt sie zusätzlich zu ihrem persönlichen Salär, das 1000 $ pro Woche beträgt. Bis zu ihrem Ausbruch habe ich ihr jede Bitte um Geld oder Bezahlung einer Rechnung erfüllt, die sie an mich herangetragen hat. Unter Verweis auf gerichtliche Schritte möchte ich vollkommenes Stillschweigen bewahren. Ich habe versucht, mich wie ein Gentleman zu betragen und mich unter den gegebenen Umständen würdevoll zu verhalten, und habe dem nichts weiter hinzuzufügen.

Die Bedingungen in Hollywood machten es einem jedoch schwer, Würde zu bewahren, und am 7. April 1920 wurde Chaplin in einen jener Skandale verwickelt, die die Filmfans so erschauern lassen und die ihm, mit seiner zurückhaltenden Veranlagung, zeit seines Lebens zutiefst zuwider waren. Er soupierte mit einigen Freunden im Alexandria Hotel; in einer Gruppe an einem Nachbartisch befand sich Louis B. Mayer, der Mildred Harris unter Vertrag hatte. Billetts wurden ausgetauscht (Roland Totheroh behauptete allerdings, daß Mayers angebliches Billett, das den Zwischenfall provozierte, in Wahrheit von Jack Pickford, einem Begleiter Chaplins, als Scherz fabriziert worden sei). Chaplin nahm es Mayer immer noch übel, daß er Mildred entgegen Chaplins Rat gleich nach der Heirat und der damit verbundenen Publizität einen Vertrag aufgedrängt hatte. Jetzt forderte Chaplin Mayer auf, die Brille abzunehmen, und holte zu einem Schlag aus. Mayer, der als junger Mann im Schrotthandel gearbeitet hatte, war kein Schwächling und schlug zurück. Die beiden Männer fielen zu Boden, das Hotelpersonal griff ein, Chaplin wurde zu seinem Zimmer geleitet, und Mayer verließ das Hotel.

Derweilen tanzte Mildred mit dem Prinzen von Wales und Lord Louis Mountbatten Foxtrott, bei einem Tanzabend, den der Bürgermeister von San Diego in Coronado Beach, achthundert Meilen von Hollywood entfernt, veranstaltete. Als eifrige Reporter ihr erzählten, was sich ereignet hatte, zeigte sie nur laues Interesse und fand es viel wichtiger ihnen zu erzählen, daß »der Prinz ein netter, anständiger Junge ist, und er ist ein ganz wunderbarer Tänzer. Ich habe jede Minute unseres Tanzes genossen.«

Wenig später, am 17. April, war die Arbeit im Studio vorübergehend wieder aufgenommen worden, aber nur für die Aufnahme einiger Standfotos vom kreuztragenden Christus (sie wurden auf dem Eagle Hill gemacht), die letztendlich als Kommentar zu den Leiden der ledigen Mutter in die Eingangsszenen des Films eingebaut wurden. Zusätzlich zu allem anderen führten vielleicht auch Probleme mit Edna zum Erliegen der Produktion. Sie hatte bei den Dreharbeiten zu Trinken begonnen, »nicht übermäßig«, sagte Lita Grey, die in dem Film mitspielte, »aber genug, um Chaplins Mißfallen zu erregen. Trinken bei der Arbeit empfand er als unprofessionell und daher unerträglich.« Doch wurden die Probleme, wo immer sie auch lagen, ausgebügelt, und Edna blieb im Film.

Schließlich versuchte Chaplin, sich von seinem privaten Ärger abzulenken, indem er wieder an die Arbeit ging. Er machte Probeaufnahmen für die letzte Sequenz des Films, drehte einiges von dem Dachkammer-Material nach, und im Mai ließ er die Szenenaufbauten für das Asyl umbauen. Jetzt konnte er es in die Handlung einbauen: Der Tramp und das Kind suchen dort Unterschlupf auf ihrer Flucht vor den Beamten des Waisenhauses, werden aber vom Hausmeister (Henry Bergman) verraten. Die Asyl-Szenen waren Ende Mai fertig, und die nächsten zwei Monate arbeitete man an der letzten größeren Sequenz des Films. Es ist eine der aufwendigsten und sicherlich merkwürdigsten Traumsequenzen in Chaplins Filmen. Allein, todunglücklich und ausgesperrt schläft der Tramp auf der Türschwelle ein und träumt, daß sich die Gasse ins Paradies verwandelt. Alle Figuren des Films – sogar der ›Starke‹, der Polizist und die Waisenhausbeamten – werden zu liebreizenden geflügelten Engeln. Er wird mit dem Kind wiedervereint. Aber als allenthalben Seligkeit zu herrschen scheint, schleicht sich die Sünde ein. Der Teufel führt den Tramp mit einem hübschen Mädchen in Versuchung, was die Eifersucht ihres Freundes, des

Starken, erregt. Er zieht eine Pistole und erschießt den Tramp. Das Kind beugt sich weinend über seinen leblosen, blutenden Körper... in dem Moment wird der Tramp von dem Polizisten geweckt.

Zeitgenössische Kritiker zerbrachen sich den Kopf über den Traum. Chaplin war enttäuscht, als Sir James Barrie, der König des Schrulligen, ihm vorwarf, zu schrullig zu sein, und die Sequenz als Ausrutscher bezeichnete. Francis Hackett von *The New Republic* zeigte mehr Verständnis:

> Den Traum vom Himmel fand ich äußerst amüsant. Gerade seine Banalität, seine Dürftigkeit amüsierte mich. So stellt sich der Kleine Mann die Große Wandlung vor, geschaffen durch die wenigen Versatzstücke, die dem Kleinen Mann am ehesten vertraut sind. Der Mangel an Einfallsreichtum ist gerade das beste daran. Andere meinen, daß hier der Einfallsreichtum versagte. Vielleicht. Aber nachdem ich unzählige Male das Ergebnis von Film-Einfallsreichtum über mich ergehen lassen mußte, wobei stets die ganze Maschinerie der Filmfabrik aufgeboten wird, um irgendeine oberflächliche Aussage loszuwerden, jubiliere ich über dieses Kleinod dünner, gebremster Phantasie. Und ich erfreche mich zu glauben, daß Chaplin es genau so haben wollte. Chaplin wollte den schlichten Elfenhimmel schaffen, über dessen schrulliges Innenleben wir uns hier so köstlich amüsieren können.

Die Traumsequenz in *The Kid* war auch hinsichtlich der Besetzung bemerkenswert. Eins der Kinder, die darin erschienen, ist Esther Ralston, die Ende der zwanziger Jahre ein großer Star wurde. Das Biest, das den Vamp spielt und den Tramp in Versuchung führt, war eine Zwölfjährige namens Lillita McMurray. Chaplins Assistent Chuck Riesner, ein Nachbar der Mutter und der Großeltern des Kindes, hatte sie ins Studio vermittelt. Ihre Anmut fesselte Chaplin, und er nahm sie unter Vertrag. Lillita war überzeugt, daß die Traumsequenz des Films durch ihr Erscheinen im Studio inspiriert worden war. Vier Jahre später wurde Lillita als Lita Grey die zweite Mrs. Chaplin. Diese Ehe sollte Chaplins Leben mit noch mehr Bitterkeit erfüllen als seine erste mit Mildred.

Doch Mildred machte ihrem Mann eine Menge Schwierigkeiten, überraschenderweise angespornt durch Chaplins Geschäftspartner bei der First National. Chaplin lag mit der Firma darüber im Streit, wie mit *The Kid* verfahren werden sollte. Sie waren entschlossen, die sieben Rollen wie drei Zweiakter zu bewerten. Nachdem er 500 000 $ und achtzehn Monate seines Lebens auf den Film verwandt hatte, bat er um ein Sonderarrangement, um etwas mehr als die von der Firma vorgesehenen 405 000 $ zu bekommen. Als Mildred plötzlich ihre bereits gegebene Zustimmung einer Scheidungsabfindung von 100 000 $ zurückzog, war Chaplin klar, daß die First National dahintersteckte, in der Absicht, ihren Scheidungsprozeß dafür zu benutzen, sein Geschäftsvermögen zu pfänden – zu dem auch das Negativ von *The Kid* gehörte.

Chaplin war sich schon seit Monaten bewußt, daß diese Gefahr bestand. Bereits am 9. April hatte er Sydney nach New York telegrafiert: »ÄRGER STEHT BEVOR SOLL ICH DIR ZUR SICHERHEIT NEGATIV SCHICKEN SOFORT DEINEN RAT TELEGRAFIEREN.« Damals war aber eine derartige Vorsichtsmaßnahme noch nicht erforderlich erschienen. Anfang August 1920 wurde Totheroh um drei Uhr morgens von Alf Reeves geweckt, der ihm sagte, sie müßten aus der Stadt verschwinden. Totheroh seinerseits benachrichtigte seinen Assistenten Jack Wilson und den Studio-Tischler, und gemeinsam machten sie sich daran, das Negativ – es hatte eine Länge von etwa 120 000 Metern – in zwölf Kisten zu verpacken. Zur Sicherheit war der Film in den Kisten in jeweils 60-Meter-Rollen in Kaffeedosen verschlossen. Am Bahnhof von Santa Fe wurden sie von Chaplin und seinem Sekretär Tom Harrington mit den Fahrkarten erwartet. Hier passierte etwas durch und durch Chaplineskes: Chaplin war überzeugt, daß niemand ihn mit seiner Sonnenbrille erkennen würde, aber kaum hatten sie das Bahnhofsrestaurant betreten, kreischte ein kleiner Junge »Charlie Chaplin! Charlie Chaplin!«.

Die Verschwörer trafen in Salt Lake City ein und quartierten sich in einem Hotel ein, wo sie ein Zimmer in einen improvisierten Schneideraum verwandelten. Mit dem äußerst leicht entflammbaren Nitrofilm an einem öffentlichen Ort dieser Art zu hantieren, verstieß gegen alle Vorschriften, aber irgendwie gelang es ihnen, ihre Aktivitäten und die riesigen Mengen Film zu verheimlichen. Als der Schnitt fertig war, riskierten sie eine Probevorschau in einem örtlichen Kino. Die begeisterte Reaktion der Zuschauer stimmte Chaplin sehr zuversichtlich. Mit dem geschnittenen Negativ nahmen sie einen Zug nach New York und fanden ein freies Studio in New Jersey, wo sie die Schneide- und Laborarbeiten beenden konnten. Um peinlichen Nachfragen vorzubeugen, stellten sie vor dem Gebäude ein Schild auf mit der Aufschrift ›Blue Moon Film Company‹.

Chaplin zog ins Ritz, wo er sich aus Angst vor den Klagezustellern versteckt hielt. Er langweilte sich jedoch und wollte dringend den Schriftsteller Frank Harris kennenlernen, und so borgte er sich von Minnie Chaplin Kleid, Hut und Schleier aus und rauschte als Tunte durch das Foyer des Ritz. Er wurde belohnt: Er und Harris verstanden sich prächtig, und Chaplin blieb bis in die frühen Morgenstunden. Weil er aber inzwischen wieder seine normale Kleidung trug, wagte er es nicht, zum Ritz zurückzukehren. Er fand kein anderes Hotel und war daher gezwungen, in der Wohnung eines freundlichen Taxifahrers zu nächtigen. Im Laufe des Abends spielte Chaplin Harris seine eigene Version der Verhandlungen über die Scheidungsabfindung vor, was Harris später beschrieb:

> Jeden Morgen erschien in der Zeitung ein neuer Appell von Mildred Chaplin: Die verletzte Dame weinte, protestierte, bettelte, drohte – alles in einem Atemzug. Eines Morgens die Wandlung: Sie veröffentlichte folgendes:
>
> »Meine letzte Erklärung: Mr. Chaplin ist kein Sozialist. Er ist ein großer Künstler, eine sehr ernsthafte Persönlichkeit und ein wahrer Intellektueller.« Ja, genau das waren ihre Worte; und sie fuhr fort: »Die Welt wird in Staunen geraten angesichts der Schärfe seines Verstandes.« Was mag passiert sein? fragte ich mich. Ist Charlie weich geworden und hat bezahlt ohne zu zählen?
>
> Ich las weiter: »Ich begehre nicht die Hälfte seines Vermögens. (Nein?) Ich werde den Verkauf seines neusten Films nicht behindern.« (Puh, daher weht also der Wind, wie?) Und dann: »Mir steht eine Abfindung zu. (Aha.) Ich kann zur Zeit nicht arbeiten, ich bin körperlich und seelisch zu krank, und es ist mir sehr unangenehm, daß ich zu so trauriger Berühmtheit gelange und meine persönlichen Angelegenheiten offenlegen muß. (Wirklich? Sie brauchen nicht darin zu schwelgen, Madame, wenn Sie es nicht wollen.)
>
> Zu guter Letzt: »Er ist ein großer Künstler, ein brillanter Mann, spielt Geige, Cello, Klavier und so fort... Ich habe bereits Klage gegen ihn erhoben.« Bestens, bestens, allerbestens.
>
> Und so hörten sich laut Chaplin die Telefongespräche mit seiner Frau in Sachen Scheidung an:
>
> »Bist du's, Charlie? Ich bin's, Mildred. Ich bin krank und habe kein Geld. Willst du mir nicht vielleicht fünfzigtausend Dollar geben und diese ganze lästige Angelegenheit mit dem Gericht klären? Ja? Du bist ein Schatz. Ich hab doch gewußt, daß so ein großer Künstler wie du nicht knauserig sein kann. Wenn du wüßtest, wie ich Zank und Streit hasse! Treffen wir uns doch in einer Stunde bei meinem Anwalt, ja? Bis dann, wiedersehen.«
>
> Eine Viertelstunde später:
>
> »Bist du's, Charlie? Oh, es tut mir so leid, aber mein Anwalt erlaubt mir nicht, fünfzigtausend anzunehmen. Er sagt, das ist lächerlich. Kannst du mir nicht hunderttausend geben, damit ich ihn zufriedenstellen kann? Bitte. Ich bin so nervös und krank. Ja? Ach du –! Also, so bist du eben – *der* Mann überhaupt. Mehr kann ich nicht dazu sagen. Gehn wir also zu diesem schrecklichen Anwalt, da treffen wir uns

und unterschreiben einfach. Wie geht's dir? Gut! Da bin ich aber froh. Bis in einer halben Stunde dann, Liebling.«

Eine Viertelstunde später:

»Charlie! Ich weiß nicht, was ich sagen soll! Ich bin einfach untröstlich, und ich habe solche Kopfschmerzen. Dieser Anwalt sagt, ich darf mich nicht mit hunderttausend abfinden lassen. Seine Gebühren sind weiß Gott wie hoch. Ich muß mindestens einhundertfünfzigtausend bekommen. Was soll ich bloß machen? Mama sagt – Ja? Oh, da bin ich aber froh. Ich weiß nicht, wie ich dir danken soll. Das ist dein letztes Wort, sagst du? In Ordnung, Charlie, ich bin einverstanden. Bis in einer halben Stunde dann.«

Zehn Minuten später:

»Nichts zu machen, Charlie. Das kann ich nicht akzeptieren. Es ist wirklich zu wenig. Sieh mal, Charlie! Charlie! Hast du aufgelegt? Oder ist das das widerliche Amt? O je! Verdammt!«

Charlie Chaplin ist im Alltag ebenso ein Meister der Komödie wie auf der Bühne. Als Künstler des feinen Humors kann er sogar über sich selbst und seine eigenen Gefühle lachen. Kurz bevor er Pasadena zu einer Reise nach New York verließ, rief er seine Frau an.

»Mildred, ich bin's, Charlie. Willst du eine halbe Million Dollar haben, damit dieser lächerliche Streit endlich ein Ende hat? Ja? Nein, ich bin kein Schatz, aber wir treffen uns in einer Stunde bei meinem Anwalt und unterschreiben.«

Eine Viertelstunde später:

»Mildred, Liebling, tut mir leid, aber mein Anwalt erlaubt mir nicht, dir eine halbe Million zu geben. Er sagt, ein Jahresverdienst für eine Woche Ehe ist zu viel. Er sagt, einhunderttausend sind mehr als großzügig. Ob ich dich anhören will? Natürlich will ich das. Sprich dich aus ...«

Eine schrille Frauenstimme: »Du bist kein Mann. Wieder hast du mich enttäuscht und mich lächerlich gemacht. Du hast keinen Charakter. Ich werd's dir zeigen ...« (Charlie läßt sie weiterreden.)

Charlie Chaplin schlendert vom Telefon weg, mit einem Lächeln auf den Lippen und leicht säuerlicher Verachtung für die menschliche, vor allem die weibliche Natur.[6]

Der Scheidungsprozeß begann im August. Chaplins Anwalt erklärte, daß er ihn nicht anfechten werde, vorausgesetzt, daß Mildreds Anwälte ihren Antrag auf einen Gerichtsbeschluß zurückzogen, der Chaplin am Verkauf von *The Kid* hindern sollte. Die Scheidung wurde am 19. November ausgesprochen: Mildred wurden 100 000 $ und ein Anteil am gemeinsamen Besitz zugesprochen.

Chaplin hatte jetzt grünes Licht zur Verhandlung mit der First National über *The Kid*. Ermutigt durch die begeisterte Reaktion bei der ersten Vorführung in Salt Lake City, bat er sie um einen Vorschuß von 1 500 000 $ und 50 Prozent der Nettoeinnahmen, nachdem die Firma ihren Vorschuß wieder hereingeholt hat. Die Firma erhob Einwände und täuschte einen beleidigenden Mangel an Begeisterung vor, als Chaplin den Film vorführte, aber er hielt durch, bis selbst die Bosse der First National begriffen, daß er einen nicht zu überbietenden Trumpf in der Hand hatte. Die Premiere des Films fand schließlich am 6. Januar 1921 in New York statt, und er war auf der Stelle ein Riesenerfolg. Im Laufe der nächsten drei Jahre wurde *The Kid* in etwa fünfzig Ländern auf dem ganzen Erdball vertrieben, von Norwegen bis Malaya, von Ägypten bis Australien. Um 1924 blieben praktisch nur noch die Sowjetunion, Jugoslawien und Kolumbien, wo der Film noch nicht gezeigt worden war. Überall stieß der Film auf begeisterte Aufnahme.

The Kid machte den kleinen Jackie Coogan zu einer Weltfigur. Chaplin selbst war – wie andere auch – der Meinung, daß Jackie unter anderm deswegen weltweit so einen ungeheuren Eindruck hinterließ, weil er als Symbol stand für alle Waisenkinder des jüngsten Krieges. Jackie gab der Welt etwas, was sie brauchte, wie Chaplin das auch getan hatte. Er erkannte, daß sie nicht weiter zusammenarbeiten konnten. Er sagte zu den Coogans: »Ich werde ihn nicht zurückhalten«, und überließ ihnen die Option, die er auf Jackies Dienste besaß.

In der Folge machte Jackie an die zwanzig Langfilme für First National und Metro. In einem oder zweien davon, wie *Peck's Bad Boy* und *Oliver Twist*, konnte etwas von dem großartigen Kinderschauspieler von *The Kid* eingefangen werden. Aber die übrigen krankten an sentimentalen Drehbüchern und wenig einfühlsamer Regie. Um 1927 war Jackies Filmkarriere bereits so gut wie beendet. »Mit dreizehn wurde er senil«, hieß es in Hollywood. In den sechs Jahren seines Ruhms hatte er jedoch mit den größten Berühmtheiten der Welt verkehrt. 1924 unternahm er einen Weltkreuzzug zur Unterstützung der Nahost-Hilfe. Diese Aktion brachte Lebensmittel und Kleidung im Wert von mehr als einer Million Dollar ein. Die Coogans selbst wollten keinerlei Geld für ihre Aktivitäten und Ausgaben annehmen. Der Kreuzzug wurde zu einer fürstlichen Reise. Jackie traf Mussolini und wurde vom Papst in einer Sonderaudienz dekoriert. Nur Clemenceau lehnte ein Treffen mit ihm ab. Er teilte Jackies Vater sein Bedauern telegrafisch mit: »Ich bin nicht Berühmtheit genug, Ihrem illustren Sohn gegenüberzutreten.« Jackie wurde überall, wo er erschien, von der Öffentlichkeit angebetet, schaffte es aber, dabei natürlich und unverdorben zu bleiben – das ideale Kind.

Seine Eltern hatten sich unterdessen auseinandergelebt, doch ihr katholischer Glaube und ihre Sorge um die Karriere ihres Sohnes hielten sie davon ab, die Sache publik zu machen. Jack Coogan senior widmete sich der Verwaltung von Jackies Geschäftsangelegenheiten, und Jackie vertraute darauf, daß die vier Millionen Dollar, die er in den fetten Jahren verdient hatte, in treuen Händen seien, bis sie dann mit Erlangung der Volljährigkeit sein eigen wären. Doch fünf Monate vor seinem einundzwanzigsten Geburtstag kam sein Vater ums Leben, als sie mit dem Auto, in dem sie zusammen unterwegs waren, verunglückten. Das Vermögen seines Vaters ging an seine Mutter, die in der Folge die Existenz eines Treuhandfonds bestritt und sogar auf das gesetzliche Recht pochte, demzufolge Eltern alle Gelder zustehen, die ihre Kinder als Minderjährige verdienen. 1938 verklagte Jackie seine Mutter und seinen ehemaligen Manager, Arthur L. Bernstein, den sie inzwischen geheiratet hatte.

Der Prozeß zog sich in die Länge, bis das Vermögen zum größten Teil aufgezehrt war. Im März 1939 wurde schließlich ein Vergleich vereinbart.* Nicht lange danach versöhnte Jackie sich mit seiner Mutter, die eindeutig bis zu ihrem Tode einen starken Einfluß auf ihn ausübte. Zur Zeit des Prozesses war er mit Betty Grable verheiratet. Es war die erste einer Reihe von recht turbulenten Ehen. Im Krieg diente er in den amerikanischen Streitkräften, und danach hatte er eine schwankende Karriere als Entertainer und Schauspieler. Eine besondere Ironie lag in der berühmtesten Rolle, die er gegen Ende seiner Karriere spielte: Uncle Fester in der Fernsehserie *The Addams Family*. Aus dem wundervollsten Kind der Welt war der abscheulichste aller alten Männer geworden. Dem alten Coogan machte diese Art von Ironie Spaß. Gegen Ende seines Lebens fuhr er ein Auto, dessen Nummernschild die Buchstaben K-I-D trug, aber in umgekehrter Reihenfolge.

Chaplin hatte in späteren Jahren wenig Kontakt zu seinem einstigen kleinen Freund; anscheinend hat er ihn nicht einmal auf seine Weihnachtskartenliste gesetzt. Doch als Jackie ihn in einem Augenblick besonderer finanzieller Schwierigkeiten um Unterstützung bat, gab Chaplin ihm ohne zu zögern 1000 $.

* Das einzige positive Ergebnis des Coogan-Prozesses war, daß er zur Verabschiedung des »Child Actor's Bill« (4. Mai 1939) führte, seitdem als Coogan-Act bekannt. Das Gesetz legt fest, daß der Vormund eines Kinderschauspielers die Hälfte der Einnahmen in einen Treuhänderfonds oder eine entsprechende Spareinrichtung zu Gunsten des Kindes gibt und dem Gericht über die andere Hälfte Rechenschaft ablegt.

Nach seiner Enttäuschung über First National wegen *The Kid* wollte Chaplin seine vertraglichen Verpflichtungen so schnell wie möglich hinter sich bringen. Seine Partner in einem neuen Vertriebsprojekt waren auch ungeduldig. Im Januar 1919 war United Artists gegründet worden, mit Douglas Fairbanks, Mary Pickford, D. W. Griffith und Chaplin als Gesellschafter. Die Idee zu diesem Projekt war während der Liberty-Bond-Rundreisen gekeimt, als Chaplin, Fairbanks und Pickford sich in Washington mit Oscar Price, dem Presseagenten des Schatzmeisters William Gibbs McAdoo getroffen hatten. »Warum tun Sie sich nicht einfach zusammen und vertreiben Ihre eigenen Filme?« fragte Price. Gegen Ende 1918, als das Verhalten ihrer diversen Arbeitgeber sie mißtrauisch machte, fingen sie an, den Gedanken ernsthafter zu erwägen. Die First National weigerte sich nach wie vor strikt, Chaplins Vertrag zu verbessern; Paramount zeigte keinerlei Interesse, Pickfords und Fairbanks' Verträge zu erneuern, die kurz davor waren auszulaufen. Die drei Stars taten sich mit Griffith und William S. Hart, dem wettergegerbten Westernheld, zusammen und spekulierten darüber, daß die Filmgesellschaften eine Strategie ausheckten, um den astronomischen Gagen, die die großen Stars forderten, einen Riegel vorzuschieben. Wie sie richtig vermuteten, ging es darum, eine große Fusion von Produktionsgesellschaften und ein Monopol über Spielstätten zu organisieren, um auf diese Weise die Stars wieder an die Kandare zu nehmen. Der Schlag der Produzenten stand kurz bevor: Während der ersten Januarwoche trafen sich die Spitzen der Filmindustrie zu einer Konferenz im Alexandria Hotel.

Fairbanks und Chaplin beschlossen, Privatdetektive zu engagieren, die die Delegierten der Konferenz ausspionieren sollten. Die Berichte von Pinkertons' Agent 5 und Agent 8 lesen sich wie ein Operettenlibretto, wenn sie beschreiben, mit welcher List und Tücke sie mit Adolph Zukor, Sam Goldfish (später Goldwyn) und den übrigen dramatis personae des Sitzungssaals Stelldicheins arrangierten und sie beschatteten. Agent 8 war eine attraktive junge Dame, die ihre Reize gewinnbringend einsetzte:

> Während der Herr auf ›Jims‹ Rückkehr wartete, sah er mich an und lächelte. Habe das Lächeln nicht erwidert, aber besagtem Herrn wiederholt Blicke zugeworfen.
>
> Später, als dieser Herr Salon A. verlassen hatte und nach unten gegangen war, ließ er mir eine Karte zukommen mit der Bitte, ihn um 20 Uhr in Raum 1157 anzurufen. Später, um 16.30 Uhr, begegnete ich auf dem Mezzanin einem Herrn, der mich nach meiner Zimmernummer fragte; ich gab sie ihm. Um 17 Uhr klopfte dieser Herr an

> meine Tür. Ich öffnete und war recht überrascht, besagten Herrn vorzufinden. Er gab sich als Mr. Harry aus und meinte, er wolle mich am späteren Nachmittag aufsuchen. Fünf Stunden später, um 22 Uhr, erschien dieser Herr an meiner Tür, um mitzuteilen, er müsse in den 12. Stock zu Mr. Zukor, wo sich auch Clara Kimball Young befände, wollte aber in ein paar Minuten wiederkommen. Um 22.35 Uhr kam er wieder, setzte sich in einen Sessel und rauchte. Fragte mich, ob ich in Los Angeles zu Hause sei. Ich verneinte, erklärte aber, daß ich mir immer gern einen guten Film ansehe. Dann erzählte er, daß er aus Detroit, Mich. komme und daß sie hier eine Konferenz abhielten, in der es um Filmverleih ging. Dann wollte er wissen, wer meine Lieblingsschauspielerin sei. Ich nannte Clara Kimball Young und Norma Talmadge. Er fragte mich, ob ich Mary Pickford mag. Ich sagte ja und Clara auch. Er fragte mich, ob ich wüßte, wieviel Mary verdient. Ich verneinte. Er sagte, daß sie die größte Gage von allen Filmschauspielerinnen und -schauspielern bekäme. Ich bemerkte, daß ich gehört hätte, daß Charlie Chaplin die höchste Gage erhielte, und er sagte, aber nein. Dann sagte ich, daß ich es nicht richtig fände, daß Mary und Charlie solche großen Gagen bekommen, wo es doch auch andere gibt, die genauso gut sind. Er sagte: ›Das stimmt, und ihre Gagen müssen gekürzt werden, weil wir Filmleute die Summen nicht zahlen können, die für ihre Filme verlangt werden.‹ Dann fragte ich ihn, ob er deswegen nach Los Angeles gekommen sei, und er bejahte. Ich fragte ihn, ob sie mit einem Erfolg rechneten, und er sagte: ›Ganz bestimmt müssen sie auf unsere Bedingungen eingehen.‹ Etwa um diese Zeit kam der Empfangschef an meine Tür. Ich ging zur Tür, und er erklärte, es täte ihm leid, aber in diesem Hause sei es nicht erlaubt, daß eine Dame ohne Begleitung Besuch in ihrem Zimmer empfange. Der Empfangschef sagte, ihm sei klar, daß nichts vorgefallen sei, aber daß die Vorschriften des Hauses so seien. Ich sagte ihm, daß es mir leid täte. Der Herr versicherte dem Empfangschef, daß nichts vorgefallen wäre. Dieser sagte, das könne er sehen, aber die Hausvorschriften seien nun mal so. Der Herr ging und sagte, er wolle mich am nächsten Nachmittag anrufen.[7]

Trotz dieser frustrierenden Unterbrechung auf dem Höhepunkt ihrer Bemühungen als Mata Hari, konnte Agentin 8 weitere Treffen mit Mr. Harry arrangieren und ihre Reize einsetzen (wie genau werden wir nie erfahren), um ihm die Informationen zu entlocken, die Fairbanks und Chaplin benötigten. Fairbanks, Pickford, Hart und Chaplin sorgten dafür, daß den Mogulen ihre Anwesenheit im Alexandria Hotel nicht entging, und am 15. Januar 1919 hielten sie eine Pressekonferenz ab, auf der sie ihre Absicht verkündeten, eine Firma zur Vertreibung ihrer eigenen unabhängigen Produktionen zu gründen, und diese Firma sollte United Artists heißen. Beflügelt von ihrer Idee setzten sie am 5. Februar Verträge zur Gründung der Gesellschaft auf (zu diesem Zeitpunkt hatte Hart sich wieder aus dem Projekt zurückgezogen). Am

17. April wurden in Delaware Gründungsurkunden zum Eintrag ins Register vorgelegt. Sogleich wurden sie von Angeboten prominenter Produzenten – darunter Zukor persönlich – überhäuft, die ihre Posten aufgeben wollten, um United Artists zu leiten. Die Artists wollten jedoch McAdoo zum Präsidenten haben. Er lehnte ab, erklärte sich aber bereit, ihnen bei der Organisation zu helfen und als genereller Berater zur Verfügung zu stehen, wenn sie Oscar Price, den Vater der Idee, berufen würden. Hiram Abrams, einstiger Präsident der Paramount, der sich nach Meinungsverschiedenheiten von Zukor getrennt hatte, wurde Generaldirektor. (Benjamin B. Hamptons zuverlässige *History of the American Film Industry* schreibt Abrams und seinem Kollegen Benjamin P. Shulberg zu, Urheber des Konzepts von United Artists zu sein. Abrams blieb bis zu seinem Tode im Jahre 1928 Generaldirektor.)

Die Gesellschaft fungierte als Vertriebsorganisation für die Filme, die die vier Gesellschafter – und andere Filmemacher, die sich dem Projekt anschlossen – unabhängig produzierten. Das Arrangement war revolutionär. Bislang waren Produzenten und Verleiher – mit der Ausnahme von First National – Arbeitgeber gewesen, und die Stars Gehaltsempfänger. Nun wurden die Stars ihre eigenen Arbeitgeber. Sie waren ihre eigenen Financiers, und sie erhielten die Gewinne, die bislang die Arbeitgeber eingestrichen hatten. Zusätzlich erhielt jeder seinen Anteil an den Gewinnen der Vertriebsorganisation.

Fairbanks und Pickford errichteten ein schönes modernes Studio am Santa Monica Boulevard, wo sie ihre Filme für den United-Artists-Verleih machen wollten. Fairbanks hatte schon fünf Filme über United Artists vertrieben, darunter der spektakuläre *Robin Hood*. Griffiths Beitrag war *Broken Blossoms* (den er für 250000$ von Paramount zurückkaufte) und *Way Down East*. Pickfords *Dorothy Vernon of Haddon Hall* war beim Publikum weniger erfolgreich. Chaplin unterdessen hatte immer noch die First National am Hals: Als United Artists gebildet wurde, kämpfte er noch mit *Sunnyside*, und danach hatte er noch vier Filme vor sich.

Jetzt, Anfang 1921, hatte er noch drei Filme abzuliefern, und seine Partner waren verständlicherweise ungeduldig. Mit *The Idle Class* [Die müßige Klasse] hatte er wenig Probleme, obwohl er fünf Monate für die Fertigstellung brauchte. Wenn auch sehr viel aufwendiger produziert, war die Geschichte doch so einfach wie eine aus Essanay- oder frühen Mutual-Zeiten. Einige Elemente erinnern an die alten ›Falscher-Graf‹-Geschichten. Ironischerweise dreht sich die Geschichte um eine unglückliche Ehe. Chaplin spielt eine Doppelrolle: als Ednas dem Trunke zugetaner unaufmerksamer Ehemann und als

Charlie der Tramp, dessen Double, den Edna, ihr Vater und ihre Freunde für den Ehemann halten. *The Idle Class* wurde zwar schon Ende Juni fertiggestellt, aber erst am 25. September gestartet.

Chaplin traute es sich nun zu, mit der Belastung fertig zu werden, seine Mutter in seiner Nähe zu haben, und beim Außenministerium wurde erneut ein Antrag auf ein Visum gestellt. Am 3. März 1921 teilte das Außenministerium dem Justizministerium mit: »Bezugnehmend auf Ihren Wunsch, Mrs. Hannah Chaplin, Mutter von Charles Chaplin, aus England in dieses Land herüberkommen zu lassen, teilen wir Ihnen mit, daß gegenwärtig dem Amerikanischen Generalkonsulat in London telegrafisch die Bevollmächtigung erteilt wird, der oben genannten Person ein Visum zu erteilen.« Mr. Hughes vom Büro des stellvertretenden Justizministers gab die Mitteilung an Charles und Sydney weiter und drückte die Hoffnung aus, daß »die Angelegenheit zufriedenstellend geregelt wurde und die alte Dame bald hierher unterwegs sein wird.«

Tom Harrington wurde nach England geschickt, um sie abzuholen und nach Kalifornien zu bringen. Hannah war erstaunt und entzückt, als Harrington, beraten von Aubrey Chaplin und dessen Frau, 100 £ ausgab für eine neue Garderobe, darunter Hüte, Mäntel, ein Morgenmantel und ein Kosmetikkoffer.

Auf der Überfahrt verhielt sie sich ganz normal, aber bei ihrer Ankunft in New York gab es ein kleines Malheur, als sie einen Beamten der Einwanderungsbehörde für Jesus Christus hielt. Harrington bügelte den Zwischenfall aus. Hannah wurde in einem Bungalow mit einem schönen Garten nicht weit vom Meer untergebracht, zusammen mit einem Ehepaar, das sich um den Haushalt kümmerte, und einer gelernten Krankenschwester, Mrs. Carey. Chaplin fand es qualvoll, sie allzuoft zu besuchen, aber Sydney und Minnie, Amy Reeves und (während ihrer Ehe mit Chaplin) Lita Grey zählten zu ihren Besuchern. Sie erinnerten sich, daß Hannah über lange Zeiten völlig normal wirkte und sie mit Geschichten und Songs aus der Music-Hall-Zeit unterhielt. Manchmal redete sie liebevoll von ihrem Mann oder schilderte ihnen die Zeppelin-Luftangriffe auf London. (Das Chaplin-Presse-Büro verbreitete, daß ihre Gesundheit unter den Luftangriffen gelitten hätte.) Beobachtern fiel auf, daß sie verhaltener und ruhiger war, wenn sie mit ihrem Sohn zusammen war. Ihr rätselhafter Durchblick irritierte Chaplin mitunter. »Wenn du nicht so zurückhaltend wärst, könnte ich dir vielleicht ein paar kleine Ratschläge geben«, sagte sie zu ihm, als er gerade unter Eheproblemen litt, aber mehr sagte sie nicht.

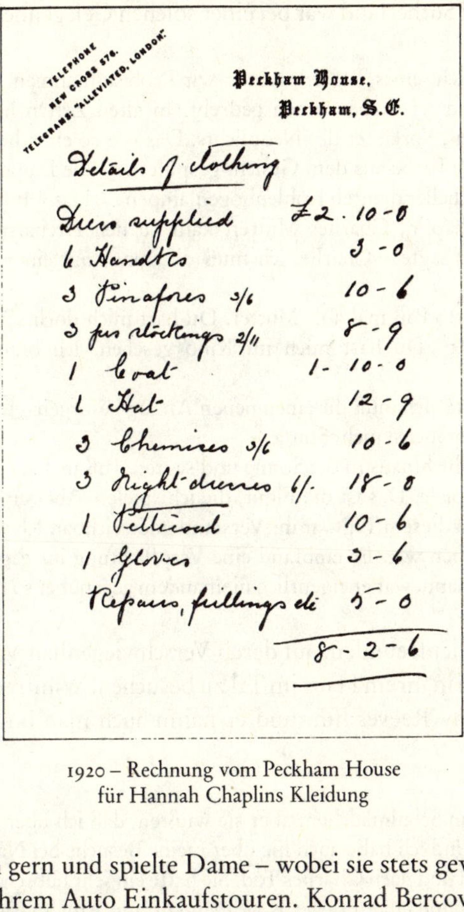

TELEPHONE NEW CROSS 576.
TELEGRAMS: "ALLEVIATED, LONDON."

Peckham House,
Peckham, S.E.

Details of clothing

Dress supplied	£2 - 10 - 0
6 Handkfs	3 - 0
3 Pinafores 3/6	10 - 6
3 prs stockings 2/11	8 - 9
1 Coat	1 - 10 - 0
1 Hat	12 - 9
3 Chemises 3/6	10 - 6
3 Night-dresses 6/-	18 - 0
1 Petticoat	10 - 6
1 Gloves	3 - 6
Repairs, fittings etc	5 - 0
	8 - 2 - 6

1920 – Rechnung vom Peckham House
für Hannah Chaplins Kleidung

Sie nähte auch gern und spielte Dame – wobei sie stets gewann. Sie machte auch gerne mit ihrem Auto Einkaufstouren. Konrad Bercovici erzählte, daß sie einmal nach so einer Tour mit über hundert Metern bunter Seide wiederkam, die Tausende von Dollars kostete. Chaplin war drauf und dran, die Seide zurückzuschicken, sagte dann aber plötzlich: »Soll sie's doch haben und noch mehr, soviel Flitterkram, wie sie will. Die arme Seele hat sich ihr ganzes Leben lang nach solchen Sachen gesehnt.« Nur gelegentlich verursachten ihre Grillen peinliche Situationen wie etwa, als sie an überraschte Passanten Eis verteilte.

Zeitweise schien ihr der Wohlstand ihres Sohnes gleichgültig zu sein, dann wieder war sie irritiert und peinlich berührt davon. Ein paar Mal brachte

Chaplin sie ins Studio mit, um ihr begreiflich zu machen, worin seine Arbeit bestand. Edward Sutherland war bei einer solchen Gelegenheit zugegen.

> Ich erinnere mich, eines Tages machten wir Probeaufnahmen, ich glaube für *The Gold Rush*, und wir haben innen gedreht. In alten Zeiten hatten wir Copper-Hewitt-Lampen, Vorläufer des Neonlichts. Das war so ein schreckliches Blau, das einem die ganze Farbe aus dem Gesicht gespült hat – die Lippen waren grün oder violett. Als Aufheller dienten Kohlenbogenlampen ... Das war hartes ummanteltes Licht. Mrs. Chaplin, Charlies Mutter, kam zu den Dreharbeiten. Charlie war kostümiert. Sie sagte: »Charlie, ich muß dir unbedingt einen neuen Anzug besorgen.«
>
> Er hat gesagt: »Paß mal auf, Mutter. Du hast mich doch schon tausendmal im Kostüm gesehen. Du hast mich im Kino gesehen. Ich brauche keinen neuen Anzug.«
>
> Sie hat gesagt: »Ich muß dir einen neuen Anzug besorgen – und du bist schrecklich bleich. Du brauchst mehr Sonne.«
>
> Er ging mit ihr hinaus in die Sonne und sagte: »Paß mal auf, Mutter, das ist die Rolle, die ich spiele. Das ist die Figur, die ich spiele.« Aber er konnte es ihr nicht klarmachen. An diesem Tag war ihr Verstand unerreichbar. Ich weiß nicht, ob er ihr besonders ergeben war. Er empfand eine Verpflichtung ihr gegenüber. Soweit ich das beurteilen kann, war er eigentlich niemandem gegenüber so richtig ergeben.

Es war nur Familienfreunden, auf deren Verschwiegenheit Verlaß war, gestattet, Mrs. Chaplin in ihrem Haus im Tal zu besuchen. Winifred Ritchie ging oft mit Alf oder Amy Reeves hin, und er nahm auch manchmal deren Tochter Wyn mit.

> Ich war noch ein Schulmädchen, aber sie wußten, daß ich über solche Dinge nicht reden würde. Und ich habe auch nie über meine Besuche bei Nan gesprochen, erst nach ihrem Tod und nach Charlies Tod. Sie hatte ein sehr hübsches Haus im Tal, mit einer Gefährtin und einer Pflegerin. Wir sind oft mit Amy rausgefahren und haben mit Nan zu Mittag oder zu Abend gegessen. Manchmal war sie großartig. Sie hat alte Songs und Sketche vorgetragen. Sie war wie Charlie. Sie hat wunderbare Imitationen gemacht. Sie konnte ganze Stücke von vorne bis hinten vortragen. Und dann war sie plötzlich weggetreten.
>
> Als ich einmal beim Mittagessen neben ihr saß, hab ich einen Fleck auf ihrem Arm gesehen. Und ganz unschuldig hab ich sie gefragt: »Nan, was ist das?« Sofort hat sie ihren Arm weggezogen und versteckt. Und dann fing sie an, Brotstückchen um sich herum und auf ihrem Kopf zu verteilen. Die Pflegerin Mrs. Carey hat gesagt: »Komm mit, Nan«, und hat sie in ein anderes Zimmer gebracht. Als Mrs. Carey zurückkam, hat sie erklärt, der Fleck sei eine Tätowierung aus dem Armen-

haus. Sie hat gesagt, Nan fühle sich an die Zeiten erinnert, als sie nicht genug zu essen hatten. Und sie hat das Brot für Sydney und Charlie beiseite gelegt.[9]

Während ihrer Zeit in Hollywood wurde Hannah endlich mit ihrem jüngsten Sohn, Wheeler Dryden, vereint, den sie zum letzten Mal gesehen hatte, als er ihr im Alter von sechs Monaten von seinem Vater Leo Dryden entrissen wurde. Wheeler, der einen Hang zum Theatralischen hatte, inszenierte seinen Auftritt und fragte sie dramatisch: »Wissen Sie, wer ich bin?« »Natürlich!« erwiderte Hannah freundlich. »Du bist mein Sohn. Setz dich und trink eine Tasse Tee.«

8
Flucht

Nach der Fertigstellung von *The Idle Class* stürzte Chaplin sich umgehend auf den nächsten Film, der den Arbeitstitel *Come Seven* erhielt und in dem er und Mack Swain ein reiches Klempnerpaar spielen sollten, das in einer Limousine mit Chauffeur zur Arbeit vorzufahren pflegt. Er verbrachte die zweite Julihälfte mit Edward Knoblock und Carlyle Robinson auf Catalina, um Ideen für die Geschichte auszuarbeiten. Anfang August kehrte er ins Studio zurück, um mit der Arbeit zu beginnen. Kulissen wurden gebaut, Drehorte ausfindig gemacht und die Besetzung zusammengestellt: Edna, Sydney, Mack Swain, Henry Bergman, Loyal Underwood, John Rand und die zwei Kleindarsteller Pete Griffin und Jos Kedian. Am 22. August begann Chaplin mit den Dreharbeiten. Aber als gerade mal 106 Meter Film belichtet waren, faßte er den plötzlichen Entschluß, nach Europa zu reisen. Carlyle Robinson erhielt den Auftrag, alles Notwendige in die Wege zu leiten, und fünf Tage später* wurde Chaplin in der Begleitung von Robinson und Tom Harrington am Bahnhof von Los Angeles von »fast ganz Hollywood ... und ... allen Schwestern und Cousinen und Tanten« verabschiedet. Als der Zug aus dem Bahnhof fuhr, rief Sydney Robinson zu: »Paß um Himmels willen auf, daß er nicht heiratet.« »Die Menge lachte, und ich erschrak«, kommentierte Chaplin.

Eine Reihe von Umständen hatte zu diesem scheinbar kapriziösen Entschluß geführt. Anläßlich einer Grippe und der symptomatischen Depression war Chaplin klargeworden, wie erschöpft er war, nachdem er sieben Jahre fast ununterbrochen gearbeitet und einundsiebzig Filme gemacht hatte. Sein wachsendes Heimweh nach England hatte konkrete Formen angenommen, als Montague Glass, der Autor von *Potash and Perlmutter*, ihn zum Abendessen eingeladen und ihm einen durch und durch englischen Steak-and-Kidney-Pie vorgesetzt hatte. Er war mit H. G. Wells in Briefwechsel getreten, nach-

* Nach seiner eigenen Schilderung der Reise in *My Trip Abroad* (in der englischen Ausgabe *My Wonderful Visit*) sagt Chaplin, daß er von einem Tag auf den andern die Arbeit niedergelegt habe und nach New York abgereist sei. Das ist dichterische Freiheit.

dem Wells ihm nach der Lektüre eines reichlich übertriebenen Berichts über die Verbrennungen, die Chaplin bei den Dreharbeiten zu *The Idle Class* erlitten hatte, besorgt geschrieben hatte, und er brannte darauf, diesen Schriftsteller kennenzulernen, den er sehr bewunderte. In London stand die Premiere von *The Kid* bevor, und er wollte zum ersten Mal bei einer Premiere eines seiner Filme anwesend sein und den Applaus genießen. »Ich wollte es machen, solange es noch gut lief. Vielleicht war ja *The Kid* mein letzter Film. Vielleicht war das die letzte Gelegenheit, mich im Scheinwerferlicht zu sonnen ...«[1] Er hatte immer noch das Gefühl, daß er eines Tages wie Jimmy the Fearless aus seinem Traum erwachen müsse.

England bedeutete auch Hetty Kelly. Das Bild von der schlanken Gazelle mit dem ovalen Gesicht und dem betörenden Mund hatte ihn immer noch nicht losgelassen. Seit der Trennung vor ihrem Haus in der Camberwell Road hatte er sie nur einmal wiedergesehen. Sie war damals siebzehn und stand kurz davor, zu ihrer Schwester nach Amerika zu reisen.

Sie war ihm albern und kokett vorgekommen, und vorübergehend war ihr Reiz verblaßt. Doch als frischgebackener Junggeselle mußte er feststellen, daß sich seine Neugier wieder regte. Im August 1915 hatte die einundzwanzigjährige Hetty Lieutenant Alan Edgar Horne geheiratet, der bei der britischen berittenen Miliz diente. Sein Vater war Parlamentsabgeordneter für Guildford, später Sir William Edgar Horne, Bt.. Hetty nannte sich inzwischen Henriette, und ihre Heiratsurkunde trug den Vermerk »ledig, über eigene Mittel verfügend«. Das Ehepaar zog in Alan Hornes Wohnung in der Tilney Street 5, in Mayfair.

Eines Tages im Juli 1918 erhielt Chaplin aus heiterem Himmel einen Brief von Hetty. Wir wissen nichts über seinen Inhalt, nur daß er mit den Worten begann: »Erinnerst Du Dich an ein dummes kleines Mädchen ...?« Chaplins Antwort an Hetty, vom 18. Juli 1918, ist jedoch erhalten geblieben – eine Mischung aus Begeisterung und Zurückhaltung, Freude und Verlegenheit:

Liebe Hetty,

stets passiert das Unerwartete, im Film wie im richtigen Leben. Du kannst Dir vorstellen, was für eine unerwartete Freude mich erfüllte, als ich heute morgen Deinen Brief auf meinem Schreibtisch vorfand. Als ich den Briefumschlag erblickte, beschleunigte sich mein Puls, dann sprang mir plötzlich ein vertrautes ›e‹ ins Auge, das ich seit einigen Jahren nicht gesehen hatte. Irgend etwas in meinem Unterbewußtsein sagte ›Hetty‹. Schnell riß ich den Umschlag auf und – o Wunder! – ein Brief von Dir. Ausgerechnet *Du* schreibst mir, nach so vielen Jahren! Ich war natürlich aufgeregt, und doch habe ich halb damit gerechnet, daß Du früher oder später schreiben würdest, weil sich doch in unserm Leben soviel Interessantes ereignet hat; und schließlich ist es eine große Freude, von alten Freunden zu hören.

Also, Hetty, Du hast Dich kein bißchen verändert. Ich meine Deine Persönlichkeit – sie offenbart sich deutlich auf jeder Seite Deines Briefs. Sicher hat sich Dein Gesichtsfeld durch Deine Umwelt und Deinen Umgang erweitert, aber Deine reizende Persönlichkeit bleibt unverkennbar – und das ist meiner Meinung nach das größte Gut, das man besitzen kann. In Deinem Brief fragst Du mich, wie es mir geht etc. etc. Na ja, körperlich geht's mir blendend; seelisch – tja, ich habe alles, was ein junger Mann von neunundzwanzig Jahren sich wünschen kann. Ich bin noch Junggeselle, aber das ist nicht meine Schuld. Wenn man's philosophisch betrachtet, habe ich inzwischen – wie Du auch – durch meine Umwelt eine besondere Lebensanschauung gewonnen. Vermutlich bin ich jetzt im Alter des jugendlichen Pessimismus, aber es besteht noch Hoffnung, denn ich besitze diese unbezahlbare Eigenschaft der Neugier, für das Leben und die Dinge, und auf diese Weise bleibt mir mein Enthusiasmus erhalten.

Erinnerst Du Dich, Hetty, ich habe Dir einmal gesagt, daß Geld und Erfolg nicht alles ist. Damals hatte ich weder das eine noch das andere, aber ich spürte, daß es so ist, und jetzt habe ich beides. Ich glaube, man kann das Glück nur aus sich selbst heraus schöpfen oder es im Dienst an den Mitmenschen finden.

Aber genug mit dieser Philosophiererei. Wie ist Dein Befinden? Ich hoffe aufrichtig, daß Du Dich inzwischen ganz erholt hast und jetzt wieder in Hochform bist. Du mußt besser auf Deine Gesundheit achten. Vergiß nicht, Sonney [*sic*] von mir zu grüßen, und herzliche Grüße auch an Edie. Und was Dich betrifft – ich werde ungeduldig die Tage zählen, bis ich wieder von Dir höre. Schreib mir also bitte, und laß mich wissen, daß es Dir gut geht und Du wieder lächelst.

Auf immer Dein
Charlie

Chaplin schrieb selten Briefe. Carlyle Robinson staunte, daß der Mann, der mehr Briefe erhielt als irgend jemand sonst, selbst so wenige schrieb. Er schätzte, daß Chaplin in seinem ganzen Leben nicht mehr als ein Dutzend Briefe geschrieben hat. Dieser wurde offensichtlich mit großer Sorgfalt verfaßt, und der literarische Stil von *My Autobiography* ist bereits erkennbar. Der Brief wurde mit Sicherheit von einer Sekretärin getippt, da er keine der hartnäckigen orthographischen Eigenheiten Chaplins aufweist: zum Beispiel schrieb er immer ›ect‹ statt ›etc.‹.

Anscheinend erhielt er keine Antwort. Möglicherweise hat Hetty den Brief nie gelesen, da es in den letzten Kriegsjahren beim transatlantischen Postverkehr zu wochenlangen Verzögerungen kommen konnte, und am 4. November 1918, eine Woche vor dem Waffenstillstand, starb Henriette Florence Horne, geb. Hetty Kelly.

Die Sorge um ihre Gesundheit, die Chaplin in seinem Brief zum Ausdruck gebracht hatte, läßt darauf schließen, daß sie nach der Geburt ihres einzigen Kindes, einer Tochter, bereits krank gewesen war. Am 18. Oktober wurde sie Opfer der Grippeepidemie, die Europa damals heimsuchte. Am 27. gab es eine Komplikation durch eine Lungenentzündung, und eine Woche später starb Hetty.

Von alldem wußte Chaplin nichts, als er mehr als drei Jahre nach seinem Brief an Hetty zu seiner Europareise aufbrach. Er, Robinson und Harrington vergnügten sich auf der Zugfahrt mit Patience legen, und sie schoben eine Übernachtung in Chicago ein, wo Chaplin bei einem Drehbuch-Wettbewerb als Preisrichter fungierte und auch versuchte, Carl Sandburg zu treffen. Er bekam dort auch einen Vorgeschmack auf die Reporter, die ihm während seiner ganzen Reise zusetzen sollten. Er stellte fest, daß sie immer und überall die gleichen Fragen an ihn richteten:

»Mr. Chaplin, warum fahren Sie nach Europa?«
»Nur um Urlaub zu machen.«
»Werden Sie dort Filme machen?«
»Nein.«
»Was machen Sie mit Ihren alten Schnurrbärten?«
»Wegwerfen.«
»Was machen Sie mit Ihren alten Stöcken?«
»Wegwerfen.«
»Was machen Sie mit Ihren alten Schuhen?«

Der Bursche war gut. Er konnte sämtliche Fragen loswerden, bevor er beiseite gerempelt wurde und zwei schwarze Augen, die durch die Gläser einer Hornbrille peilten, vorpreschten. Ich setzte wieder mein ›Bühnenlächeln‹ auf, das nach meinem Dafürhalten für Interviews geeignet war.

»Mr. Chaplin, haben Sie Ihren Stock und Ihre Schuhe dabei?«
»Nein.«
»Warum nicht?«
»Weil ich nicht glaube, daß ich sie brauche.«
»Werden Sie heiraten, während Sie in Europa sind?«
»Nein . . .«
»Mr. Chaplin, glauben Sie, daß Sie jemals heiraten werden?«
»Ja.«
»Wen?«

»Das weiß ich nicht.«

»Möchten Sie mal Hamlet spielen?«

»Ich weiß nicht. Darüber habe ich mir noch nicht viele Gedanken gemacht, aber wenn Sie meinen, es könnte irgendwelche Gründe geben, weshalb ...«

Aber weg war sie. Ein anderer Advokat hatte das Wort.

»Mr. Chaplin, sind Sie Bolschewist?«

»Nein.«

»Warum fahren Sie dann nach Europa?«

»Um Urlaub zu machen.«

»Was für einen Urlaub?«

»Verzeihen Sie, meine Herrschaften, aber ich habe im Zug nicht gut geschlafen, und ich muß jetzt ins Bett.«

In New York wurde er von Douglas Fairbanks und Mary Pickford in Empfang genommen, die sich zur Premiere von *The Three Musketeers* dort aufhielten. Vor der Premiere zeigten sie ihm den Film und auch Marys *Little Lord Fauntleroy* in einer Privatvorführung und baten ihn förmlich um Kritik und Anregungen. Er äußerte sich förmlich dazu, wohl wissend, daß man seine Worte höflich zur Kenntnis nehmen und ignorieren würde. Die Premierenveranstaltung war ein Alptraum: Fairbanks und Pickford schafften es, unversehrt in das Filmtheater zu gelangen, aber Chaplin verlor in der Menge seinen Hut und seine Krawatte, eine Trophäenjägerin schnitt ihm sogar ein Stück aus seinem Hosenbein, und er wurde wiederholt von Polizisten geboxt und ins Gesicht geschlagen. Schließlich wurde er über die Köpfe der Menge hinweg hineingereicht, und er hatte den Eindruck, daß seine Gefährten von seinem ramponierten Äußeren schockiert waren.

Chaplin verbrachte seine Zeit in New York teils mit seinem Anwalt Nathan Burkan und teils mit neuen und alten Freunden aus dem Kreis der Ostküsten-Intellektuellen: Alexander Woollcott, Heywood Broun, dem radikalen Max Eastman, Edward Knoblock, Harrison Rhodes und Madame Maurice Maeterlinck. Eastman gab eine Party für Chaplin, auf der er einen zu einer zwanzigjährigen Gefängnisstrafe verurteilten jungen Arbeiter von der IWW kennenlernte, dem man wegen schlechter Gesundheit einen Kurzurlaub bewilligt hatte. Chaplin war sehr von ihm beeindruckt. Chaplin seinerseits gab eine Dinnerparty, auf der Gesellschaftsspiele gespielt und alles mögliche zum besten gegeben wurde:

Ich führte zusammen mit Madame Maeterlinck etwas vor. Wir spielten eine Burleske auf die große Sterbeszene aus *Camille*. Aber wir gaben ihr eine spezielle Note, auf die Dumas nicht gekommen war.

Als sie hustete, habe ich mich sofort angesteckt, bekam alsbald Krämpfe und verschied an Stelle von Camille.

Er sah sich *Liliom* an und traf danach Joseph Schildkraut und Eva le Gallienne, die die Hauptrollen spielten; plötzlich übermannte ihn untypischerweise das Verlangen, wieder auf die Bühne zu gehen. Trotz der Menschenmengen und der vielen Reporter empfand er die New Yorker Gesellschaft als eine große Erleichterung nach Kalifornien:

Niemand bat mich, meinen komischen Gang vorzuführen, niemand bat mich, meinen Stock herumzuwirbeln. Wenn mir nach einer kleinen Szene zumute war, habe ich mich nicht zurückgehalten, und alle andern haben's genauso gemacht. Man war ein Wesen der Gegenwart, nicht ein Produkt der Vergangenheit oder ein Versprechen für die Zukunft. Man wurde akzeptiert, wie man war, *sans* ›Who's Who‹-Etiketten und Einkommenssteuerbelege.

Am Morgen des 3. Septembers verließ das Trio New York auf der *Olympic*. Edward Knoblock hatte sich ebenfalls nach England eingeschifft. Viele Freunde, darunter Fairbanks und Pickford, waren zu seinem Abschied erschienen, aber

irgendwie interessiere ich mich nicht sonderlich für sie ... Ich bemühe mich um Konversation, aber die Menschen und das Schiff und meine Reisegefährten interessieren mich viel mehr.

Viele Schiffspassagiere schleppen ihre Kinder an, weil sie mich kennenlernen sollen ...

Ich ertappe mich dabei, daß ich sie höflich und freundlich anlächle, vor allem die Kinder.

Ich bezweifle, ob es ein aufrichtiges Lächeln ist, da es noch zu früh am Morgen ist. Obwohl ich Kinder mag, fällt es mir schwer, mit ihnen umzugehen. Ich fühle mich ihnen ziemlich unterlegen. Die meisten von ihnen sind selbstbewußt, sind noch nicht mit Befangenheit geschlagen.

Und man muß sehr darauf achten, daß man sich bei Kindern gut benimmt, weil sie jede Unaufrichtigkeit entlarven ...

Chaplins Schilderung der Reise ist entwaffnend offen und selbstkritisch. Als erlaube ihm dieses ungewohnte Erlebnis, sich zu entspannen, zurückzutreten und seine Reaktion auf jedes einzelne Erlebnis aus einer abgehobenen amüsierten Sicht zu betrachten. Die Tage an Bord waren eine Mischung aus Anregung und Ärger. Er genoß den Luxus. (»Es geht nichts über Geld. Es erleichtert das Leben wirklich ungeheuer.«) Wenn die Leute ihn mit ihrer Aufmerksamkeit und ihren Ansichten bedrängten, war er gleichermaßen verärgert und geschmeichelt. Nachdem er sich mit einigen Leuten unterhalten hatte, meinte er: »Ich bin tatsächlich ein beschränkter kleiner Holzkopf.« Angesichts seiner Hemmungen, mit Marguerite Namara, der Opernsängerin und Frau des Dramatikers Guy Bolton, zu reden, kam er zu dem Schluß: »Ich verstehe mich einfach nicht auf den Umgang mit Leuten.« Er war sich unsicher, welchen Mitgliedern der Besatzung er Trinkgelder geben sollte.

Von einem Vorfall, der sich während der Überfahrt ereignet haben soll, wird widersprüchlich berichtet. Carlyle Robinson behauptete, daß Chaplin es abgelehnt habe, bei einem Bordkonzert mitzuwirken. Daraufhin habe der Vorsitzende Herman Metz ihn beleidigt, indem er angeblich zum Publikum sagte, Chaplin weigere sich zu erscheinen (die Veranstaltung fand zur Unterstützung eines Wohltätigkeitsfonds für Seeleute statt), das spiele aber kaum eine Rolle, da sie ihn jederzeit für zehn Cent auf der Leinwand sehen könnten. Guy Bolton erinnerte sich jedoch, daß

> bei dem Bordkonzert Marguerite sang und Chaplin eine Pantomime spielte, in der er einen arbeitslosen Schauspieler darstellte, der sich um Arbeit bewirbt. Als der Theatermanager, gespielt von Knoblock, jeden Aspekt der zu besetzenden Rolle beschrieb, wurde Chaplin nacheinander demütig, aggressiv, charmant, superaristokratisch. Als man ihm erklärte, er sei für die Rolle zu klein, wuchs er scheinbar um mehrere Zentimeter. Nach seinen romantischen Fähigkeiten befragt, warf er sich auf den Schoß des Managers. Schließlich soll er dann eine Szene durchspielen, in der er nach Hause kommt und seine Frau in den Armen seines besten Freundes antrifft. In einem Anfall wütender Eifersucht soll er den Verräter umbringen. Der Manager schüttelt den Kopf und sagt, er fürchte, Charlie könne in dieser Rolle nie überzeugen, worauf der Schauspieler, wild entschlossen, die begehrte Rolle zu bekommen, dem Manager an die Gurgel geht. Als er schließlich seinen Griff lockert und sich abwendet, um Hut und Stock zu holen, liegt der Manager tot am Boden. Wie Charlie sich mit einem einschmeichelnden Lächeln umdreht, um seinen Applaus zu empfangen, das war Chaplin in Bestform. Seine Überraschung, als er den leeren Stuhl sieht, seine Bestürzung, als er die Leiche entdeckt, die unter den Tisch gerutscht ist – wurde gespielt, wie nur Chaplin es konnte. Und dann sein berühmter watschelnder Abgang, wobei

er einen Blick über die Schulter wirft und vor der Leiche seinen Hut zieht. Das ergab einen perfekten Schluß.

Täglich kündeten Berichte auf dem Schwarzen Brett des Schiffs von der Aufregung, die bereits in der britischen Presse widerhallte. Lange vor seiner Abreise hatten die Zeitungen schon mit einer kontinuierlichen Berichterstattung über sein Fortschreiten Richtung Osten begonnen. Nun beschrieben Kabelberichte von Korrespondenten an Bord der *Olympic* sein Leben an Bord in allen Einzelheiten:

> Charlie ruht bis elf in seiner Suite auf dem Promenadendeck, dann nimmt er sein Frühstück ein, das aus einem Glas heißem Wasser mit einer Prise Salz besteht. Darauf begibt er sich forschen Schrittes auf einen Spaziergang rund ums Deck, zusammen mit ein paar Freunden. Vier Runden auf Deck entsprechen einer Meile. Als nächstes steht eine weitere Ruhepause in einem Deck-Liegestuhl auf dem Programm, dabei liest er oder sieht den Spielen zu: Volleyball, Decktennis, Beilkespiel oder Wurfringspiel. Manchmal gesellt er sich zu den Kindern in der Sporthalle auf dem Bootsdeck und tobt begeistert mit ihnen herum. Er ist bei den Kindern sehr beliebt, obwohl sich ihre Augen vor Staunen weiten, wenn man ihnen sagt, daß dieser
>
> SCHMUCKE JUNGE MANN
>
> der so erfolgreich den netten Onkel spielt, Charlie Chaplin ist. Um die Mittagszeit ist Charlie in der Sporthalle bei einer Trainingsrunde zu finden. Dann geht's in die Sauna und ins Schwimmbecken. Es folgt das Mittagessen.
>
> Nachmittags sieht er den Kartenspielern zu – er selbst spielt allerdings nicht –, bis es Zeit ist für eine zweite Runde auf Deck. Gegen Abend findet man ihn auf dem Vorderdeck beim Kricket-Spiel mit den Matrosen. Später erscheint er oft im Rauchsalon und hört sich die Gebote an beim Wettspiel um die Seemeilen, die das Schiff täglich zurückgelegt hatte. Die Passagiere haben ihren unauffälligen jungen Mitreisenden erkannt.[2]

Die *Olympic* sollte am 9. September um 13 Uhr in Cherbourg eintreffen, aber wegen Nebels verspätete sich die Ankunft auf 17 Uhr. Fünfzig oder noch mehr Zeitungsleute, Kameramänner und Pressefotografen stürmten sofort das Schiff und stöberten Chaplin hinter der Kommandobrücke auf. »Das ist ja viel, viel schlimmer als in New York«, sagte er, und in Antwort auf das Trommelfeuer von Fragen – diesmal hauptsächlich auf Französisch – hielt er eine Stegreifrede:

> Dies ist mein erster Urlaub seit Jahren. Und für diesen längst fälligen Urlaub kommt nur ein Platz in Frage, und das ist die Heimat. Aus diesem Grund beabsichtige ich nach London zu reisen. Ich will wieder durch die Straßen streifen, all die Veränderungen sehen und wieder die gute alte Londoner Atmosphäre schnuppern.
>
> Ich habe mich in letzter Minute entschlossen, diese Reise hier rüber zu unternehmen, einen Tag bevor die *Olympic* in See stach [*sic*]. Es trieb mich irgendwie nach Hause, und hier bin ich. Von England aus will ich weiter nach Paris und dann nach Rußland.
>
> Warum Rußland? fragen Sie. Weil mich dieses großartige Land mit seinen Bemühungen um den Wiederaufbau nach dem gesellschaftlichen Chaos ungeheuer interessiert. Nach Rußland möchte ich Spanien besuchen. In meinem Herzen verspüre ich ein großes Sehnen nach dem romantischen Sevilla, und außerdem möchte ich mal einen Stierkampf sehen.
>
> Ich habe vor, mich ordentlich zu amüsieren und alle Ecken wieder aufzusuchen, wo ich mich als Junge herumgetrieben habe. Ich will ein Londoner unter Londonern sein, nicht irgendein Komikheld, den alle anstarren.[3]

Auf das unvermeidliche »Sind Sie Bolschewist?« entgegnete er: »Ich bin Künstler, kein Politiker.« Als er gefragt wurde, wen er für den größeren Mann halte, Lenin oder Lloyd George, antwortete er schelmisch und rätselhaft: »Der eine arbeitet, der andere spielt.« Solche Momente waren für Robinson, seinen Pressemann, immer Zitterpartien. Danach verschwand Chaplin zur Überraschung der Reporter durch eine günstig gelegene Tür.

Das Schiff kroch durch den Nebel nach Southampton, wo, wie man sie vorgewarnt hatte, ein Bürgerempfang stattfinden sollte. Chaplin war über Gebühr nervös angesichts der Aussicht, eine Dankesrede halten zu müssen, und saß die halbe Nacht an einem Entwurf, vergaß dann aber im allgemeinen Durcheinander seine Aufzeichnungen. Hinterher war man sich einig, daß er eine bessere Figur gemacht hatte als der aufgeregte Bürgermeister. Chaplin gestand, es habe ihn etwas enttäuscht, daß die Menschenmenge in Southampton nicht größer war. Man machte die verspätete Ankunft dafür verantwortlich. »Diese Erklärung erleichtert mich ungeheuer, allerdings geht es mir dabei nicht so sehr um mich, als vielmehr um meine Gefährten und meine Freunde, die so viel erwarten. Ich finde, daß die ganze Sache ihretwegen mit einem großen Knall über die Bühne gehen sollte. Ja, wirklich.« Zu seiner Erleichterung begrüßten ihn auch bekannte Gesichter: Tom Geraghty, Fairbanks' gelegentlicher Drehbuchschreiber, Donald Crisp, der aus Schottland stammende Schauspieler, der in Griffiths *Broken Blossoms* den Battling Barrows gespielt hatte, Abe Breman, der Londoner Vertreter der United Artists, und Hettys Bruder Arthur Kelly, genannt ›Sonny‹, der seinen eigenständigen Weg ins Filmgeschäft gefunden hatte.*

Chaplins Cousin Aubrey war auch gekommen, der Sohn von Onkel Spencer Chaplin, der sich um Hannahs Angelegenheiten gekümmert hatte, als sie im Peckham House war. »Ich habe das Gefühl, daß Aubrey eine liebe schlichte Seele ist und den Wunsch hat, mich unter seine Fittiche zu nehmen.« Er stellte fest, daß er den Drang verspürte, sich vor Aubrey etwas aufzuspielen. »Ich will ihn schockieren; nein, nicht direkt schockieren, aber verblüffen ... Ich werde später ein langes Gespräch mit Aubrey führen und alles erklären ...«

Auf der Zugfahrt nach London kam ihm alles verändert und unwiderstehlich schön vor: die Mädchen, die Landschaft – trotz der Dürre und der neuen Häuser – die Menschenmengen, die an jeder Bahnstation warteten, um seinen Zug vorbeifahren zu sehen. Als er sich Waterloo näherte, fuhr der Zug durch die Straßen von Chaplins Kindheit. Er konnte sogar kurz Onkel Spencers altes Pub, das Queen's Head in der Broad Street in Lambeth, sehen. In London erwarteten ihn unvorstellbare Szenen. Seine Heimkehr war ein Triumph, der im zwanzigsten Jahrhundert kaum seinesgleichen fand, abgesehen von einigen großen königlichen oder nationalen Ereignissen.

Von Waterloo bis zum Ritz waren die Straßen voller Menschen, die alle begierig waren, einen Blick von ihrem Idol zu erhaschen und ihm zuzujubeln.

Ich verspüre den Drang, etwas Großes zu tun. Was für eine Gelegenheit für einen Politiker, etwas Großes zu sagen oder zu tun!

Und als wir uns nähern, rollte die Flut auf die Pforten des Hotels zu. Man hat sie geschlossen gehalten, um zu verhindern, daß die Menge das Gebäude demoliert. Ich sehe einen unerschrockenen Filmkameramann am Eingang, als die Menge losrollt. Er drängt sich vor und kurbelt verzweifelt seine Kamera, als er in den Menschenstrudel gerät. Aber er dreht weiter, und seine Kamera und er selbst werden allmählich gen Himmel gehoben, und seine Linse nimmt nichts auf als die Wolken, während er weiterdrehend zu Boden sinkt. Der ehrenhafteste Fall für einen Kameramann: kurbelnd niedergehen. Ich frage mich, ob er überhaupt etwas drauf bekommen hat.

Irgendwie wurde mein Körper ins Hotel geschoben, getragen, gehoben und

* Edith Kelly, Schwester von Hetty und Arthur, hatte Frank Jay Gould, den amerikanischen Millionär, geheiratet. Als Gould zusätzlich zu seinen anderen Tätigkeitsbereichen auch noch ins Filmgeschäft einstieg, fand sich für Arthur ein Posten in Goulds New Yorker Büro. Später sollte Arthur als Vertreter Chaplins bei den United Artists arbeiten. Er wurde dann Vizepräsident der Gesellschaft. Erst bei dieser Begegnung mit Kelly erfuhr Chaplin von Hettys fast drei Jahre zurückliegendem Tod.

Charlies Erholungskur

1921 – Lows Kommentar zu
Chaplins Besuch in London

> geworfen. Ich kann Ihnen versichern, daß keinerlei Anstrengung meinerseits dazu nötig waren.

Die Menge wollte unbedingt, daß er sich am Fenster seiner Suite zeigte, aber die Direktion des Ritz bat ihn, davon Abstand zu nehmen, den Leuten Blumen zuzuwerfen, weil man befürchtete, das könne einen Aufstand verursachen.

Chaplin verspürte nun den dringenden Wunsch, ohne weitere Verzögerung die Stätten seiner Kindheit und Jugend aufzusuchen. Es gelang ihm, zusammen mit Geraghty und Crisp das Hotel durch einen Dienstboteneingang zu verlassen. Dann trennte er sich von seinen Gefährten und fuhr alleine mit dem Taxi nach Kennington. Nach seiner eigenen Schilderung war er wohl von einem echten leidenschaftlichen Hunger besessen in seiner Suche nach den Szenen und Eindrücken, die ihm aus seiner Kindheit in Erinnerung geblieben waren. Er fand vieles wieder: den alten, blinden, bibellesenden Bettler unter den Arkaden der Canterbury Music Hall; Christ Church, wo Hannah den

Gottesdienst besuchte, als die Religion sie ergriffen hatte; Baxter Hall, »wo wir für einen Penny Laterna-Magica-Vorführungen sahen … Man konnte sich dort eine Tasse Kaffee und ein Stück Kuchen holen und sich die Kreuzigung Christi ansehen, alles auf einmal«; die Polizeiwache von Kennington; die Kennington-Bäder, »oft ein Grund zum Schuleschwänzen«; Kennington Cross. In der Chester Street erkannte er das Geschäft, wo er einmal als Friseurgehilfe gearbeitet hatte, obwohl der Friseur nicht mehr da war, und einen alten Zuber, wo er sich morgens immer gewaschen hatte. Er sah sich in den Kindern, die auf der Straße spielten. Er fand sie bezaubernd und hörte sie voller Begeisterung reden: »Sie scheinen aus ihrer Seele zu sprechen.« Auf dem Weg weiter nach Lambeth Walk begegnete er einer Frau, die in einer billigen Herberge, in der er einmal übernachtet hatte, als Dienstmagd gearbeitet hatte und die, wie er sich erinnerte, ihre Stellung verloren hatte, weil sie ›gestrauchelt‹ war.

In seiner Kleidung war er eine auffällige Erscheinung in Lambeth Walk. Er wurde erkannt, und eine Menschenmenge begann ihm zu folgen, wenn auch in ehrfürchtigem Abstand. Er schämte sich, nachdem er einen Polizisten um Hilfe gebeten und dieser ihn beruhigt hatte: »Keine Sorge, Charlie. Diese Leute werden Ihnen nichts tun.« Sie riefen: »Auf Wiedersehen, Charlie. Gott segne dich!«, als er in seinem Taxi davonfuhr. Er fuhr zu Kennington Gate, wo er sein Rendezvous mit Hetty gehabt hatte, zum Horns und zum Kennington Cross, wo er den Klarinettenspieler mit ›The Honeysuckle and Bee‹ gehört hatte, und wo »die Musik mir zum ersten Mal ans Herz ging«. Er reflektierte darüber, daß er all das »mit anderen Augen sehe. Das Alter versucht, mit den Augen der Jugend zurückzublicken.« Dabei war er erst zweiunddreißig.

Einige Tage später beschloß er, noch einmal nach Lambeth zurückzukehren, diesmal gemeinsam mit Robinson, Geraghty, Crisp und Kelly. In der Westminster Bridge Road entdeckte er Sharps, den Fotografen. Er ging in den Laden und fragte, ob er Kopien von einigen Fotografien kaufen könne, die man von ihm gemacht hatte, als er bei *Casey's Court Circus* war. Der Verkäufer antwortete, daß die sicherlich längst vernichtet wären. Chaplin wies darauf hin, daß sich im Schaufenster noch eine Fotografie von Dan Leno befand, der siebzehn Jahre zuvor gestorben war.

»Haben Sie auch Mr. Lenos Negativ vernichtet?« fragte ich ihn.

»Nein«, lautete die Antwort, »aber Mr. Leno ist ja auch ein berühmter Komiker.« Das ist Ruhm.

Auch an andere Wahrzeichen der Gegend erinnerte er sich noch: ein alter flaschennasiger Tomatenverkäufer, um zehn Jahre klappriger; der Kaffeestand bei Elephant and Castle, damals das Zentrum des Nachtlebens für die umliegenden Straßen; Chaplin sah, daß sich unter den Müßiggängern auch etliche Kriegsversehrte befanden. Dann führte Chaplin seine Freunde zur Pownall Terrace 3. Mrs. Reynolds, eine ältere Kriegerwitwe, die jetzt in Chaplins früherer Dachkammer wohnte, war nicht wenig überrascht, um halb elf Uhr nachts von der Berühmtheit des Tages aus dem Bett geholt zu werden, aber verblüfft war sie nicht:

> Es war schon überall dunkel... und wie ich draußen ein Scharren gehört hab, hab ich gerufen: »Wer da!?«
>
> »Hier ist Charlie Chaplin«, sagte eine Stimme.
>
> Ich hab natürlich nicht im Traum dran gedacht, daß das wirklich Mr. Chaplin war, also hab ich vom Bett aus gerufen: »Sie wollen mich wohl verulken! Charlie würde nie um die Zeit kommen.«
>
> Aber das Klopfen hat nicht aufgehört, also bin ich aus dem Bett gestiegen. Ich mußte erst ein Bild wegnehmen, bevor ich die Tür aufmachen konnte, die hat nämlich keinen Schlüssel, und ich muß sie festklemmen.
>
> Dann hab ich vier Herren auf der Treppe gesehen, und einer von denen, ein schmächtiger in einem grauen Straßenanzug, sagt mit sanfter Stimme: »Ich bin wirklich Charlie Chaplin. Haben Sie schon geschlafen?« fragt er, und ich sage: »Nein«, weil ich ja hören wollte, wie die Zeitungsjungs die Ergebnisse vom großen Wettkampf ausgerufen haben.
>
> »Oh«, sagte Charlie, »da hätte ich eigentlich hingehen sollen.«
>
> Dann hat er sich im Zimmer umgesehen – ich war froh, daß die Bettlaken sauber waren... und gesagt: »Das ist mein altes Zimmer. Wie oft hab ich mir den Kopf an der Decke da gestoßen« – er hat auf die Schräge über dem Bett gezeigt – »und bin dann deswegen verhauen worden. Ich würde gern mal eine Nacht hier schlafen.«
>
> Ich sag: »Das ist hier nicht wie Ihr Hotel«, und er antwortet fröhlich: »Ach hören Sie auf mit meinem Hotel. Das ist mein altes Zimmer, und das find ich viel interessanter als mein Hotel!«

Die Freunde kehrten zur Park Lane zurück, um den amerikanischen Filmregisseur George Fitzmaurice zu besuchen. Dort stritt Chaplin sich mit einem anderen Gast, einem amerikanischen Schauspieler, der sich nach Limehouse aufgemacht hatte, auf der Suche nach der harten und buntschillernden Welt von Thomas Burkes *Limehouse Nights* und enttäuscht war, daß dort niemand eine Schlägerei mit ihm anzetteln wollte.

Chaplin und sein Bruder Sydney während der Dreharbeiten
zu *Charley's Tante*, 1925

Mack Sennett, um 1915

Charlies erste Garderobe,
die auch von Buster Keaton
benutzt wurde

Die Keystone-Studios

on links nach rechts:
Thomas H. Ince
Charlie Chaplin
Mack Sennett
D. W. Griffith

e aus
ng a Living,
lins erster
rolle,
Henry »Pathé«
nann (links),
ich Regie führte

Chaplin in verschiedenen Frauenrollen:
Mit Charlie Murray in *The Masquerader*

links
Als eifersüchtige Ehefrau
in *A Busy Day*

Mit Charles
in *A W*

Mit Fatty Arbuckle
in *The Rounders*

Mit Eric Campbell
in *The Count*

Mit Leo White
in *The Vagabond*

Das Majestic-Studio,
wo 1915 *Work*
verfilmt wurde

u
Die Essanay-Stu
in Kalifor
um

Während der
Dreharbeiten zu
The Vagabond,
mit Edna Purviance
und Lloyd Bacon

n
: Ben Turpin
His New Job

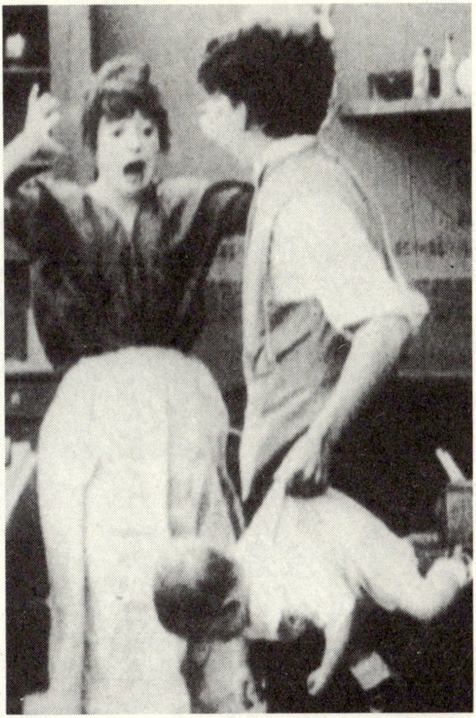

rechts
Mit Mabel Normand
in *His Trysting Place*

en
aplin in *The Tramp*

ol
Chaplin
seinem Bruder Sydr
Douglas Fairba
und Harry Lau
(von links nach rech

D. W. Griffith,
Mary Pickford,
Douglas Fairbanks un
Charles Chaplin
(von links nach rechts)
unterzeichnen
den Vertrag der
United Artists, 1919

Chaplin spielt eine Szene vor
aus *A Woman of Paris*

Nachfolgende Seite
Mit Henry Bergman in *The Cure*

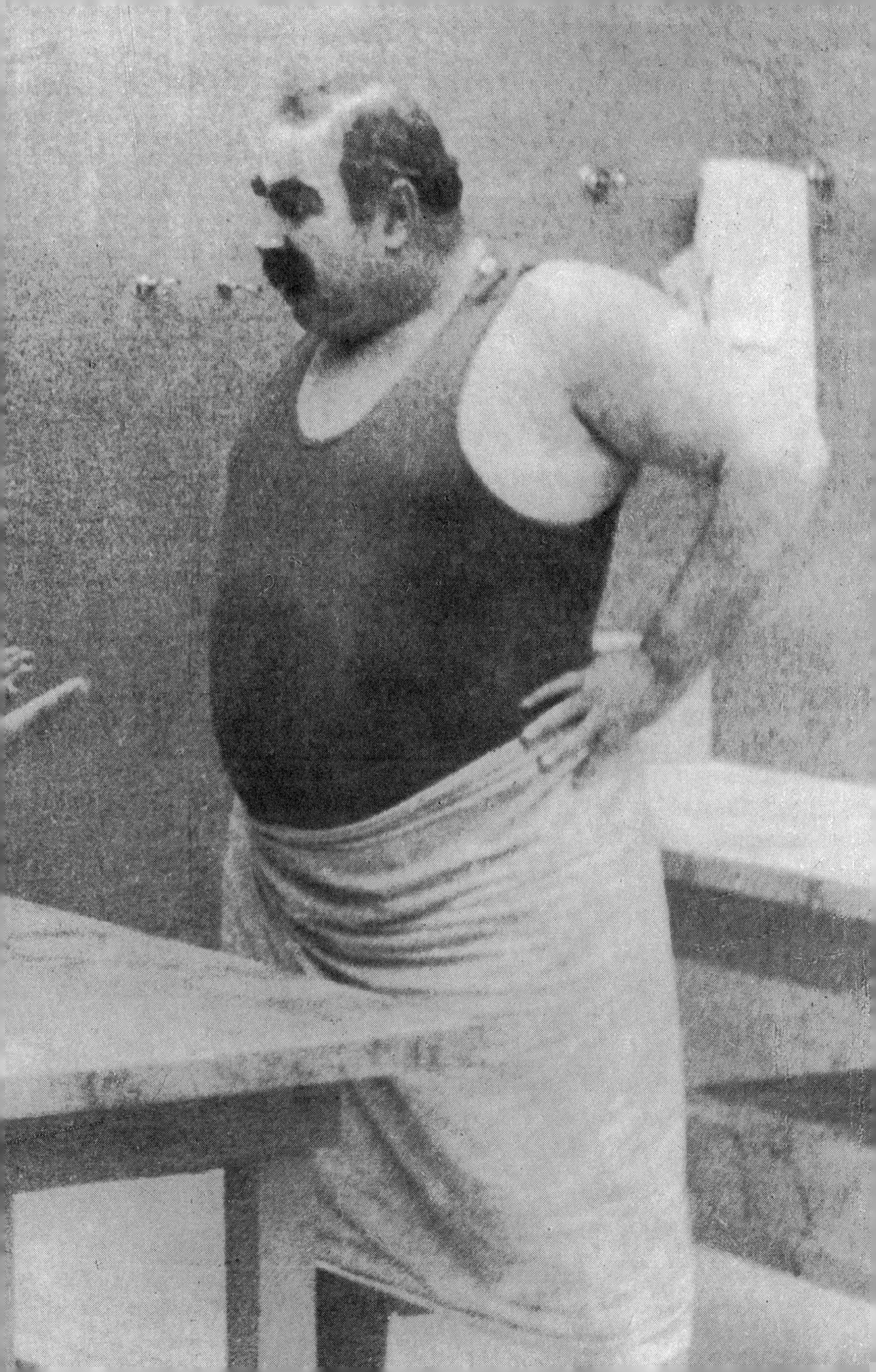

Mit Scraps,
der nach
der Trennung
von Chaplin
vor Liebeskummer starb,
in *A Dog's Life*

Chaplin p
die erste Filmko
von *The*

Mit Jackie Coogan in *The Kid*

Das hat mir gereicht. Es war ärgerlich.

Ich sagte ihm, daß es wirklich großartig sei, wenn ein gutgenährter, überbezahlter Schauspieler wie er vor diesen benachteiligten Menschen den starken Mann herauskehrt. Diese Menschen sind sanft und freundlich, und wenn sie hart sind, dann nur aufgrund ihrer Lebensumstände. Ich fragte ihn, wie hart er denn wohl wäre, wenn er so leben müßte wie einige dieser unglücklichen Familien. Ein leichtes für ihn, mit fünf Mahlzeiten täglich unter seinem vorgereckten Brustkorb mit den durchtrainierten makellosen Muskeln, diese Menschen zu provozieren. Natürlich waren sie nicht hart, aber wenn es um vier Jahre Krieg geht, wenn es darum geht, einen Arm oder ein Bein zu verlieren, dann sind sie hart. Aber sie laufen nicht auf der Suche nach Streit durch die Gegend, wenn sie keinen triftigen Grund dazu haben.

Damit war die Party so ziemlich verdorben, aber ich war so empört, daß es mir egal war.

Unterwegs zurück zum Ritz kamen sie mit drei sehr jungen Prostituierten ins Gespräch. Chaplin bedauerte es, daß sie ihn ernst und respektvoll behandelten, sobald sie ihn erkannten, und ihn mit ›Mr. Chaplin‹ anredeten, nachdem sie anfangs »Hallo Jungs« gerufen hatten.

Dann halfen sie einem Händler, der mit einer Ladung Äpfel zum Markt in Covent Garden unterwegs war, seinen Wagen eine rutschige Straße hochschieben. Chaplin war gerührt, daß der Mann »das erschöpfte Tier nicht mit einer Peitsche traktierte und es in seiner Hilflosigkeit nicht verfluchte und beschimpfte. Er sah, daß das Tier wirklich schwer zu schaffen hatte, und anstatt es zu schlagen, stieg er ab und stemmte seine Schulter gegen das Rad, ohne einen Moment daran zu zweifeln, daß das Pferd sich die größte Mühe gab.«

Das Ritz, damals das neuste und eleganteste Hotel Londons, und die Obdachlosen, die nachtsüber unter seinen Arkaden lagerten, schienen die beiden Pole in Chaplins Leben zu symbolisieren: die Entbehrungen seiner Kindheit und der Triumph dieser Heimkehr. Chaplin weckte die Schläfer, um ihnen Geld zu geben. Wie immer beobachtete er genau: »Da war eine alte Frau um die siebzig. Ich gab ihr etwas. Sie wachte auf oder regte sich im Schlaf, nahm das Geld ohne ein Wort des Dankes – nahm es, als wäre es ihre Ration, nach der sie Schlange stand, und als würde kein Dank erwartet, kauerte sich zu einem noch festeren Bündel zusammen als zuvor und setzte ihren Schlummer fort. Die Trägheit der Armut hatte längst ihren Zoll von ihr gefordert.«

Chaplins Bedürfnis, den Spuren seiner Vergangenheit zu folgen, das anfangs so dringlich gewesen war, war jetzt anscheinend befriedigt – doch sollte er gegen Ende seines Lebens noch einmal nach Kennington und Lambeth zurückkehren und bedauern, daß die Plätze, die ihm einst vertraut waren, inzwischen verschwunden waren. Im Moment reichte es ihm vollständig, eine Berühmtheit zu sein, ein Unsterblicher unter den Unsterblichen (wie er sich ausdrückte). Knoblock wollte ihn zu einem Besuch bei Shaw mitnehmen, aber als sie vor Shaws Wohnung in Adelphi Terrace 10 ankamen, machte Chaplin einen Rückzieher. Jeder Filmschauspieler auf Besuch in London machte Shaw seine Aufwartung, und er wollte nicht wie alle andern sein. Er sollte Shaw erst zehn Jahre später kennenlernen. E. V. Lucas gab ihm zu Ehren ein Essen im Garrick. Er saß zwischen Sir James Barrie, der ihn bat, einmal Peter Pan zu spielen, und Sir Squire Bancroft. Sir Squire, damals in seinem achtzigsten Lebensjahr, hatte an jenem Tag gegen seine Prinzipien verstoßen und war ins Kino gegangen, um sich *Shoulder Arms* anzusehen. Chaplin war überglücklich, als er die Briefszene lobte. Er wehrte sich gegen Barries Kritik, daß die Paradiesszene in *The Kid* »vollkommen überflüssig« sei, hatte aber insgesamt das Gefühl, daß er nicht genügend zur Konversation beitrug bei dieser Gesellschaft, zu der außerdem noch der extrovertierte Edwin Lutyens (den Chaplin ziemlich gewöhnlich fand), George Frampton, Harry Graham und Knoblock gehörten. Anschließend gingen Chaplin und Knoblock mit Barrie zusammen in dessen Wohnung in der Robert Street in Adelphi, ganz in der Nähe von Shaw, und trafen dort Gerald du Maurier, der gerade von seinem Auftritt in *Bulldog Drummond* in Wyndham's Theatre gekommen war.

Die wesentlichsten Begegnungen in London waren die mit H. G. Wells und Thomas Burke. Chaplin war mit der Absicht nach London gekommen, H. G. Wells kennenzulernen, aber ihre erste Begegnung wurde von den Presseleuten der Stoll Picture Corporation eingefädelt, die beide dazu brachten, zur Vorführung von *Kipps* zu kommen, einer Verfilmung des gleichnamigen Romans von Wells, indem sie jedem einzeln mitteilen ließen, daß der andere ihn dort zu treffen wünsche. George K. Arthur, der mit der Titelrolle sein Filmdebüt machte, war bei der Vorführung auch anwesend, und Chaplin war von Wells' Güte beeindruckt, als dieser ihm zuflüsterte: »Sagen Sie dem Jungen etwas Nettes«, obwohl Wells, wie er wußte, von dem Film nicht beeindruckt war. (Einige Jahre später trug Arthur wesentlich dazu bei, daß Chaplin und Josef von Sternberg sich kennenlernten – eine Begegnung, die zu der unglücklich verlaufenen Produktion *Sea Gulls* führte.) Später gab es ein gepflegtes Abendessen, bei dem auch Rebecca West anwesend war. Wells machte Chaplin ein Kompliment, als er, um Eindruck zu machen, den Ausspruch tat: »Der unzüchtige Mond!« Er mußte allerdings zugeben, daß der Satz nicht von ihm stammte, sondern von Knoblock. Ein Vierteljahrhundert später benutzte er ihn wieder in *Monsieur Verdoux*.

1921 – Will Owen über Chaplins
Besuch in London

Zu einem späteren Zeitpunkt seiner Reise, nach seiner Rückkehr aus Paris und Berlin, verbrachte Chaplin ein Wochenende in Wells' Landhaus. Es war ein sorgenfreier Aufenthalt. Chaplin entspannte sich, schlief viel, und sie unterhielten sich und spielten Tennis mit Wells' beiden jungen Söhnen. St. John Ervine kam zu Besuch und sprach über die Möglichkeit von Tonfilmen. Chaplin erklärte, daß er die Stimme für überflüssig halte, daß man die

Kunst damit genauso verschandeln würde wie eine Statue durch Bemalung. »Eher lege ich Rouge auf Marmorwangen auf. Film ist eine pantomimische Kunst. Dann könnten wir gleich wieder zur Bühne zurück. Nichts mehr bliebe der Phantasie überlassen.« Stets stellte er sein Verhältnis zu anderen Leuten, selbst wenn es noch so entspannt war, in Frage: »Während ich auf schnellen Rädern in die Stadt getragen werde, frage ich mich, ob Wells mich wirklich kennenlernen möchte oder ob er möchte, daß ich ihn kennenlerne.«

Chaplin empfand auf Anhieb Sympathie für Thomas Burke, der mit seinen Geschichten über die dunkleren Seiten von East London sehr erfolgreich war. Burke, ein kleiner schweigsamer Mann, begleitete ihn auf einem Rundgang zu den Gegenden, die die Schauplätze für seine Bücher lieferten. Er redete wenig, machte ihn aber mit seinem Spazierstock auf viele Dinge aufmerksam. Später sollte Burke die vielleicht scharfsinnigste Analyse von Chaplins Charakter verfassen. Daß sie sich so gut verstanden, war auf ihre ähnliche Herkunft zurückzuführen. Burke beschrieb das folgendermaßen:

> Er wußte damals ebensowenig wie ich, daß wir einst in unserer Jugend dieselben Seitenstraßen von Kennington durchstreiften, ein ähnlich schäbiges, notdürftiges Leben lebten und es mit der gleichen Heftigkeit haßten. Er hatte mit den rotnasigen Komikern der kleineren Music Halls zu tun; ich mit nutzlosen Schreiberlingen. Aber wir hatten eine ziemlich ähnliche Herkunft. Wir wuchsen in der gleichen Umgebung auf, spielten in denselben Straßen; wir machten die gleichen Erfahrungen im gleichen Milieu und verarbeiteten sie mit dem gleichen Temperament. Als Jugendliche waren wir beide von dem tristen, schmutzigen Kennington abgestoßen, in dem wir lebten; unreflektiert und ziellos sehnten wir uns nach Anstand und Geist, und beide hatten wir keinerlei Hoffnung, je damit in Berührung zu kommen. Ich entdeckte die Literatur, als ich in einer Teestube ein Exemplar von *T. P.'s Weekly* in die Hand nahm; er entdeckte die Tiefe der Musik, als er vor einem Pub in Kennington einen Mann auf der Klarinette ›The Honeysuckle and the Bee‹ spielen hörte.[4]

Spontan beschloß Chaplin nach Frankreich zu fahren, und er nahm Robinson mit. Auf der Schiffsüberfahrt wurde einer seiner Seekrankheits-Gags wahr. Gerade als er beschlossen hatte, das Angebot einer reizenden jungen Dame anzunehmen, ihm Französisch beizubringen, wurde er durch Seekrankheit außer Gefecht gesetzt. Auf dem Zug nach Paris war er von dem Service und dem preiswerten Essen beeindruckt, aber bei der Ankunft in Paris, wo ihn Regen und Reporter erwarteten, schlug die Übelkeit wieder zu.

Er brannte darauf, den Karikaturisten Cami kennenzulernen, mit dem er seit 1914, als Cami ihm einen Fan-Brief geschrieben hatte, in Briefwechsel stand – es war eigentlich eher ein Austausch von Zeichnungen und Fotos gewesen. Es war ein Schock, als sich herausstellte, daß die beiden keine gemeinsame Sprache hatten. Cami schilderte das reizend, wenn auch vielleicht etwas arg ausgeschmückt; allerdings wird seine Darstellung zum Teil durch Chaplins eigene Schilderung bestätigt. Als sie sich trafen, plauderte jeder erst einmal in seiner eigenen Sprache drauflos, ohne sich allzusehr darum zu kümmern, ob der andere ihn verstehen konnte. Beim gemeinsamen Mittagessen in Chaplins Hotel wurde Chaplin dann plötzlich ganz niedergeschlagen und verließ den Tisch mit Tränen in den Augen. Der englische Hoteldirektor erklärte Cami: »Er ist von dem Gedanken überwältigt, daß es zwischen Ihnen eine größere Barriere gibt als den Ozean – die Barriere der Sprache.« Camis Bericht zufolge entwickelten sie später eine Art Taubstummensprache und kamen ganz gut zurecht. Sie gingen zusammen ins Folies Bergères, das Chaplin im Vergleich zu früher, als er mit der Karno-Truppe dort aufgetreten war, schäbiger und weniger glanzvoll fand. Mit den französisch sprechenden Reportern versuchte er, so gut er konnte, zurechtzukommen. Unter den Amerikanern und Briten, die er in Paris traf, waren Dudley Field Malone, Waldo Frank, Lady Astor und Sir Philip Sassoon, Lloyd Georges Privatsekretär, der ihn nach seiner Rückkehr nach England fürs Wochenende zu sich einlud und der sein Freund werden und es viele Jahre bleiben sollte. Georges Carpentier und Jacques Copeau gehörten zu den örtlichen Größen, die er traf, und er soupierte mit der Copeau-Gesellschaft. Er war sehr angetan vom Ambiente und den Künstlern des Quartier Latin und sammelte Eindrücke, die er später gut gebrauchen konnte, als er sich an *A Woman of Paris* [Eine Frau aus Paris] machte.

Dann fuhren Chaplin und Robinson mit dem Zug nach Berlin. Chaplins Filme waren in Deutschland nicht gezeigt worden, sein Gesicht war dort also unbekannt. Anfangs genoß er es, von Reportern und Menschenmengen verschont zu sein; doch später war er leicht verärgert, er vermißte die Prominentenbehandlung und mußte feststellen, daß er in Restaurants immer den schlechtesten Platz bekam. Die Dinge sahen wieder rosiger aus, als er den spektakulären Star Pola Negri traf, die auf der Stelle lebhaftes Interesse an ihm bekundete. Die Negri wurde als Apollonia Chalupiec in Lipno, Bezirk Bydgoszcz, Polen geboren. Sie war Tänzerin am Hoftheater in St. Petersburg und spielte in Polen auf der Bühne und im Film, bevor sie von Max Reinhardt nach Berlin eingeladen wurde, um in *Sumurun* zu spielen.

> Pola Negri ist wirklich wunderschön. Sie ist Polin und sieht auch aus wie eine Polin. Wunderschönes rabenschwarzes Haar, weiße ebenmäßige Zähne und ein wundervoller Teint. Ich finde es jammerschade, daß so ein Teint auf der Leinwand nicht rauskommt.
>
> Sie ist hier die Hauptattraktion. Ich werde ihr vorgestellt. Was für eine Stimme sie hat! Ihre Lippen artikulieren die deutsche Sprache so entzückend. Ihre Stimme ist weich und samtig, mit einem reizenden Tonfall. Als ihr ein Drink angeboten wird, stößt sie mit mir an und gibt ihre einzigen englischen Worte zum besten: »Jazz boy Charlie«.

Während einer kurzen Zwischenstation in Paris konnte eine junge russische Immigrantin namens Mussia Sotzkaja Chaplin beeindrucken. Er hörte sie in einem Restaurant auf Montmatre singen und sprach davon, sie zum Film zu bringen. Am nächsten Tag flog er von Le Bourget ab. Wie es nur in jenen noch weniger förmlichen Zeiten des Personentransports möglich war, setzte der Pilot ihn freundlicherweise in Lympne in Kent ab, wo er an Sir Philip Sassoons Gartenparty teilnehmen sollte. Am nächsten Tag wohnten sie der Enthüllung eines Kriegerdenkmals in der örtlichen Schule bei, und Chaplin war unangenehm berührt und irritiert, als er feststellen mußte, daß er es war, der im Mittelpunkt des Interesses stand, und nicht die Gedenkfeier. »Ich wünschte, ich wäre nicht hingegangen.« Sassoon besuchte mit ihm auch ein Krankenhaus für Kriegsversehrte, und er war zutiefst schockiert und deprimiert von dem, was er sah. »Was soll aus ihnen werden?« fragte er. »Das hängt von Ihnen und von mir ab.«

Dann folgte sein Wochenende mit Wells, danach flog er kurzentschlossen für eine Wohltätigkeitspremiere von *The Kid* im Trocadero nach Paris zurück. Er hatte sich von der Tochter von J. P. Morgan zur Teilnahme überreden lassen. Sie hatte ihm auch eine Auszeichnung in Aussicht gestellt, die letztendlich nicht sonderlich beeindruckend war – *Officier de l'Instruction Publique*. Aber das Ereignis war sehr beeindruckend. Zum Publikum gehörten Prinz Georg von Griechenland und Prinzessin Xenia, eine bunte Mischung von Herzögen, Herzoginnen, Marquis, Marquisen, Stuyvesants und Vanderbilts. Ebenfalls anwesend waren Elsa Maxwell, Georges Carpentier, Cecil Sorel und Henri Letellier, ein prominenter Pariser Verleger, der das Original lieferte für die Figur des Pierre Revel in *A Woman of Paris*. Am folgenden Abend dinierte Chaplin mit Carpentier und Letellier.

Da er eine Verabredung bei Sassoon zum Lunch hatte, wo er Lloyd George und andere Berühmtheiten treffen sollte, beschloß Chaplin, nach London zurückzufliegen, doch das Flugzeug verflog sich im Nebel und die Reise über den Kanal dauerte sieben Stunden. Er verpaßte Lloyd George und war enttäuscht. »Ich treffe so gerne interessante Persönlichkeiten. Ich würde sehr gern Lenin, Trotzki und den Kaiser kennenlernen.«

Trotzdem lehnte Chaplin Wells' Einladung zum Dinner mit Schaljapin ab, da er versprochen hatte, seinen letzten Abend in England mit seinem Cousin Aubrey zu verbringen. Untypischerweise und trotz Aubreys Einwänden bestand Chaplin darauf, Aubreys Pub zu besuchen und sich dort zu produzieren, weil »ich sein Geschäft ankurbeln muß.« Bis vier Uhr morgens blieb er mit Aubrey zusammen und ließ sich von seinen Chaplin-Vorfahren erzählen; dann ließ er sich von einem ehemaligen Offizier, der jetzt im Lebensmittelhandel tätig war, in dessen Lastwagen zum Ritz zurückbringen.

Inzwischen war die zweite Oktoberwoche angebrochen, und Chaplin machte sich nach Southampton auf, »niedergeschlagen und traurig«. Er hatte das Gefühl, er würde die Menschenmengen mehr vermissen als die Freunde, die zu seiner Verabschiedung gekommen waren, wie etwa Arthur Kelly, der ihm ein Foto von Hetty schenkte. Er vergab sogar den Reportern – »Schließlich müssen sie von Berufs wegen Fragen stellen, und sie haben nur ihre Arbeit getan.« Auf dem Schiff zurück nach Amerika schloß er Freundschaft mit einem achtjährigen Mädchen. Er schildert einen Ausschnitt aus einem Gespräch:

»Du schmeißt gern Fenster ein? Dann bist du sicher eine Spanierin«, sage ich zu ihr.

»O nein, ich bin keine Spanierin. Ich bin Jüdin«, antwortet sie.

»Deswegen bist du also so schlau.«

»Oh, finden Sie, daß Juden schlau sind?« fragt sie eifrig.

»Natürlich. Alle großen Genies haben jüdisches Blut. Nein, ich bin kein Jude«, komme ich ihrer Frage zuvor, »aber ich bin sicher, daß irgendwo in mir drin jüdisches Blut steckt. Ich hoffe es.«

Auf dem Schiff freundete er sich auch mit dem englischen Produzenten und Regisseur Cecil Hepworth und dessen Star Alma Taylor an, die zum ersten Mal in die Vereinigten Staaten fuhren. Nach ihrer Ankunft führte er sie mit Sam Goldwyn zum Essen aus und lud sie zu sich nach Hause ein.

In New York traf er Claude McKay, den schwarzen Dichter, und die Pädagogin Marguerite Naumberg. Frank Harris ging mit ihm nach Sing Sing, wo er den irischen Nationalisten und Arbeiterführer Jim Larkin kennenlernte. Er war entsetzt über die Todeskammer und hielt aus dem Stegreif eine kleine Rede, die gut ankam:

> Verbrecherbrüder und Mitsünder: Christus hat gesagt, »Wer ohne Sünde ist, werfe den ersten Stein.« Ich jedoch kann den Stein nicht werfen. Ich bin einen Kompromiß eingegangen und habe manch eine Torte geworfen. Aber den ersten Stein kann ich nicht werfen.

»Einige haben's kapiert«, bemerkte er, »andere werden's nie kapieren.«

Chaplins Reisebericht entstand größtenteils während der Bahnfahrt zurück nach Kalifornien. Er wurde dem jungen Zeitungsmann Monta Bell in die Feder diktiert, der später als einer von Chaplins Assistenten bei *A Woman of Paris* mitwirken sollte und der dann selbst ein sehr fähiger Regisseur wurde. Einige Chaplin-Biographen waren der Meinung, Bell habe als ›Ghostwriter‹ fungiert, aber dafür ist der Stil zu charakteristisch und die Analyse von Chaplins Reaktionen und Empfindungen viel zu persönlich. Der Bericht erschien zunächst als Artikelfolge in *Photoplay*, bevor er mit dem Titel *My Trip Abroad* (*My Wonderful Visit* für die englische Ausgabe) als Buch erschien.*

»Alles in allem«, schloß Chaplins Bericht,

> war es der Mühe wert, und die Arbeit, die vor mir liegt, erscheint mir der Mühe wert. Wenn ich ein Lächeln in die müden Augen von Kennington und Whitechapel bringen kann, wenn ich die guten Seiten und die Probleme jener schlichteren Menschen, denen ich begegnet bin, aufgenommen und begriffen habe, und wenn die großen Persönlichkeiten, die mich so freundlich behandelt haben, mich auch nur ein ganz kleines bißchen inspiriert haben, dann ist dies eine wunderbare Reise gewesen, und irgendwie brenne ich darauf, wieder an die Arbeit zu gehen und endlich dafür zu bezahlen.

Er kehrte jedoch nicht sogleich an seine Arbeit zurück. Am Mittag des 31. Oktober traf er in Los Angeles ein und speiste an diesem Abend mit seinen Freunden Mr. und Mrs. Abraham Lehr. Es war noch ein weiterer Gast geladen: Clare Sheridan, die Bildhauerin, Malerin, Reisende und Schriftstellerin. Zwischen ihr und Chaplin entwickelte sich eine spontane Freundschaft. Mrs. Sheridan war eine Nichte von Winston Churchill. Ihr Mann war in Frankreich gefallen und hatte ihr eine Tochter und einen kleinen Sohn, Dick, hinterlassen, der mit ihr zusammen in Kalifornien war. Sie war von der sowjetischen Regie-

* Deutsch: ›Hallo Europa‹, Leipzig 1928

rung beauftragt worden, Büsten von Lenin, Trotzki, Felix Dserschinski und anderen führenden Bolschewisten anzufertigen. Ihre Artikel und Interviews hatten Furore gemacht. Wie Chaplin in seiner Autobiographie betont, waren die Amerikaner von dem Phänomen irritiert, daß eine englische Adlige probolschewistische Artikel schrieb. Chaplin war von allem, was sie ihm über die Sowjetunion zu erzählen hatte, begeistert; sie wiederum wollte wissen, was für einen Eindruck England auf ihn gemacht hatte. »Engländer zu sein war gut, aber in England leben nicht – nicht für den schöpferischen Künstler, und er riet mir, zu bleiben, wo ich war.«

Mrs. Sheridan sagte, daß sie sich in den Vereinigten Staaten mehr zur Schriftstellerin als zur Bildhauerin entwickle, da amerikanische Männer Hemmungen hätten, sich abbilden zu lassen. »Ich bin Gott sei Dank eitel«, sagte Chaplin, und sie kamen an Ort und Stelle überein, daß sie eine Büste von ihm machen sollte. Während er sie zu ihrem Hotel in Hollywood zurückbegleitete, hatten sie eine Auseinandersetzung über die Ehe, und Chaplin erinnerte sie an Francis Thompsons Essay über Shelley, in dem er schrieb, daß Shelley nicht so sehr der Umarmungen als vielmehr des Geistes einer Frau überdrüssig wurde. »Mir scheint, unbewußt sucht Charlie tief in seinem Herzen eine eher geistige als körperliche Beziehung.«

Zwei Tage später, am Montag den 2. November, trafen sie sich wieder, diesmal war auch der kleine Dick dabei. Mittags gingen sie ins Studio, wo Chaplin ihnen *The Kid* vorführte. Bei den gefühlvollen Stellen schlich er zu dem Harmonium im Vorführraum und spielte eine Begleitung. Dick schluchzte so hysterisch, daß Chaplin ihm besorgt versicherte: »Es ist doch nur gespielt, Dick! Am Schluß geht's gut aus.« Sie aßen bei Chaplin zu Hause zu Mittag. Er entschuldigte sich etwas für sein Mietshaus Beechwood Drive Ecke Argyle, dessen maurische Architektur mit ihrer »verschnörkelten Überladenheit« ihn sehr störte, doch gefiel ihm der Panorama-Blick auf die Stadt. Nach dem Essen machten sie einen Spaziergang und unterhielten sich über Kunst und die Befriedigung, die sie gibt, über Selbstmord und Unsterblichkeit. Chaplin kam richtig in Fahrt:

> Nichts kann so schön sein, daß die Leute darüber ihr Frühstücks-Spiegelei mit Speck vergessen – und was die Bewunderung durch die Welt betrifft – die ist nichts wert – am Ende muß man nur sich selbst gefallen: – du machst etwas, weil es dir etwas bedeutet. Du arbeitest – weil du einen Überschuß an Lebenskraft verspürst. Du stellst fest, daß du nicht nur Kinder machen, sondern dich auch auf andere Weise

> verwirklichen kannst. Am Ende bist du es – ganz du – deine Arbeit, dein Denken, deine Vorstellung des Schönen, dein ist das Glück, dein die Befriedigung. Trau dich, den Schleier zu lüften und die Leere zu erkennen, die er verbirgt, habe Mut, dieser Leere ins Gesicht zu sehen, wohl wissend, daß deine Welt in deinem Innern liegt ...[5]

Dann lachten sie über sich, weil sie so tiefsinnig waren. Nach dem Tee brachten sie Dick nach Hause, und dann dinierten und tanzten Chaplin und Mrs. Sheridan im Ambassador Hotel, wo die meisten anderen Gäste Chaplin kannten und herbeiströmten, um den Zurückgekehrten zu begrüßen und über Mrs. Sheridan zu spekulieren.

Am nächsten Tag begannen sie mit der Arbeit an der Büste. Chaplin bestand darauf, daß sie bis Sonnabend fertig sein müsse, weil er dann nach Catalina zum Angeln fahren wollte. Mrs. Sheridan fand, es war ein lustiger und produktiver Tag. Chaplin begann den Morgen in einem braunen, seidenen Morgenmantel und in ernster Stimmung. Nach einer Weile griff er zu seiner Geige und wanderte fiedelnd durchs Zimmer. Dann verschwand er in einer sichtlich fröhlicheren Stimmung, um sich umzuziehen, und kam in einem orange-primelgelben Gewand zurück. Gelegentlich legten sie eine Teepause ein. Entweder philosophierte Chaplin dann, oder er gab Imitationen zum besten, oder er legte eine Schallplatte auf und dirigierte eine Phantasiekapelle. Zwischendurch vertraute er ihr an, daß er sich als junger Mann in London danach gesehnt hatte, Menschen kennenzulernen, aber nun, da er so viele kannte, fühle er sich einsamer als je zuvor.

Die Büste war in drei Tagen fertig. Freunde waren verwundert, daß Chaplin so lange Geduld gehabt hatte; und Mrs. Sheridan beglückwünschte sich selbst dazu, daß sie so weitblickend gewesen war, die Arbeit in seinem eigenen Haus durchzuführen und auf einem freien Hals zu bestehen. »Ein Mann im Morgenmantel wird nicht in einer plötzlichen Anwandlung sein Automobil kommen lassen und davonfahren. Ich hatte ihn ziemlich festgenagelt. Trotzdem war es eine schwere Arbeit. In seinem Gesicht liegt so viel Subtiles, soviel Empfindsamkeit und schillernde Persönlichkeit.«

Chaplin gefiel die Büste; er meinte, es könnte der Kopf eines Kriminellen sein, und heckte gleich eine Theorie aus, derzufolge Kriminelle und Künstler im Geiste wesensverwandt seien: »Wenn man's so recht bedenkt, lodert in uns allen eine Flamme, eine brennende Flamme der Impulse, eine Vision, Gedanken auf Abwegen, ein tief eingegrabener Hang zum Ungesetzlichen.« Als die Büste gerade fertiggestellt war, traf Jean de Limur ein und bemerkte schalkhaft: »Pan, soviel ich sehen kann... *on ne peut jamais tromper une femme.*«

Chaplin überlegte es sich anders wegen Catalina, da er inzwischen erfahren hatte, daß die Angelsaison am 1. November zu Ende gegangen war. Er beschloß statt dessen, am Sonntagmorgen mit Mrs. Sheridan zelten zu fahren. Sie fuhren in Chaplins Wagen los, gefolgt von einem Lieferwagen mit den Zelten und allem Zubehör, und einem Ford mit dem Koch. Auf den Straßen herrschte dichter Sonntagsverkehr, die Luft war benzingeschwängert, und sie begannen die Hoffnung zu verlieren, einen Zeltplatz zu finden. Schließlich fuhren sie querfeldein und fanden ein idyllisches Plätzchen am Meer, mit einem Schild versehen, auf dem stand: ›Privat. Zutritt verboten. Zelten verboten. Jagen verboten.‹ Doch für Charlie Chaplin machte der Eigentümer eine Ausnahme.

Bis spät in die Nacht saß ich mit ihm zusammen am Lagerfeuer. Meeresnebel stiegen auf, und kleine Nebelschleier trieben wie Spinnweben über die Dünen, und die nackten, glänzenden Eukalyptusstämme warfen dunkle Schatten. In das gleichmäßige Rauschen des Meeres am Strand mischten sich die Schreie der Nachtvögel.

Im Lager flackerte eine Laterne nach der andern noch einmal kurz auf und verlosch. Charlie saß zusammengekauert vor der Flamme, ein elfenähnliches, elementares Wesen mit glühenden Augen, wirren Haaren und kleinen rastlosen Händen, die mit einem Stock in der Glut stocherten. Seine Stimme war tief, die Stimme eines sehr viel größeren Mannes. Er grübelte launisch. Er sagte, es sei »zu viel – zu groß – zu schön – es läßt sich nicht in Worte fassen –«[6]

Sie blieben eine ganze Woche über. Chaplin spielte mit Dick und unterhielt sie mit Imitationen von Nijinsky und der Pawlowa, und sie waren so gut und so anmutig, daß Mrs. Sheridan nicht wußte, ob sie »lachen oder sie schweigend würdigen« sollte. Am Freitag wurde die Idylle durch die Ankunft von fünf Wagen voller Kinder unterbrochen, die ihn sehen wollten, dazu zwei Reporter. Sie kehrten nach Hollywood zurück. »Als wir wieder zu Hause waren und unsern Tee einnahmen«, schrieb Mrs. Sheridan,

mußten wir beide feststellen, daß wir uns krampfhaft um Konversation bemühten. Er sah mich genauso merkwürdig an wie ich ihn, und dann sagte er:

»Wissen Sie, was los ist – wir kennen uns nicht.«

Und es stimmte. Ich redete weder mit dem elementaren, strubbelhaarigen Charlie vom Lagerfeuer noch mit dem Charlie Chaplin aus den Filmen, sondern mit einem ordentlich gekleideten, glatthaarigen jungen Mann, den ich nicht einmal vom Sehen

> her kannte. Die Zivilisation mit all ihrem Drum und Dran hatte uns beide verändert. Die Vergangenheit schien auf einmal irgendwie unwirklich. »Ich glaube, es war alles nur ein Traum«, sagte ich.[7]

Diese stimulierende Freundschaft endete ziemlich abrupt. Die Presse wollte unbedingt eine Liebesaffäre wittern, und Carlyle Robinson unterstrich sein Dementi durch eine recht taktlose Zusatzbemerkung: »Mrs. Sheridan ist so alt, daß sie Mr. Chaplins Mutter sein könnte.« Daraufhin kehrten die Sheridans nach New York zurück. Dick Sheridan starb im Alter von neunzehn Jahren, und seine Mutter verbrachte ihr späteres Leben in Nordafrika. Ihre kraftvolle Büste von Chaplin steht noch im Manoir de Ban in Corsier sur Vevey.

Seit der Scheidung registrierten die Klatschspalten Hollywoods gespannt jede gesellschaftliche Berührung Chaplins mit dem weiblichen Geschlecht. Hin und wieder wurden die Namen von Thelma Morgan Converse, Lila Lee und Anna Q. Nilsson mit Chaplin in Verbindung gebracht. Gerüchte, daß es zur Verlobung mit May Collins, einer New Yorker Schauspielerin, gekommen sei, wurden zunächst bestätigt, später aber dementiert. Die Begeisterung für die wunderschöne Filmschauspielerin Claire Windsor legte sich alsbald wieder, nachdem sie sich etwas geleistet hatte, das Chaplins Gefühl für Würde und Anstand unweigerlich verletzen mußte: Sie inszenierte ihr eigenes Verschwinden. Chaplin beteiligte sich an der Suche in den nahegelegenen Hügeln und setzte eine Belohnung für das Auffinden von Miss Windsor aus, die in den Schlagzeilen jetzt als seine ›Verlobte‹ bezeichnet wurde. Sie wurde gefunden, scheinbar bewußtlos. Robinson fiel als erstem auf, wie sauber ihre Reitstiefel waren. Als ein junges Paar die Belohnung beanspruchte, wurden die Umstände des ›Verschwindens‹ genauer untersucht, und der Betrug wurde aufgedeckt.

Nach Beendigung des Picknicks war Chaplin bald wieder im Studio und machte sich mit Feuereifer an die Arbeit, um die beiden Filme fertigzustellen, die er laut Vertrag mit der First National noch abzuliefern hatte. *Pay Day* [Zahltag] und *The Pilgrim* wurden in acht Monaten fertiggestellt. *Pay Day* erforderte dreißig Arbeitstage, *The Pilgrim*, in vier Akten, erforderte zweiundvierzig und war mit großem Abstand Chaplins rentabelste Langfilm-Produktion. *Pay Day* war der letzte Zweiakter, den Chaplin produzierte. Vom Optischen her stellt er einen erheblichen Fortschritt dar. Totheroh scheint in Chaplins Abwesenheit mit der neu im Studio installierten Beleuchtung herumexperimentiert zu haben, und die Nachtszenen mit Regen sind sehr raffiniert ausgeleuchtet.

Wir sehen Chaplin in der Rolle eines Arbeiters und Pantoffelhelden; die Komik entsteht aus den gewöhnlichen Frustrationen des Alltagslebens. In der Eröffnungssequenz des Films arbeitet Charlie als Tagelöhner auf einer Baustelle. Der Mittelteil zeigt die Folgen einer nächtlichen Sauftour. Charlie bemüht sich, nach Hause zu gelangen, und gerät schließlich in einen Imbißwagen, wo er sich – in der irrigen Annahme, es handele sich um einen fahrenden Bus – an die baumelnden Würste klammert. In der letzten Sequenz kommt er nach Hause, ölt seine Stiefel in der falschen Hoffnung, heimlich und unbemerkt von seiner Xanthippe, die mit einem Nudelholz an ihrer Seite schläft, ins Bett kriechen zu können. Er beendet die Nacht, indem er in der Badewanne Ruhe sucht – wie in *A Night Out* und *One A. M.*. Zu spät entdeckt er, daß die Wanne mit kaltem Wasser gefüllt ist. In der Zahltag-Szene findet sich eine bemerkenswert ausdrucksstarke Pantomime. Man sieht Charlie, wie er sich mit jemandem im *Off* streitet, dem er klarmachen will, daß er zu wenig Geld bekommen hat. Als er an seinen Fingern nachrechnet, verrät seine Mimik die dämmernde Erkenntnis, daß er in Wirklichkeit zu viel bekommen hat.

Während der Dreharbeiten gab es nur eine Unterbrechung zur Story-Vorbereitung, was darauf hindeutet, daß Chaplin den Film mit einem weiter entwickelten Szenario begonnen hatte, als das sonst bei ihm üblich war. Diese fortgeschrittene Vorplanung war zweifellos der Grund dafür, daß er von seiner bisherigen Praxis abweichen konnte, alles in der richtigen Handlungsreihenfolge zu drehen. Der zweite Teil von *Pay Day*, im Studio gefilmt, wurde zuerst gedreht, in den letzten fünf Tagen des Novembers und fast den ganzen Dezember. In der ersten Woche des Neuen Jahres hatte Chaplin eine Erkältung; als er wiederkam, drehte er in vier Arbeitswochen den ersten Teil des Films, der auf der Baustelle spielt. Außenaufnahmen, die in La Brea und De Longpre gemacht wurden, wo gerade ein großes neues Gebäude gebaut wurde, wurden mit Studiomaterial kombiniert, das »bei natürlichem Licht« gedreht wurde, wie in den Studioberichten jetzt spezifiziert wird, ein Hinweis auf die zunehmende Verwendung von künstlichem Licht.

Pay Day wurde am 23. Februar 1922 an die First National geschickt, und Chaplin machte sich an die Vorbereitung der Geschichte für *The Pilgrim*. Als am 10. April mit dem Drehen begonnen wurde, waren die Handlungsstränge anscheinend schon weitgehend ausgearbeitet. Monta Bell wurde, nachdem er seine Arbeit an *My Trip Abroad* beendet hatte, als allgemeiner Assistent und

Kleindarsteller eingesetzt. Möglicherweise war er es, der die neue Vorbereitungsmethode bei Chaplin-Filmen eingeführt hat. *The Pilgrim* ist der erste Film, von dem eine größere Anzahl schriftlicher Notizen für ein Szenario und Gags erhalten geblieben sind. Es ist möglich, aber nicht wahrscheinlich, daß eine derartige schriftliche Vorbereitung auch schon bei früheren Filmen üblich war, aber nichts davon erhalten geblieben ist. Die verminderten Produktionspausen, um »an der Geschichte zu arbeiten«, und der Umfang dieser Notizen deuten aber eher darauf hin, daß Chaplin sich von seiner früheren Praxis entfernte, unmittelbar auf der Bühne und sogar auf Film seine Ideen zu entwickeln und zu improvisieren, und allmählich dazu überging, mit einer ausführlichen schriftlichen Vorplanung zu arbeiten.

Der Film war ursprünglich als Westernkomödie geplant – er hätte in gewisser Weise *The Gold Rush* geähnelt – und sein erster Arbeitstitel lautete schlicht und einfach *Western.** Das ursprüngliche Szenario wurde eindeutig aus dem Grunde modifiziert, weil es zum damaligen Zeitpunkt für ein komisches Sujet zu hintergründig und ironisch gewesen wäre. Einige Aspekte verweisen direkt auf *Monsieur Verdoux*.

Charlie ist einer von vier entflohenen Sträflingen, die einem Pfarrer auflauern und ihm die Kleider stehlen. Als geistlicher Herr verkleidet trifft Charlie in der Wildwest-Stadt Hell's Hinges ein, einem Sündenpfuhl. Man hält ihn für den neuen jungen Pfarrer, der in den Ort geschickt wurde, um den alten Pfarrer abzulösen, der vor der Unmoral der Stadt kapituliert hatte:

> Zeigen, wie ein oder zwei Chinesen von einem Rohling beiläufig niedergeknallt werden... Szene in Saloon zeigen, der auch eine Kombination aus Spielhölle, Speisesaal und Tanzhalle ist. Männer gehen grob mit Frauen um. Goldstaub für Tanzhallenmädchen. Kartenspiel, das mit einer Schlägerei endet, und Schießereien.

Mit der gleichen glücklichen Hand, die ihn zum Herrn von Easy Street gemacht hatte, bezwingt Charlie die Bösewichte und verliebt sich in Edna, die schöne Tochter des Pfarrers. Sein Reformprogramm besteht darin, die Kirchenorgel durch eine Jazzband zu ersetzen, die Kirchenlieder im Ragtime-Stil aufzuführen und andere Attraktionen wie Filme und Würfelspiele für die Kol-

* Mit Beginn der Dreharbeiten wurde der Arbeitstitel in *The Tail End* [Das hintere Ende] umgeändert, eine scherzhafte Anspielung auf die bevorstehende Beendigung des Vertrages mit First National.

lekte einzuführen. Mit dem Ergebnis, daß sich der Saloon leert und die Kirche füllt.

> Charlie führt einen neuen Predigtstil ein, der eher auf gesundem Menschenverstand basiert als auf Religion. Er gefällt sich im vielseitigen Gebärdenspiel. Er ist ein miserabler Redner, und die Gemeinde schläft immer wieder ein. Aber sowie das passiert, gibt er der Band ein Zeichen, und der Jazz weckt alle wieder auf, und sie hören zu, während Charlie fortfährt...

Am Schluß des Gottesdienstes schüttelt Charlie liebenswürdig die Hände seiner Gemeindemitglieder und hält schließlich geistesabwesend einem Sheriff die Hand hin, der ihm sofort ein Paar Handschellen anlegt. Die Gemeinde

> verlangt Charlies Freilassung und bedroht den Sheriff. Mit beredten Gesten bittet Charlie sie, keine Gewalt anzuwenden. Sagt ihnen, sie sollen zur Kirche und zum alten Pfarrer halten. Schüttelt dem Alten die Hand und bittet ihn, neue Kirche zu bauen. Das Mädchen hat Tränen in den Augen, als er ihr Lebwohl sagt, und während die Menge ihn preist, schreitet er mit dem Sheriff durch den Mittelgang hinaus in die Abblende.

Diese seltsame Moralfabel wurde nie verfilmt. Der endgültige Film war in einem konventionelleren Komödienstil gehalten, das Wildwest-Element wurde durch eine leicht satirische Behandlung der Sitten und Verlogenheiten von Kleinstadt-Religiosität ersetzt. Charlie ist nach wie vor ein entlaufener Sträfling. Er stiehlt einem badenden Pfarrer das Gewand und trifft derart verkleidet in dem Städtchen Dead Man's Gulch ein, wo er irrtümlich für den neuen Pfarrer gehalten wird. Dazu aufgerufen, eine Predigt zu halten, erzählt er pantomimisch die Geschichte von David und Goliath. Zu den Pflichten des Pfarramts, denen er nachkommen muß, gehört die Teilnahme an einem Teekränzchen, wo er von einem schrecklich unartigen Kind drangsaliert wird. Nachdem er sich in die schöne Tochter seiner Wirtin verliebt hat, vereitelt er den Versuch eines ehemaligen Zellengenossen, die Frauen zu berauben.

Der örtliche Sheriff entdeckt seine wahre Identität und nimmt ihn widerwillig fest. Gerührt von seinem Edelmut und von den Bitten des Mädchens, bringt er ihn zur mexikanischen Grenze, um ihm eine Chance zur Flucht zu geben. Er gibt Charlie den Befehl, jenseits der Grenze ein paar Blumen zu pflücken, und Charlie – der den Wink nicht versteht – kehrt gehorsam mit einem Blumenstrauß zurück. Der verzweifelte Sheriff ist schließlich gezwungen, ihn mit einem Fußtritt über die Grenze in die Freiheit zu befördern. Auf der mexikanischen Seite jedoch springen Banditen aus den Büschen und schießen wild aufeinander los. Zwischen zwei feindseligen Ländern gefangen watschelt Charlie in die Ferne, ein Bein in Mexiko, das andere in den Vereinigten Staaten. Ein Bild, das alle möglichen symbolischen Interpretationen zuläßt.

The Pilgrim ist einer der ausgefeiltesten und reizvollsten Filme aus Chaplins mittlerer Schaffensperiode, und er scheint ohne große Probleme gedreht worden zu sein. Chaplin machte sehr viele Außenaufnahmen, und wir sehen ausdrucksstarke Bilder von den damals noch ländlichen Orten Saugus, Sawtella, Newhall, Rosoc, South Pasadena, Ventura Road und Eagle Rock.

Dinky Dean, der den garstigen kleinen Jungen in der Kränzchen-Szene spielte, war in Wirklichkeit gar nicht so garstig. Er war der Sohn von Chuck Riesner. Sechzig Jahre später erinnerte sich Hollywoods prominenter Drehbuchautor Dean Riesner, wie schwer es ihm gefallen war, zwei Männer zu boxen, die er als Onkel Sydney und Onkel Charlie kannte. Erst nachdem Charlie und Sydney sich eine Weile wild lachend geohrfeigt hatten, um dem skeptischen Kind zu beweisen, daß es wirklich nur Spaß war, ließ er sich dazu überreden.

Mancherorts bereiteten Zensoren und Kirchenbehörden *The Pilgrim* Schwierigkeiten. In Atlanta verlangte die Evangelical Ministers' Association die Beschlagnahmung des Films, da er »eine Beleidigung der Heiligen Schrift« darstelle. In South Carolina protestierte der Daniel Morgan Klan von den Rittern des Ku Klux Klan bei der Vorführung des Films, weil er das protestantische geistliche Amt lächerlich mache. Die Zensurbehörde von Pennsylvania eliminierte so viele Szenen, daß es praktisch einem Verbot des Films gleichkam. Andernorts freilich stimmten sowohl Geistliche als auch Laien mit P. W. Gallico überein, der in den *New York Daily News* schrieb:

> Mr. Chaplins Film ist nicht ohne Satire. Aber die Spitze ist nicht gegen den Klerus gerichtet. Er nimmt die Engstirnigkeit aufs Korn, den Bigotten, den Menschen, dessen Blick über das geschriebene Wort nicht hinausreicht. Und offenbar hat er ins Schwarze getroffen, da sich nämlich just diejenigen angegriffen fühlen, die in diesem Fall die Macht haben, Lachen zu verurteilen und andern vorzuenthalten – Lachen, das sich möglicherweise gegen sie richten könnte.

Die Vertriebsmodalitäten für *The Pilgrim* waren die Quelle einer erbitterten Auseinandersetzung zwischen Chaplin und der First National. Schon Anfang

September, als er noch mit dem Schneiden des Films beschäftigt war, war Chaplin über einen Artikel im *Exhibitor's Herald* in heftigen Zorn geraten, in dem Harry Schwalbe von der First National zitiert wurde, der Chaplin vorwarf, seine Vertragsabsprachen für *The Kid* nicht zu erfüllen. »BEABSICHTIGE SCHWALBE UND FIRST NATIONAL AUF ZEHN MILLIONEN DOLLAR ZU VERKLAGEN«, telegrafierte Chaplin seinem Bruder Sydney. Doch die Sache wurde wieder ausgebügelt. Chaplin dachte nicht daran, *The Pilgrim* der First National zu den Bedingungen zu überlassen, die laut Vertrag für einen normalen Zweiakter galten. Genau wie *The Kid* war es ein Langfilm, der einen größeren Umfang hatte, als es die ursprüngliche Vereinbarung mit dem Verleih vorgesehen hatte. Sydney wurde nach New York geschickt, um mit Schwalbe zu verhandeln, und Alf Reeves gab ihm eine Notiz über die Sache mit auf den Weg:

IDEE

Der Chef verfolgt die Idee, Nr. 8 ›Pilgrim‹ als Vierakter-Feature abzuliefern, um Vertrag zu beenden. Will ihn auf einer 70/30 Basis überlassen, wie ›Kid‹. Und zwar für U. S., Kanada und das gesamte Ausland, mit ihrer Garantie, 400 000.00 $ von seinem Anteil im voraus zu zahlen, davon 200 000.00 $ zahlbar bei Empfang der beiden Negative und einer Positivkopie, die übrigen 200 000.00 $ als Schuldschein fällig nach Belieben in drei oder sechs Monaten ...

Für den Fall, daß diese Bedingungen abgelehnt werden, wird vorgeschlagen, daß du Film Nr. 8 gemäß Vertrag ablieferst, nämlich einen Zweiakter mit dem Titel ›The Professor‹, für den er die volle Vertragssumme erhalten hat.

Vor Ablieferung des einen oder anderen an First National sorgen Mr. Burkan und du dafür, daß seine Interessen geschützt werden in bezug auf jedwede Frage, die in Zukunft auftauchen könnte.

Vor der Vorführung von ›Pilgrim‹ oder ›Professor‹ vor First National (wir sind nicht zu einer Vorabvorführung verpflichtet), sollen sie sich damit einverstanden erklären, daß sie – falls sie ›Pilgrim‹ nicht als Langfilm akzeptieren – ›The Professor‹ als Film Nr. 8 annehmen und somit alle vertraglichen Verpflichtungen des Chefs abgegolten sind.

Bemerkenswert an diesem Dokument ist der Verweis auf *The Professor*. Niemals wurde ein Chaplin-Film dieses Titels gezeigt oder vertrieben, und in den umfassenden Tagesberichten des Chaplin-Studios findet sich nirgendwo ein Hinweis auf eine derartige Produktion. Doch die nachfolgende Korrespondenz zwischen Chaplin in Los Angeles und Sydney in New York scheint zweifelsfrei zu belegen, daß es 1922 einen solchen Film tatsächlich gegeben hat. Am 13. November schickte Sydney ein langes Telegramm an Chaplin, in dem er über das Ergebnis eines Treffens mit Harry Schwalbe berichtet. Schwalbe sei sehr freundlich, sagte er, Chaplins Vorschlag gegenüber sehr positiv eingestellt und sehr daran interessiert, den Vertrag gütlich zu beenden. Schwalbe fand jedoch, daß es die Verhandlungen erleichtern würde, wenn sein Vorstand die Filme sehen könnte. Weiter schlug er vor, Chaplin solle der First National beide Filme anbieten: *The Professor* könnte den Vertrag beschließen, und *The Pilgrim* könnte als unabhängige Produktion behandelt werden, doch blieb er dabei, daß Chaplins 70/30-Vorschlag der Firma keinen Spielraum für Gewinn lasse.

Sydney riet Chaplin, ihm die Erlaubnis zu erteilen, der First National beide Filme zu zeigen, ohne im voraus eine schriftliche Vertriebszusage zu verlangen. Ferner solle Chaplin für den Vertrieb von *The Pilgrim* die Verleihmarge für die Verleiher vergrößern.

Chaplin antwortete am folgenden Tag, daß er der First National unter keinen Umständen beide Filme geben werde. Er verzichtete auf seine Forderung, *The Pilgrim* nicht vorzuzeigen, blieb aber im Fall des Zweiakters hart. Er war bereit, das Vertriebsarrangement auf 65/35 zu ändern, aber ansonsten müsse der Vertrag wie bei *The Kid* aussehen. »FALLS FIRST NATIONAL PILGRIM NACH ANSICHT DESSELBEN NICHT WOLLEN, DANN ZWEIAKTER GEMÄSS VERTRAG ABLIEFERN.« First National machte über Sydney einen Gegenvorschlag von 50 Prozent der Bruttoeinnahmen von 280 000 $ für *The Pilgrim*. Chaplin telegrafierte am 21. November zurück: »VORSCHLAG LÄCHERLICH STOP ZWEIAKTER ABLIEFERN UND SOFORT MIT ABRAMS* VERTRIEB VON PILGRIM VEREINBAREN.« Er bestätigte diese Anweisungen in einem weiteren Telegramm, das er am 7. Dezember sowohl an Sydney als auch an Burkan schickte:

> DA VORSTAND VON FIRST NATIONAL KEINE ANNEHMBAREN BEDINGUNGEN FÜR PRODUKTION VON VIERAKTER LANGFILM PILGRIM VORGESCHLAGEN HAT JETZT GRÜNES LICHT FÜR DICH UND MR. BURKAN ZWEIAKTER PROFESSOR ABZULIEFERN GEMÄSS VERTRAG UND NACH IHREM EINVERSTÄNDNIS DASS DIES NUMMER ACHT IST UND DIE REIHE BEENDET STOP GRÜSSE.

Am 15. Dezember telegrafierte Chaplin an Sydney:

> WERDE IHRE VORSCHLÄGE ANNEHMEN WIE IN DEINEM TELEGRAMM VOM DREIZEHNTEN DEZEMBER UMRISSEN VORAUSGESETZT SIE GARANTIEREN

* von United Artists.

WEITERE FÜNFUNDSIEBZIGTAUSEND DOLLAR BAR IN SECHS MONATEN STOP BENUTZ DEIN URTEILSVERMÖGEN OB DU DURCH BEHUTSAMES HERANGEHEN BESSERE BEDINGUNGEN BEKOMMEN KANNST STOP HABE NEGATIV PILGRIM HIER WIRD GELIEFERT WENN ERSTE BARZAHLUNG ERFOLGT STOP UNTER KEINEN UMSTÄNDEN ZWEIAKTER PROFESSOR VERTREIBEN STOP GRÜSSE.

Nach einigen weiteren Telegrammen voller Entrüstung, Einlenkungsversuchen und Drohungen, *The Pilgrim* doch durch United Artists vertreiben zu lassen, wurde mit der First National schließlich eine gütliche Vereinbarung getroffen. *The Professor* wurde nie wieder erwähnt, und er bleibt bis auf weiteres das größte Rätsel im Chaplin-Kanon. Der Film muß existiert haben, es sei denn, wir gehen davon aus, daß die zwei Brüder irgendeinen sonderbaren Bluff inszeniert haben, um die Telegrafisten zwischen Kalifornien und New York von der Existenz eines völlig fiktiven Films zu überzeugen. Des Rätsels Lösung kam man ein Stück näher, als Kevin Brownlow und David Gill bei der Vorbereitung ihres *Unknown Chaplin* in den Chaplin-Archiven in einer mit *The Professor* beschrifteten Dose eine vollständig geschnittene fünfminütige Sequenz fanden. Sie beginnt in einer Slumstraße, auf der Chaplin entlangwatschelt – in ganz ungewohntem Kostüm und fremder Maske. Er hat einen schweren traurigen Schnurrbart und ist in einen Gehrock gekleidet. Auf dem Kopf trägt er einen Zylinder und in der Hand einen Koffer mit der Aufschrift PROFESSOR BOSCO, FLOHZIRKUS. Bosco betritt ein Obdachlosenasyl, und bevor er sich zur Ruhe begibt, inspiziert er seine Flöhe. Chaplins Mimik erschafft eine ganze Welt der geschäftigen, aber unsichtbaren Geschöpfe (die Nummer sollte dreißig Jahre später in *Limelight* zu Ehren kommen*). Während Bosco schläft, wandert ein entsetzlich räudiger Hund in den Schlafsaal und stößt die Schachtel mit den Flöhen um. Der Hund beginnt, sich verzweifelt zu kratzen. Das gleiche tun alsbald auch die andern Insassen des Schlafsaals. Bosco wacht auf und hetzt hektisch hin und her, um seine Tierchen aus den Bärten seiner Nachbarn zu picken. Er nimmt seinen Koffer und verläßt das Asyl, und die Sequenz endet damit, wie er die Straße, auf der er anfangs daherkam, wieder hinuntertrottet.

Die Sequenz wirkt ganz so, als wäre sie aus einem vollständigen Film heraus-

* Chaplin hatte eindeutig eine besondere Schwäche für diesen Flohzirkus-Gag. Bevor er es schaffte, ihn in *Limelight* unterzubringen, versuchte er ihn sowohl in *The Circus* und in *The Great Dictator* einzubauen.

geschnitten. Unter den Out-Takes, die Brownlow und Gill untersucht haben, befinden sich eine Reihe von Einstellungen, die in derselben Asyl-Kulisse gedreht wurden, doch Chaplin spielt hier einen sehr abgerissenen Hotelpagen, der in dem jetzt leeren Schlafsaal umhergeht und mit dem Aplomb und der Geschicklichkeit eines Angestellten des Ritz die Betten macht. Die Asylkulisse ist in der geschnittenen Sequenz und in den Out-Takes dieselbe, aber sie ist ganz anders als die in den Asylszenen von *Police* und *The Kid*. Doch drei Jahre früher, als er bei *The Kid* in eine Sackgasse geraten war, verbrachte Chaplin vom 30. September bis zum 1./2. Oktober 1919 drei Tage damit, an die 2000 Meter Film zu drehen, die in den täglichen Drehberichten lediglich als ›Absteige-Kulisse – Flohnum.‹ oder ›Dressierte Flöhe – Schlafbarackennummer‹ beschrieben werden. Zwei Schnappschüsse, die damals von Jack Wilson gemacht wurden,* bestätigen, daß es sich dabei um das Material handelt, das Brownlow und Gill gefunden haben. Aber woraus bestand der Rest von *The Professor*, wenn es wirklich eine Zweiakter-Fassung gegeben hat? Hatte Chaplin oder sein Cutter gar aus verworfenen Szenen einen neuen Film zusammenmontiert, vielleicht aus Mutual- und aus First National-Material? Es gibt niemanden mehr, der uns die Antwort darauf geben kann, und wenn der Film nicht eines Tages auftaucht, wird das Rätsel um *The Professor* auf immer ungelöst bleiben.

* 1984 in London entdeckt.

9
Eine Frau aus Paris

Nach der Fertigstellung von *The Pilgrim* hatte Chaplin endlich freie Bahn für seinen ersten Film für United Artists. Sehr zur Erleichterung seiner Partner Douglas Fairbanks, Mary Pickford und D. W. Griffith, die schon besorgt waren, weil Chaplin noch nichts zum Profit des Unternehmens beigetragen hatte. Wie sich dann herausstellte, sollte sich sein erster Film, zumindest in dieser Hinsicht, für United Artists als Enttäuschung erweisen.

Chaplin wollte seine neu erworbene Unabhängigkeit für einen alten Wunschtraum nutzen. Er wollte einen ernsten dramatischen Film machen. *The Kid* war natürlich schon in diese Richtung gegangen, und auch der Essanay-Film *Work* war beträchtlich düsterer als die meisten Komödien jener Zeit. 1917 hatte er einen weiteren Schritt in Richtung Drama getan, als er sich um die Filmrechte für Hall Caines Stück *The Prodigal Son* bemühte, in dem er eine ernste Rolle für sich sah.

Außerdem war ihm daran gelegen, Edna in einer eigenständigen Hauptrolle herauszubringen. Sie hatten sich zwar endgültig »emotional entfremdet«, wie er sich ausdrückte, aber er kümmerte sich nach wie vor liebevoll um sie. Die ideale Komödienpartnerin war sie nicht mehr. Totheroh erzählte, daß »Edna inzwischen ziemlich aufgegangen war, aber ihr kleines Gesicht besaß immer noch Charme. Und sie hat angefangen, ziemlich viel zu trinken. Als wir uns einmal die Muster angesehen haben, ist es Charlie aufgefallen.« Chaplin suchte nach einer passenden reifen Rolle für sie. Er erwog eine Bearbeitung von *The Trojan Woman*, dann spielte er mit dem Gedanken, Edna die Rolle der Josephine zu geben und selber den Napoleon zu spielen – eine Rolle, die ihn noch lange faszinieren sollte. Die Idee für *A Woman of Paris* [Eine Frau aus Paris] kam ihm, nachdem er die berüchtigte Peggy Hopkins Joyce näher kennengelernt hatte. Der Begriff ›gold digger‹ wurde um 1920 Peggy zu Ehren geprägt. Sie wurde als Margaret Upton in Virginia geboren und kam zur Zeit des Ersten Weltkriegs nach Chicago, änderte ihren Namen in Hopkins und angelte sich ihren ersten Millionärsgatten, Stanley Joyce. Nach ihrer Scheidung mit einer

Abfindung von einer Million Dollar wurde sie ein Ziegfeld-Girl, und von dieser strategisch günstigen Position aus gingen ihr in rascher Reihenfolge vier weitere Millionärsgatten ins Netz. 1922 kam sie nach Hollywood, darauf versessen, eine Filmkarriere zu machen.

Marshall Neilan sah mit Schrecken der Aussicht entgegen, bei Peggys erstem Film Regie führen zu müssen. Neilan war eine schillernde, exotische Hollywood-Figur. 1891 geboren, ging er mit elf von der Schule ab, geriet als Schauspieler zum Film und absolvierte auch eine Zeit in den Biograph Studios als D. W. Griffiths Chauffeur. Er qualifizierte sich zum Regisseur, und im Alter von sechsundzwanzig Jahren war er bereits Mary Pickfords Lieblingsregisseur. Außerdem war Neilan einer von Hollywoods schillerndsten Playboys, aber sein wildes Leben und seine Saufmarathons kürzten seine Karriere ab. Was das Temperament betraf, konnte er es durchaus mit Peggy aufnehmen, Gefahr drohte wohl eher auf beruflicher Ebene: Wie sollte es ihm je gelingen, eine Schauspielerin aus ihr zu machen? Möglicherweise hatte er also nicht nur uneigennützige Motive, als er Peggy eines Nachmittags im Hochsommer 1922 zu einem Besuch in Chaplins Studio mitnahm.

Peggy kleidete sich stets extravagant; an jenem Nachmittag war sie mit Schmuck behangen und verströmte eine Duftwolke teurer exotischer Parfüms. Angesichts eines neuen und höchst begehrten frischgeschiedenen Millionärs war sie fest entschlossen, Eindruck zu machen, und kehrte die vornehme Dame heraus. Chaplin war belustigt, nicht zuletzt als ihr die *Noblesse oblige*-Rolle unversehens entglitt. Nach etwa einer Stunde flüssiger Bewirtung meinte Neilan, daß sie allmählich wieder aufbrechen müßten, und unterstrich seine Worte mit einem spielerischen Klaps auf Peggys Po. Auf diese Verletzung ihrer Würde hin zog sie mit einer eindrucksvollen Tirade von Gotteslästerungen über ihn her. Chaplin war fasziniert von diesem ehemaligen Mädchen vom Lande und dieser Selfmade-Frau von Welt. Einige Wochen lang waren sie unzertrennlich. Sie verbrachten ein paar Tage zusammen auf Catalina Island, und in Hollywoods Gerüchteküche galt es als ausgemacht, daß Chaplin Peggys sechste Eroberung war.

Peggy erkannte jedoch bald, daß Chaplin kein lohnendes Unternehmen war, und wandte sich einer vielversprechenderen Beute in Gestalt des jungen Irving Thalberg zu. Chaplin jedoch profitierte von der Liaison, die er als »kurz aber bizarr« charakterisierte. Peggy hatte ihn zu seinem nächsten Film inspiriert. Bei ihren Stelldicheins hatte sie Chaplin mit ihren schillernden Erinnerungen ergötzt. Sie hatte ihre Affäre mit dem reichen und berühmten Pariser

Verleger und Lebemann Henri Letellier beschrieben, den Chaplin im Jahr zuvor während seiner Europareise kennengelernt hatte. Sie erzählte ihm auch von einem jungen Mann, der aus verzweifelter Liebe zu ihr Selbstmord begangen hatte, ein guter Vorwand für sie, sich einige höchst elegante Trauergewänder zuzulegen. Reichlich belustigt war er auch über ihre Beteuerung, daß sie im Grunde ein schlichtes Mädchen sei und sich nur ein Heim und Kinder wünsche.

Eine auf Peggys Pariser Eskapaden basierende Geschichte verhalf ihm zu einem reizvollen Schauplatz. Seit seinem ersten Besuch in Paris mit der Karno-Truppe war Chaplin von dieser Stadt fasziniert. Schon bei Mutual war eine Story im Gespräch gewesen, die im Pariser Künstlerviertel spielen sollte: Wie wir gesehen haben, war *The Immigrant* anfangs entsprechend konzipiert. Chaplin rang wochenlang mit der Geschichte, der er den Arbeitstitel *Destiny* [Schicksal] gab. Von dieser Phase sind viele Blätter mit Aufzeichnungen erhalten geblieben, flüchtige Notizen, auf die Rückseite von Western Union-Telegrammformularen gekritzelt, ebenso wie ausführliche Anweisungen für die erforderlichen Szenenaufbauten. Diese Aufzeichnungen verraten, wie Chaplin seine Geschichte konstruiert hat, wie er ausbaute und eliminierte, erfand und verfeinerte, komplexe emotionale Situationen entwickelte und sie dann analysierte, um daraus eine Essenz zu gewinnen, die sich mit visuellen Mitteln ausdrücken ließ. *A Woman of Paris* stellte eine besonders bewußte Stufe seiner Entwicklung dar. In den acht Jahren Arbeit mit dem Medium Film hatte er seine Fähigkeit, innere Gedankengänge und Gefühle mittels äußerer Zeichen bloßzulegen, entdeckt und entwickelt. In seinem neuen Film wollte er die Grenzen dieser Ausdrucksfähigkeit ausloten – die Reichweite, Subtilität und Differenziertheit der Empfindungen und Motive, die in Bildern zum Ausdruck gebracht werden konnten.

In den ersten Entwicklungsphasen der Story heißen die Figuren Peggy und Letellier, und man kann annehmen, daß einige Ereignisse in den ersten Versionen des Plots genau wiedergeben, was Peggy berichtet hatte. Doch in dem Maße, wie die Figuren immer mehr Chaplins eigene Wesen werden, erhalten sie fiktive Namen – zunächst Marie Arnette und Poiret, später – und endgültig – Marie St. Clair und Pierre Revel. Es ist freilich interessant, daß sehr viel später, als die Konkretisierung der Rolle und der Figur zunehmend wichtiger wurde, in den Aufzeichnungen oft die Namen der Schauspieler, Edna und (Adolphe) Menjou, auftauchten.

Chaplin hatte ein ausgeprägtes Gespür für die richtige Auswahl. Aus den

Aufzeichnungen geht hervor, daß er – wie immer in den Vorbereitungsphasen seiner Filme – eine Unmenge Ideen und Ereignisse ausprobierte, die er dann aussortierte und zusammenstrich, um zu einem Handlungsablauf zu kommen.

Die Geschichte war in dieser Phase zwar noch unklar, doch war der ironische Ton, der den Film charakterisieren sollte, bereits ausgeprägt, wie Vorschläge für Episoden und Details zeigen:

> Peggy will Ehe und Kinder. Let. schenkt ihr kostbare Puppe …
>
> Sie meint: »Wenn wir doch nur verheiratet wären.« Er lacht darüber.
>
> Mädchen sagt Let., daß sie ihn verlassen will – Er lacht darüber – läßt ihr aber ihren Willen – prophezeit ihr, daß sie zurückkommen wird – Sie erregt wegen ›Abschied‹ – Geht nach Hause, will Schmuck zurückschicken. Behält ihn dann doch.

Die Geschichte als solche gab eigentlich nicht viel her, und in anderen Händen wäre daraus ein ganz normales Melodram geworden: Marie lebt zusammen mit ihrem tyrannischen Vater in einem kleinen Dorf in Frankreich. Ihr Freund Jean hilft ihr, für einen Abend aus dem Haus zu fliehen, aber als sie zurückkommen, läßt ihr Vater sie nicht mehr rein. Auch Jeans Vater verschließt ihr sein Haus. Marie und Jean beschließen, nach Paris davonzulaufen, aber Jean erscheint nicht zu dem verabredeten Treffen am Bahnhof: Sein Vater ist überraschend an einem Schlaganfall gestorben. Marie macht sich alleine nach Paris auf …

Ein Jahr später ist Marie St. Clair die glanzvolle aber unzufriedene Mätresse des reichen Lebemanns Pierre Revel. Zufällig begegnet sie Jean wieder, der mit seiner Mutter nach Paris gekommen ist und sich jetzt dort als Künstler durchschlägt. Marie gibt bei ihm ein Bild von sich in Auftrag. Sie verlieben sich ein zweites Mal, und Jean macht ihr einen Heiratsantrag. Marie beschließt, Pierre zu verlassen, hört aber zufällig, wie der willensschwache Jean seiner besitzergreifenden Mutter versichert, daß sein Heiratsantrag nicht ernstgemeint ist. Marie kehrt zu Pierre zurück und weigert sich, den zerknirschten und reumütigen Jean zu empfangen. Völlig verzweifelt erschießt er sich. Seine Mutter macht sich mit seinem Revolver auf, um sich an Marie zu rächen, ist aber gerührt, als sie das aufgelöste Mädchen weinend über Jeans Leichnam vorfindet. Die beiden Frauen sind versöhnt.

Chaplin quälte sich Woche um Woche, bis er den richtigen Schluß, eine ironische Antiklimax, fand: Marie und Jeans Mutter finden zu guter Letzt Erlösung und Trost im Dienst am Nächsten – als Waisenziehmütter in einem Landkinderheim. In der Schlußeinstellung fährt Marie fröhlich mit ihren Schützlingen auf einem Heuwagen. Eine Limousine braust vorbei. Drinnen fragt Pierre Revels Sekretär: »Was ist übrigens aus Marie St. Clair geworden?« Pierre zuckt gleichgültig die Achseln.

Aus Chaplins Anweisungen für Kulissenbauten, die für seinen Designer Arthur Stibolt bestimmt waren, geht hervor, daß er, selbst als diese Story-Line schon ausgearbeitet war, immer noch Ideen für weitere Ausarbeitungen und andere Szenen hatte, die schließlich dann doch nicht gedreht wurden. Er verlangte eine Rennstrecke, eine Kunstgalerie und ein Juweliergeschäft. Er schlug vor, für Szenen mit einer Kirche und einem Kirchenbasar und einem billigen Hotel Anlagen der Universal Studios zu mieten. Eine ganze Reihe kanadischer Schauplätze waren für mehrere vorgeschlagene Alternativschlüsse für den Film bestimmt. Er bat Stibolt, Außenansichten von einer kanadischen Straße, einem Bahnhof, einem Krankenhaus und dem Haus eines Predigers zu liefern, sowie Innenausstattungen desselben Hauses.

Chaplins Anweisungen für Stibolt veranschaulichen, wie sehr ihm die Szenenaufbauten und ihre Beziehung zu den Figuren am Herzen lagen. Ednas Pariser Wohnung »muß aufwendig und teuer aussehen«. Letelliers Haus »muß schön sein ... diese Kulisse muß sehr kunstvoll gestaltet sein, aber sie muß trotzdem guten Geschmack verraten.« Das Café »sollte das teuerste Café von Paris sein«. Über die Pariser Atelierwohnung des Jungen: »Sie ist zwar ›ärmlich‹, soll aber doch die Atmosphäre des Quartier Latin ausstrahlen ... Sie muß künstlerisch möbliert sein, berücksichtigen Sie dies bei Ihrer Konstruktion ... Diese Kulisse ist nicht schmuckvoll, muß aber gemütlich sein und das Zuhause eines Pariser Künstlers, der relativ erfolgreich ist, suggerieren. (Im Endeffekt war Jean dann arm.) Das Juweliergeschäft könnte, so Chaplins Vorschlag, vielleicht an Ort und Stelle bei Nordlingers gedreht werden. Zu diesem Zeitpunkt hatte er vor, die Studiokulissen mit Originalschauplätzen zu kombinieren, die er in Paris filmen wollte:

FRANZÖSISCHE AUSSENAUFNAHMEN
Eingang vom ersten Café
Abfahrt zum Theater
Fahrt zum Jazz-Café
Fahrt nach Hause vor Kirche
Vor Ednas Apt.
Vorderseite vom Atelier des Jungen
Vorderseite von Menjous Haus

Vorderseite von Menjous Büro
An der Seine (Szene mit Jungen)
Straßen für Fahrten.

Für *A Woman of Paris* engagierte Chaplin vier junge Assistenten, die alle vier wenig später zu fähigen selbständigen Regisseuren wurden. Edward Sutherland hatte Chaplin schon flüchtig kennengelernt, und er hatte sich gerade eine Karriere als Schauspieler aus dem Kopf geschlagen, als er Chaplin in einem Restaurant traf.

Er sagte: »Was machen Sie so, Eddie?«
Ich sagte: »Ich hab gerade ein neues Leben begonnen.«
Er sagte: »Was wollen Sie denn machen?«
Ich sagte: »Ich werde Ihr Assistent.«
Er sagte: »Tatsächlich?«
Ich sagte: »Ja, ich will Ihr Assistent werden, Charlie.«
Er sagte: »Warum?«
Ich sagte: »Ich bewundere Sie sehr, und ich möchte Regisseur werden, und ich glaube, bei Ihnen kann ich am meisten lernen.«
Er sagte: »Naja, vielleicht läßt sich da was machen. Wie teuer sind Sie?«
Ich nannte ihm den höchsten Betrag: 500 $.
Er sagte: »Oh, soviel kann ich Ihnen nicht annähernd bezahlen.«
Ich sagte: »Mir ist es egal, was Sie mir bezahlen, Hauptsache ich kriege den Job.«
Charlie war sehr sparsam. Er hatte große Angst vor Armut.[1]

Sutherland, der kurz mit Louise Brooks verheiratet war, sollte ein erfolgreicher Regisseur werden. Zwei der besten Komödien von W. C. Fields tragen seine Handschrift: *It's the Old Army Game* und *Poppy*. Der zweite amerikanische Assistent, Monta Bell, der Chaplin bei seinem Buch *My Trip Abroad* geholfen hatte, wurde später ein sehr produktiver Regisseur und Leiter des Paramount Tonstudio in New York. Zu seinen bedeutendsten Filmen zählt *The Torrent*, Greta Garbos erster amerikanischer Film.

Zwei junge Franzosen, die für die richtige Pariser Atmosphäre sorgen sollten, wurden als Rechercheure engagiert. Comte Jean de Limur, der im Krieg als Flieger gedient hatte, war nach Hollywood gekommen, um sein Glück als Schauspieler zu versuchen. Er bekam eine Rolle in Fairbanks' *The Three Musketeers*. Nach *A Woman of Paris* arbeitete er dann als Assistent für De Mille und Rex Ingram und wurde später selbst Regisseur. Zwei frühe Tonfilme, bei denen er Regie führte und in denen Jeanne Eagel die Hauptrolle spielte, *The*

Letter und *Jealousy*, wurden von Monta Bell betreut. Eindeutig existierte so etwas wie eine Kameradschaft der Chaplin-Schüler. Nach seiner Rückkehr nach Frankreich arbeitete de Limur unter anderm bei *Don Quixote* als Co-Regisseur mit G. W. Pabst zusammen.

Henri d'Abbadie d'Arrast wurde 1897 in Argentinien geboren und war ausgebildeter Architekt. Noch viele Jahre nach *A Woman of Paris* blieb er mit Chaplin befreundet, den seine scharfe Intelligenz und sein sprunghaftes und jähzorniges Temperament amüsierten und faszinierten. Sein Jähzorn bewirkte schließlich, daß seine Karriere als Regisseur in Hollywood an ihre Grenzen stieß, bedauerlicherweise, denn er machte eine Reihe von Filmen, die vor Geist sprühten und auch ein halbes Jahrhundert später noch bestechen; darunter zwei von Adolphe Menjous besten Stummfilmen: *Service for Ladies* und *A Gentleman of Paris*.

Diese zwei Experten standen in einem erbitterten Wettstreit darüber, wer in Fragen des Geschmacks und anderen Paris-Fragen der Sachkundigere war. Sie waren selten einer Meinung, wie Menjou sich erinnert:

> Eines Tages setzte Chaplin es sich in den Kopf, daß in irgendeiner Essensszene ein seltenes Gericht serviert und kommentiert werden sollte. Die beiden Experten zerbrachen sich den Kopf darüber, was für exotische und teure Gerichte in Pariser Restaurants serviert wurden. Schließlich hatte einer von ihnen eine Eingebung – Trüffelsuppe mit Champagner! Der zweite Experte weigerte sich, ein derartiges Gericht zu billigen. Er hatte in den besten Restaurants von Paris gespeist, aber noch nie hatte man ihm Trüffelsuppe mit Champagner als *potage* serviert!
>
> Aber Experte Nummer eins hatte für ihn nur ein verächtliches Lächeln übrig. »Sie haben es wahrscheinlich versäumt, im feinsten aller feinen Restaurants zu speisen«, konterte er. »Es ist ein sehr kleines Etablissement, wo eine sehr auserwählte Clientèle ausschließlich auf Einladung speisen darf. Es heißt *La Truffe d'Or*, und es ist das einzige Restaurant der Welt, wo Trüffelsuppe mit Champagner serviert wird.«
>
> Experte Nummer zwei war überzeugt, daß er mit Hilfe purer Phantasie ausgestochen wurde, aber ungeachtet seiner Proteste fand Chaplin Gefallen an der Vorstellung von Trüffelsuppe mit Champagner und gab dem Requisiteur Anweisung, ein solches Gericht zuzubereiten. Der Requisiteur war aufgeschmissen. Er wußte nicht einmal, was eine Trüffelsuppe ist. Doch wollte er sein Unwissen auf keinen Fall eingestehen und rief mehrere Chefköche in den besten Restaurants der Stadt an, um auf diesem Weg an eine Sonderbestellung Trüffelsuppe zu kommen. Aber in ganz Los Angeles waren keine Trüffel zu bekommen, und es fand sich auch kein Chefkoch, der sich dazu bewegen ließ, eine Trüffelsuppen-Imitation zuzubereiten.
>
> Requisiteure sind jedoch stets sehr findig, und schließlich hatten wir ein scheußli-

ches Gebräu vor uns, das wie eine klare Brühe aussah, in der mehrere verwelkte Gegenstände schwammen. Vielleicht waren es sogar Trüffel, aber wahrscheinlich waren es irgendwelche giftigen Pilze, die im Schatten eines *Nux vomica*-Baumes gewachsen waren. Niemand brachte jemals den Mut auf, die Trüffelsuppe mit Champagner zu kosten, aber sie erschien im Film.[2]

Edward Sutherland erinnerte sich, daß Jim Tully* damals schon im Chaplin-Studio engagiert war:

Jim hielt sich immer für eine Art amerikanischen Gorki. Er war ein furchtbar netter Mensch, aber da er in seiner Jugend einmal fürchterliche Schläge einstecken mußte, litt er zeit seines Lebens unter den Minderwertigkeitsgefühlen, die ihm dieses Erlebnis beschert hatte, obwohl er kraftvoll schrieb. Es heißt – mit einiger Berechtigung, wie ich glaube –, daß seine Themen nie an sein Talent heranreichten. Es ging ihm gerade sehr schlecht, und Charlie gab ihm fünfzig Dollar die Woche, damit er sich was zu essen kaufen konnte, und er stellte ihm im Studio ein Büro zur Verfügung. Eigentlich gab's für ihn nichts zu tun, aber er sollte einfach die Möglichkeit haben, zu schreiben ... Ständig kamen und gingen Leute wegen Jobs. Es hieß, daß die Dollars bei Charlie nicht gerade locker saßen, aber wenn einer wirklich in Schwierigkeiten steckte, half er ihm stets.[3]

Mit von der Partie bei *A Woman of Paris* war auch ein Künstler, der fast die ganze Drehzeit über verpflichtet wurde und einzig und allein die Aufgabe hatte, das Gemälde von Edna zu malen, das in der Geschichte vorkommen sollte. Er brachte allerdings nie ein Bild zustande, das Edna hinreichend ähnelte.

Letzten Endes machte der Film doch keinen großen Star aus Edna; vielmehr markierte er praktisch das Ende ihrer Karriere. Ihre Rolle als feine Dame von Welt zerstörte beim Publikum ihr altes Image, ohne ihr ein neues zu verleihen. Für Adolphe Menjou, den Chaplin für die Rolle des Pierre Revel auswählte, war der Film jedoch ein Meilenstein. Menjou, Sohn eines französischstämmigen Restaurateurs und seiner irischen Frau, war seit 1912 als Schauspieler beim Film, aber erst nach seiner Rückkehr aus dem Krieg fing er an, sich als Charakterdarsteller durchzusetzen. Er spielte Ludwig den XIII. in Fairbanks *The Three Musketeers*, den Vertrauten von Rudolph Valentino in *The Sheik*, und er hatte gerade das belebende Vergnügen, neben Pola Negri in *Bella Donna* zu

* Tully wurde in den zwanzigern als der ›Autor-Vagabund‹ von *Beggars of Life* berühmt, das 1928 verfilmt wurde. Er spielte auch in *Way for a Sailor* (1930).

spielen, als ihm das Gerücht zu Ohren kam, daß Chaplin *A Woman of Paris* vorbereitete. Er schien wie geschaffen für die Rolle. Während seiner kurzen Affäre mit Peggy Hopkins Joyce hatte Peggy Chaplin einmal in einem Restaurant auf Menjou aufmerksam gemacht, der ihrer Meinung nach den Pariser Stil von Henri Letellier verkörperte. Menjou war mit Sutherland und auch mit Bell befreundet, und beide konnten ihn Chaplin empfehlen. Menjous Interesse an der Rolle steigerte sich noch, nachdem Bell ihm gesagt hatte, daß »die Figur quer durch die ganze Geschichte geht, und Sie wissen ja, was das bei einem Chaplin-Film heißt. Sie werden monatelang einen festen Job haben«.

Bell warnte Menjou, daß es noch andere Kandidaten für die Rolle gab, aber Menjou war fest entschlossen, sie zu bekommen, und bereitete seine Strategie sorgfältig vor. Er fand heraus, daß Chaplin die Angewohnheit hatte, am Hollywood Boulevard zu Mittag zu essen, entweder im Armstrong-Carlton oder bei Musso and Frank's. Menjou richtete es so ein, daß er im selben Restaurant und zur selben Zeit wie Chaplin zum Mittagessen erschien, wobei er immer derart elegant gekleidet war, daß er seiner Berechnung nach wie ein *Boulevardier* wirken mußte – Morgenanzug, Cut, Jäger-Tweed und Tirolerhütchen, weiße Flanellhose, weiße Krawatte und Frack. Das allein überraschte niemanden, denn Hollywoods Restaurants waren zur Mittagszeit stets mit Schauspielern in Maske und Kostüm gefüllt. Es fiel schon eher auf, als er bei einem verblüfften Kellner so laut, daß Chaplin es hören konnte, frische *Escargots* in Weißweinsoße bestellte. Entweder war es dieser Schauspielerei zu verdanken oder der Tatsache, daß Sutherland Chaplin eine Rolle eines Menjou-Films vorführte, daß Chaplin Menjou um ein Vorstellungsgespräch bat. Das war an sich schon ungewöhnlich. Normalerweise hatte Chaplin eine große Abneigung gegen solche Gespräche, weil er sich so schlecht vorkam, wenn er einem Schauspieler den Job nicht geben konnte. Menjou schien ihm ideal für die Rolle, aber seine Honorarforderungen erschreckten ihn etwas, wie sich Sutherland erinnerte:

> Chaplin hatte in seinem ganzen Leben noch nie mehr als 250 $ die Woche gezahlt, aber Mr. Menjou blieb hart: 500 $ oder kein Vertrag, und er rückte keinen Zentimeter davon ab, und schließlich gab Chaplin widerstrebend nach. Wir sind schier verrückt geworden.
>
> Wir sollten zu einem bestimmten Termin loslegen, und die Zeit schritt voran. Ich hatte Menjou einen Starttermin genannt, der drei Monate später lag – vollkommen

sicher, wie ich – und auch jeder andere – meinte, aber wir fingen erst einen Monat danach an. Menjou kam vorbei und meinte: »Ich bin bereit«, und ich hab gesagt: »Wir aber nicht.«

Er hat gesagt: »Ich brauche mein Geld.«

»Oh, nein, nein ...«

Der hat keinen Deut nachgegeben. Mut hatte der wie ein Löwe. Wir mußten ihn bezahlen, und das war auch gut so, denn das hatte zur Folge, daß wir alsbald mit dem Drehen losgelegt haben.[4]

Auch Menjou erinnerte sich lebhaft an diese Episode:

»Wenn ich jetzt daran denke, erschreckt mich meine damalige Dreistigkeit. Da habe ich mich wegen einer läppischen Wochengage gestritten, und meine Karriere stand auf dem Spiel. Aber Sutherland ist zu Chaplin gegangen und hat ihm erzählt, was ich gesagt habe. Eddie zufolge hat Chaplin mich mit ein paar sehr unfreundlichen Ausdrücken bedacht, dann aber schließlich Anweisung gegeben, einen Verrechnungsscheck über meine Gage auszustellen. Jede Woche ging ich hin und holte mir meine Gage ab, obwohl man mich erst am 11. Januar zur Arbeit rief.«[5]

Es war damals durchaus immer noch üblich, daß Schauspieler ihr eigenes Kostüm stellen mußten, und so verbrachte Menjou die Zwischenzeit bei seinem Schneider. Chaplin plante zu diesem Zeitpunkt noch eine Szene auf einer Rennbahn, Menjou bestellte daher einen teuren grauen Cut mit Zylinder. Er war sehr verärgert, als das Kostüm dann doch nicht gebraucht wurde, und drei Jahre später ließ er sich in einen seiner Filme eine Rennbahn-Szene hineinschreiben, damit er die Sachen verwenden konnte. Er gab auch eine halbe Wochengage für ein Operncape aus, das letztendlich nicht benötigt wurde.

Die Dreharbeiten begannen am 27. November 1922 und dauerten sieben Monate. Selbst bei diesem aufwendigen Spielfilm arbeitete Chaplin ohne Skript, ein Umstand, der damalige Kommentatoren überraschte. Als er mit den Dreharbeiten begann, hatte Chaplin das Szenario, das in den vergangenen Monaten in Unmengen von Notizen ausgearbeitet worden war, so genau im Kopf, daß ein normales Drehbuch überflüssig, ja hinderlich gewesen wäre. Bei dieser Arbeitsmethode war eine sehr sorgfältige Dokumentierung der Anschlüsse erforderlich, und diese Aufzeichnungen sind erhalten geblieben. An ihnen läßt sich ablesen, daß Chaplin, als er erstmal mit den Dreharbeiten angefangen hatte, selbstbewußt und präzise arbeitete. Keine Spur von Herumtasten und Improvisieren. Von einigen Szenen drehte er mehrere Handlungsvarianten, so daß er beim Schneiden die wirkungsvollste Version auswählen konnte. Er machte zwar viele Takes, um eine Einstellung hundertprozentig hinzukriegen, aber es gab wenig ausgesprochenen Ausschuß: Nur drei kleinere Szenen wurden gedreht und dann nicht verwendet. »Charlie hat seine Filme beim Drehen entwickelt«, sagte Sutherland.

> Wir hatten eine Grundvorstellung von der Story, dann haben wir jeden Tag eine Episode gemacht. Wir haben immer drei oder vier Tage gedreht, dann für zwei Wochen unterbrochen, in denen wir die Geschichte umgeschrieben und verbessert und geprobt und ausgefeilt haben. Charlie hatte eine Engelsgeduld. Er scheute keine Mühe. Ein richtiger Perfektionist.
>
> Mit dieser Arbeitstechnik haben wir etwa ein Jahr für die Dreharbeiten gebraucht, weil Charlie noch eine andere Theorie hatte, an die er fest glaubte. Er hat gesagt: »Ich drehe eine Sequenz, und wenn ich mit ihr nicht vollkommen zufrieden bin, dann drehe ich sie am nächsten Tag nochmal. Das bringt nur einen Tag Rückstand.« Er ist natürlich nicht davon ausgegangen, daß er jeden Tag einen Tag im Rückstand ist. So hat er gearbeitet und so hat er gute Filme gemacht, weil er sich's leisten konnte und ein großer Perfektionist war.[6]

Als er sich einmal die täglichen Muster angesehen hatte, äußerte sich Chaplin zufrieden über eine von Menjous Szenen, fragte aber den Schauspieler um seine Meinung. »Ich glaube, ich kann's noch besser«, erwiderte Menjou. »Prima!« sagte Chaplin. »Auf geht's!« Und den Rest des Tages wurde die Szene noch einmal gedreht.

Es entsprach Chaplins Methode, den Film dem genauen Handlungsablauf der Geschichte entsprechend zu drehen. Eine solche Vorgehensweise war – kostspielig wie sie war – 1922 ebenso einzigartig wie sie es heute wäre. Die
zuallererst gedrehte Einstellung ist also die Anfangseinstellung des ferti
Films: Eine Totale von dem Haus in dem kleinen französischen Dorf, w...ter
wohnt. Edna blickt aus dem Fenster des Zimmers, in das ihr ges...ean trifft.
sie eingesperrt hat, um zu verhindern, daß sie sich mit ihrem F...wert in der

Die kurze Sequenz im Bahnhof, die einen wichtigen... sechs Uhr mor-
Geschichte des Films hat, wurde zwischen elf Uhr na...lms so viele bewun-
gens gedreht. Die Neuheit, die beim Erscheinen...rnisgründen. In der Szene
dernde Kommentare auslöste, ergab sich aus...icksalhafte Zug nach Paris ein-
mußte Marie am Bahnsteig stehen, als d...die die Nachbildung eines französi-
trifft. Um Arbeit und Kosten zu umg...schnitt Rollie Totheroh einfach Öffnun-
schen Zuges mit sich gebracht hät...ten, in ein drei Meter langes Brett und schob
gen, die Zugfenster darsteller...

es vor einem starken Scheinwerfer vorbei. Das auf Maries Gesicht fallende Licht wirkte wie der Widerschein der Lichter eines fahrenden Zuges. Der Effekt war nach acht Takes im Kasten.

In dieser Szene hatte Chaplin einen kurzen Auftritt als schusseliger Gepäckträger. Er war im Vorspann des Films nicht als Schauspieler aufgeführt, es wurde im Gegenteil ausdrücklich darauf hingewiesen, daß er in diesem Film nicht auftrat. Er war stark verkleidet und eingemummt. Trotzdem fanden Zuschauer, Menjou zufolge, die Szene so komisch, daß sie gekürzt werden mußte, damit die Stimmung des Films nicht zerstört wurde. Selbst in ihrer beschnittenen Form hat ein damaliger Kritiker sie herausgepickt:

> Die Leute lachen über eine Episode, die vielleicht drei Sekunden dauert. Ein umwerfender Gepäckwerfer kommt mit einem Schrankkoffer daher, läßt ihn fallen und verschwindet. Eine absolut simple, unübertriebene Bahnsteig-Episode. Sie ist so effektvoll, daß die Vermutung naheliegt, daß der Komiker höchstpersönlich den Gepäckwerfer mimt, obwohl er angibt, daß er in dem Stück nicht mitgespielt hat. Mag sein, aber dann verstand er es perfekt, diesen Gepäckwerfer dazu zu bringen, einen Koffer fallen zu lassen, einen Lacher zu kassieren und nach spätestens drei Sekunden wieder zu verschwinden.[7]

Vier weitere Monate ging die Arbeit voran, die Geschichte wurde Szene für Szene entwickelt, genau in der Reihenfolge, in der sie auf der Leinwand erscheinen würde. Als man im Handlungsablauf bei der Beziehung zwischen Revel und Marie angekommen war, verlangte Chaplin von seinen Schauspie-
n einen vollkommen neuen Spielstil. Für immer behielt Adolphe Menjou,
r von Chaplin gelernt hatte:

> Ers
> tig wir mit dem Drehen begonnen hatten, begriff ich, daß wir einen ganz neuar-
> sige und aufregenden Film machten. Chaplins Genie hatte die reichlich mittelmäs-
> er auch ichte verwandelt. Neben seinem eigenen großen Schauspieltalent besaß
> halb wenig igkeit, andere Schauspieler zu Bestleistungen zu inspirieren. Inner-
> nen würde, als war mir klar, daß ich von Chaplin mehr über Schauspielerei ler-
> einen wunderbaren, ls zuvor von irgendeinem Regisseur gelernt hatte. Er hatte
> viele Male wiederholte: »reßlichen Leitsatz, den er während der Dreharbeiten
> der Lupe.« o dick auftragen! Denk dran, sie haben dich unter

Plastisch und prägnant brachte
Bühne und Leinwand auf den Punkt f diese Weise den Unterschied zwischen
Kamera auf das Gesicht des Schauspielers fäh nnerte einen daran, daß im Film die
wenn er ein wichtiges Gefühl oder

einen wesentlichen Gedanken auszudrücken hat, und da erscheint er auf der Leinwand, mit einem Kopf, der von der Stirn bis zum Kinn drei Meter mißt. Das Publikum sieht ihn sich unter der Lupe an, er kann sich also nicht plötzlich für die 70 Meter entfernte Galerie in Szene setzen, weil es in einem Lichtspieltheater keine Galerie gibt. Das Publikum sitzt ihm auf dem Schoß.

In meiner Anfangszeit beim Film war ich auf übertriebene Gesten und Reaktionen getrimmt worden, was, wie man meinte, erforderlich war, um eine Geschichte pantomimisch zu erzählen. Und immer wenn ich oder irgendein anderer Schauspieler eine dieser Großaufnahmen schmiß, schüttelte Chaplin einfach den Kopf und sagte: »Sie haben dich unter der Lupe.« Das hat gereicht. Ich wußte, daß ich soeben ordentlich chargiert und die Szene verhauen hatte.

Seitdem habe ich vor der Kamera nie wieder eine Szene gespielt, ohne dabei zu denken: »Die haben dich unter der Lupe. Nicht auf die Tube drücken.«

Ein anderes Motto von Chaplin war: »Die Szene verinnerlichen! Mir ist egal, was ihr mit euren Händen und Füßen macht. Wenn ihr die Szene verinnerlicht habt, wird's beim Zuschauer ankommen.«

Und wir mußten jede Szene solange drehen, bis wir sie wirklich verinnerlicht hatten – bis wir sie glaubten und sie mit unseren Köpfen spielten und nicht bloß mit unsern Händen oder unsern Füßen oder unsern Augenbrauen.[8]

Der neue Stil und die expressive Zurückhaltung, die Chaplin seinen Schauspielern abverlangte, ließen sich nicht ohne Schmerzen verwirklichen. Zwei Tage und neunzig Takes waren z. B. erforderlich, um eine winzige Szene richtig hinzubekommen, in der die gelangweilte Marie ihre Zigarette hinwirft und sagt, daß sie nicht ausgehen will.

Menjou erinnerte sich auch mit gemischten Gefühlen an die Arbeit an einer Szene mit Edna, in der sie sich küssen sollten. Menjou sollte Leidenschaft ausdrücken, aber gleichzeitig deutlich machen, daß er nicht in Marie verliebt ist. Edna sollte zeigen, daß sie gegen den Kuß nichts einzuwenden hat, aber unglücklich ist und gelangweilt. »Es war, als müßte man die Verfassung auf einen Stecknadelkopf eingravieren – auf sehr begrenztem Raum gab es eine Menge zu erzählen. Um das zu erreichen, waren so viele Takes nötig, daß die innige Nähe zu Edna ihren ganzen Reiz verlor. Doch es war erstaunlich, wieviel Chaplin uns nur mit einem Blick, einer Geste, einer erhobenen Augenbraue ausdrücken ließ.«[9]

Manchmal ging es leicht. Edna, die tadellos spielte, zeigte ihre aus heutiger Sicht beste Leistung in einer Szene, in der ihre Freundinnen ihr mit allzuviel Schadenfreude eine Zeitschrift mit einer Anzeige unter die Nase halten, aus der hervorgeht, daß Revel eine reiche Erbin heiraten soll. Sie tut es mit einem

Lachen ab, und nur die fahrige Art, mit der sie ihre Zigarette abstreift, verrät die Empfindungen, die sie unterdrückt. Diese Szene, die immer wieder aufs neue verblüfft, wurde am Ende eines Februarnachmittags rasch in sechs Takes gedreht.

Die neue Schauspieltechnik, die Chaplin verlangte, fiel den jüngeren Künstlern leichter als den älteren, erfahreneren Darstellern. Die Rolle von Jeans Mutter besetzte Chaplin mit Lydia Knott, die damals zwar erst 48 war, sich aber seit Beginn ihrer Filmkarriere im Jahr 1917 auf liebreizende alte Damen spezialisiert hatte. Bis in die dreißiger Jahre blieb sie eine vielbeschäftigte Charakterdarstellerin:

> Sie war eine wunderschöne alte Dame mit einem Madonnengesicht und einem eisernen Willen. Wir hatten eine Szene, in der sie erfährt, daß ihr Sohn Carl Miller gestorben ist; die Sûreté stellt ihr die üblichen Fragen: »Name? Alter?« usw. Sie sollte eine vollkommen tote ›Nicht-Reaktion‹ zeigen – das Gefühl sollte von den Zuschauern kommen, nicht von den Schauspielern. Ich kann Ihnen nicht sagen, wie oft wir das gedreht haben, aber sie war immer ergriffen und lächelte liebreizend. Aber Charlie war fest entschlossen, die Szene genauso hinzubekommen, wie er sie haben wollte – und wir zogen alle mit –, und er drehte sie 110mal, und dann hat er gesagt: »Dreht weiter«, also habe ich sie noch etwa 100mal gedreht, und schließlich wurde die alte Dame so wütend, daß sie herumfluchte und mit so einer üblen Laune in die Szene ging, daß wir sie im Kasten hatten. Und ich wage zu behaupten, daß wir diese Szene 500mal gedreht haben. Ich weiß nicht, wie viele Tage wir gebraucht haben, etwa eine Woche, um diese eine Reaktion zu bekommen. Ich würde sagen, das war der absolute Rekord für Retakes. Ob sich das in Dollars oder Cents auszahlt, weiß ich nicht, aber ganz bestimmt in Qualität.[10]

Schade um die Legende, aber Sutherland hat mit der Anzahl der Takes erheblich übertrieben. Tatsächlich hat Charlie diese Szene am Freitag, den 4. Mai, neununddreißigmal gedreht und Miss Knott dann für Samstag wieder bestellt und weitere einundvierzig Takes gemacht. Für eine einzige kurze Einstellung sind jedoch achtzig Takes eine ganze Menge. Selbst dann war Chaplin immer noch nicht zufrieden: Fünfzig Jahre später schüttelte er sich immer noch angesichts Lydia Knotts übertriebenen Mienenspiels, wenn er sich *A Woman of Paris* ansah.

Nicht-professionelle Schauspieler konnten viel formbarer sein. Eine der denkwürdigsten Gestalten in *A Woman of Paris* ist die Frau mit der steinernen Miene, die Edna eine Massage verabreicht, während Ednas Freundinnen der *Demi-monde* (gespielt von Betty Morrissey und Malvina Polo) mit ihr den neuesten Klatsch durchhecheln. Die Kamera schwenkt hoch zum Gesicht und dem Oberkörper der Masseurin. An ihren Armbewegungen können wir erkennen, welche Partie von Ednas üppigem Körper sie gerade bearbeitet. Sie setzt eine durch und durch mißbilligende gleichgültige Miene auf, doch ist nur allzu deutlich, daß sie den Klatsch wie Löschpapier aufsaugt. Die Dame war gar keine Schauspielerin, sondern die Studiosekretärin Nellie Bly Baker, doch die Gesichtsmimik und jede Bewegung ist haargenau Chaplin. Er hatte sie auf perfekte Imitation getrimmt. Wie der kleine Jackie Coogan war Nellie Bly Baker als perfekte Imitatorin für Chaplin das idealste Schauspielermaterial: ein Körper, durch den er sein eigenes Spiel vermitteln konnte. Nellies schauspielerische Leistung kam so gut an, daß sie ihre Arbeit im Studio aufgab und in einigen Filmen unter anderen Regisseuren zur Charakterdarstellerin wurde.

Chaplins Komik basierte immer auf visueller Suggestion, Metapher, Gleichnis. In den Komödien konnte sich ein Wecker in eine Konservendose mit verdorbenem Fisch verwandeln, der Schwanz einer Kuh in den Schwengel einer Pumpe oder ein Mensch in einen Vogel. Adolphe Menjou beschrieb, wie er seine Palette visueller Symbolik für die Erfordernisse dramatischen Stoffs erweiterte.

> Wegen der Zensurbehörden in den verschiedenen Staaten mußte Chaplin [das Verhältnis zwischen Pierre und Marie] in einer Weise zeigen, die weder eindeutig noch anstößig war. Er bewerkstelligte dies auf eine für damalige Verhältnisse erstaunlich subtile Art.
>
> Die Szene wurde folgendermaßen entwickelt: Revel kam zu der luxuriösen Wohnung der Frau und wurde von einem Mädchen eingelassen. Das Publikum hatte keine Ahnung, wen oder was dieser Mann im Leben der Frau darstellte. Er war scheinbar nur ein Besucher, der sie zum Souper abholte. Chaplin wollte irgend etwas Nebensächliches finden, was plötzlich enthüllt, daß Revel ein häufiger und bevorzugter Besucher ist. Eine Menge Möglichkeiten wurden durchgespielt. Zuerst ließ Chaplin mich eine Pfeife vom Tisch nehmen und sie anzünden, aber das taugte nichts, weil Revel kein Pfeifenrauchertyp war. Dann erwog er, daß das Mädchen mir ein Paar Hausschuhe bringen könnte, aber das paßte nicht, weil ich vorbeigekommen war, um Marie zum Essen auszuführen.
>
> Schließlich kam Chaplin die Idee mit dem Taschentuch, und das Problem war gelöst. Ich ging zu einem Getränkeschrank, holte eine Flasche Sherry heraus, goß mir etwas ein und nippte an dem Glas. Als ich dann ein Taschentuch aus meiner Tasche holen wollte, entdeckte ich, daß ich keins hatte, also wandte ich mich beiläufig um und ging ins Schlafzimmer. Edna saß an ihrem Frisiertisch, angekleidet, aber noch mit ihrer Frisur beschäftigt. Ich sah nicht zu ihr hin, und sie beachtete

mich auch nicht, als ich zu einer Chiffoniere hinüberging. Ich öffnete die oberste Schublade und nahm ein großes Herrentaschentuch heraus, steckte es in die Tasche und ging hinaus. Das Verhältnis war sofort klar: Wir lebten zusammen, und zwar schon seit einiger Zeit.

Als Chaplin diesen Einfall hatte, hatte der Requisiteur die Schubladen der Chiffoniere nicht vorbereitet, weil er nicht wußte, daß sie benutzt werden sollte. Ich ging also in meine Garderobe und holte mehrere Taschentücher und einen meiner Kragen, und der fiel mir dann aus der Schublade heraus. Das brachte Charlie auf eine Idee für eine spätere Szene, in der das Dienstmädchen aus Versehen einen Kragen fallen läßt und so dem ehemaligen Geliebten der Frau verrät, daß diese mit Revel zusammenlebt.

Kleine Nuancen wie diese gaben dem Film ein besonderes Flair, das ganz neuartig war auf der Leinwand.[11]

Bis Anfang Juni 1923 war sich Chaplin immer noch nicht klar darüber, was für einen Schluß er dem Film geben sollte. Er erwog, Marie Revel heiraten zu lassen, oder, als andere Möglichkeit, sie zu ihrem Dorf zurückkehren zu lassen, zu ihrer inzwischen verwitweten und kranken, pflegebedürftigen Mutter. Es gibt Aufzeichnungen für eine Version, in der sie nach Kanada geht und sich christlichen Werken hingibt. Er erwog einen Eisenbahnunfall, der Marie Gelegenheit bieten konnte, in einer Heldentat Erlösung zu finden. Sutherland wie Menjou erinnerten sich mit unschicklicher Schadenfreude an einen Tag, an dem Chaplin mit einer neuen Lösung ankam: Marie sollte Revel aufgeben, um als Krankenschwester in einer Leprakolonie ein Leben in Buße zu führen. Chaplin spürte die negativen Reaktionen von Bell, Sutherland, Menjou und andern aus seiner Entourage nur zu genau. Eingeschnappt verließ er das Studio und blieb ihm einige Zeit fern. Als er wiederkam, war von der Leprakolonie keine Rede mehr.

Auch ohne die stumme Mißbilligung seiner Mitarbeiter hätte Chaplin, mit seiner Begabung fürs Auswählen, Verwerfen und Vereinfachen, zweifellos bald erkannt, daß auch diese Lösung nichts taugte. Es ist aufschlußreich nachzuvollziehen, wie der letztendlich rasche, ironische Schluß des Films aus einer viel aufwendigeren Sequenz herausgefiltert wurde, in der Revel Marie in ihrem Unterschlupf auf dem Lande aufspüren sollte. Revel sollte Marie einen Heiratsantrag machen, Marie sollte ablehnen, dann:

»Du weißt, wo du mich finden kannst. Ich werde dich immer lieben. Auf Wiedersehen.« Sie geben sich die Hand und blicken sich in die Augen, und beider Seelen liegen in diesem Blick. Dann steigt Menjou in sein Auto und fährt in die Richtung davon, aus der er gekommen war. Er begegnet einem Bauernwagen, auf dem einige Arbeiter von den Feldern kommen, einer von ihnen spielt Akkordeon und die andern singen dazu eine schlichte Volksweise.

Edna blickt Menjous Wagen nach, und als der Bauernwagen auf ihre Höhe kommt, bettelt das Kind darum, mitfahren zu dürfen. Die Arbeiter drängen auch darauf, Edna hebt das Kind auf den Wagen, steigt dann selbst hinauf, und sie fahren die Straße entlang zu den Klängen des Volksliedes, während Menjou in seinem schicken Auto in entgegengesetzter Richtung aus dem Bild verschwindet.[12]

Indem er eine sentimentale Wiedervereinigung von Marie und Pierre vermied – zugunsten einer Szene, in der zwei sehr unterschiedliche Fahrzeuge die beiden ihren getrennten Schicksalen entgegenbringen –, kam Chaplin zum Wesentlichen.

Sutherland und Menjou, die selbst ungewöhnlich intelligent und scharfsinnig waren, waren von Chaplins Fähigkeit, die richtige Auswahl zu treffen, sehr beeindruckt:

Chaplin hörte sich jedermanns Vorschläge und Ideen an und wertete sie mit einem untrüglichen Instinkt für das wirklich Gute aus. Er besaß keinerlei akademisches Wissen über richtige dramaturgische Struktur, nur ein angeborenes Gespür für gutes Theater und dafür, wie man einfache oder komplexe Ideen pantomimisch ausdrückt, ohne Hilfe von Dialog oder Zwischentitel. Ich weiß noch, wie er bei einer Diskussion über eine bestimmte Szene sagte: »Ich weiß nicht, warum ich mit dieser Szene richtig liege. Ich weiß einfach, daß ich richtig liege.« Und es stimmte.[13]

»Chaplin gilt zwar als großer Intellektueller«, sagte Sutherland, »(er wird fuchsteufelswild werden, wenn er das jemals hört) aber ich glaube, daß Charlies Intellekt zum größten Teil rein intuitiv ist. Ich glaube, er besitzt einen unglaublichen Instinkt, und ich glaube, sein Wissen beruht auf Beobachtung und Gefühl, mehr als auf irgend etwas anderem ...«[14]

Die täglichen Besprechungen mit der Studiobelegschaft, mit ihrem Gedankenaustausch, waren wichtig für Chaplins schöpferische Aktivität. Sie waren nicht immer ergiebig. Einmal saßen sie stundenlang zusammen und versuchten zu entscheiden, ob für die Gigolo-Szene der Zwischentitel »Wer ist es?« oder »Wer ist das?« besser sei. Als alle allmählich fanden, daß man Perfektion auch übertreiben kann, wurde der Besprechung durch einen Airedale-Terrier, den Chaplin im Studio hielt, ein Ende gesetzt. Er schlenderte in den Raum, hörte mit schräggestelltem Kopf eine Weile zu und kotzte dann auf den Boden.

Chaplin war auch nicht immer im Recht, vor allem gegen Ende der Dreharbeiten, als die Nerven nicht mehr so gut waren. Eines Tages, als das Team bei Außenaufnahmen in der Nähe vom Westlake Park (aus Keystone-Zeiten) eine Szene drehte, bei der zwei Schauspieler an einem Gebäude vorbeigehen, erkannte man, daß Chaplin gegen die bewährte Grundregel verstieß, daß man nie zum Gegenschuß übergehen darf, wenn ein oder mehrere Schauspieler die Bildfläche überqueren, weil das die Richtung der Handlung umkehrt, den Hintergrund verändert und die Zuschauer insgesamt verwirrt. Sutherland machte Chaplin auf diesen Fehler aufmerksam. Da es ihm peinlich war, in Anwesenheit anderer korrigiert zu werden, wies er seinen Kritiker so heftig zurecht, daß Sutherland auf der Stelle mit der Kündigung drohte. Am nächsten Tag zeigten die Muster den Fehler nur allzu deutlich, und der zerknirschte Chaplin mußte die Szenen nachdrehen. Bei einer anderen Gelegenheit rebellierte sogar der sanfte Rollie, als Chaplin in gereizter Laune darauf beharrte, daß einige Einstellungen unscharf seien, obwohl das eindeutig nicht der Fall war. »Wenn Sie behaupten wollen, daß das nichts taugt, dann sollten Sie sich lieber einen andern Knaben suchen«, sagte Rollie zu ihm. »Das werd ich auch«, erwiderte Chaplin, und Rollie stürmte davon.

> Am nächsten Morgen saß ich auf der Bank, und Charlie kam nicht wie sonst durch das Tor hereingefahren, sondern durch den Nebeneingang, und ich saß draußen auf der Bank. Er winkte mich zu sich, streckte sein Hinterteil in die Luft und sagte: »Gib mir 'n Tritt in den Hintern, Rollie.« Und ich hab's getan. Und dann hat er gesagt: »Weißt du, ich wollte diese Einstellung sowieso noch mal drehen.«[15]

Seine Launen waren sprichwörtlich. Die Stammbelegschaft des Studios behauptete steif und fest, daß sich seine Laune untrüglich an der Farbe seines Anzugs ablesen lasse, und sie riefen bei ihm zu Hause an, um vom Kammerdiener zu erfahren, welche Kleidung Chaplin morgens angelegt hatte. Sein grüner Anzug war berüchtigt. »Jedesmal wenn er ihn anhatte, war die Hölle los«, sagte Sutherland. Der blaue Nadelstreifen-Anzug verhieß einen fröhlichen, produktiven Tag. Der graue Anzug lag dazwischen, »wir tasteten uns also erstmal langsam vor, bis sich eine eindeutige Laune entwickelte«. Menjou bemerkte dazu:

> »Einige aus der Belegschaft hatten diese ›Wie die Laune so der Anzug‹-Theorie sehr weit entwickelt. Ich glaube, sie haben übertrieben. Mir fiel an Charlies Garderobe nur auf, daß sie erbärmlich war. Seine Sachen paßten ihm nie richtig, und er trug sie ohne Stil. Ich erkundigte mich einmal nach seinem Schneider, mit dem Hinterge-

danken, einen großen Bogen um den Burschen zu machen. Zu meinem Entsetzen mußte Charlie gestehen, daß er keinen Schneider habe, ja Schneider nicht ausstehen könne. In seinem ganzen Leben hatte er noch nie einen maßgeschneiderten Anzug besessen!«[16]

Chaplin erklärte, daß er es nicht ertragen könne, mit Anproben Zeit zu verlieren, also einfach in ein gutes Herrengeschäft gehe und ein halbes Dutzend Anzüge von der Stange bestelle. »Ich glaube ihm. Er sah schrecklich aus in seinen Sachen. Das ist lange her. Inzwischen hat er diese Einstellung abgelegt.«[17]

Die letzte Szene des Films, in der Revel mit seiner Sekretärin die Landstraße entlangbraust, wurde am Montag den 25. Juni gedreht. Ein Jahr, einen Monat und vierzehn Tage, nachdem Chaplin begonnen hatte, sich mit dem Szenario zu befassen, wurde der Schnitt fertiggestellt. Er hatte insgesamt 3862 Takes gedreht, mit einer Gesamtlänge von 39600 Metern, die für den fertigen Film auf 2300 Meter zusammengeschnitten wurden. Die Gesamtkosten der Produktion betrugen 351853 $.

Im Verlauf der Produktion war der Titel von *Destiny* zu *Public Opinion* geändert worden. Bevor die Wahl schließlich auf *A Woman of Paris* fiel, wurden unter anderm folgende Alternativtitel erwogen: *Melody of Life*, *The Joy Route*, *Social Customs*, *Human Nature*, *Love*, *Ladies and Life* und *The Stars Incline*. Chaplin stellte dem Film einen Titel voran, der für viele seiner Filme als Motto gepaßt hätte: »Die Welt besteht nicht aus Helden und Schurken, sondern aus Männern und Frauen mit allen Leidenschaften, die Gott ihnen gegeben hat. Die Unwissenden verdammen, aber die Weisen haben Mitleid.«

Die Premiere am 26. September 1923 war die Eröffnungsattraktion des Criterion Theatre in der Grand Avenue Ecke 7th Street in Hollywood. Das Theater, »der aristokratischste Veranstaltungsort in Hollywood«, war ohne Rücksicht auf Kosten dekoriert und ausgestattet worden. »Das Innere ähnelte einem byzantinischen Schmuckkasten. Wände aus antikem Stein in Grau und Silber, dazwischen kräftigere Farbtöne, die wie von außen eingefangenes Sonnenlicht wirkten.« Die Premiere war eins der glanzvollsten Ereignisse jener Ära. Zu den Gästen zählten Fairbanks, Pickford, Irving Thalberg, die De Milles, Will Rogers und die meisten andern Spitzen-Stars von Hollywood, neben dem Bürgermeister, dem Oberbrandmeister und einigen städtischen Honoratioren von Los Angeles. Von den alten Bekannten des Stars waren Mack Sennett, Mabel Normand, Jackie Coogan und Mildred Harris dabei. Die Musikbegleitung wurde von Adolf Tandler dirigiert, dem ehemaligen Leiter des Los

Angeles Symphony Orchestra; und Chaplin hatte eigens einen Prolog mit dem Titel *Nocturne* ausgearbeitet, der vor Beginn des Films pantomimisch aufgeführt werden sollte. Menjou war vom Erfolg des Films überzeugt, als der Regisseur Herbert Brenon, ein gebürtiger Ire, hörbar »Wunderbar! Fabelhaft!« flüsterte, und als draußen vor dem Theater Harold Lloyd, den er nie kennengelernt hatte, seine Hände über dem Kopf zu einem beglückwünschenden Handschütteln verschränkte und ihm über die Köpfe der Menschenmenge, die sie trennte, hinweg zugrinste.

Chaplin und Edna waren bei der Premiere nicht anwesend: Sie befanden sich schon im Zug nach New York, wo der Film am 1. Oktober im Lyric Theatre Premiere haben sollte. Für diese Vorstellung hatte Chaplin einen speziellen Programmtext verfaßt, was seine wachsende Besorgnis darüber verriet, wie das Publikum auf den Film reagieren mochte. Es war gewiß nicht seine Art, sein Publikum um Kommentare zu bitten:

> Sie werden mir zweifellos gestatten, daß ich, während Sie warten, einmal ein paar ganz offene Worte mit Ihnen wechsele. Ich habe mir gedacht, daß das Publikum etwas mehr Realismus im Film wünscht, die Entwicklung einer Geschichte bis zu ihrem logischen Schluß. Ich würde gerne Ihre Gedanken zu diesem Thema hören, denn ich bin überzeugt, daß wir, die wir Filme produzieren, eigentlich nichts darüber wissen – wir raten nur.
>
> In meinem ersten ernsten dramatischen Stück, *A Woman of Paris,* habe ich Realismus angestrebt, Lebensechtheit. Sie werden Leben sehen, wie ich persönlich es sehe – Schönheit – Traurigkeit – Rührung – Fröhlichkeit, all das macht ja das Leben erst interessant. Ich will jedoch nicht so anmaßend sein zu behaupten, daß ich recht habe. In erster Linie geht es mir darum, Sie zu unterhalten. Die Geschichte ist sehr persönlich, einfach und menschlich und zeigt ein Problem, das so alt ist wie die Menschheit – zeigt es mit soviel Wahrheit, wie mir zu zeigen erlaubt ist. Ich habe die Geschichte so realistisch geschildert wie nur irgend möglich.
>
> Ich möchte nicht, daß *A Woman of Paris* wie eine Predigt wirkt, es steckt auch keinerlei Philosophie dahinter, höchstens der Appell, größeres Verständnis für menschliche Schwächen zu zeigen. Letztendlich ist Ihr Urteil ausschlaggebend, und Ihrem Geschmack muß entsprochen werden. Einige mögen finden, daß ich die dramatischen Möglichkeiten nicht weit genug ausgeschöpft habe, während andere gerade die betonte Zurückhaltung für guten Geschmack halten, und Ihre Reaktion wird mir den Weg für die Zukunft weisen.
>
> Ich habe sieben Monate an die Produktion von *A Woman of Paris* verwandt, und ich habe jeden Augenblick genossen. Wenn ich dennoch in meinen Bemühungen, Sie zu unterhalten, gescheitert bin, dann ist das mir zuzuschreiben.

Jedenfalls habe ich den Film mit großem Vergnügen gemacht, und ich hoffe aufrichtig, daß Sie ihn mit großem Vergnügen sehen werden.

Ihr
Charlie Chaplin

Wenige Filme haben jemals soviel einhellige Begeisterung bei der Presse hervorgerufen. Chaplin wurde großzügig mit Hardy, de Maupassant und Ibsen verglichen, doch allgemein hielt man ihn für wesentlich besser als Ibsen, weil Chaplin, der ja schon lange bewiesen hatte, daß Komödie nicht weit von Tragödie entfernt ist, nun gezeigt hatte, daß die Tragödie auch ihre heiteren Seiten hatte. Robert Sherwood schrieb im *New York Herald*:

> Charles Chaplins *A Woman of Paris* ist genialer als jeder andere Film, den ich kenne... Charles Chaplin hat vielfach bewiesen, daß er die Menschheit versteht; er hat seine umwerfend derbe Komik mit Elementen ergreifender Tragik gewürzt. Er hat den Kontrast zwischen Freude und Trauer eingefangen und vermittelt, der das Dasein auf diesem Erdenball so interessant macht, wie es ist.

Der Kritiker von *Exceptional Photoplays* schrieb:

> Mr. Chaplin... hat nichts Radikales oder Esoterisches vollbracht. Er hat sich lediglich in höchstem Maße seiner Intelligenz bedient, was man von Filmleuten schon seit vielen Jahren nicht mehr erwartet. Er hat eine Geschichte geschrieben und gedreht, in der alle Charaktere aus Motiven handeln, die der Zuschauer sofort als natürlich und aufrichtig erkennt, und deshalb verströmt *A Woman of Paris* eine realistische Atmosphäre, und daher vermag der Film die Aufmerksamkeit jedes empfindsamen Publikums restlos zu fesseln...
>
> *A Woman of Paris* besitzt einen Vorzug, den man in jedem anderen bis heute produzierten Film vergeblich sucht: künstlerische Zurückhaltung. Das Spiel ist bewegend, doch niemals übertrieben, die Geschichte ist schlicht und realistisch, doch niemals platt, die Kulisse ist gefällig und angemessen, doch niemals unerträglich töricht. Das Ergebnis ist ein würdevoller und intelligenter Film von überraschender Wirkung, weil er so ungewöhnlich ist.

Als der Film Großbritannien erreichte, bezeichnete der Kritiker des *Manchester Guardian* ihn als »die großartigste moderne Geschichte, die man bislang auf der Leinwand sah...

> Er besaß den Mut, die bisherigen Leinwandgewohnheiten samt und sonders auf den Schrott zu werfen.«

Wie die meisten Kritiker hervorhoben, war an der Handlung gar nichts so sonderlich Neues: Als Chaplin sie Menjou erstmals erzählte, hielt dieser sie für »platt und schmalzig«. Besonders verblüffend fanden die damaligen Zuschauer die neuartigen Charaktere, die gegen alle Regeln der Leinwanddramaturgie zu verstoßen schienen. Die Heldin war nicht besser als nötig; der Schuft war sympathisch, charmant, großzügig und verständnisvoll; der Held war ein schwächliches Muttersöhnchen; und die ganze Tragödie wurde durch den Wahnsinn, die Blindheit und Selbstsucht der Eltern ausgelöst – einer Klasse von Menschen, die im Film bisher abergläubisch verehrt worden waren.

Es fällt schwer, sechzig Jahre später die Überraschung nachzuvollziehen, die Chaplins neue Erzählmethode, sein neuer Schauspielstil und seine neue Verfeinerung der expressiven Mittel der Pantomime auslösten; seine Neuerungen wurden rasch assimiliert und Teil der allgemeinen Praxis des Filmhandwerks. Chaplins eigene Einstellung zu seinen Entdeckungen war in ihrer Logik sehr einfach: »Nach meinen Beobachtungen«, erzählte er einem Interviewer in New York, »versuchen Frauen und Männer auf den dramatischen Höhepunkten ihres Lebens eher, ihre Gefühle zu verbergen als sie offenzulegen. Und bei meinen Bemühungen, so realistisch wie möglich zu sein, habe ich genau diese Erkenntnis umgesetzt.«

A Woman of Paris leitete einen ganz und gar neuen Stil der Sittenkomödie ein und ebnete so auch den Weg für den Regisseur Ernst Lubitsch, der bekannte, daß er von dem Film überwältigt sei. Er sah ihn, als er gerade dabei war, sein eigenes satirisches Meisterwerk, *The Marriage Circle* [Die Ehe im Kreise], in Angriff zu nehmen. Jeder Filmemacher studierte Chaplins Entdekkungen. Die späteren Arbeiten von Sutherland, Bell, de Limur und d'Arrast sind durch die Bank unverkennbar von ihrer Arbeitserfahrung mit Chaplin geprägt. Menjou faßte seine eigenen Eindrücke zusammen:

> Für ihn war der Film eine neue Kunstform, die wie jede Kunst akribische Sorgfalt erforderte. Er war natürlich auch Künstler. Jeder, der mit Chaplin dem Schauspieler oder Chaplin dem Regisseur zusammengearbeitet hat, scheint dem zuzustimmen, unabhängig davon, was er persönlich von ihm halten mag.
>
> Mit dem Wort »Genie« wird in Hollywood sehr großzügig umgegangen, aber wenn Chaplin als Genie bezeichnet wird, dann ist es wirklich ernst gemeint. Wenn Hollywood jemals ein Genie hervorgebracht hat, dann Chaplin.[18]

Die Sensation der New Yorker Premiere konnte für die versäumte Gala-Vorstellung in Hollywood entschädigen. Zwei Tage danach hielt Chaplin seine erste Rundfunkansprache von L. Bambergers WOR Studio in Newark aus, unter der Schirmherrschaft des *Morning Telegraph*. »Meine Freunde«, begann er, »das hat mich alles vollkommen überwältigt. Ich bin froh, daß sie mich nicht sehen können – ich bin nervös wie eine Hexe.« Im Verlauf der Ansprache, die eine halbe Stunde dauerte, erzählte er den Zuhörern, daß er mit den Möglichkeiten der Stimme im Äther experimentiere. Dann spielte er Geige und Saxophon und gab ein paar Informationen zum besten.

Am 5. Oktober ging er zur City Hall, um sich Lloyd Georges Rede anzuhören, und es war ihm zutiefst peinlich, als sich bei seinem Erscheinen die Aufmerksamkeit der Zuhörer ganz von dem großen britischen Politiker abwandte. Er stahl sogar drei Räubern die Schau, die den Juwelierladen im Ritz Carlton ausraubten, wo er wohnte: Nur weil er zufällig ein paar Minuten nach dem Verbrechen durchs Foyer ging, war es Charlie Chaplin, der in allen Zeitungsberichten die Schlagzeilen machte. Auf der Rückfahrt machte er in Detroit Station. Dem armen Herbert Hoover, der im selben Zug fuhr, wurde ebenfalls die Schau gestohlen, und er hatte sogar Mühe, jemanden zu finden, der ihm sein Gepäck trug, so sehr waren alle von der Aufregung in Anspruch genommen, Charlie Chaplin zu sehen.

Später ging Chaplin bei der ersten Jahreshauptversammlung der American Child Health Association zusammen mit Hoover und dem Präsidenten der Rockefeller Foundation auf das Podium und verkündete eine Botschaft an die Kinder der Nation: »Putzt euch jeden Tag die Zähne, damit ihr immer voller Stolz lachen könnt. Und denkt daran, solange ihr lachen könnt, seid ihr glücklich, und Glücklichsein ist schon das halbe Leben.« Die zweihundert Kinder unter den Zuhörern mußten erst überzeugt werden, daß wirklich Charlie Chaplin vor ihnen stand, denn ohne seinen Schnurrbart und seine großen Schuhe erkannten sie ihn nicht. Henry und Edsel Ford statteten ihm einen Besuch ab. »Ich bin zwanzig Meilen von Dearborn hergekommen, um Sie zu treffen«, brummte Ford. »Das ist gar nichts«, entgegnete Chaplin, »ich bin sogar von Los Angeles hergekommen, um Sie zu treffen.«[19]

Die Euphorie der Premieren, der Presse und dieser fürstlichen Rundreisen verflog nur allzu bald. In Hollywood lief *A Woman of Paris* nur ganze vier Wochen. Nach den ersten paar Tagen erwies sich Chaplins Film als Kassenflop. Die New Yorker Spielzeit endete sogar mit Verlusten. In Hollywood und London konnte der Film kaum seine Garantie decken. So etwas war mit einem Chaplin-Film noch nie passiert. Paradoxerweise hatte wahrscheinlich die Begeisterung der Presse den Film erledigt. Die Kritiker erzählten der Öffentlichkeit, daß der Film große Kunst sei, aber Chaplins Publikum interessierte sich nicht für den großen Künstler – die Leute liebten ihn, weil er komisch war. Außerdem waren sie eindeutig nicht gewillt, Geld für einen Chaplin-Film auszugeben, in dem er nicht in Erscheinung trat, beziehungsweise nur stark verkleidet in einer winzigen Nebenrolle, die gerade zwei oder drei Sekunden lang war. Chaplins Enttäuschung war heftig und nachhaltig. Sobald er konnte, zog er den Film aus dem Verkehr und versteckte ihn in seinem Tresor, und mehr als ein halbes Jahrhundert lang war er nicht mehr zu sehen. Er liebte *A Woman of Paris* und war stolz auf den Film; er war nicht gewillt, sich ein weiteres Mal von seinem Publikum eine Abfuhr erteilen zu lassen.

COMING: Cynthia Stockley's "PONJOLA" with James Kirkwood and Anna Q. Nilsson

A NATIONAL INSTITUTION

Direction of JOSEPH PLUNKETT

MOE MARK, President and General Manager

FIRE NOTICE.—Look around now and choose the nearest exit to your seat. In case of fire, walk, not run, to the exit. Do not try to beat your neighbor to the street.

THOS. J. DRENNAN, Fire Commissioner.

PROGRAM

WEEK COMMENCING SUNDAY, NOVEMBER 4th, 1923

CHAPLIN WEEK

1. PRELUDE
MARK STRAND SYMPHONY ORCHESTRA
CARL EDOUARDE, Conductor
John Ingram, Associate Conductor

2. MARK STRAND TOPICAL REVIEW
Pictorial News of the World, presented as fast as modern equipment can deliver.
(At 1:55, 3:52, 7:25 and 9:34 P. M.)

3. PROLOGUE to "A WOMAN OF PARIS"
(a) "Fascination" (Valse) .... Marchetti
Mlles. Ames, Hixon, Bawn, Loraine, Dickson and Mahurin.
(b) "Aime Moi" .... Bemberg
Estelle Carey, Soprano
(c) "Celebrated Minuet" .... Boccherini
Mlle. Klementowicz and M. Bourmann
(d) "Meditation" .... Massenet
Madeleine MacGuigan, Violinist
Anatole Bourmann, Ballet Master
(Premier Piano Used).
(At 4:00, 7:33 and 9:42 P. M.)

PROGRAM SUBJECT TO CHANGE WITHOUT NOTICE.

PROGRAM (Continued)
The Mark Strand takes great pleasure in presenting
"A WOMAN OF PARIS"
A Drama of Fate
Featuring
EDNA PURVIANCE
Written and Directed by
CHARLES CHAPLIN
Released by United Artists Corp.

CAST

Marie St. Clair	Edna Purviance
Pierre Revel	Adolphe Menjou
John Millet	Carl Miller
His Mother	Lydia Knott
His Father	Charles French
Marie's Father	Clarence Geldert
Fifi and Paulette, Friends of Marie	Betty Morrissey and Malvina Polo

(At 2:03, 4:12, 5:58, 7.43 and 9:52 P. M.)

5. A Chaplin Revival
CHARLES CHAPLIN
in one of his funniest pictures
"PAY DAY"
A First National Attraction

6. ORGAN SOLO
PERCY J. STARNES, Mus. Doc. } Organists
RALPH S. BRAINARD

The Entire Program Arranged and Produced by JOSEPH PLUNKETT

COMING: "LUCRETIA LOMBARD"

MAURICE TOURNEUR'S PRODUCTION

COMING: "FLAMING YOUTH" with Colleen Moore, Milton Sills, Elliott Dexter

1923 – Programm von *A Woman of Paris*

Die Aktivitäten der gesetzlichen Hüter der Moral trugen dazu bei, alles nur noch schmerzhafter zu machen. New Yorks Zensurbehörde genehmigte den Film ohne Änderungen, aber in Kansas, wo Zigarettenrauchen ebenso verpönt war wie Dreisers Romane und schwarz gebrannter Schnaps, wurden alle Szenen, in denen rauchende Personen gezeigt wurden, herausgeschnitten. Die Zensoren von Pennsylvania, die eine keineswegs unvernünftige Abneigung gegen Feuerwaffen hatten, schnitten die Szene mit Jeans Selbstmord heraus, was die Handlung etwas durcheinanderbrachte. Am schlimmsten aber war es in Ohio, dank der Maßnahme, die von dem State Director of Education und dem Vorsitzenden der Zensurbehörde, einem Vernon M. Riegel, ergriffen wurde. Mr. Riegel gestand dem Film künstlerischen Wert zu, bedauerte aber, daß die Hauptfiguren ein so untragbares Benehmen an den Tag legten. Er sorgte dafür, daß sie sich so benahmen, »wie eine Dame und ein Gentleman sich in Gegenwart des andern Geschlechts zu benehmen haben«, indem er eine Reihe von Szenen herausschnitt und einen Zwischentitel einfügte, in dem erläutert wird, daß Maries üppiger Lebensstil in Paris nur durch die Erbschaft einer wohlhabenden Tante ermöglicht wurde. In Maryland griff man die Idee auf – dort stellte man Maries Achtbarkeit wieder her, indem man ihren luxuriösen Lebensstil auf ihre Einkünfte als populäre Schauspielerin zurückführte.

Die Arbeit an einem Film ließ Chaplin gewöhnlich keine Zeit für sein Privatleben, doch als er *A Woman of Paris* drehte, war das anders, dank Pola Negris Einbruch in Hollywood. Durch ihre Verbindung mit dem Regisseur Ernst Lubitsch war ihre Leinwandkarriere in Deutschland erblüht. Lubitschs *Madame Dubarry* – für Amerika in *Passion* umbenannt – brachte ihr internationalen Ruhm und Angebote aus Hollywood ein. Paramount konnte sie gewinnen, und so traf sie im September 1922 ein, um mit der Arbeit zu beginnen. Umgehend informierte sie die Presse, daß sie darauf brenne, wieder mit »Sharlie« vereint zu werden, den sie im Jahr zuvor in Berlin flüchtig kennengelernt hatte. Die Negri erinnerte sich:

> Bei seinem ersten Besuch in Deutschland verbrachten wir vier herrliche Tage in Berlin.
>
> Ich war vollkommen gefesselt von seiner Heiterkeit, aber da er kaum drei Worte Deutsch konnte und ich damals kaum drei Worte Englisch, war unsere Unterhaltung ziemlich begrenzt. Ich glaube nicht einmal, daß wir an Liebe dachten.

Aber wenn ich jetzt auf unsre Begegnung zurückblicke, weiß ich, daß meine Liebe zu ihm an jenem schicksalshaften Abend im Palais Heinroth erwachte.[20]

Auch Chaplin gestand:

Es begann in Berlin, vor anderthalb Jahren. Bei mir war es Liebe auf den ersten Blick, und ich habe es ihr nur aus Schüchternheit nicht gestanden. Aber ich habe ihr gesagt, daß sie die allerschönste Frau ist, der ich jemals begegnet bin, und ich bin sicher, sie hat das Geheimnis meines Herzens erraten.

Aber fast ein Jahr lang waren wir durch einen Ozean getrennt – und ein Ozean ist ein schreckliches Hindernis für ein erfolgreiches Liebesverhältnis.[21]

Trotz derartig rührender Bekenntnisse brachte Chaplin es fertig, Pola während ihrer ersten Wochen in Hollywood zu meiden. Später erklärte er ritterlich: »Als sie in Hollywood eintraf, bin ich ihr absichtlich aus dem Weg gegangen, weil ich gespürt habe, daß es genauso kommen mußte, wie es dann auch tatsächlich kam. Ist es nicht merkwürdig, daß wir es instinktiv spüren, wenn das Schicksal im Begriff ist, uns einzuholen?«[22]

Die schicksalhafte Begegnung ließ sich schließlich nicht länger aufschieben. Sie fand im Oktober 1922 beim Actors' Fund Pageant im Hollywood Ball statt. Pola spielte Kleopatra, und Chaplin dirigierte das Orchester. Selbst hier noch muß er versucht haben, die Begegnung aufzuschieben, denn Pola wußte zu berichten:

Seltsamerweise verpaßten wir uns bei den Proben – erst bei der eigentlichen Vorführung sah ich ihn seinen Taktstock schwingen. Und als ich ihm entgegenging, blickte ich ihm in die Augen.

Und in dem Moment begriff ich, daß ich seit mehr als einem Jahr in ihn verliebt war – ohne es zu merken. Ich konnte es kaum erwarten, bis der Umzug zu Ende war und ich ihn endlich sprechen konnte. Und später gestand er mir, daß er zu genau derselben Zeit genau das gleiche empfunden hatte.

Natürlich trafen wir uns nach der Vorstellung. Am nächsten Tag besuchte er mich zu Hause, und seitdem sind wir unzertrennlich, es sei denn Arbeit oder gesellschaftliche Verpflichtungen hindern uns daran.

Wir verstehen uns großartig, und ich bin sicher, daß wir zusammen glücklich werden. Denn mein Charlie ist nicht nur der liebste Junge der Welt, sondern auch der klügste. Er ist ein Genie.[23]

Chaplin, dem kaum eine andere Wahl blieb, bestätigte Polas Geschichte:

> ... als ich Pola in ihrer ganzen strahlenden Schönheit sah, wie sie an jenem schicksalhaften Tag des großen Pageant auf mich zurauschte, konnte ich ihr nicht länger widerstehen. Etwas Unbeschreibliches wallte in meinem Innern auf. Ich fühlte mich wie ein Ertrinkender – und war doch erregt wie noch nie zuvor.
>
> Und alsbald gestand ich ihr meine Liebe, und zu meiner Freude und Überraschung erfuhr ich, daß Pola das gleiche für mich empfand.[24]

Von da an waren die beiden Stars unzertrennlich, und für die nächsten neun Monate sorgten Neuigkeiten und Gerüchte über das Auf und Ab der unsteten Romanze für Begeisterung bei den amerikanischen Zeitungslesern und brachten den armen Chaplin in Verlegenheit. Schon Ende November wollte die Presse von ihm die Bestätigung haben, daß sie heiraten wollten. »Ich kann nicht ja sagen«, erwiderte er ausweichend. »Jede Erklärung dieser Art muß notwendigerweise von ihr kommen. Ich kann auch nicht nein sagen. Bedenken Sie doch, in welche Lage sie das bringen würde.« Am 25. Januar 1923 verkündete Jesse Lasky im Namen der Paramount Studios, daß Polas Vertrag nichts enthalte, was einer Heirat mit Chaplin im Wege stünde. Er verschwieg, daß eine derartige Heirat für die Publicity des Stars ausnehmend vorteilhaft wäre. Drei Tage später, am 28. Januar, luden Chaplin und Pola die Presse in die Del Monte Lodge-Suite der Gräfin Domaska – Polas Titel, den sie durch eine Ehe erworben hatte, die gerade durch päpstlichen Sonderdispens geschieden worden war. Berichten zufolge sah Chaplin ziemlich krank aus, als er mit dem Zug eintraf, Pola hingegen wurde als »exquisit ... exotisch« geschildert. »Ihre Blässe, nur dem cremigzarten Blütenblatt der Kamelie vergleichbar, stand im scharfen Kontrast zu dem leuchtenden Scharlachrot ihrer Lippen. Glückseligkeit flammte in ihren ausdrucksvollen grüngrauen Augen. Sie trug ein schlichtes Kostüm aus schwarzem Samt, mit einem Einsatz aus alter Spitze und einem schwarzen Samtkäppchen.« Als die Presse in Polas Salon hereingelassen wurde, sah man sie an Chaplins Schulter geschmiegt. Er »wand sich« vor Verlegenheit und Verwirrung, wurde berichtet. Er brachte kaum ein Wort hervor, aber das wurde durch Polas Redseligkeit reichlich ausgeglichen:

> »Ich bin eine europäische Frau. Ich verstehe nicht die Bräuche, aber ich bin – wir sind – wie sagt man? – Mr. Chaplin und ich sind verlobt. Wir wollen heiraten.«
>
> Mit diesen zögernden und wohlklingenden Worten gab Pola zum ersten Mal offiziell die Verlobung bekannt.

Charlie errötete, schluckte sichtbar und bestätigte die Heiratspläne, nachdem Pola ihn leicht geschüttelt und gefragt hatte:

»Nicht wahr, Sharlie?«

›Sharlie‹ schluckte. Wie ein Bräutigam errötete er bis zu den grauen Schläfen. Er öffnete den Mund. Er war sprachlos. Wieder ein Schlucken.

»Ja«, war seine einzige historische Äußerung.

Dann vergrub Pola das Gesicht an seiner Schulter. ›Sharlies‹ Arm legte sich verstohlen und schützend um sie. Der wunderbare Diamant an Polas Ringfinger funkelte glücklich ...[25]

Pola redete immer weiter. Als die Presseleute Chaplin fragten, wann das glückliche Ereignis stattfinden sollte, verwies er sie an seine Verlobte:

Wir werden heiraten – wann, weiß ich nicht. Vielleicht wenn mein Vertrag färtig ist. Vielleicht vorher. Wir wissen das nicht und haben uns noch nicht entschieden ...

Wir sind schon lange Zeit verlobt, aber wir haben beschlossen, nix zu sagen. Wir denken, ist das unsere Sache, nicht die von der Welt. Aber die Leute von die Zeitung waren sooo hartnäckig, und weil wir den einen Tag zusammen haben wollten, ohne Verfolgung, haben wir beschlossen, Ihnen das zu sagen, damit Sie es jädermann erzählen können.[26]

Doch nach der Ankündigung grassierten Gerücht und Spekulation erst recht. Es wurde behauptet, daß das Paar tatsächlich ein Jahr zuvor in Europa geheiratet und Pola ein Telegramm mit ›Pola Negri Chaplin‹ unterschrieben hätte. Die Gerüchte wurden dementiert. Fünf Wochen später las jädermann, daß die Verlobung gelöst worden und Pola vor Gram gebrochen sei. Ursache war ein Zeitungsbericht, demzufolge Chaplin angeblich gesagt hatte, er sei »im Moment zu arm, um zu heiraten. Wir leben in einer Werktagswelt, und wir müssen alle arbeiten und Gefühlsausbrüche vermeiden« – das schien ziemlich eindeutig auf Pola anzuspielen. Pola konterte mit viel-fotografierten Tränen und der maschinengeschriebenen Erklärung, sie sei »zu arm, um Charles Chaplin zu heiraten, er braucht eine wohlhabende Frau«. Mündlich fügte sie hinzu: »Da waren tausend Dinge. Es war eine neue Erfahrung. Ich habe gelernt. Jetzt, ich werde nur für meine Arbeit leben. Und was bleibt noch zu sagen, die glücklichen Tage sind tot für mich. Alles ist aus.« Sechs Stunden später war wieder alles an. Chaplin bestritt, irgend etwas Derartiges gesagt zu haben, und fuhr zu Pola. Später, am frühen Morgen des 2. März, wußte Pola den Zeitungsleuten zu berichten, daß sie »zu glücklich zum Schlafen« sei, und daß Chaplin ihr gesagt habe, daß »er mich liebt und nicht leben kann ohne mich«.

Chaplin bestätigte seine Reumütigkeit in einem Interview mit Karl K. Kitchen, einem der besten Reporter Hollywoods. Seine Einschätzung von Polas zu erwartenden ehelichen Vorzügen und häuslichen Tugenden könnte, angesichts der vorhandenen Gegenbeweise, eine Spur übertrieben erscheinen. Seine Erklärung ist vor allem deswegen interessant, weil sie eine sehr realistische Sicht seiner eigenen Wünsche und potentiellen Mängel als Ehemann enthält:

> Ich wollte immer schon heiraten, ein richtiges Zuhause haben, mit Kindern. Das habe ich mir schon immer mehr als alles andere auf der Welt gewünscht. Und jahrelang habe ich gehofft, der richtigen Frau zu begegnen – einer verständnisvollen, liebevollen Frau, die Schönheit, Charme und Intelligenz in sich vereint.
>
> Bis ich Pola begegnete, war diese Idealfrau ein Traum. Heute ist sie Wirklichkeit.
>
> Ich kann meine Liebe für Pola verstehen, denn sie ist alles, was ich mir jemals erträumt habe. Aber warum sie mich liebt – das werde ich nie verstehen. Es mangelt mir an dem Aussehen, der körperlichen Kraft, die eine schöne Frau bewundert. Aber es ist vielleicht besser, wenn ich die Geschenke der Götter nicht hinterfrage.
>
> Das Leben mit mir als Ehemann wird schwierig sein – denn wenn ich arbeite, dann widme ich mich meiner Aufgabe mit Haut und Haar. Meine Frau wird viel Verständnis aufbringen müssen – viel Einfühlungsvermögen. Und meine Frau muß mir vertrauen – man muß sich gegenseitig vertrauen, es darf auf beiden Seiten kein Mißtrauen geben, sonst kann man nicht glücklich werden. Verständnis ist das A und O in der Ehe. Und genau das haben Pola und ich gemein.[27]

Chaplins Einschätzung der Erfordernisse und Schwierigkeiten der Ehe kann ideal auf seine letzte und über die Maßen erfolgreiche Verbindung bezogen werden. Es ist jedoch faszinierend, daß er seine Vorstellungen ausgerechnet zu diesem Zeitpunkt seines Lebens geäußert hat, und seltsam, daß er sie ausgerechnet auf Pola bezog, die wohl nicht zur Ehefrau geboren war, wie Chaplin im Verlauf der nächsten Monate erkennen sollte.

Die Marina Varga-Affäre verursachte die nächste Störung ihres Verhältnisses. Marina war eine etwas verwirrte junge Mexikanerin, die den Wunsch hatte, zum Film zu kommen, und an einer abgöttischen Verehrung für Chaplin litt. Nachdem sie in Vera Cruz ihrem Mann weggelaufen war und die Grenze ohne Papiere und als Junge verkleidet überquert hatte, tauchte sie im Studio auf und wurde von Kono weggeschickt. Doch noch in derselben Nacht schaffte sie es irgendwie, in Chaplins Schlafzimmer zu gelangen und nicht nur in sein Bett, sondern auch noch in seinen Pyjama zu schlüpfen. Sie wurde von Kono entdeckt, während Chaplin und Pola unten mit Chaplins Freunden und

Nachbarn, Dr. Reynolds und seiner Frau, dinierten. (Dr. Reynolds war ein guter Unterhalter, ein schwacher Amateurschauspieler und Gehirnchirurg. Es war ein stehender Witz, daß es in Hollywood nicht viel Material gab, an dem er seine beruflichen Fähigkeiten unter Beweis stellen konnte.) Kono überredete Marina, sich anzuziehen, und versprach ihr, daß Chaplin dann mit ihr reden würde. Nachdem Chaplin unter den unfreundlichen Blicken Polas gütlich mit ihr geredet hatte, konnte man Marina dazu bewegen, das Haus zu verlassen.

Am nächsten Tag wurde Marina wieder in der Nähe von Chaplins Grundstück gesichtet. Ihrem eigenen Bericht zufolge verlor sie nun die Hoffnung, ihr Idol für sich zu gewinnen, ging zu einem Drugstore, verlangte Arsen und schluckte alles, was der Verkäufer ihr gegeben hatte. Dann schleppte sie sich zu Chaplins Garten, um sich dort niederzulegen und zu sterben, nachdem sie zuvor noch eine Opfergabe Rosen um die Eingangsstufen verstreut hatte. Sie wurde entdeckt und in ein Wäschezimmer gebracht, wo Dr. Reynolds sie untersuchte und zu dem Schluß kam, daß ihr erbärmlicher Zustand eher auf Hysterie als auf Gift zurückzuführen sei. Chaplin und Pola begegneten ihr also ein zweites Mal. Doch diesmal kam es zwischen Chaplins rivalisierenden Verehrerinnen, der impulsiven Mexikanerin und der temperamentvollen Polin, zum Streit. Er wurde bald derartig heftig, daß Chaplin (so wurde berichtet) sie mit einem Eimer kaltem Wasser abkühlen mußte. Marina wurde ins Krankenhaus gebracht, wo die Ärzte keinerlei Vergiftungssymptome feststellen konnten. Eine Untersuchung ihres Gepäcks im Alexandria Hotel, wo sie wohnte, ergab, daß sie wenig mehr dabei hatte, als die Kopien von Telegrammen an den mexikanischen Kriegsminister und den Generalinspektor der Polizei, in denen um finanzielle Unterstützung gebeten wurde. Nach ihrer Entlassung aus dem Krankenhaus ging Marina schnurstracks zu den Büros des *Los Angeles Examiner*, wo sie bereitwillig für Fotos posierte. Sie wurde tags darauf mit Schlagzeilen auf der ersten Seite belohnt: »MÄDCHEN SUCHT LIEBESTOD IN CHARLIE CHAPLINS HAUS.«

Pola war höchst verärgert über die ganze Geschichte. Es gab eindeutig auch andere Risse in der Harmonie. Wie Rodney Ackland später schrieb, war sie »von einer blinden und unkritischen Bewunderung für ihr eigenes Genie besessen, in deren Glut sich ihr Humor verflüchtigte wie ein Tautropfen auf einer Millionen-Watt-Bogenlampe«. Doch Chaplins Humor war nicht unterzukriegen. Menjou, ein im allgemeinen verläßlicher Zeuge, beschrieb einen Vorfall, der der Romanze angesichts der beteiligten Temperamente nicht förderlich gewesen sein konnte. Bei einer Party wurde Pola von einer vorübergehenden Anwandlung überwältigt und fiel dezent in Ohnmacht. Sämtliche Gäste rannten nach Wasser, um sie wiederzubeleben, doch Chaplin, der nicht gewillt war, sich an die Wand spielen zu lassen, sank auf dem Kaminvorleger nieder und fiel in aller Ruhe neben ihr in Ohnmacht. Pola, die rasch wieder zu sich kam, war darüber gar nicht erfreut.

Am 28. Juli wurde die Komödie offiziell für beendet erklärt. Ein paar Abende zuvor hatten Chaplin und Pola bei der Wiedereröffnung der Ambassador's Coconut Grove an getrennten Tischen gesessen. Er befand sich in Begleitung der jungen Schauspielerin Leonore Ulrich; sie erschien in Begleitung des Tennisstars William Tilden. Sie ignorierten sich gegenseitig. Der getreue *Examiner* interviewte Pola:

»Vor fünf Wochen habe ich verstanden, daß es unmöglich war. Er ist ein reizender Bursche. Wir sind immer noch Freunde. Wir grüßen uns, aber ich weiß jetzt sicher, daß ich ihn niemals heiraten könnte – er ist zu temperamentvoll – so wechselhaft wie der Wind – er dramatisiert alles – er experimentiert mit Liebe.

Ich bin der Meinung, Mr. Chaplin sollte nie heiraten. Er ist überhaupt nicht für die Ehe geeignet. Ich bin froh, daß es vorbei ist, weil es Unruhe in mein Leben und meine Arbeit gebracht hat. Ich habe hohe Ziele, und ich bin sicher, daß ich als Mrs. Chaplin keine große Schauspielerin sein könnte.

Ich bin froh, daß es vorbei ist, und ich habe gelernt, von der Erfahrung.«

Hier zog sie einen Schlußstrich unter Mr. Chaplin, ihren einstigen ›Sharlie‹, und konzentrierte sich auf einen Pfirsich. Es erfordert perfekte Selbstkontrolle, wenn sich eine Schauspielerin vollgeschminkt an den Verzehr eines saftigen Pfirsichs macht, aber sie tat es mit Grazie. Schauspielerinnen, vor allem europäische, sind großartige zweihändige Esserinnen, aber auch darin sticht Pola alle aus. Sie wird mit einem Pfirsich genauso gut fertig wie mit Charlie Chaplin.

Für die Zeitungen und ihre Leser war die Romanze zwischen Chaplin und der Negri eine köstliche Farce gewesen. Die Erklärungen der Hauptakteure scheinen allerdings gelegentlich aufrichtiges Gefühl und aufrichtigen Schmerz anzudeuten. Es läßt sich heute nicht mehr feststellen, wieviel Liebe zwischen diesen beiden außergewöhnlichen und gewiß unversöhnlichen Naturen im Spiel war. Schließlich waren sie der König der Komödie und die Königin der Tragödie. In späteren Jahren gefielen sich beide Monarchen darin, ihre eigene Rolle in der Affäre herunterzuspielen. Die Negri behauptet in ihren Memoiren, daß Chaplin der hartnäckige Teil gewesen sei: Sie fand ihn eigentlich nicht sehr anziehend, obwohl sie gern mit ihm plauderte. Chaplin zufolge hatte die

Presseabteilung von Paramount das größte Interesse an der Verbindung. Man hatte ihn gedrängt, Pola zu heiraten, weil eine durch aufgelöste Verlobungen verursachte schlechte Presse der Investition der Firma in den Star schaden mußte. Chaplin erwiderte trocken, daß er keinen Grund sehe, Pola zu heiraten, da er keine Paramount-Aktien besäße. Polas spätere Heirat mit Prinz Serge Mdivani war eines der großen gesellschaftlichen Ereignisse im Hollywood der zwanziger Jahre. In den dreißigern kehrte sie nach Europa zurück, doch 1943 war sie wieder in den Vereinigten Staaten. Nachdem sie sich in San Antonio in Texas zur Ruhe gesetzt hatte, war sie nur noch einmal auf der Leinwand zu sehen, in Walt Disneys *The Moonspinners* (1964).

Die schillernde und komische Negri-Affäre war eine einzigartige Episode in Chaplins Leben. Es war das einzige Mal, daß er freiwillig ein Verhältnis unterhielt, das die Aufmerksamkeit der Öffentlichkeit auf sein Privatleben lenkte, was er gewöhnlich verabscheute; und es war auch das einzige Mal in seiner Karriere, daß er sich gleichzeitig von der Produktion eines Films und von den Verwicklungen einer dramatischen Liebesaffäre in Anspruch nehmen ließ. Da sich Chaplin in dieser Zeit ohne Frage sehr ernsthaft und konzentriert mit *A Woman of Paris* befaßte, liegt eine reizvolle Erklärung nahe, weshalb Chaplin sich so bereitwillig von Pola ablenken ließ. Möglicherweise war es gar keine Ablenkung. Ob Chaplin sich nun dessen bewußt war oder nicht, Pola mag dazu gedient haben, die Atmosphäre »europäischen« Raffinements beizusteuern, die er für seinen Film benötigte, die er auch darin verwirklichte und die ihm Peggy Hopkins Joyce, das Mädchen vom Lande, nicht liefern konnte. Es wäre nicht das einzige Mal, daß ein Künstler Romanze und Recherche kombinierte oder durcheinanderbrachte.

Während ihres Verhältnisses hatte Pola sich eingehend für die Bauarbeiten an Chaplins neuem Haus im Summit Drive interessiert, zweifellos schon den Tag vor Augen, an dem sie dessen Herrin sein würde. Chaplin hatte dem Drängen von Douglas Fairbanks und Mary Pickford schließlich nachgegeben, nach acht Jahren Wohnen in Hotels und gemieteten Häusern endlich ein festes Heim für sich zu bauen. Das Grundstück, das er mit ihrer Hilfe auswählte, war ein 6,5 Morgen großes Gelände am Hang unmittelbar unterhalb von Pickfair. Unter seinem wiederum lag Harold Lloyds Haus. Neben diesen Palästen nahm sich Chaplins Vierzehn-Zimmer-Haus relativ bescheiden aus, doch hatte man von dort genau wie von den andern beiden Häusern einen schönen Blick auf den Pazifik, und an klaren Tagen war Catalina Island gerade noch zu erkennen. An der unteren Seite des Grundstücks fiel der Rasen zu einem Ten-

POLA DROPS "SHARLIE"

Tennis Champion Ace-High Now

Celebrated Actress Asserts Chaplin "Got the Gate" Five Weeks Ago

She Still Says "Hello" to Him, but Thinks He's Too Temperamental

BY H. B. K. WILLIS

The king is dead! Long live the king!

The tennis racket has supplanted the mask of comedy as the omen of domestic bliss in Pola Negri's demesne. Yesterday the gorgeous tragedy queen, with a laugh on her lips, admitted that Charlie Chaplin, clowndom's king, received his conge five weeks ago, thus ending the match which has kept kings and caddies on the qui vive for almost a year.

nisplatz und einem Swimming-Pool ab. Hinter dem Haus waren die grünen Hänge der Santa Monica Mountains. Pola leistete einen bleibenden Beitrag, indem sie die Bepflanzung mit Tanne, Zeder, Kiefer, Fichte und Schierlingstanne an drei Seiten des Hauses überwachte. Heute verstecken diese Bäume, ein Denkmal für eine längst vergangene und kurzlebige Hollywood-Sensation, das Haus von der Straße.

Polas Interesse war dazu angetan, den Bau des Hauses etwas schwierig zu gestalten. Chaplin hatte es selbst entworfen, in einem Stil, den er scherzhaft als »kalifornische Gotik« bezeichnete. Er hatte ursprünglich riesige Fenster geplant, die auf den Ozean hinaussehen sollten, aber Pola überredete ihn, sie zu verkleinern. Nachdem Polas Herrschaft beendet war, überredete Mary Pickford ihn, zu den großen Fenstern zurückzukehren.

Drinnen erstreckte sich eine große Empfangshalle über die ganze Länge und Höhe des Hauses, mit einer Balkonbalustrade in Höhe des ersten Stocks. In einem hoch gewölbten Vestibül links von der Halle installierte Chaplin eine riesige Pfeifenorgel. Das Vestibül diente auch als Vorführraum, mit einer Leinwand, die vor der Orgel heruntergelassen werden konnte. Jenseits der Halle lag das Wohnzimmer, das hinten auf terrassenartig angelegte Rasenflächen hinausging, bevor in der Ecke des Hauses ein Arbeitszimmer angebaut wurde. In den zwanziger Jahren war das Wohnzimmer ein gemütlicher Raum, vollgestopft mit Büchern und Erinnerungsstücken, und es enthielt eine ziemlich bunt zusammengewürfelte Sammlung von Möbelstücken, meist im englischen Stil, die Chaplin in seinen vorigen Domizilen im Laufe der Zeit erworben hatte. Es gab einen offenen Kamin, einen Steinway-Konzertflügel und, wie Charles Chaplin junior sich später erinnerte, »dicht daneben war das große Webster-Wörterbuch, das Papa so oft zu Rate zog, und der Tisch, den er benutzte, wenn er unten gearbeitet hat«. Gegenüber war das Eßzimmer, das auch auf den Rasen hinausging und das seinem Entwurf nach größere Zugeständnisse an Modernität und Design machte. Dahinter lagen die Küche und die Personalräume.

Die Treppe war vorne in der Halle. Wie Charles Chaplin junior sich erinnerte, stand einige Jahre später ein orientalischer Gong in der Biegung. »Zwischen Papa und diesem Gong schien ein geheimes enges Verhältnis zu bestehen. Wenn er manchmal tief in Gedanken versunken daran vorbeiging, drehte er sich um und tippte ihn leicht mit dem Finger an und wartete dann still darauf, daß der gedämpfte Ton sanft zu ihm zurückkam, gewissermaßen als Antwort auf irgendeine Frage, die er gestellt hatte.«

Oben waren drei Schlafzimmer, jedes mit einem eigenen Bad. Chaplins Sohn erinnerte sich, daß es im Badezimmer seines Vaters immer »stark nach Mitsouko roch. Das Lieblings-Eau-de-Cologne meines Vaters.« (Das war in den dreißiger Jahren. Offenbar benutzte Chaplin das Parfüm bereits 1922, da es eine von Peggy Hopkins Joyces lästigen Marotten war, zur Zeit ihrer Freundschaft mit Chaplin sein Mitsouko in dem Haus im Beechwood-Drive zu versprühen, um die Luft zu verbessern. Kono war empört, sowohl über die Extravaganz als auch über die Flecken auf den Polstern.) Sein Schlafzimmer war ein großer heller Raum mit einem schönen Kamin, der nie benutzt wurde. Es war einfach möbliert mit einem Schreibtisch und einem Stuhl, einem Doppelbett und Nachttischen und einem weiteren Webster-Wörterbuch. Wie abgenutzt und unansehnlich der Perser-Bettvorleger auf dem Boden mit der Zeit auch wurde, Chaplin trennte sich nie von ihm, denn er war überzeugt, daß er ihm Glück brachte.

> Mein Vater schlief gewöhnlich in dem Bett auf der Fensterseite. Ich entsinne mich an die billigen Krimihefte, die immer neben seinem Bett aufgestapelt waren. Mein Vater mochte zu seiner Erbauung Spengler, Schopenhauer und Kant lesen, aber zur reinen Entspannung bevorzugte er Mordgeschichten. Erschöpft nach einem harten Arbeitstag las er sie gern im Bett, denn dabei schlief er immer ein.
>
> In der Nachttischschublade neben seinem Bett bewahrte mein Vater eine Automatik Kaliber 38 mit Munition auf. Er zeigte sie Syd und mir manchmal, aber wir haben ihn nie damit schießen sehen.[28]

Zwei weitere Dinge im Schlafzimmer ihres Vaters erfreuten und faszinierten seine Söhne in ihrer Jugend. Das eine war die kleine Kammer, die vom Schlafzimmer abging und in der sich die Orgelpfeifen befanden. »Es kostete viel Arbeit, sie alle da unterzubringen. Viel Arbeit«, erklärte Chaplin ihnen immer stolz. Das andere war ein starkes Fernrohr, das er installiert hatte, um den Himmel zu beobachten. Seinen Söhnen fiel jedoch auf, daß ihn viel mehr interessierte, was unten auf der Erde vor sich ging. Es läßt sich schwer sagen, ob er das genaue Beobachten, das er als Kind von Hannah gelernt hatte, wenn sie auf die Straßen von Kennington hinausgeblickt hatte, bewußt weitergeben wollte, wenn er das Fernrohr auf irgendeinen weitentfernten Fußgänger richtete und zu seinen Söhnen sagte: »Seht ihr diesen Mann da? Er kommt sicher gerade von der Arbeit nach Hause. Seht euch seinen Gang an, so langsam, so müde. Sein Kopf ist gesenkt. Irgendwas geht ihm durch den Kopf. Was mag es wohl sein?«[29]

10

Goldrausch

Chaplin nahm nun den Film in Angriff, mit dem er sich, wie er oft sagte, am liebsten unvergeßlich machen wollte, und er ließ sich auf eine Ehe ein, die er zeit seines Lebens vergebens zu vergessen suchte. Den Moment, in dem ihm die Inspiration für *The Gold Rush* [Goldrausch] gekommen war, behielt Chaplin deutlich im Gedächtnis. Eines Sonntagsmorgens im September oder Oktober 1923 hatten Douglas Fairbanks und Mary Pickford ihn zum Frühstück eingeladen. Als seine Partner bei United Artists warteten sie ungeduldig darauf, daß er mit seinem nächsten Film begann. Nach dem Frühstück sah er sich stereoskopische Aufnahmen an und war vor allem von einer fasziniert, die eine endlose Reihe von Goldgräbern aus der Zeit des Klondike-Goldrauschs von 1898 zeigten, wie sie sich den Chilkoot Paß hinaufquälten. Der Bildtext auf der Rückseite beschrieb die Entbehrungen, die die Männer auf ihrer Suche nach Gold erleiden mußten.

Seine Phantasie wurde zusätzlich durch die Lektüre eines Buches angeregt, in dem das Unheil geschildert wurde, das einen Trupp von Einwanderern – 29 Männer, 18 Frauen und 43 Kinder – auf seinem Treck nach Kalifornien im Jahre 1846 heimgesucht hatte. Unter ihrem Anführer George Donner widerfuhr den Leuten ein Mißgeschick nach dem andern, bis sie schließlich in die Sierra Nevada gerieten und vom Schnee eingeschlossen wurden. Von einer Gruppe von zehn Männern und fünf Frauen, die sich aufmachte, um auf der Suche nach Hilfe die Berge zu überqueren, starben acht Männer. Die übrigen überlebten, indem sie deren Leichen verzehrten. Bevor die im Lager Zurückgebliebenen gerettet werden konnten, waren auch dort viele gestorben; die Überlebenden waren dazu übergegangen, die Leichen ihrer Gefährten zu essen sowie Hunde, Kuhhäute und angeblich ihre eigenen Mokassins.

Aus diesem unwahrscheinlichen Material schuf Chaplin eine der größten Leinwand-Komödien. »Es ist paradox«, schrieb er, »daß Tragödie den Geist des Spottes stimuliert... Spott ist wahrscheinlich eine Trotzhaltung. Angesichts unserer Hilflosigkeit gegenüber den Kräften der Natur müssen wir lachen – oder verrückt werden.«[1] Obwohl er wie üblich ohne konventionelles Skript arbeitete und im Verlauf der Dreharbeiten neue Episoden improvisierte und entwickelte, scheint Chaplin eine viel klarere Vorstellung von der endgültigen Story-Line gehabt zu haben als zu Anfang der meisten seiner vorherigen Filme. Er arbeitete rasch an dem ersten Entwurf der Story, und am 3. Dezember 1923 – nur zwei Monate nach der Premiere von *A Woman of Paris* – konnte er »ein Stück in zwei Akten« mit dem provisorischen Titel *The Lucky Strike* fürs Copyright hinterlegen.

Den ganzen Dezember und Januar hindurch trieb Chaplin im Studio die Aktivitäten zur Vorbereitung der »northern story« voran, wie das Projekt jetzt hieß. Chaplin spielte weiter mit dem Szenario herum, während seine Assistenten – Eddie Sutherland, Henri d'Abbadie d'Arrast und Chuck Riesner sowie der unverzichtbare Henry Bergman – Hintergrundinformationen über Alaska zusammenstellten. Inzwischen wurden Requisiten und Kostüme vorbereitet; Hundeschlitten und Pelzmäntel waren im südlichen Kalifornien nicht leicht zu bekommen. Danny Halls Team baute fieberhaft die aufwendigen Kulissen, die für die Eröffnungsszenen des Films benötigt wurden. Chaplin verlangte einen riesigen malerischen Rundhorizont, bestehend aus einem Berghintergrund mit einem »Schneefeld« aus Salz und Mehl davor. Hall baute auch die Goldgräberhütte, die auf einer schwenkbaren Wippe installiert wurde, die für die Szene, in der die Hütte an den Rand des Abgrunds rutscht und mit jeder Bewegung der Männer in ihrem Innern gefährlich schwankt, durch ein komplexes Flaschenzug-System betrieben werden konnte. An den Kameras waren wie üblich Rollie Totheroh und Jack Wilson.

Als erster Schauspieler wurde Fred Karno junior engagiert. Die einzigen Schauspieler mit einem Dauervertrag waren Henry Bergman und Edna, aber es wurde bald klar, daß Edna nicht mehr als Chaplins Hauptdarstellerin in Frage kam. Schon vor *A Woman of Paris* hatte Chaplin bemerkt, daß sie für komische Rollen zu matronenhaft geworden war. Durch ihre Trinkerei war ihr Körperumfang unberechenbar und ihre schauspielerische Leistung unzuverlässig geworden. Josef von Sternberg, der einige Jahre später ihren letzten amerikanischen Film drehte, sagte, daß »sie immer noch entzücken konnte, obwohl sie seit einigen Jahren nicht mehr auf der Leinwand gespielt hatte, doch war sie unglaublich unsicher und nicht mehr in der Lage, selbst die einfachsten Szenen ohne größte Schwierigkeiten zu spielen«. Außerdem wurde Edna, gerade als die Arbeiten an *The Gold Rush* begannen, in einen jener

Skandale verwickelt, die Hollywoods glanzvollste Jahre wie Alpträume überschatteten.

Zufälligerweise war auch Chaplins frühere Hauptdarstellerin, die unglückliche Mabel Normand, in den Skandal verwickelt. Der Vorfall wurde nie gänzlich aufgeklärt. Am Neujahrstag 1924 war Edna zu Gast bei Courtland Dines, einem Ölmagnaten. Sie verbrachte den Tag in seinem Apartment. Am Nachmittag kam Mabel Normand dazu, und einige Zeit später erschien Mabels Chauffeur, anscheinend um sie nach Hause zu fahren. Es kam zu einem Streit zwischen Dines und dem Chauffeur, der einen Revolver zog, der Mabel gehörte, und schoß. Dines wurde nicht getötet, aber Ednas Ruf war dahin. Alle Beteiligten gaben vor, sich an nichts erinnern zu können. Dines, der im fraglichen Moment nur mit einem Unterhemd und einem knielangen seidenen Morgenmantel bekleidet war, gab an, daß er den ganzen Tag und die ganze Nacht getrunken habe. Nach einer Reihe von ergebnislosen Gerichtsanhörungen wurde *A Woman of Paris* in mehreren Städten verboten, und Edna zog sich vom Rampenlicht in ihr kleines Apartment am Stadtrand zurück.

Obgleich kein tiefes emotionales Verhältnis mehr zwischen den beiden bestand, bewahrte sich Chaplin seine Zuneigung für Edna und seine Sorge um ihre Karriere. Mit Sicherheit war er zu loyal, zu ritterlich und verachtete den Hollywood-Klatsch zu sehr, um zuzulassen, daß der Skandal seine Entscheidung, sie nicht im Film einzusetzen, beeinflußte. Aber der Vorfall kann für Ednas schwindendes Selbstbewußtsein und ihre nachlassenden Fähigkeiten nicht gerade förderlich gewesen sein. Als bekanntgegeben wurde, daß er eine neue Hauptdarstellerin suchte, betonte Chaplin in seinen Presseerklärungen, daß an den Gerüchten, daß Edna nicht mehr zum Studio gehöre, nichts Wahres sei und daß es keine tiefere Bedeutung habe, daß sie auf der Besetzungsliste für *The Gold Rush* fehlte. »Miss Purviance ist nach wie vor unter Vertrag und erhält ihre wöchentliche Gage, als wäre sie aktiv an der Produktion beteiligt... Miss Purviance wird wieder unter dem Chaplin-Banner auftreten, in einer dramatischen Produktion unter der Leitung von Charles Spencer Chaplin.«

Chaplin mußte nun einen Ersatz für seine Hauptdarstellerin suchen. Die Neuigkeit kam Lillita McMurray zu Ohren, dem Engel der Versuchung in *The Kid*. Lillita war jetzt fünfzehn Jahre und neun Monate alt. Am Samstag, den 3. Februar 1924 erschien sie im Studio-Empfangsbüro, in Begleitung ihrer besten Freundin, Merna Kennedy, die fünf Monate jünger war, aber als Kindertänzerin bei Vaudeville-Tourneen ein gerüttelt Maß an Weltkenntnis erworben hatte. Sie fragten nach Chuck Riesner, der ein Nachbar der McMurrays gewesen war, und Riesner erlaubte ihnen, Chaplin bei der Arbeit zuzusehen. Er war gerade dabei, Probeaufnahmen von sich und Mack Swain in der schwankenden Hütte zu machen. Lillita sorgte zweifellos dafür, daß Chaplin sie bemerkte, und er war von ihrer Erscheinung beeindruckt: Seit ihr erster Einjahresvertrag mit dem Studio ausgelaufen war, hatte sie sich merklich entwickelt. Er lud sie zu Probeaufnahmen ein, die Alf Reeves irgendwann im Verlauf der folgenden vier Wochen arrangierte.

Nachdem die Probeaufnahmen mit der abrutschenden Hütte und den Windmaschinen, die den Sturmeffekt liefern sollten, zu seiner Zufriedenheit verlaufen waren, begann Chaplin am 8. Februar mit den Dreharbeiten für *The Gold Rush*. Zunächst wurde gedreht, wie der in der weißen Einöde verlorene Chaplin zufällig in die Hütte gerät, von dem bösen Black Larson bedroht wird, es aber nicht schafft, Larsons Befehl zu gehorchen, die Hütte zu verlassen, da der Sturm ihn ständig wieder hereinbläst. Larson wurde mit großer Energie von Tom Murray gespielt, einem Vaudeville-Künstler, der lange Zeit als Mohr mit der Gesangs- und Tanznummer ›Gillihan and Murray‹ durch die englischsprachigen Lande gezogen war. Als die Szenen abgeschlossen und geschnitten waren, traf Chaplin die Vorbereitungen für die Aufklärungsexpedition nach Truckee, in die Nähe des Donner Passes, wo die Außenaufnahmen gedreht werden sollten. Er nahm Riesner, Totheroh und Hall mit.

Truckee liegt am Lake Tahoe hoch oben in der Sierra Nevada, fast vierhundert Meilen nördlich von Hollywood und etwas über zwanzig Meilen von Reno entfernt. Zu jener Zeit hatte es lediglich ein Hotel vorzuweisen, von kümmerlicher Bescheidenheit – Lita Grey bemerkte, daß zu der Ausstattung des Zimmers, das sie später dort mit ihrer Mutter teilte, ein Nachttopf und drei Spucknäpfe gehörten. Es herrschte dort ein bitterkaltes winterliches Klima, und Chaplin konnte sich darauf verlassen, daß bis Ende April so viel Schnee vorhanden war, wie er benötigte.

Chaplin und sein Aufklärungstrupp blieben vom 20. bis zum 24. Februar in Truckee. Als sie in der Woche danach zum Studio zurückkehrten, gab es einen Neuzugang bei der Besetzung: ein großer schlanker Braunbär, begleitet von seinem Wärter Bud White. Das Studio ähnelte immer mehr einer Menagerie, als einige Tage später ein Mr. Niemayer mit zehn Schlittenhunden engagiert wurde. Der Bär hatte die Ehre, zwei Szenen mit Chaplin spielen zu dürfen. In der Eröffnungssequenz des Films tappt er auf leisen Sohlen hinter Chaplin her, der ahnungslos auf einem gefährlichen Wege am Rande des Abgrunds entlanggeht. In der Hüttenszene ringt Charlie, dessen Kopf sich in einer Decke verfangen hat, mit dem Bär, in der Annahme, es handele sich um den großen Mack Swain in seinem Bärenfellmantel.

Mittlerweile hatte Chaplin Lillita McMurrays Probeaufnahmen mehrere Male durchlaufen lassen. Rollie Totheroh und Jim Tully – der zur Mitarbeit am Skript und für die Öffentlichkeitsarbeit engagiert war – wagten es, ihr Entsetzen zum Ausdruck zu bringen. Lita war ein breitknochiges, grobschlächtiges Mädchen – fröhlich vielleicht, aber kaum vor Lebendigkeit sprühend. Chaplin mißachtete das negative Urteil seiner Kollegen, und am 2. März unterschrieb Lillita McMurray einen Vertrag, demzufolge sie für 75 $ die Woche als Hauptdarstellerin in *The Gold Rush* spielen sollte. Es wurde vereinbart, daß sie sich den Künstlernamen Lita Grey zulegte. Ungeachtet seiner Bedenken bezüglich ihres Talents leistete Tully wackere Arbeit für die Presse. In den folgenden Wochen wurden die amerikanischen Zeitungsleser am laufenden Band mit Litas leichtem Silberblick und übertriebenen Geschichten von ihrer Schönheit, ihrem Talent, ihrer Unschuld und ihrem adligen Blut verwöhnt:

> Ihr Talent [so ein typisches Beispiel im blumigen Prosastil der damaligen Boulevardpresse] ist im Begriffe, sich zu entwickeln. Doch Chaplin meint, daß sie das gewisse Etwas habe und unter entsprechender Anleitung ein außergewöhnliches Talent entfalten wird. Über Lita persönlich gibt es wenig zu sagen, denn sie weiß viel weniger vom Leben als die meisten tollen, überdrehten jungen Dinger von heute.
>
> Keine Liebesaffären haben jemals ihren Herzschlag beschleunigt, ihre Wangen erröten lassen. Sie himmelt Chaplin an, aber eher wie ein kleines Mädchen einen sehr viel älteren Mann, der ihr eine große Güte erwiesen hat. Am liebsten liest sie Liebesgeschichten – und die glänzenden Taten vergangener Helden, die über die Seiten ihrer Geschichtsbücher schreiten.
>
> Man spürt, daß etwas in ihr erwacht ist, als schwele eine Glut hinter ihren großen braunen Augen, als lauere sie auf ihren sanft geschwungenen Lippen. Sie wirkt verhalten, als ob ihr schweres spanisches Blut ihr Feuer eindämme, bis eine Gefühlsregung es jäh entfachen wird und sie, so dünkt es einen, zu ihrer ganzen Schönheit auflodern läßt. Selbst beim Sport – Schwimmen, Reiten, Tennis – gibt sie sich gelassen, bis dieser ihr innewohnende dominante Zug durch ihre Trägheit hindurch spürbar wird und ihr eine belebende Grazie verleiht.
>
> Als wohnten zwei Kräfte in ihrer Brust – die träge Ruhe ihres spanischen Blutes, die verträumte, sonnendurchflutete Tage geruhsamer Schönheit heraufbeschwört, und eine Vitalität, die unter ihrer Gelassenheit bebt. Vielleicht ist es der Geist jener kühnen Dons, die um des Ruhms des Eroberns willen den Gefahren der Neuen

Welt trotzten, vielleicht auch nur moderne weibliche Unabhängigkeit, die da unter der ruhigen elfenbeinernen Schönheit gärt. Wo immer der Ursprung auch zu suchen sein mag, ich sehe den Tag der Offenbarung kommen, an dem sie sich als eine einzigartige Persönlichkeit der Leinwand behaupten wird.

Sie träumt, während ihre Fähigkeiten noch nicht voll erweckt sind. Wenn sie von der Zukunft spricht, heben ihre Augen an zu leuchten, und Feuer liegt in ihrer Tiefe, und ihre Gedanken und Gefühle beleben ihr blasses Gesicht. Sie hat eine reizende Stimme mit einem weichen, melodiösen Tonfall; sie steigt an, wenn ihr Interesse sich entflammt, vibriert unter ihren Äußerungen ...[2]

Es heißt, daß Lillita bei der Unterzeichnung des Vertrags auf und ab hüpfte, in die Hände klatschte und »Prima, prima« rief. Die Betrachtungen eines anderen Journalisten, Jack Junsmeyer, enthüllen etwas mehr.

In den vier Jahren nach ihrem einzigen [*sic*] Auftritt im Film in *The Kid* hatte sie Unterricht im Tanz und in den schönen Künsten, ergänzt durch eine Berufsschulausbildung und Schauspieltraining.

»Ich habe an meinem Ehrgeiz festgehalten, zum Film zu gehen«, sagte Miss Grey, »aber ich wollte mit keinem andern arbeiten als mit Mr. Chaplin. Meine Geduld ist belohnt worden.«

Bei ihrem ersten Interview im Chaplin-Studio entpuppte sich die neue Hauptdarstellerin als ein seltsam schüchternes, zurückhaltendes und keineswegs gesprächiges Mädchen. Sie wirkte phlegmatisch.

Doch einige Minuten später vollzog sich bei der jungen Dame eine bemerkenswerte Verwandlung: In Gegenwart von Chaplin, der gerade dabei ist, seine Goldrauschkomödie aus Alaska zu drehen, erblühte sie zu voller Lebendigkeit. Sie wurde elektrisierend.

Man konnte beobachten, daß Chaplin starke professionelle Macht über seinen neuen Schützling besitzt – diesen fast hypnotischen Einfluß, den die größeren Regisseure auf empfindsame Spieler vor der Kamera ausüben.[3]

In jedem Zeitungsbericht wurde Litas Alter mit neunzehn angegeben. Die Presseabteilung des Studios hielt es eindeutig für ratsamer, nicht publik zu machen, daß man eine Minderjährige als Star des Films engagiert hatte. Lita war entsprechend gut entwickelt, so daß der Betrug nicht auffiel.

Während ihrer ersten zwei Wochen im Studio war Lita ausschließlich mit Zusehen beschäftigt. Chaplin begann jetzt mit seinen Szenen in der Hütte mit Mack Swain als Big Jim McKay. Die beiden Männer sind eingeschneit und leiden Hunger. Jim hat es schlimm erwischt, er greift sich im alten Melodramstil an den Kopf und deklamiert »Essen! Ich brauche was zu essen!« Charlie kocht mit dem Flair eines Brillat-Savarin seinen Schuh, der dann aber eine höchst unbefriedigende Mahlzeit abgibt, und Big Jim, der vor Hunger bereits an Halluzinationen leidet, sieht Charlie als fettes Huhn und verspeist ihn fast. Für die Szenen, in denen der Schuh gekocht und gegessen wird, wurden drei Drehtage und dreiundsechzig Takes benötigt. Wie üblich war Chaplin während dieser Zeit unablässig damit beschäftigt, seine Nummer zu verfeinern und auszubauen. Zum Beispiel kam er erst am Nachmittag des dritten Drehtages auf zwei seiner denkwürdigsten Transpositions-Gags. Anmutig, wie Charlie mit der Schuhsohle umgeht – er hat Big Jim gütigerweise das zartere Oberteil überlassen –, verwandelt sie sich in ein Filet. Und als er dann auf einen krummen Nagel stößt, hakt er ihn in seinen kleinen Finger ein und fordert Jim auf, mit ihm zu brechen, als handele es sich um einen Wunschknochen. Schuh und Schnürsenkel, die in der Szene verwendet wurden, waren aus Lakritze, und es wird berichtet, daß beide Schauspieler die lästige abführende Wirkung zu spüren bekamen.

Die Szene von Charlies Metarmorphose, wie er sich vor Macks vom Wahnsinn getrübten Blick in ein Huhn verwandelt, wurde in ähnlicher Weise beim Drehen entwickelt. Einige Tage lang drehte das Team eine Version der Szene, in der Mack einfach eine Vision von einem schönen fetten Truthahn hat, der auf dem Tisch hockt. Wenn er nach dem Vogel greift, verschwindet er, und an seiner Stelle erscheint Charlie, worauf Mack ihn mit einem Messer durch die Hütte jagt. Als Mack wieder einigermaßen zu sich kommt, gibt Charlie ihm ein Buch, damit er auf andere Gedanken kommt. Am Samstag (15. März 1924) kam Chaplin jedoch eine bessere Idee. Und als die Arbeit am folgenden Montag wieder aufgenommen wurde, hatte die Kostümabteilung ein menschengroßes Hühnerkostüm für ihn angefertigt. Jetzt würde Big Jim keinen eingebildeten Truthahn sehen, sondern Charlie, der sich tatsächlich in ein Huhn verwandelt.

Die Kameramänner jener Zeit mußten sehr findig sein. Ihre Kameras waren technisch hervorragend, besaßen aber wenig Raffinessen verglichen mit den heutigen Geräten. Viele Effekte, wie Auf- und Abblende, Überblendung und Iris-Blenden, die später im Labor hergestellt wurden, mußten damals noch direkt mit der Kamera erzielt werden. So auch im Fall der Huhn-Verwandlung in *The Gold Rush*. Chaplin begann die Szene in seinem normalen Kostüm. Zu einem festgesetzten Zeitpunkt wurde die Kamera abgeblendet und angehalten. Szene und Kameraposition blieben unverändert, während Chaplin sich schnell das Hühnerkostüm anzog. Gleichzeitig wurde die Kamera auf den

Beginn der Abblende zurückgekurbelt, zu der Stelle, wo die Verwandlung beginnen sollte. Während die Kamera wieder anlief und aufblendete, wiederholte Chaplin exakt die Bewegungen, die er gerade gefilmt hatte. Auf diese Weise überlagerten sich die beiden Bilder von Charlie und dem Huhn haargenau, so daß die beiden Gestalten sich ineinander aufzulösen scheinen. Mit genau der gleichen Technik wurde das Huhn wieder in Charlie zurückverwandelt. Während der Pause für den Kostümwechsel mußte Mack Swain, der auch im Bild war, absolut bewegungslos verharren. Zur Erleichterung saß er mit aufgestützten Ellbogen am Tisch, den Kopf fest zwischen den Händen. Daß der Effekt so präzise und nahtlos eingepaßt zur Wirkung kam, ist ein Beleg für die große Professionalität der Techniker* und der Schauspieler. Das Ganze wirkte vollkommen mühelos. Der Zauber ist perfekt, wie Chaplin es beabsichtigte.

Chaplins spezielle geniale Begabung, in jedem Gegenstand die Eigenschaften eines anderen Gegenstands wahrnehmen zu können, die sein Leben lang die Grundlage für seine ›Transpositions‹-Gags war, zeigt sich hier am allerdeutlichsten, als er in sich selbst hühnerhafte Eigenschaften entdeckt. Die ›Überblendung‹ findet nicht nur in der Kamera statt, sondern in seinem eigenen Kopf und Gehabe. In der Art, wie Charlie mit den Armen wedelt und in seinem Watschelgang mit den ausgestellten Zehen, macht er genau die Elemente ausfindig, die haargenau den Bewegungen des Huhns entsprechen. Eddie Sutherland wußte von einer anderen Szene zu berichten, in der ein anderer Schauspieler in das Hühnerkostüm schlüpfen sollte. Es funktionierte nicht. Chaplin mußte das übernehmen. Der Schauspieler konnte nicht mehr sein als ein Mann in einem Hühnerkostüm. Chaplin konnte, wenn er wollte, ein Huhn *sein*.

Für das Pressematerial zum Film verfaßte Jim Tully einen Bericht über Chaplins Arbeit an der Hungerszene in der Hütte:**

* Das aufwendige technische Kunststück mußte natürlich gleichzeitig mit *zwei* Kameras fertiggebracht werden.

** In der Pressebroschüre für den Film erscheint der Artikel »Bei Dreharbeiten mit Charlie« (On the Set with Charlie) unter Sid Graumans Namen. (Grauman war der Hollywood Showman, der Grauman's Chinese und Grauman's Egyptian Theatres baute.) In den Chaplin-Archiven befindet sich jedoch ein maschinengeschriebenes Manuskript des Artikels mit einer handschriftlichen Notiz, in der die Frage angesprochen wird, welcher Person man den Artikel am besten zuschreiben sollte.

Weder Menschenmengen noch Megaphone sind zugegen. Geräusche sind auf ein Minimum beschränkt. Die Kameramänner, Requisiteure und Elektriker reden nur im Flüsterton miteinander, wenn sie überhaupt reden. Fast die ganze Zeit blicken sie zur Mitte der Kulisse, fast so gebannt, wie die Herde der Gläubigen sonntags auf ihren Pfarrer blickt. Denn dort gestikuliert Charlie Chaplin.

»Großartig! Jetzt nur noch einen zur Sicherheit...«

Am ganzen Nachmittag wurden nur drei Szenen gedreht, aber zum Beweis, daß Mr. Chaplin ohne Zweifel das am härtesten arbeitende Individuum Hollywoods ist, wird jede Szene mindestens zwanzigmal gedreht. Jede einzelne Aufnahme würde fast jeden Regisseur außer Chaplin entzücken. Er dreht sie ein ums andere Mal, sucht die Schattierung, die genau mit der Stimmung harmoniert. Und seine Stimmungen sind sogar noch vielfältiger als seine Szenen.

»Nur noch einmal – diesmal kriegen wir's!« tönt sein ständiger Ruf, unaufhörlich wie die Wellen des Meeres. Und jeder zusätzliche ›Take‹ bedeutet für ihn wie für alle anderen gerade dreimal soviel Arbeit.

Es ist leicht möglich, daß er mitten in einer Szene, wenn alles bestens zu laufen scheint, mit einer Handbewegung unterbricht – »Cut« –, er geht zu einem kleinen Hocker neben einer der Kameras hinüber und lehnt den Kopf gegen das Stativ. Die Kameramänner stehen schweigend neben ihren Kurbeln. Jeder hält buchstäblich den Atem an, bis Charlie mit einem begeisterten Schrei aufspringt:

»Ich hab's, Mack. Ruf doch einfach: ›Essen! Essen! Ich brauch was zu essen!‹ Du verhungerst und gehst ein. Schau mal – so!«*

Mr. Swain, ein Trooper-Veteran, sieht genau zu, während Charlie jedes Detail der Szene durchgeht.

»Drehen wir's!« ruft Charlie plötzlich. »Was meinst du, Mack?«

»Klar«, antwortet Mack.

Und die Szene wird von den unermüdlichen Kameras aufgenommen.[4]

Nun war es endlich soweit, Litas erste Szene zu drehen. Es blieb dann übrigens die einzige Szene für *The Gold Rush*, die im Studio mit ihr gedreht wurde. Chaplin schien eine schon fast unheimliche Gabe für Vorahnungen gehabt zu haben. In *The Kid* war Lita in einer Traumsequenz erschienen, als Engel der Verführung, dessen Schmeicheleien (in seinem Traum) seinen Tod herbeiführten. Auch in *The Gold Rush* sollte sie in einem Traum erscheinen. Nach dem ersten Konzept sollte Charlie in der Hütte schlafen. Er träumt, daß er von einem wunderschönen Mädchen (Lita) geweckt wird, das ihm einen großen Teller mit Truthahnbraten bringt.

* Die Continuity-Berichte zeigen, daß Mack Swain diese Worte in der Szene ausgesprochen hat. In der Originalfassung des Films erschienen sie als Zwischentitel. Als Chaplin eine Fassung mit synchronisierter Tonspur erstellte, übernahm er sie in seinen eigenen Kommentar.

Mit der Szene, die in einer Traumküche spielte, wurde am Samstag, den 22. März begonnen. Doch als er am folgende Montag ins Studio kam, hatte Chaplin eine völlig neue Idee. Der Truthahn wurde durch einen schönen großen Erdbeerkuchen mit Sahne ersetzt. Die neue Handlung wird in den Continuity-Berichten des Tages beschrieben. Der letzte, um 18.30 Uhr fertiggestellte Take sah so aus:

14. Szene: Nahaufnahme. Überblenden. C. schläft in Küche auf Couch. Lita steht vor ihm mit Kuchen – weckt ihn – er setzt sich auf – sie setzt sich neben ihn – lächelt – nimmt Erdbeere – gibt sie ihm – er beugt sich vor – ißt sie – lächelt – sie nimmt noch eine Erdbeere – hält sie ihm hin. Sie sagt: Mund auf, Augen zu. Er gehorcht, und sie wirft ihm den ganzen Kuchen ins Gesicht und lacht. C. wischt den Kuchen weg – Gesicht ganz mit Sahne verschmiert – Abblende und Aufblende zu Nahaufnahme in Hütte mit C. schlafend auf Bank – Decke über Körper, aber nicht über Kopf – Schnee auf Hals und Gesicht – Schnee fällt fünfmal vom Dach – er erwacht und setzt sich auf – blickt sich im Raum um – wischt Schnee weg – steht auf – kommt links auf Kamera zu. O. K.

Die Szene, die das Licht der Leinwand nie erblickte, könnte man als lebendiges Sinnbild für die traurige Geschichte Charlies zukünftiger Beziehung zu Lita verstehen.

Die nächsten vierzehn Tage verbrachte man damit, die Hütten-Szenen mit Mack Swain zu schneiden und nachzudrehen. Tully schrieb die oben zitierte Beschreibung von Chaplin bei der Arbeit wahrscheinlich in dieser Zeit. Nun begannen die Vorbereitungen für den großen Treck nach Truckee, wo man die Außenaufnahmen an den Drehplätzen machen wollte, die im Februar von der Vorhut ausgewählt worden waren. Der erste Trupp, bestehend aus Eddie Sutherland, Danny Hall, sieben Tischlern, vier Elektrikern und Mr. Wood, dem Maler, brach am 9. April auf. Am nächsten Tag folgte das Kamerateam und ein mexikanischer Arbeiter namens Frank Antunez. Eine Woche später kam der Haupttrupp nach: Chaplin mit Kono, Lita mit ihrer Mutter Mrs. Spicer als Aufpasserin, Henri d'Arrast, Jim Tully, Tom Murray, Mack Swain, Della Steele (die Sekretärin, die die täglichen Continuity-Berichte erstellte), mehrere Assistenten und Helfer und Bud White mit seinem Bär. Die Reise war zwar lang, aber nicht beschwerlich: Die Gruppe reiste in Privatwaggons mit Eß- und Wohnräumen. Trotz (oder vielleicht wegen) Mrs. Spicers wachsamer

Gegenwart fühlte Lita, daß sich zwischen ihr und ihrem Arbeitgeber ein Interesse anbahnte, das nicht nur beruflicher Natur war.

Eddie Sutherland hatte alles bestens vorbereitet, so daß Chaplin am Morgen nach der Ankunft die Eröffnungsszene des Films drehen konnte, die (nach wie vor) zu den denkwürdigsten der Filmgeschichte gehört. Wieder hat Tully uns eine farbige Beschreibung des Ereignisses hinterlassen:

> ... Für die Paß-Szene wurde ein 700 Meter langer Weg durch den Schnee geschnitten, der auf einer Höhe von 3000 Metern um weitere 300 Meter anstieg. Der Paßweg, der sich durch einen schmalen Hohlweg bis zum Gipfel des Mount Lincoln wand, kam nur durch die Verwehungen des ewigen Schnees am Berghang zustande. Genaugenommen entstand das Meisterstück in einem schmalen Kessel, einer natürlichen Formation, die als »Sugar Bowl« bekannt ist.
>
> Um diese Stelle zu erreichen, wurde ein Weg zwischen den großen Bäumen und durch den tiefen Schnee gebahnt, eine Strecke, die neun Meilen von der Eisenbahn wegführte, und sämtliche Gerätschaften wurden durch den riesigen Tannenwald geschleppt. Am Ziel wurde ein Baulager aufgeschlagen für den Aufbau der Goldgräberstadt. Für das Ausheben des Paßweges wurde ein ganzer Klub junger Männer engagiert, professionelle Skispringer, die an der höchsten Stelle Stufen in den gefrorenen Schnee schlagen mußten, da der Paß dort senkrecht abfällt und die Besteigung nur mit größter Mühe möglich war. Als der Bau der Goldgräberstadt und des Passes abgeschlossen war, bekamen Spezialagenten der Southern Pacific Railway den Auftrag, 2500 Männer für die Szene zusammenzutrommeln ... In zwei Tagen versammelte sich ein großer Haufen von Gestrandeten. Sie kamen mit ihren eigenen Dekkenrollen auf dem Rücken, die heruntergekommenen Wanderer des Westens.
>
> Es war Bettlertum auf Urlaub.
>
> Eine rauhere und malerischere Ansammlung von Männern kann man sich kaum vorstellen. Sie kamen in Sonderzügen zum improvisierten Chilkoot Paß, und ihnen voraus fuhren sogar extra Speisewagenzüge. Man hielt es für sehr ratsam, die Speisewagen gut sichtbar für die Habenichtse bereitzuhalten...
>
> Sie stapften durch den tiefen Schnee des schmalen Passes, als winkte ihnen tatsächlich Gold und nicht nur ein Tageslohn. Für sie war nur eins wichtig: Sie traten in einem Film von Charlie Chaplin auf, dem mächtigsten Vagabunden von allen. Ihr Leben lang würden sie sich an diesen Sterntag erinnern, an den Tag, an dem sie mit Charlie Chaplin über den Chilkoot Paß zogen.[5]

Tully hat sich hier eine ziemliche Übertreibung erlaubt. Die Studioberichte belegen, daß 600 Männer aus Sacramento herangeschafft wurden, nicht 2500, wie er behauptete. Sie bekamen Verstärkung durch jedes nicht anderweitig beschäftigte Teammitglied. Auch Sutherland und Lita waren mit von der Partie.

Chaplin war sehr darauf bedacht, angesichts der Unbequemlichkeiten, der bitteren Kälte und der Trostlosigkeit von Truckee für gute Stimmung zu sorgen. Am Montag drehte er eine Szene, in der die Hütte den Berghang hinabrutscht. Während die Tischler Umbauten an der Hüttenkulisse vornahmen, gesellte er sich zum Schlitten- und Skifahren zu seinem Team. Die Folge war, daß er am nächsten Tag mit einer Erkältung das Bett hüten mußte. In der Nacht waren sechzig Zentimeter Schnee gefallen, und tagsüber tobte ein Schneesturm – eine Gelegenheit, die man nicht ungenutzt lassen wollte, und so drehte Eddie Sutherland einige effektvolle Szenen mit Tom Murray als Black Larson, wie dieser sich mit seinem Schlitten durch den Blizzard kämpft.

Am folgenden Tag war Chaplin wieder auf den Beinen: Er wollte den kostspieligen und beschwerlichen Aufenthalt in Truckee nicht unnötig in die Länge ziehen. Es wurde Material für Szenen mit Tom Murrays Partner, gespielt von Eddie Sutherland, gedreht, die aber im fertigen Film nicht mehr auftauchten. In einer Szene wurden sie zusammen in der Hütte gefilmt; in einer anderen retten sie Lita vor den Belästigungen eines schurkigen Goldgräbers, gespielt von Joseph Van Meter, einem langjährigen Assistenten im Chaplin-Studio. Er war mit einer gemeinen Visage gesegnet, die immer gut zu gebrauchen war, wenn Chaplin einen Statisten für eine Verbrecherrolle benötigte. In anderen Szenen, die im Schnee von Truckee gedreht wurden, stößt Charlie auf ein Grab, das die Inschrift trägt: »Hier liegt Jim Sourdough«. Man sieht Bud Whites Bär, wie er um die Hütte schleicht, und Big Jim, wie er das Charlie-Huhn über die Schnee-Einöde jagt. Mack Swain mußte inzwischen mit einer Grippe das Bett hüten, so daß Sid Swaney in diesen Szenen für ihn einsprang. Der letzte Drehtag mit Außenaufnahmen war der 28. April. Wieder filmten vier Kameras, wie Charlie den ›Chilkoot Paß‹ hinunterrutscht. Dann bestiegen Chaplin, Kono, Bergman, d'Arrast und Mack Swain den Zug nach Los Angeles, über San Francisco. Das Team blieb zurück, um die Kulissen abzureißen. Am Abend des 29. wurde, was noch übrig war, verbrannt, und Sutherland filmte den Brand für alle Fälle. Noch am selben Abend bestiegen Lita und ihre Mutter, das Kamerateam, Danny Hall und einige andere den Zug nach Hause.* Am 2. Mai waren alle wieder heimgekehrt.

* In ihrem eigenen Bericht, *My Life with Chaplin* (Dt.: Ich war Charlie Chaplins Frau, Flensburg 1967) beschrieb Lita Gespräche mit Charlie auf dieser Rückreise. Die Transportunterlagen zeigen, daß ihr Gedächtnis sie hier im Stich ließ.

Nachdem er seinen Schnee im Kasten hatte, drehte Chaplin im Mai und Juni gar nichts, und die Truppe wurde allmählich unruhig. Während Chaplin Skript und Gag-Material mit Bergman, d'Arrast und Tully überarbeitete und Lita für Standfotos in verschiedenen Kostümen und Frisuren fotografiert wurde, waren die Kulissenbauer damit beschäftigt, in einem kalifornischen Sommer im Studio Alaska nachzubilden. Obwohl zusätzliche Arbeitskräfte rekrutiert wurden (in Tullys Pressebericht wird behauptet, daß 500 Kulissenhandwerker angestellt wurden), hatten sie ihre liebe Not, die Szenenbauten in den ihnen zur Verfügung stehenden acht oder neun Wochen fertigzustellen. Es wurde ein Miniaturgebirge gebaut. Die ›schnee‹bedeckten Gipfel waren kilometerweit zu sehen, wenn sie in der Sonne glänzten, und Hunderte von Schaulustigen wurden angelockt, die sie sich aus der Nähe betrachten wollten. Tully veröffentlichte einige Zahlen über den Bau des Gebirges. Für das Gerüst brauchte man 73 000 Meter Holz, das mit 6934 Meter Maschendraht bedeckt wurde, und über 6000 Meter Sackleinen. Für das künstliche Eis und den Schnee benötigte man 200 Tonnen Gips, 285 Tonnen Salz und einhundert Fässer Mehl. Für die Sturmszenen mußten zusätzlich vier Wagenladungen voll Konfetti eingesetzt werden.

Als weitere diverse Posten erschienen auf den Materialrechnungen von *The Gold Rush* 300 Eispickel und Schaufeln, 600 Meter Gartenschlauch, 2000 Meter Seil, vier Tonnen Stahl, fünf Tonnen Koks, vier Tonnen Asbest, fünfunddreißig Tonnen Zement, 400 Fäßchen Nägel, 3000 Schrauben und mehrere Tonnen kleinerer Gegenstände.

Am 1. Juli wurden die Dreharbeiten wieder aufgenommen, mit weiteren Szenen mit Chaplin und Mack Swain, hungrig in der Hütte. In einer hübschen Gag-Sequenz, die letztendlich verworfen wurde, spielen die beiden Karten. Mack schläft während des Spiels ein, aber sein Ellbogen liegt so fest auf seinen Karten, daß Charlie die Gelegenheit, ein bißchen zu schummeln, nicht wahrnehmen kann. Statt dessen konstruiert Charlie eine Spielzeug-Windmühle und setzt sie neckisch mit Macks windigem Schnarchen in Betrieb. Nach Beendigung dieser Szenen ging es mit der Sequenz weiter, in der die Hütte an den Rand des Abgrunds rutscht, wo sie heikel hin und her schaukelt und auf die leiseste Bewegung der Männer in ihrem Innern reagiert. Hierfür mußte mit Miniaturmodellen gearbeitet werden. In den frühen zwanziger Jahren gab es in Hollywood noch keine Special-Effects-Firmen, denen man eine derartige Arbeit anvertrauen konnte; alles hing von der Geschicklichkeit der Kameramänner, Filmarchitekten, Kulissenbauer und Requisiteure ab. Die Miniaturarbeit in *The Gold Rush* ist beispielhaft. Die Schnitte von der Hütte in Naturgröße zum Modell sind kaum wahrnehmbar. Wenn der Zuschauer manchmal glaubt, das Modell erkannt zu haben, wird ihm plötzlich sein Irrtum bewußt. Aus den Continuity-Berichten von den Aufnahmen mit dem Modell geht hervor, daß Chaplin eine Szene erwog, in der die Hütte – in Vorwegnahme von *The Wizard of Oz* – mit ihren Insassen durch den Schneesturm wirbelt:

> 2175. Szene: Totale. Kamera auf beweglicher Plattform – l. – nach r. – Bäume im Vordergrund bewegen sich l. nach r. – Hintergrund Sturmeffekt – Panorama-Einstellung für Insert, wo C. C. aus dem Fenster sieht, wie Haus mit 120 km/Std. fliegt.

In den letzten Tagen des Septembers 1924 drehte Chaplin noch ein paar Szenen von der Hütte im Schneesturm, aber Ende des Monats war jegliche Arbeit zum Stillstand gekommen. Bis zum Jahresende sollte Chaplin nicht mehr in seinem Studio drehen. Die Bombe, die Lita hochgehen ließ, legte ihn vollständig lahm. Irgendwann in den letzten Septembertagen verkündete sie, daß sie schwanger sei. Sie hatte eine Mutter, die vor Empörung loderte, einen Großvater, der buchstäblich eine Schrotflinte mit sich herumschleppte, und einen Onkel, der Anwalt in San Francisco war. Wenn Minderjährige betroffen waren, war nach dem kalifornischen Gesetz eine Mußheirat nicht zu umgehen: Wenn ein Mann mit einem nicht volljährigen Mädchen sexuelle Beziehungen unterhielt, erfüllte das *de facto* den Tatbestand der Vergewaltigung, worauf eine Strafe von bis zu dreißig Jahren Gefängnis stand. Die McMurrays hatten den Trumpf in der Hand. Sie ließen nicht mit sich reden und bestanden auf einer sofortigen Heirat. Wieder war Chaplin einer hoffnungslos unpassenden Partnerin ins Netz gegangen.

Die Presse war ausnahmsweise ahnungslos. Chaplin und seine junge Hauptdarstellerin waren zwar häufig in der Öffentlichkeit zusammen zu sehen, aber immer unter der Aufsicht von Litas Mutter oder von Thelma Morgan Converse, der Schwester von Gloria Vanderbilt, die nach Meinung der Klatschspalten Chaplins heimliche Verlobte war. Zu dieser Zeit verfolgte man außerdem eine andere Fährte. Am 16. November wußte Grace Kingsley, Kolumnistin der *New York Daily News* folgendes zu berichten: »Charlie Chaplin schenkt Marion Davies nach wie vor glühende Aufmerksamkeit. Neulich verbrachte er mit der holden Marion den Abend tanzend und speisend bei Montmartre. An jenem Abend trat dort eine wunderschöne junge Tänzerin auf. Und Charlie applaudiert, aber mit dem Rücken zu ihr. Keine Sekunde wandte er den Blick von Marions blonder Schönheit.«

Ein derartiger Bericht im Blatt einer rivalisierenden Zeitungsgruppe war nicht dazu angetan, William Randolph Hearst zu erfreuen, der inzwischen schon fast neun Jahre Marion Davies' eifersüchtig ergebener Liebhaber war. Hearst und seine Frau kannten und bewunderten Chaplin schon seit mehreren Jahren, und es konnte Hearst nicht entgangen sein, daß Marion mit Chaplin enger befreundet war als mit den meisten anderen Männern, mit denen sie flirtete. Marion drehte zu der Zeit, als Chaplin an *The Gold Rush* arbeitete, die Zirkus-Geschichte *Zander the Great*, und er holte sie oft ab, wenn das Tagwerk beendet war. Marions Biograph, Fred Laurence Guiles, war der Ansicht, daß »alle Mitglieder der Besetzung und des Teams von *Zander* wußten, daß irgend etwas im Gange war, aber da Marion Chaplin viel zu sehr glich, kann es nichts Ernstes gewesen sein. In Gegenwart anderer neckten sie sich wie liebevolle Geschwister, und es ist kaum anzunehmen, daß sie sich wesentlich anders verhalten haben, wenn sie allein waren.

Trotzdem war Hearst, nach Guiles' Worten »tief getroffen, und er überlegte verzweifelt, was er tun sollte«. Er kehrte dann von New York nach Kalifornien zurück, und am 18. November – zwei Tage nach Erscheinen von Grace Kingsleys zündender Meldung – brach er mit einer Gesellschaft geladener Gäste zu einer Fahrt auf seiner Jacht *Oneida* auf. Der prominenteste unter den Gästen war der Produzent Thomas Harper Ince, den Hearst zu überreden versuchte, aktiver Produzent für seine eigene Firma Cosmopolitan Pictures zu werden. Mit an Bord waren neben Hearst und Marion auch noch die Kolumnistin Louella Parsons, die Schauspielerin Seena Owen, der Tänzer Theodore Kosloff, die Schriftstellerin Elinor Glyn, Hearsts Sekretär Joseph Willicombe, der Verleger Frank Barham mit seiner Frau, Marions Schwestern Ethel und Reine und ihre Nichte Pepi und Hearsts Studiomanager Dr. Daniel Goodman. Der Hollywood-Mythologie zufolge befand sich Chaplin auch an Bord. Guiles schreibt: »Hearst lud auch Chaplin ein. Vielleicht hielt er es für ungefährlich, falls er annahm, daß die Romanze zwischen den beiden beendet war; oder er wollte möglicherweise mit Chaplin Marions Status ein bißchen klären, da Chaplin diesbezüglich nicht ganz im Bilde schien.«

Dann ereignete sich eins von Hollywoods großen ungeklärten Rätseln. Am 19. November wurde Ince in San Diego bewußtlos von der Jacht getragen und starb einige Stunden später. Laut offizieller Darstellung war Ince einem Herzinfarkt erlegen, der durch Lebensmittelvergiftung oder eine akute Magenverstimmung ausgelöst worden war. Allerdings hielt sich hartnäckig das Gerücht, daß Hearst Ince und Marion in der schwachbeleuchteten unteren Kombüse überrascht, einen Revolver gezogen und Ince erschossen hatte. Die Frage ist, ob nicht eine Verwechslung diesen Schuß auslöste (falls er überhaupt fiel): Ince war kleingebaut und hatte von hinten eine ähnliche Kopfform und Haarfarbe wie Chaplin.

Die Gerüchte wären mit der Zeit sicherlich versiegt, wenn sich nicht in den Aussagen aller Beteiligten so krasse Widersprüche aufgetan hätten. Die Hearst-Presse tischte anfangs die eklatante Lüge auf, Ince sei auf seiner Ranch erkrankt. Marion sagte, daß sich an Bord keine Feuerwaffen befunden hätten. Hearsts Biograph John Tebbel berichtete, daß Hearst eine Waffe an Bord hatte, um hin und wieder eine Möwe abzuschießen. Es bestehen große Zweifel darüber, ob Inces Freundin, die Schauspielerin Margaret Livingston, mit an Bord war. Chaplin erklärte gegenüber seinen engsten Freunden stets, daß er nicht mit auf der Jacht gewesen sei, und in seiner Autobiographie hat er sehr verschwommene Vorstellungen von den Zeitverhältnissen und behauptet, daß Ince noch drei Wochen lang gelebt und Besuch von Hearst, Marion und Chaplin empfangen habe. (Es existieren jedoch Fotos von Chaplin bei Inces Einäscherung, die achtundvierzig Stunden nach seinem Tod stattfand.) Eleanor Boardman – damals Mrs. King Vidor – zufolge sah Kono, als er zum Boot kam, wie Ince mit einer Schußwunde im Kopf weggetragen wurde. Andere behaupteten, daß das Blut, das zu sehen war, erbrochen war und von einem durchgebrochenen Geschwür herrührte.

Elinor Glyn erzählte Eleanor Boardman, daß alle Anwesenden an Bord sich zu Stillschweigen verpflichten mußten, was ja wohl kaum nötig gewesen wäre, wenn der arme Ince eines natürlichen Todes gestorben wäre. Es gab keine gerichtliche Untersuchung, um die Sache zu klären, und der Staatsanwalt von San Diego, der Leiter der Mordkommission von Los Angeles und der Eigentümer der Leichenhalle, zu der Inces Leichnam gebracht wurde, äußerten übereinstimmend die Überzeugung, daß der Tod nicht gewaltsam herbeigeführt worden sei. Sechzig Jahre nach den Vorfällen besteht wenig Hoffnung, Licht in das Dunkel des mysteriösen Falls zu bringen, der einen Schatten auf alle wirft, die – wie entfernt auch immer – damit zu tun hatten.

Drei Tage nach Inces Beerdigung schickte Chaplin Lita und ihre Mutter nach Guaymas in Mexiko. Er war zu dem Schluß gekommen, daß die Hochzeit, wenn sie sich schon nicht vermeiden ließ, wenigstens diskret über die Bühne gehen sollte. Er ersann eine ausgeklügelte Finte, um der Presse zu entgehen, und überließ die Ausführung der Details dem findigen Kono. Aus dem *Gold Rush*-Team wurde eine Kerntruppe zusammengestellt, und am 25. November bestieg man den Zug nach Guaymas. Zwei Zeitungsreporter, die eine Story witterten, bestiegen ebenfalls den Zug und fragten Chaplin aus, der ihnen erfolgreich die unwahrscheinliche Geschichte auftischte, daß er einige Szenen für *The Gold Rush* in Mexiko spielen lasse. »Ich bin sehr eigen, wenn ich Filme drehe«, meinte er scherzhaft. Um seiner Geschichte Glaubwürdigkeit zu verleihen, mietete er am nächsten Tag ein Fischerboot und schickte das Kamerateam darin los, für Außenaufnahmen auf dem Meer. (Die 480 Meter Film, die an jenem Tag gedreht wurden, existieren noch.) Am gleichen Abend fuhren Chaplin, Riesner, Lita und ihre Mutter ins benachbarte Empalme, eine triste Eisenbahnkreuzung mit Meer auf der einen und Wüste auf der anderen Seite, am Rande des Yaqui-Indianer-Territoriums. Dort wurde die Trauung durch einen stämmigen Zivilrichter in dessen schmuddeligem Wohnzimmer vollzogen. Danach kehrten sie zu dem kleinen Hotel in Guaymas zurück. In dieser Nacht überließ Chaplin das Brautgemach Lita und ihrer Mutter.

Für seine Rückkehr nach Los Angeles am nächsten Tag hatte Chaplin Vorkehrungen getroffen, um den Reportern zu entgehen. Während das ganze Team zum Southern Pacific Bahnhof zurückfahren sollte, wollte er mit Lita und Kono an der kleinen Nebenstation von Shorb aussteigen, in der Nähe von Alhambra, wo der japanische Chauffeur Frank Kawa sie erwarten sollte.

> Chaplin schlug den Mantelkragen hoch und zog sich die Melone über die Ohren. Umgeben von einigen engen Freunden half er seiner Braut vom hinteren Trittbrett des privaten Eisenbahnwaggons, in dem sie ihre Rückfahrt von Empalme in Mexiko angetreten hatten. Dort haben sie letzten Dienstag [*sic*] geheiratet. Alles schien nach einem sorgfältig vorbereiteten Plan abzulaufen, der vorsah, daß Chaplin ganz und gar unauffällig zu seinem Haus in Beverly zurückkehren sollte, was für einen Filmstar durchaus ungewöhnlich ist.
>
> Der Komiker und seine Braut gingen auf der Suche nach ihrer Limousine mit dem japanischen Fahrer um einen Zaun herum, und als sie um die Ecke bogen, stießen sie mit »der Presse« zusammen. Eine Filmkamera, der Charlie soviel Ruhm verdankt, wurde losgekurbelt. Chaplin äußerte Unmut.
>
> »Kann man denn nicht einmal ungestört sein? Genau das hier wollte ich vermeiden. Das ist gräßlich!« war der einzige Kommentar des Schauspielers gegenüber den Reportern, die ihn sofort mit einem Trommelfeuer von Fragen belegten.
>
> Die Limousine wurde etwa einen Block weit entfernt gesichtet, und Chaplins japanischer Sekretär wurde losgeschickt, um sie herbeizurufen. Währenddessen

stellte der Komiker seine Mantelaufschläge nur noch höher und versuchte zusammen mit seiner Braut, das Gesicht von der Batterie von Kameras abzuwenden, die auf ihn gerichtet waren. Er murrte laut über die Tatsache, daß sein japanischer Chauffeur allem Anschein nach nicht begriffen hatte, daß er den Wagen möglichst dicht an die Gleise heranfahren sollte.

»Nach Hause«, sagte Chaplin, und als Abschiedswort an die Zeitungsreporter, die ihm soviel Aufmerksamkeit geschenkt hatten: »Ich will keine Publizität.«

Eine große Gruppe Studiofreunde hatte sich in der irrigen Annahme, daß eine fürstliche Begrüßung den Komiker erfreuen würde, am Southern Pacific Bahnhof versammelt, und die Enttäuschung war groß, als nur die kleineren Leuchten der Chaplin-Truppe eintrafen, die zur Tarnung in dem Privatwaggon geblieben waren, um die im Zug mitfahrenden Zeitungsleute zu täuschen.

Nachdem das frischgebackene Ehepaar Chaplins Haus in Beverly Hills erreicht hatte, blieben die beiden für den Rest des Tages unsichtbar.[6]

Um die Haustür zu erreichen, mußten sie ein Spießrutenlaufen durch die Reihen der Schaulustigen, die die Tore des Hauses umlagerten, veranstalten.

In einem Leitartikel in den *New York Daily News* wurden die Frischvermählten mit sonderbar verqueren Glückwünschen bedacht:

EIN GUTER CLOWN IN GEFAHR

Eine von Chaplins Leinwandkomödien endet damit, wie der Komiker entlang der mexikanischen Grenze zwischen den Kaktussen (oder Kakteen) einhersaust. Im Film war er sich unsicher darüber, auf welcher Seite der Grenze er sicher war. Jetzt hat er eine Entscheidung getroffen, aber ob er dabei an Sicherheit dachte, ist fraglich.

Unlängst sauste der Komiker in einem Zug über die Grenze nach Mexiko. Das Ziel war Guaymas, und der Zweck war, Lita Grey, seine Hauptdarstellerin, zu ehelichen. Hauptdarstellerinnen zu heiraten scheint eine Schwäche der männlichen Leinwand- und Bühnenstars zu sein. Warum, weiß keiner.

Aber die Praxis scheint dem alten Sprichwort recht zu geben, daß »Liebe zwar mit der Entfernung wächst, Nähe aber erheblich wirkungsvoller ist«. Hauptdarstellerinnen sind gewöhnlich in der Nähe – und ungewöhnlich wirkungsvoll.

Wir hoffen, Charlie findet das, was er eigentlich suchen sollte: Glück. Aber er und seine Hauptdarstellerin haben jetzt das schwierigste Kreuzworträtsel aller Zeiten zu bewältigen – das Eheleben. Wie oft gibt es doch weit mehr Worte über Kreuz als Lösungen; und häufig wird ein Wort mit fünf Buchstaben, das »Liebe« heißen sollte, im ehelichen Patchwork zu »Farce«.

Wir wünschen Mr. Chaplin und Miss Grey die übliche Portion Glück. Aber wenn sie vor dem Rätsel kapitulieren müssen, haben wir diesen einen Trost: Die besten Clowns haben ein gebrochenes Herz. Und es wäre doch eine schreckliche

Tragödie, wenn der beste Clown der Leinwand verdorben würde, weil er zu glücklich ist.

Diese Verbindung barg keine derartige Gefahr. Immerhin hatte die Heirat den positiven Nebeneffekt, daß Chaplin sich wieder fieberhaft in die Arbeit im Studio stürzte – zweifellos, weil er möglichst wenig Zeit mit seiner Kind-Braut zu Hause verbringen wollte, die bekümmert erkannte, daß sie im Hause ihres Gatten die Rolle eines unerwünschten Gastes spielte. Sie mag es als tröstlich empfunden haben, daß einige Wochen nach der Heirat ihre Mutter bei ihnen einzog, obwohl es Chaplin das Leben gewiß nicht erleichtert hat. In seinem Umgang mit der Familie seiner Frau verhielt er sich jedoch tadellos höflich.

Litas Schwangerschaft lieferte Chaplin auch den Grund, eine neue Hauptdarstellerin für *The Gold Rush* zu suchen, dessen Produktion sich eindeutig noch über mehrere Monate hinziehen würde. Fürs erste durfte die Presse natürlich nichts über Litas Zustand erfahren. Tully tischte der Presse die nette Geschichte auf, daß Miss Lita Grey ihre Rolle als Tanzhallenmädchen aufgegeben habe, weil sie nun, da sie verheiratet war, »jede Sekunde ihrem Gatten widmen« wolle.

Kurz vor Weihnachten wurde bekanntgegeben, daß die Schauspielerin Georgia Hale, ein gänzlich neues Gesicht für die Zuschauer, Lita ersetzen sollte. Die Achtzehnjährige stammte aus einer Arbeiterfamilie aus St. Joseph in Missouri und hatte den größten Teil ihres bisherigen Lebens in Chicago verbracht. Mit ihrer umwerfenden zarten Schönheit gewann sie als Sechzehnjährige den Wettbewerb der Miss Chicago, was ihr einen Geldpreis einbrachte und die Chance, am Miss Amerika-Wettbewerb in Atlantic City teilzunehmen. Sie schied dann vorzeitig aus dem Wettbewerb aus, aber ihr Preisgeld ermöglichte es ihr, im Juli 1923 nach Hollywood zu gehen. Ihre Hoffnung, als Tänzerin arbeiten zu können, zerschlug sich, nachdem sie sich bei einem Sturz den Knöchel schwer verstaucht hatte. Als ihr das Geld ausging, fand sie sich erst einmal damit ab, als Statistin zu arbeiten. Einen ihrer ersten Jobs bekam sie in dem Film *By Divine Right*, bei dem Roy Williams Neill Regie führte. Der Star war zufälligerweise Mildred Harris. Drehbuchautor und Regieassistent war der junge Josef von Sternberg, der tief beeindruckt war, als er entdeckte, daß das Mädchen seine Übersetzung von Karl Adolphs Roman *Daughters of Vienna* las, und noch stärker beeindruckt, als er bemerkte, daß ihr eine mascaragefärbte Träne auf die Seiten getropft war. Einige Monate später, als von Sternberg seinen ersten eigenen Film *The Salvation Hunters* in Angriff nahm, ein Experiment im expressionistischen Stil mit einem Billigbudget, erinnerte er sich an Georgia Hale und gab ihr eine Hauptrolle, bezahlte ihr aber die gleiche Tagesgage, die sie als Statistin bekommen hatte.

Von Sternbergs Partner und Hauptdarsteller, der englische Schauspieler George K. Arthur, schaffte es irgendwie, Chaplin dazu zu bringen, sich den Film anzusehen (Sternberg behauptete, er habe Kono bestochen, damit dieser den Film in den Projektor im Vorführraum in Chaplins Haus schmuggelte).

> George K. Arthur war ein kleiner Teufel. Er war nicht zu verstehen: Er hatte so einen komischen Akzent aus irgendeiner Ecke in England (*sic*) Arthur stammte aus Aberdeen in Schottland. Er war einfach süß. Er war ein Promoter. Er hat Kono überredet, den Film einzulegen. Charlie hat sich in diesen Film verliebt. Er hielt ihn für ein kleines Juwel. Von Sternberg war kein Genie, aber er hatte Talent.[7]

Chaplin telefonierte sofort mit den Fairbanks von nebenan, die noch am selben Abend vorbeikamen, um sich den Film anzusehen. Ein oder zwei Tage später zeigte er den Film auch der Nazimova, und bei dieser Vorführung lernte er Georgia kennen.

> Wir begegneten uns im Vorführraum in den FBO Studios. Er wollte, daß Joe und ich bei der Vorführung dabei waren. Ich saß hinter ihm und der Nazimova. Nach dem Film sagte Joe: »Das ist Georgia, das Mädchen.« Er sagte: »Oh, freut mich sehr, Sie kennenzulernen.« Und dann verlor er das Interesse an der Nazimova und allen anderen und wollte mich zum Tee ausführen. Er fragte mich, was ich so treibe, und ich sagte, daß bei mir alles gut läuft. Ich hielt täglich Kontakt mit Sennett. Wenn ich nichts anderes hatte, konnte ich jederzeit dort arbeiten. Er sagte: »Weiter so. Das ist gut. Aber ich möchte, daß wir in Verbindung bleiben. Ihre Arbeit gefällt mir.«
>
> Dann nahm mich Douglas Fairbanks unter Vertrag für die Rolle der Königin in *Don Q., Son of Zorro*. Ich hatte Probeaufnahmen gemacht, und die waren gut. Alle Kostüme waren fertig, aber dann ging Charlie zu Doug und sagte: »Du hast das Mädchen, das ich brauche, unter Vertrag. Ich will sie für *The Gold Rush* haben.« Sie haben sich dann zusammengesetzt und sich geeinigt, und Douglas Fairbanks hat mich freigegeben.
>
> Also, er hat eine Menge Leute für die Rolle getestet. Alle hat er sie getestet. Jean Peters war auch dabei, sie wurde dann Carole Lombard. Ich durfte die Probeaufnahmen ansehen und habe zu ihm gesagt: »Aber *die* sind doch wunderbar!« Ich fand mich nämlich schrecklich. Bei meinen Proben habe ich nur blöd aus der Wäsche geguckt und überhaupt nichts gesagt. Und die haben alle gelacht und all so was. Und er sagte: »Genau das will ich haben. Das ist Qualität.«[8]

Für Georgia ging ein Traum in Erfüllung. Schon lange bevor sie an Hollywood gedacht hatte, war sie eine glühende Verehrerin von Chaplin gewesen. In ihrer Kinder- und Jugendzeit in Chicago hatte ihr Vater, der keinerlei Einfühlungsvermögen besaß und sie in ihren Ambitionen entmutigte, ihr psychisch stark zugesetzt, und sie hatte in der trotzigen Widerstandskraft des Tramps Bestärkung gefunden und sich eingeredet, daß zwischen ihm und ihr irgendeine geheime Seelenverwandtschaft bestand. Die Arbeit mit ihm desillusionierte sie in keinster Weise:

> Man wußte einfach, daß man mit einem Genie arbeitet. Im Film ist er das größte Genie aller Zeiten. Es war wunderbar, mit ihm zu arbeiten. Es hat einem nichts ausgemacht, daß er einem ständig vorschrieb, was man machen sollte, jede Kleinigkeit. Er war unendlich geduldig mit seinen Schauspielern – gütig. Er wußte genau, was er sagen und tun mußte, um das zu bekommen, was er haben wollte.
>
> Eine Sache war, daß alles in seinen Filmen echt war. Zum Beispiel die Szene, in der ich dem Burschen (Malcolm Waite) eine Ohrfeige gebe. Diese Ohrfeige war wirklich echt. Charlie ließ uns die Szene so lange spielen und ihn so lange an mir rummachen, daß ich wirklich sauer auf ihn wurde. Ich habe ihm dann wirklich eine Ohrfeige gegeben – und zwar eine saftige. Und genau das wollte Charlie natürlich haben.[9]

Die Auswechslung der Hauptdarstellerin verursachte nicht allzu viele Störungen, da die Figur des Tanzhallenmädchens erst in der Mitte des Films auftaucht – das erscheint vom Aufbau her merkwürdig, ist aber im Endeffekt vollkommen stimmig. Da Chaplin wie gewöhnlich in der Handlungsreihenfolge drehte, war er noch nicht zu den Szenen mit der Heldin gekommen. Die kurzen Sequenzen, die er bereits mit Lita gedreht hatte, waren womöglich als Probeaufnahmen gedacht und hatten letzten Endes gar keinen Platz in der Geschichte. Der restliche Dezember verging mit dem Umarbeiten der Geschichte, Probeaufnahmen von Georgia, damit, sie einzukleiden und ihre Präsentation und die dafür notwendigen Fotos zu organisieren. Währenddessen bauten Danny Hall und seine Mannschaft die große Tanzhalle mit Bar, wo Charlie Georgia begegnet.

Die Bar-Szenen waren schwierig und teuer. Es mußten an die hundert Statisten bezahlt und – schlimmer noch – unter Kontrolle gehalten werden, darunter Mexikaner, Indianer und – der Stolz der Truppe – ein echter Hundertjähriger, »Daddy« Taylor, der bereits vierzig war, als er im amerikanischen Bürgerkrieg diente. Chaplin war von der Energie, die der Alte als Tänzer entwickelte, derart begeistert, daß er ihm in der Szene mit der Silvesterparty einen kurzen Soloauftritt gab. Seit den Zeiten der First National waren die Gagen für Statisten gestiegen. Die Grundgage betrug jetzt 7.50 $ pro Tag, und einige erhielten sogar doppelt soviel. »Tiny« Sanford, der den Barkeeper spielte, bekam 20 $ täglich. Die höchste Tagesgage erhielt jedoch der Hund, der zusammen mit Chaplin in der Tanzhallen-Szene auftritt. Charlie schnappt sich ein Stück Kordel, das zufällig zur Hand ist, um seine rutschende Hose zu sichern, und merkt nicht, daß sie am Halsband dieses schwergewichtigen, aber gutmütigen Tieres befestigt ist. Der Hund wurde für 35 $ pro Tag beim Hal Roach Studio gemietet.

Vielleicht brachten die Feierlichkeiten zum Jahreswechsel 1924/25 Chaplin auf die Idee, die ergreifendsten Szenen mit dem Tramp am Silvesterabend spielen zu lassen, wenn alle andern feiern und der einsame Goldgräber einsamer ist denn je. Die Tanzhallen-Szenen wurden am 19. Januar beendet. Zum Abschluß drehte Chaplin den pathetisch-komischen Augenblick, wo der Tramp unter dem beunruhigenden Blick eines leicht debilen Goldgräbers ein zerrissenes Bild von Georgia vom Boden aufhebt, das jemand weggeworfen hatte.

Anfang Februar hatten die Kulissenbauer die Hütte fertig gebaut, die sich in der gleichen Stadt wie die Tanzhalle befindet und in der Charlie bei dem gütigen Ingenieur Hank Curtis (gespielt von Henry Bergman) unterkommt. Sie ist der Schauplatz für die Silvesterfeier, die Charlie mit seinen bescheidenen Ersparnissen für Georgia und ihre Freundinnen vorbereitet. Doch die Mädchen vergessen ihn völlig und verschwitzen die Verabredung. Während Charlie auf sie wartet, schläft er ein und träumt, daß seine Dinnerparty ein großer Erfolg ist. Der englische Music Hall-Künstler Wee Georgie Wood, der sowohl in England als auch in den Vereinigten Staaten Kontakt zu Chaplin hatte, meinte, die Szene sei durch einen Vorfall inspiriert, der sich in Chaplins jungen Jahren auf Tournee zugetragen hatte. Damals hatte er die Mitglieder einer anderen jugendlichen Truppe, die an einem anderen Theater spielten, zum Tee eingeladen; der Manager der Truppe hatte ihnen den Besuch nicht erlaubt. Chaplin wurde nicht benachrichtigt und wartete vergeblich auf seine Gäste.

Chaplin war sich wohl dessen bewußt, daß diese Szene etwas ganz Besonderes sein mußte. In der Stummfilmzeit war es in den meisten anderen Studios üblich, Instrumentalgruppen, sogar kleine Orchester zu engagieren, um die Schauspieler mit Stimmungsmusik zu inspirieren. Im Chaplin-Studio hielt man das nicht für notwendig. Doch für diese Hüttenszenen wurden Musiker engagiert. In mindestens der ersten Woche war es das Hollywood String Quartet zu 50 $ pro Tag; es wurde dann durch Abe Lyman und ein Trio von Musikern ersetzt, die den Job für 37.50 $ plus Überstunden machten. Der berühmte »Brötchen-Tanz«, der Höhepunkt der Sequenz, wurde eindeutig zu Musikbegleitung gefilmt. Alle elf Takes, die Chaplin von der Sequenz machte, waren ganz genau gleich lang, und als er den Film später mit einer Tonspur versah, paßte die Nummer vollkommen synchron auf »The Oceana Roll«.

Berühmt wie er war, war es freilich nicht das erste Mal, daß dieser »Brötchen-Tanz« verfilmt wurde. In dem 1918 gedrehten Film *The Cook* spießte Roscoe Arbuckle auch zwei Brötchen auf Gabeln auf und ließ die so entstandenen beschuhten Miniaturbeine einen kleinen Tanz aufführen. Möglicherweise hatte sich Arbuckle den Gag in ihrer gemeinsamen Zeit bei Sennett von Chaplin abgeguckt. Bei Arbuckle ist es ein gelungener Gag; bei Chaplin hat die Nummer etwas Geniales, durch die Geschicklichkeit, das Timing, die Ausdruckskraft und Echtheit der tanzenden Beine. Die Brötchen-Beine wirken völlig lebendig, jede ihrer Bewegungen spiegelt sich in dem Gesicht darüber wider. Die Szene wurde zunächst fast nebenbei gedreht, mitten in einer buntgemischten Serie von Takes, die am späten Nachmittag des 19. Februar gemacht wurden:

> 3653. Szene: Große Nahaufnahme – C. C. oben am Tisch – macht Tanz mit Brötchen auf Gabeln.
> 3655: Retake
> 3656: Szene: Retake

Offenkundig gefielen Chaplin die Muster, und am nächsten Tag drehte er acht Retakes von der Szene.

Nach mehr als einem Jahr war nun das Ende der Dreharbeiten in Sicht. Als letzte große Kulisse mußte die Straße der Goldgräberstadt gebaut werden. Die lustige Szene, in der Charlie sich für seine Einladung mit Georgia mit Schneeschippen Geld verdient und sich ständig Kundschaft sichert, indem er den Schnee von einer Tür zur nächsten schippt, wurde in zwei flotten Drehtagen fertiggestellt. Am 10. April brachen Chaplin, Georgia und Mack Swain zusammen mit einem Kamerateam nach San Diego auf, um die abschließenden Szenen auf dem Schiff nach Hause mit Big Jim und Charlie zu filmen, die jetzt dank Jims Glückstreffer Millionäre geworden sind. Die Szenen wurden auf einem Schiff namens *The Lark* gedreht, auf der regulären Route zwischen San Diego, Los Angeles und San Francisco. Chaplin war eindeutig entspannt. Georgia erinnert sich: »Als wir wieder zurück waren, gingen wir in einen Nachtclub. Bei unserem Eintritt fingen sie an, ›Charlie, My Boy‹ zu spielen. Dann stimmte die Band einen Tango an. Wir tanzten und alle andern räumten die Tanzfläche. Das hat er wirklich genossen. Man hätte glatt denken können, daß er eine Million Dollar dafür bekam, so erfreut war er.«[10]

Die letzte Szene wurde (abgesehen von einigen Retakes mit den Miniaturen) am 14./15. Mai 1925 gedreht. Aus ihr wurde der spektakulärste und überraschendste Moment des Films: das Ende des Bösewichts Black Larson, als sich in Eis und Schnee eine Spalte auftut und er zu Tode stürzt. Zum Teil wurde mit Miniaturen gearbeitet, doch man kann sich bis heute nicht erklären, wie die Aufnahmen im Normalmaßstab mit dem Schauspieler Tom Murray gemacht wurden. Der Zusammensturz eines riesigen Schnee- und Eisüberhangs wurde vielleicht im Zusammenhang mit dem Abbau der Gebirgskulisse arrangiert.

Neun Wochen lang, vom 20. April bis fast zum Tag der Premiere am 26. Juni, war Chaplin mit dem Schneiden des Films beschäftigt. Während dieser Zeit drängten sich wieder häusliche Angelegenheiten in den Vordergrund. Das Ehepaar machte gegenüber der Öffentlichkeit gute Miene zum bösen Spiel. Vom Korrespondenten des Londoner *People* in die Enge getrieben, sagte Chaplin: »Ich bin der glücklichste Ehemann der Welt und wäre rundum zufrieden, wenn nicht diese bösartigen Gerüchte existierten.« Als man ihn fragte, was an den Geschichten über einen Ehekontrakt dran sei, antwortete Chaplin: »Der Ehekontrakt ist nichts weiter als ein Geschenk für meine Frau, ein Geschenk, das jeder Mann der Frau machen würde, die er liebt.« Lita ihrerseits sagte, daß sie »so glücklich [sei], wie der Tag lang«, und daß sie ihre Rolle als Hauptdarstellerin aufgegeben habe, um die Aufsicht über das Kinderzimmer zu übernehmen. Sie wandte sich gegen das Gerücht, demzufolge Chaplin in sein altes Domizil im Los Angeles Athletic Club zurückgekehrt sei.

Am 5. Mai 1925 brachte Lita einen Jungen zur Welt. Chaplins Sorge während der letzten Stadien ihrer Schwangerschaft und sein Stolz auf das Kind scheinen vorübergehend eine Annäherung bewirkt zu haben. Entgegen seiner früheren Vorbehalte erklärte er sich sogar bereit, seinem Sohn den Namen Charles zu geben. Bislang hatte er den Standpunkt vertreten, daß man ein Kind ungebührlich belaste, wenn man ihm den Namen seines berühmten Vaters gab. Um nicht noch mehr Wasser auf die Klatschmühlen von Hollywood zu gießen, hielt man es für klüger, die Geburt des Kindes noch eine Zeitlang geheimzuhalten. Die Heirat lag noch keine sechs Monate zurück. So blieben Lita, ihr Kind und ihre Mutter versteckt, zuerst in einer Hütte in den San Bernardino Mountains, die dem Arzt gehörte, der die Geburt überwachte und dann (gegen eine finanzielle Zuwendung) den Eintrag ins Geburtsregister fälschte. Später zogen sie dann in ein Haus in Manhattan Beach, das Alf Reeves für sie gemietet hatte. Seine Frau Amy kümmerte sich mit um Lita, als sie an einem Wochenbettleiden erkrankte. Man kam überein, daß der offizielle Geburtstag des Kindes auf den 28. Juni festgesetzt werden sollte – das war zwei Tage nach der Premiere von *The Gold Rush* in Los Angeles.

Während Lita bekümmert war, daß er keine Zeit hatte, seinen ersten Sohn zu besuchen, schuftete Chaplin im Schneideraum. In einer Drehzeit, die sich über ein Jahr und drei Monate erstreckt hatte und in der an 170 Tagen effektiv gedreht worden war, hatte er 70 562 Meter Film belichtet. Aus dieser Masse schnitt er einen fertigen Film von einer Länge von 2000 Meter zusammen. *The Gold Rush*, seine bisher längste Komödie, wurde mit ungebremstem erzählerischem Fluß geschnitten. Die Harmonie der Szenen und Bilder verriet nichts von den Unterbrechungen, den Störungen, dem technischen Aufwand. Als Chaplin den Film siebzehn Jahre später mit einer Tonspur versehen neu herausbrachte, nahm er, abgesehen davon, daß die Zwischentitel wegfielen, nur in der Schlußszene eine wesentliche (und unerklärliche) Änderung vor. In der ursprünglichen Fassung endete der Film mit einer langen, liebevollen Umarmung von Charlie und Georgia. In der Neufassung ersetzte Chaplin diesen Schluß durch ein züchtigeres Fade-Out, bei dem die beiden einfach von der Kamera weg aus der Bildfläche verschwinden.

»Eine Chaplin-Premiere ist stets ein außergewöhnliches Ereignis«, schrieb der *Los Angeles Evening Herald* einen Tag nach der Galavorführung von *The Gold Rush* am 26. Juni 1925. »Andere Stars und andere Filme ziehen auch große Massen an, aber irgend etwas, was der ersten Darbietung von Filmen, die das Markenzeichen des Komikers tragen, anhaften muß, macht seine Premieren immer irgendwie bedeutender; jedenfalls hat es ganz den Anschein, nach der Gier zu urteilen, die sowohl die Branche als auch die Öffentlichkeit an den Tag legt. Bei der Eröffnung blieb kein Platz leer. Falls irgendein Kartenbesitzer es vorzog, dem Ereignis fernzubleiben, konnte er sein Billet für eine traumhafte Summe loswerden ...«

Der Vorplatz von Grauman's Egyptian Theatre war »das reinste Wunderland aus Licht und Farbe. Die geschicktesten Dekorateure im Reich der Täuschung waren eine Woche lang damit beschäftigt, den Platz für das Ereignis zu schmücken.« Im Innern wurden die Berühmtheiten, sowie sie den Saal betraten, von einer dröhnenden Stimme ausgerufen, und jede oder jeder wurde beklatscht je nach ihrem oder seinem Popularitätsgrad. »Im Haus hallte der Beifall wider, wenn Publikumslieblinge hinter aufmerksamen Platzanweiserinnen herschlenderten.« Diese Ansagen waren etwas ganz Neues, ebenso wie der gekühlte Punsch, der in der Pause von hübschen Platzanweiserinnen gereicht wurde. Dem Film voraus ging ein Prolog »von unvergleichlicher Schönheit... Grauman hat sich mit diesem Werk tatsächlich selbst übertroffen, und wahrscheinlich wird diese Premiere von *The Gold Rush* nie zu übertreffen sein. Falls doch, kann nur ein Genie wie Grauman das fertigbringen.« Der Vorhang ging vor einem Panorama des eisigen Nordens hoch und enthüllte ein Rudel Seehunde, die einen schroffen Eisberg erklommen. Zu den Seehunden gesellten sich alsbald tanzende Eskimomädchen. Dann folgten »eindrucksvolle künstlerische Tänze, von berückend hübschen jungen Frauen dargeboten, die erstaunlich prachtvolle Gewänder trugen, die mit der arktischen Atmosphäre harmonierten und die Stimmung des kargen weißen Landes heraufbeschworen.« Zu den weiteren Darbietungen zählten Eiskunstlauf, eine von Miss Lillian Powell präsentierte Ballon-Nummer und eine Monte-Carlo-Tanzhallenszene.

Nach dem Film wurde der Star-Regisseur zur Bühne geleitet. »Er erklärte, er sei zu ergriffen, um eine große Rede zu halten, und dann hielt er, wie konnte es anders sein, eine ziemlich gute Ansprache.« Georgia Hale bemerkte, daß dies einer der seltenen Momente war, in denen Chaplin keine Selbstzweifel bezüglich seiner Arbeit plagten: »Er war sich da hundertprozentig sicher. Er hatte wirklich das Gefühl, daß es der größte Film war, den er jemals gemacht hatte. Er war rundum zufrieden.«

Chaplin verbrachte die folgende Woche damit, den Schnitt des Films zu verfeinern, und danach bereitete er zwei Wochen lang eine neue Musik vor. Als es nichts mehr zu tun gab, brannte er sichtlich darauf, aus Los Angeles und seinem Haus wegzukommen, und am 29. Juli bestieg er zusammen mit Kono und Henri d'Arrast den Zug nach New York, obwohl die New Yorker Premiere erst am 16. August stattfinden sollte. Edna, die im Begriff war, eine Europareise anzutreten, gesellte sich in New York zwischen dem 17. August und ihrer Abfahrt nach Cherbourg am 22. August für kurze Zeit zu Chaplin.

In den großen Städten schlug *The Gold Rush* sofort ein, aber auf dem platten Land lief das Geschäft langsamer an. Im Januar schrieb Arthur Kelly von Uni-

1925 – Premierenprogramm von
The Gold Rush

ted Artists an Sydney, daß *The Gold Rush* sich »in allen kleineren Städten als Flop erwiesen hat. Für einige Kinobesitzer sieht es sogar katastrophal aus. Anscheinend will man Charlie nicht in irgendeinem dramatischen Werk sehen, was deutlich wird, wenn man die Gesamteinnahmen genau unter die Lupe nimmt. Überall brach die Eröffnung alle Rekorde, aber am zweiten und an den folgenden Tagen gingen die Besucherzahlen rapide zurück, was beweist, daß alle darauf aus waren, ordentlich zu lachen; und hinterher war man enttäuscht, und die entsprechende Reaktion setzte ein. Vielleicht kann das ein Hinweis für zukünftige Produktionen sein ...« Kellys Befürchtungen erwiesen sich als unbegründet. *The Gold Rush* hatte Chaplin 923886.45 $ gekostet; im Laufe der Jahre sollte er über sechs Millionen Dollar einspielen.

In England fand die Premiere von *The Gold Rush* im Tivoli, Strand, statt, das Chaplin einst als Music Hall gekannt hatte und das gerade vor kurzem zu einem Luxuskino umgebaut worden war. Die Premiere machte Rundfunkgeschichte oder stellt zumindest ein ziemlich bizarres Fragment in der Geschichte des Rundfunks dar:

> Am nächsten Samstag um 19.30 Uhr wird der Versuch unternommen, das Gelächter des Publikums aus dem Tivoli Theatre zu übertragen während der zehn allerkomischsten Minuten des neuen Chaplin-Films *The Gold Rush*. Wie verlautet, ist ein Probeversuch erfolgreich verlaufen, doch die BBC kann am Abend selbst nicht für gute Qualität garantieren, da diese Art von Übertragung eine komplizierte und unsichere Sache ist.[12]

Aber anscheinend verlief alles glatt:

> Das bis heute originellste Rundfunk-Experiment wurde von der British Broadcasting Corporation am letzten Samstag (26. September) durchgeführt: Alle Stationen auf den Britischen Inseln übertrugen, was in jeder Zeitung im Vereinigten Königreich in folgenden nüchternen Worten angekündigt wurde:
>
> 19.30. Intermezzo mit Gelächter.
> Zehn Minuten mit Charlie Chaplin und seinem Publikum im Tivoli.
>
> ›Uncle Rex‹, der Rundfunksprecher, schickte der Übertragung die Bemerkung voraus, daß die BBC im Begriff war, ein einzigartiges Experiment durchzuführen – man habe vor, »einen Sturm zügellosen Gelächters zu senden, ausgelöst durch den einzigen Mann der Welt, der die Leute dazu bringen kann, fünf Minuten lang ununterbrochen zu lachen, nämlich Charlie Chaplin!« Man hatte die Sequenz ausgewählt, die den Höhepunkt von *The Gold Rush* darstellt: Charlie und sein Partner wachen auf und entdecken, daß ihre Holzhütte gefährlich überm Rand eines Abgrunds hängt.
>
> Den Worten eines Zuhörers zufolge verlief das Experiment höchst erfolgreich. Der erste Ausbruch vom Gelächter der Zuschauer hörte sich an wie große schäumende Wogen, die sich tosend an riesig aufragenden Felsen brechen und sich dann langsam in Tausende von kleinen Wellen und Kaskaden auflösen, die wie Perlen in ein wütendes Meer fallen.

Im Anschluß daran gab es einen Nachhall, der sich anhörte, als würden Marmeladengläser in einem Schnellzug hin und herrollen. Es folgten undeutliche absonderliche Laute sich steigernden delirischen Entzückens, die in prasselndem Gelächter kulminierten, bis schließlich ein gewaltiges Toben einsetzte – ein wahrer Sturm unbändiger Lachsalven. Dann schrille, verzweifelte Schreie – und über allem erhob sich das durchdringende silbertönige Lachen einer Frau, das tausend Ausbrüche übertönte.

Der Höhepunkt war erreicht, als ein schier rasendes Gelächter ausbrach, es klang wie die Salven aus tausend Gewehren, die den königlichen Salut schießen. Allmählich ebbte das Lachen ab, mit Geräuschen, die an ein Auslaßventil erinnerten, daß seine Kraft in dünne Luft ausstottert.

So endete dieses historische Ereignis der Filmgeschichte – zehn Minuten Gelächter mit Charlie Chaplin im Tivoli in London.[13]

Die Premiere des Films im Capitol in Berlin zeichnete sich durch ein im Film womöglich einzigartiges Ereignis aus: Es kam zu einem Dacapo. Beim Brötchen-Tanz geriet das Publikum vor Begeisterung außer Rand und Band. Der Geschäftsführer des Kinos besaß die bewundernswerte Geistesgegenwart, zum Vorführraum zu eilen und den Vorführer anzuweisen, den Film zurückzuspulen und die Szene noch einmal zu zeigen. Das Orchester fand seinen Einsatz, und die *Reprise* wurde mit noch wilderem Applaus begrüßt.[14]

11

Circus

Kalifornien und das Haus im Summit Drive konnten jetzt wenig verlokken, und Chaplin blieb nach der Premiere mehr als zwei Monate in New York. Er kam schließlich am 15. Oktober 1925 zurück und begann sehr bald mit der Arbeit an *The Circus*. Es wurde eine vom Unglück verfolgte Produktion. Das erstaunlichste an dem Film ist nicht, daß er so gut ist, wie er ist, sondern daß er überhaupt fertiggestellt wurde.

Nach *The Gold Rush* erwog Chaplin eine Verfilmung von Stevensons *The Suicide Club* und *The Dandy*. Er spielte auch mit einer Idee für einen Napoleon-Film. Im März hatte Sydney ihm aus New York telegrafiert:

> SHERWOOD VON LIFE HAT FÜR BUSTER KEATON FILMSTORY MIT TITEL SKYSCRAPER GESCHRIEBEN STOP KEATON FINDET STORY GUT HAT SIE ABER NOCH NICHT ENDGÜLTIG GEKAUFT STOP HAB SIE GELESEN UND FINDE SIE OKAY SHERWOOD SCHREIBT AN ANDERER DIE FÜR DICH GEEIGNET IST STOP TELEGRAFIER MIR WENN ICH VERSUCHEN SOLL DIE SACHE FÜR DICH PERFEKT ZU MACHEN.

Sherwood war einer von Chaplins verständnisvollsten Kritikern, aber Chaplin scheint auf den Vorschlag nicht reagiert zu haben.

Henry Bergman, ein bescheidener Mensch, der nur wenige Eindrücke von seinen vielen Jahren mit Chaplin wiedergab, beschrieb die Entstehung des Films:

> Bevor er mit *The Circus* angefangen hat, hat er eines Abends zu mir gesagt: »Henry, ich würde gern mal einen Gag bringen, bei dem ich in eine Lage gerate, aus der ich mich aus irgendeinem Grund nicht befreien kann. Ich hänge irgendwo hoch oben in der Luft und werde von irgendwas geplagt, Affen oder so was, die mich bedrängen und die ich nicht loswerden kann.« Er wälzte eine Vaudeville-Geschichte in seinem Kopf herum. Ich hab zu ihm gesagt: »Charlie, so was kannst du nicht auf einer

Bühne machen. Das würde dem Publikum nicht gefallen, wenn es sich nach einem Vaudeville-Schauspieler den Hals verrenken muß. Das wäre unnatürlich. Entwikkel deine Idee doch in einem Zirkuszelt, auf dem Hochseil. Ich bring dir bei, wie man auf dem Hochseil geht.«[1]

Auch anderes sprach eindeutig dagegen, so bald nach E. A. Duponts deutscher Produktion *Varieté*, die damals in der Filmwelt in aller Munde war, einen Film im Vaudeville-Theater spielen zu lassen.

»Viele seiner Ideen sind auf einem einzigen Gag aufgebaut«, fügte Bergman hinzu. Alptraum ist oft ein wesentlicher Bestandteil von Komik. Im Mittelpunkt von Harold Lloyds berühmtestem Film *Safety Last* [Ausgerechnet Wolkenkratzer] stehen die Gefahren, in die er auf dem Dach eines Wolkenkratzers gerät. James Agee beschrieb eine Sequenz in einem Laurel and Hardy-Film als »wahrhaft und schlicht... ein Alptraum. Laurel und Hardy versuchen, ein Klavier über eine schmale Hängebrücke zu schaffen. Die Brücke führt über einen schwindelerregenden Abgrund zwischen ein paar hohen Bergen. In der Mitte begegnen sie einem Gorilla.«[2]

Chaplin schuf sich seinen Alptraum – womöglich ein unbewußtes Sinnbild für seine Sorgen? –, indem er sich hoch oben in der Zirkuskuppel aufs Hochseil begab. Ohne Netz. Sein Sicherheitsgurt löst sich. Er wird von Affen angefallen. Sie reißen ihm die Hose herunter. Er hat vergessen, sein Trikot anzuziehen.

Um diesen schrecklich-komischen Höhepunkt herum rankte sich dann ein einfaches, komisch-romantisches Melodram:

Charlie, der Tramp, gerät zufällig in einen Wanderzirkus, der schlechte Geschäfte macht. Er wird von einem Polizisten in die Manege gejagt, und das Publikum gerät angesichts seiner Mißgeschicke außer Rand und Band. Er wird daraufhin als Clown engagiert – das Problem ist nur, daß er nur dann komisch ist, wenn er es nicht beabsichtigt. Er verliebt sich in die Tochter des Zirkusdirektors und schützt sie vor ihrem grausamen Vater. Als aber Rex der Seiltänzer erscheint und das Mädchen ihr Herz an ihn verliert, ist es aus und vorbei mit der Idylle. Charlie will es seinem Rivalen unbedingt gleichtun, und so gerät er dann in die katastrophale Lage auf dem Hochseil. Er gibt sich schließlich geschlagen, hilft dem Paar bei der Flucht, und am Schluß bleibt er allein im Rasenrund zurück, wo vorher der Zirkus stand.

Chaplin hatte einen neuen Assistenten, der später die Rolle des Rex bekam: Harry Crocker war der neue Liebling der San Simeon-Clique; Chaplin hatte ihn durch Marion Davies und Hearst kennengelernt. Crocker war zu diesem Zeitpunkt dreißig Jahre alt, etwas über einsneunzig groß und sah gut aus. Er stammte aus einer prominenten Bankiersfamilie aus San Francisco, hatte Yale absolviert und sich zunächst als Börsenmakler versucht. Seine Sehnsucht nach etwas Glanzvollerem hatte ihn veranlaßt, im Herbst 1924 seinen Maklerjob an den Nagel zu hängen und nach Hollywood zu gehen, wo er mit seinem guten Aussehen und seinem Sinn für Schabernack Marion Davies auf sich aufmerksam machte. Er war bereits bei der Los Angeles Playhouse Company schauspielerisch tätig gewesen und hatte in *The Big Parade* von King Vidor eine Nebenrolle als Soldat bekommen. Nun gab Marion ihm eine Hauptrolle in ihrem Film *Tillie the Toiler*. Danach bekam er drei weitere Filmrollen. Als Chaplin ihm einen Job anbot, hatte er gerade eine Statistenrolle in King Vidors *La Bohème*. Chaplin sagte Crocker, er solle alles Notwendige mit Alf Reeves regeln. Aber als Crocker sich in Reeves' Büro meldete, wußte dieser von nichts. »Machen Sie sich nichts draus«, sagte er. »Er ist sehr zerstreut.«[3] Als Eddie Sutherland erfuhr, daß Crocker seinen einstigen Posten als Chaplins Regieassistent übernehmen sollte, riet er ihm: »Am besten verbuchen Sie Chaplin als Hundesohn. Er ist nicht immer einer, aber gelegentlich kann er einer sein. Ich habe mich für alle Fälle mit dieser Einstellung gewappnet. Wenn er sich dann schlecht benimmt, trifft mich das entsprechend weniger hart, und wenn er sich gut benimmt, bin ich angenehm überrascht.« Auch ein anderer früherer Chaplin-Assistent, Henri d'Abbadie d'Arrast, warnte ihn: »Charlie hat einen gewissen Hang zum Sadismus. Selbst wenn er Sie sehr mag, wird er versuchen, Sie seelisch fertigzumachen, Sie einzuschüchtern, Sie auf die Palme zu bringen. Er kann nicht anders. Sie werden es kaum glauben, mit wie vielen Freunden er es sich durch diesen Hang verdorben hat.« Crocker machte bessere Erfahrungen mit Chaplin, und seine Zuneigung und Bewunderung hielten über Jahre hinweg, obwohl es manchmal zu erbitterten Auseinandersetzungen kam; eine Meinungsverschiedenheit führte sogar zu seinem Ausstieg aus *City Lights*. Bei *The Circus* war er, wie er feststellte, als Assistent, Autor, Schauspieler und Gefährte engagiert. Seine erste Aufgabe bestand darin, mit Chaplin an Story-Ideen zu arbeiten, das heißt, er diente im wesentlichen als Resonanzkörper und Stenograph. Chaplin und Crocker zogen sich für zehn Tage (9. bis 18. November 1925) nach Del Monte zurück, um an der Story zu arbeiten, während sich die Studiobelegschaft unter Anleitung von Danny Hall daran machte, auf dem Studiogelände ein Zirkuszelt und eine Menagerie aufzubauen. Die Reise ermöglichte auch die erneute Flucht vor dem Familienleben im Summit Drive. Außerdem war es auch notwendig, den abendlichen Treffen mit Hearst und Marion zu entrinnen, die inzwischen zur gewohnheitsmäßigen Ablenkung geworden waren.

Chaplins Chauffeur Frank Kawa fuhr sie in dem schwarzen Locomobil, Kono folgte in seinem eigenen Wagen. Crocker erinnerte sich später, daß ihm die Vielfalt von Chaplins Gesprächsthemen auf dieser geruhsamen Reise schier den Atem verschlug. Er entwarf ein Programm, wonach die Industrie mit einer Art 25 %igem Zehnten auf ihre Produkte besteuert werden sollte; er brachte sein Entsetzen über die Arbeitsbedingungen in Fabriken und den Leistungsdruck, den das amerikanische Business auf die Arbeitnehmer ausübte, zum Ausdruck; ließ sich über Frühstücks-Sitten und Gebräuche aus; philosophierte über Zeit und Raum und Licht.

Ein Großteil ihrer Denkarbeit erledigten sie auf langen Spaziergängen in der Umgebung von Del Monte. Crocker erinnerte sich, wie Chaplin, den Verkehr um sie herum ganz vergessend, plötzlich eine Szene ausspielte, die er sich ausgedacht hatte: Der Ausrufer vor einer Schaubude sollte auf die Plakate zeigen, auf denen für einen Riesen und einen Zwerg Reklame gemacht wurde. Chaplin sollte aus dem Zelt kommen, stehenbleiben und nach oben greifen, um dem unsichtbaren Riesen die Hand zu schütteln, sich dann umdrehen und bücken, um sich von dem Zwerg zu verabschieden.

Wenn das Brainstorming gut verlaufen war, sang Chaplin auf dem Rückweg nach Pearl Lodge, wo sie wohnten, Music-Hall-Songs, oder er stürzte sich in Diskussionen über internationale Konzerne oder Seelenwanderung. Er konnte auch plötzlich vorschlagen zu wetten, wie lang das gerade Straßenstück bis zur nächsten Biegung war. Eines Abends veranstalteten sie, wie Crocker sich erinnerte, in der Lodge einen Wettstreit, wer die schlechtesten Witze erzählen konnte, und im Anschluß daran spielte Chaplin alle Rollen des dritten und vierten Aktes von *Sherlock Holmes.*

Die Notizen, die sie von ihrer Szenario-Reise mitbrachten, existieren noch und veranschaulichen sehr klar, wie Chaplin einen neuen Film anpackte: Er trug eine kunterbunte Mischung aus potentiellen Gags, Szenen oder verschwommenen Ideen zusammen. Er sammelte eine Menge Stoff; erst später legte er das Muster und den Schnitt des Gewandes fest. Zu diesem Zeitpunkt wußte Chaplin immer noch nicht genau, ob er den Film *The Circus* oder *The Traveller* nennen sollte. Die Notizen werden als ›Vorschläge‹ präsentiert, einige beinhalten ganze Sequenzen:

Vorschlag: Charlie bemerkt, daß der Hundebändiger die Hunde mißhandelt – besonders einen Hund. Knöpft sich Trainer vor, es kommt zur Prügelei. Hund, den Charlie retten wollte, mischt sich in Kampf ein und beißt Charlie. Charlie ergreift schließlich die Flucht. Ist böse auf Hund, aber Hund macht Männchen und bettelt. Charlie vergibt ihm und will ihn streicheln – Hund beißt ihm fast die Hand ab.

Diese Wendung ist eine schon fast Buñuelsche Parabel auf die Undankbarkeit. Chaplin hatte noch einen charakteristischen zusätzlichen Einfall:

Vorschlag: Am Schluß der Episode mit dem grausamen Tierbändiger soll Charlie ihm als Ersatz für die, die er zerbrochen hat, eine Peitsche überreichen.

Diese Sequenz wurde, wie andere auch, letztendlich verworfen. Andere ›Vorschläge‹ erscheinen unverändert im Film:

Vorschlag: Charlie wird für Taschendieb gehalten. Cop jagt ihn durch Lachkabinett. Charlie stellt sich draußen vor Lachkabinett neben Puppen auf und imitiert ihre hölzernen Bewegungen. Vielleicht Gauner einführen – auch von Polizei verfolgt –, der sich als Puppe tarnt, und Charlie verdrischt ihn als Teil der Nummer – Gauner muß stillhalten, weil Cop zusieht.

Einige ›Vorschläge‹ liefern einzelne Gags:

Vorschlag: Charlie steht in der Nähe von Kamel. Taktlos bittet er Arbeiter um eine »Lucky Strike«*, und das erboste Kamel beißt ihn.

Vorschlag: Charlie hantiert mit Schlauch, trifft aus Versehen Boss, gibt Elefanten die Schuld und verhaut Rüssel des Elefanten. Sagt zum Elefanten: »Steck das weg.«

Wir können feststellen, daß Chaplin bei dieser Vorbereitungsarbeit für einen Film oft auf Ideen zurückkommt, von denen er geradezu besessen scheint, sie dann aber wieder verwirft – vielleicht weil er befürchtet, sich daran festzubeißen. Seine unterschwellige Angst vor dem Publikum – insbesondere vor einem Theaterpublikum –, die in *Limelight* am eindeutigsten zum Ausdruck kommt, ist ewig präsent:

* »Lucky Strike« und »Camel« waren konkurrierende Zigarettenmarken.

Vorschlag: Bei Charlies Bemühungen, als Clown komisch zu sein, sitzt ein hartgesottener Bursche im Publikum, der ihn nicht komisch findet und Charlie die Arbeit äußerst erschwert.

Eine Gag-Idee spiegelt, bewußt oder unbewußt, Charlies aktuelle Bemühungen wider, seine familiären Probleme vor einer mißtrauischen und neugierigen Presse zu verbergen:

Vorschlag: Ein Akrobat streitet sich heftig mit Ehefrau oder Partnerin hinter den Kulissen und ist vor dem Publikum ganz zuvorkommend und liebevoll.

Chaplins erste Idee für den Anfang des Films wurde nicht verwendet – der endgültige Einstieg war eindeutig schlüssiger. Doch einmal mehr zeigt sich hier, wie es ihm widerstrebt, eine gute Idee zu vergeuden, denn hier taucht ein weiteres Mal der Stoff des aufgegebenen Films *The Professor* auf:

Vorschlag für Anfang: Unter einem Brückenbogen lagert ein Haufen Landstreicher. Einige schlafen – andere sitzen herum – einer rührt in einer Büchse über dem Feuer. Charlie kommt zum Lager. Er blickt sich naserümpfend um – zieht Taschentuch hervor – staubt Stein ab und setzt sich. Ein Penner blickt auf und fragt: »Welche Branche?« Charlie antwortet: »Zirkus.« Penner blickt ihn ungläubig an. Er bemerkt Blick und zieht unterm Arm einen kleinen Kasten hervor, der mit »Flohzirkus« beschriftet ist. Ad lib Floh-Nummer.

Als er Flöhe für die Nacht wegpackt, entdeckt Charlie, daß einer verschwunden ist – geht rüber zu Penner mit langem Bart – pickt Floh aus dem Bart heraus, betrachtet ihn und steckt ihn wieder zurück. Er gehört offenbar nicht zum Zirkus.

Alle schlafen. Durch Bewegungen im Schlaf wird Flohzirkus umgestoßen, und Flöhe entkommen. Unter Pennern setzt allgemeines Gekratze ein, aber Flöhe konzentrieren sich auf Hund. Hund steht schließlich gequält auf und jault – Charlie wird wach. Erblickt umgestürzten Flohzirkus – beobachtet Hund und weiß Bescheid. Verfolgung von Hund, der in den See läuft und den Zirkus ersäuft. Charlie verzweifelt.

Die erhalten gebliebene Sequenz von *The Professor* endet auch mit einer Verfolgung des Hundes durch den Professor. Der tragische Ausgang in diesem ›Vorschlag‹ verrät uns vielleicht, wie die Sequenz in dem früheren Film geendet haben mochte. An die erste Anfangsidee für *The Circus* schließt sich ein wunderbarer Gag an, der leider nie verwendet wurde – weder von Chaplin noch von einem anderen Komiker:

> Am folgenden Morgen machen sich Penner daran, Zug zu besteigen. Sie wollen per Bremsgestänge reisen. Charlie entdeckt Postsack in Träger – entfernt selbigen und stellt sich in den Träger – wird von Ladearm des Postwaggons festgehalten – Postangestellter schläft. Charlie reist entspannt, genießt die Aussicht, während Penner von ihren Plätzen unterm Waggon neidisch emporblicken. Passagier in Waggon vor Charlie wirft Zigarette aus dem Fenster. Charlie fängt sie und raucht – läßt Kippe großartig zu einem der Penner unterm Waggon fallen. Trifft in Stadt ein und stößt auf Zirkus.

Obwohl sich während der langwierigen Produktion von *The Circus* noch vieles ändern sollte, gab es für das Team bereits eine Menge zu tun, als Chaplin und Crocker am 18. November aus Del Monte zurückkamen.

Henry Bergman erfüllte sein Versprechen, Chaplin Seiltanzen beizubringen. Es bleibt uns verborgen, zu welchem Zeitpunkt seiner Karriere dieser vielseitige Mensch sich diese Kunst angeeignet hatte, die man bei einem Mann seiner Leibesfülle nicht unbedingt vermutet. »Ich hab Charlie innerhalb einer Woche das Seiltanzen beigebracht ... Wir haben das Seil so hoch über dem Boden gespannt (er deutete dem Interviewer eine Höhe von 30 Zentimetern an), dann haben wir es bis unter die Decke erhöht, mit einem Netz darunter, aber Charlie ist nie gefallen. Er hat den ganzen Tag geübt. Im Film war nichts von alldem zu sehen, was er auf diesem Seil vollbracht hat.« Crocker, in der Rolle des Rex, mußte auch lernen, sich überzeugend auf dem Seil zu bewegen, und bis Weihnachten übten er und Charlie tagaus, tagein stundenlang, während unter ihnen und um sie herum die Kulissen fertiggestellt und die Kostüme angefertigt wurden. Die erste Katastrophe, die über die Produktion hereinbrach, verursachte nur eine kurze Unterbrechung. Als das Zelt so gut wie fertig war, wurde es am Sonntag, den 6. Dezember durch einen besonders heftigen Sturm mit Regen schwer beschädigt.

Da in den Story-Vorschlägen Georgia Hales Name auftaucht, ist anzunehmen, daß sie wieder als Chaplins Hauptdarstellerin vorgesehen war. Ihr Vertrag lief jedoch am 31. Dezember aus. Man weiß nicht genau, warum er nicht verlängert wurde. In *The Gold Rush* hatte sie gute Arbeit geleistet, und Chaplin hat sie wohl aufrichtig gemocht; sie blieben – mit Unterbrechungen – noch Jahre nach dem Film miteinander befreundet. Vielleicht wollte Georgia schneller mit ihrer Karriere vorankommen. Tatsächlich war sie dann schon in fünf Filmen aufgetreten, bevor *The Circus* überhaupt fertig wurde. Bis 1928 machte sie noch ein halbes Dutzend weiterer Filme und zog sich dann von der Leinwand zurück: Ihre Stimme und ihre Sprechweise waren nicht so angenehm wie ihr Aussehen, und somit war das Schicksal ihrer Karriere mit dem Durchbruch des Tonfilms besiegelt. Ihre denkwürdigsten Leistungen zeigte sie in *The Salvation Hunters, The Gold Rush* und *The Last Moment*, bei dem der begabte Paul Fejös Regie führte – was Sternbergs Einschätzung zu bestätigen scheint, daß Georgia Hale eine Schauspielerin war, deren Leinwandqualitäten in großem Maße vom Talent ihrer Regisseure abhingen.

Lita Greys Jugendfreundin Merna Kennedy wurde Chaplins neue Hauptdarstellerin. Sie hatte Lita an dem Tag zum Studio begleitet, als diese sich ihre Probeaufnahmen für *The Gold Rush* sicherte. Im Pressematerial zur Uraufführung des Films wird geschildert, wie Merna ihre Rolle bekam:

> ... Charlie hatte gerade mit der Arbeit an *The Circus* begonnen. Er mußte auf dem Hochseil balancieren und in den Schaubuden umhertollen und danach streben, das Herz des Mädchens in dem wippenden Rock zu gewinnen, das den in der Manege kreisenden weißen Araber reitet. Wer sollte das Mädchen spielen?
>
> »Merna Kennedy tritt hier in Los Angeles in einer Musik-Show im Mason Opera House auf.«
>
> »Sehen wir sie uns heute abend mal an«, war die Antwort. Und so ging Charlie Chaplin ins Mason, um sich die Musik-Show *All For You* anzusehen.
>
> Merna Kennedy wurde ausgewählt. Natürlich wurden Probeaufnahmen gemacht, und die Lebendigkeit und der Charme der rothaarigen Dame mit den Leinwandaugen schlugen bei Charlie ein. Er wählte eine Hauptdarstellerin aus, die keiner kannte, die noch niemand auf der Leinwand gesehen hatte.[4]

In Wirklichkeit hatte ihre Jugendfreundin Lita Merna Kennedy für die Rolle vorgeschlagen. Sie war Merna nach mehr als einem Jahr wieder begegnet, während Chaplin in New York war. Angeblich war Chaplin von dem Vorschlag ursprünglich weniger begeistert, als die Presse-Story es darstellt, aber er ließ sich überzeugen. Lita selbst sollte ihre Initiative bereuen: Sie war schon auf Georgia Hale eifersüchtig gewesen und erkannte nun, daß ihr Mann sich mehr um die von ihr vorgeschlagene Hauptdarstellerin kümmerte als um sie. Merna Kennedys Vertrag sollte am 2. Januar 1926 anlaufen. Nur wenige andere Rollen mußten besetzt werden. Chaplin wollte, daß Henry Bergman Mernas Stiefvater, den gemeinen Zirkusdirektor spielte, »aber ich hab zu ihm gesagt: ›Nein, Charlie, ich bin ein kugelrunder Mann mit einem freundlichen Gesicht, nicht so ein dreckiger Bösewicht, der ein Mädchen schlagen würde‹. Also bekam ich die Rolle des dicken Clowns.« An seiner Stelle wurde Allan Garcia unter Vertrag genommen, der damit auch seinen ersten Auftritt mit einer größeren Rolle hatte.

Die Dreharbeiten begannen am Montag, den 11. Januar. Die ersten beiden Wochen widmete man sich den Hochseil-Szenen. Dies verstieß gegen Chaplins übliche Methode, in der Handlungsreihenfolge zu drehen, aber er war jetzt gut trainiert, und außerdem war es die einzige Szene des Films, die er bereits voll im Kopf hatte. Am 17. Januar – einem Sonntag, Chaplin war also in diese Szene besonders vertieft – begann er mit den Affen zu arbeiten. Am 27. Januar wappnete er sich für die Dreharbeit mit Publikum im Zirkuszelt. Er fühlte sich bei Massenszenen nie wohl, und die Kosten waren – auch 1926 schon – besorgniserregend, wenn Dreharbeiten mit ›Massen‹ sich zu sehr in die Länge zogen. Für das Zirkuspublikum engagierte das Studio 185 Statisten zu 5 $ pro Tag, 114 zu 7.50 $ und einen für 15 $. Chaplin machte achtzehn lange Takes mit der Menge, die dann für Inserts aufgeteilt wurde, und sorgte dafür, daß die Massenszenen an einem Tag im Kasten waren. Drei Tage später war ein ganz besonders teurer Statist auf dem Gelände – ein Elefant, dessen Tagesmiete 150 $ betrug, zuzüglich 15 $ für seinen Pfleger.

In der ersten Februarwoche schnitt Chaplin, durch eine Erkältung zweifellos etwas gedämpft, die bereits gedrehten Hochseil-Szenen und beschloß, sie nachzudrehen, was den Rest der Woche in Anspruch nahm. In der folgenden Woche drehten er und Crocker die Szenen, in denen sie mit dem Rad auf dem Hochseil fahren, einschließlich Charlies »Todesfahrt«. Dann ereignete sich die zweite Katastrophe. Das Team machte die Entdeckung, daß die Muster, die man bereits angesehen hatte, durch Kratzer verdorben waren. Fehler oder Irrtümer wurden im Studiolabor aufgedeckt. Es ist nicht überliefert, was genau daraufhin passierte, aber man kann sich Chaplins Reaktion leicht ausmalen. Das Laborteam wurde ausgewechselt, aber Chaplin mußte der Tatsache ins Auge sehen, daß die gesamte Arbeit des vergangenen Monats wiederholt werden mußte. In der Woche nach dem 16. Februar war er wieder die ganze Zeit auf dem Hochseil. Als er fertig war, hatte er über 700 Takes auf dem Seil gemacht. Kaum verwunderlich, daß er oft erschöpft war, wie Crocker sich erinnert. »Es ist nie jemandem aufgefallen, daß meine Beine für Charlie eingesprungen sind, wenn er sich mal ausruhen mußte.« Die Retakes waren Ende Februar fertig, und in der ersten Märzwoche begann Merna Kennedys Arbeit. Anscheinend arbeitete sie gut unter Chaplins Anleitung: Die täglichen Drehberichte zeigen, daß es wenig Probleme mit ihren Szenen gab.

Die Arbeit am Film war eine willkommene Ablenkung vom Unglück im

Summit Drive. Im Herbst 1925 hatte Lita festgestellt, daß sie wieder schwanger war. Chaplin war außer sich über die zusätzliche Schlinge, die er sich geknüpft hatte (zumindest empfand er es so). Die Schwangerschaft führte zu einer weiteren Verschlechterung der ehelichen Beziehung, sofern das überhaupt noch möglich war. Lita schaffte es beim besten Willen nicht, ihrem Mann zu gefallen, und war verzweifelt eifersüchtig auf die Zuwendung, die er Marion Davies, Merna Kennedy und Georgia Hale entgegenbrachte. Chaplin seinerseits empfand die Lage als qualvoll. Er litt zunehmend an akuter Schlaflosigkeit und strich nachts mit einer Schrotflinte durchs Haus, aus Angst vor Einbrechern. Er badete oder duschte zigmal am Tag. Er ließ die Studioelektriker Abhörgeräte in Litas Zimmer installieren, aber es war nichts zu hören, und die Geräte waren ohnehin technisch unzulänglich. Selbst Versöhnungsbemühungen mißlangen. Auf Litas Bitten hin erlaubte Charlie ihr, mit Leuten ihres Alters Kontakt aufzunehmen, und er gab ihr Geld, damit sie in einem Restaurant für acht junge Freunde eine Party geben konnte. Lita brachte sie danach unvorsichtigerweise mit nach Hause in den Summit Drive. Als Chaplin überraschend heimkehrte, bekam er einen Wutanfall und warf die Gäste hinaus. Der Vorfall sollte im späteren Scheidungsprozeß von beiden Parteien zitiert werden. In dieser gespannten Atmosphäre wurde am 30. März 1926 – fünf Wochen zu früh – Litas zweites Kind, Sydney Earle Chaplin, geboren. Litas einziger Trost war, daß die Geburt, im Gegensatz zu der ihres ersten Sohnes, unkompliziert verlief.

Das zweite Kind trug gewiß in keiner Weise dazu bei, die unglückliche Ehe zu verbessern. Wieder gab die Wahl des Namens Anlaß zum Streit, doch Lita willigte ein, den Jungen nach ihrem Schwager zu nennen. Als die Ehe in die Brüche gegangen war, nannte Lita den Jungen ›Tommy‹. Es gab eine Meinungsverschiedenheit über die Taufe: Chaplin war immer der Meinung, Kinder sollten die Möglichkeit haben, ihre Religion selbst zu wählen, wenn sie die entsprechende Reife erlangt hätten.

Das Familienleben störte aber nur am Rande, und die Arbeit an *The Circus* ging mit vollem Schwung weiter. Am Tag nach der Geburt probte Chaplin im Spiegelkabinett, wobei einige geschickte Kamerapositionen von Totheroh gefordert waren. Die Außenaufnahmen des Jahrmarkts ließ Chaplin in Venice Beach drehen, nicht weit von der Stelle, wo man *Kid Auto Races* gefilmt hatte. Diese Szenen, für die an die dreißig Statisten erforderlich waren, die mit einem Bus zum Drehort gebracht werden mußten, wurden am frühen Vormittag gedreht, bevor die ersten Jahrmarktsbesucher eintrafen. Nachmittags wurde

dann zum Beispiel die Szene gedreht, in der der hungrige Charlie von einem Hot Dog abbeißt, das ein auf dem Arm getragenes Kind in der Hand hält, und als der Vater sich umdreht, wischt er dem Kind fürsorglich den Mund. Die Episode wurde vielleicht durch eine Lieblingsanekdote von Fred Karno angeregt, der gern erzählte, wie er mit ein paar jungen Freunden vom Zirkus Schulkindern die Marmeladenbrote klaute, wenn sie kein Geld hatten, sich was zum Frühstück zu kaufen.

In den folgenden fünf Monaten ging die Arbeit stetig voran. Am 16. Juni gab es eine kurze, aber bemerkenswerte Unterbrechung, als Raquel Meller die Dreharbeiten besuchte. Chaplin war ausgesprochen angetan von dieser schillernden, zierlichen spanischen Schauspielerin und Sängerin. Kurze Zeit hatte er das Gefühl, endlich die ideale Josephine für den Napoleon-Film gefunden zu haben, von dem er nach wie vor besessen war. Am 7. September blieb das Studio den ganzen Tag geschlossen. An diesem Tag wurde Rudolph Valentino beerdigt. Chaplin, einer der Sargträger des großen Leinwandliebhabers, huldigte ihm mit dem Satz, sein Tod sei »eine der größten Tragödien, die sich in der Geschichte des Films ereignet haben«.

Die Arbeit mit den Löwen war schwierig. Zwei Tiere hatte man (zu einem Preis von 150 $ pro Tag, einschließlich Bändiger) gemietet. Einer war sanftmütig, aber der andere ziemlich temperamentvoll. Wie Chaplin später ganz offen zugab, war die Angst auf seinem Gesicht in mindestens einer der Szenen, die im fertigen Film zu sehen sind, nicht gespielt. Trotz des Risikos ging Chaplin Tag für Tag in den Käfig. Als die Sequenz fertiggestellt war, hatte er 200 Takes mit den Löwen hinter sich.

Eine der Unannehmlichkeiten bei der Arbeit mit den Löwen war, daß sich das Team nach ihren Fütterungszeiten richten mußte, und die Löwen geruhten gegen drei Uhr nachmittags zu speisen. Wegen der nervlichen Belastung und der Umstellung des gewohnten Rhythmus litt Chaplin an Magenverstimmung, wogegen der Arzt ihm Epsomer Bittersalz verschrieb, das zwei oder drei Tage lang in regelmäßigen kleinen Dosen mit heißem Wasser einzunehmen war. Crocker hatte noch vor Augen, wie Chaplin bei Story-Besprechungen hin und her tigerte, seinen Redefluß mit Rülpsern garnierend, auf die jedesmal ein erleichtert geseufztes »Ah! Schon besser!« folgte. Crocker konnte ein typisches Beispiel zitieren: »Also, in dieser Geschichte geht's mir nicht nur um Liebe und Romantik, sondern um Zauber. Da muß *Zauber* drin sein. Das Publikum muß gefesselt sein – Rülps – ah, schon besser!«

Abgesehen vom Luftdruck im Magen des Regisseurs schien für eine Weile

alles gut zu laufen. Dann brach am 28. September plötzlich ein Feuer aus und brauste durch die geschlossene Bühne. Bevor es unter Kontrolle gebracht werden konnte, waren die Kulissen vollständig zerstört. Requisiten und Geräte waren durch Feuer und Wasser beschädigt. Tausende von Fensterscheiben in der Decke und den Wänden waren geborsten. Die Elektrik war außer Betrieb gesetzt. Die Standfotografen konnten ein paar Aufnahmen von Chaplin machen, wie er, noch im Kostüm, völlig fassungslos auf das Bild der Zerstörung starrt. Diese nicht gestellten Aufnahmen zählen zu den ergreifendsten Bildern des Tramps. Totheroh war ebenso geistesgegenwärtig und filmte 250 Fuß von der Katastrophe und seinem entgeisterten Chef. Es war nur ein schwacher Trost, daß dieser spontan gedrehte Filmstreifen für die Vorauswerbung für *The Circus* ausgeschlachtet werden konnte.

Das Studio wurde rasch soweit instand gesetzt, daß der Betrieb teilweise wieder aufgenommen werden konnte. Und in nur zehn Arbeitstagen, vom 3. bis zum 14. Oktober, konnte Chaplin eine längere komplizierte Sequenz in einer Café-Kulisse fertigstellen. Aus Gründen, die nur ihm bekannt sind, verwendete er die Sequenz dann doch nicht im Film, obgleich es sich um einen perfekt konstruierten und in sich geschlossenen komischen Sketch handelt: Charlie, inzwischen reichlich verschnupft, begleitet Rex und Merna widerwillig zum Café. An einem Nachbartisch sitzen zwei Preisboxer, Zwillingsbrüder. (Beide »Zwillinge« werden vom selben Schauspieler, »Doc« Stone, gespielt – Totheroh und sein Kamerakollege brachten das Wunder durch Doppelbelichtung zustande.) Einer der beiden Brüder findet Spaß daran, Charlie zu schikanieren und zu ärgern. Plötzlich hat Charlie eine Idee, wie er Mernas Bewunderung zurückgewinnen kann. Er nimmt den Boxer beiseite und zahlt ihm fünf Dollar dafür, daß er sich zum Schein bei einem Kampf besiegen läßt. Die List klappt, und Rex und Merna sehen Charlie mit neuen Augen – bis der Zwillingsbruder des Boxers, der vorher in einem Nebenraum verschwunden war, zurückkehrt und sich an den Platz seines Bruders setzt. In der Erwartung, daß er seine Schau wiederholen kann, greift Charlie ihn an und ist entsetzt, als der Boxer zurückschlägt. Es geht aber dann doch noch alles glimpflich aus, denn Rex schlägt Charlies Gegner k. o. Als die Gruppe das Restaurant verläßt, trennt sich Charlie kurz von Rex und Merna, um sich fünf Dollar aus der Tasche seines Gegners wiederzuholen, der, wie er glaubt, die Abmachung gebrochen hat.

Anfang November drehte Chaplin eine amüsante Sequenz, die zu dieser Episode im Café überleiten sollte. Sie wurde auf dem Sunset Boulevard

gedreht, der immer noch einen angenehm ländlichen Charakter aufweist. Der stolze Charlie führt Merna aus, ungeachtet der lästigen Annäherungsversuche eines streunenden Hundes, der nach seinen Knöcheln schnappt. Zu seinem Kummer begegnen sie Rex, der sich ihnen auf ihrem Spaziergang anschließt. Merna ist von Rexens Edelmut gerührt, als er eine Handtasche aufhebt, die eine Frau verloren hat. Charlie ist finster entschlossen, sich als ebenso edelmütig zu erweisen, aber unseligerweise ist die hilfebedürftige Maid, die ihm zufällt, eine robuste Dame, die mit etlichen Paketen beladen ist. Sie verliert ein Paket mit schlecht eingewickelten Fischen, und Charlie will es aufheben, aber seine Bemühungen lösen nur eine endlose schuppige Lawine aus, die er verzweifelt wieder einzupacken versucht. Die Dame wird immer zorniger und Charlie immer hilfloser, bis er sich mit einem verlegen angedeuteten Achselzucken zurückzieht.

Ende November, als Chaplin gerade eine neue Rollschuh-Nummer einstudierte, verließ Lita das Haus im Summit Drive und nahm ihre beiden Kinder mit. Für die unerwünschte Kind-Braut kann das Leben kaum erträglicher gewesen sein als für ihren verzweifelten Ehemann. Lita war eifersüchtig, sie war eingeschüchtert durch die kultivierteren, schöneren und intelligenteren Frauen, die ihrer Meinung nach einen viel stärkeren Reiz auf ihren Mann ausübten, als sie es jemals konnte. Vor allem aber muß sie begriffen haben, daß Chaplins Arbeit die einzige Rivalin war, mit der es nie jemand aufnehmen konnte. Chaplin wußte sehr wohl, daß hier seine verwundbarste Stelle war. Die kaum fünf Jahre zurückliegenden Abenteuer, die er bestehen mußte, als er *The Kid* in einer Nacht- und Nebelaktion in Sicherheit brachte, waren ihm noch gut in Erinnerung. Sobald sich Litas Anwälte zu sammeln begannen (ihr Anwaltsonkel Edwin McMurray zog von San Francisco in ein Büro in Los Angeles, um näher an dem Fall dran zu sein), ergriff Chaplin Maßnahmen zum Schutz von *The Circus* für den Fall, daß es Ärger geben sollte. Am 3. Dezember wurde von dem bereits belichteten Filmmaterial Inventur gemacht. Neun Rollen geschnittener Positive und dreizehn Rollen mit unverzichtbaren ungeschnittenen Szenen wurden sorgfältig in zwei Kisten verpackt, die dann jederzeit in Sicherheit gebracht werden konnten. Am Sonntag, den 5. Dezember wurde bekanntgegeben, daß der Studiobetrieb auf unbestimmte Zeit ruhen werde. Die Studiobelegschaft wurde auf ein Minimum reduziert. Mit Ausnahme von Merna Kennedy, Henry Bergman, Harry Crocker und Allan Garcia wurden alle Schauspieler bis auf weiteres entlassen. Zu allem Überfluß befand der Staat ausgerechnet zu diesem Zeitpunkt, daß Chaplin für die vergangenen Jahre noch 1 113 000 $ Einkommenssteuer nachzuzahlen habe.

Etwa zu dieser Zeit schrieb Robert Florey, ein französischer Bewunderer Chaplins, der später selbst Regisseur wurde und bei Chaplins *Monsieur Verdoux* als Assistent fungierte, ein eindringliches Porträt seines Helden:

> Wenn ich abends gegen elf zu Henry's gehe, dem Schauspieler-Restaurant in Hollywood, das von dem großartigen Henry Bergman geführt wird (den Sie aus allen Filmen Chaplins kennen), begegne ich oft dem beliebten Charlie, dem großen Charles Spencer Chaplin. Manchmal ist er allein, manchmal in Begleitung seines ergebenen Assistenten Harry Crocker, kaum erkennt man ihn unter seinem großen, unförmigen Filzhut. Zum Schutz gegen den Abendnebel – die Nächte in Kalifornien können tückisch sein – wickelt er sich in einen großen grauen Mantel, und seine der aktuellen Mode entsprechend ziemlich weiten Hosen verbergen seine zierlichen Füße, die in geknöpften Schuhen mit beigen Stoffkappen stecken. Und als ich nun an einem Dezemberabend im letzten Jahr aus Grauman's Egyptian herauskam und die kurze Strecke zwischen dem Theater und unserm Lieblingsrestaurant zurücklegte, erkannte ich einige Schritte vor mir die vertrauten Umrisse von Charlie. Unwillkürlich verlangsamte ich meine Schritte, und ich vermag nicht zu beschreiben, welche Wehmut mich befiel, als ich gewahrte, wie unendlich einsam der beliebteste Mensch der Welt war. Er ging langsam, eng an den verdunkelten Schaufensterscheiben entlang. Es herrschte dichter Nebel, und Charlie, die Hände tief in den Taschen seines Raglans, vollführte schwache, regelmäßige Bewegungen mit seinen Ellbogen. Seine Schritte waren lautlos. Sein Kragen war hochgestellt, in seinem großen Mantel wirkte er so schmächtig, daß man ihn leicht für ein Kind halten konnte, das in die Sachen seines Vaters geschlüpft war. Dieser Mann, dessen filmische Meisterwerke man in jener Nacht überall auf der Welt sehen konnte, dieser Mann, der in jener Nacht Menschen auf allen Kontinenten zum Lachen brachte, dieser Mann ging dort vor mir durch den Nebel. Der Anblick von Charlie, einsam und allein in der Nacht, hatte etwas unendlich Trauriges. Der Mann, um den sich die elegantesten *Salons* der Welt gerissen hätten, schritt schweigend und allein durch die Schatten einher, die Hände in den Taschen vergraben, die Hutkrempe tief ins Gesicht gezogen. Zugegeben, das Künstlerleben in Hollywood ist vor allem abends, wenn das Tagewerk beendet ist, nicht mit einem Dasein in Paris oder London zu vergleichen, aber es tat mir in der Seele weh, wie Charlie Chaplin alleine auf dem Boulevard entlangging, wie irgendein kleiner Statist ohne Arbeit und ohne Dach überm Kopf. Ecke Cherokee Street ereignete sich etwas Bedeutsames – zumindest bedeutsam für Charlie ... er stieß auf einen Hund. Ein fetter, gewöhnlicher Köter saß da und wartete auf wer weiß was. Und unvermittelt blieb Charlie stehen. Hier war jemand, mit dem er reden konnte. Und er begann, den Hund auszufragen, der in ihm wahrscheinlich einen Gefährten sah, denn er hielt ihm seine Pfote hin. Ich konnte nicht hören, was

> Charlie sagte, aber als ich ihn erreichte, sagte er zu mir: »Wollen Sie auch zu Henry's? Gehen wir doch zusammen.« Zwei Minuten später waren wir schon dort angekommen. Aber anstatt durch den Haupteingang am Hollywood Boulevard einzutreten, ging er durch die Küche, denn Charlie brachte einen Gast mit – den dicken Hund, der ihm gefolgt war. Charlie bestellte bei dem Filipino-Koch ein üppiges Mahl für seinen Freund, und der Hund bot wieder seine Pfote zum Schütteln. Während wir die Küche verließen und das Restaurant betraten, sagte Charlie: »Dieser Hund kennt mich. Er wartet oft Ecke Cherokee, und ich habe heute abend gemerkt, daß er wieder mal nichts zu essen hatte... Ich mußte ihn also einladen!« Und dann sprach dieser bezaubernde großherzige Mann von anderen Dingen.[5]

Am 10. Januar 1927, einen Tag nach Chaplins Abreise nach New York, reichten Litas Anwälte die Scheidungsklage ein. Es war ein außergewöhnliches Dokument. Zunächst einmal wurde Chaplin nicht allein verklagt, sondern mit ihm sein Studio, seine Firma, Kono, Reeves, die National Bank of Los Angeles, die Bank von Italien und verschiedene andere Banken und Unternehmen. Ferner war sein Umfang für eine Scheidungsklage beispiellos. Gewöhnlich kommen derartige Klagen mit drei oder vier Seiten aus, aber diese umfaßte zweiundfünfzig. Lang und breit wurde aufgelistet, wer was gesagt und getan hatte, ein unerträgliches Gerede, die erbärmliche Reprise der Beschimpfungen und Beschuldigungen einer schnell bereuten Ehe. Dann wurde auf Untreue angespielt, begangen mit »einer gewissen prominenten Filmschauspielerin«. Schließlich machten die Anwälte deutlich – und das war ihr schwerstes Geschütz –, daß sich Dinge, die in der dunklen Privatsphäre des Schlafzimmers geschehen, im Licht der Presse und im Scheinwerferlicht des Gerichtssaals schmutzig und schockierend ausnehmen. Sie hatten außerdem einen obskuren Winkel im Kalifornischen Gesetzbuch ausfindig gemacht – einen gewissen Paragraphen 288 a –, der wunderlicherweise bestimmte gängige Sexualpraktiken unter Strafe stellte.

Der Stil der Klageschrift offenbarte ihren doppelten Zweck: daß man Chaplins Geschäftspartner und -interessen mit einbezog, deutete darauf hin, daß die Anwälte beabsichtigten, den größtmöglichen Teil seines Vermögens sicherzustellen. Und die schmutzigen Details sollten schlicht und einfach dazu dienen, seinen Ruf in der Öffentlichkeit zu ruinieren. Die Skandale um Fatty Arbuckle und Desmond Taylor waren noch frisch im Gedächtnis. Arbuckle war von der Anklage wegen Totschlags von Virginia Rappe freigesprochen worden, aber seine Verwicklung in die Prozesse genügte, ihn und seine Kar-

Charlie und ›the Kid‹ von HUNGERFORD

1927 – Die Chaplin-Grey-Scheidung
in der Sicht eines Karikaturisten

riere zu vernichten. Mit Sicherheit waren die Anwälte überzeugt, daß so viele bösartige Anspielungen Charlies Sturz besiegeln mußten.

Das Dokument war für alle Beteiligten erniedrigend und beschämend. Es ist kaum nachvollziehbar, welchen Schmerz es einem Mann bereitet haben muß, der seine Privatsphäre und seine öffentliche Würde so hochschätzte. Es hieß, daß Chaplin, der sich in New York bei seinem Anwalt Nathan Burkan aufhielt, einen Nervenzusammenbruch erlitt. Das wäre auch kaum verwunderlich. Unterdessen wurden Raubkopien der Klageschrift in Umlauf gebracht, die in den weniger lichten Gefilden des Büchermarktes zum Bestseller wurde.

Der Paperback-Band trug den Titel *The Complaint of Lita.* Die Reporter waren unersättlich, und in den Schlagzeilen verdrängte der Fall ›Chaplin‹ Teapot Dome, die amerikanische Invasion Nicaraguas, Aimée Semple McPherson und den Hall-Mills-Mordfall.

Wie sich bald herausstellte, machte sich Chaplins vorsorgliche Maßnahme, *The Circus* in Sicherheit zu bringen, bezahlt. Litas Anwälte ersuchten um den außergewöhnlichen Rechtsbehelf einer einstweiligen Verfügung (der ihnen auch bewilligt wurde), um so außer dem Gemeinschaftseigentum auch sein persönliches Vermögen im anhängigen Rechtsstreit sicherzustellen. Am 12. Januar stellten die Zwangsverwalter das Studio unter Bewachung. Der Anwalt W. I. Gilbert und der Immobilienmakler Herman Spitzel leiteten die Aktion. Alfred Reeves war passenderweise in Urlaub und hatte die Schlüssel mitgenommen. Doch am 18. Januar öffneten die Zwangsverwalter ohne ersichtlichen Grund den Safe und den Tresor. Chaplin deutete vage an, daß er in New York an *The Circus* weiterarbeiten wolle, aber sogar er muß befürchtet haben, daß der Film nie beendet werden würde.

Fast noch erniedrigender als die Klage war das Feilschen um Geld, das nun einsetzte. Das Gericht erkannte Lita zu, daß sie bis auf weiteres das Haus bewohnen dürfe und einen vorläufigen Unterhaltsbetrag von 3000 $ im Monat zu erhalten habe. An dem Haus hatte sie wenig Freude: Das Personal war ausgezogen, die Unterhaltskosten waren enorm, und da die Steuerbehörde auf Chaplins Finanzvermögen das Pfandrecht geltend gemacht hatte, erfolgten keine vorläufigen Unterhaltszahlungen.

Chaplins Anwälte in Kalifornien bewiesen sehr wenig Fingerspitzengefühl für Public Relations, indem sie eine laufende Abfindung von 25 $ pro Woche für Lita und die Kinder vorschlugen. Onkel Edwin machte das landesweit publik. Ein Frauenverein richtete einen Milch-Fonds für die Chaplin-Babys ein, bis Chaplins Anwälte schließlich dem gerichtlich festgesetzten vorläufigen Unterhaltsbetrag zustimmten.

Robert Florey berichtete:

> Plötzlich verschwand Charlie ... Über Nacht *war Charlies Haus leer.*
>
> Als ich neulich mit Douglas in seinem Wohnzimmer in Beverly Hills arbeitete, blieb der Darsteller von *Zorro* zu meiner Überraschung abrupt vor dem Fenster stehen und starrte zu etwas hinüber, was ich von meinem Platz aus nicht sehen konnte. Ich wollte ihn nicht in seiner Versunkenheit stören, da ich annahm, daß ihm irgendeine Idee für seinen neuen Film durch den Kopf ging ... Doch nach einigen Augenblicken des Schweigens rief Doug aus:

»Sehen Sie sich das Haus mit den blinden Fenstern an!«

Und nun sah auch ich hinüber, und mir bot sich der traurige Anblick von Charlies Haus; keine zweihundert Meter entfernt stand es im nebligen Morgenlicht eines kalifornischen Dezembertages. Charlie war seit zwei Monaten(?) fort, und übrig waren nur achtunddreißig große schwarze Augen. Das Haus war ausgestorben, kein Licht, keine Vorhänge vor den Fenstern, achtunddreißig blinde Augen, die um die ergreifende und zu beklagende Existenz des größten aller Leinwandkomiker weinten ... Und Douglas fügte hinzu: »Wie genau doch dieses Haus die Existenz des großen Chaplin widerspiegelt.«

Das Haus mit den achtunddreißig blinden Fenstern war wahrhaft melancholisch, umgeben von seinen Kiefern und Zypressen.[6]

Entgegen ihrer Erwartung gelang es Litas Anwälten nicht, Chaplin mit der Klage zu ruinieren, die für fast jeden andern Mann in Amerika der sichere Ruin gewesen wäre. Weder die Anwälte noch irgend jemand sonst konnten voraussehen, daß die Zuneigung der Öffentlichkeit für ihn derartig tief ging und selbst die bösartigsten Verleumdungen überdauern konnte. Einige Frauenvereine setzten sich heftig für einen Boykott von Chaplins Filmen ein; in einigen hinterwäldlerischen Städten und Staaten waren sie auch erfolgreich. Die Meldungen über diese Boykotts lösten eine starke Gegenreaktion aus, die Chaplin sehr ermutigte: Französische Intellektuelle verfaßten ein Protestschreiben, das unter anderen von Louis Aragon, René Clair, Germaine Dulac und Man Ray (Franzose durch Adoption) unterzeichnet wurde. Als Chaplin wieder aus seiner Abgeschiedenheit emportauchte, wurde er von der Ostküsten-Gesellschaft demonstrativ hofiert und umsorgt. Er wurde zur Old Timer's Night des New Yorker Newspaper Clubs eingeladen und begeisterte die Gäste mit einer Pantomime über einen glücklosen Torero. Es war keineswegs verlorene Mühe, auf diese Weise einen einflußreichen Teil der Ostküsten-Presse für sich zu gewinnen.

Unter den zahllosen Briefen von Freunden und Mitarbeitern, die ihn ermutigten und moralisch unterstützten, war der von der ungenannten unscheinbaren Frau, die einen Tag lang, kurz bevor das Studio dicht machte, mit ihm an der Szene mit der Fischlawine gearbeitet hatte, einer der ergreifendsten:

Ich kann nur sagen, daß ich Sie wunderbar finde, und lassen Sie sich von denen nicht das Herz brechen.

Selbst in dem Brief verriet sie nicht ihren Namen. Sie unterschrieb nur mit ›Ihre Fischfrau‹.

Sydney war in Kalifornien und behielt ein Auge auf das Studio. Umsichtig wie er war, wenn es um Geld ging, bereitete es ihm Sorgen, daß »da immer noch ein paar Leute im Studio herumlaufen – wie zum Beispiel Publicity-Leute usw., und ich frage mich, ob Du weißt, daß sie noch Lohn beziehen, und ob Du Dir diese hohen Kosten weiter leisten willst, wo doch Deine zukünftigen Unternehmungen so unbestimmt sind.« Sein Brief an Chaplin ist voll brüderlicher Fürsorge und Besorgnis:

> Lieber Charlie:
>
> Daß ich Dir nicht geschrieben habe, liegt nicht an mangelndem Mitgefühl – ich bin ständig in Gedanken bei Dir. Ich wage gar nicht, mir vorzustellen, wie Du Dich gefühlt haben mußt, wie Du ganz allein im Zug warst und die Nachricht Dich überfiel. Ich war wie vom Schlag getroffen. Ich hätte nie gedacht, daß ihre Rachsucht soweit gehen könnte, daß sie Dich wirklich ruinieren will. Sie hat die Schlinge um ihren eigenen Hals gelegt. Ich habe gerade erst von dem Ergebnis der letzten Besprechung erfahren, die Wright* mit ihren Anwälten geführt hat. Ich würde ihr auf keinen Fall eine Million zahlen oder überhaupt einem Vergleich zustimmen, bevor nicht der Rechtsstreit mit dem Finanzamt aus dem Weg ist. Im schlimmsten Fall wird der Staat Dir soviel wegnehmen, daß für sie sowieso nichts mehr übrigbleibt. Sie wird ihre liebe Not haben mit dem Kassieren, vor allem wenn Du in Zukunft in England arbeiten wirst. Je mehr ich an England denke, um so mehr scheint mir das die beste Lösung zu sein.
>
> Mir kommt das alles so vor, als ob irgendwer persönlich etwas gegen Dich hat – ich habe von mehreren Seiten gehört, daß viel über Deine sozialistischen Tendenzen geredet wird – und daß wir eine kapitalistische Regierung haben, macht das Ganze auch nicht gerade leichter. Ich möchte wirklich nicht den Teufel an die Wand malen, aber ich habe doch das dumpfe Gefühl, daß wir uns darauf vorbereiten sollten, nach drüben zu gehen, falls die Dinge sich hier nicht in unserm Sinne entwickeln ...

Gedanken an England riefen rührende alte Erinnerungen wieder wach:

> Laß Dich nicht unterkriegen, Charlie, denk daran, es gibt wichtigere Dinge im Leben als großer Reichtum – solange feststeht, daß Deine Zukunft finanziell gesichert ist und Du bei guter Gesundheit bist, könnte Dir das helfen, Deine Probleme philosophisch zu betrachten. Wenn mich selber Sorgen plagen, denke ich immer daran, wie froh, glücklich und begeistert ich war, als ich bei Fred Karno auf der

* Loyd Wright, Chaplins Anwalt.

> gestrichelten Linie unterschrieben habe – denk doch nur, die Riesensumme von drei Pfund die Woche –, ich bin sogar bis zur Kennington Road gelaufen, um Dir die frohe Kunde zu überbringen. Es scheint also doch, daß Glück relativ ist und von unserer eigenen Sicht- und Denkweise abhängt. Also KOPF HOCH ALTER KNABE. Das wird sich mal interessant lesen in Deiner Biographie.

In diesem Punkt irrte Sydney. Fast vierzig Jahre später, als Chaplin schließlich seine Memoiren schrieb, verursachte die Erinnerung an diese trostlose Zeit noch immer so viel Schmerzen, daß er sie in einem einzigen lapidaren Satz abhandelte: »Wir waren zwei Jahre lang verheiratet und versuchten unser Bestes, doch es war hoffnungslos und endete mit einer Menge Bitterkeit.«

Am 2. Juni beantworteten Chaplins Anwälte die Klage. Im wesentlichen wurden die Anklagepunkte zurückgewiesen. Es wurde eingeräumt, daß der Beklagte die Klägerin nicht besucht hatte, als diese zum Urlaub nach Coronado gefahren war, aber gleichzeitig betont, daß »die Klägerin sehr wohl wußte, daß es dem Beklagten unmöglich war, seine Arbeit zu verlassen und nach Coronado zu gehen, aufgrund der Tatsache, daß zu jenem Zeitpunkt zwischen zweihundert und dreihundert Personen für den Beklagten arbeiteten.«

Ein Anklagepunkt ist besonders dazu angetan, Mitleid für die Klägerin hervorzurufen:

> 3 (h) Daß Beklagter im vergangenen Jahr bei verschiedenen Gelegenheiten zu Klägerin gesagt hat: »Fahr für eine Weile irgendwohin. Ich kann nicht arbeiten oder etwas schaffen, wenn du hier bist. Du ruinierst meine Karriere.« Daß Klägerin bei einer solchen Gelegenheit Beklagtem geantwortet hat: »Aber Charlie, ich verstehe nicht, wieso ich dich bei deiner Arbeit störe. Ich sehe und ärgere dich doch nie.« Und er antwortete in verzweifeltem Tonfall: »Darum geht es nicht. Es ist einfach die Tatsache, daß du hier bist und daß ich einem Heim und einer Familie die übliche Aufmerksamkeit schenken soll. Das stört mich und ärgert mich und hindert mich am Arbeiten.«

In der Antwort wurde dieser Punkt der Anklage ausdrücklich zurückgewiesen, aber in diesem Zusammenhang wurde bezeichnenderweise hinzugefügt:

> Der Beklagte erklärt, daß die Klägerin während besagter Zeit sehr wohl wußte, daß der Beklagte von der Arbeit in seinem Beruf voll beansprucht war und daß sie zu jeder Zeit sehr wohl wußte, welcher Beanspruchung er ausgesetzt war, und daß er nicht umhin konnte, seiner beruflichen Arbeit seine ungeteilte Aufmerksamkeit zu

> widmen; daß die Klägerin sich bewußt war, daß der Beklagte sich auf seine Arbeit konzentrieren mußte, um erfolgreich einen guten Film herstellen zu können, und daß er dem Film seine ungeteilte Aufmerksamkeit zu schenken hatte. Daß der Beklagte der Klägerin während besagter Zeit dargelegt habe, daß es von äußerster Wichtigkeit sei, daß er seine ungeteilte Aufmerksamkeit seiner Filmproduktion zukommen lasse.

Eine Woche nach Beantwortung der Klage wurde die Bewachung vom Studio abgezogen, und auch die Zwangsverwalter zogen sich zurück. Im August beschlossen Litas Anwälte, die Dinge voranzutreiben, indem sie verkündeten, daß sie in der Lage seien, »fünf prominente Frauen« zu nennen, mit denen Chaplin während seiner Ehe intime Beziehungen unterhalten habe. Mit Recht nahmen sie an, daß Chaplin es nicht zulassen würde, daß die Karriere von anderen ruiniert wurde, was in Anbetracht der herrschenden Stimmung sicherlich der Fall gewesen wäre. Um jedoch ganz sicherzugehen, ging Lita persönlich zu Marion Davies, um ihr mitzuteilen, daß sie ganz oben auf der Liste stehe (die andern waren Merna Kennedy, Edna Purviance, Claire Windsor und entweder Pola Negri oder Peggy Hopkins Joyce). Voller Angst vor Hearsts möglicher Reaktion teilte Marion Chaplin ihr Entsetzen mit. Chaplins Anwälte stimmten einer Geldabfindung zu, und der Prozeß wurde am 22. August mit einer kurzen Gerichtssitzung sang- und klanglos abgeschlossen. Der Richter lehnte es ab, sich all das unziemliche Zeug aus der Klageschrift anzuhören. Lita zog ihre Klagen zurück und beantragte einen Zwischenbescheid zu dem einzig verbliebenen Anklagepunkt auf seelische Grausamkeit. Ihr wurde eine Abfindung von 600 000 $ zugesprochen, zuzüglich Mündelgeldern in der Höhe von 100 000 $ für jedes der beiden Kinder. Es war die bislang größte Abfindung dieser Art in der Geschichte der amerikanischen Justiz. Chaplin wurde das Recht auf Kontakt zu seinen Söhnen zuerkannt. Seine Anwaltskosten beliefen sich auf fast eine Million Dollar.

Lita mußte feststellen, daß ein großzügiger Anteil ihrer Abfindung an ihre Anwälte ging, und der Prozeß, den sie für sie führten, sollte sich letzten Endes auf ihren eigenen Ruf negativ auswirken. Die letzte unfaire Drohung, die fünf Frauen zu verleumden, hatte nichts genutzt. Chaplins Popularität schien im Gegenteil fast völlig unbeeinträchtigt. In einem der vielen ähnlich lautenden Leitartikel in der Tagespresse hieß es:

CHARLIE IST EIN WAHRER HELD

Charlie Chaplin, der Millionen auf der Leinwand unterhalten kann, überzeugte mehr denn je, als er sich weigerte, die Sensationshungrigen zu unterhalten und sich nicht darauf einließ, den Scheidungsprozeß mit seiner »Kind-Frau« offen auszutragen. Charlie läßt sich fast eine Million Dollar abknöpfen und bringt sein Publikum damit einmal mehr um die Gelegenheit herauszubekommen, ob ein Filmstar eigentlich ein Zuhause hat oder im Nachtclub zu Hause ist.

Von schmutzigen Sensationsgeschichten haben wir vorerst genug... Ob Charlie von gutem Geschmack oder gutem Geschäftssinn getrieben wurde, ist hier nicht die Frage. Seine Popularität, die sein Kapital ist, hätte ernsthaft leiden können, wenn man Lita Gelegenheit gegeben hätte, im Zeugenstand »auszupakken«. Die »ungenannten Schauspielerinnen«, die Lita beim Namen nennen wollte, sind im Dämmer der Leinwand besser aufgehoben als im Licht der Presse. Wir sehen sie lieber auf der Leinwand, wie sie durch ein fiebrig bebendes Zwerchfell ihre starke Erregung zum Ausdruck bringen, als im Zeugenstand, wo sie mit echten Tränen »die Anschuldigungen zurückweisen«.

Es ist auch reiner Zufall, daß man Fatty Arbuckle, der nach dem ein Jahr zurückliegenden Skandal ein Comeback versucht, in Washington eine Anhörung verweigert und dort auch jetzt noch nichts von ihm wissen will. In der Öffentlichkeit ist genug schmutzige Filmwäsche gewaschen worden, um mehr als nur einen Ruf zu schädigen, der seine Zugkraft verloren hat.

Aus welchen Gründen er auch gehandelt haben mag, wir danken Charlie Chaplin, daß er uns mit den letzten Einzelheiten über Leben, Freiheit und Suche nach Glück mit der kleinen Frau verschont hat.

Der große Komiker Will Rogers drückte sich wie üblich knapper aus: »Guter Scherz auf meine Kosten. Nun habe ich Hollywood extra verlassen, damit ich nicht im Chaplin-Prozeß genannt werde, und jetzt nennen die doch tatsächlich niemanden. Kein einziger Name fiel, außer dem von Charlies Bank. Charlie ist nicht gerade als treusorgender Ehemann zu bezeichnen, aber es lohnt sich auf jeden Fall, ihn zu heiraten.«

The Circus war zum Zeitpunkt der Einstellung des Betriebs schon so gut wie fertig, und das Material, das in den paar Wochen nach Wiederaufnahme der Arbeit gedreht wurde, diente hauptsächlich zur Ergänzung des bereits gefilmten. Für weitere Szenen in der Zirkusmanege mußten wieder für zwei Tage Statisten engagiert werden – diesmal etwa 250. Aber das Schicksal hatte mit *The Circus* noch mehr vor. Monate zuvor war für die Szene, in der Charlie nach seiner Todesfahrt auf dem Hochseil aus dem Zirkuszelt katapultiert wird, ein Drehplatz gewählt worden (ein niedriger einstöckiger Laden Lankershim

Ecke Hill in Sawtelle). Eines Tages wurde das Team in sieben Autos verfrachtet, und man machte sich zu dem Drehort auf, um einige Einstellungen nachzudrehen. Unglücklicherweise war Sawtelle ein schnell wachsender Vorort. In den langen Monaten, die vergangen waren, seit man den Platz gewählt hatte, war das einstöckige Gebäude durch ein schmuckes neues Hotel ersetzt worden. Einer, der Chaplins Reaktion miterlebte, bemerkte: »Eine Menge Schaulustiger umlagern das große blaue Auto, und Charlie ist etwas verlegen. Die Tramp-Atmosphäre ist dahin, als eine sanfte englische Stimme anklagt: ›Seht ihr, wegen solchen Sachen kommt es zu den Verzögerungen.‹« Die Ladenszene von Lankershim Ecke Hill wurde auf dem Studiogelände originalgetreu nachgebildet.

Anfang Oktober suchten Chaplin und Crocker Glendale nach einer geeigneten einsamen und melancholischen Gegend für die Schlußszenen des Films ab. Der gleiche Reporter beschrieb, was sich in den frühen Morgenstunden des 10. Oktobers 1927 ereignete:

> Schwitzende Männer hasten im Chaplin-Studio umher. Zimmermänner, Maler, Elektriker, technische Köpfe, Arbeiter. Charlie darf nicht aufgehalten werden. Eine Karawane von Zirkuswagen wird an vier gewaltige Lastwagen angehängt. Man bricht zum Cahuenga-Paß auf. Da muß lang und kräftig gezogen werden bis Glendale. Der Drehplatz ist von Licht überflutet. Es kommt aus allen Richtungen. Die Generatorwagen summen. So arbeiten die Männer in der Nacht.
>
> Der Tag bricht an. Der Morgen ist kalt. Laut prasseln die Lagerfeuer. Es ist ungewöhnlich frisch für Kalifornien. Nach und nach treffen Autos ein. Auspuffgeknatter kündigt sie an. Dann ein besonders lautes Dröhnen – die große blaue Limousine fährt vor. *The Circus* muß beendet werden. Alle sind rechtzeitig zur Stelle. Kameras werden in Position gebracht. Jetzt hält die Sonne den Betrieb auf. Warum kommt sie nicht ein bißchen schneller hinter den Bergen hoch? Der Tramp will lange Schatten haben.
>
> Sechs Uhr und der halbe Morgen vergeudet. Es ist zu dunkel am Rand des Manegenkreises. Es sieht nicht echt aus. Der Tramp duldet nichts Künstliches. Wieder beginnen Männer zu schwitzen. Dreißig Minuten später sagt die sanfte Stimme: »Prima! So ist's prima! Drehen wir!«
>
> Kameras kurbeln. Zirkuswagen rollen über das weite offene Gelände. Im Hintergrund ist wunderschöner Dunst. Pferde und Wagenräder wirbeln Staubwolken auf. Ein bezauberndes Bild. Würde ein Künstler es malen, niemand würde es ihm glauben. Die Szene wird zwanzigmal gedreht.
>
> Die Kameras rücken dicht an den Manegenkreis. Die Kameramänner messen sorgfältig die Entfernung. Von der Linse zum Tramp. Er ist allein in der Mitte des Kreises.

> Er probt. Dann spielt er für die Kamera. 20 Meter. Die Sache wird wiederholt. Und noch einmal! Und noch einmal! Fünfzig Personen sehen zu. Alle gehören zur Truppe. Kaum ein Auge bleibt trocken. Die meisten kennen die Story. Die Bedeutung dieser letzten Einstellung ist ihnen klar.
>
> »Wie war's?« will der Tramp wissen. Fünfzig Köpfe nicken bestätigend. »Dann drehen wir's nochmal, nur noch einmal«, sagt der Mann in der ausgebeulten Hose, mit der Melone, dem schlechtsitzenden Rock und den Riesenlatschen. Die Sonne steigt immer höher. Die langen Schatten werden immer kürzer. »Schluß für heute«, sagt der Tramp, »morgen um vier sind wir wieder hier.«

Um drei Uhr am nächsten Morgen sah Chaplin sich die Muster an:

> Der kleine Bursche in dem großen schwarzen Ledersessel ist nicht mehr der Tramp. Aber er sieht ihn sich auf der Leinwand an. Charlie Chaplin fällt sein Urteil: »Das sollte er besser hinkriegen.« »Er wirkt nicht überzeugend.« »Die Melone sitzt ihm zu tief im Gesicht.« »Die haben mit diesen Silberreflektoren sein Gesicht weggeleuchtet.« Ein unerbittlicher Kritiker, dieser Chaplin. Der Tramp erfreut ihn nicht. Das Zeug muß noch einmal gedreht werden. Ein Satz aus dem Ledersessel. Tempo, Staub, Drehplatz.

Nun folgte das letzte Mißgeschick dieser Produktion: Über Nacht waren die Wagen verschwunden. Der Sheriff hatte seine Deputys darauf angesetzt, aber an dem Tag konnte nicht gedreht werden. Die Truppe konnte lediglich für Retakes proben, für den unwahrscheinlichen Fall, daß die Wagen wieder auftauchen würden.

Sie wurden wiedergefunden, noch in derselben Nacht. Einige Studenten hatten sie entwendet und wollten ihr Freudenfeuer damit schüren. Eine ganze *Freshman*-Klasse wurde verhaftet, aber Chaplin sah von einer Anzeige ab: Bloß keine Verzögerung! Die Retakes wurden am 14. Oktober gemacht.

Selbst Leute, die jahrelang mit Chaplin zusammengearbeitet hatten, rätselten oft über seine ständigen Retakes. Er konnte Totheroh zurechtweisen, wenn dieser die Kamera noch ein paar Drehungen weiterkurbelte, nachdem er »Cut« gerufen hatte, aber er beanspruchte hunderte von Metern, um eine anscheinend völlig unbedeutende Sache nachzudrehen. Seine Kollegen äußerten manchmal die Vermutung, daß er in den Fällen, wo er nicht genau wußte, wie es weitergehen sollte, einfach das letzte nachdrehen ließ, um seine Unentschlossenheit zu verbergen. Doch damit lassen sich die Retakes einer Szene wie dieser nicht erklären, die ja am Schluß einer Drehperiode stand, als Zeit und

Licht drängten. Die Antwort ist anderswo zu suchen. Charlie Chaplin suchte geradezu zwanghaft nach Perfektion und war gleichzeitig davon überzeugt, daß er sein hohes Ziel nie erreichen würde. Er versuchte es einfach immer aufs neue.

Da der Film in großen Teilen bereits während der Dreharbeiten geschnitten worden war, dauerten der endgültige Schnitt und die Betitelung kaum vierzehn Tage. Am 28. Oktober fand im Alexandra Theatre in Glendale eine Probevorführung der Arbeitskopie des Films statt. (Gewiß haben die Zuschauer mit Freude das Gerichtsgebäude von Glendale erkannt, das für die Heirats-Szene von Rex und Merna als Kulisse diente.) Der Film fand Anklang, aber die Reaktionen legten einige Kürzungen und Retakes nahe. Für Retakes mußten Chaplin und Crocker erneut vier Tage lang aufs Hochseil. Es gab Probleme mit den Nahaufnahmen, als es darum ging, sie mit Aufnahmen zu verbinden, die fast zwei Jahre zuvor gemacht worden waren. Die Qualen der Scheidung hatten ihre Spuren auf Chaplins Gesicht hinterlassen. Auf dem Höhepunkt des Ärgers mit Lita waren seine Haare über Nacht weiß geworden. Henry Bergman hatte noch vor Augen, was für einen Schock es ihm versetzte, als der veränderte Chaplin eines Morgens im Studio erschien. Zu Anfang der Dreharbeiten zeigten sich in seinem von Natur aus schwarzen Haar einige silberne Strähnen. Jetzt mußte es für die Leinwand gefärbt werden.

Die überarbeitete Positivkopie wurde im Bard & West Adams Theatre West, Adams Ecke Crenshaw, in einer weiteren Probeaufführung gezeigt. Miss Steele vermerkte im laufenden Studiobericht, daß der Film »großartig ankam«. Endlich konnte Chaplin abschalten. Er machte sich mit Harry Crocker zum Angeln auf.

In den Zwanzigern wurde selbst in einer so kleinen unabhängigen Organisation wie der von Chaplin jegliche Arbeit im Zusammenhang mit dem Start und der Nutzung des Films innerhalb des Studios erledigt. Es gab noch keine eigenständigen Labors und Publicity-Organisationen, denen man diese Aufgaben übertragen konnte. So hatte die Belegschaft in der Zeit zwischen der Fertigstellung des Films und seiner Premiere mit am meisten zu tun. Die Kameramänner mußten unter Totherohs Aufsicht zwei auf zwei Kameras gedrehte Negative schneiden, das eine für den Einsatz im Inland, das andere für Europa. Das Labor mußte sodann die Rollen für die Uraufführungen herstellen – für den Start von *The Circus* waren es fünfzehn Kopien. Die Presseabteilung mußte Pressehefte, Programme und Werbezettel vorbereiten und die Verteilung der Standfotos überwachen, die in großen Mengen von der Standfoto-Abteilung hergestellt wurden. Währenddessen mußten die letzten Kulissen abgebaut und verstaut werden, Requisiten und Elektrik waren sorgfältig instandzusetzen, und das Studio mußte für die nächste Produktion vorbereitet werden.

Mehr als einmal hatte Chaplin erläutert, welchen hohen Stellenwert er der musikalischen Begleitung im Film beimißt. Die Probevorführung von *The Circus* war von Standardnummern begleitet worden, die von den Musikarrangeuren des Filmtheaters *ad hoc* ausgewählt wurden. Für die Uraufführungen wurde jedoch Arthur Kay eigens mit der Zusammenstellung einer Partitur beauftragt. In der Schlußphase arbeitete Chaplin eng mit Kay zusammen.

Die Welturaufführung fand am 6. Januar 1928 im Strand Theatre in New York statt. Vielleicht hatte Chaplin das Gefühl, daß er der Stadt etwas schuldig war, weil sie ihm in den harten Zeiten des vergangenen Jahres Unterschlupf gewährt hatte. Die Premiere in Los Angeles war drei Wochen später im Grauman's Chinese Theatre. Sid Grauman lieferte einen spektakulären Rahmen für den Film seines Freundes. Auf dem Vorplatz des Theaters wurden die Gäste mit einer kompletten Menagerie und diversen Attraktionen empfangen, darunter Alice von Dallas, das 503 Pfund schwere Mädchen, sowie Major Mite und Lady Ruth, 63 Zentimeter groß und 21 Pfund schwer beziehungsweise 81 Zentimeter groß und 52 Pfund schwer. Im Bühnenprolog präsentierten sich: Poodles Hannaford, das »As der reitenden Clowns« und seine Truppe, Pallenbergs dressierte Bären auf ihren Fahrrädern, ein Löwenbändiger und Samaroff und Sona mit ihrer Hundedressur.

Chaplin hatte keinen Grund, mit seiner Presse unzufrieden zu sein: Die Kritiken waren kaum weniger begeistert als bei *The Gold Rush*. Einige begrüßten diesen Film ganz besonders, weil hier nach ihrer Meinung Dramatik und Pathos nicht das Slapstick-Element verdrängten. Die Lita-Affäre, die kaum sechs Monate zurücklag, war so gut wie vergessen. Nur der ewig treue Alexander Woolcott konnte sich eine ironische Nebenbemerkung nicht verkneifen: Der Film sei überfällig, schrieb er, »weil er mitten in der Herstellung unterbrochen wurde. Ich kann mich nur noch ganz verschwommen der Umstände entsinnen, aber ich glaube, dank der hirnlosen Taktlosigkeit unseres Zivilisationsgetriebes konnte es sich doch tatsächlich jemand erlauben (es könnte eine Ehefrau oder sowas ähnliches gewesen sein), Chaplin das Gesetz auf den Hals zu hetzen, als wäre er irgendwer und nicht der einzigartige Bote des heilsamen

Lachens, als den die Welt ihn kennt.« Bei seinen Zeitgenossen war Woolcott weidlich bekannt für seine unkritische Bewunderung, dennoch war man möglicherweise befremdet, daß er in seiner romantischen Art den Künstler über das Gesetz erhob. Gut gemeint war es.

Während seiner Arbeit an *The Circus* ließ sich Chaplin zum ersten und letzten Mal auf das Abenteuer ein, einen Film eines anderen Regisseurs zu produzieren. Zweck dieses Unternehmens war wahrscheinlich, Edna – für die er in seinem eigenen Studio offenbar keine Verwendungsmöglichkeit mehr sah – zu einem neuen Aufschwung in ihrer Karriere als dramatische Schauspielerin zu verhelfen. Er war von Josef von Sternbergs Billigproduktion *The Salvation Hunters* übermäßig begeistert gewesen, und noch mehr von der Hauptdarstellerin Georgia Hale. Nun bot er von Sternberg an, bei einem Film Regie zu führen, der den Arbeitstitel *Sea Gulls* [Möwen] trug. »Das war eine ganz schöne Auszeichnung«, schrieb Sternberg vierzig Jahre später in seiner Autobiographie *Fun in a Chinese Laundry**:

> da er noch nie einen anderen Regisseur auf diese Weise geehrt hatte, es endete aber sehr unerfreulich für mich.
>
> Der Film sollte sich um seinen ehemaligen Star Edna Purviance drehen, mit der er neben anderen bedeutenden Filmen das eindrucksvolle Werk *The Woman of Paris* gedreht hatte. Sie konnte immer noch entzücken, obwohl sie seit einigen Jahren nicht mehr auf der Leinwand gespielt hatte und unglaublich unsicher und unfähig geworden war, selbst die einfachsten Szenen ohne größte Schwierigkeiten zu spielen. Chaplin wußte das, traute mir aber die Fähigkeit zu, mit solchen Erschwernissen fertigzuwerden, und im fertigen Film wirkte sie dann tatsächlich entspannt.
>
> Der Arbeitstitel des Films lautete *The Sea Gull* [*sic*] (kein Zusammenhang mit Anton Čechovs Drama), und er basierte auf einer Geschichte von mir über ein paar Fischer an der kalifornischen Küste. Als die Dreharbeiten beendet waren, zeigte ich ihn genau ein einziges Mal in einem Filmtheater, nun unter dem Titel *A Woman of the Sea*, und damit hatte sich's. Der Film wanderte prompt in Mr. Chaplins Tresor, und niemand hat ihn je wieder gesehen. Wir verbrachten vor, während und nach der Herstellung des Films viele Mußestunden miteinander, aber nicht ein einziges Mal wurde über meine Arbeit geredet, auch habe ich ihn nie auf das Schicksal des Films angesprochen. Er schrieb die Kosten von seiner riesigen Steuerlast ab, und ich verbuchte den Film als Erfahrung.
>
> Obwohl mir die Sache damals sehr geschadet hat, habe ich es Mr. Chaplin nicht nachgetragen, daß er meine Arbeit unterdrückt hat. Ich habe ihn immer gern

* Deutsch: Josef von Sternberg, *Ich, Josef von Sternberg*, Velber bei Hannover 1967

gemocht, wenn meine Zuneigung auch durch seinen Willkürakt ein paar Stunden lang auf eine harte Probe gestellt wurde.

Chaplin erwähnt den Film in seiner Autobiographie mit keinem Wort, und bis heute ist die Geschichte von *Sea Gulls* legenden- und geheimnisumwoben geblieben. Weder der Film selbst noch irgendein Drehbuch ist erhalten geblieben. Doch die laufenden Drehberichte und die Titelliste existieren noch im Chaplin-Archiv, und anhand dieser Unterlagen können wir die Geschichte des Films teilweise rekonstruieren.

Die oft geäußerte Behauptung, die Story des Films stamme ursprünglich von Chaplin, scheint jeglicher Grundlage zu entbehren: Im Vorspann steht ganz eindeutig »Buch und Regie Josef von Sternberg«. Den Grundzügen nach war es ein gewöhnliches Melodram über die beiden Töchter eines Fischers. Edna spielte Joan, die gute Schwester; Eve Southern war Magdalen, die böse. Magdalen verläßt Peter, ihren schlichten Fischer-Verlobten, um mit einem playboyhaften Schriftsteller in die Großstadt zu ziehen. Jahre später, als Joan und Peter glücklich verheiratet sind, kehrt Magdalen wieder zurück, um mit Peters Gefühlen zu spielen und die Ehe zu stören. Peter und Joan versöhnen sich am Schluß wieder, und die niederträchtige Magdalen bekommt ihre gerechte Strafe.

Die Arbeiten an dem Film begannen im Januar 1926, fast zeitgleich mit *The Circus*, und liefen ohne Unterbrechung bis zum 2. Juni. Der Schnitt war drei Wochen später fertiggestellt. Angeblich soll Chaplin auf einigen Retakes bestanden haben, dafür finden sich in den Drehberichten keine Belege. Mit Sicherheit ist nichts Wahres an der Behauptung, Chaplin selbst habe einiges vom Filmmaterial gedreht, da er die ganze Produktionszeit über jeden Tag ausschließlich an *The Circus* arbeitete.

Die Produktion – deren Außenaufnahmen in Carmel und Monterey gemacht wurden – lief freilich allem Anschein nach nicht problemlos. Zu Beginn der Dreharbeiten fungierte Edward Gheller, der *The Salvation Hunters* gefilmt hatte, als Kameramann, aber am 26. April wurde er durch den 25jährigen, aus Rußland stammenden Paul Ivano ersetzt, der vorher bei *Seven Year's Bad Luck* mit Max Linder Co-Regie geführt hatte, technischer Leiter bei *The Four Horsemen of the Apocalypse* unter der Regie von Rex Ingram gewesen war und als einer der zweiundvierzig Kameramänner das Wagenrennen in *Ben Hur* gefilmt hatte. Ivano erschien im Vorspann als Chefkameramann, obwohl der größere Teil des Films von Gheller gefilmt wurde.

Der »Brötchentanz« aus *Goldrausch*

Charlie
mit Hannah Chapli
um 1924

Mit dem Kamera
Roland Totl
währen
Dreharl
zu *Goldr*

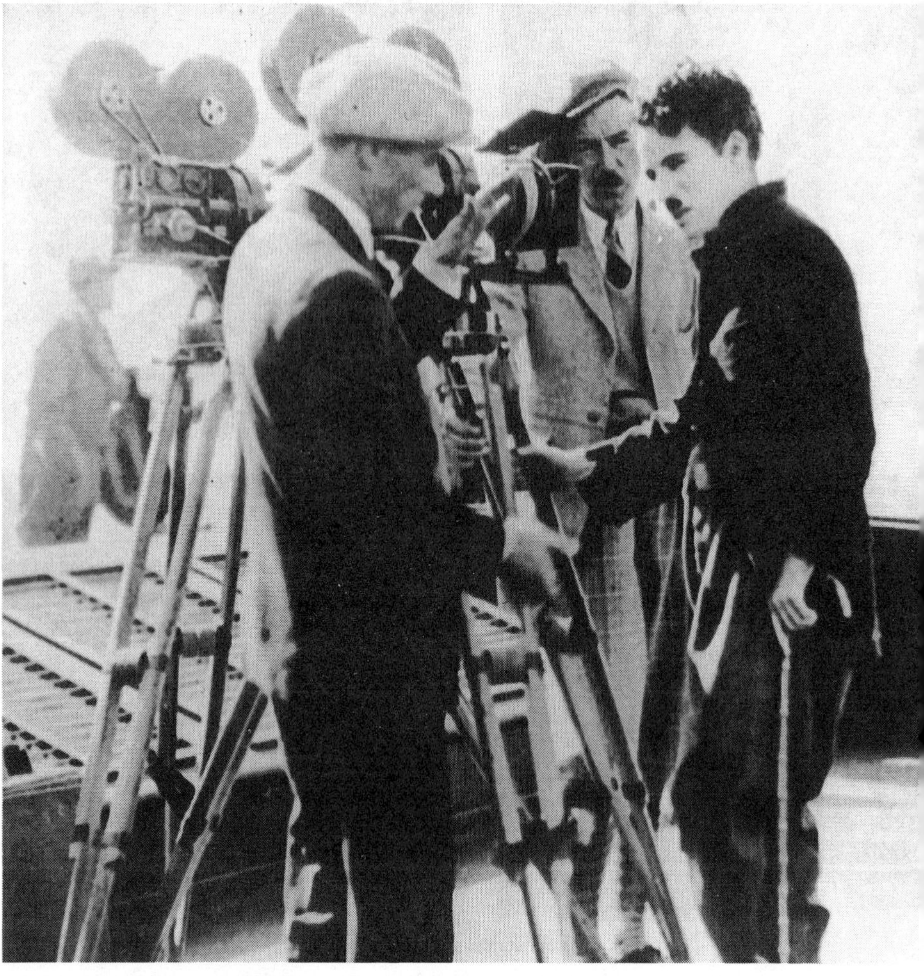

Hollywood-Party Ende der zwanziger Jahre.
linken Bildrand Gary Cooper, dritter von links
rlie Chaplin, am rechten Bildrand Douglas
banks, links von ihm, sitzend, Mary Pickford

Chaplin bei Probeaufnahmen mit dem
Abe Lyman's Orchestra, 1925

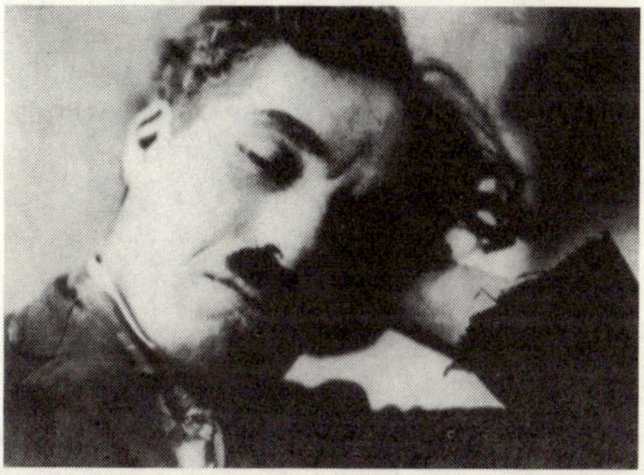

Standbilder aus *Goldrausch*

Standbilder aus *Der Zirkus*

Mit Virginia Cherrill
in *Lichter der Großstadt*

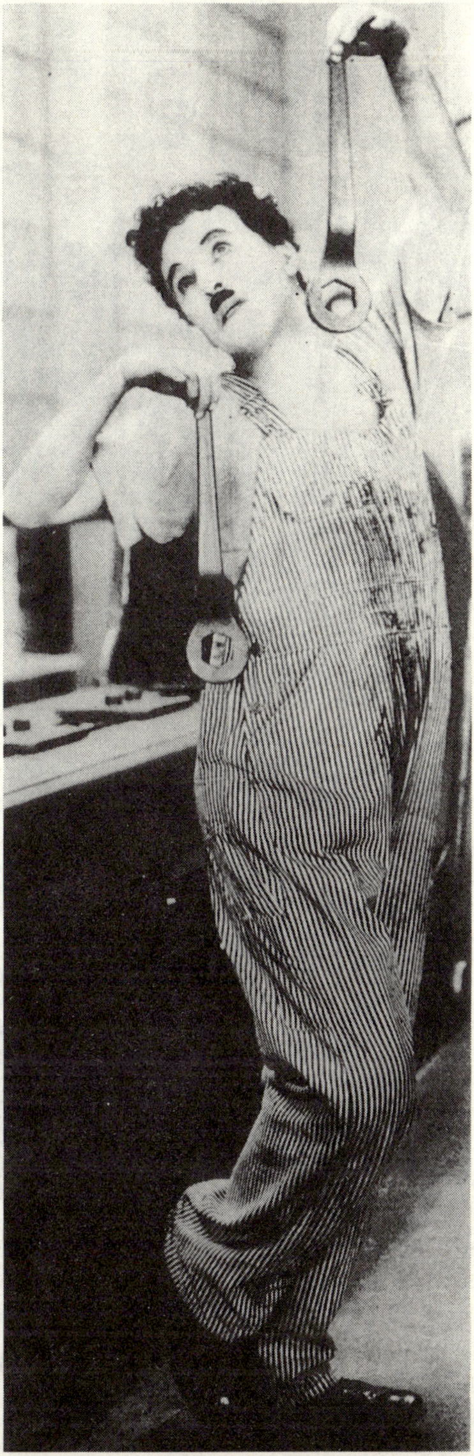

Moderne Zeiten
mit Paulette Goddard

Mit dem Ehepaar
Albert Einstein bei der Premiere
von *Lichter der Großstadt*

links
Mit S. M. Eisenstein,
1930

Mit Mahatma Ga

Mit Bernard Shaw

Mit Winston Churchill

Mit Orson Welles

Was ich zum Sprechfilm zu sagen habe

Von CHARLIE CHAPLIN

Charlie Chaplin hat wohl seinen jüngsten Film „City Lights", der noch immer nicht vollendet ist, mit Geräuscheffekten versehen und damit seine Sympathien für den Ton film dokumentiert. Er ist aber ein unbedingter Gegner des Sprechfilms. Im folgenden finden unsere Leser einige Bemerkungen Charlie Chaplins über den Sprechfilm:

Charlie Chaplin

Der Sprechfilm birgt eine große Gefahr in sich. Er könnte imstande sein, die älteste Kunst der Welt, die Kunst der Pantomime zu zerstören. Sie bildet die Grundlage der Filmkunst und nur von dieser stummen Kunst aus kann überhaupt der Weg zu künstlerischen Filmresultaten führen. Die sogenannte Sprechfilmkunst will die unerhörte Schönheit des Schweigens zerstören. Und Schweigen ist das Wesen des Films. Schweigend muß die Handlung vor sich gehen, schweigend müssen Mienen und Gesten sein, schweigend muß der Künstler vor seinem Publikum erscheinen. Die Phantasie muß Zeit haben, sich bei jedem einzelnen zu entwickeln und jeder Laut stört die Arbeit phantasievoller Köpfe. Das Schweigen fördert die Phantasie! Die Schweigsamkeit des Films macht seine Schönheit aus und nur die Bildwirkung ist im Film maßgebend. Kann man ein Gemälde betrachten und genießen ohne die Stille, die während dieses Genießens herrscht? Man stelle sich doch vor, daß ein solches Bild plötzlich von allerlei Geräuschen belebt würde. Wo bliebe da noch der künstlerische Eindruck und der Genuß für den Beschauer? Der Sprechfilm nimmt auch den Nimbus von der Person des Filmkünstlers, um den, weil er schweigt, doch immer etwas Geheimnisvolles webt. Macht er den Mund auf, so kann die Illusion unter Umständen zerstört sein. Die Bildhaftigkeit allein macht den Wert des Films aus. Liebliche Mädchen, hübsche junge Leute agieren stumm und man freut sich an ihrem lebendigen Aussehen. Bisher hat man sie alle gerne gesehen und geliebt. Wer weiß aber, ob sie alle Bühnenschauspieler sind und ob sie nicht als Sprecher einen weit schlechteren Eindruck machen. Ich sehe eine schöne Frau viel lieber stumm agieren, ich erfreue mich an der Schönheit ihrer Bewegungen und ihres Körpers, anstatt dieselbe Frau im Sprechfilm auch noch reden oder singen zu hören. In der Regel ist es ja auch noch so, daß sich der Sprechfilm der jungen Filmschauspielerinnen nicht bedient und von der Revuebühne her die sogenannten „bewährten" Kräfte, die natürlich größtenteils gar nicht mehr jung sind, holt. Schönheit und sozusagen „stumme Erotik" sind die beiden starken Elemente, die die Frau, die im stummen Film wirkt, so anziehend machen.

Ich werde nach wie vor daran festhalten, daß der Sprechfilm ein Unding ist und daß man die große Kunst des stummen Films nicht durch die neuen Sprechfilmexperimente stören darf.

Ich verwende in meinem neuen Film keinerlei Sprechfilmtechnik. Ich habe keine Dialogszenen darin und ich werde auch niemals in meinen Filmen Dialogszenen bringen. Für mich würde das Ganze unmöglich sein. Ich kann es nicht verstehen, daß jemand, der es nicht notwendig hat, sich in Sprechfilmen zu zeigen, wie Harold Lloyd, dessen Wirkung gerade in seinem stummen Ausdruck liegt, dennoch sich dazu entschließt, sich in Sprechfilmen zu zeigen.

Woran ich aber glaube, das ist der Tonfilm, aber auch nur in bezug auf die Möglichkeit der Übereinstimmung der stummen Handlung mit Musik. Das ist etwas ganz anderes als Sprechfilme und von unschätzbarem Wert und großer Wichtigkeit. Die Möglichkeit, die stummen Vorgänge des Films musikalisch zu unterstreichen und zu symbolisieren, ist eine ganz wunderbare und es muß als das Ideal für jeden Filmregisseur gelten, wenn er die Szenen, die er schafft, auch gleich musikalisch ausdrücken kann. Das Mitaufnehmen der genau mit dem Sinne der Filmszenen übereinstimmenden Musik auf das Filmband, womit die Wiedergabe dieser Musik auch dem kleinsten und entferntesten Kinotheater der Welt möglich ist, diese Errungenschaft muß als eine ganz gewaltige bezeichnet werden. Musik ist die Weltsprache und für jeden verständlich. Und in Verbindung mit dem Filmbild schafft sie seelische Resonanzen. Der mit Musik und Ton verbundene Film verlangt aber auch Schriftsteller, die imstande sind, die Bücher für den Film so zu schreiben, daß der Sinn der Handlung ein musikalisch umzuwertender ist. Man wird Schriftsteller in einer Schule heranziehen müssen, die sich auf diese besondere Art des Filmbuches spezialisieren. Alles in der Welt bewegt sich im Kreislauf. Man darf nicht eine Phase herausgreifen aus der organischen Entwicklung, die ja alle Dinge, so auch die der Kunst nehmen. Gegenwärtig halten wir noch bei der veralteten Art des Melodrams, die einmal modern gewesen ist. Mein Vater hatte seinerzeit schon auf Londoner Theatern solche Melodramen vorgetragen. Er spielte einen Landstreicher, deklamierte etwas, während die Musik spielte, und das Ganze nannte man ein Melodram. Aber gerade diese Art von melodramatischem Vortrag wirkt heute noch am meisten und hat sich eben jetzt als erste Ausdrucksform in den Sprechfilm hinübergerettet. Der Fall Al Jolson beweist das. Dieser Mann, dieser Sprechsänger schöner Niggerlieder, ist auch der erste erfolgreiche Hauptdarsteller des Ton- und Sprechfilms geworden, weil er melodramatische Wirkungen zu erzielen weiß. Das bestätigt also, daß das Melodrama die gegenwärtige Form des Sprechfilms ist. Man darf aber dann freilich nicht behaupten, daß diese Tonfilme das Resultat einer neuen Kunst sind. In vielleicht fünf Jahren von heute wird sich die eigentliche Kunst des musikalischen Tonfilms herausgebildet haben. Und es wird zwei oder drei Jahre klassische Tonfilme gegeben haben, die richtunggebend für die weitere Entwicklung des Tonfilms sein werden.

Die Schöpfer künftiger Filme und auch der Tonfilme dürfen niemals außer acht lassen, daß der Film als solcher nur dann künstlerisch wertvoll sein und auf die Seele der Beschauer wirken wird, wenn die stumme Schönheit mit der Musik verbunden bleibt. Gebt den Filmen weiterhin Schönheit, gebt ihnen jene Form, daß sie die Sinne der Menschen ansprechen. Vermeidet, daß unpopuläre Persönlichkeiten und häßliche Menschen nur um ihres Sprech- und Gesangstalentes willen in die Filmkunst einbrechen. Machet nicht photographiertes Theater, sondern Filme, die den Gesetzen einer eigenen hochgradigen Kunst folgen. Lasset dem Film sein bisheriges Profil und ändert nichts daran!

Der Sprechfilm kann vorübergehend, aber nicht auf die Dauer den guten Geschmack der Menge ändern. Der Film der Zukunft ist der musikalische stumme Film, der Tonfilm im Sinne seines Begriffes, der Film, bei dem die Musik den Ton macht.

Zeitschriftenartikel aus »Mein Film«, Nr. 175, 1929

en
r große Diktator, mit Jack Oakie

Paulette Goddard mit Charlie Chaplin bei der Premiere
von *Der große Diktator* am 15. Oktober 1940

ANNA: What do you know about business?

VERDOUX: Emphatically more than you do, my dear.

ANNA: The last time you were home you came barging in here, telling me all the banks were going ~~to close.~~ ~~go broke~~ broke.

(CLOSE UP OF VERDOUX - Annabella's voice coming over)

~~wanting me to~~ ~~bringing all my~~

2 ✱ ~~Getting me all~~ horsed up about ~~taking my~~ ~~home~~ money ~~out~~. It's a good job I didn't!

VERDOUX: Very well then, we'll forget it.

ANNA: Now don't get mad.

VERDOUX: (with quiet dignity) I'm not mad, ~~my dear~~ Annabella.

I'm merely trying to save you from squand-

(1) ~~what little money~~ ridiculous. investment

ering ~~your money~~ on these ~~worthless enter-~~ ~~prises.~~ stocks that are ~~worthless~~ enterprise

ANNA: They're not all worthless.

VERDOUX: All of them.

ANNA: I still have faith in the Pacific Ocean Power Company.

VERDOUX: Good heavens! ... another one?

1 ✱ what little money you have left on these ridiculous. ~~cheap investments~~ —

stocks that are worthless.

2 ✱ getting me all horsed up about bringing my money home here. It's a good job I didn't —

Eine Seite aus dem Drehbuch zu *Monsieur Verdoux*

Während der Dreharbeiten
zum *großen Diktator*:
Chaplin wird für eine Szene
mit Schlamm beschmiert

: Martha Ray
Monsieur Verdoux

Chap
als Clown Calv
in *Rampenli*
im Hintergru
Buster Kea

Mit Claire Bloom
in *Rampenlicht*

ːe-à-tête
: Oona O'Neill,
ı2

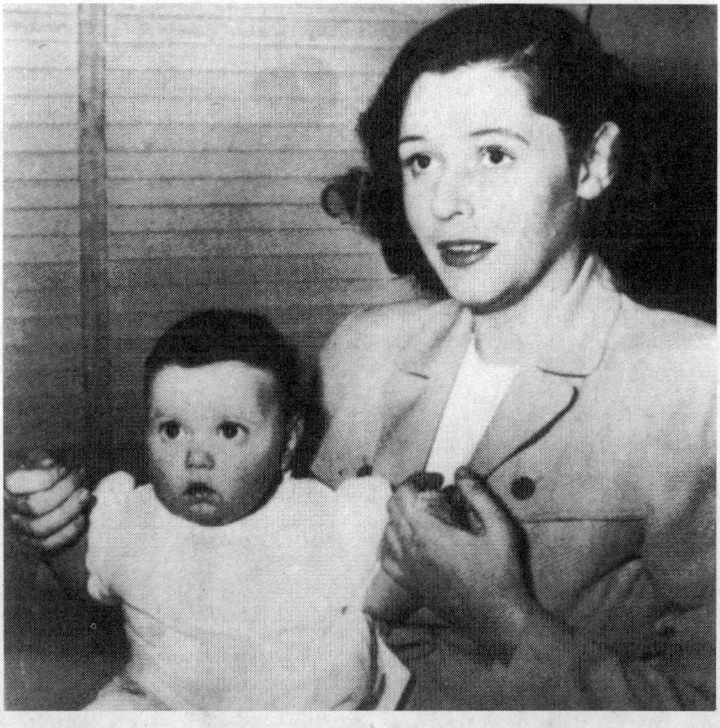

Joan Barry
während des
Vaterschaftsprozesses,
1944

Sternbergs Darstellung von Ednas Zustand scheint durch die laufenden Drehberichte bestätigt zu werden. Er drehte fast durchgängig sehr sparsam und kam gewöhnlich mit zwei oder drei Takes pro Szene aus. Szenen, die sich für Edna auch nur in geringstem Maße als kompliziert erwiesen, scheinen jedoch oft neun, zehn oder mehr Takes erfordert zu haben. Es heißt, Sternberg habe versucht ihr zu helfen, indem er bei den Dreharbeiten zwei Pauken aufstellte, die ihr den Rhythmus für ihr Spiel liefern sollten.

Es gibt die verschiedensten Spekulationen darüber, warum Chaplin den Film unter Verschluß gehalten hat, darunter die – allerdings angesichts Chaplins Geschäftssinn wenig wahrscheinliche – Vermutung, daß er neidisch war, daß Sternberg Edna so erfolgreich angeleitet hatte; und eine andere, die um ein geringes wahrscheinlicher erscheint, daß er von Ednas schauspielerischer Leistung entsetzt war. Später äußerte Chaplin privat, daß der Film einfach nicht gut genug war, um öffentlich gezeigt zu werden. Von Sternberg galt als energischer Mann, und der milde Ton seines Protests könnte nahelegen, daß er sich selbst der Mängel des Films bewußt war.

John Grierson behauptete, den Film gesehen zu haben, und machte als guter Journalist eine gute Story aus diesem Privileg. Aber seine ziemlich irreführenden Zitate aus der Handlung lassen einige Zweifel am Rest seiner Aussage aufkommen:

> Die Story war von Chaplin und recht menschlich: schuftende und schwitzende Fischer und ihre einfachen Lebens- und Liebesgewohnheiten. Ichbezogen, wie er war, sah Sternberg den Film natürlich nicht so wie Chaplin. Statt dessen spielte er mit dem Symbolismus der See*, bis Fischer und Fische vergessen waren. Natürlich hätte auch so eine der Chaplinschen Konzeption ebenbürtige Version entstehen können, aber Sternberg begann wohl an sich selbst zu zweifeln. Er wollte erfolgreich sein, und genau das war der Weg zum Mißerfolg. Das Resultat war weder Chaplins noch Sternbergs Version. Es war eine seltsam schöne und leere Angelegenheit – möglicherweise der schönste Film, den ich je gesehen habe: Netze, See, Haar, das im Wind weht. Wenn ein Regisseur stirbt, wird er zum Fotografen.

Die einzige heute noch lebende Person**, die *A Woman of the Sea* – wie *Sea Gulls* schließlich hieß – gesehen hat, ist Georgia Hale. Und ihre Meinung

* Der letzte Titel des Films lautete: »Und das Meer – bestehend aus all den vergeblichen Tränen, die je vergossen wurden – nimmt weder ab noch zu.« Im Vergleich zu Chaplins Filmen wies *A Woman of the Sea* Zwischentitel im Übermaß auf – mehr als 160 in sieben Rollen.

** Paul Ivano starb am 20. April 1984.

bestätigt Chaplins Ansicht, daß der Film nicht kommerziell einsetzbar war. Ihren Worten nach war er wunderschön anzusehen*; die Geschichte aber verworren. Sie hatte auch nicht das Gefühl, daß von Sternberg die Probleme mit Ednas nervlichem Zustand vollkommen meistern konnte. Das endgültige Schicksal von *A Woman of the Sea* wird in Kapitel 14 behandelt.

* Aus den Drehberichten geht hervor, daß bei der Produktion kein Standfotograf dabei war. Und es waren auch keine Standfotos von *A Woman of the Sea* bekannt, bis mehrere Bilder in Edna Purviances Privatarchiv auftauchten. Sie befinden sich heute im Besitz von Inman Hunter.

12

Lichter der Großstadt

Chaplin arbeitete schon vor der Premiere von *The Circus* in Los Angeles an einer neuen Filmidee – zweifellos in gewisser Weise angetrieben durch die finanziellen Anforderungen der Scheidung und des Finanzamtes. Während der zwei Jahre, in denen *The Circus* produziert wurde, hatte der Tonfilm seinen Einzug gehalten und unmißverständlich klargemacht, daß er zu bleiben gedachte. Es ist ein bislang nicht bekanntgewordenes Kuriosum der Filmgeschichte, daß Chaplin in der Lage gewesen wäre, die Revolution fast ein Jahrzehnt früher in Gang zu setzen. Am 9. Dezember 1918, als Chaplin gerade an *Sunnyside* arbeitete, schrieb ihm Eugène Augustin Lauste, der Pionier der Ton-auf-Film-Aufnahmetechnik, aus New York:

An Mr. Charlie Chaplin
California Studio

Sehr geehrter Herr,

ich bin gerade aus England zurückgereist und bei meine Ankunft hörte ich, daß Sie ein eigenes neues Lichtspiel-Studio gegründet haben, wofür ich sehr erfreut bin, Sie zu gratulieren als ein Wunderkünstler, der Sie durch Ihre Klugheit und Phantasie die ganze Welt erobern konnten. Ich selbst habe Sie bewundert, zur Zeit Sie bei Fred Karno engagiert waren. Seit dieser Zeit sind Sie eilig mit enormen Erfolg vorangeschritten, also lassen Sie mich die Freiheit nehmen, daß ich Sie meine herzlichsten Glückwünsche für die große Leistung ausspreche, die Sie in der Geschichte des Kinematographen bereits getan haben.

Für meine Person ich bin ein Erfinder, ich habe zuerst mit Mr. T. A. Edison in seinem Privatlaboratorium in Orange, N. J. mitgearbeitet für viele Jahre lang. Dann in 1894 ich habe entworfen, gebaut und vorgeführt die erste projezierende Lichtbildmaschine, genannt das (Eidoloscope) ich behaupte also, daß ich der erste war, diese große Erfindung zu präsentieren, die nicht meine letzte ist. Jedoch, ich bin sehr froh zu sagen, daß meine Erfindung günstig war für Sie, und meine andere, wenn Sie für die interessiert sind, könnte Sie enormen Reichtum bringen …

In Bezug auf meine Erfindung gestatten Sie mir gütigerweise einige Sekunden von Ihrer Aufmerksamkeit, um ihre große Zukunft zu erklären. Wie Sie wissen, werden die heutigen Maschinen in kurzer Zeit zu Ende kommen. Seit Jahren und Jahren will das Publikum den Realismus sehen, das heißt die richtigen sprechenden Bilder, was bis jetzt praktisch und kommerziell noch nie vollzogen wurde. Viele Erfinder, die haben schon versucht, das Grammophon oder Phonograph zu synchronisieren in Verbindung mit dem Cinematograph, was ein Fehlschlag war und immer sein wird. Die einzige Möglichkeit, wie man das mit Zufriedenstellung tun kann, ist mit mein eigenes Prinzip, an das ich arbeite für über 25 Jahren.

Ich möchte nicht, daß Sie denken, ich komme zu Sie und bringe Sie eine Erfindung, die ein imaginäre oder Traumidee ist, die in der Luft ist, sondern die Wahrheit. Und bevor ich mich mit einer Partei verbinde, die ich in Sicht habe, ich möchte Sie die Gelegenheit geben, in Ihre Hände zu nehmen diese wunderbare Entdeckung, die ich glaube, Sie werden überrascht sein zu hören, daß eine solche Maschine existiert. Tatsächlich ist, daß ich in London mehrere Demonstrationen an die Presse gegeben habe und auch an Wissenschaftler-Experten, die ihre Meinungen sehr befriedigend waren von den Berichten, was ich Sie mit die Originale beweisen werde.

In wenigen Wochen ich werde erklären das Prinzip von meine Erfindung, das nach seine Erfüllung sicherlich die Cinematograph-Industrie revolutionieren wird. Die Idee, die bereits fertig ausgeführt ist, ist Bilder und Töne zusammen auf dem selben Film photographieren zu der gleichen Zeit und mit einem Arbeitsschritt, und dieselben ohne jeden Kontakt auf den Film zu reproduzieren, oder ohne die Verwendung von einem Grammophon oder Phonograph. Die Töne ist absolut klar, kein irgendwelches Kratzen oder Verzerrung in der Stimme oder Musik, ich bin sicher, daß Sie werden sehr überrascht sein zu hören.

Jedoch wenn Sie denken, daß Sie haben Interesse, lassen Sie mich so schnell wie möglich Bescheid, dann schicke ich Sie mehr Einzelheiten über dasselbe, und auch eine Kopien von den Berichten und Dokumenten ...

Ungeachtet des starken französischen Einschlags von Monsieur Laustes Brief war Chaplin von der Idee eindeutig fasziniert, und Sydney antwortete in seinem Namen: »Was Ihre Erfindung betrifft, so erscheint sie Mr. Chaplin sehr interessant, und er würde sich freuen, diesbezüglich weitere Einzelheiten zu erhalten, die Sie uns freundlicherweise zuschicken mögen.« Anscheinend hat Lauste nie geantwortet, und Chaplin war zu sehr mit seinen laufenden Produktionen beschäftigt, um die Angelegenheit weiterzuverfolgen. Laustes Behauptungen waren nicht übertrieben. Merrit Crawford, ein Fachmann in Bezug auf Laustes Arbeit am Tonfilm, meint, daß er die Tonära ein Jahrzehnt früher eingeleitet hätte, wenn nicht der Krieg und Mangel an Kapital ihn daran gehindert hätten.

1918 wurde die Gelegenheit verpaßt. Am 6. August 1926 präsentierten Warner Brothers mit *Don Juan* ihr erstes Vitaphon-Programm, mit John Barrymore und Mary Astor in den Hauptrollen. Hannah Chaplin wurde an diesem Tag einundsechzig, und Chaplin zitterte gerade im Löwenkäfig. In der zweiten Vitaphon-Vorführung an Weihnachten 1926 wurde der Langfilm *The Better 'Ole* vorgestellt. Da Sydney Chaplin persönlich der Star des Films war, müssen sich die Chaplin-Brüder der neuen Technik und ihrer Bedeutung voll und ganz bewußt gewesen sein. Ein Jahr später, am 6. Oktober 1927, wurde mit *The Jazz Singer* bewiesen, daß es möglich war, Stimme zu synchronisieren, und am 8. Juli 1928, als Chaplin noch in der Vorbereitungsphase zu *City Lights* steckte, zeigten Warner Brothers den ersten Ton- und Sprechfilm *Lights of New York* [Lichter von New York] von Brian Foy.

Hollywood befand sich im großen und ganzen in der Defensive. Wie alle anderen auch war sich Chaplin der technischen Mängel der ersten Tonfilme und der – in den Anfängen – sehr phantasielosen Verwendung des neuen Mediums sehr bewußt. Noch 1931 erklärte er: »Ich gebe den *Talkies* drei Jahre, höchstens.« Vielleicht glaubte er selbst nicht daran, aber er wußte, wieviel er zu verlieren hatte, wenn er gezwungen wäre, Sprechfilme zu machen. Chaplin hatte die stumme Pantomime zu einer internationalen Sprache gemacht. Er hatte bewiesen, daß die Gesten, die Mimik, die Marotten, die Gedanken seines kleinen Tramps Japanern, Chinesen, Bantus oder Usbeken gleichermaßen verständlich waren wie dem großen Kinopublikum von Amerika oder Europa. Sprache mußte diese Figur mit einem Schlag ihrer Universalität berauben. Und wie sollte er überhaupt reden? Was für eine Stimme, was für ein Akzent könnte zu dem Tramp passen? Mit dieser vertrackten Frage beschäftigte er sich auch noch dreißig Jahre, nachdem er sich von der Figur getrennt hatte.

Für Chaplin stand außer Zweifel, daß er weiter Stummfilme machen mußte. Trotzdem hinterließ diese Entscheidung ein ungutes Gefühl bei ihm, das ihn, wie sein Team sehr wohl wußte, während der ganzen neuen Produktion nicht mehr verließ. Chaplin und Harry Crocker machten sich in Chaplins Studio-Bungalow daran, die Story zu entwerfen. Zunächst schwebte Chaplin eine weitere Zirkusgeschichte vor: Ein Clown ist bei einem Unfall erblindet, muß aber diese Tatsache vor seiner zarten und empfindsamen kleinen Tochter verheimlichen. Er tut so, als fände er sich nur zum Spaß nicht zurecht und stolpere umher, und aus diesen Bemühungen hätte sich Pathos und Komik ergeben können. Chaplin erwog auch, zwei Reiche ein Experiment mit einem armen Tramp durchführen zu lassen, dem sie eine Nacht voll Luxus und Vergnügen bescheren, um ihn dann wieder am Flußufer abzusetzen, wo sie ihn aufgegriffen hatten. Seine Gedanken gingen noch in andere Richtungen: »Was würden die Leute dazu sagen, wenn ich mit einem Kompagnon auftreten würde?« fragte er Crocker. »Würden sie lachen, wenn ich, über den die Welt lacht, jemand entdecke, der noch unbedarfter ist, jemand, bei dem ich den Herrn spielen könnte, jemand, für den ich der Größte wäre? Ich finde, in der Idee steckt eine Menge Spaß.«

»Der Keim einer Idee muß nur einmal vorhanden sein«, bemerkte Crocker,

> dann ergeben sich daraus mit Sicherheit ein Dutzend Geschichten. Charlie beschäftigt sich nicht sofort mit konkreter Handlung, die Geschichte wächst einfach, während er sich damit befaßt. Wenn fünfzig verschiedene Leute sich nach seiner Geschichte erkundigen würden, würde er fünfzig verschiedene Geschichten erzählen. Die Grundstimmung ist immer dieselbe, aber er hebt dann die Sequenz, die ihn in dem Moment gerade besonders stark beschäftigt, als Hauptthema der jeweiligen Geschichte hervor. Auf diese Art und Weise schickten wir uns an, *City Lights* zu schreiben, und es sollte der Leinwand eine neue Seite von Chaplins Genie bescheren. Unsere persönliche Beziehung war während der Vorbereitung und beim Drehen von *City Lights* ebenso eng (wie bei *The Circus*).[1]

Viele Jahre später verglich Chaplin den Entstehungsprozeß eines Films mit dem Versuch, sich aus einem Labyrinth zu befreien. »Ich habe mich in das Unterfangen hineingewagt, wie komme ich da wieder raus?« Wieder veranschaulichen seine Arbeitsnotizen diesen Prozeß. Sie zeigen, wie Chaplin den Faden durch dieses Labyrinth spann, um schließlich von einem fernliegenden Ausgangspunkt zur Geschichte von *City Lights* zu gelangen. Daß sich die endgültige Handlung so kurz und knapp erzählen läßt, ist ein Zeichen dafür, wie großartig sie konstruiert ist.

Ein Tramp, der durch eine große, feindselige Stadt streift, stößt auf eine Schicksalsgefährtin, ein blindes Blumenmädchen. Dann macht er die Bekanntschaft eines exzentrischen Millionärs, den er davor bewahrt, in einem Augenblick alkoholischer Depression Selbstmord zu begehen. In betrunkenem Zustand bewirtet und behandelt der Millionär ihn äußerst entgegenkommend. Wenn er nüchtern ist, kann er sich nicht an ihn erinnern und wirft ihn aus dem Haus.

Der Tramp erfährt, daß das Mädchen von ihrer Blindheit geheilt werden kann, wenn es sich in Wien operieren läßt. Er bemüht sich verschiedentlich – als Straßenfeger und Preisboxer – das Geld für ihre Reise zu verdienen, doch dann trifft er ein weiteres Mal auf den Millionär, der gerade wieder in Spendierlaune ist. Unglücklicherweise sind Einbrecher im Haus, als der Millionär ihm Geld schenkt. Wieder ernüchtert, weiß er nichts mehr von seiner Schenkung, und der Tramp (der das Geld inzwischen dem Mädchen gegeben hat) wird des Diebstahls bezichtigt und kommt ins Gefängnis.

Als der Tramp wieder aus dem Gefängnis kommt, ist er ein noch traurigeres Geschöpf als zuvor, aber das Blumenmädchen ist inzwischen geheilt und hat jetzt einen eigenen Blumenladen. Sie sehnt sich danach, ihrem Wohltäter wieder zu begegnen, den sie nie gesehen hat, und den sie sich reich und gutaussehend vorstellt. Der Tramp kommt zufällig an ihrem Laden vorbei, und voller Freude läßt er seinen Blick auf dem geheilten Mädchen ruhen. Als sie auf ihn zugeht – um ihm aus Mitleid eine Münze und eine Blume zu schenken –, versucht er jedoch zu fliehen, er schämt sich und hat Angst, mit ihr zu sprechen. Aber sie berührt seine Hand – und erkennt sie. Sie blicken sich an. »Du?« fragt sie. Er nickt. »Du kannst jetzt sehen?«

Obwohl Chaplin die Idee mit dem blinden Clown wieder verwarf, weil sie zu schwülstig war, reizten ihn die Möglichkeiten, die das Thema Blindheit bot, nach wie vor, und er beschloß fast von Anfang an, das blinde Blumenmädchen in den Mittelpunkt der Geschichte zu stellen. Als Stadt hatte er in dieser Phase noch Paris vor Augen. Nachdem sie mit diversen Ideen für Szenen, Figuren und Gags gespielt hatten, waren sie noch weit von einer Story entfernt, mit der sie arbeiten konnten. Aber etwa zu dieser Zeit hatte Chaplin einen Einfall für den Schluß des Films, der sich als Schlüssel zum Ganzen erweisen sollte:

> Charlie begegnet blindem Mädchen, als es Straße überqueren will.
>
> Im Laufe der Geschichte immer wieder zeigen, wie er Blumen kauft. Schließlich wird sie geheilt, und Charlie findet sie in kleinem Laden. Als sie ihn anlacht, wagt Charlie nicht, seine Identität zu verraten. Mädchen erkennt ihn schließlich – nimmt ihn bei der Hand und führt ihn in Blumenladen.

Dieser Einfall scheint Chaplins Phantasie beflügelt zu haben. Jetzt gibt es seitenweise Vorschläge, Ideen, Handlungsansätze, Gags. Die meisten Ideen konzentrieren sich auf das Thema Blindheit, das reichlich Möglichkeiten eröffnete für Pathos, für Gags, die sich an Charlies Verlegenheit entzünden, und Spielraum bot für Ironie, die sich aus den Kontrasten zwischen den Vorstellungen des Mädchens und der Wirklichkeit ergab. Die Illusionen des armen Mädchens über ihren Trampfreund gingen so weit, daß sie ihn als »Graf« bezeichnete. Zu diesem Zeitpunkt bestand das Wesentliche ihrer Beziehung darin, daß

> die beiden sich zueinander getrieben fühlen – sie durch ihre körperliche Behinderung – er, weil sich alle außer ihr über ihn lustig machen. Sie kann sich Hals über Kopf in den vermeintlichen Grafen verlieben und will andere Geschichten und Beschreibungen von ihm nicht glauben.

Die Szene, in der sie sich zum ersten Mal begegnen, war bereits im Keim vorhanden:

> Könnte Mädchen zum ersten Mal begegnen, indem er ihr über die Straße hilft. Sie könnte Blumen unter Schirm arrangieren und ihn ansprechen: »Eine Blume, der Herr?« Er kann sich schnell irgendwie eine Münze für Blume beschaffen und kommt wieder, um eine zu kaufen. Spielt den Reichen. »Schöner Tag«, bemerkt er, während sie Blume in sein Knopfloch steckt. Schlägt Wagentür zu, als Taxi davonfährt, sie soll denken, es sei sein Wagen.

Auch der Handlungsstrang, in dem es um die Geldsorgen des Mädchens geht, ist schon ansatzweise vorhanden:

> Einmal kommt der Graf am Stand des Mädchens vorbei und sieht das Schild ›Zu vermieten‹, ein Zeichen für ihn, daß das Mädchen in einer verzweifelten Lage ist. Als der Graf bei einer anderen Gelegenheit den Stand des Blumenmädchens besucht, muß er feststellen, daß er im Besitz einer älteren Frau ist, und als er sich nach dem blinden Mädchen erkundigt, erfährt er, daß sie den Stand nicht mehr hat, weil sie die Lizenz nicht bezahlen konnte.

Das Problem, wie er die Geschichte mit dem Millionär einbauen konnte, hatte er immer noch nicht hundertprozentig gelöst:

> Weil er sich sehnlich wünscht, daß das blinde Mädchen aufblüht, macht er sie mit dem Millionär bekannt, während dieser eine seiner Orgien feiert, und das hat dann zur Folge, daß sich der Millionär unter Alkoholeinfluß stets heftig nach der Gesellschaft des Tramps und des Blumenmädchens sehnt. Als die beiden Männer auf einer ihrer Sauftouren unterwegs sind, gelangt der Tramp zu der Erkenntnis, daß der Millionär dem Blumenmädchen mit Leib und Seele ergeben ist. Aufgrund dieser Erkenntnis kommt der Tramp zu dem Schluß, daß es nun, da das Mädchen sein Augenlicht wiedergewonnen hat, und angesichts all dessen, was der Millionär ihm bieten kann, keinen Sinn mehr hat, dem Mädchen seine wahre Identität zu verraten.

Thursday, Oct. 23, 1930.
Time 1 P.M.
of C.C.

Scene 4537. - Exterior. Ext. Closeup/ New Flower shop. A retake of finish of picture.
Focus 6' (C.C. with collar turned up, no collar, tie or shirt, derby on,
Speed 18. coat buttoned top button and ragged trousers, no cane) C.C. standing
with rose in right hand and biting finger of same hand - looks
at (Virginia - partly in shot as she holds his left hand in hers
and then runs right hand up his coat sleeve and to coat lapel as
she recognises him) C.C. nods as she asks if he is the duke - smiles
then points to right eye and says: "You can see now?" - tries to
smile, bites finger nervously and looks at her. O.K.-44

Scene 4538. - Retake. Fade out.
Focus 6'
Speed 18. O.K.-44

Scene 4539. - Retake. Fade out.
6'
Speed 18. O.K.-41

Scene 4540. - Retake. Fade out.
6'
Speed 18. O.K.-38

Scene 4541. - Retake. Fade out. C.C. has both buttons on coat buttoned and
6' large safety pin in trousers.
Speed 18. O.K.-41

Scene 4542. - Retake. Fade out.
6'
Speed 18. O.K.-40

Scene 4543. - Retake. Fade out.
6'
Speed 18. O.K.-44

Time 1:30 P.M.

1930 – Drehplan für Schlußszene
von *City Lights*

Der Reiche nennt Charlie ›den Grafen‹ und täuscht so das Mädchen.

Ein Schluß, der vorsah, daß das Mädchen sich mit dem Millionär zusammentat, hätte sich jedoch nicht mit der letzten Szene vereinbaren lassen, von der Chaplin jetzt sogar eine noch klarere Vorstellung hatte.

Blumenladen. Außen. Es ist später Nachmittag. Vor dem Laden ein Meer von Blumen, und zusammen mit mehreren anderen Verkäuferinnen schneidet und gießt das Blumenmädchen die verschiedenen Pflanzen. Als sie einige verwelkte Blumen in den Rinnstein werfen, kommt der Tramp ins Bild. Er bleibt stehen und bückt sich nach einer Blume, und als er sie in seinen Rockaufschlag steckt, lacht das Mädchen

> ihn an. Er richtet den Blick auf das Blumenmädchen, lächelt sie an. Erheitert dreht sie sich zu den andern und sagt: »Er flirtet mit uns«, und alle lachen.
>
> Sie weiß nicht, wer der Tramp ist, er aber weiß, daß sie schon lange vom Tag seiner Rückkehr träumt. Plötzlich ergreift sie eine wunderschöne Rose und hält sie ihm mit ausgestreckter Hand hin, während sie noch belustigt ist über seine lächerliche Erscheinung. Der Tramp lächelt sie ununterbrochen an und sein Blick bleibt auf sie gerichtet, und langsam geht er auf sie zu, nimmt die Blume aus ihrer Hand, steckt sie sich, ohne den Blick von ihr abzuwenden, ins Knopfloch und entfernt sich langsam, blickt lächelnd zurück, wie durch einen Tränenschleier, während das Blumenmädchen und die andern herzlich lachen.

Selten zuvor hatte Chaplin einen Film mit so einer klaren Vorstellung von seinem Ende begonnen. Ganz gewiß hatte er nie zuvor eine Schlußszene derart detailliert, ja fast drehbuchartig beschrieben, lange bevor er mit dem Drehen begann. Aber für ihn stand jetzt schon fest, daß diese Szene der Höhepunkt sein sollte, vielleicht der Sinn und Zweck von *City Lights* überhaupt.

Es gab noch Unmengen von Ideen für zusätzliche Ausführungen und Komplizierungen der Handlung. Vielleicht konnte sich der Tramp ein Zimmer in derselben Pension wie das Mädchen nehmen, und vielleicht konnten das Mädchen und die anderen Mieter ihn für einen reichen bekannten Schriftsteller halten, von dem berichtet wird, daß er sich inkognito in einer armen Gegend einquartiert hat, um Stoff für einen Roman zu sammeln. Oder vielleicht könnte er irrtümlicherweise für einen Entführer gehalten werden, als er zufällig ein Bündel Lösegeld aufhebt, das aus einem vorbeifahrenden Auto geworfen wurde. Vielleicht könnte das Mädchen einen nichtsnutzigen Bruder haben, der ihr das Geld für Würfelspiele abnimmt, und eine kranke kleine Schwester. Etliche Möglichkeiten werden aufgelistet, wie sich die Illusionen des Mädchens über ihren Freund und Wohltäter für Komik, Ironie und Pathos ausschlachten lassen:

> Als Charlie nach dem Mädchen ruft, verstecken sich ihre Freundinnen, um ihn mal zu Gesicht zu bekommen. »Er lernt nicht gerne neue Leute kennen«, vertraut sie ihnen an, »aber ach, er hat soviel Stil.« Als sie ihn sehen, können sie sich vor Lachen nicht halten, aber ein Mädchen weint. »Wir sollten es ihr sagen«, meinen sie. »Lacht nicht, es ist tragisch«, sagt das weinende Mädchen. »Und sagt es ihr nicht, es würde ihr das Herz brechen.« Charlie hört mit, wie die Freundinnen über ihn als Witzfigur reden, und blickt niedergeschlagen auf seine Füße. Charlie hört, wie Virginia (das Blumenmädchen) ihre Freundinnen fragt, wie er aussieht. Er wartet angespannt auf die Antwort der Mädchen. »Ach, er ist wunderbar«, sagt Virginias Freundin. Charlie atmet auf, und zwei Tränen treten ihm in die Augen.

In der Nachbarschaft ist ein Kind, das jedesmal lacht, wenn Charlie erscheint. »Warum lachen die?« fragt sie Charlie. In den Straßenszenen mit dem Mädchen wird stets über Charlie gelacht. Das Mädchen merkt allmählich, daß alle lachen.

Die Blindheit des Mädchens legte auch Gags nahe, die sich aus unpassenden Reaktionen oder Bemerkungen ergaben. Das Paar könnte rudern gehen: Als Charlie von einer niedrigen Brücke umgehauen wird, bemerkt das Mädchen verträumt: »Es ist so schön hier.« Eine komplexe Variation über alptraumhafte Scham-Gags wäre denkbar: Charlie könnte seine Hose verlieren, aber dann erkennen, daß es keine Veranlassung gibt, sich zu schämen, da das Mädchen ihn ja nicht sehen kann. Eine charakteristische Szene, in der die romantische Stimmung ein jähes Ende findet, sollte – leicht variiert – den fertigen Film erreichen und zu einem der denkwürdigsten Augenblicke werden:

Ein anderes Mal bringt Charlie Virginia nach Hause. Charlie blickt noch einmal zurück und sieht, wie sie die Pflanzen im Fenster gießt – schleicht sich zurück und kriegt Wasser ins Gesicht. Schleicht sich davon ...

Alte, dreißig Jahre zurückliegende Alpträume kehren auch kurz wieder:

Wohnzimmer des blinden Mädchens – der Tramp ist fortgegangen, um etwas für das Mädchen zu besorgen. Als er weg ist, tritt die Wirtin ein und konfrontiert das Mädchen mit der Forderung, endlich ihre rückständige Miete zu zahlen. Als sie erfährt, daß das Mädchen nichts hat, schlägt die Wirtin dem Mädchen vor, sich in die Obhut einer Blindenanstalt zu begeben und die kleine Schwester ins Armenhaus zu schicken ...

Schon in dieser Phase scheint Chaplin mit dem Gedanken gespielt zu haben, eine – wie auch immer geartete – Tonspur im Film vorkommen zu lassen.

Das blinde Mädchen soll einen Phonographen besitzen, den sie an ihrem Blumenstand betreibt. Ihre Lieblingsplatte soll ›Bright Eyes‹ oder irgendein jazzartiges Stück sein. Dem Grafen geht die Melodie nicht mehr aus dem Kopf, und er pfeift sie im Gehen. In einer Spielhalle sucht er den Titel und hört ihn sich durch den altmodischen Ohrempfänger an, und sein Gebaren erregt die Aufmerksamkeit der Umstehenden. Dieses Klangmittel ist auch in einer Liebesszene zwischen dem Grafen und dem Mädchen einsetzbar: Er beantwortet ihr Lied mit einem anderen, entsprechend bedeutungsvollen. Der Graf kauft oder verschafft sich irgendwie Platten für das Mädchen.

Als sie sich auf Chaplins Fernostreise im Jahr 1936 begegneten, habe Chaplin, Jean Cocteaus Bericht zufolge, zu ihm gesagt, daß ein Film einem Baum gleiche: wenn man ihn schüttelt, fällt alles Lose und Überflüssige ab, und es bleibt nur die grundlegende Gestalt übrig.[2] Bei Chaplin fand diese Auslese im wesentlichen schon bei der Story-Entwicklung statt. Er konnte zwar fünfzigmal mehr Material verbrauchen, als er für den fertigen Film benötigte, aber er verfilmte selten Material für Szenen, die im endgültigen Film nicht mehr auftauchten. Bei *City Lights* gab es freilich zwei solche letztlich ganz verworfenen Szenen.

Anfang Mai war Chaplin mit seiner Geschichte bereits soweit gediehen, daß er seine Studiobelegschaft mit der Herstellung der Kulissen und Requisiten beauftragen und Kostüme bestellen konnte. Er hatte immer noch eine Schwäche für interessante Leute, und so hatte er einen australischen Künstler namens Henry Clive verpflichtet, den er mit der Anfertigung der Entwürfe für die Kulissen und Kostüme betraute. Clive arbeitete den ganzen Juni, Juli und August an diesen Skizzen, doch letztendlich mußte Danny Hall die Sache in die Hand nehmen. Dann befand Chaplin, daß Clive sich bestens für die Rolle des Millionärs eignen würde, und so wurde er als erstes Mitglied der Besetzung rekrutiert.

Robert Sherwood schrieb später über die fiktive Stadt, in der *City Lights* schließlich spielte: »Es ist eine merkwürdige Stadt, mit einer verwirrenden Ähnlichkeit mit London, Los Angeles, Neapel, Paris, Tanger und Council Bluffs. Es ist keine Stadt auf der Welt und dabei gleichzeitig jede Stadt.« Es wurde so gut wie alles im Studio gedreht. Auf der Rückseite der offenen Bühne wurde eine hohe Betonwand errichtet, auf die Kulissenspezialisten einen Rundhorizont mit riesigen Gebäuden malten. Eine T-förmig angelegte Kulisse davor folgte dem alten Schema der Straßengabelung, das in so vielen Zweiaktern gute Dienste geleistet hatte. Auf der einen Seite des T war der Eingang zu einem Theater und ein Kabarett; gegenüber waren ein paar Läden, darunter ein Kunstladen, und gleich um die Ecke war der Blumenladen. Das Denkmal für ›Frieden und Wohlstand‹, das in der Eröffnungsszene des Films vorkommt, stand im Schnittpunkt des T. An einer Ecke wurde ein Park angelegt, der mit einem Gitterzaun umgeben war. Davor befand sich der Blumenstand des blinden Mädchens. Das Innere diente als Garten des Millionärshauses. Die Kulissen für das Haus des Millionärs wurden auf der geschlossenen Bühne errichtet. Aus diesen Elementen schuf Chaplin seine fiktive Stadt.

Am 28. August starb Hannah Chaplin. Chaplin hatte es nach wie vor nicht über sich gebracht, seine Mutter allzu häufig zu besuchen, aber als sie etwa eine Woche vor ihrem Tod mit einer Gallenblasenentzündung ins Glendale Hospital eingeliefert werden mußte, besuchte er sie täglich und zwang sich, mit ihr zu scherzen. Einen Tag vor ihrem Tod hörten Krankenschwestern, wie die beiden zusammen lachten. Einige Stunden vor ihrem Ende fiel sie in ein Koma, und man riet Chaplin, von einem Besuch abzusehen. Er fuhr vom Krankenhaus weg, kehrte dann aber wieder um und beschloß, doch zu ihr zu gehen. Sie kam vorübergehend wieder zu Bewußtsein und ergriff seine Hand. Als er ihr versicherte, daß sie gewiß wieder gesund würde, murmelte sie erschöpft »vielleicht« und verlor erneut das Bewußtsein.

Am nächsten Tag arbeitete Chaplin gerade im Studio, als er die Nachricht von ihrem Tod erhielt. Harry Crocker begleitete ihn zum Krankenhaus und wartete draußen, während Chaplin ins Zimmer ging, in das das Sonnenlicht durch halbzugezogene Vorhänge sickerte. Zum ersten Mal sah er jemanden, der ihm nahestand, im Tode. Siebenundzwanzig Jahre zuvor hatte man ihn zu seinem aufgebahrten Vater mitgenommen, aber »ich konnte es nicht ertragen, meinen Vater im Sarg zu sehen. Ich zuckte die Achseln, ich wandte mich ab, verängstigt wie ein Kind ...« Bei seiner Mutter war es anders, »weil es natürlich war. Sie war nicht in einem Sarg eingesperrt. Ich habe sie nicht im Sarg gesehen. Das konnte ich nicht. Später bei der Beerdigung sollte ich sie mir noch einmal ansehen, bevor der Deckel aufgesetzt wurde. Ich wollte nicht. Ich konnte nicht ... Im Bett, da war es ... eine Befreiung. Sie hatte Schmerzen gehabt, wissen Sie, und jetzt war sie befreit. Vorher hatte sie verwirrt ausgesehen, als ob ..., und dann war sie erlöst. Man sah, daß sie nicht mehr litt ... Wenn das Leben zur Qual wird, ist der Tod wahrscheinlich sehr willkommen. Sie lag noch im Bett im Krankenhaus. Ich hatte sie am Tag zuvor gesehen, und sie litt Qualen. Aber dann am nächsten Tag, wenn man plötzlich jemanden sieht, geliebt und klein, denkt man an alles, was im Leben passiert ist ... Es geht einem sehr nah ... Ich konnte ... ich konnte sie nicht berühren.«[3] Er erinnerte sich, daß er beim Anblick der kleinen Gestalt an all die Kämpfe denken mußte, die sie in ihrem Leben ausgefochten hatte, und ihm kamen die Tränen. Danach fuhr er schweigend mit Crocker nach Hause. Chaplin schickte Telegramme an Sydney, der in Europa erkrankt war, und an Wheeler Dryden in New York. Hannah wurde auf dem Friedhof von Hollywood begraben. Ihr schlichter Grabstein liegt im Schatten des großen Mausoleums, das für Marion Davies und ihre Familie errichtet wurde, und in der Nähe der Gräber von Henry Lehrman und seiner Verlobten Virginia Rappe. Lita erschien mit den beiden

Kindern zur Beerdigung, aber zur Erleichterung von Chaplins Freunden war er zu bekümmert, um sie zu bemerken. Freunde berichten, daß es mehrere Wochen dauerte, bis er seinen Kummer über den Tod seiner Mutter überwunden hatte. Ihr ganzes Leben lang hatte Hannah stets einige Jahre von ihrem Alter abgezogen. Es hätte sie vielleicht erfreut, daß auf ihrem Grabstein als Geburtsjahr 1866 stand statt 1865.

Eine Notiz, die das Datum 10. September 1928 trägt, zeigt, daß Chaplin damals noch weit von der endgültigen Geschichte von *City Lights* entfernt war. In den vorgesehenen Episoden spielte ein schwarzer Zeitungsjunge eine wichtige Rolle – anscheinend die Figur, über die Chaplin mit Crocker gesprochen hatte: »jemand, der noch unbedarfter ist, jemand, bei dem ich den Herrn spielen könnte, jemand, für den ich der Größte wäre.« Ihre gemeinsamen Abenteuer sollten in einem Theater und einer öffentlichen Bücherei Chaos verursachen.

Seit *The Bank* war der Traum von Seligkeit und das jähe unsanfte Erwachen in der kalten Wirklichkeit ein immer wiederkehrendes Motiv. Aller Wahrscheinlichkeit nach ist das eher auf Fluchtträume zurückzuführen, die er in seiner Kindheit hatte, wenn er fern von Zuhause in Armenanstalten war, als auf *Jimmy the Fearless*. Zu diesem Zeitpunkt seiner Arbeit an *City Lights* wollte Chaplin den Film mit einem Traum beginnen lassen, aus dem der Tramp herausgerissen werden sollte. Im Traum sollte er ein Prinz sein, der eine Prinzessin umwirbt und gewinnt. Die Prinzessin »packt ihn und küßt ihn wild«, aber als er aufwacht, muß er feststellen, daß er immer noch der Tramp ist, und daß ein Straßenköter sein Gesicht leckt. Es existieren noch Standfotos, die Chaplin in der prächtigen weißen Uniform zeigen, die er als Prinz tragen sollte. Eine Variante der Szene spielte in Venedig, so daß der Prinz zum Rendezvous mit der Prinzessin in einer Gondel aufkreuzen konnte.

In einer alternativen Traumeröffnung wird Charlie der Tramp in das Haus einer geheimnisvollen Femme Fatale bestellt:

> Charlie tritt ein und findet Frau auf Sofa vor. Sie streckt ihm die Arme entgegen, und unter Klängen von Musik sagt sie: »Mein Holder, komm zu mir.« Charlie gibt ihr sofort einen leidenschaftlichen Kuß, und während er die Hand der Frau küßt, packt und zerdrückt er eine Apfelsine. Während sie noch dastehen und sich weiter küssen, werden die Vorhänge zurückgezogen, und der Butler bringt ein Festmahl herein – einen Truthahn und Champagner. Ohne von den Lippen der Frau zu lassen, schwenkt Charlie sie herum, damit sein hungriger Blick das Festmahl im Auge behalten kann. Als er sie losläßt, weist er mit einer eleganten Geste zum Tisch und

sagt: »Wollen wir speisen?« Die Frau, ganz benommen von seinen Küssen, sagt: »Noch einen – noch einen.«

Charlie küßt sie dicht neben dem Tisch, und als sie den Kopf auf seine Schulter legt, schnappt er sich eine Keule vom Tisch und verschlingt sie, dann küßt er sie wieder. Der Konflikt zwischen seinem Drang nach Liebe und nach Essen hat ihn in eine verzwickte Situation gebracht. Als er sie erneut leidenschaftlich küßt – überblenden zu Hund, der sein Gesicht ableckt, und Polizisten, der ihn von der Bank verjagt.

Das Thema von den konkurrierenden Ansprüchen von Liebe und Hunger scheint es Chaplin sehr angetan zu haben. Erwogen wurde auch noch die Verwechslung von zwei Hähnchenkeulen mit zwei Rosen, und eine Szene, wo Charlie die Frau leidenschaftlich über den Tisch zurückbeugt – um an das Salz heranzukommen.

Als man am 27. Dezember endlich mit den Dreharbeiten begann, hatte Chaplin fast ein ganzes Jahr an der Story gearbeitet, und er war immer noch weit von der endgültigen Struktur entfernt. Eine Hauptdarstellerin hatte er jedoch schon gefunden. Es existieren widersprüchliche Berichte darüber, wie Chaplin die Bekanntschaft von Virginia Cherrill gemacht hatte. In den damaligen Pressemitteilungen für den Film hieß es, daß die knapp zwanzigjährige Virginia im Sommer 1928 »in Hollywood landete. Sie hatte vorgehabt, eine Reise durch Kalifornien zu machen und einige Zeit bei Freunden zu verbringen.« In Wahrheit erholte sie sich gerade von ihrer ersten Scheidung, von Irving Adler. Chaplin, der den ganzen Tag Bewerberinnen für die Rolle des Blumenmädchens geprüft hatte, bemerkte sie eines Abends, als sie beide auf besten Plätzen einem Preisboxkampf im Hollywood American Legion Stadium beiwohnten. Er sah in ihr sofort etwas von der jungen Edna Purviance. Sie wurde ins Studio eingeladen, wo sie am nächsten Tag Probeaufnahmen machte. In seiner Autobiographie schreibt Chaplin allerdings, daß er sie schon vorher kennengelernt hatte. Sie war ihm aufgefallen, als sie mit einem Filmteam am Strand von Santa Monica arbeitete, in einem blauen Badeanzug. Er bot ihr an, Probeaufnahmen zu machen, »aus purer Verzweiflung«, wie er sagte. Virginia war schön, photogen und hatte keinerlei schauspielerische Erfahrung, was ein erheblicher Vorteil sein konnte, wie Chaplin in der Vergangenheit schon bewiesen hatte. Entscheidend war, daß sie als einzige von allen, die Probeaufnahmen gemacht hatten, »blind aussehen konnte, ohne dabei abstoßend zu wirken – die andern haben die Augen verdreht, so daß man nur das Weiße sah«. Mit seiner Begabung, seinen Schauspielern immer die richtigen Anweisungen zu geben, riet

Chaplin ihr einfach, ihn anzuschauen, dabei sollte sie aber »nach innen sehen und mich nicht wahrnehmen«. Virginias Familie, die den besseren Kreisen Chicagos angehörte, war anfangs nicht gerade glücklich darüber, daß sie zum Film gehen wollte. Doch schließlich wurde ihr Vertrag, der am 1. November 1928 anlaufen sollte, unterzeichnet, und Mrs. Cherrill zog nach Los Angeles und quartierte sich in Hancock Park ein, um über ihre Tochter zu wachen.

Chaplin umgab sich immer noch gerne mit bekannten und vertrauten Leuten. Allan Garcia hatte als Zirkusdirektor in *The Circus* gute Arbeit geleistet. Da Chaplin noch keine klare Vorstellung von einer Rolle für ihn hatte, engagierte er ihn als Leiter des Besetzungsbüros für den neuen Film. Garcia sollte schließlich zwei Rollen in dem Film spielen. Nach Weihnachten, als die Kulissen mehr oder weniger fertig waren, fühlte Chaplin sich gezwungen, endlich mit dem Drehen zu beginnen, obwohl er sich bewußt war, daß er die Geschichte noch nicht richtig ausgearbeitet hatte. In den ersten drei Wochen wurde nur halbherzig gearbeitet; man machte allgemeine Aufnahmen von Charlie in den Straßen der Stadt. In der Woche vom 1. Januar verzog sich Chaplin zusammen mit Crocker und seinem neuen Liebling Henry Clive nach San Simeon – angeblich um weiter an der Geschichte zu arbeiten, obwohl Hearsts Lustschloß für konzentriertes Arbeiten nicht gerade geeignet schien. Vor seiner Abreise gab er die Anweisung, für den 28. Februar Statisten zu bestellen. Zwei Szenen waren fest in seinen Plänen verankert: die erste Begegnung zwischen Charlie und dem Blumenmädchen und die Schlußszene. Die Schlußszene war für eine ungeübte Schauspielerin zu schwierig, und so beschloß er, mit dem Blumenstand zu beginnen.

Im Endeffekt machte ihm gerade diese Szene mehr Schwierigkeiten als jede andere, die er je zu bewältigen hatte. Er hatte von Anfang an Zweifel bezüglich Virginia. Es ist inzwischen schon legendär geworden, wie Chaplin Aufnahme um Aufnahme, Stunde um Stunde, Tag um Tag mit dem Versuch verbrachte, sie dazu zu bringen, ihm mit dem von ihm gewünschten Satz und Rhythmus eine Blume zu überreichen, und den Satz »Eine Blume, der Herr?« – der niemals gehört werden sollte – seiner Vorstellung gemäß zu intonieren. Es lag nicht ausschließlich an Virginias Unerfahrenheit. Ein Problem war zweifellos, daß Chaplin zum ersten Mal mit einer Hauptdarstellerin arbeitete, für die er nichts empfand, die er nicht einmal mochte. »Ich habe Charlie nie gemocht, und er hat mich nie gemocht«, sagte Virginia mehr als ein halbes Jahrhundert später.[4] Er traf sich nie außerhalb des Studios mit ihr und lud sie nie zu sich nach Hause ein. Viele Jahre später, als er seine Autobiographie schrieb, gab Chaplin zu, daß es nicht Virginias Schuld war, sondern »zum Teil meine eigene, denn ich hatte mich inzwischen in einen neurotischen Perfektionszwang hineingesteigert«. Dieser Zwang hatte sich zweifellos besonders verstärkt, weil der Durchbruch des Tonfilms ihn beunruhigte. Ihn störte auch die unvermeidliche Gegenwart der Statisten, wenn er an einer Szene arbeitete, die eine so behutsame Handhabung erforderte. Sein Freund, der Künstler und Karikaturist Ralph Barton, zeichnete mit einer 16-mm-Kamera einige Momente von der Arbeit auf und hielt einen heftigen Zornesausbruch fest, als Chaplin seinen Assistenten anfuhr, der offenbar für die Statisten zuständig war.

Abgesehen von seinem »neurotischen Perfektionszwang« hatte Chaplin eine sehr klare Vorstellung davon, wie diese Szene aussehen sollte. Fast vierzig Jahre später erläuterte er Richard Meryman:

> Alles, was ich mache, ist Tanz. Ich denke in Begriffen des Tanzes. Ich glaube, in *City Lights* ganz besonders. Das blinde Mädchen – ein wunderschöner Tanz. Für mich ist das ein Tanz. Einfach reine Pantomime. Das Mädchen streckt die Hand aus, und der Tramp weiß nicht, daß sie blind ist. Und er sagt: »Ich nehme diese hier.« »Welche?« Er blickt ungläubig – was für ein dummes Mädchen ... Dann fällt die Blume zu Boden und sie bückt sich und tastet nach ihr. Ich hebe sie auf und halte sie einen Augenblick in der Hand. Und dann sagt sie: »Haben Sie sie gefunden, mein Herr?« Und dann sieht er hin und begreift. Er hält sie ihr vor die Augen – nur eine Geste. Nicht viel. Das ist reiner Tanz ... Es hat viel Zeit gekostet. Wir haben das Tag um Tag gedreht ...
>
> Zum Beispiel brachte sie irgendwas, was nicht stimmte. Sätze. Einen Satz. Es schmerzt mich, wenn eine Linie nicht stimmt. Sie sagt also zum Beispiel: »Eine Blume, der Herr?« Und ich sagte: »Hör mal her! Niemand sagt doch ›Blume‹ auf die Art.« Sie war Amateurin ...
>
> Ich wußte im Moment, wenn sie nicht ganz bei der Sache war, wenn sie unsicher war oder nur ein bißchen zu sehr oder ein bißchen zu schnell aufgeblickt hat ... Oder wenn sie nur eine Sekunde zu lang gewartet hat. Das habe ich im Moment gemerkt.[5]

Die Momente vergingen, und auch die Tage vom 29. Januar bis zum 14. Februar. Am 20. Februar machten sie einen neuen Versuch, veränderten die Abläufe der Szene. Und am 25. Februar erkrankte Chaplin, angeblich an Fleischvergiftung, doch akute Sorgen könnten auch etwas damit zu tun gehabt haben. Auf die Mageninfektion folgte eine Grippe, und den ganzen März über kehrte Chaplin nicht mehr ins Studio zurück, erschien nur zu ein paar Besprechungen mit dem Team. Am 1. April war er wieder da, fest entschlossen, die

Blumenstand-Szene noch einmal ganz von vorne anzugehen. Nach zehn Tagen war er immer noch nicht zufrieden, aber er beschloß, sie vorläufig beiseite zu legen und eine andere Sequenz zu drehen.

Inzwischen hatte er beschlossen, den Film mit einer Szene zu eröffnen, die in einem einzigen Streich komischer Ironie die wirtschaftlichen und gesellschaftlichen Gegensätze des modernen städtischen Lebens auf den Punkt bringt – es wurde ein wahrer Geniestreich. In der Endfassung zeigt die Szene eine große Menschenmenge, die sich anläßlich der Enthüllung des Denkmals für ›Frieden und Wohlstand‹ versammelt hat. Ein untersetzter städtischer Würdenträger und eine hagere Vertreterin eines Frauenklubs halten Ansprachen, dann wird das Denkmal enthüllt: Eingekuschelt im Schoß der zentralen weiblichen Figur liegt die unrespektable, friedlich schlummernde Gestalt des Tramps. Als die aufgebrachten und irritierten Honoratioren ihm befehlen herunterzusteigen, gibt er sich die größte Mühe, bringt es aber nur fertig, sich mit der Hose im Schwert des Friedens (!) festzuhaken. Derart aufgehängt bemüht er sich, untertänig Habachtstellung einzunehmen, während die Nationalhymne abgespielt wird. Die Sequenz endet mit einem allgemeinen Durcheinander, in dem sich der Tramp davonmachen kann.

Diese aufwendige Szene wurde, abgesehen von einigen Nahaufnahmen von Chaplin, in einer Woche fertiggestellt. Die Gegenwart und die Kosten einer großen Statistenmenge (an einem Tag wurden 380 Personen für diese Sequenz engagiert) war immer ein wirkungsvoller Ansporn für Chaplin. Alf Reeves, der als Manager des Studios seine Rolle darin sah, sich im stillen Sorgen zu machen, schrieb am 28. April recht befriedigt an Sydney:

> Charlie arbeitet wie üblich an seinem Film, aber Toneffekte können, falls erforderlich, nachträglich hinzugefügt werden.
>
> Er ist gerade mitten in einer Sequenz, die allem Anschein nach zu einem herausragenden Moment in der Geschichte der Filmkomödie werden könnte, wenn sie erstmal geschnitten ist. Wir setzen in der Szene vierhundert Statisten ein.

Tatsächlich gewann die Szene noch durch einen von Chaplins schönsten akustischen Gags, mit dem er gleich zu Beginn des Films seine Abneigung gegen den Tonfilm unterstrich. Die Reden des Würdenträgers und der Dame wurden von schepprigen Saxophonen genäselt, die die metallischen Laute des frühen Tonfilms karikierten. Geschickte Lippenleser können freilich feststellen, daß Henry Bergman gewissenhaft eine richtige Rede artikuliert:

> Meine Damen und Herren – es ist mir eine große Freude und Ehre, Ihnen die reizenden Damen vorstellen zu dürfen, die soviel dazu beigetragen haben, all das hier zu ermöglichen. Miss-ess Fill-ber-nut! Und auch Miss-ess Oscar Beedell-Bottom. Und – last, but not least – Miss-ess Putt. Meine Damen und Herren, ich wäre nur zu glücklich, wenn ich auch nur irgend etwas zu diesem Augenblick hätte beitragen können, aber ich bin sicher, Sie wissen, wem wir diesen erhebenden Moment eigentlich zu verdanken haben. Es ist der Künstler persönlich, Mr. Hugo Frothingham-Grimthorpe-Shafe-Shaferkee…

Es kann die bereits angegriffenen Nerven des armen Chaplin kaum beruhigt haben, daß ausgerechnet jetzt größere Umbauten am Studio vorgenommen werden mußten. Im Rahmen eines Modernisierungsprogramms hatten die städtischen Behörden beschlossen, die La Brea Avenue zu verbreitern, was bedeutete, daß die Studiogebäude auf dieser Seite, Büros, Garderoben und Labors, komplett um vier Meter zurückversetzt werden mußten. Wenigstens konnte Chaplin seine Dreharbeiten so weit wie möglich von den Bauarbeiten weglegen, an den Swimming-pool des Studios, wo die Selbstmord-Sequenz gedreht werden sollte. Es war eine einfache Klamaukszene, bei der er mit keinerlei Schwierigkeiten rechnete. Die Sequenz war einen Monat zuvor voll ausgearbeitet worden. In einer Notiz vom 24. Mai wird die Handlung beschrieben:

> Auf der Suche nach einem Schlafplatz streicht Charlie mitternachts am Flußkai entlang. Als er sich gerade in der Dunkelheit zusammenrollen will, fährt der Betrunkene in Abendgarderobe mit dem Taxi vor. Er steigt aus, ein großes, schweres Paket unterm Arm – wirft dem Taxifahrer ein Bündel Scheine zu – und torkelt mit seinem Paket zum Flußufer. Er wickelt einen großen Stein aus dem Packpapier, um den ein Seil geknotet ist. Als er sich anschickt, das Seil um seinen Hals zu schlingen, stürzt Charlie herbei, um ihn von seinem Selbstmord abzuhalten. Während sie miteinander ringen, legt sich die Schlinge um Charlies eigenen Hals, und als der Betrunkene den Stein in den Fluß wuchtet, um seinem Leben ein Ende zu setzen, wird Charlie hineingerissen. Der Betrunkene rettet ihn und nimmt ihn mit zu sich nach Hause, wo er Charlie anvertraut – während er ihn vor dem Kamin mit Brandy abfüllt –, daß er das Leben gründlich satt hat. Er zeigt auf die Photographie einer schönen Frau und gibt zu verstehen, daß er auch sie satt hat. Um zu demonstrieren, daß ihm überhaupt nichts mehr irgend etwas bedeutet, wirft er ein Bündel Banknoten ins Feuer…

Henry Clive spielte den Millionär wunderbar, als es aber am dritten Drehtag an ihm war, ins Wasser zu fallen, erhob er Einspruch. Er erklärte, er habe Probleme mit den Bronchien und habe sich in letzter Zeit nicht wohlgefühlt und schlug vor, zu warten bis die Sonne das Wasser ein bißchen erwärmt hatte. Zornesrasend verließ Chaplin den Drehplatz, und Robinson wurde beordert, Clive auszurichten, daß er entlassen sei. Die Freundschaft fand ein jähes Ende. Vier Tage später hatte Chaplin in Harry Myers seinen neuen Millionär gefunden, und die Arbeit konnte weitergehen. Myers war ein alter Hase, der seine Karriere im Vaudeville begonnen hatte und etwa zur selben Zeit wie Mack Sennett in die Biograph Company eingetreten war. Seitdem hatte er Hauptrollen in über fünfzig Filmen gespielt (darunter *Up in Mabel's Room* und *Getting Gertie's Garter*), und er war viel zu sehr Profi, um sich von ein bißchen kaltem Wasser abschrecken zu lassen, auch nicht von einem ganzen Becken voll. Nach Abschluß der Wasser-Selbstmord-Szene und einigen Außenaufnahmen, die in den frühen Morgenstunden des 11. Juli an der Pasadena Bridge gedreht wurden, kam die Arbeit durch die Bauarbeiten im Studio und auch wegen der extremen Hitze des Sommers 1929 zum Erliegen.

Erst Mitte August war das Labor wieder aufgebaut, und die anderen Gebäude, die unter der Verlegung gelitten hatten, waren neu her- und eingerichtet. Die erzwungene Pause hatte Chaplin wenigstens Zeit gegeben, eine völlig neue Sache auszuarbeiten, an der er nun sieben Tage lang drehte. Diese siebenminütige Sequenz ist eine der faszinierendsten Schöpfungen Chaplins, auch wenn sie letztendlich nicht verwendet wurde. Als Serie sich ins Absurde steigernder Variationen über ein einziges Thema hätte die Sequenz ein Karno-Sketch sein können; doch Chaplin macht daraus einen absoluten Höhepunkt seiner Komikphantasie und -verwirklichung.

Es passiert eigentlich nichts Besonderes: Als der Tramp am Schaufenster eines Kleidergeschäfts vorbeigeht, erblickt er auf dem Bürgersteig ein Stück Holz, das zwischen den Stäben eines Kellergitters eingeklemmt ist. Beiläufig stößt er es mit seinem Stock an, um es zu befreien, aber es schwenkt nur hin und her und rührt sich nicht vom Fleck. Es fesselt ihn zunehmend und läßt ihn nicht mehr los. Er bezieht den Zuschauer in seinen wachsenden Unmut ein. Um ihn herum bildet sich alsbald eine Menschenmenge, die an Charlies Bemühungen Anteil nimmt. Ein Laufbursche mit dümmlich-schläfriger Miene, die die Botschaft ›Express‹ auf seiner Kappe Lügen straft, bleibt neben ihm stehen und sieht ihm mißmutig zu. Er kaut an einer Apfelsine und spuckt die Schale gedankenverloren auf Charlie. Charlies natürliche Eitelkeit ist verletzt. Im nächsten Moment bekommt der Junge seine verdiente Strafe, indem er sich selbst Saft ins Auge spritzt. Als er weitergezogen ist, bleiben zwei Frauen stehen und betrachten die Schaufensterauslagen. Charlie ist viel zu sehr vertieft, um sich stören zu lassen, und stochert mit seinem Stock der stämmigeren Frau zwischen den Beinen herum. Die Damen ziehen empört von dannen. Dann taucht ein Schaufensterdekorateur im Schaufenster auf, der seine Ratschläge zunehmend gereizter durch die schalldichte Schaufensterscheibe artikuliert und gestikuliert. Seine Unaufmerksamkeit bringt ihn in Schwierigkeiten: Geistesabwesend befestigt er ein Preisschild nicht wie beabsichtigt an einer Schaufensterpuppe sondern am Hinterteil der wohlbeleibten Geschäftsführerin. Der Sketch endet mit einer schönen unsensationellen Auflösung: Als sich der unvermeidliche Cop einen Weg durch die Neugierigen bahnt und Charlie mißtrauisch in Augenschein nimmt, stippt er das Holz noch einmal beiläufig mit seinem Stock an, und es verschwindet einfach zwischen den Gitterstäben.

Der Laufbursche – eine eindringliche Gestalt, die mit ihrem feindseligen, starren idiotischen Gesichtsausdruck wie ein entfernter, geistig zurückgebliebener Vetter Buster Keatons aussieht – wurde von Charles Lederer gespielt, Marion Davies' Lieblingsneffen, Sohn ihrer Schwester Reine Douras. Mit seinen damals etwa achtzehn Jahren hatte er sich in San Simeon schon allseits beliebt gemacht – sogar bei Hearst –, wegen seiner Intelligenz, seinem Witz und seinen unverschämten Scherzen. Später wurde ein erfolgreicher Hollywood-Autor aus ihm und ein weniger erfolgreicher Regisseur. Zusammen mit Luther Davies war er Co-Autor des Bühnenmusicals *Kismet*. Zweifellos war er Chaplin von Marion Davies oder Harry Crocker – oft Lederers Mitverschwörer bei dessen Streichen – empfohlen worden; vielleicht hatte Chaplin ihn auch anderweitig kennengelernt und war, genau wie alle andern Mitglieder des Zirkels von San Simeon, von ihm fasziniert.

Fast vierzig Jahre später, als Richard Meryman ihn interviewte, erinnerte sich Chaplin mit ungeheurem Vergnügen an die Sequenz: »Eine herrliche Sequenz... Sie war großartig.« Er erinnerte sich an alles und konnte sie immer noch nachspielen, und er hielt Lederers Laufburschen für »sehr gut gespielt«. Die Entscheidung, sie letztendlich doch nicht zu verwenden, zeigt, daß Chaplin, wie weitschweifig seine Phantasie in der Phase der Erfindung einer Geschichte auch sein mochte, ganz radikal war, wenn es darum ging, Unwesentliches oder Ablenkendes zu eliminieren – »den Baum zu schütteln«. Die Sequenz – »eine ganze Geschichte für sich«, wie Chaplin sagte – wurde erst nach über fünfzig Jahren öffentlich gezeigt, als Kevin Brownlow und David Gill sie in ihren *Unknown Chaplin* aufnahmen.

Doch Chaplin drehte auch einen anderen Sologag, der in den fertigen Film aufgenommen wurde. Der Tramp verharrt vor dem Schaufenster eines Kunstladens, in dessen Mitte eine üppige Aktstatue steht. Er tarnt sein Interesse, indem er die Posen eines Kunstkenners einnimmt und die ausgestellten Kunstwerke mit vornehm kritischer Distanz in Augenschein nimmt. Während er vor- und zurücktritt, um einen besseren Blickwinkel zu haben, übersieht er einen in den Bürgersteig eingelassenen Lastenaufzug, der ständig auf- und niederfährt. Glücklicherweise kommt die Plattform immer genau in dem Moment nach oben, wenn Charlie sich anschickt sie zu betreten. Als er schließlich einen zu plötzlichen Schritt nach hinten tut und fast in die Tiefe gerissen wird, fährt er den Arbeiter an, von dem zunächst nur der Kopf aus dem Schacht schaut. Der Aufzug steigt und steigt, und allmählich kommen die ganzen zwei Meter (wie es scheint) der kräftigen Gestalt zum Vorschein. Charlies Entrüstung wird merklich zurückhaltender, als er seinen Gegner in voller Größe vor sich hat.

Der Trick mit dem Aufzug wurde ganz einfach bewerkstelligt, indem man die Kamera nach außen gerichtet ins Schaufenster stellte und jemanden hinter der Kamera plazierte, der den Aufzug im Auge behielt und Chaplin dessen Position anzeigte. Er probte den Effekt auf Film, wobei er elegante Alltagskleidung trug, und diese Probeszene existiert noch (sie ist auch in *Unknown Chaplin* zu sehen). Ein Vergleich der graziösen Bewegungen des gutaussehenden, eleganten Mannes in weißen Flanellhosen und Pullover mit dem komischen Gebaren des kleinen Tramps illustriert uns auf anschaulichste Weise, wie Kostüm und Maske die Persönlichkeit ihres Trägers völlig verwandelten.

Chaplins Launen waren nach wie vor sehr unberechenbar. Eines Morgens Anfang September 1929, als er gerade mit der Probe der Szene begonnen hatte, in der der Millionär den Tramp in einen Nachtclub ausführt, rief er Alf Reeves von zu Hause aus an und sagte: »Solange Crocker da ist, werde ich keinen Fuß mehr ins Studio setzen.« Dann legte er auf. Reeves traf Crocker bei der Vorbereitung des Tagesplans an und gab die Mitteilung weiter.

»Was soll das heißen?« fragte Crocker.

»Weiß ich nicht«, erwiderte Reeves, »aber an Ihrer Stelle würde ich die Kündigung einreichen.«

Crocker befolgte seinen Rat. Sehr persönliche Gründe müssen für den Bruch verantwortlich gewesen sein, da weder Chaplin noch Crocker je darüber sprachen, und im Studio hatte keiner eine Erklärung. Henry Bergman und Carlyle Robinson waren zweifellos entzückt, wieder als Chaplins Vertraute eingesetzt zu werden. Sie hatten sich durch seine Freundschaft mit Clive und Crocker etwas ins Abseits gedrängt gefühlt.

Der nächste Monat verlief einigermaßen ruhig. Die Nachtklub-Szene wurde geprobt und gedreht, in der der betrunkene Millionär und ein beschwipster Charlie ein gelindes Chaos herbeiführen, mit Zigarren, Streichhölzern, Selterswasser und Spaghettis, die sich mit Luftschlangen verknäulen. Charlie hat unglückselige Begegnungen mit einer korpulenten Tänzerin, einem überladenen Kellner und einem exzentrischen Tango-Tanzpaar.

Chaplin machte sich nun daran, die Arbeit mit Virginia Cherrill wieder aufzunehmen. Obwohl sie sich täglich im Studio meldete, wurde sie über sechs Monate lang nicht vor der Kamera gebraucht. Während dieser Zeit hatten sich Chaplins Gefühle ihr gegenüber nicht zum Positiven gewandelt. Die anderen Mitglieder des Teams waren überrascht über seine offensichtliche Kühle, aber vielleicht war seine Einstellung gar nicht so überraschend. Virginia war nach Chaplins Begriff keine Arbeiterin und konnte auch keine sein. Sie war keine Berufsschauspielerin und auch nicht abhängig von ihrem Job im Studio. Wahrscheinlich brachte sie deutlich zum Ausdruck, daß die Monate der Untätigkeit sie langweilten. Sie ging abends zu Partys und war am nächsten Tag entsprechend müde. Seine ganze Laufbahn hindurch war Chaplin dringend auf Mitarbeiter angewiesen, die seine Begeisterung teilen konnten.

Viele Jahre später erläuterte er Richard Meryman, daß Begeisterung der wesentliche Impuls für sein Schaffen war: »Eine Idee erzeugt Begeisterung, und dann geht's los! Die Begeisterung hält nur kurze Zeit an, dann wartet man auf einen andern Tag. Sie erneuert sich wieder und man fängt wieder an. Wenn etwas stimmig ist und ich finde, daß es stimmig ist, dann erzeugt es Begeisterung.« Das Problem war nur, daß seine Begeisterung empfindlich auf die Stimmung der Leute reagierte, die ihn umgaben. »Wenn ich eine Idee habe und jemand versucht, meine Begeisterung zu dämpfen, bin ich verloren. So ist das. Tatsache ist, daß meine Begeisterung mich und alles um mich herum verrückt macht.« Virginias Unfähigkeit, seine Begeisterung aufzugreifen, machte ihn zweifellos verrückt. Am Montag, den 4. November 1929 stand sie wieder vor der Kamera. Er arbeitete sie mit einer leichten Szene ein, dann wollte er die entscheidende Schlußszene des Films angehen. Am Samstag waren sie soweit, daß sie ein paar Nahaufnahmen probieren konnten, und Chaplin kündigte an, daß sie am kommenden Montag mit der Szene weitermachen würden. Man weiß nicht genau, was an jenem Tag passierte. Nach der Darstellung von Chaplins Sohn Sydney befand sich sein Vater vor dieser gefühlsbeladensten und schwierigsten Szene in einem Zustand höchster Anspannung, als Virginia unschuldig, aber taktlos fragte, ob sie wegen eines Friseurtermins früher gehen könne. Chaplin, der immer einen Mittelsmann für unerfreuliche Aufträge brauchte, wies Carlyle Robinson an, Virginia mitzuteilen, daß sie vorerst nicht mehr benötigt werde. Georgia Hale, die seit über einem Jahr nicht mehr gedreht hatte, wurde noch am selben Tag ins Studio beordert und war überglücklich, verpflichtet zu werden. Zwei Tage später begann Chaplin Probeaufnahmen mit Georgia in der Rolle des Blumenmädchens zu machen, mit der Schlußszene des Films. Jeder, der über Chaplin geschrieben hat, äußerte sich bewundernd über die Kühnheit seiner Entscheidung, nach fast einjähriger Drehzeit seine Hauptdarstellerin auszuwechseln. Tatsächlich hatte er bis dahin Virginia nur in zwei Sequenzen eingesetzt, die ihn beide nicht befriedigten. Und auch der Austausch von Henry Clive hatte nur einen Verlust von drei Drehtagen bedeutet. Viele Regisseure – einschließlich Chaplin selbst – waren oft verschwenderischer.

Diese Probeaufnahmen von Georgia existieren noch. Sie wäre ein sehr schönes Blumenmädchen geworden, und ihr Spiel in *The Gold Rush* bewies, daß sie sowohl zarte als auch frisch-fröhliche Seiten entwickeln konnte. Sie liebte die Rolle und wollte sie leidenschaftlich gern spielen:

> Oh, dieses *City Lights*. Das hätte ich so gerne gemacht. Und ich hatte die Rolle schon, wissen Sie. Wir gingen hinterher zum Abendessen ins Double Eagle am Sunset, und er sagte zu mir: »Du hast die Rolle. Du wirst es machen. Jetzt bekomme ich endlich, was ich haben will.«[7]

Am nächsten Morgen sah Chaplin sich die Probeaufnahmen an. Alle im Vorführraum Anwesenden stimmten überein, daß sie die Rolle spielen konnte, bis auf Carlyle Robinson, der Virginia anscheinend mehr schätzte als die andern. Er war äußerst kritisch und sagte zu Chaplin, daß Georgia für diese Rolle ebenso wenig geeignet war wie Virginia für die Rolle des Tanzhallenmädchens in *The Gold Rush*. Chaplin war beunruhigt und verärgert, aber Robinson ging taktisch geschickt vor. Wohl wissend, daß Chaplin in diesem Punkt sehr empfindlich war, gab er nun warnend zu bedenken, daß Georgia ihn gewiß verklagen würde, wenn er ihr die Rolle nicht gäbe. Es war immer eine Schwäche der Chaplin-Brüder, daß ein Verdacht, der sich erst einmal in ihren Köpfen festgesetzt hatte, bei ihnen rasch zu scheinbarer Realität anwuchs. Chaplin ließ sich überzeugen. Beim nächsten Treffen mit Georgia gab er sich unterkühlt.

> Dann hat er mir vorgeworfen, was für ein schrecklicher Mensch ich sei, und er tobte und tobte und tobte. Er hat sich erst wieder beruhigt, als er begriff, daß ich keine Ahnung hatte, wovon er redete. Dann hat er gesagt: »Aber ich dachte, du wolltest mich verklagen.« Ach, ich wollte diese Rolle so gern spielen. Ich habe diese Rolle so geliebt.[8]

Chaplin ließ sich aber nicht wieder umstimmen.

Als nächstes machte er Probeaufnahmen mit einer schönen und intelligenten sechzehnjährigen Blondine namens Violet Krauth, die sich den Künstlernamen Marilyn Morgan zugelegt hatte und mit ihrer Mutter im Studio auftauchte. Chaplin war bei ihren Probeaufnahmen begeistert und beschloß, sie auf der Stelle unter Vertrag zu nehmen. Doch Reeves und Robinson kannten seinen momentanen labilen Gemütszustand, und außerdem machte sie die Ankunft einer weiteren Sechzehnjährigen mit Mutter im Schlepptau nervös. Es war später Nachmittag. In einem geschickten Schachzug schickten Reeves und Robinson die Sekretärin nach Hause, so daß sie Chaplin notgedrungen sagen mußten, daß der Vertrag an diesem Abend nicht aufgesetzt werden könne, da niemand da war, der ihn tippen konnte. Wie erwartet, war Chaplins Begeisterung am nächsten Morgen etwas verflogen, und Robinson wurde angewiesen, Miss Morgan und ihrer Mutter schonend beizubringen, daß er es sich anders überlegt habe. Das Mädchen reagierte gefaßt auf die Ablehnung, was die beiden Verschwörer Robinson und Reeves erheblich beeindruckte. Unter dem neuen Namen Marion Marsh erlebte sie dann eine kleine, aber glänzende Karriere als Hauptdarstellerin der dreißiger Jahre. Neben anderen Filmen spielte sie eine Hauptrolle in Josef von Sternbergs Film *Crime and Punishment* [Schuld und Sühne].

Eine Woche nach dieser Ablehnung wurde Virginia gebeten, ins Studio zurückzukehren. Ihrer Erinnerung nach hatte sie sich inzwischen mit Marion Davies beraten. Und auf Marions Rat hin teilte sie Chaplin mit, daß sie nur unter der Bedingung käme, daß er ihre Gage von 75 $ die Woche verdoppelte. Chaplin protestierte, aber sie wies ihn darauf hin, daß ihre Vereinbarung unterschrieben worden war, als sie noch minderjährig gewesen war, und daher nie rechtsgültig gewesen sei. Nachdem sie sich nach Charlies Empfinden äußerst verletzend verhalten hatte, wurde sie nun auch noch unverschämt – allerdings ist es durchaus denkbar, daß ihre Kühnheit, ja sogar Gehässigkeit, Virginia in Chaplins Ansehen steigen ließ. Carlyle Robinson zufolge bestellte Chaplin Virginia in seine Garderobe, als sie wieder ins Studio kam. Nach einem einstündigen Gespräch unter vier Augen erschien sie wieder, geläutert und verweint. Von da an hatte Chaplin anscheinend keine größeren Schwierigkeiten mehr mit ihr. Vielleicht begriff er allmählich, daß keine professionelle Hollywood-Schauspielerin die Rolle besser hätte spielen können. Vielleicht umschiffte sie mit ihrer Interpretation alle naheliegenden Klippen der Sentimentalität, gerade *weil* sie so phlegmatisch an die Sache heranging. Auch noch nach fünfzig Jahren erscheint uns ihre schauspielerische Leistung, die aus der reichlich spät entwickelten wechselseitigen Geduld oder gar Nachsicht von Regisseur und Schauspielerin hervorging, klar und bezaubernd.

Für die Rolle der Mutter des Mädchens (nach Fertigstellung des Films wurde daraus ihre Großmutter) engagierte Chaplin die erfahrene alte Charakterdarstellerin Florence D. Lee, die ganz im Gegensatz zu der bühnengeschulten Matriarchin Lydia Knott aus *A Woman of Paris* keinerlei Probleme verursachte. Fünf Wochen lang arbeitete Chaplin mit Virginia und Mrs. Lee an den unkomplizierten Szenen in ihrer Wohnung. In den letzten Tagen des Jahres 1929 wagte er sich wieder an die Sequenz mit dem Blumenstand. Nichts von dem Material, das er zuvor gedreht hatte, hatte ihn befriedigt. Für die neuen Takes bekam Virginia sogar ein neues Kostüm. Diesmal konnte er in nur sechs Drehtagen seinen »Tanz« vollenden, und bis auf ein paar kleinere Retakes war diese mühevolle wunderbare Szene endlich unter Dach und Fach. Nach all den Qualen sollte sie, wie Alistair Cooke es ausdrückte, so leicht dahinfließen wie Wasser über Kiesel.

Mit der Wiedereinsetzung von Virginia Cherrill und der erfolgreichen Fertigstellung der Blumenstand-Szene trat ein Wendepunkt ein: Die Dreharbeiten hatten sich schon über ein Jahr hingezogen, und es standen noch neun Monate bevor, doch Chaplins Sorgen waren endgültig verflogen, wenn er auch oft fast am Ende seiner Kräfte gewesen sein muß. Über Streitereien oder Entlassungen wird nichts mehr berichtet. Virginia hatte noch drei Monate Untätigkeit vor sich – ihr Job muß ihr manchmal recht langweilig vorgekommen sein –, während Chaplin wieder mit Harry Myers an den Millionärs-Szenen arbeitete. Allan Garcia wurde der Butler des Millionärs, er hatte, ohne eine Miene zu verziehen, den Launen seines Herrn zu folgen, der den Tramp mal an die Brust drückt, mal hinauswerfen läßt. Für die wilde Feier im Haus des Millionärs, bei der der beschwipste Charlie sich verschiedentlich danebenbenimmt, indem er zum Beispiel den kahlen Schädel eines älteren Herrn für einen Pudding hält oder eine Trillerpfeife verschluckt, die bei jedem Schluckauf trillert, wurden dreißig Statisten und ein Orchester engagiert, das 80 $ pro Tag kostete. Manchmal gab sich Chaplin auch verschwenderisch: Der Sänger, dessen gefühlvolle Ballade ständig durch die Triller aus Charlies Pfeife unterbrochen wird, war kein einfacher Statist, sondern ein *richtiger* Sänger, dessen Gage 50 $ am Tag betrug, obwohl seine Stimme auf der Leinwand nicht zu hören war. Zweifellos war Chaplin der Meinung, daß ein Statist den Stil eines professionellen Sängers nicht überzeugend imitieren konnte.

Fast den ganzen März und April hindurch arbeitete Chaplin an den verschiedenen Sequenzen, die im Haus des Millionärs spielen. Als er eine Außenansicht brauchte, fand er seinen Drehort vor dem Rathaus auf dem Wilshire Boulevard. Die Rollen der Diebe, die in das Haus einbrechen, besetzte er mit Joe Van Meter und Albert Austin – es war das letzte Mal, daß ein alter Karno-Kollege in einem Chaplin-Film auftrat.

Jetzt mußte nur noch eine längere Komik-Sequenz gedreht werden. Chaplin hatte sich die Preisboxkampf-Szenen für den Schluß aufgehoben. An der Geschwindigkeit und Konzentration, mit der sie gefilmt wurden, zeigt sich, daß Chaplin hier einen seiner Begeisterungsschübe hatte. Bis zu seinem Lebensende bereitete ihm die Sequenz ungeheure Freude und Befriedigung. Als seinen Gegner engagierte er den trübsinnigen Riesen Hank Mann, mit dem er erstmals in seinem dritten Keystone-Film und auch dann noch oft zusammengearbeitet hatte und der seitdem eine ansehnliche Karriere in Hollywood gemacht hatte. Der würdevolle Schiedsrichter war Eddie Baker, ein Schauspieler, den man zuvor nur in ein paar kleinen Rollen gesehen hatte. Für einen früheren Chaplin-Boxkampf in *The Champion* hatten ein gutes Dutzend Statisten genügt, für die Boxkampf-Szenen in *City Lights* wurden für das Publikum mehr als einhundert Statisten engagiert. Der Kampf wurde vier Tage lang geprobt und in sechs Tagen gedreht, und er muß als Höhepunkt von Chaplins »Tanz« im Slapstick-Stil gelten.

Ende Juli 1930 waren die Dreharbeiten von *City Lights* beendet, doch noch weitere sechs Wochen lang arbeitete Chaplin nervös an zahllosen Retakes weiter, bevor die Verträge der verschiedenen Schauspieler ausliefen. Am 25. August drehte er einige Szenen, in denen zwei freche Zeitungsjungs den Tramp an einer Straßenecke verspotten. Sie tauchen zweimal auf – einmal zu Anfang des Films, wo der Tramp als Antwort auf ihren Spott eine geringschätzige Gleichgültigkeit an den Tag legt; und ein zweites Mal unmittelbar vor der Schlußszene, wo er in seiner Niedergeschlagenheit nach der Gefängnisstrafe so elend und verletzlich ist wie ein räudiger Straßenköter. Chaplin scheint die Arbeit mit Kindern leichtgefallen zu sein – vielleicht weil sie lediglich imitieren mußten, was er ihnen vormachte. Für die Aufnahmen war nur ein halber Tag erforderlich. Einer der beiden Zeitungsjungs, ein hübsches, rundgesichtiges freches Kind, war Robert Parrish, der später ein promimenter Cutter und Regisseur in Hollywood wurde. In seinen Memoiren erinnert er sich:

> Er blies eine Erbse [aus Parrishs Pusteröhrchen] und lief dann auf die andere Seite und spielte, daß er getroffen würde, dann zurück, um eine weitere Erbse zu blasen. Er wurde zu einer Art Derwisch, wie er alle Rollen spielte, alle Requisiten benutzte, sehend und stockschwingend als Tramp, nicht sehend und dankbar wie das blinde Mädchen, Erbsen blasend wie die Zeitungsjungs. Austin [der andere Kinderdarsteller], ich und Miss Cherrill sahen zu, während Charlie seine Show vollführte. Schließlich hatte er alles ausgetüftelt und gab uns widerstrebend unsere Rollen zurück. Ich hatte das Gefühl, daß er viel lieber alles selber gespielt hätte.[9]

Chaplin hatte die Retakes der Schlußszene bis zum Schluß aufgehoben. Er verwendete sechs Tage auf das allgemeine Treiben vor dem Blumenladen, und am 22. September 1930 wagte er sich dann noch einmal an die kritischen letzten Nahaufnahmen mit Virginia. Diesmal gab es keine Probleme, keine Qualen, keine Friseurtermine. Sie arbeiteten an diesem Nachmittag von 14.30 bis 17.30 und machten siebzehn Takes. Was immer es auch war – Begeisterung, Inspiration, Zauber –, diesmal klappte es, wie Chaplin sich vier Jahrzehnte später erinnerte:

> Manchmal überträgt sich sehr viel von diesem Zauber. Ich habe das ein paar Mal erlebt... Ich hatte mal eine Nahaufnahme, die letzte Szene in *City Lights*. Man hätte abheben können... Ich blickte sie intensiver an, war stärker an ihr interessiert, und ich habe mich losgelöst, auf eine Art, die ein wunderbares Gefühl vermittelt. Ich schauspielere nicht... fast schüchtern stehe ich neben mir und schaue, studiere ihre Reaktionen, und sie bringen mich leicht in Verlegenheit. Und es hat geklappt. Es ist eine wunderschöne Szene, wunderschön. Weil sie nicht übertrieben gespielt ist.[10]

Richard Meryman äußerte Chaplin gegenüber, daß der Schluß von *City Lights* einer der absoluten Höhepunkte des Kinos sei. Chaplin erwiderte einfach: »Ich weiß, daß es *genau stimmte*.« James Agee schrieb weniger zurückhaltend: »Bei diesem Anblick muß man zerfließen, hier zeigt sich höchste Schauspielkunst, und es ist der erhebendste Moment des Kinos überhaupt.«[11]

Bei den paar Rest-Aufnahmen, die jetzt nur noch zu machen waren, hatte Chaplin einen hübschen nachträglichen Einfall. Er ersann ein Stück Slapstick-Nonsens, das er mit Albert Austin spielen konnte, ein nostalgischer Tribut an ihre vielen gemeinsamen Abenteuer bei Karno, Essanay und Mutual. Eine Ecke des öffentlichen Marktes bei Vine and Melrose wurde zum Hof der Stadtreinigung. Die Straßenfeger Chaplin und Austin haben Vesperpause, und Austin setzt sich zu einer jener geruchsstarken zwiebeligen Vespermahlzeiten nieder, die in den frühen Kurzfilmen so beliebt waren. In diesem Fall ergreift Charlie, der sich gerade das Gesicht wäscht und vor Schaum nichts sehen kann, den Käse des armen Austin statt der Seife, während der kurzsichtige Austin herzhaft in einen Seifensandwich beißt. Die Sequenz endet damit, daß Austin versucht, Chaplin zu verpetzen, aber nur Wolken von Seifenblasen hervorbringt. Es war der letzte Auftritt dieses alten treuen Mitarbeiters vor der Kamera.

Das Schneiden und die Betitelung von *City Lights* dauerte von Mitte Oktober bis Mitte Dezember. Der Film war fertig, aber es war ein *stummer* Film. Nach *Broadway Melody*, *All Quiet on the Western Front*, *Hallelujah!*, *Sous les Toits de Paris* und *Der blaue Engel* war der Stummfilm mittlerweile jedoch ein Anachronismus. Selbst wenn er sich noch Hoffnungen gemacht hatte, hatte Chaplin diese Entwicklung offenbar doch vorausgesehen: Gags wie die verschluckte Pfeife und die sich daraus ergebenden Vorkommnisse müssen mit Blick auf Tonsynchronisierung ersonnen worden sein. Wie wir gesehen haben, hatte Alf Reeves 1929 an Sydney geschrieben: »Toneffekte können, falls erforderlich, nachträglich hinzugefügt werden.« Am 16. Mai 1930 schrieb er wieder und bestätigte: ». . . er hat vor, ihn mit Ton und Musik zu synchronisieren . . ., kein Dialog.«

Chaplin sollte seine Mitarbeiter und dazu noch ganz Hollywood überraschen. Andere Regisseure übergaben ihre fertiggedrehten Filme einfach den Musikarrangeuren, die ab 1927 in Hollywood auftauchten – viele waren ehemalige Leiter von Kinoorchestern, die mit dem Einbruch des synchronisierten Films arbeitslos geworden waren. Chaplin, der seit *A Woman of Paris* starkes Interesse für die musikalische Begleitung seiner Stummfilme zeigte, beschloß, die Musikbegleitung selbst zu schreiben.

Chaplin hatte keine musikalische Ausbildung genossen, aber er hatte ein unbändiges musikalisches Talent. 1915 meinte seine Tante Kate:

> Wenn Charles Chaplin Filmschauspieler bleibt, dann bleibt der Musikwelt ein Genie vorenthalten . . . Als Baby hat er sofort aufgehört, mit seinem Spielzeug zu spielen, sobald irgendwelche Musik ertönte, und hat mit seinen winzigen Händen den Takt geschlagen und mit dem Kopf genickt, bis die Musik aufhörte. In späteren

Jahren habe ich ihn stundenlang am Klavier sitzen sehen, er hat beim Spielen komponiert.

Ich glaube, das Cello war sein Lieblingsinstrument, »weil es so klagend ist«, fand er. Ich habe ihm so gern zugesehen, seinem wechselnden Gesichtsausdruck und wie seine kleine Hand zitterte, wenn er die Saiten berührt hat. Es war fast ein Streicheln.

Nur wenn er meine feuchten Augen bemerkt hat, hat er gelacht und plötzlich irgendeinen komischen kleinen Schlenker gemacht oder ein lustiges Liedchen heruntergefiedelt. Das hat meine traurige Stimmung sofort vertrieben und mich zum Lachen gebracht...

Als er 1921 Kennington Cross wiedergesehen hatte, waren bei Charlie seltsame Erinnerungen wachgeworden:

Hier habe ich die Musik zum ersten Mal entdeckt, oder zum ersten Mal ihre seltene Schönheit erfahren, diese Schönheit, die mich von jenem Augenblick an glücklich gemacht und nie mehr losgelassen hat. Es geschah eines Nachts, als ich mich gegen Mitternacht dort aufhielt. Ich erinnere mich noch ganz genau.

Ich war noch ein Kind, und ihre Schönheit erschien mir wie ein süßes Geheimnis. Ich verstand es nicht. Ich wußte nur, daß ich sie liebte, und mir wurde ganz andächtig zumute, als die Töne sich durch mein Gehirn in mein Herz senkten.

Auf einmal hörte ich eine Mundharmonika und eine Klarinette, sie spielten eine seltsame, harmonische Botschaft. Später erfuhr ich, daß es »The Honeysuckle and the Bee« war. Es wurde mit soviel Gefühl gespielt, daß ich zum ersten Mal eine Ahnung davon bekam, was ein Wohlklang war. Meine Liebe zur Musik war erwacht.

Ich weiß noch, daß ich ganz erregt war, als die süßen Töne durch die Nacht klangen. Am nächsten Tag lernte ich den Text. Wie gerne ich... sie jetzt hören würde, dieselbe Melodie, genauso gespielt!

Kennington Cross, wo die Musik mir zum ersten Mal ans Herz rührte. Banal, mag sein, aber es war das erste Mal.[12]

Chaplin legte sich sein Cello und seine Geige etwa im Alter von sechzehn Jahren zu, schleppte die Instrumente eifrig auf seinen diversen Tourneen mit sich herum, nahm Unterricht bei den musikalischen Leitern der Theater, an denen er spielte, und übte vier bis sechs Stunden täglich. Er spielte linkshändig, was bedeutete, daß die Saiten auf der Geige verkehrt herum aufgezogen werden mußten. Er improvisierte stundenlang am Klavier, und als er sich sein eigenes Haus baute, ließ er eine teure Pfeifenorgel installieren. 1916 gründete er die Charles Chaplin Music Corporation, die kurzlebig war, aber drei seiner Kompositionen herausbrachte: »There's Always One You Can't Forget«, »Oh,

That 'Cello« und »The Peace Patrol«. Bei einem Benefizkonzert im New York Hippodrome am 20. Februar 1916 dirigierte er Sousas Band bei einer Aufführung von »The Peace Patrol« und der Ouvertüre »Poet and Peasant«. 1921 komponierte er spezielle Themen für *The Kid* und *The Idle Class*; und 1925 veröffentlichte er zwei weitere Kompositionen: »Sing a Song« und »With You Dear in Bombay«, wovon er auch eine Aufnahme mit Abe Lymans Orchester machte.

Etwas von der universellen Beliebtheit von Chaplins Leinwandfigur übertrug sich auch auf seine Kompositionen: Die Musik aus *Modern Times* und *Limelight* sicherte sich einen Platz unter den Evergreens der Unterhaltungsmusik. In ihrer Konzeption (die Verwendung wiederkehrender Leitmotive und stark emotionaler Themen) und mit ihrer Kraft ähnelt Chaplins Filmmusik der musikalischen Begleitmusik des Theaters des 19. Jahrhunderts, die in seiner Jugend gelegentlich noch zu hören war. Es ist gewiß kein Zufall, daß sich unter Chaplins Arbeitspapieren für die Partitur der Musikbegleitung für *A Woman of Paris* eine Kopie von André Wormsers Musik zu *L'Enfant Prodigue*, der berühmtesten Pantomime des 19. Jahrhunderts, befand. Sie wurde in Chaplins Jugendzeit mehrmals wiederaufgeführt, und man kann wohl davon ausgehen, daß er es mit seinem bereits vorhandenen Interesse für Pantomime gewiß nicht versäumt hat, sie anzusehen.

Nach der Premiere von *City Lights* erzählte Chaplin einem Reporter des *New York Telegram*: »Ich hab's wirklich nicht selbst aufgeschrieben. Ich habe La-la gesungen und Arthur Johnson hat die Töne notiert, und ich hoffe, Sie rechnen es ihm an, denn er hat sehr gute Arbeit geleistet. Es ist ganz schlichte Musik, wissen Sie, ganz zu meinem Charakter passend.«

Chaplin arbeitete sechs Wochen mit Arthur Johnson an der Partitur. Sie enthielt fast einhundert verschiedene Motive. Zu den wesentlichen Chaplinschen Originalthemen gehörten eine Trompetenfanfare, eine Art Schicksalsthema, mit dem der Film und mehrere spätere Sequenzen eingeleitet werden, ein Cello-Thema für den Tramp, eine Mischung aus opernhafter Burleske und Al Johnsons heiter-traurigen Melodien für die Selbstmord-Szenen, ein Jazzmotiv für den Nachtclub und eine Kombination von komischem Tango und ›Hetz‹-Musik für den Boxkampf. Dem blinden Mädchen waren verschiedene variierende Motive zugeordnet, doch als Hauptmotiv wählte er Padillas »La Violetera«, das Chaplin tief beeindruckt hatte, als er es 1926 mit der Sängerin Raquel Meller zum ersten Mal gehört hatte. Als weitere musikalische Zitate, die für komische Effekte verwendet wurden, waren ein kleiner Ausschnitt aus

Scheherezade, »I Here You Calling Me« und »How Dry Am I« zu hören. Chaplin hatte immer seine Schwierigkeiten mit Arrangeuren, die die Musik komisch machen wollten. »Ich wollte keine Konkurrenz. Die Musik sollte ein graziöser, charmanter Kontrapunkt sein... Ich habe versucht, elegante, romantische Musik zu komponieren, um meinen Komödien einen Rahmen zu geben...« Er hatte auch eine Abneigung gegen die Technik des »Mickey-Mousing«, er lehnte es ab, Gags mit Toneffekten und Trommelwirbeln zu untermalen. In *City Lights* werden die Effekte sparsam eingesetzt: in erster Linie für den Pfeifengag und für die Saxophonstimmen der Würdenträger bei der Denkmalenthüllung, sowie für Pistolenschüsse und Glocken im Boxring.

Die Musik wurde in fünf Tagen unter der Leitung von Alfred Newman, dem musikalischen Leiter von United Artists, und von Ted Reed, der für Ton und Aufnahme verantwortlich war, aufgenommen. Nur der musikalisch geschulte Henry Bergman war schwer enttäuscht über das Ergebnis: »Es ist interessant. Die fürchterlichen Mängel des Mediums sind nur zu offenkundig. Ich glaube, man wird sie nie überwinden. Fünfunddreißig hervorragende Musiker spielten die Musik für *City Lights* so wunderschön bei der Aufnahme. Durch die Mechanik des Mikrophons wurde etwas ganz anderes daraus.«

Von der Probevorführung im Tower Theatre in Los Angeles war Chaplin zutiefst deprimiert. Das Theater war nur halb voll, und die Zuschauer, die sich eingefunden hatten, um das angekündigte Abenteuer-Drama zu sehen, waren apathisch. Auf diese Reaktion hin stutzte er den Film ein wenig zurecht, obwohl nachträgliches Schneiden – beim Stummfilm eine durchaus gängige Praxis – mit Ton nicht mehr so billig oder einfach zu bewerkstelligen war. Die Kritiken, die am Tag der Premiere erschienen, nach der Pressevorführung am Vortage, waren eindeutig ermutigender. Ein Kritikerveteran vom *Los Angeles Examiner* erinnerte sich glücklich: »Seit ich die erste Chaplin-Komödie besprochen habe, damals in den Zweiakter-Zeiten, hat Charlie uns keine derartige Lachorgie mehr beschert.« In *The Record* hieß es:

> Niemand auf der Welt außer Charlie Chaplin hätte das fertigbringen können. Er ist der einzige Mensch, der über dieses gewisse Etwas, diese magische Anziehungskraft auf sein Publikum in ausreichendem Maße verfügt, um dem allgemeinen Trend zu Sprech-Filmen zu trotzen. *City Lights* wurde von den Zuschauern zwar mit uneingeschränkter Begeisterung aufgenommen und von zahllosen Beifallsausbrüchen unterbrochen, eine Bedrohung für den Ton- und Sprechfilm ist er

aber nicht. Er ist die Ausnahme, die die Regel bestätigt. Der Film wird mit Sicherheit ein riesiger Kassenschlager werden. Er hat einen Film gemacht, den die Welt sehen will. Charlie Chaplin ist eine Institution.

Aber sogar Institutionen haben Premierenfieber. Henry Bergman erinnerte sich, daß »ich am Nachmittag der Premiere gerade in meinem Wagen das Studio verließ, als Charlie vorfuhr. Sofort kam er zu mir und sagte allen Ernstes: ›Henry, dieser Film macht mir Sorgen. Ich bin mir nicht sicher.‹ Und ich hab zu ihm gesagt: ›Hör mal, Charlie, hab ich dich je im Stich gelassen? Wenn das hier nicht goldrichtig ist, dann steigst du aus dem Geschäft aus und gehst ins Ausland, um von dem zu leben, was du hast. Niemand könnte schaffen, was du geschafft hast.‹ «

Die Premiere, die am 30. Januar 1931 stattfand, ging als die großartigste Veranstaltung dieser Art, die Hollywood je erlebt hatte, in die Legende ein, obwohl sie gar nicht in Hollywood selbst stattfand. Bislang waren Premieren stets in den paar Hollywooder Filmpalästen abgehalten worden; doch Chaplin beschloß, *City Lights* im brandneuen Los Angeles Theatre am Broadway, zwischen der 6. und der 7. Straße, zu zeigen. Es war ausgestattet mit Restaurant, Erfrischungshalle, Kunstgalerie, Stillzimmer für Mütter mit Säuglingen, Ballsaal, Schuhputzraum, Senderaum, Spielzimmer, französischem Kosmetikraum und praktisch allem andern, was das kalifornische Herz begehrte. Ab dem frühen Nachmittag war die Polizei von Los Angeles im Einsatz, um die Massen zu kontrollieren, die die Innenstadt verstopften, in der Hoffnung, einen kleinen Abglanz des abendlichen Glamours erhaschen zu können. Der Verkehr wurde lahmgelegt, und Schaufensterscheiben von Kaufhäusern wurden durch den Druck der Massen eingedrückt. Zwischendurch drohte die Polizei mit dem Einsatz von Tränengas. Zu den Gästen, die sich langsam einen Weg durch das Gedränge bahnen mußten, gehörte der Adel Hollywoods – die Vidors, die De Mills, die Zanucks, die Schencks, die John Barrymores, die Jack Warners, Hedda Hopper, Gloria Swanson. Die Presse wies auch mit Freude auf die Anwesenheit von Marion Davies, Claire Windsor, Merna Kennedy und Georgia Hale hin. Chaplins persönliche Gäste waren Professor Albert Einstein und seine Frau, denen zu Ehren sich das ganze Haus erhob. Die Einsteins waren nach ihrem Kampf durch die Massen noch zu benommen, um diese Geste richtig würdigen zu können.

Chaplin wurde von Georgia zur Premiere begleitet. »Während der Fahrt im Wagen war er die ganze Zeit klein wie eine Maus. ›Ich glaub nicht, daß es gut ankommt‹, hat er gesagt. ›Ich glaub nicht, daß es ihnen gefallen wird... Nein, das spüre ich einfach.‹ Er war ein schüchterner kleiner Junge. So war er immer, wenn's um seine Arbeit ging.«

Von der ersten Einstellung an war das Publikum hingerissen. Alles lief gut bis zum Ende der dritten Rolle, als der Film unvermittelt angehalten wurde, die Saallichter angingen und eine verbindliche Stimme verkündete, daß die Vorführung unterbrochen werde, damit das Publikum die großartigen Einrichtungen des neuen Theaters bewundern könne. Das glitzernde Publikum vergaß jeglichen Anstand und begann zu buhen und zu pfeifen. Seine Entrüstung war aber gar nichts im Vergleich zu Chaplins Zorn, als er auf der Suche nach dem Geschäftsführer davonstürmte. Der Film lief wieder an, das Publikum war sofort wieder gefangen. Die Ovationen am Schluß rechtfertigten die vielen Monate harter Arbeit und ausgestandener Qualen.

Am nächsten Tag reiste Charlie ab, um die New Yorker Premiere vorzubereiten. Es kam zu einem Riesenkrach mit United Artists. Chaplin fand, daß im Osten viel zu wenig Vorauswerbung gemacht worden war, während United Artists kritisierte, daß er die Eintrittspreise eigenmächtig auf 1.50 $ (15 ¢ über dem normalen Höchstpreis) erhöht hatte, und das für einen Film, den sie zum damaligen Zeitpunkt als überholt ansahen. Außerdem waren sie empört über seine Forderung nach einer Rendite von 50 Prozent der Bruttoeinnahmen. Chaplin beschloß, seinen Film unabhängig zu zeigen, und setzte ganzseitige Anzeigen in die Fachpresse, um diese Tatsache zu verkünden. Die Premiere fand in dem alten George M. Cohan Theatre statt, etwas abseits von den großen Filmtheatern. Chaplins Risiko zahlte sich aus: In den zwölf Wochen im Cohan spielte der Film 400 000 $ ein. Zwei Monate später, als Chaplin in Europa war, wurde Alf Reeves nach New York geschickt, mit dem Auftrag, Arthur Kelly, der Chaplins Interessen bei United Artists zu vertreten hatte, mitzuteilen, daß seine Dienste nicht mehr benötigt würden.

In den Jahren von *City Lights* hatte Chaplin wenig Zeit und auch wenig Lust gehabt, sich dem gesellschaftlichen Leben zu widmen. Wenn er drehte, hatte er eine Sechs- und manchmal sogar eine Siebentagewoche. Abende und Sonntage waren fürs Ausruhen und Erholen reserviert. 1968 erinnerte er sich bewegt: »Ich mußte korrigieren und spielen und einen Film schreiben und produzieren, ihn schneiden... und ich habe alles alleine gemacht, was zu meiner Zeit kaum einer getan hat. Die andern haben nämlich nicht alles alleine gemacht...

Und deswegen war ich so erschöpft.« Richard Meryman gegenüber meinte er: »Der Abend ist eine ganz schön einsame Angelegenheit in Kalifornien, besonders in Hollywood.«[13]

Was für ein ruhiges gesellschaftliche Leben Chaplin zu dieser Zeit führte, läßt sich daran ablesen, daß die Klatschkolumnisten es während der ganzen Produktionszeit von *City Lights*, ja eigentlich seit der Scheidung, nicht schafften, irgendwelche romantischen Liebesaffären auszuspionieren oder zu erfinden. Georgia Hale – treu, ergeben und anspruchslos – war in diesen Jahren seine häufigste Begleiterin. Abends schaute er manchmal kurz bei Henry's Restaurant vorbei, wo er gern Linsensuppe und Krautsalat aß. Ivor Montagu, der Chaplin in diesen Tagen kennenlernte, empfand große Bewunderung für Georgias Charaktereigenschaften:

> Sie war ein feiner Mensch, und ich bin überzeugt, daß sie in Chaplins jüngeren Jahren eine der wenigen Frauen war, die ihn aufrichtig und uneigennützig verehrten.
>
> Als sie eines Abends nach einem Besuch im Hollywood Bowl mit einer Freundin zu einem späten Imbiß bei Henry's einkehrte... kam Henry Bergman an ihren Tisch, und die beiden wurden rührselig.
>
> »Ah«, sagte Georgia, »drei Herzen, die wie eins schlagen – deins, meins und Charlies.«
>
> »Ja«, erwiderte Henry, »und sie haben alle drei nur eins im Sinn – Charlie.«
>
> Als wir Charlie die Geschichte in Georgias Anwesenheit erzählten, überlegte er kurz und gestand dann: »Ja, das stimmt.«[14]

Montagu war mit Sergei Eisenstein und Grigori Alexandrow, die amerikanische Tontechnik studierten und hofften, eigene Produktionen auf die Beine stellen zu können, in Hollywood. Als sie zu Chaplin vordrangen – Montagu hatte von Shaw und Wells Empfehlungsbriefe bekommen –, war er voll warmer Gastfreundschaft. »Charlies Haus und Garten wurden unser zweites Zuhause. Bevor wir vorbeikamen, haben wir immer angerufen und Kono gefragt, aber Kono, der, wenn er wollte, wie eine undurchdringliche Wand sein konnte, sah in unseren Anfragen nur eine höfliche Formalität. Manchmal hat man uns angerufen und rübergebeten.« Sie waren besonders willkommen, weil sie Tennis spielten – Montagu gut, Alexandrow wacker.

> Sogar Sergei Michailowitsch (Eisenstein) legte sich Leinenhosen zu und versuchte, dem Ball mit einer Art wilden Boshaftigkeit nachzujagen. Er verdarb alles, indem er

> Hosenträger trug, und dann auch noch leuchtendrote, und zur Sicherheit auch noch einen Gürtel. Als ich ihm erklärte, daß das nicht üblich ist, war er ganz niedergeschlagen, ließ sich aber wieder aufmuntern, als ich hinzufügte, daß man beim verstorbenen Lord Birkenhead zum Tennis Hosenträger anzulegen pflegte.[15]

Seit Georgia Hale Chaplin Ende der zwanziger Jahre mit dem Tennisspiel bekannt gemacht hatte, war es bei ihm zu einer Leidenschaft geworden. Er entwickelte ein bemerkenswertes Können und forderte immer gerne Profis heraus. Er erzählte Konrad Bercovici – der verblüfft war, wie sehr das Spiel Chaplin verjüngen konnte –, daß er täglich mehrere Stunden Tennis spiele und festgestellt habe, daß es seine größten Urängste austrieb. Er liebte Form und Grazie des Spiels; es sei nicht so wichtig, den Ball zu treffen, sagte er, wenn man sich nur graziös und formvollendet bewegte. (Das stimmte nicht ganz: Er verlor stets äußerst ungern.) Das Spiel war nicht nur Erholung für ihn, sondern auch ein ästhetisches Erlebnis. Auch andere Freunde hoben hervor, was für einen therapeutischen Wert das Spiel für ihn hatte. Bis ins hohe Alter spielte er gerne und gut. Sobald sich die Chaplins 1953 in ihrem Schweizer Domizil häuslich niedergelassen hatten, wurde ein Tennisplatz angelegt.

Sonntägliche Tennis-Partys erweiterten Chaplins gesellschaftliches Leben. Eigentlich hatte er sich nie besonders viel aus Partys gemacht, er zog die Intimität kleiner Dinners vor. Da es im Haus im Summit Drive keine offizielle Gastgeberin gab, hatte er immer eine Ausrede dafür, daß er so wenig repräsentative Einladungen gab. »Er war nicht etwa knauserig«, erinnert sich Georgia, »aber er tat sich da schwer. Er war nicht locker. Manchmal gab er aber eine große Party, um sich bei allen Leuten zu revanchieren, die ihn eingeladen hatten.« Die Montagu-Eisenstein-Truppe erhielt ihre erste Einladung bei ihm zu Hause zu einer recht förmlichen Gartenparty im englischen Stil:

> Chaplin gestand uns später, daß es eine »fällige Gartenparty« war, da sich genug Leute angehäuft hatten, denen er Gastfreundschaft schuldete. Von Zeit zu Zeit raffte er sich auf, eine zu geben, um sich aller angesammelten Verpflichtungen mit einem Schlag zu entledigen.[16]

Gewöhnlich hatten Mary Pickford und Douglas Fairbanks das Vergnügen, sein gesellschaftliches Leben für ihn zu organisieren. Er war ein unerläßlicher Gast, wenn es im Hause Pickfair hohen Besuch gab. Fairbanks' Schwäche für Berühmtheiten, vor allem für solche mit europäischen Titeln, war sprichwörtlich. Einmal fragte Chaplin ihn: »Wie geht's dem Herzog, Doug?« »Welchem

Herzog?« entgegnete Fairbanks verwirrt. »Ach, irgendeinem Herzog«, erwiderte Chaplin.

Im Sommer 1930 gab es noch anderen ausländischen Besuch in Chaplins Haus. Eines Tages, als Eisenstein und Ivor Montagu gerade zu Besuch waren, brachte ein gemeinsamer Freund zwei junge Spanier vorbei: Luis Buñuel und den Schriftsteller Eduardo Ugarte. Buñuel, der mit den surrealistischen Meisterwerken *Un Chien Andalou* und *L'Age d'Or* berühmt-berüchtigt geworden war, war von der Metro Goldwyn Mayer seltsamerweise eine Art Praktikum angeboten worden, das er – ebenso seltsamerweise – angenommen hatte. Als sie im Haus ankamen, bestand die Unterhaltung zunächst aus einem verlegenen Gefuchtel in Zeichensprache, bevor Montagu und Eisenstein herausfanden, daß Buñuel makelloses Französisch sprach. Buñuel wurde ein ständiger Gast im Haus und erinnert sich in seiner Autobiographie daran, wie Chaplin freundlicherweise für ihn und zwei seiner Landsleute eine »Orgie« arrangiert hatte. Aber ach, »als die drei hinreißenden jungen Damen aus Pasadena eintrafen, gerieten sie sich sogleich heftig in die Haare darüber, wer Chaplin bekommen sollte, und zu guter Letzt zogen alle drei voller Empörung wieder ab.«

Weihnachten 1930 waren Chaplin und Georgia zu einer Dinnerparty eingeladen, die von irgendeiner spanischen Kolonie gegeben wurde. Buñuel, Ugarte und ein Schauspieler namens Julio Peña beschlossen, mit einer surrealistischen Einlage etwas Leben in die Bude zu bringen, sie sprangen von der Tafel auf und machten sich daran, den Weihnachtsbaum zu zerkleinern. Buñuel gestand, »ein Weihnachtsbaum ist nicht leicht klein zu kriegen. Im Endeffekt mußten wir eine Menge Kratzer einstecken für ein ziemlich jämmerliches Ergebnis und uns damit begnügen, die Geschenke auf den Boden zu werfen und darauf herumzutrampeln.« Die anderen Gäste waren schockiert. Trotzdem lud Chaplin (»ein nicht nachtragender Mensch«) die Spanier zu seiner Silvesterparty ein. Als sie eintrafen, fanden sie einen riesigen Weihnachtsbaum vor. Chaplin nahm Buñuel vor dem Abendessen beiseite und sagte zu ihm: »Da Sie so gerne Bäume zerfetzen, Buñuel, bringen Sie es vielleicht gleich hinter sich, damit wir dann beim Essen nicht gestört werden.«

»Ich entgegnete«, schreibt Buñuel, »daß ich im Prinzip nichts gegen Bäume habe ...«[17]

Buñuel erinnert sich auch an andere Besuche bei Chaplin. Mehrmals zeigte er *Un Chien Andalou*, beim ersten Mal fiel Kono, der den Projektor bediente, in Ohnmacht, als er die Eröffnungsszene sah, in der ein Rasiermesser ein Auge zerschneidet. Jahre später war Buñuel entzückt, von Carlos Saura zu hören, daß er von Geraldine Chaplin erfahren hatte, daß ihr Vater den Kindern Angst einzujagen pflegte, indem er Szenen aus Buñuels Filmen beschrieb.[18]

Einmal wurde Buñuel eingeladen, sich einige Muster von *City Lights* anzusehen, zusammen mit dem Schriftsteller Edgar Neville, der anscheinend eine Zeitlang offiziell Mitglied des Teams gewesen war. Buñuel war zu schüchtern, seine Meinung zu äußern, aber Neville meinte, daß die Szene mit der verschluckten Pfeife zu lang sei. Chaplin schnitt sie später. »Seltsamerweise schien es ihm an Selbstbewußtsein zu mangeln, und es fiel ihm ganz schön schwer, Entscheidungen zu treffen.« Georgia fiel das auch auf, wenn sie mit Chaplin Muster ansah. »In einigen Sachen war er ganz bescheiden. Bei Mustern fragte er oft: ›Welches hat dir gefallen?‹ Und ich hab's ihm gesagt, und er dachte darüber nach. Dann wollte ich keine Muster mehr sehen. Es hat mich gestört, sie aus dem Zusammenhang herausgerissen zu sehen. Wenn er Regie führte, war der Zusammenhang da, weil er einem vorher genau erzählte, was bis zu diesem Moment passiert war.«[19]

Eine von Buñuels Geschichten ist unterhaltsam, aber nicht ganz wahrheitsgetreu: »Er hatte auch seltsame Arbeitsgewohnheiten, dazu gehört, daß er die Musik zu seinen Filmen im Schlaf komponierte. Er hatte sich neben seinem Bett eine komplizierte Aufnahmeapparatur installieren lassen: er pflegte des öfteren halb zu erwachen, ein paar Takte zu summen und wieder einzuschlafen. Auf diese Weise komponierte er die gesamte Musik von ›La Violetera‹, ein Plagiat, das ihm einen sehr kostspieligen Prozeß bescherte.«[20] Chaplin mag zwar das Stück in seinen Träumen nachkomponiert haben, doch befand er sich im wachen Zustand nie im Zweifel über dessen Ursprung. Es gab zwar ein etwas kostspieliges Gerangel um die Copyright-Gelder, aber zu einem Plagiatsprozeß kam es gewiß nicht.

13

Auf und davon

Als Chaplin Hollywood am Tag nach der Premiere von *City Lights* verließ, konnten weder er noch seine Entourage oder seine Freunde ahnen, daß er erst ein Jahr und vier Monate später zurückkehren würde. Er hatte zunächst nur vor, an der New Yorker und Londoner Premiere des Films teilzunehmen und danach einen kurzen Urlaub in Europa zu machen, vielleicht so lange wie 1921. Unmittelbar nach seiner Rückkehr erklärte Chaplin selbst in einem Artikel: »Ich war etwas apathisch. Die Enttäuschungen von Liebe, Ruhm und Reichtum hatten mich etwas gelähmt ... Ich brauchte etwas emotional Stimulierendes ... Wie alle Egozentriker wende ich mich zu mir selbst. Ich will wieder in meiner Jugendzeit leben.«[1]

Nach zwei katastrophalen Ehen und einer Reihe von ergebnislosen Liebesaffären hatte er zweifellos sein seelisches Gleichgewicht verloren. Einige, die ihm sehr nahstanden, vermuteten, daß er zu dieser Zeit dringend den gefährlichen Zuwendungen von Marion Davies entrinnen wollte, die sich mittlerweile sehr viel stärker für ihn interessierte als er sich für sie. Mit Sicherheit war er beruflich verunsichert. Vier Jahre nach der endgültigen Etablierung des Tonfilms hatte er das Kunststück fertiggebracht, einen Stummfilm zu machen; aber würde ihm das noch einmal glücken? »Ich litt unter der bedrückenden Angst, altmodisch zu sein«, gestand er später.

Zweifellos wollte er mit dem Urlaub Zeit gewinnen und in seinem Privatleben neue Rollen aufspüren. Thomas Burke, der Chaplin rein intuitiv wohl besser verstand als alle andern, schrieb:

> Er ist in erster Linie Schauspieler, von diesem oder jenem besessen. Er kann nur in einer Rolle leben, ohne Rolle ist er verloren ... Er kann alles sein, was man von ihm erwartet, und alles, was man nicht erwartet, und er kann seine Rolle über Wochen beibehalten ...
>
> Von Zeit zu Zeit verändert sich sein imaginäres Leben. Als er vor zehn Jahren in England war, war er aus tiefstem Herzen die traurige, entrückte Byron-Figur – der

Freund unsichtbarer Millionen und der einsamste Mensch auf der Erde. Diese Periode ist vorüber. Bei seinem letzten Besuch in England* spielte er den Playboy, den modernen Till Eulenspiegel.

In New York wurde er von der üblichen Reporterflut empfangen. Eins der Interviews, die er gab, ging über transatlantisches Telefon nach London. Nachträglich empfand er es als große Tortur und lehnte es beharrlich ab, die ganze Prozedur für eine australische Zeitung zu wiederholen. Zur gleichen Zeit lehnte er auch ein Angebot von 670 000 $ für sechsundzwanzig wöchentliche Radiosendungen ab – so ein hohes Honorar hatte man beim Radio bislang noch niemandem geboten. Abgesehen davon war seine knappe Zeit in New York mit gesellschaftlichen Verpflichtungen in der Fifth oder Park Avenue ausgefüllt, mit Vorbereitungen für die unabhängige Vorführung von *City Lights* und einem Besuch in Sing Sing, wo er seinen Film einem Sträflingspublikum zeigte und von der Begeisterung der Gefangenen tief bewegt war. Carlyle Robinson hatte einen Hinweis erhalten, der eine bevorstehende Entführung befürchten ließ, und er und Arthur Kelly sorgten dafür, daß Chaplin von zwei kräftigen Detektiven bewacht wurde.

Chaplin hatte beschlossen, daß Robinson und Kono ihn auf seiner Reise nach Europa begleiten sollten, und Robinson wurde wie üblich mit den Vorbereitungen beauftragt. Bedauerlicherweise hatte Chaplin inzwischen eine zunehmende Abneigung gegen Robinson entwickelt, die auf der bevorstehenden Reise voll zum Ausbruch kommen und nach vierzehn Jahren Dienst zu Robinsons Entlassung führen sollte. Ein Grund dafür mag darin zu suchen sein, daß Robinson inzwischen eine stärkere eigene Meinung entwickelt hatte, als Chaplin sie den Menschen, die ihn umgaben, zugestand. Robinson pflegte zu scherzen, daß sein Job oft weniger der eines ›press agent‹ sei als der eines *suppress agent*; und da er ständig damit befaßt war, irgendwelche Indiskretionen, Faux-pas oder unbeabsichtigte Unhöflichkeiten seitens Chaplins vorauszusehen, zu verhindern oder zu vertuschen, wurde er in eine Kindermädchen-Rolle gezwungen, was sein Verhältnis zu seinem Chef kaum entspannter machen konnte.

Daß Chaplin seine Reisebegleitung im letzten Moment durch ein zusätzliches Mitglied erweiterte, läßt sich vielleicht teilweise damit erklären, daß er vermeiden wollte, zu sehr auf Robinsons Gesellschaft angewiesen zu sein. Der

* d. h. 1931

Auserwählte war sein Freund Ralph Barton, ein bekannter Karikaturist und Illustrator. Chaplin lud ihn ein mitzureisen, in der Hoffnung, ihn dadurch von seiner akuten Depression zu befreien, die schon zu einem Selbstmordversuch geführt hatte. Der exzentrische und hypersensible Barton befand sich in einem Zustand tiefster Verzweiflung, nachdem ihn die Schauspielerin Carlotta Monterey verlassen hatte, um mit dem Dramatiker O'Neill zusammenzuleben. Ein Dutzend Jahre später wurde O'Neill widerwillig Chaplins Schwiegervater. Der Zufall spielte immer eine große Rolle in Chaplins Leben.

Diese Änderung der Pläne in letzter Minute brachte Robinson in einige Verlegenheit. Nachdem er bereits Sondertarife für drei Betten auf der *Mauretania* ausgehandelt hatte, sah er sich nun unmittelbar vor der Abfahrt genötigt, um einen Extraplatz auf dem Schiff zu bitten, das theoretisch ausgebucht war. Das Problem konnte nur gelöst werden, weil sich ein Funktionär der Schiffslinie bereit erklärte, seine Kabine mit Robinson zu teilen, so daß Barton Robinsons Platz in Chaplins Privatsuite einnehmen konnte. Während der Überfahrt überließ Chaplin sich endlich der Erschöpfung, die sich nach der zweijährigen Arbeit an *City Lights* eingestellt hatte. Er verließ seine Kabine fast nie, nur für mitternächtliche Deckspaziergänge mit Barton. Er erhielt eine Unmenge von Funksprüchen, in denen ihm Glückwünsche übermittelt und Einladungen aufgedrängt wurden, reagierte aber lediglich auf drei: auf den von Lady Astor, Sir Phillip Sassoon und Alistair MacDonald, dem Sohn des Premierministers Ramsay MacDonald.

Die *Mauretania* legte in Portsmouth an, und Chaplin war entzückt, daß man ihm für die Fahrt nach Paddington einen Privatwaggon zur Verfügung stellte. Der übrige Zug war voller Journalisten, aber Chaplin schützte Müdigkeit vor und überließ es Robinson, mit ihnen fertig zu werden. Robinson war daher überrascht, als der Zug unplanmäßig an einer Station an der Strecke hielt und Chaplin sich schwungvoll daran machte, an die große Menge der Schaulustigen, die lediglich in der Hoffnung herbeigeströmt waren, seinen Zug vorbeifahren zu sehen, Autogramme zu verteilen. »Das waren aber nette Leute!« murmelte er sanft, als sich der Zug wieder in Bewegung setzte. In Paddington warteten wieder genauso riesige und begeisterte Menschenmengen wie zehn Jahre zuvor in Waterloo, aber die Polizei war diesmal besser gewappnet. Zum allgemeinen Entzücken bestieg Chaplin entgegenkommenderweise das Dach seines Autos und winkte mit Hut und Stock.

Im Carlton stand Chaplin, Barton, Robinson und Kono eine riesige Suite zur Verfügung. Und selbst Chaplin war von ihrer Pracht beeindruckt: »Es gibt nichts Traurigeres als die Vorstellung, daß man sich an Luxus gewöhnen könnte. Wenn ich das Carlton betrat, hatte ich jeden Tag aufs Neue das Gefühl, ein goldenes Paradies zu betreten. Wer in London reich ist, erlebt jeden Moment die aufregendsten Abenteuer. Das ganze Leben war eine Show. Die Vorstellung begann gleich morgens früh.«

Zur Vorstellung gehörte ein berauschender gesellschaftlicher Wirbel unter der intellektuellen und politischen Elite, der ihm zu Ehren veranstaltet wurde, hauptsächlich von Sassoon, Lady Astor und seinem alten Freund Edward Knoblock.

CARLTON HOTEL
LONDON, S.W. 1
Feb. 28.. 1931.

MR. CHARLES CHAPLIN **begs to acknowledge the receipt of your communication. Because of the enormous volume of mail received by him, it is impossible at this time to undertake to be more thorough in writing. Will you therefore kindly accept this means of acknowledgment in place of a personal letter.**

1931 – formelle Empfangsbestätigung, die während Chaplins Aufenthalt in London an Briefeschreiber verschickt wurde.

Beim Lunch bei Lady Astor führte er eine lebhafte Debatte mit Maynard Keynes über die Weltwirtschaft, und dort lernte er auch Bernhard Shaw kennen. Nachdem Shaw ihm anfangs reichlich Ehrfurcht eingeflößt hatte, kam Chaplin nach ein paar Kontroversen über das Wesen der Kunst zu dem Schluß, daß er nur »ein gütiger alter Herr mit einem brillanten Verstand ist, der seinen durchdringenden Intellekt dazu benutzt, seine irische Emotionalität zu verbergen«. Er traf sich oft mit H. G. Wells, der inzwischen ein fester Freund war. Von Winston Churchill, den er auch später weiterhin bewunderte, trotz ihrer eindeutig gegensätzlichen politischen Standpunkte, wurde er übers Wochenende nach Chartwell eingeladen. (Paradox und unberechenbar wie er in dieser Hinsicht war, ergriff er sogar bei einer von Lady Astors Veranstaltungen anläßlich der Wahlen vom Oktober 1931 das Wort, obwohl es ihm nicht eben leichtfiel, sich selbst und seinen Zuhörern verständlich zu machen, warum er eine Kandidatin der Torys unterstützte.) Als Ehrengast bei einer Dinnerparty in Lady Astors Wohnsitz in Cliveden überraschte Chaplin die Gäste – ein mit Bedacht zusammengestellter politischer Querschnitt, Lloyd George eingeschlossen – mit einer Nach-Tischrede, in der er gegen die gleichgültige Hinnahme des fortschreitenden Maschinenzeitalters wetterte. Die Anwesenden können kaum geahnt haben, daß sie Zeugen der Geburtsstunde von *Modern Times* waren.

Über Chaplins Besuch in Chequers wurde groß berichtet, obwohl man sich bemüht hatte, ihn vor der Presse geheimzuhalten. Er war wohl etwas enttäuscht von dem mürrischen Labour-Premier Ramsay MacDonald. Ein Privattreffen mit Lloyd George, das von Sassoon arrangiert worden war, der Lloyd George während dessen Amtszeit als Sekretär gedient hatte, scheint auf jeden Fall lebhafter verlaufen zu sein; feurig entwickelte Chaplin bei dieser Gelegenheit einen Plan zur Beseitigung der Londoner Slums.

Chaplin nahm seinen ganzen Mut zusammen und tat etwas, was er 1921 nicht über sich gebracht hatte: er besuchte die Hanwell Schools, wo er die einsamsten Monate seiner Kindheit verbracht hatte. Carlyle Robinson war der Meinung, daß er Ralph Barton mitnahm, aber aus damaligen Zeitungsberichten geht hervor, daß er allein und ohne Vorankündigung erschien. Doch sobald seine Ankunft verkündet wurde, herrschte in der Schule helle Aufregung.

> ... Er betrat den Speisesaal, wo vierhundert Jungs und Mädchen sich bei seinem Anblick die Kehlen heiserjubelten – und er trat stilvoll ein.
>
> Er machte Anstalten, seinen Hut zu ziehen, der dann auf wundersame Weise in die Luft hüpfte! Er schwenkte seinen Stock und schlug sich selbst gegens Bein! Er

drehte seine Füße auswärts und watschelte unnachahmlich einher. Es war Charlie! Schreie! Freudenkreischer! Noch mehr Schreie!

Und es machte ihm ebensoviel Spaß wie den Kindern.

Er bestieg ein Podium und verkündete feierlich, daß er einen alten Mann imitieren werde, der ein paar Bilder betrachtet. Er drehte sich um und ging spähend an der Wand entlang. Und, o Wunder über Wunder – während er sich bewegte, wuchs der Alte sichtlich! Einen Fuß, zwei Fuß! Ein Riese von einem alten Mann!

Das Geheimnis enthüllte sich, wenn man ihn von vorne sah. Er hatte die Arme über den Kopf ausgestreckt, sein Mantel hing an seinen Fingerspitzen, seinen Hut balancierte er auf seinem Mantelkragen.

Er sah die ›Kleinen‹ gebadet und in ihren Nachtgewändern ums Kaminfeuer sitzen, wo sie sich noch einmal aufwärmten, und die Kleinen umjubelten ihn noch einmal, und er lachte wie ein Kind.

Die Kinder werden seinen Besuch niemals vergessen.[2]

Das Erlebnis ist Chaplin wohl sehr nahegegangen. Robinson behauptete, Chaplin habe bei seiner Rückkehr ins Carlton geweint. Ein oder zwei Tage später erzählte Chaplin Thomas Burke, daß es »das bewegendste Erlebnis seines Lebens gewesen sei ... Aufgeregt sagte er, daß es *wirklich* schrecklich gewesen sei, daß er sich aber gerne verwunden ließ, und ich begriff, daß seine kaltblütige Natur nach dieser Peinigung seiner Seele verlangte und an den Auswirkungen dieser Peinigung interessiert war. Er studiert sich gern selbst.«[3]

Chaplin erzählte Burke:

Ich hätte es nicht missen wollen, nicht um alles in der Welt. Genau das habe ich gewollt. Mein Gott, man fühlt sich wie von den Toten auferstanden. Den Geruch des Speisesaals zu riechen und sich vorzustellen, daß man selber da mal gesessen hat, und diesen Kratzer an der Säule hat man selber eingeritzt. Aber eigentlich war man's doch nicht. Man war es in einem anderen Leben – der eigene Seelengefährte –, etwas, was man war und jetzt nicht mehr ist. Wie eine Schlange, die sich immer wieder häutet. Es ist eine von den Häuten, die du längst abgestreift hast, aber dein Geruch haftet ihr noch an. Oooh, es war wunderbar. Als ich hinkam, wußte ich, daß das seit Jahren mein Wunsch war. Alles wies in diese Richtung, und ich war reif dafür. Meine Rückkehr nach London 1921 und meine Rückkehr in diesem Jahr war schon etwas Wunderbares, aber verglichen damit war es gar nichts. In diesen Gebäuden zu sein und sich mit allem verbunden zu fühlen – mit dem Elend und mit etwas, was kein Elend war ... Und dann auch der Schock. Ich habe nämlich nie wirklich daran geglaubt, daß alles noch da sein würde. Es ist dreißig Jahre her, daß ich da war, und dreißig Jahre – also, in Amerika hält nichts so lange. Ich wollte, daß alles noch da war. O

Gott, wie ich mir wünschte, daß alles noch da war, aber ich hatte das Gefühl, daß es nicht möglich war.

Ich nahm also ein Taxi und nannte dem Fahrer die Adresse, und wir fuhren in die Richtung. Und als wir in die Nähe kamen, waren da überall Straßen – und Läden – und Häuser. Und ich dachte, die Schule wäre weg. Ich weiß nicht, was ich gemacht hätte, wenn sie nicht mehr dagewesen wäre. Ich glaube, ich wäre gleich wieder nach Hollywood zurückgekehrt. Weil ich doch nur deswegen gekommen war. Ich bat den Fahrer weiterzufahren, obwohl ich dachte, daß es sinnlos wäre, weil ich mich immer erinnert habe, daß es auf dem Land war, mit Feldern drumherum. Und dann hielt das Taxi an ... und bog dann von der Hauptstraße ab und fuhr durch eine ländliche Gegend mit Feldern und Büschen. Und plötzlich stand sie vor mir. Oooh, da stand sie – genauso wie ich sie verlassen hatte. So einen Augenblick habe ich in meinem ganzen Leben noch nicht erlebt. Ich bin fast krank geworden, so ergriffen war ich.[4]

Burke mokierte sich über seine Sentimentalität, seinen Versuch, die Vergangenheit, die er für immer hinter sich gelassen hatte, wieder heraufzubeschwören. »Aber man kann sie packen und betrachten«, erwiderte Chaplin. »Man kann denken, daß man einmal glücklich war oder schrecklich unglücklich – vielleicht läuft das auf dasselbe hinaus, wenn es nur intensiv empfunden ist –, und man bekommt etwas davon mit, wenn man den Schauplatz betrachtet, wo es passiert ist ... Und außerdem«, fügte er hinzu, »bin ich gern morbide. Es tut mir gut. Ich brauche das.«

Chaplin war von der Begeisterung der Kinder so ergriffen, daß er versprach, sie noch einmal zu besuchen und ihnen einen Filmprojektor mitzubringen. Robinson wurde beauftragt, mit Hilfe von United Artists das geeignetste Gerät zu besorgen. Für jedes Kind wurde ein Geschenk vorbereitet, bestehend aus einer Tüte Süßigkeiten, einer Apfelsine und einem neuen Schilling in einem Umschlag mit der Aufschrift ›Ein Geschenk von Charlie Chaplin‹.

Doch am Tag als der Besuch stattfinden sollte, speiste Chaplin statt dessen mit Lady Astor. Entweder war die emotionale Wirkung des ersten Besuchs doch zu viel für ihn gewesen, oder sie war abgeklungen. Jedenfalls vermochten keinerlei Bitten von Robinson Chaplin dazu zu bewegen, auf den Lunch zu verzichten. Robinson und Kono sahen sich genötigt, die Geschenke abzuliefern. Es war ihnen höchst peinlich, in einer Limousine durch riesige Menschenmengen zu fahren, die herbeigeströmt waren, um einen Blick von ihrem Idol zu erhaschen. Die Presse, die auch zahlreich erschienen war, versäumte es nicht, auf die Parallele zu *The Gold Rush* hinzuweisen, angesichts des Teetischs, der im Speisesaal der Schule hergerichtet war für den Gast, der nicht erschien.

Der Vorfall bescherte Chaplin die erste alles andere als vorteilhafte Publicity seit seiner Ankunft in England, aber im Augenblick war er zu sehr mit den Vorbereitungen zur Premiere von *City Lights* beschäftigt, um sich Sorgen zu machen. Die Vorstellung fand am 27. Februar im Dominion in der Tottenham Court Road statt. Die unüberschaubare Menge, die sich im strömenden Regen vor dem Theater versammelt hatte in der Hoffnung, einen Blick auf den Star werfen zu können, wurde enttäuscht: Chaplin und Robinson waren am Nachmittag vor der Vorstellung ins Theater geschleust worden. Es hatte großen Andrang auf Plätze in Chaplins Nähe gegeben. Im Endeffekt wurde er von Lady Astor und Bernhard Shaw flankiert, und er fragte sich nervös, wie Shaw wohl auf den Film reagieren würde. Doch Shaw lachte und weinte mit den anderen. Später wollte ein Reporter von ihm wissen, ob er sich Chaplin als Hamlet vorstellen könnte. »Warum nicht«, gab er zur Antwort. »Lange bevor Mr. Chaplin berühmt wurde und noch dabei war, mit Backsteinen zu werfen oder beworfen zu werden, hat mich sein eindringlicher tragischer Ausdruck fasziniert; er erinnerte mich verblüffend an Henry Irving, und Irving hatte einen gewaltigen Erfolg als Hamlet – oder vielmehr mit seiner eigenen Schöpfung, die er Hamlet nannte.«

Chaplin wollte ursprünglich nach der Vorführung eine kleine private Supperparty veranstalten, aber in Null Komma nichts standen mehr als zweihundert Personen auf der Gästeliste, und die Veranstaltung wurde *das* gesellschaftliche Ereignis der Saison. Thomas Burke, der es wie Wells und Barrie weise ablehnte teilzunehmen, bemerkte, daß »Till Eulenspiegel persönlich nie ein so phantastischer Streich gelungen sei wie Charles, als er den ganzen Mob von Mayfair den Einladungen zu seiner *City-Lights*-Supperparty hinterherjagen ließ und die Leute dazu brachte, ihm genauso viel Spaß zu bereiten wie seine Filme ihnen bereiteten.« Titel und Talente, die Großen und die Guten und die Begabten Londons gaben sich ein Stelldichein. Und Chaplin brach das Eis mit einem liebenswerten Fauxpas, als er in seiner Rede von Churchill als dem »von uns gegangenen Schatzkanzler« sprach.

Von diesem Abend an warf sich Chaplin voller Enthusiasmus in die Rolle des Playboys, die er dann ein ganzes Jahr oder mehr mit Genuß spielte. Wohl in Reaktion auf die einsamen Jahre der Arbeit an *City Lights* stürzte er sich von dem Moment an, als der Film gestartet war, mit fast jünglingshafter Begeisterung in eine Reihe von Liebeleien und Abenteuern. Es war ihm stets zuwider gewesen, wenn die Öffentlichkeit Einblick in sein Privatleben bekam, doch jetzt schien er es zu begrüßen, daß die Presse der Welt ihn entzückt in der Gesellschaft eines bunten Reigens schöner Frauen fotografierte und kühn über zukünftige Ehen und Hauptdarstellerinnen spekulierte. Eröffnet wurde der Reigen mit Sari Maritza, die Carlyle Robinson mit ihrer Freundin Vivian Gaye (später Frau Ernst Lubitsch) zur Premiere und zur Party eingeladen hatte. Chaplin zeigte unverhohlenes Interesse, war hocherfreut, daß Miss Maritza eine hervorragende Tänzerin war, und entzückte seine Gäste mit einer modischen Tangonummer. Während der restlichen Zeit seines Englandaufenthalts war Sari (die eigentlich Patricia Deterring hieß und die später eine kurze Karriere in Hollywood hatte) ständig in Chaplins Gesellschaft. In seiner Rolle als ›sup-press agent‹ versuchte Robinson, die Reporter auf eine falsche Fährte zu lenken, indem er behauptete, daß Sari eigentlich *seine* Freundin sei. Aber das hinderte die britische Presse nicht daran, darüber zu spekulieren, daß sie der Star von Chaplins nächstem Film sein würde.

Sowohl in England als auch im Ausland begann die Presse jetzt zu verbreiten, daß Ramsay MacDonald vorgeschlagen habe, Chaplin zum Ritter zu schlagen. Mehrere Zeitungen veröffentlichten Karikaturen, die die Ehrung im voraus feierten; eine Schlagzeile im *Statesman* von Boise (Idaho) schmetterte unfein: »Charlie bekommt mit dem Schwert des Königs eine über die Birne gezogen.« Dann erklärte die Presse mit einem Mal, daß die Ehrung nun doch nicht vollzogen werde. Man war allgemein der Ansicht – und das wurde auch offen publiziert –, daß Queen Mary sich persönlich eingeschaltet und ihr Veto gegen den Ritterschlag eingelegt hatte, weil sie das Gefühl hatte, daß die Königliche Familie sich für einen Publicity-Gag hergeben würde, wenn sie einen Filmkomiker ehrte. Mehr als vier Jahrzehnte später, als Chaplin schließlich von der Enkelin von George und Queen Mary zum Ritter geschlagen wurde, brachte eine Indiskretion im Büro des Premierministers an den Tag, daß die Ehrung 1931 nur wegen der Verleumdungskampagne, die die Northcliffe-Presse im Ersten Weltkrieg angezettelt hatte, ausblieb. Möglicherweise war Ramsay MacDonald auch nicht erfreut, daß Chaplin in letzter Minute eine Einladung zu einem Dinner ablehnte, das der Premierminister ihm zu Ehren im House of Commons arrangiert hatte und wo er eine auserwählte Gruppe von Parlamentsabgeordneten kennenlernen sollte. Chaplin, der mit Mac Donald eindeutig nicht warmgeworden war, war von der Vorstellung zunehmend weniger begeistert, und schließlich befand er, daß er unter allen Umständen am Tag vor dem Termin nach Berlin reisen müsse.

Chaplin soll zum Ritter geschlagen werden (News Item)

Für den Sohn des Premiers, Alistair MacDonald, und Chaplins eigene Entourage wurde die Situation noch peinlicher, als Chaplin sich weigerte, seine Entschuldigung telefonisch zu übermitteln. Er ziehe es vor zu schreiben, erklärte er, und das unterließ er, wie vorauszusehen war, ebenfalls. Schließlich sah sich Sir Phillip Sassoon genötigt, der Gruppe nach Europa zu folgen, um einen angemessenen Brief aufzusetzen und alle Beteiligten aus der höchst peinlichen Lage zu befreien. Die peinliche Lage wurde fast noch verschlimmert, als Sari im Moment von Chaplins Abreise versuchte, ihn dazu zu überreden, in London zu bleiben, statt sich den Strapazen einer stürmischen Kanalüberquerung auszusetzen. Da Chaplins Freunde erkannten, welchen Affront es für den Premierminister bedeuten mußte, wenn Chaplin in London blieb, nachdem er die Einladung abgelehnt hatte, brachten sie den Widerstrebenden schnell zur Liverpool Street Station, wo sie in weiser Voraussicht dafür gesorgt hatten, daß der Zug eine Viertelstunde später losfuhr als geplant.

Inzwischen hatte Barton die Gruppe verlassen. Bei seiner Ankunft in England befand er sich scheinbar in bester Verfassung, doch wurde er alsbald wieder von einer akuten Depression befallen. Etwa nach der ersten Woche war er nicht mehr dazu zu überreden, das Hotel zu verlassen, und schlich nur noch durch die Suite und die Korridore. Einmal ertappte Robinson ihn dabei, wie er mit einem Revolver hantierte, und er hatte furchtbare Angst, daß Barton Chaplin mit sich in den Tod nehmen könnte. Chaplin war beunruhigt und ärgerte sich, als Barton aus verborgenen Gründen die Drähte der elektrischen Uhren zerschnitt. Die Gruppe im Carlton war eindeutig erleichtert, als Barton kundtat, daß er wieder nach Hause fahren wolle. Robinson buchte auf der *Europa* eine Überfahrt nach New York für ihn, und Chaplin gab ihm 25 $ für seine Reisekasse, da er inzwischen keinen Penny mehr besaß. Zwei oder drei Wochen nach seiner Heimkehr jagte sich Ralph Barton in seiner New Yorker Wohnung eine Kugel in den Kopf.

In dem Jahrzehnt seit seinem letzten Besuch hatte sich Chaplins Ruhm in Deutschland ebenso stark ausgebreitet wie anderswo auf der Welt, und die üblichen dichten Menschenmassen säumten die Strecke vom Bahnhof – wo er von Marlene Dietrich empfangen wurde – bis zum Hotel Adlon. Er wurde von Abgeordneten des Reichstags bewirtet und vom Prinzen Heinrich von Preußen zu einer Besichtigung von Potsdam eingeladen (das ihm nicht gefiel, aber Paläste hatte er nie gemocht). Er besuchte die Einsteins und war von der Bescheidenheit ihrer Wohnung sehr beeindruckt, und er war hocherfreut, als Einstein eine lebhafte Debatte über die Weltwirtschaft mit dem Kompliment beendete: »Charlie, Sie sind kein Komiker, sondern ein Ökonom.«

Die politische Stimmung in Deutschland war zu dieser Zeit schon bedrohlich. Die Nazipresse hetzte gegen die Berliner Bevölkerung, die sich von einem »jüdischen« Komiker aus Amerika den Kopf verdrehen ließ. Dann erschienen an einem Tag, als Chaplin eine Audienz beim Innenminister Wirth hatte, zehn Männer im Adlon. Sie gaben sich als Vertreter von arbeitslosen Kinoarbeitern aus und forderten ein Gespräch mit Chaplin. Robinson versuchte, ihnen klarzumachen, daß ein Gespräch mit ihm zu nichts führen würde, aber sie drohten mit einer zehntausend Mann starken Demonstration vor dem Hotel, wenn ihre Forderung nicht erfüllt würde. Schließlich wurden drei von ihnen vorgelassen, und Chaplin erklärte, daß er ihre Notlage sehr bedaure, aber daß es auch in Hollywood 75 000 Arbeitslose gäbe. Eine Stunde später wußte die Berliner Kommunistische Tageszeitung zu berichten, daß Chaplin eine Delegation der Redaktion empfangen und seine tiefempfundene Sympathie für die junge kommunistische Sache zum Ausdruck gebracht habe. Dieser Vorfall hatte eindeutig zur Folge, daß Reichsinnenminister Wirth bei der später stattfindenden Audienz verärgert und pikiert war.

1931 – Ralph Barton,
Karikatur von Chaplin

Chaplin konnte sich im folgenden mit romantischen Begegnungen trösten: Er machte die Bekanntschaft der Wiener Tänzerin La Jana und der in Amerika geborenen Schauspielerin Betty Amann. So erfreulich diese Begegnungen in Fleisch und Blut auch sein mochten, weit nachhaltiger war Chaplin beeindruckt, als sein Blick auf Nofretete im Pergamon Museum fiel. Umgehend bestellte er eine Nachbildung der Büste bei dem Künstler, der bereits eine

Kopie für das Museum in München angefertigt hatte, und sie sollte einen ständigen Ehrenplatz in seinen Domizilen einnehmen.

Die Gruppe reiste dann weiter nach Wien, wo sich wohl die überwältigendste Menschenmenge seiner beiden Europareisen versammelt hatte. Glücklicherweise existieren noch Wochenschaufilme von dem Ereignis, die zeigen, wie Chaplin über den Köpfen der Menge getragen wird – vom Bahnhof bis zum Hotel Imperial. Bei dieser Gelegenheit sprach Chaplin auch seine ersten Worte vor einer Tonkamera, fünf Jahre vor *Modern Times*. Ziemlich nervös sagte er lediglich ›*Guten Tag! Guten Tag!*‹, während er Hut und Stock fest an sich drückte, damit sie in dem Meer von Gesichtern nicht verlorengingen. Die romantischen Begegnungen von Berlin waren vergessen, als er bei der Pianistin Jennie Rothenstein gemeinsame künstlerische Begeisterung entdeckte. Dem Temperament des schönen Operettenstars Irene Palasthy war er jedoch nicht gewachsen, und er beschloß, nicht nach Budapest zu fahren, aus Angst, daß die vielgerühmten weiblichen Schönheiten der Stadt sich als ebenso temperamentvoll erweisen könnten.

Chaplin zog dann mit seiner Begleitung weiter nach Venedig. Die Stadt beeindruckte ihn zwar tief, aber er fand sie so melancholisch, daß er nur ein paar Tage zu ihrer Besichtigung dort verweilte. Als er ankam, fürchtete er, Marion Davies auf einem ihrer Europabesuche dort vorzufinden. Tatsächlich fiel sie einige Monate später in Venedig ein, als Chaplin längst anderswo weilte und somit eine Einladung zu einer bombastischen Party in ihrem Palazzo dankend ablehnen konnte.

Von Venedig fuhr Chaplin mit dem Zug nach Paris, wo er mit Aristide Briand speisen und den Orden der französischen Ehrenlegion empfangen sollte. Daß ihm diese Ehrung zuteil wurde, hatte der nichtsahnende Chaplin einer Gruppe seiner französischen Bewunderer zu verdanken, die von dem Karikaturisten Cami, seinem ersten und treusten Pariser Freund, angeführt wurde. Cami war sogar während Chaplins Aufenthalt im Carlton nach London gekommen. Aber Chaplin war so beschäftigt gewesen, daß er ihm lediglich eilig die Hand schütteln konnte, als er am letzten Abend seines Aufenthalts das Hotel verließ, um zur Liverpool Street Station zu fahren.

Als sich der Zug Paris näherte, stiegen französische Polizisten zu, die Chaplin empfahlen, wegen der riesigen Menschenmengen den Zug nicht erst am Endbahnhof zu verlassen. Sie hatten seine Hotelreservierung eigenmächtig ins Crillon verlegt, um den schlimmsten Ansturm der Massen zu umgehen. Chaplin war verärgert über diese Einmischung in seine Pläne und weigerte sich, früher auszusteigen, erklärte sich aber mit der Änderung des Hotels einverstanden. Trotz der Massen und des zwölf Mann starken Polizeikordons, den man um Chaplin gelegt hatte, schaffte Cami es irgendwie, an seine Seite zu gelangen. Chaplin war darüber eher verärgert als erfreut, und als man ihm ein Mikrophon entgegenstreckte, in das er hineinsprechen sollte, wurde er richtiggehend wütend, weil er den Verdacht hatte, daß Cami hinter diesem ›Anschlag‹ steckte. (Cami hatte sich lediglich des Vergehens schuldig gemacht, ihm ins Ohr zu brüllen, daß es die Menge erfreuen würde, wenn er irgend etwas wie *›Bonjour Paris‹* sagen würde.) Cami begleitete die Chaplingesellschaft zum Crillon, doch Chaplin war immer noch böse auf ihn und bestand darauf, daß man ihn hinauswarf. Soweit man feststellen kann, war dies die letzte Begegnung zwischen den beiden, doch der sentimentale Cami ließ sich in seiner Anbetung seines Jugendidols nicht beirren.

Außer dem Lunch mit Briand gab es noch zwei denkwürdige gesellschaftliche Ereignisse in Frankreich. Bei einer ziemlich angespannten Audienz bei König Albert von Belgien saß Chaplin auf einem sehr niedrigen Stuhl, während der große König auf einem viel höheren plaziert war. Dieses Erlebnis lieferte Chaplin die Idee für das Treffen der rivalisierenden Staatsoberhäupter in *The Great Dictator*.

Im Zug nach Venedig hatte Chaplin mit dem Herzog und der Herzogin von Westminster Bekanntschaft geschlossen und unklugerweise eine Einladung zu einer Wildschweinjagd auf deren Gut in Saint Saëns in der Normandie angenommen. Nach den Strapazen des Ritts mußte er noch tagelang massiert werden. Außerdem war Chaplin, der inzwischen stets viel Wert auf seine äußere Erscheinung legte, gar nicht erfreut darüber, daß er von Presseleuten in einem unvorteilhaften Jagdkostüm fotografiert wurde, das aus Teilen bestand, die er sich vom Herzog und anderen Gästen unterschiedlicher Größe ausgeborgt hatte. Auch das wurde später im Kostüm des ›Tierbändigers‹ in *Limelight* festgehalten.

Es war jetzt Ende März, und Chaplin beschloß, nach Südfrankreich weiterzuziehen. Sechs Monate zuvor hatte Sydney sich in Nizza niedergelassen. Als seine Pläne, eine Produktion in England zu starten, aus einer Reihe von Gründen sowohl finanzieller als auch persönlicher Natur scheiterten, kam er zu dem Schluß, daß er finanziell soweit abgesichert war, daß er sich zu einem Leben des Müßiggangs zurückziehen konnte. Sydneys Wohnung war zu klein, um Gäste zu beherbergen, und Chaplin nahm dankbar das Angebot des amerikanischen Millionärs Frank Jay Gould an, sein Quartier im Majestic

Hotel in Nizza aufzuschlagen, das ihm zusammen mit dem Casino gehörte. Gould war früher mit Edith Kelly verheiratet gewesen, der Schwester von Hetty und Arthur Kelly. Sie hatte die Einladung arrangiert.

Chaplin erkannte schnell, daß Gould ihm seine Gastfreundschaft nicht ohne Hintergedanken so bereitwillig angeboten hatte. Chaplins Anwesenheit im Majestic und Goulds anderem Hotel in Nizza, dem Palais de la Méditerranée, übte eine starke Anziehungskraft auf seine neugierige reiche örtliche Kundschaft aus. Am Abend von Chaplins Ankunft gab Gould ihm zu Ehren eine Dinnerparty im Palais und verlangte eine Eintrittsgebühr für die Terrasse, von der aus die Gäste einen Blick auf Chaplin werfen konnten. Der Charme der aktuellen Mrs. Gould (es wurde sogar gemunkelt, daß Chaplin eine Schauspielerin aus ihr machen wollte) hielt Chaplin davon ab, seinem Ärger Luft zu machen, aber eine Reihe von gesellschaftlichen Aktivitäten, die Gould optimistisch für ihn vorgesehen hatte, wurden prompt abgesagt. Aber offenbar waren sowohl Charles als auch Sydney von Goulds vielbeschäftigtem Presseagenten eingenommen, einem liebenswerten schalkhaften Weißrussen namens Boris Evelinoff, der seine Arbeit für Gould mit einem Job als Korrespondent für *Le Soir* verband. Evelinoff wurde ständiges Mitglied der Chaplin-Entourage an der Riviera, und nach Chaplins Rückkehr nach Amerika war er eine Zeitlang sein offizieller Vertreter in Paris, bis nicht mehr zu übersehen war, daß der Umfang seiner Spesenrechnungen in keinem ausgewogenen Verhältnis mehr zum Wert seiner Dienste stand. Chaplin verkehrte nicht nur in Goulds Kreisen, sondern auch im Riviera-Klüngel, zu dem Elsa Maxwell, Mary Garden und der Herzog von Connaught gehörten. Mit besonderem Entzücken schloß er Bekanntschaft mit Emil Ludwig, dem Biographen von Napoleon, in dem Chaplin immer eine ideale Rolle für sich sah.

Seine wesentlichste Begegnung an der Riviera war die mit May Reeves, alias Mizzi Muller. Für die nächsten elf Monate blieb sie seine einzige romantische Beziehung, und sie sollte ihn nachhaltig für die Figur der Natașha inspirieren, die in dem Skript *Stowaway* auftaucht, aus dem schließlich *A Countess from Hong Kong* wurde. Mays Vergangenheit lag etwas im Dunkeln. Anscheinend war sie Tschechin und hatte in der Tschechoslowakei Preise bei Schönheitswettbewerben gewonnen. Nach ihrem Erscheinen an der Riviera hatte sie einen Tanzwettbewerb gewonnen und Sydney kennengelernt.

Seit der Ankunft der Gesellschaft in Südfrankreich war Robinson vom Umfang von Chaplins Korrespondenz überwältigt, von der ein Großteil in Sprachen verfaßt war, die ihm nicht geläufig waren. Er fragte Sydney, ob er ihm helfen könne, eine mehrsprachige Sekretärin zu finden, und eines Abends im Casino präsentierte Sydney ihm May als ideale Kandidatin für den Job, da sie sechs Sprachen fließend sprach. In ihrer Eleganz und Schönheit wirkte sie wie eine kultivierte Abenteurerin und machte an diesem Abend nicht den Eindruck einer perfekten Sekretärin. Robinson war jedoch angenehm überrascht, als sie am nächsten Morgen Schlag neun erschien und sich sogleich daran machte, die Briefe zu sortieren und säuberliche kleine zusammenfassende Übersetzungen darauf zu notieren.

Seine Freude an der perfekten Sekretärin währte jedoch gerade drei Stunden. Sobald Chaplin May zu Gesicht bekam, war er gefesselt von ihrer Schönheit und ihrem Charme. Am selben Abend noch wurde sie zum Abendessen mit Chaplin, Sydney und Robinson eingeladen, und von dem Augenblick an waren sie und Chaplin unzertrennlich. Chaplin schien die heftige Mißbilligung der Liaison, die alle um ihn herum zum Ausdruck brachten, richtiggehend zu stimulieren. Nur Kono fand die junge Frau sympathisch, vor allem nachdem sie ihn nach einer schweren Fleischvergiftung gesundgepflegt hatte. Die Goulds waren empört, daß Chaplin sich mit dieser Person *déclassée* in ihren Etablissements zeigte; Sydney und Minnie hatten fürchterliche Angst, daß eine neue Lita-Grey-Situation entstehen könnte; Robinson knirschte mit den Zähnen in seiner Rolle als ›sup-press agent‹.

Chaplin und seine Gastgeber erkannten, daß es an der Zeit war, sich zu trennen, aber keinem fiel es leicht, den ersten Schritt zu tun. Mrs. Gould fand den höflichsten Weg aus der heiklen Lage: Eines Morgens erschien sie in Chaplins Suite, überreichte ihm ein Paar exquisiter Platin-Manschettenknöpfe und sagte liebenswürdig, wie herrlich es gewesen sei, ihn als Gast bei sich gehabt zu haben. Chaplin verkündete fröhlich, daß die Gesellschaft, einschließlich May und Sydney, nach Algier reisen würde. Er ließ sich nur schwer überzeugen, daß May besser ein anderes Schiff nehmen sollte.

Die Presse war freilich mit solchen Tricks nicht von der Fährte abzubringen, und es erschienen weiter massenweise Artikel über Chaplin und ›die geheimnisvolle Mary‹, wie May aus unerfindlichen Gründen allgemein genannt wurde. Im Studio gab sich Alf Reeves redlich Mühe, die kalifornische Presse zufriedenzustellen. Kathlyn Hayden, der das Studio etwas mehr Vertrauen schenkte als den meisten anderen Journalisten, erzählte er:

> Charlie hat sich unsterblich verliebt..., aber ganz anders, als Sie denken! Er vermochte den Reizen aller schönen Frauen von London, Berlin, Paris und Wien zu

> widerstehen – nur um den Verlockungen von Algier zu erliegen. Und tatsächlich wird Algier für die nächsten zwei oder drei Jahre Charlies Domizil sein – je nachdem wie lange er für die Vollendung seines nächsten Films braucht, der *ausschließlich* dort gedreht werden wird.
>
> Mir ist zu Ohren gekommen, daß in englischen und europäischen Zeitungen Berichte kursieren, denen zufolge Charlies nächster Film in London, Paris oder Berlin produziert werden soll – in Wahrheit wird jedoch jede Szene des neuen Films in Algier gedreht werden.
>
> Charlie sitzt zur Zeit an der Ausarbeitung der Story. Dem groben Überblick, den er mir telegrafisch durchgegeben hat, entnehme ich, daß er einen Trick wiederholen wird, der in zwei seiner früheren Filme großartig ankam – er wird an einem bestimmten Punkt der Geschichte zur Tarnung sein Aussehen völlig verändern. Alte Fans erinnern sich sicher, daß er sich in *The Pilgrim* als Geistlicher verkleidete, und in einem noch früheren Film trug er eine Perücke und Frauenkleidung. Natürlich wird er in dem neuen Film der alte kleine Tramp sein, der er immer war, aber an einem bestimmten Punkt der Handlung werden die Umstände ihn dazu zwingen, sich hinter der wallenden Robe eines Scheichs zu verstecken!

Man hörte nie wieder etwas von Charlies Scheich-Film. Es besteht jedoch wenig Zweifel, daß einer der beiden Chaplin-Brüder Reeves mit diesen Informationen versorgt hatte, der mit Mitteilungen an die Presse stets überaus vorsichtig war. Um auch noch andere Gerüchte zum Schweigen zu bringen, die aus Europa durchgesickert waren, betonte Reeves gegenüber Miss Hayden:

> Charlies Hauptdarstellerin in dem neuen Film wird ganz gewiß keine der Schönen aus London, Berlin und Paris sein, deren Namen in diesem Zusammenhang erwähnt wurden. Sie wird auf jeden Fall aus Hollywood kommen.

Sydney, dem die Untätigkeit langweilig geworden war, begann jetzt wieder Interesse an den geschäftlichen Angelegenheiten seines Bruders zu zeigen. Es gelang ihm, Chaplin davon zu überzeugen, daß die Vertriebsarrangements in Amerika und Frankreich besser kontrolliert werden müßten. Das lieferte Chaplin den Vorwand, sich vorübergehend des lästigen Robinson zu entledigen, der mit einer Liste von peinlichen Untersuchungsanweisungen nach New York gesandt wurde. Nach Robinsons Rückkehr fuhren er und Sydney zusammen nach Paris, um die Vertriebsarrangements für *City Lights* an Ort und Stelle zu überprüfen. Kaum waren sie dort eingetroffen, wurden sie mit einer Flut von Briefen aus Nizza überschwemmt. Sie kamen von Minnie Chaplin, die tief beunruhigt darüber war, daß Chaplins Verhältnis mit May Reeves zunehmend ins Licht der Öffentlichkeit gezerrt wurde. Sydney sandte Robinson nach Südfrankreich zurück mit der eindeutigen Instruktion, dem Verhältnis ein Ende zu bereiten, auch wenn er dazu Chaplin eröffnen mußte, daß Sydney selbst ein Verhältnis mit dem Mädchen gehabt hatte. Er war sich sehr wohl bewußt, daß sein Bruder in Herzensangelegenheiten das absolute Monopol beanspruchte.

Besorgt, doch pflichtbewußt führte Robinson seinen Auftrag aus. Er traf rechtzeitig in Marseille ein, um beim Einlaufen des Schiffs zur Stelle zu sein, auf dem sich Chaplin und May befanden. Noch vor den Reportern eilte er an Bord und schaffte es, das Paar zu überreden, das Schiff getrennt zu verlassen. Um kompromittierenden Zeitungsfotos vorzubeugen, begleitete er May persönlich an Land. Das Ergebnis seiner nachfolgenden Bemühungen, Chaplin von May abzubringen, war vorauszusehen: Die Beziehung zwischen den beiden wurde zweifellos getrübt, aber die zwischen Robinson und Chaplin ging in die Brüche, endgültig und mit Bitterkeit. Chaplin, dem Robinsons Anwesenheit längst auf die Nerven ging, wurde fuchsteufelswild angesichts der erbärmlichen Rolle, die der Arme jetzt zu spielen hatte. Und auch Sydney geriet außer sich, als er entdeckte, daß Robinson ihn beim Wort genommen und sein Verhältnis mit May verraten hatte.

Robinson wurde umgehend nach New York abgeschoben, wo er zum Ostküsten-Vertreter des Studios ernannt wurde. Zum Jahresende erhielt Robinson einen Brief von Alf Reeves, in dem erklärt wurde, daß seine Dienste nicht mehr benötigt würden, da die Arbeit an den *City Lights*-Verträgen mehr oder weniger abgeschlossen sei und Chaplins weitere Pläne unbestimmt seien. Ihm wurde mit vierzehntägiger Frist gekündigt. Robinson veröffentlichte später einen verbitterten aber nachprüfbaren Bericht über seine fünfzehn Jahre als Chaplins Angestellter.

Robinson verließ Frankreich Ende Mai 1931, und trotz gelegentlicher Trennungsphasen blieb Mays Verhältnis zu Chaplin eng. Sie hatte sich heftig in ihn verliebt. Es läßt sich unmöglich sagen, was er für sie empfand, nachdem die erste Verliebtheit abgeklungen war, aber es scheint außer Zweifel zu stehen, daß sie eine heitere, liebevolle und anspruchslose Urlaubsgefährtin war. Von Nizza zogen sie weiter nach Juan-les-Pins, ein Ort, der damals gerade sehr *en vogue* war. Dort hatte Kono seine Fleischvergiftung. Chaplin war in größter Sorge, da er überzeugt war, daß sein unersetzlicher Begleiter sterben würde. Henri d'Abbadie d'Arrast, der frühere Assistent bei *A Woman of Paris*, organisierte Autofahrten nach Paris und zu seinem eigenen Fasmiliensitz.

Auf einer der Fahrten hatten sie einen Unfall, aber Chaplin blieb unverletzt. D'Arrast überredete Chaplin, nach Biarritz zu ziehen, wo er von Winston Churchill zum Mittagessen eingeladen wurde. In Biarritz lernte er durch die Vermittlung von Lady Furness, der früheren Thelma Morgan Converse, auch Edward, den Prinzen von Wales, kennen. Lady Furness (die in seinen frühen Tagen mit Lita Grey als Aufpasserin fungiert hatte) hatte offenbar eine wichtige Funktion für die gesellschaftlichen Arrangements des Prinzen: Sie machte ihn mit Mrs. Wallis Simpson bekannt. Von Biarritz war es nicht weit nach Spanien, wo Chaplin einem Stierkampf beiwohnte. Er soll zusammengezuckt sein, als der Stier ein Pferd angriff. Als man ihn später fragte, ob ihm der Kampf gefallen habe, antwortete er ausweichend: »Dazu möchte ich mich lieber nicht äußern.« In späteren Jahren, nach Francos Machtergreifung, weigerte Chaplin sich beharrlich, Spanien noch einmal zu besuchen, auch dann nicht, als seine Tochter Geraldine dort lebte.

Ende August kehrte Chaplin über Paris nach England zurück, um den Herbst in London zu verbringen. Er war zugleich erleichtert und beunruhigt, daß der Empfang kühler ausfiel als im Winter zuvor. Das lag teilweise daran, daß der Reiz des Neuen abgeklungen war, und ohne den Schutz eines Presseagenten erschien Chaplin in den englischen Tageszeitungen mit einem Mal in einem etwas unvorteilhaften Licht. Eine Dame namens May Shepherd, die Robinson mit der Bewältigung der unaufhörlichen Briefflut betraut hatte, verlangte eine Erhöhung ihres vorher vereinbarten wöchentlichen Fünf-Dollar-Gehalts, da sie feststellen mußte, daß es viel mehr zu tun gab als sie anfangs angenommen hatte. United Artists und Chaplins unmittelbare Freunde und Berater drängten ihn, auf ihre Forderung einzugehen, aber er blieb hart, sah es als eine Frage des Prinzips an, an der ursprünglichen Vereinbarung festzuhalten. Erst nach wochenlangen Querelen, beträchtlichen Anwaltskosten und einer Menge Pressefurore war Chaplin plötzlich bereit, sich mit Miss Shepherd zu einigen.

Noch boshafter weidete sich die Presse an dem Aufruhr um die Royal Variety Performance. Während seines Aufenthalts in Juan-les-Pins erhielt Chaplin ein Telegramm von George Black, in dem er zur Teilnahme an der Royal Variety Performance im folgenden Monat eingeladen wurde. Es gibt zwei verschiedene Versionen darüber, was daraufhin passierte. Der einen zufolge übersah Chaplin, dem ein Sekretär für die Erledigung seiner Korrespondenz fehlte, die Einladung einfach. Die meisten Zeitungen berichteten jedoch, daß er es ablehnte zu erscheinen, mit der Erklärung, daß er nie auf der

Bühne aufträte. (In einem Interview sagte er, daß er das »geschmacklos« fände.) Statt dessen schickte er eine Spende von 1000 $ zusammen mit dem recht bissigen Kommentar, daß diese Summe den Einkünften entspräche, die er in seinen letzten beiden Englandjahren bezogen hätte.

Die Boulevardpresse, die bösartig die Tatsache übersah, daß es sich bei der Variety Performance um eine ›Royal‹ und keineswegs um eine ›Royal-Command‹-Vorstellung handelte, stellte Chaplins Weigerung als eine Beleidigung des Königs dar. Chaplin war verständlicherweise wütend. Unglücklicherweise machte er das Ganze nur noch schlimmer, indem er seiner Entrüstung einem jungen Mann gegenüber Luft machte, den er auf dem Tennisplatz in Juan traf, ohne sich dessen bewußt zu sein, daß es sich um einen Reporter handelte – ihm fehlte sein ›sup-press agent‹:

> Man behauptet, ich wäre England verpflichtet. Ich frage mich, was für eine Verpflichtung das wohl sein soll. Vor siebzehn Jahren wollte mich in England niemand haben, keiner hat sich für mich interessiert. Ich mußte mein Glück in Amerika suchen, und ich habe es dort gefunden.
>
> ... Und hier unten [in Juan-les-Pins] saß ich dann eines Abends und wartete geduldig auf den Prinzen von Monaco, und offenbar habe ich damit den Herzog von Connaught beleidigt.
>
> Warum machen die Leute soviel Trara um mich? Ich bin nur ein Filmkomiker, und die haben einen Politiker aus mir gemacht.

Dann gab er einige unverblümte Ansichten über Patriotismus zum besten:

> Patriotismus ist der größte Wahnsinn, unter dem die Welt je zu leiden hatte. In den letzten paar Monaten war ich überall in Europa. Überall grassiert der Patriotismus, und das Ergebnis wird wieder ein Krieg sein. Ich hoffe, sie schicken nächstes Mal die alten Männer an die Front, denn heutzutage sind in Europa die alten Männer die eigentlichen Verbrecher.

Mehr als dreißig Jahre später sah Chaplin keinen Anlaß, seine Ansichten zu revidieren: »Wie kann man den Patriotismus tolerieren, wenn in seinem Namen sechs Millionen Juden umgebracht wurden?« So vorausblickend seine Sicht der Verhältnisse auch war, so war sie doch im England von 1931 keineswegs populär.

Die Wankelmütigkeit der Presse hatte keine Auswirkungen auf Chaplins gesellschaftliches Leben in England. Er kam mehrmals mit dem Prinzen von Wales zusammen und wurde fürs Wochenende ins Fort Belvedere eingeladen.

Das öffnete ihm erheblich mehr Türen, als ihm lieb war. Unter den berühmten Londoner Gastgeberinnen, die ihn einluden, waren Margot Asquith, Lady Oxford, Sibyl Lady Colefax und Lady Cunard. Ende September fand ein in der Presse groß herausgebrachtes Treffen mit Gandhi statt, der sich damals gerade in England aufhielt und in einem bescheidenen Haus in der East India Dock Road wohnte. Das Gespräch war etwas ganz Spezielles, da Gandhi zu der winzigen Handvoll Menschen auf der ganzen Welt zählte, die nicht wußten, wer Chaplin war, und gewiß hatte er nie einen seiner Filme gesehen. Der Mahatma war jedoch freundlich und gütig und tauschte höflich Gedanken über die Weltwirtschaft mit seinem Gast aus, bevor er ihn aufforderte, seinen Gebeten beizuwohnen. Chaplin behielt ihn als »einen realistischen, kraftvollen Visionär mit einem eisernen Willen« in Erinnerung.

Chaplin war auch Zeuge der Herbstwahlen, die zu einem Erdrutschsieg der Konservativen führten, und begleitete einige seiner Politikerfreunde zu Wahlkampfveranstaltungen. Er machte eine nostalgische Reise nach Lancashire auf der Suche nach Bildern aus der Zeit, da er mit *Sherlock Holmes* und *Varieté* auf Tournee war. Den Sonntag in Manchester fand er »lähmend«, daher fuhr er weiter nach Blackburn, einer seiner Lieblingsstädte damals auf Tournee. Er fand das Pub, wo er damals für vierzehn Schillinge die Woche Quartier bezogen hatte, und trank – unerkannt – ein Glas an der Bar.

Er war jetzt bereit, wieder in die Vereinigten Staaten zurückzukehren, aber der Urlaub sollte verlängert werden. Douglas Fairbanks lud ihn zu sich nach St. Moritz ein. Chaplin fuhr in Gesellschaft von Lady Cholmondeley dorthin. In der Schweiz gesellten sich May Reeves und Sydney zu ihnen. Chaplin, der bislang stets seine Abneigung gegenüber Bergen im allgemeinen und der Schweiz im besonderen zum Ausdruck gebracht hatte, blieb den ganzen Januar und Februar dort, bis die Saison dem Ende zuging und Syd, Douglas und Lady Cholmondeley längst wieder nach Hause gefahren waren. Chaplin beschloß nun, seinen Urlaub noch weiter zu verlängern, und zwar mit einer Reise nach Japan, einem Land, für das er sich seit zwei Jahren brennend interessierte, nachdem er das in Kalifornien gastierende japanische Kengeki Theater gesehen hatte.

Chaplin lud Sydney, der inzwischen wieder nach Nizza zurückgekehrt war, telegrafisch zur Mitreise ein, und sie vereinbarten, sich in Neapel zu treffen. Chaplin, Kono und May reisten durch Italien über Mailand und Rom, wo eine geplante Audienz bei Mussolini nicht zustande kam. Am Kai von Neapel nahm Chaplin endgültig Abschied von der ergebenen May. Als das Schiff ablegte, sah er sie ein letztes Mal, wie sie tapfer zu lächeln versuchte und seinen Tramp-Gang imitierte.

Zwei große Propheten begegnen sich!

1931 – Gandhi und Chaplin

Sydney, der sich stets als Beschützer seines Bruders sah und ein angeborenes Mißtrauen gegen den Rest der Welt hegte, machte sich noch lange Sorgen, daß das Verhältnis mit May irgendein übles Nachspiel haben könnte. Ein Jahr später wurden seine Ängste akut, als es notwendig geworden war, auf die Dienste von Boris Evelinoff als Pariser Vertreter zu verzichten. Sydney vertraute Alf Reeves seine Befürchtungen, Evelinoff könnte sich irgendwie mit May verbündet haben, an:

Ich wäre nicht überrascht, wenn der *Paris Midi* mit einer Story rauskäme, die die ganze Geschichte noch einmal aufrollt, obwohl Robinson die Sache schon entschärft hat. Ich komme deswegen darauf, weil Evelinoff nach Cannes kam und auf die Geschichte einer jungen Frau stieß, die die Mätresse eines gewissen Balkankönigs gewesen war. Ich habe das Mädchen kennengelernt und mitbekommen, wie ihr der Vorschlag gemacht wurde, alles auszupacken, was sie weiß. Da der König sie sitzengelassen hatte, erklärte sie sich dazu bereit, und jetzt erscheint die Story im *Paris Midi* unter der grellen Schlagzeile ›Von den Folies Bergères zum Thron‹. Zu der Zeit, als Evelinoff das einfädelte, wohnte May im selben Hotel wie Boris, zu einem außergewöhnlich niedrigen Preis, den Boris für sie ausgehandelt hatte. Sie verließ Cannes etwa zur gleichen Zeit wie er. Neulich in Paris hat Minnie Boris zu Hause angerufen, die Sekretärin hat sich gemeldet, und Minnie ist sicher, daß es Mays Stimme war. Vielleicht schreibt sie also auch gerade an ihrer Lebensgeschichte.

Der arme Sydney muß gedacht haben, daß seine Alpträume wahr würden, als May 1935 ihre Erinnerungen an diese ereignisreichen Monate tatsächlich in Buchform veröffentlichte, unter dem Titel *Charlie Chaplin Intime*, herausgegeben von Claire Goll. Derartige Befürchtungen erwiesen sich jedoch als unbegründet. Mays Memoiren zeigten, daß sie keine raffiniert intrigierende Abenteurerin war, sondern eine fröhliche, etwas naive junge Frau, die das ideale Riviera-Playmate abgegeben hatte. Ihr Buch war eine rührende, langweilige Erklärung ihrer Zuneigung, ihrer Vergebung und ihres Kummers.

Chaplin und Sydney schifften sich am 12. März 1932 auf der *Suwa Maru* ein. Ihre erste Station war Singapur, wo sie länger blieben als geplant, da Chaplin an einem Fieber erkrankte. Als er sich wieder erholt hatte, reisten sie nach Bali weiter, dessen Menschen und Kultur Chaplin faszinierten und in Erstaunen versetzten. Die Brüder drehten an die 400 Meter Film auf der Insel und waren recht stolz darauf. Leider gingen die besten Teile verloren, dank einiger ziemlich zwielichtiger Aktivitäten eines holländischen Kameramanns, Hank Alsem, den sie mit dem Schneiden betrauten.

In der zweiten Maiwoche trafen sie in Tokio ein. Menschenmassen bereiteten ihnen einen ebenso spektakulären Empfang wie sie ihn von Europa gewohnt waren. Chaplin reagierte begeistert und aufgeregt auf jeden Aspekt der japanischen Kultur – die Geishas, die Teezeremonie, Holzschnittkunst und Theater. Überschattet wurde der Besuch jedoch durch eine Reihe bedrohlicher Ereignisse im Zusammenhang mit den Aktivitäten der rechtsextremistischen ›Gesellschaft des Schwarzen Drachens‹, die Chaplin kurzzeitig als mögliches Attentatsziel in Erwägung zog. Es gab vage und weniger vage Drohungen, wobei Kono als Dolmetscher die Hauptlast zu tragen hatte. Als die Reisenden sich dann eines Abends in der Gesellschaft des jungen Sohns des Premiers Tsuyoshi Inugai befanden, wurde der Premier selbst von sechs Extremisten ermordet.

Am 2. Juni 1932 fuhren Chaplin und Kono schließlich auf der *Hikawa Maru* von Yokohama Richtung Seattle ab. Am Tag vor ihrer Abreise schrieb Sydney, der allein nach Nizza zurückfahren wollte, an Alf Reeves: »Charlie kehrt mit der Lösung für alle Probleme der Welt nach Hause zurück, und er hofft, daß er sie dem Völkerbund vorlegen kann. Er hat an dieser Lösung sehr hart gearbeitet, und er ist wirklich auf eine ausnehmend gute Idee gekommen.«

Auf der Heimfahrt arbeitete Chaplin weiter an seiner Wirtschaftstheorie und anscheinend auch an einigen vorbereitenden Notizen für *Modern Times*. Vielleicht bot ihm dieses Nachdenken über die Probleme der Welt Ablenkung von den Problemen seines eigenen Studios, mit denen er sich nun bald auseinandersetzen mußte. Seit der Fertigstellung von *City Lights* hatte der Betrieb in La Brea und Sunset auch unter der allgemeinen Depression in der Filmindustrie gelitten. Angesichts Chaplins lebenslang praktizierter Gepflogenheit, alle unangenehmen oder häßlichen Pflichten an andere zu delegieren, darf man annehmen, daß er unter anderem deswegen so lange fort blieb, weil er die aktuelle Situation nicht miterleben oder dafür verantwortlich gemacht werden wollte. Am 23. April 1931 hatte Alf Reeves Carlyle Robinson, der gerade in Paris war, Bericht erstattet:

> Sie können dem Chef sagen, daß die Belegschaft hier auf ein Minimum reduziert ist. Rollie, Mack, Morgan, Ted Miner, Anderson und Val Lane sind weg. Ich habe Jack Wilson als Bibliothekar und fürs Labor behalten. Tischlerei, Elektro- und Malerwerkstatt sind geschlossen. Die kleine Belegschaft, die wir hier noch haben, ist sehr eifrig, und wir haben viel zu tun. Die meisten, die weggegangen sind, sitzen auf der Straße, und die Lage sieht ziemlich schlecht aus. Der Aktienmarkt liegt völlig darnieder, aber wir hoffen das beste.
>
> P. S. Die allgemeine Lage ist immer noch schlecht hier. Mit dem Filmgeschäft geht es allgemein bergab.

Henry Bergman hat offenbar weiterhin Gehalt bezogen, denn im August 1932 wurde in der Presse groß berichtet, daß er seine Gage von 75 $ die Woche nur dann weiterbeziehen wolle, wenn das Studio sich in einer Produktion befinde.

Damals hatte Bergman Einkünfte aus seinem Restaurant. Für die anderen, die Feierschichten einlegen mußten, konnte das Leben schwer sein. Rollie Totherohs Sohn erinnert sich, daß er seinem Vater Essen und andere notwendige Dinge beschaffen mußte; Rollie selbst veröffentlichte ein paar Karikaturen, in denen er Chaplin drängte, wieder an die Arbeit zu gehen, damit das Studio wieder aufmachen konnte.

Es waren harte Zeiten für alle. Seit ihrem Weggang vom Studio hatte Edna es standhaft vermieden, zusätzlich zu ihrem monatlichen Dauergehalt, das ihr ausgezahlt wurde, Chaplin um irgendwelche Hilfe anzugehen, und sie achtete peinlich darauf, ihm in keiner Weise zu nahe zu treten. Doch in der Zeit, da er auf Reisen war, war ihre Lage so schwierig geworden, daß sie sich schließlich gezwungen sah, in einem ergreifenden Brief um Unterstützung zu bitten:

Lieber Charlie,

aus Angst, Dich zu belästigen und zu stören, habe ich bislang gezögert, Dir zu schreiben, aber da es unumgänglich ist, tue ich es jetzt doch, in der Hoffnung, daß Du mir nicht böse bist und meine wirklichen Gefühle für Dich verkennst. Ich bin in Gedanken immer bei Dir und begleite Dich auf Deinen so langen und interessanten Reisen. Du hast ja schon vor vielen Jahren gesagt (vielleicht hast Du es vergessen?), was Du vorhattest, was Du schon getan hast und noch tun wirst, und wenn Du es auch vielleicht nicht weißt, so habe ich doch in aller Stille und mit dem größten Stolz jeden Deiner Schritte mitverfolgt.

Erhole mich gerade von einer schweren Krankheit, die fast zur *letzten* Ruhe geführt hat. Aber zu meiner großen Freude (und Glückseligkeit) fühle ich mich jetzt besser als je zuvor in meinem Leben. Am 29. [unleserlich] wurde ich von einem durchgebrochenen Geschwür niedergestreckt, das eine Blutung im Magen verursachte, und ich wurde eiligst ins Krankenhaus gebracht. Am ersten Tag haben vier Ärzte ohne Pause an mir herumlaboriert und das Ergebnis war kein Ergebnis. Ich war bewußtlos, aber offenbar unterbewußt fest entschlossen, wieder auf die Beine zu kommen mit Hilfe aller bekannten Herzmittel und eines guten Arztes. Eine Woche lang hat man mir eine Kochsalzlösung in die Blutbahn eingeflößt, da ich nicht in der Lage war, irgendeine andere Form von Nahrung aufzunehmen. Ich war von Anfang an wegen einer schweren Erkältung in einem ziemlich üblen Zustand. Und zu allem Überfluß hätte ich mir fast noch eine Lungenentzündung zugezogen. Insgesamt war es ein ganz schön harter Kampf ...

In der Nacht, als ich den Durchbruch hatte, ist mein Vater gestorben, aber weil ich so krank war, hat man es mir nicht gesagt. Er war 84 Jahre alt und natürlich schon seit Jahren nicht mehr in der Lage, seinen Lebensunterhalt selbst zu verdienen. Ich habe ihm jeden Monat einen kleinen Scheck geschickt für das Notwendigste. Als Freunde uns also von seinem Tod benachrichtigt haben, wollten sie, daß ich das

Geld für die Begräbniskosten schicke. In ihrer Verzweiflung suchte meine Mutter Alf Reeves auf und fragte ihn, ob er ihr die benötigte Summe vorstrecken könnte, da ich zu der Zeit nur etwa 300 $ bar auf dem Konto hatte, und im Krankenhaus wurde jeden Tag Geld benötigt, sie wußte also, daß wir das nicht für die Begräbniskosten ausgeben konnten. Wie andere auch habe ich 2300 $ in der Fidelity Loan und Trust Co. verloren. Vielleicht verstehst Du also, warum ich knapp bei Kasse war und bin. Wieder appellierte meine Mutter an Alf, und er gab ihr netterweise 750.00 $ – 350 $ für die Beerdigung meines Vaters und den Rest für Krankenhaus und Schwestern. Darüber hinaus beträgt meine Arztrechnung 700 $ und 50 $ bekommt der Herzspezialist. Alles in allem befinde ich mich also in einer höchst schwierigen und bedürftigen Lage.

Charlie, ich *weiß*, es ist unangenehm und lästig, sich die Probleme von andern anhören oder über sie lesen zu müssen, und ich glaube, daß Du sehr wohl weißt, daß ich Deine Zeit *nie in Anspruch nehmen würde*, nicht einmal für eine Sekunde, wenn ich es nicht unbedingt müßte. Bitte verzeih mir.

Werde so froh sein, Dich hier wiederzusehen. Aber wie lange magst Du wohl noch fernbleiben?

Alles Liebe
Edna

3. April 1932
P. S. Hab aus der Zeitung erfahren, daß Minnie hier ist – Werde sie anrufen.

Mit dem Jahr 1932 erreichte Chaplin seine Lebensmitte und zugleich die Halbzeit seiner Berufslaufbahn. Glücklicherweise existiert aus dieser Zeit das eindringlichste und scharfsinnigste Porträt, das jemals über ihn geschrieben wurde: Ein Essay mit dem Titel ›A Comedian‹, in dem 1933 erschienenen Werk *City of Encounters* von Thomas Burke. Burke entstammt derselben Zeit, dem gleichen sozialen Milieu und derselben Gegend Londons wie Chaplin. Sie hatten sich 1921 kennengelernt (Chaplin war sehr ergriffen von der Lektüre von Burkes *Nights in Town*) und ihre Bekanntschaft über die Jahre aufrecht erhalten, bis sie sich während Chaplins Urlaub im Jahr 1931 wieder begegneten. Chaplin lud ihn ein, den Platz des unglücklichen Barton einzunehmen und als sein Reisegefährte nach Berlin und Paris mitzukommen, aber Burke lehnte ab: »Ich wußte, daß ich nach zwei Wochen Tuchfühlung mit dieser Million-Volt-Batterie nur noch ein Häufchen Asche gewesen wäre.«

Burke liebte Chaplin, verklärte ihn aber nicht (er nannte ihn »dieses harte, leuchtende, eisige Wesen«). Er verstand ihn vielleicht besser als jeder andere

Zeitgenosse. Burkes fünfzigseitiger Essay ist ein wesentlicher Schlüssel zum Verständnis von Chaplin. Er vergleicht seinen Charakter mit dem von Dickens:

Ein etwas pessimistischer Mensch, egozentrisch, launisch und stets leicht unzufrieden mit dem Leben. Genau so ein Typ ist er.

Oder fast. Denn es ist nicht leicht, ihn zu packen. Man bekommt ihn einfach nicht zu fassen. Er blendet alle – die Intellektuellen, die Schlichten, die Schlauen und selbst jene, die ihn jeden Tag sehen. Bei keiner Gelegenheit kann man sich ein klares Bild machen und sagen: »Das ist Charles Chaplin.« Man kann nur sagen: »Das ist Charles Chaplin – gewesen.« Wie ein Brillant leuchtet er mal in dieser Facette, mal in jener auf – abwechselnd blau, grün, gelb und rot. Mit einem Brillanten läßt er sich sehr gut vergleichen: Er ist genauso hart und strahlend, aber sein Glanz changiert. Und wenn man ihn aufsplittern könnte, würde man feststellen, daß – genau wie bei einem Brillanten und bei Charles Dickens – keine innere Quelle existiert, die diese blitzenden Lichter speist; es sind nichts andres als die Blitze des Genies. Es ist schier unmöglich, ihn zu fassen. Ich glaube kaum, daß er selbst sich fassen kann, das können Genies selten …

Burke versuchte es dennoch:

Und im übrigen ist er dieses und jenes. Oft ist er so warmherzig und sanft wie ein Mensch nur sein kann, oft ist er rücksichtslos. Er scheut das Rampenlicht, aber es fehlt ihm, wenn er nicht darinnen steht. Er ist unsagbar scheu, steht aber nur zu gerne im Mittelpunkt der Aufmerksamkeit. Als geborener Einzelgänger weiß er doch um die Faszination der Masse. Er ist wirklich wahrhaft bescheiden, aber er weiß ganz genau, daß es keinen zweiten Charles Chaplin gibt. Er erwartet, daß er überall seinen Willen durchsetzen kann, und es gelingt ihm fast immer. Das Leben bremst ihn: Er will Flügel haben. Er will den Kuchen gleichzeitig essen und behalten. Er will eine *peau de chagrin* haben, mit der er sich alle Wünsche erfüllen kann, aber die *peau de chagrin* darf sich nicht verkleinern. Er stellt unerfüllbare Ansprüche an das Leben und an seine Mitmenschen, und es bestürzt und verärgert ihn, daß diese Ansprüche nicht immer erfüllt werden. Er fordert absolute Treue von seinen Freunden, ist selbst aber unzuverlässig. Er hält ihre anhaltende Freundschaft für selbstverständlich. Ungeniert genießt er das Beste, was unser herrschendes Gesellschaftssystem zu bieten hat, während er tief im Innern seines Herzen der Roteste aller Roten ist. Voll impulsiver Großzügigkeit, ist er auch zur jähen Wende ins Gegenteil fähig. … Er nimmt sich ernst, aber er hat einen geschärften Sinn für Humor, wenn es um ihn selbst und um seine Arbeit geht. Er empfindet aufrichtige Demut angesichts der Position, die er erreicht hat, aber genau wie den meisten anderen wirklich demütigen Künstlern sagt es ihm nicht immer zu, wenn man diese Demut für gerechtfertigt hält. Zwei Stunden lang kann er der netteste Bursche sein, dem man je begegnet ist, dann ist er plötzlich ohne ersichtlichen Grund die Gereiztheit und Schroffheit in Person. Wie bei einem Kind ist sein Interesse schnell geweckt und schnell wieder verflogen. Im Grunde ist er immer noch ein Cockney, aber Engländer ist er nicht mehr – wenn er das überhaupt jemals war. Bei jeder Aufregung und in seiner ganzen Arbeit schimmert der Cockney durch. Dann ist er wieder ganz Amerikaner, in Benehmen, Sprache und Einstellung. Er hat ganz und gar nichts für den reservierten englischen Charakter übrig; England und Englisches bedeutet ihm wenig.

Er verachtet Geld keineswegs, aber der Besitz einer sehr großen Summe interessiert ihn nicht übermäßig. Er bringt ihm wirtschaftliche Sicherheit, weiter nichts. Er mag einfaches bürgerliches Essen – bei seinem Besuch in England schwärmte er mir etwas von Salzheringen, Räucherheringen, Kutteln und Schafsherz vor –, und obwohl er eine große Garderobe hat, zieht er alte Kleidung und wenig Aufwand vor. Alkohol interessiert ihn nicht, und er raucht eine oder keine, wo ich zwanzig rauche.

Er ist ein ausgesprochen ehrlicher Mensch. Wenn man ihn nach seiner Meinung über irgendwen oder irgendwas fragt, antwortet er ohne Umschweife. In fast jedem von uns steckt etwas von einem Schwindler, aber Charles ist da ganz anders. Alles, was er sagt, entspricht in seinen Augen der Wahrheit. Seine Ehrlichkeit zeigt sich unter anderem in seinem Egoismus. Fast jeder von uns ist egoistisch, auf irgendeine Weise, aber wir ärgern uns, wenn uns das jemand vorwirft... Doch egoistische Menschen sind gewöhnlich viel angenehmer. Weil sie sich selbst erfreuen wollen, behandeln sie auch ihre Umwelt freundlich. Charles lebt so, wie fast jeder von uns leben würde, wenn er nur den nötigen Mut hätte, sich selbst so gegenüberzutreten, wie er in Wirklichkeit ist – wie beunruhigend diese Wirklichkeit für seine Selbstachtung auch wäre. Chaplin tut nur das, was er tun will. Wenn irgendeine Verabredung im Widerspruch zu seiner momentanen Stimmung steht, hält er sie nicht ein, und wenn man ihn fragt, warum er sie nicht eingehalten hat, wird er unverblümt zugeben, daß er keine Lust hatte. In welcher Gesellschaft er sich auch befinden mag, er gibt sich einfach und spontan. Mag sein, daß er immer in einer Rolle lebt, aber er posiert nie; er haßt Verstellung.

Trotz der japanischen Kammerdiener und Köche und Chauffeure ist sein Privatleben lange nicht so glänzend und turbulent wie manche Leute sich das vorstellen. Er hat mir erzählt, daß er ein fast so eintöniges Leben führt wie ein Londoner Schreiberling. Er ist nicht übermäßig beliebt in diesem Irrenhaus – man kann von Hollywood kaum erwarten, daß es etwas mit einem Dichter anzufangen weiß –, und man läßt ihn so ziemlich in Ruhe...

Er verfügt über einen außergewöhnlich wendigen und wachen Verstand und hat ein gutes Gedächtnis. Er liest sehr wenig, aber wenn er einige Tatsachen über ein hochkompliziertes Thema weiß, kann sein Verstand so damit umgehen, daß er ein fachmännisches Gespräch führen kann, das jedem Fachmann zu denken geben muß. So erscheint er als ein sehr belesener und gebildeter Mensch und gibt sich doch in Wahrheit wenig mit Büchern ab. Obwohl er sich nicht übermäßig für seine Mitmenschen interessiert, hat er doch ein wacheres und schärferes Auge für ihre Eigenheiten und sorgfältig verborgenen Geheimnisse als irgendein Schriftsteller, den ich kenne. Es ist zwecklos, ihm etwas vorzuspielen, er durchschaut Sie im selben Moment, da Sie ihm vorgestellt werden...

Er ist jetzt (1931) zweiundvierzig Jahre alt, kann aber seinem Alter nicht gerecht werden, und so wird es immer bleiben. In seiner Haltung und seinen Interessen orientiert er sich immer an der Jugend und an allem, was jung ist. Er kümmert sich nicht um die Geschichte; sein geistiges Zuhause ist seine eigene Zeit, und sein Geist wird von nichts gefesselt, was jenseits seiner eigenen Jugend liegt. »Ich komme mir immer wie ein Kind vor«, sagte er einmal zu mir, »unter lauter Erwachsenen...«

14

Moderne Zeiten

Chaplin traf am 10. Juni 1932 wieder in Hollywood ein. Am letzten Januartag des Vorjahres war er abgereist. Bei seiner Wiederkehr fühlte er sich verwirrt, desorientiert und vor allem einsam. Das Haus am Summit Drive war leer, nur das Personal erwartete ihn. Als erstes rief er Georgia an, und sie verbrachten den Abend zusammen, der allerdings wenig glücklich verlief. Sie speisten am Kamin. Chaplin hatte für Georgia zwei Überseekoffer voller Reiseandenken mitgebracht. Als sie später am Abend in der Küche Cornflakes aßen, sagte sie ihm ziemlich unverblümt, daß alle seine Geschenke keine Entschädigung für siebzehn Monate ohne ein Wort oder eine Postkarte seien. Sie nahm seine Geschenke nicht an und verließ ihn mit der Bemerkung, daß er sich die Mühe eines Anrufs sparen könne. Er nahm sie beim Wort, und sie sollten sich ganze zehn Jahre lang nicht mehr sehen. Wie Edna brachte Georgia Chaplin selbstlose Freundschaft, Treue und Zuneigung entgegen. Doch in einigen Dingen waren die beiden unvereinbar. Georgia hatte ihren eigenen Kopf und ihre eigene Meinung. Außerdem war sie religiös. »Er hat immer zu mir gesagt: ›Komm mir jetzt bloß nicht mit Gott‹. Das meinte er nicht etwa scherzhaft.«[1]

Chaplin fühlte sich in Hollywood nicht mehr zu Hause. Es hatte sich verändert seit der Ära des goldenen Schweigens, die zu Ende gegangen war, als er mit *City Lights* begonnen hatte. Während seiner Abwesenheit hatten sich Douglas Fairbanks und Mary Pickford getrennt, »auch diese Welt bestand nicht mehr«. Andere Leute und neue Techniken machten sich breit, und eine neue rationalisierte Industrialisierung hatte solides Handwerk und Pioniergeist verdrängt. Chaplin verspürte keine Lust, gegen den Ton- und Sprechfilm anzukämpfen. In den leeren Stunden nach seiner Rückkehr dachte er daran, alles zu verkaufen, sich zurückzuziehen und nach China zu gehen. (Er hat nie erklärt, warum es ihn ausgerechnet dorthin zog.)

In seinen Memoiren gesteht er, daß er vage gehofft hatte, in Europa jemanden kennenzulernen, der seinem Leben eine Richtung geben könnte. Er fand niemanden, aber direkt vor seiner Tür in Hollywood sollte es bald zu einer wesentlichen Begegnung kommen. Im Juli 1932 lud Joseph Schenck Chaplin zu einem Wochenende auf seiner Jacht ein. Schenck pflegte seine Partys mit hübschen Mädchen zu dekorieren, und diesmal war Paulette Goddard mit von der Partie. Paulette war in New York, höchstwahrscheinlich im Jahr 1911, geboren. Ihr richtiger Name war Pauline Levy. Mit vierzehn war sie ein Ziegfeld-Girl, dann war sie Revuetänzerin in *No Foolin'* und *Rio Rita*, einem Musical von Bolton und Thompson, und verschaffte sich schließlich eine kleine Rolle in Archie Selwyns *The Conquering Male*. Mit sechzehn heiratete sie den reichen Playboy Edgar James, ließ sich aber noch im selben Jahr wieder von ihm scheiden und machte sich nach Hollywood auf. Zu dem Zeitpunkt als sie Chaplin kennenlernte, hatte sie schon Nebenrollen in *The Girl Habit*, *The Mouthpiece* und *The Kid from Spain* gespielt und einen Vertrag mit dem Hal Roach Studio unterschrieben.

Paulette war schön, strahlend, lebhaft, ehrgeizig und unkompliziert. Sie und Chaplin verstanden sich auf Anhieb. Es gab Parallelen in ihren Lebensgeschichten – auch Paulette kam aus zerrütteten Familienverhältnissen und mußte schon als Kind das Brot für die Familie verdienen. Sie waren beide allein. Chaplin freute sich, daß er Paulette bei dieser ersten Begegnung einige finanzielle Ratschläge erteilen konnte. Sie kannte sich in Hollywood noch so wenig aus, daß sie erwog, 50 000 $ ihres Einkommens in ein zweifelhaftes Filmprojekt zu »investieren«. Chaplin war gerade rechtzeitig zur Stelle, um sie davon abzuhalten, die Dokumente zu unterschreiben.

Bald trafen sie sich sehr oft. Chaplin überredete Paulette, von Platinblond zu ihrer natürlichen dunklen Haarfarbe zurückzukehren. Er kaufte sie aus ihrem Vertrag mit Roach frei. Die Presse war ihnen bald dicht auf den Fersen. Paulette wurde als »geheimnisvolle Blondine« beschrieben. Sie blieb nicht lange geheimnisvoll. Als Chaplin sie am 19. September am Flughafen bei ihrem Abflug nach New York verabschiedete – er hatte die ganze Nacht mit ihr im Glendale Airport verbracht –, machte ihr Abschiedskuß im ganzen Land Schlagzeilen. Beide wiesen Gerüchte von einer Verlobung zurück. Es war nur ein freundschaftlicher Kuß, sagte Paulette und fügte hinzu, daß sie seine nächste Hauptdarstellerin sein werde.

Unterdessen wurde Chaplin unangenehm daran erinnert, daß er in gewisser Weise immer noch Familienvater war. In den Jahren unmittelbar nach seiner Scheidung war ihm nicht viel daran gelegen, mit seinen Söhnen Kontakt aufzunehmen. Sie waren noch Babys, und die Erinnerungen waren noch zu schmerzhaft. Doch inzwischen war Charles sieben und Sydney sechs. Vor seiner Reise hatte er sie wohl einige Male besucht, hauptsächlich auf Anregung von Litas Großmutter. Sie wuchsen mehr oder weniger bei Litas Mutter auf, da Lita versuchte, als Sängerin Karriere zu machen. Inzwischen waren sie hinreissende Kinder geworden. Ida Zeitlin, eine der intelligentesten und scharfsinnigsten aus der großen Generation der Hollywooder Briefkasten-Tanten, interviewte sie im Sommer des Jahres 1932, und ihre genaue Einschätzung ihrer gegensätzlichen Persönlichkeiten wird ihnen, mit ein paar Abstrichen, auch im reiferen Alter noch gerecht:

> Tommy [d. h. Sydney] ist lebhaft und waghalsig, wo Charlie nachdenklich und zurückhaltend ist. Wenn Tommy eine Idee hat, setzt er sie sogleich in die Tat um, aber Charlie überlegt sich alles zweimal, bevor er aktiv wird. Tommy ist rastlos, stürmisch, unabhängig – Charlie ist sensibel, nervös und braucht sehr viel Zuwendung. Vor Tommy ist nichts sicher – seine Spielsachen haben die Neigung, in seinen Händen zu zerbrechen. Charlies Kleider sind abends immer säuberlich zusammengelegt und seine kleinen Schuhe stehen ordentlich nebeneinander. Tommy würde auch bei einer Explosion seelenruhig weiterschlafen, sagt seine Großmutter, doch gibt es kaum eine Nacht, in der sie nicht durch eine ängstliche kleine Stimme aus Charlies Bett geweckt wird: »Bist du da, Nana?« Und erst wenn man ihn beruhigt hat, schläft Charlie wieder ein. Charlie ist so unruhig veranlagt wie sein Vater – Tommy ist ausgeglichen wie seine Mutter, und wenn sich daraus Schlüsse ziehen lassen, dann wird Charlie es mit dem Leben erheblich schwerer haben als sein kleiner Bruder Tommy.[3]

Miss Zeitlin kann nicht geahnt haben, wie richtig sie mit ihrer Prophezeiung lag.

Während ihr Vater auf Reisen unterwegs war, waren Sydney und Charles auch in Europa. Sie verbrachten fast ein Jahr in und um Nizza, wo ihre noch jugendliche Großmutter einen Freund hatte und wo die Jungen Französisch lernten (sie sprachen schon fließend Spanisch und Englisch). Obwohl sie an der Côte d'Azur oft ganz in der Nähe ihres Vaters gewesen sein müssen, scheinen sie sich nie getroffen zu haben. In Frankreich entdeckten die Kinder zu ihrem Entzücken, daß die Tatsache, daß sie Chaplins Söhne waren, auch sie zu Berühmtheiten machte. Charlie stellte fest, daß er unfehlbar die Aufmerksamkeit auf sich lenken konnte, wenn er den Leinwandgang seines Vaters imitierte – etwas, was Sydney, der leicht über den großen Onkel ging, nicht schaffte.

Etwa eine Woche vor Chaplins Rückkehr nach Amerika rief Lita die Jungen und ihre Nana nach Hause. Sie hatte mit David Butler einen Filmvertrag ausgehandelt, der vorsah, daß sie zusammen mit ihren Söhnen in dem Film *The*

Little Teacher auftrat. In New York wurden die Kinder von einer Horde von Kameraleuten und Reportern empfangen, aber inzwischen gingen sie wie Profis mit der Presse um. Charlie erklärte bescheiden, daß er vorhabe, ein grosser Schauspieler zu werden und gerne Cowboys spielen wollte. Sydney wollte Mickey Mouse werden. »Ich bin neugierig«, spekulierte Louella Parsons mit sichtlicher Schadenfreude, »was Charles Chaplin senior dazu sagen wird.« Sie sollte es bald erfahren. Am 25. August legte Chaplins Anwalt Loyd Wright vor Gericht Widerspruch dagegen ein, daß die Jungen im Film arbeiteten. Am 27. August erschien Chaplin vor Gericht, doch ein weiterer Verhandlungstermin wurde für den 2. September festgesetzt. Bei dieser Gelegenheit wurde Chaplin durch Alf Reeves vertreten. Als Lita sich weigerte, den Entscheid von Richter H. Parker Wood zugunsten Chaplins anzuerkennen, wurde für den nächsten Tag eine weitere Sitzung anberaumt. Wieder wurde Chaplin durch Alf Reeves vertreten. Das Urteil von Richter Wood wurde bestätigt. Lita verkündete, daß sie in die Berufung gehen werde.

Lita war mit ihrer Beharrlichkeit schlecht beraten. Die öffentliche Meinung war einhellig auf Chaplins Seite. »Eine gute Mutter«, schrieb der *Boston Globe*, »erstrebt eine normale Kindheit für ihre Kinder.« Chaplin erhielt unerwartete Unterstützung von Mildred Harris, die inzwischen selbst einen sechsjährigen Sohn, Jonny McGovern, hatte. Sie erklärte der Presse gegenüber:

> Ich kann verstehen, daß Lita Grey nur ungern einen 65 000 $-Vertrag ablehnt, der in ihren Augen wahrscheinlich eine Menge für die Zukunft ihrer Jungen bedeutet.
>
> Aber ich würde mein Kind nichts machen lassen, bis es so alt ist, daß es selber weiß, was es machen will. Ich bin, seit ich acht bin, beim Film. Kinderschauspieler haben kein hartes Leben. Darum geht's gar nicht. Ganz im Gegenteil. Es besteht die Gefahr, daß sie verwöhnt werden.[4]

Die Jungs waren verständlicherweise enttäuscht und weinten, doch ihr Vater erklärte ihnen:

> Wenn es euch wirklich ernst ist mit der Schauspielerei, wäre es das denkbar Schlimmste für euch, wenn ihr jetzt damit anfangen würdet. Man würde euch als Kinderschauspieler abstempeln. Und wenn ihr dann ins schlaksige Alter kommt, läßt man euch fallen. Dann müßtet ihr nochmal ganz von vorne anfangen, und das würde euch verdammt schwerfallen, weil alle nur diese putzigen kleinen Gören in euch sehen. Aber wenn ihr immer noch Schauspieler werden wollt, wenn ihr erwachsen seid, dann werde ich mich nicht einmischen.[5]

Später waren sie ihm dankbar für seine Weisheit. Doch damals waren sie weniger überzeugt, zum Teil weil Shirley Temple zu ihren Spielkameraden zählte.

Am 15. September wurde eine erneute Anhörung bewilligt, und Lita schrieb einen zehn Seiten langen Brief an Chaplin, in dem sie ihn dringend bat, die Jungen arbeiten zu lassen. Aus ihrem Brief ist ersichtlich, wie sehr sie sich ihres negativen Images bewußt war. Sie schrieb, daß sie eine schauspielerische Laufbahn eingeschlagen habe, »in der Hoffnung, daß ich durch einen derartigen Kontakt mit der Öffentlichkeit den Eindruck beseitigen kann, ich sei grob, gewöhnlich und ungebildet.«[6] Eine positive Folge dieser Geschichte war, daß Chaplin jetzt seine Söhne sehr viel häufiger sah. Von nun an versuchte er, jeden Samstag irgendein Treffen oder einen Ausflug zu arrangieren. Am 15. Oktober wollte er sie wie üblich abholen, wurde aber beim Betreten des Hauses mit einer gerichtlichen Vorladung für den 26. Oktober empfangen. Litas Anwälte waren immer noch nicht sonderlich feinfühlig. Der Rechtsstreit wurde noch einmal und endgültig zu Chaplins Gunsten entschieden. Vor Gericht fand er sich Litas Anwalt-Onkel Edwin T. McMurray gegenüber, der ihn fragte: »Was meinen Sie mit dem Wort Ausbeutung?« Chaplins Antwort kam ohne Zögern: »Wenn man etwas auf den Markt bringt, beutet man es aus, und Sie versuchen, die Dienste dieser kleinen Kinder zu vermarkten. Ich möchte, daß sie wie ganz normale Kinder spielen.«[7] Aus seiner eigenen Kindheit wußte Chaplin nur zu gut, wie die Alternative aussehen konnte.

Die früheren Eheleute sollten im Februar ein weiteres Mal aneinandergeraten, als Chaplin die Verwaltung der Mündelgelder seiner Söhne kritisierte. Er bestand darauf, daß wöchentliche Zahlungen auf ein Sparkonto erfolgten – eine Regelung, für die sie gehörig dankbar waren, als sie heranwuchsen und die Früchte ernten konnten. Danach gab es – außer über die Jungen – wenig Kontakt zwischen den beiden. Lita hatte eine kurze Karriere als Vaudeville-Sängerin (»Sie muß ihre Arbeit lieben, denn sie hat mindestens vier Auftritte pro Tag«, schrieb Alf Reeves an Sydney) und trieb in einen alkoholischen Zusammenbruch, von dem sie sich glücklich wieder erholte. 1936 spielte sie im Café de Paris in London, während Mildred Harris, die inzwischen Alkoholikerin war, zur selben Zeit in einem Nachtclub sang. Aus irgendeinem Grund beschloß sie, Mildred in dem Club aufzusuchen. Zum ersten und letzten Mal standen sich diese beiden Ex-Frauen Chaplins gegenüber. Lita behielt die letzten Worte in Erinnerung, die Mildred an sie richtete: »Geh nach Hause, Lady; geh woanders hin, wenn du dich unters gemeine Volk mischen willst.«[8]

Chaplin erwarteten auch noch andere Probleme. Die wirtschaftliche Situation im Lande hatte allgemein zu einer Verschärfung der Steuergesetze geführt, und die Finanzbehörden bekundeten brennendes Interesse an Chaplins Geschäften. Man schätzte, daß er über das größte steuerpflichtige Vermögen des Landes verfügte, und veranschlagte steuerpflichtige Werte im Wert von 7 687 570 $. Chaplin konterte, daß der tatsächliche Wert nur 1 675 316 $ betrage und daß die Steuerprüfer von alten Werten statt von neuen Preisen ausgegangen seien. »Sie haben mir sogar 25 000 $ für altes Gerät berechnet, das heute keine 5000 $ mehr wert ist, und für Filmzubehör, das heute etwa 558 $ bringen würde, haben sie 25 000 $ veranschlagt.«[9] Die Anhörung wurde für den 14. Juli 1932 festgesetzt. Sydney, der sich in Südfrankreich aufhielt, war sehr beunruhigt über die Schwierigkeiten seines Bruders und machte sich typischerweise Sorgen, daß im Studio nicht alle möglichen Sparmaßnahmen getroffen wurden.

Alf versuchte ihn zu beruhigen, aber zu ihrem Pech teilte man ihnen einen erbarmungslos schnüffelnden Prüfer zu. Alf mußte Sydney eröffnen, daß der Prüfer eine Untersuchung über eine Transaktion eingeleitet hatte, bei der einige Requisitenmöbel von der Steuer abgeschrieben und an Sydney zur Weiterverwendung in seinem Haus verschickt worden waren. Der Prüfer behauptete, daß die Möbel nicht nur unzulässig abgeschrieben, sondern auch noch mit falschen Papieren verschickt worden seien, um den französischen Zoll zu umgehen. Der Prüfer wollte außerdem wissen, warum während Chaplins achtzehnmonatiger Abwesenheit in Europa keine Miete für sein Haus entrichtet worden sei, das als Studiobesitz geführt wurde. »Und zu allem Überfluß kritisieren sie, daß Edna Purviance immer noch auf der Gagenliste steht, und sie wollen daraus einen persönlichen Anklagepunkt machen.«

Die Steuerprüfer setzten dem Studio hart zu. Einige Aktien wurden zu ungünstigen Bedingungen verkauft – Alf schätzte den Verlust auf 200 000 $ –, aber Aktienverluste konnten nicht mehr geltend gemacht werden. Man ersuchte um Anrechnung der Verluste, die 1926 bei der Produktion von *Sea Gulls* entstanden waren. Der Prüfer stimmte dem nur unter der Bedingung zu, daß der Film vernichtet wurde und somit gewährleistet sei, daß er auch in Zukunft nicht mehr zu verwerten war. Daraufhin wurde das »erste und einzige Negativ« von Sternbergs Film am 21. Juni 1933 durch Feuer vernichtet, in Anwesenheit von Alf Reeves, Jack Wilson und Sylvia Sobol, sowie Lois G. Watt und Charles Bigelow von der Consolidated Film Inc., die gemeinsam die entsprechende eidesstattliche Erklärung unterschrieben.

Sydney machte sich auch Sorgen, weil Chaplin keinerlei Anstalten machte, einen neuen Film in Angriff zu nehmen. Er war im Augenblick anderweitig beschäftigt. Willa Roberts, die Chefredakteurin von *Woman's Home Companion*, war ihm nach Europa gefolgt und hatte ihn überredet, eine 50 000 Wörter lange Serie über seine Abenteuer in Europa für genauso viele Dollar zu schreiben. Die Herausforderung des Schreibens reizte Chaplin eindeutig mehr als das Honorar, schließlich hatte er erst jüngst das von der Blain-Thompson Werbeagentur unterbreitete Angebot über 670 000 $ für eine Serie von 26 fünfzehnminütigen Radiosendungen abgelehnt, die er nach eigenem Gutdünken hätte gestalten können. Das für eine Radiosendung bislang höchste Honorar von 15 000 $ hatte Heifetz für ein einstündiges Konzert erhalten. In seiner 1951 erschienenen Biographie von Chaplin schreibt Theodore Huff, daß »(Chaplins) Sekretärin Catherine Hunter als Ghostwriter bei seinem Artikel [*sic*] fungiert« habe. Diese Behauptung wurde von späteren Autoren unkritisch übernommen. Sie ist ganz und gar unzutreffend: Chaplin war zu stolz und zu perfektionistisch, als daß er jemand anderen unter seinem Namen hätte schreiben lassen. Gewiß mag in frühen Jahren Robert Wagner Chaplins Gedanken über Komik eine literarische Form gegeben haben, aber von *My Wonderful Visit (My Trip Abroad)* über *A Comedian Sees the World* – wie die Serie in *Woman's Home Companion* betitelt wurde – bis hin zu *My Autobiography* gleichen sich seine Werke in Stil, Phrasierung und Wortschatz.

Chaplin fiel das Schreiben schwer – deshalb schrieb er auch fast nie persönliche Briefe –, und die Rechtschreibung handhabte er stets großzügig. Aber er liebte Wörter und ließ sich von ihnen faszinieren. In seiner Jugend hatte er sich einmal angewöhnt, täglich ein neues Wort aus dem Wörterbuch zu lernen, und beim Sprechen und Schreiben ging er lebendig und mit der Frische eines Neuentdeckers mit den Wörtern um. Als Richard Meryman den Fünfundsiebzigjährigen interviewte, hatte er gerade eine Vorliebe für das Wort ›atavistisch‹. Meryman fragte ihn, was es bedeute, und Chaplin erklärte es ihm und fügte entwaffnend hinzu: »Manchmal mag ich große Wörter.«

Er ging stets nach derselben Methode vor, ob er nun konventionelle Prosa oder seine späteren Drehbücher schrieb. Zunächst schrieb er alles Wort für Wort auf und diktierte es dann seiner Sekretärin. Danach überarbeitete er das maschinengeschriebene Manuskript, und seine diversen Sekretärinnen staunten, wie er sich mit einzelnen Wörtern abquälte, verschiedene Stellungen und Varianten ausprobierte. Der Vorgang des Tippens und Korrigierens konnte viele Male wiederholt werden: Er war beim Schreiben genauso unermüdlich

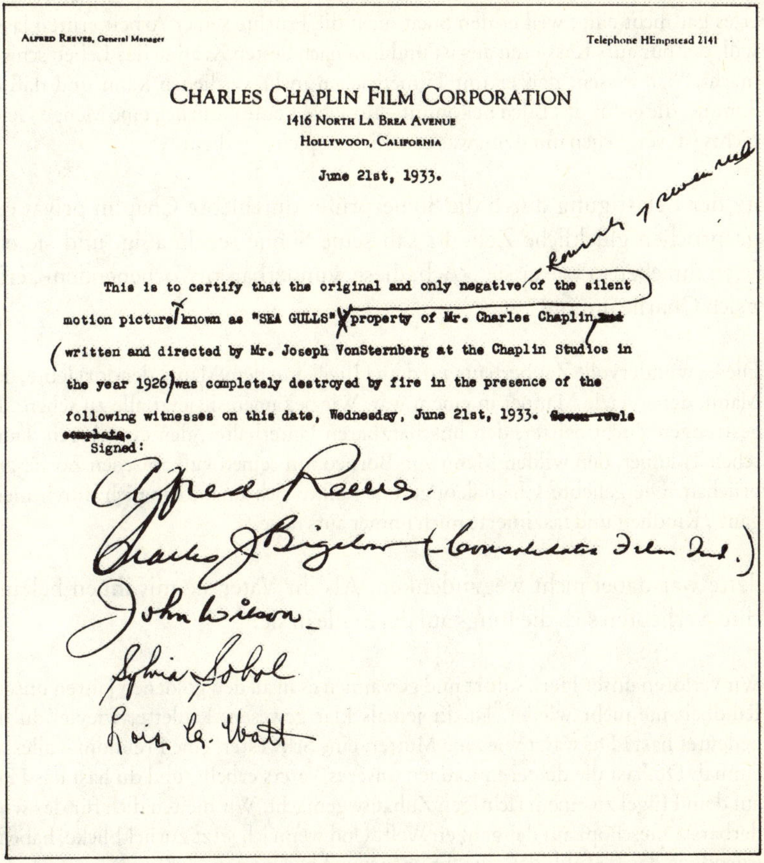

ALFRED REEVES, General Manager — Telephone HEmpstead 2141

CHARLES CHAPLIN FILM CORPORATION
1416 NORTH LA BREA AVENUE
HOLLYWOOD, CALIFORNIA

June 21st, 1933.

This is to certify that the original and only negative of the silent motion picture known as "SEA GULLS" property of Mr. Charles Chaplin ~~and~~ (written and directed by Mr. Joseph VonSternberg at the Chaplin Studios in the year 1926) was completely destroyed by fire in the presence of the following witnesses on this date, Wednesday, June 21st, 1933. ~~Seven reels complete.~~

Signed:

Alfred Reeves.
Charles J Bigelow (Consolidated Film Ind.)
John Wilson
Sylvia Sobol
Lois C. Watt

1933 – Vernichtungsurkunde von *Sea Gulls.*

wie beim Filmemachen. Von seiner Rückkehr im Juli 1932 bis Ende Februar 1933 arbeitete er durchgehend an seinen Artikeln für *Woman's Home Companion.* Sydney in Nizza war verzweifelt, und Alf Reeves versuchte, ihn zu beruhigen:

> Nur einige Bemerkungen ohne die Hilfe der Sekretärin. Mir ist natürlich klar, worauf Du hinaus willst, wenn Du darauf hinweist, daß C. so lange für seine Geschichte braucht – aber Du begreifst doch (schließlich kennst Du ihn ja gut genug), daß er

zwar hart, aber nur sporadisch arbeitet – und da es ungesund ist, wenn man nur arbeitet und nicht spielt, spielt er natürlich eine ganze Menge – möglicherweise hat er es gar nicht eilig, weil er den Staat nicht die Früchte seiner Arbeit ernten lassen will, der nur aufs Kassieren aus ist und ihm nach besten Kräften das Leben schwermacht. Wir wissen, daß er mit Filmemachen mehr verdienen kann und daß die Summe, die er für das Buch bekommt – für viele Leute natürlich eine Menge Geld – nichts ist, verglichen mit dem, was er als Schauspieler verdient.

Trotz der Belästigung durch die Steuerprüfer durchlebte Chaplin privat eine ausgesprochen glückliche Zeit. Er sah seine Söhne regelmäßig, und sie entzückten ihn ebenso wie er sie. »Ach, diese wunderbaren Wochenenden«, erinnert sich Charlie junior:

Dieses wundervolle Zauberhaus auf dem Hügel, mit dem Mann, der dort lebte, dem Mann, der so viele Männer in einem war. Wir bekamen sie jetzt alle zu sehen: den gestrengen Zuchtmeister, den unschätzbaren Unterhalter, den einsilbigen, launischen Träumer, den wilden Mann von Borneo mit seinen vulkanischen Zornesausbrüchen. Die geliebte Chamäleongestalt rankte sich unaufdringlich durch meine ganze Kindheit und faszinierte mich immer aufs neue.[10]

Paulette war dabei nicht wegzudenken. Als ihr Vater sie mit ihnen bekannt machte, verliebten sich die Jungs auf der Stelle in sie:

Wir verloren unser Herz sofort und gewannen es in all den goldenen Jahren unserer Kindheit nie mehr wieder. Ist dir jemals klar gewesen, Paulette, wieviel du uns bedeutet hast? Du warst wie eine Mutter, eine Schwester, eine Freundin – alles auf einmal. Du hast die düsteren Launen unseres Vaters erhellt, und du hast das Haus auf dem Hügel zu einem richtigen Zuhause gemacht. Wir hielten dich für das wunderbarste Geschöpf auf der ganzen Welt. Und wenn ich jetzt zurückblicke, habe ich irgendwie das Gefühl, daß wir dir ebensoviel bedeuteten, daß auch wir irgendein Bedürfnis in deinem Leben befriedigt haben.[11]

Alf Reeves, der über mehr als zwanzig Jahre miterlebt hatte, wie Chaplin sich ver- und entliebte, sah die Sache eine Spur weniger romantisch. Er informierte Sydney: »Charlie ist immer noch ziemlich dicke mit Paulette zusammen, sie ist ein nettes kleines ›Püppchen‹.« Einige Zeit später, etwa zu der Zeit, als *Modern Times* gerade beendet wurde, schrieb Reeves an Sydney:

Neulich machte ich einen Ausflug ans Meer und verbrachte einen Tag mit Charlie. Es war Sonntag und die beiden Jungs waren auch dabei. Solche hübschen Kinder habe ich in meinem ganzen Leben noch nie gesehen, und Charlie ist von ihnen geradezu fasziniert. Sie mögen Paulette schrecklich gern, und in ihren Shorts sieht sie wie ein kleines Mädchen aus und die Jungs betrachten sie als Schwester und erwarten von ihr, daß sie draußen mit ihnen spielt. Ich fürchte, sie haben den Abenteuergeist eines gewissen Sydney Chaplin.

Als ich dort war, stiegen sie auf dem Dach des Hauses herum und erforschten die verborgensten Winkel unter dem Dach. Der junge Syd entwickelt sich zum Maler, und Charlie ist ein Musiker. Daddy Charlie hat Charlie jr. sein erstes Akkordeon geschenkt, auf dem er schon übt, und er stellt sich ganz geschickt an. Und Du hättest sehen sollen, wie Daddy Charlie Akkordeon spielte und der junge Charlie fasziniert zusah, wie die Finger seines Vaters über die Knöpfe flogen, und natürlich war er von den Molltönen, die Charlie dem Instrument entlockt, besonders hingerissen. Du hättest Deine helle Freude an Deinem Namensvetter. Es sind prächtige Jungs, und ich war schrecklich aufgeregt, weil ich zum ersten Mal die Gelegenheit hatte, Charlie *en famille* zu sehen.

Die waschechte englische Teestunde mit *muffins* und *crumpets* und Kuchen durfte natürlich nicht fehlen, und damit es durch und durch Englisch wurde, goß Paulette ein Tröpfchen Rum in ihren Tee. Ich habe Dich und Minnie vermißt. Mit Euch zusammen wäre es eine große glückliche Familie gewesen.

Charlie junior hat diese Sonntagstees (mit Marmelade auf den *crumpets*) als festes Ritual in Erinnerung. »›Es ist vier Uhr, Jungs‹, verkündete er [ihr Vater] ehrfürchtig, an den Wochenenden, die wir mit ihm verbrachten. ›Zeit für Tee und *crumpets*, wie es in England zu dieser Stunde üblich ist.‹«

In jenem Frühjahr 1933 erwarb Chaplin ein neues Spielzeug, das ihm dann jahrelang zur therapeutischen Erholung diente. Ohne ans Sparen zu denken, bestellte er bei Chris-Craft eine 12 Meter lange Jacht, Jahrgang 1932, mit einem 250 PS starken Achtzylinder-Motor und einer Geschwindigkeitsleistung von 26 Knoten. Sie bot vier Personen Schlafplatz, konnte zwanzig Personen befördern und hatte eine Ein-Mann-Mannschaft: Andy Anderson, ein ehemaliger Keystone Cop. Sie hatte eine luxuriöse Kajüte, Kombüse und einen Speiseraum und kostete ausgestattet mit Betten, Bettzeug, Herd, Eisschrank und Kochutensilien 13950$ ab Fabrik in Michigan. Sydney bemerkte in einem Brief an Alf Reeves zwischen seinen üblichen Ratschlägen zu Verträgen und Investitionen: »Wie ich höre, hat er eine Yacht gekauft. Tom Harrington hat mir eine Fotografie davon geschickt. Das Boot sieht wirklich prachtvoll aus, und es muß ihm ja großen Spaß machen. Da kann er sich bestimmt gut auf eine Story konzentrieren, vorausgesetzt, er hat nicht zuviel Ablenkung an Bord.« In den ersten paar Wochen war das Boot natürlich die reine Ablenkung. Am 25. März wurden die beiden Jungs nach Wilmington gebracht, damit sie es bewundern konnten. Danach verbrachten Chaplin und Paulette jede freie Minute darauf, sie unternahmen Ausflüge nach Catalina, Santa Cruz und Santa Barbara. Chaplin taufte das Boot *Panacea.*

Sydney hatte recht: Das Boot eignete sich gut zum Schreiben. Kaum daß er es erworben hatte, machte Chaplin sich an das Szenario, aus dem dann *Modern Times* wurde.

In den dreißiger Jahren begannen Chaplins Kritiker – besonders die wohlwollendsten – darüber zu klagen, daß er sich über seinen Stand erhebe. Der Clown schwang sich zum Philosophen und Staatsmann auf. Er hatte so viel mit politischen Führern der Welt verkehrt (so behaupteten sie), daß er sich allmählich selbst für einen hielt. Sie beklagten den Verlust der unschuldigen Reinheit des alten Slapsticks und schüttelten den Kopf über die Arroganz, den Dünkel und die Überheblichkeit des Mannes. Wenn sie damit recht gehabt hätten, wäre das eigentlich kaum verwunderlich gewesen; viel überraschender ist, daß Chaplin in Wahrheit durch und durch menschlich und realitätsverbunden blieb. Niemand vor oder nach ihm mußte jemals mit einer derartigen Vergötterung fertigwerden. Nicht er oder seine Kritiker haben ihn weltweit zur Symbolfigur des kleinen Mannes gemacht, sondern die Menschenmengen, die ihn überall auf seiner Weltreise bestürmten. Daß er das überleben konnte und dabei immer noch bei Verstand und menschlich blieb, grenzte an ein Wunder. In einem plötzlichen Ausbruch sagte er 1931 zu Thomas Burke:

> Aber Tommy, ist es nicht ergreifend, ist es nicht schrecklich, daß diese Menschen mich umlagern und rufen »Gott segne dich, Charlie!« und meinen Mantel berühren wollen und lachen und Tränen vergießen, wenn sie meine Hand berühren können – ich hab's mit eigenen Augen gesehen. Und warum? Warum? Einfach weil ich sie aufgeheitert habe. Mein Gott, Tommy, was muß das hier für eine dreckige Welt sein – daß Menschen solch ein erbärmliches Leben führen, daß sie auf die Knie fallen, wenn jemand sie zum Lachen bringt, und seinen Mantel berühren wollen, als handele es sich um Jesus Christus, der sie von den Toten auferweckt. Das ist doch bezeichnend für das Leben. Das ist eine reizende Welt, in der wir da leben. Wenn diese Menschenmengen mich so umzingeln – so nett das für mich persönlich ist –, dreht sich mir die Seele um, weil ich weiß, was dahintersteckt. Eine derartige Trostlosigkeit, eine solche Häßlichkeit, solch absolutes Elend, daß sie, nur weil jemand sie zum Lachen bringt und sie einmal alles vergessen läßt, um Gottes Segen für ihn bitten.[12]

Burke fand, daß Chaplin das nicht richtig sah. Nicht die Welt war das Problem:

> Es liegt in Charlie selbst. Er verlangt zuviel. Wenn er doch nur so tolerant wie ›Charlie‹ sein könnte, dann wäre er glücklicher. Wenn diese eiskalte Distanz ein wenig schmölze, wenn etwas ihm dazu verhelfen würde, die Welt, statt nur durch seine Brille, als das wahrzunehmen, was sie ist, wenn er sie als einen Ort sehen könnte, der sich nicht ganz und gar der Zerstörung des Edlen und Schönen verschrieben hat – wenn ihm das gelänge, würde er zu jenem Verständnis gelangen, das Menschen, die so extrem empfindsam sind wie er, dazu befähigt, in diesem Schweinestall ein glückliches Leben zu führen. Die Schwierigkeiten in seinem Privatleben, und er hat viele gehabt, sind zum großen Teil aus eben diesem Mangel an Geduld mit der menschlichen Natur entstanden. Er verfügt zwar über große Lebenserfahrung, doch scheint er nicht davon profitiert zu haben. Er hat Menschenkenntnis und kann Charaktere schnell beurteilen, aber er kann seine Idealvorstellungen nicht entsprechend revidieren. Er besitzt intellektuellen Scharfsinn, der jedoch nicht von den Strahlen der Toleranz erwärmt wird und daher unfruchtbar bleiben muß. Aber wie er auch sein mag – großzügig, kalt, kapriziös –, als Mensch hat er meine ungeteilte Zuneigung und als Künstler meine ungeteilte Bewunderung ...[13]

Wenn Chaplin sich von Zeit zu Zeit getrieben fühlte, seine Ansichten über den Zustand der Welt darzulegen und über den Weg, den sie einschlagen sollte, dann geschah das nicht aus einer übertriebenen Wertschätzung seiner selbst, sondern weil er irgendwie fühlte, daß er es jenen Milliarden schuldig war, die ihn zu ihrem Idol und symbolischen Vertreter erkoren hatten. Er war ein logisch denkender, lesender, nachdenklicher Mensch. Er wußte ganz genau, daß er so gut wie jedes Thema schnell im Groben erfassen konnte. Als Mensch, der über ein beträchtliches Vermögen verfügte, war er von Wirtschaftsfragen ganz besonders fasziniert. Er hatte *Social Credit* von Major H. Douglas gelesen und war von dessen Theorie über die direkte Beziehung zwischen Arbeitslosigkeit und dem Zusammenbruch von Profit und Kapital dermaßen beeindruckt, daß er die wachsende Arbeitslosigkeit in den Vereinigten Staaten als Warnung verstanden und 1928 seine Aktien und Anleihen in flüssiges Kapital umgewandelt hatte und somit vom Wall-Street-Börsenkrach verschont geblieben war. Douglas' Theorie spiegelt sich in den Ansichten wider, die Chaplin Flora Merrill von der *New York World* erläuterte, als sie ihn im Februar 1931 auf der ersten Etappe seiner Weltreise interviewte:

> Wenn Amerika weiterhin im Wohlstand leben will, dann muß das amerikanische Volk weiterhin in der Lage sein, Geld auszugeben. Wenn wir weiterhin die gegen-

wärtige Situation als unvermeidlich ansehen wollen, kann unser ganzes Gesellschaftssystem in die Brüche gehen. Die gegenwärtige bedauerliche Situation kann jedenfalls nicht den fünf Millionen arbeitslosen Menschen angelastet werden, die gerne arbeiten wollen, ja, darauf brennen zu arbeiten, und doch keinen Job finden. Wenn sich der Genius Amerikas im Kapital zeigt, muß man doch daraus schließen, daß die momentane Lage im Interesse des Landes nicht andauern oder sich jemals wiederholen darf. Auf meiner Reise durch das Land habe ich mit allen möglichen Menschen gesprochen – mit Eisenbahnern, Arbeitern, Mitreisenden –, und ich habe erfahren, daß die Zeiten jetzt noch härter sind als im letzten Jahr. Das Land redet von Prohibition, die sich, nach Will Rogers Worten, nicht an die Hungrigen verfüttern läßt. Arbeitslosigkeit ist die entscheidende Frage, nicht Prohibition. Maschinen sollten der Menschheit nützen. Sie sollten kein Unheil bringen und sie nicht ihrer Arbeitsplätze berauben.

Arbeitssparende Techniken und andere moderne Erfindungen wurden ursprünglich nicht um des Profits willen entwickelt, sondern um der Menschheit bei ihrer Suche nach Glück zu helfen. Wenn es für die Zukunft überhaupt eine Hoffnung geben soll, dann muß meiner Meinung nach irgendein radikaler Wandel eintreten, damit man diese Zustände in den Griff bekommt. Einige Leute, die sich gut arrangiert haben, sind nicht an einer Veränderung der gegenwärtigen Lage interessiert. Auf diese Weise wird man kaum bolschewistische oder kommunistische Ideen abwehren, die sich durchsetzen könnten.

Hier stimmt etwas nicht. Man hat schlecht gewirtschaftet, wenn im reichsten Land der Welt fünf Millionen Menschen ohne Arbeit sind. Ich glaube nicht, daß man diese äußerst alarmierende Tatsache mit dem alten Argument abtun kann, daß es sich um die unvermeidlichen harten Zeiten handelt, die stets auf den Wohlstand folgen. Ich glaube auch nicht, daß die gegenwärtigen wirtschaftlichen Zustände aktuellen Ereignissen anzulasten sind. Ich persönlich habe da meine Zweifel. Ich glaube, mit unsern Produktionsmethoden und mit unserm Kreditwesen stimmt etwas nicht. Natürlich spreche ich als Laie, wie viele tausend andere, die sich angesichts dieser überaus ernsten Lage Sorgen machen.

Es steht mir nicht zu, auf Fragen der Weltwirtschaft einzugehen, aber mir scheint, daß es nicht darum geht, ob das Land ›trocken‹ oder ›feucht‹ ist, sondern darum, ob das Land hungert oder satt ist. Ich glaube, es besteht auch gar kein Zweifel daran, daß sich die Arbeitslosigkeit mit einer Verkürzung der Arbeitszeit beseitigen ließe. Mr. Ford hat sich für Arbeitszeitsverkürzung und Verbesserungen unsres Kreditwesens eingesetzt. Ich glaube, solche Veränderungen könnten in Zukunft landesweite Katastrophen abwenden.

Miss Merrill fragte ihn, welchen Veränderungen er Vorrang geben würde. Er antwortete:

Kürzere Arbeitszeiten für die Werktätigen und ein Mindestlohn für gelernte und ungelernte Arbeiter, der jedem Bürger über einundzwanzig eine Summe garantiert, mit der er ein anständiges Leben führen kann.

Chaplin arbeitete die ganze erste Woche nach seiner Rückkehr an der Wirtschaftlichen Lösung, die er in Japan ersonnen hatte. Sie entpuppte sich schließlich als ein raffiniertes Konzept, nach dem der Geldverkehr in Europa angekurbelt und die Kaufkraft dem Produktionspotential angeglichen werden sollte. Zu diesem Zweck sollte eine neue internationale Währung geschaffen werden, in der sich die früheren Alliierten das Geld auszahlen sollten, das ihnen als Kriegsentschädigung zustand, von Deutschland aber nicht ausgezahlt werden konnte. Als Garantie für diese Währung sollte jeder der Alliierten Anleihen ausgeben. »Dann bleibt den Alliierten nichts weiter zu tun, als festzusetzen, daß diese Währung dem Goldwert entspricht, und sie wird dem Goldwert entsprechen.« Unabhängig davon, ob Chaplins Lösungsvorschlag jemals praktikabel gewesen wäre oder nicht, veranschaulicht uns seine Theorie auf jeden Fall die Bandbreite und den Ideenreichtum seiner intellektuellen Leistungen. Politisch repräsentiert sie wahrscheinlich eher kapitalistischen Utopismus als den Sozialismus, mit dem man ihn so hartnäckig in Verbindung bringen wollte. Chaplin begeisterte sich für Roosevelt (dem gleichfalls gefährliche sozialistische Ideen unterstellt wurden) und den New Deal. Er war hocherfreut, am 23. Oktober 1933 im Programm KHJ des Columbia Broadcasting System eine Ansprache zur Unterstützung des National Recovery Act halten zu dürfen.

Zweifellos bildeten diese Sorgen die Folie, auf der sich Chaplins Konzept für *Modern Times* entwickelte, aber er hatte weder damals noch zu irgendeinem anderen Zeitpunkt die Absicht, einen belehrenden oder satirischen Film zu machen – eine Tatsache, die – vielleicht zu Unrecht – viele Kritiker des Films enttäuschte. In Miss Merrills Interview vom Februar 1931 erklärte er:

> Die Menschheit soll selber sehen, wie sie weiterkommt. Leistung zählt mehr als Propaganda. Ich bin immer mißtrauisch, wenn ein Film eine Botschaft hat. Sagen Sie nicht, ich sei ein Propagandist. Im Augenblick befindet sich die Welt in so einem Strudel der Veränderung, daß nirgendwo irgendwelche Zeichen der Stabilität auszumachen sind, die einen vernünftig über die Zukunft spekulieren ließen, aber ich bin sicher, die Welt bleibt so gut, daß man noch eine Weile in ihr leben möchte. Ich will ewig leben. Ich finde das Leben äußerst interessant. Ich denke dabei nicht an Erfolg, sondern an den Wandel der Zeit, wenn die Menschen sich dem nur stellen,

ihn akzeptieren und mit ihm gehen würden. Man sollte auf jeden Fall mit dem Wandel gehen, sich nicht dagegen wenden. Mit zunehmendem Alter erscheint es mir besser, mit dem Strom zu schwimmen.

Modern Times ist eine emotionale Reaktion auf die Zeitumstände und bleibt dabei doch immer eine Komödie. In den Keystone- und Essanay-Filmen wurde der Tramp in einer Vorkriegsgesellschaft von Unterprivilegierten gebeutelt, gemeinsam mit anderen Einwanderern, Landstreichern und kleinen Schurken. In *Modern Times* ist er einer unter den Millionen, die mit der Armut fertigwerden müssen, mit Arbeitslosigkeit, Streiks und Streikbrechern und der Tyrannei der Maschine. Eine aufschlußreiche Notiz Chaplins zur Charakterisierung der Figuren in *Modern Times* zeigt, daß der Tramp und die Waise (die ›Gamin‹ genannt wurde, obwohl Chaplin später ›Gamine‹ daraus machte) weder Rebellen noch Opfer sein sollten. Sie waren vielmehr geistige Aussteiger aus einer Welt, in der er keine andere Hoffnung sah:

> Die beiden einzigen lebendigen Geister in einer Welt der Automaten. Sie leben wirklich. Beide besitzen einen ewig jugendlichen Geist und gehorchen keiner Moral. Lebendig, weil wir Kinder sind ohne Verantwortungsgefühl, während der Rest der Menschheit von Pflichten niedergedrückt wird.
>
> Wir sind im Geiste frei.
>
> Es gibt keine Romantik in der Beziehung, eigentlich zwei Spielgefährten – ein Diebespaar, Kameraden, *babes in the woods*.
>
> Wir bestreiten unseren Lebensunterhalt durch Betteln, Borgen, Stehlen. Zwei fröhliche Geister, die sich mehr oder weniger ehrlich durchs Leben schlagen.

Der Tramp ist also letzten Endes ein selbsternannter Anarchist.

Modern Times besitzt nicht die einheitliche, organische Struktur von Chaplins bisherigen Langfilmen. Der Kritiker Otis Ferguson bemerkte, nicht ganz unberechtigt, daß der Film eigentlich eine Sammlung von Zweiaktern sei, die mit *The Shop, The Jailbird, The Watchman* und *The Singing Waiter* überschrieben werden könnten. Das verbindende Motiv ist der Kampf ums Überleben, letztendlich ein gemeinsamer Kampf, der von den beiden Hauptfiguren geführt wird. Die Szenen, die die Schwierigkeiten der Gamine vor ihrer Begegnung mit dem Tramp beschreiben, sind insofern etwas Außergewöhnliches in einem Chaplin-Film (vergleichbar sind die Szenen mit Edna in *The Kid*), da sie einen unabhängigen, parallel verlaufenden Handlungsstrang bilden, neben der Geschichte des vom Unglück verfolgten Tramps.

In der Endfassung beginnt der Film mit einer symbolischen Nebeneinanderstellung von Schafen, die zusammengetrieben werden, und Arbeitern, die in die Fabrik strömen. Man sieht Charlie in einer großen Fabrik am Fließband arbeiten. Er gerät zwischen die Zahnräder einer Riesenmaschine, muß als Versuchskarnickel für eine automatische Füttermaschine herhalten und läuft schließlich Amok. Nach seiner Entlassung aus der Nervenheilanstalt landet er alsbald als vermeintlicher roter Agitator im Gefängnis (er hatte lediglich freundlicherweise eine rote Fahne aufgehoben, die von einem Lastwagen gefallen war). Nachdem er unbeabsichtigt einen Gefängnisausbruch verhindert hat, wird das Leben im Gefängnis so angenehm, daß es ihm das Herz bricht, als er begnadigt wird. Er gibt sich die größte Mühe, wieder verhaftet zu werden, überlegt es sich dann aber anders, als er der Gamine begegnet, einem mutigen Waisenmädchen auf der Flucht vor den Beamten der Fürsorge. In einer Hütte am Wasser richten sie sich ein Zuhause ein, Charlie schläft draußen in der Hundehütte. Jetzt, da er die Freiheit schätzt, wandert Charlie bald wieder ins Gefängnis, als ein paar frühere Zellengenossen in ein Warenhaus einbrechen, in dem er einen Job als Nachtwächter bekommen hat. Nach seiner Entlassung entdeckt er, daß die Gamine in einem billigen Unterhaltungsetablissement als Tänzerin arbeitet. Sie verschafft ihm dort einen Job als singender Kellner. Als er für den romantischen Tenor einspringen soll, schreibt Charlie seinen Text auf seine Manschetten, die dann sinnigerweise bei seiner ersten dramatischen Geste davonfliegen. Er rettet die Situation, indem er das Lied in einer Kauderwelschsprache aufführt. Doch bevor er den Applaus entgegennehmen kann, erscheinen die Beamten der Fürsorge, um die Gamine mitzunehmen. Das Paar macht einen schnellen Abgang. Auf der Landstraße schütteln sie ihre Niedergeschlagenheit ab. »Wir schaffen es schon«, heißt es im Zwischentitel. Arm in Arm wandern sie dem Horizont entgegen.

Wie üblich machten Chaplins Ideen viele Metamorphosen und Verwandlungen durch, bevor die Story ihre endgültige Gestalt annahm. In einer frühen Reihe von Notizen wird ein möglicher Anfang vorgeschlagen:

> Große Stadt – frühmorgendlicher Berufsverkehr – Menschenmassen in U-Bahnhöfen – Zeitungsdruckerei – Fabriksirenen – Fährschiffe – Krankenwagen, Feuerwehr – Autoverkehr – als völligen Kontrast Komiker einführen – ruhig, nichts zu tun – Gag mit Straßenüberqueren – Hupen – Polizist rülpst – wird mit Hupe verwechselt – Gag mit Stück Holz und Gitter vor Schaufenster – Arbeitssuche – verschiedene Jobs und bei jedem gefeuert ...

Es ist interessant, daß der Gag mit dem Holz, der aus *City Lights* herausgenommen wurde, hier wieder auftaucht. Ein späterer Vorschlag (in den Notizen) lautet: »Gag mit Zwillingsboxer im Café einbauen«. Chaplin hat nie etwas vergeudet. Es finden sich Vorschläge für hübsche ironische Gags. Der Fabrikboss, der seine Magengeschwüre mit klarer Brühe, Crackern und Pillen pflegt, blickt aus dem Fenster und sieht, wie seine Arbeiter riesige Mahlzeiten verdrücken, während sie einem Agitator lauschen, der beklagt, daß der arme Arbeiter verhungern muß, während der Boss wie eine Made im Speck lebt. Der wütende Boss kippt seine Brühe aus dem Fenster – dem Redner auf den Kopf. Zwei Tramps auf einer Parkbank diskutieren mit ernster Miene die Weltkrise und bringen ihre Angst darüber zum Ausdruck, daß der Goldwert sinken könnte. »Dann ist es mit unserm Wohlstand vorbei – wir werden uns einschränken müssen.« Sie legen ihre Zigarettenstummel in ihre Dosen zurück, und der eine steckt sein brennendes Streichholz in die Tasche. Der Ton ist derb:

> Zweiter Tramp: »Hast du was in petto?« Erster Tramp: »Ja, ich hab jede Menge ›Vereinigte Gas‹, aber ich fürchte, ich muß das abstoßen.« Zweiter Tramp mit besorgtem Blick: »An deiner Stelle würde ich das noch ein bißchen länger bei mir behalten.«

In einer anderen Idee wird eine Fabrik beschrieben, in der schwere Maschinen für so banale Aufgaben wie Nüsseknacken und Asche von Zigarren stippen entwickelt werden. Danach nimmt die Story einen anderen Verlauf, als der Tramp oder die Tramps sich als blinde Passagiere auf einem Schiff verstecken und in einer Serie von Crusoe-ähnlichen Gag-Abenteuern auf einer tropischen Insel landen – Abenteuer, die offensichtlich sowohl von Chaplins eigener, vor kurzem beendeter Fernostreise inspiriert waren als auch von der verlockenden Vorstellung, *King Kong* oder *Tarzan* zu parodieren.

Alf Reeves, der selten im schöpferischen Bereich der Studioarbeit aktiv wurde, steuerte diesmal einen guten Vorschlag bei, der große Ähnlichkeit mit einer Idee hat, die Woody Allen sehr viel später in *Sleeper* (1973) ausführte. Charlie sollte in den abgeriegelten Raum gelangen, in dem das Management der Fabrik mit einem Roboter experimentiert, der ein Flugzeug steuern kann. Als die Bosse überraschend auftauchen, ist Charlie gezwungen, sich als Roboter zu tarnen. Er muß die Bewegungen des Roboters imitieren und sogar das Flugzeug steuern. »Falls noch mehr Nervenkitzel erforderlich ist«, schrieb Reeves begeistert in seiner Notiz, »kann das mit den mechanischen Effekten erreicht werden, die jetzt allgemein benutzt werden, und man könnte die Sache zu einem großen Gag ausbauen.« Der Vorschlag wurde jedoch nie aufgegriffen. Chaplin verwarf und verfeinerte seine Ideen, und im nächsten Stadium fertigte er eine Liste mit Gag-Vorschlägen an, die er unterbringen wollte:

Magenknurren
Löffelbagger
Entführung
Stadtmilieu
Museum und öffentliche Kunstgalerie
Kurzwarenladen
Straßenjahrmarkt
Werft
Spelunken
Vergnügungsetablissements
Marschkapelle
Straßenfeger
Polizeirazzia
Straßenunruhen
Streiks
Reparatur von Telefonleitungen
Werftarbeiten
Lastenaufzug
Arbeitsamt
Schlange stehen nach Lebensmitteln

Die früheste Szenario-Fassung, die sich eindeutig als Vorlage für *Modern Times* identifizieren läßt, hat den Titel *Commonwealth*. Es gibt darin nur Episoden, die weniger eng miteinander verknüpft sind als im fertigen Film, obwohl das Verhältnis zwischen Charlie und der Gamine sowie der allgemeine Handlungsverlauf im Zusammenhang mit der Arbeitssuche schon klar umrissen ist: die rote Fahne, der versehentliche Stapellauf eines Dampfers, der Gefängnisausbruch, Charlies Bemühungen, sich erneut verhaften zu lassen, die Begegnung mit der Gamine im Polizeiauto und die folgende Flucht. Die Fabrik ist zum Teil schon entwickelt, mit einer Schaltpult-Welt für den Boss. Charlies Nervenzusammenbruch am Fließband soll das Pathos liefern.

Zu den Sequenzen, die später verworfen wurden, gehörte eine Slapstickszene, in der Charlie vorgibt, ein qualifizierter Löffelbaggerführer zu sein, um einen Job zu bekommen. In einer anderen Sequenz suchen Charlie und die

Gamine Unterschlupf in einem leeren Haus, ohne zu merken, daß es gerade abgerissen wird. Chaplins wirtschaftspolitische Gedanken kommen in einer Szene zum Vorschein, in der Charlie und das Mädchen bestraft werden, weil sie Eier essen, die als Überschuß ins Meer geworfen werden. Eine List, die sie anwenden, um zu etwas Geld zu kommen, erinnert an *The Kid*: Die Gamine stiehlt Hand- und Brieftaschen, die Charlie dann höflich den dankbaren Eigentümern zurückgibt, von denen er eine Belohnung erhofft (aber nicht verlangt). Die Tanzcafé-Sequenz ist in dieser Fassung noch ganz anders: Zunächst bekommt Charlie einen Job als Kellner und verschafft dann dem Mädchen einen Platz – nicht ahnend, daß das Etablissement auch als Puff dient.

Wesentlich anders ist jedoch das Ende des Films. In dieser Phase war Chaplin offensichtlich auf der Suche nach etwas, das *City Lights* an Pathos übertraf. Nach einem durch das Anziehen von Muttern am Fließband verursachten Zusammenbruch wird Charlie ins Krankenhaus gesteckt. Als es ihm wieder besser geht, bekommt er Besuch: Die Gamine, die inzwischen Nonne geworden ist. Sie trennen sich mit traurigem Lächeln.

Der ›Nonnen‹-Schluß ist vollständig ausgearbeitet:

> Aus dem Vollmond ist eine Mondsichel geworden und aus der Mondsichel wieder ein Vollmond.
>
> Die Szene wechselt zum Krankenhaus. Der Tramp hat sich wieder ganz erholt und soll gerade entlassen werden, als ihm mitgeteilt wird, daß im Empfangsraum Besuch auf ihn wartet. Unter Mühen begibt er sich dorthin und findet zu seiner Überraschung die Gamine vor – im Nonnengewand. Sie steht, und neben ihr steht eine Oberin. Die Gamine begrüßt ihn mit einem wehmütigen Lächeln. Der Tramp ist verwirrt. Sie scheinen wie durch eine Schranke getrennt. Er versucht, etwas zu sagen, bringt aber kein Wort heraus. Mitfühlend lächelnd ergreift sie seine Hand. »Du bist sehr krank gewesen«, sagt sie, »und jetzt gehst du wieder in die Welt hinaus. Paß gut auf dich auf, und denk daran, daß ich immer gerne von dir hören werde.«
>
> Wieder versucht er zu reden, gibt es aber mit einer Geste auf. Sie hält lächelnd seine Hand, und dabei treten ihr Tränen in die Augen, er wird verlegen. Dann steht sie auf [*sic*] und macht damit deutlich, daß sie voneinander scheiden müssen.
>
> Die Oberin geleitet die beiden zur Tür, und am Portal des Krankenhauses sagt sie ihm ihr letztes ›Leb wohl‹, während die Oberin im Empfangsraum wartet.
>
> Er befreit seine Hand und geht langsam die Stufen vor dem Krankenhaus hinunter, sie blickt ihm nach. Er dreht sich um und winkt ihr ein letztes Lebwohl zu und geht der Skyline der Stadt entgegen. Sie bleibt bewegungslos stehen und blickt ihm nach, wie er allmählich verschwindet.

Ihr Ausdruck hat etwas Unergründliches, etwas von Resignation und Bedauern. Sie steht da wie im Traum verloren, ihm nachblickend, und ihr Geist geht mit ihm, denn aus ihrem Körper heraus löst sich ihr Geist und rennt wild die Krankenhausstufen hinunter, tanzt und springt ihm hinterher, ruft und gestikuliert im Näherkommen. Auf der einsamen Straße holt sie ihn ein, umtanzt und umkreist ihn, aber er sieht sie nicht, er geht alleine weiter.

Sie steht auf der Krankenhaustreppe. Durch eine leichte Berührung wird sie aus ihren Träumen geweckt, die Hand der Oberin. Sie zuckt zusammen, dreht sich dann um und lächelt das freundliche Gesicht wehmütig an, und gemeinsam gehen sie wieder durch das Portal des Krankenhauses.

FADE OUT

In dem Jahr, in dem die Geschichte in Vorbereitung war, verlief das Leben so gut wie ohne Zwischenfälle. Im Studio wurden die Bühnen instandgesetzt und für den Moment vorbereitet, in dem Chaplin mit der Produktion beginnen würde. Die Garderobe, die für Paulette bestimmt war, wurde noch durch ein Badezimmer erweitert. Im September 1933 wurde Carter De Haven ins Team aufgenommen, als Chaplins Assistent und vor allem als Mitarbeiter an der Story. Anfang Januar 1934 kam Henry Bergman wieder auf die Gagenliste. De Haven und Henry waren bei den meisten Skriptsitzungen dabei. Chaplin hatte beschlossen, den endgültigen Titel des Films geheimzuhalten. Im November 1933 wurde ein versiegelter Umschlag mit dem Titel per Einschreiben an Will H. Hays geschickt, den Präsidenten der Motion Picture Producers' and Distributors' Association in New York, mit der Anweisung, ihn nicht zu öffnen, sondern den unbekannten Titel zum 11. November 1933 zu registrieren und das Couvert sicher zu verwahren, bis die Veröffentlichung verkündet würde.

Auch im Haus ging das Leben seinen normalen Gang, mit Bootsfahrten bei gutem Wetter, regelmäßigen Ausflügen und andern Unternehmungen mit den Jungen. Im April ging ihr Vater mit ihnen in einen Zirkus, und sie waren ganz aus dem Häuschen, als sie mit Poodles Hannaford und Chaplins altem Keystone-Kollegen Charlie Murray fotografiert wurden. Chaplin ging zu einer Party und zu einer Exerzierparade in der Black-Foxe-Military Academy, auf die man die Jungs geschickt hatte. Charles junior erinnert sich, »daß ich gerader marschierte, daß ich aufmerksamer war, daß ich mit einer schnittigeren Geste salutierte und meine Hacken schärfer zusammenschlug, wenn ich diese eisblauen Augen auf mir ruhen sah.«[14]

In diese Zeit fiel eine größere häusliche Revolution. Kono, der Chaplin mit diskreter Ergebenheit achtzehn Jahre lang gedient hatte, zuerst als Chauffeur, später als Privatsekretär und Majordomus, verkündete, daß er zu gehen gedenke. Paulette gab sich nicht damit zufrieden, wie einst Mildred und Lita, nur Gast zu sein im Haus im Summit Drive, und widmete sich immer mehr dem Haushalt, so daß Kono sich allmählich überflüssig vorkam. Chaplin und Paulette fanden seine Befürchtungen lächerlich, er aber blieb hart und kündigte. Chaplin war bekümmert, verschaffte Kono aber eine Stelle bei der Dependance der United Artists in Tokio und schickte ihn und seine Frau mit einem Geschenk von je 1000 $ auf die Reise. Kono fand keine Erfüllung in dieser Arbeit und war auch nicht erfolgreicher, als er sich nach Ablauf seines United-Artists-Vertrags mit dem Verleih von Chaplin-Filmen in Japan versuchte. Er kehrte nach Kalifornien zurück, allerdings nie mehr zu Chaplin.

Ende August war Chaplin mit seiner Geschichte endlich zufrieden. Laut Studioberichten verbrachte er etwa eine Woche gemeinsam mit De Haven, Bergman und Miss Steele, der Sekretärin, am Lake Arrowhead, »um Story in Skriptform zu bringen«. Falls es tatsächlich jemals ein konventionelles Skript gegeben hat, ist davon keine Kopie erhalten geblieben. Diese Notiz kann sich auch auf ein Dialogskript beziehen, auf das später eingegangen wird. Den ganzen September und Oktober lief der Studiobetrieb auf Hochtouren. Danny Hall hatte schon seit einiger Zeit Entwürfe angefertigt und setzte nun seine Mannschaft auf den Bau der Fabrikkulissen im Studio an. Die Filme waren über die alte Studiostraße hinausgewachsen: In Wilmington wurden anderthalb Hektar Land gepachtet, auf denen eine große Straßenkulisse gebaut werden sollte. Das Chaplin-Studio war eins der letzten, das noch eine unüberdachte Bühne hatte, und es wurden schließlich Anstalten getroffen, sie zu schließen und auf den modernen Standard der Tonära zu bringen. Am 4. September unterzeichnete Paulette ihren Vertrag. Am 20. September schrieb Alf Reeves an Sydney: »Sieht aus, als würden wir nächste Woche drehen. Auf der Bühne werden einige Fabrik-Innenkulissen aufgebaut, und er hat ein paar prächtige Drehplätze gefunden. In Anbetracht der Tatsache, daß er weitgehend von der Sorge befreit ist, während der Produktion weiter an der Story arbeiten zu müssen, rechnet er damit, daß der Film bis Januar fertig ist. Aber wie Du weißt, steht das keineswegs fest.« Alfs Zweifel bezüglich des Januartermins waren durchaus angebracht: die letzte Einstellung des Films wurde erst am 30. August 1935 gedreht. Trotzdem war es mit zehneinhalb Monaten die kürzeste Drehzeit für einen Chaplin-Film seit *A Woman of Paris*.

Am 11. Oktober begannen schließlich die Dreharbeiten mit einer Szene im Büro des Fabrikbosses, den Allan Garcia spielte. Die nächste Sequenz spielte im Schaltraum; und am 15. Oktober arbeitete das Team bis tief in die Nacht hinein von 19.30 Uhr bis 4.45 Uhr. Als hätten sie eine Vorahnung gehabt: Als sie am folgenden Abend gerade mit ihrer Arbeit an der Sequenz fertig waren, drang ein schwerer Gewitterregen durch die Planen, die über die Kulissen auf der immer noch offenen Bühne gelegt worden waren, und beschädigte sie schwer.

Die übrigen Szenen in der Fabrik wurden in sechs Wochen gedreht, es gab nur noch eine eintägige Unterbrechung im Dezember, als Douglas Fairbanks mit Lady Edwina Mountbatten und ihrer Gesellschaft dem Studio einen Besuch abstattete. Man arbeitete nun länger als zu Stummfilmzeiten, wo man oft erst nach der Mittagspause mit dem Drehen begonnen hatte. Jetzt war Chaplin gewöhnlich um 10.30 Uhr im Studio, obwohl er an Tagen, an denen er alleine spielte, immer noch eine kürzere nachmittägliche Arbeitsrunde vorzog, vielleicht um seine Kräfte zu schonen.

Selbst jetzt noch war Chaplin unschlüssig, was den Ton betraf. Wenn er sich öffentlich dazu äußerte, war seine Haltung unmißverständlich. Anfang 1931 hatte er mehrere Erklärungen vor der Presse abgegeben: »Ich gebe den *talkies* noch sechs Monate. Höchstens ein Jahr. Dann sind sie erledigt.« Drei Monate später, im Mai 1931, hatte er seine Ansicht leicht modifiziert: »Dialog mag einen Platz in Komödien haben oder nicht ... Ich habe nur gesagt, daß Dialog in den Komödien, die ich mache, keinen Platz hat ... Für mich steht fest, daß ich keine Dialoge verwenden kann.« Der Interviewer fragte ihn, ob er es denn schon mal probiert habe:

> Ich habe noch nie versucht, vom Denkmal auf dem Trafalgar Square zu springen, aber ich bin mir ziemlich sicher, daß das nicht gesund wäre ... Seit Jahren habe ich mich auf eine bestimmte Art von Komödie spezialisiert – ausschließlich Pantomime. Ich habe sie in alle Richtungen ausgelotet und studiert. Ich habe genaue Prinzipien entwickelt, die maßgeblich sind für ihre Wirkung auf das Publikum. Sie braucht einen bestimmten Rhythmus und ein gewisses Tempo. Meiner Ansicht nach verlangsamt Dialog immer die Handlung, weil die Handlung auf die Worte warten muß.

Seine öffentlichen Erklärungen zu dem Thema waren zwar sehr bestimmt, aber in der Privatsphäre seines Studios war sich Chaplin seiner Sache eindeutig nicht so sicher. Ende November machten er und Paulette Sprechproben. Da beide angenehme Stimmen hatten, die sich gut aufnehmen ließen, ist es unwahrscheinlich, daß Chaplin nicht damit zufrieden war. Damit ist klar, daß

Chaplin sich inzwischen dafür gewappnet hatte, den Film, einschließlich seiner eigenen Szenen, mit Dialog zu drehen. Für alle Szenen bis zu der Sequenz im Warenhaus wurde ein Dialogskript vorbereitet, das erhalten geblieben ist.

Der Dialog, den Chaplin dem Tramp gibt, ist abgehackt, witzelnd und von Nonsens angehaucht. In der Traumhaus-Phantasiesequenz ähnelt er erstaunlich dem Schlagabtausch zwischen Calvero (Chaplin) und Terry (Claire Bloom) in ihrer Rolle als Tramp und Hübsche Maid in Calveros Traum in *Limelight*.

GAMIN: »Wie heißt du?«
TRAMP: »Ich? Ach, ich habe einen albernen Namen. Der würde dir nicht gefallen. Er fängt mit einem x an.«
GAMIN: »Mit einem x?«
TRAMP: »Versuch doch mal, ihn zu erraten.«
GAMIN: »Doch nicht etwa Exzem?«
TRAMP: »Ach, viel schlimmer – nenn mich einfach Charlie.«
GAMIN: »Charlie! Da ist doch gar kein x drin!«
TRAMP: »Nein – macht nichts, wo wohnst du?«
GAMIN: »Nirgendwo – hier – dort – irgendwo.«
TRAMP: »Nirgendwo? Das ist ganz bei mir in der Nähe.«

Die ersten Dialogszenen, die Chaplin probte, spielten im Gefängnis und im Büro des Gefängniswärters. Ein Großteil des Dialogs drehte sich um die Verwirrungen mit dem Namen des Vikars und seiner Frau – Stumbleglutz, Stumblerutz, Glumblestutz, Rumbleglutz. Stumblestutz und als unvermeidlicher Höhepunkt: Grumblegutz. Chaplin war mit dem Ergebnis offenbar höchst unzufrieden. Das Team hatte die Information, daß die Traumhaus-Sequenz am nächsten Tag mit Ton gedreht würde. Tatsächlich wurden für *Modern Times* keine weiteren Dialogszenen mehr gedreht.

Allerdings arbeitete Chaplin mit Geräuscheffekten weiter, und mit dem installierten Aufnahmegerät nahm er das Bauchgurgeln für die Szene auf. Er erzeugte das Geräusch selbst, indem er in einen Eimer Wasser blies. Die Geräusche waren viel zu explosiv – Totheroh hatte ihn gewarnt – und wurden später noch einmal aufgenommen. Die Tatsache, daß Chaplin es übernahm, die Geräusche zu erzeugen, zeigt, wie sehr ihn die Probleme mit Ton zu dieser Zeit faszinierten. In einer Notiz über mögliche Musikeffekte wird vermerkt: »Natürliche Geräusche Teil von Komposition, d. h. Autohupen, Sirenen und Kuhglocken in die Musik einarbeiten.«

Chester Conklin, der seit *Making a Living* viele Male mit Chaplin zusammengearbeitet hatte, wurde für drei Wochen engagiert. Er spielte einen alten Arbeiter mit Walroßschnauzer, der zwischen die Zahnräder einer riesigen Maschine von zweifelhafter Funktion gerät. Als er schließlich vollkommen steckenbleibt und nur noch sein Kopf hervorschaut, flößt Charlie ihm zuvorkommend sein Mittagessen ein. Zwei weitere verläßliche Verbündete aus Zweiakter-Zeiten – Hank Mann und eine Rolltreppe – wurden in den Warenhausszenen eingesetzt, die einschließlich der Retakes in fünf Wochen gedreht wurden. Acht Arbeitstage davon wurden für Charlies brillante Rollschuh-Nummer benötigt. Das Rollschuhfahren war schnell gedreht, doch es kostete einige Zeit, die Trickaufnahmen mit dem Glasboden vorzubereiten, bis die Illusion perfekt war und es so aussah, als führe er am Rand eines hohen Balkons ohne Geländer entlang.

Immer noch wollte Charlie am Ende des Films die Gamine zur Nonne machen. Dieser gefühlvolle Schluß war gefährlich, aber Chaplin hatte auch schon früher Gefährliches gewagt: der Schluß von *City Lights* läßt Schlimmes befürchten, wenn man ihn nur auf dem Papier sieht. Er wollte die Schlußszene vorbereiten, mit einem wiederkehrenden Motiv mit einer freundlichen Nonne, die großen Eindruck auf die Gamine macht.

THEMA

1. Bei einem unserer Abenteuer begegnen wir einer Nonne. Ein vorübergehendes Gefühl, ein gewisses Schönheitsempfinden ist plötzlich da, und das Gamin ist bewegt.

Gamin: »Sie bringt mich zum Weinen.«

Die Nonne ist immer sehr zärtlich und freundlich zu dem Gamin – streichelt ihr über den Kopf etc.

2. Wir begegnen ihr wieder auf der Straße. Das Gamin imitiert bewundernd ihre Kopfbedeckung. Immer wenn das Gamin sie erblickt, ist es aus mit der Komik, und ihre Augen werden feucht und sie sagt:

Gamin: »Sie gibt mir das Gefühl, schlecht zu sein.«

3. Wir sind auf der Straße, und das Gamin hat gerade was geklaut. Die Nonne kommt um die Ecke, und das Gamin legt es zurück.

Charlot*: »Was zum Teufel ist mit dir los?«

Gamin: (Schluck) »Weiß nich.«

* Ein merkwürdiger Punkt in dieser Reihe von Story-Notizen ist, daß bei der Trampfigur abwechselnd von ›Charlie‹ und ›Charlot‹ die Rede ist. An anderer Stelle in denselben Notizen spricht er von seiner Figur – höchst ungewöhnlich – in der ersten Person und bezeichnet Tramp und Gamin mit ›wir‹.

Die Nonnensequenz wurde Ende Mai und Anfang Juni gedreht. Am 25. Juli 1935 sahen Chaplin und seine Assistenten den Film an und sprachen – wie die Studiosekretärin damals vermerkte – über einen neuen Schluß. Keiner der Beteiligten hat sich nachträglich über diese Diskussion geäußert, wir werden also nie erfahren, ob der Entschluß zur Änderung spontan von Chaplin kam oder ob er, wie es manchmal geschah, sein Urteil nach der Reaktion seiner Kollegen fällte. Wie immer die Stimmung bei dem Treffen gewesen sein mochte, am nächsten Tag fuhr Chaplin auf seiner Jacht ins Wochenende.

Als letzte Sequenz von *Modern Times* entstanden die Tanzcafé-Szenen. Man benötigte dafür zwölf Tage und eine große Anzahl Statisten: 250 wurden für den Tag engagiert, an dem Chaplin die Nummer drehte, wo er eine gebratene Ente über die überfüllte Tanzfläche trägt. Nun wurde auch die historische Szene gedreht, in der der Tramp, zum ersten und letzten Mal, auf der Leinwand seine Stimme hören läßt. Der Tramp macht den Mund auf und singt in einer freierfundenen Sprache, die alles und nichts ausdrückt:

Se bella piu satore, je notre so catore,
Je notre qui cavore, je la qu', la qui, la quai!
Le spinash or le busho, cigaretto toto bello,
Ce rakish spagoletto, si la tu, la tu, la tua!
Senora pelafima, voulez-vous le taximeter,
La zionta sur le tita, tu le tu le tu le wa!

und so weiter über viele Strophen. In der begleitenden Pantomime wird eine Geschichte von einem Verführer und einer verschämt nachgebenden Maid erzählt.

Irgendwann Ende Juli oder Anfang August kam dann endgültig die Entscheidung, den Schluß zu ändern. In den letzten Einstellungen, die am 20. August in der Tanz-Café-Kulisse gedreht wurden, erscheinen die Fürsorgebeamten im Café, um die Gamine mitzunehmen. Da diese Handlung und die sich anschließende Flucht von Charlie und der Gamine die Verbindung zum endgültigen Schluß des Films liefern, kann man davon ausgehen, daß diese Entscheidung beim Drehen der Tanzcafé-Szenen getroffen wurde.

Die letzten Retakes wurden am 30. August gemacht, und nach dem *Labour-Day*-Feiertag begann Chaplin mit dem Schneiden. Am 10. September war der Film soweit zusammengestellt, daß Chaplin ihn zwei Kritikern zeigen konnte, auf die er sehr viel gab: Charles junior und Sydney, die gerade von einem dreimonatigen Aufenthalt bei ihrer Mutter in New York zurückgekehrt waren. Mit seinen zehn Jahren konnte Charles junior staunend beobachten, welch großer physischer und psychischer Belastung sich Chaplin im Verlauf einer Filmproduktion aussetzte. Nach einem Arbeitstag, an dem er sein Team mit seiner scheinbar unerschöpflichen Energie in Erstaunen versetzte und irritierte, kam er noch in Maske und Kostüm zu Hause an, schon halb schlafend und so erschöpft, daß man ihm aus dem Wagen helfen mußte. Charles junior weiß noch, daß die Erschöpfung schlimmer war, wenn der Tag nicht gut verlaufen war. Chaplins Therapie gegen seine Müdigkeit war auch sehr radikal. Er schloß sich für eine Dreiviertelstunde in seinem Dampfraum ein und war danach ohne weiteres wieder so weit hergestellt, daß er zum Abendessen ausgehen konnte. Doch manchmal ging er auch direkt ins Bett und ließ sich sein Essen aufs Zimmer bringen.

In den letzten Phasen der Dreharbeiten von *Modern Times* hatte er mit einer derartigen Konzentration gearbeitet, daß er im Studio Quartier bezogen und George, den japanischen Koch, mitgenommen hatte, der sich um sein leibliches Wohl kümmern mußte. Wie Chaplins frühere Frauen entdeckte Paulette, daß Chaplins Arbeit in einer so kritischen Phase keinen Raum mehr für Privatleben zuließ, nicht einmal für seine wertvollsten Beziehungen. Bereitwilliger als ihre Vorgängerinnen beugte sie sich schließlich dieser unbezwingbaren Rivalin. Als sie in der Stadt ohne Chaplin gesehen wurde, gab es Spekulationen über einen Bruch, doch was gebrochen werden sollte, war unklar: Chaplin und Paulette fühlten sich über jeden Klatsch erhaben und weigerten sich standhaft, ihren ehelichen oder unehelichen Status zu klären, nur um anderer Leute Neugier zu befriedigen.

Die Arbeit an der Musik begann im August 1935. Alfred Newman, mit dem Chaplin bei *City Lights* gut zusammengearbeitet hatte, sollte wieder die musikalische Leitung übernehmen, und Edward Powell wurde als Orchestrierer engagiert. Powell kabelte zur Ostküste, um einen talentierten Kollegen, David Raksin, herzubitten, den er von seiner Zeit beim Musikverlag Harms kannte. Raksin, der seine Eindrücke von der Arbeit mit Chaplin lebendig und einfühlsam beschrieben hat*, erinnert sich, daß Powells Telegramm am 8. August 1935 eintraf, vier Tage nach seinem 23. Geburtstag. Chaplin, dem man einen »brillanten, erfahrenen Komponisten, Orchestrierer und Arrangeur mit

* *Quarterly Journal of the Library of Congress*, Sommer 1983

Show-Erfahrung« versprochen hatte, gestand, daß er etwas irritiert war, als »dieses Kind auftauchte«. Raksin seinerseits war von Chaplin gefesselt, liebte *Modern Times* und lachte so heftig über den Film, daß Chaplin sich eine Zeitlang fragte, ob er ihm zuliebe übertrieb. Doch nach nur anderthalb Wochen wurde Raksin kurz und bündig gefeuert:

> Wie viele Selfmade-Autokraten verlangte Chaplin bedingungslosen Gehorsam von seinen Mitarbeitern. Nach all den Jahren, in denen sich jedermann seiner Meinung unterworfen hatte, war er zu der Überzeugung gelangt, daß nur sie allein zählte. Und offenbar konnte oder wollte er den Widerspruch nicht begreifen, der darin lag, daß er in seinem Studio seinen Willen mit Methoden durchsetzte, die eine gewisse Ähnlichkeit mit denen hatten, die er in *Modern Times* erklärtermaßen anprangerte. Ich wiederum wollte mich nie damit abfinden, daß mein Job darin bestehen sollte, lediglich die Ideen meiner Dienstherrn nachzuplappern. Und ich hatte keine Angst, ihm zu widersprechen, wenn ich es für nötig hielt, da ich überzeugt war, daß er es schätzen würde, einen unabhängigen Geist in nächster Nähe zu haben.
>
> Wenn ich jetzt zurückdenke, erscheint es mir empörend arrogant, daß ich mit einem Mann wie Chaplin über die Eignung des thematischen Materials diskutieren wollte, das er in seinem eigenen Film zu verwenden gedachte. Aber es war ein echtes Problem. Es gibt eine bestimmte Sorte von Genies, die von der Familie der Elstern abzustammen scheinen, und Charlie gehörte zu dieser Sorte. Er hatte sich eine regelrechte Rumpelkammer voller Erinnerungen und Ideenfetzen zugelegt, die er sehr stilvoll und höchst individuell für seine eigenen Zwecke umformte. Das wird einmal an den Sujets deutlich, die er behandelt, und darin, wie er seine Story-Lines und Sequenzen ausführt. Im Bereich der Musik war der Einfluß der englischen Music-Hall sehr groß, und da ich fand, daß nur das Allerbeste für diesen bemerkenswerten Film in Frage kam, sagte ich, wenn ich den Eindruck hatte, daß sein Ansatz ein bißchen primitiv war: »Ich glaube, das können wir noch besser hinkriegen.« Für Charlie war das schlicht und einfach Gehorsamsverweigerung – und der Missetäter mußte gehen.

Raksin war todunglücklich, aber Newman sagte zu ihm: »Ich habe mir deine Entwürfe angesehen und finde sie großartig – was du da mit Charlies kleinen Weisen anstellst. Er wäre verrückt, wenn er dich feuern würde.« Als Raksin gerade dabei war, seine Siebensachen zu packen, rief Alf Reeves ihn an und bat ihn wiederzukommen. Raksin willigte ein, nachdem er Chaplin erklärt hatte, daß er ja jederzeit einen Musiksekretär engagieren könnte, wenn ihm das lieber wäre, »aber wenn er jemanden brauchte, der seinen Film liebte und bereit war, das Risiko einzugehen, täglich gefeuert zu werden, nur damit die Musik auf jeden Fall so gut wird, wie sie nur sein kann, dann würde ich nur zu gerne wieder mit ihm arbeiten.« Das war der Anfang von »viereinhalb Monaten Arbeit, und es waren mit die glücklichsten Tage meines Lebens«.

Raksin ist der Meinung, daß frühere Kommentatoren Chaplins musikalische Fähigkeiten sowohl über- als auch unterschätzt haben.

Charlie und ich arbeiteten Hand in Hand. Manchmal bestand das Ausgangsmaterial aus mehreren Phrasen, manchmal nur aus ein paar Tönen, die Charlie pfiff, summte oder auf dem Klavier anschlug ... Ich hatte meinen Platz im Vorführraum, wo Charlie und ich zusammenarbeiteten, um die musikalischen Ideen zu erweitern und zu entwickeln, bis sie zu dem paßten, was sich auf der Leinwand abspielte. Wenn man nur ein paar Töne hat oder eine kurze Phrase und damit eine Szene von beträchtlicher Länge abdecken muß, gibt es Etliches auszuarbeiten und zu variieren – dazu muß man über bestimmte Kompositionstechniken verfügen, mit deren Hilfe man die Motive in die gewünschten Proportionen bringt und sie entsprechend ausdehnt. (Da so wenig Leute das begreifen, selbst solche, die ansonsten vieles einsehen, konnte sich der Irrtum verbreiten, daß man zum Komponieren nur irgendeine zündende Idee haben müsse, und alles Übrige ginge dann ganz von alleine. Dank dieser irrigen Vorstellung gelang es einer ganzen Generation von Summern und Klimperern, sich als Komponisten auszugeben.)

Theodore Huff und andere vertreten zwar eine andere Auffassung, aber bisher hat keiner, der etwas davon versteht, je behauptet, daß Chaplin die erforderlichen Techniken beherrschte. Aber er hat mir auch nicht einfach eine kleine Melodie vorgesetzt und gesagt: »Machen Sie hier weiter.« Im Gegenteil: Wir verbrachten Stunden, Tage, Monate in diesem Vorführraum und ließen immer aufs neue Szenen und Handlungsausschnitte durchlaufen, und es hat uns großen Spaß gemacht, die Musik zu formen, bis sie genau so war, wie wir sie haben wollten. Wir ließen jede Sequenz so oft durchlaufen, bis wir ganz sicher waren, daß die Musik ideal dazu paßte, erst dann legten wir sie ab. Sehr wenige Komponisten arbeiten nach dieser Methode ... üblicherweise arbeitet man anhand von *timing sheets* mit einer Stoppuhr, um Bild und Ton zu koordinieren ...

Chaplin hatte etliche Tricks und etwas von dem Jargon unserer Branche aufgeschnappt, und es machte ihm Spaß, mir anzugeben, daß irgendeine Phrase ›vrubato‹ gespielt werden sollte. Mir gefiel das viel besser als das beabsichtigte italienische Wort, das ohne das v sehr viel ärmer wirkte. Aber eigentlich entging seinem Auge und Ohr nur sehr wenig, und er machte nicht nur Vorschläge zu Themen und ihren Einsatzmöglichkeiten, sondern hatte auch Ideen, wie sich die Musik entwickeln sollte ...

Wenn im Verlauf unserer Arbeit einmal dringend neues thematisches Material benötigt wurde, sagte Charlie zum Beispiel: »Ein bißchen ›Gershwin‹ wäre hier ganz schön.« Er meinte, daß Gershwins Stil sich für die fragliche Szene eignen würde. Und in der Tat ist da eine Phrase, die deutlich einem der Themen aus *Rhap-*

> *sody in Blue* huldigt. Dann war da die Melodie, aus der später ein Pop-Song mit dem Titel ›Smile‹ wurde. Hier sagte Charlie sinngemäß: »Hier brauchen wir eine von diesen ›Puccini‹-Melodien.« Wenn Sie sich das Ergebnis anhören, werden Sie merken, daß die Musik zwar nicht von Puccini stammt, aber es ist sein Stil, ist ihm nachempfunden.

Dem zehnjährigen Charles Chaplin junior fiel auf: »Die Leute in Papas eigenem Studio hatten schon unter seinem perfektionistischen Eifer zu leiden, aber für die Musiker... war es die reinste Folter.«

> Dad hat das Letzte aus ihnen herausgeholt. Edward Powell konzentrierte sich beim Notieren der Musik dermaßen, daß er fast sein Augenlicht verlor und zu einem Spezialisten gehen mußte, um es zu retten. David Raksin, der im Durchschnitt zwanzig Stunden am Tag arbeitete, nahm fünfundzwanzig Pfund ab und war manchmal so erschöpft, daß er keine Kraft mehr fand, nach Hause zu gehen und daher im Studio auf dem Fußboden schlief. Al Newman sah ihn einmal tränenüberströmt die Studio-Straße entlanggehen.

Chaplin arbeitete Abend um Abend mit Raksin an der Umsetzung seiner Kompositionen – bis lange nach Mitternacht – und schonte ihn nicht einmal an den Wochenenden. An einem Wochenende kam er immerhin in den Genuß, auf der *Panacea* arbeiten zu dürfen, während Paulette solange mit den Kindern nach Palm Springs ging, um sie von ihrem vielbeschäftigten Vater fernzuhalten. Raksin erinnert sich nicht nur an die anstrengende Arbeit rund um die Uhr, sondern auch an die Gags und Witze und an die Ausgelassenheit. Leider ging dann alles unglücklich aus. Newman arbeitete gerne nachts. Bei einer dieser nächtlichen Sitzungen am 4. Dezember, als Raksin sich auf Chaplins Vorschlag den Abend freigenommen hatte, hatten Chaplin und der impulsive Newman eine erbitterte Auseinandersetzung. Nach einem schlechten Take beschuldigte Chaplin die Musiker, »alles zu verhunzen und sich auf die faule Haut zu legen«. Newman explodierte, schleuderte den Taktstock durchs Studio, überschüttete Chaplin mit Flüchen und stapfte zu seiner Suite davon, um sich mit einem Whisky zu stärken, bevor er Sam Goldwyn anrief und ihm mitteilte, daß er unter keinen Umständen jemals wieder mit Chaplin zusammenarbeiten werde. Und er blieb dabei. Aus Solidarität mit Newman wollte Raksin nicht als Dirigent einspringen, und das führte zu einer Entfremdung von Chaplin, die jahrelang anhielt. Powell mußte aufgrund seines Vertrages wohl oder übel das Dirigieren übernehmen. »Da Eddie nun dirigierte, übernahm ich den Großteil der noch verbleibenden Orchestrierung, und die Aufnahmen gingen in einer recht bedrückten und zerrissenen Stimmung zu Ende.« Die Musikaufnahmen waren schließlich am 22. Dezember unter Dach und Fach. Jahre später lebte die einstige herzliche Beziehung zwischen Chaplin und Raksin wieder auf. Der Musiker besuchte das Studio im Jahr 1952, am Vortag von Chaplins endgültiger Abreise aus Amerika, zum letzten Mal.

Daß ausgerechnet jetzt hoher Besuch ins Haus stand, machte Chaplin noch zusätzliche Sorgen: H. G. Wells traf am 27. November zu einem vierwöchigen Aufenthalt in Hollywood ein. Und an dem Abend, an dem sich der Krach mit Newman ereignete, waren er und Chaplin Ehrengäste bei einem Dinner der Motion Picture Academy. Mit Paulettes Hilfe wurde Wells irgendwie unterhalten. Alf Reeves schrieb Sydney, daß er den großen Mann während dessen Besuch nicht einmal zu Gesicht bekommen habe, da Chaplin ihn nur abends ins Studio mitnahm. Nachdem aber die Musikaufnahmen abgeschlossen waren, fand der Gastgeber wenigstens Zeit, Wells am Flughafen zu verabschieden, bevor dieser wieder in den Osten zurückflog.

Chaplin veranstaltete schließlich, nach langer Geheimhaltung, eine Probeaufführung von *Modern Times* in San Francisco. Alf Reeves konnte Sydney am folgenden Tag berichten: »Publikum klatschte bei ›Titine‹ (und verlangte ein ›Encore‹!) und jubelte am Schluß.« Trotzdem entschloß Chaplin sich zu einigen Schnitten, und weitere folgten nach der zweiten Probeaufführung im Alexander Theatre in Glendale. Insgesamt vollzog sich der Start dieses Films ruhiger als der von *City Lights.* Der Film wurde am 5. Februar 1936 im New Yorker Rivoli vor ausverkauftem Haus uraufgeführt. Am 11. Februar lief er im Tivoli in London an. Tags darauf fand eine Gala-Premiere in Grauman's Chinese Theatre in Hollywood statt, aber es war ein recht ruhiges Ereignis. Vielleicht war Chaplin diesmal zuversichtlicher. Die Publikumsreaktion war gewiß so positiv, wie er es sich nur wünschen konnte. Die Presse reagierte gemischt. Ein Teil kritisierte ihn, weil er sich an sozio-politische Satire gewagt hatte, während ein anderer Teil bemängelte, daß er genau das nicht getan hatte, obwohl er es im Vorspanntext des Films versprochen zu haben schien: »Die Geschichte der Industrie, des privaten Unternehmertums – der Kreuzzug der Menschheit auf der Suche nach dem Glück.«

Privates störte hin und wieder Chaplins Konzentration. Im August 1934 war der Lindbergh-Fall noch sehr präsent, und es gab Entführungsdrohungen gegen Chaplins Kinder. Chaplin erklärte vor der Presse, daß er Leibwächter engagiert und Haus und Studio gesichert habe. Einige Wochen zuvor hatte er sich zu einer möglichen Entführung seiner Person geäußert. »Keinen Cent für Lösegeld! Ich habe meinen Mitarbeitern eindeutige Anweisungen gegeben, daß unter keinen Umständen auch nur ein Cent gezahlt werden darf, wenn jemand versucht, Geld von mir zu erpressen. Falls ich entführt werden sollte – und ich mache mir keine Sorgen, daß das passieren könnte –, würde ich mich bei der ersten Gelegenheit zur Wehr setzen. Die müßten mich entweder freilassen oder einen Mord begehen.«

Im April 1935 erkrankte Minnie Chaplin in Südfrankreich ernsthaft. Sie wurde operiert, starb aber kurz darauf. Das Telegramm, das Chaplin seinem Bruder während Minnies letzter Krankheit zum Trost schickte, veranschaulicht deutlich, daß nicht einmal brüderliches Mitgefühl seine Gedanken von seiner Arbeit ablenken konnte. Er rät Sydney, die Dinge »philosophisch« zu sehen und »den Kopf nicht hängen zu lassen«.

> ICH HABE HART AN DEM FILM GEARBEITET DER IM HERBST ZUM START FERTIG SEIN WIRD UND ALLEM ANSCHEIN NACH WERDEN WIR EINEN SENSATIONELLEN ERFOLG HABEN STOP DIE GESTALTUNG WIRD ÄHNLICH WIE BEI CITY LIGHTS MIT TONEFFEKTEN UND EINGESPROCHENEN ZWISCHENTITELN WIR WERDEN JEDOCH MIT DIESER IDEE EXPERIMENTIEREN STOP ICH HABE VOR NACH BEENDIGUNG VON DIESEM FILM GLEICH WEITERZUARBEITEN WEIL ICH DAS GEFÜHL HABE DASS ICH GERADE GUT IN SCHWUNG BIN UND HABE VOR DAS HEU EINZUFAHREN SOLANGE DIE SONNE SCHEINT STOP DU BRAUCHST MAL VERÄNDERUNG DU SOLLTEST HIERHER KOMMEN WO DEINE FÄHIGKEITEN VON GROSSEM WERT WÄREN STOP WENN ES MINNIE WIEDER BESSER GEHT SOLLTET IHR EUCH VIELLEICHT ÜBERLEGEN NACH HOLLYWOOD ZU KOMMEN ES WÜRDE EUCH BEIDEN GUTTUN STOP.

Zweifellos munterte es Sydney inmitten seiner persönlichen Sorgen auf, daß Chaplin gleich wieder an die Arbeit wollte, gleichzeitig war er aber skeptisch. Möglicherweise hatte Chaplin ein Projekt im Sinn, das er während der ganzen Produktionszeit von *Modern Times* irgendwie nebenher vorbereitet hatte – offenbar das einzige Mal, daß er sich mit einem anderen Langfilmprojekt beschäftigte, während er bereits an einem Film arbeitete. Chaplin-Kommentatoren mit psychoanalytischen Ambitionen haben seinen beharrlichen Ehrgeiz, einen Film über Napoleon zu machen, groß herausgekehrt. Sein Interesse ist wahrscheinlich ganz einfach zu erklären. Napoleon liefert eine einzigartige, dankbare Rolle für einen Schauspieler von kleiner Statur. Seit seiner Kindheit, als seine Mutter ihm sagte, sein Vater ähnele Napoleon, war Chaplin von dieser Gestalt fasziniert. Als er 1922 nach einem Stoff suchte, mit dem er Edna Purviance als dramatische Schauspielerin lancieren konnte (er entschied sich letztendlich für *A Woman of Paris*), hatte er sich eine Geschichte überlegt, in der sie als Napoleon und Josephine agieren sollten. Als er sich für Lita Grey zu interessieren begann, war die Rede davon, daß die Rolle der Josephine auf sie zugeschnitten werden sollte. Zu einem von Marion Davies veranstalteten Kostümball gingen Chaplin und Lita als Napoleon und Josephine. Später war Lita beunruhigt, als sie feststellte, daß er die Rolle wiederum Merna Kennedy angeboten hatte. 1926 ließ Chaplin dann verlauten, daß er mit der spanischen Sängerin Raquel Meller, die ihn tief beeindruckt hatte, einen Napoleon-Film machen wolle. Doch ein Jahr später wurde er durch Abel Gances spektakulären *Napoleon* vorübergehend entmutigt, obwohl der Film in den Vereinigten Staaten nur in einer von Metro Goldwyn Mayer gekürzten Fassung gezeigt wurde, die von den ursprünglichen sechs Stunden auf wenig mehr als sechzig Minuten zusammengeschnitten worden war.

Bald nach Beendigung von *City Lights* wurde die Idee eines Napoleon-Films wieder ernsthafter erwogen. Im Verlauf seiner Weltreise von 1931 traf Chaplin mit Comte Jean de Limur zusammen, einem seiner jungen Assistenten bei *A Woman of Paris*, der ihm Jean Webers Roman *La Vie Secrète de Napoleon 1er* empfohlen hatte. Verhandlungen über die Filmrechte wurden eingeleitet, scheiterten aber, als Weber versuchte, die Bearbeitung einschränkenden Bedingungen zu unterwerfen.

Nach der Rückkehr seines Bruders nach Hollywood erfuhr Sydney in Nizza von Chaplins Plänen. Sein Brief ist voller Erleichterung darüber, daß hier ein Sujet vorlag, das nicht den Eindruck machte, als könnte es solche Probleme und Kosten verursachen wie *City Lights:*

> Man macht sich hier in der Presse viele Gedanken über Deinen nächsten Film. Es heißt, daß Du erwägst, eine Napoleon-Geschichte zu machen. Ich weiß natürlich, daß davon schon mal die Rede war, aber wenn es Dir wirklich ernst ist damit, glaube ich, daß ein dramatischer Film von Dir gerade jetzt ein großer Kassenschlager würde, wo so viele Millionen Menschen darauf warten, Dich endlich im Sprechfilm zu hören. Im Hinblick auf die Kosten könnte es auch sehr vorteilhaft sein, da das Szenario der dramatischen Produktion mehr oder weniger vollständig vorliegen müßte, bevor Du mit dem Drehen beginnst, und dann würdest Du nicht so lange mit dem Drehen brauchen. Es wäre auch deswegen groß-

> artig, weil dann Deine jetzige Figur in ihrer jetzigen pantomimischen Form erhalten bleiben würde. Wenn Du Dich tatsächlich zu diesem Sujet entschließt, solltest Du Dich auf alle Fälle mehr auf die häusliche Seite von Napoleons Leben konzentrieren, da sich da große Möglichkeiten mit guter menschlicher Komik bieten, und es ist eine Seite Napoleons, die meines Wissens bisher noch nicht dargestellt wurde. Außerdem würde man auf diese Weise riesige Geldsummen sparen, die benötigt würden, wenn man die spektakuläre oder militaristische Seite der napoleonischen Epoche portraitieren wollte ... Egal wofür Du Dich entscheidest, möchte ich Dir dringend raten, daß Du in Deinem nächsten Film nicht zuviel von Deinem Vermögen aufs Spiel setzt, da die Lage sehr unstabil ist und man im Filmgeschäft zu großen Konzernen hin tendiert, und die kleinen unabhängigen Verleiher werden herausgeekelt. Das wird die Buchungssituation etwas erschweren ...

Nach seiner Weltreise dachte Chaplin in Kalifornien weiter über das Projekt nach, war aber zunächst zu sehr mit seinen Artikeln für *Woman's Home Companion* und dem juristischen Gerangel um das Engagement von Charles Junior und Sydney Junior beschäftigt. Doch im Sommer 1933 lernte Chaplin Alistair Cooke kennen. Der damals fünfundzwanzigjährige Cooke war mit einem Stipendium des Commonwealth Fund in die Vereinigten Staaten gekommen. Als er ins Studio kam, um Chaplin für den *Manchester Guardian* zu interviewen, war Chaplin auf der Stelle von dem gutaussehenden, intelligenten und geistreichen jungen Engländer eingenommen. Es folgten Einladungen zum Abendessen und auf die Yacht. Im Winter 1933, nachdem Cooke in den Osten zurückgekehrt war, schrieb Chaplin ihm und fragte an, ob er vielleicht Lust hätte, im nächsten Sommer nach Hollywood zu kommen, um ihm beim Recherchieren und Schreiben eines Skripts für *Napoleon* zu helfen.

Cooke kam auch prompt im Frühsommer 1934 zurück und begann mit historischen Recherchen in der öffentlichen Bibliothek, wo er Las Cases' *Memorial of St. Helena* als Hauptquelle verwendete. Die Notizen seiner Recherchen existieren noch im Chaplin-Archiv, doch vom Skript ist nichts erhalten geblieben. Cooke erinnert sich an lange Arbeitssitzungen, gewöhnlich war auch Henry Bergman anwesend und manchmal auch Carter De Haven, der inzwischen mit Chaplin an *Modern Times* arbeitete. Gleich zu Beginn erläuterte Chaplin, wie er vorgehen wollte: »Wir brauchen irgendeine kleine Episode, irgendeine Vignette, durch die die übrigen Figuren fixiert werden. Was sie betrifft, darf das Publikum nie irgendwelche Zweifel haben. Wir müssen sie von Anfang an festlegen. Niemand interessiert sich für *deren* Probleme. Sie bleiben immer gleich. Man erkennt sie, jedesmal, wenn sie auftauchen. Das ist bei den Figuren, die den »kleinen Kerl« umgeben, auch nicht anders. Nur *er* muß entwickelt werden.«

Die Skriptbesprechungen gingen bis in den August 1934 hinein, und Cooke hatte den Eindruck, daß sie »gut vorankamen«. Da teilte Chaplin ihm unvermittelt mit, daß das Ganze zwar eine wunderbare Idee sei, aber nichts für ihn. Cooke heiratete (Chaplin wollte als Trauzeuge fungieren, aber da Cooke es taktloserweise versäumte, Paulette einzuladen, erschien er dann nicht), lehnte Chaplins Angebot ab, ihn in einer komischen Rolle in *Modern Times* einzusetzen, und kehrte nach London zurück, um als Filmkritiker für die BBC zu arbeiten.

Doch obwohl er nun schon intensiver an *Modern Times* arbeitete, hatte Chaplin das Napoleon-Projekt keineswegs aufgegeben. 1934 wurden die Verhandlungen um die Rechte für *La Vie Secrète de Napoleon 1er* wieder aufgenommen. Sydney zeigte jetzt aktives Interesse und war sehr mißtrauisch angesichts de Limurs Verzögerung der Angelegenheit. Weber, der Autor, war jetzt entgegenkommender – unter anderem, weil er Probleme mit Alimentenzahlungen hatte. Nach einer Menge Gefeilsche und Rückziehern von Weber und seinem Agenten wurde eine Summe von 78 650 Francs vereinbart, obwohl Weber sich wegen seiner Eheprobleme ausbat, daß in öffentlichen Verlautbarungen über das Arrangement nur von höchstens 30 000 Francs die Rede sein sollte.

Im Dezember 1935 erwarb die Chaplin Film Corporation für einen Zeitraum von acht Jahren die Rechte an dem Buch. Im Januar 1936 lieferte Jean de Limur ein auf dem Buch basierendes Film-Treatment ab. Das Treatment hatte eine fatale Schwäche: Es sah keine hinreichend bedeutende Rolle für Paulette vor. Chaplin hatte inzwischen an einem eigenen Treatment des Napoleon-Sujets gearbeitet. Im Juli 1935 weilte John Strachey bei Chaplin und Paulette in ihrem Haus in Beverly Hills. Man weiß nicht genau, wann oder wie sie sich kennengelernt haben, aber höchstwahrscheinlich begegneten sie sich 1931 während Chaplins Europa-Reise.

Strachey war ein Gesinnungsgenosse. Mit 34 war er bereits einer der prominentesten Linksintellektuellen Englands und hatte gerade *The Coming Struggle for Power* und *The Nature of Capitalist Crisis* veröffentlicht. Seit er 1931 mit Oswald Mosleys New Party gebrochen hatte, tendierte er zunehmend zum Kommunismus, obwohl er nie Mitglied der Kommunistischen Partei wurde. Wie Chaplin bewunderte er sowohl Roosevelt als auch Keynes. Hier war jemand, mit dem Chaplin sich in einhelliger Diskussion über seine eigene neuformulierte Lösung der Wirtschaftsprobleme und seinen Pazifismus ergehen konnte. Strachey war nicht nur intelligent, sondern dazu noch amüsant und charmant. Außerdem war er, obwohl großgewachsen und etwas linkisch, ein begeisterter Tennisspieler.

Gemeinsam entwickelten Chaplin und Strachey ihre Ideen für ein neues Szenario, und Strachey kehrte nach England zurück, um es dort auszuführen. Das Skript wurde Anfang 1936 fertiggestellt und am 9. April fürs Copyright angemeldet:

NAPOLEONS RÜCKKEHR VON ST HELENA*

> geschrieben von Charles Chaplin aus Großbritannien, wohnhaft in den Vereinigten Staaten, in Los Angeles, Kalifornien, in Zusammenarbeit mit John Strachey aus Großbritannien.

Das Chaplin-Strachey-Skript, das möglicherweise die bereits mit Cooke geleistete Arbeit verarbeitete, stellte in mehrfacher Hinsicht einen Fortschritt gegenüber dem Treatment von de Limur dar. Es enthält eine viel stärkere politische und pazifistische Moral, die Handlung ist ausgeprägter, und vor allem ist darin eine gut zugeschnittene Rolle für Paulette vorgesehen. Das einzige wesentliche Element, das von Webers Roman übernommen wurde, ist die Ausgangssituation, die vorgibt, daß Napoleons Flucht von St. Helena durch die Hilfe eines aufopferungswilligen Doppelgängers gelingt, der seinen Platz einnimmt. Das Skript weist viele typische Chaplin-Elemente auf, besonders in seinem durchgängig ironischen Ton und in der Liebesgeschichte zwischen einem älteren Mann und einem jungen Mädchen, die an ihrer romantischen Illusion scheitert. Chaplin hatte auch die Absicht, einige seiner eigenen Vorstellungen über Frieden und Politik durch Napoleon zum Ausdruck zu bringen. Ein mit Chaplins handschriftlichen Bemerkungen versehener Entwurf skizziert eine Rede zwischen Napoleon und Montholon auf St. Helena:

NAPOLEON: Mit der gesamten politischen Struktur Europas stimmt etwas nicht... Regierungen und Verfassungen sind veraltet, obsolet... die mechanische Wissenschaft läuft uns davon... Dampfschiffe, Eisenbahn, Eisenkutter... alle diese Dinge bedeuten Revolution, und wir müssen uns für die Zukunft wappnen... Der Mann der Zukunft wird ein Wissenschaftler sein... Zukünftige Regierungen werden erkennen, daß religiöse und moralische Prinzipien

* Alternative Titelvorschläge waren: *Die Rückkehr; Die Rückkehr von St. Helena; Die Rückkehr des Eroberers; Napoleons Rückkehr* und *Die Rückkehr Napoleons*.

individuelle Probleme sind, aber die wirtschaftlichen Probleme des Individuums sind Angelegenheit des Staates, und die Regierungen der Zukunft werden diese beiden Faktoren trennen ... Länder werden sich zum Schutz ihres Handels zusammentun ... Der Staatsmann der Zukunft wird der Buchhalter der Nation sein, keine Person, die moralische Prinzipien aufstellt, und Politik wird zur Mathematik ... Montholon, man hört Worte wie ›Socius‹ ...

MONTHOLON: Sie bringen mich ins Schleudern ... Ich weiß überhaupt nicht, worum es geht.

NAPOLEON: Ich meine, die Zeit der Kriege und der Aggression ist ein für allemal vorbei ... Man kann mehr durch Verträge, Freundschaft, kommerzielles Verständnis erreichen ... Wenn ich mein Leben noch einmal leben könnte, würde ich die Macht meiner Siege dazu benutzen, alle Länder Europas zu einem kompakten Staat zu vereinen ... Die Entwicklung geht in diese Richtung ...

Dies war natürlich nur ein erster Entwurf – wäre es in diesem Ton weitergegangen, wäre sicherlich das Publikum zusammen mit dem armen Montholon ins Schleudern geraten. Trotzdem ist im Napoleon von 1936, mit seiner Voraussicht der EG, bereits etwas von der Schlußrede aus *The Great Dictator* zu spüren; die Tiraden des jungen Macabee in *A King in New York* lassen sich erahnen.

Ein Vorschlag im Skript, wo es um den Diebstahl eines Vertrages geht, geht auf ein berüchtigtes Abenteuer von Marion Davies zurück, das sich einige Jahre zuvor ereignet hatte. Im Sommer 1928 bereisten William Randolph Hearst, Marion und ihre Entourage – einschließlich Harry Crocker – Europa, und der französische Außenminister Aristide Briand lud sie zum Lunch. Kurz nach dem Lunch wurde Hearsts Suite im Crillon durchsucht, und er wurde angewiesen, das Land binnen einer Stunde zu verlassen. Jemand hatte aus dem Ministerium Dokumente einer Vereinbarung über englisch-französische Flottenstationierungen gestohlen, und Hearst war der Hauptverdächtige, da sich der Diebstahl während des Mittagessens ereignet hatte. Trotz der Durchsuchung glückte es Hearst offenbar, das Dokument an seinem Leibe versteckt nach England zu schmuggeln.

Später, nach einer Reihe von Verhaftungen in Paris, erheblicher diplomatischer Verlegenheit und maximaler Ausschlachtung des Schlagzeilenwerts des Dokuments in der Hearst-Presse, unterhielt Marion in dem Versuch, Hearst zu entlasten, ihre Freunde mit einer Geschichte, die selbst für ihre Verhältnisse unglaubwürdig war. Nach ihrer Version entschuldigte sie sich während des Essens, da sie die Damentoilette aufsuchen mußte, und unterwegs bemerkte sie eine halbgeöffnete Tür zu einem Zimmer, in dem sich ein unverschlossener Safe befand. Unfähig, ihre Neugier zu bezähmen, hatte sie den Safe geöffnet und aus reinem Übermut ein Dokument entwendet, das sie dann in den Gummi ihres Mieders steckte. Dieses letzte Detail läßt ihre Behauptung um so unglaubwürdiger erscheinen, da sie das Ganze dann völlig vergessen haben will – ein Dokument in der Unterwäsche ist nicht gerade bequem –, bis sie ihr Bad nahm. Dann erst gestand sie dem hinreichend schockierten Hearst, was sie getan hatte. Kaum einer glaubte Marions Version, aber sie amüsierte Chaplin eindeutig so sehr, daß er sie in seine Napoleon-Geschichte einbaute.

Irgendwann ließ Chaplin Standfotos von sich in der Rolle des Napoleon machen, mit Harry Crocker (vermutlich) als Las Cases. Er trägt das Kostüm, das er zu Marion Davies' Kostümball getragen hatte. Da Crocker schon etwas älter und fülliger wirkt als zu Zeiten von *The Circus*, könnten die Standfotos einige Jahre nach der Party aufgenommen worden sein, etwa bevor Crocker während der Dreharbeiten zu *City Lights* das Studio verließ. Das Projekt eines Napoleon-Films scheint schließlich ungefähr in dem Moment aufgegeben worden zu sein, als das Strachey-Skript fertig war. Mindestens vierzehn Jahre lang hatte sich Chaplin damit befaßt. Als *Napoleon's Return from St. Helena* fürs Copyright angemeldet wurde, waren Chaplin und Paulette zu einer Reise in den Fernen Osten aufgebrochen, und sie sollten voller neuer Ideen zurückkehren.

Am Montag, den 17. Februar, fünf Tage nach der Gala-Premiere von *Modern Times* in Grauman's Chinese Theatre in Hollywood, segelten Chaplin, Paulette, ihre Mutter und sein Kammerdiener Frank Yonamori auf der ss *Coolidge* von Wilmington los zu einem Urlaub in Honolulu. Frank hatte im Royal Hawaiian Hotel Zimmer vorgebucht, aber als das Schiff in Honolulu eintraf, blieb die Chaplin-Gesellschaft an Bord. Nachdem er gesehen hatte, daß die Ladung für Hong Kong bestimmt war, beschloß Chaplin impulsiv, mit Paulette in den Fernen Osten zu reisen. Sie hielt ihm entgegen, daß sie unvorbereitet sei und für die Reise nichts Passendes anzuziehen habe, aber er erklärte, daß sie alles, was sie brauchten, unterwegs kaufen würden. Nachdem er die Entscheidung getroffen hatte, kabelte Chaplin an Alf Reeves: »HABE VOR AUF ›COOLIDGE‹ BIS HONG KONG ZU BLEIBEN. WERDE DREI MONATE WEG SEIN.« Alf hatte gelernt, Chaplins Kaprizen mit Gleichmut hinzunehmen.

Mit an Bord auf der *Coolidge* befand sich Jean Cocteau, der zur Auskurierung einer Krankheit den Spuren von Phileas Fogg folgte, begleitet von seinem marokkanischen Liebhaber Marcel Khill. In seinem später veröffentlichten Reisebericht nannte Cocteau Marcel verschämt seinen ›Passepartout‹. Bei Chaplin ist er diskret Cocteaus ›Sekretär‹. Es ist faszinierend, Chaplins und Cocteaus Schilderung ihrer Begegnung zu vergleichen. Chaplin beschreibt, wie die Begeisterung ihres ersten Zusammentreffens und eines bewegenden philosophischen Gesprächs, das – mit Marcel als Dolmetscher – bis tief in die Nacht hinein ging, rasch durch sprachliche Barrieren und Schwierigkeiten gedämpft wurde. Seiner Version zufolge war man den Rest der Reise bemüht, sich aus dem Weg zu gehen und Verabredungen tunlichst zu vergessen. Als sie feststellten, daß sie auch gemeinsam auf der *Coolidge* zurückreisen würden, »resignierten wir und gaben den Versuch auf, Begeisterung vorzutäuschen«.

Diese Darstellung unterscheidet sich auffallend von Cocteaus Schilderung. Die Erklärung für diese Diskrepanz könnte darin zu suchen sein, daß Chaplin zu schüchtern und in gewissem Sinne zu bescheiden war, um sich vorstellen zu können, daß ein Fremder eine derartig begeisterte Zuneigung für ihn empfinden könnte, wie das bei Cocteau der Fall war. »Meine Begegnung mit Charlie Chaplin«, erinnert sich Cocteau, »ist und bleibt das beglückende Wunder dieser Seereise.« Als er entdeckte, daß Chaplin an Bord war, schickte Cocteau ein Billett zu seiner Kabine. Beim Abendessen schenkte Chaplin ihm aber keinerlei Beachtung, und Cocteau nahm widerstrebend an, daß er unerkannt und ungestört bleiben wollte. Doch später am Abend, als Cocteau sich gerade zur Nachtruhe begeben wollte, klopften Chaplin und Paulette an seine Tür. Sie hatten sein Billett erst nach dem Abendessen erhalten und hatten dann vorsichtshalber beim Schatzmeister nachgefragt, um sich zu vergewissern, daß es kein Schwindel war.

Cocteau sah im Gegensatz zu Chaplin keinerlei Schwierigkeiten in ihrer Kommunikation:

> Ich spreche kein Englisch; Chaplin spricht kein Französisch. Und doch unterhielten wir uns völlig mühelos. Was spielt sich da ab? Was für eine Sprache ist das? Es ist *lebende* Sprache, die lebendigste von allen, die aus dem Willen entsteht, sich unter allen Umständen in der Sprache der Mimik, der Sprache der Dichter, der Sprache des Herzens zu verständigen. Chaplin trennt jedes Wort ab, stellt es auf den Tisch, als wäre es ein Sockel, tritt einen Schritt zurück, dreht es so, daß das

> günstigste Licht darauffällt. Die Worte, die er für mich verwendet, lassen sich leicht von der einen in die anderen Sprache übertragen. Manchmal geht die Geste den Worten voraus und eskortiert sie. Er kündigt erst jedes Wort an, bevor er es ausspricht, und kommentiert es danach. Kein Zögern, oder nur das scheinbare Zögern der Bälle, mit denen ein Jongleur jongliert. Er bringt sie nie durcheinander, man kann ihrem Flug durch die Luft folgen.[15]

Cocteau war von Paulettes Klugheit sehr angetan, als sie sich weigerte, als Dolmetscherin einzugreifen, wozu sie durchaus in der Lage war. »Wenn ich Ihnen helfe, werden Sie sich in Einzelheiten verlieren. Sich selbst überlassen, werden Sie nur das Wesentliche sagen.«

Chaplin erzählte Cocteau begeistert von seinen zukünftigen Projekten. Er spielte mit dem Gedanken, einen Film auf Bali zu drehen, und schlug ernsthaft vor, daß Marcel darin eine Hauptrolle spielen könnte. (Marcel war Feuer und Flamme, aber Cocteau sagte, er könne ihn nicht entbehren.) Er selbst wolle in seinem nächsten Film einen Clown spielen, sagte Chaplin, einen Clown, der zwischen den Widersprüchen des wirklichen Lebens und des Theaters hin- und hergerissen ist – vielleicht schon eine Andeutung von *Limelight.* Cocteau wollte ihn gerne einmal als Prinz Myshkin sehen. Sie redeten über *The Gold Rush*, und Chaplin beklagte sich: »Der Brötchen-Tanz. Immer beglückwünschen mich alle nur dazu. Das ist doch nur ein Rädchen im Getriebe. Ein Detail. Wenn ihnen nur das aufgefallen ist, müssen sie für den Rest blind gewesen sein!«[16] Über seinen jüngsten Film sagte Chaplin zu Cocteau: »Ich habe zu lange an *Modern Times* gearbeitet. Wenn ich eine Szene bis zur Perfektion entwickelt hatte, schien sie vom Baum zu fallen. Ich schüttelte die Äste und opferte die besten Episoden. Sie hatten ihre eigene Existenzberechtigung. Ich konnte sie getrennt zeigen, eine nach der andern, wie meine früheren Zweiakter.«[17] Chaplin mimte dann zwei nie verwendete Szenen, die er besonders liebte: die Szene mit dem Holz im Gitter aus *City Lights* und eine Straßenüberquerungs-Szene aus *Modern Times.*

Cocteau war von Chaplin fasziniert. Seinem Bericht zufolge »taten wir uns zusammen, speisten und reisten gemeinsam; wir hatten uns so sehr an das Zusammenleben gewöhnt, daß wir es als schmerzlich empfanden, als wir uns in San Francisco trennen mußten«, dennoch bemerkte Cocteau Chaplins Scheu und seine Rückzugstendenzen. »Selbst Freundschaft ist ihm verdächtig; die Pflichten und Unannehmlichkeiten, die sie mit sich bringt. Seine spontane Zuneigung zu mir war wohl etwas Einmaliges, und er geriet in eine Art

Panik. Ich spürte, wie er sich wieder in sich zurückzog und sich nach seiner Aufgeschlossenheit wieder verschloß.«[18] Mit besonderem Vergnügen beobachtete er Chaplins Beziehung zu Paulette:

> Paulette verschwand für ein paar Minuten. Charlie beugte sich vor und flüsterte mit geheimnisvoller Stimme: »Und dann verspüre ich solches Mitleid.« Wie? Mitleid mit diesem tausendstacheligen Kaktus, dieser kleinen Löwin mit ihrer Mähne und ihren vorzüglichen Krallen, diesem großen schnittigen Rolls mit seinem glänzenden Leder und Metall? Der ganze Chaplin steckt in dieser Bemerkung – da offenbart sich sein Herz.
>
> Mitleid mit sich, dem Tramp, Mitleid mit uns, Mitleid mit ihr – dem armen Waisenmädchen, das er mit sich zieht, um sie zum Essen zu bringen, weil sie Hunger hat. Er bringt sie ins Bett, weil sie müde ist, entreißt sie den Fallen des Stadtlebens, weil sie rein ist, und plötzlich sehe ich keinen Hollywood-Star mehr in dem silbernen Satin-Pagenkostüm, auch keinen reichen Impresario mit weißen Locken und Salz- und Pfeffer-Tweeds – sondern einen blassen kleinen Mann mit lockigem Haar, mit seinem komischen Stock, der auf einem Bein durch die Weltgeschichte humpelt und ein Opfer des Molochs von Großstädten und Polizeifallen wegzerrt.
>
> Es fällt mir äußerst schwer, die beiden Bilder zusammenzufügen: den Mann mit gesunder Gesichtsfarbe, der da mit mir redet, und den blassen kleinen Geist, seinen vielgestaltigen Engel, den er wie Quecksilber zerteilen kann. Allmählich gelingt es mir, die beiden Chaplins übereinanderzulegen. Eine Grimasse, eine Falte, eine Geste, ein Augenzwinkern, und die beiden Silhouetten decken sich, die des Toren der Bibel, des kleinen Heiligen mit der Melone, der an seinen Manschetten zupft und die Schultern strafft, als er das Paradies betritt, und die des Impresarios, der sein eigener Drahtzieher ist.[19]

Cocteau berichtete, daß Chaplin im Verlauf der Reise energisch arbeitete, »in seiner Kabine eingeschlossen . . ., unrasiert, in einem Anzug, der ihm zu eng ist, mit zerrauften Haaren, steht er da und dreht seine Brille in seinen winzigen Händen und ordnet vollgeschriebene Papierbögen.« Möglicherweise arbeitete er an dem Bali-Skript, das er Cocteau gegenüber erwähnte, doch Shanghai brachte ihn auf eine ganz neue Idee. Eine Gruppe vom Schiff, zu der auch Cocteau, Chaplin und Paulette gehörten, mischte sich unters Volk und besuchte eine Tanzhalle namens »Venus«. Dort beobachteten sie, wie amerikanische Matrosen mit »taxi-girls« tanzten. Dieses Erlebnis und gewisse Erinnerungen an May Reeves inspirierten Chaplin zu *Stowaway*. Als er am 11. Juni 1936 wieder in Kalifornien eintraf, erzählte er, daß er für Paulette bereits tausend Wörter einer Geschichte notiert hatte, die im Fernen Osten spielte.

In der Geschichte geht es um eine weißrussische Gräfin, die in Shanghai als »taxi-girl« ihren Lebensunterhalt verdient und sich dann als blinde Passagierin in der Kabine eines amerikanischen Millionärs-Diplomaten versteckt. Chaplin arbeitete die nächsten vier Monate schwungvoll an dem Manuskript weiter, und Ende Oktober hatte er eine relativ ausgefeilte Fassung fertiggestellt. Doch dann wurde das Ganze, wie die *Napoleon*-Geschichte, erst einmal ad acta gelegt. Doch anders als *Napoleon* wurde die Story mehr als dreißig Jahre später wieder ausgegraben und diente – einmal abgesehen von der geographischen Verlegung – relativ wenig verändert als Szenario für *A Countess from Hong Kong*.

Im August begann die Arbeit an einem Alternativprojekt. Das Londoner Büro von United Artists hatte für die Chaplin Film Corporation die Filmrechte für D. L. Murrays historischen Roman *Regency* erworben, und der Schriftsteller Major Ronald Bodley bekam den Auftrag, ihn zu bearbeiten. Bodley bereitete eine Zusammenfassung und ein Treatment vor, und von Oktober bis Februar arbeitete auch Chaplin an dem Skript, machte umfangreiche Manuskriptkorrekturen und Notizen. Im März 1937 lief Major Bodleys Vertrag mit dem Studio aus, und am 26. Mai, als er gerade dabei war, ein Vorwort zu Gilbert Seldes Buch *Movies for the Millions* zu diktieren, informierte Chaplin seine Sekretärin Catherine Hunter, daß *Regency* beiseite gelegt worden sei zugunsten einer aktuellen Geschichte, an der er bereits arbeitete.

Es ist heute ziemlich unklar, was so bemerkenswert war an D. L. Murrays Kostümromanze über die Abenteuer eines temperamentvollen unkonventionellen Mädchens adligen Geblüts im Regency-England. Das Werk bot natürlich eine starke Rolle für Paulette. Außerdem gab Chaplin der Geschichte einen politischen Anstrich, da bei ihm das Mädchen Regency, hin- und hergerissen zwischen dem hedonistischen Regenten und einem jungen Straßenräuber mit radikalen Tendenzen, nicht weiß, wem sie die Treue halten soll. Chaplins handschriftliche Notizen zeigen, wie sehr er von der zentralen Figur fasziniert war; vielleicht sah er in Regency etwas von Paulette selbst.

> Regency hat einen starken Willen. Er manifestiert sich in sehr frühem Alter... Sie war unter ihren Geschlechtsgenossinnen nicht beliebt, aber bestimmte Männer, sogar junge Männer, fühlten sich unwiderstehlich zu ihr hingezogen... Wenn Männer sich in sie verliebten, waren sie ihr vollkommen untertan, so daß sie das Interesse an ihnen verlor. Andererseits stieß sie umgehend jeden zurück, der versuchte, sie zu beherrschen. Solange ein Mann ihrem Willen nicht im Wege stand,

brachte sie ihm ihre Freundschaft entgegen. Ihr stärkster Charakterzug war ihr Gerechtigkeitssinn.

Jahre später verriet Chaplin, daß er und Paulette im Verlauf ihrer Fernostreise in Kanton geheiratet hatten. Obwohl er nach wie vor ein echtes und loyales Interesse für Paulettes Karriere hatte, begann das berufliche und private Leben der beiden inzwischen unwiederbringlich auseinanderzudriften. Paulette war zu ehrgeizig und ungeduldig, um auf das nächste Chaplin-Projekt zu warten. Wie alle anderen Hauptdarstellerinnen in Hollywood wollte sie unbedingt die Rolle der Scarlet O'Hara in *Gone With The Wind* bekommen. Chaplin tat alles, was in seiner Macht stand, um sie für die Rolle auszurüsten. Er arrangierte sogar Spezialunterricht bei seiner Freundin Constance Collier, der bekannten englischen Bühnenschauspielerin. Niemand im Studio wagte ihm zu sagen, daß Paulette die Stunden gerne zugunsten anderer aktueller Interessen verkürzte. Am 1. Oktober 1937 machte sie schließlich ihre Probeaufnahmen. Sie bekam die Rolle nicht – ob sie nun zuwenig oder zuviel geübt hatte, wird man nie erfahren.

15
Der große Diktator

Ganz abgesehen von den sonstigen Qualitäten des Films, ist und bleibt *The Great Dictator* ein einzigartiges Phänomen, ein herausragendes Ereignis in der Geschichte der Menschheit. Der größte Clown, die beliebteste Persönlichkeit der damaligen Zeit forderte den Mann heraus, der in der neuen Geschichte mehr Böses und mehr menschliches Leid angestiftet hat als irgendein anderer.

Es lag etwas Unheimliches in der Ähnlichkeit zwischen Chaplin und Hitler, die gegensätzliche Pole der Menschheit repräsentierten. Am 21. April 1939, anderthalb Jahre vor der Premiere von *The Great Dictator*, hieß es in einem unsignierten Artikel im *Spectator*:

> Man mag es als eine Ironie des Schicksals ansehen, daß vor fünfzig Jahren um diese Zeit in einem Abstand von nur vier Tagen Charles Chaplin und Adolf Hitler ihren Einzug in diese Welt hielten ... Jeder hat auf seine Art und Weise die Ideen, Gefühle und Hoffnungen der mühebeladenen Bürger zum Ausdruck gebracht, der Millionen, die zwischen dem oberen und dem unteren Mühlstein der Gesellschaft zermalmt werden; das Geburtsdatum und der gleiche kleine Schnurrbart (bewußt grotesk bei Mr. Chaplin) können nahelegen, daß die Natur darauf aus war, den gemeinsamen Ursprung ihres Genies zu betonen. Denn zweifellos besitzen beide Genie. Beide spiegeln dieselbe Wirklichkeit wider – die Not des »kleinen Mannes« in der modernen Gesellschaft. Beide sind Zerrspiegel, der eine zum Guten hin, der andere zum unsagbar Bösen. Bei Chaplin ist der kleine Mann ein Clown, schüchtern, unbedarft, unendlich findig und doch verwirrt von einer Welt, die keinen Platz für ihn hat. Der Apfel, in den er beißt, ist wurmig; über seine Hosen, diesen letzten Rest der Vornehmheit, stolpert er; mit seinem Stock erhebt er Anspruch auf eine Würde, die ihm längst abhanden gekommen ist; wenn er einen Hebel zieht, dann ist es der falsche, und Unheil folgt auf dem Fuße. Er ist eine heroische Figur, jedoch nur heroisch in der Geduld und Findigkeit, mit der er die Schläge entgegennimmt, die auf seine Melone herabhageln. In seinem Wirken und in der Liebe tut er es den Engeln gleich. Aber bei Herrn Hitler ist aus dem Engel ein Teufel geworden. Aus den durchgelaufenen Latschen wurden Reitstiefel; aus der unförmigen Hose eine

Reithose; aus dem Spazierstock eine Reitgerte; aus der Melone ein Käppi. Aus dem Tramp ist ein Nazistürmer geworden; nur der Schnurrbart ist der gleiche.

Manche glaubten sogar, daß Hitler sich den Schnurrbart in dem bewußten Versuch zugelegt hatte, eine Ähnlichkeit mit dem Mann zu suggerieren, dem die Welt soviel Liebe und Treue entgegenbrachte.

Konrad Bercovici erhob eine Plagiatsklage gegen Chaplin mit der Behauptung, daß er Mitte der dreißiger Jahre Chaplin als erster vorgeschlagen habe, Hitler zu spielen. Etliche Zeitungskarikaturisten, vor allem David Low, hätten mit gleichem Fug und Recht die Idee für sich beanspruchen können; schließlich war sie naheliegend. Viel später gestand Chaplin: »Hätte ich damals von den tatsächlichen Schrecken der deutschen Konzentrationslager gewußt, hätte ich *The Great Dictator* nicht machen können; ich hätte mich über den mörderischen Wahnsinn der Nazis nicht lustig machen können.«[1] Wie wir inzwischen wissen, bot Hitler in der Tat keinen Anlaß zum Lachen. Aber Chaplin ging keinesfalls leichtherzig an diesen Film heran. Er empfand sehr reale und heftige Schmerzen und großen Abscheu angesichts der Schrekken und bösen Vorzeichen der Weltpolitik in den dreißiger Jahren. Wir haben in seiner Polemik gegen den Mythos des Patriotismus von 1931 gesehen, daß er schon voller Entsetzen einen neuen Krieg kommen sah. Durch seine jüngste Fernostreise war er sich der Gefahren des China-Zwischenfalls vom Juli 1937 und der Eskalation des sino-japanischen Konflikts stärker bewußt als die meisten seiner Zeitgenossen.

Die Ereignisse in Spanien beunruhigten ihn nicht minder. Im April 1938 veröffentlichte die französische Filmzeitschrift *Cinémonde* die Übersetzung einer bemerkenswerten Kurzgeschichte von Chaplin mit dem Titel »Rhythme«.* Sie beschreibt die Hinrichtung eines spanischen Loyalisten, eines beliebten Humoristen. Der Offizier, der das Exekutionskommando befehligt, war ein früherer Freund des Verurteilten; »ihre Meinungsverschiedenheiten, die sie früher freundschaftlich austrugen, stürzten schließlich ganz Spanien in Unglück und Chaos.« Sowohl der Offizier als auch die sechs Männer des Exekutionskommandos hoffen insgeheim, daß doch noch eine Begnadigung erfolgt. Schließlich muß jedoch der Offizier den rhythmischen Befehl geben: »Achtung! ... Gewehr über! ... Gewehr präsentiert! ... Feuer!« Der Offizier gibt die ersten drei Anweisungen. Man hört eilige Schritte, alle begreifen, daß die Begnadigung naht. Der Offizier ruft »Halt!« zu seinem Exekutionskommando, aber:

> Sechs Männer präsentierten das Gewehr. Sechs Männern hatte man den Rhythmus eingetrimmt. Sechs Männer hörten den Ruf »Halt!« und feuerten.

Die Angst, daß Menschen zu Maschinen werden können, die Chaplin in *Modern Times* zum Ausdruck gebracht hatte, wird auch in dieser Geschichte sichtbar, gleichzeitig deuten sich schon einige bitterironische Gags aus *The Great Dictator* an.[2]

Chaplins Gefühle in bezug auf Spanien kommen auch in einem Gedicht zum Ausdruck, das er in ein Notizbuch gekritzelt hatte, zwischen einige Notizen zur Entwicklung von *Regency*, vermutlich im Winter 1936/37. Das Gedicht war eindeutig nicht zur Veröffentlichung bestimmt oder nicht einmal für fremde Augen. Ein privater Versuch, persönliche Empfindungen auszudrücken.

An einen toten Soldaten der Loyalisten
auf den Schlachtfeldern Spaniens

Hingestreckte, geschundene Gestalt,
Dein Schweigen spricht für deine unsterbliche Sache
Für den unerschrockenen Vormarsch der Freiheit.
Wenn auch Verrat an diesem Tag dich traf,

* Ein englischer Originaltext der Geschichte konnte nicht ermittelt werden.

Der Barrikaden baut aus Angst und Haß,
Der siegreiche Tod macht den Weg dir frei
Jenseits des Ringens menschlichen Lebens
Jenseits des Zaunes einsperrender Speere
Läßt der Tod dich vorbei.

Es gab »eine Menge schlechtes Benehmen in der Welt«, sagte er euphemistisch, und sensibel, wie er war, fühlte er sich gedrängt, alles in seiner Macht stehende zu tun, um etwas zu ändern oder wenigstens darauf aufmerksam zu machen. Er wußte wohl, daß die Komik seine einzige Waffe war.

In der zweiten Hälfte der dreißiger Jahre war Chaplin eng mit dem Regisseur King Vidor und seiner Familie befreundet, und durch sie lernte er, irgendwann im Jahr 1938, Tim Durant kennen. Wie Harry Crocker war Durant ein großgewachsener, gutaussehender, aristokratischer junger Mann mit Universitätsausbildung. Offenbar hatte Chaplin eine Schwäche für diesen Typ. Durant besaß noch den zusätzlichen Vorzug, verständnisvoll, amüsant, diskret und ein guter Tennisspieler zu sein. Durch Durant wurde Chaplin in die Gesellschaft von Pebble Beach und Carmel eingeführt, hundert Meilen südlich von San Francisco. Chaplin nannte Pebble Beach einen »Hort der verlorenen Seelen«. Er fühlte sich von der Kollektion kalifornischer Millionäre, die dort noch wohnten, angezogen, war von ihnen genauso fasziniert und entzückt wie von den verlassenen Villen, die allmählich zerfielen. Die etwas bohemienhaftere Kolonie im nahegelegenen Carmel, ein Küstenabschnitt, der bei Malern und Schriftstellern sehr beliebt war, besaß eine ganz andere, aber ebenso mächtige Anziehungskraft. Besonders angetan war er von seiner dortigen Begegnung mit dem berühmten kalifornischen Dichter Robinson Jeffers.

Tim Durant erinnerte sich, daß Chaplin anfangs nichts mit dem Zirkel von Pebble Beach zu tun haben wollte:

> Ich kannte ein Mädchen, das mit einem der Crockers in San Francisco verheiratet war, und sie hatte gehört, daß ich da war, und da hat sie mich angerufen und mich gebeten, zum Abendessen vorbeizukommen und Charlie mitzubringen. Aber Charlie hat zu mir gesagt: »Hör mal, Tim, ich will überhaupt nichts mit diesen Leuten zu tun haben ...« Ich hab gesagt: »Mensch, Charlie, komm mir zuliebe mit – ich verlange nichts weiter von dir. Gehen wir doch einfach rüber und essen mit denen zu Abend, und wir können ehrlich sagen, daß wir wieder weg müssen und noch was arbeiten müssen, und du kannst jederzeit wieder gehen.«
>
> Er hat gesagt: »Na gut, Tim. Aber hilf mir da wieder raus, ja. Laß mich nicht den ganzen Abend da hängen.«

> Also sind wir hingegangen. Wir sind reingekommen, und alle haben sich um ihn geschart, und er war der große Held. Er hatte sein Publikum und konnte nicht gehen – wollte bis drei Uhr morgens bleiben. Danach wollte er jeden Abend hingehen, weil sie ihn als großen Künstler und wunderbaren Menschen akzeptiert haben. Sie haben ihn geliebt, und er hat sie unterhalten, und wir sind dauernd ausgegangen. Er hat viele Geschichten geschrieben – ich habe Notizen für Geschichten über die Typen dort gemacht. Er hatte vor, eine Geschichte über die Leute dort zu machen.[3]

Einer seiner Gastgeber war D. L. James. Er wohnte in Carmel in einer Villa im spanischen Stil, hoch oben am Klippenrand. Das Haus war eins der architektonischen Monumente Nordkaliforniens. (James' Eltern hatten ihn tatsächlich ›D. L.‹ getauft, damit er sich, wenn er alt genug war, die passenden Namen zu den Initialen selbst aussuchen konnte. Tatsächlich blieb er einfach bei ›D. L.‹, obwohl er gelegentlich andeutete, daß ›Dan‹ ein ganz hübscher Name wäre.) In James' Haus lernte Chaplin D. L.s Sohn Dan kennen, der damals sechsundzwanzig Jahre alt war, ein angehender Schriftsteller und glühender Marxist und ziemlich unstet: »Mit meiner Schriftstellerei kam ich auf keinen grünen Zweig; ich war gerade dabei, mich von meiner Frau zu trennen, und ich wollte mich demnächst nach New York aufmachen.« Sie trafen sich mehrmals, und Dan ließ sich über Filme und über den Krieg gegen den Faschismus aus. Chaplin seinerseits umriß seine Idee für einen Hitler-Film.

Als Chaplin Ende des Sommers von Pebble Beach nach Hollywood zurückkehrte, faßte sich Dan James ein Herz und schrieb ihm, daß ihn die Idee eines Hitler-Films begeisterte und er sich sehr freuen würde, wenn er in irgendeiner Funktion daran mitarbeiten könnte. »Ich packte aber weiter meine Koffer für den Osten.« Er war etwas überrascht, als einige Tage später ein Anruf vom Chaplin-Studio kam. Man lud ihn ein, vorbeizukommen und mit Alf Reeves zu sprechen. Reeves meinte warnend, daß Chaplin »wankelmütig« sei, ihn aber schätze und bereit sei, ihn für eine Gage von 80 $ die Woche zu engagieren und ihn im Beverly Hills Hotel unterzubringen, bis er eine Wohnung gefunden habe. »An meinem ersten Abend ging er mit mir in Ciro's Trocadero Oyster Bar; dann speisten wir zusammen, und er erzählte mir die Umrisse der Geschichte. Am nächsten Tag ging ich hoch und fing an, mir Notizen zu machen ... Ich glaube, Charlie hat mich genommen, weil ich so groß bin, weil meine Familie hier draußen ein Schloß hat und weil er ziemlich schnell merkte, daß ich ein erklärter Kommunist war. Ihm war klar, daß ich mit meiner Herkunft und *der* politischen Einstellung kaum auf die Idee kommen würde, ihn um des Geldes willen zu hintergehen.«

Dies ereignete sich vermutlich Ende September 1938. Die Jameses kannten John Steinbeck, den Chaplin unbedingt kennenlernen wollte. Dan James leitete das Notwendige in die Wege, und am 1. Oktober begleitete er Chaplin zu einem Wochenende auf Steinbecks Ranch in Los Gatos. Chaplins Scharfblick beeindruckte ihn: »Schon damals hat er gesagt: ›An Steinbeck ist eine Menge Unechtes‹, und ich glaube, die Zeit hat ihm recht gegeben.«

Drei Monate lang erschien James jeden Tag im Haus in Beverly Hills und machte Notizen, während Chaplin mit ihm Ideen für die Handlung und für Gags durchsprach. Hin und wieder ging James ins Studio, um Kathleen Pryor die Notizen zu diktieren. Die erste dieser Diktatsitzungen scheint am 26. Oktober stattgefunden zu haben. Während dieser drei Monate konnte James sich ein Bild von Chaplins politischer Einstellung machen:

> Er hat oberflächlich gelesen, hat aber alles, was geschah, tief empfunden. Das Ende von *Modern Times* zum Beispiel spiegelt den Optimismus der Zeit des New Deal perfekt wieder: Schon 1934 und 1935 hatte er das im Gespür. Wahrscheinlich hat er nie Marx gelesen, aber seine Konzeption des Millionärs in *City Lights* ist ein exaktes Bild für Marx' Konzeption des Konjunkturzyklus. Marx schrieb vom Wahnsinn des Konjunkturzyklus, wenn er erst einmal in Gang gesetzt war, das Schwanken von einem Extrem zum andern. Chaplin präsentierte eine großartige Metapher. Ob er sich der gesellschaftlichen Relevanz bewußt war, weiß ich nicht, aber *er hat's getroffen*.
>
> Er hatte in vielen Dingen einen sechsten Sinn. 1927 und 1928 zum Beispiel hatte er das Gefühl, daß der Aktienmarkt verrückt spielt, und da hat er alles, was er hatte, in kanadischem Gold angelegt.
>
> Charlie bezeichnete sich als Anarchisten. Er war von den Linken immer fasziniert. Er wollte gern Harry Bridges von der Hafenarbeitergewerkschaft kennenlernen. Ich arrangierte ein Treffen, und die beiden verstanden sich auf Anhieb. Chaplin sprach über die Schönheit der Arbeit und beschrieb, wie er auf den Inseln dem Gesang der Fischer gelauscht hatte, als sie in ihren Booten hinausfuhren. Harry sagte: »Ich glaube, da haben wahrscheinlich eher die alten Männer am Ufer gesungen, die, die es aufgegeben haben, zur See zu fahren.«
>
> Wie immer seine genaue politische Einstellung auch aussah, auf jeden Fall bezog Charlie Stellung gegen Besitz und Spießertum. Er stand auf der Seite der Unterdrückten ... Er war ganz gewiß ein Freidenker. Schon sehr früh sah er in Stalin einen gefährlichen Diktator, und Bob [Meltzer] und ich hatten Schwierigkeiten, ihn dazu zu bringen, Stalin aus seiner Schlußrede in *The Great Dictator* herauszulassen. Er war entsetzt über das sowjetisch-deutsche Bündnis.
>
> Seine Beschreibung von sich selbst als Anarchist könnte nicht treffender sein. Er glaubte an menschliche Freiheit und menschliche Würde. Er haßte die Maschine

und mißtraute ihr, wenn auch die Film-Maschine seinen Lebensunterhalt sicherte. Ich würde sagen, er war gegen Kapitalismus, gegen Organisation. Und dagegen sollten, verdammt nochmal, alle sein.

Was Hitler betrifft, läßt sich jetzt nachträglich leicht sagen, daß Chaplin ihn zu sehr auf die leichte Schulter genommen hat. Sie dürfen nicht vergessen, daß der Film vor München geplant wurde und daß Chaplin ihn zweifellos schon ein paar Jahre zuvor im Kopf gehabt hatte. Und damals dachte man allgemein, daß dieses Ungeheuer doch nicht so fürchterlich war, wie es aussah. Er war ein großer Schwindler und mußte als solcher entlarvt werden. Als der Film dann schließlich lief, war Frankreich bereits gefallen und wir wußten viel mehr; so daß viel von der Komik danebenging.[4]

The Great Dictator markierte eine unvermeidliche Revolution in Chaplins Arbeitsmethode. Es wurde sein erster Dialogfilm, und zum ersten Mal begann er einen Film mit einem vollständigen Skript. Früher hatte er eine Sequenz nach der andern ausgearbeitet, Phasen der Story-Entwicklung wechselten mit Dreh-Phasen ab – im Verlauf der Arbeit wurden Ideen geändert, ausgewählt, verworfen. Nun mußten all diese Prozesse auf die Vorbereitungsphase verlegt werden; ein endgültiges Skript wurde erarbeitet. Die Notizen, die Dan James regelmäßig Miss Pryor diktierte, zeigen die Metamorphosen, die die Geschichte im Verlauf der Vorarbeiten durchlief.

Die ursprüngliche und grundlegende Vorgabe war die äußerliche Ähnlichkeit zwischen dem Diktator und dem kleinen Juden. Die frühen Treatments der Geschichte begannen alle mit der Heimkehr jüdischer Soldaten, viele versehrt, aus dem Krieg zurück ins Ghetto. Sie werden alle von Ehefrauen und Familien begrüßt, nur »der kleine Jude« nicht (der eindeutig vom Dienst in *Shoulder Arms* zurückkehrt). Er »geht allein die Straßen des Ghettos entlang. In seinem Verlangen nach Gesellschaft umarmt er eine Laterne.«

Eine frühe Idee beschreibt eine Sequenz in einer Herberge,

die als Schauplatz für unser Material zur Inflation dienen kann. Der kleine Jude kommt zurück, um seine Rechnung zu bezahlen. Auf dem Schild steht: ›1 000 000 $ pro Nacht – Bad 500 000 $ extra‹. Jemand läßt sich eine Packung Zigaretten holen. »Sie werden das Geld selber tragen müssen«, oder vielleicht geht der kleine Jude mit einem riesigen Korb auf dem Kopf. 10 000 000 $ für Zigarren. Der Tabakhändler besteht darauf, daß das Geld gezählt wird. Es sind lauter 1.00 $ Scheine.

Da Chaplin nie gerne einen guten Komikeinfall verschwendete, beabsichtigte er, den Gag mit dem Flohzirkus, genau so wie er in *The Professor* erscheint, in dieser Szene zu verwenden. Er blieb in mehreren aufeinanderfolgenden Treatments erhalten, wurde aber schließlich verworfen. Nachdem es ihm nicht gelungen war, den Gag in *The Circus* und *The Great Dictator* einzubauen, schaffte Chaplin es zu guter Letzt, ihn in *Limelight* unterzubringen.

Schon früh konzipierte er die Idee der zwei rivalisierenden Diktatoren, die sich gegenseitig an die Wand spielen wollen. Die vorübergehend eingeplante Frau des Großen Diktators wurde wieder gestrichen. Die Rolle war für die berühmte jüdische Komikerin Fanny Brice gedacht. Eine skizzierte Szene, mit vielen Änderungen in Dan James' Handschrift, deutet das Verhältnis an, das Chaplin vorschwebte. Es ist anzunehmen, daß er mit dieser Szene ernste Probleme mit dem Breen Office und anderen Zensurgremien bekommen hätte:

SZENE: Mrs. Hinkle alleine – gelangweilt und sexuell ausgehungert, mit Freudschen Früchtesymbolen. Hinkle tritt nach seiner Rede ein. Sie ist böse auf ihn – kommandiert ihn herum. Ihn beschäftigen Staatsangelegenheiten.

MRS: Ich bin eine Frau. Ich brauche Zuwendung, und du denkst immer nur an den Staat! DER STAAT! Mit mir ist wohl kein Staat zu machen, was?

HINKLE: Durch dich habe ich zu mir gefunden. Ich bin nicht mehr der Jüngste. Da war wohl noch was. Gutes altes Melodrama.

MRS: Das Leben ist so kurz und diese Augenblicke ach so selten ... Vergiß nicht, Hinkle, ich habe alles für dich getan. Ich habe mich sogar operieren lassen ... an meiner Nase. Wenn du dich nicht mehr um mich kümmerst, dann werde ich der ganzen Welt sagen, daß ich Jüdin bin.

HINKLE: Schhh!

FANNY: [*sic*] Und ich bin mir gar nicht mal so sicher, ob du nicht auch ein Jude bist. Es gibt Gefüllten Fisch zum Abendessen.

HINKLE: Still! Still!

FANNY: Letzte Nacht habe ich von Luftschiffen geträumt.

HINKLE: Von Luftschiffen?

FANNY: Ja, ich habe geträumt, wir hätten Paris in einem großen Luftschiff erobert, und wir flogen direkt durch den Arc de Triomphe. Und dann habe ich von einer Stadt geträumt, die voller Washington-Denkmäler war.
(Sie drückt ihm Trauben in den Mund, spielt mit einer Banane)

Am 13. Dezember 1938 stand die Geschichte im wesentlichen fest, einschließlich des Schlusses. Charlie und der Vater des Mädchens aus dem Ghetto, in das er sich verliebt hat, werden in ein Konzentrationslager gesteckt. Sie fliehen, und unterwegs laufen sie Hinkles Truppen über den Weg, die sich darauf vorbereiten, das Nachbarland Ostrich zu überfallen. Der kommandierende General hält Charlie für Hinkle. Hinkle, der beim Entenschießen über die geplante Invasion nachdenkt, wird wiederum für Charlie gehalten und ins Gefängnis geworfen.

Charlie und der Vater des Mädchens werden bei der Invasion von Ostrich mitgetrieben und landen schließlich auf dem Palastplatz in der Hauptstadt Vanilla:

> Hinkles Soldaten haben vor der Tribüne, von der der Eroberer gleich sprechen wird, Stellung bezogen. Charlie tritt auf die Plattform. Er bringt kein Wort heraus. Der Vater des Mächens steht an seiner Seite. »Sie müssen jetzt reden! Das ist unsre einzige Rettung! Um Himmels Willen, sagen Sie etwas!« Zunächst richtet Herring (Hinkles Premierminister) das Wort an die Menge – und über Mikrophon an die ganze lauschende Welt. Er fordert Schluß mit der Demokratie. Er stellt Hinkle vor, den neuen Eroberer, dem zu gehorchen ist – oder es passiert was. In der Menge zeigen wir Dutzende ostricher Patrioten, die bereit sind, Hinkle zu ermorden. Charlie tritt vor. Er beginnt langsam – er hat eine Heidenangst. Aber seine Worte verleihen ihm Kraft. Beim Reden verwandelt sich der Clown in einen Propheten.

Mitte Januar 1939 war Chaplin schon eindeutig zufrieden mit seiner Geschichte, die in der Folge allerdings noch stark überarbeitet wurde. Dan James erhielt den Auftrag, eine dramatische Komposition in fünf Akten mit Epilog daraus zu machen, die man fürs Copyright einreichen konnte. Man bemühte sich auch um das Copyright für den Titel *The Dictator*, aber es stellte sich heraus, daß Paramount Pictures und die Vermögensverwaltung von Richard Harding Davies bereits die Rechte für den Titel besaßen und nicht bereit waren, sie abzutreten. Im Juni wurde daher der Titel *The Great Dictator* eingetragen, aber Chaplin war sich seiner Sache nicht hundertprozentig sicher. Nachdem er bereits *Ptomania* angemeldet hatte, ließ er als weitere Alternativen noch *The Two Dictators*, *Dictamania* und *Dictator of Ptomania* eintragen.

Nach dem 16. Januar arbeitete Chaplin nicht mehr zu Hause in Beverly Hills, sondern im Studio, wo er die Vorbereitungen fürs Drehen überwachen konnte. Die Bühne wurde schalldicht gemacht; es mußten Verträge mit auswärtigen Organisationen wie der RCA ausgehandelt werden, die für den Ton zuständig sein sollten; Arbeiten an Miniaturen für Spezialeffekte hatten begonnen. Nun fanden die täglichen Skriptbesprechungen mit Dan James in Chaplins Bungalow auf dem Gelände statt. Am 21. Januar traf Sydney ein, um nach fast zwanzig Jahren wieder im Studio mitzuarbeiten. Angesichts der Lage in Europa hatten er und seine neue französische Frau Gypsy befunden, daß sie in Amerika wahrscheinlich sicherer waren. An den täglichen Skriptbesprechungen nahmen jetzt neben Chaplin und Dan James auch Sydney und Henry Bergman teil. Dan James erinnerte sich:

> Ich kann mich nicht entsinnen, daß Henry irgendwas zu den Besprechungen beigetragen hat außer Begeisterung und Lachen – aber das war sehr wichtig. Doch Sydney hatte enorm viele Gagvorschläge. Nur die wenigsten davon hatten irgendwas mit dem zu tun, woran wir gerade arbeiteten, aber das spielte keine Rolle. Es war stimulierend. Ein schlechter Gag fordert immer dazu heraus, einen besseren zu finden...
>
> Sydney hat mich immer gebeten, Charlie daran zu erinnern, wieviel das alles kostete, und daß wir diese ganzen Statisten und so gar nicht brauchten, und daß es nicht nötig sei, soviel Überstunden zu machen. Er hat sehr den älteren Bruder herausgekehrt. Man hätte sie aber nie für Brüder gehalten – sie wirkten so verschieden. Ich glaube, Charlie war über Sydney hinausgewachsen. Sydney ging selten zu Charlies Partys mit all seinen schicken intellektuellen Freunden... Sydney sah eigentlich nicht einmal wie ein Schauspieler aus...

Im Spätsommer 1939, als das Skript fertig und Chaplin bereit war, mit dem Drehen zu beginnen, konnte er Sydney beruhigen: »Syd, diesmal habe ich das Skript genau fixiert. Ich hab jede Nahaufnahme im Kopf.« »Natürlich entsprach das nicht ganz den Tatsachen«, sagte Dan James.

In den Vorbereitungswochen zeigte Chaplin der Belegschaft im Vorführraum des Studios Filme, darunter *Shoulder Arms* und den mysteriösen *The Professor*. Er sah sich auch alle Wochenschauen von Hitler an, an die er herankam. Er kam später immer wieder auf eine bestimmte Sequenz zurück, in der Hitler bei der Unterzeichnung der französischen Kapitulation gezeigt wurde. Als Hitler den Eisenbahnwaggon verließ, schien er einen kleinen Tanz zu vollführen. Chaplin sah sich die Szene immer wieder fasziniert an und rief aus: ›Oh, du Dreckskerl, du Hundesohn, du Schwein. Ich weiß, was in deinem Kopf vorgeht.‹ Tim Durant zufolge sagte er: »›Dieser Kerl ist einer der größten Schauspieler, die ich jemals gesehen habe‹... Charlie bewunderte seine Schauspielkunst. Ganz im Ernst.« Dan James bemerkte fünfundvierzig Jahre später dazu: »Natürlich besaß er einige Eigenschaften, die auch Hitler hatte. Er beherrschte seine Welt. Er erschuf seine Welt. Und Chaplins Welt war auch keine Demokratie. Chaplin war der Herrscher über diese Dinge.«

Das Skript, das am 1. September fertig war, zählt nach wie vor zu den aufwendigsten, die jemals für einen Hollywood-Film angefertigt wurden. Es hat den stolzen Umfang von fast 300 Seiten (ein Skript für einen Langfilm hat in der Regel eine Länge von 100 bis 150 Seiten.) Es war in fünfundzwanzig Abschnitte aufgeteilt, jedem war in alphabetischer Reihenfolge ein Buchstabe zugeordnet, und jeder war gesondert durchnumeriert. Die gesamten Dreharbeiten hindurch wurde jeder Take durch den Buchstaben und die Zahl der entsprechenden Skriptseite ausgewiesen. Wenn Dan James auch bezweifelte, daß Chaplin alles genau fixiert hatte, scheint das System, nach den Drehberichten zu urteilen, in den 168 Tagen dieser höchst komplizierten Produktion ziemlich gut funktioniert zu haben.

Während des ganzen Frühjahrs und Frühsommers 1939 suchte sich Chaplin sein Team zusammen. Henry Bergman wurde zum »Koordinator« ernannt. Dan James bekam noch Gesellschaft von zwei weiteren Regieassistenten. Einer davon war Chaplins Halbbruder Wheeler Dryden, der im März in La Brea eintraf. Er war überglücklich, daß er einen Job in Chaplins Studio-Stammbelegschaft bekam. Wheeler hatte weiterhin als Schauspieler sein Brot verdient, und 1923 hatte er am Egan Theatre in Los Angeles das Stück *Suspicion* produzieren lassen, das er zusammen mit George Appell geschrieben hatte.* Er sollte bis zu Chaplins endgültigem Weggang aus den Vereinigten Staaten im Jahr 1952 im Studio bleiben. Wheeler war zierlich gebaut und behielt den Habitus und die Sprechweise eines alten Bühnenschauspielers bei. Er verehrte Chaplin, doch konnte er ihn und den Rest der Studiobelegschaft mit seiner Detailbesessenheit verrückt machen.

Der amüsante und unbekümmerte Robert Meltzer, wie James ein erklärter Kommunist, stellte einen verblüffenden Kontrast zu dem ernsten nervösen Wheeler dar. Er war auch in Pebble Beach rekrutiert worden. Als Chaplin dort den Sommer verbrachte, hatten die Klatschspaltenschreiber Chaplins Namen mit mehreren Frauen in Verbindung gebracht, vornehmlich mit der Zuckererbin Geraldine Spreckels und einer bemerkenswerten rothaarigen jungen Schauspielerin namens Dorothy Comingore, die Chaplin in Carmel auf der Bühne sah. Dorothy Comingore lebte zu dem Zeitpunkt mit Bob Meltzer zusammen, und als Chaplin sie dazu überredete, ihr Glück in Los Angeles zu versuchen, kam Meltzer auch mit. Im Endeffekt arbeitete dann Meltzer für Chaplin und nicht Miss Comingore, die Mitglied von Orson Welles' Mercury Theatre wurde. Ihre eindrucksvollste Leistung erbrachte sie als Susan Alexan-

* Ende der zwanziger Jahre hatte Sydney sich sehr anerkennend über Wheeler geäußert und ihm vorgeschlagen, als sein Assistent bei der Filmproduktionsgesellschaft mitzuarbeiten, die er in England gründen wollte.

der in *Citizen Kane* – eine Rolle, die eindeutig von Marion Davies inspiriert war. Nach *The Great Dictator* arbeitete Meltzer auch kurz mit Orson Welles zusammen. Nach dem Kriegseintritt Amerikas im Jahr 1941 meldete er sich freiwillig zu den Fallschirmjägern und starb (mit den Worten »Das ist das beste verdammte Fußballspiel, das ich jemals erlebt habe«) bei der Schlacht in der Normandie. Meltzer wollte Schriftsteller werden, aber Dan James erinnerte sich, daß »nichts, was er schrieb, so richtig was wurde. Er war geistreich, komisch – aber auf dem Papier war dann kaum etwas davon zu spüren.«

Chaplins Belegschaft war reichlich überrascht, als er Karl Struss als Chefkameramann engagierte. Es war ein harter Schlag für Rollie Totheroh, der dreiundzwanzig Jahre lang Chaplins Hauptkameramann gewesen war. Er konnte es seinem geliebten Chef nie ganz verzeihen. Chaplin war aus unersichtlichen Gründen mit Rollies Kameraarbeit nicht mehr zufrieden. Dan James zufolge

> führte er einen großen Krieg mit allen Technikern ... Er war nicht zufrieden mit dem, was Rollie abgeliefert hat, aber dann fand er wieder, daß Karl ihm nicht genug Licht gab. Der kletterte schon auf Bäumen herum und so, nur um »Stimmung« zu erzeugen. Es war vielleicht auch »Stimmung«, aber Chaplin hatte sich was anderes vorgestellt.

Für einen Regisseur, der nur alle vier oder fünf Jahre einen Film machte, entstand das Problem, daß sich in der Zwischenzeit die Bedingungen in Hollywood verändert hatten. Jedesmal wenn Chaplin einen Film machte, war er mit neuen Technikern geschlagen, die er weder verstand noch brauchte. Er stand in ständigem Clinch mit dem Skript-Girl – einer bei einem Chaplin-Film bislang unbekannten Person.

> Es brachte ihn auf, wenn man Einzelheiten an Maske, Kostüm und so weiter übermäßig viel Aufmerksamkeit schenkte – er nannte das ›Chi-Chi‹ und kämpfte immer dagegen an. Das Skript-Girl unterbrach ihn zum Beispiel in einer Szene und sagte: »Aber Mr. Chaplin, letztes Mal haben Sie Ihren Arm doch so gehalten.« Er brüllte los und sagte: »******! Wen *interessiert* das denn? Wenn die nur auf meine Hand starren, dann können wir die ganze Sache gleich lassen.«
>
> Eines Tages hat er dann im Schneideraum gesehen, daß Paulette durch eine Tür eintrat und in einem völlig anderen Kleid zur andern Seite hin abtrat. Er triumphierte. Auf das Skript-Girl konnte man also verzichten!

The Great Dictator stellte besonders große Anforderungen an die Garderobenabteilung, und Chaplin engagierte Paul (Ted) Tetrick, der sich seit den zwanziger Jahren in Hollywood herumtrieb und mal im Film, mal in der Immobilien- oder der Textilbranche gearbeitet hatte. Tetrick, der in allen möglichen Bereichen der Produktion zu gebrauchen war, sollte auch bei Chaplins beiden folgenden amerikanischen Filmen mitarbeiten. Winifred Ritchie, die Witwe von Bill Ritchie, die in den alten Karno-Zeiten große Geschicklichkeit im Nähen von Trick-Kostümen entwickelt hatte und die schon seit langem eine unverzichtbare Mitarbeiterin bei Chaplin-Produktionen war, wurde für *The Great Dictator* auch wieder engagiert.

Für die Rolle der Hannah war Paulette vorgesehen, die sich am 29. Juli im Studio zur Arbeit meldete. Sie und Chaplin hatten einen Großteil des Jahres 1938 getrennt verbracht. Als er in der ersten Jahreshälfte nach Pebble Beach ging, flog Paulette nach Florida, und das restliche Jahr über arbeitete sie die meiste Zeit in Hollywood, während er dem Studio fernblieb. Bereits im März, als die Gerüchte über ihre Heirat kaum verstummt waren, redeten die Zeitungen von einer bevorstehenden Scheidung. Paulettes Vertrag mit dem Studio lief am 31. März 1938 aus, und sie hatte um eine frühere Entlassung gebeten, um bei der Myron Selznick Agentur anfangen zu können. Sie wurde für *The Great Dictator* für 2 500 $ pro Woche engagiert. Chaplin war fuchsteufelswild, als sie mit ihrem Agenten aufkreuzte (wahrscheinlich Selznick persönlich), um mehr Werbung für sich zu fordern.

Während der ganzen Produktion lebten sie und Chaplin weiter zusammen im Haus im Summit Drive. Wie Chaplin so schön sagte: »Obwohl wir uns etwas entfremdet hatten, waren wir noch Freunde und verheiratet.« Auf Chaplins Söhne, inzwischen freche Teenager, und auf nicht so enge Bekannte wirkte ihr Verhältnis nicht viel anders als zuvor. Doch im Studio war man sich allgemein der Veränderung bewußt. Dan James erinnert sich: »Man gehörte zur Paulette-Fraktion oder zur Charlie-Fraktion. Beides zusammen war nicht möglich.« Er fand, daß manchmal eine gewisse Anspannung spürbar wurde, wenn Chaplin und Paulette zusammenarbeiteten. »Auf beiden Seiten herrschte ein gewisser Unmut. Aber er arbeitete sehr hart mit ihr. Manchmal machte er fünfundzwanzig oder dreißig Takes. Er spielte ihren Part und versuchte, ihr den Ton oder die Gesten vorzugeben. Im Stummfilm war das eine gute Sache, aber in einem Sprechfilm war das weniger angebracht.«

Die endgültigen Kopien des Skripts lagen am Sonntag den 3. September 1939 fertig vor – an dem Tag, an dem England Deutschland den Krieg erklärte. Drei

Tage später begann Chaplin mit den Proben, und am 9. September begannen die Dreharbeiten an der ersten Ghetto-Sequenz. Bis Ende März 1940 wurde – die Sonntage (in den meisten Wochen) ausgenommen – sozusagen ohne einen Tag Unterbrechung durchgearbeitet. Bis dahin hatte Chaplin den Großteil der 145 523 Meter Film gedreht, die schließlich belichtet wurden. Der fertige Film hatte eine Länge von 3543 Metern.

Es ist interessant, aber kaum überraschend, daß Chaplin seine beiden Rollen strikt voneinander getrennt drehte. Zuerst arbeitete er bis Ende Oktober in der Figur des Friseurs an den Ghetto-Szenen. Als der Großteil davon fertiggestellt war, verbrachte man den November mit komplizierten Action-Szenen und Außenaufnahmen, darunter die Kriegsszenen, insbesondere die mit Reginald Gardiner und dem abgestürzten Flugzeug. Chaplin hatte sich einige sehr komische Gags mit dem Flugzeug ausgedacht: Charlie übernimmt das Steuer und schafft es, das Flugzeug auf den Kopf zu drehen, ohne daß er und sein Gefährte (Gardiner) es merken. Sie stellen nur besorgt fest, daß die Sonne von unten zu ihnen heraufscheint, daß eine aus der Tasche gezogene Uhr (scheinbar) in die Luft springt und dort an ihrer strammen Kette wackelt, und daß Möwenschwärme auf dem Rücken an ihnen vorbeifliegen. Reginald Gardiner ertrug es viel schwerer als Chaplin, kopfüber angeschnallt zu sein, und er schaffte seinen Text und seine sorglose Miene nur mit großen Schwierigkeiten.

In jenem November gab es bei den Dreharbeiten Zwischenspiele und Ablenkungen. Nicht alle waren willkommen: Eine von Michael Kustoff vorgebrachte Plagiatsklage wegen *Modern Times* wurde vor Bundesrichter McCormick verhandelt und hielt Reeves in Trab. Chaplin selbst erschien am 18. November vor Gericht, als der Prozeß zu seinen Gunsten entschieden wurde.

Willkommener war die Ankunft eines weiteren Mitglieds aus Chaplins englischer Verwandtschaft. Betty Chaplin war die älteste Tochter von Vetter Aubrey. In ihrer Kindheit war sie mit Sydney in Verbindung geblieben. Sie war nicht glücklich in England, ihre Ehe war in die Brüche gegangen, und sie begrüßte die Gelegenheit, England zu verlassen, das sich damals gerade im ›*Phoney War*‹* befand. Sie hatte das Glück, auf das letzte Passagierschiff zu gelangen, das nach Amerika fuhr, ohne Garderobe, Geld oder Paß, aber mit

* Zeitspanne zwischen Kriegserklärung Englands an Deutschland im September 1939 und tatsächlichem Kriegseintritt im März 1940

einem Diplomatenvisum, das sie von Joseph Kennedy erhalten hatte, der damals Botschafter in London war.

Sie traf am 11. November ein. An diesem Tag war gerade eine Gerichtsverhandlung; Chaplin hatte beschlossen, die gesamte Kulisse und Beleuchtung der Fluchtszene auf dem Dach zu ändern, und keiner vom Studio hatte Zeit, Betty vom *Superchief* abzuholen. Hal Roachs Tochter Maggie sprang ein und holte sie vom Bahnhof ab. Aber als sie dann bereits ziemlich nervös im Studio ankam, erfuhr sie, daß Chaplin in sehr übler Stimmung war. Zu ihrer Erleichterung traf sie Wyn Ritchie, die sie von früheren Besuchen in Hollywood kannte. Sie trank gerade eine Tasse Kaffee mit Ted Tetrick, der Betty als »Herzensbrecher von Hollywood« vorgestellt wurde.

Acht Jahre später heirateten Betty und Tetrick. Chaplin, der seine Verantwortung für seine junge Halb-Kusine ernst nahm, beklagte sich unablässig, daß die Heirat so lange hinausgezögert wurde. Er drängte Betty auch immer wieder, die amerikanische Staatsbürgerschaft anzunehmen. Als sie konterte, daß er es ja auch nie getan habe, entgegnete er nur, daß er zu alt dafür sei. (Betty wurde am 9. Dezember 1949 amerikanische Staatsbürgerin.) Betty brach auch einige Herzen bei der Studiobelegschaft, aber Ted Tetrick war und blieb ihr Auserwählter.

Am 15. November 1939 besuchten Douglas Fairbanks und seine neue Frau Sylvia, die ehemalige Lady Ashley, Chaplin bei den Dreharbeiten im Laurel Canyon. Fairbanks wirkte auf Chaplin älter und gedrungener, aber immer noch schwungvoll. Er war immer Chaplins Lieblingszuschauer gewesen, und wie schon so viele Male zuvor zeigte Chaplin Fairbanks seine Kulissenbauten und erläuterte ihm seine Pläne. Obwohl er gerade im KZ-Kostüm des Friseurs filmte, zog Chaplin seine Hynkel*-Uniform an, um sie seinen Besuchern vorzuführen, und ließ sich darin mit ihnen zusammen fotografieren. Sie aßen dann gemeinsam zu Mittag.

Es war seine letzte Begegnung mit dem Mann, den er später als seinen einzigen engen Freund bezeichnete. Am 12. Dezember rief Douglas Fairbanks junior um vier Uhr morgens bei Chaplin an, um ihm mitzuteilen, daß sein Vater etwa drei Stunden zuvor im Schlaf gestorben sei. Am Tag seiner Beerdigung, am 15. Dezember, wurde im Chaplin-Studio nicht gedreht. »Es war ein furchtbarer Schock«, schreibt Chaplin, »denn er hatte so sehr dem Leben gehört ... Seine wunderbare Freundschaft hat mir gefehlt.«

* In der Endfassung des Skripts wurde die Schreibweise von Hinkle zu Hynkel geändert.

Als der Dezember kam, begann Chaplin mit seinen Hynkel-Szenen. Der Vollblutschauspieler Chaplin ließ sich immer ganz von der Rolle vereinnahmen, die er spielte, wie es Kollegen während seiner ganzen Laufbahn bestätigt haben. Als er zum ersten Mal in die Uniform und Rolle eines autokratischen und bösen Charakters schlüpfte, war selbst er von der Wirkung vorübergehend beunruhigt. Wie Reginald Gardiner zu berichten weiß, war Chaplin, als er das erste Mal in seiner Hynkel-Uniform zu Dreharbeiten erschien, merklich kühler und schroffer als zuvor, als er den jüdischen Friseur gespielt hatte. Gardiner entsann sich auch, wie er mit Chaplin – schon in Uniform – zu einem neuen Drehort fuhr und Chaplin den Fahrer eines Autos, das sie behinderte, ungewöhnlich heftig verfluchte. Er fing sich schnell wieder und erinnerte sich lachend einer früheren Diskussion über das falsche Überlegenheitsgefühl, das eine Uniform erzeugen kann. »Nur weil ich in so einem blöden Ding stecke, mache ich so was Albernes.«

Die Arbeit an *The Great Dictator* verlief zwar nach einem sehr viel strikteren Zeitplan und einer exakteren Vorplanung als irgendein früherer Chaplin-Film, aber es gab trotzdem keine geregelte tägliche Arbeitszeit im Studio. Viel hing natürlich von Chaplins eigener etwas unberechenbarer Ankunftszeit ab. Allerdings delegierte er zum ersten Mal erhebliche Verantwortung für die Vorbereitung und in einigen Fällen sogar fürs Drehen an seine Assistenten. Zwei Tagesberichte vom Dezember geben eine Vorstellung davon, wie ein Tag im Chaplin-Studio in dieser Zeit ausgesehen haben mochte:

> 16. Dezember
> 9.00 Proben auf Bühne 1. Hynkels Büro mit Gilbert, Daniell, 3 Mädchen, 2 Wachen. Alle Szenen im Büro geprobt – neue Gags entworfen. Mittagspause 12.45–13.45. Allgemeines Warten bis 15.00 als C. C. eintraf. Wollte dann, daß Sekretär in F5 arbeitete (entgegen Vorm.-Plan). Dann Proben bis 16.00. 16.15 erscheint Sekretär einsatzbereit. C. C. beschloß, Wache weiterzubenutzen, 1. Aufnahme 16.00. 19.10 fertig.

In den letzten drei Abendstunden dieses Tages wurden 847 Meter Film belichtet (etwa dreißig Minuten Laufzeit). Szene F war die erste Szene in Hynkels Palast.

> 30. Dezember
> 8.20 Muster. 9.30 Drehbeginn. C. C. erschien auf Bühne, ordnete geringfüg. Änderungen an. Kehrte um 11.00 auf vorbereitete Bühne zurück. 1. Aufn. 11.55. Mittags-

pause 13.20–14.20. 1. Aufn. 15.00. Weiter mit Szene im Festsaal bis 19.20, als Truppe Feierabend machte.

An diesem Tag wurden 1143 Meter Film (fast vierzig Minuten Laufzeit) gedreht.

Dan James erinnert sich, wie man zu Außenaufnahmen ins San Fernando Valley fuhr, wo die Kundgebungs-Szenen gefilmt wurden, in denen Chaplin, wildes teutonisches Kauderwelsch speiend, unnachahmlich Hitlers Redestil karikiert. Das phantasievolle Gebräu von Zisch- und Kehllauten entstand offenbar aus dem Stegreif; im Skript findet sich kaum ein Hinweis darauf, was für Laute Chaplin erzeugen wollte.

> Wir haben die Szene bestimmt ein dutzendmal wiederholt. Zuerst wurde sie im San Fernando Valley aufgenommen, mit all den Statisten, die da vor ihm standen. Er hat gesagt: »Laßt die Kameras einfach laufen.« Er hat dieses Kauderwelsch über 200 Meter Film durchgehalten.
>
> Es hatte über 30 Grad, aber er konnte offenbar endlos weitermachen, und zwischendurch unterhielt er die Statisten mit Szenen aus *Sherlock Holmes* und mit Blödeleien. Am Ende des Tages war er leichenblaß im Gesicht, durchgeschwitzt, erschöpft, mit einem Handtuch um den Hals. Er sank in sein Auto, und man dachte »Mein Gott, der kommt morgen nie und nimmer wieder« – aber er kam wieder.
>
> Im Endeffekt haben wir den größten Teil der Szene im Studio nachgedreht, und dann war es nicht möglich, die Lichtqualität anzugleichen, ich glaube, wir haben dann hauptsächlich das Studiozeug genommen. Aber einige der Aufnahmen, die da draußen gemacht wurden, waren atemberaubend.

Kurz vor Weihnachten drehte Chaplin die Szene, die nach wie vor die eindringlichste und genialste des Films ist: Hynkels Ballett mit der Erdkugel. Den ersten Hinweis auf eine symbolische Szene dieser Art findet man in einer Randbemerkung vom 15. Februar 1939:

> SZENE MIT KARTE: zerschneidet sie, wie es ihm paßt, schneidet mit Schere Stücke von Ländern ab.

Der Tanz mit dem Globus sollte weit über diese einfache Idee hinausgehen. Während die Kauderwelschrede so präzise vorbereitet wirkt, daß es überrascht, daß sie improvisiert war, erscheint der Tanz mit dem Globus so freischwebend inspiriert, daß man sich nur schwer vorstellen kann, daß er schriftlich fixiert war. Und doch war er das. In der vollständigen Skriptversion beansprucht Chaplins *pas seul* vier Seiten und beginnt folgendermaßen:

HYNKEL GEHT ZUM GLOBUS – und streichelt ihn – wie in Trance. Sanfte Klänge von Peer Gynt* treiben in den Raum. Hynkel hebt den Globus auf und stubst ihn mit dem linken Handgelenk in die Luft. Er schwebt wie ein Ballon und fällt wieder in seine Hände. Er stubst ihn mit seinem rechten Handgelenk und fängt ihn. Er beherrscht die Welt – tritt sie bösartig weg. Sieht sich im Spiegel – spielt Gott! Winkt sie heran, die Welt schwebt in seiner Hand. Dann stubst er sie hoch in die Luft mit seinem rechten Handgelenk. Er springt in die Luft (am Draht), fängt die Erdkugel und holt sie herunter...

Chaplin entwickelte seine Ideen für die Szene weiter, und im Dezember fand sich eine neue Version des Librettos im Skript. Sie wird jetzt direkt mit ›Tanz-Nummer‹ überschrieben und ist in zehn Sätzen arrangiert:

I. Hynkel geht wie hypnotisiert zur Erdkugel (die eine Hand an der Hüfte – die andere ausgestreckt). Er hebt sie von ihrem Ständer. Einen Augenblick lang herrscht eine magische Konzentration. Die Erdkugel verwandelt sich in einen Ballon. Hynkel läßt ihn hochschnellen – von Handgelenk zu Handgelenk zu Kopf. Er sieht, daß er alles damit machen kann, was er will. Die Welt liegt ihm zu Füßen. Er lacht ekstatisch, während er lässig mit ihr spielt.

II. Jetzt zeigt er seine Macht. Er packt den Globus, stampft leicht mit dem Fuß. Er verändert seinen Griff, so daß seine rechte Hand oben ist – seine linke unten.

III. Dann schlägt seine Stimmung um – er entwickelt sinnliche Gefühle für die Welt. Sie entgleitet ihm fast.

IV. Voller Rache packt er sie zornig, tritt sie böse von sich weg.

V. Sie kehrt zu ihm zurück. Befriedigt von seiner offensichtlichen Macht über sie, spielt Hynkel wieder beiläufig mit der Weltkugel – mit albernen Gesten. Stößt sie mit einem komischen Tritt fort.

VI. Er fängt die Kugel – energisch läßt er sie von Handgelenk zu Handgelenk springen, während er vor seinem Schreibtisch steht.

VII. Anmutig lehnt er sich rücklings über den Tisch und gibt sich plötzlich ganz griechisch. Er läßt den Globus von der Fußspitze zum Kopf, dann zum Hintern springen. Er ist völlig hingerissen von all der Schönheit.

VIII. Er kommt hinter dem Tisch auf die Füße – entwickelt mystische Gefühle für die Welt, wirft sie hoch in die Luft, springt ihr nach, auf die Tischplatte hinauf, wo er sie fängt.

IX. Wieder wirft er sie hoch, springt vom Tisch in die Luft, um sie zu holen (Zeitlupe).

X. Er fängt sie grob (spielt wilder Mann). Lacht teuflisch. Der Globus platzt. Entgeistert hebt er die Haut auf und bricht in Tränen aus.

* Im Endeffekt erwies sich das Vorspiel zu *Lohengrin* als passender.

Die besondere Aufmerksamkeit, die Chaplin dem Ballontanz schenkte, deutet darauf hin, daß er sich wohl bewußt war, daß es eine seiner virtuosesten Szenen überhaupt werden würde. Er verbrachte drei Tage (den 21., 22. und 23. Dezember) mit dem Drehen dieser Sequenz, und am 6. Januar machte er noch ein paar Retakes. Die ersten drei Tage im Februar 1940 verbrachte man offenbar ausschließlich mit der wiederholten Durchsicht des Materials, und am 6. Februar sowie am 15. Februar machte Chaplin weitere Retakes.

Carter De Haven, der in dem Film den Botschafter spielt, versuchte später, sich am Plagiatspiel zu beteiligen, indem er behauptete, das Ballett mit der Erdkugel sei seine Idee gewesen. Jegliche Zweifel wurden jedoch spätestens dann beseitigt, als Kevin Brownlow und David Gill bei der Vorbereitung ihrer Reihe *Unknown Chaplin* einige vergessene Heimfilme von einer Party bei Pickfairs irgendwann Anfang der zwanziger Jahre ausgruben. In klassischem griechischem Kostüm, mit einem Lorbeerkranz gekrönt, vollführt Chaplin einen Tanz mit einem Ballon. Hier haben wir eindeutig den Prototyp für den Tanz in *The Great Dictator*. Zweifellos erinnerte sich Chaplin an seinen fast zwanzig Jahre zurückliegenden Party-Ulk, als er in der Skriptbeschreibung des Globus-Balletts vermerkte: »Dann gleitet er auf die Tischplatte und nimmt eine Reihe von griechischen Posen ein« (erste Fassung) und »Anmutig lehnt er sich rücklings über den Tisch und gibt sich plötzlich ganz griechisch«.

Im Januar 1940 stieß Jack Oakie zum Team, um Benzino Napaloni, den Diktator von Bacteria zu spielen. Als Chaplin ihm die Rolle vorschlug, bezweifelte Oakie, ob es angemessen war, eine Karikatur von Mussolini mit einem irisch-schottischen Amerikaner zu besetzen. Was wäre denn daran komisch, wenn ein Italiener Mussolini spielte? fragte Chaplin. Er sah allerdings ein Problem, als er feststellen mußte, daß Oakie dabei war, eine Abmagerungskur zu machen. Charles Chaplin junior zufolge brachte Chaplin seinen eigenen Koch George ins Studio, der dafür sorgen mußte, daß Oakie mit den reichhaltigsten Kalorienbomben, die ihm einfielen, in Versuchung geführt wurde. Als Chaplin feststellte, daß seine Strategie anschlug und daß Oakie in zunehmendem Maße Mussolinis Gestalt annahm, gab er ihm frohgemut den Spitznamen »Muscles«.[5]

Charles junior fand, daß »die herzliche Beziehung zwischen Dad und Oakie mit das Schönste an diesem neuen Film war. Jack hatte ein dickes Fell und kam mit Dads Druck gut zurecht. Dad seinerseits empfand immer große Bewunderung für Jack.« Andere, die bei den Dreharbeiten dabei waren, beobachteten, daß Chaplin ein gewisses Konkurrenzverhalten an den Tag legte, wenn er an seinen Szenen mit Oakie arbeitete. Mißgunst steckte nicht dahinter, denn rational wußte Chaplin, daß keiner ihm den Rang ablaufen konnte. Da kam vielmehr ein Prinzip zum Vorschein, das Chaplin bei Karno und Keystone verinnerlicht hatte: Das wesentliche und treibende Motiv für einen Komiker muß immer der Wunsch sein, alle anderen zu übertrumpfen. Chaplins eigenes Skript für *The Great Dictator* sah oft für Oakie die besseren Komikpartien vor. Doch Chaplins beruflicher Instinkt trieb ihn dazu, ihn mit seiner eigenen Komik zu übertreffen. Er spürte die Reaktion des Teams, und er spielte das Komikspiel mit derselben Intensität, mit der er Tennis spielte. Wie beim Tennis verlor er nicht gern: Wenn eine Szene beendet war und er das Gefühl hatte, daß Oakie bei den Umstehenden die größeren Lacher erzielt hatte, konnte er seine Verärgerung kaum verbergen. Charles junior, ein trotz seiner Jugend sehr verläßlicher Augenzeuge, erinnerte sich an einen Tag, an dem Oakie mit allen Tricks, die er kannte, versucht hatte, Chaplin die Schau zu stehlen. Mitten in der Szene grinste Chaplin und gab ihm den Rat: »Wenn du mir durchaus schon den Wind aus den Segeln nehmen willst, du Mistkerl, dann brauchst du einfach nur in die Kamera zu sehen. Das genügt vollkommen.«[6]

Für Chaplin hatten diese Komikduelle zweifellos etwas Nostalgisches, sie regten ihn an. Weniger Freude hatte er an einigen seiner Schauspieler, die von der Bühne kamen. Besondere Mühe hatte er mit Henry Daniells gesetztem Tempo. »Er hat einen richtigen Haß gegen Daniell entwickelt«, erinnert sich Dan James. »Er hat wirklich gedacht, daß Daniell ihn sabotieren wollte. Das Problem war nur, daß er Achtung vor Daniell hatte, weil er ein richtiger Bühnenschauspieler war, und er brachte es nicht fertig, ihm zu erklären, was ihm nicht paßte. Der arme Daniell wußte, daß Chaplin nicht mit ihm zufrieden war, aber er hat nie begriffen warum. Dann wiederum war er ganz versessen auf Reggie Gardiner, aber als er ihn erstmal hatte, hat er Reggie eigentlich nie irgendwelche komischen Sachen gegeben.«

Mitte Februar waren fast alle Studioszenen gedreht, und Chaplin begann mit Außenaufnahmen. Die Szenen des Ersten Weltkriegs für den Filmanfang und die Szenen, wo Hynkel bei der Entenjagd verhaftet wird, wurden am Malibu Lake gedreht. Bei den Kriegsszenen gab es eine Reihe von Gags mit Chaplin und der gewaltigen »Dicken Bertha«-Kanone, und an einem Drehtag durften die Chaplin-Kinder bei den Filmarbeiten zusehen. Der vierzehnjährige Sydney fand die Faxen, die sein Vater nach der Explosion der Kanone machte, derart komisch, daß er in schallendes Gelächter ausbrach. Als Chaplin entdeckte, wer den Ton-Take ruiniert hatte, fuhr er ihn wütend an mit den

Worten. »Weißt du, daß mich dein Lachen gerade fünfzehntausend Dollar gekostet hat?«

»Im Handumdrehen verwandelte sich Dad vom komischsten Menschen der Welt zum wütendsten.« Die beiden Jungs befürchteten irgendeine furchtbare Strafe; aber dann lachte Chaplin und rief stolz zum Team: »Selbst mein eigener Sohn findet mich komisch.« Zu Sydney gewandt fügte er hinzu: »Nun, das Lachen hat mich zwar fünfzehntausend Dollar gekostet, aber wenn es dir so sehr gefallen hat, dann soll's mir recht sein. Aber mach das bloß nicht noch einmal!«[7]

Eine Reihe von Szenen, die in dieser Zeit gedreht wurden, bekam man nie zu sehen. Chaplins erste Idee für die Schlußszene mit der Rede, bei der sich (in den Worten des frühen Treatments) »der Clown in den Propheten verwandelt«, war äußerst kühn. Er hatte vorgehabt, der Rede Szenen zu unterlegen, die in Spanien, in China, in einer deutschen Straße und in einem jüdischen Ghetto in Deutschland spielten: Während Chaplins Rede allmählich in das Bewußtsein der Menschen eindringt, wirft ein spanisches Exekutionskommando die Waffen weg; ein japanischer Bomberpilot weiß nicht, wie ihm geschieht, und plötzlich hageln Spielsachen an Fallschirmen auf die chinesischen Kinder hinab statt Bomben; eine Parade im Stechschritt marschierender Soldaten verfällt in Walzerschritt; und ein Nazistürmer riskiert sein Leben, um ein kleines jüdisches Mädchen vor einem herannahenden Auto zu retten. Man brachte einige Tage damit zu, Material für diese Sequenz zu drehen, das aber verworfen wurde.

Ende März 1940 waren die Hauptdreharbeiten abgeschlossen, die Arbeiter machten sich bereits an die Aufräumarbeiten im Studio, und Chaplin hatte Anfang April einen Rohschnitt des Films fertig, den er einigen Leuten wie Constance Collier zeigen konnte. Die Szene, die den Höhepunkt bildet, stand noch aus: Die Schlußrede, die der kleine Friseur hält, der für den großen Diktator gehalten wird, mußte noch gedreht werden. Außerdem sollte Chaplin an dem Film mehr herumfeilen und -basteln als an irgendeinem anderen, den er bisher gemacht hatte. In den nächsten sechs Monaten passierte es wiederholt, daß er sich plötzlich entschloß, eine Kulisse erneut aufzubauen; Ende September, nachdem er den Film schon in einer Probevorführung gezeigt hatte, machte er immer noch Retakes der Ghetto-Szenen. Das Nachsynchronisieren des Tons dauerte fast bis zur Premiere am 15. Oktober 1940.

Von April bis Juni arbeitete er zwischen den Schneidearbeiten am Text seiner großen Rede. Seine zwei jungen marxistischen Assistenten waren ihm keine Hilfe: »Bob und ich haben zu ihm gesagt: ›Könntest du nicht vielleicht was Kleines, Einfaches sagen?‹ Aber Charlie wollte der Welt irgendeine große Botschaft verkünden. Als er es dann gedreht hat, wurden wir von den Dreharbeiten ausgeschlossen. Er hat gesagt: ›Ich kann's nicht machen, wenn ihr beide dabei seid. Ich spüre eure Ablehnung.‹«[8] Der utopische Idealismus und die ungehemmte Emotionalität der Rede vertrug sich offenbar nicht mit ihrem orthodoxen Kommunismus. Andere machten sich aus pragmatischeren Gründen Sorgen wegen der Rede. Tim Durant erinnert sich:

> Er hielt eine Rede über Menschlichkeit, und es gab eine große Diskussion darüber ... daß das nicht ... in den Film gehörte. Es war geschmacklos. Es war nicht richtig, daß Charlie sich dazu hergab, Propaganda zu machen ... Kenner der Branche sagten: »Sie werden eine Million Dollar verlieren ... wenn Sie das machen«, und er sagte: »Und wenn's fünf Millionen sind, das ist mir egal. Ich werd's machen.« Und er hat's gemacht, wissen Sie, und natürlich hat es ihn ganz schön was gekostet.[9]

Chaplin ließ sich nicht umstimmen. Am 24. Juni nahm er die Rede auf, die in ihrer endgültigen Leinwandfassung sechs Minuten dauert. Sie ist nach wie vor eine der umstrittensten Passagen seines gesamten Werkes, aber heute erscheint uns Chaplins Entscheidung richtig. Einfach und prägnant faßt er in seiner Rede seine Ängste und Hoffnungen zusammen angesichts einer Welt, die von ihrem schrecklichsten Krieg heimgesucht wird:

> Es tut mir leid, aber ich will kein Kaiser sein. Das ist nicht meine Sache. Ich möchte niemanden beherrschen und niemanden bezwingen. Es ist mein Wunsch, einem jeden zu helfen – wenn es möglich ist – sei er Jude oder Nichtjude, Weißer oder Schwarzer.
>
> Wir alle haben den Wunsch, einander zu helfen. Das liegt in der Natur des Menschen. Wir wollen vom Glück des Nächsten leben – nicht von seinem Elend. Wir wollen nicht hassen und uns nicht gegenseitig verachten. In dieser Welt gibt es genug Raum für alle, und die gute Erde ist reich und vermag einem jeden von uns das Notwendige zu geben.
>
> Wir können frei und anmutig durchs Leben gehen, doch wir haben den Weg verloren. Die Gier hat die Seelen der Menschen vergiftet – sie hat die Welt mit einer Mauer aus Haß umgeben – hat uns im Stechschritt in Elend und Blutvergießen marschieren lassen. Wir haben die Möglichkeit entwickelt, uns mit hoher Geschwindigkeit fortzubewegen, doch wir haben uns selbst eingesperrt. Die Maschinen, die uns im Überfluß geben sollten, haben uns in Not gebracht. Unser Wissen hat uns zynisch, die Schärfe unseres Verstandes hat uns kalt und lieblos gemacht. Wir denken zuviel und fühlen zu wenig. Güte und Sanftmut sind wichtiger für uns als Intel-

ligenz. Mit dem Verlust dieser Eigenschaften wird das Leben immer gewalttätiger, und alles wird verloren sein.

Chaplins Kritiker von links wie von rechts sprachen vorwurfsvoll von Cliché und Gemeinplätzen. Das Erstaunlichste an der Ansprache ist jedoch, daß kein Satz heute überholt ist oder seine Kraft verloren hat, allerdings kann man kaum behaupten, daß sich der Optimismus der letzten Worte (»Wir kommen aus der Finsternis in das Licht! Wir kommen in eine neue Welt ...!«) erfüllt hat.

Musik spielte in *The Great Dictator* eine weniger wichtige Rolle als in Chaplins anderen Tonfilmen; die Partitur wurde in nur drei Wochen fertiggestellt. Diesmal war Meredith Willson Chaplins musikalischer Mitarbeiter. Viele der Musiksitzungen fanden bei Chaplin zu Hause statt, und Charles junior war ein interessierter Beobachter. Die Musiker, bemerkte er, waren eigentlich musikalische Sekretäre, die nach Chaplins Diktat arbeiteten. Er summte eine Melodie oder spielte sie auf dem Klavier, und die Musiker notierten sie und spielten sie ihm zu seiner Bestätigung vor. Oft waren mehrere Versuche erforderlich, bis die Melodie ihn voll und ganz befriedigte. Er hatte sehr klare Vorstellungen davon, wie die Instrumentierung aussehen sollte, und beschrieb das, was ihm vorschwebte, indem er einen Komponisten oder ein Instrument nannte: »Wir sollten dies im Wagnerstil bringen«, sagte er, oder: »Diese Passage sollte mehr nach Chopin klingen. Dies wollen wir leicht und ätherisch machen – mit viel Geigen. Ich glaube, hier könnte ein Oboeneffekt guttun.«[10] Oft waren die Musiker von den unorthodoxen Tempi überrascht, die Chaplin für eine bestimmte Passage verlangte, aber

> Dads dramatischer Instinkt in bezug auf Musik war brillant ... Die Musiker bekamen graue Haare und waren zum Schluß einem Nervenzusammenbruch nahe, doch soviel sie auch durchmachten, sie konnten bestimmt nicht behaupten, daß die Arbeit mit Dad langweilig gewesen wäre. Bei jeder Zusammenkunft gab er ihnen eine Gratisvorstellung – er summte oder sang nicht nur oder hämmerte eine Melodie auf dem Klavier, nein, sein Temperament ging mit ihm durch – er machte das der Musik entsprechende Gebärdenspiel, er spielte die Rollen der einzelnen Darsteller der betreffenden Szenen und karikierte ihre Bewegungen, und so erweckte er in sich selbst den erwünschten klanglichen Widerhall. Im großen und ganzen ähnelte Dads Komödie mehr dem Ballett als irgendeiner anderen Kunstform.«[11]

Es folgten noch viele weitere Wochen mit Retakes, Schneiden und Nachschneiden, Aufnahmen und Wiederholungen, Vorsynchronisieren, Synchronisieren und Nachsynchronisieren, bis schließlich am 1. September eine vollständige Kopie des Films fertig war. Das erste Publikum an jenem Sonntag nachmittag bestand aus Paulette, Mrs. und Mr. King Vidor, Mrs. und Mr. Lewis Milestone, den drei Assistenten James, Meltzer und Wheeler Dryden sowie Steve Pallos, der als Alexander Kordas Vertreter eingeladen wurde. Drei Tage später, nach weiteren Änderungen (insbesondere dem Wiedereinsetzen der Verschwörungssequenz, die er zuvor herausgenommen hatte), wurde der Film den Leuten von United Artists gezeigt. Auch Joseph Breen, der Zensor der Filmindustrie, sah den Film. Er verlangte die Streichung des Wortes ›lousy‹ aus dem Dialog.

Chaplin war immer noch unsicher und beschloß, noch eine Reihe von Vorabvorführungen in geschlossener Gesellschaft zu machen. Die erste fand am 5. September im Riverside Theatre statt und wurde vom Großteil der Belegschaft besucht. Chaplin registrierte die Reaktionen und machte sich daran, erneut zu schneiden, um dem Film mehr Tempo zu geben; für einige Retakes ordnete er den Wiederaufbau der Ghetto-Straße an. Inzwischen hatte Wheeler Dryden die Aufgabe übernommen, die laufenden Studioberichte zu schreiben. An einem Tag vermerkte er: »Die Musik der neugeschnittenen ›Verschwörungs‹-Szene war eine schwierige Sache, aber Mr. Chaplin befaßte sich den ganzen Tag damit.« Sein nicht weniger typischer Kommentar zu einer zweiten Voraufführung am UA Theatre in Long Beach am 20. September lautet: »Die Reaktion, die dem Werk zuteil wurde, zeigte unmißverständlich, daß die Änderungen, die Mr. Chaplin seit der ersten Vorabvorführung vorgenommen hat, den Film unermeßlich verbessert haben.« Trotzdem entschied sich Chaplin für weitere Retakes, und am nächsten Tag schreibt der arme Wheeler: »Wheeler Dryden verbrachte den ganzen Tag und mehrere Stunden nach dem Abendessen damit, benötigte Schauspieler ausfindig zu machen.«

Erst Ende September war Chaplin soweit zufrieden, daß er die endgültige Vertonung des Filmes anordnete. Am Abend des 3. Oktobers durfte eine auserwählte Gästeschar das vollendete Werk ansehen: James Roosevelt, Patricia Morison, Gene Tierney, Mrs. Rockwell Kent, Anita Loos, die Aldous Huxleys, die John Steinbecks und die Lewis Milestones. Tim Durant, Dan James und Robert Meltzer waren auch dabei.

Zwischen dieser Vorführung und den Pressevorführungen, die elf Tage später im Carthay Circle Theatre in Los Angeles und im Astor Theatre in New York stattfanden, nahm Chaplin noch weitere Änderungen am Ton vor. Es waren, wie Wheeler vermerkte, »nur kleine Änderungen, aber wesentliche«.

Zum ersten Mal seit Beginn der Arbeit am Film gönnte sich Chaplin etwas Erholung. Wheelers gewissenhafte Aufzeichnungen vermerkten manchmal auch private Aktivitäten:

25. September

16.30 Gräfin von Jersey (Virginia Cherrill) besuchte C. C. im Schneideraum, sah sich einige Szenen an und fuhr ihn 18.08 nach Hause.

1. Oktober

Um 18.45 traf Tim Durant, ein Freund von Mr. Chaplin, im Studio ein. Kurz darauf verließ Mr. C. die Tonbühne, in Sachen gekleidet, die sein Kammerdiener ihm von Zuhause gebracht hatte, und um 9.30 fuhr Mr. C. vom Studio weg, um anderswo gesellschaftlichen Verpflichtungen nachzugehen. Er verließ das Studio in Tim Durants Wagen.

2. Oktober

Um 13.15 wurde Mittagspause gemacht, danach, um 15.43, wurde Mr. C. von Jack Kneymeyer in dessen Automobil zu Mr. C.s Residenz gefahren, wo er und Kneymeyer eine Partie Tennis spielten.

3. Oktober

Hat restliche synchronisierte Spuren abgehört und Anweisungen für ein paar Änderungen gegeben. *Nachmittag:* Tennis mit Jack Kneymeyer.

Chaplin machte sich verständlicherweise Sorgen, wie *The Great Dictator* wohl aufgenommen würde. Das übrige Hollywood hatte diskret davon Abstand genommen, offen anti-faschistische Filme zu machen. Eine Gallup-Umfrage zur Zeit des Kriegsausbruchs in Europa ermittelte, daß 96 Prozent der Befragten gegen den Eintritt Amerikas in den Krieg waren. Seit der Depression gab es einen starken Trend zum Isolationismus. Die unzähligen Drohbriefe, die Chaplin erhielt, belegen zudem, wie stark die pro-faschistische Stimmung in den Vereinigten Staaten war. Vorsorglich wurde sogar mit Harry Bridges von der Hafenarbeitergewerkschaft vereinbart, daß einige seiner Männer bei der Premiere dabei sein sollten, im Falle einer pro-faschistischen Demonstration.

Chaplin spekulierte, daß er in New York eine freundlichere Presse bekommen würde als an der Westküste. Er beschloß daher, die Weltpremiere am 15. Oktober in New York stattfinden zu lassen. Am Tag vorher sollten in New York und Los Angeles gleichzeitig Pressevorführungen gegeben werden. Daß er den Osten vorzog, sollte ihm heimgezahlt werden. Als er nach seinem fast viermonatigen Aufenthalt im Osten nach Hollywood zurückkehrte, lud er eine Gruppe lokaler Presseleute zu einer Pressekonferenz zu sich nach Hause. Er begriff schnell, was für ein tödliches Vergehen er begangen hatte: Die Presseleute lehnten einen Drink ab. »Sie haben sich hier davongemacht und haben die Presse übergangen«, sagten sie zu ihm, »und das gefällt uns nicht.« Sie sollten ihn in der Folge dafür bestrafen.

Die amerikanischen Kritiker waren insgesamt zurückhaltend. Allgemein bewunderte man die Kühnheit des Unternehmens und die anhaltende Brillanz der Komik, wenn auch Paul Goodman seine im großen und ganzen begeisterte Beurteilung mit Bemerkungen über die »katastrophale Musik« (von Meredith Willson), den »schwachen Dialog« und die »ständigen Stilbrüche« dämpfte. Fast alle hatten jedoch das ungute Gefühl, daß die Lage inzwischen so ernst war, daß es nicht anging, aus Hitler einen einfachen Hanswurst und aus seinen Nazistürmern Keystone Cops zu machen. Andererseits fand Paul Goodman, daß »die Schmähung Hynkels für meinen Geschmack ins Schwarze trifft: Abscheu, zum Ausdruck gebracht durch die Grundtricks des primitiven Vaudeville, durch Kauderwelsch, Rülpsen, Gefluche und Äthersalat. Nur bei Juvenal findet man Vergleichbares... Andererseits ist der private Hynkel nicht der politische Hitler.« Goodman kam zu dem Schluß, daß der Film »anders und besser ist als der ›grandiose Mißerfolg‹, von dem die besorgten Rezensenten sprechen«. Anders als sie fand er die Schlußrede keineswegs deplaziert, denn »wenn das nicht von Herzen kommt, sind wir fünfundzwanzig Jahre lang hinters Licht geführt worden.«

Ein anderer Kritiker mit besonderem Scharfblick war Rudolph Arnheim, der gerade erst aus Berlin nach Italien und von dort in die USA geflüchtet war:

> Charles Chaplin ist der einzige Künstler, der die Geheimwaffe des tödlichen Lachens besitzt. Nicht das Lachen des oberflächlichen Spöttelns, das selbstgefällig den Feind unterschätzt und die Gefahr übersieht, sondern das tiefe Lachen des Weisen, der physische Gewalt verabscheut, selbst die Bedrohung des Todes, weil er

> dahinter die geistige Schwäche, Dummheit und Falschheit seines Gegners erkannt hat. Chaplin hätte einer Welt die Augen öffnen können, die gefesselt ist vom Bann der Gewalt und des materiellen Erfolgs. Aber statt den gemeinsamen Feind, den Faschismus, zu entlarven, hat Chaplin einen einzigen Mann entlarvt, ›Den Großen Diktator‹. Und deswegen bin ich der Meinung, dieser gute Film hätte besser sein können.[12]

In London hatte *The Great Dictator* am 16. Dezember 1940 Premiere, auf dem Höhepunkt der deutschen Luftangriffe, als Hitler ein sehr realer und gegenwärtiger Feind war. Die Briten schienen sich an Chaplins Verspottung zu ergötzen. Von der Zurückhaltung der Amerikaner war hier nichts zu spüren. Den Briten gefiel vor allem die komische Grundidee der physischen Ähnlichkeit zwischen Old Adolf und dem komischsten Mann der Welt. Der Kritiker des *New Statesman* und der *Nation* nannte den Film »die beste Ermutigung, die man uns geben konnte, jetzt wo der Krieg stagniert oder sich für oder gegen uns wendet«; und Basil Wright vom *Spectator* sah in ihm »unbestreitbare Größe, sowohl in seiner puren Komik als auch in den kühnen Kontrasten zwischen den kleinen Leuten des Ghettos oder der Slums und den großen Leuten der faschistischen Kanzleien. Den gleichen Rang haben die Phantasie und das Spiel des großen Chaplin.«

Die Schlußrede, die der politischen Rechten nach Kommunismus schmeckte und der Linken nach Sentimentalität, schien dem Massenpublikum nicht peinlich zu sein. Sie wurde allenthalben zitiert und abgedruckt. Chaplins alter Freund Rob Wagner widmete ihr in seiner Zeitschrift *Rob Wagner's Script* in der Ausgabe vom 16. November eine ganze Seite; Archie Mayo, in erster Linie als Regisseur von *The Petrified Forest* in Erinnerung, verschickte sie 1940 als Weihnachtsgruß und verglich sie mit Lincolns Ansprache von Gettysburg; in England brachte die kommunistische Partei sie als Sonderblatt heraus.

16
Monsieur Verdoux

Dramatische Kontraste gab es in Chaplins ganzem Leben. Das Jahrzehnt nach *The Great Dictator* wurde zur bittersten Zeit seiner öffentlichen und beruflichen Laufbahn, aber in dieser Zeit fand er in seinem Privatleben endlich das Glück, das er so lange vergeblich gesucht hatte. Chaplin überraschte das Publikum bei der Premiere von *The Great Dictator*, indem er Paulette als »meine Frau« vorstellte. Diese verspätete Bestätigung der Heirat machte auf der ganzen Welt Schlagzeilen, und doch war der Zeitpunkt sonderbar gewählt, denn beiden war bereits klar, daß die Ehe beendet war. Zwei Jahre lang hatten sie sich auseinandergelebt, anscheinend ohne große Bitterkeit. Sie waren sogar getrennt in New York eingetroffen – Chaplin aus Kalifornien mit Tim Durant, Paulette aus Mexiko, wo sie einen neuen Freund, Diego Rivera, besucht hatte. Charles junior vermutete wohl ganz richtig, daß Chaplin sich ausrechnete, daß eine Klärung von Paulettes Status den Frauenvereinen Amerikas den Wind aus den Segeln nehmen würde: deren moralische Entrüstung hätte den Kassenerfolg des neuen Films schmälern können. Charles junior vermutete auch, daß Chaplin möglicherweise hoffte, mit dieser öffentlichen Ankündigung die Ehe retten zu können.

Das war nicht der Fall. Nach der Premiere kehrte Paulette nach Hollywood zurück, um ihrer letzten Pflicht als Gastgeberin des Hauses im Summit Drive nachzukommen: H. G. Wells, der auf einer Vortragsreise unterwegs war, war zwei Wochen dort zu Gast. Chaplin blieb noch vier weitere Monate in New York, bis Februar 1941. Im Dezember erfuhr er von Alf Reeves, daß Paulette das Haus verlassen hatte und in ein Strandhaus gezogen war, das ihr ihr Agent Myron Selznick zur Verfügung gestellt hatte.

Paulette ließ sich 1942 in Mexiko scheiden wegen Trennung von über einem Jahr. Chaplin konnte nicht umhin zu bewundern, mit welcher Gewitztheit Paulette ihm ihre Abfindung abknöpfte. Gerüchten zufolge bewegte sich die Summe um eine Million herum, tatsächlich war es wohl nur ein Drittel davon. Paulette bekam auch die *Panacea.* Beim Scheidungsprozeß (der *in absentia* vor

Richter Javier Rosas Seballas am Zivilgericht in Juarez verhandelt wurde) wurde bestätigt, daß die Ehe 1936 in Kanton geschlossen worden war.

Paulettes Karriere als Vertrags-Star bei Paramount blühte fast das ganze nächste Jahrzehnt über. Ihr großer Drang nach Unabhängigkeit war zweifellos einer der Hauptgründe für die Trennung von Chaplin. Während sie neben Fred Astaire in *Second Chorus* (1940) spielte, lernte sie den Schauspieler Burgess Meredith kennen, den sie 1944 heiratete. Die Ehe endete mit einer weiteren mexikanischen Scheidung im Juni 1949. 1958 heiratete sie dann Erich Maria Remarque. Die Beziehung zwischen Chaplin und Paulette blieb nach der Trennung recht herzlich, und Chaplins Söhne hatten weiterhin sporadisch Kontakt mit ihr. Sie vermißten Paulettes fröhliche und aufmunternde Gegenwart im Haus ganz besonders. »Das ist einfach eins von diesen traurigen Dingen, mein Junge«, sagte Chaplin zu Charles junior. »So ist das Leben nun mal.«

Auch wenn man von der Trennung einmal absieht, begann das Jahr 1941 schlecht. Die sehr gemischte Aufnahme seines Films bei der Kritik und beim Publikum machte, zu Chaplins wachsender Bestürzung, deutlich, wie stark die pro-faschistische Stimmung in den Vereinigten Staaten war. Er war hocherfreut, im Januar eine Delegation aus Hollywood zur Amtseinführung von Präsident Roosevelt begleiten zu dürfen, dem er erstmals während des Ersten Weltkriegs begegnet war, als Roosevelt Marineminister war, und den er für den größten Präsidenten in der Geschichte der Vereinigten Staaten hielt. Doch Roosevelt bereitete ihm einen kühlen Empfang, und sein einziger Kommentar zu *The Great Dictator* war die Klage darüber, welche Schwierigkeiten man wegen des Films mit Ländern in Südamerika bekommen habe, die mit den Achsenmächten sympathisierten. Als Teil der Feierlichkeiten sollte Chaplin im Radio die Schlußansprache aus *The Great Dictator* vor einem Publikum von sechzig Millionen halten. Mittendrin bekam er, vielleicht vor Aufregung, eine trockene Kehle, und die Stimme versagte ihm. Es dauerte zwei Minuten, bis ihm jemand in einem gefalteten Blatt Papier Wasser reichte und er weiterreden konnte. Er brachte seine Rede erfolgreich zu Ende, und das Publikum füllte die Lücke mit Applaus. Vor solchen alptraumhaft peinlichen Situationen fürchtete er sich sein Leben lang.

Nach seiner Rückkehr nach Hollywood im Februar 1941 mußte Chaplin sich nicht nur um den Kustoff-Prozeß wegen *Modern Times* kümmern, sondern auch noch um zwei unwesentliche, aber ärgerliche Prozesse im Zusammenhang mit *The Great Dictator.*

Er war nach wie vor eine bevorzugte Zielscheibe für das Finanzamt. Diesmal wurde eine Klage, die eine große Nachzahlung forderte, abgeschmettert, während Chaplin mit seiner Behauptung, daß er 24 938 $ zuviel gezahlt habe, recht bekam. Doch der gewonnene Prozeß konnte weder den Ärger verringern noch eine negative Presse verhindern. Im Jahr 1947 sah der für seinen Schmähstil bekannte Journalist Westbrook Pegler in seiner Kolumne ›Fair Enough‹ [*sic*] in dem Urteil die Bestätigung, daß man Chaplin dabei erwischt habe, »wie er den Staat um eine riesige Steuersumme betrog«. Es war kaum überraschend, daß Chaplin am 26. März 1941 wieder bereitwillig nach New York zurückkehrte, um als Leumundszeuge für Joseph M. Schenck auszusagen, der sich wegen Steuerhinterziehung zu verantworten hatte. Diesmal blieb Chaplin einen Monat in New York. Sein Sohn Charles glaubte, daß er so lange blieb, weil er eine Geschichte über Einwanderer in New York im Sinn hatte, die er vielleicht dort drehen wollte, mit Paulette als Hauptdarstellerin. Charles junior war der Meinung, daß es sich um die Kernidee zu *A King in New York* handelte, doch anscheinend wurde zu dieser Zeit nichts zu Papier gebracht, weder zu dieser Geschichte noch zu einer anderen Idee über die Liebe eines trinkenden Ex-Stars zu einem kleinen Revue-Mädchen, das nicht einmal weiß, daß es ihn gibt – vielleicht der Prototyp für *Limelight.*

Am 30. April kehrte er nach Kalifornien zurück, aber während der nächsten sechs Wochen blieb er dem Studio fern. Er war einsam und niedergeschlagen und äußerte sich immer wieder unzufrieden über seine Leistungen. Er genoß die Gesellschaft seiner Söhne jetzt mehr als zu irgendeinem anderen Zeitpunkt seines Lebens. Sie wurden häufig als ›Anstandsknaben‹ mitgenommen, wenn er mit Schauspielerinnen ausging, die oft eher *ihre* Altersgenossinnen waren als die ihres Vaters. Er interessierte sich zu dieser Zeit für die zweiundzwanzigjährige Carol Landis, die gerade ein Star geworden war und die dann 1948 mit neunundzwanzig Selbstmord beging. Dann war da die in Wien geborene Schauspielerin Hedy Lamarr, die als Hedy Kiesler gerade als Co-Star in zwei Filmen neben Clark Gable gespielt hatte. Obwohl man auf keinen Fall sagen konnte, daß sie miteinander »gingen«, schätzten Chaplin und die Garbo sich gegenseitig sehr: Sie lachte ausgelassen über seine Späße und Imitationen; er machte ihr unablässig Vorschläge für irgendwelche Filme, die sie zusammen machen könnten – wunderbare Spinnereien, bei denen sie munter, wenn auch skeptisch mitspielte.

Chaplin scheint in dieser Zeit ungewöhnlich gesellig geworden zu sein. Das war hauptsächlich auf seine Leidenschaft für Tennis zurückzuführen. Das alte sonntägliche Ritual der gediegenen englischen Teegesellschaften wurde nun durch allwöchentliche Tennispartys verdrängt, die immer größer wurden, als Freunde ihre Freunde mitbrachten, bis sie schließlich zu einem Stelldichein der Elite von Hollywood wurden. Die willkommensten Gäste waren die großen Profispieler jener Zeit: Budge, Perry, Tilden, Pauline Betz und Helen Wills. Fast das gesamte Hauspersonal hatte sonntags frei, aber es gab immer Tee und Kaffee, Hühnchen-Sandwiches und die unverzichtbaren *crumpets.* Unter den Gästen in diesem Frühsommer 1941 war auch Joan Barry.

Sie war damals zweiundzwanzig Jahre alt. 1940 war sie als Joan Berry von Brooklyn nach Hollywood gekommen, mit dem heißen, aber aussichtslosen Wunsch, beim Film Karriere zu machen. Sie arbeitete gerade als Kellnerin, als ihre große Stunde schlug und J. Paul Getty, der Ölmillionär, befand, daß sie hübsch genug war, um Mitglied der weiblichen Entourage zu werden, die ihn nach Mexiko zur Amtseinführung von Avila Camacho begleiten sollte. In Mexiko erregte sie die Aufmerksamkeit des alten Filmbosses A. C. Blumenthal, der ihr einen Empfehlungsbrief für Tim Durant gab. Durant lud sie und ein anderes Mädchen zu einem Essen mit Chaplin ein. Chaplin erschien sie fröhlich und angenehm, aber er maß der Begegnung keinerlei Bedeutung bei. Am Sonntag darauf brachte Durant sie zu der wöchentlichen Tennisparty mit. Chaplin lud sie zum Abendessen bei Romanoffs ein. Danach verfolgte Joan Barry ihn mit einer Hartnäckigkeit, die schließlich, obwohl ihr Eifer ihn beunruhigte, zum Erfolg führte. Sie war keineswegs unattraktiv, und bevor er sich versah, hatte Chaplin ein Verhältnis mit ihr begonnen.

Seine Unbehaglichkeit bezüglich des Mädchens verflog, als er feststellte, daß sie, wie er bereits vermutet hatte, schauspielerisches Talent besaß. Sinclair Lewis und Sir Cedric Hardwicke, der in der New Yorker Aufführung die Hauptrolle des Canon Skerritt gespielt hatte, machten ihn auf Paul Vincent Carrolls Bühnenstück *Shadow and Substance* aufmerksam, und Chaplin kam zu dem Schluß, daß es sich gut als Filmstoff eignen würde. Eines Abends las Joan Barry ihm die Rolle der Brigid vor, und Chaplin war so beeindruckt, daß er sofort Probeaufnahmen mit ihr machte. Nachdem er für 20 000 $ die Filmrechte für das Stück erworben hatte, nahm er Joan Barry Ende Juni unter einen Jahresvertrag. Chaplin meinte, daß sie 250 $ die Woche bekam; doch obwohl sein Gedächtnis ihn in Geldsachen selten im Stich ließ, erscheint diese Summe doch etwas sehr hoch. Eine Gage von 75 $, die sich auf 100 $ erhöhte – wie Charles junior sich erinnert – scheint dem im Chaplin-Studio üblichen Niveau eher zu entsprechen.

Es steht außer Frage, daß Chaplin ehrlich glaubte, aus Joan Barry eine

Schauspielerin machen zu können. Er hatte es weder nötig noch war es seine Art, Geld zu verschwenden, um Mädchen mit Verträgen zu umwerben, selbst wenn es nötig gewesen wäre, Joan Barry zu umwerben, die sich ihm so entschlossen an die Brust warf. Er sagte, und meinte es zweifellos auch, daß sie »das Zeug zu einer neuen Maude Adams« hatte, und zu seinen Söhnen sagte er: »Sie hat eine himmlische Art, die wahrhaft erstaunlich ist... Eins der größten Talente, die ich jemals in meinem Leben gesehen habe...« Chaplin schickte die Barry zu Max Reinhardts Schauspielschule, bezahlte ihr eine aufwendige Zahnbehandlung und ließ sie bei Partys mit Shakespeare-Kostproben ihr Talent zeigen. Durant und andere Freunde bemerkten alarmierende Anzeichen geistiger Labilität bei der Barry, offenbar bevor Chaplin selbst etwas auffiel. Im Frühjahr 1942 waren die Anzeichen schon nicht mehr zu übersehen. Sie fuhr öfters völlig betrunken mitten in der Nacht zu seinem Haus, und einmal raste sie mit ihrem Cadillac gegen die Einfahrt. Mindestens einmal begann sie die Fensterscheiben zu zertrümmern, als Chaplin sich weigerte, ihr zu öffnen. Chaplin, dem Trunkenheit zuwider war, machte sich besonders große Sorgen, daß ihre Eskapaden öffentlich bekannt werden könnten, weil sie ja jetzt eine Angestellte des Studios war. Er fand heraus, daß sie schon seit Wochen nicht mehr zum Schauspielunterricht ging.

In beiderseitigem Einvernehmen wurde der Vertrag am 22. Mai 1942 annulliert (er sollte am 25. Juli auslaufen). Als Teil der Abfindung bezahlte Chaplin 5 000 $ von Barrys Schulden und besorgte ihr und ihrer Mutter Fahrkarten für die Rückfahrt nach New York, die sie am 5. Oktober auch antraten. Chaplin hoffte und glaubte, daß er dieses unglückselige und lästige Mädchen endgültig los war.

Im Juni 1941 kehrte Chaplin zum ersten Mal seit der Fertigstellung von *The Great Dictator* wieder zur Arbeit ins Studio zurück. Das restliche Jahr wurde größtenteils damit zugebracht, eine neue Tonversion von *The Gold Rush* vorzubereiten. Chaplin schrieb eine neue musikalische Begleitung, die unter der Leitung von Max Terr aufgenommen wurde. Die Zwischentitel wurden durch einen von Chaplin gesprochenen Kommentar ersetzt. Der Wortlaut des Kommentars entsprach im großen und ganzen den ursprünglichen Zwischentiteln. Den ganzen Film hindurch nennt Chaplin den Helden »The Little Fellow«, den kleinen Kerl. Harold McGhean wurde als Cutter engagiert, und abgesehen davon, daß die Zwischentitel wegfielen, kürzte Chaplin den Film um elf Meter (achtunddreißig Sekunden bei normaler Tongeschwindigkeit und vierundzwanzig Bildern pro Sekunde). Als wesentlichste Änderung ersetzte er den langen Fade-Out-Kuß von Charlie und Georgia durch einen züchtigeren Schluß, bei dem sie einfach Hand in Hand davongehen.

Während des ganzen Jahres 1942 und selbst nach der Abreise der Barry arbeitete er weiter an dem Skript von *Shadow and Substance.* In Chaplins Händen hätte Paul Vincent Carrolls Bühnenstück ein faszinierendes Filmsujet werden können. Das Stück wurde 1934 geschrieben und im Januar 1937 im Abbey Theatre in Dublin uraufgeführt. Es ist die Geschichte von Brigid, einem schlichten irischen Mädchen, das im Haushalt von Reverend Canon Thomas Skerritt arbeitet und Visionen von ihrer Namensvetterin, der Heiligen Brigid hat. Die beiden Hilfspriester des Domherrn repräsentieren zwei entgegengesetzte Glaubensrichtungen, den rationalen und den abergläubischen Glauben. Bei einem Aufstand in der Stadt, der wegen dieses Glaubenskonflikts ausbricht, findet Brigid den Tod, und der Domherr sieht sich veranlaßt, seinen eigenen Glauben und seinen sündigen Stolz in Frage zu stellen.

Chaplins Bearbeitung, die Ende 1942 fertiggestellt wurde, ist hervorragend, obwohl er viel weniger an den strittigen Fragen des Katholizismus interessiert ist als an dem menschlichen und humanistischen Inhalt des Stücks. Textstellen wie die folgende rührten ihn eindeutig an: »Jedes Jahr besprenkeln Dutzende anständiger Christen in Amerika Neger mit Benzin und verbrennen sie, weil sie Gott und seine Gerechtigkeit lieben.« Das Filmskript folgt dem dramatischen Hauptstrang, verringert den Dialog jedoch um mindestens ein Drittel und definiert einige der Nebenfiguren neu.

Es schließt mit einem Lied, das Chaplin offenbar als Ergänzung hinzugefügt hat:

Ecce homo
Ecce homo
Seine Krone
Nur ein dürrer Dornenkranz
Dort in der Finsternis
Trug er
Nur einen dürren Dornenkranz
Aber im Sternenlicht
Sah ich
Eine Rose
So rot
Auf seiner Dornenkrone blühen.

Herrlichkeit
Herrlichkeit
Eine Rose
Eine Rose so rot
Auf seiner Dornenkrone blühen.

Auf der Rückseite dieser letzten Seite des Skripts finden sich einige handschriftliche Notizen von Chaplin, unter anderm Reflektionen über Humor. Es wird nicht ersichtlich, ob es sich hier um Notizen für zusätzlichen Dialog handelt oder einfach um Gedankenstützen:

> Spannung ist von entscheidender Bedeutung fürs Leben. Man sollte sich nie vollständig entspannen, es sei denn, man möchte die Poesie des langsamen Sterbens erleben.
> Unsinn ist nicht das richtige Wort für Humor. Spaß ist passender...
> Weisheit ist der Kern des Humors.
> Humor ist das Meßgerät für übertriebene Behauptung, Handlung, Haltung oder Art.

Am 7. Dezember 1941 griffen die Japaner Pearl Harbour an, und Amerika trat auf der Seite der Alliierten in den Krieg ein. Dies brachte Chaplins Haushalt durcheinander, da die japanischen Bediensteten sofort interniert wurden. Das Haus bekam dann englisches Personal, das Chaplin schrecklich langsam vorkam – nach mehr als zwanzig Jahren rascher, effizienter, intuitiver Bedienung durch die Japaner. Seelisch war Chaplin vom Krieg zutiefst betroffen, und seine beiden Söhne sollten bald zum Kriegsdienst eingezogen werden. Besonders bekümmerte ihn die weitverbreitete antisowjetische Stimmung unter vielen Amerikanern, die mit Genugtuung die wachsenden Verluste der Russen an der Ostfront mitverfolgten, mit dem Hintergedanken, daß sich Nazis und Kommunisten mit der Zeit gegenseitig vernichten würden. Chaplin brannte darauf, seinen Kriegsbeitrag zu leisten.

Im Mai 1942 bot sich ihm die Gelegenheit: Das Amerikanische Komitee für Rußlandhilfe fragte telefonisch bei ihm an, ob er bei einer Großveranstaltung in San Francisco am nächsten Tag für den erkrankten Botschafter Davies einspringen könne. Er sagte zu. Als dann der Zeitpunkt seines Auftritts näherrückte, bekam er wieder sein altes Lampenfieber angesichts der Vorstellung, vor ein Publikum treten zu müssen. Es beruhigte ihn auch nicht eben, als er erfuhr, daß er eine ganze Stunde lang das Wort haben sollte. Doch halfen ihm ein paar Gläser Champagner und seine Verärgerung über die Zaghaftigkeit seiner Vorredner, die sorgfältig darauf bedacht waren, sich nur nicht zu begeistert über den russischen Verbündeten zu äußern. Als Chaplin an der Reihe war, überraschte er sein acht- bis zehntausendköpfiges Publikum, indem er es mit »Genossen!« anredete und dann fortfuhr: »Ich nehme an, am heutigen Abend sind hier auch viele Russen anwesend, und wie Ihre Landsleute in diesem Augenblick kämpfen und sterben, das läßt es nur als eine Ehre und einen Vorzug erscheinen, Sie Genossen nennen zu dürfen.« Die Begeisterung des Publikums spornte ihn zu einer feurigen Shakespeare-Paraphrase an:

> »Ich bin kein Kommunist, ich bin ein Mensch, und ich glaube, ich weiß, wie menschliche Wesen fühlen und denken. Kommunisten sind nicht anders als andere Menschen; wenn sie einen Arm und ein Bein verlieren, dann gleichen ihre Schmerzen den unseren, und sie sterben ebenso, wie wir alle sterben. Die kommunistische Mutter ist eine ebensolche Mutter wie jede andere. Wenn sie die tragische Nachricht erhält, daß ihre Söhne nicht zurückkehren werden, dann weint sie ebenso wie andere Mütter. Um das zu wissen, brauche ich kein Kommunist zu sein. Ich muß nur ein Mensch sein, um es zu verstehen. Und in diesem Augenblick gibt es viele russische Mütter, die weinen, und viele russische Söhne, die sterben ...«

Die Aufregung von Redner und Publikum steigerte sich immer weiter, und zum krönenden Abschluß rief Chaplin die begeisterte Menge dazu auf, zehntausend Telegramme an den Präsidenten zu schicken mit der Forderung, in Europa eine zweite Front zu eröffnen: »Stalin wünscht es, Roosevelt ruft danach – so laßt uns alle danach rufen –, laßt uns jetzt eine zweite Front eröffnen!« Chaplins Befürchtung, daß er vielleicht zu weit gegangen sein könnte – selbst wenn man die zweifelhaften militärischen Folgen, die eine zweite Front zu diesem Zeitpunkt gehabt hätte, außer acht läßt – wurden nicht gerade ausgeräumt, als der Schauspieler John Garfield bei einer Dinnerparty nach der Veranstaltung bewundernd feststellte: »Sie haben viel Mut!«

Dan James und seine Frau Lilith waren an diesem Abend auch anwesend, und Lilith erinnerte sich später, daß nach der Ansprache »jeder vor ihm Angst hatte, und da haben sie ihn bei uns abgeliefert. Es war eine großartige Rede. Es war sehr gewagt, zum damaligen Zeitpunkt so einen politischen Standpunkt zu beziehen.«

Mit diesem Erlebnis scheint Chaplin auf den Geschmack gekommen zu sein, wieder öffentlich zu reden. Selbst er war sich nicht ganz im klaren darüber, ob Idealismus die treibende Kraft war oder die Wiederentdeckung der

Chaplin und Oona, um 1957

Nachfolgende Seite
Familienbild am Londoner Flughafen, 1961. Von links nach rechts: Geraldine, Eugene, Victoria, Charles, Oona, Annette, Josephine, Michael. Nicht auf dem Bild ist die dreijährige Jane und Christopher, der erst später geboren wurde

CLASSICS

Mit Joan Ingram
Ein König von New Yo

Chaplin als Regisseur i
Die Gräfin von Hongko
links Margret Rutherfo

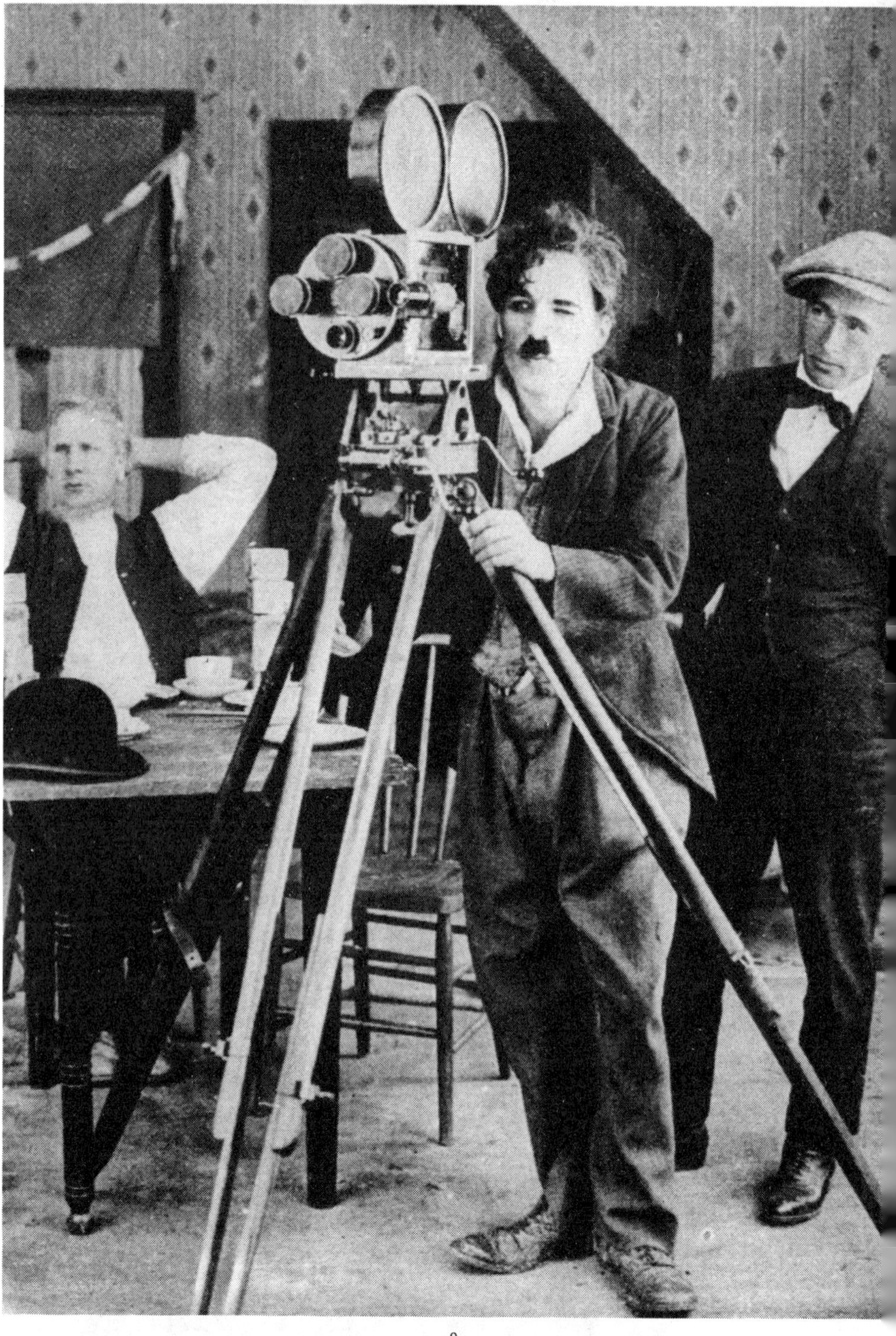

1918...

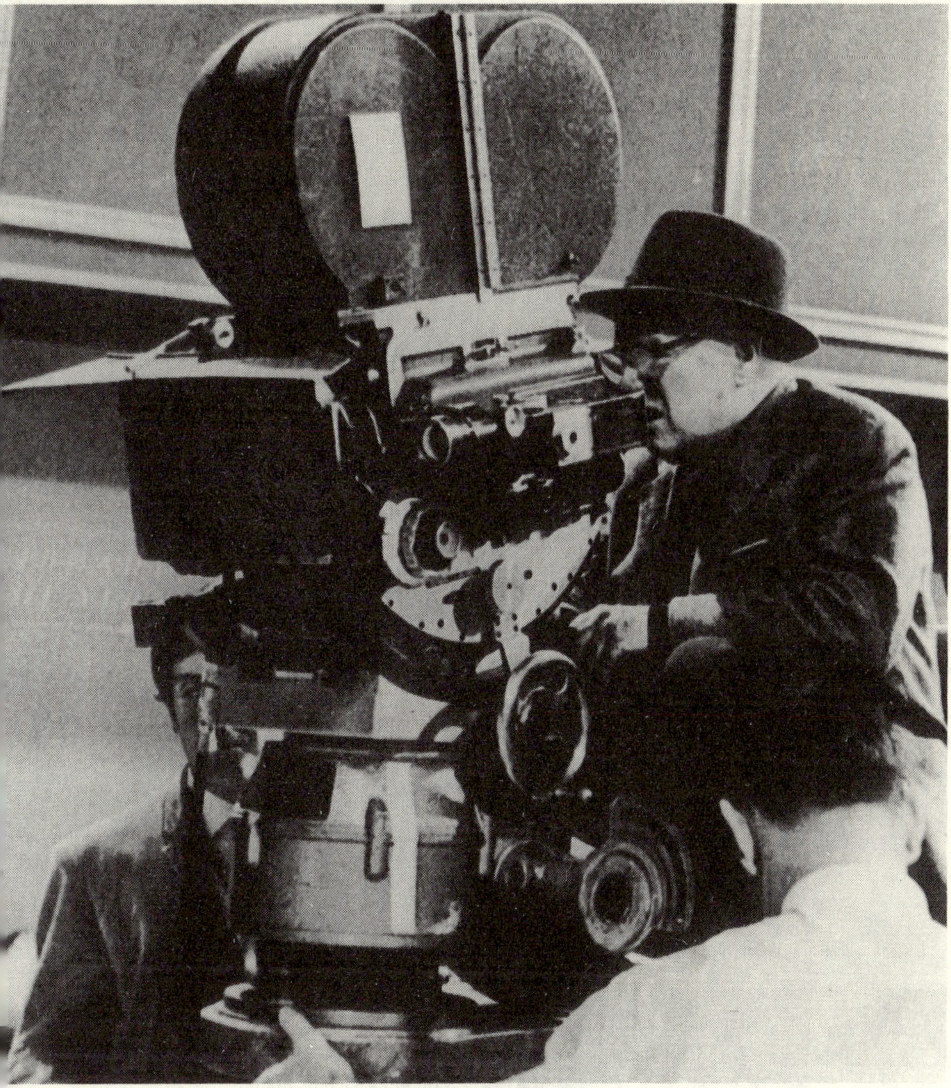

…fast ein halbes Jahrhundert später

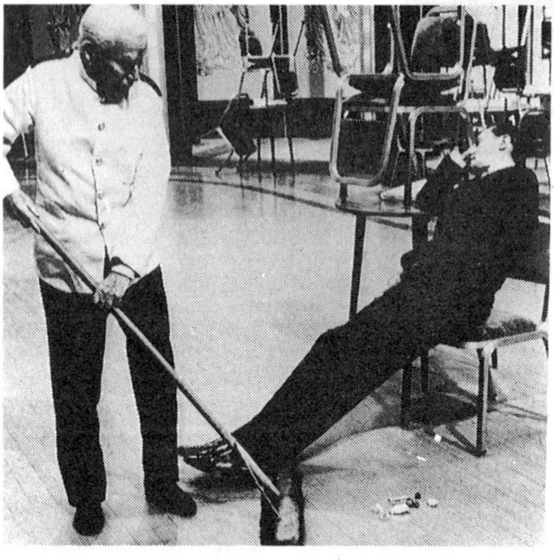

oben
Erste Drehbuchbesprechung von *Die Gräfin von Hongkong*. Von links nach rechts: Chaplin, Marlon Brando, Sophia Loren, Jerry Epstein und Sydney Chaplin junior

Chaplins letzte Rolle in *Die Gräfin von Hongkong*, rechts Marlon Brando

Blödeleien
mit Jean Cocteau

Marc Chagall

Fernand Léger

Frans Masereel

Selbstporträt

Charles Spencer Chaplin im Sessel Molières

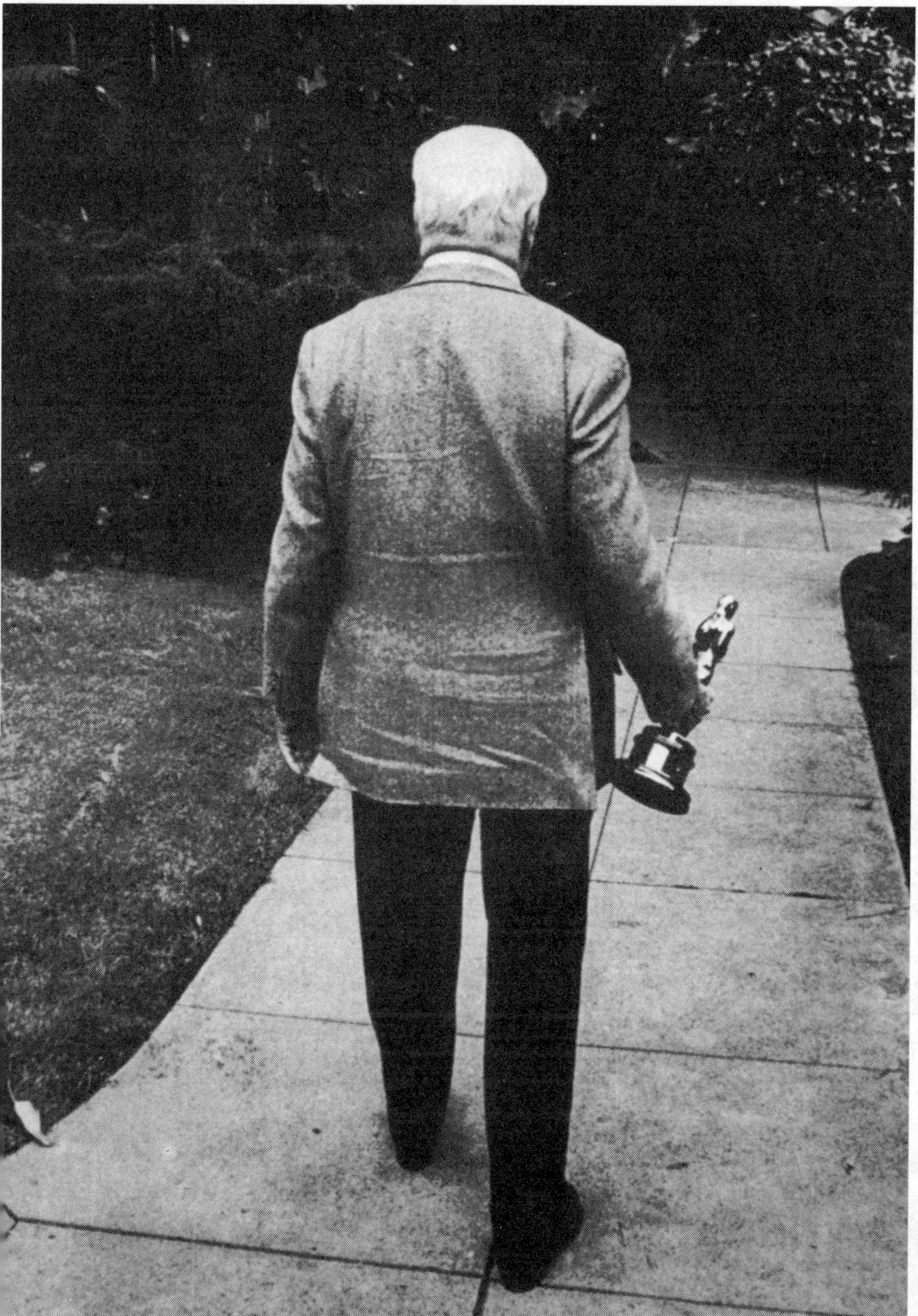

Chaplin erhält 1972, fünf Jahre vor seinem Tod, einen Oskar

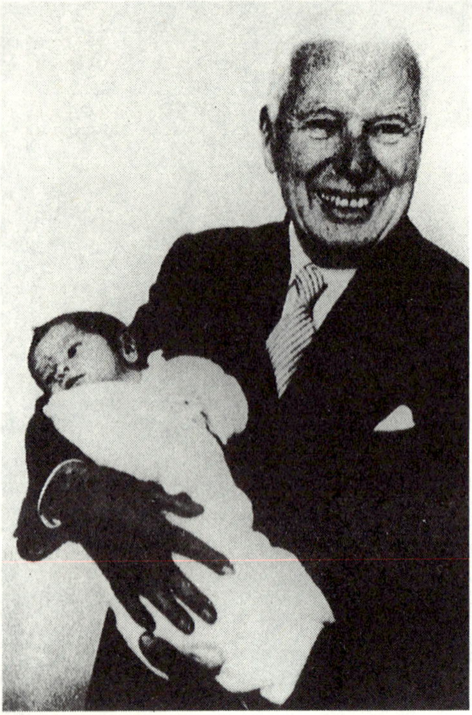

Mit der Geburt von Christopher
am 13. Juli 1962 wird
Chaplin mit 73 Jahren
zum zehnten Mal Vater

Manoir de Ban in Croisier-sur-Vevey

Am 25. Dezember 1977 stirbt Charles Spencer Chaplin
in Manoir de Ban. Er wird in Vevey beigesetzt

berauschenden und erschreckenden Wirkung des Applauses. (Als Terry in *Limelight* Calveros Behauptung zurückweist, daß er das Theater hasse, erwidert er: »Ich hasse den Anblick von Blut, aber trotzdem fließt es in meinen Adern.«) Zwei Monate nach der Rede in San Francisco wurde er gebeten, über Radio-Telefon bei einer Massenkundgebung im Madison Square zu sprechen. Die Kundgebung war vom Council of the Congress of Industrial Organizations organisiert worden, und es nahmen sechzigtausend Gewerkschafter und andere daran teil. Chaplin verbrachte den ganzen Vortag (21. Juli) mit der Vorbereitung seiner Rede, die vierzehn Minuten dauerte und der mit gebannter Aufmerksamkeit gelauscht wurde. Wieder rief er nach einer zweiten Front.

> Laßt uns auf einen Sieg im Frühjahr hinarbeiten. Ihr in den Fabriken und auf den Feldern, ihr in Uniform – Bürger der Welt –, laßt uns auf dieses Ziel hinarbeiten und kämpfen. An die Regierungen in Washington und London richten wir den Appell – lassen Sie es Ihr Ziel sein, bis zum Frühjahr den Sieg zu erringen.

»Wie üblich ging seine Begeisterung mit ihm durch«, kommentierte Charles junior. Obwohl (oder laut Chaplin vielleicht weil) Jack Warner davon abriet, nahm er die Einladung an, bei einer Kundgebung in der Carnegie Hall zu sprechen, die von der ›Artists' Front to Win the War‹ organisiert wurde, die selbst damals schon als eine gefährlich linke Organisation galt. Doch neben ihm sprachen auch solche politisch respektablen Berühmtheiten wie Orson Welles, Pearl Buck und Rockwell Kent. Chaplin traf am 15. Oktober, einen Tag vor der Kundgebung, in New York ein, begleitet von Tim Durant und Edward Chaney, seinem neuen englischen Kammerdiener. In New York wurde er von Charles junior empfangen, der sich später erinnerte, daß sein Vater, wie immer vor einem Auftritt, aufgeregt und von Übelkeit geplagt war. Es gab auch ein herzliches Wiedersehen mit Paulette, deren Scheidung am 4. Juni wirksam geworden war.

Chaplins Auftritt als Redner ging wie üblich erfolgreich über die Bühne. Nach seiner Rückkehr ins Waldorf-Astoria entdeckte er, daß Joan Barry wiederholt angerufen hatte. Sie rief wieder an, und als sie später im Hotel eintraf, achtete Chaplin darauf, daß Durant während ihres Besuchs anwesend war, der – wie Chaplin sich später erinnerte – eine halbe Stunde dauerte. Die Barry erzählte ihnen, daß sie mittlerweile im Pierre Hotel wohnte, das J. Paul Getty gehörte.

Chaplin blieb noch zehn Tage nach der Kundgebung in New York, doch spürte er, daß er seit seinen Reden für die Zweite Front in den Häusern einiger seiner früheren Gastgeber nicht mehr willkommen war. Er erhielt weitere Einladungen zu sprechen und nahm sie an. Gewissenhaft, wie er war, begann Chaplin sich für die Vorbereitungen immer mehr Zeit zu nehmen. Er verbrachte fast eine ganze Woche mit der Ausarbeitung einer Ansprache für eine ›Salute to Our Russian Ally‹-Versammlung, die am 25. November in der Orchestra Hall in Chicago abgehalten wurde. Von Chicago ging es dann wieder nach New York, wo er am 3. Dezember bei einem Dinner ›Arts for Russia‹ im Hotel Pennsylvania sprach. Diese kurze, aber auf lange Sicht bedeutsame Phase von Chaplins Aktivitäten war Anfang 1943 abgeschlossen. Im Februar bereitete er eine Rede vor, die im Büro des sowjetischen Konsuls zur späteren Ausstrahlung in Rußland aufgenommen werden sollte. Am Sonntag, den 7. März hielt er eine Ansprache, die vom CBS-Studio in Los Angeles nach England übertragen wurde. Sie wurde als ›Transatlantic Call to Lambeth‹ präsentiert, und in dieser Ansprache malte Chaplin ein lebhaftes Bild des Londons seiner Kindheit. Er schloß mit den Worten: Ich erinnere mich an die Straßen von Lambeth, an den New Cut und den Lambeth Walk, die Vauxhall Road. Es war ein hartes, steiniges Pflaster, aber trotzdem waren die Menschen, die dort lebten, aus ganz gutem Holz geschnitzt.«

Nun tauchte Joan Barry wieder in Hollywood auf. Anscheinend verwendete sie die 300 $, die Chaplin ihr im Waldorf-Astoria gegeben hatte, dazu, die Fahrt zu bezahlen. Nachdem sie ihn zunächst mit Telefonanrufen belästigt hatte, brach Barry am 23. Dezember mit Hilfe einer Leiter in Chaplins Haus ein, zog eine Waffe und drohte, sich umzubringen. Chaplins Verzweiflung wurde noch vergrößert, als mitten in diese Szene seine beiden Söhne hereinplatzten. Da er sie nicht mit hineinziehen wollte, bat er sie, auf ihre Zimmer zu gehen. Er erzählte ihnen erst am nächsten Morgen, was passiert war. Später behauptete die Barry dann, daß es bei dieser Gelegenheit zu intimem Kontakt gekommen sei. Chaplins Version, daß er die Tür zum Badezimmer abgeschlossen habe, das zwischen den beiden Zimmern lag, in denen sie die Nacht verbrachten, erscheint unter den gegebenen Umständen glaubwürdiger. Am nächsten Morgen ging sie wieder, nachdem Chaplin ihr etwas Geld gegeben hatte. Etwa eine Woche später war sie wieder da, und Chaplin sah sich gezwungen, die Polizei zu holen. Sie wurde zu neunzig Tagen Haft mit Bewährung verurteilt und angewiesen, die Stadt zu verlassen. Ein Angestellter des Chaplin-Studios übergab ihr eine Eisenbahn-Fahrkarte und 100 $. Im Mai

1943 war sie wieder da, im sechsten Monat schwanger. Chaplin glaubte, daß Hedda Hopper ihr geraten hatte, sich um der Publicity willen verhaften zu lassen, die sie dann bei ihrem zweiten Erscheinen vor Gericht auch tatsächlich bekam. Sie wurde wegen Landstreicherei zu dreißig Tagen Haft verurteilt, verbrachte aber wegen ihres Zustands die meiste Zeit davon im Krankenhaus.

Es war eine echt chaplineske Wende des Schicksals: in dem Moment, da diese gestörte junge Frau ihm zusetzte und noch schlimmeren Ärger für ihn bereithielt, lernte Chaplin Oona O'Neill kennen. Oona war die Tochter Eugene O'Neills und dessen zweiter Frau Agnes Boulton, aber ihre Eltern ließen sich scheiden, als sie noch ein Kind war. Oona war mit Schönheit, Charme und einer scharfen Intelligenz gesegnet, dabei aber ausgesprochen schüchtern. Im Frühjahr 1942 war die noch nicht ganz Siebzehnjährige zur ›Debutante Number One‹ des Jahres ernannt worden. Nachdem sie die Aufnahmeprüfung für das Vassar-College bestanden hatte, entschied sie sich aber für eine Schauspiellaufbahn und begab sich nach Hollywood, wo ihre Mutter und ihr Stiefvater bereits wohnten. Sie machte Probeaufnahmen für eine Rolle in *The Girl From Leningrad*, das von Eugene Frenke, dem Mann von Anna Sten, produziert werden sollte. Die Aufnahmen existieren noch, und sie zeigen, was für eine bemerkenswerte Leinwandpersönlichkeit in ihr steckte. Ihre Schönheit wirkt zugleich strahlend und zerbrechlich, ihre Persönlichkeit zugleich zurückhaltend und fordernd. Selbst in diesem vierzig Jahre alten Filmfragment spürt man ihre lebendige Präsenz.

Ihre Agentin, Minna Wallace, wußte, daß Chaplin jemanden für die Rolle der Brigid in *Shadow and Substance* suchte. Sie erwähnte Oona O'Neill Chaplin gegenüber, der nicht eben darauf brannte, mit der Tochter von Amerikas berühmtestem Bühnendramatiker zu arbeiten. Doch Minna Wallace arrangierte eine gemeinsame Dinner-Party mit Oona, Durant (dessen Vater mit O'Neill befreundet war) und Chaplin. Chaplin war sofort von Oonas Lächeln, ihrer Schönheit, Ausstrahlung und Sanftheit bezaubert, aber er befürchtete dennoch, daß eine so junge und unerfahrene Schauspielerin mit der Rolle der Brigid überfordert sein könnte. Hätte er damals schon die Probeaufnahmen von Eugene Frenke gesehen, hätte er sehr leicht den Eindruck gewinnen können, daß sie, die so ganz anders war als die üppige Joan Barry, der Rolle einen besonderen Zauber hätte geben können.

Rollie Totheroh zufolge erschien Oona kurz nach dem Treffen selbst im Studio. Sie trat mit dieser verwirrenden und einnehmenden Mischung aus Schüchternheit und Entschlossenheit auf, die für sie so typisch ist, und ließ sich weder von Totheroh noch von Alf Reeves abwimmeln, die es nach der jüngsten Erfahrung mit Joan Barry verständlicherweise nervös machte, daß da nun schon wieder ein junges Ding auftauchte, das erst siebzehn Jahre alt war und sogar noch jünger aussah. Minna Wallace alarmierte Chaplin mit der Information, daß Fox an ihrer Klientin interessiert sei. Chaplin bot Oona einen Vertrag an.

Charles junior und sein Bruder entflammten sich sofort für Oona, als sie sie zu Hause kennenlernten, mußten aber bald feststellen, daß sie einen unbezwingbaren Rivalen hatten: »Immer, wenn Oona mit unserem Vater zusammen war, verklärten sich ihre Augen. Sie saß mäuschenstill und lauschte seinen Worten. Die meisten Frauen sind von Dad bezaubert, aber bei Oona war es anders. Sie vergötterte ihn und nahm begierig jedes seiner Worte in sich auf, ganz gleich, ob er über sein letztes Drehbuch oder über das Wetter sprach oder ob er ein wenig philosophierte. Sie sagte selten etwas, doch von Zeit zu Zeit machte sie eine ihrer scharfsinnigen Bemerkungen, die selbst meinen Vater beeindruckten.«[1] Die außergewöhnliche, traumhafte Liebesgeschichte, die Chaplin soviel Glück bescherte, daß er für alles, was geschehen war und noch geschehen sollte, entschädigt wurde, nahm alsbald ihren Anfang. Chaplin erinnert sich, daß sie – obwohl der große Altersunterschied ihn beunruhigte – heiraten wollten, sobald die Dreharbeiten von *Shadow and Substance* beendet waren. Die Entscheidung muß schnell gefallen sein. Den Studio-Berichten zufolge wurde *Shadow and Substance* am 29. Dezember endgültig zu den Akten gelegt, kaum zwei Monate nach der Begegnung bei Minna Wallace.

Schon im November 1942 arbeitete Chaplin an einer neuen Idee, aus der schließlich *Monsieur Verdoux* wurde, und zweifellos veranlaßten ihn die viel größeren Möglichkeiten des neuen Stoffs dazu, ein ganzes Jahr Arbeit am Skript für *Shadow and Substance* über Bord zu werfen. Die Idee war gekeimt, als Orson Welles ihn einmal besuchte und erwähnte, daß er gerne einen dokumentarischen Spielfilm über Landru, den berühmten französischen Ehefrauen-Mörder, machen würde, mit Chaplin in der Hauptrolle. Welles hatte zu dem Zeitpunkt noch kein Skript in Angriff genommen, und ein paar Tage später rief Chaplin ihn an und sagte ihm, daß seine Vorschläge ihn zu einer Komödienidee angeregt hätten. Obwohl der Film dann nur sehr entfernt etwas mit dem wirklichen Landru zu tun hatte, bot Chaplin Welles eine Summe von 5000 $ an, weil er Welles die Idee verdankte. Das Angebot war keineswegs altruistisch: Chaplin hatte inzwischen schon genügend leidige Erfahrungen mit Plagiatsbehauptungen gemacht und wollte einer derartigen

Gefahr in diesem Fall vorbeugen. Welles willigte ein, verlangte aber, vorausgesetzt der Film gefiel ihm, im Vorspann des Films erwähnt zu werden: »Nach einer Idee von Orson Welles«. Chaplin war einverstanden, doch später ärgerte er sich darüber, daß Welles damit prahlte, der Vater der Keimidee von *Verdoux* zu sein. Von November 1942 bis zum Beginn der Dreharbeiten im April 1946 arbeitete Chaplin fast ohne Unterbrechung an dem Skript. Bis März 1943 lief das Projekt unter *Landru*, danach hieß es ›Production No. 7: Bluebeard‹. Dann wurde schlicht und einfach *Verdoux* daraus. Im Juni 1946 hieß die Produktion schließlich *Monsieur Verdoux*.

Die ersten Monate des Jahres 1943 verliefen angenehm, ohne Ärger. Oona und ihre Mutter verbrachten viel Zeit im Haus, ebenso die Jungen Charles und Sydney, die bald ins wehrfähige Alter kamen. In den Wochen nach Weihnachten führte Chaplin im Studio *City Lights, The Circus, The Idle Class* und *Shoulder Arms* für die O'Neills und andere Freunde vor. Ärger kündigte sich im Mai an, als Joan Barry bei Chaplin zu Hause anrief und dem Butler mitteilte, daß sie schwanger sei. Am 4. Juni gab sie dieselbe Information an die Presse und fügte diesmal hinzu, daß Chaplin der Vater des ungeborenen Kindes sei. Damit begann ein zwei Jahre lang währender Alptraum, den Eugene L. Trope, ein Anwalt aus Los Angeles als »einen Meilenstein in der Geschichte der Justizirrtümer« bezeichnete.

Noch am selben Tag, an dem Joan Barry der Presse Meldung erstattet hatte, reichte ihre Mutter Gertrude Berry, als Vormund des ungeborenen Kindes, eine Vaterschaftsklage gegen Chaplin ein, verbunden mit Forderungen von 10 000 $ für Schwangerschaftspflege, 2500 $ für die Versorgung des Ungeborenen und 5000 $ für Gerichtskosten. Chaplins Anwälte konterten mit einer knappen Stellungnahme in seinem Namen: »Miss Barry erklärt, ihr ungeborenes Kind sei im Dezember letzten Jahres gezeugt worden. Die erste Beschuldigung mir gegenüber wurde im Mai von Miss Barry erhoben, begleitet von einer Forderung über 150 000 $. Ich habe Miss Barrys Zustand nicht zu verantworten.« Chaplin erklärte, daß in diesen Forderungen vom Mai 75 000 $ für das Kind und 75 000 $ für Barrys Mutter beansprucht wurden und nichts für Joan Barry selbst, und daß sie von der Drohung begleitet worden seien, die Sache publik zu machen. Chaplin weigerte sich empört, einer derartigen Vereinbarung zuzustimmen, obwohl Tim Durant, der als Vermittler fungierte, überzeugt war, daß die Zahlung als endgültige einvernehmliche Abfindung gelten mußte. Charles junior zufolge weigerte sich Chaplin nicht etwa aus finanziellen Gründen – ihm war klar, daß es ihn viel teurer kommen würde, vor Gericht zu gehen, unabhängig davon, ob er im Endeffekt Recht bekam oder nicht – es ging ihm um die Gerechtigkeit: »Er war entrüstet, weil er unschuldig war. Es war symptomatisch für seine unbeugsame Rechtschaffenheit, diese bewundernswerte und aufreizende Charaktereigenschaft, von der er ganz durchdrungen war.«[2]

Nach kalifornischem Gesetz in Sachen Scheidung und Vaterschaft wird im Zweifelsfall immer zugunsten der Frau entschieden, und schon durch die Behauptung, daß er der Vater sei, wird ein Mann dazu gezwungen, bis zum Abschluß des Prozesses sowohl für die Frau als auch für das Kind Unterhalt zu zahlen. Daher einigten sich die Anwälte beider Seiten mit dem Superior Court auf Zahlungen, die bis zur Urteilsverkündung erfolgen sollten. Chaplin erklärte sich bereit, 2500 $ bar und 100 $ monatlich für Barrys Unterhalt zu zahlen sowie 500 $ dreißig Tage vor der Geburt, 1000 $ bei der Geburt und 500 $ monatlich in den folgenden vier Monaten. Barry ihrerseits erklärte sich bereit, an dem Kind zur Ermittlung der Vaterschaft Bluttests vornehmen zu lassen, wenn es das Alter von vier Monaten erreicht hatte. Die Reporter der *New York Times* berichteten, Barrys Anwälte hätten sich damit einverstanden erklärt, die Klage fallenzulassen, »wenn mindestens zwei Ärzte ›nein‹ sagen; wenn sie ›vielleicht‹ sagen (ein eindeutiges ›Ja‹ ist bei Bluttests nicht möglich), steht der Mandantin der Weg offen, ihre Forderungen einzuklagen«.

Die Affäre war ein gefundenes Fressen für die Presse. Um Reportern und Gerichtsdienern zu entgehen, versteckte sich Chaplin im Haus von Eugene Frenke und Anna Sten im Layton Drive in Los Angeles, sobald die Geschichte publik wurde. Oona besuchte ihn dort und blieb auch im Haus. Noch lange scherzte man bei den Frenkes darüber, daß die Verliebten so beschäftigt waren, daß sie später vergaßen, die Lebensmittelmarken der Frenkes zurückzuerstatten, die sie während ihres Aufenthalts verbraucht hatten. Sie hatten bereits ihren Hochzeitstermin auf den 1. Juni festgesetzt, nach Oonas achtzehntem Geburtstag, da sie dann die elterliche Zustimmung nicht mehr benötigte, die ihr ihr Vater, wie sie richtig vermutete, verweigert hätte. Ihre Mutter jedoch billigte die Partie von ganzem Herzen. Nun hielten es Durant und die Anwälte für ratsam, daß Oona an die Ostküste zurückkehrte, bis sich die Wogen in der Barry-Affäre geglättet hätten. Oona selbst war dagegen und blieb hartnäckig dabei, daß sie, als die Frau, die Chaplin liebte und die von ihm geliebt wurde, gerade jetzt an seiner Seite bleiben müsse.

Harry Crocker traf die notwendigen Vorkehrungen für die Hochzeit, und zum Dank durfte er die Trauung fotografieren und die Neuigkeit als Exklusivbericht an seine Kollegin bei der Hearst-Presse, Louella Parsons, weitergeben. Miss Parsons, die immer gern genau den entgegengesetzten Standpunkt ihrer Erzrivalin Hedda Hopper bezog, war Chaplin gegenüber so wohl gesinnt, wie Miss Hopper ihm übel wollte – obwohl der Gipfel von Hoppers Diffamierung noch bevorstand. Am Dienstag den 15. Juni fuhren Chaplin und Oona, begleitet von Crocker und Catherine Hunter, Chaplins Sekretärin, nach Santa Barbara. Kurz nach acht Uhr am folgenden Morgen ließen sie sich im Rathaus registrieren, um die Heiratslizenz zu erhalten, und ergriffen dann so schnell wie möglich die Flucht, um der Presse zu entkommen, die bereits vom Gerichtsschreiber alarmiert worden war. Sie wurden von dem achtundsiebzig Jahre alten Friedensrichter Clinton Pancoast Moore in aller Stille getraut. Als sie das Gebäude verlassen hatten, entdeckten sie, daß Mr. Moore statt Chaplin ›Chapman‹ eingetragen hatte. Dieser Fehler war nur wenigen Menschen unterlaufen, seit Keystone dreißig Jahre zuvor auf der Suche nach einem neuen Star der Karno-Truppe telegrafiert hatte. Mr. Moore korrigierte den Fehler anstandslos.

Chaplin und Oona blieben noch fast sechs Wochen in Santa Barbara, und es war ein Wunder, daß es der Presse nicht gelang, sie aufzuspüren. Chaplin schwankte zwischen Depression und Seligkeit. Unerkannt machten sie abends lange Spaziergänge, und Oona las Chaplin vor, um ihn von seinen trüben Stimmungen abzulenken.

Am 26. Juli kehrten sie nach Beverly Hills zurück, und Chaplin begann sofort wieder mit der Arbeit an dem Skript, das jetzt *Bluebeard* hieß. Im Studio standen auch noch andere Arbeiten an. Brigade-General Osborn, der Leiter der Special Services Division der Army, hatte darum gebeten, daß Chaplin dem ›Armed Forces Institute Film Services‹ Kopien von *Shoulder Arms* zur Verfügung stellen möge. Chaplin war sehr erfreut, daß man sich von diesem fünfundzwanzig Jahre alten Film immer noch einen Wert für die Kampfmoral versprach, und Totheroh machte sich daran, ein gänzlich überarbeitetes neues Negativ zu erstellen. Im Januar sah sich Chaplin zusammen mit Oona und ein paar Freunden diese neue Kopie und auch *The Gold Rush* an und befand, daß es eine gute Idee wäre, mit all seinen alten Filmen genauso zu verfahren, also von jedem die Negative neu zusammenzustellen, um so eine gute Reservekopie auf Lager zu haben, die dann für besondere Zwecke jederzeit zur Verfügung stand. Die Negative sollten nach der Bearbeitung in Pathés Labor in Hollywood deponiert werden. Totheroh verbrachte den größten Teil des nächsten Jahres damit, diese endgültigen Negative und Archivkopien der First National

Filme vorzubereiten. Jahre später erwiesen sie sich dann als sehr wertvoll, als Chaplin beschloß, von einer Reihe seiner frühen Filme neue Versionen mit Musik herzustellen.

Am Abend des 2. Oktobers 1943 gebar Joan Barry ein Mädchen, dem sie den Namen Carol Ann gab. Unterdessen heckte das Bundesgericht einen neuen Prozeß im Fall Barry gegen Chaplin aus, und in den folgenden Wochen nahm man Dutzende von Zeugenaussagen auf; auch Chaplins gesamtes Personal, seine Söhne und selbst Oona, die Joan Barry nie begegnet war, wurden verhört. Am 10. Februar 1944 erhob das Bundesschwurgericht Anklage gegen Chaplin. Ihm wurde zur Last gelegt, gegen den Mann Act verstoßen zu haben, ein Gesetz, das aus dem Jahr 1910 stammte und dazu dienen sollte, die gewerbliche Prostitution zu bekämpfen. Nach diesem ›Act‹ war es strafbar, eine Frau mit unmoralischen Absichten über Staatsgrenzen zu befördern, und Chaplin wurde vorgeworfen, am 5. Oktober 1942 »Joan Barry in böswilliger Absicht von Los Angeles in die Stadt New York befördert und ihre Beförderung veranlaßt zu haben ... in der Absicht und unter dem Vorsatz, gesetzeswidrige sexuelle Beziehungen zu unterhalten«. In einer weiteren Klage wurde Chaplin zusammen mit sechs anderen Personen verklagt (zu denen der Polizeirichter zählte, der an Barrys erster Verhaftung wegen Landstreicherei beteiligt war) unter der recht obskuren Anschuldigung, man habe sich verschworen, um Miss Barry ihrer Bürgerrechte zu berauben.

Schon die Mann-Act-Klage war an sich ziemlich abwegig und erforderte den Beweis, daß Chaplin während seines Besuchs in New York anläßlich seiner Ansprache für die Zweite Front mit Miss Barry sexuellen Kontakt hatte und daß es in seiner Absicht stand, in dieser Weise aktiv zu werden, als er ihr einige Wochen zuvor die Fahrkarte nach New York bezahlte. Bei dem Prozeß, der am 25. Februar begann, unterstrich Chaplins Anwalt, der berühmte Rechtsanwalt Jerry Giesler, die absurde Position des Staates. Er fragte die Geschworenen in seinem Resümee, ob es wahrscheinlich sei, daß Chaplin die Barry 3000 Meilen befördern würde, nur um einmal mit ihr intim zu werden, »wo sie ihm doch ihren Körper überall und jederzeit gegeben hätte«. Es gäbe, fügte Giesler hinzu, »ebenso wenig Beweise für einen Verstoß gegen den Mann Act wie Beweise für einen Mord«. Doch der Staat verfolgte seine Klage mit einer Prozession von Zeugen. Als erste ging Miss Barry in den Zeugenstand und behauptete, daß es während des Besuchs in New York zu Intimitäten gekommen sei und daß dieses Treffen vor ihrer Abfahrt von Hollywood nach New York vereinbart worden sei. Der Staatsanwalt rief auch den Reisebüro-

Angestellten auf, der die Fahrkarten für Barry und ihre Mutter ausgestellt hatte; dann kamen drei Eisenbahner, die bezeugten, daß die Karten auch benutzt wurden; die Buchhaltung des Waldorf Astoria bestätigte, daß Chaplin dort registriert war – es war ohnehin allen klar, daß er zur fraglichen Zeit dort war; der Nachtportier des Hotels mußte sich äußern und Chaplins Kammerdiener Edward Chaney. Für die Verteidigung nahm Giesler die Barry zu ihren Besuchen in Tulsa ins Kreuzverhör. J. Paul Getty wurde von der Verteidigung als Zeuge aufgerufen, um zu bestätigen, daß er Joan Barry kannte und im Jahr 1941 und auch im November 1942 in Tulsa häufig mit ihr zusammen war.

Als letzter Zeuge wurde am 30. März Chaplin selbst aufgerufen. Er bestritt, irgendeine unmoralische Absicht gehabt zu haben, als er für Joan Barry und ihre Mutter Fahrkarten besorgte, und er bestritt, daß es nach Mai 1942 zu irgendwelchen Intimitäten zwischen ihr und ihm gekommen sei. Giesler schreibt in seinen Memoiren, daß »Chaplin der beste Zeuge war, den ich jemals vor Gericht gesehen habe. Er hatte eine starke Ausstrahlung, selbst wenn er nicht ins Kreuzverhör genommen wurde und einfach nur dasaß, einsam und verlassen, am andern Ende des Verhandlungstisches. Er ist so klein, daß er nur mit den Spitzen seiner Schuhe den Fußboden berührte.«

Die Geschworenen, sieben Frauen und fünf Männer, berieten sich fast drei Stunden lang und stimmten viermal ab, um dann zu dem einstimmigen Spruch von »Nicht schuldig« zu kommen. Nach dem Prozeß gratulierten der Richter und der Staatsanwalt Charles Carr Chaplin, und dieser schüttelte jedem einzelnen Geschworenen die Hand und bedankte sich. Er konnte vor Rührung nicht sprechen, als die Geschworene Edythe Lewis zu ihm sagte: »Schon gut, Charlie, Amerika ist immer noch ein freies Land.« Im Summit Drive fiel Oona in Ohnmacht, als sie die Nachricht im Radio hörte.

Das Urteil bedeutete eine riesige Erleichterung. Aber Chaplin hatte viel gelitten in all den Tagen, da er vor Gericht sitzen und mit anhören mußte, wie die Anwälte die unerfreulichen Beweismittel von Joan Barrys Liebesleben durchforsteten. Während der Vorverhandlung war er auch höchst erzürnt über die entwürdigende Situation, als der Presse erlaubt wurde, ihn zu fotografieren, während ihm die Fingerabdrücke abgenommen wurden. Dieser Vorfall wurde zur späteren Verwendung in *A King in New York* gespeichert.

Zwischen der Erhebung der Anklage und dem Prozeß war Joan Barrys Kind Blutgruppen-Tests unterzogen worden, die von drei Ärzten durchgeführt wurden, von denen der eine Miss Barry vertrat, einer Chaplin und der dritte, Dr. Newton Evans, als neutraler Beobachter fungierte. Das Ergebnis wurde am 15. Februar 1944 von den Anwälten beider Parteien bekanntgegeben, und es bewies eindeutig, daß Chaplin nicht der Vater des Kindes sein konnte. Forschungsarbeiten hatten ermittelt, daß Personen mit der Blutgruppe O (Chaplin) und A (Joan Barry) kein Kind mit der Blutgruppe B zeugen konnten: Das Baby hatte Blutgruppe B. Aufgrund des Testergebnisses beantragte Chaplins Anwalt Loyd Wright optimistisch die Aufhebung der Vaterschaftsklage. Der Antrag wurde vom Superior Court Judge Stanley Mosk abgelehnt, der geheimnisvoll erklärte, daß »der Gerechtigkeit am besten gedient ist, wenn die strittigen Fragen ausführlich und gerecht verhandelt werden«. Darauf aufmerksam gemacht, daß der frühere Richter, bei dem Mrs. Barry ursprünglich Klage erhoben hatte, Blut-Tests gebilligt hatte, meinte Richter Mosk, er habe nicht den Eindruck, daß das Gericht damals »mehr bezweckte als eine Blutgruppen-Bestimmung für die Parteien und das betroffene Kind, ohne daß daraus letzte Schlüsse in dem Rechtsstreit zu ziehen wären.«

Mrs. Barry hatte sich damals einverstanden erklärt, die Klage zurückzuziehen, falls die Tests negativ ausfallen sollten. Man umging diese Vereinbarung geschickt, indem die Vormundschaft für Carol Ann von ihrer Großmutter auf das Gericht übertragen wurde. Nun verklagte also das Gericht von Los Angeles Chaplin für Carol Ann. Der neue Prozeß wurde für Dezember 1944 anberaumt. So überzeugt er auch war, daß das Ergebnis der Blutgruppen-Tests ihn von jedem Verdacht gänzlich reinwaschen mußte, waren die Monate des Wartens doch eine sorgenvolle Zeit für Chaplin.

Das Leben mit Oona, die jetzt mit ihrem ersten Kind schwanger war, bot glückliche Ablenkung. Im Mai verbrachten sie einen zehntägigen Urlaub in Palm Springs, und den Juni verbrachten sie größtenteils an der Ostküste. Am 1. August wurde ihre erste Tochter Geraldine geboren. Kurz darauf annoncierten sie für ein Kindermädchen, und eine der Bewerberinnen war Edith McKenzie, eine Schottin, die seit vielen Jahren in den Vereinigten Staaten arbeitete. Als Oona sie am Telefon nach ihrem Alter fragte, erwiderte Miss McKenzie ausweichend: »Warten Sie doch ab und sehen mich erstmal an.« (Sie war knapp über vierzig.) Oona sah sie und verstand sich auf Anhieb mit dieser schmalen, offenen, fähigen Frau. Einige Monate später gab die kleine Geraldine ihr den Namen Kay-Kay, und sie blieb über vierzig Jahre lang ein unentbehrliches Mitglied des Haushalts und war die engste Freundin und Vertraute eines jeden Chaplin-Kindes.

Kay-Kay erinnert sich lebhaft, daß Chaplin seine erste Tochter mit soviel seliger Bewunderung betrachtete und in den Armen hielt wie ein zwanzigjähriger Vater sein allererstes Kind. Dabei hatte er bereits zwei erwachsene Söhne in der Army. Weniger als drei Wochen nach Geraldines Geburt wurde er aus traurigem Anlaß an seine erste unglückliche Ehe erinnert: Mildred Harris starb im Alter von dreiundvierzig Jahren im Cedars-of-Lebanon-Krankenhaus. Chaplin schickte einen Strauß Orchideen, Rosen und Gladiolen zur Beerdigung.

Lion Feuchtwanger, der zu Chaplins damaligen Freunden zählte, hatte nach dem Mann-Act-Prozeß bemerkt: »Sie werden als einziger Schauspieler in die amerikanische Geschichte eingehen, der die ganze Nation zu politischem Widerspruch gereizt hat.« In dieser Hinsicht konnte Chaplin beruhigt sein, als General Eisenhower persönlich um die Vorbereitung einer französisch synchronisierten Fassung von *The Great Dictator* bat, die im Rahmen der Office of War Information im gerade befreiten Frankreich gezeigt werden sollte. Chaplin gab bereitwillig seine Zustimmung, und die benötigten Kopien und Spuren wurden am 21. November verschickt.

Der Carol Ann Barry Vaterschaftsprozeß wurde am 13. Dezember 1944 vor Richter Henry Willis eröffnet. Chaplin war sich derart sicher, daß die wissenschaftlichen Beweise für ihn sprachen, daß er diesmal nicht den geschickten Giesler engagierte (beim vorigen Prozeß hatten ihn einige Freunde gewarnt, daß es schon einem Schuldbekenntnis gleichkäme, wenn er einen solch prominenten Strafverteidiger engagierte), sondern den fähigen, unspektakulären Anwalt Charles A. (Pat) Millikan. Weder Chaplin noch Millikan hatten mit Joseph Scott als Vertreter der Anklage gerechnet. Scott war ein alter Anwalt der alten Schule mit einem kantigen Gesicht, der theatralisch alle Register zog. Zu seinem glühenden Glauben an Gott, das Vaterland und die Republikanische Partei kam bei seiner Verfolgung des Beklagten noch die Kraft seiner persönlichen Gefühle. Scott rief Joan Barry in den Zeugenstand vor die Geschworenen – sieben Frauen und fünf Männer –, damit sie schildere, was sich in der Nacht ereignete, als sie in Chaplins Haus einbrach und mit einer Pistole herumfuchtelte. Sie erklärte, sie habe bei dieser Gelegenheit zu Chaplin gesagt: »Ich weiß nicht mehr, wo mir der Kopf steht. Ich habe gewartet und gewartet. Du hast mich nicht angerufen. Ich weiß mir keinen Rat mehr.« Sie beharrte darauf, daß das Kind bei dieser Gelegenheit gezeugt worden sei und daß sie, seit sie Chaplin kennengelernt hatte, mit keinem andern Mann intime Beziehungen gehabt habe. Sie sagte, Chaplin habe ihr, bevor sie am Morgen des 24. Dezember das Haus verließ, versprochen, ihr regelmäßig 25 $ pro Woche zukommen zu lassen. Daraufhin habe sie ihm die Waffe übergeben. Scott befragte nun Chaplin, der darauf beharrte, daß es seit Anfang 1942 keinen intimen Kontakt mehr zwischen ihm und dem Mädchen gegeben habe, und als Miss Barry ihm mitteilte, daß sie von ihm schwanger sei, habe er erwidert, das sei »unmöglich«. Als letzten Streich ließ Scott die Geschworenen Chaplin und Carol Ann, die drei Meter von Chaplin entfernt auf dem Schoß ihrer Mutter saß, eine Dreiviertelminute lang anstarren und drängte sie, Ähnlichkeiten im Aussehen festzustellen. Das Kind war vierzehn Monate alt.

Millikans Verteidigung war im Prinzip viel stärker und baute einfach auf zwei Hauptzeugen auf. Dr. Newton Evans, der unabhängige Arzt, der die Blut-Tests durchgeführt hatte, erläuterte die Labormethoden, mit deren Hilfe man zu dem eindeutigen Schluß kam, daß Chaplin nicht der Vater des Kindes sein konnte. O. C. Lassiter, ein Anwalt aus Tulsa, schilderte ein Gespräch, das er am 28. Januar 1943 mit der Barry geführt hatte, als er eine nicht spezifierte Klage gegen sie abwies. Sie hatte ihm erzählt, daß ein Ölmann ihr »den Kopf verdreht« habe, den sie im November 1942 von Kalifornien nach Florida begleitet hatte; daß sie nach Tulsa gekommen sei, um mit ihm zusammen zu sein, und zwei Nächte mit ihm im Mayo Hotel in Tulsa verbracht habe. Dort habe er ihr versprochen, sie zu heiraten, wenn er seine Frau loswerden könnte. Nun sei er abgereist, und sie könne ihn nicht finden. Vor Gericht bestritt die Barry, daß ein derartiges Gespräch stattgefunden habe.

Die Logik mag nicht auf Scotts Seite gewesen sein, aber er zog es vor, an das Gefühl zu appellieren. Während des ganzen Prozesses beschimpfte er Chaplin ständig mit Ausdrücken, die selbst erfahrene Reporter schockierten und die die beabsichtigte Wirkung erzielten, Chaplin zu verletzen und zu erregen. Seine Schmähungen lauteten zum Beispiel: »grauhaariger alter Lump«, »kleiner Fiesling von einem Svengali«* und »geiler Köter«. Chaplin lüge, sagte er, »wie ein billiger Cockney-Prolet«. »Sie (Barry) war nichts als Dreck für dieses Reptil. Schließlich nahm er sie mit nach Hause und las ihr ein Skript über ›Blaubart‹ vor« (ein Hinweis, der sich auf eine der späteren Begegnungen zwischen Chaplin und Joan Barry beziehen muß). Offenbar gelang es Scott, einen Teil der Geschworenen zu beeindrucken, und – noch wichtiger – er schaffte es, Chaplin aus dem Gleichgewicht zu bringen. An einem Punkt sah sich Chaplin dazu getrieben, dem Richter entgegenzurufen: »Euer Ehren, ich habe kein

* d. Schimpfwort bezieht sich auf eine Romanfigur aus *Trilby* von George du Maurier: jemand, der einen anderen nötigt. Anm. d. Ü.

Verbrechen begangen. Ich bin nur ein Mensch. Aber dieser Mann versucht, ein Ungeheuer aus mir zu machen.« Es gelang Scott, Chaplin in einen Zustand hineinzumanövrieren, in dem das Publikum ihn als einen zornigen, in die Enge getriebenen Mann sah. In seinem Schlußwort ermahnte er die Geschworenen:

> In all diesen Jahren war niemand in der Lage, Chaplin in seinem lüsternen Benehmen Einhalt zu gebieten – nur Sie. Ehefrauen und Mütter im ganzen Land erwarten, daß Sie ihm ein für alle Mal das Handwerk legen. Sie werden gut schlafen in der Nacht, wenn Sie diesem Baby einen Namen gegeben haben – wenn Sie ihm zeigen, daß das Gesetz für ein Baby genauso da ist wie für den letzten Penner.

Wenn Scotts Diffamierungen ernstgenommen werden sollten, konnte das Kind ihnen für diesen Namen kaum dankbar sein. Chaplin und alle seine Freunde und Bekannten waren völlig vor den Kopf gestoßen von dieser unglaublichen Verleumdung. Selbst wenn man den Rummel um seine unglücklichen Scheidungen in Betracht zog, hatte Chaplin nach Hollywood-Maßstäben ein außergewöhnlich diskretes Leben geführt, und seine Zeit mit Paulette belegte, daß er sich nichts sehnlicher wünschte als ein gemütliches Heim. Selten wurde ein Mensch derartig ungerechtfertigt zum Wüstling abgestempelt.

Gewiß ließen sich die Geschworenen von Scotts Redekunst beeindrucken, doch Joan Barrys Aussage überzeugte sie weniger. Nach vier Stunden und vierzig Minuten Beratung waren die Geschworenen immer noch zu keinem einstimmigen Urteilsspruch gelangt; die Abstimmung lautete sieben zu fünf zugunsten eines Freispruchs. Richter Clarence L. Kincaid bot sich als Schlichter an. Scott war für die Anklage bereit, das Angebot anzunehmen, doch Chaplin (der an den letzten Verhandlungstagen nicht anwesend war, weil er wegen einer Fußverletzung ins Krankenhaus mußte) bestand auf vollständiger Entlastung und lehnte ab.

Das Wiederaufnahmeverfahren wurde in der Zeit vom 4. bis zum 17. April vor Richter Kincaid verhandelt. Die Sitzung vom 14. April wurde anläßlich des Todes von Präsident Roosevelt vertagt. Diesmal setzten sich die Geschworenen aus elf Frauen und einem Mann zusammen. Joseph Scott übte noch mehr emotionalen Druck auf die Geschworenen aus als beim ersten Prozeß. Nach den Worten eines Beobachters, der sich in der *Southern California Law Review* äußerte, ließen sich die Geschworenen von »gefühlsmäßigen Überlegungen leiten, setzten jede Logik vor die Tür und versagten kläglich in ihrer Aufgabe, das Beweismaterial abzuwägen«. Mit elf zu einer Stimme kamen sie zu einem Urteilsspruch von »Schuldig«. Die Gegenstimme stammte von einer Hausfrau namens Mary James, die zu ihrem Votum bemerkte: »Ich unterstütze Mr. Chaplin gar nicht ... Ich kann nur einfach nicht glauben, daß er der Vater des Kindes ist.«

Die Beweise der Blut-Tests wurden völlig ignoriert. Damals war es nur in zehn Staaten zulässig, Blut-Tests zu Beweiszwecken einzusetzen, um eine Vaterschaft zu widerlegen; Kalifornien zählte nicht dazu. Der juristisch höchst zwielichtige Chaplin-Fall hatte dann wohl eine breitere Anerkennung des Tests zur Folge. 1953 wurde in Kalifornien ein Gesetz verabschiedet, das die Fortführung eines Vaterschaftsprozesses untersagt, wenn durch Blut-Tests schlüssig bewiesen wurde, daß der Beklagte nicht der Vater des Kindes sein kann.

Aufgrund des Urteilsspruchs verpflichtete Richter Kincaid Chaplin zu wöchentlichen Zahlungen in der Höhe von 75 $ an Carol Ann – die jetzt das Recht hatte, den Namen Chaplin anzunehmen – mit einer Erhöhung bis zu 100 $ entsprechend ihrer wachsenden Bedürfnisse bis zu ihrem einundzwanzigsten Lebensjahr. Abgesehen davon verschwand die Familie Berry/Barry endlich aus Chaplins Leben, aber der Schaden, den sie ihm zugefügt hatte, war nicht wiedergutzumachen, und durch den Prozeßausgang fühlte Chaplin sich nachhaltig beschämt und geschmäht. Etwa ein Jahr später heiratete Joan Barry und bekam noch zwei weitere Kinder, bevor sie sich von ihrem Mann trennte. 1953 wurde sie in verwirrtem Zustand in Torrance in Kalifornien aufgegriffen, wohin sie von Mexiko aus gelangt war. Sie wurde zur Behandlung ins Patton State Hospital eingeliefert.

Über seine Anwälte Wright und Millikan beantragte Chaplin eine erneute Wiederaufnahme des Verfahrens, aber nach vierwöchiger Prüfung wurde der Antrag am 6. Juni 1945 abgelehnt. Ein weiterer Prozeß hätte vielleicht sein Gerechtigkeitsgefühl befriedigt, aber Chaplin war von der Affäre angewidert und ausgelaugt, und er wußte, daß sein Ruf, der ihm doch sein ganzes berufliches Leben hindurch so sehr am Herzen lag, auf lange Sicht geschädigt war. Trost fand er in seiner neuen Familie und, wie immer, in der Arbeit. Es bereitete ihm ungeheure Freude, Oona seine alten Filme zu zeigen, von denen sie viele noch nie gesehen hatte. Abgesehen von all ihren anderen Qualitäten war Oona das beste ›Publikum‹, das er jemals hatte. Wie oft sie die Filme auch sah, sie kicherte stets mit kindlicher Freude über Charlies Possen. Und Chaplin, der sich auf der Leinwand immer mit objektiver, kritischer Distanz betrachtete, tat es ihr gleich.

Obwohl die Barry-Affäre soviel Ärger und Störung verursachte, war die Arbeit am Skript von *Monsieur Verdoux* weitergegangen, und 1945 begann man mit den Vorbereitungen fürs Drehen. Von Chaplins früheren Fassungen und Arbeitsnotizen zu *Verdoux* ist so gut wie nichts erhalten geblieben, es ist also nicht möglich, die Entwicklung nachzuzeichnen, die wir bei seinen anderen Filmen mitverfolgen konnten. Nur drei Manuskriptseiten in Chaplins Handschrift mit dem Titel ›Notizen für Verdoux‹ sind irgendwie dem Schicksal der übrigen Aufzeichnungen entgangen. Die Verwendung des Namens Verdoux deutet darauf hin, daß die Notizen relativ spät verfaßt wurden. Der Name Verdoux tauchte allem Anschein nach erst in der zweiten Hälfte des Jahres 1945 auf – die Hauptfigur hieß ursprünglich ›Varnay‹, ein Name, den Verdoux dann in der Endfassung des Films als Decknamen benutzt. Es ist nicht klar, ob die aphoristischen Notizen als Dialog-Vorschläge anzusehen sind oder ob es sich um Reflektionen über den philosophischen Inhalt des Films handelt. Wie dem auch sei, scheint die Vermutung nicht weit hergeholt, daß sich in dem ironischen und desillusionierten Ton Chaplins persönliche Reaktion auf seine letzten Monate am Pranger niederschlägt:

Wenn sich die ganze Welt gegen einen Mann stellt, wird er zum Heiligen.

Wenn es keine Tatsachen gibt, regiert das Gefühl.

Tugenden erwirbt man nicht so leicht wie Laster.

Es ist wichtiger Verbrechen zu verstehen als zu verurteilen.

Das Gute ist in allem zu finden – auch im Bösen.

Schweigen ist tiefste Beredsamkeit, ein tiefes wortloses Verstehen.

Dem Bösen haftet stets auch etwas Gutes an.

Letztendlich gibt es für nichts einen Grund.

Gewalt ist das letzte Mittel der Geduld.

Seele ist das Mögliche, und die Welt ist das Wirkliche. So fühlt der Mensch tief in seinem Innern.

Die Seele ist das Werdende.
Die Welt ist das Gewordene.
Das Leben ist der Zustand des Werdens.

Die Seele muß noch errungen werden.
Die Welt ist errungen.
Das Leben erringt.

Schönheit ist der umfassendste Begriff überhaupt.

Leben wird zu einer Gewohnheit, die ich zuweilen gerne ablegen würde.

Nur Köche und Butler sorgen sich um ihren Ruf.

Die erhalten gebliebenen Versionen des Skripts entsprechen fast exakt der Endfassung des Films, bis auf eine Anfangsszene, die nie gedreht wurde, und einige Korrekturen am Dialog, die von der Zensur des Breen Office angeordnet wurden. Eine Ähnlichkeit mit der Lebensgeschichte von Landru zeigt sich nur noch in Verdouxs Beruf: Er ermordet reiche Witwen und legt ihr Vermögen gewinnbringend an. Zur Tarnung seiner Operationen betreibt er ein darniederliegendes Antiquitätenlager. Wenn er nicht von seinen heiklen Geschäften in Anspruch genommen ist, kehrt Verdoux zu seinem Häuschen auf dem Lande zurück, zu seinem geliebten Kind und seiner invaliden Frau. Er begegnet einer schönen jungen Frau, die eine Pechsträhne hat und als Prostituierte arbeitet. Er nimmt sie mit zu sich nach Hause, weil er sie als Versuchskaninchen für ein neues Gift benutzen will, aber statt dessen überzeugt er sie dann davon, daß das Leben trotz allem lebenswert ist. Als er sie Jahre später wiedersieht, haben sich ihre Rollen im Leben vertauscht: Sie ist jetzt die Mätresse eines Waffenfabrikanten, dessen Geschäfte am Vorabend eines neuen Weltkrieges florieren: Verdouxs umsichtige Investitionen sind nach dem Zusammenbruch der Börse ein für alle Mal dahin. Und jetzt wird Verdoux von seiner Vergangenheit eingeholt, er wird verhaftet, und ihm wird der Prozeß gemacht. Bei seinem Prozeß und vor seiner Hinrichtung zeigt er eher leichte Verwunderung als Reue, da er mit seiner Lebensweise die Grundphilosophie der herrschenden kapitalistischen Gesellschaft nur zu ihrer extremen logischen Konsequenz geführt hat.

RICHTER: (*zu Verdoux*) Haben Sie noch etwas zu sagen, bevor das Urteil verkündet wird?

VERDOUX: (*erhebt sich*) Ja, Monsieur... Ich habe... Der Herr Staatsanwalt hat wenig Schmeichelhaftes über mich zu sagen gewußt, doch hat er zugegeben, daß ich Verstand besitze. (*wendet sich zum Staatsanwalt*) Ich danke Ihnen dafür. Das stimmt. Ich habe ihn auch fünfundzwanzig Jahre redlich gebraucht, aber danach war er nicht mehr gefragt. Und so sah ich mich gezwungen, ihn für mich auszunutzen.

Aber ich kann Ihnen versichern, es war kein Leben der Muße. Ich habe sehr hart gearbeitet für das, was ich bekam, und für das wenige, das ich bekam, habe ich sehr viel gegeben... Und was den Massenmord angeht, regt uns die Welt nicht dazu an? Stellt man nicht überall heutzutage Vernichtungswaffen her, um dem Massenmord zu dienen? Und hat man mit diesen Waffen nicht schon Frauen und Kinder gefoltert, sie zerfetzt und verbrannt, und das mit einer eiskalten Berechnung? Ich bin ein Dilettant im Vergleich zu diesen Massenmördern...

Wenn Sie von der Art meines Verbrechens schockiert sind, ist das nichts als Heuchelei... eine Farce! Sie aalen sich in Mord... Sie legalisieren ihn... Sie schmücken ihn mit Goldborten! Sie zelebrieren ihn und paradieren ihn! Töten ist das Unternehmen, durch das Ihr System gedeiht... durch das Ihre Industrie gedeiht. Sei's drum. Ich möchte in diesem Zusammenhang nicht meine Beherrschung verlieren, verliere ich doch sehr bald meinen Kopf... Und noch etwas – bevor noch der Funke meiner Existenz verlischt, möchte ich Ihnen sagen, daß ich Sie alle wiedersehe, sehr bald schon.

(Dies ist dem ursprünglichen Skript entnommen. Das Breen Office verlangte einige Streichungen, damit die Rede für die Stimmung im Nachkriegs-Amerika akzeptabler wurde.)

Später, während Verdoux auf seine Hinrichtung wartet, entgegnet er einem Reporter, der ihm vorhält, daß andere Leute ihre Geschäfte nicht in Verdouxs Stil betreiben:

Ja, aber das ist der Ausgangspunkt aller großen Geschäfte. *Ein* Mord macht zum Mörder... Millionen zum Helden. Ob Mörder oder Held, wird durch die Zahl entschieden.

In einem Interview kurz vor dem Start des Films erklärte Chaplin:

> Ich glaube schon, daß der Film von moralischem Wert ist. Von Clausewitz hat gesagt, daß Krieg die Fortsetzung der Politik mit anderen Mitteln ist. M. Verdoux findet, daß Mord die logische Fortsetzung von Geschäften ist. Er sollte die Gefühle der Zeit ausdrücken, in der wir leben – Katastrophen bringen Menschen wie ihn hervor. Er verkörpert die kranke Psyche, die Depression. Er ist enttäuscht, verbittert und am Ende pessimistisch. Aber er ist nie morbide. Und der Film ist in seiner Behandlung des Stoffes keineswegs morbide… Unter bestimmten Umständen kann Mord komisch sein.[3]

Unter bestimmten Umständen konnten auch die Beziehungen mit dem Breen Office komisch sein, aber auch ärgerlich. Chaplin widmete ein Dutzend Seiten seiner Autobiographie seinem Umgang mit dem Office im Zusammenhang mit *Verdoux*, die Korrespondenz und ein korrigiertes Skript sind im Chaplin-Archiv erhalten geblieben. Sie lehnten das Skript als Ganzes ab und sagten, »wir übergehen die Elemente, die uns ihrem Konzept und ihrer Bedeutung nach anti-sozial erscheinen… Die Teile der Story, in denen Verdoux das ›System‹ anklagt und die gegenwärtige Gesellschaftsstruktur angreift.« (Es ist interessant, daß sie offenbar nicht bemerkt hatten, daß der Film im Frankreich zwischen den Kriegen spielen sollte.) Die ganze Art von Verdouxs *modus vivendi* hatte, so fanden sie, »den schlechten Beigeschmack unerlaubter sexueller Beziehungen, und das ist unserer Ansicht nach nicht gut«. Zu den spezifischen Elementen, gegen die Einwand erhoben wurde, gehörte eine Szene, die nahelegt, daß Verdoux mit einer der ›Ehefrauen‹, die er später ermordete, tatsächlich geschlafen hatte; außerdem wurde der gesamte Dialog beanstandet, dem zu entnehmen war, daß das Mädchen, das er auf der Straße aufgelesen hatte, eine Prostituierte war, sowie spätere Hinweise darauf, daß sie wohlhabend und die Mätresse eines Munitionsfabrikanten war. Sie forderten: »Über Klosetts im Badezimmer darf es keine Andeutungen geben, und sie dürfen nicht gezeigt werden«, sie stießen sich an der Doppeldeutigkeit von »ihren Hintern kratzen«; und sie verlangten die Streichung des Wortes »wollüstig« sowie des Ausdrucks »unanständiger Mond«, der Chaplin so viel bedeutete, seit er ihn ein Vierteljahrhundert zuvor in der Gesellschaft von H. G. Wells erstmalig erfolgreich angebracht hatte.

Am 11. März 1946 nahm Chaplin Joseph Breens Einladung an, in sein Büro zu kommen und über das Skript zu sprechen. Chaplin entnahm jedoch der Haltung eines Assistenten von Breen – ein »hochgewachsener, streng ausse-

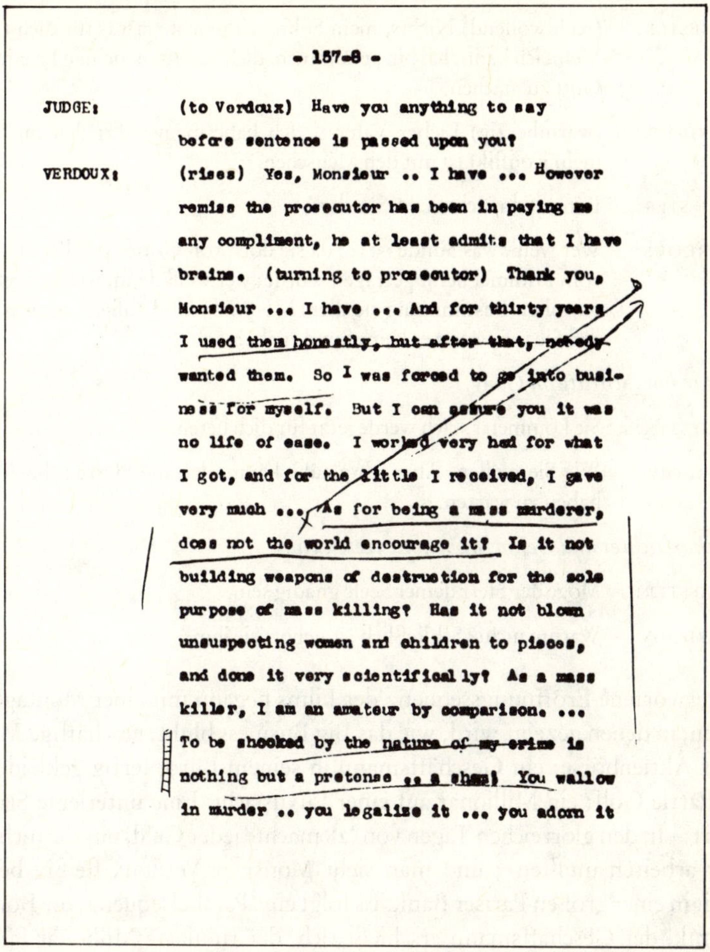

- 157-8 -

JUDGE: (to Verdoux) Have you anything to say before sentence is passed upon you?

VERDOUX: (rises) Yes, Monsieur .. I have ... However remiss the prosecutor has been in paying me any compliment, he at least admits that I have brains. (turning to prosecutor) Thank you, Monsieur ... I have ... And for thirty years I used them honestly, but after that, nobody wanted them. So I was forced to go into business for myself. But I can assure you it was no life of ease. I worked very hard for what I got, and for the little I received, I gave very much ... As for being a mass murderer, does not the world encourage it? Is it not building weapons of destruction for the sole purpose of mass killing? Has it not blown unsuspecting women and children to pieces, and done it very scientifically? As a mass killer, I am an amateur by comparison. ... To be shocked by the nature of my crime is nothing but a pretense .. a sham! You wallow in murder .. you legalize it ... you adorn it

Skript für Verdouxs Rede vor der Anklagebank,
vom Breen Office zusammengestrichen.

hender junger Mann«, der ihn mit den Worten empfing: »Was haben Sie gegen die katholische Kirche?« –, daß man in erster Linie an Verdouxs Wortwechsel mit dem Priester am Schluß des Filmes Anstoß nahm:

VERDOUX: Was kann ich für Sie tun, guter Mann?

PRIESTER: (wohlwollend) Nichts, mein Sohn, ich möchte etwas für dich tun ... Wenn ich kann. Ich bin gekommen, dich zu bitten, deinen Frieden mit Gott zu machen.

VERDOUX: (warmherzig) Lieber Vater ... Ich habe meinen Frieden mit Gott, mein Konflikt ist mit den Menschen.

PRIESTER: Bereust du nicht deine Sünden?

VERDOUX: Wer weiß, was Sünde ist ... da sie doch von Gottes gefallenem Engel vom Himmel herabgetragen wurde; wer weiß denn, welcher geheimnisvollen Bestimmung sie dient? (*höflich*) Und außerdem, was würden Sie tun, wenn es keine Sünde gäbe?

(Man hört Schritte im Gang.)

PRIESTER: Sie kommen ... Ich werde jetzt für dich beten.

VERDOUX: Wie Sie wollen. Aber ich glaube kaum, daß die Herren die Absicht haben zu warten.

(Scharfrichter und Gefängnisbeamte treten ein.)

PRIESTER: Möge der Herr deiner Seele gnädig sein.

VERDOUX: Warum nicht? Schließlich ... gehört sie ihm.

Die verworfene Eröffnungssequenz des Films begann mit einer Montage von Szenen, in denen gezeigt wird, wie das Big Business blüht: geschäftige Makler in der Aktienbörse; ein Geschäftsmann in seinem Büro, fertig gekleidet für eine Partie Golf; ein Millionär auf einer Luxusjacht. Eine unterlegte Stimme erklärt: »In den glorreichen Tagen von '28 machte jeder Geld, nur die nicht, die dafür arbeiten mußten«; und man sieht Monsieur Verdoux fleißig bei der Arbeit in einer großen Pariser Bank. Es folgt eine Parallelsequenz: die Börse ist in Panik, der Geschäftsmann erschießt sich, der ruinierte Millionär fällt tot über die Reeling seiner Jacht, ein Makler schluckt eine Zyankali-Kapsel und scheidet mit einer angewiderten Grimasse dahin. In der Bank erhält Verdoux zusammen mit seiner Lohntüte die Kündigung, und die Kamera geht in Nahaufnahme auf ein hoffnungsloses, tragisches Gesicht. Unter Überblendung zu Szenen der Weltwirtschaftskrise fährt die Stimme fort: »In den mageren Jahren, die folgten, veränderte sich viel im Leben der Menschen ... Millionäre wurden bettelarm, und aus Jachtklubpräsidenten wurden Hafenarbeiter. Aber aus Monsieur Verdoux, dem Pariser Ex-Kassierer, wurde etwas anderes:

ein Mann mit vielen Identitäten, der trotz der Krisenzeiten ein gutes Auskommen hatte.« Dann sieht man Verdoux vielbeschäftigt und wohlhabend, ein eleganter *Boulevardier*, der gerade sein nächstes Opfer aufs Korn nimmt.

Im Laufe der Arbeit erkannte Chaplin, daß er den Börsenkrach und die Depressionsszenen an einer späteren Stelle im Film einsetzen mußte, um Verdouxs Ruin zu erklären. An späterer Stelle wurde daher eine viel einfachere Börsenszene eingeführt, und dieser Anfang wurde verworfen. Statt dessen wählte Chaplin einen knapperen, schlüssigeren Anfang. Zu einer Aufnahme eines Grabsteins mit der Inschrift ›Henri Verdoux, 1880–1937‹ hört man seine Stimme: »Guten Abend. Bis zur Depression von 1930 war ich Bankangestellter«, und dann erklärt er lakonisch, zu welchen Geschäften er dann überging.

Nur noch wenige alte Mitarbeiter waren übrig. Der immer-treue Totheroh war noch da; und Halbbruder Wheeler Dryden wurde nun zum Regieassistenten befördert. Robert Florey, ein Freund und Bewunderer seit dreißig Jahren, war der andere Regieassistent. Seit er 1927 sein erstes Buch über Chaplin geschrieben hatte, war Florey selbst ein recht fähiger Regisseur geworden, und er hatte gerade einen seiner größten Erfolge mit *The Beast With Five Fingers* nach H. G. Wells. Trotzdem erfüllte es ihn mit Stolz, daß er bei einem Film, der von seinem lebenslangen Idol gedreht wurde, eine untergeordnete Position einnehmen durfte. Für Chaplin war er von großem Nutzen, weil er mit Rat und Tat bei der Gestaltung der französischen Schauplätze zur Seite stand. Henry Bergman, seit 1915 eine Art Maskottchen, war inzwischen sehr krank und konnte nicht mehr arbeiten; er starb kurz nach Beginn der Dreharbeiten. Sydney lebte wieder in Kalifornien. Chaplin hatte ihn eigentlich für die Rolle des Detektiv Morrow vorgesehen, der Verdoux verhaftet, aber unvorsichtigerweise seine Gastfreundschaft in Form eines Glases vergifteten Weins annimmt. Sydneys Frau Gypsy war dagegen, da sie befürchtete, daß Sydney wieder krank vor Sorgen werden könnte – wegen Charlies Hang zur Verschwendung, wie es ihrer Behauptung nach bei *The Great Dictator* der Fall gewesen war.

Vielleicht brachten nostalgische Gefühle Chaplin darauf, daß die Rolle der matronenhaften Madame Grosnay etwas für Edna Purviance sein könnte. Edna, die mittlerweile über fünfzig war und sich schon viele Jahre zuvor von der Schauspielerei zurückgezogen hatte, war von der Aussicht außerordentlich beunruhigt – aber sie fühlte sich auch geschmeichelt. Am 18. März 1946 erschien sie zum ersten Mal seit zwanzig Jahren wieder im Chaplin-Studio.

Weder Chaplin noch Totheroh hatten sie in all den Jahren gesehen. Das Wiedersehen ging allen dreien sehr ans Herz, obschon Chaplin eine forsche Nonchalance an den Tag legte, als wären sie erst am Tag zuvor zusammengewesen. Edna war füllig geworden, und von ihrer früheren Schönheit war nicht mehr viel übrig, aber sie besaß immer noch denselben Charme und Humor. Sie las die Rolle – nicht schlecht, wie Chaplin zugab – und verbrachte den nächsten Monat im Studio, machte Probeaufnahmen und probte. Aber bald wurde klar, daß es nicht ging; die Kultiviertheit einer europäischen *grande dame* lag ihr nicht. Als Edna wieder nach Hause ging, war sie genauso erleichtert wie Chaplin. Ihre Anwesenheit beschwor allzusehr die guten alten Zeiten, da die Zukunft noch vor ihnen lag. Sie sollten sich nie wiedersehen. Chaplin zitiert auf den letzten Seiten seiner Autobiographie liebevoll zwei Briefe, die sie ihm in ihren letzten Lebensjahren in die Schweiz schrieb – wohl wissend, daß sie nie eine Antwort erhalten würde, denn Chaplin war kein Briefeschreiber. Edna starb 1958 im Alter von zweiundsechzig Jahren an Krebs.

Die Rolle der Madame Grosnay ging schließlich an die englische Schauspielerin Isobel Epsom, die zu der Zeit, als Chaplin für Karno auf Tournee war, im Adelphi als Revuegirl in *The Quaker Girl* mitwirkte. Danach hatte sie eine beachtliche Bühnenkarriere gemacht, und Ende der dreißiger Jahre siedelte sie in die Vereinigten Staaten über. Es waren hauptsächlich Charakterdarstellerinnen gefragt, so die imposante Almira Sessions und die gebürtige Australierin Marjorie Bennett, die dann auch in *Limelight* für Chaplin spielte.

Höchst wahrscheinlich hatte Robert Florey Chaplin geraten, die Rolle der schrecklichen Annabella, die als einziges Opfer von Verdoux nicht kleinzukriegen war, mit der Komikerin Martha Raye zu besetzen. Neun Jahre zuvor hatte er *Mountain Music* mit ihr gedreht. Die Entscheidung wurde getroffen, nachdem sich Chaplin Rayes jüngsten Film *Four Jills in a Jeep* im Vorführraum des Studios angesehen hatte. Während der ersten Drehtage mußte Martha Raye feststellen, daß Chaplin, der seit ihrer Kindheit im Show Business ein Held für sie war, sie einschüchterte. Sie erkannte, daß sie das in ihrer Arbeit behinderte, und sie nahm sich ein Herz und fing an, ihn vertraulich mit »Chuck« anzureden. Er nahm es ihr nicht übel und nannte sie seinerseits »Maggie«. (Ihr richtiger Name war Margaret Reed.) Sie wurde zunehmend kühner und schockierte das Team, indem sie »Mittagspause« rief, wenn sie das Gefühl hatte, daß sie lang genug gearbeitet hatten. Aber zur allgemeinen Verblüffung wurde Chaplin nicht wütend, vielleicht weil er die Schauspielerin mit Recht als professionelle Partnerin bewunderte.

Die Besetzung der jungen Prostituierten war weniger erfolgreich. Marilyn Nash war attraktiv und reizend, aber allzu offensichtlich ohne Erfahrung oder großes Naturtalent. Chaplins eigene Zweifel an ihrer Person zeigten sich darin, daß er die aufwendigen Probeaufnahmen, die er von ihr gemacht hatte, immer wieder ansah und mit viel Geduld ausführlich ihre Rolle mit ihr probte. Probleme mit Miss Nash waren für mehrere Tage Rückstand im Terminplan verantwortlich. Am zweiten Drehtag der Szene, in der Verdoux das Mädchen in sein Antiquitätenlager mitnimmt, verließ Miss Nash das Studio krank und arbeitsunfähig. Noch am selben Nachmittag testete Chaplin zwei Mädchen für die Rolle: Barbara Woodell und Randy Stuart. Er entschied sich für Randy Stuart. Am nächsten Tag, einem Samstag, erschien Marilyn Nash wieder zur Arbeit, aber die folgenden vier Drehtage ergriff Chaplin die ungewöhnliche Maßnahme, mit beiden Mädchen in der Rolle zu arbeiten. Offenbar befürchtete er, daß Miss Nash ganz aufgeben könnte. Doch schließlich wurde Miss Stuart ausbezahlt, und Marilyn spielte ihre Rolle zu Ende, ansprechend, aber etwas farblos.

Die Dreharbeiten für *Monsieur Verdoux* verliefen völlig anders als die der früheren Chaplin-Filme. Abgesehen von diesem Zwischenfall schritt die Arbeit schnell und effektiv voran. Es gab keine einzige Denk- und Grübelpause. Dieser bislang so wesentliche Bestandteil von Chaplins Methode entfiel. Das lag nicht daran, daß Chaplins Temperament sich plötzlich geändert hatte, auch nicht daran, daß er mit einem detailliert ausgearbeiteten Drehbuch begann. Es ist eher auf Veränderungen zurückzuführen, die in Hollywood nach Kriegsende eingetreten waren. In den Jahren 1945 und 1946 gab es viel gewerkschaftlichen Umtrieb in der Branche, und ein längerer Streik hatte zu einer 25 %igen Erhöhung der Studiolöhne geführt. Außerdem gab es jetzt strenge, von der Gewerkschaft festgelegte Vorschriften bezüglich der Mindestgröße des Mitarbeiterstabs. Und Chaplin mußte noch mehr Techniker engagieren als bei *The Great Dictator*, Techniker, die er nicht benötigte und deren Funktionen er nicht einmal verstand. Schon seit einigen Jahren war es wegen der unaufhaltsam steigenden Studiokosten erforderlich geworden, das Studio zwischen den Produktionen zu vermieten. Die Kosten der untätigen Tage, die in den früheren Jahren zum Studio-Alltag gehörten, waren inzwischen nicht mehr tragbar.

Es gab noch weitere schmerzhafte Erinnerungen daran, daß die Zeit verging. Alf Reeves war seit Weihnachten krank und starb in der ersten Aprilwoche 1946, als die Produktion gerade offiziell angelaufen war. Alf hatte seit

1910 mit Chaplin zu tun, zuerst als sein Chef bei Karnos Truppen, später als geschickter, loyaler, unbestechlicher und fähiger Angestellter, der die Studiogeschäfte diskret geführt und mit geduldiger, väterlicher Fürsorge über Chaplins Privatleben gewacht hatte. Ende März, als klar war, daß Reeves, der jetzt auf die siebzig zuging, nicht mehr zu seiner Arbeit zurückkehren würde, hatte Chaplin mit John McFadden als möglichem Ersatzmann ein Vorstellungsgespräch geführt, und am 8. April wurde er dann zum Produktionsleiter ernannt.

McFadden war von Chaplins Anwalt Loyd Wright empfohlen worden, und er brachte neuen Wind ins Studio. Von Anfang an zog er die Feindseligkeit des Teams auf sich, insbesondere die von Rollie Totheroh, der verständlicherweise wütend war, als McFadden sich daran machte, das Material zu vernichten, das er (nicht ohne Murren) fast dreißig Jahre lang aufbewahrt hatte.

> Er hat dem Cutter gesagt, er soll möglichst viel von dem Zeug beseitigen, es verbrennen. »Ich mache einen neuen Chaplin. Der alte Chaplin ist vergessen, klar?« Er pfiff *The Gold Rush* zurück, unsre zweite Fassung, die mit der Tonspur draußen noch Geld eingebracht hat. »Das Zeug darf dem Publikum nicht mehr vorgesetzt werden. Das ist der alte Chaplin. Den könnt ihr vergessen ...« Aber Charlie ließ sich von solchen Leuten leicht beeindrucken, müssen Sie wissen.[4]

Die Beziehungen im Studio verschlechterten sich derart, daß Chaplin seine Mitarbeiter zusammenrief und sie um bessere Zusammenarbeit bat. Als Totheroh sah, daß Chaplin den neuen Mann an Studiobesitz heranließ, und als er sah, wie McFadden in einer Art und Weise mit Studioeinrichtungen umging, die der eifersüchtige Totheroh nicht billigen konnte, nahm er schließlich seinen ganzen Mut zusammen, um Chaplin beiseite zu nehmen:

> Ich hab zu ihm gesagt: »Weißt du, was hier los ist? Er beklaut dich nach Strich und Faden, und was er später noch alles vorhat ... und du gibst ihm den Freibrief dafür.« Es war ein Wunder, daß Charlie ihm nicht auch noch seine Aktien und Anleihen anvertraut hat. Und Charlie hat gesagt: »Wirklich?« »Ja.« »Nun«, hat er gesagt, »behalt ihn im Auge. Ich schmeiß ihn schon wieder raus, aber jetzt ist alles schon so weit gediehen, ich kann nicht mittendrin das Pferd wechseln. Er weiß, was bereits ausgegeben wurde. Wart's nur ab.«

Eine Woche nach der letzten Aufnahme zu *Monsieur Verdoux* – das Schneiden hatte gerade erst begonnen – verließ McFadden das Studio. Totherohs Anschuldigungen waren nicht gerechtfertigt, aber sie veranschaulichen die allgemeine Abneigung gegen McFadden. Immerhin hatte er etwas eingeführt, was man im Chaplin-Studio noch nie gesehen hatte – einen Drehplan. Die Arbeit wurde im voraus in sechzig Drehtage eingeteilt, und jeder trug wesentlich dazu bei – auch McFadden, der diesen derart praktikablen Zeitplan aufgestellt hatte –, daß der Film mit nur siebzehntägiger Verspätung fertiggestellt wurde.

Die Dreharbeiten wurden in der ersten Septemberwoche 1946 abgeschlossen, und den Rest des Jahres arbeitete Chaplin am Schnitt und in Zusammenarbeit mit Rudi Schrager an der Musik zu dem Film. Mitte Januar war die Musik so weit fertig, daß sie aufgenommen werden konnte. Das bemerkenswerteste Thema ist das freche kleine ›*Boulevardier*‹-Motiv für Verdoux. Es dauerte dann noch weitere sechs Wochen, bis Chaplin mit der Aufnahme- und Synchronisierungsarbeit des RCA-Studios zufrieden war. Inzwischen war er beim Ton genauso perfektionistisch wie bei seiner Dreharbeit, vielleicht war er sogar noch kritischer als bei seinen Bildern: Zeitgenössische Kritiker wiesen auf einige ziemlich auffällige Kulissenhintergründe und einige schlechte Anschlüsse in *Verdoux* hin. Anfang März waren die ersten Kopien des Films fertig, und am 11. März 1947 wurde der Film den Prüfern des Breen Office gezeigt, die ihn ohne Beanstandung genehmigten. Im März arrangierte Chaplin private Vorführungen des Films für Freunde und Besucher, unter denen sich auch Gabriel Pascal befand, und war von ihrer begeisterten Reaktion sehr ermutigt. Am 21. März bestiegen er und Oona in Begleitung ihres englischen Butlers Watson den Zug nach New York, nervös, aber optimistisch angesichts der bevorstehenden Weltpremiere.

Die Premiere fand am 11. April am Broadway Theatre in New York statt, am selben Tag wie die Westküsten-Pressevorführung im Academy Theatre in Hollywood. Die Premiere eines Chaplin-Films bewegte und erregte noch immer die Massen. Mary Pickford begleitete Chaplin. Miss Pickford wurde von einem Radio-Interviewer geschnappt, und ihre Gefährten hätten gern gewußt, wie sie ihren Satz zu Ende geführt hätte, wenn sie nicht vom Mikrophon abgedrängt worden wäre, als sie gerade ansetzte: »Vor zweitausend Jahren wurde Jesus geboren und heute abend ...«

Die Vorführung wurde zu einem unerfreulichen Ereignis. Die Barry-Prozesse hatten Chaplins Ruf in der Öffentlichkeit verschlechtert, und die zunehmende politische Hetze gegen ihn hatte eindeutig das ihre getan, so daß von Anfang an klar war, daß ein Teil des Premierenpublikums nur darauf aus war, sein Mißfallen zum Ausdruck zu bringen. Vom Beginn der Vorstellung an gab es vereinzeltes Gezische. In Chaplin wurden alle alten Ängste vor dem Live-Publikum wieder wach. Doch selbst viele, die ihm wohlwollend gegenüberstanden, befremdete die düstere Ironie des Films. Schließlich ertrug Chaplin es nicht länger. Er begab sich ins Foyer und wartete dort, bis der Film zu Ende war, während Oona und Mary im Saal ausharrten. Die Supper-Party für 150 Gäste, die nach der Vorstellung stattfand, war die reinste Tortur. Diesmal ging Oona früher.

Am nächsten Tag stand ihm eine noch schlimmere Tortur bevor. Die United Artists hatte im großen Festsaal des Gotham Hotels in der 55. Straße, Höhe 5th Avenue, für Chaplin eine Pressekonferenz arrangiert. Der Raum war überfüllt, und Chaplin eröffnete die Veranstaltung mit einem grimmigen Scherz: »Beginnen Sie ruhig mit der Schlachtung ... schießen Sie los auf diesen alten grauen Kopf.« Schon die ersten Fragen waren bissig: Hatte er es nicht versäumt, Orson Welles für seinen Beitrag zu *Monsieur Verdoux* angemessen zu würdigen? War *The Great Dictator* in der Sowjetunion gezeigt worden, und traf es zu, daß er Mitglied einer Filmvereinigung war, die amerikanische Filme in die Sowjetunion transferieren wollte? (Chaplin entgegnete, daß das nicht im entferntesten zutreffe.) Dann: »In der Vergangenheit sah man sich häufig veranlaßt, Ihnen den Vorwurf zu machen, ein Mitläufer, ein kommunistischer Sympathisant zu sein. Könnten Sie Ihren gegenwärtigen politischen Standpunkt klarmachen, Sir?«[6] Chaplin erwiderte:

> Mir scheint es zur Zeit recht schwierig, einen klaren politischen Standpunkt zu beziehen. Es wird so viel verallgemeinert, und man sieht die Dinge so formal: Wenn man zum Beispiel von der Bordsteinkante tritt – also, wenn man mit dem linken Fuß von der Bordsteinkante tritt, wird man gleich beschuldigt, ein Kommunist zu sein. Aber ich hänge überhaupt keinem politischen Glauben an. Ich war in meinem ganzen Leben noch nie Mitglied einer politischen Partei, und ich habe in meinem Leben noch nie gewählt! ... Ist Ihre Frage damit beantwortet?

Sie war es nicht. Der Fragesteller ließ nicht locker: War er ein Sympathisant der Kommunisten? Wieder versuchte Chaplin, die Frage ernsthaft zu beantworten:

> Ein Sympathisant der Kommunisten? Das muß wieder genauer erläutert werden. Ich weiß nicht, was Sie unter einem »Sympathisanten der Kommunisten« verstehen. Ich würde folgendes sagen: Während des Krieges habe ich stark mit Rußland sympathisiert, weil ich der Überzeugung war, daß es die Front hielt, und das ver-

gesse ich nicht, und ich finde, daß ich Rußland zu Dank verpflichtet bin. Ich finde, es hat einen wesentlichen Beitrag geleistet im Kämpfen und Sterben, um den Alliierten den Sieg zu ermöglichen. In diesem Sinne bin ich ein Sympathisant.

An dieser Stelle ging James W. Fay, der Vertreter der Catholic War Veterans'-Zeitung und der Katholischen Kriegsveteranen von New York County, zum Angriff über. (Einige Jahre später wurde Fay Präsident der Liga katholischer Anwälte in New York und National Commander der Katholischen Kriegsveteranen.) Fays Frageweise hatte den unbezwingbaren Vorteil, daß ihr jegliche Logik fehlte, so daß er Chaplins wohlüberlegten Antworten ausweichen konnte. Der Wortwechsel veranschaulicht, welche schauerlichen Argumentationsmethoden man zu Zeiten des Kalten Krieges anwandte:

FAY: Letzte Woche haben Sie verlauten lassen, nicht als Steuerzahler..., daß Sie ein gut zahlender Gast seien. Mr. Chaplin, begreifen Sie eigentlich nicht, daß Veteranen nicht nur alle Bürgerpflichten erfüllen, sondern auch genau wie alle anderen ihre Steuern zahlen?

CHAPLIN: Ich habe doch gar nicht behauptet, daß sie das nicht tun.

FAY: Das weiß ich, aber Sie deuteten das an, Sir.

CHAPLIN: Ich wüßte nicht wie. Ich glaube, Sie haben meine Bemerkung mißverstanden. So habe ich das bestimmt nicht gemeint.

FAY: Mr. Chaplin, Sie haben auch gesagt, daß Sie für kein Land patriotische Gefühle hegen. Trifft das zu?

CHAPLIN: Allerdings.

FAY: Deswegen sind Sie der Meinung, Sie können sich mit Ihren Steuern freikaufen, von jeder moralischen Verantwortung oder Pflicht dem Land gegenüber, in dem Sie gerade leben?

CHAPLIN: Sie sagen, wenn man tut, was einem vorgeschrieben wird – wenn man in einem Land lebt, übernimmt man auch alle Pflichten – wo immer man auch leben mag.

FAY: Ich glaube nicht, daß Sie das tun, Mr. Chaplin.

CHAPLIN: Nun, das ist – das ist ein Punkt, in dem wir beide unterschiedlicher Meinung sind.

FAY: Na, gut. Also, Mr. Chaplin, im *Daily Worker* vom 25. Oktober 1942 steht, Sie hätten in einer Rede vor der ›Artists' Front to Win the War‹, einer Gruppe der kommunistischen Front, gesagt: »Ich bin kein Bürger, ich brauche keine Staatsbürgerpapiere, und ich habe in dem Sinne nie für ein Land patriotische Gefühle gehegt, aber ich bin ein Patriot der Menschheit insgesamt. Ich bin ein Weltbürger. Wenn die vier Grundfreiheiten nach diesem Krieg überhaupt noch etwas bedeuten, dann kann es uns nicht mehr darauf ankommen, Bürger dieses oder jenes Landes zu sein.« Mr. Chaplin, die Männer, die ins gegnerische Feuer vorrückten, und die armen Kerle, die eingezogen worden, so wie ich, und deren Familien und deren Kameraden nehmen Ihnen diese Bemerkung übel. Und wir möchten jetzt wissen, ob Sie korrekt zitiert wurden.

CHAPLIN: Ich verstehe nicht, warum Sie mir einen Vorwurf daraus machen. Das ist meine persönliche Meinung. Ich bin – vier Fünftel meiner Familie sind Amerikaner. Ich habe vier Kinder, zwei von ihnen waren auf diesen Brückenköpfen. Sie waren bei Pattons Dritter Armee. Ich bin das eine Fünftel, das nicht amerikanisch ist. Trotzdem, ich – ich – ich habe meinen Beitrag geleistet, und was immer ich gesagt habe, es war bestimmt nicht abfällig gemeint gegenüber Ihren katholischen – äh – äh – äh – GIS.

FAY: Es geht nicht nur um die katholischen GIS, Mr. Chaplin, es geht um die GIS überall in den Vereinigten Staaten!

CHAPLIN: Nun, gleichgültig wer es ist, wenn die Leute sich daran stören, daß ich kein [amerikanischer Staats-]Bürger bin und daß ich meine Steuern bezahle und daß siebzig Prozent meines Einkommens aus – äh – dem Ausland kommt, dann bitte ich dafür um Entschuldigung, daß ich diese siebzig Prozent hundertprozentig versteure.

FAY: Diese Antwort scheint mir sehr ausweichend, Mr. Chaplin, denn auch die Veteranen zahlen ihre Steuern.

CHAPLIN: Ja?

FAY: Ob nun ihr Einkommen woanders herkommt oder nicht.

CHAPLIN: Das Problem ist nur – wogegen genau haben Sie dann etwas einzuwenden?

FAY: Ich habe etwas gegen Ihre persönliche Haltung einzuwenden, daß Sie keine patriotischen Gefühle für dieses Land oder für sonst irgendein Land empfinden.

CHAPLIN: Ich finde, Sie ...

FAY: Sie haben hier gearbeitet, Sie haben hier Ihr Geld gemacht, Sie sind herumgereist im letzten Krieg, als Sie Großbritannien hätten dienen sollen, Sie waren hier und haben Anleihen verkauft, so ist es in der Zeitung zu lesen, und ich finde, daß Sie als Staatsbürger hier – oder besser gesagt, als Ansässiger –, der uns unser Geld abnimmt, mehr hätten tun müssen!

CHAPLIN: *(nach einer Pause)* Nun, auch darüber kann man verschiedener Meinung sein, und wie gesagt, ich finde, Sie sind reichlich diktatorisch, wenn Sie mir vorschreiben wollen, wie mein Patriotismus auszusehen hat. Ich bin und ich war patriotisch in diesem Krieg, und ich habe das gezeigt, und ich habe eine Menge für die Kriegsanstrengungen getan, aber es wurde nicht publik gemacht. Wenn Sie mir jetzt also mangelnden Patriotismus vorwerfen, erscheint das wohl kaum gerechtfertigt. Ich bin schon seit meiner Kindheit so. Ich kann nicht anders. Ich bin durch die ganze Welt gereist, und mein Patriotismus gilt keiner bestimmten Gruppe. Er gilt der ganzen Welt – Mitgefühl für die ganze Welt und die einfachen Menschen, und das schließt auch die ein, die etwas gegen mich haben. So sieht mein Patriotismus aus.

Die Fragesteller, die auf Fay folgten, waren ebenso brennend an Chaplins politischer Meinung interessiert und weniger an dem Film. Chaplin antwortete direkt und kompromißlos. Er wurde nach seinen Aktivitäten während des Krieges gefragt:

> Ich habe gesagt, was mir auf dem Herzen lag, was ich dachte und was ich für richtig und mannhaft hielt. Ich habe sowohl an Großbritannien als auch an die Vereinigten Staaten appelliert – ich habe gesagt, daß wir eine zweite Front brauchen. Unsere Jungs waren da drüben und so, und ich stand mit dieser Meinung nicht allein. Anscheinend hat sich jetzt herausgestellt, daß General Marshall und Präsident Franklin Roosevelt und andere der gleichen Meinung waren. Und dann habe ich mehrere Reden in diesem Sinne gehalten, für die Vereinigung und die Einheit der alliierten Sache – die zu dem Zeitpunkt gestört war. Wir kennen die Technik der Nazis. Sie fingen damit an, die Kommunisten zu verurteilen, und auf diese Weise haben sie dann den Hurra-Patriotismus und den folgenden Krieg provoziert – und es war ganz eindeutig, daß sie versucht haben, uns in diesem Land zu entzweien. Wir waren damals alle unverbraucht, und die Regierung wollte Einheit – und ich habe zu diesem Zweck einige Reden für die Regierung gehalten, und ich finde, daß ich diesem Zweck damit besser gedient habe, als wenn ich versucht hätte, eine Sondervorstellung zu geben, das entspricht mir nicht so sehr. So was kann ich nicht besonders gut. Und ich dachte, ich lenke meine Anstrengungen in eine andere Richtung. Ich

habe mehrere Reden vor Fabrikarbeitern gehalten und auch mehrere Schallplatten besprochen zur Verteilung in Frankreich und zum Gebrauch im anderen Ausland.

Man wollte wissen, ob er ein Freund Hanns Eislers sei, und er erwiderte, er sei es mit großem Stolz. Auf die drängende Frage, ob ihm klar sei, daß Eisler Kommunist sei, sagte er, er wisse nur, daß »er ein großartiger Künstler und ein großer Musiker und ein sehr mitfühlender Freund« sei. Als schließlich einige Fragesteller zum Film kamen, wurde er gefragt, ob er Verdouxs Überzeugung teile, daß die gegenwärtige Zivilisation Massenmörder aus uns macht:

Ja ... Also mein ganzes Leben lang habe ich Gewalt schon immer gehaßt und verabscheut. Also, ich finde, diese Vernichtungswaffen – ich glaube, ich stehe da nicht allein, das ist inzwischen ein Allgemeinplatz –, daß die Atombombe die furchtbarste Erfindung der Menschheit ist, und ich glaube, das wird jeden Augenblick neu bewiesen. Ich glaube, sie wird so viel Angst und Schrecken erzeugen, daß wir alle zu einem Haufen Neurotiker werden.

Würde er seinen Kindern erlauben, *Monsieur Verdoux* anzusehen?

Warum nicht? ... Nicht alles daran ist zu hoch für sie ... Ich weiß, daß es eine Menge Filme gibt, die meine Kinder nicht sehen dürften, die angeblich sehr aufrichtig sind und von hohem moralischem Wert. Da würde ich meine Kinder nicht reingehen lassen, weil sie eine völlig falsche Vorstellung vom Leben vermitteln. Etwas, was nicht existiert. Viele Filme sind sehr unaufrichtig. Nach dem Muster Junge trifft Mädchen ...

Chaplin parierte die Angriffe geschickt und unverstellt. Er schien ganz überrascht und war sichtlich gerührt, als er plötzlich entdeckte, daß er mindestens einen Verteidiger hatte. James Agee von *Time* erhob sich auf dem Balkon. Er war so zornig, daß er kaum zusammenhängend sprechen konnte, aber seine Gefühle waren eindeutig:

Was sollen Leute, die etwas auf Freiheit geben – denen sie wirklich etwas bedeutet –, von einem Land denken und von den Menschen darin, die sich schulterklopfend bestätigen, daß dieses Land das beste der Welt ist und ein »freies Land«, wenn so viele Menschen in diesem Land rumschnüffeln und wissen wollen, was für eine Staatsbürgerschaft man hat. Wenn sie sich stündlich und täglich mit aller Macht in die Angelegenheiten anderer einmischen und öffentlich moralische Erpressung ausüben, wenn einer nicht amerikanischer Staatsbürger geworden ist – oder wegen seiner politischen Ansichten und weil er Truppen nicht in der Weise – nicht so

> unterhält, wie sie es für richtig halten. Was ist ... von einem Land zu halten, in dem solche Leute hohes Ansehen genießen?

Agee ergänzte diesen empörten Ausbruch, indem er *Monsieur Verdoux* in der *Nation* drei Monats-Kolumnen widmete. Als er später nach Hollywood kam, um für John Hustons *The African Queen* das Drehbuch zu schreiben, wurde Agee ein persönlicher Freund der Chaplins und ein häufiger Gast im Summit Drive.

Das Transkript der Pressekonferenz von *Verdoux* stammt von George Wallach, der als Aufnahmeleiter fürs Radio anwesend war und das Ganze mit einem tragbaren Tonbandgerät aufnahm. Nach der Konferenz fragte er Chaplin, ob er die Aufnahme gerne hören würde, und Chaplin lud ihn in seine Suite im siebzehnten Stock des Hotels ein. Er erinnerte sich, daß Chaplin im Schneidersitz auf einem Polsterstuhl mit hoher Lehne saß:

> ... als er den Fragen und Antworten lauschte, durchlebte er jeden Moment noch einmal. Er drehte sich immer wieder zu Oona, seiner Frau, um, die auf dem Bett saß, und fragte: »Wie war das?« oder »Findest du, das war gut?« Und sie reagierte eher auf ihn als auf die Aufnahme.
>
> Chaplin saß kerzengerade, hielt seine verschränkten Hände unters Kinn und wiegte sich leicht vor und zurück – als würde er mit den Worten, die aus dem Lautsprecher kamen, einen Schattenboxkampf veranstalten. Er dankte mir, als die Aufnahme abgelaufen war, und ich bin ins Studio zurückgegangen, wo ich eine Dreißig-Minuten-Sendung zusammengestellt habe, die noch am gleichen Abend gesendet wurde.
>
> Also, wenn ich jetzt nach fast einem Vierteljahrhundert daran denke, wie Chaplin da auf diesem Stuhl saß – und der Aufnahme zuhörte –, da sehe ich in ihm irgendwie die Personifizierung des *underdog*. Der Unterdrückte, der zu guter Letzt *doch* gewinnt.[7]

17

Rampenlicht

Chaplin kehrte nach Kalifornien zurück. Wieder zu Hause bei Oona und den Kindern erholte er sich schnell von der schweren Prüfung, die er rund um die Premiere von *Monsieur Verdoux* durchzustehen hatte. Er glaubte immer noch an die Zuneigung des amerikanischen Volks, und außerdem »hatte ich eine Idee, und unter ihrem Einfluß scherte ich mich den Teufel darum, was einmal daraus werden würde; der Film mußte einfach gemacht werden«. Er scherte sich auch nicht um den Abgeordneten J. Parnell Thomas und den Ausschuß zur Untersuchung unamerikanischer Umtriebe (HUAC). Zumindest war er (im Gegensatz zu vielen anderen in Hollywood) nicht bereit, sich vorschreiben zu lassen, was er denken und mit wem er verkehren durfte. »Eine Demokratie ist eine Gesellschaftsordnung, ... in der man seine Ansichten frei äußern darf; wenn man das nicht kann, dann ist es auch keine Demokratie«, sagte er. Sein Sohn Charles meinte: »Er hat immer das Empfinden gehabt, daß er nach Amerika gehörte, in das Land, das für die Freiheit des Denkens und Glaubens eintritt und die Bedeutung des einzelnen Menschen hervorhebt.«[1] Einige seiner besten Freunde in Hollywood fanden, daß er besser daran getan hätte, den Mund zu halten, um sich nicht unnötig Feinde zu schaffen, aber es gereicht Chaplin zur Ehre, daß er seine Freunde und Gefühle stets über seine Feinde stellte. Er machte kein Geheimnis daraus, daß er den Liberalen Henry A. Wallace unterstützte. Zu seinen Dinner-Gästen zählten Harry Bridges, Paul Robeson und der »Rote Dekan« von Canterbury, Hochwürden Hewlett Johnson, den er 1931 auf seiner Europareise kennengelernt hatte. Ende der dreißiger Jahre hatte er Hanns Eisler kennengelernt, einen Flüchtling aus Nazi-Deutschland, und er hatte sich mit ihm und seiner Frau angefreundet. Durch die Eislers lernte er auch Bertolt Brecht kennen.

Bereits im Dezember 1946 verkündete Ernie Adamson, der Vorsitzende des Ausschusses zur Untersuchung unamerikanischer Umtriebe, daß man unter anderen James Roosevelt, Will Rogers jr. und Chaplin zu öffentlichen Anhörungen nach Washington vorladen werde. Aber dann hörte man nichts mehr davon. Im Mai 1947 wurde Chaplin ein weiteres Mal von der Presse befragt, warum er es ablehne, amerikanischer Staatsbürger zu werden, und wieder gab er die gleiche Antwort: »Ich bin Internationalist, kein Nationalist, und deswegen brauche ich keine Staatsbürgerschaft.« Am 12. Juni war Chaplin Gegenstand einer hitzigen Debatte im Kongreß. Der Abgeordnete John T. Rankin aus Mississippi (der auch Mitglied des HUAC war) erklärte vor dem Haus:

> Ich verlange hier und heute, daß Justizminister Tom Clark ein Verfahren zur Ausweisung Charlie Chaplins einleitet. Er hat sich geweigert, amerikanischer Staatsbürger zu werden. Das Leben, das er in Hollywood führt, schadet dem moralischen Gefüge Amerikas. Auf diese Weise kann er von der amerikanischen Leinwand verbannt werden, und seine widerlichen Filme können den Blicken der amerikanischen Jugend entzogen werden. Man sollte ihn umgehend ausweisen und somit ein für allemal loswerden.

Viel aufgebrachter war Chaplin über eine Sendung von Hy Gardner im NBC. Chaplin ging sofort mit einer 3 Millionen-Dollar-Klage vors Bundesgericht. Er beschuldigte Gardner der Diffamierung, da er ihn als Kommunisten und Lügner bezeichnet habe, und außerdem habe der NBC seine privaten Telefongespräche abgehört. Der Prozeß zog sich ergebnislos über mehrere Jahre hin. Im Juli erfuhren die Zeitungen vom Abgeordneten Thomas, daß der HUAC nun beabsichtige, Chaplin zur Aussage vor seinen Ausschuß vorzuladen. Chaplin wartete nicht, bis er die Vorladung bekam. Am 21. Juli druckte die Presse den Wortlaut einer würdevollen, doch sarkastischen Mitteilung ab, die er Thomas telegrafisch hatte zukommen lassen:

> Ihrer Presseverlautbarung entnehme ich, daß ich im September vom HUAC in Washington befragt werden soll. Wenn ich es richtig verstanden habe, soll ich Ihr einziger »Gast« auf Kosten des Steuerzahlers sein. Verzeihen Sie mir diese verfrühte Annahme Ihrer Schlagzeilen-Zeitungseinladung [*sic*].
>
> Sie sollen gesagt haben, daß Sie mich fragen möchten, ob ich Kommunist bin. Vor nicht allzu langer Zeit weilten Sie in Hollywood*, und Sie hätten mir diese Frage damals stellen können, mit einem sicherlich geringeren Kostenaufwand, oder Sie könnten mich jetzt anrufen – R-Gespräch. Wenn Sie sich über den allerneusten Stand meiner Gesinnung informieren möchten, sollten Sie sich vielleicht meine jüngste Produktion, *Monsieur Verdoux*, genauestens ansehen. Sie spricht sich gegen den Krieg aus und gegen das sinnlose Abschlachten unserer Jugend. Ich nehme an, daß Ihnen die menschliche Botschaft des Films nicht zuwider sein wird.

* Zur Befragung von Hanns Eisler.

Während Sie meine ›Vorladungskarte‹ gravieren lassen, kann ich Ihnen einen Hinweis auf meinen Standpunkt geben: Ich bin kein Kommunist. Ich bin ein Friedenshetzer.

Angesichts der Unerschrockenheit und des beißenden Humors dieser Botschaft erscheint es durchaus glaubwürdig, daß Chaplin so vor dem Ausschuß erschienen wäre, wie er es beschreibt:

Ich wäre in meinem Tramp-Kostüm aufgekreuzt – ausgebeulte Hosen, Melone und Stock – und wenn man mich befragt hätte, hätte ich allen möglichen Blödsinn veranstaltet, um die Inquisitoren zum allgemeinen Gespött zu machen.

Ich wünschte fast, ich hätte aussagen können. Dann wäre die ganze Sache mit den unamerikanischen Umtrieben einfach weggelacht worden vor den Millionen Fernsehzuschauern, die die Befragungen im Fernsehen mitverfolgt haben.[2]

Das hätte sein größter Auftritt werden können. Es ist direkt ein Verlust, daß er nicht stattfand. Er bekam zwar eine Vorladung, aber der Termin wurde dreimal verschoben, bis er schließlich eine »erstaunlich höfliche« Antwort auf sein Telegramm erhielt, des Inhalts, daß sein Erscheinen nicht mehr erforderlich sei und er die Angelegenheit als erledigt betrachten könne. Vielleicht hatten sie erkannt, daß ein solcher Komiker ihnen die Schau stehlen könnte.

Im November trotzte Chaplin ein weiteres Mal den Repressionen der Kalten Krieger Amerikas. Es lief nun ein Ausweisungsverfahren gegen Hanns Eisler. Chaplin schickte Pablo Picasso ein Telegramm mit der Bitte, ein Komitee französischer Künstler zusammenzustellen, das bei der amerikanischen Botschaft in Paris protestieren sollte: »gegen das empörende Ausweisungsverfahren gegen Hanns Eisler, und schicken Sie mir eine Kopie Ihres Protests, die ich hier entsprechend verwenden kann«. Sein Sohn Charles meinte dazu:

Ich bezweifle, ob er überhaupt nur einmal daran gedacht hat, wie widersinnig es war, wenn er einen eingefleischten Kommunisten darum bat, sich für einen Menschen zu verwenden, der in einem nicht-kommunistischen Land des Kommunismus beschuldigt wird. Mein Vater handelte als Künstler, der an einen anderen Künstler einen Appell richtete, einem dritten Künstler zu helfen. Doch in den Augen vieler Leute hatte sein Vorgehen den Beigeschmack provozierender Ungebührlichkeit. Die Zeitungen unterstellten ihm zwar keine umstürzlerischen Motive, sondern warfen ihm nur Taktlosigkeit vor. Wie hätte man eine derart offene Maßnahme auch nur subversiv nennen können?[3]

LOS ANGELES EVENING
HERALD EXPRESS
INDEPENDENT AMERICAN NEWSPAPER

FRANK F. BARHAM, PUBLISHER

TUESDAY, APRIL 15, 1947

Chaplin Should Be Taken at His Word And Barred From U.S.

Charlie Chaplin, self-proclaimed "citizen of the world" and "man without a country," is fast nearing the end of the trail as far as the United States is concerned.

The complacent self-worship of the man, in a New York press conference, is amazing.

In boasting that he was neither a patriot nor an American citizen, he said, in part:

> "I am not a nationalist of any country... You might say I am a citizen of the world... I never voted in my life... I did a great deal for the war effort... I made a speech in favor of opening a second front in 1942... I believe that voting for people... leads to Fascism."

What a moral nonenity this Chaplin is!

In joining the ranks of subversives who have the overthrow of the American way of life as their avowed objective, he insults the American people, the very people who poured millions into his lap.

He has been what he terms "a paying guest" in this country too long.

He has shirked every responsibility of the American citizen.

He brags that he has never cast a vote in his life.

Even permitting him to remain in the United States insults the intelligence of the American people.

He boasts that he is a man without a country.

He should be taken at his word and should be denied the privilege even of being "a paying guest" in the United States.

Leitartikel aus dem
Los Angeles Herald-Express,
ein anschauliches Beispiel für die
heftigen Attacken gegen Chaplin
in der McCarthy-Zeit.

Die New Yorker Ortsgruppe der Katholischen Kriegsveteranen tat es jedoch und schickte ein Telegramm an den Justizminister und den Außenminister, in dem »eine Untersuchung der Aktivitäten von Charles Chaplin« gefordert wurde. Die fraglichen Aktivitäten bestanden in der Verschickung des Telegramms an Picasso – »bekannter französischer Künstler und (erklärter) Kommunist« – und in dem »angeblichen Versuch, die Aktivitäten eines ordnungsgemäß gewählten Vertreters unserer Bürger zu behindern«. Fast zwei Jahre später, als der Rechtsausschuß des Senats eine gesetzliche Handhabe suchte, mit der man subversive Bürger aus den Vereinigten Staaten ausweisen konnte, holte Senator Harry P. Cain die Sache mit Picasso wieder hervor, um damit Chaplins Ausweisung zu begründen: »Das kommt einem Verrat gefährlich nahe«, erklärte er.

In einer Atmosphäre wachsender Angst hielt Chaplin sich tapfer und ließ sich nicht einschüchtern oder mundtot machen. Trotzdem überrascht es nicht, daß er seinen nächsten Film nostalgisch im London seiner Kindheit ansiedelte. Er hatte sogar vor, den Film in London zu machen, und dieser Gedanke spielte mit, als er sich im Frühjahr 1948 entschloß, dorthin zu fahren und Oona mitzunehmen, um ihr zum ersten Mal die Stätten seiner Kindheit zu zeigen. Er hatte seine Rechnung jedoch ohne die US-Behörden gemacht. Als Plätze auf der *Queen Elizabeth* und Räume im Savoy bereits gebucht waren, zögerte die Einwanderungsbehörde die Bearbeitung von Chaplins Antrag auf ein Wiedereinreise-Visum hinaus, das er als Ausländer benötigte. Statt dessen rief man ihn an und forderte ihn auf, vor der Bundesbehörde zu erscheinen. Er hatte an dem bewußten Tag keine Zeit und bat um einen Termin am Tag darauf, einem Samstag. Man entgegnete, daß man ihm die Mühe ersparen wolle und ihn aufsuchen werde. Die Abordnung, die dann eintraf, bestand aus einer Stenographin, einem FBI-Mann und einem Beamten der Einwanderungsbehörde, der ihn belehrte, daß er das Recht habe, Chaplins Aussage unter Eid aufzunehmen. Das unerwartete amtliche Verhör dauerte vier Stunden. Es begann mit persönlichen Fragen zu Chaplins rassischer Abstammung und seinem Sexualleben. Auf die Frage, ob er jemals Ehebruch begangen habe, konterte er: »Was soll ein gesunder Mann, der seit über fünfunddreißig Jahren in diesem Land lebt, darauf antworten?« Er fand die Nachforschungen über sein Leben, sein Denken und seine Auffassungen »äußerst persönlich, beleidigend und widerwärtig«. Als er nach seinen politischen Ansichten befragt wurde, war er wie üblich kompromißlos. Er sagte ihnen geradeheraus, daß »ich eindeutig liberal eingestellt bin; daß ich für Wallace bin und keinen Haß gegenüber den Kommunisten verspüre und daß ich glaube, daß sie, die Kommunisten, unseren Way of Life gerettet haben. Sie haben 280 Divisionen der Deutschen bekämpft, als wir, die Alliierten, nicht dafür gerüstet waren.«[4]

Man teilte Chaplin mit, daß ihm das Wiedereinreise-Visum bewilligt würde, er aber erst eine Protokoll-Abschrift der Befragung unterschreiben müsse. Pat Millikan, Chaplins Anwalt, war tief beeindruckt, wie diplomatisch Chaplin sich in der ganzen Angelegenheit verhalten hatte, riet ihm aber, erst zu unterschreiben, wenn seine Englandreise hundertprozentig feststand. Chaplin beschloß dann, doch nicht zu reisen. Sobald die Finanzbehörde Wind davon bekommen hatte, daß er vorhatte, das Land zu verlassen, erhob man eine Steuerforderung von einer Million Dollar und verlangte eine Kaution über 1,5 Millionen Dollar, falls er das Land verlassen sollte.

Zusätzlich zu seinen persönlichen Problemen mußte Chaplin feststellen, daß er »fünfzig Prozent der United Artists besaß, die mit einer Million Dollar verschuldet war«. Die Miteigentümerin war Mary Pickford. Es war für Hollywood insgesamt eine wirtschaftlich schlechte Zeit, und die meisten anderen hatten ihre Anteile zurückgegeben. Die Auszahlungen hatten die Reserven der Firma erschöpft, und es deutete sich jetzt schon an, daß *Monsieur Verdoux*, der der United Artists eigentlich wieder aus den roten Zahlen helfen sollte, diese Hoffnung nicht erfüllen und ein Verlustgeschäft werden würde. Chaplin und Pickford waren uneins. Mary Pickford bestand darauf, daß Arthur Kelly, der wieder als Chaplins Bevollmächtigter in der Firma eingesetzt worden war, zu feuern sei. Chaplin seinerseits bestand darauf, daß Pickford auf ihren Bevollmächtigten zu verzichten habe. Dann brachten sie auch kein Arrangement zustande, nach dem der eine dem andern seine Anteile hätte abkaufen können. Auch verschiedene auswärtige Angebote verliefen sich wieder im Sand, und als eine Kinogesellschaft aus dem Osten 12 Millionen Dollar für United Artists bot, konnten Pickford und Chaplin sich wieder nicht über ihren jeweiligen Anteil bei dem Arrangement einig werden. (Die Gesellschaft bot 7 Millionen Dollar in bar und 5 Millionen in Aktien. Chaplin wollte 5 Millionen in bar nehmen und den Rest Pickford überlassen. Nach kurzer Bedenkzeit kam Pickford jedoch zu dem Schluß, daß Chaplin günstiger abschnitt, selbst wenn sie zwei Millionen Dollar mehr einnahm, da sie zwei Jahre auf ihr Geld warten müßte.) Als sie einige Jahre später schließlich verkauften, bekamen sie erheblich weniger.

Im Nachkriegs-Hollywood war Studioplatz ausgesprochen kostspielig, und die Zeiten waren vorbei, in denen Chaplin das Studio zwischen seinen Filmproduktionen leerstehen lassen konnte. In den Jahren, in denen Chaplin *Limelight* vorbereitete, wurde das Studio regelmäßig an kleine unabhängige Produktionsfirmen vermietet. Darunter die Cathedral Films, die dort dutzendweise religiöse Kurzfilme drehte, wie etwa *The Conversion of Saul* oder *The Return to Jerusalem.* Eine andere Vermietung war auf ihre Art von historischer Bedeutung. Am 5. und 25. Mai 1946 mietete Walter Wanger die Tonbühne, um einige Probeaufnahmen mit Greta Garbo zu machen, die seit sieben Jahren, seit *Two-Faced Woman* von George Cukor, nach Ludwig Fulda, 1942, nicht mehr im Film aufgetreten war. Als historisch, oder zumindest schicksalshaft, ist auch die Vermietung von Studioplatz an Procter and Gamble anzusehen, die dort einige der ersten Fernseh-Werbefilme produzierten.

Das Geheimnis, warum Chaplin die harten Zeiten Ende der vierziger Jahre mit soviel Standhaftigkeit überlebte, ist in seiner Ehe zu suchen, die nach wie vor überaus erfolgreich und glücklich verlief. Am 7. Mai 1946, als ihr erstes Kind Geraldine neunzehn Monate alt war, brachte Oona einen Sohn, Michael, zur Welt. In der Zeit, als Chaplin an *Limelight* schrieb, kamen noch zwei Töchter dazu, Josephine Hannah, geboren am 28. März 1949, und Victoria, geboren am 19. Mai 1951. Geraldines Hollywooder Geburtstagspartys waren große Familienereignisse. An ihrem vierten Geburtstag kam Rollie Totheroh ins Haus und drehte 1000 Fuß Film von dem Ereignis. Leider scheint das Material nicht mehr zu existieren. Neben anderer Erholung verbrachte man regelmäßig die Sommerwochenenden auf einer neuen Jacht. Hin und wieder ging man mit Freunden ins Studio und zeigte ihnen *Monsieur Verdoux* und einige von Chaplins älteren Filmen. Auch die neue Generation der Chaplin-Kinder wurde mit den Filmen bekannt gemacht. Am 5. Dezember ging Oona mit Geraldine, Michael und Josephine ins Studio, wo sie zum ersten Mal *The Gold Rush* sahen. Zwischen der Geburt von Josephine und Victoria unternahmen Chaplin und Oona vier Reisen nach New York. Nur einmal waren sie kurzzeitig getrennt, als Chaplin auf der letzten dieser Reisen im Januar 1951 wie üblich mit dem Zug fuhr, während Oona flog.

Die meiste Zeit brachte Chaplin jedoch mit seiner Arbeit am Skript für *Limelight* zu, das damals noch *Footlights* hieß. Insgesamt arbeitete er länger als drei Jahre daran – so lange hatte er noch nie an einem Drehbuch gesessen. Der Titel *Footlights* wird zum ersten Mal in der zweiten Septemberwoche 1948 in den Studioberichten erwähnt, aber er hatte schon seit Beginn jenes Jahres Story-Ideen diktiert. Arthur Kelly in New York wurde gebeten, am 6. September 1950 die Titel *Limelight* und *The Limelight* eintragen zu lassen, und die

»dramatische Komposition« wurde fünf Tage später zur Anmeldung fürs Copyright verschickt. Im Januar 1951 diktierte Chaplin seiner damaligen Sekretärin Lee Cobin immer noch regelmäßig neues Skriptmaterial. Das vollendete Skript wurde dann beim Drehen kaum mehr abgeändert, vor dem Start des Films wurden nur noch ein oder zwei Szenen herausgenommen.

Chaplin ging bei *Limelight* ganz und gar außergewöhnlich vor: Er schrieb die Geschichte zunächst in Form eines Romans nieder, der an die hunderttausend Worte umfaßte. Darin eingebaut waren zwei längere Rückblenden, in denen er vor Beginn der eigentlichen Geschichte die Lebensgeschichte seiner beiden Hauptfiguren erzählt, die des Clowns Calvero und der jungen Tänzerin Terry Ambrose. Sehr viel später bekannte Chaplin, daß ihm die Idee für *Limelight* durch ein Erlebnis mit dem berühmten amerikanischen Komiker Frank Tinney gekommen sei, den er auf der Bühne gesehen hatte, als er das erste Mal in New York war, zu einer Zeit, als Tinney sich auf der Höhe seines Ruhms befand. Einige Jahre später sah er ihn dann wieder und mußte erschüttert feststellen, daß »die komische Muse ihn verlassen hatte«. Dies brachte ihn auf die Idee für einen Film, der sich um einen Mann drehen sollte, der seinen Schwung und seine Selbstsicherheit verloren hat. »In *Limelight* war das Alter das Problem. Calvero wurde alt und zweiflerisch und legte sich eine gewisse Würde zu, und damit verlor er jede Vertrautheit mit dem Publikum.« Mit seinen gut sechzig Jahren muß Chaplin diese Gefahr zwangsläufig auch für sich gesehen haben. Außerdem mußte er gerade am eigenen Leibe auf schmerzhafte Weise erfahren, wie wankelmütig ein Massenpublikum sein konnte.

Die vollständige ›Roman‹-Fassung von *Limelight* beinhaltet jedoch sehr viel komplexere autobiographische Reflexionen. Auf einer Ebene ist der junge Calvero der junge Chaplin: »In seiner Jugend sehnte er sich danach, Musiker zu werden, aber er konnte sich kein Instrument leisten, auf dem er üben konnte. Auch träumte er davon, romantischer Schauspieler zu werden, aber er war zu klein und seine Sprechweise war zu unkultiviert. Trotzdem hielt er sich tief im Innern für den größten Schauspieler der Welt.« Doch auf einer andern Ebene ist Calvero, der Bühnenkünstler, der Mut und Nerven verliert und ein Opfer der Trunksucht wird, Chaplins eigener Vater. Da Chaplin bei seiner Mutter aufwuchs, hatte er sie in seiner Unschuld immer für die Geschädigte gehalten, von ihrem nichtsnutzigen Ehemann sitzengelassen. Viel später – und besonders nachdem sein eigenes Leben häusliche Stabilität bekommen hatte – begann er seine Einstellung zu seinem Vater zu revidieren. Vielleicht war Hannah doch untreu und liederlich gewesen. Die Affäre mit Leo Dryden legt das jedenfalls nahe. In der Beschreibung von Calveros Ehe mit Eva Morton, ihrer Untreue und der dadurch hervorgerufenen Verzweiflung, die ihn in den Alkoholismus trieb, unternimmt Chaplin zweifellos den Versuch, das problematische Verhältnis seiner Eltern zu durchleuchten.

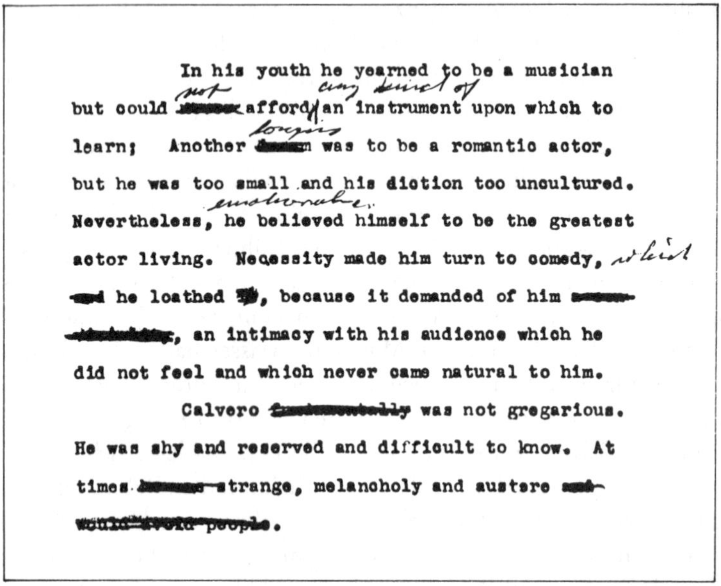

In his youth he yearned to be a musician but could not [redacted] afford any kind of an instrument upon which to learn; Another longings [redacted] was to be a romantic actor, but he was too small and his diction too uncultured. Nevertheless, he believed himself to be the greatest actor living. Necessity made him turn to comedy, which [redacted] he loathed [redacted], because it demanded of him [redacted], an intimacy with his audience which he did not feel and which never came natural to him.

Calvero [redacted] was not gregarious. He was shy and reserved and difficult to know. At times [redacted] strange, melancholy and austere [redacted].

Chaplins Korrekturen auf der ersten
Seite von Calveros Geschichte –
ein Ausschnitt aus der
›Roman‹-Version von *Limelight*

Terry erhält auch eine Biographie. Mit Sicherheit sollten diese Rückblenden nie im späteren Drehbuch erscheinen. Es waren stanislawskische Studien, die den Figuren eine Geschichte geben sollten. Terrys Mutter ähnelt der erwachsenen Hannah Chaplin. Sie wird als eine vom Leid gezeichnete, aber immer noch schöne Frau gezeigt; über ihre Nähmaschine gebeugt schuftet sie sich ab, um für sich und ihre beiden Töchter ein mageres Auskommen zu verdienen. Im Verhältnis der beiden Kinder zeigen sich Parallelen zu den engen Geschwisterbeziehungen, die in der Chaplin-Familiengeschichte eine so große Rolle spielen: Charles senior und sein fürsorglicher Bruder Uncle Spencer, Hannah und Kate, Chaplin und Sydney, der junge Charles und der junge Sydney. Da

Tante Kate nach wie vor eine so geheimnisvolle und faszinierende Gestalt aus Chaplins Kindheit ist, ist es besonders reizvoll, darüber zu spekulieren, wieviel von ihr und Hannah in diesem Bild steckt, das Chaplin von Terrys Beziehung zu ihrer älteren Schwester Louise zeichnet. Es erschien wichtig, den Inhalt des *Limelight*-›Romans‹ auf den folgenden Seiten in einiger Ausführlichkeit wiederzugeben, weil darin Chaplins eigene Sicht seiner Familiengeschichte anklingt. Der ›Roman‹ ist an sich schon bemerkenswert, weil Chaplin mit Dickensschem Genuß das viktorianische Leben und das Theater seiner Kindheit beschreibt. Die Geschichte beginnt ähnlich wie im Film mit Terrys Selbstmordversuch in Mrs. Alsops Logierhaus – »hingestreckt, etwas über die Bettkante des Eisenbettes«. Draußen spielt eine Drehorgel ›Warum verließ ich mein kleines Hinterzimmer in Bloomsbury?‹. In einer ›Rückblende‹ fällt Licht auf die Geschichte von Terrys Jugend:

Terry, Tochter des vierten Sohnes eines englischen Lords und einer Dienstmagd, lebt mit ihrer verwitweten Mutter und ihrer älteren Schwester Louise in einem ärmlichen Zimmer in der Nähe der Shaftesbury Avenue. Louise verliert ihre Stelle in einem Papierwarengeschäft, und die Mutter muß ins Krankenhaus gebracht werden. Das Leben wird etwas leichter, als Louise plötzlich etwas Geld mit nach Hause bringt. Terry ist entsetzt, als sie entdeckt, wie Louise es verdient, als sie zusammen mit einigen anderen Kindern zufällig nach Picadilly kommt und Louise als Straßenmädchen arbeiten sieht.

Terry ist noch keine zehn Jahre alt, als ihre Mutter stirbt und Louise die Mätresse eines Südamerikaners wird, der »eine kleine Luxuswohnung in Bayswater« hat. Sie schickt Terry auf ein Internat und bezahlt ihr Tanzstunden. Als Terry siebzehn ist, wandert Louise nach Südafrika aus. Terry wird Tänzerin im Alhambra. Auf der Schwelle zum Erfolg wird sie von einem rheumatischen Fieber heimgesucht. Nach ihrer Entlassung aus dem Krankenhaus arbeitet sie bei Sardou and Company, in dem Papierwarengeschäft, in dem Louise einst angestellt war: »ein kleines Etablissement, überladen mit Zeitungen, Zeitschriften, Schreibwaren, Gesellschaftsspielen und allen möglichen anderen Sachen. Der Laden war stickig, bedrückend, und es lag ein beißender Geruch von Tinte, Lederwaren und Spielzeuglack in der Luft . . . Sardou und Company war Mr. Sardou, eine ›Company‹ gab es nicht.«

Bei Sardou lernt sie den jungen Komponisten Ernest Neville kennen. Sie verliert ihre Stellung, als sie sich angesichts seiner offensichtlichen Armut aus Mitleid absichtlich bei seinem Wechselgeld vertut.

Der Herbst nahte, und London bereitete sich auf die bevorstehende Theatersaison vor. Tanztruppen, Akrobaten, Radartisten, Zauberer, Jongleure und Clowns mieteten Sohos Klubräume und leere Warenhäuser zum Proben. Theaterrequisiteure, Kostüm- und Perückenma-

cher spürten die Saison mit Brausen nahen. Für die Pantomime im Drury Lane wurden Teile eines liegenden Riesen gebaut, der die ganze Bühne ausfüllen und mechanisch atmen sollte; er sollte so groß werden, daß ein ganzes Ballett aus der Brusttasche seiner Jacke herauskommen konnte.

Spezielle Vorrichtungen für Cinderellas Verwandlungsszene; Kürbisse, aus denen mit Hilfe von Spiegeltricks weiße Pferde werden sollten; das ganze Drum und Dran für fliegende Balletts, Diorameneffekte, horizontale Stangen und Hochseile. Bestellungen für neue Zaubertricks, ausgefallene Musikinstrumente, gefütterte Perücken und allen möglichen Slapstick-Firlefanz, und alles mußte bis Weihnachten fertig sein.

Sechs Monate nach ihrem Zusammenbruch ist Terry verzweifelt auf der Suche nach Arbeit und nimmt eine Stellung in Northrop's Sauerkonservenfabrik an. Ihre Hände färben sich gelb von den Pickles, und an den Wochenenden trägt sie schwarze Handschuhe, weil sie sich ihrer gelben Hände schämt. Eines Samstagabends betritt sie einen Raum über einem Pub in Soho, wo ein »Mr. John« mit einigen Tänzern probt. Er ist ein »brutal aussehender Mann mit einer gebrochenen Nase, einem großen häßlichen Mund und einer Stimme, die sich anhört, als würde ein Bogen über die ungespannte Baßsaite einer Geige gestrichen«. Terry bittet »Mr. John«, ihr Arbeit zu geben. Er läßt sie vortanzen, aber danach bricht sie zusammen. Die Tänzer erschrecken, als sie ihre gelben Hände sehen, und bringen sie ins Krankenhaus, wo sie achtzehn Wochen bleibt. In dieser Zeit freunden sich »Mr. John« und seine Frau mit ihr an, und bevor er zusammen mit seiner Truppe zu einer Amerika-Tournee aufbricht, schenkt er ihr einen Sovereign. Sie wird aus dem Krankenhaus entlassen und bezieht ein Zimmer bei Mrs. Alsop, für fünf Schilling die Woche. (Mrs. Alsop verlangt klugerweise die Miete von zwei Wochen im voraus. Nach sechs Wochen ist Terry mit der Miete vier Wochen im Rückstand.)

Als sie die Stellenanzeigen überfliegt, entdeckt Terry, daß Sir Thomas Beecham eine neue Symphonie von Mr. Ernest Neville dirigieren wird. Sie opfert einen Schilling und sechs Pence von ihren kostbaren restlichen Schillingen für eine Eintrittskarte für einen Galerieplatz. Nach der Vorstellung sieht sie, wie Neville mit Sir Thomas Beecham die Albert Hall verläßt. Sie spricht ihn an und gibt sich als das Mädchen aus Sardous Laden zu erkennen, er aber läßt sich nicht von ihr aufhalten. Hierauf kehrt sie zu ihrem Zimmer zurück und versucht, sich das Leben zu nehmen.

Von dieser Stelle an deckt sich der ›Roman‹ mit dem Drehbuch des fertigen Films. Calvero kommt nach Hause und findet das Mädchen in dem gasgefüllten Zimmer vor, er ruft einen Arzt und nimmt sie unter seine Fittiche. Während sie sich wieder erholt, erzählt er ihr seine eigene Lebensgeschichte – den Calvero-›Roman‹:

Calvero hatte vor vielen Jahren eine Frau geliebt, die seine Liebe nicht erwiderte, mit seinem Rivalen nach Südafrika durchbrannte und ihn dort heiratete. Jahre spä-

ter trifft ihre Tochter, Eva Morton, die ihrerseits mit einem englischen Arzt durchgebrannt ist, in England ein. Von dem jungen Mann im Stich gelassen, bittet Eva Calvero, von dem ihr ihre Mutter erzählt hatte, um Hilfe. Sie verbringen einen glücklichen Sommertag auf der Themse, und aus beiden wird ein Liebespaar.

Es war ein farbenprächtiger Tag; weißer Flanell und bunte Sonnenschirme; Körbe mit Erdbeeren, goldgelben Birnen und dicken schwarzen Trauben; ein Tag mit zitronengelbem und rosarotem Eis und kalten Getränken in langhalsigen Flaschen; hier und da Gitarrenklänge und das Plätschern der Kähne und Ruderboote, die durchs Wasser gleiten.

Und so geschah es, daß Calvero und Eva das Wochenende in Hanby verbrachten. Auf dem Rückweg kehrten sie zum Abendessen in einem kleinen Gasthaus in Staines ein und verbrachten dort die Nacht. Bald darauf gab Calvero seine Zimmer in Belgravia auf und zog in eine Wohnung in der Nähe der Oxford Street, wo er und Eva wie ein Ehepaar zusammenlebten, und keine drei Monate später heirateten sie.

Doch sehr bald stellt Calvero fest, daß Eva ihm untreu ist:

Sie ... erkannte, daß ihre Liebe zu ihm einen besonderen Platz in ihrem Herzen einnahm, es aber nicht vollständig ausfüllte. Kein Mann wäre dazu in der Lage. Sie erkannte, daß ihre Begierde unersättlich, fast krankhaft war, und doch sah sie sie als etwas an, das mit ihr und ihrem Leben mit Calvero nichts zu tun hatte ...

*Sie hatte das Bedürfnis, ihm von ihrer Untreue zu erzählen. Sie wollte ihn nicht täuschen, weil sie Hochachtung vor ihm hatte. Sie wollte sich alles von der Seele reden und ihm sagen, daß sie nie einem Mann treu sein könne, aber sie ahnte, daß Calvero keinerlei Kompromisse dulden würde. Und sie hatte recht. Sein Naturell verlangte den uneingeschränkten Besitz dessen, was er liebte. Vom Verstand her konnte er ihre Promiskuität vielleicht begreifen, doch wenn er sich darauf einließ, bedeutete das mit Sicherheit, daß ihre Liebe langsam an ihrem eigenen Gift zugrundeging.**

Die Lage spitzt sich zu, als Eva ein Verhältnis mit Eric Addington hat, einem reichen Fabrikanten aus Manchester. Calvero kommt dahinter, während er den Hauptclown in der Pantomime des Drury Lane spielt und Addington und Eva ihm von der Loge aus zusehen. Er baut etwas gequälte Komik über den untröstlichen Hahnrei in seine Bühnennummer ein und stellt das Paar nach der Vorstellung zur Rede. Eva verläßt ihn endgültig.

Calvero fängt an zu trinken. Je mehr er trinkt, desto weniger kommt er beim Publikum an. Sein Garderobier, der selbst einmal ein berühmter Clown gewesen war, belehrt ihn:

* Chaplin versucht hier vielleicht dem Scheitern der Ehe seiner Eltern auf den Grund zu kommen, zugleich beleuchtet er zweifellos auch das Problem des Mannes, dessen »Naturell den uneingeschränkten Besitz dessen [verlangte], was er liebte«, in Erinnerung an seine eigenen Erfahrungen mit Edna, May Reeves und Paulette.

»Je mehr Sie nachdenken, desto weniger komisch sind Sie. Mein Problem war«, fuhr er fort, ». . . daß ich nie nachgedacht habe. Meine Komik haben die Frauen auf dem Gewissen. Aber Sie – Sie denken zuviel nach.«

Und der Garderobier hat recht. Calvero war von Natur aus analytisch und zweiflerisch. Er mußte Menschen kennen und verstehen, ihre Fehler und ihre Schwächen. Auf diese Weise brachte er seine spezielle Komik zustande. Je mehr er über andere erfuhr, desto mehr erfuhr er über sich selbst; und was er erfuhr, war nicht sehr schmeichelhaft; das hatte zur Folge, daß er unsicher wurde und halb betrunken sein mußte, bevor er auf die Bühne ging.

Calvero kann der Belastung seelisch nicht standhalten. Er verliert sein Gedächtnis und irrt sechs Wochen in diesem Zustand umher. Danach wird er für drei Jahre in eine Anstalt gesperrt. Nach seiner Entlassung ist er gealtert und verändert. Er versucht ein Comeback am Theater, erliegt aber wieder dem Trunk. Das Publikum läuft ihm davon. »Er bekam immer weniger Engagements, immer geringere Gagen, bis ihm im Vaudeville überhaupt keine Auftritte mehr angeboten wurden.« Calvero muß sich dazu erniedrigen, als Statist zu arbeiten, doch in ›The Queen's Head‹ bleibt er eine Berühmtheit. Dort ist er unter Leuten, die ihn aus seinen besseren Zeiten kennen – Vaudeville-Schauspieler, Agenten, Kritiker, Jockeys, Wettbrüder. Sein spezieller Freund ist Claudius, das armlose Wunder. Claudius erkennt Calveros finanzielle Not und bietet ihm ein Darlehen an. Calvero muß das Geld selbst aus Claudius' Brieftasche herausnehmen, und dabei entdeckt er das Foto eines Jungen. Claudius erklärt, daß das sein Neffe sei, für den er seit dem Tod seiner Schwester, der Mutter des Jungen, sorgt. Calvero muß Claudius den Mantel zuknöpfen, bevor er in die Kälte hinausgeht. (Calvero kann Claudius das Darlehen später zurückzahlen, da er die Hälfte davon auf einen 3-1-Gewinner gesetzt hat.) »Nach einem dieser wechselvollen – um nicht zu sagen alkoholischen – Nachmittage kam er nach Hause und entdeckte Terry Ambrose ohnmächtig in ihrem Hinterzimmer.«

Ab hier folgt die ›Roman‹-Fassung der Geschichte im wesentlichen der Handlung des Filmskripts, bis auf einige unbedeutende Unterschiede in der Handhabung von Details und Handlungsabläufen. Die aufblühende Freundschaft zwischen Calvero und Terry und ihre gegenseitige Ermutigung hat zur Folge, daß sie von ihrer psychosomatischen Angst, nie wieder tanzen zu können, geheilt wird, während er sich ermutigen läßt, noch einmal ein Comeback zu versuchen. Terrys Karriere blüht und gedeiht, bis sie Primaballerina am Empire wird, doch Calvero scheitert ein zweites Mal. Terry versucht, sich einzureden, daß sie ihren Wohltäter liebt, der ihr Vater sein könnte; aber als sie Neville, dem jungen Komponisten, wiederbegegnet (sie soll in seinem Ballett tanzen), versteht Calvero ihr Herz besser als sie selbst und zieht sich diskret aus ihrem Leben zurück.

Calvero wird wiederentdeckt, und Mr. Postant*, der Manager des Empire, arrangiert eine Benefizaufführung für ihn, bei der er der Star sein soll. In der ›Roman‹-Fassung hat Chaplin die Einbindung des Schlusses noch nicht gelöst. Im Film findet die Aufführung statt, und Calvero hat wieder einen triumphalen Erfolg beim Publikum. Er wird in einer Pauke, in die er als Höhepunkt seiner Nummer hineingefallen ist, auf die Bühne gebracht, um den begeisterten Applaus des Publikums entgegenzunehmen. Niemand merkt, daß er einen Herzinfarkt erlitten hat. Er stirbt, während sein Schützling auf der Bühne tanzt und damit den archaischen, im Stil der zwanziger Jahre gehaltenen Titel illustriert, der dem Film vorangeht: »Der Glanz des Rampenlichts, vor dem das Alter weichen muß, wenn die Jugend eintritt.«

Einige Passagen, die sich nur in der ›Roman‹-Fassung von *Limelight* finden, sind wegen ihrer autographischen und realen Bezüge von Interesse. Einmal erzählt Calvero Terry, daß er sich eine neue Wohnung in Glenshaw Mansions ansehen will – dort hatten, wie wir wissen, die Brüder Chaplin ihre erste Junggesellenwohnung. Die Krankheit, die schließlich Calveros Untergang ist, erinnert an die letzten Tage von Chaplins Vater und an das letzte Mal, als sein Sohn ihn vor seinem Tode an der Bar des ›The Three Stags‹ in der Kennington Road sah:

> Die Ärzte hatte ihn erst einige Monate zuvor gewarnt, daß weitere Ausschweifungen seiner Gesundheit äußerst gefährlich werden könnten. Um elf Uhr brach Calvero in der Bar des ›White Horse‹ in Brixton mitten in seiner fiebrigen Ausgelassenheit ohnmächtig zusammen und wurde ins St. Thomas's Hospital gebracht.

(Charles Chaplin senior starb im St. Thomas's Hospital.)

Calveros Charakterisierung von Terry könnte das Credo von Chaplins gesamtem Arbeitsleben sein:

> Sie mußte immer an der lebendigen Wahrheit in ihrem Innern festhalten. Sie mußte zutiefst egoistisch sein. Das war wesentlich für ihre Kunst, denn nur in ihrer Kunst fand sie ihr wirklichen Glück.

* Im Jahr 1905 hieß der Inspizient des Duke of York's Theatre William Postance; Chaplin vergaß seine Güte nie.

In einer faszinierenden Szene, die im endgültigen Filmskript gestrichen wurde, wird eine historische Figur eingeführt: der große Jongleur Cinquevalli. Als er gerade ein Comeback am Alhambra versucht, trifft Calvero bei der morgendlichen Probe Cinquevalli. Der Jongleur erzählt ihm, daß er am Abend einen neuen Trick vorführen will, den er seit sieben Jahren geübt hat. Am Abend teilen sie sich das Künstlerzimmer. Cinquevalli kommt von seinem Auftritt wieder, und Calvero fragt ihn, wie der neue Trick gelaufen sei. Cinquevalli sagt, daß er keinen Applaus dafür bekommen habe, weil er den Trick zu einfach aussehen ließ. Calvero meint, er hätte ihn ein paar Mal verpatzen müssen. Cinquevalli entgegnet, daß er dafür noch nicht gut genug sei.

»Ich werde noch ein bißchen weiterüben müssen.«

»Aha«, sagte Calvero ironisch. »Und jetzt wird's wohl nochmal zehn Jahre dauern, bis Sie gelernt haben, daneben zu greifen.«

Cinquevalli lächelte. »Ganz richtig«, erwidert er.

»Das ist deprimierend«, sagte Calvero.

»Warum?« fragte er.

»Darüber kann ich nicht lachen. Das ist beängstigend. Erst wenn die Perfektion vollkommen ist, können wir sie würdigen. Nur das Schwierige wird von der Welt anerkannt.«

»Das sollte ermutigend sein. Die Welt kann Tugend nur erkennen, wenn wir Fehler begehen.«

»Wenn das wahr wäre«, sagte Calvero, »dann wäre ich inzwischen ein Heiliger.«

Nach seinen Notizen zu schließen, scheint Chaplin erwogen zu haben, diese Szene auch im Film zu belassen. Er hatte sie unmittelbar vor Calveros letztem Bühnenauftritt plaziert, sie sollte in den Kulissen spielen. Doch sie wurde letztendlich verworfen.

Chaplin war von der Aufgabe fasziniert, für den Film ein Ballett »Der Tod der Colombine« zu erschaffen. Bislang hatte er die Musik immer erst nach der Beendigung des Films komponiert. In diesem Fall mußte die Musik zuerst kommen. Im Dezember 1950 begann er, mit dem Arrangeur Ray Rasch an der fünfundzwanzig Minuten langen Ballett-Sequenz* zu arbeiten. Bis zum Oktober des nächsten Jahres arbeitete Rasch mehrmals die Woche mit ihm an dem Ballett. Besondere Anforderungen stellte die Komposition eines fünfundvierzig Sekunden langen Solos, dem der Tänzer André Eglevsky, den Chaplin für die Rolle vorgesehen hatte, seine Choreographie für den ›Blue Bird Pas

* Viel kürzer im fertigen Film.

de Deux‹ anpassen konnte. Im September wurde die Musik mit einem fünfzig Mann starken Orchester unter Keith R. Williams aufgenommen. André Eglevsky und seine Partnerin Melissa Hayden flogen für zwei Tage aus New York herbei, um sich die Musik anzuhören und einige Tanzschritte zu proben. Chaplin erwartete ihr Urteil mit größter Anspannung, aber offenbar konnten sie zufrieden feststellen, daß seine Musik sich fürs Ballett eignete.

Chaplin sagte seinen Söhnen, er rechne damit, daß *Limelight* sein größter und letzter Film werden würde. Zufrieden mit seinem Familienleben und desillusioniert vom Nachkriegs-Amerika sprach er von Zeit zu Zeit davon, daß er sich vom Film zurückziehen wolle. Hätte er das getan, wäre *Limelight*, das zu seinen Ursprüngen zurückführt, ein perfekter Abschluß für seine Karriere gewesen. Immerhin bildete das Werk den Abschluß seiner Hollywood-Zeit. Der Film war in gewisser Weise ein Familienwerk. Die Rolle des jugendlichen Hauptdarstellers, des jungen Komponisten Neville, besetzte Chaplin mit Sydney Chaplin, seinem großgewachsenen, gutaussehenden jüngeren Sohn von Lita Grey. Sydney erinnerte sich, daß sein Vater ihn im Juni 1948, drei Jahre vor Beginn der Dreharbeiten, bat, die Rolle zu übernehmen. Viel später entdeckte er, daß er einen hungernden Musiker spielen sollte, »und da ich zu dieser Zeit über hundert Kilo wog, stets üppig speiste und einen Bürstenschnitt trug, schlug Vater vor, ich solle eine Abmagerungskur machen und mir die Haare wachsen lassen.«[5]

Charles junior bekam eine kleine Rolle als Clown im Ballett. Geraldine, Michael und Josephine sollten in der Anfangszene des Films auftreten, als drei Straßenkinder, die neugierig beobachten, wie der betrunkene Calvero nach Hause kommt. Geraldine mußte sogar einen Satz sagen – ihr erster im Film. Die Rolle des Arztes, der sich nach Terrys Selbstmord um sie kümmert, besetzte Chaplin mit Wheeler Dryden – eine hagere, etwas verhutzelte Gestalt mit Brille und einem betont britischen Akzent. Obwohl Wheeler seit *The Great Dictator* Mitglied des Studios war, wurde seine verwandtschaftliche Beziehung zu den Chaplin-Brüdern jetzt erst öffentlich vom Studio bestätigt:

> Unsere Mutter und mein Vater trennten sich, und Chaplin und ich sahen uns erst 1918 [*sic*] wieder, als ich nach Amerika kam.
>
> Charles war da schon berühmt.
>
> Wir kamen beide überein, daß es besser für mich wäre, selbständig meinen Weg zu gehen. Hiermit wird unsere Beziehung erstmals öffentlich bekanntgegeben.

> Wir sind beide englische Staatsbürger geblieben. Das heißt nicht, daß wir unamerikanisch sind, wir mögen Amerika sehr gerne, halten es aber nicht für erforderlich, unser britisches Erbe aufzugeben.[6]

Chaplins größtes Problem war die Besetzung der Hauptdarstellerin. Sie mußte »schön und talentiert sein und eine große emotionale Bandbreite« haben, sagte Chaplin. Sie mußte auch sehr jung sein, und vorzugsweise Engländerin.

> Folgende Anzeige wurde in die Zeitung gesetzt: »Gesucht: junge Frau als Hauptdarstellerin und Partnerin eines Komikers, der allgemein als der Welt Größter gilt«, und das ganze folgende Jahr über begutachtete und prüfte Vater nahezu jede Bewerberin, die für die Rolle auch nur entfernt geeignet schien. Zum ersten Mal hatte Vater einen Film geschrieben, in dem die Rolle des Mädchens genauso wichtig war wie seine eigene, und deswegen war es furchtbar wichtig, daß er die richtige Entscheidung traf.[7]

Sydney hat bei der Länge der Suche etwas übertrieben: Die ersten Mädchen wurden im Februar 1951 interviewt, und die endgültige Entscheidung wurde im August getroffen. Sydney selbst hatte die Aufgabe, unterstützt von Chaplins damaliger Sekretärin Lee Cobin, unter den Bewerberinnen eine Vorauswahl zu treffen. Der Bühnenschriftsteller Arthur Laurents, der damals mit den Chaplins eng befreundet war, empfahl die zwanzigjährige Claire Bloom, die er in London in *Ring Round the Moon* (Christoper Frys Bearbeitung von Anouilhs *L'Invitation au château*) im Globe Theatre gesehen hatte. Laurents rief Miss Bloom persönlich an und bat sie, einige Fotos ans Chaplin-Studio zu schicken. Das Ganze erschien der jungen Künstlerin derart abstrus und abwegig, daß sie die Angelegenheit wieder völlig vergaß, bis sie einige Wochen später ein Telegramm erhielt: »WO BLEIBEN DIE FOTOS? CHARLES CHAPLIN.« Nachdem die Fotos eingetroffen waren, rief Harry Crocker, der als Geschäftsführer wieder für Chaplin arbeitete, sie aus Kalifornien an und teilte ihr mit, daß Chaplin sie für die Rolle testen wolle. Da die Theaterdirektion sie nur für eine Woche von *Ring Round the Moon* befreien wollte, wurde vereinbart, daß sie nach New York flog, wo Chaplin sie treffen und Probeaufnahme mit ihr machen wollte. Miss Bloom wurde von ihrer Mutter begleitet, Chaplin brachte seinen Assistenten Jerry Epstein mit. Gleich nach der Begrüßung am Flughafen sprach Chaplin sehr aufgeregt von seinen Plänen:

Er sagte, die Liebesgeschichte – so sagte er dazu – sei im London seiner Kindheit angesiedelt. Die Eröffnungsszenen spielten in den Slums von Kennington, wo er geboren war. Die Agentenbüros, wo er endlos auf Arbeit gewartet hatte, die Garderoben in den tristen Provinztheatern, die Tourneeunterkünfte, die Wirtinnen – seine ganzen melancholischen Theatererinnerungen sollten den Hintergrund des Films bilden. Er schwelgte in Erinnerungen an das Empire Theatre, das damals eine schicke Music Hall war, von feinsten Kurtisanen frequentiert; er sprach von seinem einstigen Triumph als Kinderdarsteller in einer Bühnenbearbeitung von Sherlock Holmes ... Als wir in seiner Suite zu Mittag aßen, erzählte er weiter vom alten London und schien unbedingt hören zu wollen, daß sich nichts von dem, was er kannte, verändert hatte. In den letzten Jahren habe er großes Heimweh gehabt, sagte er, aber er traute sich nicht, Amerika zu verlassen, aus Angst, die US-Regierung könnte ihm die Wiedereinreise verweigern. Seine Familie, sein Haus, sein Studio, sein Geld – alles war in Amerika ...

Abends führte Chaplin uns zusammen mit Jerry Epstein in die elegantesten Restaurants zum Abendessen aus. Im Pavillon und im Club ›21‹ redete er unablässig von seiner einstigen Armut; die Atmosphäre, die er für *Limelight* schuf, versetzte ihn Abend für Abend in die Melancholie jener Jahre zurück, da er mit seiner Mutter und seinem Bruder zusammenlebte. Er redete entweder von seiner damaligen Armut oder von seinen Schwierigkeiten mit dem US-Staat, Schwierigkeiten, die ich erst richtig begreifen konnte, als ich einige Zeit in Hollywood verbracht hatte.[8]

Chaplin probte die ganze Woche lang jeden Tag mit Miss Bloom. Nur ungern ließ er sie das Skript sehen, sie durfte es nicht zu sich aufs Zimmer mitnehmen, sondern mußte es Epstein jeden Abend wieder aushändigen. Wie andere Schauspieler der jüngeren Generation war sie von Chaplins ungewöhnlicher Regiemethode überrascht: »Chaplin forderte ungeheuer viel als Regisseur, nicht weil er erwartete, daß man Wunder vollbrachte, sondern weil er erwartete, daß man widerspruchslos jede seiner Anweisungen befolgte. Mich überraschte, wie altmodisch vieles wirkte, was er vorschrieb – ziemlich theatralische Effekte, die für mich nichts mit modernem Kino zu tun hatten.«[9]

Am Ende der Woche wurden im Fox-Studio die Probeaufnahmen gemacht. Epstein war hinter der Kamera, während Chaplin vor der Kamera mit Miss Bloom arbeitete: »Ich bewarb mich um die Rolle, Jerry hoffte, Chaplin als Regieassistent zu gefallen, und Chaplin sah sein Skript, an dem er drei Jahre lang gearbeitet hatte, endlich vor der Kamera – alle waren also gehörig angespannt.«[10] Später zeigte sich, daß Chaplin bei den Probeaufnahmen die gleichen Regiemethoden anwandte wie bei den Dreharbeiten:

> Ich war am Rande der Panik ... bis ich begriff, daß Chaplin vorhatte, mir jeden Tonfall, jede Geste genau vorzugeben, wie er es während der Proben getan hatte. Das entsprach nicht meinem hohen kreativen Anspruch, aber unter den gegebenen Umständen war es genau das richtige. Ich hätte nicht glücklicher sein können – mir blieb auch gar keine andere Wahl. Während ich Chaplin imitierte, gewann ich allmählich mein Selbstvertrauen zurück, und als es dann endlich ans eigentliche Filmen ging, amüsierte ich mich, wie ein kleines Äffchen im Zoo, das unter Anleitung eines schlauen, spielerischen Dresseurs seine Kunststückchen vorführt.[11]

Claire Bloom erinnerte sich, mit welcher Sorgfalt Chaplin die Kostüme für die Probeaufnahmen auswählte und ihr dabei erzählte, daß seine Mutter dieses Kleid oder Hetty Kelly jenen Schal getragen hatte: »Ich begriff bald, schon damals, daß es um irgendeine vielschichtige junge Frau ging, die er in der Vergangenheit verloren hatte und die ich zum Leben erwecken sollte.« Sie erinnerte sich auch mit Belustigung an Chaplins und Epsteins Verlegenheit, als ihnen klar wurde, daß noch keiner von beiden ihre Beine gesehen hatte, die wichtig waren, da sie eine Tänzerin spielen sollte. Ihre Absicht war ziemlich leicht zu durchschauen, als sie ein Ballettröckchen und Strumpfhosen zu den Kostümen legten, die sie anziehen sollte, obwohl bei den Probeaufnahmen keine Tanzsequenz vorgesehen war.

Die junge Schauspielerin kehrte nach London zurück, mit dem Versprechen, daß sie nach zehn Tagen Nachricht bekommen würde, und der Ermutigung, daß Chaplin sie in einem Restaurant einigen Leuten als »eine hervorragende junge Schauspielerin« vorgestellt hatte. Tatsächlich verstrichen vier Wochen, ohne daß sie irgend etwas hörte. Sie erhielt lediglich ein Telegramm von Harry Crocker, in dem stand, daß sie in vierzehn Tagen Nachricht erhalten würde (was nicht der Fall war). Auf Niedergeschlagenheit – vor allem nachdem der *Daily Express* einen Artikel veröffentlicht hatte, in dem es hieß, daß Chaplin die Probeaufnahmen, die ihn so teuer gekommen waren, nicht gefallen hätten – folgte Resignation.

Chaplin war in dieser Zeit sehr beschäftigt. Er kehrte am 1. Mai im ›Santa Fe Chief‹ aus New York zurück und sah sich noch am selben Abend die Probeaufnahmen an. Oona war hochschwanger; am 19. Mai wurde Victoria geboren. Zwei Tage später, während Mutter und Kind noch im St. John's Hospital waren, zog Chaplin aus dem Haus im Summit Drive 1085 aus und bezog vorübergehend im North Beverly Drive 711 Quartier, während in seinem Haus die Bauarbeiter ans Werk gingen. Die wachsende Familie und ihre Kindermädchen brauchten mehr Platz. Die Pfeifenorgel mußte dran glauben. In die majestätische Eingangshalle wurde ein Stockwerk für weitere Schlafzimmer eingezogen. Die Umbauten kosteten an die 50 000 $, ein deutliches Anzeichen dafür, daß die Chaplins vorhatten zu bleiben. Charles junior erinnert sich: »Mein Vater war so stolz auf diese neuen Zimmer, daß er sie gerne seinen Gästen vorführte.«

Tatsächlich war er immer noch nicht hundertprozentig überzeugt, daß Claire Bloom die richtige war. Wieder und wieder sah er sich ihre Probeaufnahmen an. Oft lud er Gäste ins Studio ein, um ihnen ein paar Filme zu zeigen, und schob dann die Probeaufnahmen dazwischen, um ihre Meinung zu hören. Unterdessen prüfte er auch noch andere Schauspielerinnen und sah sich Filme an, in denen er junge Anwärterinnen vermutete. Die stärkste Konkurrentin war eine Schauspielerin namens Joan Winslow, die man von New York nach Hollywood kommen ließ. Mit ihr wurden genauso ausführliche Proben und Probeaufnahmen gemacht wie mit Miss Bloom in New York. Sie blieb zehn Tage, und man zeigte ihr sogar die Probeaufnahmen von Miss Bloom. Doch schließlich traf Chaplin seine Entscheidung, und Miss Bloom erhielt den schicksalshaften Anruf von Harry Crocker. Der Vertrag sah ein dreimonatiges Engagement vor mit einer Gage von 15 000 $ zuzüglich Reiseunkosten und wöchentlichen Spesen für sie und ihre Mutter.

Die Blooms trafen am 29. September in Hollywood ein, und beim Abendessen im Summit Drive, zusammen mit Oona und Epstein, erläuterte Chaplin, wie die sieben Wochen bis zum Drehbeginn für Miss Bloom aussehen würden. Wie Chaplin selbst mußte sie auf Diät gehen. Jeden Morgen sollte sie mit Oona in der Turnhalle Gymnastik machen, dann kamen Proben von elf bis vier und schließlich eine Stunde Ballettunterricht. Die Proben fanden gewöhnlich im Garten im Summit Drive statt. Miss Bloom war wieder beeindruckt, wie wichtig Charlie Chaplin seine Kindheitserinnerungen waren. Als sie zu einer Kostümprobe unterwegs waren, erzählte er ihr: »Meine Mutter trug immer eine lockere Strickjacke, eine hochgeschlossene Bluse mit einer kleinen Schleife und eine abgetragene Samtjacke.« Das Wort ›Melancholie‹ »fiel sehr häufig, wenn er seine Pläne für *Limelight* erläuterte«, stellte sie fest.

Die Blooms lernten die Chaplins zu einer Zeit kennen, als deren gesellschaftliches Leben sich viel ruhiger gestaltete als in der Vergangenheit. Charles junior bemerkte:

> Man kann selbstverständlich nicht erwarten, daß der Kampf meines Vaters für seine Überzeugungen keine Opfer forderte. Als ich aus dem Osten kam, um meine Rolle

> in *Limelight* zu spielen, war ich betroffen darüber, wie sehr Dads Verhalten sein Leben beeinträchtigt hatte. Man hielt es nicht mehr für einen Vorzug, Gast im Hause Charlie Chaplins zu sein. Ja, viele Leute hatten tatsächlich Angst, sich dort sehen zu lassen, weil sie nicht auch in Verdacht geraten wollten.
>
> Tim Durant, der eiserne Yankee, dessen Loyalität unerschütterlich war wie ein Felsen aus New England, gab sich die größte Mühe, etwas von dem alten Leben wieder wachzurufen, während er die absurde Umkehrung der Verhältnisse feststellte: Früher hatte sein Telefon unablässig geläutet, Leute hatten ihn angerufen, ihm alles mögliche angeboten, ihn umworben und hofiert, in der Hoffnung, daß er ihnen eine Einladung ins Chaplin-Haus verschaffte. Nun war es Tim, der sie anrief und sie bat, zu einer Partie Tennis vorbeizukommen. Aber sie haben alle gekniffen. Der kleine Pavillon am Tennisplatz und der grüne Rasen, wo mein Vater einst großzügig Hof gehalten hatte, lagen nun am Sonntagnachmittag so gut wie verlassen da. Ich glaube, mein Vater war damals wohl der einsamste Mensch in Hollywood.[12]

Am Samstagabend gab es immer noch Dinnerpartys für ein paar Freunde. Claire Bloom machte die Bekanntschaft von James Agee, diesem zurückhaltenden Filmkritiker, der seit seiner leidenschaftlichen Verteidigung von *Monsieur Verdoux* ein Freund der Familie geworden war und sich nun in Hollywood als Drehbuchautor betätigte. Sie lernte auch Clifford Odets und Oonas Jugendfreundin Carole Marcus kennen, die damals mit William Saroyan verheiratet war und später dann mit Walter Matthau.

Von der alten Studiobelegschaft waren nicht mehr viele übrig geblieben, und wieder sollte Karl Struss Roland Totheroh als Chefkameramann ersetzen. Claire Bloom erinnerte sich:

> Die Arbeit der ersten drei Drehtage mußte wiederholt werden, weil Chaplin mit der Kameraarbeit seines alten Gefährten Rollie Totheroh nicht zufrieden war. Dann engagierte er Karl Struss, einen modernen Techniker, der Totheroh ersetzen sollte, und das warf einen Schatten über die Dreharbeiten. Totheroh hatte fast alle früheren Filme von Chaplin gedreht, und da er nicht mehr der Jüngste war, war klar, daß dies wahrscheinlich seine letzte Arbeit sein würde. Chaplin war stets großzügig und loyal, wenn es um die Altersversorgung seiner Mitarbeiter ging, aber er war völlig unbarmherzig, wenn es um den Standard ging, den er in seinem Film erreichen wollte.[13]

Totheroh wurde dann als Kamera-Berater im Vorspann aufgeführt. Epstein erinnerte sich, daß er besonders bei der Sache war, wenn Chaplin selbst gefilmt wurde. »Er hat immer alles genau beobachtet und gesagt ›Kopf hoch ... Kopf schön hoch halten... Wir wollen doch kein Doppelkinn haben... Mußt hübsch aussehen.‹«[14]

Sehr großen Wert wurde auf die Nachbildung des Londons gelegt, das Chaplin in Erinnerung hatte. Nachdem ein anderer Bühnenbildner einige nicht genehme Entwürfe vorgelegt hatte, gab Chaplin seinem Produktionsleiter den Auftrag, mit Eugene Lourié Kontakt aufzunehmen. Lourié war 1919 aus Rußland ausgewandert und hatte in Frankreich seit den Stummfilmzeiten als Bühnenbildner gearbeitet. In den dreißiger Jahren nahm er Verbindung mit Jean Renoir auf, die erhalten blieb, als Renoir während des Krieges nach Hollywood zog. Möglicherweise war Chaplin in Renoirs Film *Diary of a Chambermaid* [Das Tagebuch einer Kammerzofe, 1946] auf Louriés Arbeit aufmerksam geworden, in dem Paulette Goddard die Hauptrolle spielte. Lourié erinnert sich, daß der Produktionsleiter ihn angerufen und gefragt hatte, ob er London kenne und dort schon gearbeitet habe (das hatte er, als er 1933 für die De Basil Ballett-Truppe das Bühnenbild gemacht hatte). Das Studio zahle nur Mindestgagen, erklärte man. Über die Identität des Produzenten wurde Lourié erst aufgeklärt, als er sich beim Studio meldete. »Ich war erfreut. Ich habe Chaplin sehr bewundert – aber ich habe es bedauert, daß ich nicht mehr Geld verlangt hatte.« Chaplin schlug vor, daß Lourié erst das Skript lesen und vierzehn Tage an einigen Entwürfen arbeiten solle, bevor man einen endgültigen Vertrag abschloß. Diese Vorgehensweise beeindruckte Lourié: »In Hollywood werden Filmarchitekten normalerweise wie Bühnenarbeiter eingestellt.«[15]

Chaplin war von Louriés Skizzen angetan.

> Er hat mit mir ausschließlich über London geredet. Ich hatte auch nostalgische Gefühle für diese Stadt, obwohl ich nur drei Monate dort gelebt habe, als ich das Bühnenbild für De Basil gemacht habe. Aber später habe ich dort Georges Perinal besucht, und er hat mich überall herumgeführt. Wir waren auch auf der anderen Seite des Flusses, wo Chaplin aufgewachsen ist. Ich erinnere mich, daß die Straßen zu dieser nächtlichen Stunde sehr dunkel waren. Nur die Schaufenster der Leichenbestatter waren erleuchtet. Das hat mich ziemlich befremdet, diese erleuchteten Fenster mit den Särgen. Jedenfalls haben meine Entwürfe ihm gefallen, und er hat gesagt: »Also, fangen Sie an.« Dann hat er mich in sein Wohnzimmer geführt und mir die Musik vorgespielt, die er für seinen Film komponiert hatte.

Als erste Dekoration brauchte Chaplin ein Zimmer bei Mrs. Alsop, damit die Proben mit Claire Bloom beginnen konnten.

Der Blick aus dem Fenster war ihm sehr wichtig – hohe Backsteinhäuser und triste städtische Hinterhöfe. Anstatt wie üblich gemalte Hintergründe zu verwenden, habe ich die Kulisse dreidimensional in Miniatur nachgebaut. Ich habe viel Zeit für die Ausstattung verwandt, mit trocknender Wäsche und Licht in den Fenstern für die Nachtszenen. Im fertigen Film habe ich dann aber praktisch nichts mehr davon gesehen. Es sah wie ein gemalter Hintergrund aus![16]

Nach dem ersten Arbeitstag in der Zimmer-Dekoration nahm Chaplin Lourié beiseite und erklärte ihm: »Ich brauche einen größeren Abstand zwischen der Tür und dem Ofen. Ich probe es wie ein Ballett. Der Abstand muß groß genug sein, damit ich alle Schritte unterbringen kann. Können wir das ändern?« Lourié hatte eventuelle Änderungen eingeplant und die Wände der Dekoration vorsorglich einen Meter länger gemacht, als es zunächst nötig schien. Er konnte die Änderung problemlos vornehmen, so daß Chaplin am nächsten Morgen weiterproben konnte.

Er war sehr beeindruckt. Ich glaube, von dem Tag an hat er mehr Vertrauen zu mir gehabt. Am Anfang war er sehr zurückhaltend. Die zweite Sache, die ihm Vertrauen eingeflößt hat, war, glaube ich, das dreidimensionale Modell, das ich für die Pantomimen-Kulisse gebaut habe. Die Perspektive war ganz unnatürlich, die Decke senkte sich bis auf zwei Fuß zur Bühne herunter. Es gefiel ihm. Danach hat er dann immer gesagt: »Mr. Lourié, gestalten Sie mir den Rahmen.«

Die Außenaufnahmen konnten wir natürlich nicht in London machen. Reisen war damals nicht uneingeschränkt möglich, und wir haben mit einem sehr kleinen Budget gearbeitet. Die benötigte Straße mußte ich entweder bauen oder eine passende finden. Ich habe tatsächlich eine gefunden, und zwar im Paramount Studio: eine New Yorker Straße mit braunen Sandsteinhäusern – eine sehr alte Kulisse, die stark an London erinnerte. Ich habe sie Chaplin gezeigt. »Die ist wunderbar«, hat er gesagt. Wir haben sie leicht umgebaut. Wir haben die Hauseingänge geändert und Außenansichten von zwei Pubs und der Arztpraxis gebaut.

Er hatte eine sehr starke visuelle Vorstellung, obwohl er sie nicht immer in Worten ausdrücken konnte. Er hat dann was gezeichnet. Ich habe noch ein paar Skizzen, die er gemacht hat – von Straßenlaternen für die Szene am Victoria Embankment, glaube ich. In der Szene haben wir mit Rückprojektionen gearbeitet und mit einer Laterne und einer Bank – die Bank steht vielleicht noch irgendwo in seinem alten Studio.

Vincent Korda war eine große Hilfe. Er hat mir eine Menge Material über das alte Empire Theatre geschickt – alte Fotos. Und er hat den Standfotografen des Studios losgeschickt zu Nachtaufnahmen vom Embankment. Ich wollte eine bestimmte Stelle gegenüber von Scotland Yard, mit Big Ben im Hintergrund. Ich hab ihn gebeten, das Motiv stündlich zu fotografieren von der Abend- bis zur Morgendämmerung, damit ich das richtige Licht auswählen konnte.

Im Prinzip wurde der Film im Studio gedreht. Wir brauchten aber auch ein Theater – sogar mehrere Theater, da er eine Montage aus den internationalen Tourneen der Tänzerin machen wollte. Wir konnten das Pasadena Playhouse benutzen oder eine der beiden Theater-Kulissen bei Universal (die für *Phantom of the Opera* gebaut worden waren und immer noch »Phantom-Bühne« genannt wurden) oder die RKO-Pathé. Wir haben uns für Pathé entschieden. Es war ein komplettes Theater, da konnten wir dann auch die Sachen hinter den Kulissen drehen. Und in einem Studio kann man viel besser arbeiten als in einem richtigen Theater, weil man alles nach Belieben verändern kann.

Ich war ganz aufgeregt, als ich einige alte Hintergründe von *The Kid* in dem Studio entdeckt habe. Und dann habe ich ein paar alte Bühnengemälde aus den achtziger Jahren des letzten Jahrhunderts gefunden, die dann als Hintergründe für die Bühnenszenen genommen wurden.[17]

Jerry Epstein und Wheeler Dryden wurden im Vorspann als Produktionsassistenten aufgeführt, doch Eugene Lourié kann sich nicht erinnern, daß Wheeler, abgesehen von seinem Auftritt als Schauspieler, sonderlich viel mit dem Film zu tun hatte. »Er war aber die ganze Zeit um den Weg, weil er damals in einem Haus auf dem Studiogelände gewohnt hat.« Robert Aldrich war bei dem Film als Regieassistent eingesetzt.

Ich glaube, er wurde dazugeholt, weil Chaplin jemanden mit viel Studioerfahrung wollte. Aber Aldrich wollte immer künstlerische Einstellungen. Chaplin hat beim Drehen nicht in »künstlerischen« Bildern gedacht. Für ihn stand die Handlung im Vordergrund. Die Kamera ist dazu da, die Schauspieler zu fotografieren. Ich habe auch mit Sascha Guitry zusammengearbeitet, und er hat genau den gleichen Standpunkt vertreten.[18]

Ohne wesentliche Abweichungen vom Skript arbeitete Chaplin mit der gleichen Disziplin wie an *Monsieur Verdoux*. Mit seinem knapp kalkulierten Drehplan geriet er zwei Wochen in Rückstand, und Claire Blooms Engagement dauerte (zu ihrer Freude) länger als die vorgesehenen drei Monate. Trotz allem wurde der Film in nur fünfundfünfzig Drehtagen abgedreht, einschließlich der vier Tage für Retakes. Das war ganz etwas anderes als die endlose Drehgeschichte von *The Kid* oder *City Lights*. Sydney Chaplin junior gab einige Eindrücke von seinem Vater bei der Arbeit wieder:

Wir fingen mit ein paar Szenen im Zimmer an, die drei Wochen dauerten. Dann kamen die Straßenszenen, und als diese gedreht wurden, fiel mir einer der Statisten auf, der einen seltsamen senffarbenen Anzug trug, den ich ganz gräßlich fand. Ich machte meinen Vater darauf aufmerksam, und er lachte und sagte, es sei sonderbar, aber er habe einmal haargenau den gleichen Anzug getragen. Natürlich war der Anzug, den der Statist trug, von einem Kostümverleih. Ohne eigentlich zu wissen warum, sah der Statist auf dem Etikett in der Innentasche nach. Da stand: ›Angefertigt für Mr. Charlie Chaplin, 1918‹.

Ein anderes Mal hatte mein Vater etwas gegen eine Jacke, die ich trug. »Vergleich doch mal die Länge der Ärmel mit denen von deinem Hemd«, beschwerte er sich. »Geh sofort zum Schneider, und laß sie (die Jackenärmel) dir länger machen.« Ich ging fort, krempelte meine Hemdsärmel etwas auf und kam wieder. »So ist's schon besser«, sagte Vater.

Er ist natürlich auch ein ganz wunderbarer Regisseur, packt alles immer richtig an, weiß instinktiv, wie er jeden einzelnen Schauspieler behandeln muß. Da war ein alter Schauspieler, den die Tatsache, daß er neben Vater spielte, dermaßen aufregte, daß er ständig seinen Text verpatzte. Um ihn zu beruhigen, brachte Vater seinen eigenen Text auch durcheinander, und danach war der alte Schauspieler entspannt, und beim nächsten Durchgang gelang die Szene.

Natürlich war Vater nicht nur der Regisseur des Films, sondern auch noch der Hauptdarsteller. Die Schwierigkeit bestand für ihn darin, sich vorzustellen, wie er in einer Szene aussah, die er erst sehen konnte, wenn sie gefilmt war. Er ging dann so vor, daß er vorher die Bewegungen ausarbeitete, und dann mußte sein Ersatzmann sie ausführen, während er durch die Kamera sah. Mal ist er hinter der Kamera, im nächsten Augenblick schon oben auf einem dreißig Meter hohen Gerüst, um einem Elektriker irgendwas zu erklären, und gleich darauf treibt er sich auf der Bühne herum und macht einem anderen Schauspieler etwas klar...

Es ist wirklich nicht überraschend, daß Vater bis an den Rand der Erschöpfung arbeitete. Morgens war er immer der erste im Studio, und abends ging er immer als letzter weg. Gegen Mittag brachte ihm seine Frau Oona immer einige Sandwiches und Obstkuchen. Abends ging er völlig erschöpft nach Hause, und nach dem Abendessen fing er gleich wieder an, die Arbeit für den nächsten Tag vorzubereiten.

Ich erinnere mich nur an eine größere Krise, und zwar bei einer sehr emotionalen Szene zwischen Vater und Claire. Er arbeitete den ganzen Tag an dieser Szene, die auf der Leinwand kaum drei Minuten dauert, und er war immer noch nicht zufrieden – in erster Linie mit seiner eigenen Leistung. Also drehte er sie am nächsten Tag noch einmal und am Tag danach auch. Schließlich gelang ein großartiger Take, bei dem alle Bühnenarbeiter weinten und am Schluß wie wild applaudierten. Zum ersten Mal nach drei Tagen gestattete Vater sich ein Lächeln.

Am nächsten Tag gaben die Leute, die den Film entwickelten, telefonisch durch, daß dieses Stück Film wegen irgendeiner technischen Panne zerstört worden sei. Vater ging an die Decke, als er das hörte. Aber er brachte es nicht über sich, es Claire zu sagen. Er sagte einfach nur, daß er immer noch nicht zufrieden sei und es noch einmal probieren wolle.[19]

Claire Bloom hatte besondere Angst vor der Szene, in der sie plötzlich entdeckt, daß sie wieder gehen kann, da es ihr schon immer schwergefallen war, auf Befehl zu weinen. Chaplin hatte diesmal eindeutig keinerlei Hemmungen wie damals bei Jackie Coogan in *The Kid*. Vor der Szene kritisierte er ihr Spiel und wurde so zornig, daß sie in Tränen ausbrach. Das Kamerateam war vorgewarnt worden und erwischte die Szene in einem einzigen Take. »Chaplin hatte genau gewußt, wie er sein Ziel erreichen würde – ganz ähnlich wie Calvero, der wußte, welchen Zauber Theresa benötigte, um wieder laufen zu können.«

Im allgemeinen jedoch ging Chaplin geduldig und verständnisvoll mit seinen Schauspielern um. Eugene Lourié erinnert sich, daß er seine beiden Söhne besonders liebevoll behandelte. Charles junior, der seinen Vater zweifellos anbetete, hatte jedoch einen anderen Eindruck:

> Und nun endlich waren Syd und ich an der Reihe. Jetzt wurden wir zur Zielscheibe seines Drangs nach Perfektion – seit unserer Kindheit hatten wir immer andere darunter leiden sehen. Nach dieser Erfahrung war ich mehr denn je davon überzeugt, daß der alles überragende Ruf meines Vaters und seine brodelnde Intensität es allen, die unter ihm arbeiteten, nahezu unmöglich machten, ihre eigene Persönlichkeit zu behaupten. Niemand auf der Welt könnte meinen Vater so führen, wie er sich selbst führt, aber ich habe das Gefühl, daß weniger begabte Schauspieler aus seinen Filmen unter anderer Regie Besseres leisten könnten.
>
> Mit Syd und mir war er, glaube ich, noch strenger als mit den andern. Es durfte auf keinen Fall der Eindruck entstehen, daß wir als seine Söhne begünstigt seien, und so verfiel er ins andere Extrem und neigte sogar dazu, an uns ein Exempel zu statuieren. Besonders hart sprang er mit Syd als dem jungen romantischen Hauptdarsteller um, und manchmal hörte ich, wie man ihn bemitleidete. Aber ich habe nie gesehen, daß Syd selbst sich beklagt hätte. Er bewahrte seinen Gleichmut, lernte von meinem Vater und wurde dadurch belohnt, daß er in den Kritiken für seine hervorragenden Leistungen gelobt wurde.[20]

Zwischen Sydney und Claire Bloom entwickelte sich bei den Dreharbeiten eine romantische Beziehung. Sie erinnert sich, daß Sydney außerhalb der Dreharbeiten »sehr komisch und frech die Marotten seines willensstarken Vaters aufs Korn nahm, aber sobald Sydney sich im Studio zur Arbeit meldete, war es vorbei mit seinen Witzeleien, und wenn er mit diesen väterlichen ›Marotten‹ konfrontiert war, wurde er beim Drehen nervös und hölzern«.[21]

Kurz vor Weihnachten 1951 zog das Team ins RKO-Pathé-Studio, um die Theater-Sequenzen zu drehen. Die Szenen hinter den Kulissen wurden zuerst gedreht, und am letzten Tag des Jahres begann Chaplin damit, die Auftrittsszenen auf der Bühne zu drehen. Für die Ballett-Szenen wurde Melissa Hayden geschickt als Double für Claire Bloom eingesetzt: »Wenn die Kamera entsprechend nah heranging, sollte ich so schnell wie möglich ins Bild wirbeln und wieder hinaus – worauf Melissa dann wieder übernahm. Das klappte so gut, daß man mir noch Jahre danach Komplimente machte, wie gut ich tanzen könne.«[22]

Heute bewegt uns in *Limelight* vor allem der Auftritt von Buster Keaton in einer Doppelnummer mit Chaplin in einem verrückten musikalischen Duett.* Es war das einzige Mal, daß die beiden großen Komiker des Stummfilms zusammen auftraten, und das erste und letzte Mal seit 1916, daß Chaplin mit einem Komiker-Partner arbeitete. Keaton spielte einen hinfälligen und kurzsichtigen Pianisten, der, kaum daß er am Flügel Platz genommen hat, von einer herabstürzenden Lawine von Notenpapier überschüttet wird. Chaplin-Calvero hat als Geiger seine eigenen Probleme: Aus irgendeinem unerfindlichen Grund schrumpfen seine Beine ständig in seiner weiten Hose zusammen. Busters Versuch, seinem Freund ein A zu geben, hat unglückliche Folgen, die soweit eskalieren, daß die Saiten des Flügels krachen und in alle Richtungen wegspringen, während Calveros Geige zertrampelt wird. Nachdem Calvero eine neue Geige hervorgezaubert hat, beginnt schließlich die Vorführung. Calvero geht von einer wehmütigen Melodie, die ihn zu Tränen rührt, in ein dämonisches *Vivace* über, das ihn schließlich in den Orchestergraben katapultiert. Er fällt in die große Trommel und wird darin auf die Bühne getragen, um seinen Applaus entgegenzunehmen.

Keaton war drei Wochen bei den Dreharbeiten dabei, vom 22. Dezember bis zum 12. Januar. Es war eine liebe Geste von Chaplin, daß er ihn engagierte. Keaton hatte seit Jahren nicht mehr als Komiker gearbeitet und war so gut wie vergessen. (Im Jahr zuvor hatte Billy Wilder ihn in *Sunset Boulevard* als einen von Norma Desmonds Hollywood-›Geistern‹ auftreten lassen.) Bei den Dreharbeiten war er derart zurückhaltend, daß er fast isoliert wirkte. Jerry

* Keaton kam 1917 nach Hollywood, mehr als drei Jahre nach Chaplin. Als Keaton noch mit Roscoe Arbuckle im Balboa Studio arbeitete, besuchte Chaplin sie bei den Dreharbeiten, wurde fotografiert, wie er mit ihnen herumblödelte, und erinnert sich, daß er Buster, als dieser noch Kinderdarsteller im Vaudeville war, auf den Knien geschaukelt hatte, als sie einmal im selben Programm auftraten.

Epstein erinnert sich, daß er mit seinem kleinen flachen Hut erschien, den er in seinen eigenen Filmen getragen hatte, und man ihm schonend beibringen mußte, daß Chaplin Kostüm und Nummer bereits für ihn vorbereitet hatte. Das ganze Team war jedoch wie verzaubert, als Chaplin und Keaton auf der Bühne dann zu zwei alten Profi-Komikern wurden, fest entschlossen, sich gegenseitig an die Wand zu spielen. »Chaplin murrte«, erinnert sich Eugene Lourié. »Er sagte: ›Nein, das ist meine Szene.‹« Claire Bloom hatte auch das Gefühl, daß »einige von Keatons Gags Chaplin vielleicht zu brillant waren, denn so sehr er auch im Vorführraum über die Muster lachte, ließ Chaplin doch nicht zu, daß alle in die Endfassung des Films aufgenommen wurden.«

Mit besonders großem Genuß scheint Chaplin die wunderbaren Persiflagen der edwardischen Music-Hall-Songs und -Nummern geschaffen zu haben. Der »Spring Song« leitete zu einer reizenden Sprechgesangsnummer mit Claire Bloom über, die in Haube und Ballettröckchen steckte. In ›Oh for the Life of a Sardine‹ parodiert er perfekt den Gesangsstil von George Bastow; er war einer der letzten ›*lions comiques*‹ und der Schöpfer von ›Captain Gingah‹. Am meisten hat ihn aber sicherlich ›I'm an Animal Trainer‹ befriedigt, denn nachdem er es über dreißig Jahre immer wieder vergeblich probiert hatte, schaffte er es hier endlich, die Nummer mit dem Flohzirkus einzubauen, die er erstmals in der Kulisse von *The Kid* vorgeführt hatte. Chaplin ließ sich nicht von seinen Assistenten dazu überreden, Zuschauerreaktionen und Lachen auf der Tonspur hinzuzufügen. Er ging mit vollem Recht davon aus, daß das Publikum in einem vollen Kino die nötige Reaktion selbst liefern würde, und die wäre dann echt. Er dachte nicht an die Möglichkeit, daß der Film in schlecht besuchten Kinos oder, noch schlimmer, im Fernsehen gezeigt werden könnte. Wenn man die Sequenzen in diesem Rahmen betrachtet, ohne Lachen und ohne Publikumsreaktion, haben sie etwas Geisterhaftes und Unheimliches.*

Eugene Lourié war dabei, als die Songs verfilmt wurden: »Er hat viel von sich verlangt, als er die Vaudeville-Songs gedreht hat. Immer wieder hat er gesagt: ›Das machen wir nochmal. Das krieg ich noch besser hin.‹ Manchmal haben wir fünfzehnmal gedreht.«[23] Die letzte Einstellung des Films wurde am 25. Januar 1952 aufgenommen, und Chaplin begann sofort mit dem Schneiden und der Montage. Die Blooms reisten am 13. Februar mit dem

* Tatsächlich sind die Songs ja Calveros Träume oder Alpträume von seinem vergangenen Ruhm und seinem Scheitern.

›Santa Fe Chief‹ aus Kalifornien ab. Nur ungern verließen sie die familiäre Atmosphäre des Films und des Studios.

Die nächsten drei Monate war Chaplin hauptsächlich mit dem Schneiden beschäftigt, und Anfang Mai ordnete er den Wiederaufbau mehrerer Kulissen für Retakes an. Zu diesem Zeitpunkt kam noch ein weiteres Mitglied der Chaplin-Familie auf die Besetzungsliste. Bei einigen neuen Einstellungen sollte man durch die geöffnete Tür von Calveros Wohnung Terry erblicken, und für diese Szene sprang Oona für Claire Bloom ein. Am 15. Mai zeigte Chaplin James Agee und Sidney Bernstein einen Grobschnitt, und ihre Reaktionen befriedigten ihn. Am 2. August waren die endgültigen Kopien bereit für eine Vorschau im Paramount Studio Theater, das zweihundert Zuschauer faßte und bei dieser Gelegenheit überfüllt war. Sidney Skolsky, der berühmte *Variety*-Autor, berichtete zwei Tage später über das Ereignis:

> Auf der Gästeliste standen Berühmtheiten wie Humphrey Bogart und Doris Duke sowie mehrere ältere Herrschaften, die seit *The Gold Rush* im Jahr 1924 mit Chaplin zusammengearbeitet hatten … Chaplin und sein Assistent Jerry Epstein zeigten den Film um zwei Uhr nachmittags, weil Chaplin die Kopie persönlich überprüfen wollte. Chaplin, der den Film schrieb und produzierte, Regie führte und die Hauptrolle spielte, wollte unbedingt alles selbst machen. Bei dieser Probevorschau war er sogar Platzanweiser. Als dann die Lichter im Vorführraum verlöschten und der Film anlief, saß dieser kleine grauhaarige Mann an den Reglern im hinteren Teil des Raumes und regulierte den Ton des Films. Es war die aufregendste Vorstellung, die ich je in einem Vorführraum erlebte …
>
> Dramatik und Geschichte lag im Raum. Auf der Leinwand gab es Dramatik und Komik, und der Film *Limelight* selbst hatte einen dramatischen Hintergrund …
>
> Im Vorführraum gingen die Lichter an. Das gesamte Publikum, von Ronald Colman bis zu David Selznick und Judge Pecora und Sylvia Gable, erhob sich, applaudierte und rief »Bravo«. Ganz Hollywood zollte Charlie Chaplin seinen Tribut … Dann betrat der kleine grauhaarige Mann das Podium. Er sagte: »Ich danke Ihnen. Ich hatte große Angst. Sie sind die ersten Menschen auf der ganzen Welt, die diesen Film gesehen haben. Er dauert zwei Stunden und dreißig Minuten. Ich möchte Sie nicht länger aufhalten. Ich möchte nur sagen ›Ich danke Ihnen –‹«, und weiter kam Chaplin nicht. Ein Frau im Publikum rief: »Nein! Nein! Wir danken Ihnen«, und dann griffen andere im Publikum diese Worte auf und riefen sie Chaplin zu … Irgendwie glaube ich, daß der Schlüssel zu *Limelight* hier zu suchen ist. Es spielt keine Rolle, ob die einen den Film für gut, die andern ihn für groß halten. Der Grad spielt keine Rolle. Dies ist kein gewöhnlicher Film von einem gewöhnlichen Mann. Dies ist ein Riesenstück Zelluloid-Geschichte und -Gefühl, und ich glaube, jeder, der sich aufrichtig für Kino interessiert, sagt »Danke«.

Chaplin hatte beschlossen, die Weltpremiere von *Limelight* in London stattfinden zu lassen. Zu dem Ereignis wollte er Oona und die Kinder mitnehmen und danach einen längeren Urlaub machen. Es war Oonas erster Besuch in England. Sie entschlossen sich, die Presse-Vorschau in Hollywood und die New Yorker Premiere sausen zu lassen, und verließen Kalifornien am 6. September zum ersten Teil ihrer Reise. Am Vorabend gab Tim Durant in seinem Haus eine Abschiedsparty für sie. Zu den Gästen gehörten Arthur Rubinstein und Marlon Brando, der als einziger im Smoking erschien. Chaplin erfreute die Gäste mit einem herausragenden Party-Auftritt. Er führte mit Katharine Dunham einen Tanz auf, in dem er in ihre Persönlichkeit schlüpfte, ihre Gestik und ihr Gebaren, ihre ganze Anmut vollständig übernahm. Aber Charles junior spürte, daß seinen Vater etwas bedrückte: als Tim Durant Chaplin und Oona am nächsten Tag zur Union Station fuhr, äußerte Chaplin ihm gegenüber, er habe eine Vorahnung, daß er nicht wiederkommen würde.

Die Chaplins trafen zusammen mit Harry Crocker am 9. September mit dem ›Santa Fe Chief‹ in New York ein. Crocker sollte sie nach Europa begleiten, um sich um die Presse zu kümmern. Eine Woche später kamen die Kinder mit ihrem Kindermädchen Edith McKenzie (»Kay-Kay«) und Doris Foster Whitney nach. In der Woche in New York waren sie etwas eingeschränkt. Chaplins Anwalt hatte ihn warnend darauf aufmerksam gemacht, daß gegen United Artists ein Prozeß im Gange sei und daß man versuchen könnte, ihm eine Vorladung zu übergeben, was die gesamte Reise in Frage stellen konnte. Nicht zum ersten Mal mußte Chaplin sich verstecken, doch hat er das Sherry-Netherlands wohl mindestens ein oder zweimal verlassen. Edith Piaf trat gerade in New York auf, und in ihren Memoiren schreibt sie, daß Chaplin zu ihrer Aufführung gekommen sei und sie in ihrer Garderobe besucht habe.

Auf Crockers Drängen nahm er an einem Essen mit der Redaktion von *Time* und *Life* teil, ein Ereignis, das ihm kühl und unfreundlich erschien und das nicht das erwartete positive Echo in den Zeitschriften zur Folge hatte. Er nahm auch an der New Yorker Pressevorschau von *Limelight* teil. Es gab keine offene Feindseligkeit wie bei der Pressekonferenz nach *Monsieur Verdoux*, doch Chaplin fand die Stimmung bei der Vorführung angespannt und unfreundlich. Doch konnte er sich über viele der nachfolgenden Kritiken freuen.

Am Mittwoch, den 17. September 1952, schiffte sich die Familie Chaplin auf der *Queen Elizabeth* nach England ein. Chaplin war immer noch auf der Flucht vor den Gerichtsdienern und ging daher schon um fünf Uhr morgens an

Daily Mail

NO. 17,575 THREE HALFPENCE — FOR QUEEN AND COMMONWEALTH — SATURDAY, SEPTEMBER 20, 1952

U.S. MAY BAN CHAPLIN

Attorney-General Orders an Inquiry Into His Readmission

Comment

TURDAY, SEPT. 20, 1952.

TOO MUCH 'LAYTIME?

HE ARCHBISHOP OF CANTERBURY has set the cat nong the pigeons with s remarks about telesion, although on his turn from America yesrday he emphasised at he was not "agin"

said: "There is a danger increasing our amenities dlessly when we, as a poor tion, should be concenating on getting on with

REASONS ARE KEPT SECRET

Surprise Move as Film Star Brings Family to London

From Daily Mail Reporter

NEW YORK, Friday.

CHARLES CHAPLIN, who left New York for London 48 hours ago, has been barred from re-entering the United States until a Government inquiry decides whether he can return.

The U.S. Attorney-General, Mr. James McGranery, announced in Washington tonight that he had ordered the Immigration Service to bar him until the inquiry. No further statement was made.

SENATOR ACCEPTS CASH AID

Eisenhower May Ask His Team Mate to Quit

From WILLIAM HARDCASTLE ON THE STEVENSON CAMPAIGN TOUR, Friday.

SENATOR Richard Nixon, Mr. Eisenhower's Vice-Presidential running mate, has accepted a £5,700 election fund from "millionaire backers" in California.

This disclosure has given Governor Stevenson's chances of being elected President in November an important boost,

Bord, wagte es aber nicht, sich an Deck zu zeigen. Und leider gelang es dem treuen James Agee, der ihn verabschieden wollte, nicht, Chaplin ausfindig zu machen, als der fieberhaft mit seinem Hut aus einem Bullauge heraus winkte. Chaplin und Agee sahen sich nie wieder. Der Kritiker starb einige Jahre später an einem Herzinfarkt. Als das Schiff abgelegt hatte und von Gerichtsdienern nichts mehr zu befürchten war, überkam Chaplin ein Gefühl der Freiheit. Er fühlte sich »wie ein neuer Mensch. Nicht länger war ich ein Mythos aus der Filmwelt oder eine Zielscheibe des Hasses, ich war ein verheirateter Mann mit Frau und Kindern, der in Urlaub fährt.«

Die *Queen Elizabeth* war gerade den zweiten Tag auf See, als das Radio eine bemerkenswerte Nachricht brachte: Der amerikanische Justizminister James McGranery hatte Chaplins Wiedereinreise-Visum annulliert und angeordnet, daß die Einwanderungsbehörde ihn zur Vernehmung festzuhalten habe, wenn – oder falls – er versuchen sollte wieder einzureisen. Seinen Worten zufolge sollte durch diese Vernehmungen »ermittelt werden, ob seine Einreise nach dem Gesetz der Vereinigten Staaten zulässig ist«. Das Justizministerium erklärte ergänzend, daß die Maßnahme gemäß Paragraph (c), Absatz 137, des

US-Ausländer- und Staatsbürgerschaftsgesetzes erfolge, der eine Einreiseverweigerung für Ausländer vorsieht, aus Gründen der »Moral, Gesundheit oder Geistesgestörtheit oder bei Befürwortung von Kommunismus oder Verbindung mit kommunistischen oder pro-kommunistischen Organisationen«. Auf Fragen, die ihm dazu gestellt wurden, antwortete der Justizminister, daß diese Maßnahmen schon seit längerem zur Debatte standen, daß man aber gewartet habe, bis Chaplin das Land verlassen hätte. Mit anderen Worten hatte Chaplin nicht mehr das Recht, in das Land zurückzukehren, das vierzig Jahre lang sein Zuhause gewesen war und auf das er soviel Liebe und Glanz gelenkt hatte.

18
Exil

Als die *Queen Elizabeth* in Southampton anlegte, war Michael Chaplin nirgendwo zu finden (er wurde schließlich in der Sporthalle des Schiffs entdeckt), und dadurch hatten die Reporter Zeit, Chaplin zu interviewen, bevor er den Zug nach London bestieg. Wohlweislich gab er keine direkte Erklärung zu der Maßnahme des amerikanischen Staates ab, da sich alles, was er besaß, in den Vereinigten Staaten befand und er große Angst davor hatte, daß der Staat es irgendwie schaffen könnte, sein Vermögen zu konfiszieren. Er deutete an, daß er zurückkehren und sich etwaigen Vorwürfen stellen werde:

> Die US-Regierung wird zu dem stehen, was sie einmal zugesichert hat. Sie wird mir mein Wiedereinreise-Visum nicht entziehen.
>
> Wir leben in einer Zeit des Aufruhrs, des Streits und der Bitterkeit. Es ist keine Zeit der großen Künstler. Es ist die Zeit der Politik.
>
> Jedermann ist jetzt nur allzu bereit, sich über alles aufzuregen. Aber ich sehe das ganz philosophisch. Ich tue mein Bestes.
>
> Ich will keine Revolution machen. Ich will nur noch ein paar Filme machen. Vielleicht amüsieren sich die Leute darüber. Ich hoffe es...
>
> Ich war noch nie politisch. Ich habe keine politische Überzeugung. Ich bin ein Individualist, und ich glaube an die Freiheit.[1]

Er berichtete von einer neuen Idee für einen neuen Film über einen Flüchtling, der in der Neuen Welt eintrifft. Nach einer Kopfverletzung leidet dieser Mensch an sogenannter Kryptosthenie, was zur Folge hat, daß er in einer altertümlichen Sprache spricht. Da keiner der Beamten der Einwanderungsbehörde ihn verstehen kann, läßt man ihn alle Sprachtests durchlaufen. Chaplin spielte den Reportern die Befragungsszene vor. Da man weiß, wie überaus verschwiegen Chaplin stets war, wenn es um Filmideen ging, kann es ihm mit dieser Idee nicht sonderlich ernst gewesen sein. Es war lediglich ein Bonbon für die Presse.

Ernster war es ihm, als er ihnen erzählte, wie sehr er sich darauf freue, seiner

Frau und seinen Kindern London zu zeigen und es selbst wieder zu erforschen. Er erinnerte sich, wie ihm »die Musik zum ersten Mal in die Seele drang« (er benutzte stets denselben Ausdruck), als er die Straßenmusiker ›The Honeysuckle and the Bee‹ spielen hörte. »Damals war ich sieben, und jetzt bin ich dreiundsechzig, aber ich werde es nie vergessen.« Offenbar hatte er sein erstes Sammelalbum mit Zeitungsausschnitten dabei, da die Presseleute berichteten, daß er ihnen seine erste Kritik aus dem Jahre 1903 zeigte, von *Jim, a Romance of Cockayne.*

Obwohl die Menschenmengen nicht mehr so groß waren wie bei seinen früheren Besuchen, gab es doch wieder einigen Andrang in Southampton und in Waterloo Station, wo Dutzende von Menschen die Polizeiketten durchbrachen, um ihn zu berühren. Noch mehr Menschen warteten vor dem Savoy. Mr. und Mrs. Marriott, die ›Pearly King and Queen‹ des Festival of Britain*, überreichten ihm einen Blumenkorb, garniert mit Schuhen, Melone und Stock und einer Widmung von den Einwohnern Londons. Zu dieser Zeit war Chaplin von derartigen sentimentalen Gesten besonders gerührt. Am Tag seiner Ankunft gab er eine Pressekonferenz:

> Wenn man Chaplin von Angesicht zu Angesicht vor sich hat, sucht man natürlich nach Zeichen seines tragisch-komischen Geschöpfs von der Leinwand. Statt dessen sieht man einen kleinen freundlichen Mann mit weißen Haaren, sein Teint scheint heller als sonst durch das Scheinwerferlicht der kleinen Bühne, von der er die erwartungshungrigen Journalisten durch ein Mikrophon anspricht. Wenn er von dieser Bühne herabtritt, geht er unter. Er wird zum Zentrum eines Schwarms, der langsam durch den Raum kreist, und wenn es jemandem gelingt, eskortiert von einer freundlichen Sekretärin, zum Zentrum vorzustoßen, dann bleibt lächerlich wenig Zeit, das persönliche Gespräch zu führen, das man ihm wahrlich nicht aufnötigen möchte ...[2]

Die britische Öffentlichkeit und die Presse waren von Oona bezaubert und fasziniert. Scheu und zurückhaltend wie sie war, konnte man ihr doch eine kurze Erklärung entlocken: »Ich bin zufrieden, wenn ich im Hintergrund bleiben kann und helfen, wenn man mich braucht. Vielleicht bin ich deswegen die einzige seiner vier Frauen, die er nach London mitgenommen hat, und darauf bin ich sehr stolz.«

* Eine Londoner Institution; die Schirmherren einer Wohltätigkeitsveranstaltung zum Festival of Britain treten in perlengeschmückten Kostümen als eine Art Faschingsprinzenpaar auf. Anm. d. Ü.

Sie wurde gefragt, wie Chaplin als Ehemann sei: »Charlie ist eine Halb-und-Halb-Persönlichkeit. Eine Hälfte ist schwierig – die andere nicht. Aber ich finde, wir verstehen uns sehr gut. Er ist ein aufmerksamer Ehemann und ein wunderbarer Vater.« Als die *Queen Elizabeth* in Cherbourg angelegt hatte, hatte Chaplin vor Reportern erklärt: »Ich werde zurückkehren.« In London sagte er: »Ich rechne damit, daß ich zurückkehre.« Und Oona kommentierte: »Es wäre kein Schock für mich, wenn er sich entschließen würde, in England zu bleiben.«

Nach zehn Jahren Kälte in Amerika freute sich Chaplin besonders über die Fanpost, die ihn im Savoy erwartete, viele Schreiber flehten ihn an zu bleiben. Im *News Chronicle* schrieb Lionel Hale »als Tory und Freund Amerikas«:

> Torheit hat stets eine gute Kehrseite, und die Kehrseite könnte darin bestehen, daß England und die Straßen Londons, die sich seit den Tagen des Nebels, der Gaslaternen und barfüßigen Jungen so sehr verändert haben, nach so langer Zeit einen ihrer edelsten Bewohner wieder bei sich aufnehmen können, einen der größten Künstler unseres Zeitalters, Mr. Charles Spencer Chaplin.[3]

Im Unterhaus gab es hitzige Anfragen an den Außenminister Mr. Eden, und einige Parlamentsabgeordnete verlangten, daß er sich bei der US-Regierung nachdrücklich dafür einsetzen sollte, daß man Chaplin die Wiedereinreise anstandslos gestattete. In Amerika war die öffentliche Meinung auch nicht einhellig auf Seiten des Justizministeriums. Ein amerikanischer Kongreßabgeordneter, der sich gerade in England aufhielt, sprach von »Verfolgung«. In einem Leitartikel in der *New York Times* hieß es, daß die langjährigen Anhänger Chaplins in ihm nur schwerlich eine gefährliche Person sehen können:

> Keine politische Situation, keine internationale Bedrohung kann die Tatsache aus der Welt schaffen, daß er ein großer Künstler ist, der vielen Millionen – nicht nur in unserem Land, sondern in allen Ländern – unendliches Vergnügen bereitet hat. Sofern nicht sehr viel mehr Beweise gegen ihn vorliegen als die zur Zeit sichtbaren, wird es dem Außenministerium nicht zur Ehre gereichen, wenn es ihn ins Exil schickt, und es wird auch nicht die nationale Sicherheit erhöhen.[4]

Justizminister McGranery erging sich unterdessen in Andeutungen: typisch für McCarthys Methoden. »Wenn das, was über ihn gesagt wurde, zutrifft«, deutete er dunkel an, »dann ist er meiner Meinung nach ein zwielichtiger Charakter.« Er behauptete, die Öffentlichkeit würde seine Maßnahmen als gerechtfertigt akzeptieren, wenn sie die Tatsachen kennen würde, mit denen er seinen Schritt, den Komiker an der Wiedereinreise in die Vereinigten Staaten zu hindern, begründete. McGranery führte an, daß Chaplin in der Presse beschuldigt worden sei, Mitglied der kommunistischen Partei zu sein, und daß ihm »ernste moralische Vergehen« zur Last gelegt wurden. Er lehnte es ab, diese konkret zu benennen, mit der Begründung, es könnte Chaplin die Verteidigung erleichtern. Er ließ sich nur zu der ergänzenden Aussage bewegen, daß »er beschuldigt wird, anzügliche und höhnische Bemerkungen über das Land gemacht zu haben, dessen gnädige Gastfreundschaft er genossen hat.«

McGranery mußte zugeben, daß er aktiv geworden war, ohne vorher irgendein anderes Ministerium zu informieren. Man war sogar der Meinung, daß das Außenministerium und viele Beamte in Washington über die negativen Reaktionen aus aller Welt entsetzt waren. Doch McGranery wurde offensichtlich seit geraumer Zeit von rechten Kräften und speziell von den McCarthyisten unter Druck gesetzt. Auf amtlichem Papier vom Senate Committee on Labour and Public Welfare hatte Senator Richard Nixon am 29. Mai 1952 – vier Monate vor Chaplins Abreise – an Hedda Hopper geschrieben:

> Liebe Hedda,
> ich stimme Ihnen zu, daß die Art und Weise, wie der Fall Chaplin gehandhabt wird, schon seit Jahren eine Schande ist. Leider können wir nicht viel dagegen tun, wenn die letzten Entscheidungen von Leuten wie Acheson und McGranery getroffen werden. Sie können jedoch versichert sein, daß ich die Sache weiter im Auge behalten werde, und möglicherweise werden wir nach Januar mit einer Regierung arbeiten können, die für Chaplin die gleichen Regeln gelten läßt wie für jeden normalen Bürger.

Der Senator unterschrieb freundschaftlich mit »Dick Nixon«.

Chaplin schöpfte neue Kraft aus seinen Erkundungsgängen in London. Von seinem Balkon im Savoy hatte er einen Blick auf den Fluß und die neue Waterloo-Bridge, die ihm überhaupt nicht gefiel, »aber die Straße führte ins Land meiner Kindheit hinüber«.[5] Damals war von dem Kennington, das er als Junge gekannt hatte, noch etwas übrig, und bei diesem und späteren Besuchen sollte Oona es genauso gut kennenlernen wie er. Wenn er allein war, unternahm er seine Ausflüge zu Fuß, mit dem Bus oder der U-Bahn; er wurde selten erkannt. An seinem ersten Abend in London ging er ins Scotch House, ein Pub in der Nähe des Leicester Square, dessen Wirt ein alter Karno-Kollege war: Jimmy Russell, einer der vielen Interpreten des ungezogenen Jungen in *Mumming Birds*. Doch zu seinem großen Kummer war Russell an jenem Abend nicht da.

Nachmittags nahmen Chaplin und Oona ihren Tee bei Fortnums ein, während die Kinder mit ihren Kindermädchen zu eigenen Unternehmungen unterwegs waren.

Im Gegensatz zu ihren letzten Jahren in Kalifornien waren diese Wochen in London erfüllt von gesellschaftlichen Aktivitäten. An ihrem ersten Abend speisten sie im Haus von Douglas Fairbanks junior; die Oliviers waren auch zu Gast. Am nächsten Abend gingen sie ins Old Vic und sahen sich Claire Bloom und ihren Partner Alan Badel in ›Romeo und Julia‹ an. Einige Tage später ging Chaplin mit Miss Bloom auf dem Markt von Covent Garden spazieren, und sie war gerührt, wie herzlich ihn die Markthändler mit »Hallo Guv'nor« begrüßten. Die Chaplins gingen zu einem Konzert mit Toscanini und lernten den großen alten Meister hinterher kennen. Sie hörten Emlyn Williams mit seiner Dickens-Lesung und dinierten danach mit ihm, zusammen mit Noël Coward, Alec Guiness und Binkie Beaumont. Sie waren Gäste des Variety Clubs im Savoy und bei einem Lunch, das vom Critics' Circle gegeben wurde. Chaplin war diesmal soviel zugänglicher als auf irgendeinem seiner früheren Londonbesuche, daß man zuversichtlich die Voraussage machte, daß er bei der Royal Variety Performance sowie bei der Royal Film Performance auftreten werde. Er tat es nicht. Dem Reporter der *Times* erklärte er, daß keinerlei Chance bestünde, daß er je wieder auf der Bühne auftrat. »Man muß ständig in Übung sein«, sagte er. Und auch als man ihm klarmachen wollte, wieviel Freude er damit bereiten könnte und daß es unvorstellbar sei, daß einem Music-Hall-Schauspieler jemals seine Kunst abhanden kommen könne, ließ er sich nicht umstimmen.

Dafür ließ sich Chaplin aber auf ein halbstündiges, unvorbereitetes Interview im Light Programm der BBC ein. Er wurde von Dilys Powell, Sir Michael Balcon, Paul Holt, John Mills und Robert Mackenzie interviewt. Er sprach davon, wie er in alten Zeiten »mit der Kamera schrieb« (damit nahm er das Konzept des *camera-stylo* des französischen Regisseurs Alexandre Astruc vorweg). Das sah so aus, daß er morgens zu den Dreharbeiten ging, ohne eine konkrete Idee vor Augen zu haben. Dann legte er einfach los, begeisterte sich, und in seiner Begeisterung kamen ihm die Ideen. Er wies auf den starken Kontrast hin zu der langen, bedächtigen und gründlichen Vorbereitungen seiner letzten Filme. Zu *Limelight* bemerkte er, daß er den Film einerseits aus einem Gefühl der Nostalgie heraus in London spielen ließ, andererseits, weil es darin um Großherzigkeit und Menschlichkeit geht und London ihm dafür der geeignete Schauplatz schien. Der Film sei nur insofern autobiographisch, als er, wie seine anderen Werke auch, notgedrungen irgend etwas von der Persönlichkeit ihres Schöpfers zeige.

Das Thema Persönlichkeit kam ausführlich zur Sprache. Ein Film, so Chaplin, hatte den Rahmen zu bilden für eine bemerkenswerte Persönlichkeit. Ihrer Entfaltung diene die Story und alles andere. Seiner Meinung nach zähle die Persönlichkeit eines Schauspielers in der Stummfilmzeit viel mehr als heutzutage. Sehr viel mehr wurde der Phantasie des Zuschauers überlassen. Damals waren die Schauspieler sozusagen ein Teil der Poesie und Märchenwelt. »Aber wir können nicht zum Stummfilm zurückkehren, und vielleicht verkläre ich ihn nur.«

Soweit man weiß, hat er sich hier das einzige Mal darüber geäußert, daß er von Fred Karno viel über den Einsatz von Musik gelernt hat. Karno setzte die Musik als Kontrast ein – irgendeine stolze Melodie aus dem 18. Jahrhundert etwa zur Begleitung der Abenteuer eines Tramps, um das Satirische zu unterstreichen.

Als das Wort »Genie« mehr als einmal fiel, sagte Chaplin lachend, daß es ihn nicht mehr verlegen mache. Er könne es sich inzwischen sogar ganz »ohne Scham« anhören, wenn man ihn als solches bezeichnete. »Es gibt so viele in Hollywood.« Für ihn bezeichne das Wort einen Individualisten mit Stil, der seine Arbeit gewissenhaft und manchmal vielleicht erstaunlich gut verrichte. Er persönlich habe nie Konzessionen an den Publikumsgeschmack gemacht. Er habe immer sein Allerbestes gegeben.

Die Weltpremiere von *Limelight* fand am 23. Oktober im Odeon am Leicester Square statt, zur Unterstützung der Royal London Society for Teaching and Training the Blind und in der Anwesenheit von Prinzessin Margaret. Die Pressevorführung war am gleichen Morgen im gleichen Kino. Claire Bloom erschien mit Chaplin oben auf der Foyer-Treppe, sie umarmte und küßte ihn (»Endlich konnte ich auch im normalen Leben ungezwungen mit ihm umgehen.«), und sie erhielten herzlichen Applaus. Miss Bloom trat abends im Theater auf, konnte also der Premiere nicht beiwohnen, aber Chaplin erschien zur allgemeinen Begeisterung auf der Bühne. Es war die erste Filmpremiere in England, die live im Fernsehen übertragen wurde.

Die Chaplins ließen ihre Kinder glücklich auf der Farm ihres Freundes Sir Edward Beddington-Behrens zurück und zogen dann zusammen mit Harry Crocker zur französischen Premiere nach Paris weiter. Dort wurden sie sogar noch fürstlicher gefeiert. Sie wurden zum Lunch mit dem Präsidenten und in die britische Botschaft eingeladen; Chaplin wurde zum Offizier der Ehrenlegion und zum Ehrenmitglied der Société des Auteurs et Compositeurs Dramatiques ernannt. An der Premiere nahmen Mitglieder des Kabinetts und des Diplomatischen Corps teil, allerdings nicht der amerikanische Botschafter. In der Comédie Française waren sie Ehrengäste bei einer Gala-Sondervorstellung von Molières *Don Juan*. Harry Crocker machte sich Sorgen über die Auswirkungen, die ein Essen mit Aragon, Picasso und Sartre auf Chaplins Publicity haben könnte. Später besuchten Chaplin und Oona Picasso in seinem Atelier, »eine überaus erbärmliche, scheunenartige Dachkammer«, vollgestopft mit unschätzbaren Meisterwerken von Picassos Zeitgenossen. Chaplin sprach kein Französisch und Picasso kein Englisch.

> Die Dolmetscher taten ihr Bestes, aber es lief zähflüssig. Dann dachte ich mir, es sei vielleicht besser, mit Chaplin allein zu sein, vielleicht konnten wir uns unter vier Augen irgendwie verständigen. Ich ging mit ihm nach oben in mein Maleratelier und zeigte ihm die Bilder, die ich gerade in Arbeit hatte. Als ich fertig war, machte ich eine Verbeugung und einen Kratzfuß und gab ihm so zu verstehen, daß er jetzt an der Reihe wäre. Er verstand sofort. Er ging ins Badezimmer und spielte mir eine ganz köstliche Pantomime eines Mannes vor, der sich wäscht und rasiert, mit all diesen kleinen selbstverständlichen Reflexbewegungen wie: Seifenschaum aus der Nase blasen und aus den Ohren bohren. Als er mit dieser Nummer fertig war, nahm er zwei Zahnbürsten und führte diesen herrlichen Brötchentanz vor, aus der Szene mit dem Silvesteressen aus *The Gold Rush*. Es war ganz wie in alten Tagen.

Leider gefiel Picasso, der jegliche Sentimentalität heftig ablehnte, *Limelight* nicht. »Wenn er anfängt, auf die Tränendrüse zu drücken, dann kann er vielleicht Chagall damit beeindrucken, aber bei mir kommt das nicht an. Es ist einfach schlechte Literatur.« Er konnte sich auch nicht mit den physischen Veränderungen abfinden, die das Alter bei Chaplin bewirkt hatte.

> Die eigentliche Tragödie liegt darin, daß Chaplin nicht mehr die physische Erscheinung des Clowns annehmen kann, weil er nicht mehr schlank ist, nicht mehr jung. Er hat nicht mehr das Gesicht und den Ausdruck seines »kleinen Vagabunden«, sondern den eines altgewordenen Mannes. Sein Körper ist eigentlich nicht mehr er. Die Zeit hat ihn besiegt und ihn in einen anderen Menschen verwandelt. Und jetzt ist er eine verlorene Seele – einfach nur ein Schauspieler auf der Suche nach seiner Individualität, und er bringt keinen mehr zum Lachen.

Picassos junge Frau hatte das Gefühl, daß die Reaktion des Malers auf *Limelight* mit darauf zurückzuführen war, daß es zwischen der Geschichte des Films und ihrer persönlichen Situation Parallelen gab.

In den Vereinigten Staaten ging die Diffamierung weiter. Die American Legion begann, »Boykottposten« vor den Kinos aufzustellen, in denen *Limelight* lief, worauf mehrere größere Kino-Ketten – Fox, Loews und RKO – dem Druck nachgaben und den Film bald nach dem Start wieder zurückzogen. Hedda Hopper veröffentlichte eine üble Attacke in ihrer landesweit publizierten Kolumne: »Niemand kann bestreiten, [daß Chaplin] ein guter Schauspieler ist. Das gibt ihm aber nicht das Recht, gegen unsre Sitten und Bräuche zu verstoßen. Er verabscheut alles, was uns etwas bedeutet, er schleudert uns unsre Gastfreundschaft ins Gesicht... Ich verabscheue alles, was ihm etwas bedeutet... Gott sei Dank sind wir den Schmutzfink los.« Die amerikanische Presse war allerdings nicht einhellig dieser Meinung. *The Nation* vom 4. Oktober 1952 schrieb: »Was für politische Ansichten er auch haben mag... Charlie Chaplin kann kaum als eine offene Bedrohung für amerikanische Institutionen angesehen werden... Chaplin ist ein Künstler, der mit seinem leuchtenden Talent seine Wahlheimat seit Jahrzehnten mit Glanz überstrahlt und der ganzen Welt Freude beschert hat.« Am 30. Oktober verlieh die Hollywood Foreign Press Association *Limelight* eine Ehrenurkunde. Charles Chaplin junior nahm sie im Namen seines Vaters entgegen.

Chaplin stand noch mit seinem Studio in Verbindung und arbeitete aus der Entfernung immer noch an seinem Film. Im November gab er die Anweisung, die Sequenz mit dem armlosen Wunder Claudius wieder aus dem Film herauszunehmen. Zunehmend wurde ihm klarer, daß er jetzt nicht den Versuch unternehmen wollte, in die Staaten zurückzukehren; er mußte sich daher Gedanken darüber machen, wie er sein Vermögen nach Europa transferieren konnte. In weiser Voraussicht hatte er fast sein gesamtes persönliches Vermögen in einem Banksafe deponiert, und unmittelbar vor seiner Abreise nach Europa hatte er dafür gesorgt, daß Oona die Verfügungsgewalt darüber bekam. Da es ihm nicht möglich war, in die Vereinigten Staaten zurückzukehren, mußte Oona wohl oder übel nach Hollywood reisen. In den zehn Tagen ihrer Abwesenheit – praktisch das erste Mal, daß sie in ihrer neunjährigen Ehe getrennt waren – machte sich Chaplin schreckliche Sorgen. Seine schlimmste Befürchtung war, daß die amerikanischen Behörden Oona irgendwie daran hindern könnten, das Land wieder zu verlassen. Oona flog am 17. November nach New York (damals noch ein langer Nachtflug). Von dort flog sie, begleitet von Arthur Kelly, nach Hollywood weiter. Sie trafen am 20. November ein und verließen die Stadt am 23. November wieder. In nur zwei Tagen mußte Oona, die damals in geschäftlichen Dingen noch völlig unerfahren war, Chaplins Vermögen in den Vereinigten Staaten so weit wie möglich auflösen.

Sie entdeckte, daß der FBI nach ihrer Abreise das Personal vernommen hatte, in dem Versuch, etwaiger moralischer Verderbtheit in dem Hause auf die Spur zu kommen. Es war offensichtlich, daß das Bureau unbedingt irgend etwas – egal was – aufdecken wollte, das die Andeutungen des Justizministers erhärten konnte. Jeder, der mit Chaplin zu tun gehabt hatte, auch Tim Durant und sein Anwalt, wurde vernommen; außerdem alle wesentlichen Beteiligten des Barry-Prozesses. Die Umstände von Paulettes mexikanischer Scheidung wurden erneut unter die Lupe genommen. Selbst Lita wurde zu ihrer Ehe befragt, die mehr als ein Vierteljahrhundert zurücklag. Sie verweigerte stolz jegliche Information, die dazu dienen konnte, ihren ehemaligen Mann zu diffamieren.

Das bedauernswerteste Opfer der Belästigungen durch den FBI war Wheeler Dryden. Seit er Mitarbeiter im Chaplin-Studio geworden war, war er Chaplin vollständig ergeben. Sogar mehr als das: Wheeler vergötterte seinen illustren Halbbruder. Noch heute existieren im Chaplin-Archiv kleine Päckchen, säuberlich verpackt und verschnürt und in Wheelers Handschrift beschriftet, zum Beispiel: »Skript, unvollständig, *aber mit einer handschriftlichen Notiz von Mr. Chaplin.*« Bei den Dreharbeiten folgte er Chaplin in respektvollem Abstand, schirmte ihn vor aufdringlichen Personen ab, sorgte dafür, daß Chaplins Meditationen nicht gestört wurden, brachte ihm Datteln und anderes Obst, war immer zur Stelle mit allem, was er brauchte. Manchmal wagte er auch einen hilfreichen Vorschlag und ertrug es langmütig, wenn Chaplin diesen dann brüsk zurückwies. Er sammelte gewissenhaft jedes ausrangierte Relikt vom Studio und von Chaplin, und der sich immer mehr anhäufende Krimskrams schob sich vielleicht zwischen ihn und seine Frau, von der er sich allmählich entfremdete. (Sie hatten während der Herstellung von *The Great Dictator* geheiratet und hatten einen Sohn, Spencer Wheeler, der später ein bekannter Jazz-Musiker wurde.) Obwohl er das großartige Gebahren eines Shakespeare-Schauspielers alter englischer Schule beibehielt, war Wheeler ein ängstlicher Mensch. Er fühlte sich im Stich gelassen, als zuerst Chaplin und dann auch Sydney Kalifornien verließ; die Vernehmungen durch den FBI versetzten ihn in Angst und Schrecken. Er redete sich ein, der FBI wolle sein Essen vergiften, und weigerte sich das Haus zu verlassen. Ted und Betty Tetrick konnten ihn hin und wieder zu einem Spaziergang überreden, aber immer wenn sie unterwegs waren, schrieb er sich sorgfältig die Straßen auf, als befürchtete er, daß auch die Tetricks ihn verlassen könnten. Wheeler starb am 30. September 1957 im Alter von 65 Jahren.

Am 27. November 1952 traf Oona wieder in London ein, und einige Tage später reiste die Familie in die Schweiz. Da Chaplin nicht vorhatte, in die Vereinigten Staaten zurückzukehren, erschien ein Wohnsitz in der Schweiz vom finanziellen Standpunkt aus am günstigsten. Während sie nach einem festen Domizil suchten, zogen sie ins Beau Rivage in Lausanne ein – ein Grand Hotel alten Stils, das bei Exil-Monarchen sehr beliebt war. Von Lausanne aus reisten sie nach Rom zur italienischen Premiere von *Limelight*. Chaplin wurde der Orden Al Merito delle Repubblica verliehen. Das Ereignis wurde allerdings durch eine Demonstration von Rechtsextremisten überschattet, die Chaplin mit Gemüse bewarfen. Später sagte er, daß er den Zwischenfall von der komischen Seite gesehen und darüber gelacht habe. Er lehnte es ab, gegen die jugendlichen Straftäter gerichtlich vorzugehen.

Die Chaplins fanden ihr Haus schnell. Im Januar zogen sie ins Manoir de Ban in Corsier sur Vevey ein, das sie zunächst von einem ehemaligen amerikanischen Botschafter mieteten. Nur einen Monat später kauften sie es, angeblich für 100 000 $. Das Haus ist eine elegante Villa, umgeben von 37 Morgen Park, Obstgarten und Garten. Es hat fünfzehn Zimmer auf drei Etagen. Im Erdgeschoß befindet sich ein großer schöner Salon mit Glastüren, die auf eine Kolonnaden-Terrasse führen – im Sommer der Hauptaufenthaltsort der Familie. An den beiden Enden des Salons führen Doppeltüren in das Speisezimmer und in die Bibliothek, in der Chaplin zunehmend mehr Zeit verbrachte, wenn er zu Hause war. Eine prächtige, elliptisch geschwungene Steintreppe (die auf die Kinder eine besondere Faszination ausübte, weil die Frau eines früheren Besitzers dort zu Tode gestürzt sein soll) führt zum ersten Stock, in dem sich die Gäste-Suiten und die Haupt-Schlafzimmer befinden. Chaplin hatte sein Zimmer schlicht eingerichtet. Die Möbel hatte er selbst entworfen. Sie sind aus hellem Holz und erinnern in ihrer kargen Zweckmäßigkeit an die dreißiger Jahre, in ihren Proportionen haben sie etwas Edwardisches und in ihrer offensichtlichen Robustheit etwas Viktorianisches – Chaplin-Stil, wie er zu sagen pflegte. Oona widmete dem Ausbau und der Einrichtung ihrer Suite viel Aufmerksamkeit, sie hat einen herrlichen Blick auf den Genfer See und die Alpen. Unter ihren Gemälden ist ein Eakins, der das

Atelier des Künstlers zeigt, das Aktmodell ist wahrscheinlich Oonas Großmutter. Der zweite Stock, den man über eine bescheidenere Treppe oder mittels Aufzug erreicht, den der vorherige Besitzer installiert hatte, war das Reich der Kinder und ihrer Kindermädchen. In den weitläufigen Gewölben unter dem Haus richtete Chaplin einen Weinkeller ein, obwohl er selbst keinen Alkohol trank. Später ließ er einen klimatisierten Tresorraum bauen, in dem er seine Filme einlagerte. Ein Raum im Keller ist für den großen Berg von Chaplins Archivmaterial reserviert: die Skripte, Studio-Berichte, Sammelalben mit Kritiken, Negativ-Platten von Standbildern.

Einige Sorgen bereiteten Chaplin die Personalkosten für ein so großes Anwesen. Während die Kinder heranwuchsen, waren etwa ein Dutzend Bedienstete angestellt. In späteren Jahren war der Haushalt im Manoir mehr oder weniger in italienischer Hand: der Butler und die Köchin, Gino und Mirella Terni, kamen 1958, und der Chauffeur Renato, ein sanfter Mann von edler Erscheinung, übernahm 1965 die Stelle von seinem Bruder Mario.

Am dringendsten brauchte Chaplin jetzt eine Sekretärin. Ein Freund schlug Rachel Ford vor. Miss Ford hatte fast ihr ganzes Leben lang in Paris gelebt, war aber in ihrer Erscheinung und in ihrer forschen, nüchternen Art sehr britisch geblieben. Im Krieg war sie in der *Armée Libre* der Gaullisten zu dem für eine Frau höchstmöglichen Rang aufgestiegen. Später arbeitete sie für die paneuropäische Bewegung und organisierte internationale Konferenzen. Sie ließ sich dazu überreden, versuchsweise eine befristete Stellung bei Chaplin anzunehmen, weil sie von ihrem Vater eine Leidenschaft für dessen Leinwandschöpfungen geerbt hatte. Als sie im Manoir eintraf, waren die Chaplins noch beim Auspacken, und Miss Ford hatte das Gefühl, daß sie vielleicht nicht gerade den vorteilhaftesten Eindruck machte: An einem Fuß trug sie einen Männerstiefel – wegen einer Brandverletzung – und am andern einen Damenschuh. In ihrer Begleitung befand sich ein Hund an einer Schnur – er hatte seine Leine verloren. Sie erklärte in ihrer direkten Art, daß sie nicht Schreibmaschine schreiben könne, keinerlei Erfahrung als Sekretärin habe und nur ein paar Wochen Zeit zwischen zwei Konferenzen habe. Sie blieb dann über dreißig Jahre. Sie identifizierte sich voll und ganz mit Chaplins Interessen. Er fand in ihr eine absolut zuverlässige Verwalterin, die sich durch Scharfsinn, Geschick und unerschütterliche Entschlossenheit auszeichnete. Es begeisterte Chaplin, mit welcher Beharrlichkeit sie zum Beispiel jede Verletzung seines Copyrights verfolgte. Miss Ford schien die Beschäftigung mit juristischen Problemen so stimulierend zu finden wie andere Bridge oder Schach. Bei ihrer ersten Begegnung mit den Chaplins war sie wie geblendet von Oonas Schönheit und Jugend, und als jemand, »für den ›scheu‹ ein Fremdwort ist«, war sie beeindruckt davon, wie scheu beide waren. Es war von Anfang an klar, daß Miss Ford eher die Rolle einer Managerin einnehmen würde als die einer Sekretärin, und so wurde auch noch eine Sekretärin engagiert mit den Fähigkeiten, die sie angeblich nicht besaß. Die Wahl fiel auf Mme. Eileen Burnier.

Als sie sich eingelebt hatten, verkündete Chaplin: »Ich will sechs Monate in Ruhe und Frieden in diesem Haus leben. Es wird keine großen Partys und Empfänge geben. Wir bleiben unter uns.« Sie hielten sich auch daran, wenn sie sich auch als Teil der Ortsgemeinschaft betrachteten, einkaufen gingen, sich beschwerten, wenn irgend etwas schieflief, und hin und wieder bei einem festlichen Ereignis erschienen (was immer gut für die Einnahmen war). Einen schwerwiegenden Nachteil des Hauses, der zu einigen Differenzen zwischen Chaplin und den örtlichen Behörden führte, hatte man übersehen. Die Chaplins hatten das Anwesen in der Ruhe des Winters gekauft, und niemand hatte es offenbar für nötig gehalten, sie auf den nahegelegenen Schießstand Stand de Guémont hinzuweisen, wo sich seit 1874 die wehrfähigen männlichen Bürger Veveys im Scharfschießen übten. 1955 legte Chaplin eine offizielle Beschwerde wegen Lärmbelästigung ein. Die Kantonsbehörden waren zwar tunlichst bemüht, es ihrem prominenten Einwohner recht zu machen, und erklärten sich zu Konzessionen bereit, indem sie bestimmte Ruhetage vereinbarten, man beharrte aber darauf, daß der Schießstand bleiben müsse: »Die Gemeinde von Vevey wird alles in ihrer Macht Stehende unternehmen, um den durch den nahegelegenen Schießstand verursachten Lärm zu verringern. Wir betonen jedoch, daß wir laut Vorschrift der Bundesverordnung über Militärschießen einen Schießstand zur Verfügung zu stellen haben und beabsichtigen auch, dies zu tun.« Bis an Chaplins Lebensende ging der Disput weiter, es gab immer wieder Beschwerden, und gelegentlich kamen auch Experten, um die Dezibel zu messen. Die Lärmbelästigung wurde durch die Zunahme des Verkehrs auf einer Autobahn, die am Rande des Grundstücks vorbeiführte, nicht eben geringer. Bei gelegentlichen Wutanfällen drohte Chaplin, alles zu verkaufen und an die Riviera zu ziehen.

Lärm oder nicht, Chaplin fühlte sich jetzt stark genug, auch noch sein letztes Band mit Amerika zu lösen. Anfang März, während die Familie Ferien an der Riviera machte, wurden das Studio und das Haus in Beverly Hills zum Verkauf angeboten. Das Studio wurde sechs Monate später an eine New Yorker Immobilienfirma für 700 000 $ verkauft – das lag erheblich unter dem geforderten Preis. Im April gab Chaplin offiziell sein US-Wiedereinreise-Visum zurück, begleitet von einer öffentlichen Erklärung:

> Ich bin zur Zielscheibe von Lügen und diffamierender Propaganda mächtiger reaktionärer Gruppen geworden, die durch ihren Einfluß und mit der Unterstützung der amerikanischen Regenbogen-Presse eine ungesunde Atmosphäre erzeugt haben, in der freiheitlich gesinnte Personen abgekanzelt und verfolgt werden können. Unter diesen Bedingungen sehe ich mich nicht in der Lage, meine Filmarbeit fortzusetzen, und ich habe daher meinen Wohnsitz in den Vereinigten Staaten aufgegeben.

Als die Chaplins im folgenden Februar zu einem einwöchigen Urlaub in London-Heathrow eintrafen, war Oona im Besitz eines britischen Passes. Die letzte Verbindung mit den Vereinigten Staaten wurde im März 1955 gekappt, als Chaplin seine restlichen Anteile an United Artists verkaufte.

Chaplin scherte sich nicht um die Meinung der »Regenbogen-Presse« Amerikas, die natürlich »Was haben wir euch gesagt« krakeelte, als er im Juli 1954 mit Tschu En-Lai lunchte, als der chinesische Premier zur Genfer Konferenz in der Schweiz weilte. Chaplin hätte die Einladung schon allein aus Neugier angenommen. Als er einige Jahre später zu den Vorbereitungen von *A King in New York* in London war, traf er im Claridges mit Bulganin und Chruschtschow zusammen. Es war eine herzliche Begegnung, doch Chaplin vermied es diplomatisch, dem ebenfalls anwesenden amerikanischen Botschafter Harold Stassen über den Weg zu laufen. Im Mai 1954 war Chaplin weiteren Angriffen ausgesetzt, als er einen mit 5000 $ dotierten Friedenspreis von einer kommunistischen Weltfriedens-Organisation entgegennahm. Unannehmlichkeiten hätte es in jedem Fall gegeben, auch wenn er den Preis abgelehnt hätte. Chaplin löste das Problem taktvoll, indem er das Geld zum größten Teil verschenkte. Im Oktober fuhr er nach Paris, um dem Abbé Pierre 2000 £ für den Bau von Unterkünften für die Obdachlosen der Stadt zu überreichen. In der Woche darauf war er in London, und bei einer Zeremonie im Rathaus von Lambeth übergab er weitere 2000 £ an den Bürgermeister Major Herbert White. Das Geld war für die Alten und Armen des Bezirks bestimmt. Viele der Alten und Armen von Lambeth erschienen zu dem Ereignis, um ihn als alten Kumpel willkommen zu heißen.

Daß er sich aufs Altenteil zurückziehen könnte, stand nicht zur Debatte. Weniger als sechs Monate vor seinem Tod soll Chaplin, schon fürchterlich schwach, gesagt haben: »Arbeiten heißt leben – und ich will leben.« Ein oder zwei Jahre früher hatte er gesagt: »Ich kann nicht aufhören ..., mir kommen einfach ständig neue Ideen.« Mit Mitte sechzig wollte er schier bersten vor Arbeitswillen und -bedürfnis. 1953 sprach er schon zuversichtlich von seinem neuen Film, doch wollte er sein Thema nicht verraten. »Diese Industrie ist ein Monster, das sich alles krallt. Jedes Körnchen einer Idee, die ich habe, muß ich eifersüchtig hüten.« Er suchte einen zwölfjährigen Jungen, der in dem Film spielen sollte, er befaßte sich also eindeutig schon mit *A King in New York*. Im Mai 1954 kündigte er das Projekt (als *The Ex-King*) offiziell an. Damals hatte er »mehr oder weniger ein Musical« im Sinn.

1954 und 1955 arbeitete er fast ausschließlich an diesem Skript, doch zunächst erwog er auch noch einmal *Shadow and Substance*, so daß Isobel Deluz, die als Stenographin engagiert wurde, manchmal nicht genau wußte, für welches der beiden Skripte sie Notizen machen sollte, oder ob eine Notiz vielleicht als eine Art Mehrzweck-Gag einzuordnen war. Sie erinnert sich, wie entzückt Chaplin einmal war, als eine besonders bewegende Szene, die er halb diktiert, halb gespielt hatte, sie derart berührte, daß sie in Tränen ausbrach. »Das ist die Tränendrüsen-Attacke, die die Leute an die Kasse lockt«, bemerkte er fröhlich.

> Chaplin diktierte nie flüssig, und er brachte selten einen Satz zu Ende. Er schwenkte ständig im Text hin und her oder sprang zu einem anderen Satz. Das sah ungefähr so aus: –
>
> »Ich liebe dich – ich liebe dich«, (Er senkt verlegen den Blick.) »Das ist es, genau. Genau so. Ich – liebe dich. Notieren Sie das mal irgendwo, vielleicht brauchen wir's später. Also, haben Sie diese anderen Seiten? Mal sehen (liest). Gut. Das wär's. Ich mach heute nichts mehr. Mein Tennispartner ist da. Muß immer am Ball bleiben, sonst werd ich dick ...«

Chaplin korrigierte die Transkriptionen der Diktat-Sitzungen dann handschriftlich. Das Skript wurde in einem ständigen Prozeß des Diktierens, Tippens, Korrigierens und erneuten Tippens geschaffen.

Im Herbst 1955 war das Skript soweit gediehen, daß die Produktion vorbereitet werden konnte, und Chaplin lud Jerry Epstein, seinen Produktionsassistenten von *Limelight* ein, als sein Koproduzent bei *A King in New York* mitzuarbeiten. Epstein kam nach Europa, quartierte sich im Manoir de Ban ein und wurde bald zum Liebling und Vertrauten aller Chaplin-Kinder. Eine neue Produktionsgesellschaft, ›Attica‹, wurde gegründet. (Als später eine neue Firma für den Vertrieb aller Chaplin-Filme gegründet wurde, bekam sie den

Namen Roy Export Company Establishment, in scherzhafter Erinnerung an Chaplins entschlossen angelsächsische Aussprache des französischen Titels von *A King in New York*: *Un Roi à New York*.) Studioplatz sollte im Shepperton Studio gemietet werden, und im November 1955 traf Oona in London ein, um für Unterkunft während der Produktionszeit zu sorgen. Sie entschied sich für das Great Fosters Hotel in Egham, das den Vorteil hatte, ruhig, reich an historischen Erinnerungen und vom Studio gut erreichbar zu sein.

Chaplin spielte natürlich die Hauptrolle des Exil-Monarchen, der voller Optimismus bezüglich seiner Pläne für den Weltfrieden in New York eintrifft, aber alsbald von der materialistischen Hektik und dem krankhaften politischen Wahn des gegenwärtigen Amerika erfaßt wird. Er brauchte eine Hauptdarstellerin für die Rolle der tüchtigen und zugleich attraktiven jungen Werbeagentin, die ihn dazu überredet, sich der lukrativen Erniedrigung zu unterwerfen, die ein Auftritt in der Fernsehwerbung bedeutet. Jerry Epstein hatte die Bekanntschaft von Kay Kendall gemacht, die jüngst erheblichen Kinoerfolg mit ihren Rollen in *Genevieve* von Sidney Gilliat, *Doctor in the House* von Henry Cornelius und *The Constant Husband* von Ralph Thomas gehabt hatte. Oona teilte seine Begeisterung für die Komikerin, und Chaplin ließ sich von ihrem Enthusiasmus anstecken. Zweifellos wurde sein Interesse an ihr noch zusätzlich stimuliert, weil er wußte, daß sie die Enkelin eines der großen Idole der Music Hall seiner Jugend war: Marie Kendall, von der der Song ›Just Like The Ivy‹ stammte. Epstein erzählte Miss Kendall unvorsichtigerweise von Chaplins wohlwollender Reaktion auf seinen Vorschlag. Zu ihrem Unglück sorgten Oona und er dafür, daß Chaplin sich den Film *Genevieve* ansah, der sowohl bei der Kritik als auch kommerziell einen beträchtlichen Erfolg zu verbuchen hatte. Chaplin gefiel der Film überhaupt nicht, und er befand, daß er unter keinen Umständen mit Miss Kendall arbeiten wolle. Epstein fiel die unangenehme Aufgabe zu, Miss Kendall eine Absage zu erteilen. Die Zeit hat Chaplins Einschätzung von *Genevieve* recht gegeben, aber vielleicht hatte er Kay Kendalls anmutiges Talent doch verkannt. Er entschied sich dann für Dawn Addams, die er kurz vor seiner Abreise aus Hollywood kennengelernt hatte, als sie dort filmte. Sie war attraktiv und brachte in dem Film dann auch eine professionelle und flotte Leistung. Die zweite weibliche Rolle, die vom König entfremdete Königin, bekam Maxine Audley, eine Schauspielerin, die sich genauso aristokratisch gab und die gleichen feinen Züge hatte wie Claire Bloom. In jüngster Zeit hatte sie verschiedene Hauptrollen am Shakespeare Memorial Theatre in Stratford gespielt.

Für die Rolle des schwer geprüften königlichen Botschafters ließ Chaplin mehrere altgediente Bühnenschauspieler vorsprechen und entschied sich schließlich für Oliver Johnston, der während des Großteils seiner Karriere wenig von sich reden gemacht hatte, aber einen reizenden und wirksamen komischen Gegenpart für Chaplin abgab. Weitere lokale Charakterschauspieler waren Jerry Desmonde, der als Partner von Sid Field und Norman Wisdom gearbeitet hatte, und Sidney James, der wenig später als Star in den *Carry-On*-Komödien eine neue Karriere beginnen sollte. Die Rolle des königlichen Anwalts besetzte er mit dem jüdisch-amerikanischen Bühnenkomiker Harry Green – der zufällig seine Laufbahn als echter Anwalt angefangen hatte. Greens Leistung war vorzüglich und komisch, aber Chaplin hatte immer das ungute Gefühl, daß Green ihn an die Wand spielte.

Die wichtigste dramatische Rolle nach dem König war die des kleinen Jungen, dessen Eltern Opfer der Hetzjagd von McCarthy sind. Der König freundet sich mit ihm an – und gerät durch diese Verbindung selbst unter Verdacht. Ende 1953 suchte er einen Jungen für diese Rolle, und er scheint erst kurz vor Beginn der Produktion auf die Idee gekommen zu sein, seinen eigenen Sohn Michael zu nehmen. Ursprünglich wollte er Michael die winzige Rolle des Jungen in der progressiven Schule geben, der mit seinem Zeigefinger lässig Küchlein bearbeitet und sich dazwischen mit selbigem ungeniert in der Nase bohrt. Dem Jungen machte die Arbeit Spaß: »Ich habe mich bemüht, das zu tun, was mein Vater wollte, und wir kamen bestens klar.«[6]

Man darf Chaplins Mut nicht unterschätzen: In einem Alter, in dem die meisten Menschen sich schon aufs Altenteil zurückgezogen haben, nahm er einen Film in Angriff; unter gänzlich neuen und für schöpferische Arbeit viel ungünstigeren Bedingungen als die, an die er vierzig Jahre lang gewöhnt gewesen war. Er war nicht mehr Herr seines eigenen Studios, mit vertrauten Handwerkern, die seine Launen kannten und entsprechend reagierten. Epstein hatte als einziger Mitarbeiter des Teams das Studio in Hollywood gekannt. Es gab keine endlosen Skriptbesprechungen mehr mit der Gelegenheit, Ideen bei vertrauten Mitarbeitern anzutesten. Schon gar nicht konnte man sich den Luxus früherer Zeiten leisten, zu unterbrechen und nachzudenken und Szenen noch einmal anders zu probieren. Die langen Pausen zwischen den Produktionen hatten schon seit langem bewirkt, daß die Personalausstattung und die Produktionskosten, jedesmal wenn Chaplin sich wieder an die Arbeit machte, größere Ausmaße annahmen. Nun wurde der Druck, einen strengen Zeitplan einzuhalten, durch die zusätzliche Belastung, ein Studio mieten zu müssen, noch verstärkt.

Diese Belastungen sind im fertigen Film zweifellos spürbar. Die Anwesenheit eines so unerschrockenen, dreisten Mitarbeiters wie Sutherland oder James hätte vielleicht das Skript von seiner Langatmigkeit befreien können; und jemand hätte vielleicht den Mut gehabt, Chaplin davon abzubringen, ›nuclear‹ wie ›nucular‹ auszusprechen. Beschränkte Möglichkeiten konnten seinen Ehrgeiz nicht zügeln. Das Skript verlangte die Inszenierung einer Revolution, und mit Londoner Außenaufnahmen mußte New York nacherschaffen werden. Georges Périnal war ein großartiger Kameramann, der mit Clair, Korda und Cavalcanti gearbeitet hatte, aber vielleicht fehlte ihm Totherohs Findigkeit und dessen Verständnis für Chaplins Bedürfnisse. Das in London hergestellte New York hat etwas Schäbiges, Improvisiertes, das den suggestiven, fiktiven Städten von *City Lights* und *Modern Times* nicht anhaftet.

Hatte Chaplin einst die Tyrannei europäischer Diktatoren aufs Korn genommen, so richtete er seinen Angriff jetzt gegen den zerstörerischen kollektiven Wahn, der Amerika ergriffen hatte. Ob dieser Angriff nun traf oder nicht, die Bedeutung von *A King in New York* besteht darin, daß Chaplin der einzige Filmemacher war, der den Mut hatte, einen derartigen Film zu machen, als der McCarthyismus noch wütete. Bevor er sich an den Film machte, war ihm klar, daß er den riesigen amerikanischen Markt völlig abschreiben mußte. *A King in New York* wurde in den USA erst 1976 gezeigt.

Der Film beginnt, alten Zeiten zuliebe, mit einem Zwischentitel: »Zu den kleineren Unannehmlichkeiten des modernen Lebens zählen Revolutionen.« Der vertriebene König Shahdov von Estrovia sucht Asyl in den Vereinigten Staaten, wo er hofft, seine Pläne für die friedliche Nutzung der Atomenergie verfolgen zu können. Leider hat sich sein verräterischer Premierminister (Jerry Desmonde) mit der Staatskasse, aus der diese Pläne finanziert werden sollten, aus dem Staub gemacht. Der König und sein getreuer Botschafter Jaume (Oliver Johnston) werden mit den diversen Aspekten zeitgenössischen amerikanischen Lebens vertraut gemacht – Musik, Kino, Fernsehen und eine Soiree, an der Vertreter der Medien und der Intelligenz teilnehmen. Der König besichtigt eine progressive Schule und begegnet dort Rupert Macabee, einem altklugen Jungen, der Marx liest und den König mit einem Sturzbach radikaler freiheitlicher Rhetorik überschüttet. Er macht auch die Bekanntschaft einer jungen attraktiven Werbeagentin und füllt den rasch dünner werdenden königlichen Geldbeutel wieder auf, indem er in Fernsehwerbespots auftritt.

Der König begegnet Rupert ein zweites Mal, als dieser durch die winterlichen Straßen irrt: Er ist von der Schule weggelaufen, um den Befragungen des HUAC zu entgehen, das ihn zu den politischen Ansichten seiner Eltern und deren Freunde vernehmen will. Der FBI schnappt sich den Jungen, und der König selbst wird vor das Komitee geladen. Sein Auftritt verläuft chaotisch: Er bringt es fertig, sich in einen Feuerwehrschlauch zu verwickeln und spritzt das Komitee mit Wasser voll. Er wird von jeglichem kommunistischen Makel freigesprochen, beschließt aber trotzdem, Amerika zu verlassen. Vor seiner Abreise besucht er Rupert, aber der einst so beherzte Junge ist gebrochen und beschämt. Um seinen Eltern zu helfen, hat er Namen genannt.

Einige Episoden des Films lassen sich mit Chaplins eigenen jüngsten Erfahrungen in Verbindung bringen. Bei seiner Ankunft am Flughafen erzählt Shahdov den Reportern, wie bewegt er ist, in den Vereinigten Staaten zu sein, und währenddessen werden ihm von dem Beamten der Einwanderungsbehörde die Fingerabdrücke abgenommen. Chaplin hatte nicht vergessen, wie man ihn während der Barry-Affäre erniedrigt hatte, als man der Presse erlaubte, ihn zu fotografieren, während man ihm die Fingerabdrücke abnahm. Auf ein tatsächliches Erlebnis nimmt auch die Sequenz Bezug, in der der König, der eine Vorladung vom Komitee befürchtet, vor einem unheimlichen Verfolger mit Sonnenbrille die Flucht ergreift, aber als der Mann ihn dann schließlich erwischt, stellt sich heraus, daß er nur ein Autogramm haben will. In seinen letzten Tagen in Amerika schlüpfte Chaplin, auf der Hut vor Gerichtsdienern, jeden Tag unbemerkt aus dem Hotel, um im Club ›21‹ zu Mittag zu essen. Al Reuter, der bekannte Autogramm-Sammler und -Händler, arbeitete damals zufällig in dem Club. Al hatte um drei Uhr nachmittags Feierabend – ungefähr zu der Zeit, als Chaplin den Club wieder verließ – und er verfolgte Chaplin mehrere Tage hintereinander mit Sonnenbrille und Autogrammbuch bewaffnet. Chaplin konnte ihm immer entkommen, bis Al ihn am allerletzten Tag endlich erwischte und von seinem sichtlich erleichterten Opfer sein Autogramm erhielt.

Man könnte einwenden – und das tat man auch allenthalben –, daß Feuerwehrschläuche gegen McCarthyismus ebenso untauglich sind wie Slapstick gegen Diktatoren. In einer größtenteils sehr positiven Kritik des Films im *Evening Standard* schrieb der Bühnenautor John Osborne:

> In mancher Hinsicht ist *A King in New York* sein bitterster Film. Ganz gewiß ist es sein persönlichster. Hier zeigt sich bewußte, leidenschaftliche Wut, eingezwängt in

> die Sanftmut einer erstaunlichen Komikerpersönlichkeit. Wie der König im Film hat er sich den Staub der Vereinigten Staaten von den Füßen geschüttelt, jetzt aber hat er sich umgedreht und tritt ihn den Leuten vorsätzlich und gezielt ins Gesicht. Manches ist gut gezielt – anderes geht daneben.
>
> Trotz einer so großen Zielscheibe geht sogar eine ganze Menge ziemlich weit daneben. Dennoch bleibt auch der Anblick fehlgeleiteter Energie durchgehend interessant, da wieder einmal ein einzigartiger Komiker am Werk ist.

Es stimmt, daß einiges, was Chaplin aufs Korn nahm – Rock 'n Roll, Breitwand, Sex-Filme – neben seinem Hauptthema als kaum erwähnenswerte Randerscheinung anzusehen ist. Ein Teil des Films hat jedoch nach wie vor eine gewaltige Aussagekraft: die tragische Geschichte von Rupert Macabee, diesem Kind, das seiner natürlichen Ehre beraubt wurde. Wie in *The Kid* spürt Chaplin die Ungerechtigkeit einer Gesellschaft bis zu ihrem letzten und verletzlichsten Opfer auf. Der Unterschied besteht nur darin, daß der Junge in *The Kid* physischen Mangel litt, während hier Ruperts Gewissen und seine Seele mißbraucht werden.

Michael Chaplin spielte bewundernswert: Rupert ist ein impulsiver, feuriger kleiner Kerl, überaus bewegend in seinem rebellischen Zorn: »Ich hab es satt, wenn die Leute mich löchern, ob ich das bin oder das« und in seinem endgültigen Zusammenbruch. Chaplin und seine Frau stritten sich später zum Spaß darüber, ob Coogan oder Michael besser gespielt habe, wobei seine Mutter stets Michael den Vorrang gab. Michaels Eltern wollten, daß er seinen Namen für die Rolle in John Bolton änderte, um nicht den Eindruck zu erwekken, man wolle mit dem Namen Chaplin hausieren, aber das Kind bestand auf seinem eigenen Namen. Viel später erinnerte er sich: »Mein Vater gab mir für die Schauspielerei nur den einen Rat: ›Du mußt immer versuchen, so natürlich wie möglich zu sein.‹ «

Die Dreharbeiten dauerten vom 7. Mai bis zum 28. Juli 1956. Dieser Zwölf-Wochen-Zeitplan war der kürzeste für alle Chaplin-Langfilme. Von August bis Oktober hielt sich Chaplin für den Schnitt des Films in Paris auf. Kurz nach seiner Ankunft in Paris, am 25. August, gab er eine Pressekonferenz zu dem bevorstehenden Film, an der amerikanische Presseleute nicht teilnehmen durften. Zuversichtlich äußerte er der Presse gegenüber, daß es sein bester und komischster Film werden würde, aber ansonsten verriet er nicht viel: »Ich habe mich bemüht, die Gegensätze in einer großen Stadt herauszuarbeiten, in den Straßen wie unter den Einwohnern.«

Während er zum Schneiden in Paris war, aßen Chaplin und Oona eines Tages zufällig im selben Restaurant wie Paulette und ihr damaliger Ehemann, der deutsche Schriftsteller Erich Maria Remarque. Sie setzten sich zusammen, und das Treffen verlief in freundschaftlicher Atmosphäre. Remarque und Paulette wohnten eine Zeitlang in der Schweiz, doch trafen sich die Chaplins und die Remarques dort nie. »Wir leben auf verschiedenen Bergen«, sagte Paulette.

Die erste Hälfte des Jahres 1957 wurde weiter an dem Film gearbeitet. Am 23. Mai brachte Oona ihr sechstes Kind zur Welt, eine Tochter, die den Namen Jane erhielt.*

Der Film wurde am 12. September 1957 gestartet. Vorher hatte Chaplin ihn seinen Freunden gezeigt. Einer von ihnen, J. B. Priestley, schrieb:

> Es ist immer ein besonderes Vergnügen, von einem Künstler, den man bewundert und mag, zu erfahren, was er vorhat, und sich dann selbst überzeugen zu können, was daraus geworden ist. Insbesondere, wenn man von dem Ergebnis nicht enttäuscht ist.
>
> Dieser neue Film war alles andere als eine Enttäuschung. Mir scheint, daß Chaplin hier etwas sehr Schwieriges gelungen ist, genauso wie in *Modern Times* und in *The Great Dictator*.
>
> Er hat Filmclownerie in Sozialsatire und -kritik umgewandelt, ohne daß dabei seine erstaunliche Fähigkeit, uns zum Lachen zu bringen, auf der Strecke blieb.
>
> Ich – und meine Ansprüche sind hoch – bewundere diese Fähigkeit. Viele, vor allem viele von denen, die vom Schreiben leben, werden nicht mit mir übereinstimmen. Tatsächlich hat sich diese unsere Nachkriegszeit rasch in ein sauertöpfisches Zeitalter verwandelt, in dem viele mürrische kleine Männer darauf brennen, jeden Mann mit wahrer Größe zu verhöhnen.
>
> Und Charles Chaplin hat Größe. Er ist sogar einer der bemerkenswertesten Menschen unserer Zeit.
>
> Er gehört zu den wenigen Menschen, die sich die Filmindustrie untertan gemacht haben, die ihre Herren und nicht ihre Sklaven sind. Früher oder später werden die meisten Filmmenschen, wie brillant sie auch sein mögen, von den Kassen, den Verleihern, den Kinobesitzern, dem Kommerz ... besiegt.
>
> Ich kann nicht den geringsten Hinweis auf kommunistische Brutalität oder Unmenschlichkeit in der Satire sehen, denn wie viele wahre Künstler ist Chaplin im Grunde seines Herzens ein freundlicher, sanfter Anarchist, und das Lachen, das er hervorruft, reinigt und versüßt die Luft.

* Chaplin hatte mit Oona insgesamt acht Kinder: Geraldine (1944), Michael (1946), Josephine Hannah (1949), Victoria (1951), Eugene (1953), Jane (1957), Anette (1959) und Christopher (1962)

Im Gegensatz zu Priestleys Befürchtungen reagierte die britische Presse im großen und ganzen wohlwollend, im schlimmsten Fall respektvoll. Paul Dehn, ein vorzüglicher Kritiker, der selbst Drehbuchautor war, schloß mit den Worten:

> Die Handlung mag verworren sein, der Schnitt nachlässig, die Kameraarbeit primitiv und die Ausstattung (nach Hollywoods Hochglanz-Maßstäben) entsetzlich schäbig, aber in seinem knappen, tragikomischen Rahmen sagt er mehr aus als alle Hochglanz-Filme Hollywoods dieses Jahres zusammengenommen; und je öfter man ihn sieht, desto mehr wird er zu sagen haben – darin zeigt sich Größe.

Als der Film am 24. September in Paris anlief, reagierte die Presse ebenso wohlwollend. Chaplin ließ die Premiere im Gaumont Palace für die amerikanische Presse sperren. Das hatte zur Folge, daß einer von Chaplins treuesten und ergebensten Anhängern und Bewunderern ausgeschlossen wurde: Gene Moskowitz von *Variety*, einer der großzügigsten und beliebtesten Kritiker der Welt. Moskowitz kommentierte traurig: »Für einen freiheitlich gesinnten Menschen, der für sich volle persönliche Meinungsfreiheit beansprucht, ist das ein negativer Akt.« Chaplin ließ sich offenbar dazu herab, mit dem einen oder anderen amerikanischen Korrespondenten zu kommunizieren. Ed Murrow zum Beispiel hatte die Gelegenheit, ihn zu fragen, warum er keine positive Seite der Vereinigten Staaten gezeigt habe. Chaplin antwortete ehrlich:

> Wenn man beide Seiten zeigt, wird es verdammt langweilig. Ich bin kein Intellektueller – ich bin ein emotionaler Künstler. Es geht mir immer nur um die Wirkung.
>
> Man sollte im Film keine Moral predigen, und wenn ich hier gepredigt habe, war das falsch. Wenn ich drehe, dreht es sich um etwas Wichtigeres als um Politik – nämlich um die Bestätigung des Menschen.

Auch Ella Winter, die in dieser Zeit mit ihrem Mann Donald Ogden Stewart ins Exil gedrängt wurde, gehörte zu den Amerikanern, die damals mit Chaplin sprachen. Die Odgen Stewarts blieben bis zu ihrem Tod mit den Chaplins befreundet. Kurz bevor der Film gestartet wurde, besuchte Ella Winter Chaplin in Vevey. Ihr Interview erschien am selben Tag in *The Observer* wie Kenneth Tynans Kritik, die weder feindselig noch bewundernd war. Chaplin hatte ausführlich mit ihr über den Film gesprochen.

Chaplin war ganz versessen darauf zu erfahren, wie sein Film bei einer vor kurzem veranstalteten privaten Vorschau angekommen war. »Haben die Leute gelacht? Was haben sie gesagt? Hat Ihnen die Stelle gefallen, wo ...?« Ich berichtete ausführlich, und er hörte begierig zu. »Er ist gut, mein bester Film, das ist Unterhaltung, finden Sie nicht?« Seine flinken, sommersprossigen Hände gestikulierten bei jedem Wort. »Es wird viel Unsinn darüber geredet, daß er nicht politisch ist, nicht ›gegen‹ irgendwas.«

»Ach, und übrigens, wie hat Ihnen die Stelle gefallen ...?« Er konnte nicht genug kriegen. Er war von seiner Arbeit schon immer besessen, und dieser Film hat ihm mehr Sorgen bereitet als seine anderen. Es ist der erste, den er außerhalb der Vereinigten Staaten gemacht hat.

»Ich mußte mich an ein neues Team gewöhnen, an andere Arbeitsmethoden, aber es gab auch Vorteile – nicht zuletzt den, daß er 25 Prozent weniger gekostet hat.« Er schätzte einiges an den englischen Technikern. »Sie sind langsamer, aber gründlicher ...«

»Natürlich mache ich alles selber. Ich erschaffe die ganze Sache. Ein Film ist für mich nicht einfach ein Massenprodukt. Ich bin Individualist.«

»Sie haben sich nicht für Farbe oder Breitwand entschieden ...?«

»Nein ... ich male auf einer kleinen Leinwand.« Er tigerte auf der Terrasse auf und ab, um mit seinen Gedanken Schritt zu halten.

»Ich sehe lieber einen Mann, der mit dem Löffel seinen Tee umrührt, als einen Vulkanausbruch. Meine Kamera soll dem Proszenium eines Theaters gleichen, nah an den Schauspieler herangehen, seine Konturen nicht verlieren, das Publikum an ihn heranbringen. In meinem gesamten Werk habe ich stets auf Sparsamkeit der Mittel geachtet. Für manche Leute müssen Filme aufwendig, überdimensional, spektakulär sein, vielleicht haben sie in mancher Hinsicht recht, aber ich arbeite lieber die Persönlichkeit heraus, statt auf Breitwand Grand Canyons zu zeigen. Der Schatten eines Zuges, der über ein Gesicht gleitet, ist mir wichtiger als die Ansicht eines ganzen Bahnhofs ...«

»Zu Amerika –«, setzte ich an.

Er sprach abgehackt: »Warum regen die sich bloß so auf? Es gab Zeiten, da haben sie buchstäblich auf jedem Bahnhof rote Teppiche ausgelegt, als ich von Los Angeles nach New York fuhr. Die Massen himmelten mich an. Und jetzt dieser ganze Unsinn ... Leute, die nichts Besseres zu tun haben, als mich runterzumachen ... Eigentlich bin ich Puritaner. Soviel Zeit hatte ich gar nicht, all die Leben zu leben, die man mir unterstellt ... oder soviel Energie. Ich habe fünfundachtzig Filme gemacht.«*

Wir sprachen eine Weile darüber, welch erstaunliche Formen Verunglimpfung annehmen kann. Dann fragte ich ihn, warum sich seine Filme so gut halten, wo doch viele frühe Filme so altmodisch wirken.

* *A King in New York* war sein achtzigster Film.

»Mein Clownspiel ist realistisch, deswegen veraltet es nicht. Wenn ich meine Finger in eine Fingerschale tunke und sie dann am Bart eines alten Mannes abwische, mach ich das so, als wäre das ganz normal. Deswegen lacht man noch über mich.« Und er lachte über sich selbst, als er sich die Szene vorstellte.

»Man sagt, daß ich altmodisch bin«, meinte er etwas wehmütig. »Ich weiß nicht warum. Wahrscheinlich ignoriere ich die ›moderne Technik‹, was immer das ist. Ich mag kein Kameragetrickse – das ist was für Techniker oder Schienenleger. Dem Schauspieler bleibt dann nichts weiter übrig, als Magnavox-Augen oder einen CinemaScope-Mund zu machen. Es gehört nichts dazu, durch ein Nasenloch oder einen Kamin hindurch zu filmen. Es kann auch das Talent des Schauspielers beschädigen. Der Schauspieler sollte nicht in der Technik untergehen. Das ist jedenfalls meine Ansicht«, schloß er angriffslustig. »Andere mögen das anders machen, das ist eben mein persönlicher Geschmack und mein Stil.«

»... Und was die Politik betrifft – ich bin Anarchist. Ich hasse Regierungen und Vorschriften und Fesseln ... Kann eingesperrte Tiere nicht ausstehen ... Menschen müssen frei sein.«

Plötzlich steckte er die Daumen in die Achselhöhlen. »Der größte kleine Komiker der Welt«, sagte er lächelnd und setzte sich. Kurz darauf stand er wieder. »Mein Film ist nicht politisch. Für mich ist nur entscheidend, daß die Leute lachen. Der Film ist eine Satire. Ein Clown muß satirisch sein. Das war bis jetzt in allen meinen Filmen so.« Nach einem Augenblick fügte er hinzu: »Dies ist mein rebellischster Film. Ich weigere mich, Teil dieser sterbenden Zivilisation zu sein, von der die reden.«

In den Vereinigten Staaten war die Kampagne gegen Chaplin immer noch im Gange. Im März 1958 mußte die Öffentliche Bücherei von Hicksville wegen Einwänden von Ortsansässigen ein Programm mit vier Chaplin-Filmen absagen. Als in Hollywood der ›Walk of Fame‹ angelegt wurde – tausend im Bürgersteig eingelegte Bronzesterne zu Ehren wichtiger Schauspielerinnen oder Schauspieler –, ließ man Chaplin aus, nachdem Grundeigentümer in der Gegend entsprechenden Protest erhoben hatten. 1956 verkündete der American Internal Revenue Service, daß man versuchen würde, 1,1 Millionen Dollar an Steuernachzahlungen einzufordern, fällig für die letzten drei Studio-Betriebsjahre in den Vereinigten Staaten. 1958 revidierte man die Schätzung auf 542 000 $, mit Zinsen 700 000 $. Im Dezember 1958 wurde die Steuerforderung endgültig auf 330 000 $ (425 000 $ mit Zinsen) festgesetzt. Also zahlte Chaplin die Vereinigten Staaten aus.

In diesen Jahren scheint Chaplin für Interviewer zugänglicher geworden zu sein – obwohl er eigentlich immer für die Notwendigkeit gewappnet war, zu grinsen und Presseleute zu ertragen, wenn es darum ging, einen neuen Film vorzustellen. In einem dieser Interviews mit Frederick Sands verlieh er seiner Befriedigung darüber Ausdruck, wieder an der Arbeit zu sein, ohne Aussicht auf Ruhestand:

> Das habe ich Oona zu verdanken. Sie hat mich gedrängt, weil ihr aufgefallen ist, daß ich unruhig wurde, wenn ich nichts zu tun hatte.
>
> Als ich mich dann entschieden hatte, wieder an die Arbeit zu gehen, wurde ich viel glücklicher.
>
> Jetzt arbeite ich täglich regelmäßig meine sechs bis acht Stunden. Gewöhnlich mache ich gegen fünf Schluß und nehme ein Dampfbad, um mich fit zu halten. Im Sommer spiele ich viel Tennis ...
>
> Ich habe nicht die Absicht, mich jemals wieder zur Ruhe zu setzen.
>
> Ich stecke jede Unze Energie in das Schreiben meiner Memoiren. Sie werden sehr lang werden. Ich habe viel zu erzählen, und in meinem Alter muß ich mich beeilen, sie fertigzustellen.
>
> Immer wenn ich nachdenke, kommt mir so viel wieder in den Sinn, was ich längst vergessen hatte. Siebzig Jahre sind eine lange Zeit.
>
> Und dann ist da mein neuer Film, und der kleine Mann mit der Melone kommt wieder – in Farbe.

Auf die Frage, warum er die Trampfigur überhaupt aufgegeben habe, erwiderte Chaplin:

> Das hat persönliche Gründe. Alte Freunde sind wie alte Schuhe, wissen Sie. Alles schön und gut, aber man legt sie ab.
>
> Der Kleine Kerl hat einfach nicht mehr reingepaßt ... Es gab Phasen im Atomzeitalter, wo ich einfach keinen Platz mehr für ihn sah.
>
> Weil die Zeiten sich verändert haben, hat er mich nicht mehr stimuliert. Man kann nicht ständig in einer Tonart komponieren ...
>
> Aber jetzt werde ich ihn wieder ausgraben – genauso wie er war, ja, genauso wie er war ... Nur etwas älter, natürlich.

Er sprach in dieser Zeit oft davon, daß er den Tramp wieder zum Leben erwecken wollte. Einem anderen Interviewer sagte er 1959: »Es war falsch von mir, ihn fallenzulassen. Es gibt doch Platz für den Kleinen Mann im Atomzeitalter.« Sein Interesse an der Figur war erneut erwacht, als er *A Dog's Life*, *Shoulder Arms* und *The Pilgrim* überarbeitete, die er mit Unterstützung von Jerry Epstein neu schnitt und zur *Chaplin Revue* zusammenstellte. So rigoros wie früher im Schneideraum schnitt er Szenen heraus, die seiner Meinung nach nicht mehr Stand hielten. Als Prolog zu dieser Zusammenstellung schnitt er Teile des Materials von *How to Make Movies* vom alten Chaplin-Studio zusammen. Zum ersten Mal bekam hier die Öffentlichkeit diese Szenen mit dem jungen Chaplin ohne Kostüm zu sehen. *Shoulder Arms* stellte er Dokumentaraufnahmen aus dem Ersten Weltkrieg voran. Und seine eigene Rekonstruktion der Schlachtfelder hat durch diese Nebeneinanderstellung nichts an ihrer Wirkung eingebüßt. Während der ganzen Arbeit saß Oona nähend neben ihm, und er beklagte sich scherzhaft, daß sie immer darum bettelte, Szenen, die er rausschmeißen wollte, drin zu lassen. Chaplin komponierte für die Zusammenstellung eine neue Musikbegleitung und nahm sie auf, und für *The Pilgrim* schrieb er eine Country-Parodie, den Song ›Bound for Texas‹, der von dem beliebten Sänger Matt Munro aufgenommen wurde. Die *Chaplin-Revue* wurde im September 1959 erstmals gezeigt.

Im April feierte Chaplin seinen siebzigsten Geburtstag. »Ich fühle mich keinen Tag älter als neunundsechzig«, sagte er. »Wenn ich doch nur lange genug leben könnte, um all die Dinge zu tun, die ich noch tun möchte!« Er erhielt über tausend Briefe mit Geburtstagsglückwünschen aus aller Welt. Unter den Gästen seines Geburtstagsessens waren die Tänzerin Noelle Adam, die bald die Frau seines Sohnes Sydney werden sollte, und Sydney Bernstein, der englische Kino- und Fernsehmagnat, der Chaplin ein Fernrohr überreichte. Ein anderes Geschenk erfreute ihn auch: Dank der entschlossenen Bemühungen von Miss Ford bekamen Roy Export and Lopert Films einen Tag vor seinem Geburtstag die offizielle Genehmigung, Kopien von *Modern Times* zu beschlagnahmen, die illegal in den Vereinigten Staaten vertrieben wurden.

Auf der ganzen Welt berichteten die Zeitungen über Chaplins Geburtstag, und man fragte ihn nach seinen Ansichten über die Zukunft der Menschheit. »Ich hoffe, daß wir den Krieg abschaffen«, sagte er, »und alle Streitigkeiten am Verhandlungstisch lösen werden... Ich hoffe, wir vernichten alle Wasserstoff- und Atombomben, bevor sie uns vernichten.« In privateren Interviews wurde er nie müde, sein Staunen über das idyllische Familienleben zum Ausdruck zu bringen, das er nun endlich genießen konnte. Zwei Jahre zuvor, um Janes Geburt herum, hatte er erklärt: »Solange ich Oona habe, die sich um mich kümmert, und die Kinder, die mich inspirieren, kann ich nicht alt werden und nichts kann mir etwas anhaben.« In einem Interview von 1959 ließ er sich über das Geheimnis seines Glücks aus:

Ich liebe meine Frau und sie liebt mich. Deswegen sind wir so glücklich.

Man darf nicht zuviel vom anderen verlangen – das ist vielleicht ein Rezept für Glück in der Ehe. Alles andere erledigt sich von selbst durch Toleranz. In den sechzehn Jahren unserer Ehe waren wir nur einmal getrennt – fünf Tage lang [*sic*], als Oona aus geschäftlichen Gründen nach Amerika mußte.

Sie inspiriert mich und sie ist eine gute Kritikerin. Sie ist ein Naturtalent und ihre Kritik ist konstruktiv. Ich zeige ihr immer, was ich tagsüber geschafft habe, und höre mir an, was sie dazu zu sagen hat. Sie äußert sich nur, wenn ich sie nach ihrer Meinung frage. Manchmal stimme ich nicht mit ihr überein, muß dann aber garantiert eine Woche später feststellen, daß sie recht gehabt hat.

Wir haben tiefen Respekt vor dem Geschmack und den Ansichten des andern, und das schafft eine sehr angenehme Atmosphäre in unserm Heim ... Zusammen können wir uns völlig entspannen und die Gesellschaft des andern genießen, ohne uns unterhalten zu müssen ... Oona findet, daß sie nur Talent zur Ehefrau und Mutter hat.

Sie hat sehr viel zu tun und verläßt mich jeden Morgen um zehn Uhr. Ich trödle immer beim Frühstück, ich genieße meinen Kaffee und Orangensaft und Schinken und Eier. Fürchterlich englisch, ich weiß. Wenn ich fertig bin, versuche ich, Oona mit Plaudern aufzuhalten, aber sie läuft mir immer davon. Um Punkt zehn steht sie auf und sagt zu mir: »Nein, geh du mal an die Arbeit ...«

Sonntags, wenn fast das ganze Personal frei hat, laden wir gern Freunde ein, und Oona und ich werkeln in der Küche herum und bereiten uns unser Essen selbst zu. Oona ist eine wundervolle Köchin, und nie stehen Berge von schmutzigem Geschirr herum ...

Die Kinder? Sie haben einen Platz in unserm Leben, und wir genießen sie. Sie sind sehr lustig, aber sie können auch ganz schön lästig sein. Wir sorgen dafür, daß sie ein ausgefülltes Leben haben.

Oona erzählte ihrem Interviewer: »Wir legen Wert darauf, daß die Kinder unabhängig werden. Sie sind gut ausgelastet mit Ballettunterricht, Musik, sogar Schreiben. Das wirkt Wunder bei der Entwicklung ihrer Persönlichkeit.« Chaplin fügte hinzu: »Ich kann immer Kinder um mich herum haben, das wird mir nie zuviel. Sie stören mich nicht etwa bei der Arbeit, ganz im Gegenteil, sie sind eine Bereicherung. Wissen Sie, ich brauche Jugend und Fröhlichkeit. Aber verstehen Sie mich richtig (und hier gab er dem Interviewer einen Stups mit dem Zeigefinger), unser Glück wird nicht durch die Kinder bestimmt. Wenn Oona und ich alleine wären – wären wir genauso glücklich.«

Oona, die sich vor der Presse stets zurückhielt, steuerte einen ganz persönlichen Beitrag zu dem Interview bei:

> Ich bin mit einem jungen Mann verheiratet.
>
> Die Leute meinen, Charlie könnte mein Vater sein, aber Alter zählt nicht in diesem Haus. Mir erscheint er jeden Tag jünger. Meine Gefühle für Charlie haben jedenfalls nichts mit einer Vaterfixierung zu tun. Er hat mich reif gemacht und ich halte ihn jung.
>
> 364 Tage im Jahr denke ich nie bewußt an Charlies Alter. Nur sein Geburtstag ist ein jährlicher Schock für mich. Aber ich merke sehr wohl, wie manche Leute mich verwundert anstarren und dann wieder zu ihm blicken und sich fragen, wie wir es durchgehalten haben; ob alles nur Fassade ist.
>
> Daß ich mich bei ihm sicher und geborgen fühle, hat nichts mit seinem Reichtum zu tun, sondern mit dem Altersunterschied zwischen uns. Nur junge Frauen, die mit einem reifen Mann verheiratet sind, werden verstehen, was ich meine.[7]

Etwa zu dieser Zeit brachte Noël Coward den Schriftsteller Ian Fleming zum Abendessen ins Manoir mit. Nach seinen Worten war es »wunderbar zu sehen, wie zwei Menschen sich ungeniert in ihrer Liebe füreinander sonnen«. Scheu und zurückhaltend wie sie in anderer Hinsicht sein mochten, küßten und umarmten sich die Chaplins ganz offen, egal wer dabei war. Als Fleming zu Besuch war, trug Chaplin eine pflaumenfarbige Smokingjacke – darin fühle er sich »wie ein Millionär«, erklärte er. Beim Essen unterhielt er seine Gäste mit einer lebhaften pantomimisch illustrierten Beschreibung eines imaginären Films, den er im Auge hatte, mit dem Titel *Around Romance in Eighty Days*. (Damals war gerade allenthalben Mike Todds bekannte Verfilmung von Jules Vernes Roman zu sehen.) Der Film würde eine bunte Mischung aus einem halben Dutzend Sensationsfilmen à la *Ben Hur*, *South Pacific* und *Anna Karenina*, sagte er. Unter anderem sei ein Wagenrennen vorgesehen. Der Schurke überholt den Helden (»ein Bursche namens Gulliver oder Don Quixote oder einer von der Sorte«). Er hat riesige Messer an seinen Wagenrädern. Der Held handelt geistesgegenwärtig, indem er sich aus seinem Wagen herauslehnt und sich eine Scheibe Schinken von den Messern absäbeln läßt. Dann verspeist er das Fleisch, um seine Kräfte zu erneuern und so das Rennen zu gewinnen. Chaplin hatte auch immer noch die Absicht, den Kleinen Kerl wiederzubeleben. Mrs. Fleming schlug als Motto vor: »Der Kleine Mann, dem es so gut geht wie noch nie« (es war gerade die MacMillan-Zeit), und Chaplin schien die Idee zu gefallen.[8]

Gelegentlich unternahmen Chaplin und Oona Reisen nach London oder Paris; aber es gab auch Familienferien. Im Juli und August reiste Chaplin mit seiner Familie in den Fernen Osten, und im Frühjahr 1962 unternahmen sie ihre erste Reise nach Irland, wo Chaplin Geschmack am Lachsangeln fand. Michael Chaplin erinnert sich an eine herrlich komische Episode aus diesem Urlaub:

> Wenn man zweiundsiebzig ist und glaubt, daß man so ziemlich alle Erfahrungen hinter sich hat, und bereit ist, sich zurückzulehnen und über das restliche Leben nachzudenken, wenn man dann damit anfangen will, den Vater vom Typ »Mein Junge und ich sind einfach zwei großartige Kumpels« zu spielen, ist das vielleicht ein bißchen hart... aber in diesem Urlaub in Irland hat mein Vater genau den Versuch gemacht. Er hat mich zum Angeln mitgenommen und wollte mir zeigen, wo's langgeht...
>
> Zweck der Übung war, mir zu verklickern, wie man einen Köder auswirft und ihn spielen läßt. Eine Viertelstunde stand ich neben ihm am Ufer eines Bachs, während er sich über die Theorie ausgelassen hat, wie man eine Feder mit Häkchen genau da runterläßt, wo ein Fisch seinen letzten Luftschnapper macht.
>
> »Mit Gefühl«, sagte er. »Das mußt du mit Gefühl machen... Paß auf, ich mach dir's mal vor...«
>
> Er warf die Rute zurück, die Schnur zischte durch die Luft, dann schwang er die Rute vor...
>
> Es tat sich gar nichts.
>
> Vater zog, offenbar in dem Glauben, daß sich die Schnur in irgendeinem Ast verfangen hatte.
>
> Ich warf einen kurzen Blick über die Schulter, genau auf die Rückseite seines Regenmantels, die er sich fast völlig aufgerissen hatte.
>
> »Ich glaube, sie hat sich in deinem Regenmantel verfangen«, sagte ich sehr taktvoll...
>
> Dankbar, aber sehr verlegen, hat er sich dann losgehakt und die Schnur eingezogen.
>
> Wir trotteten in der Abenddämmerung nach Hause, dabei versuchte mein Vater verschämt, die zerrissenen Hälften seines Regenmantels zusammenzuhalten.[9]

Im Urlaub 1962 – dem letzten gemeinsamen mit allen Kindern – besuchten sie Venedig, London und Paris. Es wurde allenthalben berichtet, daß Chaplin in naher Zukunft in die Sowjetunion reisen würde. Die einzige Grundlage für diese Behauptung war die Tatsache, daß eine Delegation sowjetischer Schriftsteller, mit der er zusammengetroffen war, höflich gemeint hatte, daß er doch die Sowjetunion besuchen könnte, und er höflich entgegnet hatte: »Mit Vergnügen.«

Im Juni jenes Jahres wurde Chaplin der Ehrentitel ›Doctor of Letters‹ der Universität Oxford verliehen. Die einzige unerfreuliche Nebenerscheinung dieses Ereignisses bestand darin, daß der Historiker Hugh Trevor-Roper sich in aller Öffentlichkeit dagegen aussprach. Er erklärte, daß der Ehrentitel durch diese Verleihung an einen simplen Filmkomiker abgewertet würde. Dieser Protest blieb aber wirkungslos, und am 27. Juni traf Chaplin in einem dunklen Anzug und akademischer Robe in Rot und Grau im Senate House ein, um seinen Titel entgegenzunehmen. Die gleiche Ehrung wurde auch Dean Rusk, dem amerikanischen Außenminister, Yehudi Menuhin und Graham Sutherland zuteil. Die Menschenmenge hatte sich jedoch wegen Chaplin versammelt. Geraldine, die von London angereist war, wo sie an der Royal Ballett School studierte, mußte sich zur Tür durchkämpfen und hatte dann noch Probleme, ihre Identität zu beweisen. Der Rektor begrüßte Chaplin mit den Worten: »Illustrer Mann, ohn Zweifel Stern der allerersten Größe, Ihr, der Ihr für so viele Menschen so viele Jahre lang eine Quelle größten Vergnügens gewesen seid ...«

Der Festredner A. N. Bryan-Brown stellte Chaplin mit einem Zitat von Junius Juvenalis vor:

> *Nil habet infelix paupertas durius in se*
> *Quam quod ridiculis homines facit.*
>
> [Es ist der Armut härtster Schlag,
> daß sie den Armen zum Gespötte macht.]

Chaplin lade zum Lachen ein, meinte er dann,

> *per bracas illas fluitantes, calceos divaricatos, petasum orbiculatum constantem simul at instabilem, bacillum flexibile, exiguum denique labri superioris ornamentum.*
>
> [mit seinen ausgebeulten Hosen, seinen ausgestellten Latschen, seiner Melone, seinem Stock und seinem Zahnbürsten-Schnurrbart.]

Der Festredner sagte, in all seinen Filmen »begegnet man dem Humor und der Großzügigkeit eines Menschen, der mit dem Unterdrückten sympathisiert«. Schönheit liegt im Auge des Betrachters, meinte Chaplin in seiner Dankesrede: »Es gibt Menschen, die Kunst oder Schönheit in einer im Rinnstein liegenden Rose sehen oder in einem plötzlichen schräg über einen Aschenbecher einfallenden Sonnenstrahl oder sogar im Stolpern eines Clowns.« Nach der Veranstaltung sagte Chaplin, daß er »ein Herz aus Stein« gebraucht hätte, um von dem Empfang nicht gerührt zu sein. Sir Maurice Bowra machte Chaplin mit Dean Rusk bekannt. »Zwischen uns gab es keine Verbitterung, überhaupt keine Verbitterung«, sagte Chaplin später.

In der amerikanischen Presse gab es jedoch Verbitterung. Der reaktionäre *Philadelphia Inquirer*[10] überschrieb einen Bericht mit ›Clownerie in Oxford‹, und wertet das Ereignis als »anmaßenden Versuch, bei der Zuteilung von Ehre, Chaplin mit Dean Rusk auf die gleiche Stufe zu stellen; das wird für die meisten Amerikaner schwer zu verdauen sein«. Die *New York Times* nutzte jedoch die Gelegenheit und erklärte: »Wir glauben nicht, daß die Republik in Gefahr wäre, wenn die jetzige Regierung den Bann, der 1952 verhängt wurde, wieder aufheben und dem unvergeßlichen kleinen Tramp von gestern gestatten würde, in einem amerikanischen Hafen den Landungssteg herunterzuwatscheln.«

Neun Tage später folgt die Universität Durham Oxfords Beispiel und verlieh Chaplin den Ehrendoktor der Literatur. Der Festredner in Durham, Karl Britton, versuchte sich offenbar auch als Filmkritiker. Er betonte, Chaplin sei der Schöpfer von einigen wahrhaft großen Komik-Kunstwerken unserer Zeit – Komik »oft bereichert und manchmal gefährdet durch Gefühl«, und mit einer politischen Botschaft, »die aus der tiefen Einsicht in die beengte Lage des Menschen in dieser Welt erwächst.«

Durham verlieh Chaplin seinen Ehrendoktor am 6. Juli. Danach mußte er in die Schweiz zurückeilen, um rechtzeitig zur Geburt seines achten Kindes anwesend zu sein. Er traf am Sonntag, den 7. Juli, zu Hause ein, ging am Abend ins Bett, mußte aber um drei Uhr morgens wieder aufstehen, um Oona schnell in die Clinique Montchoisi in Lausanne zu fahren. Um 5 Uhr 30 am Morgen des 8. Juli brachte sie einen Jungen zur Welt, der den Namen Christopher James bekam. Die Familie war nun komplett.

Chaplin war fünfundfünfzig, als Geraldine, sein erstes Kind mit Oona, geboren wurde, und dreiundsiebzig, als ihr letztes Kind, Christopher, zur Welt kam. Es war ein herausforderndes und anspruchsvolles Unternehmen, eine junge Familie in einem Alter großzuziehen, in dem die meisten Männer sich in der sorglosen Rolle des Großvaters entspannen. Die üblichen Erwägungen bezüglich Alter und nachlassender Energie schienen bei Chaplin irrelevant, dennoch gab es Probleme bei der Aufzucht dieser großen Brut. Chaplins Träume entstanden in seiner Kindheit und Jugend. Für ihn war es also ganz natürlich, daß er seinen Kindern die väterliche Autorität und Fürsorge zukommen lassen wollte, die ihm in seiner eigenen Kindheit vorenthalten worden war, doch für Kinder der sechziger Jahre erschien dieses Ideal notgedrungen veraltet und restriktiv. Obwohl Chaplin für Oona ein junger Mann blieb, war der Generationsabstand in ihrer Familie zweifellos groß. Zwar hatte sich Chaplin sein Leben lang nach Häuslichkeit gesehnt, aber er arbeitete immer noch voller Hingabe, und seine Arbeit hatte nach wie vor Vorrang vor allem und jedem, so wie es immer gewesen war. Die Kinder lernten, daß sie Daddy auf gar keinen Fall bei der Arbeit stören durften. Die Hauptaufgabe der Kindermädchen bestand darin, dafür zu sorgen, daß diese Regel eingehalten wurde. Francis Wyndham, ein weiser und wohlwollender Beobachter, der die Chaplins kannte, bemerkte ein weiteres Hindernis, das der vollständigen häuslichen Harmonie im Wege stand:

> Der einzige Makel in ihrer häuslichen Harmonie, die gelegentlichen Mißverständnisse mit ihren Kindern, wenn diese aufhören, Kinder zu sein, liegt gerade in der Intensität und der Vollständigkeit ihres gemeinsamen Glücks. Da Charlie und Oona sich gegenseitig so sehr beglücken, besteht die Gefahr, daß sie sich in einer selbstgenügsamen Welt der Liebe isolieren. Diese Atmosphäre hat für Freunde des Hauses etwas überaus Reizvolles, aber wenn eine engere Beziehung im Spiel ist, kann unbeabsichtigt leicht ein Gefühl der Ausgeschlossenheit entstehen. Seinen Kindern gegenüber konnte Chaplin keine völlig selbstlose Zuneigung entwickeln, aber es gelang ihm triumphal, zu der Frau seines Lebens ein Verhältnis aufzubauen, in dem ›Liebe‹ und ›Bewunderung‹ sich gegenseitig nicht ausschlossen.[11]

Chaplin mag Schwierigkeiten mit seiner Vaterrolle gehabt haben; andererseits ist es nie leicht, das Kind eines großen Mannes zu sein. Alle Chaplin-Kinder fühlten sich in gewisser Weise von ihren Schulkameraden isoliert. Sie lebten in einem prächtigen Haus mit Park, mit Dienern und Geld; und die Großen der Welt machten ihren Eltern ihre Aufwartung. Mit seinem Erfolg und Reichtum und durch bittere Erfahrungen hatte Chaplin gelernt, von vornherein jeder angebotenen Freundschaft und Vertraulichkeit zu mißtrauen, und die Kinder ihrerseits mußten dieses unkindliche Verhalten übernehmen. Freunde wurden rigoros überprüft und waren selten willkommen.

Sein ganzes Leben hindurch neigte Chaplin immer wieder zu plötzlichen Zornesausbrüchen, die gewöhnlich bald wieder vergessen waren. Dann wieder fiel es ihm sehr schwer, Tadel auszuteilen. Im Studio war das schon sprichwörtlich geworden, da immer andere damit beauftragt wurden, unangenehme Aufgaben für Chaplin zu erledigen. Als die Kinder heranwuchsen, tat er sich ebenso schwer, sie zurechtzuweisen, wenn es nötig war. Und auch Oona mit ihrer sanften, scheuen Art, die sie auch ihren Kindern gegenüber an den Tag legte, war für die Aufgabe nicht besser gerüstet, und meistens waren Kay-Kay oder Miss Ford, die beide nicht zimperlich waren, für Tadel und Ermahnungen zuständig. Das Verhältnis zwischen Eltern und Kindern war also in gewisser Weise distanziert und reserviert.

Chaplin ging mit den jüngeren Kindern weniger streng um als mit den älteren, in den USA geborenen. Wenn unter den Kindern wegen dieser unterschiedlichen Behandlung einmal Unmut aufkam, dann bei den jüngeren, die das Gefühl hatten, daß die Disziplin, der sich die älteren unterziehen mußten, ihnen vorenthalten wurde. Und wenn Chaplin einmal böse mit ihnen war, kamen die älteren Mädchen mit seinem Unmut viel besser zurecht als Michael. Kay-Kay erinnert sich, wie wirksam die damals fünfjährige Geraldine mit einem schweren Tadel ihres Vaters fertig wurde. Sie fixierte ihn mit einem wütenden Blick, zerrte ihre kleine Schwester Josephine hoch und sagte zu ihr: »Komm, wir verschwinden hier.« Chaplin ließ sich von solch einem Abgang garantiert erweichen.

Geraldine rebellierte als erste. Sie verließ das Elternhaus, um an der Royal Ballett School in London zu studieren. Michael folgte bald. Er regte sich besonders über die elterliche Einmischung in seine Freundschaften auf und zog schließlich aus. Seine Abenteuer waren ein gefundenes Fressen für die Presse und bescherten seinen Eltern viel Peinlichkeit und Ärger. Vorübergehend war er drogenabhängig, wurde Mitglied der Royal Academy of Dramatic Art, spielte in Filmen, nahm Pop-Songs auf, heiratete und beglückte Chaplin und Oona mit ihrem ersten Enkelkind. 1965 lebte er vorübergehend von Sozialhilfe. Chaplin und der Rest der Familie kamen damals zufällig gerade durch London auf dem Weg zu ihrem jährlichen Osterurlaub in Irland, und Oona sah sich gezwungen, vor der Presse eine untypisch scharfe Erklärung abzugeben: »Der junge Mann ist ein Problem, und ich bedaure es, daß er Sozialhilfe erhalten hat. Seit drei Jahren weigert er sich hartnäckig, irgendeine Ausbildung zu machen. Es ist langsam an der Zeit, daß er sich einen Job sucht und endlich mal arbeitet. Es ist meine Sache, wenn ich ihn nicht als Beatnik verwöhnen möchte – Oona Chaplin.«[12]

Trotz seiner Verirrungen war Michael Chaplin eindeutig ein junger Individualist mit Charme und Wärme, und vor dem Tode seines Vaters hat er sich mit seiner Familie wieder voll und ganz ausgesöhnt. In der Zeit der Entfremdung von Geraldine und Michael gab Oona, wenn sie mit Chaplin in London weilte, regelmäßig vor, Einkaufsgänge machen zu wollen, und besuchte statt dessen heimlich ihre Kinder. Chaplin sollte von diesen Unternehmungen nichts erfahren, aber da sie eigentlich keine Geheimnisse voreinander hatten, kann man annehmen, daß er insgeheim wußte, daß sie ein mütterliches Auge auf die beiden hatte. Er und Oona waren auch für Jerry Epsteins väterliche Fürsorge dankbar, der inzwischen seinen festen Wohnsitz in London hatte.

Nach der Fertigstellung von *A King in New York* hatte Chaplin sich ans Schreiben seiner Memoiren gemacht. 1960 erzählte er Ian Fleming, daß er bereits fünfhundert Seiten geschrieben und nur noch etwa zwanzig vor sich habe. Fleming hat ihn möglicherweise mißverstanden, denn drei Jahre Arbeit standen noch bevor. Chaplin beklagte sich bei Fleming, daß seine Sekretärin ständig versuche, sein Englisch zu verbessern. »Er meinte, das wundere ihn nicht, da er sich die Sprache ja selbst angeeignet habe, und seine Sekretärin sie wahrscheinlich viel besser beherrsche als er. Trotzdem gefiel ihm seine eigene Fassung, und er hoffte, daß einiges von dem, was er geschrieben hatte, nach der Redigierung durch den Verlag noch übrig blieb.«[13] Während Chaplin an dem Buch schrieb, hielt er folgenden Tagesablauf ein: Er stand um sieben Uhr auf, drehte eine kurze Runde im Swimming Pool – und zwar bei jedem Wetter –, frühstückte und verabschiedete sich mit einem Kuß von Oona, als ginge er ins Büro. Dann arbeitete er bis zum Mittagessen. Die älteren Kinder aßen abwechselnd mit ihren Eltern zu Mittag. Nach einem Mittagsschläfchen arbeitete Chaplin weiter bis fünf Uhr, dann gab es Tee, und bei gutem Wetter spielte er ein wenig Tennis. Abendessen wurde im Manoir immer um sieben Uhr serviert. Danach arbeitete Chaplin bis zehn in der Bibliothek weiter. *My Autobiography* durchlief den gleichen Kreislauf von Diktieren, Tippen, Korrigieren und erneutem Tippen wie die Skripte. Es bereitete Chaplin großen Genuß, Besuchern die Abschnitte vorzulesen, die er gerade geschrieben hatte. Lillian Ross* hatte dieses Privileg, und sie erinnert sich, wie sie an einem Herbstnachmittag im Jahr 1962 »mit ihm auf der Terrasse saß und er mir Ausschnitte aus seinem Manuskript vorlas, die Brille mit Schildpattrand etwas herabgerutscht. Er las dramatisch, fast melodramatisch, gab sich seinem Thema vollständig und ungehemmt hin.«[14]

Da Chaplin bisher noch nie mit einem Biographen zusammengearbeitet hatte (wenn man einmal von seinem frühen Mißgeschick mit Rose Wilder Lane im Jahr 1916 absieht), war die Autobiographie ein verlegerischer Knüller. Der

* Gehört seit 1948 zu den Mitarbeitern des *New Yorker.*

glückliche Gewinner war der Verlag The Bodley Head. Der Geschäftsführer Max Reinhardt hatte 1958 die Bekanntschaft der Chaplins gemacht, und zweifellos trug sein Drängen und sein gutes Zureden dazu bei, daß aus dem Projekt etwas wurde. Reinhardt zeigte bewundernswerte Geduld. Bereits 1958 fühlte er bei der *Sunday Times* bezüglich der Vorabdruckrechte vor. Leonard Russell, der Literaturredakteur, erinnert sich, daß er behutsam angefragt hatte, ob Chaplin sich eines ›Ghosts‹ bedienen würde:

> Mr. Reinhardt schien schockiert, ja sogar beleidigt. Wie wir zu der Annahme kämen, daß Chaplin, ein Mann, der seine Drehbücher selbst schrieb, seine Filme selbst drehte und seine Musik selbst komponierte, beim Schreiben seiner Memoiren fremde Hilfe benötigen könnte? Jedes einzelne Wort stamme von Chaplin – darauf könne er einen Eid ablegen. »Vergessen wir es«, sagte Mr. Reinhardt dann und sah sich nach dem Kellner um, »ich hoffe, ich werde Ihnen in nicht allzu ferner Zukunft eine Kostprobe zeigen können.«
>
> Aber Jahre vergingen, und es tat sich gar nichts – wir dachten, Chaplin hätte es wohl aufgegeben. Anfang 1962 erschien Mr. Reinhardt dann mit einer unkorrigierten Version des ersten Drittels des Buches. Wir lasen es. Es war großartig – schon *so* eine vorzügliche Serie.
>
> Chaplin war jedoch nicht bereit, über die Zeitungsrechte zu verhandeln. Er wollte das Buch erst beenden. Uns blieb nichts anderes übrig als zu warten. Und während wir warteten, sprach es sich rum, daß Chaplin seine Autobiographie schrieb, mit dem Ergebnis, daß aus Großbritannien, den Vereinigten Staaten und fast allen Ländern Europas verrückte und phantastische Angebote kamen. Chaplin ignorierte sie, und vermutlich ließ Mr. Reinhardt seine gewohnte Diplomatie walten.
>
> Mr. Chaplin schrieb immer weiter und schrieb immer wieder um (wenn man die Pausen abzieht, hat er eigentlich nur zwei ganze Jahre auf das Buch verwandt), und wir wurden immer ungehaltener.[15]

Später wurde bekannt, daß Ian Fleming als ›Geheimagent‹ für die *Sunday Times* nach Vevey ging, mit dem Auftrag, Chaplin eine Vereinbarung abzuringen. Die Mission ging daneben, da Fleming weit mehr an den Ansichten des Autors interessiert war, und er drängte Chaplin sogar, ja keine verlegerische Einmischung in sein Werk zu dulden. Schließlich jedoch gelang es der *Sunday Times*, sich die Erstveröffentlichungsrechte des Buchs zu sichern.

Zur Einführung veröffentlichte die *Sunday Times* in ihrem Magazin ein Profil von Chaplin, verfaßt von dem angesehenen Theaterkritiker Harold Clurman, das bereits im *Esquire* (November 1962) erschienen war. Clurman war im Manoir zu Gast gewesen und durfte einen Blick in das Manuskript von *My Autobiographie* werfen. Bevor er mit der Lektüre begann, erklärte Chaplin: »Ich bin wirklich überrascht, wie gut Amerika wegkommt!« Clurman schrieb später:

> Als ich einen entsprechenden Bericht las, hatte ich angenommen, daß seine großzügige Haltung eher taktischer Natur war (besonders taktvoll war Chaplin allerdings nie), aber als ich ihn vor mir hatte, gab es keinen Zweifel mehr für mich, daß seine Mäßigung echt war, eine Weichheit, die in keiner Weise als Schwäche zu werten ist, sondern eher als ein Zuwachs an Toleranz und Weisheit. Zum ersten Mal in meiner langjährigen Bekanntschaft mit Chaplin hatte ich das Gefühl, nicht nur einen genialen Künstler vor mir zu haben, sondern einen Mann, den man als weise bezeichnen kann.
>
> Mit ›Weisheit‹ meine ich nicht Unfehlbarkeit oder auch nur zuverlässiges Urteilsvermögen. Ich will zum Ausdruck bringen, daß Chaplin zu einer abgerundeten Persönlichkeit geworden ist, mit sich selbst im Lot – so reich sind seine Talente und so menschlich ist seine Natur, daß dieser Mann einem lieb und teuer sein muß.
>
> Als Charlie nun Erklärungen vom Stapel ließ, die sich zu einer Art Glaubensbekenntnis zusammenfügen ließen, verspürte ich keinerlei Neigung, ihm zu widersprechen oder die objektive Gültigkeit seiner Aussagen zu hinterfragen. Alles, was er sagte – selbst wenn es paradox und völlig ›falsch‹ war –, erschien ihm richtig und konnte so gedeutet werden, daß sich aus seinen Ausfällen irgendeine Kernwahrheit, irgendein Korrektiv zu seinen Übertreibungen herausdestillieren ließ.
>
> Seine Sorgen bezüglich des Rüstungswettlaufs konnte ich teilen. Ich lächelte verständnisvoll angesichts seiner anarchistisch ästhetischen Erklärung: »Ich kann Kommunisten mit ihrem System nicht ausstehen und Systeme... Ich hasse Systeme.« Wieder und wieder rief er aus: »Das Leben ist voller Poesie«, und obwohl dies nicht gerade eine »wissenschaftliche« Äußerung ist, lieferte er mit seiner Person den eindeutigen Beweis.
>
> Dann sprach er über das Schauspielhandwerk. Er habe seinem ersten Regisseur viel zu verdanken, sagte er. »Ich glaube an Theatralismus. (Das Wort stammt von ihm, nicht von mir.) Theatralismus ist Poesie... Ich glaube nicht an ›Die Methode‹.« (Ich habe ihm nicht erzählt, daß ich gehört hatte, wie Stanislawski zu einer Schauspielerin sagte: »Wenn mein System« – das auch als ›Die Methode‹ bekannt ist – »Sie irritiert, vergessen Sie es.«) »Ich glaube an Theatralismus«, fuhr Charlie fort, »sogar an ›Tricks‹ – Schauspielertricks... Ich mag Shakespeare auf der Bühne nicht. Er engt die Persönlichkeit des Schauspielers ein, seine Virtuosität.« Und als sein Geist ihn fast aus dem Sessel hob, so daß ich befürchtete, er könne sich jeden Moment in die Lüfte erheben, sah ich, daß er auf seine Art ein größerer Shakespeareaner war als viele professionelle Shakespeareaner...
>
> Erstaunlich fand ich folgendes..., obwohl ich nicht das geringste Bedürfnis ver-

spürte, ihm ins Wort zu fallen, hätte ich es jeder Zeit ohne Affront tun können. Früher hatte ich stets den Eindruck, daß er zwar scharf beobachtete, aber selten zuhörte. Er war immer »am Ball« – mit Geschichtenerzählen, Imitationen, Rezitationen, Pantomimen, gab spritzige Sprüche zum besten –, bot sich selbst und andern ein ständiges Schauspiel unbezähmbarer Energie und Phantasie. In seiner Anwesenheit kam niemand dazu, ein Wort zu sagen. (Kaum jemand hatte auch das Verlangen.) Aber jetzt war Charlie auch bereit zuzuhören.

Bevor Clurman das Manoir verließ, wollte er von Chaplin wissen, wie er sein Buch abschließen wolle: »Wie sieht der Schluß aus?«

»Daß ich es genieße, auf den See und die Berge hinauszublicken, und rundum zufrieden bin mit meiner Familie um mich herum«, antwortete er. Er wies zum Himmel und auf seine Umgebung, mit einer Geste, die mehr ausdrückte, als seine Worte es vermochten, und auf seinem Gesicht lag dabei ein Ausdruck naiven Staunens über seine Unfähigkeit, das Unaussprechliche in Worte zu fassen.

Kurz vor der Fertigstellung des Buches feierte Chaplin seinen fünfundsiebzigsten Geburtstag. Diesmal war seine Botschaft an die Welt eine Mischung aus Melancholie und Optimismus: »Wo ist der ganze Spaß geblieben, die Fröhlichkeit, das Lachen? Heutzutage sind alle viel zu ernst.« Er war immer noch tief beunruhigt über die Existenz von Atomwaffen, meinte aber jetzt: »Ich bin ein Menschenfreund, und deswegen glaube ich an die Menschheit und an ihre Fähigkeit zu überleben ..., ich glaube, wir werden uns – wie die Engländer – alle irgendwie durchwursteln.« Im Sommer besuchte er in Paris einen Galaabend mit Maria Callas in der Pariser Oper, und die Presse hielt fest, daß er auf den Stufen des Theaters Fürstin Gracia von Monaco begrüßte. Er dachte daran, selber eine Oper zu schreiben, und hielt *Tess of the D'Urbevilles* für ein passendes Sujet. Auch eine Slapstick-Komödie für seinen Sohn Sydney war im Gespräch.

My Autobiography erschien im September 1964 mit einer ersten Auflage von achtzigtausend. Das Buch wurde in Amerika vom ›Book of the Month Club‹ ausgewählt und auch in Italien und Deutschland zum Buch des Monats ernannt. Chaplin soll einen Vorschuß von einer halben Million Dollar für britische und amerikanische Rechte erhalten haben, ganz zu schweigen von den neun Pfund Kaviar, die er von der UDSSR erhielt, als Gegenleistung für die Genehmigung, eintausend Wörter in der Iswestija nachdrucken zu dürfen.

Die Kritiker äußerten sich fast einhellig positiv über das Buch, das schließlich über fünfhundert Seiten dick wurde. Die ersten elf seiner insgesamt einunddreißig Kapitel, die mit seiner Vertragsunterzeichnung bei der Mutual abschließen, können es mit jeder Autobiographie an Farbe und Vitalität aufnehmen. Chaplins Stil ist energisch, und sein Vergnügen an Wörtern wirkt ansteckend. Wörter, die er besonders mag, wie ›ineffable‹ und ›concupiscense‹ benutzt er vielleicht zu oft, aber selbst der gelegentlich leicht falsche Gebrauch eines Wortes kann ihm etwas Neues und Faszinierendes verleihen. Sein Stil ist lebendig. Die Chronik seiner Kindheit ist eine Dickens'sche Mischung aus Farbe und Tragödie, so bunt, daß einige Kritiker Zweifel an ihrem Wahrheitsgehalt äußerten. Dokumentarische Forschungsarbeit hat Chaplins Darstellung stets bestätigt.

Ab dem zwölften Kapitel muß jedoch eine gewisse Enttäuschung aufkommen. Chaplin ist viel mehr daran gelegen, sein gesellschaftliches Leben zu schildern und seine Begegnungen mit Berühmtheiten, als irgend etwas über seine Filme zu verraten: wie er sie gemacht hat, über das Leben im Studio und über seine Mitarbeiter. Chaplin setzte sich unschuldig Vorwürfen des Snobismus aus: »Wenn unsre Familie uns nicht so in Beschlag nehmen würde, könnten wir in der Schweiz ein ganz schön bewegtes gesellschaftliches Leben führen, denn wir wohnen ganz in der Nähe von der Königin von Spanien und dem Grafen und der Gräfin von Chevreau d'Antraigues, die immer sehr freundlich zu uns gewesen sind. Außerdem leben eine ganze Reihe Filmstars und Schriftsteller in unsrer Nachbarschaft.«[16]

Im Vorwort dieses Buches wurde bereits über die möglichen Gründe für Chaplins Zurückhaltung in Bezug auf seine Arbeit spekuliert: sein erklärter Glaube, daß »der ganze Zauber dahin ist wenn die Leute wissen, wie's gemacht wird«; die Möglichkeit, daß das letzte Geheimnis seiner Leinwandschöpfung selbst ihm ein Rätsel war; die Möglichkeit, daß er das Gefühl hatte, daß er die Leute mit der Schilderung seiner täglichen Arbeitsroutine langweilen würde. Trotzdem war es kaum zu verstehen, daß er seitenweise über Randolph Hearst oder H. G. Wells schreiben konnte und treue Mitarbeiter, die soviel zu seinen Filmen beigetragen haben, nicht einmal in einem Nebensatz erwähnte. Leute wie Totheroh, Bergman, Mack Swain, Eric Campbell oder Georgia Hale. Ist es zu weit hergeholt, nach einer tiefverwurzelten psychologischen Erklärung für seine wachsende Abneigung dagegen zu suchen, Mitarbeiter an seinem Werk anzuerkennen? Der scharfsinnige Francis Wyndham schrieb: »Der reiche, berühmte und erfüllte Mann, den die Welt vor Augen hat, sieht sich selbst immer noch als Opfer, gezeichnet von diesem frühkindlichen, katastrophalen Schock fürs Leben.« Vielleicht war es ein notwendiger Bestandteil seiner Therapie, wesentlich für sein Selbstbewußtsein, sich immer einzureden, daß er ohne fremde Hilfe die Welt erobert und sich aus Armut und Namenlosigkeit zu weltweitem Ruhm und allseitiger Beliebtheit emporgeschwungen hat. Kein anderer Filmemacher hat jemals so vollständig jeden Aspekt seiner Arbeit beherrscht und jeden Handgriff selbst getan. Wenn es möglich gewesen wäre, hätte Chaplin jede Rolle selbst gespielt und (wie sein Sohn Sydney scherzhaft, aber scharfsinnig bemerkte) jedes Kostüm selbst genäht. Chaplin hatte sowohl den Drang alles zu tun, als auch das Bedürfnis, zu wissen, daß er alles getan hatte.

Aber selbst wenn sich vieles psychologisch erklären läßt, waren doch viele verletzt durch diese Auslassungen in *My Autobiography*. Robert Florey, der mehr als vierzig Jahre zuvor angefangen hatte, über Chaplin zu schreiben, 1927 eine liebevolle Biographie veröffentlicht hatte und ihm bis ins Alter treu geblieben war, brachte seine Verletzung besonders deutlich zum Ausdruck. Seine Buchbesprechung im *Paris Match* bestand zum Großteil aus der Anerkennung dieser vielen Leute, die in der Autobiographie unerwähnt blieben, darunter Georgia Hale, Wheeler Dryden, Henry Bergman, Albert Austin, Stan Laurel und Mabel Smith, »die ihm regelmäßig (wenn auch nicht unfehlbar) die Zukunft geweissagt hatte.«

Ungeachtet all ihrer Lücken ist die Autobiographie eine außerordentlich beachtliche Leistung – wunderbar zu lesen, liebenswürdig, selbstherrlich, entwaffnend offen, manchmal gespreizt und im nächsten Augenblick bescheiden, indem sie sich über menschliche Eitelkeiten und Vorlieben lustig macht. Sie wurde in viele Sprachen übersetzt, und das Wohlwollen, mit dem sie überall auf der Welt aufgenommen wurde, schien Chaplin neue Kraft zu schenken. Sowie das Buch fertig war, machte er sich daran, seinen nächsten Film vorzubereiten. Jerry Epstein sollte ihn produzieren, und Universal sollte sich um den Verleih kümmern. Der Film hieß *A Countess From Hong Kong* [Die Gräfin von Hongkong].

19

Die Gräfin von Hongkong

und die letzten Jahre

A Countess From Hong Kong war eine Neufassung von *Stowaway*, dem Skript, das Chaplin fast dreißig Jahre zuvor für Paulette geschrieben hatte. Von der ursprünglichen Skriptfassung für *Stowaway* existieren nur noch wenige Seiten und vereinzelte Notizen, der Rest wurde offenbar in das neue Drehbuch eingearbeitet. Die Story wurde kaum verändert. In der alten Version kam die Gräfin aus Shanghai, nun war sie aus Hongkong. Aus dem Helden, Ogden Mears, einst Großwildjäger, wurde nun ein Millionär und Diplomat. *Stowaway* hätte sich sicher neben den Situationskomödien sehen lassen können, die für die späten dreißiger Jahre so typisch waren. Der Dialog war knapp und spritzig, und Chaplin fand, daß er ihn im wesentlichen für *A Countess From Hong Kong* übernehmen konnte.

Das neue Skript beginnt im traditionellen Chaplin-Stil mit einem Zwischentitel: ›Nach zwei Weltkriegen wimmelte es in Hongkong von Flüchtlingen‹. Einige besonders betörende Damen arbeiten als Taxi-Girls im ›Palast der Schönen Frauen‹, wo amerikanische Matrosen für ein paar Dollar mit ehemaligen weißrussischen Baronessen und Gräfinnen tanzen dürfen. (Weder Chaplin noch die Kritiker scherten sich viel um die Zeitzusammenhänge: Man sollte annehmen, daß Flüchtlinge der Revolution von 1917 nach zwei Weltkriegen schon weit aus dem Tanzalter heraus waren.) Eins dieser aristokratischen Taxi-Girls, die schöne Natascha Alexandroff, gerät beim Tanz an Ogden Mears, einen amerikanischen Millionär, der sich im Nachtleben von Hongkong umsieht.

Nach seiner nächtlichen Tour kehrt Ogden in seine Suite auf dem Luxusdampfer zurück, und am nächsten Morgen entdeckt er, daß Natascha sich als blinde Passagierin bei ihm versteckt hat. Die peinliche Situation wird noch peinlicher, als er die Nachricht erhält, daß er gerade zum amerikanischen Botschafter in Arabien ernannt worden ist. Ogden wird weich, als Natascha ihm ihre ergreifende Lebensgeschichte erzählt: Sie war aus Rußland nach Shanghai geflohen, wo sie im zarten Alter von vierzehn Jahren die Mätresse eines Gangsters geworden war. Ihre einzige Rettung ist jetzt ein amerikanischer Paß. Ogden versteckt sie widerwillig in seiner Suite, was einige Aufregung und peinliche Situationen verursacht. Um den erforderlichen amerikanischen Paß für Natascha zu bekommen, arrangiert Ogden eine Zweckehe mit Hudson, seinem Kammerdiener – der mit Ehe nur allzu deutlich nichts im Sinn hat. In Honolulu kommt Ogdens Frau an Bord. Natascha rettet sich mit einem Sprung ins Hafenbecken. Ogden und seine Frau treffen eine freundschaftliche Scheidungsvereinbarung. Beim Tango kommt es zur glücklichen Wiedervereinigung von Millionär und armer Gräfin.

Während Chaplin *A Countess From Hong Kong* vorbereitete, riß sein letztes persönliches Band zu seiner Kindheit. Um 23 Uhr am 16. April 1965 – Chaplins sechsundsiebzigstem Geburtstag – starb sein Bruder Sydney im Alter von achtzig Jahren im Hotel Ruhl in Nizza, wo er mit seiner Frau Gypsy immer die Wintermonate verbrachte. Am nächsten Tag traf Chaplin in Nizza ein. Die Einäscherung fand in Marseilles statt; Sydneys Asche wurde in Montreux beigesetzt.

In Sydneys letzten Lebensjahren hatten sich die beiden Brüder oft gesehen, und zweifellos haben diese Begegnungen und der gemeinsame Erinnerungsaustausch viel zu *My Autobiography* beigetragen; ganz abgesehen davon waren sie ein Genuß für Gypsy, Oona und die ganze Familie. Sydney und Gypsy kamen gewöhnlich in den Sommermonaten in die Schweiz, und die Kinder in Vevey beteten die beiden an. Gypsy war amüsant, charmant und elegant und umgab sich mit einer faszinierenden Aura des Rätselhaften: Über ihr Leben vor ihrer Ehe mit Sydney hüllt sie sich in Schweigen. Sydney, der nie eine eigene Familie gehabt hatte, liebte die Kinder. Die jungen Chaplins ihrerseits bewunderten, mit welch enormer Leichtigkeit er immer noch Gags und Witze erfinden konnte. Aus Nizza schrieb er den älteren Kindern seitenweise Briefe mit Witzen. (Er machte Durchschläge für sich, um sicherzugehen, daß er sich beim nächsten Mal nicht wiederholte.) Bei seinen Besuchen im Manoir legte er es durchtrieben darauf an, seinen jüngeren Bruder zu necken. Er erzählte den Mädchen irgendeinen anzüglichen oder gar rassistischen Witz und schickte sie damit heftig kichernd zu ihrem Vater. Sydney saß dann mit unschuldiger Miene da und horchte, wie sein Bruder in der Ferne tobte: »In meinem Haus will ich solche Witze nicht hören!« Geraldine und Josephine erinnern sich aber auch, daß ihr fröhlicher und überschwenglicher Onkel im hohen Alter öfters am

Fenster saß, die Schönheit eines Sonnenuntergangs hinter den Bergen betrachtete und weinte.

Im Sommer 1965 wurde Chaplin zusammen mit Ingmar Bergman der Erasmus-Preis verliehen. Am 11. November gab er eine Pressekonferenz für zweihundert Journalisten im Savoy Hotel, um sein nächstes Filmprojekt, *A Countess From Hong Kong*, anzukündigen. Sophia Loren war anwesend. Der Autor dieses Buchs nahm auch an der Veranstaltung teil:

> Ein Freund wollte wissen, ob es aufregend sei, ihn zum ersten Mal in Fleisch und Blut vor sich zu haben. Und die Antwort lautet: eigentlich nicht, eher verwirrend. Soll man nun in dieser rüstigen, gutgenährten, lebhaften, ordentlich gekleideten Gestalt mit Sonnenbrille (übrigens nicht annähernd so klein, wie ich gedacht hatte), nun den alten Charlie sehen oder einen Mann, der auf die Achtzig zugeht? Mit seinen leuchtenden Augen, der klaren Stimme, dem schnellen Redefluß wirkt er zwar nicht direkt jugendlich, aber ziemlich alterslos. Er ist es natürlich gewohnt und wird spielend damit fertig, im Mittelpunkt des Interesses dieser Riesenmeute von Presseleuten und Fotografen zu stehen, die sich zu seiner Pressekonferenz versammelt hatte...
>
> Bei derartigen Veranstaltungen erfährt man nie sehr viel Neues. Jeder, der sich auskennt – und Chaplin kennt sich aus –, weiß genau, worauf er hinaus will, und ganz gleich, wie belanglos die Fragen sein mögen, die Antworten kommen alle schnell wieder zum Wesentlichen. Und in diesem Fall war das Wesentliche der neue Film, den Chaplin in Angriff nehmen wollte. Nach fast einem halben Jahrhundert würde er zum ersten Mal nicht sein eigener Produzent sein: »Und es ist herrlich. Ich brauche mir in dieser Richtung keine Sorgen zu machen. Ich kann mich nach Belieben entfalten, und wenn der Film nicht ankommt, ist das meine Schuld.« Man würde keine Kosten scheuen. Es sollte ein Farbfilm werden. Die Drehzeit sollte vierzehn Wochen betragen. Wie hoch ist das Budget? »Ich glaube, das geht niemanden etwas an«, meinte er knapp, aber sehr liebenswürdig.
>
> Mr. Chaplin erklärte, er habe zwei große Stars verpflichtet, Marlon Brando und Sophia Loren. Er habe Sophia in einem Film gesehen und sofort gewußt, daß sie ideal war für die Rolle. In welchem Film? Das sei ihm entfallen, es sei schon so lange her. War es *Hochzeit auf Italienisch*? Nein, der war's nicht. War es *Gestern, Heute und Morgen* [*Ieri, oggi e domani* von Vittorio De Sica, 1963]? Ja. Ja – das war der Film. Jedenfalls sei sie ideal für die Rolle...
>
> Der Filmtitel lautete *A Countess From Hong Kong*. Ursprünglich sollte der Film *The Countess* heißen, aber die Rechte auf den Titel waren schon vergeben. Das Drehbuch entstand in der Zeit von *The Great Dictator*, wurde aber aktualisiert. Von der Geschichte soll nicht viel verraten werden, nur daß sie kurz nach dem Zweiten Weltkrieg spielt und zum größten Teil auf einem Schiff.

Als man ihn um genauere Informationen bat, schützte Chaplin Müdigkeit vor. Er fügte nur noch die bescheidene Bemerkung hinzu, daß »die Situation zum Schreien komisch ist, aber schlüssig und glaubhaft ... Es ist kein Slapstick, sondern Charakterkomödie, aus dem Leben gegriffen.«

»Ich selbst spiele keine Rolle, Gott sei Dank! Nein, es ist nicht das erste Mal, daß ich Regie führe, ohne selbst mitzuspielen. Um 1924 herum [*sic*] habe ich den Film *A Woman of Paris* gemacht ... Gut möglich, daß ich einen kleinen Auftritt habe, ähnlich wie Hitchcock das macht ...«

Chaplin kündigte an, daß sein Sohn Sydney eine Rolle übernehmen wird. »Er ist ein sehr guter Komiker, und ich glaube, er wird seinen Teil zur Heiterkeit und zur Bereicherung des Drehbuchs beitragen.« (Chaplin wählte seine Worte immer mit Bedacht, drückte sich aber manchmal sonderbar aus.) Die Kolumnisten stellten die unvermeidliche Frage, ob auch sein Sohn Michael mitspielen werde. Chaplin wurde ernst. »Ich beantworte keine persönlichen Fragen ...« Und als die Zeitungsleute nicht lockerließen, sagte er: »Kommen Sie mir nicht mit Ihrer Besserwisserei ...« Weniger ernst gab er sich, als er über Amerika befragt wurde. Er habe nicht vor, dorthin zu fahren, allenfalls in Verbindung mit dem Film, aber mit Hollywood habe er sowieso keinen Ärger. »Ich habe ein ‚Buch geschrieben, und ich finde, Amerika kommt darin ziemlich gut weg. Ich mag Hollywood einfach. Und im übrigen glaube ich, das hat nicht viel mit meinem Film zu tun.«

Mr. Chaplin beantwortete noch einige weitere Fragen. Was für ein Gefühl ist es, wieder zu arbeiten? »Es ist wunderbar. Gott sei Dank bin ich noch aktiv. Mir fallen immer noch ein paar Lacher ein. Ich werde alt, aber im Moment komme ich mir vor wie Gott in Frankreich.« (»Wie wer?« fragte der Reporter, der ihn über seinen Sohn ausgefragt hatte, einen Freund.) Was halten Sie von A. J. P. Taylors neuem Buch, in dem Taylor Sie, Ihren kulturellen Einfluß betreffend, mit Shakespeare vergleicht? »Ich finde, er hat ein verdammt gutes Urteilsvermögen«, sagte Mr. Chaplin munter. (»Mit wem vergleicht?« fragte derselbe Reporter.)[1]

Die Dreharbeiten begannen am 25. Januar 1966. Furchtlos wie immer machte sich Chaplin – der während der Filmarbeiten seinen siebenundsiebzigsten Geburtstag feierte – an seinen ersten Farbfilm für die Breitwand, die er in *A King in New York* noch verspottet hatte. Er arbeitete auch zum erstenmal mit großen internationalen Stars: Sophia Loren und Marlon Brando. Wie in *A Woman of Paris* gestattete er sich nur einen Kurzauftritt. Zu seinem Glück fand er in Arthur Ibbetson einen guten Chefkameramann und in Don Ashton einen guten Bühnenbildner. Beide verehrten ihn, verstanden seine Wünsche und konnten sie umsetzen. Produktionstechnisch war der Film relativ einfach. Die Handlung erforderte zwar schauspielerisches Können, spielte aber hauptsächlich innen, vor allem in den benachbarten Zimmern von Ogdens Suite an

Bord des Luxusdampfers. Trotz einer Unterbrechung – Chaplin holte sich eine schwere Grippe – wurden die Dreharbeiten in vierzehn Arbeitswochen erledigt. Am Mittwoch, den 11. Mai 1966, zweiundfünfzig Jahre und drei Monate nach seinem ersten Keystone-Debüt, drehte Chaplin die letzte Szene seines Lebens.

Sehr viel später äußerte sich Marlon Brando abfällig über die Arbeit am Film. Er war nach der Stanislawski Methode ausgebildet, und Chaplins intuitive und pragmatische Herangehensweise an die Schauspielerei irritierte ihn. Er brachte es nicht fertig, sich ohne weiteres Chaplins Forderung zu beugen, die verlangte, daß seine Schauspieler seine persönliche Interpretation einer Rolle reproduzierten. Die Filmkritikerin Penelope Gilliat besuchte die Dreharbeiten und schilderte, wie Brando Chaplin einmal erklärte, er habe die Motivation der Figur an einem bestimmten Punkt nicht verstanden. Chaplin entgegnete unbekümmert, daß er die Motivation auch nicht verstünde, aber daß sie wahrscheinlich auch nicht sonderlich wesentlich sei. Dann gab er Brando genaue Instruktionen, wie diese Stelle zu spielen war. So gespielt, meinte er, würde es hinhauen. So ein Vorgehen muß den Schauspieler irritiert haben, doch hob Mrs. Gilliatt hervor, daß Brando Chaplins Anweisungen zu jeder Dialogzeile, jedem Gag gewissenhaft folgte. Sophia Loren himmelte Chaplin an und ging wunderbar auf seine Regie ein. Chaplin fand Patrick Cargills Leistung als Kammerdiener Hudson absolut bewundernswert: »*So was* Komisches habe ich noch *nie* gemacht«, äußerte er gegenüber Francis Wyndham. In Nebenrollen spielten Tippi Hedren, sein Sohn Sydney und Oliver Johnston. Chaplin war sehr zufrieden mit seinem Team, und die Dreharbeiten verliefen ausgesprochen glücklich.

Kevin Brownlow, der Chronist des Stummfilms, besuchte die Dreharbeiten zu *A Countess From Hong Kong*. Er kam als Begleiter von Gloria Swanson zum Pinewood Studio. Seit sie 1915 in *His New Job* mitgespielt hatte*, war die Swanson nie wieder bei Dreharbeiten eines Chaplin-Films dabeigewesen.

> Schließlich mußte Chaplin zu den Dreharbeiten. Miss Swanson hockte sich auf eine Leiter, um besser sehen zu können, weil die Scheinwerfer störten. Marlon Brando gesellte sich in seinem blauen Morgenmantel zu Sophia Loren, die hinreißend aussah in ihrem tiefausgeschnittenen weißen Kleid. Er schien wütend. Die Stimmung war geladen, als er hinter der Kamera hervorschlurfte.
>
> Chaplin schien nichts davon zu merken. Ich kritzelte seine Anweisungen wört-

* Bei dieser Begegnung beharrte die Swanson darauf, daß sie in dem Film nicht mitgespielt habe.

lich mit, als er zuerst die Loren und dann Brando anleitete. Er versuchte herauszuarbeiten, wie Loren mit einem Glas in der Hand zu Brando hinübergehen könnte. Auf den Dialog achtete er dabei überhaupt nicht. Ich habe nur eine Dialoganweisung von ihm gehört. Die Worte stammten von ihm, aber er konnte sie sich nicht merken. »So-und-so-und-so-und-soweiter«, hörte sich die Wiedergabe eines beliebigen Satzes bei ihm etwa an.

Der Koproduzent Jerry Epstein schritt hinter ihm her und las den richtigen Dialog aus dem Drehbuch. Die Szene spielte in einer Kabine eines Luxusdampfers. Einmal stand Chaplin an der Kabinentür und sah zu Epstein hinüber.

»Der läuft wie auf Eiern«, sagte er und lachte. Dann schlich er zu seinem Regiestuhl unter der Kamera zurück und rief: »Gehen Sie da rüber, entschließen Sie sich und nehmen Sie das Ding.«

Die Sache lief nicht glatt. Brando sagte dauernd mißmutig: »Schon gut, schon gut.« Er schien nicht zuzuhören, als Chaplin ihm erneut etwas erklärte. Schließlich stand Chaplin auf und betrat wieder die Szene.

»Sie machen die Tür auf, ›Verzeihung-und-so-weiter‹.« Er hielt inne und machte eine klassische, ballettartige Chaplin-Geste. »Also, Sie sind hier... Sie kommen zur Tür... und sagen ›Ich bin so-und-so-und-soweiter.‹ «

Brando kam herein und spielte eine recht ordentliche, wenn auch leblose Szene, ohne die chaplineske Geste aufzugreifen. Am Schluß sagte er: »O nein!«

Chaplin ließ ein langgedehntes »O-o-o nei-i-i-n!« hören und eilte dann herbei, um Änderungen vorzunehmen. »Die Choreographie müssen wir beibehalten.« Er ging die Bewegungen durch, den Dialog außer acht lassend, und wandte sich dann zum Chefkameramann Arthur Ibbetson.

»Ich glaube, das wird die erste Nahaufnahme, bis wir es natürlich und echt hinkriegen«, sagte er und legte den Arm vor die Brust, um die Höhe der Nahaufnahme anzuzeigen.

Er stellte sich an die Seite und verfolgte einen Durchlauf der Szene. Dann sagte er: »Ich glaube, so geht's«, und nahm den Hut ab, unter dem sich eine Tolle schlohweißen Haares verbarg.

Gloria Swanson beugte sich vor: »Jetzt sehen Sie, warum Schauspieler ihn schwierig finden«, flüsterte sie. »Das ist eine simple Szene, und er macht so ein Trara darum...«

Nachdem er eine komische Sequenz für Brando ausgearbeitet hatte, führte Chaplin sie selbst vor und kombinierte dabei chaplineske Anmut mit der zupackenden Vulgarität der Music Hall. Er ergriff ein imaginäres Glas Alka-Seltzer und leerte es, indem er den Kopf weit zurückwarf. Dann gab er einen komischen Rülpser von sich und lachte sein Publikum – die Riege der Techniker – an, und sein Lachen wurde erwidert. Brando zeigte keine sichtbare Reaktion. Chaplin wiederholte die Szene; er nahm das nichtvorhandene Glas, trank es in vollen Zügen aus und rülpste. Es funktionierte nicht hundertprozentig. »Das machen wir mit Ton«, sagte er mit einer vagen Geste in den Raum.

Dann ging er auf und ab, immer noch dabei, die Szene zu durchdenken, im klassischen Stil die geballte Faust an die Stirn gepreßt.*

Als Brando die Szene probierte, benutzte er ein richtiges Glas ohne Inhalt und nahm einen kurzen Zug. Chaplin sprang vor.

»Nein – dafür brauchen Sie viel länger.« Der alte Profi erteilt dem jungen Lehrling einen Rat. Und er demonstrierte den ganzen Bewegungsablauf, fing wieder ganz von vorne an, schluckte das Alka-Seltzer und rülpste am Schluß. Brando folgte Chaplins Anweisungen im wesentlichen, aber ihm gelangen dann zwei erstaunlich realistische Rülpser, und damit war die Komik natürlich völlig hin.

In dieser Phase der Produktion kursierten allenthalben Gerüchte über Brandos launisches Verhalten. Später hieß es dann in der Presse, daß alles harmonisch verlief. Aber dieses Beispiel verdeutlicht, daß Brando Chaplin imitieren sollte, statt sein eigenes Spiel zu entwickeln. Eine derartige Regie muß einen so großen dramatischen Schauspieler irritiert haben.

Für den Zuschauer war diese Regie jedoch wunderbar. Es war so spannend, als sähe man einen Chaplin-Film, von dessen Existenz bislang niemand etwas wußte. Zuerst spielte er Brandos Rolle, dann wechselte er über und spielte die der Loren. Die eine war männlich aggressiv, die andere provozierend weiblich, doch beide waren der reine Charlie. Es ist ein echter Verlust fürs Kino, daß Chaplin es nicht zuließ, daß ein Film über die Produktion gemacht wurde.

Auf dem Rückweg nach London sinnierte Gloria Swanson:

> Also, das war ja wirklich ein nostalgisches Erlebnis für mich. Da zu den Dreharbeiten zu gehen und mit offenen Armen empfangen zu werden! Er sah kerngesund aus. Er hopste immer rauf und runter von seinem Stuhl. Ehrlich, er sah kein bißchen älter aus als das letzte Mal, wo ich ihn gesehen habe, vor sieben Jahren. Ist Ihnen aufgefallen, daß er sich pantomimisch besser ausdrücken kann als mit Worten, wenn er Leuten klarmacht, was er will? Was für ein Künstler! Ich glaube, er ist der kreativste Mensch aller Zeiten.[2]

Eine Woche vor Ende der Dreharbeiten stieg Chaplin in das Kostüm für seine letzte Filmrolle. Er spielte einen älteren Steward, der heftig unter Seekrankheit leidet. Es war eins seiner Lieblingsthemen, und er spielte seine ›Abschieds‹-szene rein pantomimisch, so stumm wie seine frühesten Leinwandauftritte.

Chaplin komponierte siebzehn musikalische Motive, die von Eric James

* Als Brownlow 1982 gemeinsam mit seinem Co-Regisseur David Gill nach Material für *Unknown Chaplin* suchte, fand er einige Aufnahmen von Chaplin in genau dieser Pose, die bei den Dreharbeiten zu *The Count* entstanden waren, genau fünfzig Jahre vor *A Countess From Hong Kong*.

orchestriert und von Lambert Williamson dirigiert wurden. Der Titelsong ›This is my Song‹ wurde ein populärer Hit. Der Film war zu Neujahr fertig. Chaplin hatte er »soviel Spaß gemacht, daß ich dachte, die ganze Welt würde verrückt danach werden«. Doch hatte er schon bei der Londoner Presse-Vorschau, als der Projektor ständig streikte und das Bild unscharf eingestellt war, böse Vorahnungen.* Die Kritiken machten seine schlimmsten Befürchtungen wahr. Die wohlwollendsten darunter schlugen einen gönnerhaften, eher bekümmerten als aufgebrachten Ton an. Ein Hauptproblem des Films war der Zeitpunkt seines Erscheinens: Im Jahr von *Bonnie and Clyde* von Arthur Penn, *The Dirty Dozen* von Robert Aldrich, *The Graduate* von Mike Nichols, *Weekend* von Jean-Luc Godard und *Belle de Jour* von Luis Buñuel mußte eine sanfte romantische Komödie fast als unverständlicher Anachronismus erscheinen.

Zumindest der Öffentlichkeit gegenüber legte Chaplin angesichts der Abfuhr eine tapfere trotzige Haltung an den Tag, und er erklärte vor der Presse, daß die englischen Kritiker »verdammte Idioten« seien. Er fühlte sich in dieser Einschätzung bestätigt, als der Film auf dem Kontinent anlief. *Paris-Match* schrieb, der Film sei »eine reizende Komödie, die die scharfe Kritik der britischen Presse nicht verdient hat«. *Le Figaro* präsentierte die Schlagzeile: ›In London Dornen – in Paris Rosen‹, und *Paris Jour*: ›Paris entschädigt Chaplin für London‹. In Italien brachte *Unità* die Schlagzeile: ›Vernichtende Kritiken in britischer und amerikanischer Presse nicht gerechtfertigt‹; und in Schweden schrieb der Kritiker der *Dagens Nyheter*: »Es fällt schwer, die Einwände der englischen Kritiker nachzuvollziehen ... Seine Sicht der Welt, naiv, warm und großzügig, enthüllend und entwaffnend, entfaltet sich ein weiteres Mal.« Nicht alle englischsprachigen Kritiker waren ablehnend. In New York schrieb William Wolf in der Zeitschrift *Cue*: »Ich habe mir *A Countess From Hong Kong* gerade ein zweites Mal angesehen. Wieder fand ich den Film reizend und komisch, eine willkommene Tempoabwechslung in unserem hektischen, überkandidelten Milieu. Chaplin hat noch nie das getan, was alle erwarten, und das ist ein Zeichen seines Genies.«

In einem langen Interview mit Francis Wyndham erläuterte Chaplin ausführlich seine Reaktion auf die Kritiken. Man bekommt einen faszinierenden Einblick in Chaplins Sicht der Welt, wie er sie in seinen Siebzigern erlebte:

* Auf den Foyer-Stufen begegnete er einem Wildfremden. »Man ruiniert meinen Film«, jammerte er im Vorbeilaufen.

Meinen nächsten Film werde ich nicht in London starten. Ich starte ihn in Kalamazoo oder sonst irgendwo und hebe mir London für später auf. Ich begreife nicht, was da jetzt vor sich geht. Ich finde, die sind stockbesoffen. Eine merkwürdige Anwandlung von Verzweiflung und geistiger Umnachtung, eine Verneinung jeder schlichten Kunst. Wenn dieses modische ›Swinging‹ vorüber ist, was bleibt ihnen dann noch? Ich glaube nicht an Modetrends. Wer zum Teufel schafft denn überhaupt die Mode? Das kann jeder – etwas sehr Simples, das ankommt und von jedem imitiert wird. Zyniker – na und? Das Leben ist zynisch, wenn man nur in Kategorien von Geburt und Tod denkt. Das ist zu einfach. Wie paradox, daß mein Titelsong für *Countess* überall auf der Welt ein großer Hit ist. Sie werfen das Fleisch des Pfirsichs weg...

Aber sicher kommen sie bald wieder zur Besinnung und fangen wieder an, sich zu amüsieren. Ab und zu gibt es einen Lichtblick, jemanden mit Gespür hinter der Kamera. Aber eher im Fernsehen als im Kino. Ich habe ein Fernsehspiel mit dem Titel *The Caretaker* gesehen, das sehr geheimnisvoll und interessant war. Und *Goldfinger* hat mir Spaß gemacht. Ich fand die Szene herrlich komisch, wo bei dem Überfall von Fort Knox die ganze Armee umkippt! Aber *Doktor Schiwago* fand ich sehr banal – diese lächerliche Szene, wo er bei Kerzenlicht ein Gedicht schreibt! Und *Blow up* war so langatmig und langweilig. Ich würde nie stundenlang auf einen Striptease hinarbeiten. Oder so tun, als würde dieser Mann einen Mord nicht bemerken.

Es war alles schon mal da. Ich habe einen Ausschnitt von einem Beatles-Film gesehen, da brachten die diesen uralten Gag mit einem Schaumbad! Diese ganzen Stop-action-Sachen haben wir schon 1914 gemacht, es war damals schon sehr langweilig und hat niemand vom Hocker gerissen. Hau sie runter, zieh sie hoch, diese ganzen unmöglichen Keystone-Mätzchen – da ist ja nichts weiter dagegen zu sagen, aber jetzt machen die da so ein Aufhebens davon. Im ersten Moment findet man's witzig und schwungvoll. So was könnte ein kleiner Junge bringen, Nichtssagender geht's kaum, ein Gesabber. Es sagt nichts aus – aber die Intellektuellen finden es sehr bedeutend.

Die Kritiken zu meinen Filmen war schon immer gemischt. Nur *The Kid* hat wirklich *jeder* gelobt – aber da sind sie wieder zu weit gegangen, haben Shakespeare bemüht. Also *das* war wirklich fehl am Platz. Aber was mich bei den englischen Kritiken von *The Countess* entsetzt hat, war die Tatsache, daß sich alle einig waren. Und sie wirkten so persönlich, ein Angriff gegen *mich*. ›Chaplins Flop‹. Was anderes hat sie nicht interessiert. Früher konnten die Kritiker ein durchaus gutes Stück mit nur einer geistreichen Bemerkung massakrieren. Aber so was gab's hier nicht – sie waren schrecklich langweilig! Sie hätten sich doch darüber lustig machen können. Wo bleibt denn *ihr* Humor, um Himmels willen? Sie haben sich dann so was Infantiles einfallen lassen wie – ›Brando war hölzern‹ – aber genau das sollte er ja auch sein!

Meiner Meinung nach ist es das Beste, was ich je gemacht habe. Ich kann das objektiver sehen als bei den Filmen, in denen ich selbst mitgespielt habe, das kann nämlich sehr ärgerlich sein, und da kann ich schreckliche Minderwertigkeitskomplexe kriegen. Er steckt voller Einfälle, das finde ich immer gut, und obwohl er sehr einfach konstruiert scheint, hat es doch sehr lange gedauert, ihn schlüssig hinzukriegen, Ursache und Wirkung auszuarbeiten. Und er hat großen Charme – was wollen Sie mehr? Sachen wie *The Gold Rush* – eins, zwei, drei, Oma legt ein Ei – das ist so leicht. Es ist viel schwieriger, eine Situationskomödie wie *The Countess* in Gang zu halten ... Der Humor in *The Countess* ergibt sich vielleicht nicht mechanisch, aber die Situationen sind zum Schreien. Die Kritiker haben heutzutage eine entsetzliche Angst, altmodisch zu sein, aber dieser Film ist seiner Zeit zehn Jahre voraus.

Ich glaube, das hat's noch nie gegeben – eine realistische Behandlung einer unglaublichen Situation. Genau das hat mich gereizt. Meine anderen Filme waren da vollkommen anders, Karikaturen von Cruikshanks Zeichnungen sind Karikaturen. Aber das hier ist Cruikshank. Die Figuren geben sich in unmöglichen Situationen realistisch ... Zu Anfang hatte Brando Angst vor einer komischen Rolle, eine Heidenangst vor Komik, aber ich habe zu ihm gesagt, er soll sich keine Sorgen machen, weil die Figur sowieso humorlos angelegt war. Und er hat das realistisch rübergebracht. Nur in der Rülpsszene nicht, die haben wir nicht richtig hinbekommen, aber da ging's ja um das würdige Benehmen des Mannes. Und Sophia albert still vor sich hin. Sie wollte viel komischer sein, aber ich habe gesagt, gönn dem Publikum das Vergnügen, selbst auch noch was beizutragen.

Im Vertrauen gesagt, ist es eigentlich eine sehr traurige Geschichte. Dieser Mann, der seinen Eiszapfen von einer Frau um einer Hure willen verläßt. Ich finde das Ende, wie sie tanzen, tragisch. Vielleicht ist die Liebe, die er für sie empfindet, nur etwas Vorübergehendes, wie wir alle es kennen.

Als ich die Kritiken gelesen habe, habe ich zuerst Zweifel gekriegt. Dann bin ich am nächsten Tag wieder reingegangen und habe meine ganze Zuversicht wieder erlangt. Weil das Publikum begeistert war ...

Das Visuelle steht bei *The Countess* sehr stark im Vordergrund. Das macht den Charme des Films aus, daß das ganz eindeutig ist. Ich habe immer Schwierigkeiten mit Leuten gehabt, die gesagt haben: »Stell die Kamera dahin« oder »Jetzt muß eine Nahaufnahme kommen«. Ich mache meine Filme aus dem Gefühl heraus – da gibt's keine Regeln. Das Trara, das die um die Anschlüsse machen! Sie sehen ein Taschentuch in irgendeiner Tasche in einer Einstellung und in der nächsten ist es weg. Na und? Wenn die Einstellung komisch ist, laß ich's drin. Das ist eine Frage der Gewichtung – wenn das Publikum auf das *Taschentuch* guckt, dann stimmt mit der Szene sowieso was nicht! In *Shoulder Arms* gibt's eine Stelle, wo ich ein Gewehr überm Rücken habe, dann klemm ich meinen Finger in einer Mausefalle und das Gewehr ist verschwunden, aber in der nächsten Einstellung ist es wieder da. Eklatant - aber *niemand* hat das jemals beanstandet.

Ich arbeite jetzt an einem neuen Film. Das Problem ist nur, je älter ich werde, desto mehr liegt mir an Schönheit. Ich will, daß alles schön ist. Ich frage mich, ob die Kunst nicht langsam untergeht. Die Ästhetik hat sich auf Bereiche wie Raum und

Wissenschaft verlagert – diese wunderschönen Luftschiffe: der Gipfel der Zweckmäßigkeit. Kein Künstler könnte es damit aufnehmen.[3]

Chaplin machte gute Miene zum bösen Spiel, aber seine engsten Freunde wußten, daß die Kritik an seinem Film ihm einen schweren Schlag versetzt hatte. Das Jahr hatte noch anderen Ärger parat. Nachdem Michael Chaplin im Zusammenhang mit seinem Antrag auf Sozialhilfe für sich, seine Frau und sein Kind die Aufmerksamkeit der Öffentlichkeit auf sich gelenkt hatte, trat im März 1965 der Verlag Leslie Frewin an ihn heran. Am 17. April unterschrieben er und seine Frau Verträge, in denen sie sich bereit erklärten, Michaels Lebensgeschichte zu schreiben, in Zusammenarbeit mit den zwei Journalisten Charles Hamblett und Tom Merritt, die einen Anteil der Tantiemen erhalten sollten. Ziemlich rasch entstand ein Buch, in dem die beiden ›Ghosts‹ dem jungen Chaplin einen übertrieben lockeren Stil und ausgeflipptes Vokabular unterschoben. Michael billigte den Text zunächst, überlegte es sich dann aber anders und bemühte die Familienanwälte, die schwergewichtigen Richards, Butler and Co. Am 26. August teilten Richards, Butler and Co. Leslie Frewin in einem Schreiben mit, daß sie die Vereinbarung vom 17. April anfechten würden, weil ihr Mandant zu diesem Zeitpunkt minderjährig gewesen sei. Sie erklärten weiter, daß die Schrift Material enthalte, das sowohl den Mandanten als auch andere Personen schwer verleumde. Durch Richards, Butler and Co. beantragte Michael (als Minderjähriger vertreten durch Patrice als »seine Frau und engste Vertraute«) eine einstweilige Verfügung, um die Veröffentlichung des Buches bis zum Prozeß zu verhindern. Die Verfügung wurde am 20. September von Mr. Justice Waller bewilligt, aber das Berufungsgericht gab der Berufung der Beklagten am 25. Oktober statt. Es stand Michael offen, vor dem Oberhaus Revision einzulegen, und er stellte auch umgehend seinen Antrag. Der Einspruch wurde jedoch zurückgezogen, nachdem die Parteien sich darauf geeinigt hatten, den Text zu revidieren. Michael erklärte sich damit einverstanden, einen größeren Anteil seiner nach der Veröffentlichung des Buchs fälligen Tantiemen an den Verlag abzutreten, um ihn so für die Mehrkosten zu entschädigen, die durch seinen Sinneswandel entstanden.

Trotz des dubiosen Modestils und des Titels (*I Couldn't Smoke the Grass on My Father's Lawn ...*) wirkt das Buch, das dann zum Jahresende erschien, teilweise ergreifend; die Reflektionen eines intelligenten, großzügigen und empfindsamen jungen Mannes über die Schwierigkeiten, der Sohn eines Genies zu sein. Auch wenn er seine Verärgerung über die ›takt- und lieblose elterliche Reglementierung seines Lebens‹ zum Ausdruck bringt (als Beispiel führt er den Einsatz von Privatdetektiven an, die ihm ›unpassende‹ Freundschaften austreiben sollten), zeugt das Buch von aufrichtiger Zuneigung und Bewunderung für beide Elternteile:

So einen Vater wie meinen gibt's nur einmal. Komplex, begabt, abartig kreativ – er hat ganz andere Macken als der Durchschnittsbürger. Gelinde gesagt war und ist er als Vater ein ziemlicher Hammer. Als ich mitbekam, wie andre Leute auf ihn reagierten, hab ich erst so richtig kapiert, daß er was Besonderes ist. Besucher, deren Namen mir damals absolut nichts gesagt haben, später aber schon. Es handelte sich um Noël Coward, Graham Greene, Jean Cocteau, Truman Capote, Ian Fleming und eine ganze Menge andere Typen, und die haben ihn begrüßt wie einen olympischen Gott auf Urlaub. Es gab ein ständiges Kommen und Gehen von reichlich beeindruckten Interviewern, Fotografen, Intellektuellen, Malern, Schauspielern, Schicki-Mickis und Aufschneidern. Und wenn die im Manoir de Ban, dem Schuppen von meinem Vater in der Schweiz, aufgekreuzt sind, haben sie den alten Knaben immer mit einer Aura von Größe umgeben, die dann wieder auf sie abgefärbt hat.

Es muß mal eine Zeit gegeben haben, wo ich diesen Mann mit meinen rohen kindlichen Instinkten und meinem unterentwickelten Verstand schlicht und einfach als eine großherzige, impulsive, launische, fröhliche, introvertierte, phantasievolle, komische, zärtliche, strenge, traurige, brillante, autokratische, irrationale, eingebildete, leuchtende, alberne, ungerechte, liebevolle, scharfsinnige, gleichgültige, empfindsame, grausame, heitere umgekehrte Erweiterung meines eigenen Fleisches, meiner Gedanken und Gefühle empfunden haben muß; eine Zeit, wo ich – naturgemäß – einer der vielen Arme von Vater Oktopus war. Es muß mal eine Zeit gegeben haben, vielleicht in dem großen Haus in Beverley Hills in Kalifornien, unser Zuhause, bevor mein Vater sich nach Europa abgesetzt hat, wo ich meine Umgebung, meine Familie mit meinem Vater als Oberhaupt als was ganz Selbstverständliches hinnehmen konnte.

Aber an so eine Zeit kann ich mich nicht erinnern ...

Es kann ein Nachteil sein, der Sohn eines großen Mannes zu sein. Es kommt einem so vor, als würde man neben einem riesigen Denkmal leben: Man umkreist es sein Leben lang, entweder um in seinem Schutz zu bleiben oder um seinen Schatten zu meiden. Aber dann gibt's wieder Leute, die in einem Waisenhaus aufgewachsen sind. Die bemühen sich herauszufinden, wo ihr Platz in der Welt ist und suchen dann oft ihr ganzes Leben lang nach so einem Denkmal.[4]

Am 11. Oktober 1966, während er noch mit dem Schnitt von *A Countess From Hong Kong* beschäftigt war, stolperte Chaplin, als er mit Jerry Epstein am Pinewood Studio vorbeiging, über eine Erhebung im Bürgersteig und brach sich den Knöchel. Epstein brachte ihn zur Erste-Hilfe-Station des Studios, dann wurde er ins Krankenhaus von Slough gebracht, wo sein Fuß in einen Gipsverband gelegt wurde. »Das ist äußerst erniedrigend«, war Chaplins Kommentar. »Es ist einfach lästig. In ein paar Tagen bin ich wieder zurück.« Er behielt recht. Für sein Alter war er außergewöhnlich fit und daher bald wieder auf den Beinen. Aber er hatte sich zum ersten Mal in seinem Leben etwas gebrochen, und damit war es vorbei mit seiner phänomenalen Beweglichkeit, die es ihm bis dahin erlaubt hatte, Tennis zu spielen. Möglicherweise hatte er in dieser Zeit auch den ersten von mehreren leichten Schlaganfällen. Von nun an mußte Charles Chaplin sich damit abfinden, daß er alt wurde.

Doch konnte das seinen gewaltigen Schöpferdrang nicht beeinträchtigen. Er stürzte sich sofort wieder in ein neues Projekt: *The Freak*, eine dramatische Komödie um ein junges Mädchen, das eines Morgens aufwacht und feststellt, daß ihm Flügel gewachsen sind. Die Rolle war auf Victoria, seine dritte Tochter, zugeschnitten. Geraldine und Josephine hatten bereits Schauspielerkarrieren begonnen (beide hatten auch kurze Auftritte in *A Countess From Hong Kong*). Doch Chaplin glaubte, daß Victoria besonders das Talent zur Komödiantin geerbt hatte. Ihr Talent wurde durch ihre außergewöhnliche, strahlende Schönheit noch bereichert, die sich in den gleichen, suchenden, melancholischen Augen konzentrierte, die wir von Chaplins Tramp kennen. Die nächsten zwei Jahre befaßte sich Chaplin beharrlich mit dem Skript, und die Flügel, die Victoria in dem Film tragen sollte, wurden hergestellt und ausprobiert.

1969 lernte Victoria Jean-Baptiste Thierrée, einen jungen französischen Schauspieler, kennen und verliebte sich in ihn. Thierrée hatte großen Erfolg in Alain Resnais' Film *Muriel*, aber es war sein Herzenswunsch, als Clown zu arbeiten und einen eigenen Zirkus aufzubauen. Ohne Vorwarnung verließ Victoria ihr Elternhaus und tat sich mit ihm zusammen. Bald darauf heirateten sie und Victoria widmete sich voll und ganz der Aufgabe, Zirkuskünstlerin zu werden. Chaplin brauchte geraume Zeit, um mit diesem schweren Schlag fertigzuwerden, da er sich in seinen Plänen für *The Freak* zurückgeworfen sah. Unterdessen mußten Oona und Jerry Epstein, der den Film produzieren sollte, der Tatsache ins Auge blicken, daß Chaplins physische Kräfte immer weniger mit seinem kreativen Willen Schritt halten konnten.

Nach *A Countess From Hong Kong* hatte er auch einen persönlichen Verlust erlitten, der ihn schwer traf. Charles Chaplin, sein ältester Sohn von Lita Grey, starb am 20. März 1968 im Haus seiner Mutter in Kalifornien. Er war dreiundvierzig. Charles Chaplin junior war, wie man seinem Buch *My Father, Charlie*

Chaplin (1960) entnehmen kann, ein reizender, warmherziger junger Mann, dem kein glückliches Leben beschieden war. Seine schauspielerische Laufbahn verlief nicht so erfolgreich wie die seines Bruders; während seiner Militärzeit bekam er Probleme mit Alkohol; er hatte unter zwei gescheiterten Ehen zu leiden. Sein Tod trat als Folge einer nachlässig behandelten Verletzung ein, die er sich bei einem Sturz zugezogen hatte und die zu einer tödlichen Thrombose führte.

Anfang der siebziger Jahre konzentrierten sich Chaplins Energien auf die erneute Verwertung seiner alten Filme. Er trug sich schon eine Zeitlang mit dem Gedanken, die Vertriebsrechte zu verpachten. Auf diese Weise konnte er sich einen sehr beträchtlichen Vorschuß sichern und dabei einem andern die Aufgabe überlassen, aus den Filmen maximalen Profit herauszuholen. Sowohl Jerry Epstein als auch Sydney Chaplin hätten sich gerne an einem derartigen Arrangement beteiligt. Sydney war sich sogar so sicher, daß er seinen Vater dazu überreden könnte, ihm den Vertrieb anzuvertrauen, daß er einen potentiellen Partner nach Vevey mitbrachte, den Produzenten Sandy Lieberson –, der später Produktionschef von Twentieth Century Fox und dann von Goldcrest Films wurde. Sydney und Lieberson kamen zum Mittagessen, daß in sehr herzlicher Atmosphäre verlief, bis Sydney es wagte, seinen Vorschlag zur Sprache zu bringen. Chaplin reagierte zornig. Lieberson ist die schrecklich peinliche Situation noch gut im Gedächtnis, wie er zwangsläufig Zeuge des nachfolgenden Familienkrachs wurde und wie sie dann schmachvoll den Rückzug antraten.

Rachel Ford empfahl den ehemaligen leitenden Angestellten von United Artists, Moses Rothman, dessen Talent als Geschäftsmann in ganz Hollywood anerkannt war, als geeigneten Kandidaten für das Vertriebsgeschäft. Rothman gründete für den Vertrieb der Chaplin-Filme eine Firma, der er den witzigen Namen Black Inc. gab, und streckte 6 Millionen Dollar auf die 50 Prozent der Nettoeinnahmen vor, die an das Chaplin Roy Export Company Establishment gehen sollten. Es heißt, daß die Black Inc. allein mit den Verkäufen in Japan die Vorauszahlung wieder hereinbekam.

Rothman erwies sich nicht nur als cleverer Geschäftsmann, sondern auch als Meister der Werbung. Es war Bestandteil der Vereinbarung, daß Chaplin den neuerlichen Start seiner Filme durch diskrete und unaufwendige persönliche Auftritte unterstützen sollte. Die Bestätigung, die er dadurch erhielt, scheint für Chaplin in seinen letzten Lebensjahren sehr wichtig und befriedigend gewesen zu sein. Er bekam so ein Betätigungsfeld und war damit für seinen

Rückschlag mit *The Freak* entschädigt. Allerdings kann man annehmen, daß Chaplin nie die Hoffnung aufgab, diesen Film doch noch zu produzieren. 1970 komponierte er eine neue Musikbegleitung für *The Circus* und nahm den Titelsong ›Swing, Little Girl‹ selbst auf: mit achtzig hatte er immer noch eine angenehme und kaum zittrige Baritonstimme. Im November 1971 honorierte er die erfolgreiche Arbeit der Black Inc., indem er der Firma *The Kid* und *The Idle Class* (mit neuer Musikbegleitung), die er von der ursprünglichen Vereinbarung ausgeklammert hatte, als Geschenk zugab.

Die Welt wetteiferte nun darum, ihn mit Ehrungen zu überschütten. 1971 vergab das Fünfundzwanzigste Filmfestival von Cannes einen Sonderpreis für sein Gesamtwerk; in die gleiche Zeit fiel seine Ernennung zum Ritter der Ehrenlegion. Und nun wollte auch Amerika Vergangenes wiedergutmachen. Die Academy of Motion Picture Arts and Sciences beschloß, ihm einen Ehren-Oskar zu verleihen, und sprach gemeinsam mit der Lincoln Center Film Society aus New York eine Einladung aus. Das alte Wiedereinreiseverbot von McGranery war längst vergessen. Chaplin zögerte zuerst, die Einladung anzunehmen. Ted Tetrick zufolge gab schließlich die Aussicht, sich eine neue Kamera ansehen zu können, die aller Wahrscheinlichkeit nach die Entwicklungsarbeit an *The Freak* erleichtert hätte, den Ausschlag: Die Chaplins beschlossen nach ein paar Tagen Urlaub auf den Bermudas (wo Oona geboren war und ein von ihrem Vater geerbtes Grundstück besaß) nach Amerika zu reisen. Sie trafen am 2. April 1972 in New York ein und wurden auf dem Kennedy Airport von etwa hundert Presseleuten empfangen. Chaplin warf ihnen Handküsse zu, während er die Stufen der Gangway ziemlich langsam hinabstieg und auf eine wartende Limousine zusteuerte, die sie dann zum Plaza brachte. Am Abend gab Gloria Vanderbilt Cooper, eine Jugendfreundin von Oona, in ihrem Stadthaus eine Party für sie. Unter den Gästen waren Lillian Gish, Adolph Green, Geraldine Fitzgerald, Truman Capote und George Plimpton. Am nächsten Abend nahmen die Chaplins an einer Cocktail-Party in ihrem Hotel teil (zu der sie zu spät erschienen), bevor sie zur Philharmonic Hall fuhren, wo Chaplin zu Ehren und zur Unterstützung der Lincoln Center Film Society eine Gala-Vorstellung stattfand. Das Publikum bestand aus 1500 Personen, die 10 $ und 25 $ Eintritt bezahlt hatten, und weiteren 1200, die 100 $ und 250 $ für den feinen Champagner-Empfang danach hingeblättert hatten. Sie jubelten, als er die Halle betrat; sie bejubelten die Filme – *The Kid* und *The Idle Class* – und am Schluß beglückten sie ihn mit einer unglaublichen und überwältigenden Ovation. Viele Anwesende waren, wie Chaplin, zu Tränen gerührt. Als der Applaus es zuließ, sprach er ins Mikrophon: »Dies ist meine Wiedergeburt. Ich fühle mich wie neu geboren. Für Sie ist es leicht, aber für mich sehr schwer, heute abend zu reden, weil ich so tief gerührt bin. Aber ich freue mich, unter so vielen Freunden zu sein. Ich danke Ihnen.«

Der Champagner-Empfang erwies sich als eine größere Tortur. Chaplin hatte darum gebeten, seinen Tisch nicht abzuriegeln. Das hatte zur Folge, schrieb *Time*, daß »die Menge sich zu einer wogenden U-Bahn-Masse ballte, die sich in Smoking und Decolleté um den Tisch herum drängte.« Irgend jemand brachte eine Melone an und Chaplin alberte ein bißchen für die Fotografen. Als die Kongreßabgeordnete Bella Abzug sich über seinen Tisch beugte, rief er aufgeregt: »Das Publikum. Das Publikum. *Alle* waren da.« Zu denen, die es schafften, sich zu seinem Tisch durchzukämpfen, gehörten Claire Bloom und Paulette, die einige Minuten mit ihm sprachen. Chaplin war Zeit seines Lebens an Menschenmengen gewöhnt, und trotz des ganzen Durcheinanders »leuchtete sein Gesicht vor Vergnügen« (laut *Time*), als er die Veranstaltung zusammen mit Oona unter Polizeischutz verließ.

Er hatte sich zunächst Sorgen gemacht, wie er in den Vereinigten Staaten wohl empfangen würde, aber dieses erste Erlebnis stimmte ihn zuversichtlich. Am nächsten Tag ging er in einem wenig belebten Teil des Central Parks spazieren und aß als Gast des Manhattaner Stadtrats Carter Burden im Club ›21‹ zu Mittag. Als er den Speiseraum betrat, brauste Applaus auf, und ein Kellner erklärte ihm stolz, daß er ihn auch das letzte Mal bedient hatte, als er im Jahr 1952 im Club ›21‹ gespeist hatte. »Na, vielen Dank«, sagte Chaplin, »Ich habe nicht geglaubt, daß ich jemals wiederkommen würde, wissen Sie.« Unter anderen erschienen an seinem Tisch, um ihre Aufwartung zu machen, George Jessel, eine Säule der Rechten, und Jack Gilford. Er erinnerte sich nicht an Jessel, und Gilford kannte er nicht: »Ich habe nicht viele Schauspieler in Kalifornien gekannt«, meinte er zurückblickend. »Ich war meistens allein. Es ist mir schwer gefallen, mich mit andern anzufreunden. Ich war scheu und nicht wortgewandt. Douglas Fairbanks war mein einziger richtiger Freund, und auf seinen Partys war ich immer die Attraktion.«

Richard Avedon, der Chaplin fotografiert hatte, als er 1952 durch New York kam, erschien nach dem Mittagessen zu einem weiteren Fototermin in der Suite im Plaza. Danach gingen die Chaplins ins Gracie Mansion, wo Bürgermeister Lindsay ihm die ›Handel Medaille‹ verlieh, New Yorks höchste kulturelle Auszeichnung. Die Fotografen baten ihn zu lächeln, und Chaplin, der sein altes Selbstvertrauen wiedergewonnen hatte, witzelte: »Ich hab Angst, daß mir die Zähne rausfallen«, und er hielt sich die Hand unters Kinn.

Ende der Woche flog Chaplin mit Oona nach Hollywood, um seinen Ehren-Oskar in Empfang zu nehmen, für seinen »unschätzbaren Beitrag, den Film zur Kunstform des Jahrhunderts gemacht zu haben«. Candice Bergen begleitete sie als Reporterin für *Life*:

> Während des Flugs wechselte er zur anderen Seite des Flugzeugs über, um den Grand Canyon sehen zu können. »Ach ja, genau da hat Doug Fairbanks einen Handstand über dem Abgrund gemacht. Er hat mir davon erzählt.«
>
> Als sie sich Los Angeles näherten, wurde er immer nervöser, davon überzeugt, daß es doch ein Fehler gewesen war, hierherzukommen. Er wirkte ängstlich und in die Enge getrieben, aber er unternahm den tapferen Versuch, dagegen anzukämpfen. »Na ja«, seufzte er, »so schlecht war's ja auch wieder nicht, schließlich habe ich Oona dort kennengelernt.«[5]

Als er durch die Stadt fuhr, war er enttäuscht, wie verändert und fremd sie war. Die neuen Besitzer des alten Studios, A &M Records, waren sehr stolz auf ihre Verbindung zu Chaplin. Dank ihrer Bemühungen standen die Gebäude jetzt unter Denkmalschutz und in der Empfangshalle befand sich ein Chaplin-Museum. Sie wollten Chaplin eigentlich dort begrüßen und hatten alles mit speziellen Fahnen geschmückt, auf denen sein Bildnis aufgedruckt war. Das war aber zuviel für Chaplin. Er vereinbarte, an einem Sonntag zum Studio zu fahren, wenn es geschlossen war, und er begnügte sich damit, einen Blick durch die Tore zu werfen.

Einige vertraute Gesichter aus alter Zeit tauchten aus den jubelnden Menschenmassen empor. Tim Durant war darunter:

> Als Charlie ankam, hat Mrs. Walter Matthau mich angerufen. Sie war eine gute Freundin von Oona und sie hat gesagt: »Ich gebe ein Mittagessen für Charlie, könnten Sie nächsten Sonntag kommen?« Und ich habe gesagt: »Ja, ich komme gleich nach der Kirche. Ich würde ihn schrecklich gern wiedersehen«... Greer Garson war auch in der Kirche, und ich habe sie gefragt, ob sie mitkommt... Wie ich reingekommen bin, hab ich gleich den kleinen Tisch gesehen. Sie haben auf uns gewartet, wir waren etwas spät dran. Ich glaube, Lewis Milestone und seine Frau waren da und ein paar andere... Charlie saß gleich gegenüber, und als ich mich hingesetzt habe, habe ich zu ihm rübergesehen, und er schien mit den Leuten beschäftigt, die ihn da umlagert haben. Wissen Sie, er hat mich kaum bemerkt. Wir waren schon ungefähr eine halbe Stunde da und er hat immer noch nicht reagiert. Ich hab ein paarmal ver-

sucht, seinen Blick zu erhaschen, aber er hat sich abgewandt. Er hat ziemlich ziellos mit den Leuten gesprochen, die da zu ihm kamen, hat sich bestimmt nicht an ihre Namen erinnert. Ich weiß, wie er das immer gemimt hat – hat liebe Freunde zu ihnen gesagt und so. Das hab ich selber auch gemacht. Ich dachte, na ja, Charlie wird mich vergessen haben. Das ging mir ganz schön an die Nieren, aber als das Mittagessen vorüber war, ist er seltsamerweise aufgestanden und zu mir rübergekommen und hat mir direkt in die Augen geblickt und gesagt: »Tim, du und ich, wir waren mal Kumpels.« Naja, mir sind die Tränen gekommen – ich konnte nicht anders. Ich hab ihn irgendwie gepackt und umarmt und ich hab gesagt: »Hör mal, Charlie, das sind wir immer noch.« Und so hab ich mich verabschiedet und gedacht, das war's … Aber dann hat mich seine englische Sekretärin angerufen und mich gebeten, vorbeizukommen – sie hatten ein Cottage im Beverly Hills Hotel. Ich bin also hin, und als ich da war, hat Charlie die Haustür aufgemacht.

Er hat sich mit einem gutaussehenden jungen Mädchen unterhalten, was typisch war. Sie sah aus wie siebzehn oder achtzehn – Sie wissen doch, solche Mädchen hat er immer geheiratet, und die wollten nur Karriere machen und nach einer Weile wollten sie von Charlie nichts mehr wissen. Sie waren kein so treues Publikum wie ich. Also er hat sich mit ihr unterhalten und sowie er mich gesehen hat, hat er zu ihr gesagt: »Sieh dir diesen Mann da an, also um den mußt du einen großen Bogen machen. Das ist ein gefährlicher Mann. Mit dem darfst du nie was zu tun haben. Merk dir das.«

Es hat Spaß gemacht, wissen Sie. Und ich bin reingegangen, und er hat mich seiner Enkelin vorgestellt. Und das war ein wunderbarer Besuch bei ihm.[6]

Bei einer anderen Gelegenheit traf er Georgia Hale. Georgia hatte noch eine gute Figur, trug schulterlanges blondes Haar und lange Wimpern. Chaplin mimte Entrüstung, weil sie noch so jung wirkte, während ihn seine Altersgebrechen plagten. »Vielleicht ist es doch dein Glaube«, sagte er zu ihr. »Du hättest ihn mit mir teilen sollen.« Es war ironisch gemeint. In den Tagen ihrer Freundschaft hatte er ihr immer verboten, in seiner Anwesenheit von Religion zu sprechen.[7]

Es gab ein rührenderes Wiedersehen. Bei einer der Veranstaltungen in Hollywood, an denen Chaplin teilnahm, waren auch Jackie Coogan und seine Frau anwesend. Sie versuchten, an Chaplins Tisch zu gelangen, aber Walter Matthau, der Chaplin vor Belästigungen schützen wollte, versperrte ihnen energisch den Weg. »Entweder hat er Jackie nicht erkannt«, spekulierte Coogans Sohn Anthony, »oder er *hat* ihn erkannt und sich an die Zeiten erinnert, als Jackie ein ziemlicher Störenfried sein konnte.« Irgendwie kamen die Coogans dann doch an dem Leibwächter vorbei. Jackie war jetzt der kahlköpfige, stämmige siebenundfünfzigjährige Mann, der Uncle Fester spielte. Chaplin hatte ihn seit den Zeiten von *The Kid* so gut wie nie wiedergesehen, doch warf er nur einen Blick auf ihn und brach in Tränen aus. Sie umarmten sich und Chaplin sagte: »Wie schön, dich wiederzusehen ... kleiner Junge.« Und während Jackie sich mit Oona unterhielt, packte er Mrs. Coogans Arm, zog sie zu sich heran, bis ihr Gesicht dicht an seinem war, und murmelte emphatisch: »Ihr Mann ist ein Genie. Vergessen Sie das nie.«[8]

Die Oscar-Show war ein weiteres großes bewegendes Ereignis. Chaplin und Oona sahen sie sich auf einem Bildschirm in einer Garderobe hinter der Bühne an und erkannten begeistert Freunde im Publikum. Chaplin hatte die irrationale Angst geplagt, daß niemand kommen könnte. Als er seine Ehrung entgegennahm, war er so überwältigt, daß er nicht mehr als ein tränenerfülltes ›Danke‹ stammeln konnte, aber ihm gelang eine kleine Nummer mit einem Hut, den er von seinem Kopf hochspringen ließ, wie in seinen alten Stummfilmen.

> Als er hinterher über den feierlichen Akt sprach, leuchteten seine Augen kindlich, weit aufgerissen vor Staunen, rund vor Freude. »Ich mußte fast weinen – und *die* hier«, er wies mit schrägem Kopf auf die strahlende Oona, »die hat dauernd gesagt, ›Ach, fang bloß nicht an zu flennen!‹ «
>
> Es war so ergreifend, und das Publikum – das war so bewegt. Ich hab gedacht, einige könnten zischen, aber sie waren so *reizend* – all diese berühmten Leute, all diese Künstler. Wissen Sie, so was haben Sie noch nie mit mir gemacht. Es übertrifft alles.«
>
> Er sah sich nach seinem Oscar um und konnte ihn nirgendwo erblicken. »O nein«, jammerte er, »all diese reizenden Leute und ich hab ihn *verloren*.« Er wurde wiedergefunden und wieder hingestellt.
>
> Er sah zunehmend wie ein englischer Schuljunge aus, grinste lausbübisch, schlug unschuldig die Augen auf, zeigte mit seiner fleckigen Hand auf sich selbst und verkündete scherzhaft: »Das Genie ...«
>
> Plötzlich gewann er seine alte Behendigkeit wieder und sprang aus seinem Sessel auf. Mit blitzenden Augen und gespielter Ungeduld sagte er: »Gehen wir endlich feiern, um Himmels willen!«
>
> Und glücklich seinen Song ›Smile‹ summend nahm er Oonas Arm und trat würdevoll durch die Tür.[9]

Zwei Jahre später, als die Euphorie abgeklungen war, gab Chaplin in seinem Buch *My Life in Pictures* den Kommentar ab: »Ich war von der Geste gerührt, aber sie barg auch eine gewisse Ironie.«

Im September 1972 wurde ihm der Sonderpreis des Goldenen Löwen der Filmfestspiele von Venedig verliehen. Am letzten Tag der Festspiele wurde der Markusplatz für eine Vorführung von *City Lights* in ein riesiges Freilicht-Kino verwandelt. Es war geplant, daß Chaplin zu Beginn des Films auf einem Balkon, der auf den Platz hinausgeht, erscheinen sollte. Dann wollte man ihn zum Palast bringen, wo er seine Ehrung von der Frau des italienischen Präsidenten in Empfang nehmen sollte. Die Zeit war knapp bemessen, und um Verzögerungen zu vermeiden, hatte die Polizei die Strecke auf dem Canale Grande zwischen dem Platz und dem Palast abgeriegelt. Chaplins Erscheinen über dem Platz löste einen überwältigenden Begeisterungssturm aus. Endlich begann die Vorführung, und Chaplin und alle andern setzten sich, um den Film zu genießen. Oona, Rachel Ford und der Rest seiner Entourage wurden ziemlich nervös, weil die Zeit knapp war, und sie drängten zum Aufbruch. »Ich warte, bis ich den Boxkampf gesehen habe«, sagte er freundlich, aber bestimmt. Und dabei blieb er.

Wieder zurück in der Schweiz machte er sich an ein neues Buch: *My Life in Pictures*. Max Reinhardt vom Verlag The Bodley Head hatte vorgeschlagen, ein Buch zu machen, das *My Autobiography* ergänzen sollte und größeres Gewicht auf Chaplins Arbeit legte. Chaplins üppige Sammlung von Privat- und Studiofotos, von denen viele noch nie veröffentlicht worden waren, schien dafür ideal geeignet. Chaplin genoß es offenkundig, wieder in die Vergangenheit einzutauchen, aber Rachel Ford machte sich mit Recht Sorgen um das kostbare Archivmaterial, wenn Chaplin und Reinhardt in einem Meer von empfindlichen Fotos knieten, die auf dem Boden herumlagen.

Chaplins knappe Kommentare zu den Bildern verhalfen zu einigen neuen Erkenntnissen, doch gelegentlich schien ihn sein phänomenales Gedächtnis im Stich zu lassen. Zum Beispiel bringt er Clare Sheridans Sohn unerklärlicherweise mit seinen eigenen Kindern durcheinander; und (Namen waren nie seine große Stärke) er übernahm den alten Fehler der Filmographen und schob Phyllis Allen eine Rolle in *The Kid* unter. Besonders hervorzuheben an diesem großartigen Werk ist Francis Wyndhams Vorwort mit seiner einfühlsamen Würdigung und dem bewegenden Porträt des alten Chaplin. Im Oktober 1974 war Chaplin zum Erscheinen seines Buches in London. Er sagte vor Journalisten, daß er sich nie zur Ruhe setzen könne, »weil mir ständig neue Ideen kommen«.

Im März 1975 war er wieder in London, mit dem größten Teil seiner Familie, um von der Königin zum Ritter geschlagen zu werden. Der feierliche Akt war zweifellos seine große Stunde. Während des langen Wartens auf die Königin nahm das Streichorchester der Welsh Guards das Thema von *A Countess From Hong Kong* in seine Auswahl beschwingter Operettenmelodien auf, und kurz vor dem Eintreffen der Königin spielte ein Pianist ›Smile‹. Als es Zeit für den Ritterschlag war und der Name ›Sir Charles Chaplin‹ ausgerufen wurde, leitete das Orchester zum Hauptthema von *Limelight* über.

Chaplin hatte gehofft, die zehn Meter bis zur Königin selbst gehen zu können, aber seine Beine waren zu unsicher und ein Palastdiener schob ihn in einem Rollstuhl. Chaplin sagte, das Lächeln der Königin habe ihn »sprachlos« gemacht. »Sie hat mir gedankt, für alles, was ich getan habe. Sie hat gesagt, meine Filme hätten ihr sehr viel gegeben.« Während er zusammen mit anderen Gästen das Ende der Zeremonie abwartete, fing sein stets waches Auge einen Gag ein, als das Notenpult des Kapellmeisters plötzlich zusammenbrach. Als er den Palast verließ, bat er die Fernsehkameramänner mit der Geistesgegenwart des Regisseurs, ihn nicht bei dem mühsamen Einsteigen in seinen Wagen zu filmen.

Nach der Verleihung gab es ein Familienfest im Savoy. Chaplin fand es inzwischen anstrengend, viel zu reden, und saß die meiste Zeit einfach still da und beobachtete die andern. Doch im Verlauf der Party kam ein Anruf vom Premierminister, der vorbeikommen wollte, um Chaplin seine Aufwartung zu machen. Kurz darauf traf dann auch Harold Wilson mit Marcia Williams ein. Sofort war Chaplin auf den Beinen, aufrecht und munter, das alte ›Bühnenlächeln‹ so strahlend und reizend wie sechzig Jahre zuvor. Ein Schauspieler verfügt über rätselhafte Energien.

Er hatte immer noch ständig neue Ideen. Als nächstes wollte er für seinen einzigen großen Stummfilm, der noch nicht mit synchronisiertem Ton versehen worden war, eine Musikbegleitung komponieren. Nach einem halben Jahrhundert fühlte er sich endlich in der Lage, zu *A Woman of Paris* zurückzukehren. Seit seiner Ablehnung durch das Publikum im Jahr 1923 war dieser Film ein wunder Punkt geblieben. Als er ihn wieder sah, lebte seine ursprüngliche Begeisterung für den Film wieder auf. Weil er sich aber große Sorgen machte, wie ein modernes Publikum ihn aufnehmen könnte, nahm er einige Schnitte vor an Stellen, die sentimental wirken könnten. Er hätte kühner sein können. Die große Szene zwischen Marie und Jeans Mutter über Jeans Leichnam war in der Originalfassung, mit Chaplins ungezügeltem Gefühl, sicherlich stärker.

Der verständnisvolle Eric James arbeitete bei Transkription und Orchestrierung mit ihm zusammen. Chaplin komponierte mehrere einprägsame Motive, doch achtzig Minuten Musik zu schaffen überstieg seine Kräfte, und so wurden zur Ergänzung des neuen Materials Themen aus bereits vorhandenen Musikbegleitungen entliehen. Die Kritiker des frisch aufpolierten *A Woman of Paris* reagierten überschwenglich auf die Wiederentdeckung des Films, die Musikbegleitung wurde aber gern als unzulänglich abgetan. Das zeugt von mangelndem Verständnis. Wie alle Musikbegleitungen von Chaplins Filmen orientiert sich auch diese in Stil und Technik an der viktorianischen Theatermusik – ein Ausdrucksmittel, das völlig angebracht erscheint für dieses prächtige Melodram, zeitlos, aber mit dem neunzehnten Jahrhundert mindestens ebenso eng verbunden wie mit dem zwanzigsten.

Chaplin war bei den Aufnahmen in den Anvil Studios in Denham dabei. Der Autor dieses Buches suchte ihn dort auf, und bei dieser Gelegenheit wurde die Idee zu diesem Buch erstmalig mit ihm besprochen. Ich hatte ihm einige Fotos von der Karno-Fun-Factory mitgebracht, die in diesem Buch erscheinen, und er war vor allem von einem fasziniert, das den Autokraten Karno hinter seinem Schreibtisch in einem vollgestopften edwardischen Büro zeigt. Ich fragte ihn, ob er in die Vorbereitung der Musik für *A Woman of Paris* viel Arbeit stecken mußte und er antwortete: »Nicht viel – hauptsächlich Inspiration.« Obwohl er immer noch recht rundlich war, wirkte er inzwischen schon schrecklich zerbrechlich. Er konnte nicht mehr ohne Hilfe gehen. Aber sein Geist war eindeutig noch genauso wach wie immer, und er fühlte sich ständig frustriert, weil er seine Gedanken nicht mehr ausdrücken oder verwirklichen konnte. Er war furchtbar empfindlich. Bei einer Pause während der Aufnahmearbeiten mimten einige Musiker einen Streit, und diese gespielte Aggression bekümmerte ihn zutiefst.

Mit der Filmmusik zu *A Woman of Paris* vollendete er das letzte Werk seiner phänomenalen Schöpfung. Sie bildete den Abschluß eines Arbeitslebens, das ein dreiviertel Jahrhundert umfaßte. Nun verließ er nur noch selten das Haus. In einem Interview, das sein Sohn Eugene für den *National Enquirer* gab, schilderte er, wie sein Vater seine letzten Lebensjahre verbrachte. Wegen seiner Gicht konnte er nicht mehr gehen und er wollte keine Besucher mehr im Haus haben. Immer wieder aufs neue las er *Oliver Twist*, seinen Lieblingsroman von Dickens. Manchmal werkelte er auch ein bißchen an dem Skript von *The Freak* herum. (Sein letzter Satz in *My Life in Pictures* lautete: »Irgendwann mache ich ihn bestimmt.«) Manchmal sah sich die Familie abends seine alten Filme auf einem 16mm-Projektor an. Wenn die andern lachten, setzte er sich auf und grinste glücklich, »mit einem spitzbübischen Lächeln«, sagte Eugene. Als die Kinder heranwuchsen, hatte er sich dagegen gesperrt, daß ein Fernseher ins Haus kam, aber jetzt lernte er das Fernsehen zu schätzen. Er sah sich gerne die Nachrichtensendungen an, und obwohl er kein Französisch sprach, schien er sie problemlos zu verstehen. Auch amerikanische Filme liebte er, und bei französischen Shows unterhielt er sich selbst mit bissigen Imitationen der Darsteller. Er redete nicht gerne über alte Freunde. Er war nicht religiös und ging nie zur Kirche, aber er hatte keine Angst vor dem Tod: »Wenn ich gehe, gehe ich«, sagte er. Er saß oft stundenlang mit Oona zusammen, hielt ihre Hand und wechselte kaum ein Wort mit ihr. »Sie kann seine seltsame Einsamkeit teilen«, sagte sein Sohn.

Bei schönem Wetter fuhr Renato der Chauffeur oder Gino der Butler Chaplin und Oona zu einem stillen Plätzchen am See, wo sie ein oder zwei Stunden zusammensaßen, bis der Wagen sie wieder abholte. Sie kauften ein Elektro-Car, so daß er immer noch seinen Park inspizieren konnte.

Am 15. Oktober 1977 verließ Chaplin das Manoir zum letzten Mal. Zusammen mit Oona, Victoria, ihrem Mann Jean-Baptiste und deren Kindern besuchte er eine Vorstellung des Zirkus Knie in Vevey. Seit die Chaplins in der Schweiz lebten, waren die Besuche des Zirkus Knie immer ein großes Ereignis für sie gewesen. Gewöhnlich veranstalteten sie in ihrem Haus eine Party für die Künstler.

Nun ließen seine Kräfte rapide nach. Er brauchte ständige Pflege. Wochenlang bestand Oona darauf, sich selbst um ihn zu kümmern, bis die Familie und das Personal sich ernsthafte Sorgen um ihre Gesundheit machten und sie sich dazu überreden ließ, ihre Arbeit mit einer Krankenschwester zu teilen. Mit Ausnahme von Geraldine, die in Spanien arbeitete, versammelte sich zu Weihnachten die ganze Familie im Manoir zum traditionellen Fest. Inzwischen gab es schon eine Horde von Enkeln. Am Heiligabend kam Monsieur Inmoos als Weihnachtsmann verkleidet vom Dorf herauf, wie er es in den vergangenen zwanzig Jahren immer getan hatte, um die Geschenke vom Baum zu verteilen. (Monsieur Inmoos sagte, daß Chaplin ihn viele Male gesehen habe, aber ausschließlich in dieser Kluft.) Die Geschenke der Kinder für Chaplin wurden in seinem Zimmer abgegeben, und die Tür wurde aufgelassen, damit er hören konnte, wie die Kleineren auf den Weihnachtsmann reagierten.

In dieser Nacht, in den frühen Morgenstunden des ersten Weihnachtstages 1977, starb Charles Chaplin friedlich im Schlaf.

Der junge Maler Mark Stock, der Chaplin vergötterte und eine prächtige Serie von Porträt-Lithographien gemacht hatte, hörte die Meldung am frühen Morgen des ersten Weihnachtsfeiertages in Hollywood im Radio. Irgendwo in der verlassenen Stadt trieb er frische Blumen auf. Er fuhr zum Tor von Chaplins altem Haus und hinterließ dort eine Rose. Eine weitere befestigte er am Tor des Studios. Dann kletterte er am Tor hoch und zog die Studio-Fahne auf Halbmast herunter. So blieb sie viele Tage lang. Schließlich ging er zum Hollywood Cemetery, um dort eine Rose auf Hannahs Grab zu legen – doch dort lag schon ein Strauß frischer Blumen.

Die Beisetzung fand am 27. Dezember 1977 um 11 Uhr vormittags in der Anglikanischen Kirche in Vevey statt. Gemäß Chaplins Wunsch war nur die engste Familie zugegen. Der Gottesdienst wurde von Rev. Robert Thomson und Rev. David Miller gehalten, in Anwesenheit des britischen Botschafters Allen Keir Rothnie. Der Sarg war mit einem schwarz-silbernen Leichentuch bedeckt. Unmittelbar nach der Trauerfeier reiste Oona nach Crans-sur-Sierre ab.

Mit seiner Vorliebe fürs Makabre hätte Chaplin ein ideales Szenario in den bizarren Ereignissen gefunden, die sich kaum zwei Monate später ereigneten. Als der Oberwärter des Friedhofs von Vevey, Etienne Buenzod, am 2. März 1978 zur Arbeit kam, stellte er fest, daß Chaplins Grab geöffnet worden und der Sarg verschwunden war. Die Weltpresse wetteiferte in den phantastischsten Erklärungen für das Verbrechen. War es die späte Rache einer neofaschistischen Gruppe für *The Great Dictator*? Ein antisemitischer Protest gegen die Beisetzung eines Juden [*sic*] in einem christlichen Friedhof? Oder waren es einfach fanatische Anhänger, die unbedingt die sterblichen Überreste ihres Idols besitzen wollten? Als nach einigen Tagen der erste Telefonanruf kam, wurde klar, daß es sich um einen Fall posthumer Entführung handelte. Ein geheimnisvoller ›M. Cohat‹ (oder ›Rochat‹) meldete sich und forderte 600 000 Schweizer Franken für die Rückgabe des Leichnams.

Die Missetäter erwiesen sich schließlich als ein jämmerliches Duo unfähiger Keystone-Figuren: Der Pole Roman Wardas, ein vierundzwanzigjähriger arbeitsloser Automechaniker, und Gantcho Ganev, achtunddreißig Jahre alt, ein bulgarischer Flüchtling, der als Mechaniker in Lausanne arbeitete. Sie hatten sich von einer Meldung über den Diebstahl des Leichnams von Salvatore Mataressa, eines italienischen Fabrikanten, inspirieren lassen und hofften, auf diesem Wege genug Geld aufzubringen, um sich mit einer Werkstatt selbständig machen zu können. Ihr erstes Malheur war, daß sie sich für die Exhumierung eine überaus nasse Nacht ausgesucht hatten. In dem Regen dauerte es zwei Stunden, das Grab freizuschaufeln, und dann war der Boden so schlammig, daß sie ihr ursprüngliches Vorhaben, den Sarg im gleichen Loch etwas tiefer zu verstecken, nicht ausführen konnten. Und so mußten sie den bleiausgeschlagenen Sarg durch den Friedhof schleppen, in ihr Auto laden und ein anderes Versteck suchen.

Oona weigerte sich von Anfang an, mit den Leichenräubern in Kontakt zu treten. Der Familienanwalt Jean-Felix Paschoud zitierte ihre Worte: »Mein Mann ist im Himmel und in meinem Herzen.« Vielleicht erinnerte sie sich auch an Chaplins eigenen harten Standpunkt gegenüber Entführern. Die Sache mußte jedoch umsichtig gehandhabt werden, da die Leichenräuber damit drohten, Gewalt gegen die kleineren Kinder anzuwenden, als kein Lösegeld gezahlt wurde. Als sie damit gedroht hatten, Christopher die Beine zu zerschießen, bekam er auf seinem täglichen Schulweg diskreten Polizeischutz.

Von Anfang an war Monsieur Paschoud überzeugt, daß sie es mit Amateuren zu tun hatten. »Wenn wir verhandelt hätten, hätten wir den Sarg schließlich für fünfzig Franken wiederbekommen«, meinte er. Die Chaplins und die Polizei mußten einfach abwarten. Insgesamt riefen die Entführer siebenundzwanzigmal an. Geraldine unternahm es, sich mit ihnen zu befassen, und sie verhielt sich im Laufe der Wochen sehr geschickt, hielt die Leichenräuber mit ihrer stimmlichen Wiedergabe von Kummer und Sorge bei der Stange. Eine »Übungs«-Geldübergabe ging auf lächerliche Weise daneben. Allmählich wurden Wardas und Ganev faul. Anfangs waren sie großräumig herumgezogen, um ihre Anrufe zu machen, aber schließlich benutzten sie einfach Telefonzellen in Lausanne. Als die Polizei das erkannte, wartete sie auf einen Anruf, der für eine bestimmte Zeit vereinbart worden war, und ließ dann alle Telefonzellen in Lausanne überwachen. Etliche unschuldige Anrufer bekamen einen gehörigen Schrecken, aber Wardas und Ganev wurden gefaßt.

Man fand den Sarg am Rand des Dorfes Noville am östlichen Ufer des Genfer Sees in einem Kornfeld vergraben, etwa zwanzig Kilometer von Vevey entfernt. Dort ging Wardas immer angeln. Oona war gerührt, daß sie einen so friedlichen Ruheplatz für Chaplin ausgewählt hatten; und nachdem der Sarg entfernt worden war, errichtete der Bauer, dem das Feld gehörte, dort zum Gedenken ein schlichtes, mit einem Spazierstock geschmücktes Holzkreuz.

Wardas und Ganev wurden im Dezember in Vevey vor Gericht gestellt. Die Hauptzeugin der Anklage war Geraldine. Wardas wurde zu viereinhalb Jahren Haft und Ganev zu achtzehn Monaten mit Bewährung verurteilt, wegen »Störung der Totenruhe und versuchter Erpressung«.

In den Tagen nach Chaplins Tod zollten ihm alle großen Männer seiner Branche ihren Tribut. René Clair, der Altmeister des französischen Films, schrieb:

> Er war ein Monument des Kinos aller Länder und aller Zeiten. Er inspirierte fast jeden Filmemacher. Ich selbst fühlte mich von dieser außergewöhnlichen Mischung aus Komik und Gefühl besonders angesprochen. Es hieß *Modern Times* sei von *A Nous la Liberté* angeregt gewesen. Ich bin glücklich und stolz, wenn ich, der ich so sehr von ihm beeinflußt war, ihn einmal meinerseits beeinflussen konnte.
>
> Charles Chaplin, der uns mit jedem seiner Filme so reich beschenkt hat, hat uns heute, an diesem ersten Weihnachtsfeiertag, das schönste Geschenk genommen, das uns das Kino beschert hat.

Laurence Olivier sagte: »Er war vielleicht der größte Schauspieler aller Zeiten«; und Jean-Louis Barrault nannte ihn

> das vollkommenste Beispiel des perfekten Schauspielers und des schöpferischen Genies, ob es nun im Theater oder im Kino seinen Ausdruck findet. Er ist zu allererst ein außergewöhnlicher Mime, und seine Pantomime lehrt uns, daß man mit vollkommener Unbeweglichkeit ein Maximum an Wirkung erzielt. Kurz gesagt, er hat uns den Gipfel der Pantomimenkunst gezeigt.

Der große französische Filmkomiker Jacques Tati sagte:

> Wenn er nicht gewesen wäre, hätte ich nie einen Film gemacht. Zusammen mit Keaton war er der Meister von uns allen. Sein Werk ist immer zeitgemäß und doch ewig, und was er dem Kino und seiner Zeit gegeben hat, ist unersetzlich.

Für Federico Fellini war er

> eine Art Adam, von dem wir alle abstammen ... Seine Persönlichkeit hatte viele Seiten: Er war der Vagabund, aber auch der einsame Aristokrat, der Prophet, der Priester und der Dichter.

Die schlichteste Huldigung – und doch vielleicht die bewegendste, weil in ihr das Amerika Abbitte leistete, das Charles Chaplin vor so langer Zeit verunglimpft und verstoßen hatte – stammt von Bob Hope:

> »Wir können uns glücklich schätzen, daß wir in seiner Zeit gelebt haben.«

1896

1906

1918

1927

1935

1962

1909

1942

1947

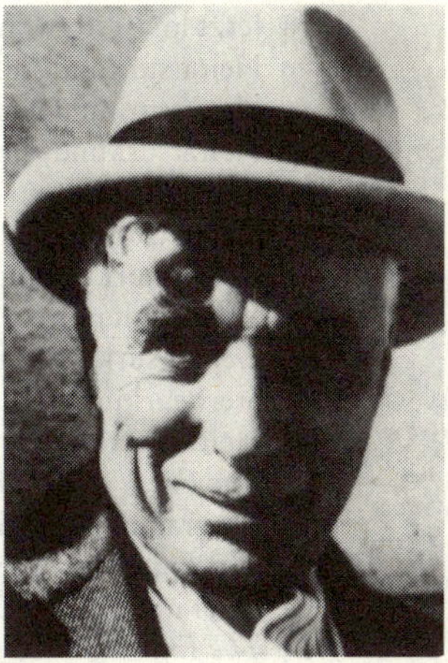

1952

1966

1971

Anmerkungen

1. Kapitel: Kindheit in London

1 Suffolk Kirchenregister, *passim*
2 Volkszählung von 1851
3 Testament von Shadrach Chaplin im Principal Probate Office, Somerset House
4 Heiratsurkunde im General Registry Office (Standesamt)
5 Sterbeurkunde im General Registry Office
6 Geburtsurkunde im General Registry Office
7 Geburtsurkunde im General Registry Office
8 Jetzt im Besitz von Lady Chaplin.
9 Heiratsurkunde im General Registry Office
10 Heiratsurkunde im General Registry Office
11 Heiratsurkunde im General Registry Office
12 Sterbeurkunde im General Registry Office
13 Geburtsurkunde im General Registry Office
14 Geburtsurkunde im General Registry Office
15 Volkszählung von 1871: Gemeinde von St. Mary Newington, Liste 321
16 Geburtsurkunde im General Registry Office
17 Sterbeurkunde im General Registry Office
18 Heiratsurkunde im General Registry Office
19 *The Era*, 18. Juni 1887
20 Programm in der Sammlung von Professor E. J. Dawes
21 *The Era*, August 1890
22 Brief im Sydney-Chaplin-Archiv, Vevey
23 *The Era*
24 Brief von Wheeler Dryden an Edna Purviance. Siehe S. 262
25 Lambeth Board of Guardians (Armenamt), Lunacy Examinations Book, 1893, S. 197, GLC-Archiv (Archiv des Greater London Council)
26 St. Saviour Union (Southwark). Order for Reception of a Pauper Lunatic (Anweisung zur Aufnahme einer mittellosen Geisteskranken), GLC-Archiv
27 *American Magazine*, November 1918
28 Register des Armenhauses von Renfrew Road (Lambeth), GLC-Archiv
29 Schulregister, GLC-Archiv
30 Register des Armenhauses Southwark, GLC-Archiv
31 Charles Chaplin: *My Autobiography*, 1964 (Dt.: *Die Geschichte meines Lebens*, Frankfurt a. M. 1964). Aus der Korrespondenz zwischen dem Armenamt St. Saviour und den Norwood Schools (GLC-Archiv) geht allerdings hervor, daß der Name richtig ›Hindom‹ lautet und nicht ›Hindrum‹, wie Chaplin schreibt
32 *Pearson's Weekly*, 21. September 1921

33 Brief, der sich jetzt im Vevey-Archiv befindet.
33 Testament von Spencer Chaplin, vom 18. Mai 1897, im Principal Probate Office, Somerset House
34 Walter Monnington und Frederick J. Lampard: *Our London Poor Law Schools*, London, 1898
35 Ebd.
36 *Strand Magazine*, Band 17, Nr. 12, S. 88–95
37 Protokoll des Armenamtes St. Saviour (Southwark), GLC-Archiv
38 Brief von Dr. Shepherd an CC, 1916, im Vevey-Archiv
39 Testament von Spencer Chaplin, vom 18. Mai 1897, im Principal Probate Office, Somerset House
40 Protokoll des Armenamtes St. Saviour (Southwark), GLC-Archiv
41 Korrespondenz des Armenhauses St. Saviour (Southwark), GLC-Archiv
42 Register des Armenhauses Renfrew Road (Lambeth), GLC-Archiv
43 Armenamt Lambeth, Lunacy Examinations Book, 12. September 1898, GLC-Archiv
44 *Motion Picture Classic*
45 Register des Armenhauses Renfrew Road (Lambeth), GLC-Archiv
46 Register der Kennington Road Schools, GLC-Archiv
47 *Glasgow Weekly Herald*, 9. Oktober 1921
48 *The Magnet*, 14. Juli 1900
49 Register der Armitage Street School. Die Schulregister existieren heute nicht mehr, die Eintragung wurde 1921 in einer Zeitung in Manchester abgedruckt
50 Alfred Jackson in einem Interview in *The Star* vom 3. September 1921
51 Charles Douglas Stuart und A. J. Park: *The Variety Stage*, London, 1895
52 Alfred Jackson, a. a. O.
53 *Winnipeg Tribune* vom 29. November 1912
54 Register des Armenhauses Renfrew Road (Lambeth), GLC-Archiv
55 Sydney Hill – Continuous Certificate of Discharge
56 Sydney Hill – Seaman's Allotment Note
57 Sydney Hill – Continuous Certificate of Discharge
58 *Manchester Daily Chronicle* vom 14. September 1921
59 Verzeichnisse der Post, *passim*
60 Zeitungsausschnitt, Quelle unbekannt
61 May Reeves: *Charlie Chaplin intime. Souvenirs receuillis par Claire Goll*, 1935
62 Armenamt Lambeth, Lunacy Reception Order, 9. Mai 1903, GLC-Archiv
63 Charles Chaplin jr.: *My Father, Charlie Chaplin*, 1960 (Dt.: *Mein Vater Charlie Chaplin*, Konstanz, 1961)

2. Kapitel: Erste Schritte

1 Charles Chaplin: *My Autobiography*
2 Brief an Sydney Chaplin vom August 1913. Siehe S. 127

3 Bert Herbert in einem Interview in *The Star* vom 3. September 1921
4 Gewerberegister (licensing records), GLC-Archiv
5 Edith Scales, zitiert in *Empire News* vom 8. März 1931
6 Edith Scales, Ebd.
7 *Ashton-under-Lyne Reporter* vom 21. November 1903
8 Ebd.
9 Edith Scales, a. a. O.
10 Ebd.
11 Ebd.
12 Sydney Hill – Continuous Certificate of Discharge
13 Armenamt Lambeth, Lunacy Reception Order vom 18. März 1905
14 *The Era*
15 *The Era Annual*, 1906
16 Will Murray, in einem Interview im *Glasgow Weekly Herald* vom 10. September 1921
17 Ebd.
18 Dan Lipton, zitiert im *Daily Graphic* vom 1. September 1921
19 Will Murray, a. a. O.
20 Fred Goodwins, Artikel im *Pearson's Weekly*
21 Interview mit Richard Meryman, 1968
22 In einem Gespräch mit dem Autor, circa 1954

3. Kapitel: Beim Guv'nor

1 Zeitungsinterview
2 *The Theatre*, London, April 1880
3 Stan Laurel, zitiert in John McCabes *Charlie Chaplin*, 1978
4 Fred Goodwins, Artikel im *Pearson's Weekly*
5 Brief im Vevey-Archiv
6 Stan Laurel, a. a. O.
7 Geburtsurkunde im Standesamt
8 Charles Chaplin: *My Trip Abroad*, 1922 (Deutsch: *Hallo Europa*, Leipzig, 1928)
9 Charles Chaplin: *A Comedian Sees the World*, 1932
10 Manuskript im Vevey-Archiv
11 Zeitungsausschnitt, Quelle unbekannt. Die meisten dieser frühen Kritiken aus der Karno-Zeit sind in Chaplins erstem Sammelalbum erhalten geblieben, wurden aber ohne Datums- und Quellenangaben eingeklebt
12 Stan Laurel, a. a. O.
13 Zeitungsausschnitt, Quelle unbekannt
14 Stan Laurel, a. a. O.
15 Alf Reeves, in einem Interview in *Photoplay* vom August 1934. In Reeves' eigenem Sammelalbum erhalten geblieben
16 Alf Reeves, Ebd.

17 Zeitungsausschnitt, Quelle unbekannt
18 Zeitungsausschnitt, Quelle unbekannt
19 Zeitungsausschnitt, Quelle unbekannt
20 Zeitungsausschnitt, Quelle unbekannt
21 Zeitungsausschnitt, Quelle unbekannt
22 Stan Laurel, a. a. O.
23 Zeitungsausschnitt, Quelle unbekannt
24 Brief im Vevey-Archiv
25 Zeitungsausschnitt, Quelle unbekannt
26 ›Whimsical‹ Walker. *From Sawdust to Windsor Castle*, 1922
27 Zeitungsinterview, Quelle unbekannt
28 Brief von CC an Sydney Chaplin im Vevey-Archiv
29 Stan Laurel, a. a. O.
30 Zeitungsausschnitt, 1921, Quelle unbekannt

4. Kapitel: Beim Film

1 Mack Sennett: *King of Comedy* (in der Aufzeichnung von Cameron Shipp), 1954
2 Brief in Kevin Brownlows Sammlung
3 Diese Version wird ohne Quellenangabe in John McCabes *Charlie Chaplin* zitiert
4 Original und Entwurf des Vertrages im Vevey-Archiv
5 Walter Kerr: *The Silent Clowns*, 1975
6 Ebd.
7 Charles Chaplin: *My Autobiography*
8 Hans Koenekamp in einem Interview mit dem Autor, Dezember 1983
9 Ebd.
10 Walter Kerr, a. a. O.

5. Kapitel: Essanay

1 Roland Totheroh in einem Interview mit Timothy J. Lyons, in *Film Culture*, Frühjahr 1972
2 Ebd.
3 Ebd.
4 Fred Goodwins, Artikel im *Pearson's Weekly*
5 Ebd.
6 Armenamt Lambeth, Settlement Examinations Book, GLC-Archiv

6. Kapitel: Mutual

1 Zeitungsartikel
2 Ebd.
3 Ebd.
4 Ebd.
5 Zeitungsinterview mit Kitty Kelly
6 Roland Totheroh in einem Interview mit Timothy J. Lyons in *Film Culture*, Frühjahr 1972
7 Ebd.
8 Ebd.
9 Ebd.
10 Terry Ramsaye: ›Chaplin – and how he does it‹, in *Photoplay*, September 1917
11 Zeitungsinterview, Quelle unbekannt
12 Roland Totheroh, a. a. O.
13 Edward Sutherland in einem Interview mit Robert Franklin
14 *New York Tribune*
15 Diese und weitere Korrespondenz zum Thema *Charlie Chaplin's Own Story* befindet sich im Vevey-Archiv
16 Langford Reed: *The Chronicles of Charlie Chaplin*, 1917
17 Ebd.
18 Ebd.
19 Kevin Brownlow: *The Parade's Gone By*, 1968
20 Constance Collier: *Harlequinade. The Story of My Life*, 1929
21 Gerith von Ulm: *Charles Chaplin, King of Tragedy*, 1940
22 Walter Kerr: *The Silent Clowns*
23 Presseerklärung der Mutual vom 1. Februar 1917
24 *Reel Life*, Februar 1917
25 Presseerklärung der Mutual, Februar 1917
26 Zeitungsinterview mit Karl Kitchen
27 Zeitungsausschnitt, Quelle unbekannt
28 Carlyle T. Robinson: *La verité sur Charles Chaplin. Sa vie, ses amours, ses déboires*, 1935
29 Ebd.
30 Ebd.
31 Ebd.
32 Ebd.
33 Ebd.
34 *Cincinnati Star* vom 8. Februar 1917
35 NYC *Mail* vom 23. Dezember 1918
36 Zeitungsauschnitt, Quelle unbekannt
37 Korrespondenz im Besitz von Mrs. Wyn Ray Evans, Ritchies Tochter.
38 Zeitungsausschnitt, Quelle unbekannt

7. Kapitel: Strafe und Lohn der Unabhängigkeit

1 Interview in der *Exhibitors' Trade Review* vom 28. April 1917
2 Brief von Sydney Chaplin an CC, im Vevey-Archiv
3 Interview im *Cleveland Leader*, Datum unbekannt
4 Lita Grey Chaplin: *My Life with Chaplin*, 1966
(Dt.: *Ich war Charlie Chaplins Frau*, Flensburg 1967)
5 Roland Totheroh, in einem Interview mit Timothy J. Lyons, in *Film Culture*, Frühjahr 1972
6 Frank Harris, in: *Contemporary Portraits*, 1924
7 Detekteibericht, im Vevey-Archiv
8 Edward Sutherland, in einem Interview mit Robert Franklin
9 Wyn Ray Evans, in einem Interview mit dem Autor, Dezember 1983

8. Kapitel: Flucht

1 Charles Chaplin: *My Trip Abroad*, 1922. Alle weiteren Zitate Chaplins in diesem Kapitel sind derselben Quelle entnommen
2 Zeitungsausschnitt in Sammelalben im Vevey-Archiv, Quelle unbekannt
3 Zeitungsausschnitt in Sammelalben im Vevey-Archiv, Quelle unbekannt
4 Thomas Burke: ›A Comedian‹. In: *City of Encounters*, 1932
5 Clare Sheridan: *My American Diary*, 1922
(Dt.: *Ich, meine Kinder und die Großmächte der Welt* – Ein Lebensbuch unserer Zeit, Leipzig 1928)
6 Ebd.
7 Ebd.

9. Kapitel: Eine Frau aus Paris

1 Edward Sutherland, in einem Interview mit Robert Franklin
2 Adolphe Menjou: *It Took Nine Tailors*, 1952
3 Edward Sutherland, a. a. O.
4 Ebd.
5 Adolphe Menjou, a. a. O.
6 Edward Sutherland, a. a. O.
7 Zeitungsauschnitt aus der Sammlung von Edna Purviance, jetzt im Besitz von Herrn Inman Hunter.
8 Adolphe Menjou, a. a. O.
9 Ebd.
10 Edward Sutherland, a. a. O.
11 Adolphe Menjou, a. a. O.
12 Arbeitsnotizen, Vevey-Archiv

13 Adolphe Menjou, a. a. O.
14 Edward Sutherland, a. a. O.
15 Roland Totheroh, in einem Interview mit Timothy J. Lyons, in *Film Culture*, Frühjahr 1972
16 Adolphe Menjou, a. a. O.
17 Ebd.
18 Ebd.
19 *Detroit Free Press* vom 16. Oktober 1923
20 *Boston Globe* vom 23. März 1923
21 Ebd.
22 Ebd.
23 Ebd.
24 Ebd.
25 *Los Angeles Times* vom 29. Januar 1923
26 Ebd.
27 *Boston Globe* vom 23. März 1923
28 Charles Chaplin jr.: *My Father, Charlie Chaplin*
29 Ebd.

10. Kapitel: Goldrausch

1 Charles Chaplin: *My Autobiography*
2 Zeitungsartikel, Juni 1924
3 Ebd.
4 Souvenir-Programm, *The Gold Rush*, 1925
5 Ebd.
6 *Los Angeles Daily News* vom 28. November 1924
7 Georgia Hale in einem Interview mit dem Autor, Dezember 1983
8 Ebd.
9 Ebd.
10 Ebd.
11 Ebd.
12 *The Star* vom 25. September 1925
13 *The Star* vom 28. September 1925
14 Auskunft von Dr. Hans Feld, Kritiker beim *Filmkurier*, Berlin

11. Kapitel: Circus

1 Interview mit Henry Bergman, in einem Zeitungsausschnitt aus unbekannter Quelle
2 James Agee: ›Comedy's Greatest Era‹. In: *Life* vom 5. September 1949
3 Harry Crocker, in einem unveröffentlichten Interview, ca. 1955

4 In einer vom Studio herausgegebenen Pressebroschüre
5 Robert Florey: *Charlie Chaplin. Ses debuts, ses films, ses aventures*, 1927
6 Ebd.

12. Kapitel: Lichter der Großstadt

1 Harry Crocker, in einem unveröffentl. Interview, ca. 1955
2 Jean Cocteau: *Meine Reise um die Welt*
3 Interview mit Richard Meryman, 1968
4 Virginia Cherrill, in einem Telefongespräch mit dem Autor, Dezember 1983
5 Interview mit Richard Meryman, 1968
6 Carlyle T. Robinson: *La verité sur Charles Chaplin, ...*, 1935
7 Georgia Hale, in einem Interview mit dem Autor, Dezember 1983
8 Ebd.
9 Robert Parrish: *Growing Up in Hollywood*
10 Interview mit Richard Meryman, 1968
11 James Agee, a. a. O.
12 Charles Chaplin: *My Trip Abroad*
13 Interview mit Richard Meryman, 1968
14 Ivor Montagu: *With Eisenstein in Hollywood*, 1967
15 Ebd.
16 Ebd.
17 Luis Buñuel: *Mon dernier soupir*, 1982 (vgl. Dt.: *Mein letzter Seufzer*, 1983)
18 Ebd.
19 Georgia Hale, in einem Interview mit dem Autor, Dez. 1983
20 Luis Buñuel, a. a. O.

13. Kapitel: Auf und davon

1 Charles Chaplin: *A Comedian Sees the World*
2 *The Daily Express*
3 Thomas Burke: ›A Comedian‹. In: *City of Encounters*, 1932
4 Ebd.

14. Kapitel: Moderne Zeiten

1 Georgia Hale, in einem Interview mit dem Autor, Dezember 1983
2 Charles Chaplin: *My Autobiography*
3 *Screenland*, Oktober 1932
4 *Chicago American* vom 29. September 1932
5 Charles Chaplin jr.: *My Father, Charlie Chaplin*

6 *Budgepost Post* vom 16. September 1932
7 *Boston Globe* vom 4. September 1932
8 Lita Grey Chaplin: *My Life with Chaplin*
9 Brief an Sydney Chaplin, im Vevey-Archiv
10 Charles Chaplin jr., a. a. O.
11 Ebd.
12 Thomas Burke: ›A Comedian‹. In: *City of Encounters*, 1932
13 Ebd.
14 Charles Chaplin jr., a. a. O.
15 Jean Cocteau: *Meine Reise um die Welt*
16 Ebd.
17 Ebd.
18 Ebd.
19 Ebd.

15. Kapitel: Der große Diktator

1 Charles Chaplin: *My Autobiography*
2 Die Geschichte wurde in *The Little Fellow*, von Peter Cotes und Thelma Niklaus, in englischer Übersetzung veröffentlicht
3 Tim Durant in einem Interview mit Kevin Brownlow und David Gill, 1980
4 Alle Zitate von Dan James in diesem Kapitel stammen aus einem Interview mit dem Autor, Dez. 1983
5 Charles Chaplin jr.: *My Father, Charlie Chaplin*
6 Dan James, a. a. O.
7 Charles Chaplin jr., a. a. O.
8 Dan James, a. a. O.
9 Tim Durant, a. a. O.
10 Charles Chaplin jr., a. a. O.
11 Ebd.
12 *Films*, 1946

16. Kapitel: Monsieur Verdoux

1 Charles Chaplin jr.: *My Father, Charlie Chaplin*
2 Ebd.
3 Zit. n. Theodore Huff: *Charlie Chaplin*, 1951
4 Roland Totheroh, in einem Interview mit Timothy J. Lyons, in : *Film Culture*, Frühjahr 1972
5 Ebd.
6 Alle Zitate von der Pressekonferenz stammen aus der Transkription von George Wallach, veröffentlicht in: *Film Comment*, Winter 1969
7 *Film Comment*, Winter 1969

17. Kapitel: Rampenlicht

1 Charles Chaplin jr.: *My Father, Charlie Chaplin*
2 Interview mit Margaret Hinxman
3 Charles Chaplin jr., a. a. O.
4 Brief an Sydney Chaplin, im Vevey-Archiv
5 Artikel von Sydney Chaplin jr. in: *Everybody's*
6 Presseinterview, Quelle unbekannt. Tatsächlich hatte Wheeler bereits in den zwanziger Jahren in Anzeigen in *The Stage Yearbook* seine verwandtschaftliche Beziehung zu CC bekannt gegeben
7 Sydney Chaplin jr., a. a. O.
8 Claire Bloom: *Limelight and After*, 1982
9 Ebd.
10 Ebd.
11 Ebd.
12 Charles Chaplin jr., a. a. O.
13 Claire Bloom, a. a. O.
14 Private Mitteilung an den Autor
15 Eugene Lourié in einem Interview mit dem Autor, Dezember 1983
16 Ebd.
17 Ebd.
18 Ebd.
19 Sydney Chaplin jr., a. a. O.
20 Ebd.
21 Claire Bloom, a. a. O.
22 Ebd.
23 Eugene Lourié, a. a. O.

18. Kapitel: Exil

1 *News Chronicle* vom 24. September 1952
2 *The Times* vom 24. September 1952
3 *News Chronicle* vom 22. September 1952
4 *New York Times* vom 21. September 1952
5 Charles Chaplin: *My Autobiography*
6 Michael Chaplin in: *I Couldn't Smoke the Grass on My Father's Lawn*, 1966
7 *Daily Herald* vom 16. April 1959
8 *Sunday Times* vom 21. August 1964
9 Michael Chaplin, a. a. O.
10 24. Juni 1962
11 Vorwort zu *My Life in Pictures*, 1974
12 Michael Chaplin, a. a. O.
13 *Sunday Times* vom 21. August 1964

14 Lillian Ross in: *Moments With Chaplin*, 1980
15 *Sunday Times*, 1964
16 Charles Chaplin: *My Autobiography*

19. Kapitel: Die Gräfin von Hongkong

1 David Robinson: ›Chaplin Meets the Press‹. In: *Sight and Sound*, Winter 1965/66
2 Kevin Brownlow: *The Parade's Gone By*, 1968
3 *Sunday Times*
4 Michael Chaplin: *I Couldn't Smoke the Grass on My Father's Lawn*
5 *Life* vom 21. April 1972
6 Interview mit Kevin Brownlow und David Gill, 1980
7 Georgia Hale, in einem Interview mit dem Autor, Dez. 1983
8 Interview mit Anthony Coogan, Dezember 1983
9 *Life* vom 21. April 1972

Anhang

I

Zeittafel

1786		Shadrach Chaplin I (CCs Urgroßvater) geboren
1807/8		Sophia Chaplin (CCs Urgroßmutter) geboren
1814		Shadrach Chaplin II (CCs Urgroßvater) geboren
1834/5		Spencer Chaplin (CCs Großvater) geboren
1839	16. April	Charles Frederick Hill (CCs Großvater mütterlicherseits) geboren Mary Ann Terry (CCs Großmutter mütterlicherseits) geboren
1854	15. Mai	Mary Ann Terry (CCs Großmutter mütterlicherseits) heiratet Henry Lamphee Hodges
	30. Oktober	Spencer Chaplin heiratet Ellen Elizabeth Smith (beide minderjährig) in St. Margaret's Church in Ipswich
1855	Juni	Spencer William Tunstill Chaplin (CCs Onkel) geboren
1858	18. Dezember	Henry Lamphee Hodges stirbt im Alter von vierunddreißig. Mary Ann Hodges geb. Terry (CCs Großmutter mütterlicherseits) verwitwet
1861	14. August	Charles Frederick Hill (Witwer) und Mary Ann Hodges (Witwe) (CCs Großvater und Großmutter mütterlicherseits) heiraten in St. Mary's Church in Lambeth
1863	18. März	Charles Chaplin (CCs Vater) in Orcus Street 22 in Marylebone geboren
1865	6. August	Hannah Harriet Pedlingham Hill (CCs Mutter) in Camden Street 11 in Walworth geboren
1870	18. Januar	Kate Hill (CCs Tante) in Bronti Place 39 in Walworth geboren
1871		Laut Eintragung im Volkszählungsregister wohnte Charles Hill in der Beckway Street 77 in Walworth, zusammen mit Ehefrau Mary Ann, Stiefsohn Henry und Töchtern Hannah und Kate
1873	2. Oktober	Ellen Chaplin (CCs Großmutter) stirbt in Rillington Place 15 im Alter von vierunddreißig
1885	16. März	Sidney John Hill (Sydney Chaplin, CCs Bruder) geboren

	29. April	Sidney Hills Geburt eingetragen
	22. Juni	Charles Chaplin senior und Hannah Hill heiraten in der St. John's Church in der Larcom Street
1886	2. Januar	Hannah Chaplin (›Lily Harley‹) tritt in Belfast auf
	27. Mai	Hannah Chaplin (›Lily Harley‹) tritt bei Benefizvorstellung im South London Palace auf
1887	20. Juni	Hannah Chaplin (›Lily Harley‹) tritt im Folly Theatre in Manchester auf
	20. Juni	Erster bekannter Bühnenauftritt von Charles Chaplin senior im Poly Variety Theatre
1889	16. April	GEBURT VON CHARLES CHAPLIN
	Herbst/Winter	Charles Chaplin senior tritt in verschiedenen Londoner Music Halls auf
1890		Charles Chaplin Seniors Erfolgssongs ›Eh, Boys?‹ und ›Everyday Life‹ werden veröffentlicht
	3. März	Sydney Chaplin wird in der King and Queen Street School in Southwark angemeldet (bleibt dort bis Mai)
	5. Mai	Sydney Chaplin wird in der Addington Street School in Lambeth angemeldet
	16. August	Auftritt von Charles Chaplin senior am Union Square Theatre in New York (bleibt dort bis 6. September)
	11. November	Sydney Chaplin wird in der Flint Street School in Southwark angemeldet
1891		Veröffentlichung von Charles Chaplin seniors Erfolgssong ›As the Church Bells Chime‹
	November	Leo Dryden singt ›The Miner's Dream of Home‹ und verkauft das Veröffentlichungsrecht für 20 Pfund an Francis, Day and Hunter – »der höchste Betrag, den sie jemals für einen Song bezahlt haben«
1892	31. August	Wheeler Dryden (CCs Halbbruder) geboren
1893		Veröffentlichung von Charles Chaplin seniors Erfolgssong ›Oui, Tray Bong‹
	19. Februar	Mary Ann Hill (CCs Großmutter) in Krankenstation eingeliefert. Charles Hill wohnt in der East Street 97
	23. Februar	Mary Ann Hill in die Irrenanstalt eingeliefert. Charles Hill wohnt jetzt in der St. George's Road 87
	1. März	Mary Ann Hill wird in das Banstead Asylum verlegt
	8. Oktober	Henrietta Florence Kelly wird in Bristol, in der Guinea Street 12 geboren

1895	29. Juni	Hannah Chaplin wird (als ›Lilian Chaplin‹) in die Krankenstation von Lambeth eingeliefert (bleibt dort bis 30. Juli)
	1. Juli	Sydney Chaplin kommt ins Armenhaus von Lambeth (bleibt dort bis 4. Juli)
	4. Juli	Sydney Chaplin zieht in die Norwood Schools um (bleibt dort bis 17. Sept.)
	17. September	Sydney Chaplin kommt wieder ins Armenhaus von Lambeth und wird in die Obhut seines Vaters entlassen
	10. Oktober (?)	CC wird in der Addington Street School in Lambeth angemeldet
1896		Veröffentlichung von Charles Chaplin seniors Erfolgssong ›She Must Be Witty‹
	8. Februar	Hannah Chaplin tritt als ›Lily Chaplin‹ im Hatcham Liberal Club auf
	30. Mai	CC und Sydney kommen ins Armenhaus von Newington
	9. Juni	Das Fürsorgeamt der Gemeinde St. Saviour verpflichtet Charles Chaplin senior zu einer wöchentlichen Zahlung von 15 Schillingen für den Unterhalt von CC und Sydney
	18. Juni	CC und Sydney kommen in die Hanwell Schools
	Juni/Juli	Hannah Chaplin wird in die Krankenstation von Champion Hill eingeliefert
	1. Juli	Fürsorgeamt meldet Gemeindebehörde, daß Charles Chaplin senior sich bereiterklärt hat, zum Unterhalt seiner Söhne beizutragen
	18. November	Sydney Chaplin kommt aufs Schulschiff *Exmouth*
1897		CC bleibt das ganze Jahr über in den Hanwell Schools; Sydney Chaplin auf Schulschiff *Exmouth*
	29. Mai	Spencer Chaplin (CCs Großvater) stirbt
	10. Mai	Hannah Chaplin besucht CC in Hanwell
	16. September	Fürsorgeamt beantragt Haftbefehl für Charles Chaplin senior wegen nicht geleisteter Unterhaltszahlungen, und setzt 1 Pfund Belohnung aus für Hinweise, die zu seiner Ergreifung führen
	11. November	Fürsorgeamt erhält Mitteilung, daß Spencer Chaplin (CCs Onkel) die von Charles Chaplin senior geschuldeten 44 Pfund und 8 Schillinge gezahlt hat
	16. November	Fürsorgeamt fordert Charles Chaplin senior über Spencer Chaplin auf, innerhalb von vierzehn Tagen der Fürsorgepflicht für seine Söhne nachzukommen
	20. Dezember	Hannah Chaplin und ihr Vater Charles Hill beantragen Taufe in der Christchurch Nonconformist Church in der Westminster Bridge Road. Taufe für den 10. Januar 1898 festgesetzt

	23. Dezember	Gegen Charles Chaplin senior wird Haftbefehl wegen Verletzung der Fürsorgepflicht erlassen
1898	18. Januar	CC aus Hanwell Schools entlassen
	18. Januar	Charles Chaplin senior wird wegen nichtgeleisteter Unterhaltszahlungen für seine Söhne verhaftet
	20. Januar	Sydney Chaplin vom Schulschiff *Exmouth* entlassen
	22. Juli	CC, Sydney und Hannah kommen ins Armenhaus von Lambeth
	30. Juli	CC und Sydney werden in die Norwood Schools eingewiesen
	12. August	CC und Sydney kehren ins Armenhaus von Lambeth zurück; CC, Sydney und Hannah aus dem Armenhaus von Lambeth entlassen (Hannahs Tagesausflug)
	13. August	CC, Sydney und Hannah kehren ins Armenhaus von Lambeth zurück
	15. August	CC und Sydney kommen wieder in die Norwood Schools
	6. September	Hannah wird in die Krankenstation von Lambeth eingewiesen
	15. September	Hannah wird in die Irrenanstalt von Cane Hill überwiesen
	21. September	Fürsorgeamt bemüht sich, Charles Chaplin senior dazu zu bringen, seine Söhne zu sich zu nehmen
	27. September	CC und Sydney ins Armenhaus von Lambeth überwiesen und in die Obhut des Vaters entlassen
	12. Oktober	Fürsorgeamt erhält Benachrichtigung, daß Charles Chaplin senior es versäumt hat, seine Söhne in der Schule anzumelden
	12. November	Hannah wird aus der Irrenanstalt von Cane Hill entlassen
	26. Dezember	CC mit den Eight Lancashire Lads im Theatre Royal in Manchester
		Charles Chaplin senior am Tivoli in Manchester (bleibt dort bis 7. Januar 1899)
1899	9. Januar	CC wird an Armitage Street School in Ardwick, Manchester, angemeldet
	5. Mai	Spencer Chaplin (CCs Onkel) stirbt. Charles Chaplin senior wird nomineller konzessionierter Besitzer des ›Queen's Head‹
	20. Juli	Charles Hill (CCs Großvater), wohnhaft in Methley Street 39, wird in die Krankenstation von Lambeth eingeliefert
	2. August	Charles Hill wird von der Krankenstation ins Armenhaus von Lambeth überwiesen
1900	23. April	CC wird an der St. Mary the Less School in Newington angemeldet (bleibt dort bis 3. Mai)
	September	Letzter bekannter Bühnenauftritt von Charles Chaplin senior am Granville Theatre of Varieties in Walham Green

	12. November	CC wird an der St. Francis Xavier School in Liverpool angemeldet
1901	6. April	Sydney Chaplin tritt Schiffsreise zum Kap an, als Hilfssteward und Kapellmusiker auf der *Norman* (kehrt am 31. Mai zurück)
	29. April	Charles Chaplin senior wird ins St. Thomas's Hospital eingeliefert
	9. Mai	Charles Chaplin senior stirbt im St. Thomas's Hospital im Alter von siebenunddreißig
	1. September	Sydney Chaplin tritt als Steward auf der *Haverford* Schiffsreise nach New York an (am 2. Oktober in New York abgemustert)
	5. Oktober	Sydney Chaplin arbeitet als Steward auf der *St. Louis* von New York nach Southampton (am 23. Oktober in Southampton abgemustert)
1902	September	Sydney Chaplin tritt als Steward und Trompeter auf der *Kinfairns Castle* Schiffsreise zum Kap an (kehrt am 25. Oktober zurück)
	8. November	Sydney Chaplins zweite Seereise als Steward und Trompeter auf der *Kinfairns Castle* (kehrt am 27. Dezember zurück)
1903	17. Januar	Sydney Chaplins dritte Seereise als Steward und Trompeter auf der *Kinfairns Castle* (kehrt am 7. März zurück)
	24. März	Sydney Chaplins vierte Seereise als Steward und Trompeter auf der *Kinfairns Castle* (kehrt am 9. Mai zurück)
	5. Mai	Hannah Chaplin in die Krankenstation von Lambeth eingeliefert
	9. Mai	Hannah Chaplin wird für geisteskrank erklärt (nächster Verwandter: Sohn CC)
	11. Mai	Hannah Chaplin wird in die Irrenanstalt von Cane Hill überwiesen (bleibt dort bis 2. Januar 1904)
	6. Juli	CC spielt den Sam in *Jim, A Romance of Cockayne* am Royal County Theatre in Kingston
	12. Juli	CC spielt den Sam in *Jim, A Romance of Cockayne* am Grand Theatre in Fulham
	27. Juli	CC spielt zum ersten Mal den Billy in *Sherlock Holmes* am Pavilion Theatre in Ost-London (H. A. Saintsbury als Holmes)
	10. August	Tournee mit *Sherlock Holmes*, mit CC als Billy, beginnt am Theatre Royal in Newcastle
	(?) Dezember	Sydney Chaplin bekommt Rolle bei *Sherlock Holmes* und geht mit auf Tournee

1904	2. Januar	Hannah Chaplin aus der Irrenanstalt von Cane Hill entlassen; schließt sich ihren Söhnen auf deren Tournee an
	11. Juni	Ende der ersten *Sherlock-Holmes*-Tournee
	20. August	Ankündigung der Produktion *From Rags to Riches*, mit CC in der Hauptrolle
	29. August	Charles Hill (CCs Großvater), vorher wohnhaft in der Chester Street 24, wird in das Armenhaus von Renfrew Road eingewiesen
	21. Oktober	Charles Hill aus dem Armenhaus von Renfrew Road entlassen
	31. Oktober	CC geht mit auf zweite *Sherlock-Holmes*-Tournee, mit Kenneth Rivington als Holmes
	10. November	Sydney Chaplin tritt letzte Seereise an, als Hilfssteward und Trompeter auf der *Dover Castle* nach Natal
1905	6. März	Hannah Chaplin wird wieder in die Krankenstation von Lambeth eingewiesen
	16. März	Hannah Chaplin wird für geisteskrank erklärt (nächster Verwandter: Kate Hill)
	18. März	Hannah Chaplin wird in die Irrenanstalt von Cane Hill überwiesen (bleibt dort bis 9. September 1912)
	22. April	Ende der zweiten *Sherlock-Holmes*-Tournee
	12. August	CC geht mit auf dritte *Sherlock-Holmes*-Tournee, mit H. Lawrence Layton als Holmes (Harry Yorke Company)
	13. September	Premiere von *Clarice*, mit William Gillette, am Duke of York's Theatre in London
	30. September	CC verläßt dritte *Sherlock-Holmes*-Tournee
	3. Oktober	*The Painful Predicament of Sherlock Holmes* wird als Nachspiel zu *Clarice* am Duke of York's aufgeführt. CC spielt den Billy
	17. Oktober	Am Duke of York's wird *Clarice* durch *Sherlock Holmes* ersetzt: CC spielt den Billy
	19. Oktober	CC nimmt am Begräbnis von Henry Irving teil
	20. November	Königliche Galavorstellung von *Sherlock Holmes*
1906	1. Januar	CC geht mit auf vierte *Sherlock-Holmes*-Tournee (Harry Yorke Company)
	3. März	Ende der vierten *Sherlock-Holmes*-Tournee
	März	CC wird Mitglied der Truppe von Wal Pinks *Repairs*
	19. März	*Repairs*-Tournee beginnt am Hippodrome in Southampton
	12. Mai	CC verläßt *Repairs*-Tournee während des Engagements am Grand Palace in Clapham
	Mai	CC wird Mitglied der Truppe *Casey's Court Circus*
	9. Juli	Sydney unterschreibt ersten Vertrag mit Fred Karno: ein Jahr zu 3 Pfund die Woche (6 Pfund bei Engagement in den USA)

	Okt./Nov.	Sydney Chaplin mit der Karno-Truppe in den USA
1907	24. Juni	Sydney Chaplin unterschreibt zweiten Vertrag mit Fred Karno: zwei Jahre zu 4 Pfund die Woche, Option für ein Jahr
	20. Juli	Ende der Tournee von *Casey's Court Circus*
	Herbst	CC versucht Solonummer in Foresters' Music Hall
1908	Februar	CC auf Probe bei Fred Karno
	21. Februar	CCs erster Vertrag mit Fred Karno: 3 £ 10 s wöchentlich im ersten Jahr; 4 £ wöchentlich im zweiten Jahr; Option für ein drittes Jahr zum gleichen Honorar
		Im Verlauf des Jahres beziehen CC und Sydney Wohnung in Glenshaw Mansions 15 in der Brixton Road
	Herbst	CC lernt Hetty Kelly kennen
	Herbst	CC tritt in Karnos *Mumming Birds* in Paris auf
1909		Während dieses Jahres spielt CC in *The Football Match* und in *Mumming Birds*
	3. März	Charles Hill, wohnhaft in Glenshaw Mansions 15, wird in das Armenhaus von Renfrew Road eingewiesen
	4. September	Charles Hill wird aus dem Armenhaus von Renfrew Road entlassen
	31. Dezember	CC spielt in *The Football Match* in der Oxford Music Hall
1910		Im Verlauf des Jahres spielt CC zusätzlich noch in *Skating* und *Jimmy the Fearless*
	19. September	CC unterschreibt zweiten Vertrag mit Fred Karno, der am 6. März 1911 beginnen soll: drei Jahre zu 6 £, 8 £ und 10 £ die Woche, sowie eine Drei-Jahres-Option
		CC schifft sich mit Karno American Company auf der SS *Cairnrona* ein
	3. Oktober	Karnos Amerika-Tournee beginnt am Colonial Theatre in New York mit *The Wow-Wows*
	26. Dezember	New Yorker Karno-Truppe präsentiert *A Harlequinade in Black and White* (u. U. von CC entworfen) in der American Music Hall
1911		Karnos Amerika-Tournee das ganze Jahr über unterwegs
	Januar	Alf Reeves (Leiter der Karno-Tournee) heiratet Amy Minister
1912	Juni	CC kehrt nach Ende der Amerika-Tournee nach England zurück
	Juli/August	CC mit der Karno-Truppe auf Tournee in Frankreich und auf den Channel Islands
	9. September	Hannah Chaplin wird aus der Irrenanstalt von Cane Hill in das Pflegeheim Peckham House in der Peckham Road überwiesen

	2. Oktober	CC schifft sich mit der Karno-Truppe zu einer zweiten Amerika-Tournee auf der *Oceanic* ein
1913	25. September	CC schließt Vertrag mit Kessel und Baumann von der Keystone Filmgesellschaft, mit einer Laufzeit von einem Jahr, beginnend am 16. Dezember, und einer wöchentlichen Gage von 150 $
	8. Oktober	CC erwirbt 200 Aktien der Vancouver Island Company Ltd. (Nr. 10 826–11 025)
	29. November (?)	CCs letzter Auftritt mit der Karno-Truppe am Empress in Kansas City
	16. Dezember	CCs Vertrag mit der Keystone Filmgesellschaft beginnt
1914	Januar	CC beginnt mit der Arbeit im Keystone-Studio
	2. Februar	*Making a Living*
	7. Februar	*Kid Auto Races*
	9. Februar	*Mabel's Strange Predicament*
	28. Februar	*Between Showers*
	2. März	*A Film Johnnie*
	9. März	*Tango Tangles*
	16. März	*His Favorite Pastime*
	26. März	*Cruel, Cruel Love*
	4. April	*The Star Boarder*
	18. April	*Mabel at the Wheel*
	20. April	*Twenty Minutes of Love*
	27. April	*Caught in a Cabaret*
	4. Mai	*Caught in the Rain*
	7. Mai	*A Busy Day*
	1. Juni	*The Fatal Mallet*
	4. Juni	*Her Friend the Bandit*
	11. Juni	*The Knockout*
	13. Juni	*Mabel's Busy Day*
	20. Juni	*Mabel's Married Life*
	9. Juli	*Laughing Gas*
	1. August	*The Property Man*
	10. August	*The Face on the Bar Room Floor*
	18. August	*Recreation*
	27. August	*The Masquerader*
	31. August	*His New Profession*
	7. September	*The Rounders*
	24. September	*The New Janitor*
	10. Oktober	*Those Love Pangs*
	26. Oktober	*Dough and Dynamite*
	29. Oktober	*Gentlemen of Nerve*

	7. November	*His Musical Career*
	9. November	*His Trysting Place*
	14. November	*Tillie's Punctured Romance*
		Sydney Chaplin stößt zu Keystone
		CC unterzeichnet Vertrag mit Essanay über 15 Filme, die 1915 für eine Wochengage von 1250 $ produziert werden sollen
	5. Dezember	*Getting Acquainted*
	7. Dezember	*His Prehistoric Past*
		Ende des Monats trifft CC in Chicago ein
1915	Januar	CC arbeitet im Essanay-Studio in Chicago
	1. Februar	*His New Job*
		CC zieht ins Essanay-Studio in Niles, Kalifornien, um
	15. Februar	*A Night Out*
	11. März	*The Champion*
	18. März	*In the Park*
	1. April	*A Jitney Elopement*
	11. April	*The Tramp*
	Mai	Mark Hampton Co. verklagt für die Charles Chaplin Advertising Services Company die Art Novelty Company wegen Herstellung von Chaplin-Statuetten
	28. Mai	Fürsorgeamt will Hannah Chaplin in die Irrenanstalt von Cane Hill zurückbringen lassen, da die Zahlungen der Söhne an das Peckham House Hospital im Rückstand sind
	21. Juni	*Work*
	12. Juli	*A Woman*
	9. August	*The Bank*
	27. August	Hetty Kelly heiratet Leutnant Alan Edgar Horne im Standesamt der Gemeinde St. George am Hanover Square
		Keystone verklagt Chaplin Film Co. sowie A. G. Levi and Lemun Film Co. wegen Copyright-Verletzung und Gewinnabrechnung im Zusammenhang mit *Dough and Dynamite*
		Der französische Verleiher Himalaya Films gibt Chaplin den Namen ›Charlot‹
	4. Oktober	*Shanghaied*
	20. November	*A Night in the Show*
	18. Dezember	*Charlie Chaplin's Burlesque on Carmen*
1916		Zusammen mit Sydney Chaplin und Herbert Clark gründet CC die Charles Chaplin Music Corporation (Büro in der South Broadway 233 in Los Angeles)
	22. Januar	Kate Mowbray (Kate Hill, CCs Tante) stirbt in der Gower Street 99 in London

20. Februar	CC tritt bei Benefizveranstaltung im Hippodrome in New York auf. Schenkt die Hälfte seiner Gage dem Actors' Fund
25. Februar	Subskriptionslisten für Lone Star Film Corporation eröffnet (400 000 $ 7 % Vorzugsaktien; 25 000 $ Stammaktien)
26. Februar	CC schließt mit der Mutual Film Corporation für eine Wochengage von 10 000 $ ab, plus einem Bonus von 150 000 $
27. Februar	In Boston hält Rev. Frederick E. Heath Predigt über ›Charles Chaplins halbe Million‹
22. März	CC wird im Londoner *Daily Mail* wegen Vertragsklausel angegriffen, die ihm untersagt, zum Kriegsdienst nach England zurückzukehren
27. März	Eröffnung des Lone Star Studios
22. April	Essanay bringt erweiterte Fassung von *Charlie Chaplin's Burlesque on Carmen* heraus
12. Mai	Chaplin beantragt einstweilige Verfügung gegen den Vertrieb von *Charlie Chaplin's Burlesque on Carmen*
15. Mai	*The Floorwalker*
25. Mai	CC legt Berufung gegen Urteil im Rechtsstreit um *Carmen* ein
27. Mai	*Police*
12. Juni	*The Fireman*
24. Juni	CC Berufung gegen *Carmen*-Urteil vom Obersten Bundesgerichtshof abgelehnt
10. Juli	*The Vagabond*
7. August	*One A. M.*
4. September	*The Count*
1. Oktober	CC strengt Gerichtsverfahren an, um Veröffentlichung von *Charlie Chaplin's Own Story* zu verhindern
2. Oktober	*The Pawnshop*
8. November	CC gibt telegrafischen Auftrag, über den Kauf der Rechte von Hall Caines *The Prodigal Son* zu verhandeln
12. November	Bericht über einen landesweiten Chaplin-Psychoimpuls in den USA
13. November	*Behind the Screen*
Dezember	Paderewski besucht das Studio
4. Dezember	*The Rink*
9. Dezember	CC erhält telegrafisches Angebot von Al Woods: Er soll 1917/18 in einer Musikkomödie spielen, für eine von ihm festzusetzende Gage plus 50 % Gewinnbeteiligung. Bei einer Teilung der Profite soll CC auch die Filmrechte bekommen. Chaplin lehnt ab
	Veröffentlichung von *Charlie Chaplin's Own Story* wird verhindert

1917	22. Januar	*Easy Street*
	8. Februar	In Cincinnati verkleidet sich Räuber als CC
	31. März	CC spielt beim Spiel ›Tragics gegen Comics‹ im Washington Park, Los Angeles mit
	16. April	*The Cure*
	15. Mai	*Variety* berichtet (unzutreffend), Chaplin-Filme sollen in Zukunft von Artcraft vertrieben werden
	Juni	John Jasper Nachfolger von Henry P. Caulfield als Studioleiter von Loner Star Studio. Carlyle Robinson wird Pressesprecher
	17. Juni	*The Immigrant*
		CC unterschreibt ›Millionen-Dollar-Vertrag‹ bei First National Exhibitors' Circuit (Jahresgage: 1 075 000 $)
	4. August	CC gibt Presseerklärung ab: »Ich bin bereit und willens, dem Ruf meines Landes zu folgen.«
		Britische Kommandozentrale verbietet Army-Angehörigen, CCs Zahnbürsten-Schnurrbart zu tragen, mit der Begründung, er könne Anlaß zum Lachen geben
	22. Oktober	*The Adventurer*
	Herbst	CC beginnt mit dem Bau eines neuen Studios in der La Brea Avenue, Los Angeles
1918	Januar	CC bezieht neues Studio
	15. Januar	Beginnt mit Dreharbeiten für *A Dog's Life* (Arbeitstitel: *I Should Worry*)
	23. Januar	Harry Lauder besucht das Studio. CC und Lauder drehen gemeinsam 230 Meter Film
	25. Januar	Lauder und Douglas Fairbanks besuchen Studio
	7. Februar	Im Studio wird erstmalig künstliches Licht benutzt
	11. Februar	*A Dog's Life* wird abgebrochen. CC beginnt neuen Film, *Wiggle and Son*
	12. Februar	*Wiggle and Son* wird aufgegeben. CC nimmt wieder Arbeiten an *A Dog's Life* auf
	26. März	Beginnt mit dem Schnitt an *A Dog's Life*, »arbeitet Tag und Nacht«. Stellt den Film am 31. März fertig
	1. April	CC reist nach Washington für Werbekampagne für Kriegsanleihen
	8. April	In New York, um für Kriegsanleihen zu werben (den restlichen Monat auf Werbetournee)
	14. April	*A Dog's Life* uraufgeführt
	15. April	John Jasper tritt vom Posten des Studioleiters zurück
	9. Mai	CCs Erscheinen bei Benefizveranstaltung bei ›Child Welfare Association of England and Ireland‹ wird angekündigt, CC ist aber nicht anwesend

	27. Mai	Beginnt mit Dreharbeiten für *Shoulder Arms* (Arbeitstitel: *Camouflage*)
	8. Juni	Wegen Sonnenfinsternis kann nicht gedreht werden
	18. Juli	CC erhält und beantwortet Brief von Henrietta Horne (geb. Hetty Kelly)
	11. August	Essanay startet *Triple Trouble*
	15. August	CC beginnt Arbeit an *The Bond*
	22. August	Stellt *The Bond* fertig
	31. August	CC fängt schon an, *Shoulder Arms* zu schneiden, während Dreharbeiten weiterlaufen
	20. Oktober	*Shoulder Arms* uraufgeführt
	23. Oktober	CC heiratet Mildred Harries und bezieht Haus in De Mille Drive 2000
	4. November	Beginnt mit Arbeit an *Sunnyside*
		Henrietta Horne (geb. Hetty Kelly) stirbt. CC erfährt erst 1921 von ihrem Tod
	7. November	Verfrühter Nationalfeiertag anläßl. Waffenstillstand
	11. November	Feiertag anläßl. tatsächlichem Waffenstillstand
	15. November	Der Bischof von Birmingham besucht Studio
	16. Dezember	*The Bond* uraufgeführt
1919	1.–18. Januar	CC und Edna Purviance bleiben dem Studio fern
	15. Januar	Absichtserklärung für Gründung von United Artists
	19.–28. Januar	Studio geschlossen
	29. Januar	*Sunnyside* wird abgebrochen
		CC beginnt Arbeit an *A Day's Pleasure* (Arbeitstitel: *Putting It Over*)
	5. Februar	Nimmt Arbeit an *Sunnyside* wieder auf
	15. April	CC beendet Dreharbeiten an *Sunnyside*
	17. April	Gründungsurkunden von United Artists zur Eintragung ins Handelsregister eingereicht
	21. Mai	CC beginnt Proben für *A Day's Pleasure* (Arbeitstitel: *Charlie's Picnic*), beginnt aber erst am 30. Juni mit den Dreharbeiten
	26. Mai	Elsie Todd, CCs Pressesprecherin für England, trifft in Hollywood ein
	15. Juni	*Sunnyside* uraufgeführt
	7. Juli	Geburt von CCs erstem Sohn, Norman Spencer Chaplin
	8.–9. Juli	Schleppende Dreharbeiten für *A Day's Pleasure*
	10. Juli	16.00 Uhr: Norman Spencer Chaplin stirbt
	11. Juli	Beerdigung von Norman Spencer Chaplin auf Inglewood Cemetery
	21. Juli	CC beginnt mit Auswahl von Kleinkindern für *The Waif*

	30. Juli	Beginnt mit Arbeiten an *The Waif* (erste Fassung von *The Kid*)
	8. August	Publicity-Film mit CC in Flugzeug in San Diego gedreht
	18. August	Beginnt mit ›neuer Fassung‹ von *The Waif*
	17. September	Jackie Coogan »verschollen und verhauen«
		Gegen Monatsende bricht CC anscheinend Arbeit an *The Kid* ab
	1.–4. Oktober	Dreht Material mit Flohzirkus und Asyl, inzwischen als *The Professor* identifiziert
	7. Oktober	Nimmt Arbeit an *A Day's Pleasure* wieder auf (Arbeitstitel jetzt: *The Ford Story*)
	19. Oktober	Stellt *A Day's Pleasure* fertig
	14. November	Nimmt Arbeit an *The Kid* wieder auf (läuft jetzt unter endgültigem Titel)
	15. Dezember	*A Day's Pleasure* uraufgeführt
	22.–27. Dezember	Als Weihnachtsgeschenk von CC darf Jackie Coogan sich freinehmen und seine Großmutter in San Francisco besuchen
1920	14. Januar	CC fängt schon an, *The Kid* zu schneiden, während Dreharbeiten weiterlaufen
	18. März	Zeitungsberichte über CCs Eheprobleme
	4. April	Mildred Harries Chaplin reicht Scheidungsklage ein, wegen seelischer Grausamkeit
	7. April	CC und Louis B. Mayer prügeln sich im Speisesaal des Alexandria Hotel
	19. April	CC testet möglichen Ersatz für Edna Purviance in *The Kid*
	9. Juni	Lillita MucMurray (Lita Grey) spielt ihre ersten Szenen in *The Kid*
	3. August	Mildred Harris Chaplins Scheidungsprozeß
		Bis zum Ende des Jahres und während der Schneidearbeiten an *The Kid* bleibt Chaplin größtenteils in New York
	13. November	Mildred Harris Chaplin bekommt die Scheidung
1921	22. Januar	CC beginnt mit Vorbereitungen für *The Idle Class* (Arbeitstitel: *Home Again*)
	6. Februar	*The Kid* uraufgeführt
	15. Februar	CC beginnt mit Dreharbeiten für *The Idle Class*
	29. März	Hannah Chaplin reist in die USA ein
	25. Juli	CC beendet Dreharbeiten zu *The Idle Class*
		Ende des Monats zieht sich CC mit Edward Knoblock und Carlyle Robinson nach Catalina zurück, um an Skript zu arbeiten
	6. August	CC beginnt mit Arbeit an *Pay Day* (Arbeitstitel: *Come Seven*)

	22. August	Beginnt mit Dreharbeiten für *Pay Day*. Stellt acht Szenen (106 Meter) fertig
	27. August	Verläßt Los Angeles Richtung New York, um Europa-Reise anzutreten
	3. September	Verläßt New York auf der *Olympic*
	9. September	Ankunft in London
	19. September	Ankunft in Paris
	24. September	Ankunft in Berlin
	25. September	*The Idle Class* uraufgeführt
	30. September	Wochenende mit H. G. Wells und Familie
	6. Oktober	Kehrt nach Paris zurück. Erhält französische Auszeichnung
	7. Oktober	Rückflug nach London
	7.–9. Oktober	Wochenende mit H. G. Wells und Familie
	10. Oktober	Verläßt Southampton auf der *Olympic*
	17. Oktober	Ankunft in New York
	30. Oktober	L. Loeb verklagt CC wegen Plagiats im Zusammenhang mit *Shoulder Arms*
	31. Oktober	CC trifft in Los Angeles ein
	6. November	CC auf Suche nach Drehplätzen für *Pay Day*
	8. November	Ausflug mit Clare und Dickie Sheridan
	26. November	Beginnt mit Dreharbeiten für *Pay Day*
1922	27. Januar	CC beginnt mit Schnitt von *Pay Day*
	7. Februar	Beendet Dreharbeiten und Schnitt von *Pay Day*
	1. April	Beginnt mit Vorbereitungen für *The Pilgrim*
	2. April	*Pay Day* uraufgeführt
	10. April	CC beginnt mit Dreharbeiten für *The Pilgrim*
	1.–6. Mai	Neuer Generator im Studio installiert
	15. Juli	CC stellt *The Pilgrim* fertig
	Sommer	CC lernt Peggy Hopkins Joyce kennen
	Oktober	CC und Pola Negri begegnen sich beim Actors' Fund Pageant
	3. Oktober	Mildred Harris Chaplin stellt Konkursantrag
	27. November	CC beginnt mit Dreharbeiten für *A Woman of Paris*
1923	25. Januar	Jesse Lasky erklärt, daß Pola Negris Vertrag mit Paramount kein Hinderungsgrund für eine Ehe mit Chaplin darstellt
	28. Januar	CC und Pola Negri geben bei Pressekonferenz ihre Verlobung bekannt
	26. Februar	*The Pilgrim* uraufgeführt
	1. März	Pola Negri löst Verlobung
	2. März	Pola Negri und CC geben Versöhnung und Wiederverlobung bekannt
	25. Juni	CC beendet Dreharbeiten für *A Woman of Paris*
	28. Juni	CCs Verlobung mit Pola Negri endgültig gelöst
	29. September	CC beendet Schnitt von *A Woman of Paris*

	1. Oktober	Premiere von *A Woman of Paris* im Criterion Theatre in Hollywood New Yorker Premiere von *A Woman of Paris* im Lyric Theatre
	15. Oktober	CC hält Ansprache vor der American Child Health Association in Detroit
	12. Dezember	*Suspicion*, ein Bühnenstück von George Appell und Wheeler Dryden (Chaplins Halbbruder) am Egan Theatre in Los Angeles produziert
	29. Dezember	Skript ›The Lucky Strike‹ von *The Gold Rush* fürs Copyright angemeldet
1924	Januar	CC bereitet *The Gold Rush* vor
	8. Februar	Beginnt mit Dreharbeiten für *The Gold Rush*
	2. März	Lita Grey als Hauptdarstellerin von *The Gold Rush* engagiert
	April	Team dreht Außenaufnahmen in Truckee
	1. Mai	Team kommt aus Truckee zurück
	22. September	Dreharbeiten im Studio unterbrochen, werden erst wieder im Januar 1925 fortgesetzt
	19. November	Tod von Thomas Ince
	26. November	CC heiratet Lita Grey in Guaymas, Mexiko
	22. Dezember	Es werden Probeaufnahmen von Georgia Hale gemacht. Ankündigung, daß sie an Stelle von Lita Grey die weibliche Hauptrolle spielen wird
1925	2. Januar	Dreharbeiten für *The Gold Rush* werden wieder aufgenommen
	Februar	Erste Gerüchte über eheliche Probleme
	20. Februar	CC gewinnt Prozeß gegen Charles Amador, den er wegen Urheberrechtsverletzung verklagt hatte
	20. April	Beginnt mit Schnitt von *The Gold Rush*
	5. Mai	Geburt von Charles Spencer Chaplin
	26. Juni	Premiere von *The Gold Rush* in Grauman's Egyptian Theatre in Los Angeles
	28. Juni	›Offizieller‹ Geburtstag von Charles Spencer Chaplin junior
	3. Juli	CC beendet Schnitt von *The Gold Rush*
	12. Juli	Urteil im Amador-Prozeß wird revidiert
	29. Juli	CC reist nach New York
	16. August	New Yorker Premiere von *The Gold Rush* im Strand Theatre
	1. Oktober	Befristete Verlängerung von Hannah Chaplins Aufenthaltsgenehmigung
	15. Oktober	CC kehrt nach Los Angeles zurück
	2. November	Beginnt mit Vorbereitungen für *The Circus*
	31. Dezember	Georgia Hales Vertrag läuft aus

1926	2. Januar	Merna Kennedys Vertrag beginnt
	11. Januar	CC beginnt mit Dreharbeiten für *The Circus*
	16. Januar	Josef von Sternberg beginnt Arbeit an *Sea Gulls*, oder *A Woman of the Sea*, der von CC produziert wird
	9. März	Von Sternberg beginnt mit den Dreharbeiten für *A Woman of the Sea*
	30. März	Geburt von Sydney Earle Chaplin
	1. Juni	Von Sternberg beendet Dreharbeiten für *A Woman of the Sea*
	16. Juni	Raquel Meller besucht Dreharbeiten von *The Circus*
	7. September	Chaplin ist einer der Sargträger bei Rudolph Valentinos Begräbnis
	28. September	Brand im Studio
	30. November	Lita Grey zieht mit den Kindern aus Chaplins Haus aus
	5. Dezember	Studiobetrieb wird vorübergehend eingestellt
1927	8. Januar	CC verklagt Jim Tully wegen biografischem Artikel in *Pictorial Review*
	10. Januar	Lita Grey reicht Scheidungsklage ein
	18. Januar	Chaplins Safe und Tresor wird von Zwangsverwalter geöffnet
	März	CC wird von sowjetischer Filmorganisation eingeladen, die UdSSR zu besuchen, um »Heuchelei« zu entgehen
	20. April	CC erklärt sich damit einverstanden, eine Million Dollar Steuern nachzuzahlen
	2. Juni	CC antwortet auf Lita Greys Scheidungsklage
	9. Juni	Zwangsverwalter verläßt Studio und Bewachung wird abgezogen
	22. August	Scheidungsklage wird verhandelt. Lita bekommt die Scheidung (letzter Gerichtsbeschluß ergeht am 25. August 1928)
	23. August	CC und Alf Reeves kehren ins Studio zurück
	6. September	Arbeit an *The Circus* wird nach achtmonatiger Unterbrechung wieder aufgenommen
	28. Oktober	Vorschau von *The Circus* im Alexandra Theatre in Glendale
	17. November	Zweite Vorschau im Bard & West Adams Theatre, nachdem nachgedreht und der Schnitt verfeinert wurde
	19. November	*The Circus* fertiggestellt
	Dezember	CC arbeitet mit Arthur Kay an Musikbegleitung für *The Circus*
	24. Dezember	CC prüft Material für nächsten Film
1928	6. Januar	Weltpremiere von *The Circus* im Strand Theatre in New York
	27. Januar	Premiere von *The Circus* in Grauman's Chinese Theatre in Los Angeles
	7. März	Verhandlung von CCs Klage gegen First National wegen nichtgezahlter Tantiemen für *The Kid*. Am 17. März wird der Prozeß zu CCs Gunsten entschieden

	5. Mai	CC beginnt mit Vorbereitungen für *City Lights*
	28. August	Hannah Chaplin stirbt im Glendale Hospital in Kalifornien
	1. November	Virginia Cherrill wird unter Vertrag genommen
	27. Dezember	CC beginnt mit Dreharbeiten zu *City Lights*
1929	25. Februar	CC erkrankt an einer Lebensmittelvergiftung mit nachfolgender Grippe und kann die Dreharbeiten erst am 1. April wieder fortsetzen
	10. Juni	Wegen Erweiterung von La Brea müssen Studiogebäude um 4 Meter zurückversetzt werden. Die Umbauarbeiten dauern bis Ende Juli
	28. Juni	CC ersetzt Henry Clive durch Harry Myers
	7. September	CC entläßt Harry Crocker
	24. September	Winston Churchill besucht das Studio
	11. November	Georgia Hale wird als Ersatz für Virginia Cherrill engagiert. Bleibt bis 30. November
	12. November	Virginia Cherrill wird von der Besetzungsliste gestrichen (kommt am 21. November wieder)
	16. November	Gordon Pollock ersetzt Eddie Gheller als Kameramann
1930	24. Februar	Tod von Mabel Normand
	5. Oktober	Dreharbeiten zu *City Lights* beendet
	8. November	CC beginnt mit Arbeit an der Filmmusik
1931	19. Januar	Vorschau von *City Lights* im Tower Theatre
	30. Januar	CC nimmt an Weltpremiere von *City Lights* im Los Angeles Theatre teil
	31. Januar	CC bricht zu seiner Weltreise auf
	6. Februar	CC nimmt an New Yorker Premiere von *City Lights* im George Cohan Theatre teil
	13. Februar	Zusammen mit Ralph Barton und Kono tritt CC auf der *Mauretania* Schiffsreise nach Europa an
	19. Februar	Ankunft in Southampton, fährt mit dem Zug nach London
	20. Februar	Besucht Hanwell Schools
	27. Februar	Nimmt an Londoner Premiere von *City Lights* im Dominion Theatre teil
	März	Besucht Berlin, Wien, Venedig
	27. März	Reist von Venedig nach Paris, um Auszeichnung der Ehrenlegion zu empfangen
	April	Aufenthalt an der Riviera
	27. April	Alf Reeves berichtet von Entlassungen bei der Studiobelegschaft
	28. April	CC in Algiers, mit Sydney Chaplin und May Reeves. Kehrt dann an die Riviera zurück
	Mai	Carlyle Robinson wird von Paris nach New York geschickt

	30. Mai	CC mit May Reeves in Juan-les-Pins
	20. Juni	Boris Evelinoff wird Chef von Chaplins Pariser Büro
	15. Juli	Carlyle Robinson übernimmt Leitung von Chaplins Büro in New York
	August	CC in Spanien und Paris
	September	CC in London
	22. September	Begegnung mit Gandhi Wochenende in Chartwell
	10. November	Wochenende mit den Astors in Cliveden
	Dezember	Reise in den Norden Englands
	26. Dezember	CC mit den Fairbanks, Sydney Chaplin und May Reeves in St. Moritz, bleibt dort bis März 1932
1932	Januar	Carlyle Robinson entlassen
	12. März	CC und Sydney Chaplin treten Reise in den Fernen Osten an. Abschied von May Reeves
	3. April	Die kranke und mittellose Edna Purviance bittet CC um Hilfe
	23. April	CC und Sydney in Singapur. CC erkrankt an einem Fieber
	7. Mai	CC und Sydney verlassen Singapur Richtung Japan
	14. Mai	Ankunft in Tokio
	2. Juni	CC, Sydney und Kono verlassen Yokohama auf der *Hikawa Maru*
	10. Juni	CC und Kono treffen in Hollywood ein. Sydney Chaplin kehrt nach Europa zurück

(Anmerkung: Die einzelnen Stationen von Chaplins Reise lassen sich nach so vielen Jahren zeitlich nicht mehr genau fixieren. Die obigen Angaben können uns freilich als grobe Orientierung dienen.)

	27. Juni	CC gibt Artikel über Wirtschaftslösung an Presse weiter
	Juli	Bis Februar 1933 schreibt Chaplin an einer Artikelserie, ›A Comedian Sees the World‹ für *Woman's Home Companion* Erste Begegnung mit Paulette Goddard
	25. August	Über seinen Anwalt Loyd Wright legt CC vor Gericht Einspruch dagegen ein, daß seine Söhne im Film arbeiten
	27. August	CC im Gericht wegen Klage
	2. September	Entscheidung zu CCs Gunsten
	15. Oktober	CC erhält gerichtliche Vorladung für 26. Oktober
	26. Oktober	CC im Gericht wegen Lita Grey Chaplins Berufung. Entscheidung zugunsten von CC
1933	März	CC kauft Jacht, *Panacea*. Verbringt dort den größten Teil des Sommers
	25. März	Erster Nachweis von Arbeit an *Modern Times*
	21. Juni	Original und einziges Negativ von *A Woman of the Sea* oder *Sea Gulls* wird in Anwesenheit von Zeugen vernichtet

		Arbeit an *Modern Times* und Vorbereitungen für die Produktion gehen bis zum Jahresende weiter
	23. Oktober	CC spricht für den National Recovery Act im Columbia Broadcasting System
	7./9. Dezember	CC auf Hearsts Ranch San Simeon
	29./31. Dezember	CC in Yosemite
1934		Vorbereitungen für *Modern Times* gehen weiter
	16. Mai	Kono kündigt, erhält Posten bei United Artists in Tokyo
	4. September	Paulette Goddard unterzeichnet Vertrag mit Studio
	11. Oktober	CC beginnt mit Dreharbeiten für *Modern Times*
	16. Dezember	Douglas Fairbanks und Lady Mountbatten besuchen Studio
	28. Dezember	CC und Paulette Goddard machen Stimmproben
1935	17. Juli	Titel *Modern Times* offiziell bekanntgegeben
	30. August	Dreharbeiten für *Modern Times* beendet
	27. November	H. G. Wells trifft als CCs Gast in Hollywood ein, bleibt bis 24. Dezember
	4. Dezember	Streit zwischen CC und Al Newman wegen Filmmusik
	22. Dezember	Tonaufnahmen für *Modern Times* fertiggestellt
	28. Dezember	Vorschau von *Modern Times* in San Francisco. Danach wird nochmal geschnitten und nachsynchronisiert
1936	5. Januar	Vorschau von *Modern Times* im Alexander Theatre in Glendale
	5. Februar	Premiere von *Modern Times* im Rivoli in New York
	12. Februar	Premiere von *Modern Times* in Grauman's Chinese Theatre in Hollywood
	17. Februar	Zusammen mit Paulette, Mrs. Goddard und Frank Yonamori (Kammerdiener) schifft sich CC auf der *Coolidge* nach San Francisco mit Reiseziel Honolulu ein
	26. Februar	Sie treffen in Honolulu ein, beschließen aber, nach Hongkong weiterzureisen
	7. März bis 22. Mai	Reise mit Stationen in Yokohama, Kobe, Shanghai, Hongkong, Manila, Saigon, Französisch-Indochina, Japan
	22. April	Falschmeldung über CCs Tod in Indochina
	22. Mai	Abreise von Japan nach Kalifornien auf der *Coolidge*, kommt am 3. Juni an
	11. Juni	Tod von Nathan Burkan, CCs langjährigem Anwalt
		Das restliche Jahr arbeitet CC an *Stowaway*, *Regency* und am Napoleon-Projekt. Diese Arbeit setzt sich bis ins Jahr 1937 fort
1937	23. April	Sonores Tobis Films verklagt CC wegen Plagiats von *A Nous la Liberté*. (Klage am 19. November 1939 abgewiesen)

	26. Mai	*Regency* zu den Akten gelegt
	1. Oktober	Paulette Goddard macht Probeaufnahmen für die Rolle der Scarlett O'Hara in *Gone With the Wind*
1938		Chaplin verbringt das Jahr größtenteils in Pebble Beach und arbeitet sporadisch an Projekten
	Oktober	Beginnt mit Arbeit an *The Great Dictator*
1939	9. Januar	Beginn der Arbeiten zur Schallisolierung der Studiobühnen (am 10. Februar abgeschlossen)
	21. Januar	Sydney Chaplin trifft aus Europa in Hollywood ein
	25. März	Wheeler Dryden trifft in Hollywood ein und wird Mitglied der Studio-Stammbelegschaft
	23. Juni	Titel *The Great Dictator* angemeldet
	9. September	CC beginnt mit Dreharbeiten für *The Great Dictator*
		Ausschuß zur Untersuchung unamerikanischer Umtriebe nimmt seine Arbeit auf
	15. November	Douglas Fairbanks und seine Frau besuchen das Studio. Letzte Begegnung mit CC
	12. Dezember	Douglas Fairbanks stirbt (Beerdigung am 15. Dezember)
1940	28. März	CC beendet die Hauptdreharbeiten zu *The Great Dictator*
	29. März	Beginnt mit Schnitt von *The Great Dictator*
	23. Juni	Setzt Dreharbeiten fort, einschl. Schlußrede
	3. Juli	Arbeitet wieder am Schnitt
	22. Juli	Beginnt mit Arbeiten an Tonaufnahmen und Musik
	5. September	Vorschau im Riverside Theatre in Riverside. Danach weitere Retakes und Nachsynchronisierung
	11. Oktober	CC reist nach New York (bleibt dort bis 10. Februar 1941)
	15. Oktober	Weltpremiere von *The Great Dictator* in den Capitol und Astor Theatres in New York. CC anwesend
	14. November	Hollywooder Premiere von *The Great Dictator* im Carthay Circle Theatre
1941	26. März bis 30. April	CC in New York
	15. April	Konrad Bercovici erhebt Plagiatsklage wegen *The Great Dictator*
	9. Juni	CC beginnt mit der Arbeit an Neufassung von *The Gold Rush*, mit Ton
	26. (?) Juni	Nimmt Joan Berry (Barry) unter Vertrag
		CC arbeitet an *Shadow and Substance*
1942		CC setzt Arbeit an *Shadow and Substance* fort
	18. Mai	Rede für Rußlandhilfe in San Francisco

	19. Mai	Neufassung von *The Gold Rush* im Paramount, Hollywood and Paramount, in Los Angeles uraufgeführt
	22. Mai	Joan Barrys Vertrag in beiderseitigem Einvernehmen annulliert
	4. Juni	Paulette Goddard läßt sich scheiden (erst jetzt wird bekannt, daß die Ehe 1936 im Fernen Osten geschlossen wurde)
	22. Juli	CC hält über Radio-Telefon Ansprache bei Kundgebung ›Für eine Zweite Front‹ im Madison Square
	12. Oktober	Abreise nach New York in Begleitung von Tim Durant und Kammerdiener Edward Chaney
	16. Oktober	Spricht bei Kundgebung ›Artists' Front to Win the War‹ in der Carnegie Hall
	30. Oktober	Rückkehr nach Los Angeles
		Lernt Oona O'Neill kennen
	November	Beginnt Arbeit an Drehbuch zu *Landru (Monsieur Verdoux)*
	25. November	Spricht bei Versammlung ›Salute Our Russian Ally‹ in der Orchestra Hall in Chicago
	3. Dezember	Spricht bei Dinner ›Arts for Russia‹ im Hotel Pennsylvania in New York
	10. Dezember	Kehrt von New York und Chicago nach Hause zurück
	23. Dezember	Joan Barry bricht in Chaplins Haus ein, mit einem Revolver bewaffnet
	29. Dezember	*Shadow and Substance* zu den Akten gelegt
1943		CC arbeitet das ganze Jahr über am Drehbuch zu *Landru (Monsieur Verdoux)*
	7. März	Ansprache ›Lambeth Walk‹ wird vom CBS-Studio nach England übertragen
		CC nimmt Rede im Büro des sowjetischen Konsuls auf zur Ausstrahlung in der UdSSR
	4. Juni	Joan Barry behauptet, daß CC Vater ihres ungeborenen Kindes ist
	16. Juni	CC und Oona O'Neill heiraten in Carpenteria in Santa Barbara
	26. Juni	Rückkehr von CC und Oona Chaplin von Carpenteria
	14. September	CCs eidliche Aussage im Fall Barry
	2. Oktober	Joan Barry bringt Mädchen, Carol Ann, zur Welt
1944	10. Februar	CC wird von dem Bundesschwurgericht wegen Verstoßes gegen den ›Mann Act‹ angeklagt. Ferner wird ihm vorgeworfen, sich mit der Polizei von Los Angeles und anderen verabredet zu haben, Barry mittels einer Anzeige wegen Landstreicherei ihrer Grundrechte zu berauben
	14. Februar	CC vor Gericht
	15. Februar	Bluttests beweisen, daß CC nicht Vater von Barrys Kind ist

	21. Februar	CC wird vernommen
	25. Februar	CC vor Gericht, um sich gegen ›Mann Act‹-Klage zu verteidigen
	26. Februar	CC vor Gericht – erklärt sich für nicht schuldig im Anklagepunkt ›Mann Act‹
	9. März	CC vor Gericht – erklärt sich für nicht schuldig im Anklagepunkt ›Verabredung zur Begehung einer Straftat‹
	21. März	Die Verhandlung zum Anklagepunkt ›Mann Act‹ wird eröffnet
	4. April	CC im Anklagepunkt ›Mann Act‹ für nicht schuldig befunden
	4.–15. Mai	CC und Oona in Palm Springs
	15. Mai	Anklagepunkt ›Verletzung der Grundrechte‹ wird fallengelassen
	29. Mai–30. Juni	CC und Oona in New York
	20. Juli	Tod von Mildred Harris
	1. August	Geburt von Tochter Geraldine Leigh Chaplin
	26. September	CC diktiert Artikel an ›Jugend von Sowjetrußland‹
	13. Dezember	Eröffnung des Barry-Vaterschaftsprozesses
	30. Dezember	CC verletzt sich am Fuß: bis 2. Januar im Cedars of Lebanon Hospital
1945	2. Januar	Geschworene beim Vaterschaftsprozeß kommen zu keinem einstimmigen Votum (7 zu 5 Stimmen zugunsten von CC). Es wird ein Wiederaufnahmeverfahren angeordnet
	26. Januar	Arbeit an *Landru (Monsieur Verdoux)* beginnt. Marilyn Nash macht Probeaufnahmen
	20. Februar	CC gibt Presseerklärung ab
	4. April	Eröffnung des neuen Vaterschaftsprozesses
	17. April	Urteilsspruch im Vaterschaftsprozeß zugunsten von Barry (mit einem Votum von 11 zu 1)
	22.–27. April	CC und Oona in Palm Springs
	10. Mai	CC stellt Antrag auf Eröffnung eines neuen Prozesses
	6. Juni	Antrag abgelehnt
	16. Juni	CC vor Gericht wegen Unterhaltszahlungen für Barry
1946	11. Februar	Drehbuch zu *Monsieur Verdoux* für Copyright angemeldet
	7. März	Geburt von Michael John Chaplin
	11. März	CC zu einem Gespräch bei Joseph Breen
	18. März	Edna Purviance erscheint im Studio. Sie soll die Rolle der Madame Grosnay spielen
	7. April	Alf Reeves stirbt
	8. April	John McFadden wird zum Produktionsleiter des Studios ernannt
	10. April	Beerdigung von Alf Reeves

	21. Mai	Beginn der Dreharbeiten zu *Monsieur Verdoux*
	5. September	Abschluß der Dreharbeiten
1947	11. April	Weltpremiere von *Monsieur Verdoux* im Broadway Theatre in New York
	12. April	Feindselige Pressekonferenz in New York
	12. Juni	Kongreßabgeordneter John Rankin fordert Chaplins Ausweisung
	20. Juli	CC nimmt die Einladung, vor dem Ausschuß zur Untersuchung unamerikanischer Umtriebe (HUAC) auszusagen, öffentlich an
	23. September	Nimmt Vorladung zu HUAC-Vernehmung an
	November	Schickt Telegramm an Picasso zur Unterstützung von Hanns Eisler
	17. Dezember	Katholische Kriegsveteranen drängen Justiz- und Außenministerien, gegen CC zu ermitteln und seine Ausweisung zu veranlassen
1948		Zu Jahresanfang arbeitet CC bereits an Geschichte für *Footlights (Limelight)*
	13. September	Beginnt mit Diktat von *Footlights*. Arbeitet das ganze nächste Jahr über am Skript
1949	28. März	Josephine Hannah Chaplin wird im St. John's Hospital in Santa Monica geboren
	5. Mai	Walter Wanger mietet Studio für Probeaufnahmen mit Greta Garbo
	3.–18. August	CC und Oona unternehmen Reise nach New York
1950	17. Januar –13. Februar	CC und Oona in New York
	8. April	Neuaufführung von *City Lights* im Globe Theatre in New York
	6. September	Titel *Limelight* angemeldet
	11. September	Drehbuch zu *Limelight* für Copyright angemeldet
	17. September –8. Oktober	CC und Oona in New York
	Dezember	CC beginnt mit Arbeit an Musik zu *Limelight*
1951	11.–22. Januar	CC und Oona in New York
	Februar	CC beginnt mit der Auswahl von Schauspielerinnen für *Limelight*
	22.–28. April	CC in New York für Probeaufnahmen von Claire Bloom
	19. Mai	Geburt von Tochter Victoria im St. John's Hospital in Santa Monica

	21. Mai	Beginn der Erweiterungsarbeiten am Haus im Summit Drive 1058. Am 29. Juni abgeschlossen
	18. September	Claire Bloom reist mit der *Mauretania* von London nach New York
	19. November	CC beginnt mit den Hauptdreharbeiten zu *Limelight*
1952	25. Januar	Hauptdreharbeiten beendet
	15. Mai	James Agee und Sidney Bernstein bekommen Rohschnitt von *Limelight* vorgeführt
	2. August	Vorschau im Paramount-Studio
	6. September	Die Chaplins verlassen Hollywood
	17. September	CC und Familie verlassen New York auf der *Queen Elizabeth*
	19. September	CCs Wiedereinreise-Genehmigung wird annulliert
	23. September	Die Chaplins treffen in London ein
	23. Oktober	Premiere von *Limelight* im Odeon, Leicester Square, in London
	17.–27. November	Oona Chaplin unternimmt Reise nach Los Angeles, um CCs geschäftliche Angelegenheiten zu regeln
1953	Januar	Viele Kinos in den USA setzen *Limelight* vom Programm ab
	5. Januar	Die Chaplins beziehen das Manoir de Ban in Corsier sur Vevey in der Schweiz
	März	Ferien an der französischen Riviera
	6. März	In den USA wird *Limelight* von den ›Foreign Language Press Critics‹ zum ›Besten Film‹ ernannt
	10. April	CC gibt amerikanische Wiedereinreise-Genehmigung zurück
	23. August	Geburt von Sohn Eugene Anthony
	18. September	Studio an Webb and Knapp verkauft
1954	10. Februar	Oona Chaplin verzichtet auf amerikanische Staatsbürgerschaft
	2. Mai	CC kündigt sein nächstes Filmprojekt an, das *The Ex-King (A King in New York)* heißen soll
	27. Mai	Erhält den Preis des Welt-Friedensrates
	18. Juli	Begegnung mit Tschu En Lai in Genf
	10. Oktober	Persönlicher Auftritt in der Manege des Circus Knie in Vevey
		Verteilt Geld vom Friedenspreis an die Armen von Paris und Lambeth
1955		Vorbereitungen für *A King in New York*
	1. März	CC verkauft restliche Anteile an United Artists
	August	Besuch der Fête de Vignerons in Vevey
1956	24. April	CC trifft Bulganin und Chruschtschow im Claridges
	25. Mai	Wird Ehrenmitglied des ACTT

	Mai–Juli	Dreharbeiten zu *A King in New York*
	15. Juni	US-Finanzbehörde fordert Steuernachzahlung
	10. August	Wiederaufführung von *The Gold Rush* in England
	25. August	Pressekonferenz in Paris
	August–Oktober	Schnitt von *A King in New York*, Tonaufnahmen und Synchronarbeiten in Paris
1957		In den ersten Monaten des Jahres arbeitet CC weiter an *A King in New York*
	23. Mai	Geburt von Tochter Jane Cecil
	12. September	Londoner Premiere von *A King in New York*
	24. September	CC schließt US-Presse von Teilnahme an Pariser Premiere aus
	30. September	Wheeler Dryden stirbt in Hollywood
1958	13. Januar	Tod von Edna Purviance
	21. Februar	CCs Name wird nicht in den ›Walk of Fame‹ in Los Angeles aufgenommen
	November	CC arbeitet an der *Chaplin Revue*
	30. Dezember	Regelt seine amerikanischen Steuerschulden
1959	16. April	Siebzigster Geburtstag. Chaplin sagt, er will den ›Kleinen Kerl‹ wiederbeleben
	24. September	*The Chaplin Revue* uraufgeführt
	3. Dezember	Geburt der Tochter Annette Emily
1960	Juli	Ferien in Irland
	20. Dezember	Tod von Mack Sennett
1961	Juli	Ferien im Fernen Osten
1962	April	Ferien in der Schweiz, Irland, London, Paris, Venedig
	27. Juni	Erhält Ehrendoktor der Universität Oxford
	6. Juli	Erhält Ehrendoktor der Universität Durham
	8. Juli	Geburt von Sohn Christopher James
1963	Juni	Roy Export Company gewinnt Prozeß gegen Atlas Films wegen unberechtigtem Vertrieb von *The Gold Rush*
	September	CC fordert Verbot einer Broschüre, in der für eine Frischzellenkur geworben und CC als erfolgreicher Patient genannt wird
1964		CC spricht davon eine Oper zu schreiben und eine Slapstick-Komödie für Sydney Chaplin junior
	Juni	Nimmt an Galavorstellung mit Maria Callas in der Pariser Opera teil
	September	*My Autobiography* erscheint
1965	16. April	Tod von Sydney Chaplin senior

	2. Juni	CC erhält den Erasmus-Preis, zusammen mit Ingmar Bergman
	1. November	Auf einer Pressekonferenz in London kündigt CC *A Countess From Hong Kong* an
1966	25. Januar	CC beginnt mit Dreharbeiten für *A Countess From Hong Kong*
	11. Mai	Beendet Dreharbeiten zu *A Countess From Hong Kong*
	11. Oktober	CC bricht sich den Knöchel
1967	2. Januar	*A Countess From Hong Kong* uraufgeführt
	18. Juni	Tod von Roland Totheroh
1968		CC arbeitet an *The Freak*
	20. März	Charles Chaplin junior stirbt
1969	16. April	Achtzigster Geburtstag mit Empfang im Manoir de Ban für Presse
1970		CC komponiert neue Musik für *The Circus*
		Black Inc. übernimmt Vertrieb von Chaplins Filmen
1971	31. Oktober	Die Stadt Paris verleiht CC die Grande Medaille de Vermeil
1972	März	CCs Name wird auf dem ›Walk of Fame‹ nachgetragen
	2. April	CC trifft in New York ein
	3. April	Erscheint bei Veranstaltung in der Philharmonic Hall im Lincoln Center
	6. April	CC wird in New York die »Handel Medaille« verliehen
	16. April	CC wird in Hollywood die Special Academy Award (Ehrenoskar) verliehen
	3. September	Bei den Filmfestspielen in Venedig wird CC der Goldene Löwe verliehen
1974	Oktober	*My Life in Pictures* erscheint
1975	4. März	CC wird von Königin Elizabeth in den Adelsstand erhoben
1976	30. Juni	CC sagt angeblich: »Arbeiten heißt leben – und ich liebe das Leben.«
1977	15. Oktober	CC verläßt das Haus zum letzten Mal – zum Besuch einer Vorstellung des Circus Knie in Vevey
	25. Dezember	CC stirbt im Schlaf im Manoir de Ban in Corsier sur Vevey
	27. Dezember	Beisetzung in Vevey
1978	1. März	Diebstahl von CCs Sarg
	17. März	Der Sarg wird wiedergefunden
	11.–14. Dezember	Prozeß gegen Ganev und Wardas wegen Diebstahl des Leichnams

1980	14. Januar	Scherz am Leicester Square: eine Pappmaché-Statur von CC wird aufgestellt
	27. September	In Vevey wird der Parc Charles Chaplin eingeweiht
	19. Dezember	Am Haus Kennington Road 287 wird eine Plakette angebracht, die von Sir Ralph Richardson enthüllt wird
1981	14. April	Im Leicester Square wird eine von John Doubleday angefertigte Statue errichtet, die von Sir Ralph Richardson enthüllt wird
1982	22. August	Eine Bronzekopie der Statue wird im Parc Charles Chaplin in Vevey errichtet

II
Filmographie

Seit Theodore Huff 1944 seine Pionierarbeit ›Index to the Films of Charles Chaplin‹ vorlegte, hat sich das Verzeichnis der frühen Chaplin-Filme über die Jahre stets erweitert. Fünf Jahre vor dem Erscheinen von Huffs Werk meinte Lewis Jacobs in *The Rise of the American Film,* es sei allein schon unmöglich, eine genaue Aufstellung von Chaplins Keystone-Filmen zu machen. Huff brachte gleichwohl eine vollständige Aufstellung von Chaplins Filmen zustande, in der nur der rätselhafte *The Professor* fehlt, der in dieser Filmographie erstmalig erscheint. Huff machte sich auch mutig daran, Besetzungslisten zu erstellen und alle an der jeweiligen Filmproduktion Beteiligten aufzuführen. Auf seinem Werk bauen alle späteren Filmographien auf. Allerdings sind auch seine Fehler verewigt worden – wie etwa die Angabe, daß Roland Totheroh Chaplins Kameramann bei Essanay gewesen sei.

Anfang der siebziger Jahre bemühte man sich darum, die Besetzungs- und Mitarbeiterlisten zu vervollständigen: Denis Giffords 1974 erschienene Biographie *Chaplin* wies die bis dahin umfassendste Filmographie auf. Er hatte sich gewissenhaft bemüht, die Schauspieler auf der Leinwand zu identifizieren. Das führte freilich zu einigen neuen Fehlern: Jede flüchtig gesichtete Xanthippe wurde frohgemut als Phyllis Allen identifiziert, und der Irrtum, daß Edna Purviance in *Monsieur Verdoux* und in *Limelight* mitwirkte, wurde von nachfolgenden Filmographen ungeprüft übernommen. Einige dieser Fehler (allerdings nicht der letztgenannte) tauchten auch noch in der Filmographie meines 1983 erschienenen Buches *Chaplin: The Mirror of Opinion* auf.

Die vorliegende Filmographie baut natürlich bis zu einem gewissen Grade auf der von Huff und seinen Nachfolgern geleisteten Arbeit auf, und was die frühen Filme betrifft, kann sie keinen Anspruch auf Vollständigkeit oder Endgültigkeit erheben. Die Listen der Mitarbeiter, die hier zum ersten Mal aufgeführt werden, stammen im wesentlichen aus den Studioberichten, die sich im Chaplin-Archiv in Vevey befinden.

Um möglichen Verwirrungen vorzubeugen, die unterschiedliche Numerierungssysteme verursachen könnten, folgt die Filmographie dieses Werks dem System, das Uno Asplund in seiner 1971 erschienenen Filmographie *Chaplin's Films* aufgestellt hat.

Timothy Lyons hat es in seinem Buch *Charles Chaplin: A Guide to References and Resources* übernommen, und ich habe es in meinem oben genannten Werk ebenfalls benutzt.

1 Die Keystone-Filme 1914

Produktion:	The Keystone Film Company
Produzent:	Mack Sennett
Kamera:	Hans Koenekamp zufolge, der ab 1913 bei Keystone war und

bei *Mabel's Strange Predicament* die Kamera führte, war es durchaus üblich, daß die Keystone-Kamermänner jeden Tag bei einer anderen Produktion eingesetzt wurden. Als er (1983) gefragt wurde, wer bei *Tillie's Punctured Romance* als Kameramann dabeigewesen sei, antwortete er: »Wer war denn *nicht* dabei?« In bisherigen Filmographien wurden im allgemeinen entweder Frank D. Williams oder E.J. Vallejo *(Making a Living)* als Chaplins Kameramänner genannt, aber man kann mit Sicherheit annehmen, daß bei den Chaplin-Filmen auch noch andere Mitglieder des Keystone-Kamerateams eingesetzt wurden.

1. Making A Living (Man schlägt sich durch)

Regie:	Henry Lehrman	
Buch:	? Reed Heustis	
Cast:	Charles Chaplin	*Ganove*
	Virginia Kirtley	*Mädchen*
	Alice Davenport	*Mutter*
	Henry Lehrman	*Reporter*
	Minta Durfee	*Frau*
	Chester Conklin	*Polizist/Penner*
Uraufführung:	2. Februar 1914	
Länge:	Eine Rolle	

2. Kid Auto Races at Venice (Seifenkistenrennen in Venice)

Regie:	Henry Lehrman	
Buch:	Henry Lehrman	
Cast:	Charles Chaplin	*Tramp*
	Henry Lehrman	*Filmregisseur*
	Frank D. Williams	*Kameramann*
	Billy Jacobs	*Junge*
	Charlotte Fitzpatrick	*Mädchen*
	Thelma Salter	*Mädchen*
	Gordon Griffith	*Junge*
Uraufführung:	7. Februar 1914	
Länge:	Eine halbe Rolle (zusammen mit dem Dokumentarfilm *Olives and their Oil* herausgebracht)	

3. Mabel's Strange Predicament (Mabel in peinlicher Lage)

Regie:	Henry Lehrman und Mack Sennett

Buch:	Henry Lehrman	
Cast:	Charles Chaplin	*Tramp*
	Mabel Normand	*Mabel*
	Chester Conklin	*Ehemann*
	Alice Davenport	*Ehefrau*
	Harry McCoy	*Liebhaber*
	Hank Mann	
	Al St. John	
Uraufführung:	9. Februar 1914	
Länge:	Eine Rolle	

4. Between Showers (Zwischen zwei Regenschauern)

Regie:	Henry Lehrman	
Buch:	? Reed Heustis	
Cast:	Charles Chaplin	*Frauenheld*
	Ford Sterling	*sein Rivale*
	Chester Conklin	*Polizist*
	Emma Clifton	*Mädchen*
	Sadie Lampe	*Freundin des Polizisten*
Uraufführung:	28. Februar 1914	
Länge:	Eine Rolle	

5. A Film Johnnie (Ein Filmfan)

Regie:	George Nichols	
Buch:	Craig Hutchinson	
Cast:	Charles Chaplin	*Der Filmfan*
	Roscoe Arbuckle	*Fatty*
	Virginia Kirtley	*das Keystone-Mädchen*
	Minta Durfee	*Schauspielerin*
	Mabel Normand	*Mabel*
	Ford Sterling	*Ford*
	Mack Sennett	*er selbst*
Uraufführung:	2. März 1914	
Länge:	Eine Rolle	

6. Tango Tangles (Tangoverwicklungen)

Regie und Buch:	Mack Sennett	
Cast:	Charles Chaplin	*beschwipster Tänzer*
	Ford Sterling	*Bandleader*
	Roscoe Arbuckle	*Musiker*
	Chester Conklin	*Polizist*
	Minta Durfee	*Garderobenmädchen*

Uraufführung:	9. März 1914	
Länge:	Eine Rolle	

7. His Favorite Pastime (Sein liebster Zeitvertreib)

Regie:	George Nichols	
Buch:	Craig Hutchinson	
Cast:	Charles Chaplin	*Bargast*
	Roscoe Arbuckle	*Bargast*
	Peggy Pearce	*Ehefrau*
Uraufführung:	16. März 1914	
Länge:	Eine Rolle	

8. Cruel, Cruel Love (O grausame Liebe)

Regie:	George Nichols	
Buch:	Craig Hutchinson	
Cast:	Charles Chaplin	*Lord Helpus*
	Chester Conklin	*Butler*
	Minta Durfee	*Mädchen*
	Alice Davenport	*Hausmädchen*
Uraufführung:	26. März 1914	
Länge:	Eine Rolle	

9. The Star Boarder (Der Lieblingsgast)

Regie:	George Nichols	
Buch:	Craig Hutchinson	
Cast:	Charles Chaplin	*der Lieblingsgast*
	Minta Durfee	*Wirtin*
	Edgar Kennedy	*Ehemann der Wirtin*
	Gordon Griffith	*ihr Sohn*
	Alice Davenport	*Freundin der Wirtin*
Uraufführung:	4. April 1914	
Länge:	Eine Rolle	

10. Mabel At The Wheel (Mabel am Steuer)

Regie:	Mabel Normand, Mack Sennett	
Buch:	? Mabel Normand, Mack Sennett	
Cast:	Charles Chaplin	*Bösewicht*
	Mabel Normand	*Mabel*

	Harry McCoy	*Rennfahrer und Mabels Freund*
	Chester Conklin	*Mabels Vater*
	Mack Sennett	*Ein Tölpel*
	Al St John	*Spießgeselle des Bösewichts*
	Fred Mace	*Zwielichtige Gestalt*
	Joe Bordeaux	*Zwielichtige Gestalt*
	Mack Swain	*Zuschauer*
Uraufführung:	18. April 1914	
Länge:	Zwei Rollen	

11. Twenty Minutes of Love (Zwanzig Minuten Liebe)

Regie und Buch:	Charles Chaplin	
Cast:	Charles Chaplin	*Taschendieb*
	Minta Durfee	*Frau*
	Edgar Kennedy	*Liebhaber*
	Gordon Griffith	*Junge*
	Chester Conklin	*Taschendieb*
	Joseph Swickard	*Opfer*
	Hank Mann	*Schlafender*
Uraufführung:	20. April 1914	
Länge:	Eine Rolle	

12. Caught in a Cabaret (In einer Spelunke ertappt)

Regie:	Mabel Normand	
Buch:	? Mabel Normand und Charles Chaplin	
Cast:	Charles Chaplin	*Kellner*
	Mabel Normand	*Mabel*
	Harry McCoy	*Liebhaber*
	Chester Conklin	*Kellner*
	Edgar Kennedy	*Café-Besitzer*
	Minta Durfee	*Tänzerin*
	Phyllis Allen	*Tänzerin*
	Joseph Swickard	*Vater*
	Alice Davenport	*Mutter*
	Gordon Griffith	*Junge*
	Alice Howell	
	Hank Mann	
	Wallace MacDonald	
Uraufführung:	27. April 1914	
Länge:	Zwei Rollen	

13. Caught in the Rain (Im Regen ausgesperrt)

Regie und Buch:	Charles Chaplin	
Cast:	Charles Chaplin	*beschwipster Hotelgast*
	Mack Swain	*Ehemann*
	Alice Davenport	*Ehefrau*
	Alice Howell	*Eine Frau*
Uraufführung:	4. Mai 1914	
Länge:	Eine Rolle	

14. A Busy Day (Ein toller Tag)

Regie und Buch:	? Charles Chaplin	
Cast:	Charles Chaplin	*Ehefrau*
	Mack Swain	*Ehemann*
	Phyllis Allen	*die andere Frau*
Uraufführung:	7. Mai 1914	
Länge:	Eine halbe Rolle	

15. The Fatal Mallet (Der verhängnisvolle Holzhammer)

Regie und Buch:	Mack Sennett	
Cast:	Charles Chaplin	*Freier*
	Mabel Normand	*Mabel*
	Mack Sennett	*rivalisierender Freier*
	Mack Swain	*Mann*
Uraufführung:	1. Juni 1914	
Länge:	Eine Rolle	

16. Her Friend the Bandit (Ihr Freund, der Bandit)

Regie:	?	
Buch:	?	
Cast:	Charles Chaplin	*Bandit*
	Mabel Normand	*Mabel*
	Charles Murray	*Graf De Beans*
Uraufführung:	4. Juni 1914	
Länge:	Eine Rolle	

17. The Knockout (Der Knockout)

Regie:	Charles Avery	
Cast:	Roscoe Arbuckle	*Fatty*
	Minta Durfee	*Frau*

	Edgar Kennedy	*Cyclone Flynn*
	Charles Chaplin	*Schiedsrichter*
	Al St. John	*Boxer*
	Hank Mann	*Boxer*
	Mack Swain	*Zuschauer*
	Mack Sennett	*Zuschauer*
	Alice Howell	*Zuschauer*
	Charles Parrott*	*Polizist*
	Eddie Cline	*Polizist*
	Joe Bordeaux	*Polizist*
	*Charley Chase	
Uraufführung:	11. Juni 1914	
Länge:	Zwei Rollen	

18. Mabel's Busy Day (Mabels toller Tag)

Regie und Buch:	? Mabel Normand	
Cast:	Charles Chaplin	*beschwipster Plagegeist*
	Mabel Normand	*Mabel*
	Chester Conklin	*Wachtmeister*
	Slim Summerville	*Polizist*
	Billie Bennett	*Frau*
	Harry McCoy	
	Wallace MacDonald	
	Edgar Kennedy	
	Al St John	
	Charles Parrott*	
	Mack Sennett	
	Henry Lehrman (?)	
	*Charley Chase	
Uraufführung:	13. Juni 1914	
Länge:	Eine Rolle	

19. Mabel's Married Life (Mabels Eheleben)

Regie:	Charles Chaplin	
Buch:	Charles Chaplin und Mabel Normand	
Cast:	Charles Chaplin	*Mabels Ehemann*
	Mabel Normand	*Mabel*
	Mack Swain	*Tennisspieler*
	Alice Howell	*Macks Frau*
	Hank Mann	*Freund*
	Charles Murray	*Mann an der Bar*
	Harry McCoy	*Mann an der Bar*

	Wallace MacDonald	*Botenjunge*
	Al St John	*Botenjunge*
Uraufführung:	20. Juni 1914	
Länge:	Eine Rolle	

20. Laughing Gas (Lachgas)

Regie und Buch:	Charles Chaplin	
Cast:	Charles Chaplin	*Zahnarztgehilfe*
	Fritz Schade	*der Zahnarzt*
	Alice Howell	*Frau des Zahnarztes*
	Joseph Sutherland	*Assistent*
	G. S. Summerville	*Patient*
	Joseph Swickard	*Patient*
	Mack Swain	*Patient*
Uraufführung:	9. Juli 1914	
Länge:	Eine Rolle	

21. The Property Man (Der Requisiteur)

Regie und Buch:	Charles Chaplin	
Cast:	Charles Chaplin	*der Requisiteur*
	Fritz Schade	*Garlico*
	Phyllis Allen	*Hamlene Fat*
	Alice Davenport	*Schauspielerin*
	Charles Bennett	*Schauspieler*
	Mack Sennett	*Mann im Publikum und Zuschauer*
	Norma Nichols	*Vaudeville-Künstlerin*
	Joe Bordeaux	*alter Schauspieler*
	Harry McCoy	
	Lee Morris	
Uraufführung:	1. August 1914	
Länge:	Zwei Rollen	

22. The Face on the Bar Room Floor (Das Gesicht auf dem Boden der Bar)

Regie:	Charles Chaplin	
Buch:	Charles Chaplin, nach dem Gedicht von Hugh Antoine d'Arcy	
Cast:	Charles Chaplin	*Maler*
	Cecile Arnold	*Madeline*
	Fritz Schade	*ihr Geliebter*
	Vivian Edwards	*eine Frau*
	Chester Conklin	*Bargast*

	Harry McCoy	*Bargast*
	Hank Mann	*Bargast*
	Wallace MacDonald	*Bargast*
Uraufführung:	10. August 1914	
Länge:	Eine Rolle	

23. Recreation (Erholung)

Regie und Buch:	Charles Chaplin	
Cast:	Charles Chaplin	*Tramp*
	Charles Murray (?)	*Seemann auf Parkbank*
	Norma Nichols	*Mädchen*
Uraufführung:	18. August 1914	
Länge:	Eine halbe Rolle (zusammen mit dem Dokumentarfilm *The Yosemite* herausgebracht)	

24. The Masquerader (Die Maskerade)

Regie und Buch:	Charles Chaplin	
Cast:	Charles Chaplin	*Filmschauspieler*
	Roscoe Arbuckle	*Filmschauspieler*
	Chester Conklin	*Filmschauspieler*
	Charles Murray	*Filmregisseur*
	Fritz Schade	*Bösewicht*
	Minta Durfee	*Hauptdarstellerin*
	Cecile Arnold	*Schauspielerin*
	Vivian Edwards	*Schauspielerin*
	Harry McCoy	*Schauspieler*
	Charles Parrott*	*Schauspieler*
	*Charley Chase	
Uraufführung:	27. August 1914	
Länge:	Eine Rolle	

25. His New Profession (Sein neuer Beruf)

Regie und Buch:	Charles Chaplin	
Cast:	Charles Chaplin	*Charlie*
	Minta Durfee	*Frau*
	Fritz Schade	*Onkel*
	Charles Parrott*	*Neffe*
	Cecile Arnold	*Mädchen*
	Harry McCoy	*Cop*
	*Charley Chase	
Uraufführung:	31. August 1914	
Länge:	Eine Rolle	

26. The Rounders (Die Zechtouristen)

Regie und Buch:	Charles Chaplin	
Cast:	Charles Chaplin	*Feiernder*
	Roscoe Arbuckle	*sein Freund und Nachbar*
	Phyllis Allen	*Charlies Frau*
	Minta Durfee	*Fattys Frau*
	Al St John	*Page*
	Fritz Schade	*Gast im Restaurant*
	Wallace MacDonald	*Gast im Restaurant*
	Charles Parrott*	*Gast im Restaurant*
	*Charley Chase	
Uraufführung:	7. September 1914	
Länge:	Eine Rolle	

27. The New Janitor (Der neue Hausmeister)

Regie und Buch:	Charles Chaplin	
Cast:	Charles Chaplin	*Hausmeister*
	Fritz Schade	*Chef*
	Jack Dillon	*diebischer Angestellter*
	Minta Durfee	*Sekretärin*
	Al St John	*Liftboy*
Uraufführung:	24. September 1914	
Länge:	Eine Rolle	

28. Those Love Pangs (Liebesqualen)

Regie und Buch:	Charles Chaplin	
Cast:	Charles Chaplin	*Frauenheld*
	Chester Conklin	*sein Rivale*
	Cecile Arnold	*Mädchen*
	Vivian Edwards	*Mädchen*
	Edgar Kennedy	*Freund der Mädchen*
	Norma Nichols	*Wirtin*
	Harry McCoy	*Cop*
Uraufführung:	10. Oktober 1914	
Länge:	Eine Rolle	

29. Dough and Dynamite (Teig und Dynamit)

Regie und Buch:	Charles Chaplin (Sennett wird allgemein als Mitarbeiter am Buch genannt)	
Cast:	Charles Chaplin	*Kellner*

	Chester Conklin	*Kellner*
	Fritz Schade	*Bäckereiinhaber*
	Norma Nichols	*seine Frau*
	Cecile Arnold	*Kellnerin*
	Vivian Edwards	*Kellnerin*
	Phyllis Allen	*Gast*
	Jack Dillon	*Gast*
	Edgar Kennedy	*streikender Bäcker*
	G. S.Summerville	*streikender Bäcker*
	Charles Parrott*	*streikender Bäcker*
	Wallace MacDonald	*streikender Bäcker*
	*Charley Chase	
Uraufführung:	26. Oktober 1914	
Länge:	Zwei Rollen	

30. Gentlemen of Nerve (Männer ohne Nerven)

Regie und Buch:	Charles Chaplin	
Cast:	Charles Chaplin	*abgebrannter Rennbesucher*
	Mack Swain	*Ambrose, sein Freund*
	Mabel Normand	*Mabel*
	Chester Conklin	*Walroß*
	Phyllis Allen	*seine Frau*
	Edgar Kennedy	*Polizist*
	Charles Parrott*	*Zuschauer*
	Alice Davenport	*Kellnerin*
	*Charley Chase	
Uraufführung:	29. Oktober 1914	
Länge:	Eine Rolle	

31. His Musical Career (Seine musikalische Karriere)

Regie und Buch:	Charles Chaplin	
Cast:	Charles Chaplin	*Klaviertransporteur*
	Mack Swain	*Ambrose, sein Partner*
	Charles Parrott*	*Chef des Klaviergeschäfts*
	Fritz Schade	*Mr. Rich*
	Joe Bordeaux	*Mr. Poor*
	Alice Howell	*Mrs. Rich*
	Norma Nichols	*Miss Poor*
	*Charley Chase	
Uraufführung:	7. November 1914	
Länge:	Eine Rolle	

32. His Trysting Place (Der Ort seines Stelldicheins)

Regie und Buch:	Charles Chaplin	
Cast:	Charles Chaplin	*Ehemann*
	Mabel Normand	*Mabel, seine Frau*
	Mack Swain	*Ambrose*
	Phyllis Allen	*Ambroses Frau*
Uraufführung:	9. November 1914	
Länge:	Zwei Rollen	

33. Tillie's Punctured Romance (Tillies gestörte Romanze)

Regie:	Mack Sennett	
Buch:	Mack Sennett, nach dem Stück *Tillie's Nightmare*	
Cast:	Marie Dressler	*Tillie Banks, ein Mädchen vom Lande*
	Charles Chaplin	*Charlie, ein Großstadtpinkel*
	Mabel Normand	*Mabel, seine Freundin*
	Mack Swain	*John Banks, Tillies Vater*
	Charles Bennett	*Douglas Banks, Tillies Onkel*
	Charles Murray	*Detektiv*
	Charles Parrott*	*Detektiv*
	Edgar Kennedy	*Restaurantbesitzer*
	Harry McCoy	*Pianist*
	Minta Durfee	*Hausmädchen*
	Phyllis Allen	*Garderobiere*
	Alice Davenport	*Gast*
	G. S. Summerville	*Polizist*
	Al St John	*Polizist*
	Wallace MacDonald	*Polizist*
	Joe Bordeaux	*Polizist*
	G. G. Ligon	*Polizist*
	Gordon Griffith	*Zeitungsjunge*
	Billie Bennett	*Mädchen*
	Rev. D. Simpson	*er selbst*
	*Charley Chase	
Uraufführung:	14. November 1914	
Länge:	Sechs Rollen	

34. Getting Acquainted (Man lernt sich kennen)

Regie und Buch:	Charles Chaplin	
Cast:	Charles Chaplin	*Ehemann*
	Phyllis Allen	*seine Frau*

	Mack Swain	*Ambrose*
	Mabel Normand	*Ambroses Frau*
	Harry McCoy	*Polizist*
	Edgar Kennedy	*Polizist*
	Cecile Arnold	*Mädchen*
Uraufführung:	5. Dezember 1914	
Länge:	Eine Rolle	

35. His Prehistoric Past (Seine prähistorische Vergangenheit)

Regie und Buch:	Charles Chaplin	
Cast:	Charles Chaplin	*Weakchin*
	Mack Swain	*König Lowbrow*
	Gene Mash	*Lowbrows Lieblingsfrau*
	Fritz Schade	*Cleo*
	Cecile Arnold	*Höhlenfrau*
	Al St John	*Höhlenmann*
Uraufführung:	7. Dezember 1914	
Länge:	Zwei Rollen	

II Die Essanay-Filme 1915–1916

Produktion:	The Essanay Film Manufacturing Company
Produzent:	Jesse T. Robbins
Regie:	Charles Chaplin
Buch:	Charles Chaplin
Kamera:	Harry Ensign (ab *A Night Out*); Kameramann bei *His New Job* unbekannt
Regieassistent:	Ernest Van Pelt (es wird angenommen, daß er bei allen Essanay-Filmen nach *His New Job* mitgearbeitet hat)
Dekorationen:	E. T. Mazy (es wird angenommen, daß er ab *Work* bei allen Essanay-Filmen mitgearbeitet hat)

36. His New Job (Sein neuer Job)

Cast:	Charles Chaplin	*Filmstatist*
	Ben Turpin	*Filmstatist*
	Charlotte Mineau	*Filmstar*
	Charles Insley	*Filmregisseur*
	Leo White	*Schauspieler*
	Frank J. Coleman	*Regieassistent*
	Bud Jamison	*unpünktlicher Star*
	Gloria Swanson	*Stenografin*
	Agnes Ayres	*Sekretärin*

	Billy Armstrong	*Statist*

Im Essanay-Studio in Chicago gedreht

Uraufführung: 1. Februar 1915

Länge: Zwei Rollen

37. A Night Out (Eine durchzechte Nacht)

Cast:	Charles Chaplin	
	Ben Turpin	*Zechbrüder*
	Bud Jamison	*Oberkellner*
	Edna Purviance	*seine Frau*
	Leo White	*›französischer‹ Dandy*
	Fred Goodwins	

Im Essanay-Studio in Niles gedreht

Uraufführung: 15. Februar 1915

Länge: Zwei Rollen

38. The Champion (Der Champion)

Cast:	Charles Chaplin	*Faustkämpfer in spe*
	Lloyd Bacon	*Trainer*
	Edna Purviance	*seine Tochter*
	Leo White	*Betrüger*
	Bud Jamison	*der Champion*
	Billy Armstrong	*Sparringspartner*
	Carl Stockdale	*Sparringspartner*
	Paddy McGuire	*Sparringspartner*
	Ben Turpin	*Verkäufer*
	G. M. (›Broncho Billy‹) Anderson	*begeisterter Zuschauer*

Im Essanay-Studio in Niles gedreht

Uraufführung: 11. März 1915

Länge: Zwei Rollen

39. In the Park (Im Park)

Cast:	Charles Chaplin	*Charlie*
	Edna Purviance	*Kindermädchen*
	Leo White	*eleganter Schürzenjäger*
	Margie Reiger	*seine Angebetete*
	Lloyd Bacon	*Würstchenverkäufer*
	Bud Jamison	*Ednas Verehrer*
	Billy Armstrong	*Dieb*

	Ernest Van Pelt	*Polizist*

Am Originalschauplatz gedreht

Uraufführung: 18. März 1915
Länge: Eine Rolle

40. A Jitney Elopement (Die Entführung im Münztaxi)

Cast:	Charles Chaplin	*Freier, falscher Graf*
	Edna Purviance	*das Mädchen*
	Fred Goodwins	*ihr Vater*
	Leo White	*der Graf*
	Lloyd Bacon	*Butler*
	Paddy McGuire	*uralter Diener*
	Carl Stockdale	*Polizist*
	Ernest Van Pelt	*Polizist*
	Bud Jamison	*Polizist*

Im Essany-Studio in Niles gedreht

Uraufführung: 1. April 1915
Länge: Zwei Rollen

41. The Tramp (Der Tramp)

Cast:	Charles Chaplin	*der Tramp*
	Edna Purviance	*Tochter des Farmers*
	Fred Goodwins	*der Farmer*
	Lloyd Bacon	*Ednas Verlobter*
	Paddy McGuire	*Farmgehilfe*
	Billy Armstrong	*Dichter*
	Leo White	*Gauner*
	Ernest Van Pelt	*Gauner*

Im Essanay-Studio in Niles und an Originalschauplätzen gedreht

Uraufführung: 11. April 1915
Länge: Zwei Rollen

42. By the Sea (Am Meer)

Cast:	Charles Chaplin	*Tramp*
	Billy Armstrong	*Urlauber*
	Margie Reiger	*seine Frau*
	Bud Jamison	*eifersüchtiger Ehemann*
	Edna Purviance	*seine Frau*

	Paddy McGuire	*Besitzer von Erfrischungsstand*
	Carl Stockdale	*Polizist*

Am Originalschauplatz am Crystal Pier gedreht

Uraufführung: 29. April 1915
Länge: Eine Rolle

43. Work (Arbeit)

Cast:	Charles Chaplin	*Malergehilfe*
	Charles Insley	*sein Boss*
	Edna Purviance	*Dienstmädchen*
	Billy Armstrong	*Herr des Hauses*
	Marta Golden	*seine Frau*
	Leo White	*ihr Verehrer*
	Paddy McGuire	*Malergehilfe*

Im Bradbury Mansion-Studio gedreht
Uraufführung: 21. Juni 1915
Länge: Zwei Rollen

44. A Woman (Eine Frau)

Cast:	Charles Chaplin	*Charlie, und ›die Frau‹*
	Edna Purviance	*Tochter*
	Marta Golden	*Mutter*
	Charles Insley	*Vater*
	Margie Reiger	*Freundin von Vater*
	Billy Armstrong	*Freund von Vater*
	Leo White	*Herr im Park*

Im früheren Majestic Studio gedreht
Uraufführung: 12. Juli 1915
Länge: Zwei Rollen

45. The Bank (Die Bank)

Cast:	Charles Chaplin	*Hausmeister*
	Edna Purviance	*Sekretärin*
	Carl Stockdale	*Kassierer*
	Billy Armstrong	*Hausmeister*
	Charles Insley	*Bankdirektor*
	Lawrence A. Bowes	*wichtiger Kunde*
	John Rand	*Verkäufer*
	Leo White	*Kunde*
	Fred Goodwins	*Türsteher und Bankräuber*

	Bud Jamison	*Anführer der Bankräuber*
	Frank J. Coleman	*Bankräuber*
	John Rand	*Bankräuber*
	Lloyd Bacon	*Bankräuber*
	Paddy McGuire	*Bankräuber*
	Wesley Ruggles	
	Carrie Clark Ward	

Im früheren Majestic Studio gedreht

Uraufführung:	9. August 1915
Länge:	Zwei Rollen

46. Shanghaied (Schanghait)

Cast:	Charles Chaplin	*Charlie*
	Edna Purviance	*Tochter des Schiffseigners*
	Wesley Ruggles	*Schiffseigner*
	John Rand	*Kapitän*
	Bud Jamison	*Maat*
	Billy Armstrong	*Koch*
	Lawrence A. Bowes	*Seemann*
	Paddy McGuire	*Seemann*
	Leo White	*Seemann*
	Fred Goodwins	*Seemann*

Im früheren Majestic Studio gedreht

Uraufführung:	4. Oktober 1915
Länge:	Zwei Rollen

47. A Night in the Show (Ein Abend im Varieté)

Cast:	Charles Chaplin	*Mr. Pest und Mr. Rowdy*
	Edna Purviance	*Dame im Parkett*
	Charlotte Mineau	*Dame im Parkett*
	Dee Lampton	*der dicke Lausejunge*
	Leo White	*Mann im Parkett / Zauberer*
	Wesley Ruggles	*Mann auf der Galerie*
	John Rand	*Orchesterdirigent*
	James T. Kelley	*Musiker / Sänger*
	Paddy McGuire	*Musiker*
	May White	*dicke Frau im Foyer / Schlangenbeschwörerin*
	Bud Jamison	*Ednas Ehemann im Parkett / Sänger*
	Phyllis Allen	*Dame im Publikum*
	Fred Goodwins	*Herr im Publikum*
	Charles Insley	*Herr im Publikum*

	Carrie Clark Ward	*Frau im Publikum*

Im früheren Majestic Studio gedreht
Uraufführung: 20. November 1915
Länge: Zwei Rollen

48. Charlie Chaplin's Burlesque on Carmen

Cast:	Charles Chaplin	*Darn Hosiery*
	Edna Purviance	*Carmen*
	Ben Turpin	*Don Remendado*
	Leo White	*Offizier der Garde*
	John Rand	*Escamillo*
	Jack Henderson	*Lilias Pasta*
	May White	*Frasquita*
	Bud Jamison	*Soldat*
	Wesley Ruggles	*ein Landstreicher*
	Frank J. Coleman	
	Lawrence A. Bowes	

Im früheren Majestic Studio gedreht
Nach Chaplins Weggang vom Studio wurde der Film ohne seine Zustimmung von zwei auf vier Rollen verlängert. Die neue Fassung wurde von Leo White zusammengestellt, der auch neues Material dafür drehte. Chaplin prozessierte erfolglos gegen Essanay.
Uraufführung: 22. April 1916
Länge: Vier Rollen

49. Police (Polizei)

Cast:	Charles Chaplin	*Ex-Sträfling*
	Edna Purviance	*Tochter des Hauses*
	Wesley Ruggles	*Einbrecher*
	James T. Kelley	*Betrunkener*
	Leo White	*Obstverkäufer / Asylinhaber / Polizist*
	John Rand	*Polizist*
	Fred Goodwins	*falscher Prediger*
	Billy Armstrong	*zwielichtige Gestalt*
	Bud Jamison	*zwielichtige Gestalt*

Im früheren Majestic Studio gedreht
Uraufführung: 27. Mai 1916
Länge: Zwei Rollen

III Die Mutual-Filme 1916–1917

Produktion:	Lone Star Mutual
Produzent:	Charles Chaplin
Regie:	Charles Chaplin
Buch:	Charles Chaplin (Mitarbeit bei *The Floorwalker, The Fireman* und *The Vagabond:* Vincent Bryan)
Kamera:	*The Floorwalker, The Fireman* und *The Vagabond:* Frank D. Williams. Assistent: Roland Totheroh Ab *One A. M.:* Roland Totheroh
Dekorationen:	E. T. Mazy (angeblich bei *The Floorwalker, The Fireman* und *One A. M.*) Im Lone Star Studio in Hollywood gedreht

51. The Floorwalker (Der Ladenaufseher)

Cast:	Charles Chaplin	*mittelloser Kunde*
	Eric Campbell	*Geschäftsführer*
	Edna Purviance	*seine Sekretärin*
	Lloyd Bacon	*stellvertretender Geschäftsführer*
	Albert Austin	*Angestellter*
	Leo White	*eleganter Kunde*
	Charlotte Mineau	*schöne Ladendetektivin*
	James T. Kelley	*Liftboy*
Uraufführung:	15. Mai 1916	
Länge:	Zwei Rollen	

52. The Fireman (Der Feuerwehrmann)

Cast:	Charles Chaplin	*Feuerwehrmann*
	Edna Purviance	*das Mädchen*
	Lloyd Bacon	*ihr Vater*
	Eric Campbell	*Feuerwehrhauptmann*
	Leo White	*Besitzer des brennenden Hauses*
	Albert Austin	*Feuerwehrmann*
	John Rand	*Feuerwehrmann*
	James T. Kelley	*Feuerwehrmann*
	Frank J. Coleman	*Feuerwehrmann*
Uraufführung:	12. Juni 1916	
Länge:	Zwei Rollen	

53. The Vagabond (Der Vagabund)

Cast:	Charles Chaplin	*Straßenmusiker*
	Edna Purviance	*von Zigeunern verschlepptes Mädchen*
	Eric Campbell	*Zigeuneranführer*
	Leo White	*alter Jude / alte Zigeunerin*
	Lloyd Bacon	*der Maler*
	Charlotte Mineau	*Mutter des Mädchens*
	Albert Austin	*Posaunist*
	John Rand	*Trompeter / Bandleader*
	James T. Kelley	*Musiker / Zigeuner*
	Frank J. Coleman	*Musiker / Zigeuner*
Uraufführung:	10. Juli 1916	
Länge:	Zwei Rollen	

54. One A. M. (Ein Uhr nachts)

Cast:	Charles Chaplin	*Betrunkener*
	Albert Austin	*Taxifahrer*
Uraufführung:	7. August 1916	
Länge:	Zwei Rollen	

55. The Count (Der Graf)

Cast:	Charles Chaplin	*Schneidergehilfe*
	Edna Purviance	*Miss Moneybags, die Erbin*
	Eric Campbell	*der Schneider*
	Leo White	*der Graf*
	May White	*dicke Dame*
	Charlotte Mineau	*Mrs. Moneybags*
	Albert Austin	*Gast*
	Stanley Sanford	*Gast*
	John Rand	*Gast*
	James T. Kelley	*Butler*
	Leota Bryan	*junges Mädchen*
	Loyal Underwood	*kleiner Gast*
	Eva Thatcher	*Köchin*
	Frank J. Coleman	*Polizist / Gast im Pierrotkostüm*
Uraufführung:	4. September 1916	
Länge:	Zwei Rollen	

56. **The Pawnshop** (Das Pfandhaus)

Cast:	Charles Chaplin	*Gehilfe des Pfandleihers*
	Henry Bergman	*der Pfandleiher*
	Edna Purviance	*seine Tochter*
	John Rand	*der andere Gehilfe*
	Albert Austin	*Kunde mit Wecker*
	Wesley Ruggles	*dramatischer Kunde mit Ring*
	Eric Campbell	*Dieb*
	James T. Kelley	*alter Penner / Frau mit Goldfisch*
	Frank J. Coleman	*Polizist*
Uraufführung:	2. Oktober 1916	
Länge:	Zwei Rollen	

57. **Behind the Screen** (Hinter der Leinwand)

Cast:	Charles Chaplin	*Gehilfe des Requisiteurs*
	Eric Campbell	*Requisiteur*
	Edna Purviance	*Schauspielerin in spe*
	Henry Bergman	*Kostümfilmregisseur*
	Lloyd Bacon	*Komödienregisseur*
	Albert Austin	*Kulissenschieber*
	John Rand	*Kulissenschieber*
	Leo White	*Kulissenschieber*
	Frank J. Coleman	*Produzent*
	Charlotte Mineau	*Schauspielerin*
	Leota Bryan	*Schauspielerin*
	Wesley Ruggles	*Schauspieler*
	Tom Wood	*Schauspieler*
	James T. Kelley	*Kameramann*
Uraufführung:	13. November 1916	
Länge:	Zwei Rollen	

58. **The Rink** (Die Rollschuhbahn)

Cast:	Charles Chaplin	*Kellner und Rollschuhfan*
	Edna Purviance	*Mädchen der Gesellschaft*
	James T. Kelley	*ihr Vater*
	Eric Campbell	*Mr. Stout*
	Henry Bergman	*Mrs. Stout / zorniger Gast*
	Lloyd Bacon	*Gast*
	Albert Austin	*Koch / Rollschuhfahrer*
	Frank J. Coleman	*Geschäftsführer des Restaurants*
	John Rand	*Kellner*

	Charlotte Mineau	*Ednas Freundin*
	Leota Bryan	*Ednas Freundin*
Uraufführung:	4. Dezember 1916	
Länge:	Zwei Rollen	

59. Easy Street

Cast:	Charles Chaplin	*Tramp, später Polizist*
	Edna Purviance	*Missionsarbeiterin*
	Eric Campbell	*Schrecken von Easy Street*
	Albert Austin	*Pfarrer / Polizist*
	Henry Bergman	*Anarchist*
	Loyal Underwood	*kleiner aber kinderreicher Vater / Polizist*
	Janet Miller Sully	*seine Frau / Missionsbesucherin*
	Charlotte Mineau	*undankbare Frau*
	Tom Wood	*Polizeichef*
	Lloyd Bacon	*Drogensüchtiger*
	Frank J. Coleman	*Polizist*
	John Rand	*Missionsbesucher / Polizist*
Uraufführung:	22. Januar 1917	
Länge:	Zwei Rollen	

60. The Cure (Die Kur)

Cast:	Charles Chaplin	*trinkfreudiger Kurgast*
	Edna Purviance	*Kurgast*
	Eric Campbell	*Herr mit Gichtfuß*
	Henry Bergman	*Masseur*
	Albert Austin	*Kurpfleger*
	John Rand	*Kurpfleger / Masseur*
	James T. Kelley	*uralter Page*
	Frank J. Coleman	*Besitzer*
	Leota Bryan	*Pflegerin*
	Tom Wood	*Patient*
	Janet Miller Sully	*Kurgast*
	Loyal Underwood	*Kurgast*
Uraufführung:	16. April 1917	
Länge:	Zwei Rollen	

61. The Immigrant (Der Einwanderer)

Cast:	Charles Chaplin	*Einwanderer*
	Edna Purviance	*Einwanderin*

	Kitty Bradbury	*ihre Mutter*
	Albert Austin	*slawischer Einwanderer / Restaurantgast*
	Henry Bergman	*slawische Einwanderin / Maler*
	Loyal Underwood	*kleiner Einwanderer*
	Eric Campbell	*Oberkellner*
	Stanley Sanford	*Spieler auf Schiff*
	James T. Kelley	*Vagabund im Restaurant*
	John Rand	*beschwipster Restaurantgast, der nicht bezahlen kann*
	Frank J. Coleman	*Schiffsoffizier / Restaurantbesitzer*
	Tom Harrington	*Standesbeamter*
Uraufführung:	17. Juni 1917	
Länge:	Zwei Rollen	

62. The Adventurer (Der Abenteurer)

Cast:	Charles Chaplin	*entsprungener Sträfling*
	Edna Purviance	*ein Mädchen*
	Henry Bergman	*ihr Vater / Hafenarbeiter*
	Marta Golden	*ihre Mutter*
	Eric Campbell	*ihr Verehrer*
	Albert Austin	*Butler*
	Toraichi Kono	*Chauffeur*
	John Rand	*Gast*
	Frank J. Coleman	*dicker Gefängniswärter*
	Loyal Underwood	*kleiner Gast*
	May White	*stämmige Dame*
	Janet Miller Sully	
	Monta Bell	
Uraufführung:	22. Oktober 1917	
Länge:	Zwei Rollen	

IV Die First National-Filme 1918–1923

Produktion:	Chaplin-First National
Produzent:	Charles Chaplin
Regie:	Charles Chaplin
Buch:	Charles Chaplin
Kamera:	Roland Totheroh
2. Kameramann:	Jack Wilson
Assistent:	Charles (›Chuck‹) Riesner
Ausstattung:	Charles D. Hall
	Im Chaplin-Studio Ecke Sunset/La Brea gedreht

62 a How to Make Movies (Wie man Filme macht)

Ein komischer Dokumentarfilm über das Gelände und die Belegschaft des neuen Chaplin-Studios. Der Film wurde anscheinend nie montiert, aber es wurde eine Titelliste angefertigt. Kevin Brownlow und David Gill benutzten sie, um Chaplins geplanten Film zu rekonstruieren. Er wurde bei den Londoner Filmfestspielen 1981 erstmals in voller Länge gezeigt. Allerdings hatte Chaplin Teile des Materials bereits in seiner *Chaplin Revue* verwendet.

63. A Dog's Life (Ein Hundeleben)

Cast:	Charles Chaplin	*Tramp*
	Edna Purviance	*Barsängerin*
	Mut	*Scraps*
	Sydney Chaplin	*Imbißstandbesitzer*
	Henry Bergman	*Mann in der Arbeitsvermittlung / Dame im Tanzcafé*
	Charles Riesner	*Angestellter bei der Arbeitsvermittlung / Schlagzeuger*
	Albert Austin	*Gauner*
	Tom Wilson	*Polizist*
	M. J. McCarty	*Arbeitsloser*
	Mel Brown	*Arbeitsloser*
	Charles Force	*Arbeitsloser*
	Bert Appling	*Arbeitsloser*
	Thomas Riley	*Arbeitsloser*
	Slim Cole	*Arbeitsloser*
	Ted Edwards	*Arbeitsloser*
	Louis Fitzroy	*Arbeitsloser*
	Dave Anderson	*Arbeitsloser*
	Granville Redmond	*Besitzer des Tanzcafés*
	Minnie Chaplin	*theatralische Dame im Tanzcafé*
	Alf Reeves	*Mann an der Bar*
	N. Tahbel	*Hot Tamaly-Mann*
	Rob Wagner	*Mann im Tanzcafé*
	I. S. McVey	*Musiker*
	J. F. Parker	*Musiker*
	Al Blake	
	Loyal Underwood	
	James T. Kelley	
	Fred Starr	
	Janet Miller Sully	
	Grace Wilson (Mrs. Tom Wilson)	

Jerry Ferragoma
Jack Duffy, Richard Dunbar, Edward Miller, Billy Dul, Bruce Randall, Brand O'Ree, Bill White, John Lord, Jim O'Niall, H. C. Simmons, J. L. Fraube, Jim Habif, Florence Parellee, Miss Cullington, Margaret Dracup, Ella Eckhardt, Sarah Rosenberg, Lottie Smithson, Lillian Morgan, Jean Johnson, Fay Holderness, Dorothy Cleveland, J. Miller, Minnie Eckhardt, Mrs. Rigoletti. (Leute im Tanzcafé)

Produktionsginn:	15. Januar 1918
Produktionsende:	9. April 1918
Uraufführung:	14. April 1918
Länge:	Drei Rollen

64. The Bond (Die Kriegsanleihe)

Cast:	Charles Chaplin	
	Edna Purviance	
	Sydney Chaplin	*der Kaiser*
	Henry Bergman	*John Bull*
	Dorothy Rosher	*Amor*
	(Dorothy Rosher arbeitete am 17. und 19. August für eine Tagesgage von 10 $.)	
Produktionsginn:	15. August 1918	
Produktionsende:	22. August 1918	
Uraufführung:	16. Dezember 1918	
Länge:	Eine halbe Rolle	

64 a (Chaplin-Lauder-Benefizfilm)

Cast:	Charles Chaplin	*er selbst*
	Harry Lauder	*er selbst*
gedreht:	22. Januar 1918	
	Anscheinend wurde er nie vollendet oder öffentlich gezeigt	
Länge:	Eine halbe Rolle (ungeschnitten)	

65. Shoulder Arms (Gewehr über)

Cast:	Charles Chaplin	*Rekrut*
	Edna Purviance	*französisches Mädchen*
	Sydney Chaplin	*Sergeant / der Kaiser*

Jack Wilson	*deutscher Kronprinz*
Henry Bergman	*dicker deutscher Feldwebel / Feldmarschall von Hindenburg*
Albert Austin	*amerikanischer Soldat / deutscher Soldat / Chauffeur des Kaisers*
Tom Wilson	*Sergeant im Ausbildungslager*
John Rand	*amerikanischer Soldat*
Park Jones	*amerikanischer Soldat*
Loyal Underwood	*kleiner deutscher Offizier*
W. G. Wagner, J. T. Powell, W. Herron, W. Cross, G. E. Marygold	*Motorradfahrer*
C. L. Dice, G. A. Godfrey, L. A. Blaisdell, W. E. Allen J. H. Warne	*Motorradfahrer – zweite Gruppe**

Roscoe Ward, Ed Hunt, M. J. Donovan, E. B. Johnson, Fred Graham, Louis Orr, Al Blake, Ray Hanford, Cliff Brouwer, Claude McAtee, F. S. Colby, Jack Shalford, Joe Van Meter, Guy Eakins, Jack Willis, Charles Cole, T. Madden
amerikanische und deutsche Soldaten

Harry Goldman, Jack Willis, Mark Faber, E. H. Devere, Fred Everman, A. North, Charles Knuske, O. E. Haskins, Tom Hawley, W. E. Graham, James Griffin, W. A. Hakkett, E. Bruckner, J. H. Shewry, Sam Lewis, R. B. McKenzie, K. Herlinger, A. J. Hartwell
zusätzliche Schauspieler bei Straßenszene mit dem Wagen des Kaisers

Herausgeschnittene Sequenzen

Marion Feducha	*kleiner Junge*
Alf Reeves	*Sergeant der Einberufungsbehörde*
Albert Austin	*Arzt*
Peggy Prevost	*Sekretärin*
Nina Trask	*Sekretärin*

* Da die Motorradfahrer Schutzbrillen trugen, konnten die Motorradfahrer bei den Dreharbeiten beliebig in unterschiedlichen Besetzungen eingesetzt werden. Die Motorradfahrer erhielten eine Tagesgage von 5 $, Wagner und

	Powell stellten ihre eigenen Motorräder und bekamen 7.50 $ pro Tag.
Produktionsbeginn:	27. Mai 1918
Produktionsende:	16. September 1918
	Uraufführung: 20. Oktober 1918
Länge:	Drei Rollen

66. Sunnyside (Auf der Sonnenseite)

Cast:	Charles Chaplin	*Farmarbeiter*
	Edna Purviance	*Dorfschönheit*
	Tom Wilson	*Boss*
	Tom Terris	*junger Mann aus der Stadt*
	Henry Bergman	*Dörfler / Ednas Vater*
	Loyal Underwood	*Vater des dicken Jungen*
	Tom Wood	*dicker Junge*
	Helen Kohn	*Nymphe*
	Olive Burton	*Nymphe*
	Willie Mae Carson	*Nymphe*
	Olive Alcorn	*Nymphe*
	Park Jones	
	Granville Redmond	
	Al Blake	
	Shorty Hendricks	
	Lulu Jenks	
	George Cole	
	David Kohn	
	Tom Harrington	
	Zasu Pitts spielte in mehreren Szenen vom 4. bis 25. November, doch ihre Rolle wurde beim Schnitt anscheinend zur Gänze herausgeschnitten.	
	Herausgeschnittene Sequenz	
	Albert Austin	*Mann, der rasiert wird*
Drehplätze:	Phelps Ranch, Lasky Ranch, Landstraße in Beverly Hills, Brücke auf der Straße nach San Fernando, Außenansicht von Ednas Haus	
Produktionsbeginn:	4. November 1918	
Produktionsende:	15. April 1919	
Uraufführung:	15. Juni 1919	
Länge:	Zwei Rollen	

67. A Day's Pleasure (Vergnügte Stunden)

Cast:	Charles Chaplin	*Vater*
	Edna Purviance	*Mutter*
	Marion Feducha	*kleiner Junge*
	Bob Kelly	*kleiner Junge*
	Jackie Coogan	*kleinster Junge*
	Tom Wilson	*großer Ehemann*
	Babe London	*seine seekranke Frau*
	Henry Bergman	*Kapitän / Mann im Auto*
	Loyal Underwood	*zorniger kleiner Mann auf der Straße*
	Albert Austin	
	Jessie Van Trump	
	Am Anfang der Dreharbeiten spielte der 200 Kilo schwere Tom Wood die Rolle von Charlies Frau	
Drehort:	Vergnügungsschiff *Ace* in San Pedro	
Produktionsbeginn:	21. Mai 1919	
Produktionspause:	30. Juli–7. Oktober 1919	
Produktionsende:	19. Oktober 1919	
Uraufführung:	15. Dezember 1919	
Länge:	Zwei Rollen	

68. The Kid (Das Kind)

Cast:	Charles Chaplin	*Tramp*
	Edna Purviance	*Mutter*
	Jackie Coogan	*das Kind*
	Baby Hathaway	*das Kind als Baby*
	Carl Miller	*Maler*
	Granville Redmond	*sein Freund*
	May White	*Frau des Polizisten*
	Tom Wilson	*Polizist*
	Henry Bergman	*Hausmeister des Nachtasyls*
	Charles Riesner	*der Starke*
	Raymond Lee	*sein kleiner Bruder*
	Lillita McMurray (Lita Grey)	*flirtender Engel*
	Edith Wilson	*Dame mit Kinderwagen*
	Baby Wilson	*Baby im Kinderwagen*
	Nellie Bly Baker	*Slumbewohnerin*
	Albert Austin	*Mann im Asyl*
	Jack Coogan sr.	*Taschendieb / Gast / Teufel*

Edgar Sherrod	*Priester*
Beulah Bains	*Braut*
Robert Dunbar	*Bräutigam*
Kitty Bradbury	*Mutter der Braut*
Rupert Franklin	*Vater der Braut*
Flora Howard	*Brautjungfer*
Elsie Sindora	*Brautjungfer*
Walter Lynch	*brutaler Polizist*
Dan Dillon	*Penner*
Jules Hanft	*Arzt*
Silas Wilcox	*Polizist*
Kathleen Kay	*Magd*
Minnie Stearns	*grimmige Frau*
Frank Campeau	*Waisenhausbeamter*
F. Blinn	*sein Assistent*
John McKinnon	*Polizeichef*

Elsie Young, V. Madison, Evans Quirk, Bliss Chevalier, Grace Keller, Irene Jennings, Florette Faulkner, Martha Hall, Estelle Cook, J. B. Russell, Lillian Crane, Sarah Kernan, Philip D'Oench, Charles I. Pierce
Statisten bei der Hochzeitsszene

Elsie Codd (Chaplins Pressesprecherin für England), Mother Vinot (die Studio-Näherin), Louise Hathaway, Amada Yanez und Baby
Statisten in Gassenszene

Clyde McAtee, Frank Hale, Ed Hunt, Rupert Franklin, Frances Cochran, George Sheldon
Statisten bei Empfangsszene

Sadie Gordon, Laura Pollard, L. Parker, Ethel O'Neil, L. Jenks, Esther Ralson, Henry Roser
Statisten bei Himmelsszene

Produktionsbeginn:	21. Juli 1919
Produktionsende:	30. Juli 1920
Uraufführung:	6. Februar 1921
Länge:	Sechs Rollen

68 a Nice and Friendly (Schön Freundlich)

Cast:	Charles Chaplin	*Bösewicht*
	Lord Louis Mountbatten	*Held*
	Lady Edwina	

	Mountbatten	*Heldin*
	Jackie Coogan	
	Colonel Robert M. Thompson	
	Frederick Neilson	
	Eulalie Neilson	

Improvisierter Sketch, der nie öffentlich gezeigt wurde

69. The Idle Class (Die müßige Klasse)

Cast:	Charles Chaplin	*Tramp / Ehemann*
	Edna Purviance	*vernachlässigte Ehefrau*
	Mack Swain	*ihr Vater*
	Henry Bergman	*schlafender Tramp*
	Allan Garcia	*sein Nachbar auf einer Parkbank / Gast*
	John Rand	*Golfspieler / Gast*
	Rex Storey	*Taschendieb / Gast*
	Lillian McMurray	*Kammerzofe*
	Lillita McMurray	*Kammerzofe*
	Loyal Underwood	*Gast*
	Mrs. Parker	
	Lolita Parker	
	Howard Olsen	
	Edward Knoblock	
	Granville Redmond	
	Carlyle Robinson	
	Joe Van Meter	

Bruce Belamator, William Thompson, William Hackett, Jack Mortimer, B. W. McComber, Charles Aber, Jim Collins, Jack Sydney, Duffy Kirk, Jack Lott, George Bastian, Howard Johnston, Joe Campbell, Richard Brewster, Mrs. Ross Lang, Miss Helene Calverley, Margaret Rishell, Miss M. Parsons, Gertrude Pedlar, Ruth Darling, Joe Flores, Miss Grace, Carl Brown, Anita Walton, Miss Egbert, Lura Anson, Catherine Vidor, Gladys Webb, Mary Land, California Truman, Marie Crist, Lottie Cruz, Helen McMullin, Hugh Saxon, Harold Kent, Harold McNulty, Helen McKee, Gladys Baxter, Dolly Rich, Robert Badger, Jack Woods, C. S. Steele, Fred Wilson, E. C. Holkin, Miss Wicks, Mary Ann Bennett, Harriett Bennett, Vera Wilder, Ethel Childers, Anita Simons, Melissa Ledgerwood, Nel Foltz, Ruth Foster, Evelyn Burns, Jean Temle, Bertha Feducha, Pearl Palmer, Arnold Triller, Jack Underhill, John Sweeny, Clyde McCoy, George Milo, William Moore, George Mistler, J. A. Beaver, Charles

	Meakins, W. R. Denning, L. Chandler, L. Swisher, R. Pennell, Jules Hanft, Bob Palmer, Walter Bacon, Art Hanson, Harry Tenbrook, Billy Carey, Joe Anderson, Paul Mertz	*Statisten*
Produktionsbeginn:	29. Januar 1921	
Produktionsende:	25. Juni 1921	
Uraufführung:	25. September 1921	
Länge:	Zwei Rollen	

70. Payday (Zahltag)

Cast:	Charles Chaplin	*Arbeiter*
	Phyllis Allen	*seine Frau*
	Mack Swain	*Vorarbeiter*
	Edna Purviance	*Tochter des Vorarbeiters*
	Sydney Chaplin	*Charlies Kumpel / Imbißstandbesitzer*
	Albert Austin	*Arbeiter*
	John Rand	*Arbeiter*
	Loyal Underwood	*Arbeiter*
	Henry Bergman	*Zechkumpan*
	Allan Garcia	*Zechkumpan*
	Pete Griffin, Joe Griffin, Harry Tenbrook, Ethel Childers, Edith Blythe, Virginia Bodle, Helen Kapp, La Belle Raymond, Sylvia Menier	*Statisten*
Produktionsbeginn:	6. August 1921	
Produktionspause	wegen Europareise, September–Oktober 1921	
Produktionsende:	23. Februar 1922	
Uraufführung:	2. April 1922	
Länge:	Zwei Rollen	

71. The Pilgrim (Der Pilger)

Cast:	Charles Chaplin	*entsprungener Sträfling*
	Edna Purviance	*Mädchen*
	Kitty Bradbury	*ihre Mutter, Charlies Wirtin*
	Mack Swain	*Kirchenvorstand*
	Loyal Underwood	*Küster*
	Charles Riesner	*Gauner*

	Dinky Dean
	(Riesner) *ungezogener Junge*
	Sydney Chaplin *sein Vater*
	May Wells *seine Mutter*
	Henry Bergman *Sheriff im Zug*
	Tom Murray *Ortssheriff*
	Monta Bell *Polizist*
	Raymond Lee *Junge in der Kirchengemeinde*
	Frank Antunez *Bandit*
	Joe Van Meter *Bandit*
	Phyllis Allen *Gemeindemitglied*
	Florence Latimer *Gemeindemitglied*
	Edith Bostwick *Gemeindemitglied*
	Laddie Earle *Gemeindemitglied*
	Louis Troester *Gemeindemitglied*
	Beth Nagel *Gemeindemitglied*
	Mrs. C. Johnson *Gemeindemitglied*
	Marion Davies *Gemeindemitglied*
	Miss Evans
	Frank Liscomb
	S. D. Wilcox
	Robert Traughbur
	Carlyle Robinson
	Jack McCredie
	Charles Hafler
	Bill Carey
	Paul Mason
	McNeill
	Sarah Barrows, Donnabelle Ouster, Gallie Frey, Della Glowner, Theresa Gray, Cecile Harcourt, Anna Hicks, Martha Harris, Mary Hamlett, Ethel Kennedy, Emily Lamont, Agnes Lynch, Mildred Pitts, Katherine Parrish, Edna Rowe, Mabel Shoulters, Georgia Sherrart, Rose Wheeler, George Bradford, George Carruthers, J. Espan, F. F. Guenste, Lee Glowner, Harry Hicks, Carl Jensen, Tom Ray, James J. Smith, S. H. Williams, Paul Wilkins, H. Wolfinger *Statisten in Kirchenszene*
Produktionsbeginn:	1. April 1922
Produktionsende:	15. Juli 1922
Premiere:	26. Februar 1923 im Strand Theatre in New York
Länge:	Vier Rollen

71 a The Professor

Cast:	Charles Chaplin	*Professor Bosco*
Produktions-beginn:	30. September 1919	
Produktions-ende:?	(Möglicherweise wurde der Film aus Out-Takes von anderen Filmen zusammengestellt.) Er wurde nie öffentlich gezeigt, aber von Chaplin im November 1922 als vertriebsbereit bezeichnet.	
Länge:	Eine geschnittene 140 Meter lange Sequenz ist erhalten geblieben, sowie einige Out-Takes von einer anderen Sequenz. In seiner Korrespondenz mit Sydney im Jahr 1923 bezeichnet Chaplin *The Professor* jedoch als einen Zwei-Akter – er hatte also eine Länge von etwa 600 Metern.	

V Die United Artists-Filme 1923–1952

72. A Woman of Paris (Eine Frau aus Paris/Nächte einer schönen Frau)

Produktion:	Regent-United Artists	
Produzent:	Charles Chaplin	
Regie:	Charles Chaplin	
Buch:	Charles Chaplin	
Kamera:	Roland Totheroh	
2. Kameramann:	Jack Wilson	
Assistent:	Edward Sutherland	
Dramaturg:	Monta Bell	
Ausstattung:	Arthur Stibolt	
Recherchen:	Jean de Limur, Henri d'Abbadie d'Arrast	
Cast:	Edna Purviance	*Marie St. Clair*
	Adolphe Menjou	*Pierre Revel*
	Carl Miller	*Jean Millet*
	Lydia Knott	*Jeans Mutter*
	Charles French	*Jeans Vater*
	Clarence Geldert	*Maries Vater*
	Betty Morrissey	*Fifi*
	Malvina Polo	*Paulette*
	Henry Bergman	*Oberkellner*
	Harry Northrup	*Stadtpinkel*
	Nellie Bly Baker	*Masseurin*
	Miss Delante ? (Stella De Lanti)	*Revels Verlobte*
	Charles Chaplin	*Gepäckträger*

Produktions-beginn:	27. November 1922
Produktions-ende:	29. September 1923
Premiere:	1. Oktober 1923 im Criterion Theatre in Hollywood
Länge:	Acht Rollen (83 Min.)

73. The Gold Rush (Goldrausch)

Produktion:	Chaplin-United Artists	
Produzent:	Charles Chaplin	
Regie:	Charles Chaplin	
Buch:	Charles Chaplin	
Kamera:	Roland Totheroh	
Kameramänner:	Jack Wilson, Mark Marlatt	
Ausstattung:	Charles D. Hall	
Regieassistenten:	Charles Riesner, Henri d'Abbadie d'Arrast, Eddie Sutherland	
Produktions-leiter:	Alfred Reeves	
Cast:	Charles Chaplin	*einsamer Goldgräber*
	Georgia Hale	*Georgia*
	Mack Swain	*Big Jim McKay*
	Tom Murray	*Black Larson*
	Betty Morrissey	*Georgias Freundin*
	Kay Desleys	*Georgias Freundin*
	Joan Lowell	*Georgias Freundin*
	Malcolm Waite	*Jack Cameron*
	Henry Bergman	*Hank Curtis*
	John Rand	*Goldgräber*
	Heinie Conklin	*Goldgräber*
	Albert Austin	*Goldgräber*
	Allan Garcia	*Goldgräber*
	Tom Wood	*Goldgräber*
	Stanley Sanford	*Barkeeper*
	Barbara Pierce	*Maniküristin*
	A. J. O'Connor	*Offizier*
	Art Walker	*Offizier*
	Daddy Taylor	*uralter tanzender Goldgräber*
	Margaret Martin	*Squaw*
	Princess Neela	*Squaw*
	Frank Aderias	*Eskimokind*

Leona Aderias	*Eskimokind*
E. Espinosa	*Eskimo*
Ray Morris	*Eskimo*
Fred Karno jr.	

Jack Adams, Sam Allen, Claude Anderson, Harry Arras, F. J. Beauregard, William Bell, Francis Bernhardt, E. Blumenthal, William Bradford, George Brock, William Butler, Pete Brogan, R. Campbell, Leland Carr, H. C. Chisholm, Harry Coleman, Harry De Mors, Jimmy Dime, W. S. Dobson, John Eagown, Aaron Edward, Elias Elizaroff, Leon Fary, Richard Foley, Charles Force, J. C. Fowler, Ray Grey, William Hackett, James Hammer, Ben Hart, R. Hausner, Tom Hawley, Jack Herrick, Jack Hoefer, George Holt, Tom Hutchinson, Carl Jenson, Harry Jones, Bob Kelly, John King, Bob Leonard, Francis Lowell, Clyde McAtee, John McGrath, Chris Martin, John Millerta, Mr. Myers, George Neely, H. C. Oliver, William Parmalee, Jack Phillips, Art Price, Frank Rice, E. M. Robb, C. F. Roarke, J. Ryan, J. J. Smith, Joe Smith, C. B. Steele, Armand Triller, John Tully, Jack Vedders, John Wallace, Sharkey Weimar, Ed Wilson, C. Whitecloud, H. Wolfinger, Dave Wright, Ah Yot, George Young, Ed Zimmer, Lillian Adrian, Rebecca Conroy, Donabella Custer, Kay De Lay, Inez Gomez, Mildred Hall, Gypsy Hart, Helen Hayward, Josie Howard, Jean Huntley, Gladys Johnson, Helen Kassler, Geraldine Leslie, Joan Lowell, Ruth Milo, Marie Muggley, Florence Murth, Lillian Rosino, Edna Rowe, Jane Sherman, Nina Trask, Mary Williams, Marie Willis, Lillian Reschm, Nellie Noxon, Dolores Mendes, Cecile Cameron, Joan Lowell, Betty Pierce, Marta Belfort, Dorothy Crane, Bessie Eade, James Darby, Frank E. Stockdale, Freddie Lansit, George Lesley, P. Nagle, M. Farrell, S. Murphy.

Leute in der Tanzhalle

Zu Beginn der Dreharbeiten war Lita Grey die Hauptdarstellerin. Georgia Hale übernahm die Rolle im Dezember 1924

Produktionsbeginn:	Dezember 1923
Produktionsende:	21. Mai 1925
Premiere:	26. Juni 1925 im Grauman's Egyptian Theatre in Hollywood
Länge:	Neun Rollen (78 Min.)

Neufassung

Regie:	Charles Chaplin
Erzähler:	Charles Chaplin
Musik:	Charles Chaplin
musikalische Leitung:	Max Terr
Schnitt:	Harold McGhean
Uraufführung:	16. April 1942
Länge:	Neun Rollen

74. The Circus (Der Zirkus)

Produktion:	Chaplin-United Artists	
Produzent:	Charles Chaplin	
Regie:	Charles Chaplin	
Buch:	Charles Chaplin	
Kamera:	Roland Totheroh	
Kameramänner:	Jack Wilson, Mark Marlatt	
Regieassistent:	Harry Crocker	
Ausstattungen:	Charles D. Hall	
Schnitt:	Charles Chaplin	
Cast:	Charles Chaplin	*Tramp*
	Merna Kennedy	*Kunstreiterin*
	Allan Garcia	*Zirkusdirektor*
	Harry Crocker	*Rex, der Seiltänzer*
	Henry Bergman	*alter Clown*
	Stanley Sanford	*Vormann des Zirkuspersonals*
	George Davis	*Zauberer*
	Betty Morrissey	*seine Partnerin*
	John Rand	*Assistent des Vormanns / Clown*
	Armand Triller	*Clown*
	Steve Murphy	*Taschendieb*
	Bill Knight	*Polizist*
	Jack Pierce	*Mann, der die Seile bedient*
	H. L. Kyle	
	Eugene Barry	
	L. J. O'Connor	
	Hugh Saxon	
	Jack Bernard	
	Max Tyron	
	A. Bachmann	
	William Blystone	
	Numi	*Löwe*

	Bobby	*Affe*
	Josephine	*Affe*
	Jimmy	*Affe*
	Herausgeschnittene Sequenzen	
	Doc Stone	*Preisboxer-Zwillinge*
Produktionsbeginn:	2. November 1925	
Produktionsunterbrechung:	5. Dezember 1926–3. September 1927	
Produktionsende:	19. November 1927	
Premiere:	6. Januar 1928 im Strand Theatre in New York	
Länge:	Sieben Rollen (72 Min.)	

Neufassung

Regie:	Charles Chaplin
Musik:	Charles Chaplin
musikalische Leitung:	Eric James

Der Song ›Swing, Little Girl‹ wurde von Charles Chaplin komponiert und gesungen.

Uraufführung:	1970
Länge:	Sieben Rollen

75. City Lights (Lichter der Großstadt)

Produktion:	Chaplin-United Artists
Produzent:	Charles Chaplin
Regie:	Charles Chaplin
Buch:	Charles Chaplin
Kamera:	Roland Totheroh
Kameramänner:	Mark Marlatt, Gordon Pollock
Regieassistenz:	Harry Crocker, Henry Bergman, Albert Austin
Ausstattung:	Charles D. Hall
Musik:	Charles Chaplin
Arrangeur:	Arthur Johnson
musikalische Leitung:	Alfred Newman
Schnitt:	Charles Chaplin

Zusätzlich zu den Originalkompositionen wurden folgende musikalische Themen verwendet: ›Star-Spangled Banner‹, ›Hail, Hail, The Gang's All Here‹, ›Dixie‹, ›I Hear You Calling Me‹, ›Home, Sweet Home‹, ›La Violetera‹ (José Padilla), ›Swanee River‹, ›How Dry Am I‹, ›St. Louis Blues‹ (W. S. Handy)

Cast:	Charles Chaplin	*der Tramp*
	Virginia Cherrill	*das blinde Mädchen*
	Florence Lee	*ihre Großmutter*
	Harry Myers	*Millionär*
	Hank Mann	*Boxer*
	Eddie Baker	*Ringrichter*
	Tom Dempsey	*Boxer*
	Eddie McAuliffe	*Boxer, der eilig verschwindet*
	Willie Keeler	*Boxer*
	Victor Alexander	*k. o.-geschlagener Boxer*
	Tony Stabeman	*siegreicher, später k. o.-geschlagener Boxer*
	Emmett Wagner	*Sekundant*
	Joe Herrick, A. B. Lane, Cy Slocum, Ad Herman, Jack Alexander	*Statisten in Boxkampfszene*
	T. S. Alexander	*Arzt*
	Allan Garcia	*Butler*
	Henry Bergman	*Bürgermeister / Portier*
	Albert Austin	*Straßenkehrer / Einbrecher*
	Joe Van Meter	*Einbrecher*
	John Rand	*Tramp*
	Spike Robinson	*Mann, der Zigarre wegwirft*
	Tiny Ward	*Mann im Aufzug vor Kunstladen*
	Mrs. Hyams	*Angestellte im Blumengeschäft*
	James Donnelly	*Vorarbeiter*
	Harry Ayers	*Polizist*
	Stanhope Wheatcroft	*Mann im Café*
	Jean Harlow	*Statistin in Restaurantszene*
	Mrs. Pope (Harlows Mutter)	*Statistin in Restaurantszene*
	Florence Wicks	*Frau, die sich auf Zigarre setzt*
	Mark Strong	*Mann im Restaurant*
	Mrs. Garcia	*Frau im Restaurant, die links am Tisch sitzt*
	Peter Diego	*Mann im Durcheinander mit Mantel und Hut*
	Betty Blair	*Frau im Restaurant, an der Mitte vom Tisch*
	Robert Parrish	*Zeitungsjunge*
	Margaret Oliver, Charlie Hammond, Milton Gowman	*Statisten in Straßenszene*

	Herausgeschnittene Sequenz	
	Harry Crocker	*Schaufensterdekorateur*
	Charles Lederer	*Eilbote*
	Edith Wilson	*jüngere Frau vor Schaufenster*
	Blanche Payson	*ältere Frau vor Schaufenster*
Produktionsbeginn:	31. Dezember 1927	
Produktionsende:	22. Januar 1931	
Premiere:	30. Januar 1931 im Los Angeles Theatre	
Londoner Premiere:	27. Februar 1931 im Dominion Theatre	
Länge:	Neun Rollen (86 Min.)	

76. Modern Times (Moderne Zeiten)

Produktion:	Chaplin-United Artists
Produzent:	Charles Chaplin
Regie:	Charles Chaplin
Buch:	Charles Chaplin
Kamera:	Roland Totheroh, Ira Moran
Regieassistenz:	Carter De Haven, Henry Bergman
Ausstattung:	Charles D. Hall, Russell Spencer
Musik:	Charles Chaplin
Arrangeure:	Edward Powell, David Raskin
musikalische Leitung:	Alfred Newman
	Zusätzlich zu den Originalkompositionen wurden folgende musikalische Themen verwendet: ›Halleluja, I'm a Bum‹, ›Prisoners' Song‹ (C. Massey), ›How Dry Am I‹, ›In the Evening By the Moonlight‹ (Bland), ›Je cherche après Titine‹ (Duncan und Daniderff)

Cast:	Charles Chaplin	*ein Arbeiter*
	Paulette Goddard	*Gamine*
	Henry Bergman	*Cafébesitzer*
	Stanley J. Sanford	*Big Bill / Arbeiter*
	Chester Conklin	*Mechaniker*
	Hank Mann	*Einbrecher*
	Louis Natheaux	*Einbrecher*
	Stanley Blystone	*Sheriff Couler*
	Allan Garcia	*Fabrikboss*
	Sam Stein	*Vorarbeiter*
	Juana Sutton	*Frau mit Knopfkleid*
	Jack Low	*Arbeiter*

	Walter James	*Arbeiter*
	Dick Alexander	*Sträfling*
	Dr. Cecil Reynolds	*Gefängniskaplan*
	Myra McKinney	*Frau des Kaplans*
	Lloyd Ingraham	*Gefängnisdirektor*
	Heinie Conklin	*Arbeiter*
	John Rand	*Sträfling*
	Murdoch McQuarrie	
	Wilfred Lucas	
	Edward le Saint	
	Fred Maltesta	
	Ted Oliver	
	Edward Kimball	
Produktionsbeginn:	September 1933	
Produktionsende:	12. Januar 1936	
Premiere:	5. Februar 1936 im Rivoli Theatre in New York	
Londoner Premiere:	11. Februar 1936 im Tivoli Theatre	
Länge:	Neun Rollen (87 Min.)	

77 The Great Dictator (Der Große Diktator)

Produktion:	Chaplin-United Artists	
Produzent:	Charles Chaplin	
Regie:	Charles Chaplin	
Buch:	Charles Chaplin	
Kamera:	Karl Struss, Roland Totheroh	
Regieassistenz:	Dan James, Robert Meltzer, Wheeler Dryden	
Ausstattung:	J. Russell Spencer	
Schnitt:	Willard Nico	
Musik:	Charles Chaplin, mit Paraphrasen von Wagner und Brahms	
musikalische Leitung:	Meredith Willson	
Ton:	Percy Townsend, Glenn Rominger	
Koordination:	Henry Bergman	
Cast:	Charles Chaplin	*Adenoid Hynkel / der Friseur*
	Paulette Goddard	*Hannah*
	Jack Oakie	*Benzino Napaloni*
	Henry Daniell	*Garbitsch*
	Reginald Gardiner	*Schultz*
	Billy Gilbert	*Herring*

	Maurice Moskovich	*Mr. Jaeckel*
	Emma Dunn	*Mrs. Jaeckel*
	Bernard Gorcey	*Mr. Mann*
	Paul Weigel	*Mr. Agar*
	Grace Hayle	*Madame Napaloni*
	Carter De Haven	*Botschafter*
	Chester Conklin	*Kunde im Friseurladen*
	Hank Mann	*Nazistürmer*
	Eddie Gribbon	*Nazistürmer*
	Richard Alexander	*Nazistürmer*
	Leo White	*Hynkels Friseur*
	Lucien Prival	*Offizier*
	Pat Flaherty	
	Harry Semels	
	Esther Michaelson	
	Florence Wright	
	Robert O. David	
	Eddie Dunn	
	Peter Lynn Hayes	
	Nita Pike	
	Jack Perrin	
	Max Davidson	
	Nellie V. Nichols	
Produktionsbeginn:	1. Januar 1939	
erste Aufnahme:	9. September 1939	
letzt. Aufnahme:	2. Oktober 1940	
Premiere:	15. Oktober 1940 in den Capitol and Astor Theatres in New York	
Londoner Premiere:	16. Dezember 1940 im Prince of Wales, Gaumont Haymarket, Marble Arch, Pavilion Theatres	
Länge:	Zwölf Rollen (126 Min.)	

78. Monsieur Verdoux (Der Heiratsschwindler von Paris)

Produktion:	Chaplin-United Artists
Produzent:	Charles Chaplin
Regie:	Charles Chaplin
Buch:	Charles Chaplin
Kamera:	Curt Courant, Roland Totheroh
Kameramann:	Wallace Chewning
Regieassistenz:	Robert Florey, Wheeler Dryden
Regieassistent:	Rex Bailey

Ausstattung:	John Beckman	
Schnitt:	Willard Nico	
Musik:	Charles Chaplin	
musikalische Leitung:	Rudolph Schrager	
Ton:	James T. Corrigan	
Kostüme:	Drew Tetrick	
Maske:	William Knight	
Frisuren:	Hedvig M. Jornd	
Erzähler:	Charles Chaplin	
Cast:	Charles Chaplin	*Monsieur Henri Verdoux*
	Martha Raye	*Annabella Bonheur*
	Isobel Elsom	*Marie Grosnay*
	Marilyn Nash	*das Mädchen*
	Robert Lewis	*Monsieur Bottello*
	Mady Correl	*Madame Verdoux*
	Allison Roddan	*Peter Verdoux*
	Audrey Betz	*Madame Bottello*
	Ada-May	*Annette*
	Marjorie Bennett	*Dienstmädchen*
	Helen High	*Yvonne*
	Margaret Hoffman	*Lydia Floray*
	Irving Bacon	*Pierre Couvais*
	Virginia Brissac	*Carlotta Couvais*
	Edwin Mills	*Jean Couvais*
	Almira Sessions	*Lena Couvais*
	Eula Morgan	*Phoebe Couvais*
	Bernard J. Nedell	*Präfekt*
	Charles Evans	*Detektiv Morrow*
	Arthur Hohl	*Immobilienmakler*
	John Harmon	*Joe Darwin*
	Vera Marshe	*Mrs. Darwin*
	William Frawley	*Jean La Salle*
	Fritz Lieber	*Priester*
	Fred Karno jr.	*Mr. Karno*
	Barry Norton	*Gast*
	Pierre Watkin	*Anwalt*
	Cyril Delevanti	*Postbote*
	Charles Wagenheim	*Freund*
	Addison Richards	*M. Millet*
	James Craven	*Freund*
	Franklin Farnum	*Opfer*
	Herb Vigran	*Reporter*

Boyd Irwin	*Gefängniswärter*
Paul Newland	*Gast*
Joseph Crehan	*Börsenmakler*
Wheaton Chambers	*Drogist*
Frank Reicher	*Arzt*
Wheeler Dryden	*Geschäftsmann*
Thérèse Lyon	*Jeanette*
Lester Mathews	*Staatsanwalt*
Richard Abbot	*Verteidiger*
Garnett Monks	*Vorsitzender der Geschworenen*
Joseph Granby	*Gerichtsschreiber*
Julius Cramer	*Henker*
Art Miller	*Wächter*
Albert Petit	*Zuschauer*
Barbara Slater	*Blumenmädchen*
Ella Ethridge	*Frau in der Straße*
Christine Ell	*Dienstmädchen*
Lois Conklin	*Blumenmädchen*
Alicia Adams	*Blumenmädchen*
Elisabeth Dudgeon	*altes Weib*
John Harmon	*Joe, Freund von Annabella*
Vera Marshe	*Vicki, Freundin von Annabella*
Daniel de Jonghe	*Kellner*
George Dees	*Kellner*
Carlo Schipa	*Kellner*
Albert D'Arno	*Kellner*
Bert le Baron	*Portier beim Café Royal*
Jean Bittner	*Gast im Café Royal*
Munnel Petroff	*Gast im Café Royal*
Tom Wilson	
Phillips Smalley	

Produktionsbeginn:	April 1946
erste Aufnahme:	3. Juni 1946
letzte Aufnahme:	5. September 1946
Produktionsende:	4. März 1947
Premiere:	11. April 1947 im Broadway Theatre in New York
Länge:	Zwölf Rollen (110 Min.)

79. Limelight (Rampenlicht)

Produktion:	Celebrated-United Artists
Produzent:	Charles Chaplin
Regie:	Charles Chaplin
Buch:	Charles Chaplin
Kamera:	Karl Struss
Kamera-Beratung:	Roland Totheroh
Produktions-assistenz:	Wheeler Dryden, Jerome Epstein
Regieassistent:	Robert Aldrich
Ausstattung:	Eugene Lourié
Schnitt:	Joseph Engel
Choreographie:	Charles Chaplin, André Eglevsky, Melissa Hayden
Musik:	Charles Chaplin
musikalische Leitung:	Ray Rasch
Lieder:	Charles Chaplin, Ray Rasch

Cast:	Charles Chaplin	*Calvero*
	Claire Bloom	*Terry*
	Buster Keaton	*alter Komiker*
	Sydney Chaplin	*Neville*
	Norman Lloyd	*Bodalink*
	Marjorie Bennett	*Mrs. Alsop*
	Wheeler Dryden	*Arzt / Clown*
	Nigel Bruce	*Mr. Postant*
	Barry Bernard	*John Redfern*
	Leonard Mudie	*Arzt*
	Snub Pollard	*Musiker*
	Loyal Underwood	*Musiker*
	Julian Ludwig	*Musiker*
	André Eglevsky	*Harlekin*
	Melissa Hayden	*Colombine*
	Charles Chaplin jr.	*Polizist in Pantomime*
	Geraldine Chaplin	*Kind*
	Michael Chaplin	*Kind*
	Josephine Chaplin	*Kind*
	Jack Deery	*Emissär – Rang*
	Major Sam Harris	*Old Fogey auf dem Rang*
	Dorothy Ford	*Adlige auf dem Rang*
	Elizabeth Root, Millicent Patrick, Judy Landon, Sherry	

	Moreland, Valerie Vernon, Eric Wilson, Cyril Delevanti, Leonard Mudi,	
	Frank Hagrey	*Statisten auf dem ersten Rang*
	Oona O'Neill-Chaplin	*Double für Terry, in kurzer Totale*
	Stapleton Kent	
	Mollie Blessing	
Produktionsbeginn:	12. November 1951	
erste Aufnahme:	19. November 1951	
letzte Aufnahme:	25. Januar 1952	
Premiere:	23. Oktober 1952 im Odeon Theatre, Leicester Square, in London	
US-Premiere:	23. Oktober 1952 in den Astor and Trans Lux Theatres in New York	
Länge:	Dreizehn Rollen (140 Min.)	

VI Die englischen Produktionen 1957–1967

80. A King in New York (Ein König in New York)

Produktion:	Attica-Archway
Produzent:	Charles Chaplin
Regie:	Charles Chaplin
Buch:	Charles Chaplin
Kamera:	Georges Périnal
Kameramann:	Jeff Seaholme
Regieassistent:	René Dupont
Produktionsassistent:	Jerome Epstein
Ausstattung:	Allan Harris
Schnitt:	John Seabourne
Assistent:	Tony Bohy
Musik:	Charles Chaplin
arrangiert von:	Boris Sarbek
dirigiert von:	Leighton Lucas
Tonmeister:	John Cox
Tonaufnahme:	Bert Ross, Bob Jones
Tonschnitt:	Spencer Reeve
Tonsystem:	Westrex
Spezialeffekte:	Wally Veevers

Skript-Girl:	Barbara Cole	
Maske:	Stuart Freeborn	
Frisuren:	Helen Penfold	
Garderobe:	J. Wilson-Apperson	
Produktions-überwacher:	Mickey Delamar	
Aufnahmeleiter:	Eddie Pike	
Pelze:	Deanfield	
Studio:	Shepperton	
Cast:	Charles Chaplin	*König Shadov*
	Maxine Audley	*Königin Irene*
	Jerry Desmonde	*Premierminister Voudel*
	Oliver Johnston	*Botschafter Jaume*
	Dawn Addams	*Ann Kay – TV-Spezialistin*
	Sidney James	*Johnson – TV-Werbefachmann*
	Joan Ingrams	*Mona Cromwell – Gastgeberin*
	Michael Chaplin	*Rupert Macabee*
	John McLaren	*Mr. Macabee*
	Phil Brown	*Schulleiter*
	Harry Green	*Anwalt Green*
	Robert Arden	*Liftjunge*
	Alan Gifford	*Schulrat*
	Robert Cawdron	*US-Marshal*
	George Woodbridge	*Mitglied der Atomkommission*
	Clifford Buckton	*Mitglied der Atomkommission*
	Vincent Lawson	*Mitglied der Atomkommission*
	Shani Wallis	*Sängerin*
	Joy Nichols	*Sängerin*
	Nicholas Tannar	*Butler*
	George Truzzi	*Komiker*
	Laurie Lupino Lane	*Komiker*
	Macdonald Parke	
Uraufführung:	12. September 1957	
Länge:	Elf Rollen (111 Min.)	

81. A Countess From Hong Kong (Die Gräfin von Hongkong)

Produktion:	Universal
Produzent:	Jerome Epstein
Regie:	Charles Chaplin
Buch:	Charles Chaplin
Kamera:	Arthur Ibbetson
Regieassistent:	Jack Causey

Produktions-leitung:	Don Ashton	
Ausstattung:	Robert Cartwright	
Bauten:	Vernon Dixon	
Schnitt:	Gordon Hales	
Musik:	Charles Chaplin	
musikalische Leitung:	Lambert Williamson	
musikalischer Mitarbeiter:	Eric James	
Ton:	Michael Hopkins	
Tonaufnahme:	Bill Daniels, Ken Barker	
Produktions-überwachung:	Denis Johnson	
Titel:	Gordon Shadrick	
Farbe:	Technicolor. CinemaScope	
Cast:	Marlon Brando	*Ogden Mears*
	Sophia Loren	*Gräfin Natascha Alexandroff*
	Sydney Chaplin	*Harvey Crothers*
	Tippi Hedren	*Martha Mears*
	Patrick Cargill	*Hudson*
	Margaret Rutherford	*Miss Gaulswallow*
	Michael Medwin	*John Felix*
	Oliver Johnston	*Clark*
	John Paul	*Kapitän*
	Angela Scoular	*Mädchen*
	Peter Bartlett	*Steward*
	Bill Nagy	*Crawford*
	Dilys Laye	*Verkäuferin*
	Angela Pringle	*Baroneß*
	Jenny Bridge	*Gräfin*
	Maureen Russell	*Gräfin*
	Jackie Dee	*Mädchen in Tanzhalle*
	Ray Marlowe	*Amerikaner in Tanzhalle*
	Arthur Gross	*Einwanderungsbeamter*
	Balbina	*Dienstmädchen*
	Geraldine Chaplin	*Mädchen im Ballsaal*
	Janine Hill	*Mädchen im Ballsaal*
	Christine Rogers	*Mädchen im Ballsaal*
	Pat Hagan	*Mädchen im Ballsaal*
	Gerry Howes	*Mann im Ballsaal*
	Anthony Chin	*Hawaiianer*
	Burnell Tucker	*Empfangschef*

	Leonard Trolley	*Zahlmeister*
	Lee Lowe	*Elektriker*
	Francis Dux	*Oberkellner*
	Cecil Cheng	*Taxifahrer*
	Ronald Rubin	*Matrose*
	Michael Spice	*Matrose*
	Ray Marlowe	*Matrose*
	Josephine Chaplin	*junges Mädchen*
	Victoria Chaplin	*junges Mädchen*
	Harold Korn	*Offizier*
	Holly Grey	*Steward*
	Kevin Manser	*Fotograf*
	Marianne Stone	*Reporterin*
	Lew Luton	*Reporter*
	Bill Edwards	*Reporter*
	Drew Russell	*Reporter*
	John Sterland	*Reporter*
	Paul Carson	*Reporter*
	Paul Tamarin	*Reporter*
	Carol Cleveland	*Krankenschwester*
	Charles Chaplin	*ein alter Steward*
Uraufführung:	2. Januar 1967	
Länge:	Zwölf Rollen (118 Min.)	

VII Von Chaplin produzierter Film

A Woman of The Sea (Eine Frau vom Meer)
Arbeitstitel: **Sea Gulls** (Möwen)

Produktion:	Charles Chaplin Film Corporation	
Produzent:	Josef von Sternberg	
Regie:	Josef von Sternberg	
Buch:	Josef von Sternberg	
Kamera:	Eddie Gheller, Paul Ivano	
Kameramann:	Mark Marlatt	
Ausstattung:	Charles D. Hall	
Assistenten:	George Ruric, Charles Hammond, Riza Royce	
Cast:	Edna Purviance	*Joan*
	Eve Southern	*Magdalen*
	Charles French	*ihr Vater*
	Raymond Bloomer	*Peter, der Fischer*
	Gayne Whitman	*der Romancier aus der Stadt*

Der Film wurde nie öffentlich gezeigt. Am 24. Juni 1933 wurde das Negativ offiziell verbrannt.

VIII Filmzusammenstellung

80 a Die Chaplin Revue

Produktion:	Roy Film Establishment-United Artists
Produzent:	Charles Chaplin
Regie:	Charles Chaplin
Buch:	Charles Chaplin
Musik:	Charles Chaplin
musikalische Leitung:	Eric James
Lied ›Bound For Texas‹:	Charles Chaplin
gesungen von:	Matt Munro
Erzähler:	Charles Chaplin
	Zusammenstellung aus *A Dog's Life, Shoulder Arms, The Pilgrim* und *How to Make Movies*
Uraufführung:	25. September 1959
Länge:	Zwölf Rollen

IX Von Chaplin nicht genehmigte Filme: Essanay-Periode

49 a The Essanay-Chaplin Revue

Eine fünf Rollen lange Anthologie mit *The Tramp, His New Job* und *A Night Out.*

Uraufführung: 23. September 1916

50. Triple Trouble (Dreifaches Unheil)

Produzent:	Jesse J. Robbins für Essanay	
Regie:	Charles Chaplin und Leo White	
Buch:	Leo White	
Cast:	Charles Chaplin	*Hausmeister*
	Edna Purviance	*Dienstmädchen*
	Leo White	*Graf*
	Billy Armstrong	*Koch / Dieb*
	James T. Kelley	*Sänger*
	Bud Jamison	*Tramp*
	Wesley Ruggles	*Gauner*
	Albert Austin	*Mann*

Ein von Leo White zusammengestelltes Gemisch von Szenen aus *Police* und einem unvollendeten Chaplin-Essanay-Kurzfilm, *Life,* mit neuem von White gedrehtem Material.

Uraufführung:	11. August 1918
Länge:	Zwei Rollen

50 a Chase Me Charlie (Fang Mich Charlie)

	Eine sieben Rollen lange Montage von Essanay-Filmen, zusammengestellt von Langford Reed.
Uraufführung:	Mai 1918
Länge:	Ca. sechs Rollen

x Weitere Filmauftritte

His Regeneration (Seine Erneuerung) (1915)

Ein ›Broncho Billy‹-Film der Essanay, in dem Chaplin sich selbst spielt.

The Nut (Die Nuß) (1921)

Produktion:	Douglas Fairbanks – United Artists
Regie:	Theodore Reed
Hauptrolle:	Douglas Fairbanks

Chaplin spielt sich selbst.

Souls for Sale (Seelen zu verkaufen) (1923)

Produktion:	Rupert Hughes – Metro Goldwyn Mayer
Regie:	Rupert Hughes
	Chaplin erscheint als er selbst, neben vielen anderen Hollywood-Stars

Show People (Leute vom Film) (1928)

Produktion:	Cosmopolitan-MGM
Regie:	King Vidor
Hauptrolle:	Marion Davies
	Chaplin tritt als er selbst auf.

The Gentleman Tramp (Die Geschichte meines Lebens) (1975)

Produktion:	Filmverhuurkantoor ›De Dam‹ D. V.-Audjeff
Regie:	Richard Patterson
	Dokumentarfilm, mit neugefilmten Sequenzen mit Chaplin in seinem Haus in Corsier sur Vevey.

III
Chaplin, Epstein und das Circle Theatre

Gegen Ende seines drei Jahrzehnte währenden Aufenthalts in den Vereinigten Staaten kam Chaplin wieder in Berührung mit der Bühne, und das scheint etwas von der alten Leidenschaft wiedererweckt zu haben, die ihm als jugendlicher Darsteller eingepflanzt worden war. Durch seine Kontakte zum Circle Theatre lernte er auch Jerome (Jerry) Epstein kennen, der bis zu seinem Tode dreißig Jahre später sein enger Mitarbeiter, Freund und Vertrauter blieb.

Epstein war mit Charlies jüngerem Sohn Sydney befreundet, mit dem er 1946 das Theater gründete. Das Circle Theatre arbeitete zunächst in bescheidenem Rahmen, die ersten Aufführungen fanden zu Hause bei Freunden mit hinreichend großen Wohnzimmern statt, doch schon die allererste Produktion, *The Adding Machine*, bei der Epstein Regie führte und Sydney Chaplin die Hauptrolle spielte, machte von sich reden. Sydney hatte Epstein bereits mit seinem Vater und Oona bekannt gemacht, als sich alle bei einer Vorführung von *Les Enfants du Paradis* trafen, und die Chaplins sahen sich Sydneys Auftritt an. »Charlie war ein wunderbares Publikum«, erinnert sich Epstein, »und er hatte unser Theater ins Herz geschlossen. Er war ständig da. Wenn er nichts anderes zu tun hatte, kam er in seinem kleinen Ford angefahren und hat sich zu mir an die Kasse gesetzt. Und dann sind natürlich nach und nach auch alle seine Freunde gekommen, und die haben dann wieder Freunde mitgebracht. Fanny Brice war oft da, und Constance Collier freundete sich groß mit uns an, und sie hat Katherine Hepburn und George Cukor mitgebracht, und Gladys Cooper und Robert Morley, überhaupt jeden Engländer, der gerade in Hollywood war. Als wir *Ethan Frome* gemacht haben, haben wir uns die Requisiten vom Studio ausgeliehen. Charlie war von unsrer Produktion von *Time of Your Life* dermaßen beeindruckt, daß er sich mit Saroyan in Verbindung gesetzt und ihn gebeten hat, uns ein Stück zu liefern. Und das hat er auch getan: Das war *Sam Ego's House*.

Eines Tages war er dann mal bei einer Probe von *The Skin Game* dabei und fragte plötzlich: ›Könnte ich mal einen Vorschlag machen?‹ Und natürlich hat er in Nullkommanichts die Regie übernommen. Er war wunderbar. Sein Instinkt war verblüffend – sein Gespür für das Stück, Bühnenbild, Timing, Abgänge und Auftritte, alles. Natürlich hat er jede Rolle selbst durchgespielt, mit dem Ergebnis, daß einige Schauspieler kleine Charlie Chaplins wurden. Es war für sie ein unvergleichliches Erlebnis, obwohl es in dieser Phase der Produktion auch sehr verwirrend für sie war, weil sie jetzt alles, was sie schon erarbeitet hatten, wieder vergessen sollten.

Danach hat er noch fünf weitere Produktionen betreut. Natürlich hatte er nicht die Geduld, von Anfang an mitzumachen, er kam dann immer gegen Ende dazu und gab der Sache seine persönliche Note. Das nächste Stück war *Hindle Wakes*. Dann wollte er *Rain* machen, das seiner Meinung nach bislang immer falsch aufgeführt worden war. Er fand, daß man Jeanne Eagels' Leistung überwertet hatte und daß Reverend Davidson immer falsch gespielt wurde. Sadie wurde von June Havoc gespielt – es war das erste Mal, daß wir einen richtigen Star dabei hatten, aber sie war bei uns aufgekreuzt und wollte die Rolle unbedingt haben.

Ich habe mit Albert Camus in Nordafrika telefoniert und ihn gefragt, ob wir *Caligula* produzieren könnten, und Charlie hat's gemacht. Es war eine Katastrophe. Niemand hat das Stück verstanden, am allerwenigsten die Schauspieler. Charlies Beteiligung wurde nie öffentlich bekanntgemacht oder im Programm genannt, aber er nahm es sehr persönlich, als das Stück schlechte Kritiken bekam, und ich konnte ihn nur mit Mühe davon abhalten, böse Briefe an die Zeitungen zu schicken. Sydney war sehr erfreut, als Frank Eng in seiner Kritik schrieb, daß Sydney als einziger das Stück verstanden habe – er verstand es nämlich genauso wenig wie die anderen!

Charlie dachte sich einige wundervolle Gags für *School for Scandal* aus, und er hat sogar einen Satz beigesteuert. Marie Wilson spielte Lady Teazle, und ihre Rokoko-Gewänder brachten ihre üppigen Brüste prächtig zur Geltung. Ich hatte mir ausgedacht, daß Wheeler Dryden bei einem Kartenspiel hinter Marie stehen sollte. Charlie schlug vor, Wheeler solle in der Szene, bei der er Marie über die Schulter guckt und sie Ihre Karten an sich drückt, trocken bemerken: »Madame, mein Blick ruhte nicht auf Ihren Karten.« Das kam beim Publikum großartig an.

Constance Collier war manchmal bei den Proben dabei, und hin und wieder gab's sehr komische Scharmützel zwischen den beiden. Wenn Constance ihn kritisierte, wurde er fuchsteufelswild. »Aber Charlie – du hast das Stück doch gar nicht gelesen«, sagte sie, und er blaffte zurück: »Das hab ich auch nicht nötig, *ich weiß, worum's geht.*«

Insgesamt hat das Circle Theatre mehr als hundert Stücke aufgeführt. »Am Schluß hatten wir drei Bühnen: Circle, Coronet und Cast. Cast und Circle hingen zusammen und benutzten dieselben Hinterbühnenräume und dieselben Garderoben, und eines Abends ist ein Schauspieler doch wahrhaftig auf die falsche Bühne gegangen. Zu unserer Stammtruppe gehörten Kathleen Freeman und Strother Martin. Alan Pakula hat eine sehr gute *Antigone* gemacht, und Shelley Winters hat bei *Thunder Rocks* Regie geführt. 1950 sind ein paar von unsren Schauspielern weggegangen und haben ihr eigenes Theater gegründet (Charlie war entrüstet), und zu der Truppe gehörten Jack Nicholson und Richard Dreyfus.«

Die letzte Produktion des Circle Theatres war *What Every Woman Wants*, ein Stück, das Constance Collier empfohlen hatte. In ihrem Buch *Moments With Chaplin* zeichnet Lillian Ross ein eindringliches Bild von der Atmosphäre des Theaters, und sie schildert, wie der unermüdliche Chaplin seinen Schauspielern – unter ihnen seine beiden Söhne und Ruth Conte – eine harte fünfstündige Probe zumutete. (Es macht ihm überhaupt nichts aus, bis morgens um sechs durchzuarbeiten – zwischendurch rief Oona immer an und erkundigte sich, wann er nach Hause käme.) Lillian Ross hat sich einige seiner Regieanweisungen notiert: »Ihr dürft nicht schauspielern. Ihr... *müßt* dem Publikum den Eindruck vermitteln, daß ihr das Skript gerade erst gelesen habt. Jetzt ist alles unecht. So redet man nicht. Stellt es einfach fest. Es darf nicht müde klingen. Dafür seid ihr zu jung. Wir wollen vom Schauspielern wegkommen. Wir wollen keine Schauspielerei. Wir wollen Realität. Gebt dem Publikum das Gefühl, daß es durch ein Schlüsselloch guckt. Wenn ihr hier schauspielert, wird das verdammt rührselig und klebrig . . .« Später sagte er zu ihnen: »Das müßt ihr schlichter bringen. Da haben sich zu viele Gesten eingeschlichen. Das gefällt mir nicht. Wenn das Publikum eine Geste bemerkt, seid ihr verloren. Gesten darf man nicht sehen. Und ich bin ein Mann der Gestik. Es fällt mir schwer, sie zu zügeln . . . Gott sei Dank kann ich mich am nächsten Tag auf der Leinwand sehen . . . Mir kommt's in erster Linie auf Auftritt und Abgang an. Gute Abgänge und Auftritte. Darum geht's im Theater. Und Akzente. Darum geht's.«

Epstein hatte das Gefühl, daß Chaplin aus diesem Kontakt mit dem Circle Theater viel Inspiration für *Limelight* bezog. Er hatte immer gesagt: »Wenn ich meinen Film mache, arbeitest du bei mir.« Ich hab's natürlich nie ernst genommen, aber als er dann mit *Limelight* anfing, hat er mich zu seinem Assistenten gemacht. Und danach habe ich einfach immer weiter für ihn gearbeitet.

»Der Schriftsteller Dudley Nichols – er hat *Stagecoach* geschrieben – war einer unserer ersten Fans. Er und seine Frau haben Charlie und Oona oft im Theater getroffen, und sie haben sich mit der Zeit recht gut angefreundet. Ich weiß noch, wie er einmal zu mir gesagt hat: ›Sie sind jung. Und Sie werden später merken, daß dies die glücklichste Zeit Ihres Lebens war.‹ «

IV

Chaplin und der FBI

Die umfangreiche Akte, die der FBI mehr als fünfzig Jahre lang über Chaplin führte – sie umfaßt 1900 Seiten –, wurde dem Autor erst zugänglich gemacht, als das vorliegende Buch schon fast fertiggestellt war. Die darin enthaltenen Informationen bringen wenig Neues. Sie bestätigen in erster Linie die Tatsachen, die bereits im Hauptteil des Buches aufgeführt wurden, und liefern eine Menge nebensächliche Details in solchen Angelegenheiten wie den Barry-Prozessen. Im übrigen enthüllen sie viel mehr über die Methoden des FBI als über Chaplins Leben. Dennoch erscheint es angemessen, an dieser Stelle einige Bemerkungen zum Inhalt der Akte zu machen.

Das Erschreckende an dem Schriftstück ist nicht etwa, daß es raffinierte Ermittlungsmethoden oder hinterhältige Machenschaften des FBI offenbart, sondern eher das Ausmaß an Schlampigkeit und Dummheit, das sich in vielen Berichten zeigt. Offenbar hat man ungeheuer viel Zeit darauf verwandt, Berichte aus zweiter Hand, Gerüchte, anonyme Post und Spinnerbriefe auszuwerten, desgleichen öffentliche Ergüsse von Hedda Hopper, Ed Sullivan und anderen Klatschspaltenschreibern. Die biographischen Angaben über Chaplin, die – zwischendurch immer wieder neu aufbereitet – dreißig Jahre lang verwendet wurden, bezog der FBI aus Gerith von Ulms 1940 erschienenem Buch *Charlie Chaplin, King of Tragedy*, einem nur beschränkt zuverlässigen Werk. Quer durch die ganze Akte halten sich Ungenauigkeiten: etwa, daß Chaplin Mildred Harris in London geheiratet habe (das steht nicht einmal bei Ulm) und daß er Jude sei. Was letzteres betrifft, kupferte man unbekümmert eine schillernde Fehlinformation aus dem *Who's Who in American Jewry* ab, wo behauptet wurde, daß Chaplin Sproß der aus Osteuropa ausgewanderten Familie Thonstein sei, die sich 1850 in London niedergelassen habe. Daraufhin wurden Berichte über Chaplin gewöhnlich mit ›alias Charlie Chaplin; alias Israel Thonstein‹ überschrieben, was dem ganzen einen ordentlich finsteren Anstrich gab.

Der erste aktenkundige Beleg für das Interesse des FBI an Chaplin datiert vom 15. August 1922: Damals gab ein Agent namens A. A. Hopkins die Information weiter, daß Chaplin für William Z. Foster, einen prominenten Arbeiterführer, der zu Besuch in Los Angeles war, einen Empfang gegeben hatte. An dem Ereignis hatten viele ›Salon-Bolschewisten‹ und Hollywood-Radikale wie William De Mille und Rob Wagner teilgenommen. Einige Monate zuvor war Will Hays in Hollywood eingetroffen, um das Büro der Motion Pictures Producers and Distributors of America Inc. zu gründen, eine Selbstkontroll-Institution der Branche; und Chaplin soll im Verlauf des Abends zu Foster gesagt haben, daß er auf Hays verzichten könne: »Wir sind gegen jede Zensur, und vor allem gegen presbyterianische Zensur.«

Er hat seinen Gästen auch einen Wimpel mit der Aufschrift ›Willkommen Will Hays‹ gezeigt, der über der Herrentoilette des Studios hing. J. Edgar Hoover und seine Kollegen waren derart beeindruckt von Agent Hopkins' Berichten, die die Einschleusung kommunistischen Gedankenguts in die Filmindustrie belegten, daß sie weitere Ermittlungen veranlaßten. In der Zwischenzeit wurden Hopkins' Informationen an Will Hays persönlich weitergeleitet, der sich dunkel erinnerte, daß Chaplin nicht an den Begrüßungsfeierlichkeiten anläßlich seiner Ankunft in Hollywood teilgenommen hatte, woraus er folgerte, daß »besagte Person, gelinde gesagt, eine etwas sonderbare Denkungsart hat, in der von Ihnen angedeuteten Richtung. Ich habe allerdings nicht gewußt, daß er so extrem ist, wie es aus den Berichten hervorgeht.« Hays versprach, »Mittel und Wege zu suchen, um sicherzustellen, daß sich nirgendwo aufwieglerische Propaganda einnisten kann«.

In nachfolgenden Berichten drehte es sich um den angeblichen Besuch eines kommunistischen Organisators der Textilarbeitergewerkschaft bei Chaplin, der den finsteren Namen Plotkin trug und ihn um finanzielle Unterstützung für streikende Eisenbahner gebeten haben soll, und um das Gerücht, daß sich hinter dem anonymen Spender aus Hollywood, der der kommunistischen Partei Amerikas Weihnachten 1922 eintausend Dollar zukommen ließ, Chaplin verbarg. Während der nächsten dreißig Jahre ging der FBI die immer dicker werdende Akte mit (durchgängig unbelegten) Berichten über angebliche Spenden Chaplins für die kommunistische Sache immer wieder durch.

Diese frühen Berichte stammen aus der Zeit der ersten panischen Kommunistenangst Amerikas lange vor den vierziger Jahren, und in der dazwischenliegenden Zeit scheint der FBI dann das Interesse an Chaplin verloren zu haben. Es belebte sich aber sofort wieder, als er am 3. Dezember 1942 seine Rede vor der von der Rußlandhilfe organisierten Versammlung hielt. Am Tag danach lieferte ein unbekannter Agent, der sich als Sympathisant ausgegeben hatte, ein detailliertes Protokoll von Chaplins Rede ab, in dem solche überschwenglichen Sätze enthalten sind wie »Ich bin kein Kommunist, aber ich bin ziemlich pro-kommunistisch«.

Danach trug man mühsam Material zusammen, das ihn als »roten Sympathisanten« belastete. Die Reden für die Zweite Front wurden selbstverständlich vermerkt. Im August 1943 war er Zeremonienmeister bei einem Empfang für den angesehenen sowjetischen Regisseur Michail Kalatosow. Im Mai 1946 nahm er an einer Filmvorführung und einer Party auf einem sowjetischen Schiff im Hafen von Long Beach teil und titulierte den amerikanischen Zoll scherzhaft als »Gestapo«. Beim Verlassen der Veranstaltung wurde er zusammen mit John Garfield fotografiert, »alias Jules Garfinkle, und dem Filmregisseur Lewis Milestone, einem gebürtigen Russen«. Die endlosen Gerüchte über Spenden an die Partei fanden ihren Höhepunkt in Hedda Hoppers höhnischen Phantastereien über »Charlie Chaplin, der 25 000 Dollar für die kommunistische Sache spendete und 100 Dollar für das Rote Kreuz«. Der FBI »überwachte« sein Bankkonto und fand eine Menge Geld, aber keinerlei Hinweise auf Spenden für kommunistische Belange.

Alles war Wasser auf die langsam mahlenden Mühlen des FBI. Im August 1947 fordert Hoover persönlich per dringendem Fernschreiben eine Kopie eines Prawda-Artikels an, in dem Chaplin gehuldigt wurde. Es schien für den Direktor kaum von Bedeutung zu sein, daß der Artikel – eine Würdigung der ersten Chaplin-Filme, die in der Sowjetunion gezeigt wurden – aus dem Jahr 1923 stammte. Eine Woche später wird in einem Aktenvermerk festgehalten, daß sich die Prawda-Geschichte hervorragend als Material für Louella Parsons' Klatschspalte eignen würde. Letztendlich wurde er Hedda Hopper zugeschickt. Interessant ist, daß der FBI nicht nur den Klatsch dieser giftigen Damen als Beweismaterial benutzte, sondern sie auch seinerseits mit Informationen versorgte. Es liegt sogar ein Eingeständnis dafür vor, daß ein derartiges Vorgehen wohl kaum den Vorschriften entsprach: Bei der Louella Parsons betreffenden Aktennotiz findet sich die (nicht beachtete) Anweisung: »Nach Durchführung der erforderlichen Schritte zu vernichten und nicht in die Akte aufzunehmen.«

Alles, was auch nur im entferntesten belastend sein konnte, wurde aufgenommen. Es genügte, daß irgendeine linke Organisation ihre Bewunderung für Chaplin ausdrückte oder andeutete, daß man ihn zu einer Veranstaltung einladen könnte, um einen Aktenvermerk darüber anzulegen. Ein Soldat, dem die Verletzung von Sicherheitsbestimmungen zur Last gelegt wurde, meinte patzig: »Klar bin ich Kommunist... genau wie Charlie Chaplin.« Diese Information bekam der FBI von der Army, und sie blieb bis zum Schluß in Chaplins Akte. Denn kein Detail, wie bedeutungslos oder unwesentlich es auch sein mochte, wurde jemals wieder getilgt, wenn es erst einmal in der Akte verewigt war. Im April 1943 wurde Chaplin bei der Vorführung des sowjetischen Klassikers *Baltic Deputy* [*Stürmischer Lebensabend* oder *Der Abgeordnete des Baltikums*, 1937] von Alexander Sarchi und Jossif Cheifitz gesichtet. Er besuchte ein Schostakowitsch-Konzert. Es wurde als ein Zeichen für unerwünschte radikale Ansichten gewertet, daß er einen Brief von achthundert Prominenten aus Gewerkschaften, Kirche und Gesellschaft mit unterzeichnete, in dem Roosevelt dringend aufgefordert wurde, Rassenunruhen vorzubeugen, während er gleichzeitig für seine eindeutige Haltung gegen Diskriminierung gelobt wurde.

Als Chaplin im Jahr 1952 aus den Vereinigten Staaten ausreiste, wurde sämtliches Material in einem 125 Seiten starken Bericht zusammengefaßt, der in einzelne Abschnitte unterteilt war, die folgende Überschriften trugen: ›Erkenntnisse bezügl. der Zugehörigkeit von Charles Chaplin zur Kommunistischen Partei.‹ ›Mit Chaplin verkehrende Personen, die als Mitglieder der Kommunistischen Partei gelten‹ (unter ihnen Hanns und Gerhardt Eisler, Lion Feuchtwanger und Theodore Dreiser) und ›Verbindung zwischen Charles Chaplin und Gruppen, die als kommunistisch subversive Gruppen bezeichnet werden oder unter dem Verdacht stehen, von der kommunistischen Partei kontrolliert oder beeinflußt zu werden‹.

Die Ermittlungen über Chaplins vermeintliche subversive Aktivitäten wurden jedoch vorübergehend durch den Joan Barry-Prozeß in den Hintergrund gedrängt. Ihre Anschuldigung, daß Chaplin der Vater des ungeborenen Kindes sei, brachte die Barry erstmals am 4. Juni 1943 öffentlich vor. Der FBI leitete seine Ermittlungen am 17. August ein, als Hoover den Spezialagenten Hood auf den Fall ansetzte. Er sollte Beweismaterial sammeln, das sich für die ›Mann-Act‹-Klage verwenden ließ und für die Anklage auf Verletzung der Grundrechte, die gegen Chaplin und sechs weitere Personen erhoben wurde. Drei Tage später gab Hoover ein Fernschreiben heraus, in dem er die Beschleunigung der Ermittlungen forderte, und in den nächsten vier Monaten war der FBI unentwegt an der Arbeit. Man befragte Dutzende von Zeugen: das Beweismaterial, das man zusammentrug, umfaßte mehr als vierhundert Seiten. Hedda Hopper fungierte dabei als besonders hilfreiche Informantin. Anscheinend wurden Telefone angezapft und Hotelzimmer abgehört (mit Geräten, die als ›microphone technicals‹ bezeichnet wurden). Man sperrte die Grenzen für Chaplin, um ihn am Verlassen des Landes zu hindern, falls er das beabsichtigt hätte.

Die Ermittlungen des FBI enthüllen viel mehr über Joan Barry als in den Prozessen zum Vorschein kam. Sie erscheint als die vielleicht bedauernswerteste Figur in der ganzen Affäre, gefangen zwischen den Fronten des Krieges, den Hoover und der FBI gegen Chaplin führten. Aus den Akten geht hervor, daß ihr richtiger Name Mary Louise Gribble war. Sie hatte den Namen ihres Stiefvaters, Mr. Berry, angenommen und hieß je nachdem Joan Berry, Joan Barry, Mary Louise Barry, Joan Barratt, Mary L. Barratt, Joanne Berry, Jo Anne Berry, Bettie Booker, Joan Spencer, Mrs. Mark Warner, Catherine McLaren und Mary L. Spencer.

Diese Unschlüssigkeit bezüglich ihres Namens spiegelt vielleicht ihre tatsächliche geistige Verwirrung wider, die gegen Ende ihrer Beziehung mit Chaplin zunehmend akuter wurde. Solange sie zusammen waren, scheint Chaplin fast immer rücksichtsvoll und großzügig gewesen zu sein. Barry klagte, es seien seine Freunde gewesen (speziell Tim Durant, der die beiden miteinander bekanntgemacht hatte), die sie schlecht behandelt und versucht hätten, sie und Chaplin auseinanderzubringen. Die vielleicht erstaunlichste Enthüllung der FBI-Akte besteht in dem Eingeständnis, daß »weder *Berry* noch ihr Anwalt um diese Ermittlungen angesucht oder den Wunsch geäußert haben, daß der Staat gegen *Chaplin* vorgehen solle«. Aus den Akten geht auch hervor, daß es der Anklage nicht immer leicht fiel, Mrs. Berry in der erforderlichen Rolle der besorgten, liebevollen Mutter zu präsentieren: Gertrude Berry hatte anscheinend Probleme mit Alkohol und soll häufig mit ihrer Tochter gestritten haben; und einmal verschwand sie von zu Hause.

Als die Prozesse mit der Niederlage der Anklage endeten (bei der ›Mann Act‹-Klage erklärten die Geschworenen Chaplin für nicht schuldig, und die Anklage wegen Verletzung der Grundrechte wurde auf Anordnung des Justizministers fallengelassen), tauschte der FBI mit den Anwälten Grüße und Beileidsbekundungen aus und erwog, gegen einige Zeugen Anzeige wegen Meineids zu erstatten. (Nach dem Vaterschaftsprozeß wurde – im gleichen Stil – erwogen, zu prüfen, ob sich Bluttests durch chemische Zusätze in der Blutbahn fälschen ließen. Weisere Stimmen behielten jedoch die Oberhand.)

Auf dem Höhepunkt der Hexenjagd in der McCarthy-Zeit wurde wieder verstärkt über Chaplins vermutete subversive Sympathien ermittelt. Durch seine Freundschaft mit Hanns Eisler, dessen Bruder ein erklärter Kommunist war, machte Chaplin sich höchst verdächtig. Nach seinem Telegramm an Picasso, den er um Unterstützung für Eisler bat, leitete der FBI eine Untersuchung ein, »um festzustellen, ob Chaplin für die sowjetische Spionage arbeitet oder gearbeitet hat«. Kurz danach, im Februar 1948, beantragte Chaplin eine Wiedereinreise-Erlaubnis, da er vorhatte, England zu besuchen und dann über den Fernen Osten nach Kalifornien zurückzukehren. Am 17. April suchten Beamte des ›Immigration and Naturalization Service‹ (INS) ihn zu Hause auf und führten eine Befragung durch, die vier Stunden dauerte und Wort für Wort von einer Stenografin festgehalten wurde (siehe S. 628). Chaplin verhielt sich bei der Befragung äußerst geschickt und antwortete mit großer Offenheit. Einige Jahre später erklärte die Zweigstelle des FBI in Los Angeles, daß weitere Befragungen von

Chaplin »nicht empfohlen werden ... Die Befragung war größtenteils unergiebig, da *Chaplin* Anschuldigungen entweder bestritt, sie auf seine Weise erklärte oder vorgab, sich nicht erinnern zu können.«

Trotzdem wurde Chaplin 1948 auf den Sicherheits-Index gesetzt. Die Zeitungsarchive wurden erneut durchgekämmt. Neues Belastungsmaterial wurde entdeckt, so zum Beispiel, daß Chaplin 1929 Mitglied eines gewissen ›Russian Eagle Supper Club‹ gewesen war. Zeitungsartikel über seine Weigerung, 1931 bei der Royal Variety Show aufzutreten, und über seine in diesem Zusammenhang geäußerten Gedanken über Patriotismus wurden gegen ihn ins Feld geführt. Man versuchte sogar, Hetty Kelly in den Fall mit hineinzuziehen. Ein verstimmter ehemaliger Angestellter Chaplins schickte den FBI auf eine falsche Fährte, wobei es um einen fiktiven Kurier ging, der Chaplin eine geheime Botschaft von einem Moskau-Agenten überbracht haben sollte. Der Hinweis, daß im Summit Drive ein konspiratives Treffen geplant sei, führte zu einer Überwachungsaktion, aber natürlich kam niemand.

Trotz aller Fehlschläge wurde die Chaplin-Akte im November 1949 vom Stellvertretenden Justizminister Alexander Campbell beim FBI angefordert, da eine »Sicherheits-R-Untersuchung« laufe. Die Akte war eine Enttäuschung: Am 29. Dezember kam das Eingeständnis: »Man ist zu der Überzeugung gekommen, daß keine Zeugen vorhanden sind, die bezeugen könnten, daß Chaplin in der Vergangenheit Mitglied der Kommunistischen Partei war oder jetzt Mitglied ist oder daß er die Kommunistische Partei unterstützt hat.« Es war ein kleiner Trost, als Louis F. Budenz, früherer Chefredakteur des *Daily Worker* und ein Dauerdenunziant, Chaplin 1950 mit auf seine Liste von vierhundert ›getarnten Kommunisten‹ setzte und behauptete, er hätte größere Geldsummen für die Partei gespendet. Budenz erwies sich als unzuverlässiger Zeuge.

Die letzte Phase im Krieg gegen Chaplin wurde 1952 eingeleitet. Am 25. August rief ein Mr. Noto vom ›Immigration and Naturalization Service‹ beim FBI an, teilte mit, daß Chaplin im September nach England reisen wolle, und bat um Informationen. Am 16. September informierte Hoover die FBI-Zweigstelle in Los Angeles, daß man Chaplin eine Wiedereinreise-Erlaubnis erteilt habe, und daß Informationen über seine Auslandsreise an die Zentrale weiterzuleiten seien. In einer Notiz am Ende der Mitteilung wird festgestellt: ›INS teilt mit, daß ihm zwar eine Wiedereinreise-Genehmigung erteilt wurde, diese Genehmigung aber keine Garantie darstellt, daß er auch tatsächlich wieder in die Vereinigten Staaten zurückkehren darf.‹ Bereits am 9. September hatte sich McGranery mit J. Edgar Hoover getroffen und ihm mitgeteilt, daß er erwäge, »Schritte zu unternehmen, um Charlie Chaplin an der Wiedereinreise in dieses Land zu hindern ... wegen moralischer Verderbtheit«. Die Barry-Akte wurde wieder ausgegraben: »Dafür sorgen, daß alles in Notiz an J. M. enthalten ist«, merkte Hoover an.

Am 19. September verkündete Justizminister McGranery, daß Chaplins Wiedereinreise-Genehmigung nicht anerkannt würde. Aus der FBI-Akte geht allerdings hervor, daß sich der ›Immigration and Naturalization Service‹ seiner Sache nach wie vor ganz und gar nicht sicher war:

> Mr. Farrell erklärte ganz deutlich, daß der INS gegenwärtig nicht über ausreichende Erkenntnisse verfügt, um Chaplin die Einreise in die Vereinigten Staaten zu verweigern, falls er den

Versuch unternimmt. Mr. Mackey warf ein, daß der INS natürlich in der Lage sei, Chaplin die Einreise zu erschweren, daß letztendlich aber außer Frage stünde, daß Chaplin einreisen könnte. Mr. Mackey wies darauf hin, daß – gesetzt den Fall, der INS versuche, Chaplins Einreise in die Vereinigten Staaten zu verzögern – dies hieße, daß Chaplin in Gewahrsam genommen werden müßte, und das könne den INS und das Justizministerium leicht in ihren Grundfesten erschüttern.

Mr. Farrell erklärte weiter, daß der INS zwar nicht über ausreichende Erkenntnisse verfüge, um Chaplin zurückweisen zu können, wenn er versucht, vor dem 24. Dezember 1952 wiedereinzureisen, doch hoffe der INS, nach dem neuen ›Immigration and Nationality Act‹ (Public Law 414, 82. Kongreß), der mit diesem Tage in Kraft tritt, genügend Material gegen Chaplin vorbringen zu können, um ihm die Einreise zu verweigern. Mr. Farrell äußerte die Vermutung, daß Chaplins Anwalt, wenn er schlau ist, Chaplin nahelegen könnte, vor Inkrafttreten des neuen Gesetzes in die Vereinigten Staaten zurückzukehren.

Doch Chaplin kehrte nicht zurück. Er zog es vor, sich in Europa ein neues Zuhause zu suchen. In der Folge begnügte der FBI sich im wesentlichen damit, die Presseberichte über seine Begegnungen und Aktivitäten zu verfolgen. Als er seine Wiedereinreise-Genehmigung zurückgab, war der FBI alarmiert, da man mutmaßte, daß dies »ein Versuch seinerseits sein könnte, den Eindruck zu erwecken, daß er nicht in die Vereinigten Staaten zurückkehren will, während er tatsächlich versuchen könnte, unbemerkt von den Grenzbeamten der Vereinigten Staaten einzureisen«, und die Agenten wurden zu erhöhter Wachsamkeit aufgerufen. 1954 wurde ein Brief von Frau Eisler aus Wien an Oona in der Schweiz von der Zensurbehörde der Army abgefangen und an den FBI weitergeleitet. Darin drückte Frau Eisler die Hoffnung aus, daß *Limelight* nicht nur in Österreich, sondern auch in der Sowjetunion und in China gezeigt werden könnte. 1955 spielte Charles Chaplin junior in einem deutschen Film mit, dessen englischer Titel *Yankee Business* lautete, was dem FBI zu der Vermutung Anlaß gab, daß subversive Ansichten erblich sein könnten.

1957 analysierte der FBI die Reaktion der europäischen Presse auf *A King in New York* und kam zu dem Schluß, daß »das Außenministerium in eine schwierige Lage geraten könnte. Maßnahmen des Staates zur Verhinderung der Einfuhr des Films oder eine ›Hände weg‹-Politik könnten es zur Zielscheibe der Kritik machen. Jede Kritik am Staat wäre schädlich und würde als Diskreditierung der Vereinigten Staaten den Kommunisten in die Hände spielen.«

Als Chaplin 1962 in Oxford seinen Ehrendoktor verliehen bekam, veröffentlichte die *New York Times* einen Leitartikel, in dem es hieß: »Wir glauben nicht, daß die Republik in Gefahr wäre, wenn ... [man] dem unvergeßlichen kleinen Tramp von gestern gestatten würde, in einem amerikanischen Hafen den Landungssteg herunterzuwatscheln.« Dies veranlaßte Richter McGranery offenbar, ein weiteres Mal die alte Akte anzufordern. Der Richter beklagte sich beim Verbindungsoffizier des FBI, die *Times* habe ihm unterstellt, daß er als Justizminister Chaplins Rückkehr in die Vereinigten Staaten blockiert hätte. Er sagte, daß sei einfach nicht wahr: »Er hatte darauf bestanden, daß Chaplin den gleichen Vernehmungsprozeduren unterzogen werde wie jeder andere auch, und daß er wegen seines Reichtums und seiner zweifelhaften Berühmtheit nicht bevorzugt behandelt werden dürfe.«

Neun Jahre später schickte Botschafter Davis aus Bern ein Telegramm an den Justizminister und den Stellvertretenden Außenminister, in dem er mitteilte, daß die Brandeis University Chaplin im kommenden Jahr mit einem Preis ehren wolle. Er empfahl »umgehenden Verzicht auf negative Haltung gegenüber Chaplin zur Vermeidung von schlechter Publicity für US.«

Selbst danach und nach Chaplins Besuch der Vereinigten Staaten war die FBI-Akte nicht vollständig abgeschlossen. Die letzten Dokumente beziehen sich auf den Raub von Chaplins Leichnam im Jahr 1978. Irgendwie paßt es gut, daß der Beitrag des FBI zu den Ermittlungen in einer Reihe von Interviews mit Hellsehern bestand.

V

Who's Who

AGEE, James, (1909–1955), Drehbuchautor, Schriftsteller, Dichter, Kritiker. Chaplins energischster und angesehenster amerikanischer Fürsprecher in der McCarthy-Zeit, vornehmlich in seinen *Verdoux*-Kritiken und in dem *Life*-Essay ›The Golden Age of Comedy‹. Eigene Drehbücher: *The Quiet One* (1950), *The African Queen* (1951), *The Night of the Hunter* (1955).

ALDRICH, Robert, (1918–1983), Regisseur, Regieassistent bei *Limelight.* Ebenso Assistent bei Renoir, Milestone, Wellmann, Rosson, Polanski, Losey. Erster eigener Film: *Big Leaguer* (1953); später u. a. *Kiss Me Deadly* (1955), *Whatever Happend to Baby Jane?* (1962).

ALLEN, Phyllis, Schauspielerin, *Caught in a Cabaret, A Busy Day, The Property Man, The Rounders, Dough and Dynamite, Gentlemen of Nerve, His Trysting Place, Tillie's Punctured Romance, Getting Acquainted, Pay Day.* Begann ihre Karriere beim Vaudeville und Musical; Filmdebüt 1910 bei der Selig Company. 1913–1916 Keystone; später Fox, Vitagraph.

ANDERSON, G. M., (›Broncho Billy‹) (1883–1971), erster großer Westernstar. Zwischen 1907 und 1914 machte Anderson an die 400 Einakter. Mitgründer der Essanay Company (1907), die Chaplin 1914–15 unter Vertrag nahm. Erklärter Leitspruch seiner eigenen Filme: ›Hier werden nicht die Geschichten gewechselt – nur die Pferde.‹ 1967 in *The Bounty Killer* wieder auf der Leinwand zu sehen. 1957 Ehrenoskar. Rolle in *The Champion.*

ARBUCKLE, Roscoe, (1887–1933), Schauspieler, *A Film Johnnie, Tango Tangles, His Favorite Pastime, The Knockout, The Masquerader, The Rounders.* Begann seine Karriere beim Vaudeville und Musical, Tournee mit Leon Errol. Filmdebüt 1909 bei der Selig Company. 1913 Keystone. Seine Partner in Zweiaktern waren u. a. Mabel Normand und Buster Keaton. Verdiente auf dem Höhepunkt seiner Karriere 1000 $ am Tag, wurde aber 1921 durch einen Skandal ruiniert, als die Schauspielerin Virginia Rappe im Verlauf einer Party starb, die Arbuckle im St. Francis Hotel in San Francisco gab. Versuchte in den späten zwanziger Jahren unter dem Pseudonym Will B. Goodrich ein Come-Back als Regisseur.

ARMSTRONG, Billy, (1891–?), Schauspieler, *The Champion, In the Park, The Tramp, By the Sea, Work, The Bank, Shanghaied, Police, Triple Trouble.* Begann seine Karriere in der Music Hall, bei den Karno Truppen und der Harry Tate Company. Filmdebüt 1915 bei Essanay; später Horsley, Cub Comedies, L-KO and Keystone, u. a. *Skirts* (1929).

d'ARRAST, Henri d'Abbadie, (Argentinien 1897–Frankreich 1968), zuständig für Recherchen bei *A Woman of Paris*, eine Zeitlang Chaplins Gefährte in Hollywood. Hatte eine kurze wilde Karriere als Regisseur brillanter Gesellschaftskomödien bei Paramount: *Service for Ladies, A Gentleman of Paris* (beide 1927), *Laughter* (1912), *Topaz* (1933). Zog sich nach Europa zurück.

AUDLEY, Maxine (geb. 1923 in London), Schauspielerin, *A King in New York*. Ab 1940 beim Theater; Filme ab 1947 *(Anna Karenina)*.

AUSTIN, Albert (Birmingham, England 1885–Hollywood 1953), Schauspieler, *The Floorwalker, The Fireman, The Vagabond, One A. M., The Count, The Pawnshop, Behind the Screen, The Rink, Easy Street, The Cure, The Immigrant, The Adventurer, A Dog's Life, Shoulder Arms, Sunnyside, A Day's Pleasure, The Kid, Pay Day, The Gold Rush, City Lights.* Auch Regieassistent. Frühe Karriere bei der »Musical Comedy«* und in der Music Hall; kam mit den Karno Truppen nach Amerika; zwei Jahre lang Ensemblemitglied in Denver vor seinem Filmdebüt mit Chaplin bei Mutual. Auch als Schauspieler in anderen Filmen, darunter *Suds.* Regie bei *Trouble* (1922) und *A Prince of a King* (1923), beide mit Jackie Coogan.

AYRES, Agnes (Agnes Hinkel), (Carbondale, Illinois 1896–Hollywood 1940), Schauspielerin, *His New Job.* Debüt bei Essanay. Später bekannt als ›The O. Henry Girl‹. Hauptrollen in *The Sheik* (1921), *The Ten Commandments* (1924), *Son of the Sheik* (1926).

BACON, Lloyd, (1889–1955), Regisseur, Schauspieler in *The Champion, In the Park, A Jitney Elopement, The Tramp, The Bank, The Floorwalker, The Fireman, The Vagabond, Behind the Screen, The Rink, Easy Street.* Debüt als Regisseur 1921 bei Mack Sennett. Spätere Filme u. a. *The Singing Fool* (1928), *Forty-Second Street* (1933), *A Slight Case of Murder* (1937), *The French Line* (1954).

BAKER, Nellie Bly, (geb. 1894), Schauspielerin, *The Kid, A Woman of Paris.* Ursprünglich als Sekretärin in Chaplins Studio beschäftigt (in *How To Make Movies* sieht man, wie sie Chaplin die Morgenzeitung bringt); ihre Auftritte in Chaplins Filmen führten zu einer Karriere als Charakterdarstellerin während der zwanziger Jahre, u. a. in Sternbergs *The Salvation Hunters.*

BARTON, Ralph, (1891–1931), Maler und Illustrator. Berichtete für die englische Zeitschrift *Puck* in Bildern über den Ersten Weltkrieg, entwickelte dann aber eine pathologische Abneigung gegen alles Britische. Illustrierte *Gentlemen Prefer Blondes* und *Contes Drolatiques;* viele Karikaturen in: *New Yorker, Vanity Fair, Liberty, Harpers.*

* eine speziell angelsächsische Form des Singspiels mit normal gesprochenem Dialog und musikalischen Verseinlagen; Dialog, Handlung und Musik stehen nebeneinander (Anm. d. Ü.)

Begleitete Chaplin – den er für die ›größte lebende Persönlichkeit‹ hielt – auf dem ersten Abschnitt seiner Weltreise im Jahr 1931, kehrte aber nach New York zurück und beging Selbstmord. In seinem Abschiedsbrief trauerte er um ›die wunderschöne verlorene Carlotta‹ (Monterey); aber Eugene O'Neill, der mit Carlotta verheiratet war, erklärte den Reportern: ›Ich habe Barton nie in meinem Leben gesehen. Mrs. O'Neill hat ihn seit fünf Jahren nicht gesehen. Er hat keinerlei Versuch unternommen, mit ihr in Kontakt zu treten.‹ Barton war viermal verheiratet.

BAUMANN, Charles O., zusammen mit Adam Kessel Begründer von Keystone. War Buchmacher, Kinobesitzer, Produzent seit dem Jahr 1909, in dem er (mit Kessel) die New York Motion Picture Company gründete.

BELL, Monta, (1891–1958), Regisseur. Half Chaplin beim Schreiben von *My Trip Abroad* und war Redakteur und Dramaturg bei *A Woman of Paris.* Arbeitete zunächst als Reporter bei der *Washington Post;* war Ensemblespieler. Debüt als Regisseur bei *The Snob* (1925); spätere Filme u.a. *The King on Main Street* (1925), *The Torrent* (1926), *China's Little Devils* (1945).

BENNETT,Marjorie, (gest. 1982 in Hollywood), Schauspielerin, *Monsieur Verdoux, Limelight.* Schwester von Enid Bennett (gest. 1969), lange Zeit als Charakterdarstellerin in Hollywood tätig.

BERGMAN,Henry, (1868–1946, Hollywood), Schauspieler, *The Pawnshop, Behind the Screen, The Rink, Easy Street, The Cure, The Immigrant, The Adventurer, A Dog's Life, The Bond, Shoulder Arms, Sunnyside, A Day's Pleasure, The Kid, The Idle Class, Pay Day, The Pilgrim, The Gold Rush, The Circus, City Lights, Modern Times.* Koordination bei *The Great Dictator.* Ursprünglich bei der Opern- und Musikbühne; Filme ab 1914 (Henry Lehrman's L-KO Company). Arbeitete ab 1916 ausschließlich in den Chaplin-Studios, als Schauspieler und Assistent. Außerdem Besitzer des Hollywooder Restaurants ›Henry's‹.

BLOOM, Claire, (geb. 1931), Schauspielerin, *Limelight.* Ausbildung an den Guildhall Schools of Speech and Drama und der Central School of Speech Training. Ab 1946 bei der Bühne: *Ring Round the Moon* (1950); etliche Spielzeiten am Old Vic. Filme ab 1948 *(The Blind Goddess),* u. a. auch *Look Back in Anger* (1959), viele Filme in USA und in Europa unter der Regie von Krzysztof Zanussi. Autobiographie *Limelight and After*, 1982.

BODIE, ›Dr.‹ Walford, (1870–1939), Music Hall Künstler, anfangs Bauchredner, später trat er als ›elektrischer‹ Wunderheiler für alle Gebrechen auf. Chaplin imitierte ihn auf seinen Tourneen mit *Casey's Court Circus.*

BRANDO, Marlon (geb. 1924), Schauspieler, *A Countess From Hong Kong.* Studierte Malerei, arbeitete als Liftboy; 1943 bei Stella Adler's ›Dramatic Workshop‹; Sommerensemble 1944; 1944 Broadway *(I Remember Mama)*; Filme ab 1950.

Bruce, Nigel, (1895–1953), Schauspieler, *Limelight.* Ab 1920 bei der Bühne (in England); Filme ab 1930. Als in den USA geborener Sohn englischer Eltern spezialisierte er sich auf urtypische englische Charaktere. Seine berühmteste Leinwandrolle war die des Doktor Watson in zahlreichen *Sherlock Holmes* Filmen – eine Tatsache, die ihn zweifellos für Chaplin interessant machte.

Bryan, Vincent (1877–?), Schriftsteller, arbeitete bei Essanay und Mutual mit Chaplin zusammen. Frühe Karriere beim Theater als Autor von Theaterstücken, Vaudeville-Sketchen und Liedern. Begann seine Filmlaufbahn bei Keystone; arbeitete später für Goldwyn.

Burkan, Nathan, berühmter Anwalt der Filmindustrie. Vertrat Chaplins rechtliche Interessen von seiner Ankunft in Hollywood an.

Burke, Thomas, (1886–1945, London), Romanschriftsteller und Essayist. Ihre gemeinsame Süd-Londoner Herkunft und wechselseitige Bewunderung brachte Burke und Chaplin zusammen; aus dieser Freundschaft heraus entstand Burkes bemerkenswerte Studie über Chaplin: *A Comedian*, in *City of Encounters.* Die bekannteste Verfilmung einer Geschichte von Burke war D. W. Griffiths *Broken Blossoms* nach *The Chink and the Child.*

Campbell, Eric, (1880–1917), Schauspieler, *The Floorwalker, The Fireman, The Vagabond, The Count, The Pawnshop, Behind the Screen, The Rink, Easy Street, The Cure, The Immigrant, The Adventurer.* Frühe Karriere bei der D'Oyly Carte Company und der Karno Company. Trat, bevor er nach Hollywood kam, in London und New York in Filmen auf.

Cargill, Patrick, (geb. 1918), Schauspieler, *A Countess From Hong Kong.* Ausbildung in Sandhurst, Dienst in der Indischen Armee, Repertoiretheater ab 1939. West End-Debüt in der Revue *High Spirits* (1953). Filme ab 1952.

Carroll, Paul Vincent, (1900–1968), Bühnenautor. Autor von *Shadow and Substance* (1934), das Chaplin verfilmen wollte.

Chaplin, Albert, jüngerer Bruder von Charles Chaplin senior. Wanderte vor 1900 nach Südafrika aus, wo er zu beträchtlichem Wohlstand kam und eine große Familie aufzog. Zahlte die Bestattungskosten für Charles Chaplin senior.

Chaplin, Annette Emily, (geb. 1959), Chaplins jüngste Tochter. Hatte 1984 ihr Debüt als Filmschauspielerin in *A Sense of Wonder.*

Chaplin, Aubrey, (1889–1932), Chaplins Cousin, Sohn von Charles Chaplin seniors älterem Bruder Spencer. Wurde nach dem Tod des Vaters jüngster Schankwirt Londons. Vater von Betty und Pauline Chaplin.

CHAPLIN, Betty, (May), Tochter von Aubrey Chaplin. Wanderte 1939 in die USA aus und heiratete dort Drew Tetrick, Kostümbildner bei Chaplins späteren Filmen.

CHAPLIN, Charles, senior, (1863–1901), Vater von Charles Chaplin. Siehe Kapitel 1, *passim.*

CHAPLIN, Charles Spencer, Junior, (1925–1968), Chaplins älterer Sohn aus zweiter Ehe. Bei der Mutter, Lita Grey, aufgewachsen, hatte aber in seiner Kindheit und Jugend zunehmend Kontakt mit seinem Vater. Armee; unbedeutende Bühnen- und Filmkarriere. Trat in *Limelight* auf. Schrieb *My Father, Charlie Chaplin* (1960) in Zusammenarbeit mit N. und M. Rau.

CHAPLIN, Christopher James, (geb. 1962), Chaplins jüngster Sohn. Begabter Musiker; hatte 1984 sein Debüt als Filmschauspieler in *Where is Parsifal?*

CHAPLIN, Eugene Anthony, (geb. 1953), Chaplins zweiter Sohn und sein fünftes Kind aus seiner Ehe mit Oona O'Neill. Arbeitete als Toningenieur in Montreux, lebt in Vevey.

CHAPLIN, Geraldine Leigh, (geb. 1944), erstes Kind aus Chaplins Ehe mit Oona O'Neill. Erster Filmauftritt in *Limelight.* Trat in der Ballsaal-Szene in *A Countess From Hong Kong* auf. Royal Ballett School und Bühnenerfahrung als Tänzerin. 1965 Filmdebüt als Erwachsene in *Par un beau matin d'été*, Regie Jacques Deray. Es folgten viele Filme, darunter *Doktor Schiwago* und Werke von Carlos Saura und Robert Altman.

CHAPLIN, Hannah Harriett Pedlingham, geborene Hill (1865–1928), Chaplins Mutter. Siehe Kapitel 1, 2, 3, *passim.*

CHAPLIN, Jane Cecil, (geb. 1957), Chaplins sechstes Kind und seine vierte Tochter aus der Ehe mit Oona O'Neill. Experimental-Filmemacherin.

CHAPLIN, Josephine Hannah, (geb. 1949), Chaplins zweite Tochter. Trat als Kind in *Limelight* auf. Als Erwachsene Arbeit bei Bühne, Film und Fernsehen.

CHAPLIN, Lita Grey, (Lillita McMurray), (geb. 1908), Chaplins zweite Frau (Ehe geschieden) und Mutter von Charles Spencer und Sydney Earle Chaplin. Siehe Kapitel 10, 11 *passim.*

CHAPLIN, Michael John, (geb. 1944), erster Sohn von Chaplin und Oona O'Neill. Trat in *Limelight* und *A King in New York* auf. War später bei der Royal Academy of Dramatic Art, arbeitete als Pop-Musiker und Schauspieler. Betreibt jetzt eigenen landwirtschaftlichen Kleinbetrieb in Frankreich.

CHAPLIN, Mildred Harris, (1901–1944), Kinderdarstellerin ab 1910; soll in der Babylonischen Sequenz in *Intolerance* aufgetreten sein. Ihre Karriere blühte aufgrund der Publicity, die ihr durch ihre Ehe mit Chaplin im Oktober 1918 zuteil wurde, und sie schloß einen Vertrag mit Louis B. Mayer ab, mit dem sie in *The Warrens of Virginia* zusammengearbeitet hatte (1918). Nach der Scheidung von Chaplin nahm ihre Popularität rapide ab, obwohl sie in über fünfzig Filmen auftrat, der letzte war *Lady Tubby* von Alan Crosland (1933). De Mille setzte sie neben anderen seiner ehemaligen Stars in *Reap The Wild Wind* (1942) ein. Später trat sie im Vaudeville und in Nachtclubs auf. Sie starb nach einer Operation an einer Lungenentzündung.

CHAPLIN, Norman Spencer, (Geburt und Tod im Juli 1919), Chaplins erstes Kind von Mildred Harris, das stark behindert zur Welt kam und nur drei Tage überlebte.

CHAPLIN, Oona O'Neill, (geb. 1926), Chaplins vierte Frau. Tochter von Eugene O'Neill. Siehe Kapitel 16 ff.

CHAPLIN, Paulette Goddard, (Pauline Levy), (geb. 1911), Schauspielerin, *Modern Times, The Great Dictator*. Chaplins dritte Ehefrau (1936). Bei der Bühne ab 1927 (im Chor bei *Rio Rita*); arbeitete nach der Scheidung von Chaplin bis 1966 *(Time of Indifference)* beim Film. War mit Erich Maria Remarque (1898–1970) verheiratet. Siehe Kapitel 14 und 15, *passim*.

CHAPLIN, Pauline, (Pauline Mason), (geb. 1928), jüngstes Kind von Aubrey Chaplin (siehe oben) von seiner zweiten Frau Louise Ella Orton. Als Schankwirtin des Prince of Wales, Circus Road 11, NW 8, vertrat sie die vierte Chaplin-Generation als Wirte Londoner Pubs.

CHAPLIN, Spencer, (1834–1897), Chaplins Großvater. Arbeitete zunächst als Metzger, wurde dann aber Gastwirt. Siehe Kapitel 1.

CHAPLIN, Spencer William Tunstill, (1855–1900), Bruder von Charles Chaplin Senior und Onkel von Charles Chaplin. Gastwirt, vornehmlich von The Queen's Head. Siehe Kapitel 1.

CHAPLIN, Sydney, (1885–1965), Chaplins Halbbruder. Siehe Text, *passim*. Filme mit Chaplin: *A Dog's Life, The Bond, Shoulder Arms, Pay Day, The Pilgrim*. Andere Filme: *Gussle the Golfer* (1914), *Gussle's Day of Rest* (1914), *Gussle Rivals Jonah* (1915), *Gussle's Backward Way* (1915), *Gussle Tied to Trouble* (1915), *Submarine Pilot* (1915), *That Springtime Feeling* (1915), *Giddy, Gay and Ticklish* (1915), *Hushing the Scandal* (1915), *No Mother to Guide Him* (1919), *King, Queen, Joker* (1921), *Her Temporary Husband* (1923), *The Rendezvous* (1923), *The Perfect Flapper* (1924), *Galloping Fish* (1924), *The Man and the Box* (1925), *Oh! What a Nurse* (1926), *The Fortune Hunter* (1927), *The Missing Link* (1927), *A Little Bit of Fluff* (1928).

CHAPLIN, Sydney Earle, (geb. 1926), Chaplins zweiter Sohn von Lita Grey. Schauspie-

Mabel Normand

Edna Purviance

Mildred Harris-Chaplin

Lita Grey-Chaplin

Pola Negri

Georgia Hale

Paulette Goddard-Chaplin

Oona O'Neill-Chaplin

ler, *Limelight, A Countess From Hong Kong.* Arbeit bei Bühne und Film; jetzt im Ruhestand.

CHAPLIN, Victoria, (geb. 1951), Chaplins dritte Tochter. Sollte Hauptrolle in Chaplins letztem, nicht realisierten Filmprojekt *The Freak* spielen. Gründete und betreibt zusammen mit ihrem Ehemann Jean-Baptiste Thierrée ›Le Cirque Imaginaire‹. Trat in *A Countess From Hong Kong* als Ballsaaltänzerin auf.

CHASE, Charley, (Charles Parrott), (1895–1940), Schauspieler, *The Knockout, Mabel's Busy Day, The Masquerader, His New Profession, The Rounders, Dough and Dynamite, Gentlemen of Nerve, His Musical Career, Tillie's Punctured Romance.* Frühe Karriere im Vaudeville und in Burlesken als Irischer Monologist. Filmdebüt 1914 bei Keystone. Spielte, schrieb und führte Regie bei Hunderten von Zweiaktern für Keystone, Roach (Laurel and Hardy Filme) und Columbia.

CHERRILL, Virginia, (Virginia Cherrill Martini), (geb. 1908), Schauspielerin, *City Lights.* Vorher Karriere in der Chicagoer High Society. Spätere Filme u. a. *Charlie Chan's Latest Case* (1933), *White Heat* (1934), *Troubled Waters* (1935). U. a. verheiratet mit Irving Adler, William Rhinelander Steward, Cary Grant, Earl of Jersey.

CLINE, Edward, (1892–1961), Schauspieler, *The Knockout.* Bühne, dann Schauspieler und Gagspezialist bei Sennett. Später bekannter Regisseur von Komödien, u. a. *Sherlock Junior* (Buster Keaton) und etliche Filme mit W. C. Fields.

CODD, Elsie, Chaplins Pressesprecherin für England von 1918 bis in die frühen zwanziger Jahre. Erscheint als Statistin in *The Kid.* Hatte ihr Büro anscheinend in der Eastern Road 264 in Kemp Town, Brighton. »Die Britische Presse sollte sich auf mich, als einzige Pressesprecherin für Chaplin für dieses Land, verlassen«, schrieb sie, »da ich über die einzigen wahren und vertrauenswürdigen Informationen über ihn und sein Werk verfüge – die ich direkt von seinem Studio erhalte.«

CONKLIN, Chester, (Jules Cowles), (1888–1971), Schauspieler, *Making a Living, Mabel's Strange Predicament, Between Showers, Tango Tangles, Cruel, Cruel Love, Mabel at the Wheel, Twenty Minutes of Love, Caught in a Cabaret, Mabel's Busy Day, The Face on the Bar Room Floor, The Masquerader, Those Love Pangs, Dough and Dynamite, Gentlemen of Nerve, Modern Times, The Great Dictator.* Arbeitete zunächst als Zirkus-Clown, beim Vaudeville und bei festen und Wanderensembles. Filmdebüt bei der Majestic Company um 1913; ab 1913 bei Keystone; zahllose Kurzfilme. Blieb beim Film bis 1967 *(Big Hand for a Little Lady).*

CONKLIN, Heini, (oder Charles), (1880–1959), Schauspieler, *Modern Times.* Filmdebüt bei Keystone; einer der originalen Keystone Kops. Später Mitwirkung in vielen abendfüllenden Stummfilmen.

Coogan, Jackie, (1914–1984), Kinderdarsteller, *The Kid.* Von Chaplin entdeckt bei einem Auftritt in einer Vaudeville-Nummer seines Vaters. (Siehe Kapitel 7, *passim*).

Cooke, Alfred Alistair, (geb. 1908), Journalist, Rundfunkredakteur, Filmkritiker. Arbeitete mit Chaplin am Napoleon-Skript. Siehe Seite 548 ff.

Courant, Curt (oder Kurt), Kameramann, *Monsieur Verdoux.* In Deutschland geboren und ab 1920 dort tätig (u. a. bei Fritz Lang), ab 1933 in England, ab 1937 in Frankreich (bei Jean Renoir, Max Ophüls).

Crocker, Harry, (1895–1958), Schauspieler, Regieassistent, *The Circus, City Lights.* Später Chaplins Pressesprecher. Sohn aus einer bekannten Bankiersfamilie aus San Francisco, schlug Filmlaufbahn ein. Gehörte zum San Simeon-Zirkel, schrieb auch Kolumnen für die Hearst Presse.

Daniell, Henry, (1894–1963), Schauspieler, *The Great Dictator.* Zunächst bei der Bühne, ab 1929 Filme, darunter *Camille* von Cukor, mit Greta Garbo. Letzter Auftritt im Film 1964 in *My Fair Lady.*

Davenport, Alice, Schauspielerin, *Making a Living, Mabel's Strange Predicament, Cruel, Cruel Love, The Star Boarder, Caught in a Cabaret, Caught in the Rain, The Property Man, Gentlemen of Nerve, Tillie's Punctured Romance.* Schon als Kind auf der Bühne; Filme ab 1911 (Nestor), mit ihrer Tochter Dorothy D. Mitglied der ursprünglichen Keystone Company, 1912. Später bei Fox, Sunshine Comedies.

Davies, Marion, (1897–1961), Schauspielerin, Komikerin und langjährige Geliebte von William Randolph Hearst. Über viele Jahre mit Chaplin befreundet, der einen Gastauftritt in einem ihrer Filme, *Show People*, hatte, bei dem King Vidor, ein anderer Freund von ihm, Regie führte.

De Haven, Carter, (1886–?). Lange Zeit beim Vaudeville zusammen mit seiner Frau Flora. Filme ab 1915 bis in die frühen zwanziger Jahre. Vater der Schauspielerin Gloria De Haven.

Delluc, Louis, (1890–1942), französischer Filmkritiker der ersten Stunde und Autor der ersten ernsthaften Würdigung Chaplins in Buchlänge, *Charlot* (1921). Nach ihm ist der begehrte *Prix Delluc* benannt.

Desmonde, Jerry, (James Robert Sadler), (1908–1967), Schauspieler, *A King in New York.* Varietéerfahrung, insbesondere als nüchterner Gegenspieler von Komikern wie Sid Field und Norman Wisdom. Filme ab 1946 *(London Town).*

Doro, Marie, (1882–1956), Schauspielerin, spielte die Hauptrolle der Alice Faulkner in Gillettes 1905 am Duke of York's Theatre in London produzierten Stück *Sherlock*

Holmes. Der heranwachsende Chaplin verehrte sie aus der Ferne; Jahre später, als er in Hollywood ein Star war, traf er sie wieder. 1916, als sie bei Jesse L. Lasky Feature Play Company arbeitete, war Chaplin bei einer Haus-Einweihungsfeier bei Miss Doro und ihrem Ehemann Elliott Dexter zu Gast und überreichte ihr eine Miniaturfilmkamera, die er eigens hatte anfertigen lassen.

Dressler, Marie, (Leila Koerber), (1869–1934), Schauspielerin, *Tillie's Punctured Romance.* Bühnenkarriere beim Vaudeville und in Musicals; vornehmlich *Tillie's Nightmare.* Als sie auf der Bühne nicht mehr so erfolreich war, kehrte sie zum Film zurück und konnte einzelne Erfolge verbuchen (*Let us be Gay, Anna Christie*, 1922), zur Zeit ihres Todes war sie einer von Hollywoods größten Kassenmagneten.

Dryden,Leo, (George Dryden Wheeler), (1863–1939), Music Hall-Star und Vater von Chaplins Halbbruder Wheeler Dryden. Als Spezialist für feurige patriotische und imperialistische Balladen war er in den frühen neunziger Jahren des letzten Jahrhunderts vor allem mit ›The Miner's Dream of Home‹ außerordentlich erfolgreich.

Dryden, Wheeler, (1892–1957), Chaplins Halbbruder, Sohn von Leo Dryden und Hannah Chaplin. Als Baby von Dryden seiner Mutter entrissen und offenbar in Indien aufgewachsen. Er tauchte um 1918 herum wieder im Leben der Chaplin-Brüder auf und erhielt finanzielle Unterstützung vom Studio, obwohl er seine eigene Karriere als Schauspieler und (gelegentlicher) Stückeschreiber hatte. Unterstützte Sydney Chaplin bei seinen Versuchen in den späten zwanziger Jahren, eine eigene Film-Gesellschaft in England zu gründen. Kam als Regieassistent bei *The Great Dictator* ins Chaplin-Studio und blieb dort, bis Chaplin im Jahr 1952 die USA verließ. Litt in seinen letzten Jahren unter FBI-Verfolgungswahn.

Durfee, Minta, (1897–1975, Los Angeles), Schauspielerin, *Making a Living, A Film Johnnie, Tango Tangles, Cruel, Cruel Love, The Star Boarder, Twenty Minutes of Love, Caught in a Cabaret, The Knockout, The Masquerader, His New Profession, The Rounders, The New Janitor, Tillie's Punctured Romance.* Musical, Vaudeville, Theaterensemble. Von 1913–1916 bei Keystone. Verheiratet mit Roscoe Arbuckle. Betrieb nach Rückzug von der Bühne ein Kleidergeschäft in Hollywood.

Epstein, Jerry, Chaplins enger Vertrauter von *Limelight* an. Erste Begegnung mit Chaplin als Betreiber des Hollywooder Theaters, The Circle, in Zusammenarbeit mit Sydney Earle Chaplin; Chaplin führte dort bei einigen Produktionen Regie. Regieassistent bei *Limelight;* Produktionsassistent bei *A King in New York* und Produzent von *A Countess From Hong Kong.* Regisseur von *The Adding Machine.*

Fairbanks, Douglas, (Elton Thomas Ullman), (1883–1939), Amerikas Renommierstar der zehner und zwanziger Jahre. Verheiratet mit Mary Pickford; mit Pickford, Chaplin und D. W. Griffith Mitbegründer der United Artists. Im hohen Alter sagte Chaplin, daß Fairbanks der einzige enge Freund war, den er je hatte.

Fiske, Minnie Maddern, (1865–1932), eine der anerkanntesten amerikanischen Bühnenschauspielerinnen des beginnenden zwanzigsten Jahrhunderts. Mrs. Fiske hatte ihr Debüt als Dreijährige. Ihr 1916 im *Harpers* erschienener Artikel ›The Art of Charlie Chaplin‹ trug viel dazu bei, daß Chaplin als ernstzunehmender Künstler anerkannt wurde.

Florey, Robert, (1900–1979), französischer Cineast und leidenschaftlicher Bewunderer Hollywoods und Chaplins. Schrieb 1927 als Artikelserie eine Monographie über Chaplin *Les Grands Artistes de l'Ecran.* Arbeitete später als Regieassistent für Sternberg, King Vidor u. a. Er lernte Chaplin persönlich kennen und wurde sein Regieassistent bei *Monsieur Verdoux.* Florey führte Regie bei zwei Horrorklassikern: *The Beast With Five Fingers* und *Murders in the Rue Morgue.*

Gardiner, Reginald, (1903–1980), Schauspieler, *The Great Dictator.* Entschloß sich als ausgebildeter Architekt zum Studium an der Royal Academy of Dramatic Art. Theaterdebüt in London; Filmdebüt 1936 in *Born to Dance.* War später erfolgreicher Charakterdarsteller in amerikanischen Filmen, in denen er dämliche Engländer spielte. In den fünfziger und sechziger Jahren kehrte er zur Bühne zurück und spielte Doolittle in der Broadway-Produktion von *My Fair Lady.*

Gillette, William C., (1855–1937), Schauspieler und Bühnenautor, bekannt für seinen zurückhaltenden und komischen Stil. Seine berühmteste Rolle war die des *Sherlock Holmes*, den er 1905 wieder auf die Bühne brachte (Duke of York's Theatre) mit Chaplin in der Rolle des Billy.

Goddard, Paulette, siehe Chaplin, Paulette.

Goodwins, Fred, (1891–?), Schauspieler, *A Night Out, A Jitney Elopement, The Tramp, The Bank, Shanghaied, A Night in The Show, Police.* Journalist, dann bei der Bühne mit George Alexander und Charles Frohman. Beim Film bei Edison, Imp und Horsley. Fungierte auch als inoffizieller Pressesprecher Chaplins bei Essanay.

Gould, Florence, (1895–1983), amerikanische Philanthropin, Kunstmäzenin, Gastgeberin an der Riviera und Sammlerin. Ehefrau von Frank J. Gould. Nahm Chaplin, als er sich 1931 auf Weltreise befand, gastlich in Nizza auf, wo die Goulds das Hotel Majestic besaßen.

Gould, Frank J., (gest. 1956), amerikanischer Millionär, Sohn des Eisenbahn-Königs George J. Gould, Begründer des ›Gould System‹ der Eisenbahnen im Südwesten Amerikas. Amateurarchäologe, Hotelbesitzer und Gastgeber an der Riviera. U. a. verheiratet mit Edith Kelly, Schwester von Hetty und Arthur Kelly (siehe unten) und Florence Gould (siehe oben).

Grey, Lita, siehe Chaplin, Lita Grey.

GRIFFITH, Gordon, (1906–1958), Kinderdarsteller bei Keystone, *Kid Auto Races, The Star Boarder, Twenty Minutes of Love, Caught in a Cabaret, Tillie's Punctured Romance.* Im Alter von einem Jahr mit Mutter Katherine G. auf der Bühne. Blieb beim Kino bis 1926: Auftritte u. a. in *Tarzan of the Apes, Huckleberry Finn, Little Annie Rooney.* Später Regieassistent bei Monogram Pictures und Produktionsleiter bei *The Jolson Story.*

HALE, Georgia, (1906–?), Schauspielerin, *The Gold Rush.* Kam nach Hollywood, nachdem sie einen Schönheitswettbewerb gewonnen hatte. Arbeitete als Statistin, bis von Sternberg sie zum Star in seinem Film *The Salvation Hunters* machte (1924). Blieb bis 1928 beim Film (*The Last Moment* von Paul Fejös). Arbeitete dann als Tanzlehrerin. Bis 1943 mit Unterbrechungen eng mit Chaplin befreundet.

HALL, Charles D., (1899–1959), Ausstatter der Chaplin Studios bei den First National Filmen, *The Gold Rush, The Circus, City Lights, Modern Times.* Arbeitete zuvor bei den Karno Truppen. Unter seinen späteren Filmen waren Werke von James Whale, darunter *The Bride of Frankenstein* und *Showboat.* Blieb beim Film bis 1951 (*The Vicious Years* von Robert Florey).

HARRINGTON, Tom, Chaplins Kammerdiener und Sekretär in seinen Junggesellenjahren in Hollywood.

HARRIS, Mildred, siehe CHAPLIN, Mildred Harris.

HEDREN, Tippi, (Nathalie Hedren), (geb. 1935), Schauspielerin, *A Countess From Hong Kong.* Am bekanntesten für ihre Rollen in Hitchcocks *The Birds* und *Marnie.* 1981 machte sie den Film *Roar*, aufbauend auf Erfahrungen, die ihr Mann und ihre Familie im Zusammenleben mit wilden Tieren machten.

HILL, Charles Frederick, (geb. ca. 1839), Chaplins Großvater mütterlicherseits, Schuhmacher. Siehe 1. Kapitel, *passim.*

HILL, Kate (1870–1916), Chaplins Tante mütterlicherseits. Siehe 1. und 5. Kapitel, *passim.*

HILL, Mary Ann, (ca. 1839–1892), Chaplins Großmutter mütterlicherseits. Siehe 1. Kapitel, *passim.*

HORNE, Sir Alan Edgar, (1889–1984), 2. Baronet, 1939 ernannt, wurde 1941 Nachfolger seines Vaters Sir Edgar Horne. Mann von Henrietta Florence (Hetty) Kelly (s. u.), die er 1915 heiratete, als er Captain in der Surrey Yeomanry war.

INCE, Thomas H., (1882–1924), herausragender Produzent im frühen Hollywood, der die Methoden der Filmherstellung systematisierte und die allgemeine Benutzung des

Drehbuchs einführte. Starb unter mysteriösen Umständen nach einem Ausflug auf W. R. Hearsts Jacht. In den Gerüchten um diesen Vorfall tauchte Chaplins Name neben anderen immer wieder auf.

JACKSON, John William, Gründer und Leiter der Eight Lancashire Lads. Ehemaliger Lehrer. Siehe 2. Kapitel, *passim*.

JAMES, Dan, (geb. 1911), Assistent bei *The Great Dictator.* Universitätsausbildung in Yale. Arbeitete zunächst in Familienunternehmen im Porzellanimport, interessierte sich dann zunehmend für linke Politik. Schrieb *Winter Soldiers* (1942), *Bloomer Girl* (1944). Während er auf der Schwarzen Liste stand, arbeitete er als ›Daniel Hyatt‹ bei den Drehbüchern für *The Giant Behemoth* und *Gorgo* mit. 1983 veröffentlichte er den mit einem Preis ausgezeichneten Roman *All Over Town* – inspiriert durch seine Erfahrungen als freiwilliger Sozialarbeiter bei *Chicanos* in Ost-Los Angeles – unter dem Pseudonym ›Danny Santiago‹.

JAMES, Sidney, (1913–1976), Schauspieler, *A King in New York.* Kam 1946 aus Südafrika nach England und etablierte sich rasch als populärer Komiker. Seine Spezialität waren Cockney-Figuren und Amerikaner. Verbuchte seinen größten Erfolg mit der Filmserie *Carry On.*

JAMISON (oder JAMIESON), Bud (William), (1894–1944), Schauspieler, *His New Job, A Night Out, The Champion, In the Park, A Jitney Elopement, By the Sea, The Bank, Shanghaied, A Night in the Show, Charlie Chaplin's Burlesque on Carmen, Police.* Bevor er zu Essanay und Chaplin stieß, war er Café-Unterhalter. Arbeitete bis 1940 beim Film *(Captain Caution).*

JOHNSTON, Oliver, (1889–1966), Schauspieler, *A King in New York, A Countess From Hong Kong.* Sohn des Produzenten und Schauspielers Herbert Jenner, Ausbildung in der Royal Academy of Dramatic Art. Begann Bühnenkarriere im Jahr 1910, zog sich 1947 zurück, kam aber 1951 wieder, spielte auch im Fernsehen, u. a. in der frühen Serie *The Grove Family.*

KARNO, Fred, (1886–1941), Music Hall-Künstler, Produzent und Manager. Siehe 3. Kapitel, *passim*.

KARNO, Fred, junior, Sohn von Fred Karno. Begleitete Chaplin auf Karno-Tourneen in den Vereinigten Staaten. Spielte später bei *The Gold Rush* und *Monsieur Verdoux* mit.

KEATON, Joseph Francis (Buster), (1896–1966), einer der größten Komiker des Stummfilms. Arbeitete, seit frühester Kindheit, jahrelang beim Vaudeville und kam 1917 zum Film. Frühe Kurzfilme mit Roscoe Arbuckle, dann selbst Star seiner eigenen Filme. Nach einer Reihe brillanter Langfilm-Komödien in den zwanziger Jahren ging es als Folge der neuen Erfordernisse des Tonfilms mit seiner Karriere bergab. Mit seinem Auftritt in *Limelight* waren die beiden genialsten Komiker des zwanzigsten Jahrhunderts zum ersten und letzten Mal gemeinsam auf der Leinwand zu sehen. Spielte zuletzt in einem Sketch nach Samuel Beckett.

Kelley, James T., Schauspieler, *A Night in the Show, Police, The Floorwalker, The Fireman, The Vagabond, The Count, The Pawnshop, Behind the Screen, The Rink, The Cure, The Immigrant, A Dog's Life.* Gebürtiger Ire, Theater- und Vaudeville-Veteran, der in Chaplin-Filmen stets ältere, klapprige Rollen spielte. Arbeitete auch bei Universal, Rolin und Roach.

Kelly, Arthur, (1890–1955), Bruder von Hetty Kelly und Chaplins Bevollmächtigter bei United Artists. Begann seine Karriere mit einundzwanzig, als er in den USA in die Firma J. Gould Enterprises eintrat (Gould hatte Hetty Kellys Schwester Edith geheiratet). Im Ersten Weltkrieg Major einer britischen Panzereinheit, danach wurde er Schatzmeister von United Artists. 1924 Leiter des Auslandsvertriebs von UA, danach für Inlandsvertrieb zuständig. 1944 Vizepräsident und US-Vertreter von Eagle Lion Pictures. Kehrte 1947 wieder zu UA zurück und wurde geschäftsführender Vizepräsident. Trat 1950 zurück, um eigene Fernsehgesellschaft zu gründen.

Kelly, Henrietta Florence (Hetty), (1893–1918), Chaplins erste Liebe. Heiratete später Alan Edgar Horne (s. o.). Siehe 3. und 8. Kapitel, *passim.*

Kennedy, Edgar, (1890–1948), Schauspieler, *The Star Boarder, Twenty Minutes of Love, Caught in a Cabaret, The Knockout, Mabel's Busy Day, Those Love Pangs, Dough and Dynamite, Gentlemen of Nerve, Tillie's Punctured Romance, Getting Acquainted.* Vaudeville und *Musical Comedy*, ab 1914 Filme (bei Keystone). Gilt als Erfinder des ›slow burn‹, wurde später, vornehmlich in Ton-Kurzfilmen, selbst Starkomiker. Zu seinen späteren Filmen zählen *Duck Soup* und *A Star is Born.*

Kennedy, Merna, (1908–1944), Schauspielerin, *The Circus.* Von Kindheit an arbeitete sie als Tänzerin in *Musical Comedies.* Zu ihren späteren Filmen zählen *King of Jazz* und *Broadway.* Letzter Film: *I Like It that Way* (1934).

Kessel, Adam, Junior. Zusammen mit Charles O. Baumann (s. o.) Mitbegründer der New York Motion Picture Company und ihrer Tochtergesellschaft Keystone Film Company.

Knoblock, Edward (Edward Knoblauch), (1874–1945), Schauspieler, später Bühnen- und Drehbuchautor. Nahm die britische Staatsbürgerschaft an. Lernte Chaplin über Fairbanks kennen und war 1921 während Chaplins Besuch in London. Auftritt als Statist in *The Idle Class.*

KONO, Toraichi, (1888–19?), Chaplins Kammerdiener und allgemeiner Assistent von 1916 bis 1934. Wanderte ca. 1906 in die Vereinigten Staaten aus. Auftritte in *The Adventurer* und *The Circus.* Nachdem er bei Chaplin den Dienst quittiert hatte, arbeitete er kurzzeitig im Tokioter Büro von United Artists.

LAUDER, Sir Harry, (1870–1950), großer schottischer Star der britischen Music Halls. Besuchte 1918 Chaplins Studio und drehte einen Film mit Chaplin, der Geld für Lauders Kriegs-Wohltätigkeitsfonds einbringen sollte.

LAUREL, Stan, (1895–1965), schuf die Rolle des *Jimmy the Fearless*, die später von Chaplin übernommen wurde. Mitglied der Karno Company. Begleitete Chaplin auf den Karno-Tourneen durch die Vereinigten Staaten 1910 und 1912. Ab 1917 als eigenständiger Star beim Film. Ab 1926 Partner von Oliver Hardy. In der Vaudeville-Zeit imitierte er Chaplin im ›Keystone Trio‹.

LEHRMAN, Henry (von D.W. Griffith erhielt er den Spitznamen ›Pathé‹), (1886–1946), Regisseur, *Making a Living, Kid Auto Races at Venice, Mabel's Strange Predicament, Between Showers.* Ursprünglich Straßenbahnschaffner, dann Regisseur bei Biograph, Imp, Kinemacolor, Keystone, Sterling, L-KO (Lehrman-Knockout). Arbeitete bis 1929 als Regisseur *(New Year's Eve)*, anschließend als Schriftsteller. War Verlobter von Virginia Rappe, deren Tod im Verlauf einer Party Gegenstand des Fatty Arbuckle-Prozesses (1921) war. Lehrman war dabei Hauptzeuge der Anklage.

LIMUR, Jean de, Assistent für Recherchen bei *A Woman of Paris.* Stammt aus einer Adelsfamilie, nach Kriegsdienst als Flieger kam er in die Vereinigten Staaten und spielte bei Fairbanks' *The Three Musketeers* mit. Später wurde er Assistent von De Mille und Rex Ingram, führte dann bei frühen Tonfilmen selbst Regie *(The Letter, Jealousy).* Kehrte nach Europa zurück und arbeitete bis 1944 als Regisseur in Frankreich und Italien *(La Grande Meute).*

LINDER, Max, (1883–1925), Komiker des französischen Theaters und Films, Inspirator von Chaplin, als »Max« ein Archetyp wie dieser in der sentimentalen, satirischen Clownerie.

LOREN, Sophia (Sofia Scicolone), (geb. 1934), Schauspielerin, *A Countess From Hong Kong*. Seit 1950 beim Film, wurde in den Sechzigern ein großer internationaler Star. Mit dem Produzenten Carlo Ponti verheiratet.

LOURIÉ, Eugène, besorgte die Ausstattung bei *Limelight.* Nach der Russischen Revolution emigrierte er nach Paris, machte eine Ausbildung als Maler, tat sich dann aber mit emigrierten Filmemachern zusammen. Als Bühnenbildner arbeitete er in den dreißiger Jahren sehr erfolgreich mit Jean Renoir zusammen und folgte ihm in den vierziger Jahren nach Hollywood. Später führte er Regie bei Monsterfilmen, *The Beast From 20,000 Fathoms* (1953) und *The Colossus of New York* (1958).

McGuire, Paddy, Schauspieler, *The Champion, A Jitney Elopement, The Tramp, By the Sea, Work, The Bank, Shanghaied, A Night in the Show.* Musical; ab 1915 beim Film (Essanay). Später bei den Keystone-Gesellschaften Vogue und Triangle. Spezialisiert auf ›Bauerntölpel‹ und irische Figuren.

McMurray, Lillian, Mutter von Lita Grey. Lebte 1984 noch.

Mann, Hank (David W. Liebman), (1888–1971), Schauspieler, *Mabel's Strange Predicament, Twenty Minutes of Love, Caught in a Cabaret, The Knockout, Mabel's Married Life, The Face on the Bar Room Floor, City Lights, Modern Times, The Great Dictator.* Zuerst bei der Bühne, dann ab 1914 beim Film (Keystone). Arbeitete beim Film bis 1957 *(Man of a Thousand Faces).*

Marceline, (1873–1927), französischer Clown. Chaplin sah und bewunderte ihn, als er in der Pantomime *Cinderella* auftrat, in dem neueröffneten London Hippodrome, wo Marceline mehrere Spielzeiten lang ein populärer Star war. Chaplin erinnert sich, daß er ihn später in den USA wiedersah, als Marceline sein Talent und sein Selbstvertrauen verloren hatte.

Menjou, Adolphe, (1890–1963), Schauspieler, *A Woman of Paris.* Cornell University, Kriegsteilnehmer im Ersten Weltkrieg, dann Vaudeville und Bühne. Ab 1912 beim Film (Vitagraph), bekam aber erst ab 1921 *(The Three Musketeers)* größere Rollen. Arbeitete bis 1959 *(Pollyanna)* als Filmschauspieler. Bemerkenswerte späte schauspielerische Leistung in Kubricks *Paths of Glory.* Auch ein interessanter Kommissar Maigret nach Georges Simenon. Galt als einer der bestangezogenen Männer Hollywoods. Einer der redseligsten ›freundlichen‹ Zeugen bei den Untersuchungen von unamerikanischen Umtrieben in Hollywood.

Mineau, Charlotte, Schauspielerin, *His New Job, A Night in the Show, The Floorwalker, The Vagabond, The Count, Behind the Screen, The Rink, Easy Street.* Vorher bei Selig, George Ade Fables, Swedie-Serie; zu den späteren Filmen zählt *Sparrows*, mit Mary Pickford.

Morrissey, Betty, (gest. 1950), Schauspielerin, *A Woman of Paris, The Gold Rush, The Circus.* Sie wurde von Erich von Stroheim entdeckt, der sie in *Merry-Go-Round* (1922) einsetzte. Ihre Leinwandkarriere endete mit *The Circus.*

Murray, Charles K., (1872–1941), Schauspieler, *Her Friend the Bandit, Mabel's Married Life, The Masquerader, Tillie's Punctured Romance.* Zwanzig Jahre lang beim Vaudeville in dem Duo ›Murray and Mack‹, dann Filme bei Biograph, Keystone. Sehr produktive spätere Karriere, u. a. in der Serie *Cohens and Kellys.*

Murray, Tom, Schauspieler, *The Pilgrim, The Gold Rush* (Black Larson). Vaudeville, in dem Mohren-Duo ›Gillihan and Murray‹. Ab 1914 Filme bei Eagle Film Company. Erster Hollywood-Film *My Boy* mit Jackie Coogan.

MURRAY, Will, (1877–1955), Manager von *Casey's Circus Company* bei Chaplins Tournee. Erster Bühnenauftritt 1890; erster Auftritt in London 1892. Gymnastik-Sondernummer ›Lord, Murray and Lord‹; dann gründete er zusammen mit Arthur Woodville das Duo ›The Freans‹. Stieß 1906 zu Casey's Court und machte bis 1950 Tourneen mit dem Programm. Zu den Ehemaligen von Casey's Court gehören neben Chaplin auch Stan Laurel, Stanley Lupino, Jack Edge, Hal Jones, Leslie Strange, George Doonan, die Terry Twins, Jerry Verno, Tom Gamble, Jimmy Russell.

MYERS, Harry, (1882–1938), Schauspieler, *City Lights.* Bühne; Filme ab 1908 bei Biograph; dann mit Ehefrau Rosemary Thelby in der ›Lubin and Vim‹-Komödienserie. Hauptrollen in den Zwanzigern (u. a. *A Connecticut Yankee at King Arthur's Court, Exit Smiling*); arbeitete bis 1936 *(San Francisco, Hollywood Boulevard)* als Filmschauspieler.

NEGRI, Pola (Barbara Apollonia Chalupiec), (1894–1987), Schauspielerin, gebürtige Polin, angeblich Tochter eines Zigeunergeigers. Ballettausbildung in Rußland, 1913 Bühnendebüt, ab 1914 Filmrollen in Polen. 1917 wurde sie von Max Reinhardt nach Berlin eingeladen. Begann eine fruchtbare Zusammenarbeit mit Ernst Lubitsch und spielte u. a. in seinen Filmen *Carmen* und *Madame Dubarry.* 1923 ließ sie sich nach Hollywood locken, bekam dort aber nur selten dankbare Rollen. Zu ihren besten Filmen zählen *The Spanish Dancer, Forbidden Paradise, Hotel Imperial* und *Barbed Wire.* Mit Aufkommen des Tonfilms arbeitete sie wieder in Deutschland, kehrte aber bei Ausbruch des Zweiten Weltkrieges in die Vereinigten Staaten zurück. Ihre letzte Filmrolle spielte sie 1964 in der Disney-Produktion *The Moonspinners.*

NEWMAN, Alfred, (1901–1970), Komponist und musikalischer Leiter. Mitarbeit bei *City Lights.* Während der Arbeit an *Modern Times* kam es wegen einem Streit zum Bruch mit Chaplin. Begann seine Karriere als Wunderkind am Klavier, komponierte über 250 Filmmusiken und gewann neun Oscars (selten für seine besten Arbeiten).

NORMAND, Mabel, (1892–1930), Schauspielerin, *Mabel's Strange Predicament, Mabel at the Wheel, Caught in a Cabaret, The Fatal Mallet, Her Friend the Bandit, Mabel's Busy Day, Mabel's Married Life, Gentlemen of Nerve, His Trysting Place, Tillie's Punctured Romance, Getting Acquainted.* Photomodell. Kam bei Vitagraph zum Film, dann Biograph und Keystone (1912). Zu ihren Spielfilmen zählen *Mickey* und *Molly-O.* Spätere Karriere von Skandalen getrübt. Starb an Tuberkulose.

NORTHRUP, Harry, Schauspieler, *A Woman of Paris.* In den Zwanzigern ein sehr gefragter Charakterdarsteller (u. a. *Four Horsemen of the Apocalypse*).

OAKIE, Jack, (Lewis Delaney Offield), (1893–1978), Schauspieler, *The Great Dictator.* Zuerst arbeitete Oakie als Chorjunge beim Musical und als Tänzer-Sänger beim Vaudeville, 1927 kam er nach Hollywood und machte sich einen Namen als Komiker. Debüt in *Finders Keepers* von Wesley Ruggles (1927). Spätere Filme u. a. *It Happened Tomorrow* von René Clair (1944).

O'NEILL, Oona, siehe CHAPLIN, Oona O'Neill.

PARRISH, Robert, (geb. 1916), Schauspieler, *City Lights* (Zeitungsjunge). Wurde später Cutter und (1951) Regisseur. Autobiographie: *Growing Up in Hollywood*, 1976.

PARSONS, Louella, (1880–1972), für ihre Bosheit berüchtigte Kolumnistin bei der Hearst-Presse, war Chaplin im allgemeinen aber wohlgesinnt (im Gegensatz zu Hedda Hopper). Gehörte zu Hearsts Gästen bei dem Jachtausflug, der für Thomas Ince tödlich endete.

PEARCE, Peggy, (1896–19?), Schauspielerin, *His Favorite Pastime*. Erste Freundin Chaplins in Hollywood. Filme ab 1913 (Biograph, Keystone).

PERINAL, Georges, (1897–1965), Chefkameramann, *A King in New York*. Herausragender Kameramann, dessen Karriere 1913 begann. Bedeutende Zusammenarbeit mit René Clair, Alexander Korda, Michael Powell und Emeric Pressburger.

PICKFORD, Mary, (1893–1979), überragender Star in den 10ern und 20ern. Ehefrau von Douglas Fairbanks, enge Vertraute von Chaplin und Mitbegründerin von United Artists. Bühnendebüt 1898; Filmdebüt 1909 unter D. W. Griffith bei Biograph. Sie war äußerst geschäftstüchtig und befand sich in ständigem Wettstreit mit Chaplin um die Position des Spitzenverdieners in Hollywood in der Zeit des Ersten Weltkrieges. Zog sich 1933 von der Schauspielerei zurück.

POLLARD, Snub, (1886–1962), Schauspieler, *Limelight*. Kam mit der Juvenile Opera Company aus Australien in die USA. 1913 wurde er Partner von Broncho Billy bei Essanay. Danach viele Slapstick-Kurzfilme. In der Tonära wurde er Charakterdarsteller; seine Karriere dauerte bis 1961 *(Pocketful of Miracles)*.

POLO, Malvina (oder Malvine), Schauspielerin, *A Woman of Paris*. Tochter des Serien-Stars Eddie Polo (1875–1961), der behauptete, von Marco Polo abzustammen. Spielte auch das schwachsinnige Mädchen in von Stroheims *Foolish Wives*.

POSTANCE, William, Inspizient des Duke of York's Theatre in London, als Chaplin 1905 dort spielte. Chaplin erinnerte sich daran, wie freundlich er von ihm behandelt wurde, und setzte ihm mit der Figur des ›Mr. Postant‹ in *Limelight* ein Denkmal.

PURVIANCE, Edna Olga (1896–1958), Schauspielerin, *A Night Out, The Champion, In the Park, A Jitney Elopement, The Tramp, By the Sea, Work, A Woman, The Bank, Shanghaied, A Night in the Show, Charlie Chaplin's Burlesque on Carmen, Police, The Floorwalker, The Fireman, The Vagabond, The Count, The Pawnshop, Behind the Screen, The Rink, Easy Street, The Cure, The Immigrant, The Adventurer, A Dog's Life, The Bond, Shoulder Arms, Sunnyside, A Day's Pleasure, The Kid, The Idle Class, Pay Day, The Pilgrim, A Woman of Paris*. Später (1926), spielte sie die Hauptrolle in von Sternbergs *Sea Gulls* (von Chaplin produziert, aber nie öffentlich gezeigt) und in Henri Diamant-Bergers *Education du Prince* (in Frankreich). Danach zog sie sich von der Schauspielerei zurück. Zur Aussprache des Namens ›Purviance‹: die Betonung liegt auf dem ›i‹, das wie ›ei‹ ausgesprochen wird. Chaplin scherzte immer, daß der Name tatsächlich unaussprechlich sei und daß sie ihn in Edna Pollolobus ändern sollte.

RAKSIN, David, (geb. 1912), arrangierte die Musik für *Modern Times.* Komponist, Dirigent, Autor, Dozent und Lehrer. Sohn eines Dirigenten von Stummfilm-Orchestern. Studierte Klavier in Philadelphia, dann Komposition bei Isadore Freed und Arnold Schönberg. Arbeitete als Arrangeur am Broadway, als Chaplin ihn für musikalische Mitarbeit an *Modern Times* nach Hollywood holte. Blieb danach in Hollywood, komponierte die Musik zu über hundert Filmen, u. a. zu *Laura.* Präsident der Komponisten- und Textergilde Amerikas.

RAYE, Martha, (geb. 1916), Schauspielerin, *Monsieur Verdoux.* Talentierte amerikanische Komikerin mit großem Mundwerk. Tochter von Vaudeville-Künstlern (Reed und Hooper); sammelte Erfahrungen bei der ›Musical Comedy‹, beim Radio, Vaudeville und bei der Arbeit mit Bands, spielte dann 1936 in ihrem ersten Film *(Rhythm on the Range).* Viele Filme bis 1970; danach Fernseharbeit.

REEVES, Alfred, (1876–1946), von 1918–1946 Studioleiter der Chaplin Film Corporation. Sohn eines Löwenbändigers, der bei der Ausübung seines Berufes einen Arm verlor. Arbeitete beim Zirkus, dann Manager bei Fred Karno. Ab 1905 managte er Karnos Amerika-Tourneen. Wählte Chaplin für Tournee 1910 aus. Bruder von Billie Reeves, Karno-Schauspieler, der später Chaplin-Imitation machte (siehe unten).

REEVES, Amy, Frau von Alf Reeves. Karno-Künstlerin (als Amy Minister), spielte die Saucy Soubrette in *Mumming Birds* und begleitete Chaplin auf Karnos Amerika-Tourneen von 1910 und 1912. Ließ sich 1918 in Hollywood nieder und kümmerte sich um Hannah Chaplin in deren letzten Jahren.

REEVES, Billie (1866–1945), Bruder von Alfred Reeves. Karno-Schauspieler, Vorgänger von Chaplin bei *Mumming Birds.* Begann seine künstlerische Laufbahn mit sieben, war Akrobat, Clown, sattelloser Reiter, Tierdompteur und -bändiger wie sein Vater. Auch Slapstick-Rollschuhläufer und Mitglied der Truppe ›Fletcher's Skaters‹. Blieb nach Karno-Tournee in Amerika, beim Vaudeville und später beim Film (Lubin). In einem Jahr drehte er 53 Filme für 1000 $ pro Film. 1918 machte er eine Vaudeville-Tournee mit einem Besoffenen-Sketch ›The Right Key But The Wrong Flat‹ (Der richtige Schlüssel aber die falsche Wohnung).

REEVES, May, junge Frau, angeblich gebürtige Tschechin, Chaplins Begleiterin während des Großteils seines Urlaubs im Jahr 1931. Später schrieb sie ihre Erinnerungen an diese Zeit, *Charlie Chaplin intime*, herausgegeben von Claire Goll (1935).

Reynolds, Dr. Cecil, Chaplins Nachbar in Hollywood, spielte den Gefängniskaplan in *Modern Times.* Starb durch Selbstmord.

Riesner, Charles Francis, (1887–1962), Schauspieler, *A Dog's Life, The Kid, The Pilgrim.* Regieassistent bei den First-National-Filmen und *The Gold Rush.* Verließ Chaplin, um bei Sydney Chaplins Filmen Regie zu führen *(The Man on the Box, The Better 'Ole).* Zu seinen späteren Filmen zählt Buster Keatons *Steamboat Bill Jr.* Seinen letzten Film drehte er 1950 in Italien *(L'Ultima Cena).* Als Riesner 1918 zu Chaplin stieß, hatte er schon zehn Jahre Bühnenerfahrung. War Hauptdarsteller bei den Vaudeville-Programmen von Keith and Orpheum, Star des Musicals *Stop, Look, Listen.* Sein Sohn Dean Riesner trat als Kinderdarsteller in *The Pilgrim* auf und wurde später ein erfolgreicher Drehbuchautor.

Ritchie, Billy, (1877–1921), beim Vaudeville und *Musical Comedy*, dann bei der Karno Company. Schuf die Rolle des Trunkenbolds in *Mumming Birds.* Blieb nach Karno-Tournee in den usa, mit Hauptrollen im Vaudeville, am Broadway und in den Programmen der Orpheum-Agentur. Auf der Leinwand in l-ko-Komödien, ließ sich von Lehrman überreden, Chaplin zu imitieren. Starb an den Folgen von Verletzungen, die ihm bei Dreharbeiten von einem Strauß zugefügt worden waren. Seine Frau Winifred Ritchie, auch eine ehemalige Karno-Schauspielerin, war eine hervorragende Kostümnäherin und arbeitete oft im Chaplin-Studio. Ihre Tochter Wyn heiratete den Hollywooder Song-Schreiber Ray Evans (›Buttons and Bows‹, ›Che Sara, Sara‹ usw.). Winifred und Wyn gehörten zu Hannah Chaplins auserwählten Hollywooder Freundinnen.

Robinson, Carlyle T., von 1917–1932 Chaplins Pressesprecher. Begleitete ihn auf seinen Europareisen von 1921 und 1931. Auftritte in *The Idle Class* und *The Pilgrim.* Erhielt Ausbildung in New York, arbeitete bei einer Bank, bevor er sich dem Journalismus zuwandte. War Nachruf-Reporter für die Brooklyn Standard Union, bevor er nach Kalifornien ging, um als Presseagent für Filmgesellschaften zu arbeiten.

Ruggles, Wesley, (1889–1972), *The Bank, Shanghaied, A Night in the Show, Charlie Chaplin's Burlesque on Carmen, Police, The Pawnshop, Behind the Screen.* Bühne, dann Filme bei Keystone (1914) als Keystone-Cop, und in Sydney Chaplins ›Gussle‹-Kurzfilmen. Ab 1917 Regisseur *(For France).* Zu seinen späteren Filmen zählt *I'm No Angel*, mit Mae West. Seinen letzten Film *(London Town)* drehte er 1940 in England.

Rutherford, Margaret Taylor, (1892–1972), Schauspielerin, wirkte in *A Countess From Hong Kong* mit. Beliebte englische Charakterdarstellerin. Ursprünglich Lehrerin für Musik und Sprechtechnik. Bei der Bühne ab 1925, beim Film ab 1936 *(Dusty Ermine)* und Darstellerin von Agatha Christie's Miss Marple.

St John, Al, (1893–1963), Schauspieler, *Mabel's Strange Predicament, Mabel at the Wheel, The Knockout, Mabel's Busy Day, Mabel's Married Life, The Rounders, The New Janitor, Tillies Punctured Romance, His Prehistoric Past.* Neffe von Roscoe

Arbuckle. Zuerst beim Musical, dann ab 1914 bei Keystone. Später machte er (bis in die 50er Jahre) Karriere als bärtiger Charakterdarsteller Al ›Fuzzy‹ St. John in Westernfilmen.

Saintsbury, H. A., (1869–1939), Schauspieler und Bühnenautor. Ausbildung im St. John's College in Hurstpierpoint, arbeitete dann bei der Bank von England. Sein Bühnendebüt war 1887. Spielte ein großes Repertoire an Shakespeare-Rollen, aber seine Lieblingsrolle war Sherlock Holmes, die er über 1400 Male spielte. Chaplins erster Auftritt an der Sprechbühne fand unter Saintsbury statt, in Saintsburys eigenem Stück *Jim, A Romance of Cockayne*, und in einer Produktion von *Sherlock Holmes*, die auf Tournee ging.

Sennett, Mack, (1880–1960), Produzent. Siehe 4. Kapitel, *passim*.

Sheridan, Clare Consuelo, (1885–1970), Malerin, Bildhauerin, Schriftstellerin und Reisende. Kusine von Winston Churchill. Heiratete 1910 Wilfred Sheridan, Urenkel des Dramatikers. Sheridan fiel 1915 an der Front und hinterließ Clare zwei kleine Kinder. 1920 ging sie in die Sowjetunion, wo sie im Auftrag der Regierung Büsten von Lenin und anderen sowjetischen Persönlichkeiten anfertigte. Nach diesem Abenteuer von der Londoner Gesellschaft gemieden, ging sie nach Amerika, wo sie Chaplin kennenlernte (siehe S. 344–348). Sie reiste leidenschaftlich gern, war als Kriegsberichterstatterin tätig und lebte zeitweise in der Türkei, Nordafrika und Irland.

Sterling, Ford, (1880–1939), Schauspieler, *Between Showers, A Film Johnnie, Tango Tangles.* Begann seine Karriere beim Zirkus als ›Keno der Kleine Clown‹. Später Ensembletheater, Vaudeville, Musical Comedy. Ab 1911 Filme bei Biograph, dann bei der ursprünglichen Keystone Company (1912). Gründete 1914 eigene Filmgesellschaft, kehrte aber später zu Sennett zurück. Karriere dauerte bis 1935 *(Black Sheep).*

Sternberg, Josef von, (1894–1969), beeindruckt von Sternbergs erstem Film *The Salvation Hunters* finanzierte und produzierte Chaplin Sternbergs *Sea Gulls* (oder *A Woman From the Sea*) mit Edna Purviance in der Hauptrolle. Der Film wurde jedoch nie öffentlich gezeigt, und das Negativ wurde 1933 vernichtet. Später wurde Sternberg für seine Filme mit Marlene Dietrich berühmt.

Stockdale, Carl, (1874–1953), Schauspieler, *The Champion, A Jitney Elopement, By the Sea, The Bank.* Besuchte die Universität von North Dakota, zuerst Amateur-, dann Profischauspieler. Ab 1912 Filme bei Essanay. Eine seiner frühen Rollen war Belsazars Vater in Griffiths *Intolerance.* Seine Karriere konnte er im Tonfilm bis 1941 *(Dangerous Lady)* fortsetzen.

Struss, Karl, (1891–1981), Kameramann, *The Great Dictator, Limelight.* Seine Karriere als Kameramann in Hollywood begann er 1920 bei Cecil B. De Mille, u. a. arbeitete er bei *Ben Hur* (1926) mit.

SULLY, Janet Miller, Schauspielerin, *Easy Street, The Cure, The Adventurer, A Dog's Life*. 1918 berichtete *Motion Picture Magazine*, sie habe »gerade ohne Pause 68 Komödien mit George Ovey gespielt«.

SUMMERVILLE, George (›Slim‹), (1892–1946), Schauspieler, *Mabel's Busy Day, Laughing Gas, Dough and Dynamite, Tillie's Punctured Romance*. Zuerst Vaudeville und Musical, ab 1913 Filme (bei Keystone). War auch Gag-Spezialist für Sennett. Arbeitete bis zu seinem Tod als Charakterdarsteller v. a. in Western. Seine bekanntesten späten Rollen spielte er in *All Quiet on the Western Front* und in *Tobacco Road*.

SUTHERLAND, Edward A., (1895–1974), Regieassistent bei *A Woman of Paris* und *The Gold Rush*. Durch Heirat Neffe von Thomas Meighan. Ausbildung in Paris und USA: Bühne und Musical. Ab 1914 beim Film, Helen Holmes-Serie. Ab 1925 *(Coming Through)* Regisseur. Zu seinen späteren Filmen zählten *The Old Army Game* und *Poppy*, beide mit W. C. Fields. Arbeitete als Regisseur bis 1956 (*Bermuda Affair*, in England). Eine seiner Frauen war Louise Brooks.

SWAIN, Mack, (1876–1935), schwergewichtiger Schauspieler, *Caught in the Rain, A Busy Day, The Fatal Mallet, The Knockout, Mabel's Married Life, Laughing Gas, Gentlemen of Nerve, His Musical Career, His Trysting Place, Tillie's Punctured Romance, Getting Acquainted, His Prehistoric Past, The Idle Class, Pay Day, The Pilgrim, The Gold Rush*. Sohn eines Mormonen-Pioniers (sein zweiter Vorname war Moroni, nach dem trompetenden Engel auf dem Mormonentempel). Mit sieben gründete er seine eigene Kinder-Minstrel-Truppe. Mit fünfzehn ging er mit der Martin Josey Minstrel Show auf Tourneen. 1900 bei der Kempton and Graves Stock Company in Chicago. Ab 1913 Filme bei Keystone. Seine Karriere wurde unterbrochen, als er auf die Schwarze Liste kam, blühte aber nach *The Gold Rush* wieder auf. Letzter Auftritt 1932 in *The Midnight Patrol*.

SWANSON, Gloria, (1897 oder 1898–1983), Schauspielerin, *His New Job*. Einer der größten Hollywood-Stars der 20er Jahre. Swanson bestritt lange Zeit, in Chaplins Film aufgetreten zu sein. Später gab sie es zu, behauptete aber, daß sie absichtlich nicht komisch wirken wollte, um zu vermeiden, als Slapstick-Künstlerin etikettiert zu werden.

SWICKARD, Joseph, (gest. 1938), Schauspieler, *Twenty Minutes of Love, Caught in a Cabaret, Laughing Gas*. Seit 1912 beim Film. Machte in den Zwanzigern Karriere als Charakterdarsteller, u. a. in *The Four Horsemen of the Apocalypse*. Blieb bis zu seinem Tod beim Film. Letzter Auftritt in Frank Capras *You Can't Take It With You* (1938).

TERRELL, Maverick, (1875–19?), besuchte die juristische Fakultät der University of Indiana, schrieb Bühnenstücke und belletristische Beiträge für Zeitschriften. Laut Theodore Huff (*Charlie Chaplin*, 1951) soll er Chaplin beim Schreiben der Essanay- und Mutual-Komödien geholfen haben.

Tetrick, Paul Drew (Ted), Hollywooder Produzent und Kostümbildner, arbeitete an Kostümen für *The Great Dictator* und *Monsieur Verdoux*, und entwarf Kostüme für *The Freak*. Mit Betty Chaplin (s. o.) verheiratet.

Totheroh, Roland H., (1890–1964), von 1916 bis 1952 Kameramann bei Chaplins Filmen. War vorher Karikaturist, Baseball-Amateurspieler. Ab 1913 Kameramann bei Essanay (›Broncho Billy‹-Westernfilme). Nach Chaplins Weggang aus Hollywood setzte er sich zur Ruhe.

Turpin, Ben, (1874–1940), Schauspieler, *His New Job, A Night Out, The Champion.* Mit seinem mickrigen Aussehen und seinen schielenden Augen war er eine einzigartige Gestalt des Slapstick-Stummfilms. Elf Jahre Vaudeville bei Sam T. Jack's Burlesque Company, dann Filme bei Essanay (1915). In späteren Jahren spielte er Nebenrollen als Partner von Starkomikern. Letzter Auftritt mit Laurel und Hardy in *Saps at Sea* (1940).

Wallis, Shani, (geb. 1933), Sängerin in *A King in New York.* Kinderdarstellerin, 1948 Debüt im Fernsehen. Besuchte die Royal Academy of Dramatic Art. Bühnenmusicals. Ab 1956 Filme *(The Extra Day).* Chaplin wählte sie aus, nachdem er sie in einer Pantomime im Golders Green Hippodrome gesehen hatte.

Welles, Orson, (1915–1985), Regisseur in Radio und Film und Schauspieler. Begründer des Mercury Theaters, dessen Schauspieler (er selber, Joseph Cotten, Burgess Meredith u. a.) mit ihm nach Hollywood kamen. Hatte die ursprüngliche Idee für *Monsieur Verdoux*, was im Vorspann des Films entsprechend vermerkt wird.

White, Leo, (1887–1948), Schauspieler, *His New Job, A Night Out, The Champion, In the Park, A Jitney Elopement, The Tramp, Work, A Woman, The Bank, Shanghaied, A Night in the Show, Charlie Chaplin's Burlesque on Carmen, Police, The Floorwalker, The Fireman, The Vagabond, The Count, Behind the Screen, The Great Dictator.* Bei Karno, später Operette. Ab 1915 beim Film (Essanay), dann George Ade-Komödien, Billy West-Komödien, Hal Roach. Für Essanay stellte er eine vieraktige Version von *Charlie Chaplin's Burlesque on Carmen* und *Triple Trouble* zusammen. Seine Karriere dauerte bis 1942 *(Yankee Doodle Dandy)* an.

Williams, Frank D., (1893–19?), Chaplins Kameramann bei *The Floorwalker, The Fireman, The Vagabond.* Vorher bei Essanay und Keystone, wo er möglicherweise auch schon mit Chaplin gedreht hatte. Williams war sehr innovatorisch, er gilt als Erfinder der Wandermasken und war für Trickeffekte bei *King Kong* und *The Invisible Man* verantwortlich.

Willson, Meredith, (1902–1984), arrangierte die Musik für *The Great Dictator.* Hervorragender Flötist und Pianist, studierte am New York Institute of Musical Art (heute Julliard School). Spielte Flöte und Piccolo in der J. P. Sousa Band, dann erster Flötist des New York Philharmonic Orchestra unter Toscanini. Musikalischer Leiter bei ABS und

NBC. Zwei seiner Musicals, *The Music Man* (1957) und *The Unsinkable Molly Brown* (1960) waren große Broadway-Erfolge.

WILSON, Jack (John), zweiter Kameramann im Chaplin-Studio von den First National-Filmen bei *City Lights.* Ehefrau EDITH WILSON war Kleindarstellerin in *The Kid* und *City Lights* (geschnittene Sequenz).

WOOD, Tom, junger 4 Zentner schwerer Schauspieler in *Sunnyside.* Sollte in *A Day's Pleasure* ursprünglich die Rolle von Charlies Frau spielen, die Rolle wurde dann aber von Edna Purviance übernommen.

VI

Bibliographie

Diese Bibliographie verzeichnet nur eine Auswahl der wichtigsten Bücher aus der umfangreichen Literatur, die sich mit Chaplins Leben und Karriere befaßt. Mit aufgeführt sind einige frühe und ausgefallene Titel. Auf die umfassende und bewundernswerte bibliographische Arbeit von Lennart Eriksson (siehe unten) sei hier hingewiesen.

ADELER, Edwin u. Con West: Remember Fred Karno. London: John Long 1939.

AMENGUAL, Barthélemy (u. a.): Charles Chaplin. Lyon, Société d'Etudes de Recherches et Documentation Cinematographiques 1952. Neuaufl. 1963 (Premier Plan. 28)

ASPLUND, Uno: Chaplin's Filme. Aus d. Schwed. »Chaplin i Sverige«. Newton Abbot, David & Charles 1973.

BAZIN, André (u. a.): Charlot. Dessins de Ferdinand Léger u. a. Paris 1924. Nachdruck 1971. Erschien zuerst als Le Disque vert. Jahrg. 2, Série 3, Nr. 4/5.

BAZIN, André: Charlie Chaplin. Préface de François Truffaut. Paris Ed. du Cerf 1973. Neuaufl. Paris: Ramsay 1985. (Ramsay Livre de Poche Cinéma. 12)

BESSY, Maurice u. Robert Florey: Monsieur Chaplin, ou le rire dans la nuit. Paris: Damase 1952.

BESSY, Maurice u. Robin Livio: Charles Chaplin. Paris: Denoel 1972.

BESSY, Maurice: Charlie Chaplin. Nouvelle Ed. Paris: Pygmalion 1984.

BESSY, Maurice: Das große Charlie-Chaplin-Buch. München: Schirmer Mosel 1984.

BOWMAN, William Dodgson: Charlie Chaplin. His Life and Art. London: Routledge 1931. Neuauflage: New York: Haskell 1974.

BROWN, Albert T.: The Charlie Chaplin Fun Book. 1915.

BROWNLOW, Kevin: The Parade's Gone By. New York: Knopf u. London: Secker & Warburg 1968.

BURGER, Erich: Charlie Chaplin. Bericht seines Lebens. Berlin: Mosse 1929.

CHAPLIN, Charles: A Comedian Sees the World. New York: Crowell 1933.

CHAPLIN, Charles: My Autobiography. London: Bodley Head u. New York: Simon & Schuster 1964. Dt. Ausgabe: Die Geschichte meines Lebens. Frankfurt: S. Fischer 1964. Taschenbuch-Ausgabe: 54.–56. Tsd. (1987). (Fischer Cinema 4460).

CHAPLIN, Charles: My Early Years. London: Bodley Head 1976. Neuaufl. London: Heinemann 1981.

CHAPLIN, Charles: My Life in Pictures. Introd. by Francis Wyndham. London: Bodley Head 1974. Neuaufl. London: Peerage 1985.

CHAPLIN, Charles: My Trip Abroad. New York: Harper & Brothers 1922. Dt. Ausgabe: Hallo Europa! Leipzig: List 1928.

CHAPLIN, Charles jr. mit N. u. M. Rau: My Father, Charlie Chaplin. New York: Random House u. London: Longsmans 1960. Dt. Ausgabe: Mein Vater, Charlie Chaplin. Konstanz: Diana-Verlag 1961

CHAPLIN, Lita Grey und Morton Cooper: My Life with Chaplin. An intimate Memoir. New York: Geis 1966.

CHAPLIN, Michael: I couldn't Smoke the Grass on My Father's Lawn. London: Frewin u. New York: Putnam's Sons 1966.

THE CHARLIE CHAPLIN BOOK. New York: Street & Smith 1915.

CHAPLIN. Filme, Dokumente, Kuriosa. (Katalog zur) Ausstellung im Hessischen Landesmuseum Darmstadt 25.10.–17.11.1974. Text W. Staudinger.

CODD, Elsie: ›Charlie Chaplin's Methods‹ in: Cinema: Practical Course in Cinema. Acting in Ten Complete Lessons. Vol. II, Lesson 2. London: Standard Art Book Company 1920.

COOKE, Alistair: ›Charlie Chaplin‹ in: Six Men. New York: Knopf 1977. London: Bodley Head 1978, Penguin Books 1978.

COTES, Peter u. Thelma Niklaus: The little Fellow. The Life and work of Charles Spencer Chaplin. Foreword by Somerset Maugham. London: Elek u. New York: Philosophical Library 1951. Neuaufl. New York: Citadel Press 1965.

DELL, Draycott M.: The Charlie Chaplin Scream Book. London: Fleetaway 1915.

DELLUC, Louis: Charlot. Paris: de Brunoff 1921. Neuaufl.: Paris: Éd. d'Aujourd'hui 1975.

Eisenstein, Serge: Charlie Chaplin. Eine Bildchronik mit Texten von Oona Chaplin. Zürich: Sanssouci-Verl. 1961.

Eriksson, Lennart: Books on/by Chaplin. 2. Aufl. Västeras: Eriksson 1981.

Florey, Robert: Charlie Chaplin. Ses débuts, ses films, ses aventures. Paris: Pascal 1927. (Les Grands Artistes de l'Ecran)

Fowler, Gene: Father Goose. The Story of Mack Sennett. New York: Friede 1934.

Gallagher, J. P.: Fred Karno, Master of Mirth and Tears. London: Hale 1971.

Geduld, Harry M. (Hrsg.): Charlie Chaplin's own Story. Bloomington: Indiana Univ. Press 1985.

Geduld, Harry M.: Chapliniana. A Commentary on Charlie Chaplin's 81 Movies. Vol. 1: The Keystone Films. Bloomington: Indiana Univ. Press 1987.

Gehring, Wes: Charlie Chaplin. A Bio. Bibliography. Westport: Greenwood 1983.

Gersch, Wolfgang: Chaplin in Berlin. Wilhelmshaven: Henschel Verlag 1988.

Gifford, Denis: The Movie Makers. London: Macmillan u. New York: Doubleday 1974.

Gold, Michael: Charlie Chaplin's Parade. New York: Harcourt, Brace & Co 1930. Dt. Ausgabe: Berlin: Holtz 1955.

Hahn, Ronald M. u. Volker Jansen: Charlie Chaplin. Berlin: Taco 1987.

Haining, Peter: The Legend of Charlie Chaplin. London: W. H. Allen 1983.

Hanisch, Michael: Über ihn lach(t)en Millionen: Charlie Chaplin. Berlin: Henschelverl. 1974. 4. Aufl. 1986.

Hembus, Joe: Charlie Chaplin und seine Filme. Eine Dokumentation. München: Heyne 1972. (Heyne-Buch 976). Neuaufl.: Charlie Chaplin. Seine Filme, Sein Leben. 1986 (Heyne Filmbibliothek. 34).

Hirzel, Fritz: Chaplins Schatten. Bericht einer Spurensicherung. Zürich: Kaleidoskop-Verlag 1982.

Hoyt, Edwin P.: Sir Charlie. London: Hale 1977.

Huff, Theodore: An Index to the Films of Charlie Chaplin. London: British Film Institute 1945. New York: Gordon Press 1980 (Gordon Press Film Series).

Huff, Theodore: Early Works of Charlie Chaplin. London: British Film Institute 1961. New York: Gordon Press 1975.

Huff, Theodore: Charlie Chaplin. New York: Schuman 1951. London: Cassell 1952. Neuaufl. Salem: Ayer 1972 (Arno Press Cinema Program).

Jacobs, David: Chaplin, The Movies and Charlie. New York: Harper & Row 1975.

Jacobs, Lewis: The Rise of the American Film. New York: Harcourt, Brace & Co 1939.

Kamen, Gloria: Charlie Chaplin. New York: Atheneum 1982. (Atheneum Children's Books).

Kamin, Dan: Charlie Chaplin's One Man Show. Foreword by Marcel Marceau. Metuchen: Scarecrow 1984.

Kerr, Walter: The Silent Clowns. New York: Knopf 1975.

Konkoly, Kálmán: Charlie Chaplin in der Anekdote. München: Heimeran 1970.

Kreimeier, Klaus (Hrsg.): Zeitgenosse Chaplin. Mit Originalbeitr. von Wolfram Schütte u. Gerhard Zwerenz. Berlin: Oberbaumverlag 1978 (Bücherei Oberbaum. 1004).

Lahue, Kalton C.: World of Laughter. Norman: University of Oklahoma Press 1972.

Lahue, Kalton C.: Kops and Custards. Norman: University of Oklahoma Press 1968.

Leprohon, Pierre: Charlot, ou la naissance d'un mythe. Paris: Corymbe 1935.

Leprohon, Pierre: Charles Chaplin. Paris: Melot 1946. Neuaufl. Paris: Bonne 1970.

Luft, Friedrich: Vom großen schönen Schweigen. Arbeit u. Leben des Charles Spencer Chaplin. Berlin: Rembrandt-Verlag 1957. (Rembrandt-Reihe. Bühne u. Film. 7)

Lyons, Timothy: Charles Chaplin: A Guide to References and Resources. Boston: Hall 1979.

Marcks, Michael: Charlie Chaplin. Celle: Tandem Verlag 1979.

McCabe, John: Charlie Chaplin. New York: Doubleday 1978. London: Magnum Books 1979.

McCaffrey, Donald W.: Focus on Chaplin. Englewood Cliffs: Prentice Hall 1971.

McCaffrey, Donald W.: Four Great Comedians: Chaplin, Lloyd, Keaton, Langdon. London: Zwemmer, New York: Barnes 1968.

McDonald, Gerald D., Michael Conway u. Mark Ricci: The Films of Charlie Chaplin. New York: Citadel Press 1965. Reprint 1973.

McDonald, Gerald D.: The Picture History of Charlie Chaplin. New York: Nostalgia Press 1965.

Manning, Harold: ›Charlie Chaplin's Early Life. Fact and Fiction‹ in: Historical Journal of Film, Radio and Television. Jahrg. 3 (1983) Nr. 1. Oxford: Carfax 1983.

Manvell, Roger: Chaplin. Introd. by J. H. Plumb. Boston: Little, Brown 1974. London: Hutchinson 1975.

Martin, Marcel: Charles Chaplin. Paris: Seghers 1966. Neuausgabe 1972 (Cinema d'Aujourd'hui. No 43).

Minney, R. J.: Chaplin: The Immortal Tramp. Life and Work of Charles Chaplin. London: Newnes 1954.

Mitry, Jean: Charlot et la ›fabulation chaplinesque‹. Paris: Éd. Universitaires 1957.

Mitry, Jean: Tout Chaplin. Paris: Seghers 1972.

Montgomery, John: Comedy Films 1894–1954. Preface by Norman Wisdom. London: Allen & Unwin 1954. 1968.

Moss, Robert: ›Charlie Chaplin‹ in: Pyramid History of the Movies. New York: Pyramid Publ. 1975.

Oleksy, Walter: Laugh, Clown, Cry. The Story of Charlie Chaplin. Milwaukee: Raintree Ed. 1976.

Payne, Robert: The great God Pan. A Biography of the Tramp played by Charlie Chaplin. New York: Hermitage House 1952. Engl. Ausgabe: The Great Charlie. London: Hamilton 1952. Dt. Ausgabe: Der große Charlie. Eine Biographie des Clowns. Frankfurt/M.: Europ. Verlagsanstalt 1952. Frankfurt: Suhrkamp 1979 (Suhrkamp-Taschenbuch 569).

Quigley, Isabel: Charlie Chaplin, Early Comedies. London: Studio Vista u. New York: Dutton 1968. (Studio Vista/Dutton Pictureback. 29)

RAMSAYE, Terry. A Million and One Nights. A History of the Motion Picture. New York: Simon & Schuster 1926. London: Cass 1964.

REED, Langford: The Chronicles of Charlie Chaplin. London: Cassell 1917.

REEVES, May: Charlie Chaplin intime. Souvenirs receuillis par Claire Goll. Paris: Gallimard 1935.

ROBINSON, Carlyle T.: La vérité sur Charles Chaplin. Sa vie, ses amours, ses déboires. Paris: Éd. de Mon Ciné 1935.

ROBINSON, David: Chaplin. The Mirror of Opinion. London: Secker & Warburg 1983. Bloomington: Indiana Univ. Press 1984.

ROBINSON, David: The History of World Cinema. New York: Stein & Day 1974.

ROSS, Lillian: Moments with Chaplin. New York: Dodd, Mead & Co. 1980.

SACRANIE, Ras: Charlie Chaplin. Paris: Gallimard 1987. London: Hamilton 1988.

SADOUL, Georges: Vie de Charlot. Charles Spencer Chaplin, ses films et son temps. Paris: Les Éditeurs Français Réunis 1952. Éd. definitive. Paris: L'Herminier 1978. Dt. Ausgabe: Das ist Chaplin. Sein Leben, seine Filme, seine Zeit. 2. erw. Aufl. Wien: Globus-Verl. 1954.

SANDS, Frederick: Herr und Frau Chaplin. Die Geschichte einer Ehe. (Charlie and Oona. Aus d. Engl. von Marianne Paretti). München: Kindler 1977.

SAVIO, Francesco (Hrsg.): Il Tutto Chaplin. Venezia: Mostra Internationale d'Arte Cinematografica di Venezia 1972.

SCHNOG, Karl: Charlie Chaplin: Filmgenie und Menschenfreund. Berlin: Henschelverlag 1960. Darmstadt: Progress-Verlag 1960.

SENNETT, Mack: King of Comedy. New York: Doubleday 1954.

SIEMSEN, Hans: Charlie Chaplin. Leipzig: Joachim 1924.

SMITH, Julian: Chaplin. Boston: Hall 1984.

SOBEL, Raoul u. David Francis: Chaplin, Genesis of a Clown. London: Quartet Books 1977. New York: Horizon Press 1978.

SOLET, Bertrand: Charlie Chaplin. Gembloux (Belgien): Ducoulot 1980. Hamburg: Dressler 1982.

SOUPAULT, Philippe: Charlot. Éd. définitive. Paris: Plon 1957.

STAUDINGER, Wilhelm (Bearb.): Ein Haus für Charlie: Mit allen Chaplin-Filmen. Frankfurt: Fricke 1984.

SULLIVAN, Ed: Chaplin vs. Chaplin. Los Angeles: Marvin Miller 1965.

TICHY, Wolfram: Charlie Chaplin in Selbstzeugnissen und Bilddokumenten. Reinbek: Rowohlt 1974. (Rowohlts Monographien. 219) Neuauflage 1984.

TOEPLITZ, Jerzy: Geschichte des Films. Bd. 1–4. Berlin: Henschelverlag 1972–1983. München: Rogner u. Bernhard 1975–1983.

TYLER, Parker: Chaplin. Last of the Clowns. New York: Vanguard Press 1947. Reprint: New York: Horizon Press 1972.

ULM, Gerith von: Charlie Chaplin, King of Tragedy. An unauthorized Biography. Caldwell: Caxton 1940.

VIAZZI, Glauco: Chaplin e la critica. Bari: Editori La Terza 1955.

WIEGAND, Wilfried (Hrsg.): Über Chaplin. Mit 22 Fotos. Zürich: Diogenes 1978. Neuauflage 1989 (Diogenes Taschenbuch 20517).

Zu den Bildern

Die Bilder stammen zum größten Teil aus der Sammlung des Autors und dem Diogenes-Archiv. Der Verlag dankt dem Chaplin-Archiv Wilhelm Staudinger in Frankfurt, dem Schirmer Mosel Verlag in München und Random House, New York, für die freundliche Überlassung zusätzlichen Bildmaterials.

Register

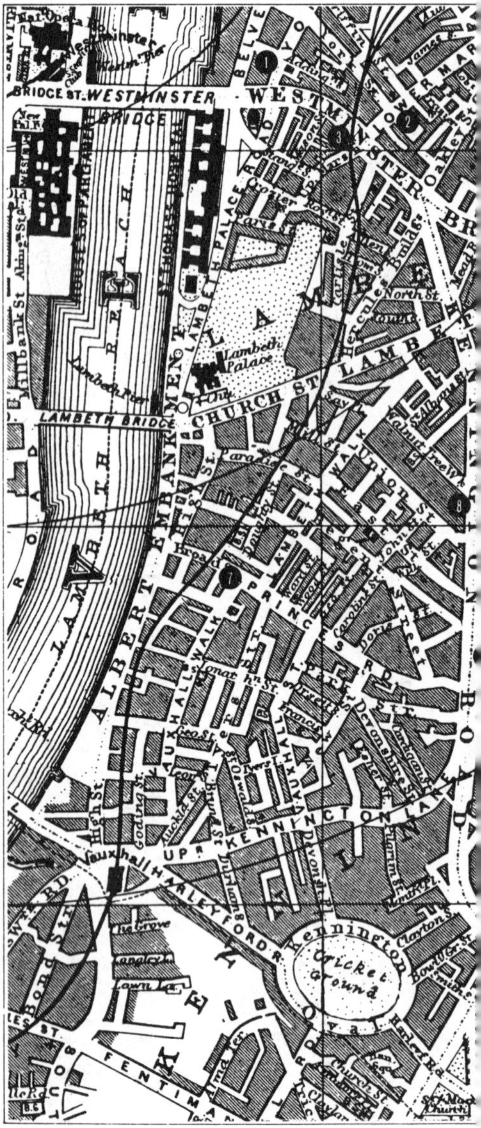

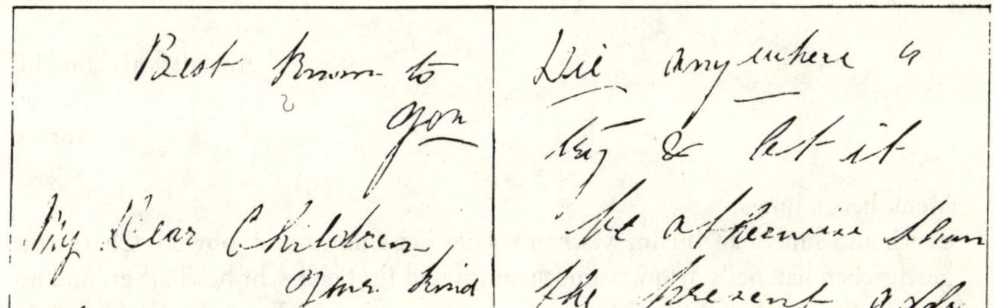

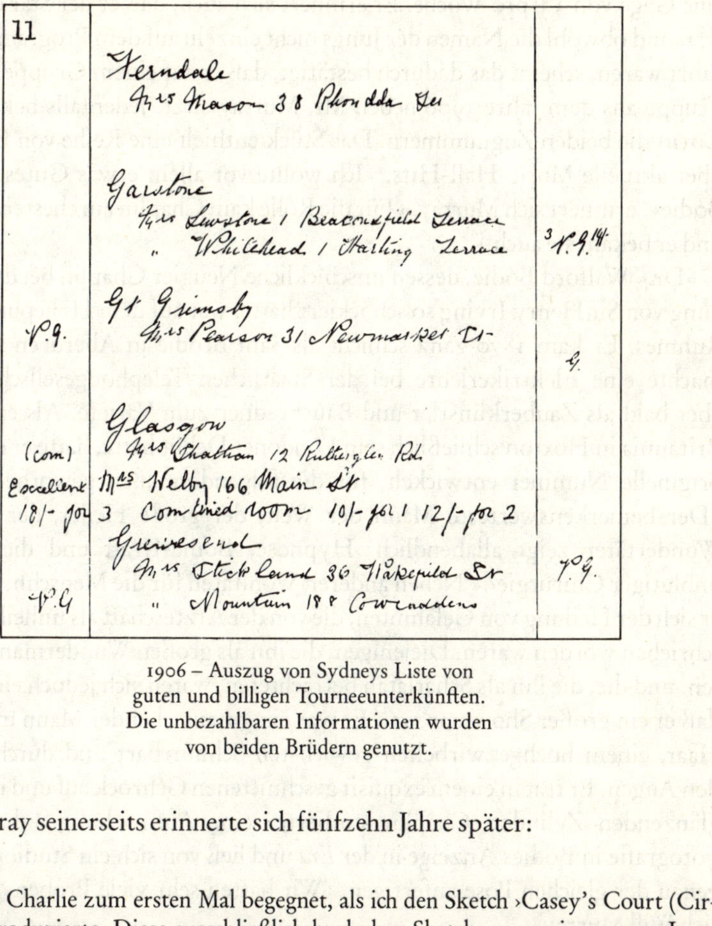

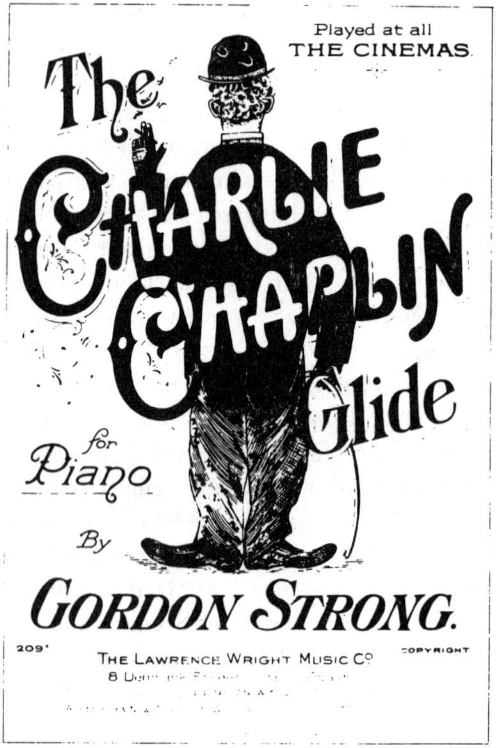

CAST	RATE		SCENES PLAYED IN
CHARLIE CHAPLIN	*		Shot only dog scenes today
HENRY BERGMAN	STOCK		
ALBERT AUSTIN	STOCK		
FRED STARR	STOCK		
TOM WILSON	STOCK		
SLIM COLE	STOCK		
JAMES KELLEY	GUAR		
TED EDWARDS	GUAR		Made up.
LOUIS FITZROY	GUAR		
THOMAS RILEY	GUAR		
DAVE ANDERSON	GUAR		
JANET SULLEY	GUAR		
MISS PITTS	STOCK		
JAMES McCORMICK	2	50	
GRACE WILSON	2	50	
MARGARET DRACUP	2	50	
OLIVER HALL	2	50	
JERRY FARRAGAMA	2	50	
LOYAL UNDERWOOD	2	50	
CHAS. GEE (Dog)	5	00	

PETTY CASH EXPENDITURES		
ARTICLE	AMOUNT	
Balance of Hand	6	38
Advanced	10	00
Gas & Oil		45
Radiator Cap		50
Sausage		75
Rolls		12
Sausage compound		50
Casters		90
Pies & Eggs	1	22
Hot dogs		60
	11	34

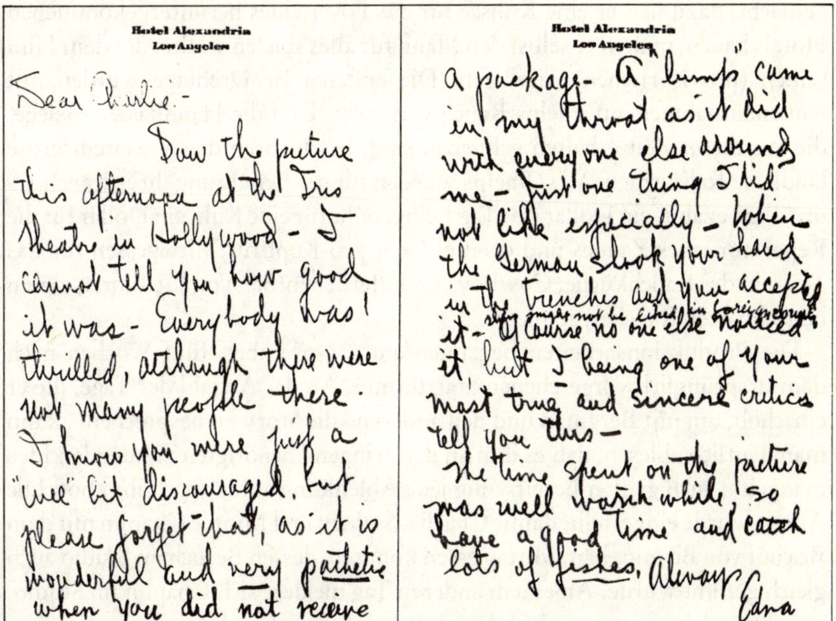

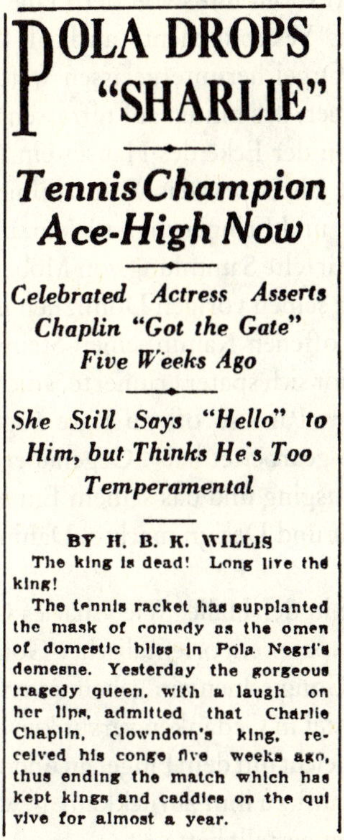

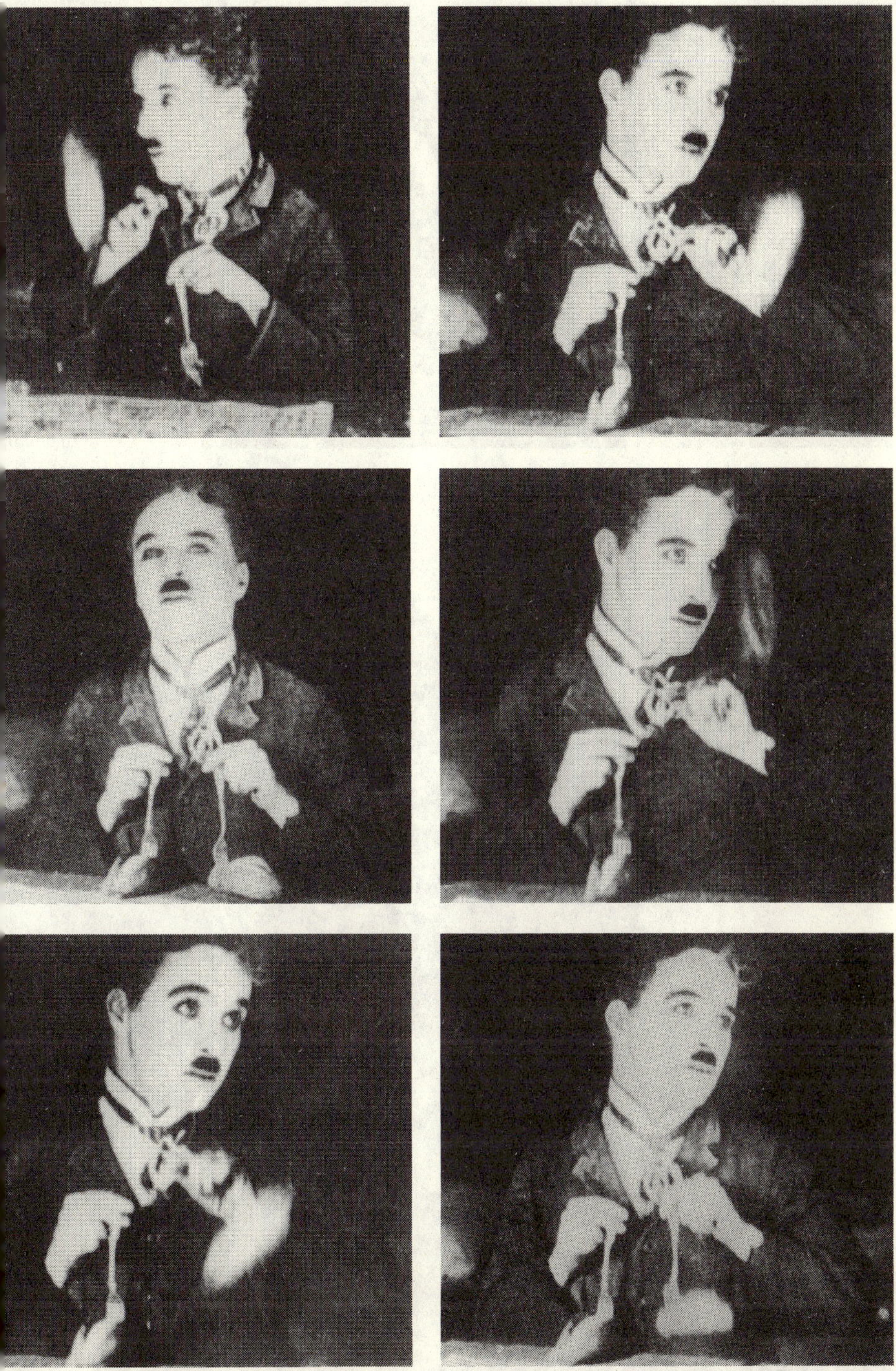

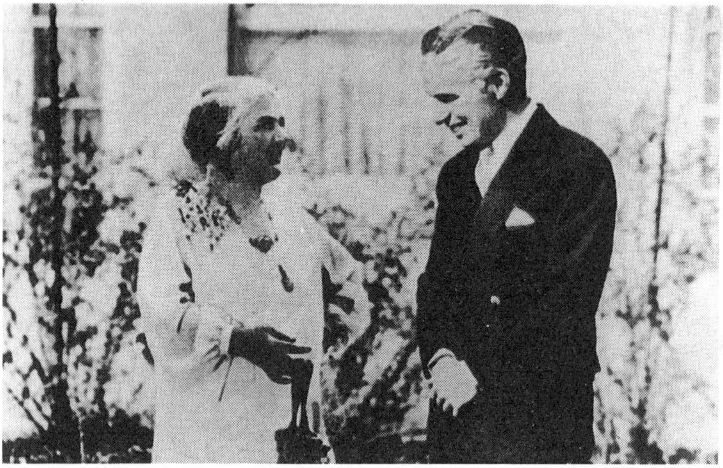

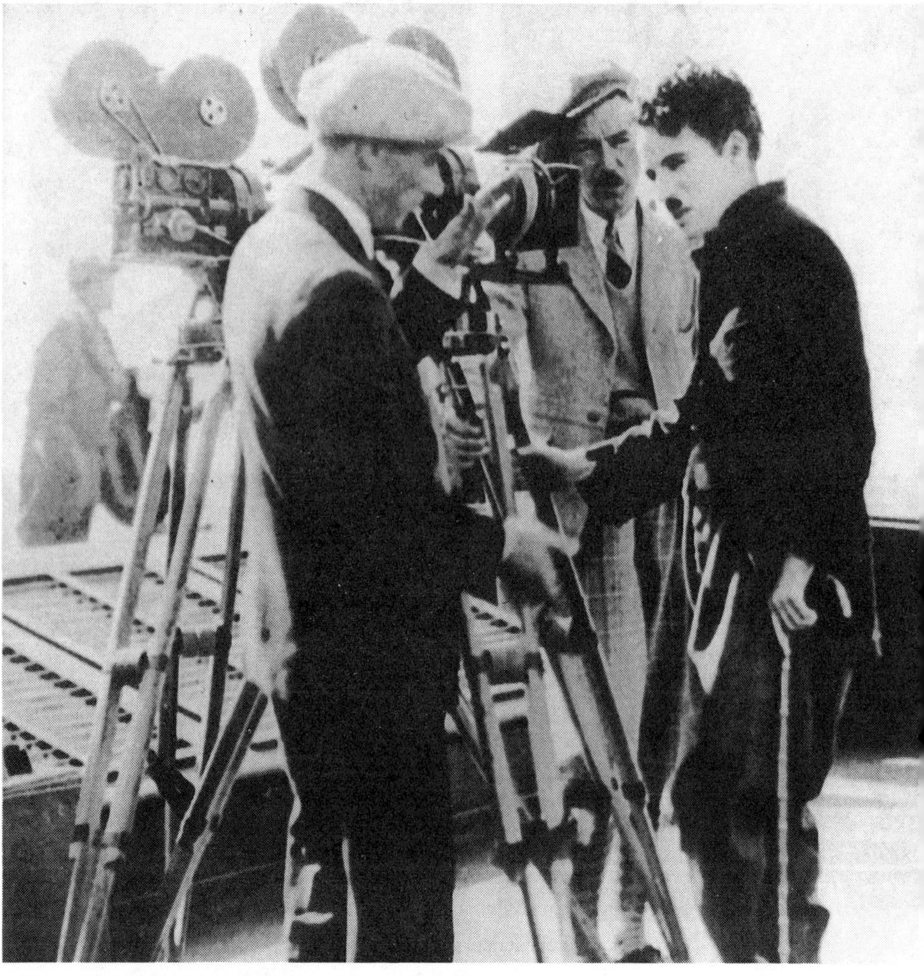

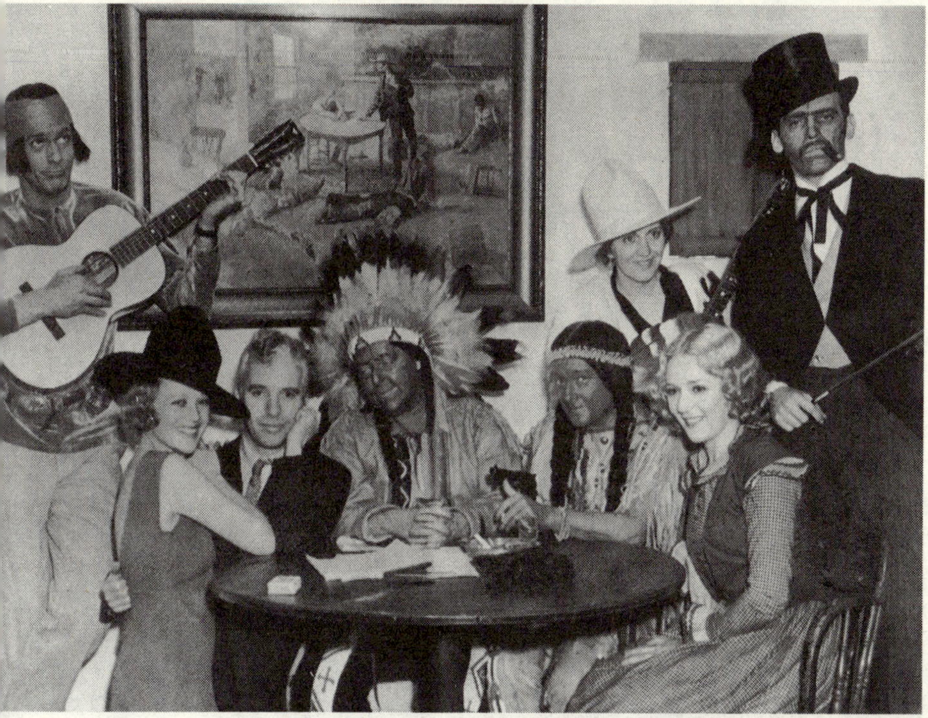

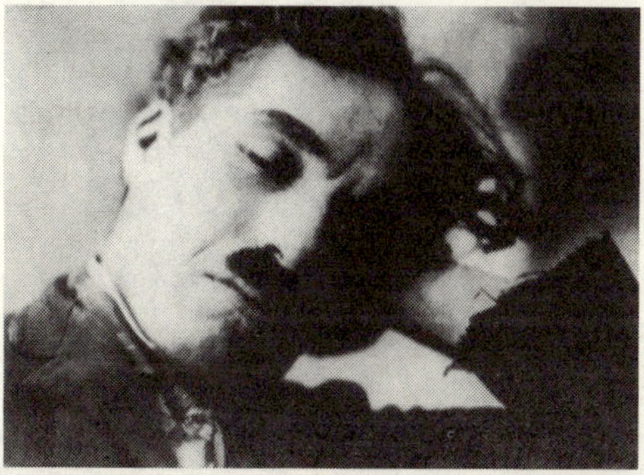

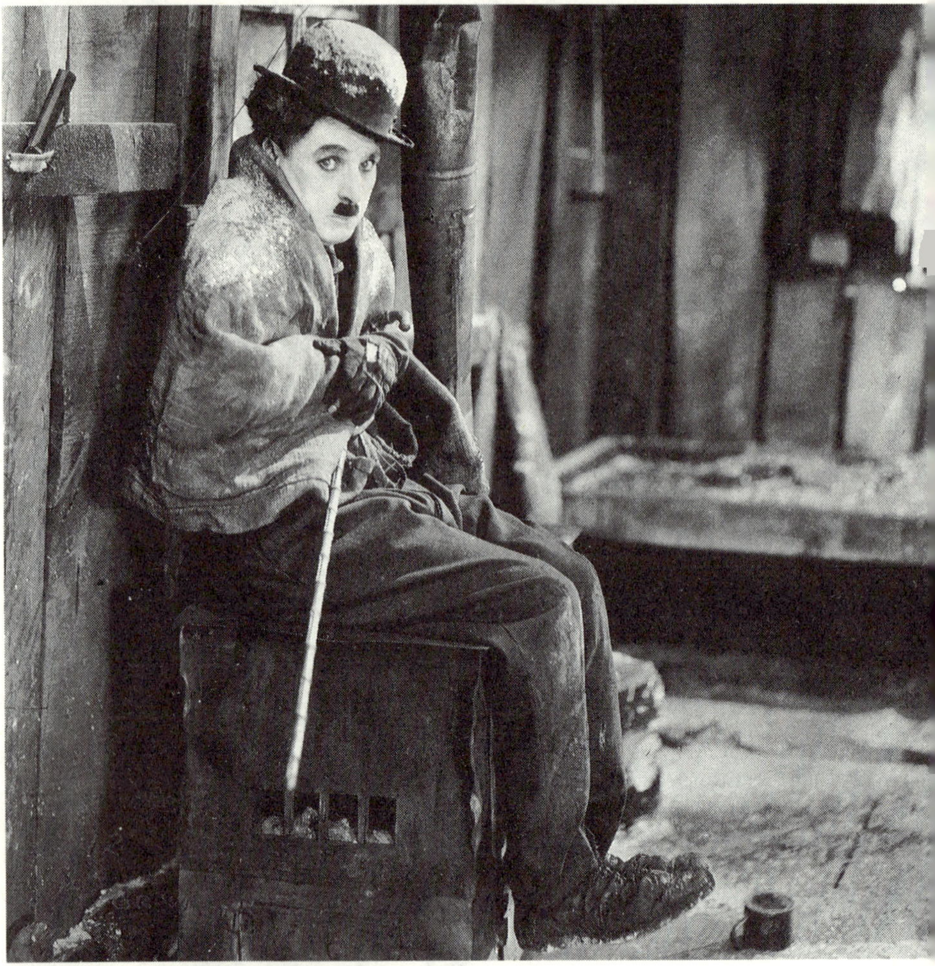

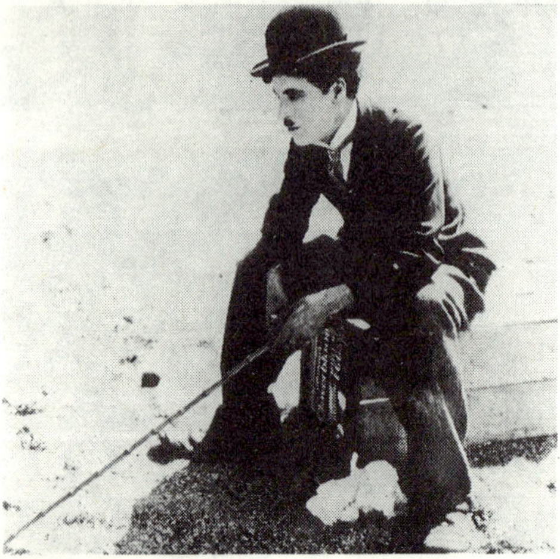

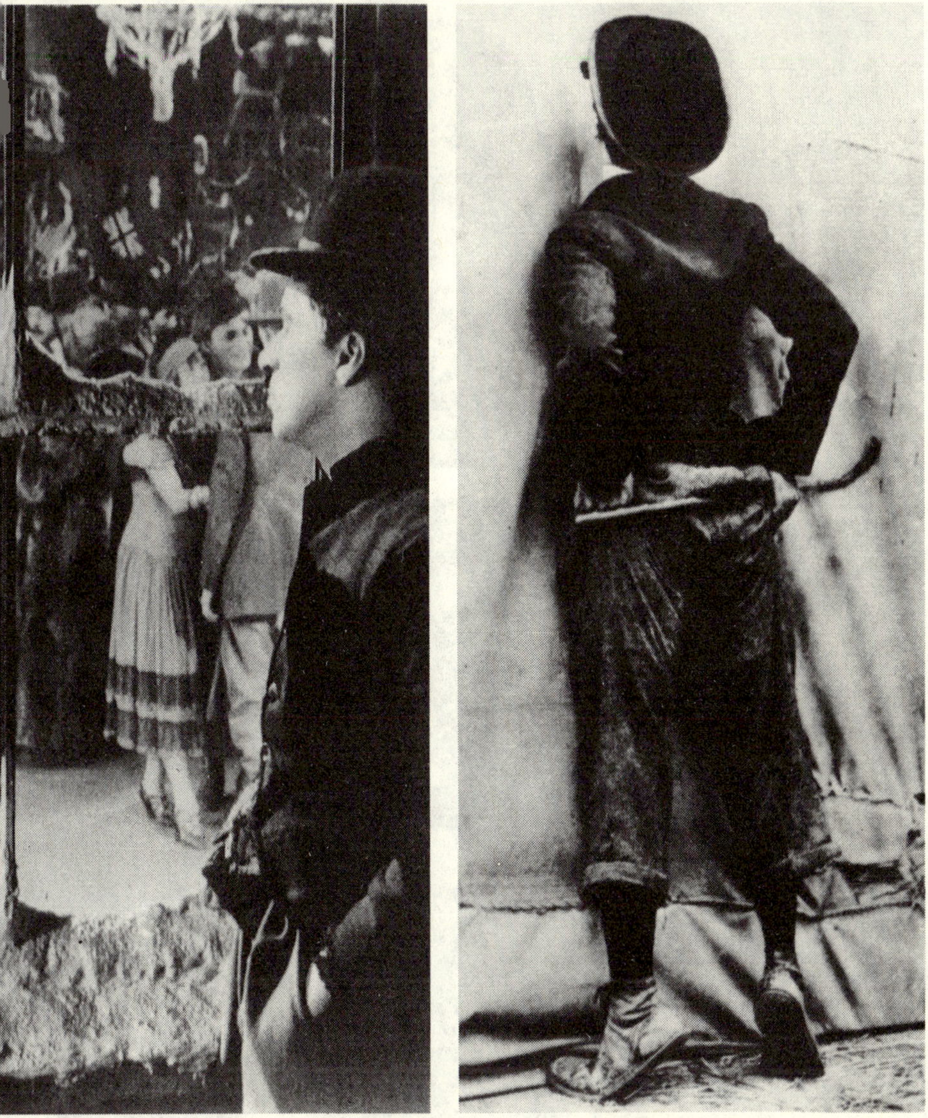

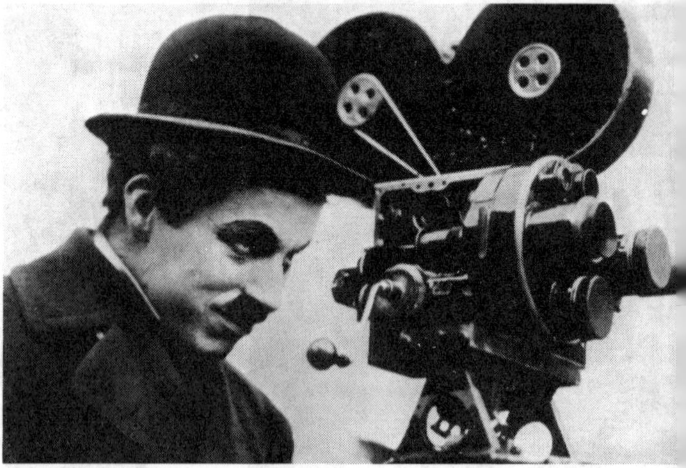

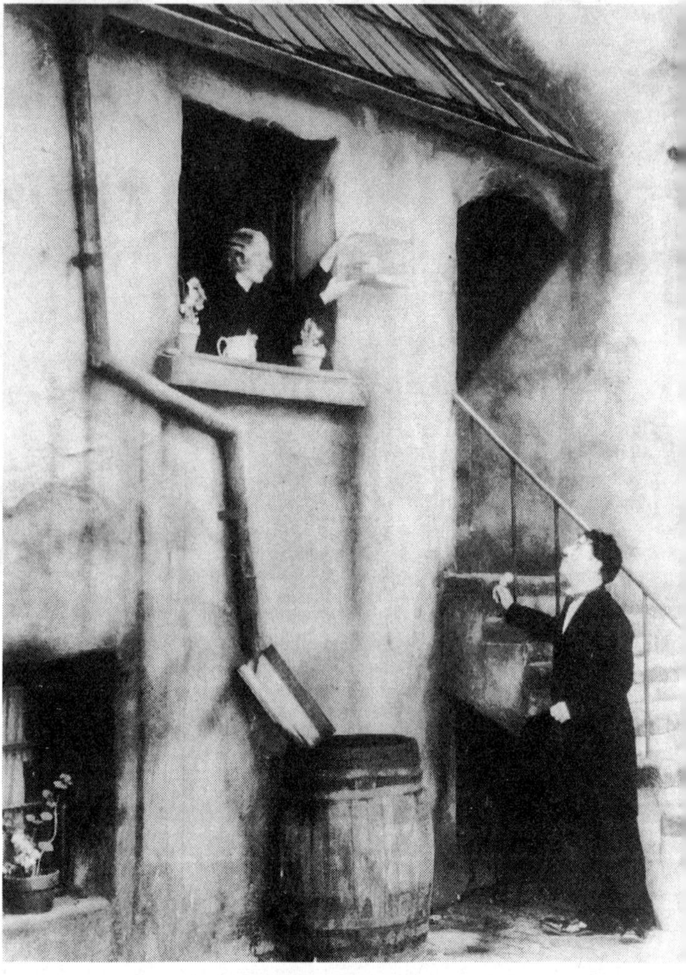

1 * what little money you have left on
these ridiculous. ~~[illegible]~~ [illegible] —
stocks that are worthless.

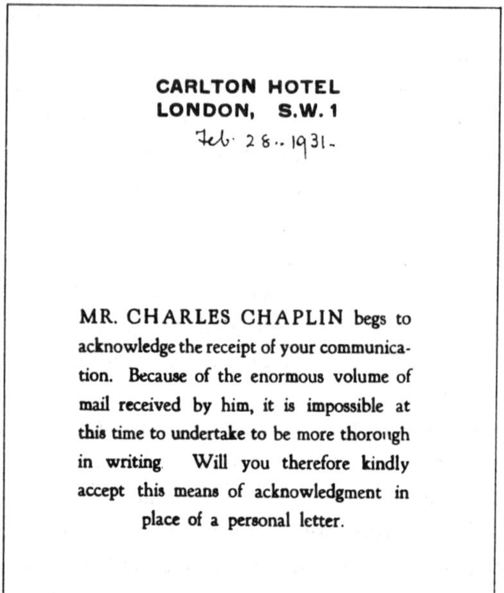

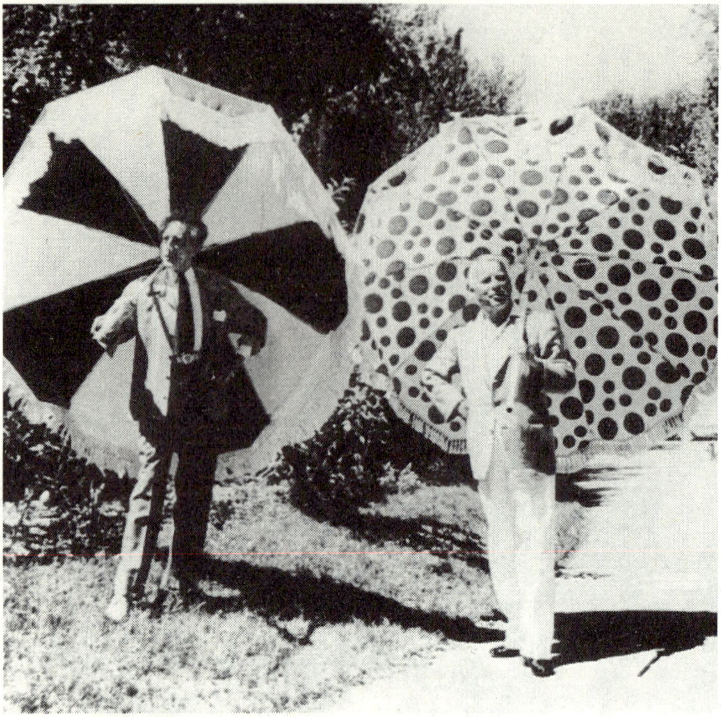

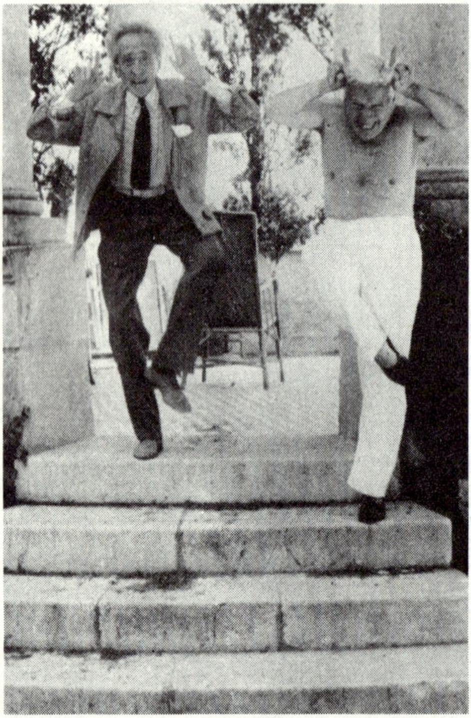

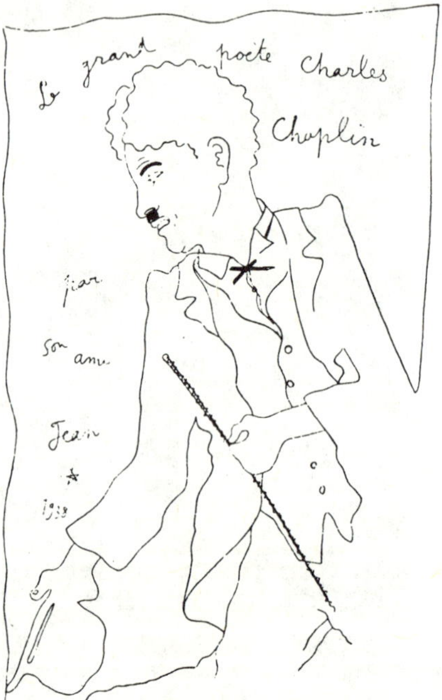

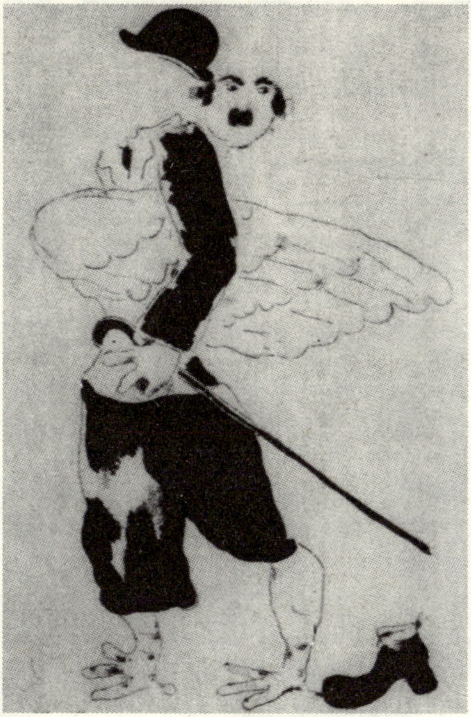

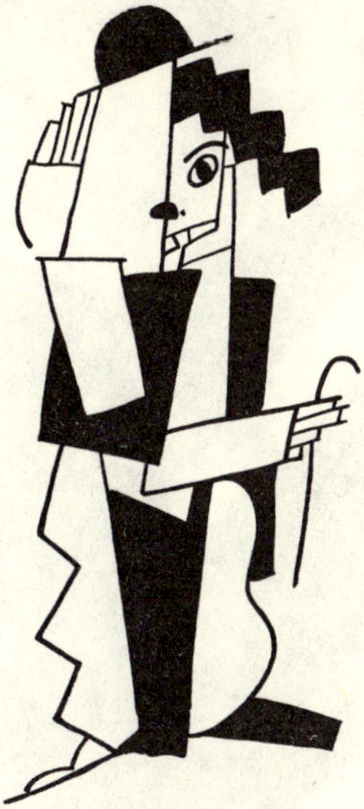

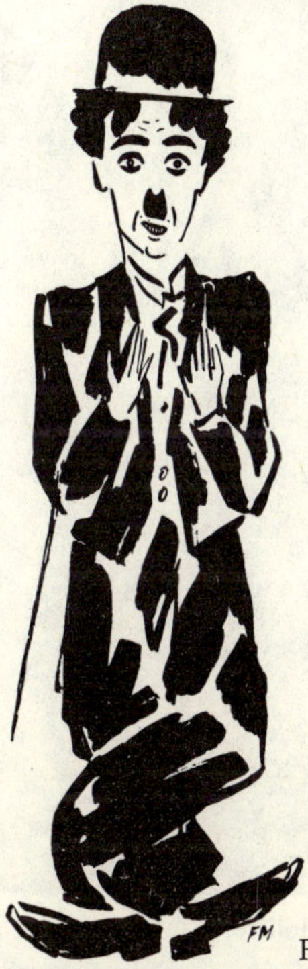

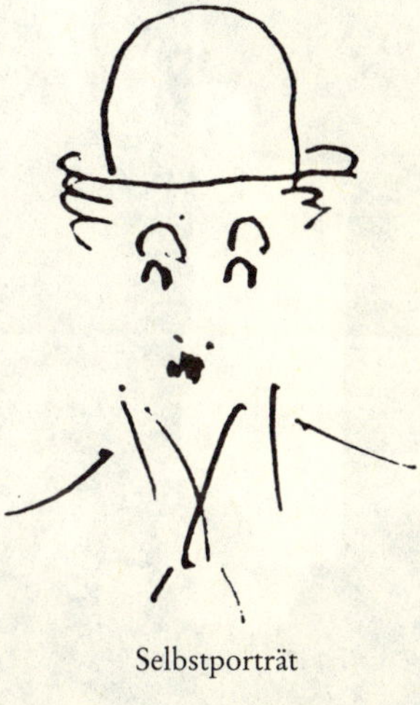

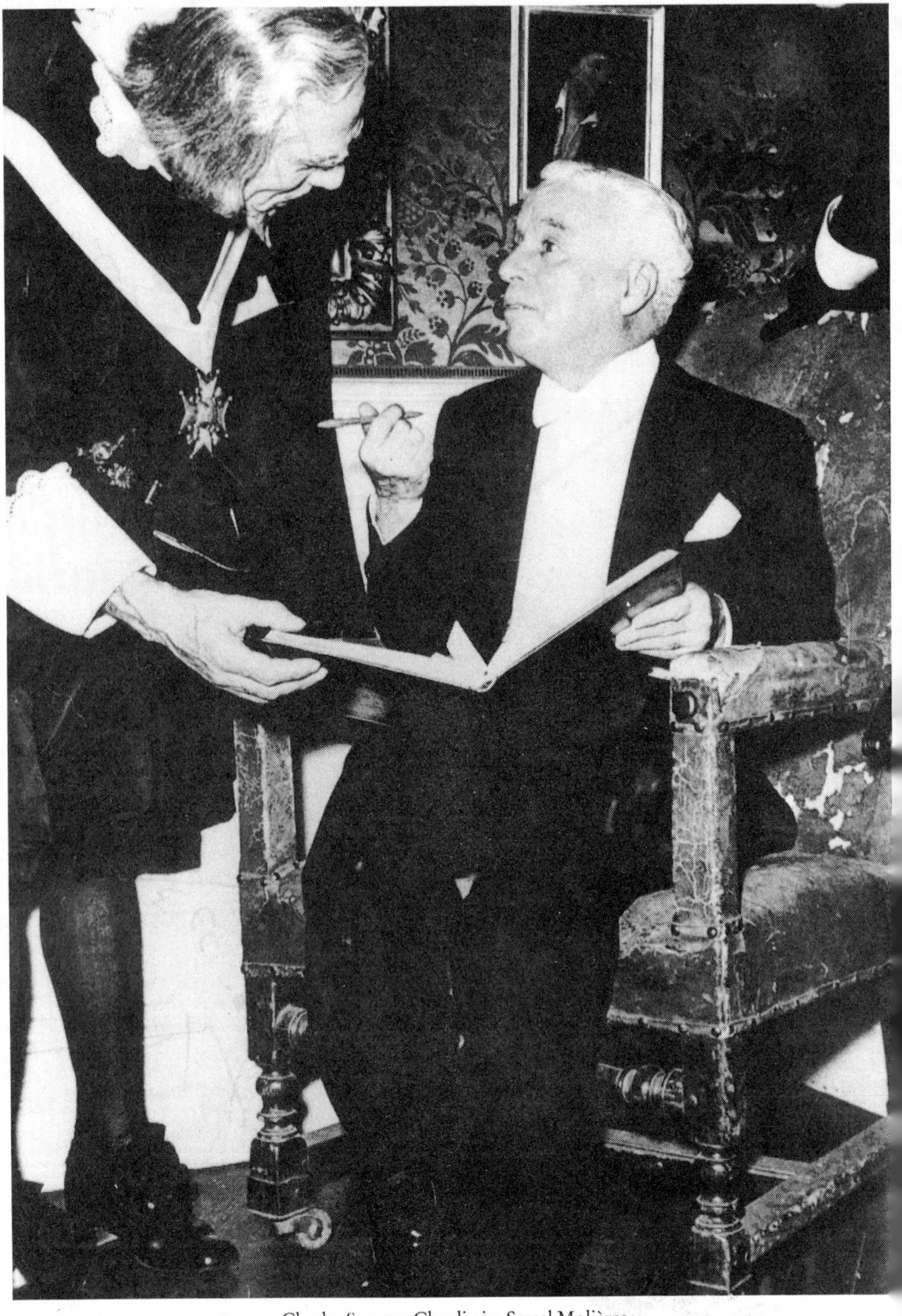

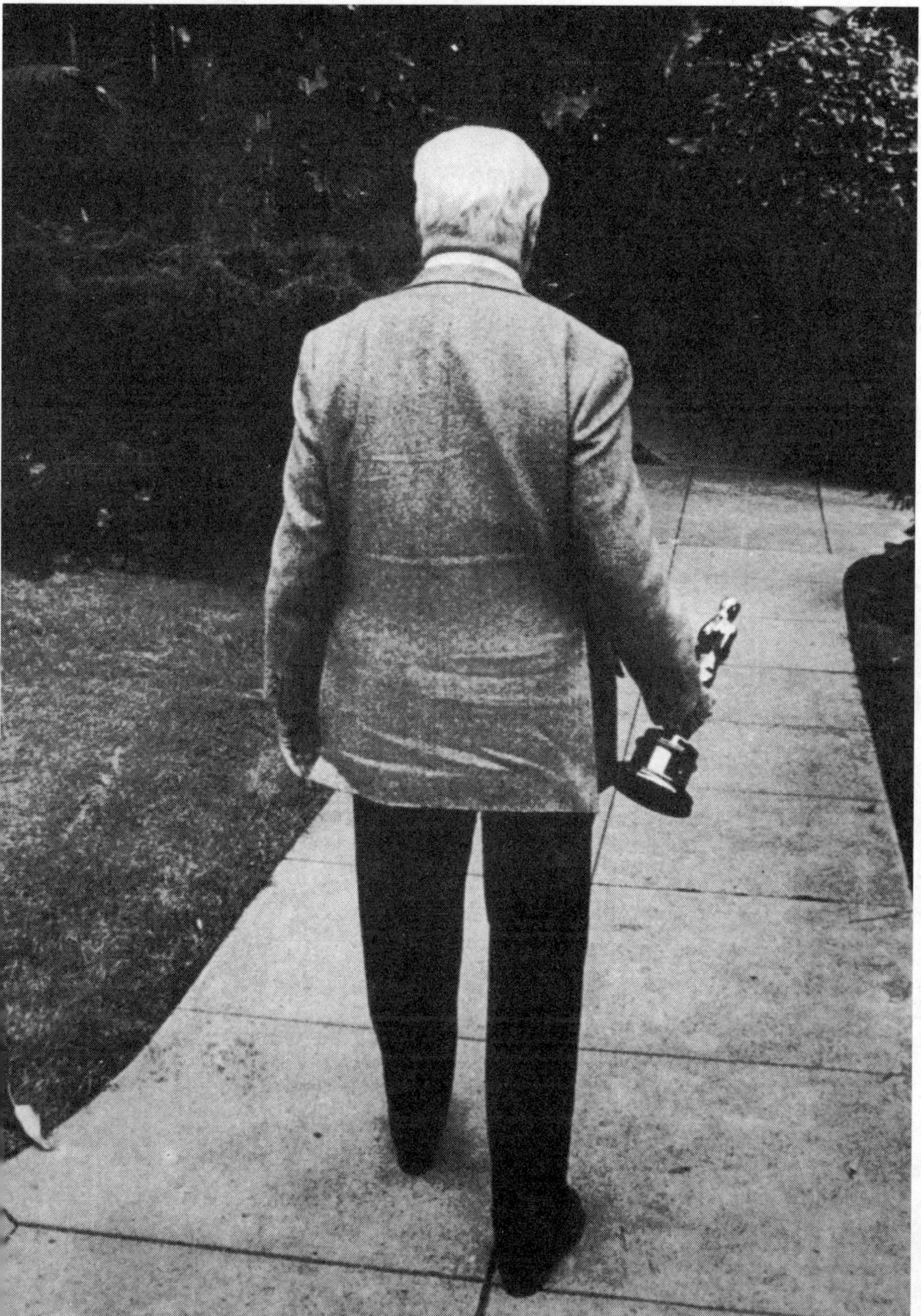

Über Chaplin

Essays und Zeugnisse
Herausgegeben von
Wilfried Wiegand
Mit 22 Fotos

Neuausgabe 1989
detebe 20517

Von Theodor W. Adorno
bis Kurt Tucholsky:
27 Autoren schreiben
über Chaplin …

»Damals, Anfang der 50er Jahre, hatte ich schon einen kleinen Sohn. Er war fünf, und ich wollte ihm *Modern Times* zeigen, da ich fand, man könnte nicht früh genug damit beginnen, ein Kind auf Chaplin aufmerksam zu machen. Aus unerfindlichen Gründen war der Film für Kinder unter zwölf Jahren verboten, also verbarg ich den Knaben unter meiner wallenden Lodenpelerine. Natürlich streckte er genau bei der Kartenkontrolleurin am Eingang den Kopf aus seiner Höhle. Dem sogleich unangenehm kreischenden Weib sagte ich schnell, es handle sich mitnichten um ein Kind, im Gegenteil um einen zwergwüchsigen bejahrten Onkel, einen Liliputaner halt, einen Chaplin-Verehrer, sehr sensibel wegen seines auffälligen Leibschadens. Er sei sehr geniert wegen der Anstarrerei und wolle so diskret wie möglich ins Kino. Mit offenem Mund hörte die schneller Gedanken nicht fähige Frau zu, und es gelang mir, irgendwie ins Gedränge, in diese Dunkelheit des Saales zu entkommen. Wir sahen den Film, das Kind lachte hemmungslos, das übrige Publikum tat's ihm nach, und ein neuer Chaplin-Fan war geboren.« *Paul Flora*

»Immer wieder aufs neue
las Chaplin *Oliver Twist*,
seinen Lieblingsroman
von Dickens.«

(Seite 715)

Charles Dickens
Oliver Twist

Roman. detebe 21035

Dickens läßt seinen zweiten Roman im Armeleute- und Verbrechermilieu spielen. Der Held, Sohn unbekannter Eltern, wächst im Armenhaus einer Kleinstadt unter dem harten Regiment des selbstgefälligen Büttels Mr. Bumble auf. Er wird unverzüglich zu dem brutalen Mr. Sowerberry, dem Leichenbestatter, in die Lehre gegeben, als er es wagt, mit der Bitte um eine zusätzliche Ration gegen die kärgliche Essenszuteilung – dreimal täglich Wassergrütze – zu protestieren, eine Szene, in der Dickens die unmenschlichen Zustände in der Armenfürsorge geißelt. Vor dem Hintergrund der höhlenartigen Dachkammern, Schuppen und Kellergewölbe verkörpern Gestalten wie Fagin und Bill Sikes die Nachtseite großstädtischen Lebens.

»Vor Dickens bin ich starr vor Bewunderung. Die Magd kann ihn lesen, der Fürst kann ihn genießen, der Droschkenkutscher kann sich an ihm erlaben« *(Robert Walser)*, und auch Chaplin konnte nie genug von ihm kriegen.

Literatur für Filmfreunde im Diogenes Verlag

● Woody Allen

Manhattan. Vollständiges Drehbuch mit 20 Szenenfotos. Aus dem Amerikanischen von Hellmuth Karasek und Armgard Seegers detebe 20821
Der Stadtneurotiker. Vollständiges Drehbuch mit 19 Szenenfotos. Deutsch von Eckhard Henscheid und Sieglinde Rahm detebe 20822
Interiors. Vollständiges Drehbuch mit 16 Szenenfotos. Deutsch von Hellmuth Karasek und Armgard Seegers. detebe 20823
Stardust Memories. Vollständiges Drehbuch mit 32 Szenenfotos. Deutsch von Hellmuth Karasek und Armgard Seegers. detebe 20824
Zelig. Vollständiges Drehbuch mit 16 Szenenfotos. Deutsch von Armgard Seegers. detebe 21154
Was Sie schon immer über Sex wissen wollten, aber nie zu fragen wagten. Vollständiges Drehbuch mit 10 Szenenfotos. Deutsch von Walle Bengs. detebe 21346
Hannah und ihre Schwestern. Vollständiges Drehbuch mit 22 Szenenfotos. Deutsch von Walle Bengs. detebe 21470

● Über Chaplin

Aufsätze und Reportagen von Sergej Eisenstein bis Theodor W. Adorno. Herausgegeben von Wilfried Wiegand. detebe 20517

● Chaval's Fotoschule

Ein unkonventioneller Leitfaden für Foto- und Filmfreunde. detebe 21210

● Doris Dörrie

Liebe, Schmerz und das ganze verdammte Zeug. Vier Geschichten. Leinen

● Friedrich Dürrenmatt

Die Ehe des Herrn Mississippi. Komödie und Drehbuch. Fassung 1980. detebe 20833

● Federico Fellini

Werkausgabe der Drehbücher und Schriften. Herausgegeben von Christian Strich. Die Drehbuchbände enthalten zusätzlich das Treatment, Äusserungen Fellinis zum Film und zahlreiche Szenenfotos
Roma. Aus dem Italienischen von Toni Kienlechner. Mit 50 Fotos. detebe 20062
La dolce vita. Deutsch von Bettina und Toni Kienlechner und Eva Rechel-Mertens. Mit 57 Fotos. detebe 20121
8½. Deutsch von Toni Kienlechner und Eva Rechel-Mertens. Mit 52 Fotos. detebe 20122
Julia und die Geister. Deutsch von Toni und Bettina Kienlechner und Margaret Carroux Mit 66 Fotos. detebe 20123
Amarcord. Deutsch von Georg-Ferdinand von Hirschau, Eva Rechel-Mertens und Thomas Bodmer. Mit 62 Fotos. detebe 20124
Casanova. Deutsch von Inez De Florio-Hansen und Dieter Schwarz. Mit 54 Fotos detebe 20287
La Strada. Mit einem eigens für diese deutsche Erstausgabe geschriebenen Vorwort von Fellini. Deutsch von Georg-Ferdinand von Hirschau, Thomas Bodmer und Dieter Schwarz. Mit 55 Fotos. detebe 20316
Die Nächte der Cabiria. Mit einem eigens für diese deutsche Erstausgabe geschriebenen Vorwort von Fellini. Deutsch von Olga Gloor und Dieter Schwarz. Mit 53 Fotos detebe 20317
I Vitelloni. Deutsch von Georg-Ferdinand von Hirschau, Thomas Bodmer und Dieter Schwarz. Mit 56 Fotos. detebe 20318
Orchesterprobe. Deutsch von Trude Fein Mit 50 Fotos. detebe 20319
Die Stadt der Frauen. Deutsch von Beatrice Schlag. detebe 20768
E la nave va. Deutsch von Renate Heimbucher-Bengs. detebe 21096
Satyricon. Deutsch von Dieter Schwarz detebe 20767
»Warum machen Sie nicht mal eine schöne Liebesgeschichte?« Ein Gespräch mit Giovanni Grazzini. detebe 21227
Ginger und Fred. Deutsch von Renate Heimbucher-Bengs. Mit Fotos. detebe 21389
Intervista. Vollständiges Drehbuch. Mit einem Vorwort von Federico Fellini und 50 Fotos. Aus dem Italienischen von Renate Heimbucher-Bengs. detebe 21585
Der weiße Scheich. Vollständiges Drehbuch. In Zusammenarbeit mit Tullio Pinelli und Ennio Flaiano. Mit einem Vorwort von Federico Fellini und 48 Fotos. Aus dem Italienischen von Renate Heimbucher-Bengs detebe 21586
Die Gauner. Vollständiges Drehbuch. In Zusammenarbeit mit Tullio Pinelli und Ennio Flaiano. Mit einem Vorwort von Federico Fellini und 48 Fotos. Aus dem Italienischen von Renate Heimbucher-Bengs. detebe 21587